Curso de
Filosofia do Direito

O GEN | Grupo Editorial Nacional – maior plataforma editorial brasileira no segmento científico, técnico e profissional – publica conteúdos nas áreas de concursos, ciências jurídicas, humanas, exatas, da saúde e sociais aplicadas, além de prover serviços direcionados à educação continuada.

As editoras que integram o GEN, das mais respeitadas no mercado editorial, construíram catálogos inigualáveis, com obras decisivas para a formação acadêmica e o aperfeiçoamento de várias gerações de profissionais e estudantes, tendo se tornado sinônimo de qualidade e seriedade.

A missão do GEN e dos núcleos de conteúdo que o compõem é prover a melhor informação científica e distribuí-la de maneira flexível e conveniente, a preços justos, gerando benefícios e servindo a autores, docentes, livreiros, funcionários, colaboradores e acionistas.

Nosso comportamento ético incondicional e nossa responsabilidade social e ambiental são reforçados pela natureza educacional de nossa atividade e dão sustentabilidade ao crescimento contínuo e à rentabilidade do grupo.

Eduardo C. B. Bittar
Guilherme Assis de Almeida

Curso de
Filosofia do Direito

16ª edição revista e atualizada

■ O autor deste livro e a editora empenharam seus melhores esforços para assegurar que as informações e os procedimentos apresentados no texto estejam em acordo com os padrões aceitos à época da publicação, e todos os dados foram atualizados pelo autor até a data de fechamento do livro. Entretanto, tendo em conta a evolução das ciências, as atualizações legislativas, as mudanças regulamentares governamentais e o constante fluxo de novas informações sobre os temas que constam do livro, recomendamos enfaticamente que os leitores consultem sempre outras fontes fidedignas, de modo a se certificarem de que as informações contidas no texto estão corretas e de que não houve alterações nas recomendações ou na legislação regulamentadora.

■ Fechamento desta edição: *21.02.2022*

■ O Autor e a editora se empenharam para citar adequadamente e dar o devido crédito a todos os detentores de direitos autorais de qualquer material utilizado neste livro, dispondo-se a possíveis acertos posteriores caso, inadvertida e involuntariamente, a identificação de algum deles tenha sido omitida.

■ **Atendimento ao cliente:** (11) 5080-0751 | faleconosco@grupogen.com.br

■ Direitos exclusivos para a língua portuguesa
Copyright © 2022 by
Editora Atlas Ltda.
Uma editora integrante do GEN | Grupo Editorial Nacional
Alameda Arapoema, 659 – Sala 05 – Tamboré
Barueri – SP – 06460-080
www.grupogen.com.br

■ Reservados todos os direitos. É proibida a duplicação ou reprodução deste volume, no todo ou em parte, em quaisquer formas ou por quaisquer meios (eletrônico, mecânico, gravação, fotocópia, distribuição pela Internet ou outros), sem permissão, por escrito, da Editora Atlas Ltda.

■ Capa: Aurélio Corrêa

■ **CIP – BRASIL. CATALOGAÇÃO NA FONTE.
SINDICATO NACIONAL DOS EDITORES DE LIVROS, RJ.**

B541c
Bittar, Eduardo C. B. (Eduardo Carlos Bianca), 1974-

Curso de filosofia do direito / Eduardo C. B. Bittar, Guilherme Assis de Almeida. – 16. ed. – Barueri [SP]: Atlas, 2022.

Inclui bibliografia e índice
ISBN 978-65-5977-267-4

1. Direito – Filosofia. I. Almeida, Guilherme Assis de. II. Título.

22-76151 CDU: 340.12

Meri Gleice Rodrigues de Souza – Bibliotecária – CRB-7/6439

"*Aquele que pensa, opõe resistência; é mais cômodo seguir a correnteza, ainda que declarando estar contra a correnteza.*"
(Adorno, *Notas marginais sobre teoria e práxis*, 1995, p. 208)

"*Com seu dizer, o pensar abre sulcos invisíveis na linguagem.*"
(Heidegger, *Sobre o humanismo*, 1973, p. 373)

"*Passemos revista aos instintos e virtudes do filósofo, instinto de dúvida, de negação, de expectativa, analítico, aventureiro, investigador, experimentador, comparativo, compensador de imparcialidade, objetivo,* sine irae et studio; *não foi isto por muito tempo contrário a todas as exigências da moral e da consciência?*"
(Nietzsche, *A genealogia da moral*, 1991, p. 76-77)

"*O filósofo está sempre aberto à dúvida, está sempre em marcha; o porto a que chega é apenas a etapa de uma viagem sem fim, e é preciso estar sempre pronto para zarpar de novo*"
(Bobbio, Verdade e liberdade. In: *Elogio da serenidade e outros escritos morais*, 2002, p. 143).

*Esta obra é dedicada
a Celso Lafer, Goffredo Telles Junior,
Miguel Reale, Tercio Sampaio Ferraz Junior,
Alaôr Caffé Alves e Fábio Konder Comparato,
por seus percursos intelectuais.*

SOBRE OS AUTORES

EDUARDO C. B. BITTAR

Livre-docente e Doutor, Professor-associado do Departamento de Filosofia e Teoria Geral do Direito da Faculdade de Direito da Universidade de São Paulo (USP), nos cursos de graduação e pós-graduação. É, também, pesquisador N-2 do CNPq. Autor dos livros *Teoria do Estado e O direito na pós-modernidade*, e organizador do *História do Direito Brasileiro: leituras da ordem jurídica nacional*, publicados pela Editora Atlas.

GUILHERME ASSIS DE ALMEIDA

Livre-docente e Doutor, Professor-associado do Departamento de Filosofia e Teoria Geral do Direito da Universidade de São Paulo (USP). É autor do livro *Direitos humanos e não violência* e coautor de *Direitos humanos* (vol. 34 da Série Leituras Jurídicas: Provas e Concursos), publicados pela Editora Atlas.

APRESENTAÇÃO

Este livro nasceu, em caráter germinal, de iniciativa de publicação anterior, contida no livro intitulado *Teorias sobre a justiça: apontamentos para a história da Filosofia do Direito*, publicado em 2000 pela Editora Juarez de Oliveira. Esta obra inicial continha apenas oito capítulos, que tratavam exclusivamente das correntes filosóficas sobre a Justiça. Mas a importância destes estudos fez com que a Editora Atlas convidasse o Autor daquela obra, Eduardo Bittar, em 2001, a empreender um trabalho de maior abrangência, escrevendo um *Curso* completo. Consciente da imensidão da tarefa, o Autor descontinuou aquela obra e, simultaneamente, convidou Guilherme Assis de Almeida para dividir tarefas e, com isso, tornar possível a efetiva redação de uma nova obra, que incorporasse a anterior, e se tornasse mais ampla e com outra proposta estrutural. Foi assim que este *Curso de Filosofia do Direito* acabou por conter a obra da qual germinou, e veio se consolidando com o tempo, não sem implicar a incessante tarefa de revisão e renovação internas, o que permitiu que viesse a alcançar, aos poucos, mais de cinquenta capítulos, em temas de relevância e atualidade no campo da *Filosofia do Direito*.

Nos últimos vinte anos, esta obra se tornou uma importante referência para estudantes, professores(as), pesquisadores(as) e profissionais da área do Direito, interessados na área da *Filosofia do Direito*. O propósito da obra não é, e nunca foi outro, senão proporcionar a aproximação, na área do Direito, com o universo da Justiça. Assombrosamente, o tema da Justiça sempre foi tão caro e tão central, mas, ao mesmo tempo, tão estranho e tão oculto aos profissionais do Direito. A tarefa da obra seria, então, a de tornar possível o acesso às categorias, aos conceitos e às reflexões sistemáticas que facilitassem a aproximação entre Direito e Justiça. Isso implicava, no entanto, a tarefa de enfrentar temas complexos, tornando-os acessíveis por meio de abordagens tópicas.

À época em que foi escrito, o livro representou um esforço muito grande de enfrentamento de ideias e de consolidação de análises, tendo em vista a escassez de materiais de pesquisa e a falta de produções e/ou publicações especializadas sobre essa temática. Parece fácil olhar para trás e julgar o passado, com as referências do presente, e o amplo acesso à informação que a *internet* tornou possível, juntamente com novas bases de pesquisa bibliográfica, nos últimos anos. Contudo, este livro foi sendo amadurecido, pensado e escrito entre o final da década de 1990 e início dos anos 2000. Isso significava enfrentar a escassez de materiais de pesquisa, o desprestígio da área e o desconhecimento mais ou menos generalizado em seus grandes, raros e importantes temas de estudo. Afinal, o Brasil vinha de um período difícil (ditadura civil-militar de 1964-1985), imediatamente anterior, durante o qual a maior parte da produção intelectual, cultural e filosófica havia sido proscrita pela proibição ideológica. Os efeitos desse período se arrastaram ao longo dos anos 1990, e somente a bem-vinda "boa onda", inaugurada com a Constituição Federal de 1988, permitiu desfazer os seus efeitos, gerando-se, aos poucos, o caudal de questões, dúvidas, problemas e novas discussões que haveriam de fazer da *Filosofia do Direito* um domínio de alto interesse, relevante papel e decisiva tarefa para o cultivo do Direito como o principal instrumento de coordenação da ação social e de promoção de Justiça. Esta obra se insere nesse contexto, e é a partir daí que passa a desempenhar um importante papel no sentido da democratização do acesso aos conhecimentos da *Filosofia do Direito*, garantidos o rigor, a precisão e a análise criteriosa.

Do ponto de vista do ensino jurídico, a obra representava uma reação dos Coautores ao estado de abandono no que tange aos materiais didático-pedagógicos e de escassez de referências em que se encontrava a área. Na visão dos estudantes, à época, a *Filosofia do Direito* era algo inóspito, distante e resolvia poucos problemas reais, havendo forte dificuldade em transpor o hiato entre a *utilidade* da dogmática jurídica e a *abstração* dos estudos filosóficos. Este estado de coisas permitia que houvesse não somente uma distância, mas sim um verdadeiro *abismo* entre os Estudantes e os conteúdos de *Filosofia do Direito*, e, por consequência, entre aqueles e o(a)s Professore(a)s que milita(va)m no ensino da *Filosofia do Direito*; este(a)s davam a impressão de que falavam em sala de aula de coisas incompreensíveis, anti-didáticas e, sobretudo, inúteis e/ou estranhas à prática do Direito. Tudo conspirava contra a tarefa de ensinar a *Filosofia do Direito*, e ambos os Coautores sabiam – pela experiência da Docência –, quão desafiadora era a dificuldade de aliar *didatismo, historicidade* e *rigor* no estudo dos conceitos teórico-filosóficos. A tarefa da obra, portanto, não era apenas a de ser escrita, e de ser compreendida; a tarefa era ainda maior. Ela precisava vencer o abandono, superar o abismo e tornar novamente centralizada a importância do seu estudo para a graduação e a pós-graduação em Direito. Nesse sentido, ela haveria de desempenhar, sobretudo, um papel de aproximação entre o(a)s Estudantes, o(a)s Professore(a)s, o(a)s Pesquisadore(a)s e a *Filosofia do Direito*, e foi aí que a obra passou a ser sinônimo de modernização e renovação das fronteiras da *Filosofia do Direito*.

Havia uma tarefa a mais. E esta parecia intransponível. A de trafegar entre fronteiras de conhecimentos, saberes, debates e percepções muito diferentes, se considerados o ambiente de trabalho da *Filosofia Geral* e o ambiente de trabalho da *Filosofia do Direito*. E, de fato, à época, os estranhamentos eram recíprocos, e geravam um afastamento improdutivo, para ambas as partes. O que se veio sentindo, ao se vencer aos poucos as barreiras, os muros e as resistências em ambos os flancos de trabalho, é que a *Filosofia Geral* tinha amplo interesse pelos temas da *Justiça*, e que a *Filosofia do Direito* tinha muito a ganhar na reaproximação com os domínios da *Filosofia*. Mais que isto, que a *Filosofia do Direito* deveria retornar ao seu berço, de onde tudo partira, e deixar de se autoimaginar apenas ao lado dos juristas especialistas e com suas discussões técnicas, para reconciliar as tarefas comuns, e, com isso, fazer da soma das fronteiras algo que apenas poderia favorecer a recíproca fertilidade dos campos de estudos. Hoje, vê-se o amplo interesse disseminado das *Ciências Humanas e Sociais*, e da *Filosofia Geral*, por temas da justiça, cidadania e direitos, tanto quanto se vê um interesse aguçado da *Ciência do Direito*, por temas da filosofia, da sociedade, da psicologia, da metodologia, da educação, da história, da política e da cidadania.

Neste sentido, muito benfazejos foram os efeitos da Portaria n. 1886 de 1994 do MEC, que formulou as condições normativas necessárias para que o ensino jurídico viesse a se tornar mais humano, mais crítico e mais reflexivo, aliando teoria e prática, e promovendo a aproximação entre os aspectos técnicos, especializados e teóricos do ensino do Direito. Assim, a partir deste documento, as Faculdades de Direito passavam a um novo estágio de conciliação de seus conhecimentos fundamentais, constituindo-se nos cursos de *Sociologia do Direito, Ciência Política, Antropologia do Direito, Ética Profissional* e *Filosofia do Direito*, aspectos decisivamente importantes para a formação do bacharel em Direito.

***

Do ponto de vista de sua construção, o livro segue uma proposta inovadora e criteriosa, pois adota dois pontos de vista estruturais, que ajudam a garantir maior eficácia no ensino da *Filosofia do Direito*. De um lado, é necessário que o leitor possa ter um acesso aos trechos originais das obras dos filósofos e teóricos do Direito. Em sala de aula, a técnica de ensino adotada pelos Coautores sempre foi ligada ao estímulo da leitura direta de textos sobre a Justiça. Daí, ao longo do livro, ter-se adotado na construção dos capítulos, a referência contínua às obras originais, bem como à de comentadores autorizados, por serem especialistas no tratamento de um(a) Autor(a). De outro lado, se a abordagem da *Filosofia do Direito* remanesce presa à dimensão da história da filosofia, o leitor entende erroneamente, que os sistemas filosóficos que se pronunciaram sobre o tema da Justiça ficaram presos ao passado, e que nada possuem a ensinar ao mundo de hoje, ou ainda, ao imediatismo das tarefas práticas do Direito. Daí, o outro traço da obra, qual seja, diluir o caráter da história do pensamento – cuja compreensão é tarefa indispensável –, aliando-a a uma abordagem complementar, onde os conceitos filosóficos são mobilizados para solverem problemas relacionados à mais concreta abordagem de questões pontuais e conceituais. Assim, estes dois pontos de vista estruturais são colocados a serviço da tarefa comum que este livro permite desenvolver. Não por outro motivo, a divisão interna da obra veio se estruturando de forma a estar organizada em duas partes, a Parte I, que corresponde à abordagem da história da filosofia, e, a Parte II, que corresponde à abordagem dos tópicos conceituais.

Ao longo do tempo, a obra veio sendo não somente editada, mas também revisada. Por isso, sua ampliação foi gradativa, na medida das próprias transformações sofridas pelas fronteiras da *Filosofia do Direito*, nas últimas três décadas. Dos estudos mais tradicionais na área da *Filosofia do Direito*, geralmente dedicados a Aristóteles, Cícero, São Tomás de Aquino e Hans Kelsen, partiu-se, nas últimas décadas, para um imenso avanço, contexto dentro do qual inúmeros(as) Autores(as) foram introduzidos, tornando muito prolífica a disponibilidade de bibliografia na área, que, inclusive, veio a despertar um interesse crescente dos profissionais da área do Direito pelo campo de estudos da *Filosofia do Direito* e da *Teoria do Direito*. É neste período que se conhecerá a introdução, no Brasil, de Autores(as) tais quais, Ronald Dworkin, Hans-Georg Gadamer, Hannah Arendt, Norberto Bobbio, Michel Miaille, Mireille Delmas-Marty, Theodor Viehweg, Jürgen Habermas, Axel Honneth, Rainer Forst e Robert Alexy. Mas, não somente. Outros(as) Autores(as), tais como John Finnis, Martha Nussbaum, Joseph Shapiro, Joseph Raz, também começam a despontar em inúmeros estudos. Isso apenas demonstra o caráter sempre aberto das fronteiras filosóficas, e realiza a exata ideia que os Coautores sustentam, a saber, a de que não é possível deter o avanço do conhecimento filosófico, pois ele acompanha as próprias transformações da sociedade, da história e das mentalidades, procurando responder aos desafios epocais com o seu melhor recurso: a razão.

***

Hoje, é possível assistir a um cenário de muito maior variedade de Autores(as), estudos, debates e obras publicadas. A área evoluiu, se expandiu e ganhou firme presença nos estudos dogmáticos e zetéticos na área do Direito, em todo o Brasil. Sem exageros, pode-se dizer que se formou uma *esfera pública* em torno dos temas reflexivos, que apenas impulsionou a qualidade do conhecimento do Direito, e, também, do grau de esclarecimento dos profissionais do Direito, a uma nova forma de compreensão da *Ciência do Direito*, certamente mais ampla, aberta, crítica, plural e democrática.

Através das mãos e das ideias de seus Coautores, tendo chegado a esta nova edição, a obra se renova, em seu encontro com uma nova geração de leitores(as), na esperança de que sirva como um alento à liberdade e à solidariedade, à igualdade e à diversidade, ao ativismo e à paz, à segurança jurídica e à transformação social, ao diálogo e à escuta, à dignidade e ao respeito, à democracia e aos direitos humanos, à justiça e ao equilíbrio, sabendo-se que esboça um primeiro contato com os temas da *Filosofia do Direito*.

***

Para finalizar, devemos deixar registrados os nossos agradecimentos aos(às) leitore(a)s interessado(a)s, aos(às) Estudantes de Direito, aos(às) Docentes, aos(às) Pesquisadores(as) e aos Profissionais do Direito, que compartilham dos ideais contidos nesta obra, que veio rea-vivando, democratizando, disseminando e mobilizando ideias e temas de *Filosofia do Direito*, com a vontade de que se sirvam da obra como um espaço de reflexão e um estímulo a uma longa travessia pelos rumos da *weltweisheit*.

Eduardo C. B. Bittar
Guilherme Assis de Almeida

SUMÁRIO

INTRODUÇÃO 1

1   Filosofia e o simbolismo da sabedoria 1

2   Filosofia: entre reflexão e ação 3

3   A urgência do pensar: a inserção contextual da Filosofia na sociedade contemporânea 6

4   Podem os filósofos modificar o mundo? 9

5   Os conhecimentos humanos 12

6   Partes da Filosofia 15

      6.1   A Filosofia da História da Filosofia do Direito 17

      6.2   A Filosofia ocidental e suas origens orientais 19

      6.3   Principais representantes da Filosofia ocidental: síntese de autores e de ideias para a compreensão da História da Filosofia 23

7   Método, Ciência, Filosofia e senso comum 26

      7.1   Filosofia, Ciência e senso comum 29

      7.2   Os "ismos" e a Filosofia 31

      7.3   Ciências Jurídicas como Ciências Humanas 33

8   A Filosofia do Direito como parte da Filosofia 35

9   O surgimento histórico da Filosofia do Direito 37

10   A afirmação da Filosofia do Direito na história do ensino jurídico no Brasil 42

11   Linhas e tendências da Filosofia do Direito no Brasil contemporâneo 44

12   Filosofia do Direito: conceito, atribuições, funções 48

PARTE I – PANORAMA HISTÓRICO 53

1.   PRÉ-SOCRÁTICOS: JUSTIÇA E COSMOLOGIA 55

    1.1   Pensaram os pré-socráticos sobre a justiça? 55

    1.2   A justiça na tradição homérica 57

    1.3   Os fragmentos de justiça nos textos e na doxografia dos pré-socráticos 64

      1.3.1   Escola jônica: cosmologia e justiça 66

      1.3.2   Escola eleata: ontologia e justiça 69

      1.3.3   Escola pitagórica: dualismo numérico e justiça 70

      1.3.4   Escola da pluralidade: atomismo e justiça 72

1.4 Uma reflexão necessária: há uma uniformidade da noção de justiça entre os pré-socráticos?	75
Conclusões	77

2. SOFISTAS: RAZÃO, DISCURSO E RELATIVISMO DA JUSTIÇA ... 78

2.1 Contexto histórico: o surgimento da sofística	78
2.2 A ruptura sofista	78
2.3 Importância do discurso	80
2.4 Retórica e prática judiciária	81
2.5 Justiça a serviço dos interesses	82
Conclusões	84

3. SÓCRATES: ÉTICA, EDUCAÇÃO, VIRTUDE E OBEDIÊNCIA ... 85

3.1 Filosofia socrática e testemunho ético	85
3.2 Ética socrática	86
3.3 Primado da ética do coletivo sobre a ética do individual	88
Conclusões	94

4. PLATÃO: IDEALISMO, VIRTUDE E TRANSCENDÊNCIA ÉTICA ... 95

4.1 Virtuosismo platônico e socratismo	95
4.2 Virtude e vício: ordem e desordem	96
4.3 Idealismo ético e mito de ER	99
4.4 Ética, justiça e metafísica	102
4.5 Ética, alma e ordem política	104
Conclusões	104

5. ARISTÓTELES: JUSTIÇA COMO VIRTUDE ... 106

5.1 O tema da justiça e a ética	106
5.2 Justiça como virtude	108
5.3 Acepções acerca do justo e do injusto: o justo total	110
5.4 Acepções acerca do justo e do injusto: o justo particular	112
5.5 Justo particular distributivo	113
5.6 Justo particular corretivo	114
5.7 Justo da cidade e da casa: justo político e justo doméstico	118
5.8 Justo legal e justo natural	121
5.9 Equidade e justiça	126
5.10 Amizade e justiça	129
5.11 Juiz: justiça animada	131
Conclusões	132

6. EPICURISMO: ÉTICA, PRAZER E SENSAÇÃO ... 134

6.1 Doutrina epicúrea	134
6.2 Ética epicúrea	135
6.3 Prazer e justiça	138
Conclusões	141

7.	CÍCERO: ESTOICISMO ROMANO E LEI NATURAL	142
	7.1 Pensamento ciceroniano	142
	7.2 Ética estoica	145
	7.3 Ética ciceroniana e justiça	147
	Conclusões	155
8.	JUSTIÇA CRISTÃ	157
	8.1 Justiça e religião	157
	8.2 Ruptura com a lei mosaica	158
	8.3 Lei divina e lei humana	162
	8.4 Lei de amor e caridade	171
	Conclusões	171
9.	SANTO AGOSTINHO: A JUSTIÇA E O DAR A CADA UM O SEU	173
	9.1 Filosofia e medievo	173
	9.2 *Vita theologica*	175
	9.3 *Lex aeterna* e *lex temporalem*	178
	9.4 Alma, justiça divina e livre-arbítrio	182
	9.5 Preocupações com o Estado	186
	Conclusões	189
10.	AVERRÓIS E A FILOSOFIA ÁRABE MEDIEVAL: JUSTIÇA, RAZÃO E FÉ	191
	10.1 O mundo árabe e a retomada da tradição filosófica helênica	191
	10.2 A luta entre o analítico e o metafísico na tradição árabe medieval	193
	10.2.1 Sabedoria, fé e razão: a conciliação averroísta pela virtude	197
	10.2.2 Ética, justiça e política no pensamento de Averróis	200
	10.3 O impacto do pensamento árabe sobre a Filosofia ocidental	201
	Conclusões	204
11.	SANTO TOMÁS DE AQUINO: JUSTIÇA E SINDERESE	205
	11.1 Filosofia tomista	205
	11.2 Razão prática, sinderese e ética	206
	11.3 Sinderese e hábito	208
	11.4 Definição de justiça	209
	11.5 Justiça e Direito	211
	11.6 Acepções do termo *justiça*	211
	11.7 Regime das leis	215
	11.8 Justiça, lei e atividade do juiz	216
	11.9 Injusto e vícios da justiça	218
	11.10 Justiça e sua prática	219
	Conclusões	220
12.	THOMAS MORE: UTOPIA E DIREITO	221
	12.1 Thomas More: seu tempo e sua obra	221
	12.2 A ilha de Utopia: narrativa, idealização e exposição de ideias	223

12.2.1	Do encontro	224
12.2.2	Da análise social	224
12.2.3	Da geografia regional	225
12.2.4	Do sistema político	225
12.2.5	Das relações com outros povos	226
12.2.6	Do bem-estar social	226
12.2.7	Da juridicidade	226
12.2.8	Do belicismo	227
12.2.9	Do pensamento religioso	227
Conclusões		227

13. JUSNATURALISMO 229

13.1	Iluminismo e racionalismo: ruptura com a teocracia	229
13.2	Hugo Grócio	230
13.3	Samuel Pufendorf	231
13.4	John Locke	234
13.5	Thomas Hobbes	236
Conclusões		238

14. JEAN-JACQUES ROUSSEAU E O CONTRATO SOCIAL 239

14.1	Rousseau: seu tempo e sua obra	239
14.2	A vontade geral e o contrato social	240
14.3	Direitos naturais e direitos civis	244
14.4	Leis e justiça	249
Conclusões		252

15. DAVID HUME: ÉTICA, JUSTIÇA, UTILIDADE E EMPIRISMO 253

15.1	Empirismo humeano	253
15.2	Ética, justiça e direito	254
15.3	Ética, justiça, lei e utilidade	258
Conclusões		263

16. IMMANUEL KANT: CRITICISMO E DEONTOLOGIA 264

16.1	Racionalismo kantiano	264
16.2	Ética kantiana	266
16.3	Direito e moral	273
16.4	À paz perpétua e cosmopolitismo	275
Conclusões		279

17. GEORG W. F. HEGEL: RAZÃO, HISTÓRIA E DIREITO 280

17.1	Sistema hegeliano	280
17.2	Doutrina hegeliana	282
17.3	Justiça e direito para Hegel	285
17.4	Direito e Estado ético	293
Conclusões		298

SUMÁRIO | XIX

18. KARL MARX: HISTÓRIA, DIALÉTICA E REVOLUÇÃO 299

18.1 A história como prova da ruptura marxista 299

18.2 Capitalismo e desigualdades sociais 306

18.3 Marx e o Direito 311

18.4 Os marxismos contemporâneos 316

Conclusões 318

19. AVATARES DO POSITIVISMO JURÍDICO 319

19.1 Jurisprudência dos conceitos 319

19.2 Pandectismo e escola da exegese 320

19.3 Escola analítica 321

19.4 Jurisprudência dos interesses 321

Conclusões 323

20. POSITIVISMO JURÍDICO: O NORMATIVISMO DE HANS KELSEN 325

20.1 O projeto científico de Hans Kelsen 325

20.2 A contribuição para a Constituição da Áustria 327

20.3 Positivismo jurídico e normativismo 328

20.4 Ciência do Direito 332

20.5 Direito e norma jurídica 334

20.6 Justiça e Direito 335

Conclusões 340

21. ALF ROSS: REALISMO JURÍDICO 342

21.1 O Realismo Jurídico e o Positivismo Jurídico 342

21.2 Direito e sistema jurídico 344

21.3 Direito e Justiça 346

Conclusões 347

22. EXISTENCIALISMO JURÍDICO 349

22.1 Os existencialismos 349

22.1.1 Existencialismo camusiano 351

22.1.2 Existencialismo sartreano 353

22.2 Proposta existencialista 356

22.3 Existencialismo jurídico 359

Conclusões 363

23. HANNAH ARENDT: PODER, LIBERDADE E DIREITOS HUMANOS 365

23.1 O poder não violento 365

23.2 O desvirtuamento do poder e a violência 366

23.3 Gandhi e a não violência 367

23.4 Liberdade arendtiana 371

23.5 Liberdade, agir comum e violação dos direitos humanos 372

Conclusões 374

24. JOHN RAWLS: ÉTICA, INSTITUIÇÕES, DIREITOS E DEVERES 375

24.1 Justiça como equidade 375

24.2 Os dois princípios 379

Conclusões 386

25. THEODOR VIEHWEG: TEORIA DA ARGUMENTAÇÃO E A REDESCO-BERTA DA TÓPICA 388

25.1 O que é a tópica 388

25.2 Tópica e argumentação 390

25.3 Tópica e o direito como sistema 391

Conclusões 391

26. CHAÏM PERELMAN: ARGUMENTAÇÃO, LÓGICA E DIREITO 393

26.1 O autor e suas preocupações 393

26.2 Combate ao positivismo jurídico 395

26.3 Combate à lógica formal 397

26.4 Papel da argumentação no julgamento 399

26.5 Nova retórica e proposta perelmaniana 401

Conclusões 402

27. RONALD DWORKIN: O DIREITO COMO INTEGRIDADE 403

27.1 Dworkin em face do positivismo 403

27.2 A atividade interpretativa: razões e desrazões da justiça 405

27.3 Hermenêutica, razoabilidade e a coerência do Direito 407

27.4 Argumentos de princípio e argumentos de política: *hard cases* e o desafio à aplicação do Direito 409

27.5 O Direito como integridade 411

Conclusões 412

28. SEMIÓTICA DO DIREITO: LINGUAGEM, DISCURSO E SENTIDO JURÍDI-CO 414

28.1. O projeto semiótico 414

28.2. O objeto da Semiótica: o sentido 415

28.3. O objeto da Semiótica do Direito: o sentido jurídico 416

28.4. A Semiótica e a Semiótica do Direito 418

Conclusões 419

29. JÜRGEN HABERMAS: RAZÃO COMUNICATIVA E DIREITO 420

29.1 A razão comunicativa habermasiana 420

29.2 A proposta ético-procedural acerca do Direito 422

29.2.1 O Direito em face da moral: diferenciando as esferas norma-tivas 424

29.2.2 O Direito e o mundo da vida 426

29.2.3 Direito e esfera pública 427

29.3 Por uma teoria pós-metafísica do Direito 428

Conclusões 429

30. AXEL HONNETH: JUSTIÇA, RECONHECIMENTO E LIBERDADE 431

    30.1   O amor: primeira esfera de reconhecimento 432

        30.1.1   Um exemplo literário de maus-tratos como forma de desrespeito 433

    30.2   O Direito 434

        30.2.1   A pessoa moral ou o homem capaz 435

            30.2.1.1   Imputabilidade ou atribuição de responsabilidade a uma pessoa 436

        30.2.2   Sujeito de Direito 436

            30.2.2.1   Sujeito de Direito, autorrespeito e violência 437

    30.3   A estima social ou solidariedade 439

        30.3.1   Exemplo literário de desprezo e reconhecimento 440

    Conclusões 441

31. ROBERT ALEXY: DIREITO, RAZÃO PRÁTICA E DIREITOS FUNDAMENTAIS 443

    31.1   Direito, regras e princípios 443

    31.2   Direito, razão prática e interpretação 445

    31.3   Direito, ponderação e direitos fundamentais 447

    31.4   Direito, certeza e racionalidade 448

    Conclusões 449

PARTE II – TÓPICOS CONCEITUAIS 451

32. DIREITO E TÉCNICA 453

    32.1   Direito, técnica e justiça 453

    32.2   Direito, técnica e consumo 454

    Conclusões 455

33. DIREITO E MORAL: NORMAS JURÍDICAS E NORMAS MORAIS 457

    33.1   Regras morais e regras jurídicas: o circuito do dever-ser 457

    33.2   Moral e Direito face a face 458

    Conclusões 461

34. DIREITO E JUSTIÇA 462

    34.1   Justiça: valor absoluto ou relativo? 462

    34.2   Justiça e finalidade do Direito 463

    Conclusões 464

35. DIREITO E LIBERDADE: CONTRAPONTOS ENTRE PODER, NÃO PODER E DEVER 465

    35.1   Sentidos de liberdade 465

    35.2   A liberdade social 466

    Conclusões 471

XXII CURSO DE FILOSOFIA DO DIREITO • Bittar / Almeida

36. DIREITO E DESENVOLVIMENTO: O HUMANO, O ECONÔMICO E A LIBERDADE 472

    36.1   Desenvolvimento como liberdade 472

    36.2   Direito, índice de desenvolvimento humano e segurança humana 474

    Conclusões 475

37. DIREITO E ÉTICA: O COMPORTAMENTO HUMANO EM QUESTÃO 477

    37.1   Diferenciando ética e moral 477

    37.2   A dimensão do saber ético e a dimensão do saber jurídico 478

    37.3   A ética e o poder de escolha 480

    37.4   Ética e responsabilidade profissional 480

    Conclusões 482

38. DIREITO, HISTÓRIA E VALOR 483

    38.1   O sentido da história e a teoria tridimensional do direito 483

    38.2   A teoria tridimensional do direito e a construção dos valores: direito e experiência 484

    38.3   Era nuclear e totalitarismo 488

    38.4   Valores: características principais 490

    38.5   Liberdade enquanto valoração 491

    38.6   Dignidade da pessoa humana 492

    38.7   Declaração Universal dos Direitos Humanos (1948) 492

    Conclusões 494

39. DIREITO, NORMA E SISTEMA 495

    39.1   A questão do sistema 495

    39.2   Norma jurídica 495

    39.3   Das várias espécies normativas 497

    39.4   Direito como sistema de normas 497

    39.5   Uma possível descrição do sistema jurídico 499

    Conclusões 501

40. DIREITO E LINGUAGEM: LINGUAGENS FORMAL E NATURAL NA FORMAÇÃO DO DISCURSO JURÍDICO 502

    40.1   As práticas do discurso jurídico 502

    40.2   A violência simbólica das formas linguístico-jurídicas 513

    Conclusões 515

41. DIREITO E INTERPRETAÇÃO: A DISCUSSÃO SOBRE O SENTIDO DAS NORMAS JURÍDICAS 516

    Conclusões 518

42. DIREITO E LÓGICA: RACIOCÍNIO RAZOÁVEL NO DIREITO 520

    42.1   *Lógos* e lógica 520

    42.2   Uma lógica propriamente jurídica 520

    Conclusões 525

SUMÁRIO | XXIII

43. DIREITO E PODER: FORÇA, SANÇÃO, COERÇÃO E RELAÇÕES JURÍDICAS... 527

43.1 Sobre poder e força 527

43.2 Direito, normalização e poder 529

43.3 A relação entre poder e Direito 530

Conclusões 532

44. DIREITO E LEGITIMIDADE: PRÁTICAS JURÍDICAS E SEUS FUNDAMENTOS SOCIAIS E POLÍTICOS......... 533

44.1 Política e neutralidade do jurista...................................... 533

44.2 Legitimidade e desobediência civil 534

44.3 Critérios para a aferição da legitimidade 537

Conclusões 539

45. DIREITO E NÃO VIOLÊNCIA: *MINIMUM* DOS POVOS 541

45.1 O que é a não violência... 541

45.2 Kant: *à paz perpétua* – uma ordem internacional não violenta ... 543

45.3 Direito Internacional dos Direitos Humanos (DIDH) como *minimum* dos povos 549

45.4 Gênese da norma proibitiva de guerra 550

45.5 Declaração Universal dos Direitos Humanos de 1948 como Documento Matriz do Direito Internacional dos Direitos Humanos........ 551

45.6 Histórico da proteção internacional dos direitos humanos........ 558

45.7 Sistema global de proteção dos direitos humanos 558

Conclusões 568

46. DIREITO E COSMOPOLITISMO 569

46.1 Paz e cosmopolitismo 570

46.2 Cosmopolitismo e nacionalismo...................................... 571

46.3 Ética, solidariedade global e cultura cosmopolita................. 573

Conclusões 581

47. DIREITO E PÓS-MODERNIDADE 582

47.1 Modernidade e pós-modernidade 582

47.2 O momento pós-moderno 584

47.3 O debate pós-moderno.. 585

47.4 As mudanças no Direito: da modernidade à pós-modernidade.... 586

Conclusões 587

48. DIREITO, ESTÉTICA E HUMANIZAÇÃO......... 588

48.1 O exercício da sensibilidade e as faculdades humanas do pensar, do sentir e do intuir 588

48.2 A reconstrução do mundo pela arte: o antipositivismo da resistência estética 590

48.3 A estética e o poder da significação 592

48.4 Estética, humanização e Direito 595

Conclusões 596

49.	DIREITO, DEMOCRACIA E PLURALISMO: POLÍTICA DEMOCRÁTICA, DIVERSIDADE E DIREITOS HUMANOS	598
	49.1 Estética, humanidade e diferença	598
	49.2 Estética, pluralismo e dissenso	599
	49.3 Diversidade, autoritarismo e direitos humanos	601
	49.4 Dignidade humana, democracia pluralista e direitos humanos	604
	Conclusões	606
50.	DIREITO, SENSIBILIDADE E AFETO	607
	50.1 Modernidade e racionalismo: para uma crítica da razão instrumental	607
	50.2 O lugar do afeto como lugar da razão: Éros, razão e biofilia	609
	50.3 Razão e afeto, Direito e justiça	612
	50.4 Cultura e educação em direitos humanos e para os direitos humanos: a ética do cuidado e a dignidade da pessoa humana	619
	Conclusões	621
51.	DIREITO, JUSTIÇA SOCIAL E POBREZA	622
	51.1 Direito, dignidade e pobreza	622
	51.2 O escândalo da pobreza-mundo	624
	51.3 A histórica pobreza-Brasil	625
	51.4 Direito e políticas sociais	627
	51.5 Direito e justiça social	629
	Conclusões	631
52.	DIREITO, INTERNET E PARTICIPAÇÃO DEMOCRÁTICA	632
	52.1 A sociedade dígito-cêntrica e a crise da liberdade	632
	52.2 Ameaças na rede, segurança e o risco da impunidade virtual	635
	52.3 Potencial político da Internet e a "democracia virtual"	637
	52.4 A internet, as manifestações de rua e o direito	639
	Conclusões	641
53.	DIREITO E NOVAS TECNOLOGIAS	643
	53.1 O Direito na era digital	643
	53.2 A emergência do Direito Digital	644
	53.3 Os novos direitos e a quinta dimensão dos direitos humanos	645
	Conclusões	647

CONCLUSÕES 649

BIBLIOGRAFIA 651

INTRODUÇÃO

1 FILOSOFIA E O SIMBOLISMO DA SABEDORIA

Em muitas línguas (*hibou*, no francês, *owl*, no inglês, *Eule*, no alemão), a *coruja* é a ave que simboliza a *sabedoria*. Isso se deve ao fato de, na tradição grega, a coruja (*koukoubagía*) ter sido vista como a ave de *Athena* (Minerva, para os romanos), ou seja, como símbolo da racionalidade e da sabedoria (*sophía*), como a representação da atitude desperta, que procura e que não dorme, que age sob o fluxo lunar e que, portanto, não dorme quando se trata da busca do conhecimento. Associada à capacidade de enxergar mesmo nas trevas, a coruja guarda seu mistério milenar no quadro do simbolismo humano. Os grandes olhos voltados para a compreensão, para a observação, são suficientemente significativos para traduzirem a ideia de que a busca da sabedoria pressupõe um olhar atento para a compreensão do mundo. O amor à sabedoria implica em uma atitude perante o mundo de busca incessante pelo conhecimento. Isso significa o cultivo à vontade de descobrir, investigar, desbravar, escarafunchar a história, procurar, se embrenhar, enfim, os diversos universos e horizontes do conhecimento. De toda forma, não há pensamento se não houver curiosidade intelectual. Daí a possibilidade de se fazer uma alusão recorrente à ideia da coruja como alusiva à sabedoria humana, fazendo dela um símbolo sugestivo do que representar.[1]

A atitude de vigília da coruja é uma atitude que atravessa as sombras, que se mantém desperta enquanto tudo em volta parece descansar; seu olhar não somente atravessa as sombras, mas, sobretudo, se volta para todos os lados. Aqui se está a dizer que a sabedoria demanda uma peculiar atitude perante o mundo, quando se quer conquistá-la. Certamente, ela tem a ver com a experiência de mundo e com a experiência de vida; no entanto, uma longa experiência que seja não refletida, mas mecanicamente vivida, não é sinônimo de sabedoria adquirida. A sabedoria realmente evoca experiência e capacidade de absorção reflexiva da experiência mundana, esta predisposição de voltar-se para o processo de convívio com o espanto diante do mundo. É, portanto, pela forma com a qual interage com o entorno que se distingue a coruja. A coruja que plana e que observa à distância, com grandes olhos, retira das alturas sua vantagem na observação. O alcance de sua visão se soma ao fato de que se distancia para enxergar mais e então atacar a sua presa.

A questão evocada pelo símbolo da sabedoria também pode ser pensada através de uma outra metáfora. Quando se visitam alguns tipos de ruínas históricas medievais, percebe-se que alguns traços comuns marcantes são compartilhados por construções que cumpriam funções muito diversas na sociedade medieval. É o caso do mosteiro e da fortaleza. Por que o mosteiro fica na região mais alta e distante possível, geralmente inacessível e distante da vida urbana? Por que a fortaleza fica num alto penhasco de onde se tem uma ampla visão de todos os quadrantes da região a ser observada?

---

[1] Cf. Chevalier, *Dicionário de símbolos*, 19. ed., 2005, p. 292-293.

Ora, o mosteiro, que para a sociedade medieval é o lugar, por definição, da reclusão, da vida monástica, da oração, da preservação da tradição, da proclamação da fé e da ligação com o divino, da concentração no espiritual e, exatamente por isso, o lugar da busca da ascese espiritual que se faz somente na proximidade do *caelum*, confere aos monges a condição de mediadores entre o mundo humano (mundo terreno) e o mundo divino (mundo celeste), se situando entre ambos. O mosteiro está na terra, mas não se mistura à aldeia, onde outras atividades mundanas dispersam as energias espirituais, por isso escolhe o cume como lugar para a contemplação divina, para o silêncio e a constrição espiritual. É destas alturas que o monge extrai, na ascese de seu modo de vida como mediador, a ampla visão de quem vê além do que os homens veem, e, por isso, é capaz de aconselhar, de orientar, de dar sentido à vida do fiel na orientação de suas virtudes. Uma vida dedicada à divindade é uma vida digna porque voltada para si e para todos.

Por sua vez, a fortaleza desempenha o papel defensivo contra os ataques sorrateiros do inimigo, especialmente em uma sociedade profundamente dividida, sujeita a invasões permanentes e especialmente descentrada de uma unificação das forças de defesa e proteção. Por isso, a fortaleza se posta sobre a colina, próxima ao despenhadeiro, de onde a sentinela pode tudo observar. Um mundo acossado permanentemente pelo medo é um mundo para o qual é necessário todo tipo de atitude defensiva, e as comunidades procuram o abrigo dos muros fortificados. As menores movimentações são percebidas pela sentinela, com a vantagem de poder não somente proporcionar o aviso estratégico de preparação para a defesa, mas também de poder impor ataque sobre o invasor e, também, poder dificultar a chegada do inimigo até o território a ser defendido. O olhar da sentinela é a garantia da segurança de todo o grupo ao qual ele se remete, na medida em que se encontra investida da responsabilidade de manter a vigília necessária para zelar pela defesa comum. A sentinela tem o dever de comunicar aos demais qualquer menor rumor de ameaça próxima.

De alguma forma, o filósofo pratica uma forma de atitude que se ocupa das mesmas atitudes exercidas, seja pela sentinela, seja pelo monge. Isso porque se ambas as funções se exercem a partir da escolha de um *posto* avantajado, ambas não buscam senão uma especial colocação diante do mundo, no primeiro caso para a defesa, no segundo caso para a ascese espiritual. Ora, a escolha de um lugar avantajado para a observação como marca comum a ambas é compartilhada também pelo filósofo. O filósofo se distancia para compreender, o monge se distancia para contemplar e o guerreiro se distancia para ter a visão defensiva estrategicamente completa. Apesar de se tratar de atividades tão diversas, todas elas possuem um traço em comum. No caso do filósofo, sua posição diante das coisas é a do *theorós*, a daquele que se posta a observar. De um tanto de observação se reveste a atividade do filósofo, por isso, a visão do filósofo não se confunde com a visão determinada e específica que, por exemplo, se terá no âmbito de uma ciência qualquer, como a do químico ou a do físico. A visão do filósofo não é a de um especialista, mas a de um conhecedor de diversas das perspectivas em que se inscreve a vivência mundana e suas questões, em geral, seus grandes dilemas. Seu conhecimento se distende, geralmente, em direção a questões abrangentes, as quais enfrenta observando os diversos aspectos nelas implicados, de modo integral, com visão holista. Sua visão não é a visão local, a do cientista, mas a visão geral, abrangente, pois as questões que aportam em sua escrivaninha são elas também abrangentes. Aliás, as suas questões, antes de específicas, são as questões que mais primariamente se oferecem como enigmáticas para a condição humana, e as quais todos acabamos nos fazendo. O filósofo lida com questões aporéticas (Que é o ser? Qual a natureza humana? Qual o sentido da vida? Qual a melhor forma de governo? Como se pode definir a justiça?), e são essas mesmas que o instigam à busca do conhecimento, incessante, diuturno, insaciável, arguto, lançando sobre as coisas o seu olhar de coruja, na medida em que é um amante (*phílon*) da sabedoria (*sophía*).

A posição do filósofo, portanto, se assemelha à do monge e à da sentinela. Sua distância das coisas se deve ao fato de que, antes de tudo, ante a possibilidade de simplesmente viver naturalizando tudo, detém o compasso das coisas e apresenta, como movimento de resistência contra a tendência inata ao convencimento natural de que "as coisas são como são", a força do pensamento. Para isso, observa. A arguta observação precisa recolher o deslocamento do monge e a larga visão da sentinela. A observação segue a função de apreensão e compreensão. Dessa forma, ao usar do pensamento como força de compreensão, acaba por agir sobre o mundo, e isto porque, ao utilizar o ferramental da razão, se posta como sentinela e defensor da garantia de que a razão será conservada na vida social como um distintivo fundamental da condição humana. Sentinela da garantia de que existe um compromisso humano com a sua própria condição, e que é deste compromisso que decorre a sua função. Por isso, ao apreender e compreender, exerce a crítica, avalia, pondera, e mesmo onde todos veem riqueza, pode ali ver pobreza, onde todos veem progresso, pode ali ver regresso, onde todos veem ordem, pode ali ver arbitrariedade. A ciência pode conduzir ao desastre ambiental, a economia pode conduzir à desigualdade social, a técnica pode conduzir à alienação, o governo pode conduzir à arbitrariedade, a própria filosofia pode conduzir à idealização. Por isso, em seu papel, a filosofia exerce uma verdadeira vigília – e olhar largo e não obtuso – dirigida a si mesma e dirigida ao mundo circundante, dedicada a cumprir uma tarefa de fundamental importância para a existência humana, a saber, a de guardiã da própria racionalidade, como afirma Jürgen Habermas neste trecho, na medida em que deve "conservar sua pretensão de razão nas funções mais modestas de guardador de lugar e de um intérprete".[2]

2   FILOSOFIA: ENTRE REFLEXÃO E AÇÃO

Para que se destaque a importância da filosofia, é mister que se debruce a análise sobre algumas capacidades humanas, delas extraindo-se a atividade filosófica. Nesse sentido, trabalhando as noções de ação e pensamento pode-se, por meio dessa dicotomia, alcançar uma discussão a respeito dos meandros filosóficos e do papel da especulação reflexiva.

De início, deve-se dizer que o homem é capaz de ação e de pensamento. Entre os gregos, essa dicotomia expressava-se por meio da relação entre *práxis* e *theoría*. Na tradição latina, a dicotomia foi incorporada como *actio* e *contemplatio*. De qualquer forma, o que se quer acentuar, para os fins desta discussão é que, de certa maneira, quando se age, se imediatizam forças que comprometem o raciocínio, as atividades corpóreas, os estímulos sensoriais para responder a uma necessidade da ação (construir um barril; lapidar um diamante; socorrer uma pessoa em perigo; assinar um decreto...); com essa canalização de esforços, o manancial reflexivo é drenado para sustentar a carência e a necessidade da ação. Quando se reflete, procura-se um distanciamento que isola o homem da atividade, da operosidade, da fenomenologia e dos acontecimentos para que possa observar (*theoría* = observação) e analisar (*ana-lisis* = quebra, ruptura, dissolução para resolver); com essa canalização de esforços, agora direcionados para a reflexão acerca de algo, prioriza-se o alcance de uma proposta coerente de entendimento, explicação e busca das causas do fenômeno investigado.

É esta investigação uma proposta de retorno ao momento de cunhagem do termo *filosofia*. Isto porque o termo *filosofia*, em seu surgimento, traz consigo o dilema dicotômico da

---

[2]   Habermas, *Consciência moral e agir comunicativo*, 1989, p. 20.

ação e do pensamento. Pitágoras, a quem se atribui a criação do termo *filosofia* (*philosophia*)[3] como forma de designar aquele que ainda não alcançou a sabedoria, mas é amigo da sabedoria, porque em sua busca se encontra. A preocupação de Pitágoras é com o fato de que a percepção do todo não é dada àquele que atua, que age, que pratica, ou que exerce alguma atividade. Enxergar com distanciamento, ter a visão completa do horizonte, adentrar todos os quadrantes do observado... são características daquele que contempla, e não daquele que age, imiscuído que está com os procedimentos da ação e com os reflexos e resultados da mesma.

Utilizando-se de uma alegoria, Pitágoras ilustra essa relação da ação e da observação com bastante clareza. Imerso num teatro, ou se participa ativamente dos jogos (ação), ou se observam os jogos (observação). Aquele que está imerso na ação dos jogos, disputando, lutando por uma posição de destaque, exercendo esforços físicos... não pode ter a noção da conjuntura dos acontecimentos que se dão dentro do estádio. Aquele que se encontra na posição de observador, pelo contrário, não age, não participa, não disputa, não concorre, mas possui a noção de todo, a visão privilegiada das ocorrências dentro do estádio. Na filosofia pitagórica, o filósofo é apontado, por meio de um simbolismo alegórico, como aquele que participa da vida como espectador dos acontecimentos, e não como aquele que se coloca em posição ativa no desenvolvimento de diversas atividades. A própria raiz etimológica do termo *theoría* descende diretamente de *theastai*, o que transmite a ideia da superioridade da observação com relação à participação.[4]

Com a elucidação desenvolvida, procurou-se demonstrar que o próprio surgimento da palavra *filosofia* encontra-se mesclado a um clima de desenvolvimento da tensão entre ação e observação. Quer-se desenvolver essa preocupação para que se possam alcançar algumas consequências no entendimento da importância da filosofia.

Assim, a ação pode ser entendida, em primeiro lugar, como a atividade resultante do envolvimento corporal humano com algum resultado imediato que se visa extrair da operosidade técnica e das habilidades manuais humanas. Entretanto, a ação também pode ser vista como uma *manifestação* de centenas ou milhares de práticas humanas anterior e secularmente realizadas, que se tornam até, por vezes, atitudes impensadas e automatizadas, tendo-se em vista o caráter remoto das tradições e habilidades humanas.

Nesse último sentido do termo *ação*, esta representa apenas um comportamento mecanizado diante de determinado estímulo, ou ainda, a cristalização ou o acomodamento do homem diante de situações que reclamam decisões. Aqui, aparece a palavra *decisão* (*decisio*, *decisionem*), querendo significar que se põe fim a determinada necessidade mediante uma ação humana; a decisão é uma tomada de posição, é o epílogo de algo que poderia delongar-se na

---

[3]   "Pelo relato tradicional grego Pitágoras foi o primeiro a usar o termo *philosophia* (ver D. L. I, 12; Cícero, *Tusc.* V, 3, 8), e dotou a palavra com um sentido fortemente religioso e ético, que melhor se pode ver na opinião do filósofo exposta por Sócrates no *Fédon*, 62c-69e. Em Aristóteles perderam-se estes matizes pitagóricos (o mesmo processo é visível em Platão): *philosophia* tornou-se agora um sinônimo de *episteme* no sentido de uma disciplina intelectual que procura as causas (*met.*, 1026 a). No mesmo passo Aristóteles menciona primeira filosofia (*prote philosophia*) ou teologia que tem como seu objeto não as coisas mutáveis como a física, ou as relacionadas com a matéria, como a matemática, mas o ser (*on*), que é eterno, imutável e separado da matéria. Esta é a mesma ciência chamada *sophia* na *Met.* 982 a 983a" (Peters, *Termos filosóficos gregos*: um léxico histórico, 2. ed., 1983, p. 188, verbete *philosophia*).

[4]   Extrai-se esta reflexão diretamente de uma importante lição contida no *Apêndice I* do livro de Werner Jaeger, *Aristóteles*: bases para la historia de su dessarrollo intelectual, 1992, p. 467-515. Maiores esclarecimentos sobre a dicotomia *theoria/praxis* podem ser encontrados em Blumenberg, *Il riso della donna di Tracia*: una preistoria della teoria, 1988.

ausência da mesma. Decidir (*decidere*), às vezes, figura no vocabulário como ato de coragem, como intrepidez diante das situações; arrostar o perigo da indecisão, ou mesmo preencher o vácuo da incapacidade de dar uma resposta a uma demanda, representa o conteúdo de toda decisão. Todavia, se é isto que se entende por decisão, então decidir não é o problema.

O problema está em *re-pensar* constantemente a capacidade humana de decidir. Se decidir é apresentar respostas, ainda que falhas e insuficientes, ainda que equívocas, então *re-pensar* o porquê, o como, o para que se decide é que parece representar o maior desafio, e isto com vistas ao revisionismo perene de todas as possíveis escolhas destinadas a todas as situações que demandem decisões.

Pelo que se viu, então, a ação está intimamente ligada à decisão. O comprometimento daquela com esta é intrínseco. Não há ação sem decisão; ainda que o conteúdo da decisão seja mínimo, toda ação pressupõe uma decisão. Nesse sentido é que se pode dizer que a investigação sobre os fundamentos da decisão, tarefa da filosofia, reclama a atitude do observador externo.

Agir é responder por condutas positivas ou negativas a estímulos de diversas naturezas (morais, econômicos, jurídicos, afetivos, religiosos...). Daí se poder falar em ação com estímulo moral, em ação jurídica, em ação afetiva... O que há de comum a todas é o fato de necessitarem de decisões e reclamarem respostas. Como todas as demais espécies de ação, a ação jurídica reclama decisão. Ater-se à ação jurídica, no entanto, é deter-se e bastar-se com a simples decisão, com a resposta. E, de fato, o que se pode dizer desde já é que a ação é uma resposta, positiva ou negativa, a um estímulo (externo ou interno). Uma ação colérica que, por vingança a um mal sofrido anteriormente, se desdobra em um assassínio, é uma decisão de tirar a vida de outrem, com base em sentimentos pessoais e relacionais de simpatia, antipatia...

Todavia, investigar as causas, buscar os fundamentos, postular acerca dos balizamentos... enfim, partir da superfície em direção à profundidade, nesse sentido, conflita com o decisionismo que marca o campo da ação, da vida ativa (*vita activa*).[5] Por vezes, parece necessário que essa resposta seja colocada em questão. Está aberto o campo para a filosofia. A atitude que pensa os fundamentos, que reclama os princípios, que analisa as consequências, que destaca as origens, que resgata as incongruências... é a atitude tipicamente filosófica. Em suma, trata-se daquela atitude que absorve pela observação, que demanda especulação, onisciência do fenômeno, e não ação, ou mesmo decisão. Trata-se de uma atitude tipicamente racional, que, por ligações lógicas, dedutivas, indutivas e dialéticas, estabelece relações e atribui sentidos aos fenômenos analisados.

O próprio estremecimento dos fundamentos da ação impede a estruturação de respostas imediatas. É nesse terreno de incertezas, mais de perguntas que de respostas, que deve desfilar o pensamento. A filosofia não pode estar plenamente comprometida com a ação, sob pena de converter-se ao tecnicismo decisório.

Compreenda-se, portanto, que a filosofia não é uma inimiga da ação, nem prescinde da ação. Para muitos, a filosofia é mesmo uma forma de ação, ou deve se comprometer com a ação (filosofia da *praxis*). É ela grande aliada da ação, mas no sentido de sua iluminação. Investigar, e não agir, é sua proposta. Ou, até mesmo, agir racionalmente objetivando melhor conhecimento da ação humana, é esta sua proposta. E, com esta, atrela-se a um objeto de estudo extremamente vasto, que abarca inúmeras práticas sociais e capacidades intrínsecas humanas (ação científica, ação religiosa, ação moral, ação lógica, ação política, ação ética, ação retórica, ação jurídica, ação burocrática...), ao qual se detém de modo universal.

---

[5] A expressão é estudada a fundo, em seu surgimento e em toda a sua significação, por Hannah Arendt, *A condição humana*, 1988. Da mesma autora, consulte-se, ainda, *Entre o passado e o futuro*, 2. ed., 1968.

Esta é uma proposta franca e declaradamente humanista, no sentido de reverter a *re-flexão* a favor do próprio homem. Nesse sentido, é o homem que se coloca no laboratório para ser dissecado, ao lado do mundo, ou ainda é o homem que investiga a si mesmo, em suas características intrínsecas, ou em suas projeções sociais. Com vista a quê? A preencher de sentido a existência, a vida, a insaciável busca humana pela descoberta. Como afirma Aristóteles no livro 1 de *Metafísica* (980a, 20), todos os homens desejam por natureza o conhecimento.

Nesse sentido, quer-se afirmar que a filosofia pode representar o potencial de libertação racional do homem.[6] Trata-se de uma libertação, por meio do pensamento, e não da ação, porque a capacidade de crítica retira o véu que encobre os olhos humanos atrelados às miudezas do quotidiano, ao procedimental, ao ritual, ao que é facilmente aceito, ao dogmático, ao unilateral, ao acidental, ao qualitativo, ao quantitativo, ao monodimensional... A filosofia permite o questionamento, abrindo espaço para outros horizontes, introduzindo novas possibilidades, rediscutindo premissas e princípios, fundando um sentido explicativo para as coisas, reavaliando o que parece sólido e consensual, abrindo abordagens diferenciadas para questões antigas... Enfim, no lugar de decidir, sua proposta é a de investigar, no lugar de agir, sua proposta é a de especular, no lugar de aceitar, sua proposta é a de questionar, de registrar a advertência de Horkheimer:

> "... La filosofia no es una herramienta ni una receta: sólo puede bosquejar por anticipado el curso del progreso tal como este viene determinado por necesidades lógicas y reales; al hacerlo puede anticipar la reacción de horror y resistencia que provocará la marcha triunfal del hombre moderno.
>
> No hay ninguna definición de la filosofia. La definición coincide con la exposición explícita de lo que tiene que decir. Con, todo, es posible que algunas observaciones sobre definiciones y filosofia ofrezcan un bosquejo del papel que podría jugar..." (Horkheimer, *Crítica de la razón instrumental*, 2006, p. 171).

3   A URGÊNCIA DO PENSAR: A INSERÇÃO CONTEXTUAL DA FILOSOFIA NA SOCIEDADE CONTEMPORÂNEA

O contexto atual no qual se insere esta reflexão merece esclarecimentos. Qual a principal marca da sociedade contemporânea, senão a de uma sociedade que nos convida à anestesia reflexiva sobre ela mesma, à apatia política sobre os desafios futuros comuns, à inércia expectadora e à aceitação do *status quo*, e, enfim, ao consumo compensador?

De fato, vive-se em uma sociedade de controle, com forte predominância da *razão instrumental*, na acepção da Escola de Frankfurt (Adorno/Horkheimer), ou seja, da razão orientada a fins imediatistas (razão técnica, para a produtividade, para a economia, para a eficiência, para o mercado), o que, certamente, reduz o índice de aceitação e abertura para a reflexão.

---

[6]   Essa é a visão de Marilena Chaui: "Se abandonar a ingenuidade e os preconceitos do senso comum for útil; se não se deixar guiar pela submissão às ideias dominantes e aos poderes estabelecidos for útil; se buscar compreender a significação do mundo, da cultura, da história for útil; se conhecer o sentido das criações humanas nas artes, nas ciências e na política for útil; se dar a cada um de nós e à nossa sociedade os meios para serem conscientes de si e de suas ações numa prática que deseja a liberdade e a felicidade para todos for útil, então podemos dizer que a Filosofia é o mais útil de todos os saberes de que os seres humanos são capazes" (Chaui, *Convite à filosofia*, 1999, p. 18).

Será que quanto mais razão, quanto mais técnica, quanto mais informação, quanto mais desenvolvimento material pode-se avançar no sentido de se afirmar haver mais consciência, mais democracia, mais engajamento, mais moralidade, mais desenvolvimento social, mais justiça social? A sociedade pós-moderna é a prova de que esta equação funciona em proporção inversa.

Trata-se de uma sociedade anestesiada pela forte presença do poder econômico, pela imperativa e sedutora determinação dos comportamentos a partir de modas e influências midiáticas, e, exatamente por isso, incapaz de reflexão. Por isso, a filosofia está fora de moda, foi expulsa, é considerada correntemente, mesmo entre intelectuais, assunto que causa estranheza. Aliás, intelectuais se tornaram, na era da razão técnica, também fruto do positivismo, meros especialistas em assuntos afunilados, agindo e pensando sob cones de normas tecnicamente relevantes. É usual ouvir-se a frase: "Filosofia, mas para que isto?"

Será que se vive hoje em uma época de esclarecimento, evocando a ideia de *Aufklärung*, como forma de emancipação dos indivíduos? Será que se vive hoje em condições tais que seja possível afirmar que o desenvolvimento alcançado proporcionou ampliação da consciência humana? Em *Educação e emancipação*, Adorno, pressentindo esta temática, e definindo-a como um problema para a educação, afirma: "Se atualmente ainda podemos afirmar que vivemos numa época de esclarecimento, isto tornou-se muito questionável em face da pressão inimaginável exercida sobre as pessoas, seja simplesmente pela própria organização do mundo, seja num sentido mais amplo, pelo controle planificado até mesmo de toda realidade interior pela indústria cultural."[7]

Se o *Iluminismo* introduziu alguma contribuição definitivamente importante para a história contemporânea, esta contribuição foi a ideia de que não há *indivíduos autônomos* se não houver espaço para o desenvolvimento da *razão emancipatória*, se não houver espaço para a *razão* e para a *crítica*. Razão e crítica significam *liberdade*. Ora, se estas ideias encontram sua consagração em Kant, não é de menos importância ressaltar que fora da *razão*, ou se está à pura mercê do *determinismo natural*, ou se está à pura mercê da *promessa teológica*. A autonomia significa emancipação pela produção de cultura, de saber e de domínio das explicações sobre os fenômenos, das forças *naturais* (heteronomia causal) ou das forças *supranaturais* (heteronomia teológica). Um indivíduo autônomo é aquele que guarda o distanciamento necessário para se tornar autor de si mesmo, e, por isso, legislador pela sua racionalidade de sua própria condição.

Não há autonomia sem capacidade de reflexão. Nossos tempos, pós-modernos, são tempos de profunda apatia intelectual, de anestesia da consciência coletiva, de desmobilização ideológico-política, de falência das estruturas institucionais, de derrocada de paradigmas do direito e de justiça. Em tudo, predomina a força do mercado. Tudo é pensado a partir do mercado. Daí a expandida sensação de insatisfação pela realidade, daí o mais do que presente espírito de desalento de nossos tempos. Apesar da necessidade mais do que urgente de se pensar, sob estas condições, é-se, ao mesmo tempo, *impedido de pensar*.

E, de fato, não se vive uma época de esclarecimento geral porque a sociedade pós-moderna treina as consciências e as coopta: pela rapidez da sucessão de imagens televisivas; pela sobrecarga de informação inconsistente a ser drenada; pelo bombardeio instantâneo de dados provenientes de todos os meios de comunicação; pela sedução do gosto ao infindável atrativo dos objetos de desejo no consumo; pela fluidez das relações humanas superficiais nos diversos ambientes de alta rotatividade humana; pela mecanização da vida, na esteira da operosidade

---

[7] Cf. Adorno, *Educação e emancipação*, 3. ed., 2003, p. 181.

inconsciente das atividades quotidianas; pela sensualidade da estética das vitrines e dos balcões de ofertas de novidades de consumo; pelo imediatismo e pelo eficientismo cobrados pelo mercado de trabalho e pela pressa acumulativa e de resultados, inerentes à maximização do capital; pela aceleração do ritmo de vida, marcado pela contingência e pela fugacidade; pela imperativa escravização da mão de obra assalariada à condição do trabalho, como forma de conservação do emprego ante o agigantamento da massa de manobra constituída pelo exército de reserva do desemprego; pela fungibilidade do humano ante a evolução técnica e tecnológica; pela massificação e a tendência ao anonimato na indiferença do coletivo distante e amorfo; pela cooptação dos projetos educacionais para a vala-comum do treinamento/adestramento tecnológico-profissional determinados pela lógica imediatista de recrutamento pelo mercado de trabalho; pela depreciação da formação humana diante dos imperativos pragmáticos e as exigências de qualificação exclusivamente técnicas ou tecnocráticas das profissões.

O interdito ao pensamento vigora em todos os meios, mesmo nos meandros da educação de mercado, pois se o pensamento significa autonomia, ele incomoda, ele provoca, ele modifica, ele desestabiliza, ele causa distúrbios e produz a perda de hegemonias. Onde está o pensar está também o princípio da renovação e da mudança. Nem sempre a mudança é bem-vinda, especialmente para aqueles que se arvoram na condição de conservadores das estruturas reinantes. Neste sentido, conta-se com a omissão da maioria, com a desmobilização dos intelectuais, e também com a inconsciência das novas gerações, adestradas que foram pelo consumismo e pela consciência do imediatismo.

Apesar da impressão de aumento de liberdade, o homem pós-moderno vive o paradoxo do adensamento da opressão e da fragilidade pessoal. Vivendo em uma sociedade de controle, ou sociedade *big brother,* em que o aumento, sempre crescente, das formas e técnicas de controle acaba por produzir sempre mais poder de determinação do comportamento, tem-se por consequência que a subjetividade na pós-modernidade, além de atrofiada se mostra: fragmentada pela dispersão fluida do tempo televisivo; inflacionada de regras (éticas, técnicas, laborais, jurídicas, etiqueta, sucesso, mercado, marketing, estética, medicina...); atravessada pelo arcabouço normativo das exigências estéticas contemporâneas, que determinam a mensuração da importância das coisas pela forma e pela aparência; globalizada, tornando-se mais tolerante à diversidade, mas também igualmente vitimizada pela mundialização da troca e pela padronização do gosto; presa de seu próprio hedonismo, a partir da pressão advinda dos fluxos de consumo, seguindo o tempo financeiro do *marketing,* sequiosa que é de autoafirmação pela exposição do *status* contido nas mercadorias que ostenta; livre (desoneração da sobrecarga normativa externa) pela prática do excesso (esporte radical, gostos extraordinários de consumo...), como mecanismo para desprender-se das amarras de uma sociedade hipernormativa, que avança crescentemente em direção ao controle do subconsciente; não enxerga a face do outro, na medida em que o outro tornou-se redundante pela abundância das massas que acorrem a um modo de vida urbano (onde predomina a cultura de massa, o consumo de massa, o trânsito, o pânico coletivo, o anonimato...), algo que, como experiência humana, abre espaço para a banalização e para a indiferença do outro; amorfa, pela inconsistência dos valores que cruzam o mercado axiológico, no mesmo ritmo em que são substituídos nas prateleiras dos supermercados e lojas de magazine; determinada por fortes pressões de mercadurização da compreensão do outro, na medida em que o mercado direciona o encontro com o outro; despregou-se da tarefa do pensar e da autonomia, por isso ser crítico hoje significa no máximo somente ser possuidor de uma consciência fragmentária e jornalística extraída da dispersão de fatos e episódios; ansiosa, pelo ritmo maquinístico que lhe é imposto pelo trânsito das coisas; carregando a marca do medo e da insegurança, por isso suas proteções e máscaras são muitas, atrás das quais sequer o próprio indivíduo consegue se enxergar. Em poucas palavras, a subjetividade (amesquinhada e não autônoma) vem marcada pela fungibilidade, na medida própria fluidez da troca de mercado.

Em nosso contexto, a recuperação da subjetividade depende sobretudo de um fortalecimento da autonomia do indivíduo, plenamente tragado para dentro das exigências da sociedade de controle, da sociedade pós-moderna. No lugar de promover a adaptação, a reação somente pode vir das mentes capazes de veicularem a resistência.[8] Por isso, se deve repetir o que se lê em *"Educação – para quê?"*: "Eu diria que hoje o indivíduo só sobrevive enquanto núcleo impulsionador da resistência" (Adorno, *Educação e emancipação*, 3. ed., 2003, p. 154). Aqui está o gérmen da mudança, somente possível se fundada numa perspectiva semelhante à incentivada por Michel Foucault, em seus últimos escritos sobre ética, de criação de uma ética da resistência como forma de enfrentamento da microfísica do poder.

Ora, a subjetividade está profundamente ameaçada em sua capacidade de emergir deste cenário através da autonomia. Muito longe da autonomia e do esclarecimento, como abandono da menoridade, na leitura de Kant, a subjetividade se vê acossada por um forte influxo de heteronomias estrangeiras a si e que determinam como a subjetividade deve ser desde fora. Está-se em uma *era da heteronomia* e não da *autonomia*. Acredita-se por aqui haver identificado alguma perspectiva para acreditar que se a filosofia possui alguma *"utilidade"* contextual, sabendo-se ser a mais completa forma de expressão da razão humana, é aquela de resgatar o humano de dentro do nevoeiro em que se encontra. Com Horkheimer:

> "... El progreso hacia la utopía se ve frenado hoy en primera línea por la relación de todo punto descompensada y desproporcionada que existe entre el peso de la avasalladora maquinaria del poder social y las masas atomizadas.
>
> Si la filosofia logra ayudar a los hombres a reconocer estos factores, habrá prestado un gran servicio a la humanidad. El método de negación, la denuncia de cuanto mutila a la humanidad e impide su libre desarrollo, descansa sobre la confianza en el ser humano..." (Horkheimer, *Crítica de la razón instrumental*, 2006, p. 187).

4 PODEM OS FILÓSOFOS MODIFICAR O MUNDO?

Seria demasiado exagero considerar que é pretensão dos filósofos modificarem o mundo. Suas ideias, porém, não se lançam ao mundo sem motivo, sem objetivos, sem finalidades. O pensamento se exerce de forma tão presencial entre os homens do mundo que, uma vez acolhidas e adotadas como formas de comportamento, trazem como desencadeamento certa modificação do mundo. Então, o filósofo modifica indiretamente o mundo, pois seu rastro é sua marca impressa sobre as coisas e as pessoas, à medida que suas ideias são recepcionadas, dispersas, divulgadas pelas comunidades a que se destinam. Essa modificação decorre do fato de as pessoas abraçarem a palavra apregoada na seara filosófica, de modo a criar-se na prática o que no pensamento foi arquitetado pelo pensador. Este não age sozinho, mas com o respaldo, com o auxílio, com o concurso, com a empreitada de adeptos, continuadores, idealizadores de suas ideias...

Até mesmo dizer que o filósofo age sobre o mundo, por vezes, parece ser um contrassenso. O *modus vivendi* do filósofo, em geral, é em meio a ideias, e não na praxe cotidiana

---

[8] Esta reflexão aparece em *"Educação – para quê?"*, onde se lê: "A educação por meio da família, na medida em que é consciente, por meio da escola, da universidade teria neste momento de conformismo onipresente muito mais a tarefa de fortalecer a resistência do que de fortalecer a adaptação" (Adorno, *Educação e emancipação*, 3. ed., 2003, p. 144).

de desenvolvimento das mesmas. Todavia, de qualquer forma, o que há que se dizer é que o filósofo age por meio do pensamento; seu modo de ação dá-se por meio de palavras, de ideias, de discursos, de escritos... que são formas sutis de atuação sobre a realidade.[9] É, portanto, por meio do pensamento, com o pensamento e pelo pensamento que a intervenção mais direta do filósofo sobre o mundo se dá. Seria, pelo contrário, incoerente pensar que o filósofo não pretende agir sobre o mundo, que pretende ver-se excluído, distanciado e deslocado dos processos decisórios políticos, jurídicos, sociais, éticos, humanos... Se nem mesmo o mais idealista dos pensadores, Platão, se manteve alheio a pretensões de ingerência política sobre o mundo,[10] o que dizer dos demais filósofos atuantes na prática política... Então, de fato, o legado de cada pensador possui uma carga diferenciada de atuação sobre o mundo.

O que pensar da história do pensamento ocidental após a marcante passagem de Sócrates pela Grécia no século V a.C.? Seria possível desconsiderar a influência que produziu sobre o pensamento de Platão e de Aristóteles? Seria possível desmerecer sua participação no *re-direcionamento* do papel do filósofo após sua morte? Seria possível dizer que a certeza com que se dirigiu para a morte, quando condenado a beber cicuta, não transmitiu certezas espirituais a seus conterrâneos e discípulos? Apagar da história do pensamento a figura de Sócrates seria o mesmo que apagar da história das religiões a figura do Cristo, o que, com certeza, distorceria profundamente os destinos da humanidade.

Filosofias mais detidamente científicas acabam por determinar o percurso intelectual da humanidade durante séculos. O que pensar da história da lógica, sem os conceitos da lógica formal e analítica formulados por Aristóteles (século IV a.C.)? O que pensar da filosofia de Santo Tomás de Aquino (século XIII d.C.) sem a leitura das obras de Aristóteles? Quais os reflexos da inexistência de Aristóteles para o mundo ocidental, tendo em vista que se tornou durante alguns séculos a leitura básica para a formação dos teólogos da cristandade a partir do século XIII? O que pensar do ensino universitário sem o concurso da dialética, da retórica, da ética e da política aristotélicas? Negar a influência do aristotelismo sobre o pensamento ocidental seria o mesmo que dizer que a história das ciências começou somente no século XV d.C., o que traduz forte equívoco, e certo anacronismo.

Filosofias mais abstratas acabam por determinar os destinos da própria ciência e da própria filosofia após sua intervenção nos meios científicos. Seria possível imaginar a modernidade sem a determinação do pensamento de Immanuel Kant (século XVIII d.C.)? Quais os destinos do pensamento moderno sem o criticismo kantiano, que acabou por dar origem a toda uma nova geração de filósofos antikantianos e pós-kantianos? Seria possível imaginar

---

[9] De acordo com esse pensamento também se expressa Marilena Chaui: "Não somos, porém, somente seres pensantes. Somos, também, seres que agem no mundo, que se relacionam com os outros seres humanos, com os animais, as plantas, as coisas, os fatos e acontecimentos, e exprimimos essas relações tanto por meio da linguagem quanto por meio de gestos e ações. A reflexão filosófica também se volta para essas relações que mantemos com a realidade circundante, para o que dizemos e para as ações que realizamos nessas relações" (Chaui, *Convite a filosofia*, 1999, p. 14).

[10] "O ceticismo de Platão com relação à intercessão direta e à participação ativa no processo de educação do povo ateniense pelo pensador conduziu-o à eleição do *bíos theoretikós* como método pedagógico de atuação sobre os membros da sociedade. A fundação da Academia em 387 a.C. revitaliza a paideia pitagórica do século VI a.C., que deslocava o filósofo do meio social para situá-lo em ambientes que propiciassem o livre desenvolvimento da capacidade meditativa humana. Assim mesmo, o ideal paidêutico platônico, em momento algum se descura da preparação do filósofo como instrumento de transformação da sociedade; o educador terá seu lugar primordial no contexto da República, assim como também o verdadeiro governante é o governante-filósofo, aquele que tem a sapiência das *eidai*" (Bittar, *A justiça em Aristóteles*, 1999, p. 4).

o desenvolvimento de um pensamento como o de Hegel (século XIX d.C.) sem a existência e as conquistas conceituais e teóricas do kantismo? Sem a intervenção do kantismo e do hegelianismo, quais as concepções possíveis no plano do Direito, tendo em vista as largas contribuições e influência que estes autores geraram sobre juristas e sistemas filosófico-jurídicos? Desconsiderar essa realidade seria o mesmo que dizer que a teoria do heliocentrismo em nada modificou o contexto da ciência e os destinos da própria física moderna.

Filosofias mais radicais, de maior cunho político, de profunda crítica social, no geral, são produtoras de maiores reflexos sobre a sociedade e as estruturas de poder vigentes. O que pensar da filosofia e da política do século XX sem a existência de Karl Marx e de Friedrich Engels? O que pensar, historicamente, a respeito da Revolução Russa de 1917, ou seja, teria ela lugar ou não no curso dos acontecimentos políticos do século XX? O que pensar da dispersão dos partidos de esquerda e das múltiplas tendências sociais, social-democratas, socialistas, trabalhistas, sindicalistas durante o processo de formação da política de massa no século XX? Qual a condição dos direitos sociais nas Cartas e Declarações Internacionais sem a intervenção e dispersão de ideias sociais pelos pensadores e idealizadores do movimento comunista? Teria lugar uma Guerra Fria entre URSS e EUA, em função da divisão do mundo em torno de duas bandeiras ideológicas, militares e econômicas? O que pensar da geração de maio de 1968 e suas mudanças culturais? Desconsiderar essas influências e contribuições seria o mesmo que dizer que a descoberta do átomo em nada influenciou na formação da bomba atômica, o que é, claramente, uma insanidade.

Filosofias de maior peso espiritual acabam por formar um conjunto de prescrições que direcionam os discípulos à observância de determinados comportamentos, que, na base dessa fé e dessa certeza, passam a constituir regras gerais de comportamento, por vezes, em toda uma sociedade. Seria possível desconsiderar o papel da filosofia da não violência de Mahatma Gandhi em meio ao processo de separatismo da Índia da Inglaterra? Em pleno século XX, em que guerras sangrentas ceifaram inúmeras vidas, seria possível imaginar o confronto que surgiria se a Índia tivesse se conduzido de modo radical, sem seu líder espiritual? Negar a importância desses eventos é o mesmo que apagar da história da física quântica o nome de Albert Einstein, o que traduz uma impossibilidade.

Filosofias mais propriamente jurídicas determinaram a fundamentação lógica e sistemática do Direito, como ocorre com a doutrina de Hans Kelsen. O que pensar do ensino jurídico universitário sem o concurso desse jurista? O que pensar dos destinos do positivismo jurídico no século XX sem a existência da teoria piramidal e normativa do sistema jurídico? O que pensar das sucessivas décadas de profissionais do direito formados sob a ideologia positivista normativista sem a existência de Hans Kelsen? Boa ou má, sua contribuição é um marco indelével na cultura e na literatura jurídicas universais.

Então, qual o poder das palavras dos filósofos? Entre idealizar algo e realmente alcançar seus frutos vai larga distância. Talvez, a filosofia esteja mais enraizada na vida quotidiana de cada um do que se possa mesmo imaginar. Talvez esteja ela tão impregnada de usos e costumes sociais, de hábitos e crenças populares, de sentenças e opúsculos de pensamento, que seja difícil diferenciar o que é filosófico do que é folclórico ou cultural. Pequenas e sutis brechas do quotidiano e da vida fazem perceber que a filosofia é, antes de idealismo, realidade presente e palpável na vida das pessoas. Quando se diz: "gostaria de viver um amor platônico", já se está a traduzir certo conhecimento da proposta do filósofo Platão; "a morte é a passagem desta para uma melhor", há nisto forte sabor otimista cristão; "a virtude consiste num meio-termo, nem no excesso nem no exagero", está-se a traduzir em miúdos a teoria ética de Aristóteles; "a natureza é senhora soberana de todos e exemplo para o homem", está-se a verificar e identificar na natureza a origem dos direitos, como pregado pela corrente jusnaturalista.

Talvez, seja uma teoria, uma ideia, uma ideologia, um texto, um livro... a origem de um comportamento atual, cuja memória do início já se apagou por completo, ou, o que é ainda mais grave, a origem de massivos comportamentos sociais.

Talvez, com toda a limitação que é peculiar ao pensamento, as palavras dos filósofos tenham mais influência que se possa efetivamente medir. Talvez, as letras filosóficas tenham influenciado mais a história da humanidade do que muito líder político sonhador tenha jamais pensado poder fazer. Talvez, símbolos, sílabas, letras e frases ressoem mais que espadas que tiritam no ar. Talvez, sistemas ideológicos teoricamente arquitetados alcancem maiores repercussões sociais que sistemas burocráticos inteiros, com massas de inumeráveis funcionários, não são capazes de construir. Eis aí a ambivalência e o poder da filosofia.

5   OS CONHECIMENTOS HUMANOS

Os conhecimentos são inexauríveis, enquanto a vida é finita. Os horizontes do saber se dilatam à medida que a dinâmica da realidade se altera. O famoso adágio clássico, *ars longa vita brevis*, retrata precisamente a sensação de impotência humana diante da imensa árvore dos conhecimentos. Se considerarmos ainda que as culturas são muitas, o conhecimento se amplia ainda mais. É vão o esforço humano de tudo saber, assim como é fútil a tentativa de controlar, deter e dominar o conhecimento. O conhecimento se renova, o conhecimento se reinventa, o conhecimento se multiplica, o conhecimento se modifica. Especialmente, a tendência inaugurada pela modernidade de reduzir todo o conhecimento a ciência, e de pretender com o método moderno produzir uma vida fundada em certezas e evidências estritamente científicas.

A ciência é, sem dúvida, a base de uma série de progressos materiais na relação do homem consigo mesmo e do homem com a natureza. No entanto, os conhecimentos não se reduzem às evidências científicas, nem pode a ciência avançar a ponto de comprometer a própria existência humana. A ciência não é um fim para si mesma. Se a ciência permite que se espantem as ilusões e as ideologias falsas, ela também produz o desencantamento do mundo, na acepção weberiana do termo. Apesar disso, percebe-se que quanto mais especialidades científicas surgem, como fruto da ramificação dos saberes, também maior é o leque de variedades dos conhecimentos que vão se desdobrando, a ponto de produzir-se uma dilatação que caminha em direção a horizontes cada vez mais avançados. Atrás de cada avanço científico, parece restar ainda mais para conhecer. Parece sempre restar um contingente do que pode ser considerado o *não desvendado* atrás das ciências.

Se esta questão parece dilemática, é exatamente ela o motor de propulsão para o permanente processo de busca, que é este "estar sempre no caminho" (*méthodos*), pois o fim é difícil de ser alcançado. Daí a abertura do conhecimento. Todo novo conhecimento parte da base de pressupostos anteriormente conquistados ou construídos, que vão se acumulando processualmente na história, a partir de onde surgem novas formulações, proposições, que vão se alternando na explicação dos fenômenos estudados e se substituindo na linha de uma progressiva expansão das formas do conhecimento existentes, como afirma Kuhn. O horizonte inexplorado do conhecimento anterior é sempre considerado um ponto de partida para novas investidas em direção a visões e versões mais aprimoradas do conhecimento, que geram paradigmas diferentes e novas formas de entendimento sobre os fenômenos estudados. Daí, valer para o conhecimento sempre uma certa dose de relatividade, pois quando se alcança um conhecimento "dito absoluto", no fundo, se alcançou mais um novo paradigma, que se renova assim que outro, mais coerente e sustentável, se colocar em seu lugar.

Quando se projeta esta discussão no plano da filosofia, é muito difícil falar em superação de paradigmas, como ocorre no interior do conhecimento científico. Os filósofos e seus sistemas filosóficos respondem a questões e a dilemas caracteristicamente humanos, e suas ideias não morrem com seu tempo e muito menos com sua morte física. As ideias filosóficas de Aristóteles sobre a amizade são tão válidas hoje como o eram na Grécia do século IV a.C. Claramente, suas reflexões sobre a biologia não se encontram intactas, diante dos avanços da biologia moderna. As ideias das tradições filosófico-cristãs de origem agostiniana e aquiniana continuam a fundamentar as bases das doutrinas religiosas contemporâneas. As ideias de Hobbes não destronam as de Rousseau na dimensão do conhecimento sobre a sociedade, pois ambos os sistemas partem de pressupostos diversos. As recentes teses de Habermas não sufocam as de Kant, mas reinventam seus pressupostos à luz de recentes concepções filosófico-linguísticas, renovando sua utilidade e perspectiva. Nietzsche reavalia e resgata a significação de grandes tradições filosóficas pré-socráticas, tornando-as base de muitos de seus postulados, dos quais se extrairá a força do pensamento de Foucault. Portanto, se a ciência trabalha com a ideia de superação, a filosofia é um saber que se desenvolve e, claramente, dá passos adiante, não necessariamente lidando com a ideia de superação.

A filosofia é, atualmente, uma forma de saber que se inscreve em meio a uma larga teia de outros conhecimentos. É considerada, mesmo, a matriz de todas as ciências (*mater scientiae*), pois a ela remonta o princípio fundador de todo o saber. A busca do conhecimento racional se dá na Grécia antiga, com os filósofos pré-socráticos, a partir da pergunta que coloca a nu a ignorância humana e inaugura a busca da razão: o que é o ser? A partir daí, se sucedem diversas correntes e escolas de pensamento, que de suas interpretações e questões vão dando fomento ao surgimento do questionar sistemático, do perguntar organizado, que paulatinamente vai dando origem às especializações científicas.

No entanto, a diversidade dos conhecimentos humanos requer sejam identificadas algumas categorias básicas que demonstram a versatilidade do homem na aplicação de sua razão e de suas capacidades anímicas. O senso comum, a religião, a técnica, a ciência e a filosofia são as principais formas de projeção do homem, formas que acabam por compor as mais evidentes e as mais destacadas categorias culturais humanas.[11] Então, como pressuposto do desenvolvimento das investigações subsequentes, é mister conceituar e apresentar essas nuanças, como necessário recurso de análise e pesquisa neste contexto, como segue:

> Senso comum – a categoria do senso comum é formada pelas noções superficiais, gerais e assistemáticas sobre o mundo absorvidas pelo homem enquanto interage com o mesmo. O conhecimento de senso comum é, antes de tudo, um conjunto de juízos não aprofundados retirados da experiência cotidiana com as coisas. Seu perigo encontra-se no fato de que nem tudo o que presume, de que nem tudo o que pressupõe, de que nem tudo o que intui como correto ou como errado realmente o é. Carente de busca das causas, desprovido de método, impotente pela falta de provas e testemunhos a respeito de algo, suas deficiências logo despontam como recursos insuficientes para se averiguar uma realidade, um fenômeno, um sentido... Porém, de seu bojo, de suas impressões, de suas desconfianças, de suas preliminares investigações... surge o saber científico, surgem as grandes indagações humanas. Se se puder discriminar os conhecimentos em fases, em etapas, esta é a primeira delas em direção à sapiência humana.

---

[11] Semelhante divisão dos conhecimentos humanos pode-se encontrar em D'Onofrio, *Metodologia do trabalho intelectual*, 1999, p. 5-12. Porém, o autor acrescenta a essa lista o conhecimento mítico como forma separada e diferenciada do conhecimento religioso.

Religião – organizando-se como doutrina omnicompreensiva, as religiões constituem uma das manifestações humanas mais precoces na história dos tempos. De fato, nascida com o próprio homem, gestada em datas imemoriais, as manifestações de fé não tardaram a despontar, seja em função do medo, seja em função do temor, seja em função da carência de conhecimentos e explicações científicas, seja em função da crença em poderes naturais ou sobrenaturais, seja em função da intuição da existência de forças superiores... o homem mostrou-se desde o princípio de sua jornada terrena engajado em místicas e, inclusive, em cultos. Não é de todo estranho que os poderes sociais nas comunidades mais rudimentares se tenham estruturado na base dos poderes religiosos e espirituais. A fé, de qualquer forma, liberta o homem da contingência em que se encontra, uma vez que outros poderes (naturais/sobrenaturais), outras perspectivas (mundanas/cósmicas), outras vidas (terrestres/espirituais), outros seres (líderes/deuses)... podem sempre interferir na constituição das regras do jogo, redefinindo-as em seus termos, alterando-as por completo, fazendo-as cumprir..., pois a fé deposita fora do que é esperado, fora do que é visível aos olhos, fora do que é aceito normalmente... seu poder, sua ação, sua força. Quem tem fé, seja num princípio, seja num preceito, seja num culto, seja num poder... determina seu modo de proceder e de interpretar a vida a partir de sua crença. Contudo, por se pensar que a fé é pura crença (ato de confiança e entrega de si), pensa-se normalmente que está dissociada de qualquer preocupação racional. Ao contrário, a verdadeira e inabalável crença solidifica-se por instrumentos racionais, por expedientes comprobatórios, lógicos e lúcidos, distanciando-se, dessa forma, do fanatismo e da cegueira sectária. Iluminação da alma, que tem relação com a vida e a *sobre-vida* do ser, a fé esclarecida é grande aliada das expectativas acerca do porvir. Nutrida por naturais ansiedades existenciais, pela obscuridade da penetração dos sentidos em dados extrassensórios, e escorada pela razão, criteriosamente lastreada por auxílios lógicos, a fé converte-se em forte aliada das multidões nos processos convencionais de convívio, relacionamento, estruturação e projeção da vida. Tornada recurso único da humanidade, pode-se por ela ceifar milhares de vidas, em nome da conversão e da salvação, bem como podem-se construir ou destruir impérios com sua intervenção sobre a vida ordinária, temporal e mundana. Abolida por completo, pode-se perceber o vazio e o *non sense* do existir. Sua indispensável presença parece residir no meio termo entre a razão e o fanatismo, entre a crença e o ritualismo exterior, entre a honestidade carismática e o charlatanismo vulgar, entre a responsabilidade e o messianismo descontrolado.

Técnica – sabendo-se que toda conquista humana vem acompanhada pelo aprimoramento de um *saber-fazer*, a técnica representa o meio pelo qual se podem realizar determinadas atividades de interação e adaptação mecânica do homem com o meio em que vive. A técnica representa a solução prática de que necessita o homem para interagir com outrem ou com algo de modo mais eficiente e com menor sacrifício pessoal (encurta distâncias, celeriza processos, demanda menor mão de obra...). A técnica liberta o homem de sua condição corpórea, abrindo-lhe horizontes produtivos, criativos, relacionais, quantitativos, qualitativos... incomensuráveis. É de valiosa importância para a humanidade à medida que sem ela se pode correr o risco de se permanecer estacionário o modo de vida e de organização humanos. O homem escravo da técnica converte-se em humanoide, mecaniza-se e escraviza-se, abandonando sua própria essencialidade; o homem sem a técnica é mais um ser à mercê das contingências materiais da vida e incapaz de impor parâmetros racionais para administrar necessidades práticas surgidas da interação ambiental.

Arte – o senso estético desenvolve-se no homem como uma capacidade de interação simbólica com as coisas e de representação criativa dos objetos (lógicos, simbólicos, imagéticos, concretos...). A arte realiza-se no momento em que o homem plasma sobre a matéria-prima de que dispõe manifestações de sua personalidade em interação com realidades as mais diversas. O juízo estético aceita o exterior como interior para plasmar novamente no exterior o que o interior pôde produzir ou interpretar sobre si mesmo. Além de tudo, a arte pressupõe conhecimento e faz conhecimento, por produzir e *re-produzir* conceitos e valores humanos projetados sobre as coisas. A arte requer, mais que qualquer coisa, o impulso criativo, a liberdade de expressão, a manipulação de formas, a materialização simbólica da ideia estética (num poema, numa pintura, numa criação artesanal, num desenho...). Sem técnica, a arte torna-se escrava da imperfeição da forma; se pura técnica, a arte converte-se em instrumento acadêmico para a castração da livre expressão criativa e imaginativa humana. A arte é, por isso, uma forma sobre-humana que liberta pela sua própria prática, de onde se destaca a sua relevância para a formação humana.

Ciência – manifestação racional humana que busca a causa dos fenômenos para explicá-los, coloca à prova do raciocínio e da testabilidade empírica as hipóteses formuladas para explicar os fenômenos que circundam a humanidade, seja em seu aspecto intrínseco, seja em seu aspecto extrínseco. Seu ímpeto, de desenvolvimento, sua especialização, sua metódica empírica se dão mais acentuadamente no mundo moderno, quando os pilares da "ciência moderna" se fixaram com clareza, como tarefas de desbravamento do mundo pela razão. Depositando no método sua capacidade de se distanciar da mera opinião pessoal, procura universalizar respostas para satisfazer a inquietações e necessidades humanas (específicas e especializadas) surgidas do inter-relacionamento e da vivência mundana.

Filosofia – como visões de mundo influentes e atividade do pensamento, a especulação distingue-se da mera observação passiva, da mera contemplação admirativa, uma vez que postula, procura as causas primeiras, explica, critica..., favorecendo a liberdade humana de pensar; a filosofia aparece como uma forma de busca racional para as questões que a própria ciência se julga impotente para responder. Para além dos estreitos limites da causalidade empírica, pode a filosofia racionalmente avançar, sem recair necessariamente nos domínios da crença e da fé religiosa. Sem compromissos imediatos, sem preocupação com produtos racionais, sem limites tão claramente delineados, sem vínculo de apresentar respostas, com a filosofia a racionalidade humana galga a condição da liberdade intelectual. Seus objetos são amplos, universais e infinitos. Pode, sem dúvida nenhuma, representar grande instrumento de esclarecimento e questionamento sobre meios e fins, sobre os princípios e as causas, sobre os destinos e as metas, sobre o de onde e o por onde...

6   PARTES DA FILOSOFIA

É costume apontar, de acordo com o acúmulo das experiências filosóficas desde a Antiguidade, subdivisões didáticas dos saberes filosóficos, enquanto múltiplos são os territórios pelos quais se espraiam as visões de mundo influentes. As classificações são muitas, as opiniões são as mais variadas, as diferenças entre teóricos, ainda maiores. Convém apenas que se diga que a filosofia se espraia por campos infinitos de conhecimento, à medida que inesgotáveis são os saberes, e suas distensões teóricas são as que seguem:[12]

- Ética: moral, comportamento, costumes, hábitos, atitude perante si e perante o outro, limites da ação humana, fins e meios da decisão do agir, regras de proceder social, defesa de interesses sócio-humanos... são estas as principais preocupações da filosofia ética;
- Lógica: raciocínio, pensamento, certeza proposicional, formas de estruturar os encadeamentos racionais, formas de conhecer o mundo e o próprio homem, regras do procedimento racional, inferências, deduções, abduções, induções, possibilidade do conhecimento... são estas as principais preocupações da filosofia lógica;
- Estética: sensibilidade, capacidade artística, imitação da natureza, potencial criativo, juízo de gosto, proporção, invenção, gênio, a arte como prática social e cultural... são estas as principais preocupações da filosofia estética;
- Epistemologia: rigor científico, método, procedimentos de pesquisa, exequibilidade das experiências científicas, fins das atitudes científicas, possibilidade de alcance da verdade, papel social das ciências... são estas as principais preocupações da filosofia das ciências;
- Filosofia Política: poder, legitimidade, consenso, vontade popular, representatividade, participação, cidadania, totalitarismo, opressão, desvio de poder, governo, justiça social e distribuição das riquezas, políticas sociais, gestão social... são estas as principais preocupações da filosofia política;
- Metafísica: origem das coisas, unidade divina, relação criador/criatura, preexistência do mundo, subsistência do ser, alma, destino, governo do universo, causa das causas, sentido da vida... são estas as principais preocupações da filosofia metafísica;
- História da Filosofia: conceitos filosóficos, escolas de pensadores, doutrinas e injunções históricas das doutrinas, atrelamentos entre o pensador e seu tempo, ou seus predecessores, discussões que perpassam a história com continuidades ou descontinuidades... são estas as principais preocupações da história da filosofia;
- Filosofia da História: os limites do saber histórico, o sentido da história, a valoração humana sobre os fatos passados, os meandros da ação humana sobre a história, as descontinuidades históricas, a história e sua escrita, a determinação ideológica das práticas e do saber histórico... são estas as principais preocupações da filosofia da história;
- Filosofia da Linguagem: o poder de significação das palavras, o pronunciamento do homem sobre a realidade, a dimensão do signo, a dependência da razão da linguagem, a participação do discurso na construção de arquétipos sociais, a análise dos instrumentos de comunicação, a interação social, as diversas linguagens, da gestual à escrita, a ambiguidade da linguagem, a manipulação da linguagem, o poder persuasório da linguagem... são estas as principais preocupações da filosofia da linguagem.

---

[12] Cf. Chaui, *Convite à filosofia*, 1999, p. 55.

6.1 A Filosofia da História da Filosofia do Direito

Os sistemas filosóficos que se pronunciaram sobre questões da justiça, da consciência social e do direito se acumulam na história. Ao longo dos capítulos deste livro, especialmente em sua Parte I, serão encontrados diversos destes pensamentos recolhidos da história da filosofia ocidental. Por isso, antes de se projetar na leitura de cada um destes universos conceituais, vale fazer uma pergunta filosófica acerca do olhar que se projeta sobre a história do próprio pensar, sobre a história da filosofia, questionamento este inaugurado por Hegel, a partir de seus ensinamentos contidos em *Lições sobre a história da filosofia* (*Vorlesungen uber die Geschichte der Philosophie*), no século XIX. Para Hegel, se o pensamento é colhido pela história, se torna incscapável a reflexão sobre a história do pensamento, pois ela é, em verdade "...este desenvolvimento no tempo".[13]

Os sistemas filosóficos que se sucedem no tempo se superam entre si? A temporalidade histórica atravessa os sistemas filosóficos? A noção de justiça dos antigos é inadequada para avaliar a noção de justiça com a qual se opera hoje? Um sistema filosófico atravessa e ultrapassa o seu tempo, podendo ser reconquistado em outro contexto? O que guia a história do pensamento? Qual a relação entre os sistemas filosóficos acumulativamente reunidos na história? Estas e outras questões se acotovelam quando se trata de pensar o tema da filosofia da história da filosofia, e, por consequência, a filosofia da história da filosofia do direito.

A primeira forma de se abordar essas complexas questões é apontar para uma advertência: não se pode ler a história da filosofia como se lê a história das ciências. Se assim fosse, Aristóteles, macedônio do séc. IV a.C., teria proposto um sistema de interpretação da ideia de justiça, na *Ética a Nicômaco,* que teria sido liquidado por um autor contemporâneo como John Rawls, em sua obra *Uma teoria da justiça.* Não, diferentemente do que sucede nas ciências, as filosofias sobrevivem ao seu tempo, e, por isso, a história não enterra no passado o valor dos questionamentos filosóficos. Em razão disso, é hoje possível desenvolver pensamentos neokantianos e neoaristotélicos, sem com isso incorrer em contrariedade com relação a nenhuma lei da história. No entanto, e certamente neste ponto, Galileu e Kepler deram acertados golpes no geocentrismo da astronomia de tradição aristotélica, assim como a física de Albert Einstein supera a de tradição newtoniana.

Por isso, vale seja feita a advertência de que a história da filosofia não pode ser lida como uma história ascensional, do menos desenvolvido ao mais desenvolvido, mas que ela é toda entrecortada por ideias que se reciclam no tempo, que ganham nova atualização e novas feições, e, mais ainda, refletem contextos cujas necessidades incorporam problemas os mais diferenciados ao longo da própria história da humanidade. Nietzsche relê os pré-socráticos em pleno século XIX, Foucault incorpora Nietzsche em suas investigações e Marx é relido permanentemente por diversas correntes do marxismo ocidental ao longo do século XX, de Gramsci a Lukács, de Adorno a Horkheimer, de Pachukanis a Althusser. O que se percebe é que há superações e há continuações, e, sobretudo, há linhas diversas que permitem leituras também muito diferenciadas dos fenômenos.

Assim, se deve perceber que o fluxo do devir contingencia os pensamentos filosóficos, mas nunca ao ponto de sua total revogação. O pensamento novo não é necessariamente melhor que o pensamento antigo; há muito no novo que já estava no antigo, e o novo pressupõe o antigo para se afirmar. Hegel, nas suas lições, afirma: "Os conceitos concretos da razão se aperfeiçoam sem que os sistemas de pensamento anteriores desapareçam nos posteriores."[14]

---

[13] Hegel, *Introdução à história da filosofia,* 1986, p. 43.

[14] Hegel, *Introdução à história da filosofia,* 1986, p. 48.

Ainda, mais adiante, afirma: "Da mesma maneira, se conserva o precedente na história da filosofia. Nada se perde."[15] Ainda, toda vez que o novo se afirma, mesmo a superação também vem acompanhada de manutenção e restauração. É também certo que o novo sempre contém maior capacidade de representar e expressar os problemas de seu tempo, muitas vezes imprevisíveis para o pensamento anterior, mas isso não indica que os sistemas se sucedem num ritmo progressista entre si – nada impede que a filosofia de um tempo decadentista tenha o condão de representar um espelhamento temporal de um retrocesso com relação a filosofias anteriores, porém, mais avançadas. Também, não há nenhuma linearidade na forma como os sistemas filosóficos são relidos e reinterpretados na história, pois recuperações e expurgos são comuns conforme as expressões contingenciais de poder numa determinada sociedade. A vitória do platonismo de Avicena sobre o aristotelismo de Averróis tem suas consequências práticas para o mundo árabe. Kant (séc. XVIII) é a base para Hegel (sécs. XVIII-XIX), mas é rejeitado pela crítica de Marx (séc. XIX), e, posteriormente, restaurado, ainda que em outros termos, por Habermas (sécs. XX-XXI).

Se a filosofia significa esta dança nupcial com a sabedoria, então é forçoso reconhecer que a sabedoria humana que se expande a cada nova irrupção filosófica indica a inexauribilidade da busca do saber. As ideias filosóficas não brotam da pura e simples criação do sujeito-histórico-filósofo; elas são, sim, atividade de criação humana, mas são, ao mesmo tempo, reação à literatura de um tempo, aos estímulos ou desestímulos sociais, às ideologias reinantes e ao conjunto das pressões culturais predominantes.

Por isso, nenhum sistema filosófico consegue reter toda a verdade; as verdades (parciais) podem ter sido decifradas em pensamentos antigos (Heráclito, Parmênides ou Sócrates), e a atualidade destas ideias pode repousar exatamente na capacidade que tiveram de retratar com fidedignidade uma forma de interpretação do mundo. Nenhum sistema filosófico consegue ser completamente trans-histórico, e se a história é movimento, não haveria um pensamento que não se tornasse, até certo ponto, datado. Daí a dificuldade de operar com os sistemas de pensamento, pois, muitas vezes, aderimos a certas partes de um pensamento, fundindo uma tradição teórica com outra, a ponto de criarmos novas frentes de leitura da realidade que decorrem da riqueza destes encontros, como ocorre no interior da Escola de Frankfurt, que funde a reflexão freudiana com a reflexão marxista, dando origem ao pensamento crítico. De toda forma, um sistema filosófico pode ser a melhor chave para a compreensão e estudo, pesquisa e aproximação, de problemas de um determinado tempo histórico. Com Hegel: "Cada filosofia deveria ter aparecido em seu tempo, como apareceu. Toda filosofia apareceu assim no tempo conveniente, nenhuma poderia ter saltado sobre seu próprio tempo, mas todas as filosofias compreenderam conceitualmente o espírito de sua época."[16]

Mas, ainda aí, não se pode ser categórico em considerar que a história sepulta o pensamento, pois certo caráter dos ensinos próprios do campo das filosofias aponta para um certo grau de trans-historicidade; como toda filosofia implica numa visão de mundo, nada impede que o tomismo, em determinados círculos de adeptos, sobreviva ao lado do marxismo, e que o pensamento rousseauniano continue a ser retomado. A sobrevida das sentenças filosóficas se deve à sua força conceitual, à força elocutória do modo como se pode, pela cultura humana, fundar de sentido o mundo. Pretender a vitória de um sistema filosófico sobre todos os demais, ou pretender a plena identidade entre o *eu-pensante* e o *mundo-ao-derredor* é agir contra a liberdade, e, exatamente por isso, cercear o espaço da diversidade das formas de interpretar o

---

[15] Idem, p. 48.

[16] Hegel, *Introdução à história da filosofia*, 1986, p. 48.

mundo. Instaurar o purismo das ideias na dinâmica da vida social é sempre temerário, uma vez que isto contraria a forma como a diversidade do próprio espírito humano se distende na história, por vezes pela convergência, por vezes pela divergência, pelo consenso ou pelo dissenso. Por isso, não é raro que as filosofias se misturem a sistemas políticos, se convertendo em instrumentos perigosos, especialmente quando se trata de por elas impor sobre os demais uma vontade única e homogênea, decantada como verdade universal.

Além disso, deve-se perceber que a relação entre autor e história é uma relação tensa e sempre muito desigual; há aqueles que foram relegados ao ostracismo, banidos ou perseguidos. Platão é vendido, em determinado momento de suas viagens, como escravo, da mesma forma como Sócrates foi morto pela cidade. Nietzsche é, na esteira de Schopenhauer, um crítico da modernidade e do racionalismo moderno. Nietzsche reage ao seu tempo, da mesma forma como o tempo reagiu a Aristóteles, dogmatizando-o ou rejeitando-o, como se sucedeu ao longo dos expurgos de suas obras no século XIII, para sua aceitação se consagrar como base dos ensinamentos da Igreja com a releitura operada por São Tomás. Por sua vez, Rousseau haverá de ser incorporado à história-ela-mesma, e terá algumas das premissas de seu pensamento acolhidas para se tornarem, revolucionariamente, parte do processo de sublevação social de 1789, na França. Os filósofos e a história estão, portanto, em tensa relação, mas são reciprocamente determinados. Nietzsche morreu no esquecimento, mas tornou-se a força centrípeta dos olhares do contexto pós-moderno, de Foucault a Gianni Vattimo.

Por isso, para enxergar no conjunto dos sistemas filosóficos um processo de permanente relação dialética do homem com as ideias, é necessário perceber que há fluxos de avanço e retrocesso, de conservação e restauração, ou de rechaço e abandono, assim como há fluxos de interrupção e ciclos de modismo acadêmico, ao sabor de uma série de variantes contingentes da história e de acordo com cada referencial tomado para avaliação.[17] Por isso, como dificilmente um único sistema filosófico consegue expressar a totalidade da verdade – esta pretensão seria demasiada para a própria razão – deve-se admitir que diversas verdades circulam no interior dos sistemas filosóficos, e de superações e retrocessos convivem as filosofias entre si.

Ao se ensaiar, ao longo da Parte I desta obra, a tarefa de se pensar, trafegando em meio aos autores, suas ideias e seus textos, com a história da filosofia, o que se faz é reabilitar os significantes filosóficos que, antes de mortos na história do passado, se encontram à disposição da cultura para sua reapropriação simbólica, sua interpretação e seu uso trans-histórico. Aí está a importância do debate filosófico ele mesmo, na formação humana, e na abertura de horizontes para se pensar os desafios da vida social.

6.2   A Filosofia ocidental e suas origens orientais

Antes de mencionar uma ordem cronológica que destaque os principais pensadores ocidentais, dos antigos aos contemporâneos, parece necessário, antes de tudo, entender por que estudamos a "filosofia", o amor à sabedoria, enquanto "filosofia ocidental", e por que se costuma dedicar tão pouco tempo à compreensão da filosofia oriental. Uma questão preliminar, neste campo, é se a filosofia é, de fato, uma invenção ocidental.[18] Algo, nessa perspectiva

---

[17]   Para Hegel, as "... diversas filosofias não somente se contradisseram, mas também se refutaram" (Hegel, *Introdução à história da filosofia*, 1986, p. 49).

[18]   A questão é formulada por Marilena Chaui: "... existe um problema que, durante séculos, vem ocupando os historiadores da Filosofia: o de saber se a Filosofia – que é um fato especificamente grego – nasceu por si mesma ou dependeu de contribuições da sabedoria oriental (egípcios, assírios, persas, caldeus,

é inquestionável: a epopeia do pensamento grego, que se afirma paulatinamente na Grécia antiga, numa luta impressionante entre mito e razão, entre a busca do uno e a concretude do múltiplo, entre aspectos da aparência e a essência das coisas, é a raiz da constituição dos saberes, crenças e visão de mundo ocidentais.[19] Esse legado nos persegue e nos constitui, nos atravessa e nos reveste, mesmo no mundo moderno, e aparece para nós como um dado inconteste de nossa civilização e de nossa cultura. E esse legado se vincula sobretudo a um período, relativamente curto, da história da Grécia, período de pujança, riqueza, expansão e cosmopolitismo, conhecido como o Século de Péricles (séc. V a. C.), em que Atenas e Esparta disputam poder, mas se iconizam por seus valores como *cidades-estado* (*pólis*) predominantes entre as demais. O século seguinte (séc. IV a. C.) será de declínio, mas após a invasão macedônia, durante o imperialismo de Alexandre Magno (discípulo de Aristóteles), conhecido como o período do helenismo, a cultura dos gregos será levada como ideal de beleza e perfeição, para todos os domínios, e admirada por muitos povos e culturas, como ponto de apoio, como exemplo e como forma de afirmação, nos planos da arquitetura, da filosofia, das artes cênicas, das ciências, da política. O helenismo é responsável pela força que a cultura grega terá no mundo antigo, que levará os romanos a nela buscar uma fonte inesgotável de inspiração, seja pelas maravilhas de suas artes aplicadas, seja pela cultura erudita e a sabedoria de seus pensadores. Do imperialismo romano ao mundo medieval, o distanciamento será cada vez mais acentuado, mas as raízes serão sempre gregas. Para o pensamento medieval de Santo Agostinho, Platão será inspiração, e para a retomada de Tomás de Aquino, Aristóteles será a referência. No Renascimento, as formas, o belo, as técnicas, o cultivo do corpo, a devolução do homem como "medida de todas as coisas", base do antropocentrismo ocidental moderno, a retomada da razão se fará invocando os antigos gregos. Assim, de fragmento em fragmento nos percebemos sempre devedores dos gregos.[20] Mas, os gregos são devedores de outros povos?

Aqui exatamente aparece a embocadura do problema. A resposta é positiva, pois são sim devedores de outras culturas antigas. Como povos comerciantes, tendo em vista a vastidão dos arquipélagos que ocupavam, e tendo os mares a serem desbravados, serão as viagens de encontros culturais que demonstrarão, aos poucos, aos gregos, conhecimentos e tradições ocultas que lhes eram desconhecidos. Não por outro motivo, para dois dos mais significativos pensadores gregos (Platão e Aristóteles), a "filosofia", o amor pela sabedoria e pelos mistérios, não tinha origem *grega*, pois sua origem era *oriental*, uma vez que os gregos se abeberaram, em seus encontros, dos saberes de egípcios, caldeus, babilônios, persas e outros povos, sem considerar a própria origem creto-micênica dos gregos. Assim, a agrimensura dos egípcios, a astrologia dos caldeus e babilônios, a genealogia dos persas, entre outros saberes, os gregos extraíram do mundo oriental.[21] Mas, é evidente que a elaboração desses elementos, e a formação

---

babilônios) e da sabedoria de civilizações que antecederam à grega, na região que, antes de ser a Grécia ou a Hélade, abrigara as civilizações de Creta, Minos, Tirento e Micenas" (Chaui, *Convite à filosofia*, 1999, p. 26).

[19] "O Ocidente jamais deixou de admirar a extraordinária vitalidade e profundidade da cultura grega, mesmo quando os subsequentes desdobramentos intelectuais questionavam a algum aspecto do pensamento helênico" (Tarnas, *A epopeia do pensamento ocidental*, 5. ed., 2002, p. 89).

[20] "Não foi apenas o monoteísmo o grande fator de mudança no ideário da civilização Greco-romana. A invenção do saber filosófico, na Grécia, ao abrir da mesma forma a todos a perspectiva do universal, contribuiu decisivamente para o despertar da consciência da unidade do gênero humano" (Comparato, *Ética*: direito, moral e religião no mundo moderno, 2006, p. 86).

[21] "(...) povos comerciante e navegante, descobriram, através das viagens, a agrimensura dos egípcios (usada para medir as terras, após as cheias do Nilo), a astrologia dos caldeus e dos babilônios (usada para prever grandes guerras, subida e queda de reis, catástrofes como peste, fome, furacões), as genealogias dos

racional de sistemas organizados de pensamento, bem como a contribuição da explicação clara e límpida desses conhecimentos, permitiu que os gregos somassem grandes contribuições, que dão origem ao pensamento grego, semente da qual o pensamento ocidental brotará. Assim, a filosofia é, em seu nascedouro, fruto de uma síntese, operada a partir de legados culturais orientais antigos, processados pela específica contribuição grega. Há, pois, grandes dívidas, dos gregos para outros povos orientais antigos (babilônios, assírios, caldeus, persas, egípcios).[22]

Assim, o mundo ocidental é legatário de uma longeva tradição, que também não observa um movimento cumulativo, mas sinuoso, em seu interior, pois não há linearidade na história da filosofia ocidental; há dissonâncias e rupturas, em todos os períodos, e, muitas delas se revelam como reaproximações entre o que é oriental e o que é ocidental. De toda forma, existem laços e continuidades, descontinuidades e rupturas, dentro dessa complexa tradição, que se quer ver uma, dos antigos, aos medievais, e destes aos modernos e contemporâneos. Não se pode compreender Platão, sem compreender Pitágoras, nem se pode compreender Aristóteles sem Sócrates, e muito menos Marx, sem Hegel; apesar de suas filosofias apontarem para caminhos próprios, estes laços internos formam ligações e distensões, que os vinculam de uma forma ou de outra. Mas, esse legado não se vinca somente nos nomes dos grandes autores e não se restringe à figura individual de nomináveis pensadores. Esse legado se estende um pouco mais além, para também atravessar a formação de marcas irreversíveis nos legados arquitetônico e artístico (modelos de beleza e formas de demonstração do trágico e do cômico), linguístico (línguas neolatinas têm evidentes raízes no latim), religioso (o monoteísmo judaico-cristão), institucional (política, democracia, técnica, são todos termos de origem grega), filosófico (racionalismo, empirismo, método são todos legados europeus modernos).

Isso não obscurece a existência e a importância de filósofos, práticas ético-filosóficas, sistemas de pensamento, muitos dos quais preexistentes à formação da filosofia, e até mesmo da cunhagem do termo filosofia entre os gregos (*philosophía*), que se deu mais recentemente como se pôde já estudar. Assim, as filosofias orientais, sejam laicas, sejam religiosas, envolvem uma multiplicidade não conciliável de culturas muito diversas entre si, que quase nos impede de falar de "filosofia oriental", como se houvesse uma unidade sob todas elas, como a chinesa, a persa, a japonesa, a babilônica, a coreana, a hindu, a árabe. Confúcio, Avicena, Mao Tsé-Tung, não poderiam ser colocados num mesmo grupo. Em verdade, essa forma de qualificar a relação que dicotomiza Oriente e Ocidente, que divide, que separa, que demarca, a partir de um geocentrismo etnocêntrico, as relações entre as culturas, em verdade, decorre de uma visão europeia de mundo, de um lado, fruto da forma como os gregos se cindiram historicamente com o império persa, no século V a. C., a eles se opondo como a povos bárbaros, e, de outro lado, fruto da forma como a Europa, tornada centro das forças econômicas e culturais a partir do século XIII d. C. em diante, especialmente, após os idos da modernidade, fará coroar os seus próprios cânones, paradigmas filosóficos e culturais, bem como seus preceitos axiomáticos.

---

persas (usadas para dar continuidade às linhagens e dinastias dos governantes), os mistérios religiosos referentes aos rituais de purificação da alma (para livrá-la da reencarnação contínua e garantir-lhe o descanso eterno) etc. A Filosofia teria nascido pelas transformações que os gregos impuseram a esses conhecimentos" (Chaui, *Convite à filosofia*, 1999, p. 26).

[22] "Retirados os exageros do orientalismo, percebe-se que, de fato, a Filosofia tem dívidas com a sabedoria dos orientais, não só porque as viagens colocaram os gregos em contato com os conhecimentos produzidos por outros povos (sobretudo os egípcios, persas, babilônios, assírios e caldeus), mas também porque os dois maiores formadores da cultura grega antiga, os poetas Homero e Hesíodo, encontram nos mitos e nas religiões dos povos orientais, bem como nas culturas que precederam a grega, os elementos para elaborar a mitologia grega que, depois, seria transformada racionalmente pelos filósofos" (Chaui, *Convite à filosofia*, 1999, p. 27).

De toda forma, é espantosa a riqueza e a diversidade das questões trazidas por filosofias hinduístas, ou ainda, pelo budismo, pelo confucionismo, pelo taoísmo, pelo zoroastrismo, ou pelo islamismo. Há verdades extraordinárias contidas nessas filosofias. Há nelas, ainda mais, questões comuns às muitas das questões tratadas pelas filosofias ocidentais, e os cruzamentos recíprocos são muito interessantes e curiosos. E isso, porque as questões humanas universais são problemas e dilemas para todos que partilham da humana condição. Os "ocidentais" somente chegaram ao Novo Mundo (as Américas, encontradas por Espanhóis e Portugueses, na busca das Índias), navegando através das estrelas, com astrolábios, ao "modo dos mouros". Para a fé islâmica, as posições filosóficas de Avicena são tão importantes, quanto as de Agostinho, para o Ocidente cristão; o paralelismo é muito próprio. Ademais, não se pode esquecer que diversas das filosofias forjadas como "ocidentais", reuniram elementos significativos extraídos de embriões teóricos, religiosos ou culturais orientais, e a elas devem muito de seu espírito e de sua especificidade. Platão cunhou sua filosofia a partir de influências consideráveis do orfismo, e do ocultismo egípcio, assim como Carl Gustav Jung, promovendo significativas mudanças na psicanálise de Freud, o faz a partir de influências claramente orientais. Por isso, é importante relativizar a oposição "oriental" *versus* "ocidental", bem como se deve dar crédito às contribuições de ambas as versões da história. Na esteira de Edward Said, teórico cosmopolita que pensou o problema da construção do orientalismo pelo mundo ocidental, é necessário relativizar e matizar essas fronteiras artificiais entre o Oriental e o Ocidental.

No entanto, para fins de formação na área do direito, as influências serão ainda mais marcadamente ocidentais, pois neste capítulo, a dívida para com as práticas, as instituições e os conceitos fundamentais é de cristalina origem greco-romana. Termos como virtude (*areté,* gr., *virtus,* lat.), lei (*nómos,* gr., *lex,* lat.), justiça (*diké,* gr., *iustitia,* lat.) e política (*politiké,* gr., *politicus/ civicus,* lat.) estão neste escasso rol de termos fundadores, seja da Filosofia Moral, da Filosofia do Direito, seja da Filosofia Política.[23] Por isso, ainda que sejam instigantes e fundamentais as pesquisas de filosofia oriental, bem como a consideração da importância desses sistemas de compreensão de mundo até mesmo como contraponto às razões autopro-clamadas vitoriosas, como ocidentais, a maior parte das influências sofridas pela Filosofia do Direito retira seus fundamentos e influências históricas do pensamento ocidental. Por isso, num *Curso de Filosofia do Direito* devem-se impor limitações de diversas ordens, para poder compreender o arrastar desta história de formação dos principais espectros que lastreiam a visão que nos permite pensar o direito, desde fora dele, mas também desde dentro dele, como um fenômeno de curiosidade filosófica. A primeira limitação é de ordem didática, pois é impossível abranger tantos pensadores num único curso, e que, especialmente, ocupa um ou dois semestres da formação num curso regular. A segunda limitação é de ordem cultural, uma vez que somos descendentes de tradições ocidentais, e nossas instituições políticas, racionais e jurídicas são basicamente derivativas dessas matrizes, e, portanto, de nossa forma de enxergar a realidade. A terceira limitação se deve às dificuldades de pesquisa, uma vez que as fontes primárias, para uma pesquisa centrada e bem fundamentada, das filosofias orientais, já é de mais escasso acesso entre nós. Por isso, iremos nos concentrar no estudo, já bastante vasto e dificultoso, das numerosas correntes de pensamento da filosofia ocidental.

---

23 "Os gregos inventaram a política (palavra que vem de *pólis,* que, em grego, significa cidade organizada por leis e instituições) porque instituíram práticas pelas quais as decisões eram tomadas a partir de discussões e debates públicos e eram adotadas ou revogadas por voto em assembleias públicas; porque estabeleceram instituições públicas (tribunais, assembleias, separação entre autoridade do chefe de família e autoridade pública, entre autoridade político-militar e autoridade religiosa) e sobretudo porque criaram a ideia da lei e da justiça como expressões da vontade coletiva pública e não como imposição da vontade de um só ou de um grupo, em nome das divindades" (Chaui, *Convite à filosofia,* 1999, p. 28).

6.3 Principais representantes da Filosofia ocidental: síntese de autores e de ideias para a compreensão da História da Filosofia

Os sistemas filosóficos são formas de entendimento do mundo. Esta apertada síntese das principais referências filosóficas de cada século ou período permite que se entrevejam, entre traços biográficos e noções filosóficas, algumas tendências e movimentos que se deram no limiar dos tempos. A herança filosófica, não sendo construída por interrupções ou por lapsos desconexos de genialidade, *inter-age* com o meio, com a obra e com a diversidade das doutrinas, de modo a tornar-se necessária a compreensão dos principais correspondentes espaciais e temporais que deram origem a esta ou àquela filosofia. A só presença de um número considerável de filósofos nos quadrantes da filosofia ocidental tornaria inviável esta tentativa de esboçar suas mais peculiares diferenças e identidades.

Se o resumo de autores abaixo elencados sequencializa uma série de principais nomes do pensamento ocidental, nada autoriza a que se pense que a história do pensamento responde a uma simples lógica de superação, quando o mais novo teria desabilitado o pensamento do mais antigo. Isso não ocorre em filosofia. Isto é válido somente para a ciência, e, nesse sentido, não há equivalências entre história da ciência e história da filosofia. E isto porque pensamentos remotíssimos são eles mesmos de uma atualidade impressionante, de uma vitalidade imorredoura.

Nesta parte, o que se quer não é *re-constituir* a história da filosofia ocidental, mas oferecer um quadro referencial que minimamente permita sejam assentadas as principais dinâmicas de ideias de alguns autores, com base nos quais a leitura filosófica se torne menos densa e complicada e mais simples e orgânica:

Tales de Mileto (625-547 a.C.) – Teria sido o primeiro pensador que registra a história ocidental, não se tendo notícias de seus escritos. Está entre os sete sábios da Grécia e destacou-se por suas ideias matemáticas, astronômicas e cosmológicas. O elemento água é identificado em sua doutrina como o princípio de todas as coisas.

Anaximandro (? - 647 a.C.) – Para este filósofo pré-socrático, o *ápeiron* é o elemento formador e originário do universo, substância cuja identidade não se confunde nem com a água, nem com a terra, nem com o ar, nem com o fogo.

Anaxímenes (546 a.C. - ?) – O ar, para este pensador, era considerado a origem de tudo, e a substância compósita da alma e do universo. Poucos traços de sua obra podem ser encontrados, mas, mesmo assim, suas ideias se eternizaram entre as dos demais pensadores pré-socráticos.

Pitágoras (572-510 a.C.) – Conhecido por sua intimidade com os números, em verdade foi um pensador e místico que fundou uma congregação de iniciados. Segundo este filósofo, era possível ouvir os sons dos astros e explicar a essência das coisas por meio de categorias numéricas e seus sentidos.

Demócrito (460-370 a.C.) – Com sua teoria atomística, explicava a composição dos corpos a partir do elemento indivisível: o átomo. As diferenças entre os corpos devem-se às diferenças entre os átomos que os compõem. Nada resta de sua obra.

Protágoras (490-421 a.C.) – Sofista de maior renome, é autor da frase que caracteriza o pensamento da escola e do período: "O homem é o princípio de todas as coisas." Os sofistas relativizam o absoluto dos pré-socráticos e situam a filosofia no seio da vida econômica e política das cidades. Protágoras destacou-se, sobretudo, por seus dons de oratória, com os quais movia multidões para ensinar, mediante pagamento, as estratégias sofistas.

Sócrates (469-399 a.C.) – Polêmico pensador que tumultuou a Atenas do século V a.C. com sua iluminação filosófica e com sua maiêutica dialética. Dedicou sua filosofia à cidade-

-estado (*pólis*), Atenas, que era o centro das atenções do período, bem como aos cidadãos, enfocando sobretudo temas morais e antropocêntricos, sem deixar obra escrita, pois seus diálogos eram travados em praça pública (*agorá*). Condenado a beber do veneno cicuta em 399 a.C., acusado de perverter a juventude e de propalar adoração a outros deuses, à sentença do tribunal popular resignou-se, tornando-se mártir histórico da filosofia.

Platão (427-347 a.C.) – Autor de inúmeros diálogos, com destaque para a *República,* foi discípulo de Sócrates e fundador da *Academia* de Atenas. Sua filosofia ontológica e dualista pressupõe a existência de uma (R)ealidade para além da (r)ealidade mundana, representando certa fusão da dialética e da ética socráticas com o orfo-pitagorismo e o sincretismo oriental. Sua doutrina do Estado revela o primeiro dos comunismos possíveis.

Aristóteles (384-322 a.C.) – Discípulo de Platão, nascido na Macedônia, é autor de extensa obra em forma de grandes tratados. Notabilizou-se pelo caráter científico de seus escritos, pela fundação de vários saberes (lógica, biologia...) e pelo afinco ao estudo da natureza e das causas das coisas e fenômenos. Considerado o pai das ciências, operou a síntese da cultura grega em desaparecimento em pleno século IV a.C.

Zenão de Cítio (334-262 a.C.) – É o fundador do estoicismo grego, doutrina helenística que colocava o homem em relação e em sintonia com o *kósmos.* A *ataraxía* é o meio de alcançar virtude e sabedoria para este pensamento. Esta escola encontrou também fortes adeptos entre os pensadores romanos.

Epicuro (341-271 a.C.) – Deu início à corrente filosófica conhecida como o epicurismo. Prega que o conhecimento se origina da sensação e que a felicidade decorre do prazer (não do prazer sensual), que pode conduzir ao bem-estar máximo e harmônico da alma.

Plotino (205-270 d.C.) – Dá origem ao neoplatonismo, revigorando o estudo pagão do filósofo grego Platão; sua principal obra (*Enéadas*) provoca fortes influências no panorama da filosofia de época.

Agostinho de Hipona (354-430 d.C.) – Tendo-se iniciado na retórica e no maniqueísmo, converteu-se ao cristianismo, alcançando posteriormente a função de Bispo de Hipona. Sua obra filosófica é de peso, e revela a união entre o platonismo e os ideais cristãos, tendo-se tornado o principal representante do pensamento cristão no período da patrística.

Abelardo (1079-1142) – Engajado na discussão e na querela medieval dos universais, é, sem dúvida, o maior protótipo do período escolástico, sendo de se destacar sua atuação como hábil instrumentador da lógica, da gramática, da retórica, da dialética e da razão. Sua turbulenta biografia é, em parte, fruto do contraste de sua obra com o pensamento de época.

Tomás de Aquino (1225 -1274) – Reconhecido como o *Doctor Angelicus,* sua extensa obra tornou-se o ícone da produção filosófica cristã e a referência obrigatória do Ocidente medieval, após longos e turbulentos períodos atravessados em que a filosofia de Aristóteles pendia entre a heresia total e o fascínio dogmático. Sua doutrina concilia dogmas cristãos com ideias aristotélicas, destacando-se seu grande compêndio, a *Summa theologica.*

Francis Bacon (1561-1626) – Filósofo de origem inglesa, fundou a forma de pensar da ciência moderna na base do indutivismo, bem como dotou a lógica da pesquisa de instrumentos mais sólidos, sobretudo organizando o saber da desconstrução daquilo que chama de *idola,* em seu principal texto, *Novum organum.*

René Descartes (1596-1650) – O pensamento cartesiano dota o método científico de características inconfundíveis, assim como instaura a dúvida como meio de persecução da verdade, pois a única certeza está no *cogito, ergo sum.* Sua obra de destaque é *Discurso do método.*

John Locke (1632-1704) – O inglês Locke possui uma obra de notável significado político e filosófico (*Dois tratados sobre o governo civil* e *Ensaio sobre o entendimento humano*). Sua obra normalmente é contrastada à de Thomas Hobbes, no que tange às ideias sobre o estado de natureza. Discorre sobre temas ligados à teoria do conhecimento e à origem da sociedade, como meio de garantia e sobrevivência para os indivíduos.

Voltaire (1694-1778) – A obra de Voltaire representa um forte bastião da modernidade contra a hipocrisia, a obscuridade dos espíritos e a intolerância religiosa. É com humor sarcástico que tece seus diversos textos, muitos dos quais lhe causaram sérios problemas políticos que o levaram várias vezes ao exílio.

Jean-Jacques Rousseau (1712-1778) – O pensador de Genebra é o famoso autor de *O contrato social,* onde discute a origem da sociedade, descreve o estado de natureza e polemiza o estado cívico. O bucolismo de suas concepções decorre de sua interpretação paradisíaca da vida no estado de natureza. Para Rousseau, a pena de morte jamais é um ato legítimo do Estado contra o cidadão, pois este não aliena ao Estado, ao aderir ao pacto social, o direito sobre sua vida.

Immanuel Kant (1724-1804) – Sem dúvida, o maior representante da filosofia do século XVIII, fundou o criticismo filosófico e trouxe notáveis contribuições aos temas da lógica, da ética, da metafísica. Suas três *Críticas* e seu opúsculo *À paz perpétua* são obras de definitiva influência sobre o pensamento ocidental. A ideia de *a priori* que governa sua moral funda uma série de discussões que dominam o espaço da ética e do direito, perdurando acentuadamente no panorama das discussões até meados do século XX.

Georg Wilhelm Friedrich Hegel (1770-1831) – O filósofo alemão, que chegou à titularidade da Universidade de Berlim, é o maior representante do idealismo filosófico do século XIX. Em seu sistema de ideias, a razão domina tudo, pois o saber é a verdadeira sede ontológica das coisas, sendo a dialética a forma pela qual as coisas entram em movimento. A ideia de Estado é algo semelhante a uma necessidade social de transformação do anárquico da vontade livre em racional da estrutura burocrática e pensada na ordem estatal.

Karl Marx (1818-1883) – Em parte influenciado por Feurbach e em parte por Hegel, incrementa o materialismo, tornando-o dialético e histórico, sabendo entrever na história humana a sucessão de regimes econômicos de exploração e de alternância de classes dominantes. Identifica estrutura e superestrutura. Sua leitura dos métodos capitalistas de acumulação primitiva é apuradíssima. Juntamente com Engels, consegue dar início, bem como acompanhar, os principais movimentos de trabalhadores do século XIX, ideologia engatilhada sobretudo a partir do *Manifesto comunista.* Sua doutrina traz fortes influências sobre os movimentos sociais dos séculos XIX e XX.

Friedrich Nietzsche (1844-1900) – Representante do voluntarismo, lança as fundações do niilismo. A filosofia de Nietzsche irrompe com uma crítica cética à tradição metafísica ocidental, e discorre sobre a vontade de poder. Para ele, a constituição da realidade decorre de uma explosão multifária de formas desordenadas, e a ética dos tempos deve ser posta em dúvida pelo método genealógico.

Edmund Husserl (1859-1938) – Inicia seus estudos pela matemática, passando à lógica e à filosofia, para tornar-se o fundador da fenomenologia, corrente de pensamento que projeta na busca da essência das *coisas-em-si* a verdadeira meta do saber. Nenhum juízo sobre as coisas deve estar contaminado pela visão que comumente se tem sobre elas, pois se torna desde já obscuro; a identidade de algo decorre de sua natureza e constituição mais íntimas, e é nisso que consiste a pesquisa fenomenológica, que haverá de fazer nascer de dentro de si também o existencialismo.

Martin Heidegger (1889-1976) – Filósofo alemão e autor de *Ser e tempo,* dedicou-se à fenomenologia. Deteve-se na pergunta sobre o ser, com especial atenção para o tema do *dasein* (ser-aí). Apesar das polêmicas ligações políticas iniciais com o nacional-socialismo alemão pré-Segunda Guerra Mundial, soube distanciar-se de um papel partidário ativo, a ponto de não se envolver nos crimes do regime nazista.

Theodor W. Adorno (1903-1969) – Filósofo alemão, de importante inserção dentro da chamada Escola de Frankfurt, na qual se incluem nomes como os de Horkheimer, Marcuse, Benjamin, que inicia, numa linha marxista, uma filosofia crítica, de cunho social, que irá produzir uma das mais impiedosas análises críticas da razão e dos desvios da modernidade, conduzindo o pensamento contemporâneo a uma importante revisão do estado atual da liberdade, propalada, porém não realizada, pelo Iluminismo.

Hannah Arendt (1906-1975) – Sua dedicação à filosofia política e sua franca oposição à intolerância antissemita e ao nazismo tornam sua obra o mais fiel retrato dos dilemas do homem inserido no século XX. As causas do poder e de seus desvios são temas recorrentes nas referências de filosofia política de Hannah Arendt, judia alemã que teve de expatriar-se quando da disseminação do nazismo alemão, dando continuidade a seus cursos e publicações nos EUA. Suas contribuições para a temática da condição humana também são de extrema valia.

Jean-Paul Sartre (1905-1980) – A peregrinação sartriana é uma vivência entre a militância marxista e o existencialismo filosófico, por ele muito bem representado em meio aos intelectuais franceses. Prescinde de tratar de temas ontológicos e de grandes questões da filosofia para construção de uma obra inteiramente focada sobre a figura frágil do homem enquanto *ser-aí*, enquanto *ser-no-mundo*. Dedica-se a temas existenciais, psicológicos, literários, filosóficos e teatrais. Sua ampla obra revela uma incontestável defesa da liberdade do espírito e certo tônus humanista.

Jürgen Habermas (1929-) – Centrando-se na análise da comunicatividade e na análise do discurso, Habermas destaca-se como pensador contemporâneo ligado à teoria crítica da Escola de Frankfurt, com escritos de substancial influência sobre o pensamento de vanguarda filosófica, na busca de uma base ético-discursiva para a legitimação da Democracia e do Direito.

Axel Honneth (1949-) – Retomando categorias centrais do pensamento de Hegel, dá continuidade à tradição da Escola de Frankfurt, em sua terceira geração, enfatizando em sua Teoria Crítica a centralidade do debate sobre o reconhecimento, a liberdade e a justiça.

Robert Alexy (1945-) – Desenvolvendo estudos analítico-liberais, a Filosofia do Direito de Alexy dota a teoria da argumentação contemporânea de um conjunto de características que permite a atualização e o avanço da concepção de razão prática no Direito, em sua forma de resolução de conflitos sociais, fortalecendo a perspectiva de trabalho que ganhou grande ênfase no debate sobre os direitos fundamentais e a teoria do Direito Constitucional.

7 MÉTODO, CIÊNCIA, FILOSOFIA E SENSO COMUM

É ponto pacífico que a atividade científica não pode possuir o mesmo grau de incerteza que possui o senso comum. De fato, se o senso comum corresponde a um conjunto assistemático de conhecimentos de diversas naturezas, que corresponde à multiplicidade das informações recebidas e colhidas ao longo de determinado tempo de experiência humana, a ciência não poderá encontrar-se ao sabor das mesmas incertezas. A ciência, então, deverá representar o conhecimento sistematizado, especializado, testado, organizado, diluído em uma trama de postulados metodológicos.[24] Trata-se de uma prática racional da qual resultam

---

[24] "O termo ciência é encarado de um ponto de vista objetivo e de um ponto de vista subjetivo: a) objetivamente: a ciência é um conjunto de verdades certas e logicamente encadeadas entre si, de maneira que

conhecimentos mais rigorosamente testados que aqueles adquiridos informalmente.[25] Assim é que se pode dizer que o grau de probabilidade e de certeza nas conclusões científicas é maior que no conhecimento vulgar.[26]

A ciência possui como pretensão fundamental a construção do saber adequado e certo, ou seja, dotado de validade universal (sem fronteiras espaciais) e eficácia definitiva (sem limites temporais), expressando-se inclusive de forma a alcançar definições universais e englobantes,[27] tendo em vista que busca resultados que alcancem o maior número de pessoas no maior dilastério de tempo.

As ambições científicas de alcance do maior auditório e da maior constância no tempo contrastam com as parcas ambições dos juízos emitidos pelo conhecimento vulgar. Isto porque a ciência é um produto de todos e para todos, enquanto a opinião é uma expressão de pensamentos subjetivos de ambição circunscrita, fugaz, apaixonada, tendenciosa e, na maioria das vezes, de incomprovada demonstração.[28]

É característica da ciência a atividade dubitativa, questionadora, postulatória, uma vez que visa pôr à prova, testar, analisar, enfim, pesquisar seus objetos com uma delimitação tal que se torne um estudo detido e aprofundado de um mesmo assunto.[29]

Isto porque possui uma função social, qual seja, a dispersão de conhecimentos, o aprimoramento da técnica e o progresso da capacidade cognoscitiva humana. Não se pode pensar que nas páginas de uma obra científica se encontrarão expressas ideias com a mesma desatenção, com a mesma insensatez, com a mesma precipitação, com a mesma insolência, com a mesma informalidade... com que se pronunciam e expressam ideias de conhecimento vulgar nos juízos quotidianos sobre as coisas.

A ciência é, ainda, produto social, por acompanhar a gradual evolução da relação meio--homem, e também instrumento de transformação, pois é ela que conduz o homem a novas formas de interação e convívio com o meio. Do ponto de vista ideológico, ora ela representa a forma de perpetuação, de manutenção e conservação de um *status quo* dominante, simplesmente espelhando e compactuando racional e intelectualmente a conquista de momento ou o pensamento predominante ou a opinião comum, ora representa o papel das ondas revolucionárias, críticas e contestadoras, impondo as regras para as mudanças e rupturas necessárias, tudo objetivando a instauração da crise salutar.

Há que se dizer, nesse sentido, que o pensamento científico surgiu da atividade de perquirição filosófica; o primeiro uivo do homem, no sentido da procura de si mesmo e da compreensão do que o cerca, destilou-se e transformou-se na reflexão filosófica. A atual divisão da ciência, em seus múltiplos ramos, corresponde a um longo percurso de compartimentação do saber, que a princípio era uno.[30]

---

forme um sistema coerente (...); b) subjetivamente: a ciência é o conhecimento certo das coisas por suas causas ou por suas leis" (Jolivet, *Curso de filosofia*, 18. ed., 1990, p. 76).

[25] "Ciência é conhecimento que resulta de um trabalho racional" (Chaui, *Convite à filosofia*, 1999, p. 251).

[26] Cf. Pinto, *Ciência e existência*: problemas filosóficos da pesquisa científica, 1979, p. 20.

[27] "As teorias científicas são enunciados universais. Como todas as representações linguísticas, são sistemas de signos ou símbolos" (Popper, *A lógica da pesquisa científica*, 1993, p. 61).

[28] Cf. Chaui, *Convite à filosofia*, 1997, p. 250-251.

[29] A respeito do tema, consulte-se Chaui, *Convite à filosofia*, 1999, p. 249-250.

[30] "O que aconteceu? Pois aconteceu que grandes setores do ser em geral, grandes setores da realidade, se constituíram em províncias. E por que se constituíram em províncias? Pois precisamente porque pres-

Quando se pensa na compartimentação dos saberes, talvez se veja nisso um linear processo de produção de novidades até o alcance de um estado mais evoluído; em verdade, a história das ideias, e, sobretudo da ciência, demonstra que os saberes se conquistam por revoluções, muitas vezes sem compromisso com seu tempo, período, estado técnico... Enfim, são saltos que se entrelaçam e, finalmente, produzem algo chamado ciência.[31]

Mais que isso, a ciência é produto da necessidade, e surgiu à medida que a razão humana foi-se destacando como forma de conhecimento, cálculo e domínio. Pode ser dita um esforço de controle racional, previsão e compreensão.[32] É em interação, premida por necessidades (materiais, psicológicas, morais, sentimentais...), que as conquistas foram burilando-se. Ela permite, sem dúvida alguma, melhor interação do homem com o mundo que o cerca pela via da compreensão.

Além do que se disse, as ciências são fruto das contribuições de teóricos, sábios, sacerdotes e filósofos, desde o nascimento dos saberes (*principium sapientiae*) na Antiguidade. Nesse passo, não se podem olvidar as contribuições dos filósofos pré-socráticos e a especulação sobre a natureza das coisas e o cosmo. Não se pode esquecer a contribuição aristotélica, com a proposta de classificação das ciências (ciências práticas, ciências teóricas, ciências produtivas) e o desenvolvimento de múltiplos de seus ramos (Biologia, Psicologia, Cosmologia, Lógica...).

Diversas outras conquistas hauridas durante o Renascimento e o Iluminismo (Giordano Bruno, Leonardo Da Vinci, Galileo Galilei, Bacon, Newton, Leibniz...) vieram a acalentar ainda mais essa necessidade de se experimentar o mundo, do ponto de vista cognoscitivo, a ponto de se alcançarem sentidos mais e mais precisos acerca da realidade, física ou metafísica.

Nesse sentido, há que se ressaltar sobretudo a proposta cartesiana de construção de um método científico sólido,[33] unívoco, *more geometrico*,[34] capaz de fazer do conhecimento uma atividade certeira e precisa, assim como clara e fácil.[35] Enfim, o idealismo do *cogito* cartesiano introduziu a dimensão do sujeito na filosofia, trazendo, por consequência, toda uma ordem de reflexões infectadas pela ideia de unidade entre os saberes científicos, que poderiam estar sob um único manto metodológico derivado da razão matemática.[36] O homem sujeito do conhecimento, de posse do método, estaria suficientemente instrumentado para desvelar a natureza das coisas, a realidade e suas verdades.[37]

Todo esse percurso culminou na formação do espírito cientificista e positivista do século XIX, momento de grande acúmulo de conhecimento e técnicas, sob os auspícios de cuja orientação se alcançou a compartimentação dos saberes. Se, no início da história do pensamento, a filosofia correspondia ao saber sobre tudo e todas as coisas (sobre o *ser*, suas

---

cindiram do resto; porque deliberadamente se especializaram; porque deliberadamente renunciaram a ter o caráter de objetos totais" (Morente, *Fundamentos de filosofia*, 1980, p. 31).

[31] "A ciência, portanto, não caminha numa via linear contínua e progressiva, mas por saltos e revoluções" (Chaui, *Convite à filosofia*, 1997, p. 258).

[32] Nesse sentido: "As teorias são redes, lançadas para capturar aquilo que denominamos o mundo: para racionalizá-lo, explicá-lo, dominá-lo" (Popper, *A lógica da pesquisa científica*, 1993, p. 61).

[33] Descartes, *Discurso sobre o método*, p. 40.

[34] Consulte-se Morente, *Fundamentos de filosofia*, 1980, p. 176.

[35] "Em consequência do que, passando em revista, mentalmente, todos os objetos que até o presente se tinham apresentado aos meus sentidos, atrevo-me a declarar que não percebi nada que não pudesse facilmente explicar com os princípios que encontrara" (Descartes, *Discurso sobre o método*, p. 117).

[36] Idem, ibidem, p. 40-41.

[37] Idem, ibidem, p. 115-116.

contingências, seus atributos, suas qualidades, os juízos a seu respeito...), esse saber foi-se, paulatinamente, fragmentando em províncias que se chamam ciências. Cada ciência possui seu próprio objeto de estudo específico, e seu território científico, forçosamente, possui uma área de competência indelegável. Mais que isso, com a especialização das ciências, com seus ramos, braços, derivações..., tornou-se necessária a especialização também dos métodos por elas adotados, de modo que se possa dizer que cada ciência possui seu método próprio.[38]

Enfim, o onicompreensivo saber filosófico teve de ceder espaço aos saberes especializados que irrompiam, que eram conquistados ou descobertos. Todavia, ainda resta a lição: *in principium, philosophia*.

7.1 Filosofia, Ciência e senso comum

É frequente afirmar que a ciência e a filosofia constituem-se em saberes sistemáticos, complexos, verticalizados e metodologicamente amparados; são, por isso, saberes diferenciados do saber vulgar. Esse tipo de preocupação acaba por concentrar os esforços e as atenções dos doutrinadores e cientistas, que se distanciam de uma reflexão mais apurada das relações entre a ciência, a filosofia e o senso comum.

O que se quer dizer é que, normalmente, ao se tratar do tema em foco, costuma-se mesmo acentuar o que diferencia os saberes científico e filosófico do saber vulgar (senso comum), destacando-se o fato de que são um aperfeiçoamento sistemático e crítico capaz de superar as fraquezas do raciocínio vulgar. Não com a mesma força nem com a mesma dedicação procura-se discutir quais as características que aproximam ou assemelham esses saberes entre si. O prejuízo enorme que decorre desse tipo de postura é o fosso criado entre o saber vulgar (senso comum) e os saberes específicos da ciência e da filosofia. Como consequência, tem-se o distanciamento dessas duas práticas de conhecimento do senso comum, de modo que seja dificultada qualquer tentativa de diálogo e interação entre as linguagens do cientista, do filósofo e do homem comum. De certa forma, rejeita-se toda experiência pré-científica ou pré-filosófica como não metodológica, e, feito isso, descarta-se a possibilidade de aceitá-las como dignas de atenção.

Passa-se, então, a falar em ignorância, em incompreensão, em falta de acesso ao estudo científico, em crise educacional generalizada... que, evidentemente, somente aparecem quando, entre outros fatores, as práticas eruditas distanciam-se das práticas populares. Quer-se dizer que há uma dissintonia gerada pela falta de transparência (de linguagem, de interesse, de finalidades...) que prejudica claramente a difusão dos conhecimentos e a dispersão das informações em sociedade.

Desde longa data, a filosofia passou a caminhar em dissintonia com os reclamos do senso comum. Mais que isso, em função do grande grau de tecnicismo e estilismo, a própria linguagem filosófica tornou-se inacessível aos leitores não especializados e/ou familiarizados com as nuances filosóficas. O mesmo se pode dizer com relação à ciência e suas tecnologias do verbo, do discurso, das fórmulas, dos elementos químicos, dos usos... O que não se leva, normalmente, em consideração é o fato de que todo aperfeiçoamento científico ou filosófico surge das evidências mais banais (a observação da queda de uma maçã para a descoberta da lei da gravitação universal), das experiências mais frustrantes (quantas tentativas foram neces-

---

[38] "Compreende-se que cada categoria de ciência, sendo por definição irredutível às outras categorias, exige o emprego de um método diferente. O método a empregar numa ciência depende da natureza do objeto desta ciência. Não se estuda a inteligência, que é imaterial, pelos mesmos processos que se utilizam para conhecer o corpo e seus órgãos. O estudo da vida pede métodos diversos dos do estudo da matéria inorgânica ou da pura quantidade abstrata" (Jolivet, *Curso de filosofia*, 18. ed., 1990, p. 79).

sárias para o avião voar?), dos testes mais malogrados (quantos foram os acontecimentos e as conquistas para a energia dos raios ser canalizada por uma pipa numa noite de tempestade?), que logo são alijadas para as valas do esquecimento. Que pretensão é essa que pode superar todos os aforismos populares? Que pretensão é essa que pode contestar todas as crenças populares? Que pretensão é essa que pode modificar tudo o que a experiência imediata ensina? Que pretensão é essa que pode converter verdades em inverdades? Que pretensão é essa que não consegue enxergar na literatura princípios filosóficos? Que pretensão é essa que não consegue expor conquistas de conhecimento no palco de um teatro ou na tela da televisão? Percebe-se que a impressão confirma a desconfiança de que se vive da diferença entre cultos e incultos, numa divisão ao estilo colonialista.

Somente a pretensão de letrados poderia converter as intuições do senso comum em experiências dignas do esquecimento, a pretexto de dogmatizar a verdade e de cristalizar a circulação livre dos conhecimentos. Se a toga e suas conquistas podem representar uma evolução da humanidade, que se libertou de antigas deficiências, que conseguiu inverter a situação de opressão com relação aos elementos da natureza, que galgou uma nova forma de organização dos sistemas de conhecimento e relação com a natureza... ainda assim não se faça dela o novo símbolo de opressão da humanidade. Sua função deve estar vinculada a necessidades e carências humanas e sociais, bem como suas limitações estão sugeridas pelas próprias deficiências e relatividades que caracterizam a humanidade. Quando, pelo poder criativo racional, científico ou filosófico, o homem quer fazer-se deus, aí se inicia sua investida contra si próprio por um poder que não possui, ou seja, o poder de controlar variáveis. Ciência e filosofia são úteis, mas são feitas por humanos e para humanos, devendo contribuir nessa mesma medida da humanidade, em face da relatividade que a todos caracteriza.

Todavia, em verdade, o que tanto ciência como filosofia querem tratar são assuntos de interesse de todos, a saber: como curar o câncer?, ou, ainda, o que fazer para prevenir gastrite? (ciência); por que as coisas existem?, ou, ainda, qual o destino de todo homem? (filosofia). É desse infantilismo[39] que surge todo o pensar racional, de modo que toda a origem do conhecimento dá-se apoiada em experiências humanas de senso comum; deve-se grifar o fato de que o saber vulgar, seguido da estupefação e pelo desejo de saber, é a matriz de todo conhecimento científico ou filosófico.

Quando, porém, se trata da questão do saber vulgar como uma etapa vencida da humanidade, ou como um saber de segunda categoria, com relação aos saberes científico e filosófico, há uma grande perda. Isso porque filosofia e ciência passam a irmanar-se no exercício de uma prática que recai sempre sobre o mesmo auditório de interessados, ou seja, constroem-se conceitos e inova-se em conhecimentos, direcionando-se esses aperfeiçoamentos para um conjunto de conhecedores da matéria sobre a qual se versa. Há nisso certa mentalidade elitista e antidemocrática mascaradas na pretensa distância do saber vulgar com relação aos saberes científico e filosófico, em parte, por culpa dos próprios cientistas e filósofos. Criam-se mitos onde estes não existem, criam-se fetiches onde estes não existem..., tudo em função da dicotomização dos saberes, que, em lugar de se somarem, dividem-se e excluem-se.

Essa minoração de auditório dos cientistas e dos filósofos faz com que os discursos científico e filosófico tornem-se cada vez mais rebuscados e sutis em seu alcance técnico, voltando-se sempre para suas próprias produções, afastando-se, portanto, de seu compromisso com a socie-

---

[39] Pode parecer estranho utilizar-se da palavra *infantilismo* em meio a um Curso de Filosofia, mas leia-se o que diz Manuel Garcia Morente a esse respeito: "O filósofo necessita, pois, uma primeira dose de infantilidade, uma capacidade de admiração, que o homem já feito, que o homem já enrijecido, encanecido, não costuma possuir" (Morente, *Fundamentos de filosofia*, 1980, p. 36).

dade em geral, a qual se encontra sempre à revelia das discussões em debate. Um discurso médico ou jurídico sem qualquer alcance social, ou sem alcance externo aos viciados circuitos em que normalmente circulam, é um discurso que se volta para si mesmo. A missão elucidativa das ciências e da filosofia acaba, nesse ínterim, corrompendo-se, abandonada que está sua ligação com realidades externas ao próprio pensar racional.

Deve-se, portanto, atentar para o fato de que a transparência deve chamar mais a atenção dos produtores de conhecimentos específicos. Deve-se propor que ambas as experiências, a experiência dos saberes científico e filosófico e a experiência do senso comum, convivam lado a lado, abolindo-se os preconceitos normalmente aceitos como impeditivos de um diálogo entre ambas as linguagens; convivendo, somente vantagens maiores poderão advir desse relacionamento.[40]

Os preconceitos, tradicionalmente sedimentados, estão a bloquear qualquer tentativa de aproximação de ambas as experiências. Costuma-se pensar e admitir que as impressões do senso comum são falsas e que as construções da ciência e da filosofia são impermeáveis. Está criada a inviabilidade de comunicação; ambos os polos de difusão de sentido estão prevalorando as experiências advindas do polo oposto.

O resultado dessa situação é o que se vê em todas as partes: o senso comum diz, a ciência e a filosofia devem desdizer; o senso comum teme, a filosofia deve espantar o temor; o senso comum intui, a ciência e a filosofia banalizam; o senso comum aceita, a filosofia e a ciência repelem; a filosofia e a ciência dizem, o senso comum repele como ditames incompreensíveis, ou como assunto para especialistas...

O que se deve propor a essa altura da discussão é a conjugação de ambas as experiências, por meio de um diálogo contínuo e informativo, de modo que se forme um circuito possível de intercâmbio e de relações. Quer-se dizer que, como forma de superar uma crise de comunicação secular, devem-se instituir canais de difusão e informação em que se priorizem a acessibilidade e a expansão das conquistas específicas da ciência e da filosofia. O empecilho da linguagem não pode constituir-se em barreira para o cumprimento da função social dos saberes.

7.2 Os "ismos" e a Filosofia

É comum formar-se um juízo a respeito do sincretismo da linguagem filosófica. Normalmente, o que é filosófico é dito como erudito, como misterioso, de difícil acesso, de compreensão complicada. A filosofia, aqui, é sinônimo de ocultismo, sobretudo em função de seu baile de palavras, de seus exercícios de raciocínio complicados, enfim, de sua linguagem hermética. Na vida cotidiana, não é difícil encontrar pessoas que, na medida em que se começa a falar por meio de conceitos obscuros e confusos, dizem: "Pare! Você já está filosofando..."

Esse nefasto processo de erudição da filosofia afastou-a de sua verdadeira missão: a mais intensa transmissão de seus enunciados. Sua matriz tornou-se distante demais, por séculos e séculos de paulatina aculturação da filosofia. Então, constata-se que, atualmente, está-se diante de uma cultura erudita, de poucos e para poucos, incapaz de tocar as almas para que se conscientizem dos fenômenos estudados pela filosofia.

---

[40] É interessante perceber que todo o conjunto dos tratados de Aristóteles vem construído com base em diversas fontes de conhecimento: de um lado, as eruditas, como a literatura grega, a filosofia pré-socrática, os textos históricos..., de outro lado, as informais, como a narrativa dos pescadores, os dizeres populares, os conceitos normalmente aceitos, as designações dos agricultores... Percebe-se que se valorizam todas as fontes de conhecimento, mas de modo crítico, aproveitando-se de cada uma o que é digno de atenção e respeito. Isto é prova de que as fontes eruditas podem conviver com as fontes informais.

Ao se adentrar na dimensão da história da filosofia, as dificuldades aumentam ainda mais. Depara-se o leitor de filosofia com uma imensidão de escolas, pensamentos, autores, doutrinas, correntes de ideias... A torrente de "ismos" confunde e atordoa, intimida e amedronta, obstaculiza e apavora o neófito. Ora, esse estremecimento inicial não deve ser nem constituir o impedimento para o acesso à dimensão do que é filosófico. Somente o excessivo academicismo pode transformar um conjunto de enunciados, aforismos e mensagens simples em doutrinas inexpugnáveis e ininteligíveis, denegrindo a própria importância social da filosofia como saber de todos para todos.

A filosofia contém ensinamentos que, em sua pureza, em sua dimensão mais íntima, são ensinamentos dotados de grande simplicidade. Esses ensinamentos demandam sempre a existência de um pressuposto para sua compreensão, qual seja: vivência. Por isso é que ler e entender filosofia é menos um exercício de detenção de informações eruditas sobre as correntes filosóficas e suas diferentes sutilezas, dos "ismos" (realismo, idealismo, empirismo, gnosticismo, racionalismo, criticismo, dialeticismo, ontologismo, existencialismo...), e mais um exercício de compreensão da dimensão profunda que os significados filosóficos possuem (valores éticos, ordem social, proteção da humanidade, exercício da liberdade, responsabilidade social...). Mais que isso, ler e entender filosofia representa o compromisso de incorporá-la, vivenciá-la, colocá-la em ação. Filosofia estagnada como conhecimento retórico, como mero charme das palavras, como conjunto de máximas para impressionar especialistas, é mero exercício de arrogância; mais que tudo, ela demanda sua prática e sua tradução em ações respectivas no sentido da transformação do mundo.

É certo que cada sistema filosófico possui sua linguagem própria, seja para representar o mundo, seja para fazer avançar a capacidade humana de autocompreensão de seu mundo interior. No entanto, deve-se dizer que a filosofia é menos os "ismos", e deve ser mais o conjunto dos ensinos que é capaz de transmitir. Deve-se deter menos as especificidades e os detalhes cronológicos e as categorizações das escolas e suas sutis diferenças, prendendo-se o leitor nas importantes lições aí contidas, nos ensinamentos contidos nos textos, nos comandos práticos de vida transmitidos por meio de pensamentos.

O não apego aos "ismos" pode e deve significar algo mais. Tradicionalmente, a filosofia (geral e jurídica) é reconhecidamente emparelhada a um conhecimento hermético, fechado, enclausurado, até mesmo mítico, incapaz de transparência, de inteligibilidade e de democraticidade. Do que é que padece o discurso filosófico? Qual o mal que afeta este discurso e o torna uma *fala-sem-sentido*, uma certa experiência do inefável, feita palavra, que se converte numa *letra-morta* na medida em que não afeta àqueles que deveria alcançar? Se a filosofia serve para alguma coisa, para que serve se não é nem mesmo capaz de comunicar os resultados de suas investigações e perquirições?

Ora, o discurso filosófico é, tradicionalmente, um discurso que fala de coisas que não se entendem e se faz fortemente incapaz de compreensão, criando-se e recriando-se, no tempo e no espaço, o mito de que a filosofia "mora na estratosfera", de que "assunto de filósofo é ininteligível".

O que se deve evitar é que a filosofia se converta num discurso-para-si, no qual filósofos falam para filósofos de coisas que somente filósofos entendem. Há nesse circuito de informações filosóficas uma espécie de círculo vicioso, cuja dinâmica é a exata medida do impedimento da realização da *filosofia-extra-muros-acadêmicos*. É assim que ela tem sido praticada, cultivada, e, também, ostentada por uns e odiada por outros:

> "Mas quem deve ser filósofo dentro do grupo hegemônico ou dos grupos que aceitam sua liderança? Alguns, muitos ou todos? Esta pergunta é raramente colocada pelos filó-

sofos. É que a concepção tradicional da filosofia faz desta, explícita ou implicitamente, a ocupação sofisticada de uns poucos. Claro: se a filosofia constitui uma atividade abstrata voltada para assuntos alheios às preocupações da grande maioria – ou se a relação da filosofia com essas preocupações é por demais complicada e requer muitas explicações para ser entendida pelo homem comum –, faz pouco sentido exigir que ela seja cultivada fora de um círculo restrito de especialistas. Mas, se a filosofia é o princípio de estruturação da experiência coletiva, isso significa, ao contrário, que suas sugestões concernem direta ou indiretamente a todos. Logo, é razoável supor que ela possa ou deva interessar a muitos, ou talvez a todos" (Debrun, *Gramsci*: filosofia, política e bom-senso, 2001, p. 36).

Definitivamente, a filosofia tem deixado de cumprir sua real tarefa, de fazer-se um saber que é compartilhado pelas massas, na medida em que sua real função, e a advertência é de Gramsci, é a criação de um esclarecimento que se converte, na mente coletiva, em bom-senso. É a isso que serve todo o processo de depuração de ideias, de conceitos, de críticas elaboradas ao longo das discussões e especulações filosóficas, na própria medida da utilidade social e do esclarecimento geral que é capaz de produzir. Nesse sentido, a participação coletiva na filosofia parece ser algo determinante no próprio estatuto das práticas filosóficas. Fazendo-se ecoar a leitura de Debrun:

> "O 'Bom Senso', para Gramsci, é a própria filosofia, quando esta satisfaz à dupla condição de ser verdadeira – ou orientada para o verdadeiro – e compartilhada por muitos, pelas 'massas'. É a verdade tornada ideologia 'orgânica', 'concepção do mundo que se exprime implicitamente na arte, no Direito, na atividade econômica, em todas as manifestações de vida individuais e coletivas'. O Bom Senso não constitui, portanto, uma disposição genérica, inscrita numa Natureza Humana. Uma faculdade. Sem dúvida, ela pressupõe a inteligência dos filósofos, de todos os homens na medida em que todos podem se tornar filósofos. E a inteligência, esta, pode ser encarada em parte como uma disposição genérica. Mas não passa de um suporte do Bom Senso. Mesmo porque se deve também levar em conta o caráter comunitário, e não apenas comum, deste. O Bom Senso é participação coletiva na filosofia. E por isso, é o fundamento do consenso social, pelo menos quando uma civilização está numa fase ascendente ou ainda não entrou em declínio" (Debrun, *Gramsci*: filosofia, política e bom senso, 2001, p. 169).

7.3   Ciências Jurídicas como Ciências Humanas

Durante longo período, entravada a reflexão jurídica pela névoa positivista, pregou-se a possibilidade de um parentesco entre o método das ciências naturais com as ciências humanas, nestas últimas incluídas as ciências jurídicas. Esse prejudicial raciocínio tornou viável a sustentação de que o raciocínio e a lógica jurídica obedecem ao mesmo grau de certeza dos saberes naturais, que se estruturam a partir das categorias da causa e do efeito. Passou-se a estabelecer semelhanças que retiraram das ciências jurídicas seu caráter de ciência valorativa, desnaturando sua principal característica, a saber, a de estar constantemente assolada pela possibilidade de revisão de suas conclusões, a de ser dependente da moralidade social e dos hábitos costumeiros de uma sociedade, a de vaguear conforme as peculiaridades de casos concretos imprevisíveis *a priori*.[41]

---

[41]   Consulte-se a respeito Bittar, *Metodologia da pesquisa jurídica*. São Paulo: Saraiva, 2001.

Ora, suprimir a peculiaridade das ciências humanas, a essência valorativa de suas questões, é comprometer toda e qualquer possibilidade de acerto na discussão do papel que representam.[42] As ciências humanas ou sociais e as ciências exatas ou naturais diferem entre si, a saber, pela importância e pelo peso do valor na construção racional da realidade, e pela importância da relação causa/efeito capaz de redundar na formulação de leis científicas. Destarte, as ciências humanas não podem abandonar seu compromisso com a diversidade dos fenômenos socioculturais.

Enfim, onde há cultura há valor, e onde há valor abre-se uma dimensão incontornável de perspectivas axiológicas para o cientista.[43] É certo que nas ciências naturais ou exatas o juízo de valor tem importância,[44] mas não se pode equiparar sua importância lateral para essas ciências com o papel que desempenha nas ciências humanas ou sociais.[45] Nestas há a consciência e a adoção do valor, ou, ainda, nestas o valor é estudado, comentado, criticado, valorado e valorizado.

Em síntese, as ciências humanas não se comprometem com os interesses universais e calculados das ciências exatas ou naturais.

Os métodos em ciências humanas, para lidar com os mais variados temas (o dialético, o positivista, o sistemista, o estruturalista, o funcionalista), não podem mascarar a assunção de tendências e muito menos ideologias;[46] essa é uma situação incontornável para todas as ciências, sobretudo para aquelas intituladas sociais ou humanas.[47] A neutralidade, nesse sentido, é utopia.

Ao versar sobre os direitos, os deveres, os poderes, as faculdades, as instituições, as práticas burocráticas..., está lidando diretamente com questões de interesse humano, quando não com os próprios valores humanos. Assim, estão em jogo a liberdade, a moralidade, o comportamento, todos esses valores de intensa significação humana.

---

[42] Cf. Bruyne, Herman, Schoutheete, *Dinâmica da pesquisa em ciências sociais*, 1991, p. 202.

[43] Cf. Weber, A 'objetividade' do conhecimento na ciência social e na ciência política. In: Paulo de Salles Oliveira (Org.). *Metodologia das ciências humanas*, 1988, p. 84.

[44] "Não existe nenhuma análise científica totalmente 'objetivada' da vida cultural, ou – o que pode significar algo mais limitado, mas seguramente não essencialmente diverso, para os nossos propósitos – dos fenômenos sociais, que seja independente de determinadas perspectivas especiais e parciais, graças às quais estas manifestações possam ser, explícita e implicitamente, consciente ou inconscientemente, selecionadas, analisadas e organizadas na exposição, enquanto objeto de pesquisa. Isso se deve ao caráter particular da meta do conhecimento de qualquer trabalho das ciências sociais que se proponha ir além de um estudo meramente formal das normas – legais ou convencionais – da convivência social" (Weber, A 'objetividade' do conhecimento na ciência social e na ciência política. In: Paulo de Salles Oliveira (Org.). *Metodologia das ciências humanas*, 1998, p. 101).

[45] "Além do mais, a divisão das ciências em Ciências da Natureza e Ciências do Valor pode levar ao equívoco de que as coisas da natureza são insuscetíveis de valor. Ora, é evidente que o homem atribui valor não só aos bens espirituais, como também às coisas do Mundo físico" (Telles Júnior, *O direito quântico*: ensaio sobre o fundamento da ordem jurídica, p. 210).

[46] "Uma análise científica vai caracterizar-se precisamente pelo compromisso metodológico de controle da ideologia, buscando o tratamento mais argumentado possível da realidade" (Demo, *Ciência, ideologia e poder*: uma sátira às ciências sociais, 1988, p. 21).

[47] "Quando as ciências sociais levantam a pretensão de se tornarem não ideológicas, objetivas, evidentes, caem no ridículo mais penoso de sua própria construção histórica, porque acabam apenas encobrindo uma nova farsa. Estão apenas fazendo autodefesa, disfarçando novas formas de convencimento do público, camuflando imposições que se desejariam inquestionáveis" (Demo, *Introdução à metodologia da ciência*, 1987, p. 71).

INTRODUÇÃO | 35

Todavia, entre as ciências humanas ou sociais, a ciência jurídica é ciência normativa e aplicada. Comunga com as demais ciências sociais a natureza de um saber voltado para as preocupações não naturalísticas, mas valorativas. Aqui, o que está em jogo é o comportamento humano.[48] O cerne do problema jurídico é o problema do valor.

As ciências jurídicas, no entanto, estão algemadas a necessidades que as tornam saberes parciais (direito comercial é somente a óptica comercialista da sociedade) sobre fenômenos sociais, além de saberes normativos sobre fenômenos sociais (direito comercial representa a visão normativa vigorante a respeito das relações comerciais humanas em determinada sociedade, dentro de determinadas condições temporais).

A filosofia do direito é, em meio ao emaranhado das contribuições científicas do direito, a proposta de investigação que valoriza a abstração conceitual, servindo de reflexão crítica, engajada e dialética sobre as construções jurídicas, sobre os discursos jurídicos, sobre as práticas jurídicas, sobre os fatos e as normas jurídicas. Por sua proposta mais aberta, livre das amarras do direito vigente, livre dos *pré-conceitos* contidos na legislação positiva, descompromissada com a moral predominante ou com os hábitos sociais majoritários, funciona como escora reflexiva das ciências jurídicas.

Contribuindo com seu papel crítico, a filosofia do direito desgarra-se da proposta das demais ciências jurídicas, compromissadas que estão com a produção de saberes claramente vinculados à solução jurídica de conflitos, com a aplicação e a interpretação das normas jurídicas em vigor, com a sistematicidade do direito e com a orgânica do ordenamento jurídico vigente.[49]

8   A FILOSOFIA DO DIREITO COMO PARTE DA FILOSOFIA

A Filosofia do Direito é parte da Filosofia.[50] Essa afirmação, de grande gravidade, parece não intimidar a maioria dos autores que se dedica a seu estudo. No entanto, por sua importância, essa afirmação deve ser avaliada, com vista, inclusive, na melhor compreensão das próprias finalidades e propostas da jusfilosofia.

A princípio, trata-se-ia de se compreender a Filosofia do Direito como mero desdobramento dos saberes filosóficos já estabelecidos, de modo que a esta somente caberia observar as mesmas conquistas, as mesmas técnicas, os mesmos métodos e seguir cautelosamente os mesmos passos daquela à qual se vincula como matriz, inclusive por ser anterior e mais genérica. Para isso muito contribuiu a própria história do pensamento, pois, até o advento do hegelianismo, toda a história das ideias sobre o Direito encontra-se mesclada a sistemas e pensamentos de filósofos (dos sofistas a Immanuel Kant). Então, esses eram,

---

[48]   "Ciências culturais, ciência do espírito, ciências humanas, ciências morais, ciências ideográficas ou ciências sociais são as que têm por objeto material o comportamento humano, apesar de cada uma delas ter objeto formal próprio, ou seja, a perspectiva mediante a qual contempla o homem e estuda os fatos de sua conduta" (Diniz, *Compêndio de introdução à ciência do direito*, 1988, p. 197).

[49]   Cf. Ferraz Jr., *Introdução ao estudo do direito*: técnica, decisão, dominação. São Paulo: Atlas, 1994.

[50]   "A Filosofia do direito é uma parte da Filosofia. Torna-se por isso indispensável, antes de tudo, indicar os pressupostos filosóficos gerais da Filosofia do Direito" (Radbruch, *Filosofia do direito*, 6. ed., 1997, p. 39). E não é somente em Radbruch que se encontra esse tipo de afirmação, pois existe quase um consenso entre os autores em dizerem que a Filosofia do Direito consiste numa derivação da Filosofia, em função da especificidade do objeto. É o que se encontra em Del Vecchio: "Como claramente transparece do nome, a Filosofia do Direito é aquele ramo da filosofia que concerne ao direito. Filosofia, porém, 'estudo universal'; portanto, a filosofia tem por objeto o direito, enquanto estudado no seu aspecto universal" (Del Vecchio, *Lições de filosofia do direito*, 5. ed., 1979, p. 303).

36 | CURSO DE FILOSOFIA DO DIREITO • *Bittar / Almeida*

a um só tempo, pensadores dos problemas éticos, sociais, políticos, metafísicos, estéticos, lógicos... e, inclusive, jurídicos.

Todavia, a Filosofia do Direito desgarrou-se de maiores atrelamentos com sua matriz, produzindo sua própria autonomia, podendo-se mesmo falar da existência de uma Filosofia do Direito implícita como algo diferenciado de uma Filosofia do Direito explícita.[51] A Filosofia do Direito explícita ramifica-se da Filosofia Geral. De fato, a partir de Hegel, nota-se crescente movimento de investigação exclusivamente jurídica que acentua a especificidade do pensamento do Direito. Percebia-se que pensar o Direito, em virtude da própria complexização dos direitos positivos, demandava do teórico compreensão específica das injunções, das práticas, das técnicas jurídicas... Com isso, formou-se toda uma corrente de especialistas na Filosofia do Direito, que, sem serem filósofos de formação, dedicavam-se a pensar seu próprio objeto de atuação prática (Savigny, Puchta, Ihering, Windscheid, Stammler, Hans Kelsen...).

No entanto, toda forma de especialização que acantone o conhecimento de sua matriz genérica acaba significando apenas um modo de alienação, determinado pela ideologia positivismo. O saber jusfilosófico, portanto, não é exclusividade do jurista, mas o filósofo não pode menosprezar o conhecimento adquirido na área do Direito, de onde se extrai a ideia de que a Filosofia do Direito é parte da filosofia.

Aí está a chave para a compreensão das atuais medidas do pensar filosófico do Direito. Ao mesmo tempo que se reconhece que o pensador do Direito não pode prescindir de conhecer o ramo ao qual se dedica, não pode muito menos estar despreparado para pensar filosófica e adequadamente os problemas. Em outras palavras, quer-se dizer que se reconhece importância ao fato de que a Filosofia lance luzes sobre a Filosofia do Direito, e vice-versa, mas não se pode afirmar que a Filosofia do Direito esteja atrelada, perdendo sua autonomia, à Filosofia. O que ocorre é que, por especialização, a Filosofia do Direito tornou-se, historicamente, um conjunto de saberes acumulados sobre o Direito (objeto específico), distanciando-se da Filosofia, como a Semiótica se distanciou da Lógica. Ocorrendo isso, não significa que se deva menosprezar a sede primígena do contato histórico, ou muito menos a importância da ligação teórica ou, ainda, a necessidade de a espécie relacionar-se com o gênero.[52]

Deve-se, no entanto, ressaltar o fato de que o saber filosófico continua influenciando a história das ideias jusfilosóficas; pense-se que as filosofias do agir comunicativo de Jürgen

---

[51] Essa é a visão e a terminologia de Reale: "Parece-me, pois, que cabe distinguir entre uma Filosofia Jurídica implícita, que se prolonga, no mundo ocidental, desde os pré-socráticos até Kant, e uma Filosofia Jurídica explícita, consciente da autonomia de seus títulos, por ter intencionalmente cuidado de estabelecer as fronteiras de seu objeto próprio nos domínios do discurso filosófico. O surgimento da Filosofia do Direito como disciplina autônoma foi resultado de longa maturação histórica, tornando-se uma realidade *plenamente spiegata* (para empregarmos significativa expressão de Vico) na época em que se deu a terceira fundação da Ciência Jurídica ocidental, isto é, a cavaleiro dos séculos XVIII e XIX" (Reale, *Filosofia do direito*, 19. ed., 1999, p. 286).

[52] É impossível distanciar definitivamente a Filosofia do Direito da Filosofia, uma vez que as perplexidades básicas do ser humano são investigadas pela Filosofia: "A reflexão filosófica organiza-se em torno de três grandes conjuntos de perguntas ou questões:

1. Por que pensamos o que pensamos, dizemos o que dizemos e fazemos o que fazemos? Isto é, quais os motivos, as razões e as causas para pensarmos o que pensamos, dizermos o que dizemos, fazermos o que fazemos?

2. O que queremos pensar quando pensamos, o que queremos dizer quando falamos, o que queremos fazer quando agimos? Isto é, qual é o conteúdo ou o sentido do que pensamos, dizemos ou fazemos?

3. Para que pensamos o que pensamos, dizemos o que dizemos, fazemos o que fazemos? Isto é, qual a intenção ou a finalidade do que pensamos, dizemos e fazemos?" (Chaui, *Convite à filosofia*, 12. ed., 1999, p. 15).

INTRODUÇÃO | 37

Habermas e da arqueologia das práticas humanas de Michel Foucault têm sido motivo de largo impacto intelectual e reflexão entre os juristas.[53] Saliente-se que, por vezes, as metodologias jusfilosóficas (Stammler como jusfilósofo neokantiano) aperfeiçoam-se na medida dos aperfeiçoamentos filosóficos (Immanuel Kant como filósofo), e que, por vezes, as metodologias jusfilosóficas aperfeiçoam-se independentemente das contribuições filosóficas. Colha-se no pensamento de Chaim Perelman, com sua nova retórica, o exemplo de uma metodologia que, não obstante a matriz aristotélica, mostrou-se numa projeção inversa, partindo do jurídico para o filosófico, assim como tem ocorrido com o pensamento de Ronald Dworkin. Pode-se mesmo dizer que é do *convívio* e do diálogo constantes que se obterão melhores e mais salutares produtos nessa área do saber humano.

9   O SURGIMENTO HISTÓRICO DA FILOSOFIA DO DIREITO

A filosofia do direito é um saber que brota das práticas gerais da filosofia, ao modo da espécie que se revela a partir do gênero, em meio a um buliçoso movimento de aprofundamento do conhecimento e de especialização dos saberes no bojo da modernidade (séc. XVII). Alguns registros indicam mesmo sua identidade promanando das obras de certos autores (Pufendorf, Grócio, Vittoria e Suárez).[54] Isto está a indicar que a história anterior do conhecimento filosófico sobre o direito decorre da reflexão generalizada da própria filosofia (Aristóteles, Agostinho, Locke...), que, dentre outras questões, se ocupa também do problema da justiça, numa história que remonta aos primórdios da própria filosofia grega. Isto significa que não somente o conhecimento sobre o Direito não é uma exclusividade dos juristas, mas que, sobretudo, se trata de um conhecimento do qual a filosofia se apropria livremente ao seu modo, ou seja, sem os cacoetes ou exigências técnicas do saber jurídico.

Neste momento histórico, em plena marcha o processo de autonomização do pensamento, por obra e força do Renascimento, em meio às demais disciplinas jurídicas já existentes e tradicionais (Direito Canônico, Direito Romano, Direito Civil), a disciplina "Filosofia do Direito" haverá de se identificar com problemas fundamentais da ordem da reflexão (natureza humana, sociabilidade, extensão dos direitos), confundindo-se em seu início com todos os estudos da escola jusnaturalista[55] – seu título é correntemente, quando aparece, *Direito natural,* ou *Direito racional,* ou *Teoria do direito natural* –, representando uma espécie de reflexão associada a todos os problemas trazidos com a cultura da Europa expandida após a descoberta das Américas, e que começava a ter de desafiar suas noções de espaço, de cultura, de raça, do direito de dominação, entre outros temas caros à reflexão jusnaturalista.[56]

---

[53]   "Os pontos de contato entre a filosofia e a filosofia do direito são tantos e tão interdependentes que qualquer tomada de posição, no âmbito da filosofia, encontra ressonância imediata no campo da filosofia do direito" (Cretella Jr., *Curso de filosofia do direito,* 1999, p. 8).

[54]   Com Franco Montoro se pode ter clareza destes registros: "Pode-se dizer que a Filosofia do Direito, como ciência autônoma e fundada na razão natural, começou a se constituir a partir do século XVI, com Francisco de Vitoria (1546), F. Suárez (1548-1617), e especialmente, com Grocio (1583-1645), autor da obra *De iure belli ac pacis,* publicada em 1625" (Montoro, *Estudos de filosofia do direito,* 1999, p. 44).

[55]   "Essa autonomia do direito natural em face da moral e sua superioridade diante do direito positivo marcou, propriamente, o início da filosofia do direito como disciplina autônoma. Isso foi assim até as primeiras décadas do século XIX. Depois, a disciplina sofre um declínio que acompanha o declínio da própria ideia de direito natural. No final deste século, a disciplina reaparece, ganha força nas primeiras décadas do século XX" (Ferraz Junior, *Introdução ao estudo do direito,* 3. ed., 2001, p. 168).

[56]   As claras indicações dos autores que cunharam este paulatino processo de surgimento da disciplina estão apontados pelo estudo de Franco Montoro: "Até o início do século XIX, a Filosofia do Direito foi

CURSO DE FILOSOFIA DO DIREITO • *Bittar / Almeida*

Isto nos fornece uma clara marcação topográfica para que seja identificado o surgimento da filosofia do direito como saber autônomo. Agora, se pode não somente dizer com segurança que a filosofia do direito é fruto da modernidade, mas também dizer especialmente que seu surgimento se dá ao longo da própria história da modernidade, quando os anseios pela definição racional dos espectros do saber humano se desenvolviam no sentido da tomada de consciência sobre a autonomia humana diante do destino e da predisposição divina das coisas. Se a modernidade surge imbuída de um escopo, este sentido lhe é dado por um anseio muito específico, que é aquele de conferir instrumentos satisfatórios para o desenvolvimento da independência humana, e propriamente humana, porque racional, em face do determinismo teológico medieval, este que tudo fazia no sentido de que as explicações remontassem ao terreno das indefinições dos mistérios bíblicos e das grandes leis exegético-canônicas.

Além de se perceber claramente que a disciplina inexistia em tempos anteriores, e ter-se marcado a condição histórica de seu surgimento, é possível também dizer que, em seu surgimento, sua identidade ainda não é clara; por consequência, sua marca no mundo é também confusa. Ora chamam-na de *Direito Natural* (*iuris naturalis scientia*),[57] ora chamam-na de *Direito racional*, ora chamam-na de *Teoria do direito natural*, ora chamam-na de *Filosofia do direito*. É somente dentro de um longo percurso histórico, que haverá de se demorar a processar ao longo da modernidade (de Descartes a Hegel), que, num movimento contínuo de criação de substância prática para este tipo de preocupação dentre os demais saberes jurídicos, a *Filosofia do direito* conquistará maior respeitabilidade, enquanto recebe portentosos estudos advindos dos pensamentos de Montesquieu, Hobbes, Locke, Rousseau, Kant, até receber autonomia plena, inclusive em sua nomenclatura.

Só que esta autonomia só é possível na medida em que o próprio amadurecimento do pensamento jusfilosófico se dá no tempo, ao longo do processo de surgimento da identidade autônoma e fundamentada do próprio direito moderno. O marco desta autonomia, neste processo, será, propriamente, a obra de Hegel, nesta passagem entre o período do jusnaturalismo e do juspositivismo,[58] especialmente a partir do espectral título *Fundamentos de filosofia do direito* (*Grundlinien der Philosophie des Recht*).[59]

---

denominada 'Direito Natural' ou 'Teoria do Direito Natural'. Essa primeira denominação é atribuída geralmente a Pufendorf (1632-1694), que a empregou no tratado *De iure naturae et gentium* (1672). O *Cours de Droit Naturel*, de Ahrens (1839), o *Cours de Droit Naturel* ou de *Philosophie du droit*, de A. Boistel (1887), e o *Éssai théorique de Droit Naturel Base sur les faits*, de Taparelli D'Azeglio (1875), são obras representantivas dessa orientação" (Montoro, *Estudos de filosofia do direito*, 1999, p. 41).

[57] "De todo o modo e pelas duas linhas referidas, o direito passa a ser unicamente direito positivo – é o seu modo de ser e de existência é exclusivamente a positividade. O que justamente foi a condição de possibilidade de a 'filosofia do direito' passar a ocupar o lugar que antes fora o da *iuris naturalis scientia*" (A. Neves Castanheira, *A crise actual da filosofia do direito no contexto da crise global da filosofia*, 2003, p. 29).

[58] "O nome de 'filosofia do direito' aparece a consolidar-se – diz-nos F. Gonzalez Vicen – nos anos que assinalam o trânsito do jusnaturalismo ao positivismo jurídico", ou seja, nos fins do séc. XVIII e começos do séc. XIX, quando também o jusnaturalismo se consumou nos termos que vimos. E a 'filosofia do direito' não se propunha ser já uma especulação normativamente regulativa do jurídico, mas antes uma reflexão crítico-filosófica sobre o direito historicamente real – um direito que já se pressupunha, pois, na sua existência positiva como o único direito" (A. Neves Castanheira, *A crise actual da filosofia do direito no contexto da crise global da filosofia*, 2003, p. 27).

[59] "Mas foi principalmente a partir de Hegel (1770-1831), com sua obra *Fundamentos de filosofia do direito*, que a nova designação passou a ser generalizada. A obra de Hegel, na realidade denominava-se *Direito natural ou ciência do Estado*, mas tinha, também, outro título: *Fundamentos de filosofia do direito*. Este passou a ser usado preferencialmente. E hoje, prevalece, em todos os centros de cultura, a denominação

INTRODUÇÃO | 39

Se esta obra cria a possibilitação da Filosofia do Direito propriamente dita – Miguel Reale afirma que antes desta obra a Filosofia do Direito é arte dos filósofos e não dos juristas –, especialmente porque, inclusive, a partir dela a homogeneização do título da disciplina se difunde em toda a Europa, isto não quer dizer que desde a obra de Hegel a história da existência da disciplina tenha sido pacífica. Esta história é vivida de idas e vindas, passando por todo tipo de oscilação, inclusive, neste próprio século que entrou para a história reconhecido como o século do positivismo nas ciências, inclusive no conhecimento jurídico.

Isto será determinante para a história da disciplina, na medida em que, no próprio século XIX, a recém-nascida expressão *Filosofia do Direito* passa a encontrar resistência, sendo substituída por esta outra, que se cria para denominar a dimensão dos estudos gerais sobre os institutos de direito positivo, a saber, a expressão cunhada pela cultura positivista que se consagrou como sendo a *Teoria Geral do Direito*, o que se percebe nas obras de Merkel, Bergbohn e Bierling.[60] Passando a funcionar como uma teoria da ciência do direito, preocupando-se com as abstrações, com os conceitos, com as precisas identidades dos institutos, com a localização espaço-temporal e lógico-proposicional das questões jurídicas, a Filosofia do Direito não somente é substituída em sua denominação por uma nova nomenclatura, que invade o vocabulário do século XIX – e que haverá de perpassar o século XX –, mas também corrompe a identidade de seu objeto, como afirma Castanheira Neves, bem como desvia a disciplina de suas finalidades, para convertê-la numa espécie de saber focado sobre a perspectiva concreta das normas postas pelo Estado. Pode-se falar, com Franco Montoro, em um verdadeiro eclipse da Filosofia do Direito;[61] a *reductio* provocada pelo positivismo desvia a disciplina de suas metas e distorce as concepções que orientavam a cultura jurídica de época (cultura das normas, do direito oficial de Estado, da autonomia do Direito, da literalidade da hermenêutica), para fazê-la vassala das dimensões positivistas vigentes à época da ascensão da modernidade jurídica.[62] Heidegger afirmou em sua carta a Jean Beaufret (*Sobre o humanismo*): "A filosofia é perseguida pelo temor de perder em prestígio e importância, se não for ciência".[63]

Especialmente considerada a época de gestação das principais características da *Rechtswissenchaft,* surgiria uma época em que a filosofia haveria de *re-ocupar* seu espaço, produzindo condições para que a reflexão encontrasse dispositivos ativos para seu reerguimento,

---

'Filosofia do Direito' ou 'Filosofia Jurídica' " (Montoro, *Estudos de filosofia do direito*, 1999, p. 43). Esta responsabilização da obra de Hegel para a determinante definição dos quadrantes da Filosofia do Direito também se pode encontrar em A. Neves Castanheira, *A crise actual da filosofia do direito no contexto da crise global da filosofia*, 2003, p. 29.

[60] Montoro, *Estudos de filosofia do direito*, 1999, p. 43.

[61] "No século XIX, entretanto, sob a influência dominante do positivismo, opera-se verdadeiro eclipse da Filosofia Jurídica. Surgem nesse período diversas correntes empiristas que procuram substituir a Filosofia do Direito por uma ciência geral do jurídico, mediante a síntese das conclusões diversas disciplinas jurídicas. Representam esta tendência: a chamada 'Enciclopédia Jurídica', na Itália, a 'Escola Analítica de Jurisprudência', na Inglaterra, e a 'Teoria Geral do Direito', principalmente na Alemanha" (Montoro, *Estudos de filosofia do direito*, 1999, p. 45).

[62] "Só que, neste sentido, o positivismo jurídico não era já uma outra filosofia jurídica, e sim verdadeiramente uma antifilosofia. E o certo é que através dele a filosofia do direito se viu superada pela ciência do direito. Com estas consequências, desde logo: o anterior objectivo da filosofia do direito convertia-se agora em teoria da ciência do direito (em reflexão apenas sobre a sua epistemologia e a sua metodologia) e o lugar intencional que pretendera ser o seu (a reflexão do último nível) seria ocupado pelo estrato mais abstracto da ciência do direito – a 'Teoria Geral do Direito'" (A. Neves Castanheira, *A crise actual da filosofia do direito no contexto da crise global da filosofia*, 2003, p. 31).

[63] Heidegger, *Sobre o humanismo*, 1973, p. 348.

recobrando inclusive sua nomenclatura e sua identidade, com prenúncios dados por uma volta a Kant através do pensamento de Stammler.[64] Este reerguimento não se deveu somente a uma vontade de busca do saber (no prolífico período áureo da República de Weimar),[65] ou a um movimento intelectual fortalecido no âmbito acadêmico, mas se deveu, como fruto, a todo o processo de exposição humana às atrocidades comuns em períodos de guerra,[66] em que os grandes valores humanos são dilapidados pelas atitudes irracionais que comandam a vontade de dominar.

O excesso de credibilidade no positivismo – com os consequentes efeitos daí decorrentes – começa a dar demonstrações claras da necessidade de uma revitalização do espaço do pensamento (que retorna de seu exílio, como afirma Ortega y Gasset) no início do século XX. No entanto, a abertura desse século não é por si mesma favorável a novos ventos filosóficos, na medida em que é forte herdeira da ideologia positivista, mas acaba reabrindo a possibilidade da jusfilosofia ganhar o espaço perdido ao longo das últimas décadas, exatamente por consequência da carência de um humanismo mais centrado, que somente o saber filosófico é capaz de produzir.

A disciplina, ao longo do século XX, ganha um reconhecimento, desde o seu retorno do exílio declarado pelo positivismo, e recebe também forte alento com o desenvolvimento de diversas correntes teóricas contemporâneas. Torna-se uma espécie de conhecimento indispensável em meio às práticas de formação e de reflexão acerca do Direito. Deste reconhecimento brota a necessidade de uma presença concomitante da Filosofia do Direito ao lado das demais ciências jurídicas, a ponto de se reconhecer que o Direito somente pode ser identificado em toda a sua diversidade de manifestações e sentidos a partir da junção de espectros epistêmicos, aqueles técnicos (ora chamados dogmáticos), ao lado daqueles abertos (ora chamados zetéticos). Na realidade, as práticas acadêmicas acabaram por reconhecer, de modo quase universal, a necessidade da presença da disciplina no currículo acadêmico, como um importante instrumento de reflexão e formação do bacharel em ciências jurídicas (e sociais).

Não há dúvida de que os destinos da disciplina parecem consolidados, o que não significa necessariamente que sua missão se cristalize ou se paralise no tempo. *Inter-agir* com os problemas sociais, com as crises cíclicas, com as diversas mudanças axiológicas e econômicas, parece ser tarefa deste tipo de disciplina, que não se deve reduzir a reproduzir historicamente as ideias sobre a justiça (de Sócrates a Rawls), mas deve fazer brotar de sua ministração a própria ideia de justiça. Sua missão vive em permanente rebuliço, na medida em que o pensar

---

[64] Cf. Gusmão, *Filosofia do direito*, 2001, p. 20.

[65] Os autores estão acordes no sentido de afirmar que este período exordial do século XX representou um importante passo em direção à consolidação das grandes obras de referência da Filosofia do Direito, como se pode testemunhar através destas duas citações: "A partir de então e por mais as quatro primeiras décadas do séc. XX, viria a verificar-se o que bem se dirá uma verdadeira explosão da reflexão filosófica e com um espectro de perspectivas, de temas e de métodos de enorme riqueza. Tanto no que se refere à filosofia em geral, como especificamente à filosofia do direito" (A. Neves Castanheira, *A crise actual da filosofia do direito no contexto da crise global da filosofia*, 2003, p. 34); "Depois da época áurea da segurança, encerrada em 1914, os 'anos dourados' da República de Weimer (literatura, filosofia, arte e ciência) foram também os melhores da doutrina jurídica. As grandes teorias jurídico-filosóficas do século XX ganharam fama no entre-guerras. Basta lembrar as de Radbuch, Max Weber, Kantorowicz e, principalmente, Kelsen, para convencer-se do acerto dessa afirmação" (Gusmão, *Filosofia do direito*, 2001, p. 25).

[66] "Desaparecida a época áurea da segurança em agosto de 1914, como troar dos canhões iniciando a Primeira Guerra Mundial, alertado o europeu para a possibilidade d'*A decadência do Ocidente*, anunciada por Spengler, lembraram-se os juristas da Filosofia" (Gusmão, *Filosofia do direito*, 2001, p. 20).

é sempre uma atividade histórica, e que não pode prescindir de compreender seu tempo com todos os desafios congênitos a este.

É por isso que a disciplina vive, num contexto pós-moderno, da necessidade de repensar seu próprio sentido, em meio a um momento em que a perda de sentido é o tom que define a crise do próprio existir. Não há dúvida de que o discurso pós-moderno inseriu novas preocupações no cenário das reflexões da filosofia geral, como também da jusfilosofia, o que faz com que, da interação destas duas se possa acenar no sentido de um quadro em que o destaque se dá em direção a questões diversas daquelas que motivaram o pensamento anteriormente.

Vivem-se tempos favoráveis à anestesia do pensamento, da reflexão, em função dos diversos convites à dispersão, à apatia, à indiferença, à viciação comum nos mecanismos de comunicação, nas táticas de sedução pelo consumo, na tara coletiva pela posse de bens de afirmação socioeconômica etc. Mas, no lugar de se pensar na renúncia do filosofar, ante os pesares práticos, ante as experiências históricas mais recentes, ante as mudanças operadas dentro da própria concepção dos saberes, deve-se mesmo perceber, neste processo de *re-arranjo* de sentido para as coisas (incluindo fatos, valores e saberes), uma reviravolta em processamento, no sentido de um evolver das concepções em rumo. Ora, a marcha que segue adiante deve ser estagnada para que se possa, por meio da parada reflexiva, aquilatar os prejuízos e ganhos do processo, o que só faz com que se engrandeçam as tarefas do pensar filosófico, em especial da Filosofia do Direito, que cuida de um objeto de investigação tão caro à estruturação do convívio social e tão fundamental para a delimitação do sentido de justiça, valor este que, segundo Bobbio, possui o equivalente peso de significação para a sociedade, como a ideia de liberdade tem para o indivíduo.[67]

O que se percebe, portanto, é que, num contexto de transformações, de emergência do pragmatismo, de dominância das consciências pelo imediatismo, de subserviência das mentalidades em relação aos imperativos de consumo, de decréscimo do *poder-de-dizer--a-verdade* pelas ciências, de intensificação da presença das leis do mercado na construção das políticas públicas, que deve se *re-afirmar* o destaque da atividade do pensar filosófico, como uma prática de saber profundamente comprometida com as aflições humanas. Como exercício *humanístico* é que se reacende, como desdobramento de uma prática ético-teórica, a mentalidade teleológica do agir filosofante. Num certo sentido, *pensar*, num mundo com estas características, é já *agir* na contramarcha da simples aceitação dos fatos.

O que é a preocupação com a harmonização, senão: "meditar, e cuidar para que o homem seja humano e não des-humano, inumano, isto é, situado fora de sua essência", como afirmou Heidegger.[68]

Isto importa em dizer que pensar a tarefa da Filosofia do Direito é pensar, neste momento, sobretudo, o seu papel social no meio em que se encontra, vale dizer, pensar a sua inserção na "realidade fenomenal", como modo e método de, se imiscuindo na realidade social, se possa, na fluidez heraclitiana dos fatos, perceber a possibilidade de ação que se possui, ao atuar criticamente sobre uma realidade marcada pela injustiça social. Se clima e atmosfera conspiram contra o aparecimento deste compromisso, pouco importa, porque, mais uma vez (de Sócrates a Nietzsche, de Platão a Foucault), trata-se de se resistir a simplesmente viver condicionado pelos fatos, para, como ensina Celso Lafer,[69] insculpir um modo de vida em que

---

[67] Bobbio, *Igualdade e liberdade*, 1997, p. 75.

[68] Heidegger, *Sobre o humanismo*, 1973, p. 350.

[69] *Vide*, por exemplo, o ensaio de Lafer, *A legitimidade na correlação direito e poder*, Miguel Reale: estudos em homenagem a seus 90 anos, Porto Alegre, p. 95/105. Esta é uma fala que não se circunscreve a esta

se *vive* o próprio *pensar*, para inventar (e inventariar) pelo pensamento, novos horizontes de possibilidades e ações *contra-fáticas*.

Se são muitos os desafios destes tempos, no entanto, as metas da disciplina não são de difícil identificação, pois se pode reproduzir com toda lucidez e integridade a lição de Kaufmann, que retrata todo o sentido da tarefa jusfilosófica desafiada pelos tempos pós-modernos:

> "De este modo queda expuesta, en resumen, la filosofía del derecho de la posmodernidad – puesto que en suma se presenta en la posmodernidad –, ¿qué exigir de ella? La filosofía del derecho de la época posmoderna debe estar determinada por la preocupación por el derecho y esto significa *preocupación por hombre; aún más: la preocupación por la vida en general en todas sus formas.*"

> "El deseo manifiesto de mi conferencia de despedida sobre el tema *Filosofía del derecho posmoderno*, fue la reanimación de una *filosofía del derecho de contenido* que se preocupe de los *verdaderos* problemas, de las cuestiones decisivas y hoy conciernen realmente a los hombres y a la humanidad: paz, alimento suficiente para todos, vida segura, problemas de la energía nuclear, la biotecnología, la genética humana... ¿no son estos acaso problemas de la filosofía del derecho, de la doctrina sobre la justicia? ¿No se requiere en todas partes por lo que se denomina justicia social y bienestar común? ¿Y a quién corresponde su cuidado? En primer lugar por cierto, los filósofos del derecho" (Arthur Kaufmann, *La filosofía del derecho en la posmodernidad*, 1998, p. 72 e 73).

10 A AFIRMAÇÃO DA FILOSOFIA DO DIREITO NA HISTÓRIA DO ENSINO JURÍDICO NO BRASIL

Se o Direito que se tem no Brasil não é somente determinado historicamente pelo direito português, mas também, em parte, fruto das concepções do próprio ensino português, para não dizer em geral da própria dependência com relação aos modelos europeus (a influência das escolas de pensamento, dos movimentos intelectuais europeus, do processo de codificação), não parece desprezível falar da simbiose existente entre os destinos da disciplina em solo nacional, como em solo português. Isto porque a influência ultramar é determinante na cultura jurídica e jusfilosófica brasileira, e, durante largos anos, especialmente ao longo do Império, o que se tem e o que se conhece no Brasil advém da mais do que secular tradição dos bacharéis brasileiros direcionados para e formados pela Faculdade de Direito de Coimbra, dentre os quais se encontram notáveis nomes, que aportavam de volta ao Brasil trazendo consigo toda a carga das tradições coimbrãs.[70]

---

citação, na medida em que suas manifestações mais corriqueiras retomam correntemente esta ideia, sua experiência como Ministro procura ser um retrato desta concepção de vida, e, em especial, seu percurso teórico registra esta preocupação em torno do pensamento-vivo sobre os direitos humanos, em diálogo permanente com a obra de Hannah Arendt.

[70] Alguma notícia sobre o assunto nos traz Tercio Sampaio, neste texto em que discute a formação da ideia de ciência jurídica nos discursos parlamentares prévios à aprovação da norma criadora dos cursos jurídicos no Brasil: "Antes da criação dos Cursos Jurídicos entre nós, observa Alberto Venancio Filho, pequenos grupos da sociedade brasileira dirigiam-se à Universidade de Coimbra, para ali realizar seus estudos superiores. Lá, debaixo de duros tratamentos e opressões, ou em Lisboa, nas Cortes, sendo atacados por grupos de numerosa multidão das galerias e ouvindo até mesmo imprecações horríveis, os jovens se empenhavam em obter os rendimentos do conhecimento jurídico, para trazê-los de volta ao Brasil, onde os esperava a falta de institutos para prosseguir e retomar os seus estudos" (Ferraz Junior, A

A fundação dos cursos jurídicos no Brasil permite à cultura brasileira construir paulatinamente seu desgarramento com relação às dependências ideológicas, filosóficas e doutrinárias advindas da tradição portuguesa. Mas, este é um processo lento,[71] que garantirá maior desprendimento, apesar da fundação dos cursos jurídicos remontar a 1827, no período do Império, apenas plenificado no século XX.

No início do século XX, por exemplo, já há clareza entre os portugueses da necessidade de um estudo jurídico que não se exaura em seu aspecto simplesmente técnico, mas que seja, sobretudo, abrangente no sentido de permitir ao bacharel acesso às dúvidas e discussões sobre o papel do homem em sociedade, do envolvimento do problema das instituições e da historicidade das decisões sociais, o que demanda uma necessária atitude do ensino no sentido de perfeccionar seu currículo para englobar um grupo de disciplinas formativas (história do direito, sociologia do direito, filosofia do direito).[72]

Porém, nem mesmo em Portugal o destino da disciplina é tão claro assim. A disciplina *Filosofia do Direito* era entendida já na plenitude autônoma de sua missão epistemológica, porque se encontrava ainda amesquinhada dentro da concepção de que todos os conhecimentos sociais e humanos poderiam convergir para uma única disciplina, cujo título espelhava já seu caráter omnicompreensivo ou enciclopédico (*Filosofia e Sociologia do Direito*; *Filosofia do Direito ou Teoria Social*).[73] Os primeiros estudos no Brasil que haveriam de garantir a autonomização da disciplina, ainda no século XIX, com relação a outras demais disciplinas de caráter formativo (*Filosofia do Direito* vinha associada à disciplina *História do Direito*), começam a registrar a preocupação de distinguir claramente os objetivos da interferência de cada uma

---

criação dos cursos jurídicos e a concepção de ciência do direito, in *Os cursos jurídicos e as elites políticas brasileiras* (Aurélio Wander Bastos, org.), Brasília, Câmara dos Deputados, 1978, p. 167).

[71] Leia-se, a respeito: "Na verdade, por esta ligação íntima da ciência jurídica com a teoria da legislação colocada no âmbito do Direito Natural quase que se pode arriscar a afirmação de que aqueles parlamentares, em que pese aos estudos realizados em Coimbra, conforme os ditames da chamada Segunda Escolástica Portuguesa, já manifestavam os indícios de uma concepção de ciência nos moldes da Era Moderna, como um procedimento empírico-analítico. Pois esta concepção, passada para a teoria jurídica, significou a construção dos modelos naturalistas do homem no laboratório da Razão, que eram, então, tomados como paradigmas viáveis na experiência" (Ferraz Junior, A criação dos cursos jurídicos e a concepção de ciência do direito, in *Os cursos jurídicos e as elites políticas brasileiras* (Aurélio Wander Bastos, org.), Brasília, Câmara dos Deputados, 1978, p. 173).

[72] A reforma ocorrida no início do século XX em Coimbra espelha esta preocupação: "Entendia-se que a ciência do direito não poderia limitar-se à simples análise e interpretação dos textos legais, mas que encontrava o seu complemento adequado nos estudos respeitantes à vida do homem em sociedade. Esta perspectiva teve naturalmente grandes reflexos. Recordem-se, por exemplo: o ensino da sociologia geral ao lado da filosofia do direito; o estudo sociológico do crime ao lado do direito penal propriamente dito; a importância básica atribuída à história do direito, enquanto se via nela um vasto campo de observação e comparação dos factos, onde principalmente se fundava a possibilidade do emprego, na esfera jurídica, do método indutivo, próprio das ciências naturais. Além disso, criaram-se a cadeira de direito internacional, que abrangia tanto o direito internacional público como o direito internacional privado, e as cadeiras de administração colonial e de prática extrajudicial" (Costa, *História do direito português*, 3. ed., 2003, p. 455).

[73] "Se na reforma de 1910 dos estudos da Faculdade de Direito da Universidade de Coimbra a designação da anterior cadeira de 'Filosofia do Direito' passou a ser de 'Sociologia Geral e Filosofia do Direito', pela reforma de 1911 o lugar era já só para um acervo de ciências sociais ou jurídico-sociais – assim como a fundação em 1913 da Faculdade de Direito de Lisboa o foi sob o título de "Faculdade de Estudos Sociais e de Direito". Também aqui a alternativa era afinal "filosofia do direito ou teoria social" (Roellecke)" (A. Neves Castanheira, A *crise actual da filosofia do direito no contexto da crise global da filosofia*, 2003, p. 33).

destas disciplinas no contexto da Faculdade de Direito, como se pode perceber a partir dos estudos do Prof. Waldemar Ferreira sobre a disciplina *História do Direito*.[74]

O próprio conteúdo do conhecimento jusfilosófico que se propaga no Brasil extrai de matrizes eurocêntricas (jusnaturalistas e juspositivistas) todo o material reflexivo para o desenvolvimento das discussões que haveriam de ocupar os juristas e professores que se detiveram a pensar questões de interesse filosófico no Brasil.[75]

A exemplo disto, a primeira aula jurídica proferida pelo Prof. José Maria de Avellar Brotero (egresso da Universidade de Coimbra), o famoso Conselheiro Brotero, no Largo de São Francisco, ocorrida no dia 1o de março de 1828, durante os festejos de inauguração da Faculdade de Direito de São Paulo, versou sobre o direito divino do povo (fato este que foi noticiado no jornal *Farol Paulistano*, no 94, datado de 5 de março de 1828).

Com todas as dificuldades decorrentes da falta de acesso a publicações, da ausência de extenso material bibliográfico, de uma tradição clássica em conhecimento filosófico, e, até mesmo, de uma cultura popular receptiva ao exercício do pensamento filosófico (como diz Tobias Barreto), é possível localizar no Brasil esforços crescentes pela criação de uma doutrina própria, com rumos próprios para a jusreflexão, sendo operados ao longo de diversas gerações de devotados professores da disciplina.[76] Os quatros lentes que ensinaram *Filosofia do Direito* no período de 1890 a 1925 no Largo de São Francisco [Dr. Brasilio Augusto Machado d'Oliveira, Barão de Brasílio Machado (ensinou de 1890 a 1891); Dr. Pedro Augusto Carneiro Lessa (ensinou de 1891 a 1907); Dr. João Pedro da Veiga Filho (ensinou de 1908 a 1910); Dr. João Braz de Oliveira Arruda (ensinou de 1910 a 1911, e em 1925)] contribuíram veementemente para o engrandecimento da disciplina, de seu ensino, de sua propagação, da criação de seus propósitos, de sua importância, significação no contexto da formação bacharelada no Brasil.

11 LINHAS E TENDÊNCIAS DA FILOSOFIA DO DIREITO NO BRASIL CONTEMPORÂNEO

O cenário da *Filosofia do Direito*, no Brasil, passou por um vertiginoso processo de mudança, pluralização e expansão, que vale a pena ser identificado, especialmente considerando

---

[74] "Mas como lembra o Prof. Waldemar Ferreira no primeiro capítulo da sua 'História do Direito Brasileiro', verificou-se que não se ajustava bem o ensino concomitante ou mesmo sucessivo da Filosofia e História do Direito na mesma cadeira, por prejudicar 'o desenvolvimento expositivo de uma ou outra matéria'" (Azevedo, *História do direito, ciência e disciplina*, 1998, p. 11). "Sobrava-lhe o intuito de elaborar compêndio a respeito da matéria, tanto que assim o declara na mesma oração, ao acentuar que à cadeira da História do Direito Nacional, da qual fora o primeiro catedrático, adicionava-se o ensino da História do Direito antes anexo à Filosofia. De tal sorte, a duplicação da responsabilidade animava-o ao projeto, inviabilizado por súbito falecimento; substituiu-o o Prof. João Pedro da Veiga Filho, nomeado por decreto de 12 de maio de 1897" (Azevedo, *História do direito, ciência e disciplina*, 1998, p. 12).

[75] "Destaca-se, neste contexto, com as reflexões do Conselheiro Brotero (*Princípios de direito natural*), João Mendes de Almeida Junior, Alexandre Correia e Pedro Lessa, a influência do direito natural na construção das concepções teóricas que haveriam de construir a feição da jusfilosofia brasileira" (Cf. Batalha, *Filosofia jurídica e história do direito*, 2000, p. 285-286).

[76] "A despeito da famosa e injusta apóstrofe de Tobias Barreto ('o Brasil não tem cabeça filosófica'), posição reafirmada por João Ribeiro ('não há raça mais refratária à metafísica do que a nossa'), a verdade é que o Brasil tem apresentado mestres de filosofia e de filosofia do direito, com criações não raro originais" (José Cretella Junior, *Curso de filosofia do direito*, 7. ed. Rio de Janeiro: Forense, 2001, p. 163).

as últimas três décadas. Partindo-se dos escritos mais clássicos na matéria,[77] vieram-se criando novas formas de abordagens, e expandindo-se as fronteiras de conhecimento, no trânsito entre Filosofia, Humanidades e Direito. Alguns fatores vieram influenciando este processo, entre os quais listam-se o fim da ditadura civil-militar (1964-1985), a edição da Constituição Cidadã (1988) e a expansão do ensino jurídico em todo o País, a ampliação do interesse pelo estudo de questões ligadas às humanidades, a crise do positivismo jurídico e do legalismo na cultura do direito, a ampliação do número de revistas temáticas e especializadas, o fomento aos estudos interdisciplinares. Num certo sentido, no Brasil processou-se algo semelhante ao que se havia dado em Portugal.[78]

De Norte a Sul do Brasil, no cenário nacional contemporâneo, por intermédio de Universidades Federais e Estaduais, de Universidades Públicas e Privadas, as linhas e grupos de estudo e pesquisa pluralizaram-se, permitindo um processo de notória afirmação de tendências diversificadas, como também capazes de serem representativas de uma série de questões candentes do debate acerca do Direito, de forma mais geral, e também de forma mais específica, do Direito brasileiro e de seus desafios. A internalização de debates, correntes e teorias provenientes de vários países, também se fixou de forma definitiva entre nós, com expressiva atenção para a influência recebida de intercâmbios com Alemanha, França, Estados Unidos, Inglaterra, Itália, Portugal e Espanha. Ademais, o rol de concepções filosóficas se alargou enormemente, e nomes anteriormente nem sequer conhecidos no País, em alguns campos, se tornaram correntes de definitiva importância, influência e tradição, incorporando-se às práticas acadêmicas, à doutrina e, também, às tendências de jurisprudência, com implicações concretas e práticas na aplicação do Direito. A matéria chegou a ter tanto interesse, e a alcançar tamanha *tecnicidade* em seu vocabulário e na *variedade* de concepções, que foi necessário o esforço coletivo de vários coautores(as) em torno de um *Dicionário* para tratar de seus temas.[79]

É certo que há dificuldade em identificar, mapear e descrever a enorme diversidade de autores e autoras que se pronunciaram neste campo, e nem se pretende ter a capacidade de esgotar o rol de linhas e tendências contemporâneas em Filosofia e, também, em Teoria Geral do Direito. O crescimento foi tão exponencial que o rol dos temas, das questões e das perspectivas sequer permite que sejam devidamente considerados no plano estrito da Filosofia e Teoria Geral do Direito, na medida em que muitas contribuições se encontram de tal forma imbricadas na intersecção entre ramos do Direito (Direito Constitucional e Filosofia do Direito; Direito Econômico e Filosofia do Direito; Direitos Humanos e Filosofia do Direito), que a lista de referências se tornaria extensa ao infinito.

Ainda assim, é importante deixar um registro do *crescimento expressivo* da *produção acadêmica na área*, fazendo indicação das tarefas cumpridas nas últimas três décadas, ao mesmo tempo que se pontua a enorme *diversidade* de questões, metodologias, abordagens, temáticas,

---

[77] Montoro, *Estudos de Filosofia do Direito*. 3. ed. São Paulo: Saraiva, 1999; Reale, *Filosofia do Direito*. 19. ed. São Paulo: Saraiva, 1999; Telles Junior, *Direito quântico*: ensaio sobre os fundamentos da ordem jurídica. 8. ed. São Paulo: Juarez de Oliveira, 2006; Cretella Júnior, *Curso de filosofia do direito*. 12. ed. São Paulo: Forense, 2012.

[78] "Seriam, porém, necessários vinte e cinco anos para que a disciplina fosse restaurada, e ainda assim passando por fases experimentais e períodos de optatividade" (Cunha, *Filosofia do Direito*: fundamentos, metodologia e teoria geral do direito. 2. ed. Coimbra: Almedina, 2013, p. 101).

[79] Barretto, (Coord.). *Dicionário de Filosofia do Direito*. Rio de Janeiro: Renovar; São Leopoldo: UNISINOS, 2006.

problemas e teorias que vieram se afirmando. É, por isso, de se notar que as questões a seguir são todas desenvolvidas a partir de duas abordagens, a saber:

1) uma *abordagem abrangente e geral* ou, ainda, uma abordagem histórica, tais como: filosofia geral[80] e filosofia do direito;[81] filosofia jurídica;[82] filosofia política e filosofia do direito;[83] filosofia e introdução ao direito;[84] história do pensamento jurídico;[85]

2) uma *abordagem específica*, ou ainda, uma abordagem temática, autoral, focal, interdisciplinar, tais como: dignidade da pessoa humana;[86] direitos humanos;[87] história e direitos humanos;[88] pluralismo jurídico;[89] dialética e direito;[90] ciência jurídica e dogmática;[91] teoria da norma e comunicação;[92] direito e retórica;[93] direito pressuposto;[94] hermenêutica[95] e hermenêutica filosófica;[96] cidadania e acesso ao direito;[97] direito e pós-modernidade;[98] sujeito de direito e não violência;[99] direito

---

[80] Soares, *Curso de filosofia geral e filosofia do direito*. 4. ed. Rio de Janeiro: Forense, 2003.

[81] Nader, *Filosofia do direito*. 16. ed. Rio de Janeiro: Forense, 2007; Gusmão, *Filosofia do direito*. 9. ed. Rio de Janeiro: Forense, 2008.

[82] Batalha, Netto, *Filosofia jurídica e história do direito*. Rio de Janeiro: Forense Universitária, 2000.

[83] Saldanha, *Filosofia do Direito*. 2. ed. Rio de Janeiro: Renovar, 2005.

[84] Dimoulis, *Manual de introdução ao estudo do direito*. 6. ed. São Paulo: Revista do Tribunais, 2014.

[85] De Cicco, *História do pensamento jurídico e da filosofia do direito*. 3. ed. São Paulo: Saraiva, 2006.

[86] Sarlet, (org.). *Dimensões da dignidade*: ensaios de filosofia do direito e direito constitucional. 2. ed. Porto Alegre: Livraria do Advogado, 2009; Rabenhorst, *Dignidade e moralidade democrática*. Brasília: Brasília Jurídica, 2001; Sarmento, *Dignidade da pessoa humana*: conteúdo, trajetórias e metodologia. Belo Horizonte: Fórum, 2016.

[87] Lafer, *A reconstrução dos direitos humanos*: um diálogo com o pensamento de Hannah Arendt. 4. reimpressão. São Paulo: Companhia das Letras, 2001.

[88] Comparato, *A afirmação histórica dos direitos humanos*. São Paulo: Saraiva, 1999.

[89] Wolkmer, *Pluralismo jurídico*: fundamentos de uma nova cultura no direito. 3. ed. São Paulo: Alfa-ômega, 2001.

[90] Alves, *Dialética e direito*: linguagem, sentido e realidade. Fundamentos a uma teoria crítica da interpretação do direito. Barueri: Manole, 2010.

[91] Diniz, *A ciência jurídica*. 3. ed. São Paulo: Saraiva, 1995.

[92] Ferraz Junior, *Teoria da norma jurídica*: ensaio de pragmática da comunicação normativa. 4. ed. Rio de Janeiro: Forense, 2003.

[93] Adeodato, *Ética e retórica*: para uma teoria da dogmática jurídica. 3. ed. São Paulo: Saraiva, 2007.

[94] Grau, *O direito posto e o direito pressuposto*. 6. ed. São Paulo: Malheiros, 2005.

[95] Boucault, Rodriguez, *Hermenêutica plural*. São Paulo: Martins Fontes, 2002.

[96] Streck, *Verdade e consenso*: Constituição, hermenêutica e teorias discursivas. Rio de Janeiro: Lumen Juris, 2009.

[97] Gustin, *Das necessidades humanas aos direitos*: ensaio de sociologia e filosofia do direito. 2. ed. Belo Horizonte: Del Rey, 2009.

[98] Bittar, *O direito na pós-modernidade*. 3. ed. São Paulo: Atlas, 2014.

[99] Almeida, *Direitos humanos e não-violência*. São Paulo: Atlas, 2001.

e justiça;[100] direito e literatura;[101] direito e educação;[102] direito e arte;[103] direito e cinema;[104] direito e surrealismo;[105] ética[106] e justiça;[107] estoicismo e justiça;[108] teoria do direito;[109] teoria das fontes;[110] sistema jurídico e teoria dos sistemas;[111] metodologia da pesquisa;[112] lógica jurídica;[113] analítica, linguagem e norma tributária;[114] tópica e argumentação jurídica;[115] teoria da interpretação;[116] psicologia e direito;[117] raciocínio jurídico;[118] teoria da legislação;[119] teoria da constituição;[120] neoconstitucionalismo e pós-positivismo;[121] democracia e direito;[122] democracia

---

[100] Salgado, *A ideia de justiça no mundo contemporâneo*. Fundamentação e aplicação do direito como *maximum* ético. Belo Horizonte: Del Rey, 2006.

[101] Galuppo, Ruiz, (orgs.). *Direito, arte e literatura*. Florianópolis: Funjab, 2013.

[102] Chalita, *Educação*: a solução está no afeto. 4. ed. São Paulo: Gente, 2001.

[103] Franca Filho, Salomão Leite, Pamplona Filho, *Antimanual de direito & arte*. São Paulo: Saraiva, 2016.

[104] Oliveira, *Cinema e filosofia do direito*. Rio de Janeiro: Corifeu, 2006.

[105] Warat, *Territórios desconhecidos*. Florianópolis: Fundação Boiteux, 2004.

[106] Krohling, *A ética da alteridade e da responsabilidade*. Curitiba: Juruá, 2011.

[107] Nalini, Ética e justiça. São Paulo: Oliveira Mendes, 1998.

[108] Matos, *O estoicismo imperial como momento da ideia de justiça*: universalismo, liberdade e igualdade no discurso da *stoa* em Roma. Rio de Janeiro: Lumen Juris, 2009.

[109] Abboud, Carnio, Oliveira, *Introdução à teoria e à filosofia do direito*. 3. ed. São Paulo: Revista dos Tribunais, 2015; Pugliesi, *Por uma teoria do direito*: aspectos micro-sistêmicos. São Paulo: RCS, 2005. Macedo Júnior, *Teoria do direito contemporânea*. Curitiba: Juruá, 2017.

[110] Marques (coord.), *Diálogo das fontes*: do conflito à coordenação de normas do direito brasileiro. São Paulo: Revista dos Tribunais, 2012.

[111] Bôas Filho, *Teoria dos sistemas e o direito brasileiro*. São Paulo: Saraiva, 2009. Rocha, Uma nova forma para a observação do direito globalizado: policentexturalidade jurídica e estado ambiental. In: Streck, Morais, *Constituição, sistemas sociais e hermenêutica* Porto Alegre, Livraria do Advogado/Unisinos, 2009, p. 167-177; Campilongo, *O direito na sociedade complexa*. 2. ed. São Paulo: Saraiva, 2011.

[112] Mezzaroba, Monteiro, *Manual de metodologia da pesquisa no Direito*. 7. ed. São Paulo: Saraiva, 2017.

[113] Maranhão, *Estudos sobre lógica e direito*. São Paulo: Marcial Pons, 2013.

[114] Carvalho, *Direito tributário, linguagem e método*. 4. ed. São Paulo: Noeses, 2011.

[115] Roesler, *Theodor Viehweg e a Ciência do Direito*: tópica, discurso, racionalidade. 2. ed. Belo Horizonte: Arraes Editores, 2013.

[116] Just, *Interpretando as teorias da interpretação*. São Paulo: Saraiva, 2014.

[117] Prado, *O juiz e a emoção*: aspectos da lógica da decisão judicial. 2. ed. Campinas: Millenium, 2003.

[118] Lacerda, *O raciocínio jurídico*: uma visão aristotélica. Belo Horizonte: Movimento Editorial Faculdade de Direito da UFMG, 2006.

[119] Soares, *Teoria da legislação*. Porto Alegre: *Sergio Antonio Fabris*, 2004.

[120] Guerra Filho, *A filosofia do direito aplicada ao direito processual e à teoria da Constituição*. São Paulo: Atlas, 2001.

[121] Barroso, *Curso de direito constitucional contemporâneo*. 4. ed. São Paulo: Saraiva, 2013.

[122] Souza Neto, *Teoria Constitucional E Democracia Deliberativa*. Rio De Janeiro: Renovar, 2006; Freitas, Teixeira (orgs.). *Direito à democracia*: ensaios transdisciplinares. São Paulo: Conceito, 2011.

e direitos humanos;[123] soberania e desenvolvimento econômico;[124] democracia e constituição;[125] teoria do discurso;[126] teorias críticas;[127] teoria constitucional e modernização;[128] marxismo[129] e crítica da legalidade.[130]

12 FILOSOFIA DO DIREITO: CONCEITO, ATRIBUIÇÕES, FUNÇÕES

Ao tentar definir os quadrantes filosóficos, devem-se apontar os elementos que diferenciam a sabedoria filosófica de outras experiências humanas com o conhecimento. De fato, a filosofia distancia-se da mitologia (fantasia e cultura), da religião (crença e fé), do saber vulgar (prejulgamentos e limitações analíticas)... A filosofia é, a princípio: saber racional,[131] saber sistemático,[132] saber metódico,[133] saber causal e lógico.[134]

Para alguns autores, a Filosofia do Direito deve ocupar-se do justo e do injusto, e é esse seu objeto.[135] Para outros, o justo e o injusto estão fora do alcance do jurista, e são objeto de estudo da Ética.[136] Para outros, ainda, a Filosofia do Direito deve ser um estudo

---

[123] Kozicki, Chueiri, (Org.). *Estudos em Direito, Política e Literatura:* Hermenêutica, Justiça e Democracia Curitiba: Juruá, 2006.

[124] Bercovici, *Soberania e constituição:* para uma crítica do constitucionalismo. São Paulo: Quartier Latin, 2008.

[125] Cattoni, *Devido processo legislativo.* 2. ed. Belo Horizonte: Mandamentos, 2006.

[126] Maia, *Jürgen Habermas:* Filósofo do Direito. Rio de Janeiro: Renovar, 2008.

[127] Rodrigues, *Fuga do Direito.* Um estudo sobre o direito contemporâneo a partir de Franz Neumann. São Paulo: Saraiva, 2009. Coelho, *Teoria Crítica do Direito.* 3. ed. Belo Horizonte: Del Rey, 2003.

[128] Neves, *Transconstitucionalismo.* São Paulo: Tese USP, 2009.

[129] Mont'Alverne, Política *versus* Direito, *in* Freitas, Lorena; Feitosa, Enoque, (orgs.). *Marxismo, realismo e direitos humanos.* João Pessoa: UFPB, 2012, 52-66.

[130] Mascaro, *Crítica da legalidade e do direito brasileiro.* São Paulo: Quartier Latin, 2003.

[131] "E aqui nos encontramos já com o primeiro problema: se a filosofia é o saber, que classe de saber é o saber filosófico? Porque há muitas classes de saber: há o saber que todos temos sem ter aprendido nem refletido sobre nada; e há outro saber, que é o que adquirimos quando procuramos. Há um saber, pois, que temos sem tê-lo procurado, que encontramos sem tê-lo procurado, como Pascal encontrava a Deus sem tê-lo procurado; mas há outro saber que não temos senão quando procuramos, e que se o não procuramos, não o temos" (Morente, *Fundamentos de filosofia,* 1980, p. 26).

[132] "O conhecimento filosófico é um trabalho intelectual. É sistemático porque não se contenta em obter respostas para as questões colocadas, mas exige que as próprias questões sejam válidas e, em segundo lugar, que as respostas sejam verdadeiras, estejam relacionadas entre si, esclareçam umas às outras, formem conjuntos coerentes de ideias e significações, sejam provadas e demonstradas racionalmente" (Chaui, *Convite à filosofia,* 12. ed., 1999, p. 15).

[133] Indicam-se os seguintes métodos: indutivo (positivistas...), dedutivo (kantianos...), lógico-transcendental (neokantianos), empírico-dialético (fenomenologia egológica de Cossio, com idas e vindas da norma [sentido] ao fato [conduta] e do fato à norma). A esse respeito, consulte-se Gusmão, *Filosofia do direito,* 1999.

[134] "Nós definimos a Filosofia como a ciência das coisas por suas causas supremas" (Jolivet, *Curso de filosofia,* 18. ed., 1990, p. 21).

[135] "A Filosofia do direito será, portanto, como contemplação valorativa do direito, a teoria do direito justo (Stammler)" (Radbruch, *Filosofia do direito,* 6. ed., 1997, p. 47).

[136] É o caso de Hans Kelsen: "Ao considerar o tema da justiça, Hans Kelsen aplica à teoria dos valores a mesma metodologia usada ao construir uma teoria pura do direito: no exame da justiça, assim como no

combativo, politicamente, uma vez que inata é sua função de lutar contra a tirania.[137] Existem propostas que enfatizam que a tarefa filosófica deve consistir na escavação conceitual do Direito.[138] Muitas vezes, autores atribuem à Filosofia do Direito a tarefa de fazer derivar da razão pura a estrutura do próprio Direito, ao estilo dedutivo-kantiano.[139] Há quem faça participar de toda a especulação filosófica a necessidade crítico-valorativa das instituições jurídicas.[140]

Daí surgirem as mais diversificadas propostas, a saber: (1) disciplina tendente a estudar a justiça (jusnaturalistas); (2) disciplina tendente a estudar o *dever-ser*, verificando sua autonomia existencial (positivistas); (3) disciplina tendente a estudar e criticar o método jurídico utilizado cientificamente pelos juristas (formalistas); (4) disciplina tendente a estudar questões jurídicas históricas, assim como contribuir para o aperfeiçoamento do direito positivo (normativistas); (5) disciplina tendente a estudar os fatos jurídicos (sociologistas).[141]

E, assumindo posturas teóricas, como decorrência mesma do sistema adotado e da lógica encadeada de construção do sistema teórico, muitas vezes se propõe compreender a Filosofia do Direito como dividida em partes. Miguel Reale vislumbra na Filosofia do Direito as seguintes partes: ontognoseologia (compreensão conceitual do Direito); epistemologia (lógica e ciência jurídicas); deontologia (valores éticos); culturologia (história e eficácia jurídicas).[142] É essa uma proposta que atrela os pressupostos de seu pensamento ao tipo de investigação que pretende desenvolver, e isso representa já uma postura teórica individual, que, a princípio, não se poderia universalizar. Aqui, o indagar filosófico debruça-se sobre si mesmo. Será necessário dividir a Filosofia em áreas de atuação? Não terá ela amplitude tão grande quanto a do próprio objeto que assume como problema, o Direito?[143]

Não se confundindo com as práticas científicas do direito, é-lhes superior,[144] não qualitativamente, mas pelo fato de pairar para além da visão que possuem do fenômeno jurídico.

---

do direito, ele identifica cientificidade com não-valoração" (Mario Losano, na Introdução em *O problema da justiça*, p. XXV).

[137] "Mas, pela sua natureza, a Filosofia do Direito é a inimiga nata da tirania, muito embora esta tenha encontrado entre os que se dedicam a ela alguns teóricos seus defensores" (Del Vecchio, *Lições de filosofia do direito*, 5. ed., 1979, p. 308).

[138] "Podemos dizer, resumidamente, que a Filosofia jurídica consiste na pesquisa conceptual do Direito e implicações lógicas, por seus princípios e razões mais elevados, e na reflexão crítico-valorativa das instituições jurídicas" (Nader, *Filosofia do direito*, 7. ed., 1999, p. 11).

[139] "A Filosofia do Direito abrange, portanto, diversas investigações (a lógica, a fenomenológica e a deontológica) e pode assim definir-se: a disciplina que define o Direito na sua universalidade lógica investiga os fundamentos e os caracteres gerais do seu desenvolvimento histórico e avalia-o segundo o ideal de justiça traçado pela razão pura" (Del Vecchio, *Lições de filosofia do direito*, 5. ed., 1979, p. 307).

[140] "Filosofia do direito é a exposição crítico-valorativa da experiência jurídica, na universalidade de seus aspectos, mediante a indagação dos primeiros princípios que informam os institutos jurídicos, os direitos e os sistemas" (Cretella Jr., *Curso de filosofia do direito*, 1999, p. 19).

[141] Cf. Gusmão, *Filosofia do direito*, 1985, p. 1-26.

[142] Cf. Reale, *Filosofia do direito*, 19. ed., 1999, p. 305.

[143] Gusmão, *Filosofia do direito*, 1985, p. 19.

[144] "A diferença entre a Filosofia e a Ciência do Direito reside, pois, no modo pelo qual cada uma delas considera o Direito: a primeira, no seu aspecto universal; a segunda, no seu aspecto particular" (Del Vecchio, *Lições de filosofia do direito*, 5. ed., 1979, p. 304).

As ciências jurídicas partem da norma para seus resultados aplicativos e/ou consequências; a especulação filosófica volve da norma a seus princípios, a suas causas, a sua utilidade social, a sua necessidade, as suas deficiências...[145] De qualquer forma, possui comprometimentos com a história,[146] com a ideologia, com a sociedade, com a política..., destacando-se por suas preocupações universais e não setoriais.

A Filosofia do Direito é um saber crítico a respeito das construções jurídicas erigidas pela Ciência do Direito e pela própria *práxis* do Direito. Mais que isso, é sua tarefa buscar os fundamentos do Direito, seja para cientificar-se de sua natureza, seja para criticar o assento sobre o qual se fundam as estruturas do raciocínio jurídico, provocando, por vezes, fissuras no edifício que por sobre as mesmas se ergue.

A Filosofia do Direito possui um objeto tão universal, e um método que faculta que a investigação se prolongue tamanhamente, que abre mão da possibilidade de circunscrever seus umbrais. Aliás, fazê-lo seria o mesmo que podar o alcance crítico da filosofia sobre determinado problema ou grupo de problemas de interesse jusfilosófico.

Por isso, deve-se dizer que a reflexão filosófica sobre o Direito não pode extenuar-se. De fato, seu compromisso é manter-se acesa e atenta às modificações quotidianas do Direito, à evolução ou à involução dos institutos jurídicos e das instituições jurídico-sociais, às práticas de discurso do Direito, às realizações político-jurídicas, ao tratamento jurídico que se dá à pessoa humana... Então, a Filosofia do Direito é sempre atual, é sempre de vanguarda, pois reserva para si esse direito-dever de estar sempre impregnada da preocupação de investigar as realizações jurídicas práticas e teóricas.

Não se pode olvidar que a filosofia é o exercício do pensamento que tem por finalidade *o próprio exercício do pensamento*. Não visando a outro resultado senão à *interpretação pela interpretação*, seu exercício é desprovido de pretensões finalistas.[147] Causas de causas, razões, fundamentos, explicações e justificações são buscados no próprio *iter* do pensamento.

É, portanto, no próprio caminho de investigação que reside a *ratio essendi* da filosofia. A contribuição está na perene abertura que proporciona, diferenciando-se das demais ciências por fazer-se prática teórica desvinculada de pressupostos (dogmas, o que está na raiz da diferença entre dogmática e zetética).[148] Por vezes, a ênfase na resposta somente torna ainda mais obtusa a possibilidade de se questionarem os fundamentos de uma

---

[145] "A Filosofia do Direito, ao contrário, em lugar de ir das normas jurídicas às suas consequências, volve à fonte primordial de onde aqueles ditames de ação necessariamente emanam, ou seja, não observa a experiência jurídica de fora, como um dado ou um objeto externo, mas sim *in interiore hominis*" (Reale, *Filosofia do direito*, 19. ed., 1999, p. 304).

[146] Ressalte-se esse compromisso aqui: "Com isso, podemos considerar que a Filosofia do Direito procura estudar a conceituação do Direito em si, explicando as causas determinantes de sua transformação, no tempo e no espaço, em relação com os demais elementos sociais. Sua finalidade, pois, é examinar o Direito em pleno desenvolvimento, através das leis gerais do movimento" (Carreiro, *Notas sobre filosofia do direito*, p. 42).

[147] À pergunta "Que é a filosofia?" deve-se, portanto, responder: trata-se de uma *ciência com propósitos não produtivos*, ou seja, de uma ciência que encontra propósito em sua própria prática científica e racional, sem almejar fins práticos ou produtivos. A diferença, portanto, está na própria margem que distancia as *epistemai praktiké* e *poietiké* da *epistéme theoretiké*, na tripartição aristotélica. Consulte-se sobre o assunto a obra que discute justiça em Aristóteles, a saber: Bittar, *A justiça em Aristóteles*, Forense Universitária, 1999.

[148] Isso ganha relevo no campo do Direito na exata medida da diferença dos exercícios racionais zetético (*zetéin*) e dogmático (*dogma*); o zetético detém-se em sua própria caminhada especulativa "sem-fim",

prática jurídica, humana ou social; aí a ênfase na investigação serve como forma de abrir os horizontes para outras possibilidades de sentido, para outras alternativas, para outras propostas e entendimentos.[149]

À parte qualquer tipo de querela teórica, ou ainda acadêmica, é ineludível o fato de que a Filosofia do Direito possui metas e tarefas que estão compreendidas em suas perspectivas de investigação. São elas:

1. proceder à crítica das práticas, das atitudes e atividades dos operadores do direito;
2. avaliar e questionar a atividade legiferante, bem como oferecer suporte reflexivo ao legislador;
3. proceder à avaliação do papel desempenhado pela ciência jurídica e o próprio comportamento do jurista ante ela;
4. investigar as causas da desestruturação, do enfraquecimento ou da ruína de um sistema jurídico;
5. depurar a linguagem jurídica, os conceitos filosóficos e científicos do Direito, bem como analisar a estrutura lógica das proposições jurídicas;
6. investigar a eficácia dos institutos jurídicos, sua atuação social e seu compromisso com as questões sociais, seja no que tange a indivíduos, seja no que tange a grupos, seja no que tange a coletividades, seja no que tange a preocupações humanas universais;
7. esclarecer e definir a teleologia do Direito, seu aspecto valorativo e suas relações com a sociedade e os anseios culturais;
8. resgatar origens e valores fundantes dos processos e institutos jurídicos, identificando a historicidade e a utilidade das definições, das práticas e das decisões jurídicas;
9. por meio da crítica conceitual institucional, valorativa, política e procedimental, auxiliar o juiz no processo decisório;
10. insculpir a mentalidade da justiça como fundamento e finalidade das práticas jurídicas;
11. estudar, discutir e avaliar criticamente a dimensão aplicativa dos direitos humanos;
12. abalar a estrutura de conceitos arcaicos, de hábitos solidificados no passado, de práticas desenraizadas e desconexas com a realidade sociocultural, na qual se inserem, de normas desconexas, e que atravancam a melhor e mais escorreita aplicação do sistema jurídico.

---

e o dogmático procura e produz (*poietiké*) resultados. A respeito dessa proposta, consulte-se Ferraz Jr., *Introdução ao estudo do direito*: técnica, decisão, dominação, 1994, p. 37-51.

[149] Assim, um mesmo fenômeno jurídico pode ser abordado, segundo essas perspectivas, de duas formas diversas. Tome-se o caso da *pena de morte*: da perspectiva dogmática, trata-se de uma matéria de Direito Penal, sujeita a condições legais e a condições constitucionais (art. 5º, CF de 1988: "Não haverá pena de morte salvo em caso de guerra declarada..."), para a qual se pode atribuir uma resposta definitiva, ou relativamente definitiva, de acordo com a legislação positiva e a necessidade de solução de problemas práticos (sim, existe pena de morte e pode ser aplicada/não, não existe pena de morte e não pode ser aplicada); da perspectiva zetética, levantar-se-ão os fundamentos da pena de morte, verificando-se a possibilidade de exercício do direito de punir sobre a vida do cidadão, passando-se aos fundamentos dos direitos humanos e aos limites do exercício do próprio poder do Estado de tirar a vida dos cidadãos.

13. proceder à discussão das bases axiológicas, econômicas e estruturais que moram atrás das práticas jurídicas;

14. desmascarar as ideologias que orientam a cultura da comunidade jurídica, os pré-conceitos que orientam as atitudes dos operadores do Direito e descortinar as críticas necessárias para a reorientação da função de responsabilidade ético-social que repousa nas profissões jurídicas;

15. disseminar a cultura do humanismo, como forma ético-filosófica de resistência à tecnificação e pragmatização, à materialização e à alienação próprias da vida hodierna.

PARTE I

PANORAMA HISTÓRICO

1

PRÉ-SOCRÁTICOS: JUSTIÇA E COSMOLOGIA

1.1 PENSARAM OS PRÉ-SOCRÁTICOS SOBRE A JUSTIÇA?

Os pré-socráticos estão entre aqueles que primeiro pensaram. Se Aristóteles, Platão, Sócrates se notabilizaram na história da filosofia ocidental não foi sem consideração direta ou indireta ao trabalho de reflexão a que se entregaram estes primeiros vultos que se dedicaram a conhecer a causa de todas as coisas (*pánta*).

Se o espanto (*thaumatzein*) é a origem da própria filosofia, e se a filosofia (*philosophía*) é o princípio de todos os conhecimentos, estes que haveriam de ganhar autonomia e especificidade ao longo da história ocidental (biologia, matemática, astronomia...), não se pode desprezar a riqueza deste período na Grécia antiga, sob pena de se perderem genuínas contribuições para a reconstrução do desenvolvimento da *sapientia* acerca das coisas.

E isto pode ser especialmente importante no que tange à discussão de um valor fundamental para a organização do viver humano, a saber, a questão da justiça, este que parece ser um tema de relevante importância para o grupo de questões de que se ocupa a Filosofia do Direito. Assim é que parece ser sua responsabilidade rastrear os vestígios, dentro da filosofia grega pré-socrática, daquilo que significa a justiça. Vale dizer, no cumprimento desta sua alta missão de investigação, cumpre à jusfilosofia aquilatar acerca da justiça, o que, em boa medida, significa também investigar acerca daquilo que é a própria concepção de justiça na história do pensamento.

No entanto, poucos parecem ser os esforços neste sentido. Na literatura especializada os estudos são escassos. Em suas *Lições de filosofia do direito*, Giorgio Del Vecchio, por exemplo, dedica nada além de duas páginas ao estudo do tema, para logo se abalar em direção ao estudo dos sofistas, sendo que Miguel Reale, em sua *Filosofia do direito*, não trata dos pré-socráticos além de uma rápida menção ao texto da Antígona de Sófocles.[1] É de espantar que a tradição jusfilosófica, à exceção de raríssimos textos, dedique a não ser poucas páginas na tentativa de recuperação da concepção de justiça entre os pré-socráticos. Então, a questão muda de tom, e deixa de ser uma pergunta encaminhada no sentido de saber se os pré-socráticos pensaram ou não sobre a justiça (*diké*), porque de fato seus poucos fragmentos restantes trazem inúmeras referências sobre a temática, sendo relevante, portanto seu estudo e pesquisa. A questão passa a ganhar outro colorido: por que a tradição jusfilosófica não registra de modo tão enfático a importância do período para a discussão da temática?

E, para explicar esta sistemática lacuna, é possível listar alguns motivos: a) as reconstruções histórico-filosóficas têm o paradigma socrático como ponto de partida, iniciando suas investigações a partir do período antropocêntrico do desenvolvimento da cultura helênica; b) as fontes de investigação são escassas, seja pela carência de textos conservados dos pré-socrá-

---

[1] Del Vecchio, *Lições de filosofia do direito*, 1979, p. 32 e 33 e Reale, *Filosofia do direito*, 1999, p. 622.

ticos, seja de comentadores e exegetas; c) a filosofia pré-socrática não se ocupa sobremaneira do tema da justiça, sendo mais relevante sua pesquisa no que diz respeito a outras temáticas; d) a dificuldade de exegese, interpretação, leitura e reconstrução dos sistemas pré-socráticos gera certos embaraços na composição de discussões sobre o sentido da justiça neste período; e) a cultura grega do período não permite a distinção plena entre a filosofia racional, a crença religiosa e o misticismo sincrético, e, à luz dos preconceitos modernos e racionais, investigar o pensamento dos pré-socráticos seria retroceder a sistemas ingenuamente construídos sobre bases religiosas circunstanciais, o que comprometeria o valor de universalidade destes sistemas de pensamento; f) a civilização e a cultura gregas somente estariam preparadas para as questões do humanismo, do discurso (*lógos*), da *ágora* e da *pólis* (entre as quais aparecerá de modo mais enfático a questão da justiça – *diké*), a partir do século V a.C. (o que permitiria a alguns afirmar somente a partir dos sofistas a existência de uma Filosofia do Direito autêntica),[2] antes do que o período cosmológico da filosofia se detinha na preocupação com a natureza (*phýsis*), a investigação sobre a composição da matéria (*hýle*), a origem de todas as coisas (*pánta*), a perspectiva do universo (*kósmos*), como mesmo chega a afirmar Aristóteles.[3]

Na esteira destas preocupações, também compensa perguntar se os pré-socráticos formam uma escola, uma unidade de pensadores, ou, ao menos, se há uma identificação em suas doutrinas a ponto de serem colocados sob um único rótulo (*pré-*), aliás, reportado ao nome de um filósofo que lhes é posterior (*-socráticos*), ou se é apenas didaticamente que são enfileirados como pensadores que precederam a Sócrates.

Para responder a esta questão, é necessário enfatizar que, se há uma identidade entre os mesmos, ela não se deve somente ao *período histórico* por eles vivido (entre os séculos VI e IV a.C.), muito menos se deve a uma *única localidade* da qual provenham (uns da Jônia, outros de Eléia), mas sim à preocupação *cosmológica* comum a todos, à busca de uma explicação para o despertar do pensamento voltado para a compreensão do universo e do mundo natural, das coisas como existentes e de suas respectivas origens (trata-se de uma grande pergunta sobre a natureza das coisas).[4]

Isto, no entanto, e, de modo algum, autoriza-nos nem a considerá-los filósofos desinteressados dos assuntos humanos, a exemplo de uma tacanha visão em que são descritos como lunáticos encantados com os céus (Pitágoras agiu criando agitação política em Crotona, Zenão deu leis à cidade de Eléia e lutou contra o tirano Nearco, Parmênides teve importante atuação política dando leis à cidade de Eléia), nem a grifar uma *identidade absoluta* entre seus sistemas de reflexão e entre as consequências de suas doutrinas, nem a concebê-los como adeptos de uma mesma concepção de *kósmos* ou de *phýsis* (como exemplo: os pitagóricos veem uma natureza dual, bipartida, múltipla e divisível; a escola eleática vê a unidade, a indivisibilidade e a permanência como características da natureza das coisas), pois estes

---

[2] A concepção é de Cabral de Moncada: "Foi preciso que decorresse mais um século e que aparecessem os Sofistas do século V, para que, tendo-se separado definitivamente os conceitos da *phýsis*, do *lógos* e do *nómos* (lei humana) surgissem enfim os pressupostos para poder haver autêntica Filosofia do Direito" (Cabral de Moncada, *Filosofia do direito e do estado*, 1995, p. 13).

[3] "A maior parte dos primeiros filósofos considerava como os únicos princípios de todas as coisas os que são da natureza da matéria. Aquilo de que todos os seres são constituídos, e de que primeiro são gerados e em que por fim dissolvem, enquanto a substância subsiste mudando-se apenas as afecções, tal é, para eles, o elemento (*stokheion*), tal é o princípio dos seres..." (Aristóteles, *Metafísica*, I, 3, 983 b, 6).

[4] Esta identidade pode ser extraída também desta leitura de Werner Jaeger: "El punto de partida de los pensadores naturalistas del siglo VI era el problema del origen, la *Phýsis*, que dió su nombre a la totalidad del movimiento espiritual y a la forma de especulación a que dió lugar" (Jaeger, *Paideia*, 1953, p. 176).

nomes lhes são comuns como preocupação; no entanto, o significado que portam e passam a ter em cada sistema de pensamento nos abre o leque para conhecermos as diferenças e as nuances que marcam cada pensador ou cada escola de pensamento deste período (escola jônica; escola pitagórica; escola eleata; escola da pluralidade).[5] As escolas do período que se apresentam ao conhecimento são:

- Escola jônica, da Ásia Menor: Tales de Mileto, Anaximandro de Mileto, Anaxímenes de Mileto e Heráclito de Éfeso;
- Escola pitagórica, da Magna Grécia: Pitágoras de Samos, Alcmeão de Crotona, Filolau de Crotona e Árquitas de Tarento;
- Escola eleata, da Magna Grécia: Xenófanes de Colofão, Parmênides de Eléia, Zenão de Eléia, Melissos de Samos;
- Escola da pluralidade: Leucipo e Demócrito de Abdera, Empédocles de Agrigento e Anaxágoras de Clazómena.

Se o estudo dos pré-socráticos torna-se possível na base destas preocupações, a análise, no entanto, deve seguir, preliminarmente, em direção à dimensão de seu contexto, de seu momento histórico, de seu comprometimento com a esfera dos valores e dados culturais assentados no período. Isto porque parece ser fundamental compreender o processo que forjava a construção de uma concepção de justiça à época, como grande *panneaux* de fundo da aparição dos pré-socráticos.

Daí por que se torna fundamental empreender um movimento no sentido da investigação da tradição homérica, na qual se enraízam outras tantas importantes questões culturais que dão sustentação e suporte ao entendimento do momento pré-socrático. Se é impossível entender a Grécia sem Homero, torna-se também inviável discutir justiça nos pré-socráticos sem entender o sentido desta questão na tradição homérica.

1.2 A JUSTIÇA NA TRADIÇÃO HOMÉRICA

Se a filosofia grega não surge a partir da pressuposição de um 'milagre grego', a filosofia pré-socrática também não surge a partir do nada. Ambas pressupõem antecedentes que fomentaram as condições de surgimento. É impossível pensar o aparecimento da filosofia grega, em pleno bojo do período arcaico (séc. VIII ao V a.C.), sem mencionar as influências advindas dos povos orientais, a sabedoria egípcia, os conhecimentos dos caldeus, as artes dos fenícios etc. Também é impossível falar da filosofia pré-socrática sem mencionar a passagem dos gregos de uma fase mítica, correspondente ao período histórico homérico da cultura grega (anterior ao séc. VIII a.C.), a uma fase racional, por intermédio da transição entre a cosmogonia (origem dos cosmos a partir da relação entre as forças vitais) e a teogonia (origem dos deuses a partir da relação sexual entre eles, criando heróis, tias, deuses e homens) em direção à cosmologia (conhecimento racional que explica a origem das coisas a partir de princípios).[6]

A filosofia pré-socrática pertence, portanto, ao momento em que, devidamente nutrida pelo mito, pela epopeia homérica, pela teogonia, pela cosmogonia, haveria condições de cristalização do pensamento racional cosmológico. Mas isto não afasta a filosofia pré-socrática nascente completamente da sua ligação com o período mitológico (principalmente porque

---

[5]   Seguindo uma classificação dada por Chaui, *Introdução à história da filosofia*, 1994, p. 47-48.

[6]   Cf. Chaui, *Introdução à história da filosofia*, 1994, p. 20-34.

surge a partir do mito), como afirma Werner Jaeger,[7] pois esta passagem se processa aos poucos, numa transição que levará os gregos do período cosmológico da filosofia (naturalista) ao período socrático da filosofia (antropocêntrico).

É desta forma que se pode dizer que a *paideia* grega formada a partir do período homérico é uma fonte inesgotável para a *re-criação* do sentido de justiça (*diké*) dentro da cultura pré-socrática, na medida em que os pré-socráticos não partiram do nada para a formulação de seus problemas e indagações, mas sim a partir de uma longa tradição de questionamentos antes localizados no mito, na poesia, nos contos, nas adivinhações dos oráculos, na sabedoria dos antigos, nas representações trágicas.[8] Mais que isto, com Werner Jaeger se pode dizer que a epopéia homérica possui em si o gérmen da filosofia grega, e, portanto, do próprio pré-socratismo.[9] Trata-se de uma proto-forma do pensar filosófico, uma forma cultural que dependeria ainda de maior burilamento, racionalização e laicização, para corporificar-se no próprio pensamento que se faz amigo (*philos*) da sabedoria (*sophía*).

A tradição homérica, portanto, é recheada de importantes contribuições para a formação da cultura grega, e o que é peculiar da metodologia de transmissão destes conhecimentos é que tudo se faz pela via oral. A transmissão oral (por cantores e rapsodos) dos feitos, das venturas e desventuras dos protagonistas da poesia homérica (*Ilíada* e *Odisseia*), o destino trágico do ideal de vida de Aquiles, permite que a poesia adentre o universo da cultura e do pensamento gregos antigos, definindo-lhe a substância humana. Transmitida através do teatro, pela cultura popular, ensinada nas escolas,[10] absorvida pelas discussões dos sofistas, introduzida nas discussões filosóficas (Platão e Aristóteles citam-nos inúmeras vezes), inclusive no período helenístico (Porfírio), a tradição homérica é aquilo sem o que o espírito da Grécia não teria se revelado.[11]

Aqui aparece a resposta para a evidente pergunta que se poderia formular neste momento: por que o estudo da justiça deveria, na cultura da civilização grega, partir dos estudos sobre a literatura épica homérica, ainda mais considerando que estes textos têm maior valor literário que filosófico, e estão marcados por profundos traços mitológicos e não racionais? A figura de Homero (tenha ele existido ou seja ele uma invenção poética, tenha ele sido um compilador ou definitivamente um genial criador) é referência não simplesmente por trazer em sua poesia um dos primeiros textos com registros formais da cultura grega, mas sobretudo e especialmente por ter imprimido o alto sentido de humanidade e culto das virtudes

---

[7] "No es fácil trazar la frontera temporal del momento en que aparece el pensamiento racional. Debería pasar probablemente a través de la epopeya homérica. Sin embargo, la compenetración del elemento racional con el pensamiento mítico es en ella tan estrecha, que apenas es posible separarlos" (Jaeger, *Paideia*, 1953, p. 172).

[8] Ferraz Junior, na avaliação da cultura Ática e das fontes de informação sobre a mesma, chega à conclusão de que as referências sobre a justiça não se encontram entre fontes tipicamente jurídicas (leis, decretos etc.), quando afirma: "O direito, então, seria, por assim dizer, uma propriedade da cultura Ática, e não fruto de uma sistematização jurídica. Suas fontes são singulares – a poesia, o teatro, a oratória etc. –, sendo-o igualmente seu método de estudo" (Ferraz Junior, *Estudos de filosofia do direito*, 2002, p. 144).

[9] "La epopeya griega contiene ya en gérmen a la filosofía griega" (Jaeger, *Paideia*, 1953, p. 70).

[10] É certo que a epopeya participa da formação da cultura do jovem grego: "En la epopeya se manifiesta la peculiaridad de la educación helénica como en ningún otro poema" (Jaeger, *Paideia*, 1953, p. 55).

[11] Jaeger destaca, para grifar a importância de Homero, os ecos de sua fama até mesmo nos textos de Platão: "Cuenta Platón que era una opinión muy extendida en su tiempo la de que Homero había sido el educador de la Grecia toda" (Jaeger, *Paideia*, 1953, p. 53).

(*aretai*) que haveriam de constituir o grande acervo, e o forte e ineludível legado, de toda a civilização grega antiga.[12]

Sem dúvida alguma, como diz Werner Jaeger, não é a justiça o grande tema do poeta, seja na narrativa da *Ilíada*, seja na narrativa da *Odisséia*, mas é a heroicidade a marca do encantamento poético dos textos homéricos.[13] Ou seja, num período de cultura cavalheiresca e aristocrática,[14] a marca do herói será exatamente aquela de alguém que prefere escrever seu nome da história, por seus feitos grandiosos e suas virtudes, a ter uma vida pacífica e opaca, com todas as consequências trágicas que possam estar atrás desta preferência pelo maravilhoso e engrandecedor dos feitos heróicos. Apesar de o foco estar voltado para a descrição das virtudes do herói, isto não significa que dentre as *aretai* não se destaque a *diké* em meio aos grandes temas da *paideia* grega deste período. A poesia de Homero é, portanto, um portal para entender o processo de formação da cultura grega, de um modo mais geral, mas também para entender as diferenciações surgidas entre os diversos usos e empregos dos termos *thémis*, *diké* e *dikaosýne* na cultura grega.

Para a boa compreensão do tema, deve-se considerar que o próprio momento de instabilidade e de assentamento dos povos conduziu a civilização grega do período homérico à valorização do ideal guerreiro-cavalheiresco de vida e do heroísmo como *areté politiké*.[15] Certamente, o estado de constante beligerância entre os povos envolvidos em conflitos, disputas, conquistas denota a presença de um nomadismo e o início da fixação territorial do homem na Grécia. O culto aos ancestrais, às tradições trágicas, às visões órficas, às revelações dos oráculos, aos valores mitológicos, o apego imoderado ao culto e à tradição compõem o mosaico de cores que caracteriza com toda precisão esta sociedade aristocrático-sacerdotal que representou o início da organização política helênica.

Em tal meio, prosperaram o poder político da nobreza detentora das armas e da *areté* guerreira, ínsita na natureza de seus membros, aliado ao poder religioso emanado da autoridade sacerdotal, representante da ordem e da justiça divinas. Consoante o espírito de vida imperante, as classes populares campesinas, uma vez que a atividade produtiva restringia-se basicamente à agricultura, submetiam-se à justiça imposta pelos detentores dos poderes temporal e espiritual, que cunharam o seu conceito de acordo com os interesses e com a cultura predominantes.

Ou seja, a poesia de Homero é não só inspiradora da cultura grega, mas é também reflexo de certas condições temporais. À parte o caráter imorredouro de seus ensinamentos, a poesia de Homero retrata um certo *status quo* de evolução da própria civilização grega. E, considerando-se esta sua peculiar condição, percebe-se que a poesia de Homero carrega dentro de si concepções de mundo gestadas ao longo do período mitológico (ou homérico pp. dito). A poesia homérica está impregnada pela noção de Destino (*Ananké*), como responsável pela distribuição social dos homens, assim como de seus valores, riquezas e condições, o que, de fato, somente ajudou a justificar durante vários séculos a irregularidade tanto das condições de vida, quanto da distribuição da *justiça*, e fez do homem objeto passivo do mundo dos deuses, joguete das vontades, das iras ou das discórdias entre os deuses.

---

[12]   Cf. Jaeger, *Paideia*, 1953, p. 54.

[13]   "Lo que despierta la simpatia del poeta por los aqueos no es la justicia de sua causa, sino el resplandor imperecedero de su herocidad" (Jaeger, *Paideia*, 1953, p. 63).

[14]   "El *pathos* del alto destino heroico del hombre es el aliento espiritual de la *Ilíada*. El *ethos* de la cultura y de la moral aristrocráticas halla el poema de su vida en la *Odisea*" (Jaeger, *Paideia*, 1953, p. 57).

[15]   Werner Jaeger, *Op. cit.*, 1946, vol. I, p. 22.

CURSO DE FILOSOFIA DO DIREITO • Bittar/Almeida

Há, portanto, a partir da poesia de Homero, que se divisar o quanto a imagem da *justiça* não está associada às condições sócio-históricas do próprio povo grego. Há que se divisar, sobretudo, que a mitologia reflete a condição histórica do povo grego, e, nesta medida, entender que qualquer reflexão que queira entender o sentido de justiça dos gregos deve partir por compreender a diferenciação entre *diké* e *thémis* em sua significação mitológica, esta que é o traço da narrativa homérica (a condição humana como espelho dos desejos, discórdias, amores, incestos, joguetes e traições entre os deuses).

O termo *justiça* não é largamente empregado na poesia homérica, não sendo recorrente e nem usual, mas é na épica homérica que se podem encontrar as primeiras aparições do termo *justiça* em registros de que se tem notícia na cultura grega.

O termo *justiça* aparece corporificado ora em *thémis*, ora em *diké*, o que, por si só, é já indício de que existem dois vocábulos entre os gregos para designar aquilo que se costuma chamar por justiça. Mas *thémis* e *diké*, como vocábulos gregos, reportar-se-iam ao mesmo *designatum*? Estariam querendo significar a mesma coisa? Do ponto de vista etimológico, em Homero, *thémis* é empregada para designar o costume, especialmente quando aparece empregada na frase que consta da *Ilíada* como da *Odisséia*: "*e thémis estí*", significando aquilo que está estabelecido pelo costume. Ou seja, *thémis* designa algo cuja significação reporta à conservação, à permanência, à tradição, fazendo apelo à dimensão de um passado cuja preservação se dá na continuidade dos costumes, dos hábitos sociais, das tradições ancestrais. *Thémis* vem, portanto, revestida de uma forte pressão tradicional, de uma pesada herança dos antepassados, significando o liame, a ligação, entre o que era e o que será, não somente num sentido temporal, mas especialmente num sentido moral, ou seja, no sentido de que o que era deve continuar sendo, como medida de *dever-ser* do comportamento das novas gerações.

Já quanto ao termo *diké*, é possível entendê-lo em dois sentidos: um, de regra, costume, significando algo mais distante e sagrado (usado mais ou menos de modo indistinto com *thémis*), que aparece em *Odisseia* 11, 218 e 14, 59; outro, de justiça em seu caráter mais humano, mais carnal e vivo (oposto a *thémis*), que aparece em *Ilíada* 19,180 e oposto a força – *bía* (*Ilíada*, 16,388).[16] Neste último sentido, que figura no texto da *Ilíada*, o trecho é o da disputa entre Pátroclo e Heitor, onde aparece a descrição da fúria da intervenção de Zeus sobre os homens: "Comme, par une tempête, toute la terre obscurcie est accablée, en un jour d'automne, sous l'eau qu'avec violence verse Zeus, quand, dans son ressentiment, il se fache contre les hommes qui par violence, sur la place publique, *prononcent des jugements boiteux et banissent la justice*, sans craindre le regard des dieux...".[17]

Dentro dos textos homéricos, o termo *diké* ora designa algo diverso de *thémis*, na *Ilíada*, ora se aproxima do sentido de *thémis*, como algo sagrado, na Odisseia. Esse desnível entre a *Ilíada* e a *Odisseia*, no que tange à significação de *diké* é bastante significativo para a compreensão do processo de construção da própria ideia de justiça na consciência da civilização grega. Isto porque tal referência a uma *diké* como força oposta à *bía* (violência), na *Ilíada*, já revela que a *diké* tinha incorporado nela um certo sabor de transgressão, especialmente por ser algo que se associa à ideia de uma resistência à estrutura de classes. Paulatinamente, a partir do séc. VI a.C., é que a *diké* começou a ser considerada como algo mais universal, válido para toda a sociedade, contando com a garantia do próprio Zeus, especialmente porque a agora recém-surgida ideia de que são as leis (*nómoi*) que governam as cidades-estado,

---

[16] Cf. Chantraîne, *Dictionnaire étymologique de la langue grecque,* 1999, Verbetes *Diké,* p. 283, e *Thémis,* p. 427-428.

[17] Homère, *Iliade,* 16, 388, trad., 1965, p. 274.

e não os oligarcas, passa a corporificar o ideal da *diké* como garantia de justiça.[18] Porém, não há que se comparar a força e a grandiosidade do relevo moral que haverão de recair sobre o termo *diké* na poesia de Hesíodo e na poesia de Homero. Hesíodo acentua a diferença, já existente de modo lateral em Homero, entre *diké* e *thémis*, construindo uma diferenciação clara entre os termos, o que permite a expansão paulatina do emprego do uso do termo *diké*, em detrimento do termo *thémis*, que haverá de recair aos poucos no abandono. Ao menos sua significação para a filosofia desaparece, e, já nos pré-socráticos, o termo de maior emprego para significar justiça é *diké*, e não *thémis*.

No entanto, é importante grifar que, para o uso mitológico, homérico e pré-homérico, na língua grega, o vocábulo *thémis* não somente designa algo de natureza sagrada (bom conselho dado aos deuses), como designa também que pode ser dado pelos deuses aos homens, como num ritual de passagem em que se unge o beneficiário com uma espécie de dom, por exemplo, o dom da sabedoria, ou o dom de governar. Nesta acepção é que se pode dizer que os reis recebiam *thémis* das mãos de Zeus, assim como o cetro do poder, para o comando e orientação da sociedade (eram ungidos pelo dom de governar). Sem dúvida alguma, esta crença facilitava imensamente a legitimação do poder, na medida em que tudo aquilo que emanasse da vontade do governante era também um mandamento inspirado por *thémis*. É claro que aqui está a abertura para a dominação e a manutenção de uma estabilidade de governo fundada na tradição aristocrática e nos costumes ancestrais e míticos. A *justiça* concebida, e assim distribuída por força da vontade e da unção dos deuses, encontrou seus fundamentos nas lendas, no mito, na religião e na tradição consuetudinária, possibilitando a fundamentação da dominação.

O termo *thémis*, na língua grega, além de designar o uso, o costume, a unção de sabedoria, também era utilizado para designar uma deusa; esta se reveste da figura de *Thémis*, de uma deusa pré-olímpica, filha de Gaia e Urano, e esposa de Zeus, atuando ao lado deste como o símbolo da ordem e do poder organizativo. Neste passo, podem ser tomados os retratos mais fiéis da mitologia grega trazidos pela *Teogonia* de Hesíodo, obra que registra as aventuras de Zeus, filho de Réia, para que se possa entender a significação de *Thémis* no caleidoscópio dos deuses do Olimpo.

Na obra de Hesíodo, Zeus, desde seu nascimento às escondidas de Crónos (que comia seus filhos com medo que o destronassem), sob a proteção de Urano (Céu) e Gaia (Terra), passa por inúmeras lutas e batalhas, ora contra os Titãs, ora contra o Dragão, até sua vitória e ascensão à condição de rei dos imortais, no Olimpo, em cuja condição toma como esposas Métis e *Thémis*. Assim, de seu casamento com *Thémis*, Zeus tem alguns filhos: 1) as estações: Bom Governo (Eunomia), Justiça (*Diké*) e Paz (Eirene); 2) as Parcas ou Moirai ou partes (Cloto, Láquesis e Átropos).[19] *Thémis* é, portanto, além de conselheira de Zeus (aquela que diz a vontade e orienta a ação de Zeus), mãe das Moirai, que presidem a ordem e o equilíbrio do universo.[20]

---

[18] Cf. Peters, *Termos filosóficos gregos*, 2. ed., 1983, verbete *diké*, p. 54.

[19] Cf. Cornford, *Principium sapientiae*, 1989, p. 360-363.

[20] Neste sentido, segue-se a interpretação de Ferraz Junior, na linha de Giorgio Del Vecchio: "Nas mais antigas manifestações do pensamento grego antigo, a justiça não aparece com denominação própria e específica, mas frequentemente ligada a outras ideias, cujas conotações são invariavelmente míticas. Como tem sido observado, nem Homero nem Hesíodo conhecem o vocábulo *dikaosyne*, mas para designarem a justiça, de que, por certo, tiveram alguma ideia, valem-se de outros vocábulos, como *Diké* (que significa originalmente 'decisão judicial') e *Thémis* (equivalente, na origem a 'bom conselho') (Del Vecchio, 1960, p. 6). *Thémis*, como toda figura mítica, bastante controvertida, é uma das deusas gregas da

O que se percebe é que da união de Zeus com *Thémis* surgem, reunidas entre si, a ordem física das estações, a ordem social da administração do rei e as partes atribuídas aos homens, significando existir uma sincronia existente entre o físico-natural e o sócio-político, dando a ideia de uma espécie de continuísmo entre a ordem das coisas humanas e a ordem cosmológica que a tudo rege.[21] Assim, o Olimpo não somente governa a si próprio, como também governa a ordem das coisas no *Kósmos,* como também dá os instrumentos para a ação dos homens uns com os outros, uns contra os outros, no que está incluída a ideia de *Diké.*

Nesta tradição mítica da personificação, há, portanto, uma derivação no relacionamento entre *Thémis* e *Diké,* pois *Diké* é uma deusa ligada à verdade (*alétheia*) e à luz,[22] filha de *Thémis,* agindo em oposição a outras forças, que agem com propósitos contrários [a injustiça (*adikía*), a desconfiança e a infidelidade (*pseudés*) e a sedução mentirosa (*apáte*)]. Nesta medida, *Diké* revela aos homens o que é em essência (e o que estaria escondido na dimensão do Hades), especialmente quando atua sobre as relações humanas, fazendo com que emerja o que é porque é, e não o embuste, o falso, o mentiroso, a imagem parca e translúcida da verdade.

Somente com o evolver histórico é que a significação mítica da justiça foi cedendo lugar a outras concepções do justo, que chegará a ser confundido entre os sofistas com a vontade daquele que faz as normas políticas (*nómos*). Entre a crença mitológica nos deuses que presidem o Olimpo e seu poder sobre a ordem e a justiça do *kósmos,* no período homérico, e as concepções mais recentes de justiça, no período arcaico, e, posteriormente, no período clássico, um salto bem acentuado no sentido da laicização da ideia do justo e do injusto.

---

justiça. Ela é mãe das Horas que presidem a ordem do Universo. *Thémis* é originariamente a conselheira de Zeus, identificada mesmo com sua vontade. Mais tarde, ela já surge como a divindade dos oráculos, promovendo reuniões públicas e propiciando o aparecimento e elaboração das ordenações civis. A outra imagem mítica é *diké,* deusa dos julgamentos, filha de Zeus e *Thémis.* Sua figura se liga mais tarde não só a decisão, mas também à pena judicial, fazendo-a cruel e vingativa. Importa verificar, no entanto, que na épica grega a justiça não tem a forma da virtude principal, mas é frequentemente superada pela coragem, a astúcia, virtudes estas cujo caráter dramático é bem mais propício ao desenvolvimento de uma epopeia. Ou, como diz Del Vecchio (1960, p. 6) 'a própria índole da justiça – virtude equilibradora – a torna menos apta a traduzir-se naqueles movimentos de paixão e contrastes de afetos, de que acima de tudo se alimenta a poesia'. Contudo, mesmo *Thémis* nem sempre é portadora da concórdia, nos seus conselhos a Zeus, podendo incitar o conflito e a discórdia, o que realmente sucede na *Ilíada,* com a guerra de Tróia.

"Essas figuras míticas fundamentais, *Thémis* e *Diké,* guardam sempre um significado original e próprio. Parece mesmo que a última indica a sentença do juiz, correspondendo, aproximadamente, o termo *diké,* ao *jus* latino. A expressão *themdiké* parece ser análoga ao latim *jus fasque,* no qual *fas* talvez correspondesse a *Them.* Elaborou-se também, com base na distinção entre as duas deusas, uma igual diferença entre uma justiça divina e outra humana, o que não parece ser originariamente exato, sendo isto produto de época posterior (Del Vecchio, 1960, p. 7). Entretanto, se é fato que *jus* traduz comumente o *diké* grego, deve-se levar em conta que a raiz *dik ou deik,* existente no latim e no sânscrito, deu o latim *dicere* e o grego *dikaiosyne.* A conotação primitiva de *jus* e *diké* porém, pouco tem a ver com as derivações que, à custa de sufixos e prefixos, foram feitas posteriormente, ligando-as a coisas, como leis, tribunais, sentença etc. O sentido primeiro das palavras tinha antes uma referência religiosa que guarda ainda hoje a palavra jurar. Neste sentido, podemos ter uma compreensão mais exata do significado da justiça para Platão ou Aristóteles, com sua referência eticamente religiosa, mais do que técnico-jurídica" (Ferraz Junior, *Estudos de filosofia do direito,* 2002, p. 148 e 149).

[21] Cf. Cornford, *Principium sapientiae,* 1989, p. 362-363.

[22] Referindo-se ao termo *alétheia:* "é uma palavra que se relaciona com três forças positivas: a justiça (*díke*), a confiança e fidelidade (*pístis*) e a doce ou suave persuasão (*peithó*). Personificadas, são três deusas ligadas à verdade e à luz; em oposição a elas, no campo do esquecimento/erro/engano/mentira, que é o mundo escuro da *Léthe,* estão três outras forças: a injustiça (*adikía*), a desconfiança e a infidelidade (*pseudés*) e a sedução mentirosa (*apáte*)" (Chaui, *Introdução à história da filosofia,* 1994, p. 38).

Com tais modificações, o conceito divinizado da justiça como *thémis* perdeu seu conteúdo de princípio coordenador da vida humana por concessão divina. Uma nova ordem pública exigiu uma nova configuração à justiça, adequada às novas exigências sociais, o que é fruto próprio de uma civilização que se organiza na técnica, no comércio, na política, no governo das coisas comuns da *pólis*. O advento do vocábulo *dikaiosýne* passa a ser a tradução desta vertiginosa mudança de concepções na sociedade grega.

O termo *diké*,[23] apesar de surgido provavelmente à mesma época do termo *thémis*, assume, com as modificações da civilização grega, uma carga de significação específica, revelando seu sentido como igualdade, como cumprimento da justiça, como bom julgamento, assumindo uma conotação social de grande relevo quando do surgimento dos primeiros movimentos sociais em oposição às injustiças que sulcavam abruptas diferenças entre os grupos sociais, as classes dominantes e as classes campesinas. Neste sentido, ampla contribuição foi dada pelo poeta do povo, Hesíodo,[24] responsável pela exaltação do trabalho, do esforço e dos valores populares ligados ao modo campesino de vida.[25]

Perceba-se que o processo de transformação da ideia de justiça entre os gregos corresponde a um movimento de passagem, contínua e lenta, entre os vocábulos *thémis*, *diké* e *dikaosýne*. Se a justiça estava depositada sobre a autoridade de *thémis*, atribuída pelas próprias mãos de Zeus aos dirigentes e governantes, como investidura divina e sagrada, significando o bom conselho ungido sobre o que é humano, com sua passagem para *diké*, constrói-se um novo baluarte da realização material de um maior igualitarismo, na medida em que não somente *diké* assume um sentido de justiça mais próximo e igualitário, como poder humano de decisão sobre as coisas humanas, como também se dessacraliza e destrona, como desafio, a autoridade de *thémis*.

Assim é que para uma nova ordem política, econômica, cultural e social, *diké* revelou-se a melhor concepção para revestir os anseios e ideais populares. Tornou-se, ademais, princípio--motor para a reivindicação de modificações na estrutura político-administrativa da cidade (*pólis*). Tal significado encontrou fundamentos na própria conceituação mitológica do termo, que representa a deusa responsável pelo embate contra as forças de Éris (discórdia), Bía (a violência) e Hybris (imoderação), na implantação da ordem sobre a Terra.[26]

---

[23] A respeito das diferenças semânticas entre os termos *thémis* e *diké*: "The one, *thémis*, is specialized to man, the social conscience, the other is the way of the whole is the way of the whole world of nature, of the universe of all live things. The word *diké* has in it more life-blood, more of living and doing; the word *thémis* has more of permission to do, human sanction stradowed always by *tabu*; *fas* is unthinkable without *nefas*" (Harrison, *Themis*: a study of the social origins of greek religion, 1989, p. 516).

[24] A respeito das diferenças conceituais entre a *Diké* homérica e a hesiódica: "O *Diké* de Hesíodo contém uma elevada concepção moral do comportamento correto; mas falta-lhe algo no sentido da obrigação recíproca consciente entre as diferentes classes e indivíduos, característica da visão de Homero. Nesse contexto, a ética da justiça de Hesíodo é, paradoxalmente, mais aristocrática do que a de Homero. Seu conceito de *diké* não é um apelo à genuína colaboração harmoniosa entre os diversos setores da comunidade; não desafia o direito do proprietário de terras de usufruir o monopólio do poder; de fato, aceita como fato natural que a *pólis* (a palavra começa a ser usada por Hesíodo no sentido clássico) prospere ou sofra como resultado direto dos atos da aristocracia. A esperança de melhorias positivas se baseia somente na possibilidade de que os senhores vejam a luz oriunda de *Diké* e pautem seu comportamento por essa luz de justiça, em suas relações com os membros da comunidade subordinada" (Morrall, *Aristóteles*, 1985, p. 11).

[25] *Id., ibid.*, vol. I, p. 75 a 93 e 121 a 123.

[26] Luís Fernando Coelho, *Introdução histórica ao direito*, 1977, p. 33.

64 | CURSO DE FILOSOFIA DO DIREITO • *Bittar / Almeida*

Não apenas voltou-se, tal movimento, contra as diferenças socioeconômicas, mas, também, contra o arcabouço jurídico imperante. A inexistência de leis escritas era permissiva de toda espécie de abuso por parte dos magistrados que julgavam e se socorriam dos costumes, das tradições, do que estava dado pela tradição ancestral e que assim deveria ser (em Homero, "*e thémis esti*"), da "vontade dos deuses". Ampliaram-se as reivindicações pela positivação das leis, fato que constituiu um primeiro passo no sentido da contenção do arbítrio e da distribuição efetiva da justiça no seio da sociedade. Consolidada a legislação, ter-se-ia vitória promulgada a favor da proteção da igualdade. Desta forma é que as primeiras leis foram obtidas no governo de Drácon (séc. VII), mas foi com Sólon, entre o final do séc. VII e início do séc. VI a.C., que se buscou a realização do ideal encarnado no termo *diké* e consagrado na literatura hesiódica.[27]

Assim, ampliando e dando ensejo à materialização dos anseios do representante popular no espaço poético-literário, Sólon combateu a discórdia social e introduziu a igualdade entre os integrantes da sociedade, um dos três pressupostos da forma democrática de governo. A Ordem e o Direito tornaram-se elementos de primordial importância no governo instituído por Sólon, estadista, legislador, pensador e poeta que compõe a parte mais nobre da tradição helênica. Foi a medida *métron* o baluarte de todo o seu governo, uma vez que realizou o equilibrismo social procurando estabelecer a harmonia entre os interesses classiais antagônicos e favorecer o desenvolvimento de uma classe média forte, assim como de toda a sua obra intelectual, de cunho notadamente político-moral. Foi com Sólon também que se efetivou a subsunção do homem à *pólis*, erigindo-se, desde então, a verdadeira responsabilidade cívica dos indivíduos participantes da conjuntura político-social. Sabedoria e astúcia política ligam-se ao nome deste governante, que não só idealizou, enquanto pensador, como realizou, enquanto governante, por meio de legislação, as modificações necessárias para a sequência do desenvolvimento da sociedade na busca do governo democrático.

A princípio em estreita conexão com a religião, como sagradas emanações da tradição que unia os homens não só em torno do culto do lar, mas, também, em torno do culto da cidade e de seus deuses,[28] a legislação, ao ganhar a forma escrita sob o governo de Drácon, tornou-se princípio de conduta ao qual passou-se a atribuir as qualidades da imutabilidade e da inderrogabilidade, representação própria do espírito da cidade corporificado num conjunto racional de preceitos. A dinamização da vida política, ensejando modificações estruturais intensas, deu margem à transformação do sagrado em profano; aquilo que era cognoscível, de início, apenas pelos sacerdotes, laicizou-se, passando para o domínio do legislador (*nomothétos*) e, posteriormente, para o domínio do corpo de cidadãos: o poder de controlar as instituições da *pólis*. Da sacralidade à objetividade, ocorreu uma mutação: a inviolabilidade foi substituída pela derrogabilidade da lei (*nómos*).

1.3 OS FRAGMENTOS DE JUSTIÇA NOS TEXTOS E NA DOXOGRAFIA DOS PRÉ-SOCRÁTICOS

O estudo dos fragmentos de justiça dos pré-socráticos (fragmentos conservados) é possível de ser empreendido, na medida em que se consideram, além dos textos propriamente ditos, os testemunhos antigos de seus pensamentos e reflexões.[29] Na passagem da fase oral à

---

[27]   Neste momento, "a força e a justiça fizeram-se aliadas" (Morrall, 1985, p. 13).

[28]   Fustel de Coulanges, *A cidade antiga.*, vol. I, p. 290.

[29]   Testemunhos em Platão, Aristóteles, Simplício, Plutarco, Sexto Empírico, Clemente de Alexandria, Hipólito, Diógenes Laércio, Estobeu, Marco Aurélio, Estrabão, Plotino, Porfírio, Jâmblico, Socião, Satyros, entre outros. Também contribui para esta reconstrução a crítica moderna (reconstrução filológica

Cap. 1 · PRÉ-SOCRÁTICOS: JUSTIÇA E COSMOLOGIA | 65

fase escrita da cultura grega, que se dá com Anaximandro (os ensinamentos de Tales de Mileto eram orais), pode-se dizer que ocorre uma importante mutação dos modos de conservação das práticas reflexivas. Também a este tempo (séc. VI a.C.), a cultura racional, desvinculada dos paradigmas mitológicos, inicia sua tarefa de orientação social, dando suas primeiras contribuições para a formação das leis que contribuíram para erigir as novas estruturas básicas do meio político que haveria de encontrar seu esplendor no século de Péricles (V a.C.). O nome do filósofo apareceu associado ao nome do legislador. Atualizou-se o conceito de justiça como realização palpável da atividade humana; passou o homem a figurar como ser ativo e responsável por cunhar seu destino, não ser passivo diante da vontade divino-transcendental e mítica como no período precedente.

Aos poucos também, a proeminência dada aos oráculos, às adivinhações, à leitura da vontade dos deuses, perde terreno para um novo esboço de saber, que haveria de se inscrever como um substituto à cultura do mítico, e este saber ganha o nome de filosofia (*philosophía*), por obra e arte de Pitágoras de Samos. O filósofo, neste momento, não se confunde com o errante e eremita, com o mago ou com o amigo das pitonisas e oráculos, mas torna-se figura pertencente à vida política (Anaximandro de Mileto),[30] enfim, um atuante e ativo membro da *pólis* que encontra na *ágora* o lugar de manifestação de seu pensamento, introduzindo-se aí até mesmo como um reformador capaz de, pela razão, intervir sobre o social, servindo como uma espécie de guia da vida coletiva, inclusive dando leis ao povo. Apesar da imagem falseada que se faz dos pré-socráticos – vinculada à imagem, trazida no *Teeteto* de Platão, da escrava trácia que teria rido de Tales de Mileto, que andava distraído das coisas do mundo ao se dedicar às coisas do céu, e teria caído num buraco –, é importante verificar que o que é comum ao pensamento pré-socrático é a preocupação com a vida humana mais concreta, inserida, no entanto, dentro de uma ordem cosmológica (*kósmos*) maior que a própria ordem da cidade (*pólis*), e isto vem revelado não somente pela atuação concreta destes filósofos em assuntos políticos e legislativos, mas especialmente pela linguagem de que utilizam, carregada que está de metáforas jurídicas, aforismos e significações extraídas da vida política, da vida cívica, da vida em comum.

Por isso, *diké*, termo já em voga e de maior uso vulgar que outro qualquer para significar justiça, e não *thémis* ocupa o lugar terminológico necessário para designar a ordem do cosmos, a esfera das leis que cumprem a função de dar conjunção ao todo universal. Por isso, apesar de ser algo comum a todos os pré-socráticos a reverência cosmológica e o problema da *phýsis* (existe uma ordem justa natural cosmológica), herança do período mitológico (apesar do pensamento racional), é no termo *diké* que haverão de encontrar a palavra adequada para se referir à justiça, pois *diké* vem do verbo *deíknymi*, que significa proferir um julgamento, atribuir ou pedir a justiça, ou, também, ser acusado pela justiça, agir em justiça, sofrer a sanção da justiça ou a imposição da pena de caráter imperativo.[31]

Assim é que se pode perceber o nítido processo de humanização da própria ideia de justiça, na passagem da era homérica à era arcaica, que, de autoritária delegação de Zeus aos corruptíveis seres que habitam o mundo sublunar, por força da *thémis* dada a alguns, foi se

---

ou hermenêutica), entre textos de filosofia (principalmente, Hegel, Nietzsche e Heidegger) e textos de filologia (principalmente, Zeller e Diels).

[30] Anaximandro de Mileto foi o primeiro filósofo a escrever seus pensamentos. Esta passagem da expressão oral para a escrita representou uma grande mudança para o meio intelectual, dado que pessoas não integrantes do hermético grupo dos iniciados poderiam ter acesso às ideias propugnadas pelo pensador.

[31] Sigo a interpretação de Chaui, *Introdução à história da filosofia*, 1994, p. 40.

CURSO DE FILOSOFIA DO DIREITO • *Bittar / Almeida*

tornando propriedade típica e atribuição da deliberação dos legisladores. O homem, de inerte e irresponsável instrumento da vontade divina, tornou-se, além de realizador da justiça através de sua atividade, motor de toda a vida social por meio de sua energia e de sua inteligência, não dissociadas do respeito à esfera celestial e de um certo apego à própria tradição mitológica.[32]

1.3.1 Escola jônica: cosmologia e justiça

O primeiro fragmento propriamente filosófico, no Ocidente, de que se tem notícia que faça menção a *diké* é de autoria de Anaximandro.[33] O curioso é que isto não faz deste pensador nem um nome corrente nos estudos jusfilosóficos, assim como não se pode dizer que se trate efetivamente do primeiro pensador a ser destacado dentre os pré-socráticos. Anteriormente a Anaximandro, conhece-se a importância e a significação do nome de Tales de Mileto[34] para a cultura grega, bem como para a filosofia antiga de modo geral, algo de que Aristóteles nos dá notícia.[35] De qualquer forma, fica claro que a filosofia nasce na Jônia, e isto porque a organização da *pólis* latente conferia as condições necessárias para este movimento do espírito humano.[36]

Neste fragmento de Anaximandro ("... Princípio dos seres... ele disse que era o ilimitado... Pois donde a geração é para os seres, é para onde também a corrupção se gera segundo o necessário; pois, concedem eles mesmos *justiça* e deferência uns aos outros pela *injustiça*, segundo a ordenação do tempo"),[37] constata-se a tendência geral do pensamento grego pré-socrático, de busca de explicação das coisas a partir de um princípio único (os opostos em relação de contradição permanente), a exemplo do que já havia sido feito pelo pensamento de Tales (água), num esforço de superação do sensível em direção a algo superior e primeiro.[38]

Percebe-se também o quanto a ideia de uma unidade dos contrários é possível, desde a perspectiva em que ambos atuem num movimento permanente, no sentido da realização de uma espécie de lei que governa o *kósmos*, onde tudo se ordena de conformidade com este princípio, e nisto há ordem, há certeza, há regularidade, e, acima de tudo, há *justiça* (*diké*).[39]

---

[32] "La idea de justicia, que en Homero apenas contrastaba sobre la realidad de que nacía, es ya una posibilidad de realización mediante la actividad humana" (A. Sanchez de la Torre, *Los griegos y el derecho natural*, 1962, p. 34).

[33] Anaximandro de Mileto (610-547 a.C.), da Jônia, autor do primeiro livro de filosofia em língua grega (*Sobre a natureza*).

[34] Tales de Mileto (625-558 a.C.), da Jônia, na Ásia Menor, primeiro filósofo de que se tem notícia no Ocidente, de cuja filosofia oral não se poderiam ter guardado registros escritos, desenvolveu uma doutrina na qual considera a *água* como o princípio de tudo, no duplo sentido de que dela tudo se origina, assim como dela tudo se compõe (seus diversos estados permitem entrever esta sua disposição). O princípio do úmido é, sem dúvida nenhuma, sinônimo de fertilidade, esta mesma que seria a geratriz de todas as coisas.

[35] Aristóteles, *Metafísica*, I, 3, 983 b, 6.

[36] Cf. Chaui, *Introdução à história da filosofia*, 1994, p. 38-40.

[37] Fragmento extraído da *Física* de Simplício (24,13), in *Os pré-socráticos*: fragmentos, doxografia e comentários (Os pensadores), 1996, p. 50.

[38] "El principio originario que establece Anaximandro en lugar del água de Tales, lo ilimitado (*ápeiron*), muestra la misma osadía en traspasar los limites de la aparencia sensible" (Jaeger, *Paideia*, 1953, p. 179-180).

[39] "O primeiro uso da *diké* num contexto filosófico ocorre no único fragmento existente de Anaximandro (Diels 12B1) onde se requer os elementos (*stoicheia*), que são forças naturalmente opostas, que façam uma reparação (*diké*) uns aos outros pela sua mútua transgressão no processo da *gênesis-phthora*. Os limites que aqui são violados não são os de uma sociedade humana mas os da ordem implícita no mundo

Esta reflexão pertence à cosmogonia dos opostos, parte da mecânica de funcionamento do sistema cósmico concebido por Anaximandro como iniciado a partir do indeterminado (*ápeiron*),[40] ou seja, à sua doutrina segundo a qual o universo se governa pelo equilíbrio entre os opostos, ao modo de compensação entre úmido e seco, entre quente e frio, e, inclusive, entre justo e injusto.[41]

Ou seja, a relação dos contrários define, exemplarmente, a partir de uma metáfora, a ordem das coisas, como uma realização do *justo*. De certa forma, a ideia de justiça aqui já contém em si o princípio de funcionamento do *kósmos* (conjunto de coisas sujeitas a ordem e justiça),[42] fazendo-se, através de suas regras, com que se realize o equilíbrio de tudo que deve presidir à organização dos elementos e seres entre si. Neste fragmento, justiça é sinônimo de equilíbrio, mas de um equilíbrio pendular, que se dá na ordem do todo, não necessariamente na justiça ponderada e métrica de cada situação. Isto quer dizer que, por exemplo, uma situação de extrema injustiça (parricídio) não é justa por si e isoladamente, mas que, na ordem das coisas, é restabelecida por uma outra força contrária (pena), seu oposto, quando *diké* aparece. A *injustiça* também por si, olhada nesta perspectiva, deve aparecer como algo que pertence à ordem maior do justo, pois, de alguma forma, segundo este mesmo princípio cósmico, num relacionamento recíproco de todas as coisas entre si, há ordem mesmo na injustiça ("... pois, concedem eles mesmos *justiça* e deferência uns aos outros pela *injustiça*..."). *Diké* aqui não depende somente da vontade dos homens, ou da justiça dos tribunais ou da ordenação das leis decretadas pelos governantes, mas é força que movimenta eternamente o movimento e o intercâmbio das coisas entre si.[43]

Não há separação, portanto, entre a ordem dos fenômenos causais-naturais e a ordem dos fenômenos ético-sociais; tudo indica que há uma transposição efetiva da noção de culpa-responsabilidade das relações ético-jurídicas para a esfera das relações físico-naturais, na medida em que o fragmento revela uma interconexão mais do que lógica, revela uma implicação ético-jurídica ao nível do físico natural, a ponto de o *kósmos* vir-se a revelar na

---

visto como um *kosmos,* isto numa era em que a descontinuidade entre o mundo físico e a vida humana ainda não havia surgido. Nota-se uma correcção em Heráclito (frg. 80): a luta entre os elementos não é, como Anaximandro queria, uma espécie de injustiça que exige compensação, mas a ordem normal das coisas, a tensão dos opostos que é a realidade da existência" (Peters, *Termos filosóficos gregos,* 2. ed., 1983, p. 54).

[40] *Vide* a respeito a profunda lição sobre o *ápeiron* de Anaximandro em Cornford, *Principium sapientiae,* 1989, p. 257 e ss.

[41] "Anaximandro explica el constante intercambio entre sustâncias opuestas mediante una metáfora legalista, tomada de la sociedad humana: la prevalência de una sustância a expensas de su contrario es 'injusticia'; acontece, entonces, una reacción mediante la inflicción de castigo, que restaura la igualdad – algo más que la igualdad, puesto que el infractor se ve también privado de parte de su sustância original – que se la da a la victima, además de la suya propia, lo que, a su vez (podría inferirse), conduce a kóros, al hartazgo por parte de la premera víctima, que, entonces, comete injusticia contra el agresor inicial" (Kirk, Raven Schofield, *Los filósofos presocráticos,* 2. ed., 1994, p. 180). Também: "Es una personificación mediante la cual Anaximandro se representa la lucha de las cosas como la contienda de los hombres ante el tribunal" (Jaeger, *Paideia,* 1953, p. 181).

[42] Cf. Jaeger, *Paideia,* 1953, p. 181.

[43] "La idea de Sólon es ésta: la Diké no es dependiente de los decretos de la justicia terrestre y humana; no procede de la simple intervención exterior de un decreto de justicia divina como ocurría en la antigua religión de Hesíodo. Es inmanente al acaecer mismo en el cual se realiza en cada caso la compensación de las desigualdades. Sin embargo, su inexorabilidad es el castigo de Zeus, el pago de los dioses. Anaximandro va mucho más allá. Esta compensación eterna no se realiza sólo en la vida humana, sino también en el mundo entero, en la totalidad de los seres" (Jaeger, *Paideia,* 1953, p. 181).

base deste movimento, onde o mecanismo da causa e efeito funciona como instrumento do equilíbrio geral das coisas entre si.[44]

Isto tudo já é mostra suficiente do hermetismo e do significado profundo que a reflexão de Anaximandro havia trazido à tradição grega, revelando dados já impressos no traçado geral das práticas míticas, bem como nas crenças gerais espalhadas na cultura grega mais arcaica. Além de seu legado reflexivo, tem-se notícia de que Anaximandro tenha formado também uma escola de pensamento, sendo conhecido também o nome de seu discípulo, Anaxímenes de Mileto.[45]

A escola jônica ainda ganha caudal com a representativa figura de Heráclito de Éfeso,[46] este que se torna um dos mais notáveis, apesar de sua obscuridade, dentre os pré-socráticos, e que proclama que a todos é dado o dom de se autoconhecer, mesmo antes da famosa sentença de Sócrates ("A todos os homens é compartilhado o conhecer-se a si mesmos e pensar sensatamente").[47] Sua principal doutrina, baseada na ideia de que não se pode banhar duas vezes no mesmo rio, afirma a fluidez do ser (que apesar de sua pluralidade fluida mantém assim sua unidade estável), na medida em que um certo estado de *vir-a-ser* permanente define de modo definitivo a qualidade das coisas. E, não fossem estas coisas, sequer justiça haveriam de ter conhecido os homens, na medida em que desta unidade plural, é deste *vir-a-ser* onde a essência de tudo é estar o tempo todo em constante movimento, revela aos homens o que é cada coisa, e nesta ordenação (onde os contrários se encontram em luta, e as coisas empíricas não encontram permanência), lhes faz conhecer justiça ("Nome de justiça não teriam sabido, se não fossem estas (coisas)").[48]

E, neste fluxo, guerra e combate consentem, permitem, favorecem e realizam justiça ("A guerra é de todas as coisas pai, de todas rei, e uns ele revelou deuses, outros homens");[49] somente na luta existe *diké*, e não fora dela, e não sem ela, e não apesar dela.[50] A força simbólica de *diké* aqui encontra uma espécie de fulgor natural, que tudo perpassa, que controla suavemente o rumo e o destino das coisas, de modo a que a imperturbabilidade do ciclo das coisas se mantenha permanentemente conservada, graças a *Diké* e às suas ajudantes, as *Erinis*.[51]

---

[44] Cf. Jaeger, *Paideia*, 1953, p. 182.

[45] Anaxímenes de Mileto (585-528a.C.), da Jônia, Ásia Menor, de quem se tem pouca notícia, além de ter sido discípulo de Anaximandro e ter-se dedicado à meteorologia.

[46] Heráclito de Éfeso (540-470 a.C.), da Jônia, celebrizou-se com uma das doutrinas cuja significação melhor produziram eco dentre os filósofos pré-socráticos, especialmente considerada sua ideia de que não se nada no mesmo rio duas vezes e de que tudo (o ser) flui permanentemente ["Em rio não se pode entrar duas vezes no mesmo, segundo Heráclito, nem substância mortal tocar duas vezes na mesma condição; mas pela intensidade e rapidez da mudança dispersa e de novo reúne (ou melhor, nem mesmo de novo nem depois, mas ao mesmo tempo), compõe-se e desiste, aproxima-se e afasta-se"], tendo escrito uma obra intitulada *Sobre a natureza*, restando de seu pensamento algo em torno de mais de 130 fragmentos.

[47] Heráclito de Éfeso, *Fragmento*, Estobeu, Florilégio, V, 6, *in* Os pré-socráticos: fragmentos, doxografia e comentários (Os pensadores), 1996, p. 138-150 (para todas as citações a seguir).

[48] Heráclito de Éfeso, *Fragmento*, Clemente de Alexandria, Tapeçarias, IV, 10.

[49] Heráclito de Éfeso, *Fragmento*, Hipólito, Refutação, IX, 9. Ou, nesta versão: "É preciso saber que a guerra é o comum, a justiça é discórdia, e que todas as coisas vêm a ser segundo discórdia e necessidade" (Heráclito de Éfeso, *Fragmento*, Orígenes, Contra Celso, VI, 42).

[50] "En Heráclito la lucha se convierte simplemente en el 'padre de todas las cosas'. Sólo en la lucha aparece Diké" (Jaeger, *Paideia*, 1953, p. 204).

[51] "Por último, todo procede según rigurosa legalidad. "El Sol no rebasará su carrera, y si lo hiciere, sabrían encontrarle las Erinis, ayudantes de Diké" (frag. 94). Diké es aquí la ley natural, y las Erinis, como ya en

Cap. 1 · PRÉ-SOCRÁTICOS: JUSTIÇA E COSMOLOGIA | **69**

A visão que guardam os homens da justiça não é a mesma que Deus dela guarda, na medida em que aos olhos humanos muito do que é visto como injusto, pode estar sendo a realização de justiça (*diké*) ("Para o deus são belas todas as coisas e boas e justas, mas homens umas tomam (como) injustas, outras (como) justas").[52] Independentemente disto, a lei que vem colocada como ditame humano, servindo à cidade, esta deve ser respeitada e conservada, como instrumento para a conservação da ordem das coisas. Ela assume um caráter tão importante na Grécia antiga de modo geral, um caráter até mesmo sagrado e inviolável – o que levará mais tarde Sócrates a uma morte em que proclama a inviolabilidade da lei em defesa do que é comum (*koinón*) – que chega a assumir em Heráclito um caráter pétreo, a ponto de se poder extrair da metáfora da muralha o seu sentido para o conjunto do povo ("É preciso que lute o povo pela lei, tal como pelas muralhas").[53]

1.3.2 Escola eleata: ontologia e justiça

A escola eleata, que se abre com Xenófanes de Colofão,[54] cuja crítica às tradições politeístas gregas, advindas da poética e da mítica, lhe faz deduzir a existência de um Deus único, onipotente, destituído de características humanas (principalmente das paixões humanas), cria uma certa contrariedade à forte tradição de culto antropomórfico dado aos deuses desde tempos remotos na cultura grega. Se esta sua marca se transmite à sua escola, será com Parmênides[55] que esta tradição haverá de se tornar cegamente fundamental, numa luta filosófica que se erguerá em direção contrária aos pensamentos de Pitágoras (dualismo) e de Heráclito (fluidez), e a ser sustentada lógica e dialeticamente por outro discípulo da escola, Zenão de Eléia.[56] Com Parmênides, pode-se dizer, se inicia a *onto-logia* (Nietzsche chegará a afirmar, em *A filosofia na época trágica dos gregos*, que na filosofia de Parmênides "preludia-se o tema da ontologia"), o estudo do ser, este que é considerado eterno, uno, único, imóvel e indestrutível e pleno.[57]

Assim, parece que a visão dos homens confunde-se com a opinião que têm sobre os fenômenos que são capazes de ver, de enxergar, de descrever e de compreender, mas, ao verem, veem apenas parte do Ser. Por isso é que o ser é descrito como algo mutável, em permanente fluxo heraclitiano, em profunda divisão pitagórica. Mas é exatamente *Diké* que permite, no poema *Sobre a natureza* ("..., destes, Justiça de muitas penas tem chaves alternantes..."), que Parmênides tenha acesso a uma verdade (*alétheia*) que não consta da dimensão de compreensão humana vulgar (*dóxa*). Esta permanência, esta estabilidade, esta segurança, esta inabalável

---

la Ilíada, sus ayudantes (Il., 19, 418)" (Nestle, *Historia del espíritu griego*, 1987, p. 62).

[52] Heráclito de Éfeso, *Fragmento*, Porfírio, Questões homéricas, Ilíada, IV, 4.

[53] Heráclito de Éfeso, *Fragmento*, Clemente de Alexandria, Tapeçarias, IX, 2.

[54] Xenófanes de Colofão (570-528 a.C.), da Jônia, escrevia em verso e pregava de modo errante seu pensamento; restam-nos trechos de suas elegias, sátiras e paródias, que revelam o caráter ácido de sua especulação, bem como as suas críticas aos poetas Homero e Hesíodo.

[55] Parmênides de Eléia (530-460 a.C.), considerado discípulo de Xenófanes, é autor de um poema – a forma do filosofar através do poema é inédita na literatura grega de então – intitulado *Sobre a natureza*, de cuja integralidade do texto original restam alguns trechos.

[56] Zenão de Eléia (504-? a.C.), de Eléia, discípulo de Parmênides, deixou alguns escritos (*Discussões, sobre a natureza*, ...), e é reconhecido por Aristóteles como o verdadeiro iniciador do pensamento lógico e como criador da dialética (método utilizado para contrapor teses e demonstrar sua contraditoriedade recíproca).

[57] Cf. Chaui, *Introdução à história da filosofia: dos pré-socráticos a Aristóteles*, 1994, p. 73-74.

estrutura que paira acima da compreensão vulgar ("... como surdos e cegos, perplexas, indecisas massas, para os quais ser e não ser é reputado o mesmo e não o mesmo..."),[58] e que, ao mesmo tempo, a tudo governa, na lisonjeira distância do que está acima do reino das coisas que são governadas pela vida e pela morte, pela gênese e pelo desaparecimento (*gênesis – pthôra*), pelo permanente devir da mutação ("Por outro lado, imóvel em limites de grandes liames é sem princípio e sem pausa, pois geração e perecimento bem longe afastaram-se, rechaçou-os fé verdadeira"),[59] é que descrevem a certeza do império do justo.[60] Mais que isto, em Parmênides e seus sucessores,[61] necessidade, destino e justiça se somam como conceitos, como exigências lógicas da própria existência do Ser.[62]

1.3.3 Escola pitagórica: dualismo numérico e justiça

O hermetismo pré-socrático é uma espécie de marca que acompanha a aura sob a qual se escondem as figuras mais legendárias da cultura grega, entre as quais se encontra Anaximandro, da escola jônica, mas também Pitágoras,[63] a quem se pode atribuir grande responsabilidade pela difusão de uma espécie de prática iniciática marcada a um só tempo pelo místico e pelo filosófico (esta prática funda a escola pitagórica em Crotona). A escola fundada por Pitágoras e os discípulos por ele iniciados haverão de ser profundamente influentes, em primeiro lugar, sobre a cultura e a política locais,[64] e, em segundo lugar, na cultura grega posterior, inclusive clássica e helênica, repercutindo até mesmo de modo direto sobre os pensamentos platônico e aristotélico.

É certo que esta influência se estenderá para incluir também uma importante repercussão na concepção de justiça (*Diké*)[65] dos filósofos do período socrático,[66] que, a partir da doutrina

---

[58] Parmênides, Fragmento, Simplício, Física, 117, 2.

[59] Parmênides, Fragmento, Platão, Sofista, 237 A.

[60] Esta interpretação pode ser extraída da leitura de Jaeger: "La *Diké* de Parménides, que mantiene apartado del Ser todo devenir y todo perecer y lo sostiene persistente e inmóvil en sí mismo, es la necesidad implícita en el concepto del Ser, interpretada como aspiración del ser a la justicia" (Jaeger, *Paideia*, 1953, p. 197).

[61] Além de Zenão, Melisso (444-?a.C.), de Samos, no Mar Egeu, é reconhecido por sua atividade política, tendo-se notícia de um poema seu (*Sobre a natureza*), tratando-se de um pensador que dá continuidade à reflexão de Parmênides.

[62] Cf. Chaui, *Introdução à história da filosofia: dos pré-socráticos a Aristóteles*, 1994, p. 83-83.

[63] Pitágoras de Samos (580-497 a.C.), tendo fundado em Crotona uma comunidade de discípulos e iniciados, pregou sua filosofia como uma religião, é perseguido politicamente por provocar agitação política na cidade, e se refugia em Metaponto, não deixando obra escrita de que se tenha notícia, mas provocando grande expansão do pitagorismo pelo mundo conhecido, o que determinará toda uma corrente de discussões na Grécia Antiga.

[64] "Cabe destacar, entretanto, que não havia naquela época qualquer distinção entre o comportamento ético e o comportamento político ou entre ética e política. O ensinamento tinha como meta preparar o cidadão, e isso quer dizer educá-los frente à *pólis*" (Spinelli, *Filósofos pré-socráticos*, 3. ed., 2012, p. 107).

[65] "Da constatação, por exemplo, de que o quadrado era produto de dois fatores iguais, eles se aperceberam que a Justiça (simbolizada pelo número 4) tinha uma analogia com essa relação" (Spinelli, *Filósofos pré-socráticos*, 3. ed., 2012, p. 97).

[66] "A contribuição pitagórica foi aproveitada por Aristóteles, na classificação da justiça, em distributiva, corretiva, e comutativa, por Dante Alighieri, ao formular a clássica e famosa definição do direito, baseada na noção de *proportio* e, certamente, inspirou Beccaria, no remate de sua obra *Dos delitos e das penas*, quando se refere à proporcionalidade que existe, necessariamente, entre delito e pena" (Cretella Junior, *Curso de filosofia do direito*, 2001, p. 94).

dualista dos números como tradução da essência do ser (existe a pluralidade dos seres e existe a unidade dos números), passa a ser entendida como *tetráktis,* envolvendo proporcionalidade e simetria para sua mais acabada definição.[67] O próprio simbolismo do número quatro para a doutrina pitagórica incorpora-se à ideia de justiça (*diké*), uma vez que tanto pela multiplicação, como pelo somatório das díades (2+2=4 ou 2×2=4), obtém-se a *tetraktys.*[68]

De acordo com a doutrina de Pitágoras, a justiça era entendida como a principal das virtudes, algo que será profundamente absorvido pela teoria platônica, além de ser concebida como igualdade. A teoria numérica pitagórica entendia que a ideia de justiça podia se expressar ou pela tríade (3) ou pela *tetraktys* (4), especialmente esta última, representação da *omónoia*, harmonia dos contrários existente entre os lados do quadrado (1=1). Para a doutrina pitagórica, a perfeição desta equação numérica da justiça pode ser demonstrada em se considerando o somatório dos elementos que formam a primeira *tetraktys* (1+2+3+4 = 10), sendo que o número dez é considerado o símbolo da máxima perfeição na escala numérica decimal, símbolo do infinito. E é este sentido de infinito que exprime a ideia de harmonia, seja para o todo do Cosmos, seja para a Cidade, que deve estar governada pelos mesmos princípios que fazem do Todo a Unidade que permite a existência e o resguardo da Pluralidade.[69]

De qualquer forma, considerando inclusive a intimidade que a teoria e a prática tinham na concepção de Pitágoras, não há doutrina filosófica que não interfira, ainda que pela educação, na vida social. Nesta, a dinâmica do pensamento funciona como reforço do convívio com relação ao respeito à igualdade, à liberdade e ao combate à tirania. A concepção de Justiça de Pitágoras envolvia, antes de tudo, a consideração de que não há pacto social sem respeito à condição de cada um como livre e racional, o que coloca a condição do tirano no exílio das práticas políticas consentidas por esta filosofia grega. Assim, seguindo a tradição reinante à época, somente é livre aquele que se deixa governar não pela vontade do outro (tirano), mas pelo acordo construído pela palavra, no ambiente comum da ágora, através dos instrumentos da lei (*nómos*) e da política incorporada às instituições da *pólis.*[70]

Esta concepção vem a desaguar, posteriormente, no texto da *Ética a Nicômaco* (1131 a, 29), de Aristóteles, onde a justiça distributiva é definida como igualdade de caráter proporcional,

---

[67]   Cf. Jaeger, *Paideia,* 1953, p. 184.

[68]   "La igualdad venía representada por el número 3, por ser igual a los números que le antecedem (1+2). La igualdad está también en el número 4, por otra razón: porque está compuesto de dos números iguales.

De la representación geométrica del número 4 obtienen los pitagóricos que lo próprio de la justicia es la reciprocidad e la igualdad (y a que los lados y los angulos de un quadrado son iguales y se corresponden con los contrários). Así es como el cuadrado es modelo de armonía, porque lo forman unos mismos números, tanto si se los suma como si se los multiplica. Por tanto, la justicia no es sólo igualdad, sino doble igualdad (Luego, Aristóteles dirá que la igualdad de la justicia puede ser aritmética o geométrica)" (Sanchez de la Torre, *Op. cit.*, p. 44).

[69]   "Da ordem e harmonia do Cosmos, segue-se o ordenamento da vida social; da autoridade dos deuses, a autoridade dos governantes ou do Estado (guardião do acordo, da justiça e da lei). E assim como a justiça é legitimada pelo acordo, este, por sua vez, é garantido pela lei, e vice-versa" (Spinelli, *Filósofos pré-socráticos*, 3. ed., 2012, p. 111).

[70]   "De ambos exige-se boa vontade. Do governante (da autoridade soberana livremente consentida), que seja o guardião do consenso; por isso, dele também se exige mais ciência do que aos governados. De ambos exige-se obediência ao acordo. Pois, ele é a lei, aquele que de fato governa, garante a ordem, modera as pulsões e regula o momento oportuno da ação. É ele, afinal, que garante a justiça e a liberdade. Sem ele, sem uma autoridade regulativa dos impulsos e dos interesses subjetivos, antes da ordem somente haveria a anarquia" (Spinelli, *Filósofos pré-socráticos*, 3. ed., 2012, p. 111).

construída a partir de um critério do tipo geométrico,[71] observando-se a proporcionalidade da participação de cada qual no critério eleito pela constituição. Nesta relação, há uma proporção a ser observada entre as quatro partes relacionadas, ou seja, dois sujeitos e dois objetos, todas estruturadas a partir de uma relação matemática, em que o primeiro termo está em direta relação de proporcionalidade com o terceiro, ao mesmo tempo em que o segundo assim se encontra frente ao quarto termo (A:B=C:D, onde A+C=B+D).

As diversas investidas de Pitágoras sobre diversos campos de conhecimento renderam-lhe críticas que reduziram sua figura a uma espécie de cultuador de todos os temas, dos números aos rituais de iniciação, da música do universo às fórmulas matemáticas. No entanto, a doutrina pitagórica fundiu-se a uma longa tradição, radicando-se indiretamente na cultura posterior dos gregos (Platão e Aristóteles, por exemplo), e, também, solidificando-se na continuação de diversos discípulos que lhe deram enfático prosseguimento aos ensinamentos da escola. Filolau de Crotona (séc. V a.C.),[72] a quem se liga o nome de Árquitas de Tarento,[73] é um destes a quem se atribui, inclusive, uma hermética frase, a respeito de um dualismo fundamental, que haverá de marcar o pensamento platônico, qual seja: "Mas testemunham também os antigos teólogos e adivinhos que por certas punições a alma está ligada ao corpo e, como num túmulo, nele está sepultada."[74]

1.3.4 Escola da pluralidade: atomismo e justiça

Os pensadores da escola da pluralidade serão aqueles que haverão de se opor à unidade originária do ser (nem o número de Pitágoras, nem a água de Tales, nem a unidade de Parmênides), substituindo-a pela multiplicidade originária do ser (os átomos de Demócrito, os elementos de Empédocles, as sementes de Anaxágoras).[75] São eles pensadores com diversas concepções, como Empédocles[76] e Anaxágoras,[77] mas cuja representatividade para a discussão do problema da justiça se fará recair sobre os atomistas, Leucipo[78] e Demócrito,[79] aqueles que

---

[71] (*Eth. Nic.*, 1131 b, 11/ 12). "À la notion simple de l'égalité, qui aparaissait dans l'idéal d'*isonomie*, se substituent des conceptions plus savantes: on distingue, on oppose égalité arithmétique et égalité géométrique ou harmonique. En fait, la notion fondamentale est devenue celle de proporcion..." (Vernant, *Mythe et pensée chez les grecs*, 1965, p. 171 e 172).

[72] Filolau, séc. V a.C., pitagórico de Crotona, mestre de Demócrito, de quem se tem pouca notícia e remotos fragmentos.

[73] Árquitas de Tarento (400-365 a.C.), discípulo de Filolau de Crotona, foi governador de Tarento, é considerado iniciador das teorias mecânicas, e de sua obra restam apenas fragmentos (*Harmonia, Diatribes*).

[74] Filolau, Fragmento, Clemente de Alexandria, Tapeçarias, III, 17, *in* Os pré-socráticos: fragmentos, doxografia e comentários (Os pensadores), 1996, p. 208.

[75] Cf. Chaui, *Introdução à história da filosofia*: dos pré-socráticos a Aristóteles, 1994, p. 87.

[76] Empédocles de Agrigento (490-435 a.C.), na Sicília, defende a tese dos quatro elementos constitutivos da unidade do ser (água, ar, terra e fogo), sem deixar de considerar sua fluidez empírica, dizendo que os elementos se separam ou se repelem pela relação amor/ódio, tendo deixado dois poemas (*Sobre a natureza, Purificações*).

[77] Anaxágoras de Clazômenas (500-428 a.C.), da Jônia, tem um escrito *Sobre a natureza*, tendo sido importante ativista enquanto ligado a Péricles e tendo fundado a primeira escola filosófica de Atenas.

[78] Leucipo de Mileto (500-430 a.C.), provavelmente discípulo de Zenão, é considerado por Aristóteles o criador da doutrina dos átomos, depois aprofundada por Demócrito, tendo escrito duas obras (*A grande ordem do mundo; Sobre o espírito*).

[79] Demócrito de Abdera (460-370 a.C.), notável atomista, que é discípulo de Leucipo, escreveu muitas obras (cerca de noventa) das quais restam apenas algumas (*Pequena ordem do mundo, Do entendimento...*),

Cap. 1 • PRÉ-SOCRÁTICOS: JUSTIÇA E COSMOLOGIA | **73**

tratavam da *phýsis* como sendo o átomo (*átomos* – o indivisível), relevando-se em especial as reflexões e sentenças deste último, considerado um filósofo de transição, exatamente porque já contemporâneo dos sofistas,[80] representando a passagem entre a cultura cosmológica dos filósofos pré-socráticos e a cultura ético-política dos filósofos socráticos.

Como filósofo pré-socrático, Demócrito haverá de pensar na *phýsis* das coisas (o átomo) e haverá de localizar as coisas num todo, num *kósmos,* dado pela relação entre o vazio e os átomos e o arranjo destes entre si, cuja ordem é fundamental para a harmonia das partes. Este *kósmos* ordenado pode ser enxergado em sua concretização, e refletido nesta sentença: "Ceder à lei, ao chefe e ao mais sábio é pôr-se em seu lugar."[81] Isto significa que esta mesma sentença, além de revelar uma espécie de subserviência de Demócrito às antigas e tradicionais crenças gregas, já o coloca também entre aqueles filósofos do período socrático, para os quais as preocupações com a ordem do todo se plasmariam na esfera dos assuntos humanos, especialmente os ético-políticos. Isto porque nesta frase estão consagradas: a) a ideia da conservação da lei (ética do respeito à lei) como sendo o cimento da cidade (*pólis*), algo que está presente no discurso de Sócrates perante seus discípulos diante do cálice de cicuta; b) a ideia de hierarquia que coloca cada um em seu próprio lugar, o que pressupõe o entendimento de que há um lugar dado a cada um e de que este lugar deve ser conservado, algo que haverá de marcar a lógica da definição de justiça da *República* de Platão; c) a ideia de superioridade do sábio e da sabedoria, ante a vulgaridade e a ignorância, marcas do intelectualismo ético aristotélico, que faz a felicidade decorrer do conhecimento e da contemplação filosófica.

Analisando de mais perto os fragmentos éticos de Demócrito, é possível identificar diversas curiosas questões sendo tratadas com apurada atenção. Aquela que parece ser uma destas forças vitais de seus fragmentos é a que abre campo para a preocupação que ressalta a busca da excelência do caráter como medida do que é o humano ("A boa natureza dos animais é a força do corpo; a dos homens, a excelência do caráter"),[82] à semelhança do dito do sofista Protágoras, para quem o homem é a medida de todas as coisas, das que são porque são e das que não são porque não são.

Ainda de mais perto, uma destas questões de destaque é aquela que versa sobre o sentimento de justiça. De fato, a injustiça cometida por erro ou por desvio de conduta é algo comum de ser admitido como pertencente à própria natureza humana. O sentimento de justiça, o móvel da ação, a intenção de agir, a motivação do comportamento são questões que haverão de se desenvolver em momentos posteriores da história da filosofia, principalmente a partir do nascimento da filosofia da subjetividade, mas já encontram forte presença na reflexão de Demócrito sobre o comportamento justo. Quando diz que "O belo não é não cometer

---

mas cujos vários fragmentos (apesar da controvérsia em se saber se são seus ou de Leucipo, pois foram recolhidos todos num único documento) possuem relevante informação para a reconstrução do pensamento atomista antigo.

[80] Deste embate com os sofistas surgem os seus fragmentos éticos, na opinião de Peters: "Embora os fragmentos de Demócrito traiam um certo interesse pelo comportamento ético em geral e pela justiça em particular (ver frgs. 45, 174), isto é mais o interesse ético de um filósofo do que uma tentativa de construir uma ética filosófica. O ímpeto para uma tal tentativa residia nos ataques dos sofistas às bases da conduta, argumentando que elas estavam ligadas a uma lei relativa e arbitrária. Por isso a noção de *diké* foi arrastada para a controvérsia em torno de *nomos* vs. *phýsis* e resulta numa série de posições dos sofistas que descreveram a justiça como consistindo apenas na obediência às leis arbitrárias do estado (...)" (Peters, *Termos filosóficos gregos,* 2. ed., 1983, p. 54).

[81] Demócrito, *Fragmentos autênticos*, Demócrates, Sentenças, 13.

[82] Demócrito, *Fragmentos autênticos*, Demócrates, Sentenças, 23.

injustiça, mas nem mesmo querer fazê-lo" (Demócrito, Fragmentos autênticos, Demócrates, Sentenças, 27), chega mesmo a prenunciar alguns dos principais ensinos bíblicos cristãos, segundo os quais se pode pecar até mesmo por intenção, aqui visto como realização do belo. É certo que isto não produz uma semelhança entre a noção de *charitas* cristã e o pensamento de Demócrito, especialmente porque o cristianismo pressupõe não somente amar o amigo, mas também amar o inimigo, algo que está ausente do pensamento deste filósofo ("Inimigo não é quem comete injustiça, mas o que quer cometê-la"),[83] para quem a intenção do injusto ("quer cometê-la") é um ingrediente fundamental para divisar o justo e o injusto.

Entre o sentir a injustiça e o agir injustamente existe um átimo de diferença que vem explorado pela reflexão de Demócrito de modo muito explícito, construindo uma diferenciação que não encontra claros precedentes nem mesmo na cultura grega anterior, abrindo campo para uma discussão sobre aquilo que hoje se poderia chamar de o problema da consciência, no pensamento antigo ("Quem de boa vontade se lança a obras justas e lícitas, dia e noite está alegre, seguro e despreocupado; mas, quem não faz conta da justiça e não realiza o que é preciso, entedia-se com coisas tais, quando se lembra de alguma delas, sente medo e atormenta-se a si mesmo").[84] Demócrito pode, portanto, afora sua contribuição como atomista, ser considerado, por suas sentenças éticas, um filósofo de grande significação para o período, na medida em que traz como legado até mesmo uma afirmação que lembra aquela do idealismo moderno kantiano, segundo a qual se deve agir de acordo com o dever e pelo dever (ética do dever), para que a ação seja considerada ética ("Não por medo, mas por dever, evitai os erros").[85]

O que se torna ainda mais espantoso, e a coincidência com as crenças cristãs não são pequenas, é que Demócrito tenha declarado a regra de ouro (não fazer aos outros o que não gostaria que a si fosse feito), a noção fundamental do espírito de justiça cristã, quatro séculos (!) antes de sua efetiva proclamação, quando afirma: "Em nada respeitar mais os homens que a si mesmo, nem fazer algo mau, quer ninguém vá ver, quer todos os homens. Ao contrário, respeitar principalmente a si mesmo e estabelecer para sua alma esta lei: nada fazer de inadequado."[86]

Também é curiosa a afirmação de Demócrito, segundo a qual "Quem comete injustiça é mais infeliz que o que sofre injustiça" (Demócrito, Fragmentos autênticos, Demócrates, Sentenças, 11), pois, de certa forma, contém o mesmo espírito das lições socráticas (Sócrates lhe é contemporâneo, e vem a morrer em 399 a.C.), nas quais se encontrava o ensinamento segundo o qual é melhor sofrer a injustiça do que praticá-la.

De seu pensamento também se destaca o desapego material como força motriz do homem justo, na medida em que sua filosofia não convida à renúncia completa aos bens materiais, como haveriam de se desenvolver doutrinas deste jaez no período helenístico (especialmente, a escola dos cínicos), mas sim a um moderado comportamento de usufruto dos bens na condição de quem não os persegue a ponto de cometer por eles injustiça ("Conseguir bens não é sem utilidade, mas, através da injustiça, é o pior de tudo"),[87] pois em verdade toda submissão

---

[83] Demócrito, *Fragmentos autênticos*, Demócrates, Sentenças, 55.

[84] Demócrito, *Fragmentos autênticos*, Estrobeu, II, 9, 3.

[85] Demócrito, *Fragmentos autênticos*, Demócrates, Sentenças, 7.

[86] Demócrito, *Fragmentos autênticos*, Estrobeu, IV, 5, 46, in Os pré-socráticos: fragmentos, doxografia e comentários (Os pensadores), 1996, p. 273-300.

[87] Demócrito, *Fragmentos autênticos*, Demócrates, Sentenças, 43.

significa escravidão e dependência, o que gera contradição à ideia de justiça ("Quem fosse totalmente submisso ao dinheiro jamais poderia ser justo").[88]

E, nesta concepção de justiça, a vingança participa do espírito de reconstrução da *diké*, da situação equilibrada, na medida em que não se vingar é dar alento àquele que injustiça comete ("É mostra de sabedoria guardar-se da injustiça iminente, mas de insensibilidade não se vingar da sofrida"),[89] na medida em que os atos injustos parecem merecer o desencorajamento e devem ser, quando possível, impedidos, senão vingados ("É belo opor obstáculos a quem comete injustiça; senão, não de participar da injustiça dele").[90] É por isso que a atitude de justiça demanda resistência, demanda força, coragem ("Fama de justiça é coragem e intrepidez de julgamento, mas o temor do infortúnio é limite da injustiça").[91] E, quando se trata de fazer justiça, de proclamar justiça para causas alheias, então é necessário que o julgamento seja correto, e, mais que isto, que não se permita prosperar a injustiça pela omissão, pois aquele que pratica o injusto deve padecer de seus efeitos, pois o mal está justamente em consentir com a injustiça ("Aos que sofrem injustiça é preciso, dentro do possível, vingar e nisso não ser omisso. Agir assim é justo e bom, mas não fazê-lo é injusto e mau").[92] Quando a injustiça não é punida, resta a sensação de que a ausência de vingança faz prosperar a injustiça, desincentivando o homem justo. A injustiça, especialmente quando grave, merece rigoroso tratamento, a ponto de se condenar o injusto a não ser absolvido, pois o contrário seria incentivar o injusto, algo que é devido aos juízes de cuja isenção se aguarda o comportamento corajoso e inflexível da prática do justo ("E aos que praticam atos dignos de exílio, ou de prisão ou de punição, deve-se condenar a não absolver. Quem os absolve, dando a sentença por visar lucro ou prazer, comete injustiça e, necessariamente, guardará isto dentro de si").[93]

1.4 UMA REFLEXÃO NECESSÁRIA: HÁ UMA UNIFORMIDADE DA NOÇÃO DE JUSTIÇA ENTRE OS PRÉ-SOCRÁTICOS?

São profundamente herméticas, apesar de pertencerem a reflexões que procuram resultar de um encadeamento lógico-racional do pensamento, ideias e concepções contidas nas diversas referências feitas ao termo *justiça* (*diké*) nos fragmentos pré-socráticos. De fato, não é lícito recolher uma ideia de justiça unificada, ou uma unidade de justiça entre os pré-socráticos, pois são diversas as escolas, as tendências, as concepções, assim como são variados os pontos de partida e os entendimentos mantidos por estes pensadores a respeito do tema.

No entanto, é possível sim recolher trechos, valiosos trechos, que mencionam a justiça (*diké*), dentre aqueles que remanescem da Antiguidade. Partindo, portanto, dos diversos textos recolhidos na exposição anterior do pensamento de cada escola pré-socrática, parece instigar ainda mais esta pesquisa a tentativa de pensar unitariamente não a *justiça* entre os pré-socráticos, mas a *significação* contida nos fragmentos dos diversos filósofos pré-socráticos. Se este esforço pode significar um empreendimento necessário para identificar a contribuição do período arcaico, na passagem da cosmogonia e da teogonia à cosmologia, através do pensa-

---

[88] Demócrito, *Fragmentos autênticos*, Demócrates, Sentenças, 16.

[89] Demócrito, *Fragmentos autênticos*, Estrobeu, III, 3, 43.

[90] Demócrito, *Fragmentos autênticos*, Demócrates, Sentenças, 1.

[91] Demócrito, *Fragmentos autênticos*, Estrobeu, III, 7, 31.

[92] Demócrito, *Fragmentos autênticos*, Estrobeu, IV, 5, 43.

[93] Demócrito, *Fragmentos autênticos*, Estrobeu, IV, 5, 44.

mento daqueles que primeiro filosofaram, não poderá, no entanto, nos levar a uma conclusão em que se deseje afirmar a existência de uma unidade onde ela não existe.

Assim é que, avaliando o período como um todo, e considerando indistintamente os movimentos filosóficos e suas diferenças conceituais, é possível partir em direção a uma generalização e afirmar, sem margem para erros, que se trata de um período onde se consagra uma visão de mundo onde predomina um jusnaturalismo cosmológico.[94] Com relação ao período anterior, é possível dizer também que o jusnaturalismo cosmológico dos pré-socráticos, que se fia do termo *diké*, para expressar a ordem cosmológica, significa um passo adiante com relação à concepção homérica de *thémis*, na medida em que *diké* não possui os traços mitológicos e sagrados que marcavam as concepções do período anterior ao século VIII a.C., apesar de guardar um hermetismo típico da transição do mitológico ao filosófico.

É interessante registrar que suas ideias sobre justiça e injustiça estão profundamente arraigadas a seus sistemas filosóficos, e que quando falam de justiça ou injustiça, o fazem na medida e na proporção de suas próprias cosmologias, não importa se defendam a divisão das coisas num dualismo entre matéria e números (Pitágoras), a luta de todos os elementos entre si (Heráclito), unidade de tudo na supremacia de um Deus único (Parmênides), a unidade dos contrários (Anaximandro), a fluidez e a permanência harmonizadas no movimento contínuo de todas as coisas (Heráclito) ou a indivisão unitária do ser na ideia de átomo (Demócrito). É nesta medida que se pode dizer que não há uma ordem da parte (*pólis*) separada de uma lei geral do *kósmos*.[95] Quando *diké* aparece nos fragmentos destes autores, não quer dizer nada além daquilo que figura ser, como ordem que se deve atribuir para que as partes estejam de acordo com o todo.

Também se percebe que a discussão sobre a justiça não é travada em nenhum momento como constituindo um tema acantonado, ou especializado, de preocupações particulares, como as de caráter ético-moral, ou as de caráter político-jurídico. A ideia de *diké* entre os gregos – aliás, desde o período homérico até o período helenístico – não corresponde a uma aspiração de certos especialistas ou técnicos no desenvolvimento de um saber que não fosse preocupação comum e vulgar a todos. Isto haverá de ocorrer com os latinos, na medida em que se desenvolve uma cultura de especialistas chamados de jurisconsultos. A própria cidadania grega, que permitiu a participação direta dos gregos na distribuição do justo, como condição política elementar para a formação deste cenário, contribui para que esta concepção seja fermentada desta forma.

É por isso que justiça e injustiça têm a ver com concepções gerais sobre a sobrevivência ou não das coisas, no processo de contínuo movimento das coisas (*kínesis*), dentro de condições onde se percebe na vida sublunar a constante substituição dos indivíduos e a não-permanência como característica dos processos naturais (*gênesis/pthôra*), de modo que a investigação e a especulação sobre a existência ou não do ser, sobre a unidade dos movimentos cíclicos da natureza, sobre o poder da divindade determinar os destinos das coisas... passam a representar uma abertura, provocada pela civilização grega, do homem (*anthropos*) em direção à

---

[94]   Cf. Cabral de Moncada, *Filosofia do direito e do estado,* 1995, p. 12.

[95]   Esta é a observação de Cabral de Moncada: "Nos antigos tempos, desde os primeiros alvores que se conhecem da filosofia naturalista dos Jônios, no século VI a.C., e depois da fase mitológica do pensamento grego, a natureza das leis do Estado (*nómw díkaion*) foi durante muito tempo julgada idêntica à das restantes leis do Cosmos (*phýsei díkaion*), constituindo este a *phýsis,* dentro da qual o homem vivia encaixado como uma parte no todo, sem nenhuma espécie de autonomia" (Cabral de Moncada, *Filosofia do direito e do estado,* 1995, p.12).

explicação de sua eterna busca de si mesmo, para repetir a expressão contida no portal do oráculo de Delfos, e que inspirou o pensamento socrático (*gnouth autos*).

CONCLUSÕES

Ao modo de conclusão, é possível afirmar que a transição do pensamento mítico ao pensamento filosófico operou-se por meio dos pré-socráticos. A questão de justiça entre os pré-socráticos pode ser estudada a partir de um conjunto de fragmentos que fazem apelo direto (considere-se Anaximandro) ou indireto (considere-se Parmênides) ao tema, considerando a lógica de pensamento própria de cada escola. Por isso, estudou-se a significação do termo *diké,* que aparece nos textos pré-socráticos representando já um termo incorporado pelo vocabulário grego vulgar como significando uma justiça distinta daquela admitida no período homérico (*thémis*), exatamente retratando a passagem em direção à concepção que haverá de imperar posteriormente, no período socrático, a da justiça como virtude (*dikaosýne*).

Além disso, com o estudo das escolas e seus pensamentos, foi possível localizar uma apurada e já germinativa filosofia ética nos pensadores pré-socráticos tardios (considere-se Demócrito), que revelam uma contribuição qualitativa e transitiva em direção aos filósofos socráticos de grande relevo. Mas caminhar em direção ao período socrático somente é possível uma vez compreendida a importante transição histórica iniciada pelos pré-socráticos e desenvolvida pelos sofistas, o que se estudará a seguir.

2
SOFISTAS: RAZÃO, DISCURSO E RELATIVISMO DA JUSTIÇA

2.1   CONTEXTO HISTÓRICO: O SURGIMENTO DA SOFÍSTICA

Todo um precedente histórico, em que lendas, mitos e cultos religiosos celebrizam fundamentos metafísicos para a definição do justo e do injusto, antecede a formação da sofística.[1] De fato, as noções fluídas, a mitologia, as intervenções dos deuses, a ira divina, os poderes naturais e sobrenaturais... imperaram enquanto o homem não se fez, por meio de um processo histórico, senhor de seu próprio destino. A esse período da história grega convencionou-se chamar pré-socrático (anterior ao século V a.C.), no qual impera a preocupação do filósofo pela cosmologia (céu, éter, astros, fenômenos meteorológicos...), pela natureza (causas das ocorrências naturais...) e pela religiosidade (mística, culto, reverência, práticas grupais, iniciação à sabedoria oculta...). A ruptura com toda essa herança cultural, com toda essa tradição pré-socrática, somente se daria com o advento do movimento sofístico no século V a.C.

2.2   A RUPTURA SOFISTA

O homem grego, ávido de independência em face dos fenômenos naturais e das crenças sobrenaturais, vê-se, historicamente, investido de condições de alforriar-se dessa tradição. É um dizer sofístico, de autoria de Protágoras, esse que diz: o homem é a medida de todas as coisas (*pánton métron anthrwpos*).[2] Isso no sentido da libertação dos cânones homéricos e das legendárias tradições patriarcais e sacerdotais que dominavam o espírito grego. Somente no século V a.C. solidificam-se condições que facultam que as atenções humanas estejam completamente voltadas para as coisas humanas (comércio, problemas sociais, discussões políticas, guerras intracitadinas, expansão de território...).

Eis aí o mérito da sofística, qual seja: principiar a fase na qual o homem é colocado no centro das atenções, com todas as suas ambiguidades e contraditórias posturas (psicológicas, morais, sociais, políticas, jurídicas...).[3] Há quem não reconheça à sofística nenhuma impor-

---

[1]   Quanto ao surgimento da palavra *sofistas*, leia-se o estudo de Guthrie: "A palavra *sophistes*, 'sofistas', é nome do agente derivado do verbo. Como Diógenes Laércio notou (1,12), por muito tempo antes de ter adquirido sentido pejorativo, *sophos* e *sophistes* foram uma vez sinônimos. Aparece isso especialmente em Heródoto, que aplica o nome 'sofista' a Pitágoras, a Sólon e aos fundadores do culto dionisíaco, e diz que todos os sofistas da Grécia visitaram a capital lídia de Creso, inclusive Sólon. Que os Sete Sábios eram chamados de sofistas sabemos de um fragmento de Aristóteles e também de Isócrates, que se lhes deu este nome 'que agora é tido em desonra entre vós'" (Guthrie, *Os sofistas*, 1995, p. 32).

[2]   Frg. 1, Diels (*Hélade*, p. 257).

[3]   "O grande serviço dos sofistas foi voltar a filosofia para o estudo do homem, considerado, quer como ser individual, quer como ser social (donde o seu interesse pelas questões de justiça), alcançar os alicerces da educação sistemática dos jovens" (Pereira, *Estudos de história da cultura clássica*, 1993, p. 441).

tância filosófica, ou mesmo não lhe confira nenhuma expressividade no contexto em que veio à lume, visão esta que obscurece a realidade dos fatos.

É esse o contexto de florescimento do movimento sofístico, muito mais ligado que está, portanto, à discussão de interesses comunitários, a discursos e elocuções públicas, à manifestação e à deliberação em audiências políticas, ao convencimento dos pares, ao alcance da notoriedade no espaço da praça pública, à demonstração pelo raciocínio dos ardis do homem em interação social... A Grécia teve de aguardar momento político, econômico, social e cultural em que esses caracteres pudessem encontrar o eco que suscitasse a formação de especialistas na arte do discurso.

No entanto, por mais estranha que pareça a afirmação, essa pesquisa requer que se diga, desde o princípio, que não se pode afirmar com correção que existe uma escola dos sofistas.[4]

A afirmação de que os sofistas constituem uma escola é falsa. Isso porque as fontes de pesquisa revelam que os sofistas constituíram, no máximo, um conjunto de pensadores relativamente contemporâneos, que possuíam afinidades de ideias, conceitos e modos de vida. Nesse sentido, se se fosse explorar a fundo a temática, cada sofista teria de ser estudado com apuro e detalhe, uma vez que as diversificadas doutrinas induziriam ao estudo de detalhadas e diferenciadas manifestações, pelo menos, dos seguintes sofistas: Protágoras, Górgias, Pródico, Hípias, Antífon, Trasímaco, Crítias, Antístenes, Alcidamas, Licófron.[5]

Provenientes de diversas partes (Protágoras – Abdera; Górgias – Leontinos; Trasímaco – Calcedônia; Pródico – Ceos; Hípias – Élide), e não somente de Atenas (Antifonte e Crítias), os sofistas notabilizaram-se por encontrar nas multidões e nos auditórios ávidos de conhecimentos retóricos seu público.[6] Contudo, deter-se nas manifestações desses sofistas seria já tarefa para um estudo monográfico, motivo pelo qual se declina desse compromisso para deter-se à análise somente dos traços comuns a todos, ou à maioria dos sofistas.

O que de fato ocorre é que, desde Platão (427-347 a.C.) e Aristóteles (384-322 a.C.), passou-se a tratar a diversidade dos sofistas como um grande conjunto indiferenciado de pensadores e técnicos da palavra. Até mesmo os contemporâneos ao surgimento do próprio movimento manifestavam-se de modo semelhante com relação aos sofistas, o que contribuiu nitidamente para o fortalecimento da ideia de unidade da escola sofística, que, efetivamente, nunca existiu.

A difusão da expressão do movimento dos sofistas nos meios filosóficos, bem como a criação de uma espécie de menosprezo pelo *modus essendi*, pelo profissionalismo do saber e pela forma do raciocínio dos sofistas, adveio, sobretudo, com a escola socrática.[7] De fato,

---

[4] "Os sofistas não chegaram a formar uma escola, pois não adotaram uma linha única de pensamento, sendo-lhes comum a divergência ou contradição de ideias, embora dirigissem seu estudo para idêntico alvo: o homem e seus problemas psicológicos, morais e sociais" (Nader, *Filosofia do direito*, 1999, p. 104).

[5] A respeito de dados biográficos e doutrinas dos sofistas, consulte-se Guthrie, *Os sofistas*, 1995, p. 243-294.

[6] "Os Sofistas, pois, não gozavam de simpatia por razões diversas tanto entre filósofos como Sócrates e Platão como entre cidadãos como Anito. O ódio em que incorriam aos olhos do *establishment* era não só devido aos assuntos que professavam, mas também seu próprio *status* estava contra eles. Não só pretendiam dar instrução no que em Atenas se pensava para as pessoas certas uma espécie de segunda natureza, mas eles mesmo não eram líderes atenienses nem mesmo cidadãos. Eram estrangeiros, provincianos cujo gênio ultrapassava os confins de suas cidades natais menores" (Guthrie, *Os sofistas*, 1995, p. 42).

[7] "A atitude do público ateniense era ambivalente, refletindo a situação transitória da vida social e intelectual ateniense. Os sofistas não tinham nenhuma dificuldade de encontrar alunos para pagar suas

Sócrates destaca-se como declarado antagonista dos sofistas, e dedica boa parte de seu tempo a provar que nada sabem, apesar de se intitularem expertos em determinados assuntos e cobrarem pelos ensinos que proferem.

Na sequência do pensamento socrático, Platão incorpora esse antagonismo intelectual e o transforma em compromisso filosófico, e lega para a posteridade uma visão dicotômica que opõe diretamente as pretensões da filosofia (essência, conhecimento, sabedoria...) às pretensões da sofística (aparência, opinião, retórica...). Chega mesmo a conceber os sofistas como homens desconhecedores das coisas, pseudo-sábios, que têm em vista somente contraditar a tudo e a todos, criar disputas, fomentar debates inócuos e vazios de sentido; aí mora o desprestígio da arte retórica sofística. Aristóteles dá continuidade ao mesmo entendimento, sedimentando-o no contexto do pensamento filosófico, de modo que se incorpora ao mundo ocidental a leitura socrático-platônica da sofística.[8] Ademais, o que robustece a facilidade de manutenção desta imagem que a filosofia formou dos sofistas é a carência de textos e manuscritos a seu respeito, bem como a sobrevivência dos textos platônicos e aristotélicos como textos de majoritária leitura no panorama filosófico ocidental.

Na ausência de textos dos sofistas, salvo alguns fragmentos, e poucos textos de Antifonte,[9] são principalmente os diálogos de Platão (*República*, *Teeteto*...) que fornecem elementos para a recomposição da doutrina de muitos sofistas, e assim mesmo numa leitura, sem dúvida alguma, valorativa e parcial, tendo em vista o confronto do pensamento destes com o pensamento de Sócrates.

2.3 IMPORTÂNCIA DO DISCURSO

Alguns motivos teriam induzido à formação dessa fase de pensamento na Grécia clássica (século V a.C.), e não coincidentemente em pleno século de ouro da civilização grega, o chamado Século de Péricles, momento da história grega em que arte (escultura, pintura, teatro...), mitologia, filosofia, literatura, história, política... alcançaram o maior grau de excelência humana.

Os motivos mais próximos, não obstante serem muitos, podem ser apontados como: estruturação da democracia ateniense; esquematização da participação popular nos instrumentos de exercício do poder, sem necessidade de provar riqueza, nobreza ou ascendência;[10] sedimentação de um longo processo de reorganização social e política de Atenas; expansão das fronteiras gregas; acúmulo de riquezas; intensificação do comércio; abertura das fronteiras para o contato (pacífico ou bélico) com outros povos; necessidade de domínio de conhecimentos gerais, para o uso retórico; necessidade de domínio da técnica de falar, para o uso assemblear; entre outros.

---

altas taxas, ou auditórios para suas conferências e exibições públicas. Todavia, alguns dos mais velhos e conservadores desaprovavam fortemente a eles. Esta desaprovação vincula-se, como Platão mostra, com o seu profissionalismo" (Guthrie, *Os sofistas*, 1995, p. 40-41).

[8] Há, porém, algo de comum entre os sofistas, Sócrates, Platão e Aristóteles: "Os sofistas, seguidos de Platão e Aristóteles, por seu turno, produzem aquela grande virada filosófica que põe no centro do debate a filosofia prática, a política e as leis" (Lopes, *O direito na história*, 2000, p. 40).

[9] "No entanto, é difícil caracterizar com segurança estas figuras – tanto mais que só dispomos de fragmentos muito curtos das suas obras; a apenas de um deles, Antifonte, se recuperaram textos seguidos – e defini-las em conjunto" (Pereira, *Estudos de história da cultura clássica*, 1993, p. 437).

[10] Cf. Guthrie, *Os sofistas*, 1995, p. 141.

Cap. 2 · SOFISTAS: RAZÃO, DISCURSO E RELATIVISMO DA JUSTIÇA | 81

Nesse momento, em que a voz passa a ecoar com maior importância, em que exsurge a necessidade de exercer a cidadania por meio do discurso, em que a técnica oratória define o homem público..., estão plantadas as sementes para aqueles que haveriam de ser conhecidos pela posteridade como sofistas.[11] Contudo, a palavra *sofista*, no entanto, tem cunho pejorativo, depreciativo, uma vez que assim se designa aquele que não é sábio, mas que pretende ser, ou versado em uma técnica.

Respondendo a uma necessidade da democracia grega é que os sofistas tiveram seu aparecimento; o preparo dos jovens, a dinamização dos auditórios, o fornecimento de técnica aos pretendentes de funções públicas notáveis, o fornecimento de instrumentos oratórios e retóricos para o cuidado das próprias causas e dos próprios negócios ("o cuidado adequado de seus negócios pessoais, para poder administrar melhor sua própria casa e família, e também dos negócios do Estado, para se tornar poder real na cidade, quer como orador, quer como homem de ação": Protágoras)...,[12] tudo isso favoreceu a eclosão do movimento que se pulverizou por toda a Grécia. Por isso, são importantes os sofistas, sobretudo por ter relevado a técnica para a dominação do discurso assemblear e pela rediscussão da dimensão do homem como ponto de partida para as especulações humanas.[13]

A emergência do discurso, a mercantilização da sociedade, inclusive da demanda por conhecimentos técnicos e enciclopédicos, favoreceram a proliferação de homens que, sem destino fixo, ensinavam de modo itinerante. Isso não há que se negar como dado comum a todos os sofistas: são eles homens dotados de domínio da palavra, e que ensinam a seus auditórios (auditórios abertos ou círculos de iniciados)[14] a arte da retórica, com vista no incremento da arte persuasiva (*peitho*).

2.4 RETÓRICA E PRÁTICA JUDICIÁRIA

As amplas disputas, discussões e debates que permearam todo o século V a.C., no plano da política, no plano das estratégias de guerra, no plano das deliberações legislativas, no plano dos julgamentos nos tribunais populares..., inclusive em virtude da presença e do

---

[11]   "É exagero dizer, como temos dito amiúde, que os sofistas nada tinham em comum exceto o fato de serem mestres profissionais, nenhum campo comum nos assuntos que ensinavam ou na mentalidade que estes produziam. Um assunto pelo menos todos eles praticavam e ensinavam em comum: a retórica ou a arte do *logos*. Em Atenas em meados do século V ser orador eficaz era a chave do poder. 'A palavra é déspota poderoso', como Górgias disse num de seus discursos que se conservaram (*Hel.* 8, DK, II, 290); e com a arte do *logos* viria tudo o necessário para a carreira política de sucesso" (Op. cit. p. 46).

[12]   Cf. Guthrie, *Os sofistas,* 1995, p. 24-25.

[13]   Destaca-se a relevância do pensamento sofístico no contexto em que se inseriu: "A sua aparição vem preencher uma necessidade da democracia ateniense, onde o espírito de competição política e judiciária exigia uma preparação intelectual cada vez mais completa" (Pereira, *Estudos de história da cultura clássica,* 1993, p. 436).

[14]   "Os sofistas davam sua instrução quer a grupos pequenos ou seminários, quer em conferências públicas ou 'exibições' (*epideixeis*). Os primeiros podem ter sido realizados na casa de patrono como Cálias, o homem mais rico de Atenas, de quem se disse que gastou mais dinheiro com os sofistas do que qualquer outro (Platão, *Apol.* 20a). Sua casa é a cena da reunião no *Protágoras* de Platão, e sua hospitalidade aos sofistas e seus admiradores parece tê-la convertido em lugar bastante não familiar. Protágoras passa pelo átrio cheio de considerável multidão, incluindo atenienses e estrangeiros que ele atrai de toda cidade por que passa. No pórtico oposto, Hípias se exibe a outro grupo, e Pródico ocupa antigo armazém que Cálias teve que transformar em dormitório devido ao grande número dos que ficavam na casa. Também ele tinha seu próprio grupo de ouvintes em torno de sua cama" (Guthrie, *Os sofistas,* 1995, p. 43).

desenvolvimento das escolas de sofistas, colaboraram no processo de abertura dos horizontes do pensamento grego.

A liberdade de expressão, matiz característico do século de Péricles, aliada ao amor pelo cultivo da oratória e da retórica, ensejou a possibilidade de questionamento da posição particular do homem perante a *phýsis* e como membro participante do corpo político.

A praça pública (*agorá*), povoada por homens dotados da técnica (*techné*) de utilização das palavras, funcionava como oficina da intelectualidade em sua expressão oralizada. Além da praça pública, a muitos interessava o domínio da linguagem (pense-se que os discursos forenses eram encomendados a homens que se incumbiam de escrevê-los para serem lidos perante os juízes – este é o trabalho dos *logógraphoi*) para estar diante da tribuna, perante os magistrados.

As palavras tornaram-se o elemento primordial para a definição do justo e do injusto. A técnica (*techné*) argumentativa faculta ao orador, por mais difícil que seja sua causa jurídica, suplantar as barreiras dos preconceitos sobre o justo e o injusto e demonstrar aquilo que aos olhos vulgares não é imediatamente visível.

As experiências jurídicas, nesse contexto, aproximam-se do casuísmo relativista que só pode definir a justiça ou a injustiça do caso diante da análise de sua situação concreta, de sua ocorrência efetiva, de sua apreciação imediata. Isso favorece o desenvolvimento do discurso judiciário, pois, conquanto que bem articulado, pela força da expressão oral, e bem defendido perante os magistrados, o efeito a ser produzido pode favorecer aquele que deseja por ele ver-se beneficiado.

2.5 JUSTIÇA A SERVIÇO DOS INTERESSES

No plano do debate filosófico, o resultado dessa mudança de eixo da cultura grega, com relação à tradição anterior ao século V a.C. (Homero, Hesíodo...), não foi senão a relativização da justiça. Os sofistas foram mesmo radicais opositores da tradição, e grande parte dos esforços teóricos e epistemológicos dos sofistas recaiu exatamente sobre definições absolutas, sobre conceitos fixos e eternos, sobre tradições inabaláveis.

No lugar desses, para os sofistas, surgia o relativo, o provável, o possível, o instável, o convencional. Um dos destaques na proliferação de ideias e pensamentos acerca da relatividade das coisas foi Protágoras.[15] A assunção dessa posição diante dos fatos e valores desencadeou, no plano da reflexão acerca do justo e do injusto, a relativização da justiça.

Isso porque, no debate entre o prevalecimento da natureza das leis (*phýsis*) e o prevalecimento da arbitrariedade das leis (*nómos*), os sofistas optaram, em geral, pela segunda hipótese,

---

[15] "O mais célebre advogado da relatividade de valores (embora, como inevitavelmente acontece, seu pensamento tenha sido amiúde distorcido ao ser filtrado por outras mentes menos dotadas) foi Protágoras, e seu desafio filosófico a normas tradicionalmente aceitas baseava-se por sua vez em teorias relativas e subjetivas de ontologia e epistemologia. Enquanto aplicada a valores, relatividade pode significar uma das duas coisas: (*a*) Não há nada a que se possam aplicar os epítetos bom, mau e semelhantes de maneira absoluta e sem qualificação, porque o efeito de tudo é diferente segundo o objeto sobre que ele se exerce, as circunstâncias de sua aplicação e assim por diante. O que é bom para A pode ser mau para B, o que é bom para A em certas circunstâncias pode ser mau para ele em outras, e assim por diante. A objetividade do efeito bom não é negada, mas varia em casos individuais. (*b*) Quando um locutor diz que bom e mau são apenas relativos, pode significar que não há nada bom ou mau, mas o pensamento o torna tal. Toda investigação da antítese *nomos-physis* fornece numerosos exemplos disso: incesto, abominável aos olhos dos gregos, é normal aos olhos dos egípcios, e assim por diante. Com valores estéticos, o caso ainda é mais óbvio" (Guthrie, *Os sofistas*, 1995, p. 156-157).

Cap. 2 · SOFISTAS: RAZÃO, DISCURSO E RELATIVISMO DA JUSTIÇA | **83**

sobretudo os partidários das teses históricas acerca da evolução humana; a lei (*nómos*) seria responsável pela libertação humana dos laços da barbárie.[16] Isso porque, coerentemente com seus princípios, diziam ser o homem o princípio e a causa de si mesmo, e não a natureza.[17] Ora, deliberar sobre qual será o conteúdo das leis é atividade preponderantemente humana, e nisso não há nenhuma intervenção da natureza, como admitido pela tradição literária e filosófica grega. A natureza (*phýsis*) faria com que as leis fossem idênticas em todas as partes, tendo-se em vista que o fogo arde em todas as partes da mesma forma, como posteriormente dirá Aristóteles. No entanto, pelo contrário, o que se vê é que homens de culturas diferentes vivem legislações e valores jurídicos diferentes, na medida em que se encontra em seu poder definir o que é o justo e o que é o injusto.[18]

Muitos dos cultores do movimento sofístico, embasados em tal dicotomia, advogaram a ideia de que existiria uma oposição intrínseca entre a lei da natureza (*phýsis*), o que equivale a dizer a lei do mais forte sobre o mais fraco, e a lei convencionada pelo homem (*nómos*), lei esta que seria artificial e que atentaria contra a ordem natural das coisas. Destarte, preconizavam que os homens deveriam submeter-se ao poder daquele que ascendesse ao controle da cidade por meio da força; a justiça é vantagem para aquele que domina e não para aquele que é dominado (Trasímaco).[19]

Com isso, a noção de justiça é relativizada, na medida em que seu conceito é igualado ao conceito de lei; o que é o justo senão o que está na lei? O que está na lei é o que está dito pelo legislador, e é esse o começo, o meio e o fim de toda justiça. Nesse sentido, se a lei é relativa, se se esvai com o tempo, se é modificada ou substituída por outra posterior, então com ela se encaminha também a justiça. Em outras palavras, a mesma inconstância da legalidade (o que é lei hoje poderá não ser amanhã) passa a ser aplicada à justiça (o que é justo hoje poderá não ser amanhã). Nada do que se pode dizer absoluto (imutável, perene, eterno, incontestável...) é aceito pela sofística. Está aberto campo para o relativismo da justiça.

Eis aí o início de um debate que haverá de se perpetuar na tradição filosófica grega pós-socrática, sobretudo evidenciada em Platão e Aristóteles, tendo-se em vista que deram

---

[16] Cf. Guthrie, *Os sofistas,* 1995, p. 64.

[17] "Levantam pela primeira vez o relativismo gnosiológico, expresso por Protágoras ao enunciar que 'o homem é a medida de todas as coisas'. Desponta novo pensamento jurídico estribado na subjetividade humana, passando do período cosmológico anterior ao período antropológico, criticando o fundamento da normatividade e dos costumes" (Guimarães, *Direito natural*: visão metafísica e antropológica, 1991, p. 23).

[18] "O sentido de *phýsis* emerge de um estudo dos pré-socráticos. Pode-se traduzir seguramente por 'natureza', embora, quando ocorre junto com *nomos*, a palavra 'realidade' às vezes tornará imediatamente mais claro contraste. *Nomos* para os homens dos tempos clássicos é alguma coisa que *nomizetai*, em que se crê, se pratica ou se sustenta ser certo; originalmente alguma coisa que *nemetai*, é dividido, distribuído e dispensado. Quer diz, pressupõe um sujeito agente – que crê, pratica ou divide –, uma mente que emana o *nomos*. É, pois, natural que povos diferentes tenham diferentes *nomoi*, mas, enquanto a religião permaneceu uma força eficaz, a mente que projeta poderia ser a dos deuses, podendo assim haver *nomoi* que fossem aplicáveis a todo o gênero humano" (Guthrie, *Os sofistas,* 1995, p. 57).

[19] "Negando os sofistas a possibilidade de uma verdade objetiva, negam também que exista uma justiça absoluta; também o direito, para eles, é algo de relativo, opinião mutável, expressão do arbítrio e da força: justo é aquilo que favorece ao mais forte. Assim, Trasímaco pergunta se a justiça é um bem ou mal, e responde: 'A justiça é na realidade um bem de outrem; é uma vantagem para quem manda, é um dano para quem obedece'" (Del Vecchio, *Lições de filosofia do direito,* 1979, p. 35).

azo à formação da questão: é a lei natural ou convencional?[20] Outro debate acendeu-se com o fomento dessa questão, a saber: são os gregos superiores aos bárbaros?[21]

CONCLUSÕES

Do exposto, pode-se apreender que a sofística representando já uma quebra na tradição grega mais antiga, não obstante as nuances e os matizes que caracterizam os pensamentos individuais de cada qual dos sofistas, consiste num movimento intelectual coincidente com determinado contexto histórico-cultural (século V a.C.) que o habilitou a uma serventia social, jurídica e política muito grande, superando o cosmologismo pré-socrático.

A emergência do discurso, a proliferação de escolas de ensino de técnicas retóricas, a construção de práticas políticas e jurídicas que requeriam a sapiência de recursos persuasivos... ensejaram o nascimento, o fortalecimento e a divulgação do vento sofístico. Esmaecidas essas condições, no ocaso do século IV a.C., deixaram de representar um dado prevalecente da cultura grega, quando se iniciou a polêmica com os pensamentos aristotélico, estoico e cínico.

No campo do direito e da justiça, a sofística mobilizou conceitos no sentido de afastar todo tipo de ontologia ou mesmo todo tipo de metafísica ou mistificação em torno dos valores sociais. Nem as deusas da justiça, nem *Thémis*, nem *Diké*, dão origem às leis humanas, mas somente os homens podem fazer regras para o convívio social; as leis são atos humanos e racionais que se forjam no seio de necessidades sociais, o que só é possível por meio da discussão comum, da deliberação consensual, da comunicação participativa e do discurso. De fato, o que há de comum entre os sofistas é o fato de, em sua generalidade, apontarem para a identidade entre os conceitos de legalidade e de justiça, de modo a favorecer o desenvolvimento de ideias que associavam à inconstância da lei a inconstância do justo.

Confronto maior ainda se evidencia com a interlocução dos sofistas com Sócrates, que haverá de construir todo um conjunto de ideias claramente antagônico ao dos sofistas.

---

[20] "A eles se deve, por exemplo, a colocação rigorosa do problema de saber se a justiça tem um fundamento natural; se aquilo que é justo por lei – ou, como nós dizemos, o direito positivo – é também justo por natureza (a antítese entre o *nómw díkaion* e o *phýsei díkaion*). Ante este problema, assumiram geralmente atitude negativa, dizendo que, se existisse um justo natural, todas as leis seriam iguais" (Op. cit. p. 36).

[21] "Antifonte de Atenas formulou a antinomia entre a lei natural (*phýsis*) e a lei humana (*nómos*) e proclamou a igualdade entre bárbaros e helenos" (Pereira, *Estudos de histórica da cultura clássica*, 1993, p. 443-444).

3

SÓCRATES: ÉTICA, EDUCAÇÃO, VIRTUDE E OBEDIÊNCIA

3.1 FILOSOFIA SOCRÁTICA E TESTEMUNHO ÉTICO

A respeito de Sócrates (469-399 a.C.) e de sua contribuição filosófica muito já se discutiu.[1] Sua vivência foi sua obra, e seu testemunho, grande contribuição ética e filosófica.[2] Sócrates conviveu com o povo ateniense do século V a.C. (século de Péricles), em plena glória da civilização grega na Antiguidade, e nas praças públicas (*agorá*) e no solo da cidade (*pólis*) inscreveu seu método e suas preocupações. É, sem dúvida alguma, divisor de águas para a filosofia antiga, sobretudo pelo fato de situar seu campo de especulações não na cosmovisão das coisas e da natureza, mas na natureza humana e em suas implicações ético-sociais. É, de fato, interagindo e reagindo ao movimento dos sofistas que faz de seu pensamento um marco na história da ética. Erigiu uma linha de pensamento autônoma e originária que se voltasse contra o despotismo das palavras que se havia instaurado nesse período da história grega, sobretudo por força da atuação dos sofistas.

Seu método maiêutico, baseado na ironia e no diálogo, possui como finalidade a parturição de ideias, e como inspiração a parturição da vida, uma vez que Fenareta, sua mãe, era parteira. Isso porque todo erro é fruto da ignorância, e toda virtude é conhecimento; efetuar a parturição das ideias é tarefa primordial do filósofo, a fim de despertar nas almas o conhecimento. Daí a importância de reconhecer que a maior luta humana deve ser pela educação (*paideia*), e que a maior das virtudes (*areté*) é a de saber que nada se sabe.[3]

A abnegação pela causa da educação das almas, bem como pelo bem da cidade,[4] representou, como testemunho de vida, senão o maior, ao menos um dos maiores exemplos históricos de autoconfiança e de certeza do que dizia: condenado a beber cicuta pelo tribunal ateniense, não se furtou à sentença e curvou-se ante o desvario decisório dos homens de seu tempo. A acusação que pendia sobre sua cabeça era a de que estaria corrompendo a

---

[1] Para uma acabada noção da amplitude do problema socrático, consulte-se a obra de Vasco Magalhães-Vilhena, *O problema de Sócrates*: o Sócrates histórico e o Sócrates de Platão. Lisboa: Calouste Gulbenkian, 1984.

[2] Para maiores detalhes a respeito da vida de Sócrates e de suas perambulações, deve-se consultar a obra de René Kraus, *Sócrates*. Rio de Janeiro: Vecchi, 1960.

[3] "De forma que eu, em nome do oráculo, indaguei a mim mesmo se deveria permanecer tal como era, nem sabedor de minha sabedoria nem ignorante de minha ignorância, ou ser ambas as coisas, como eles, e respondi a mim e ao oráculo que convinha continuar tal qual eu era" (Platão, *Apologia de Sócrates*, trad., 1999, p. 73).

[4] "El cuidado de si mismo es, indisolublemente, cuidado de la ciudad y los demás, como lo vemos en el ejemplo del propio Sócrates, cuya razón de vivir es ocuparse de los demás" (Hadot, *Que és la filosofia antigua?*, 1998, p. 50).

juventude e cultuando outros deuses e, não obstante ter-se dedicado a vida inteira a pregar o contrário disso, resignou-se à injustiça de seus acusadores, em nome do respeito à lei que a todos regia em Atenas. Isso porque a obediência à lei era para esse pensador o limite entre a civilização e a barbárie;[5] onde residem as ideias de ordem e coesão, pode-se dizer garantida a existência e manutenção do corpo social. Isso haveria de influenciar profundamente o pensamento de seu discípulo, Platão, em seu afastamento da política e em sua decepção com a justiça humana.

Baseando-se nessas noções primordiais, pode-se discutir qual o significado da justiça e da ética para Sócrates.

3.2 ÉTICA SOCRÁTICA

O pensamento socrático é profundamente ético. Reveste-se, em todas as suas latitudes, de preocupações ético-sociais, envolvendo-se em seu método maiêutico todo tipo de especulação temática impassível de solução (o que é a justiça?; o que é o bem?; o que é a coragem?...), o que aparece retratado nos diálogos platônicos, sobretudo na Apologia de Sócrates (Platão), uma das únicas fontes de referência escrita a respeito da filosofia socrática, ao lado dos *Ditos e feitos memoráveis de Sócrates* (Xenofonte), da *Apologia de Sócrates* (Xenofonte) e da peça teatral *As nuvens* (Xenócrates). O que se conhece de Sócrates é, portanto, mais fruto de leitura dos diálogos platônicos que de uma obra por ele escrita. Desses diálogos, por vezes, extraem-se muito menos respostas e muito mais perguntas, e, assim mesmo, seu valor é inestimável para a história da filosofia, sobretudo tendo-se em vista que com Sócrates a filosofia converteu-se num *éthos*.

Isso porque a filosofia socrática possui um método, e esse método faz o filósofo, como homem, radicar-se em meio aos homens, em meio à cidade (*pólis*). É do convívio, da moralidade, dos hábitos e práticas coletivas, das atitudes do legislador, da linguagem poética... que surgem os temas da filosofia socrática. Pode-se mesmo dizer que o modo de vida socrático e a filosofia socrática não se separam. Pelo contrário, a filosofia socrática reafirma-se pelo exemplo de vida de Sócrates; na mesma medida, a doutrina ética e o ensino ético de Sócrates retiram-se de seu testemunho de vida, corporificado que está em seus atos e palavras.[6]

Sócrates, em verdade, pode ser dito o iniciador da filosofia moral e o inspirador de toda uma corrente de pensamento. Em verdade, sua contribuição surge como uma forma de antagonismo: (a) aos sofistas, pensadores da verve vocabular e da doutrina do relativismo

---

[5] No *Criton*, diálogo entre os primeiros de Platão, há uma indicação da importância que ele dá às leis como limite à barbárie. Se os homens erram ao aplicá-las – como fizeram com Sócrates quando o condenaram –, nem por isso elas devem ser quebradas, dado o poder de obediência que têm e sua validez para todos. A lei estende seu manto igualando os homens como cidadãos, apesar de preservar a diferença entre eles, de tal modo que, na igualdade e na diferença, possa transparecer um todo harmônico, logo justo, porque pleno de limites necessários à convivência" (Andrade, *Platão*: o cosmo, o homem e a cidade, 1993, p. 206-207).

[6] "Quanto à justiça, longe de ocultar sua opinião, manifestava-a por meio de atos: no particular de sua casa era todo retidão e afeto; como cidadão, todo obediência aos magistrados em tudo o que exige a lei, quer na cidade, quer nos exércitos, onde o guiava seu espírito de disciplina. Ao presidir, na qualidade de epístata, os congressos populares, impediu o povo de votar contra as leis e, nelas amparado, resistiu à fúria do populacho que nenhum outro teria coragem de enfrentar. Quando os Trinta lhe davam ordens contrárias às leis, não as acatava. Assim, ao lhe proibirem de palestrar com os jovens e o encarregarem, juntamente com outros cidadãos, de conduzir um homem que pretendiam assassinar, só ele se recusou a obedecer, porque tais ordens eram ilegais" (Xenofonte. Ditos e feitos memoráveis de Sócrates. In: *Sócrates*, livro II, cap. 4, p. 243 [Os pensadores]).

das coisas, que gozavam de alta reputação nos meios intelectuais atenienses, cobrando pagamento por seus ensinos daqueles que acorriam para suas palestras, e que, em função disso, eram chamados de prostituídos por Sócrates;[7] (b) à cosmologia filosófica dos pré-socráticos, que especulavam a respeito da natureza, dos astros, das estrelas, da origem do universo, do quinto elemento, da constituição última das coisas.[8] Assim, há que se dizer que Sócrates é referência primordial na filosofia grega (filosofia pré-socrática/filosofia socrática/ filosofia pós-socrática), exatamente pela ruptura que provocou com a tradição precedente e com os ensinos predominantes de seu tempo.

O conhecimento, para Sócrates, reside no próprio interior do homem. Conhecendo-se a si mesmo, pode-se conhecer melhor o mundo (*gnôûte autós*, grego; *nosce te ipsum*, latim). A isso se adiciona o fato de Sócrates ter vislumbrado na linguagem um grande manancial de dúvidas que gerou o fulcro da necessidade de depuração lógico-semântica do que se diz, o que era exercitado em praça pública, com discípulos ou terceiros, por meio da parturição discursiva das ideias.[9]

Assim, é que, adotando essa metodologia de pensamento, granjeou inúmeros discípulos, assim como um sem-número de inimigos, que mais tarde haveriam de reunir forças para sustentar sua condenação popular. De qualquer forma, porém, marcou sua presença nas ruas de Atenas pelo conteúdo de suas lições, flagrantemente opostas à ordem prevalecente de ideias nos meios intelectuais de seu tempo. Isso porque, para Sócrates, o respeito às normas vigentes, a vinculação do filósofo com a busca da verdade, o engajamento do cidadão nos interesses da sociedade, entre outros ensinamentos, aparecem como postulados perenes de seu pensamento, que haveriam de golpear fatalmente o relativismo e lançar os gérmens de novos sistemas filosóficos, como o platônico, o aristotélico e o estóico.[10]

Assim é que, em poucas palavras, o ensinamento ético de Sócrates reside no conhecimento e na felicidade. Em primeiro lugar, ética significa conhecimento, tendo-se em vista que, ao praticar o mal, crê-se praticar algo que leve à felicidade, e, normalmente, esse juízo é falseado por impressões e aparências puramente externas.[11] Para saber julgar acerca do bem e do mal, é necessário conhecimento, este sim verdadeira sabedoria e discernimento. O conhece-te a ti mesmo é esse mandamento que inscreve como necessária a gnose interior para a construção de uma ética sólida. Em segundo lugar, a felicidade, a busca de toda a ética, para Sócrates, pouco tem a ver com a posse de bens materiais ou com o conforto e a boa situação entre os homens; tem ela a ver com a semelhança com o que é valorizado pelos deuses, pois parecem estes ser os mais beatos dos seres.[12] O cultivo da verdadeira virtude, consistente no

---

[7]   "O mesmo sucede em relação à sabedoria: os que com ela traficam com quem lha queira pagar se chamam sofistas ou prostituídos" (Xenofonte. Op. cit. p. 113).

[8]   Por isso não se pode creditar fé na figura criada por Xenócrates em *As nuvens* para ilustrar Sócrates ensinando a seus discípulos de cima de um cesto suspenso no ar, qual se se tratasse de um pré-socrático, mais preocupado com as coisas do céu do que com as coisas da terra.

[9]   Zeller, Édouard. *La philosophie des grecs considérée dans son dévellopement*, Paris, 1884.

[10] Tovar. *Vida de Sócrates*, 1953, p. 319.

[11] Hadot, *Que és la filosofia antigua?*, 1998, p. 46-47.

[12] Da discussão de Sócrates diante do sofista Antifão, relativa a suas posses e seu modo de trajar-se e conduzir, extrai-se que a felicidade não está nas posses materiais: "Pareces, Antifão, colocar a felicidade nas delícias e na magnificência. De mim, penso que de nada necessita a divindade. Que quanto menos necessidades se tenha, mais nos aproximamos dela. E como a divindade é a própria perfeição, quem mais se aproximar da divindade mais perto estará da perfeição" (Xenofonte, Op. cit. p. 113).

CURSO DE FILOSOFIA DO DIREITO • *Bittar / Almeida*

controle efetivo das paixões e na condução das forças humanas para a realização do saber, é o que conduz o homem à felicidade.[13]

3.3 PRIMADO DA ÉTICA DO COLETIVO SOBRE A ÉTICA DO INDIVIDUAL

A ética socrática impõe respeito, seja por sua logicidade, seja por seu caráter. É certo que, se Sócrates desejasse, poderia ter fugido à aplicação da pena de morte que lhe havia sido imposta, e os discípulos a seu lado estavam para auxiliá-lo e acobertá-lo. No entanto, a ética do respeito às leis, e, portanto, à coletividade, não permitia que assim agisse. E também, se durante toda a sua vida distinguiu-se por seguir os conselhos dos deuses, não seria no momento de sua morte que os desobedeceria, negando seu destino de união com a cidade (*pólis*) e com a constituição (*politeía*). De fato, é o que afirma Xenócrates:

> "A ela renunciando demonstrou todo o vigor de sua alma, cobrindo-se de glória tanto pela verdade, desprendimento e justiça de sua defesa, quanto pela serenidade e coragem com que recebeu a sentença de morte" (Xenócrates, Ditos e feitos memoráveis de Sócrates. [Os pensadores] In: *Sócrates*, trad. Mirtes Coscodai, livro II, cap. 8, p. 265).

Sócrates, de fato, dedicou-se a um valor absoluto, e por ele lutou até o ponto de renunciar à própria vida.[14] E isso porque a ética socrática não se aferra somente à lei e ao respeito dos deveres humanos em si e por si. Transcende a isso tudo: inscreve-se como uma ética que se atrela ao porvir (*post mortem*). A filosofia socrática, não se omita essa importante contribuição de seu pensamento, prepara para o bem viver após a morte. Isso significa dizer que nem toda virtude proclamada como tal perante os homens há de ser considerada virtude perante os deuses. Isso ainda significa dizer que a verdade, a virtude e a justiça devem ser buscadas com vista em um fim maior, o bem viver *post mortem*. E não há outra razão pela qual se deseje filosofar senão a de preparar-se para a morte.[15]

Para Sócrates, a morte representa apenas uma passagem, uma emigração, e a continuidade há de ensinar quais valores são acertados, quais são errôneos.[16] Se a vida é uma passagem, é

---

[13] "A verdadeira virtude é uma purificação de todas as paixões. O comedimento, a justiça, a força e a própria sabedoria são purificações, e é muito claro que aqueles que estabeleceram as iniciações místicas não eram personagens desprezíveis, mas sim grandes gênios que, desde os primórdios, desejaram nos fazer compreender sob esses enigmas que aquele que for ao Hades sem ser iniciado e purificado será jogado na lama, e que aquele que chegar após as expiações, purificado e iniciado, será recebido entre os deuses" (Platão, *Fédon*, trad., 1999, p. 131).

[14] "En efecto, podemos decir que un valor es absoluto para un hombre cuando esta dispuesto a morir por él. Tal es precisamente la actitud de Socrates cuado se trata de 'lo que es mejor', es decir de la justicia, del deber, de la pureza moral" (Hadot, *Que és la filosofia antigua?*, 1998, p. 47).

[15] "Esquece-o – respondeu Sócrates. – É chegado o momento que eu exponha a vós, que sois meus juízes, as razões que me convencem de que um homem, que haja se dedicado ao longo de toda sua existência à filosofia, deve morrer tranquilo e com a esperança de que usufruira, ao deixar esta vida, infinitos bens. Procurarei dar-vos provas disso, ó Simias e Cebes. Os homens não sabem que os verdadeiros filósofos trabalham durante toda sua vida na preparação de sua morte e para estar mortos; por ser assim, seria ridículo que, depois de ter perseguido este único fim, sem descanso, recuassem e tremessem diante da morte" (Platão, *Fédon*, trad., 1999, p. 124).

[16] "Façamos mais esta reflexão: há grande esperança de que isto seja um bem. Morrer é uma destas duas coisas: ou o morto é igual a nada, e não sente nenhuma sensação de coisa nenhuma; ou, então, como se costuma dizer, trata-se duma mudança, uma emigração da alma, do lugar deste mundo para outro lugar. Se não há nenhuma sensação, se é como um sono em que o adormecido nada vê nem sonha, que maravilhosa vantagem seria a morte!" (Platão, *Apologia de Sócrates*, trad., 1999, p. 95).

porque a morte não interrompe o fluxo das almas, que preexistem e subsistem ao corpo.[17] Não é a efêmera vida o começo e o fim de tudo, mas apenas parte de um trajeto.[18] Ao homem é lícito especular a respeito, porém a certeza do que será somente os deuses possuem.[19] Veja-se como se expressa, a esse respeito, Fédon:

> "– Naquele dia, minhas impressões foram de fato estranhas, pois, em vez de condoer-me da morte de um amigo a quem eu estimava tanto, tive a impressão de que seu destino fosse ditoso, porque eu me encontrava junto a um homem feliz, amigo Equécrates, feliz por seu comportamento, pelas palavras que proferia e pela coragem e serenidade com que faleceu. Conseguiu até mesmo convencer-me de que não iria para o Hades sem alguma ajuda divina, mas que, lá embaixo, desfrutaria uma felicidade que nunca ninguém desfrutara. Por este motivo não senti pesar algum, como seria normal num semelhante, mas também não experimentei a satisfação que experimentava quando conversávamos sobre filosofia, já que o assunto daquela conversação tinha tal caráter. A consciência de que aquele homem estava para morrer causava em mim uma extraordinária mistura de pesar e satisfação, e o mesmo ocorria com todos que ali se encontravam. Todos nós ríamos e chorávamos, em especial modo um de nós, Apolodoro, que, com certeza, tu conheces" (Platão, *Fédon*, trad., 1999, p. 118).

A certeza socrática quanto ao porvir é a mesma que o movimentava para agir de acordo com a lei (*nómos*). Sócrates está plenamente cônscio de que a *nómos* é fruto do artifício humano, e não da natureza.[20] E mesmo assim ensina a obediência irrestrita.

Isso porque Sócrates vislumbra nas leis um conjunto de preceitos de obediência incontornável, não obstante possam estas serem justas ou injustas. O direito, pois, aparece como um instrumento humano de coesão social, que visa à realização do Bem Comum, consistente no desenvolvimento integral de todas as potencialidades humanas, alcançável por meio do cultivo das virtudes. Em seu conceito, que nos foi transmitido pelos diálogos platônicos de primeira geração, as leis da cidade são inderrogáveis pelo arbítrio da vontade humana.

É perceptível a transição do pensamento dos sofistas para o de Sócrates. Enquanto os primeiros relevaram a efemeridade e a contingência das leis variáveis no tempo e no espaço, Sócrates empenhou-se em restabelecer para a cidade o império do ideal cívico, liame indissociável entre indivíduo e sociedade.

---

[17] "Renascer, se existe um regresso da morte à vida – disse Sócrates –, é realizar esse regresso. Por este motivo nos persuadiremos de que os vivos nascem dos mortos, como estes daqueles, prova incontestável de que as almas dos mortos existem em algum lugar, de que retornam à vida" (Platão, *Fédon*, trad., 1999, p. 134).

[18] "Então, preciso satisfazer-vos – respondeu Sócrates – e procurar fazer com que esta defesa seja mais eficiente entre nós do que o foi aquela na frente dos juízes. Em verdade, Símias, e tu, Cebes, se eu não cresse encontrar na outra vida deuses bons e sábios e homens melhores que os daqui, seria inconcebível não lamentar morrer. Sabei, no entanto, que espero juntar-me a homens justos e deuses muito bons. Eis por que não me aflijo com a minha morte; morrerei tendo a esperança de que existe alguma coisa depois desta vida e de que, de acordo com a antiga tradição, os bons serão mais bem tratados que os maus" (Platão, *Fédon*, trad., 1999, p. 123).

[19] "Bem, é chegada a hora de partimos, eu para a morte, vós para a vida. Quem segue melhor destino, se eu, se vós, é segredo para todos, exceto para a divindade" (Platão, *Apologia de Sócrates*, trad., 1999, p. 97).

[20] Cf. Guthrie, Os *sofistas*, 1995, p. 74.

E, no entanto, foi justamente durante o governo de restauração democrática que foi condenado à morte. É exatamente nesse momento, em que se comemorava a vitória contra a oligarquia dos Trinta Tiranos de Esparta, após a Guerra do Peloponeso (431-404 a.C.), que deveria primar pela liberdade e pela restauração de concepções mais democráticas de justiça, que Sócrates foi acusado e condenado. A acusação de seus antagonistas já era esperada; não se esperava o julgamento favorável à demanda, condenatório de Sócrates.

Sócrates sabia que, durante seus anos de lição, havia despertado a animosidade em muitos daqueles que interpelara por meio da dialética e da maiêutica, de modo que estava plenamente consciente desse fato quando de sua defesa perante o tribunal.[21] Elaborou sua defesa, em que contraditou os argumentos de seus adversários, mas ainda assim foi condenado a beber cicuta por negar as divindades da cidade criando outras, além de corromper a juventude com seus ensinamentos.[22]

Que duvidosa e incerta democracia vivia a Atenas do século V-IV a.C., tendo-se em vista que foi a própria cidade (*pólis*) que elegera como lugar de ensino que condenou Sócrates à morte?[23] As leis que havia ensinado a obedecer, contra ele se voltaram. Tal condenação só veio a demonstrar a relatividade de todo julgamento humano não lastreado no verdadeiro senso de justiça, prova da própria imperfeição das leis atenienses da época.

Não obstante a injustiça do julgamento a que deram causa as acusações de Meleto, Anito e Licon, Sócrates submeteu-se serenamente à sentença condenatória, deixando entrever a seus discípulos mais um importante e supremo ensinamento: o valor da lei como elemento de ordem do todo. Se em sua defesa poderia ter aduzido fatos, discursos, palavras que mitigassem a ira dos juízes contra si, em vez de tentar conquistar a piedade e o favoritismo humanos, impugnou pela verdade, e em momento algum renunciou à causa que já havia abraçado como missão atribuída pelos deuses.[24] No entanto, apesar de não ter tentado seduzir o corpo de juízes que

---

[21] "Em virtude desta pesquisa, fiz numerosas e perigosíssimas inimizades, e a partir destas inimizades surgiram muitas calúnias, e entre as calúnias, a fama de sábio, porque, toda vez que participava de uma discussão, as pessoas julgavam que eu fosse sábio naqueles assuntos em que somente punha a descoberto a ignorância dos demais. A verdade, porém, é outra, ó atenienses: quem sabe é apenas o deus, e ele quer dizer, por intermédio de seu oráculo, que muito pouco ou nada vale a sabedoria do homem, e, ao afirmar que Sócrates é sábio, não se refere propriamente a mim, Sócrates, mas só usa meu nome como exemplo, como se tivesse dito: 'Ó homens, é muito sábio entre vós aquele que, igualmente a Sócrates, tenha admitido que sua sabedoria não possui valor algum'. É por esta razão que ainda hoje procuro e investigo, de acordo com a palavra do deus, se existe alguém entre os atenienses ou estrangeiros que possa ser considerado sábio e, como acho que ninguém o seja, venho em ajuda ao deus provando que não há sábio algum. E tomado como estou por esta ânsia de pesquisa, não me restou mais tempo para realizar alguma coisa de importante nem pela cidade nem pela minha casa, e levo uma existência miserável por conta deste meu serviço ao deus" (Platão, *Apologia de Sócrates*, trad., 1999, p. 73).

[22] Coloca-se a seu favor Xenofonte, no exame que faz da situação e da acusação que pendia sobre Sócrates: "O que da mesma forma me assombra é o haver penetrado em certos espíritos a ideia de que Sócrates corrompia os jovens, Sócrates que, à parte o que foi dito, era o mais moderado dos mortais a respeito dos prazeres dos sentidos como da mesa, o mais insensível ao frio, ao calor, às fadigas de todo tipo e tão sóbrio que lhe bastava seu minguado pecúlio. Com tais qualidades, como poderia ter desencaminhado os outros à crueldade, à libertinagem, ao ócio? Ao contrário, não afastou muitos homens desses vícios, tornando-os amantes da virtude e infundindo-lhes a esperança de, por meio da fiscalização de si mesmos, virem a ser um dia virtuosos?" (Xenofonte, Op. cit. p. 85).

[23] A respeito do julgamento de Sócrates, consulte-se Stone. *O julgamento de Sócrates*, 1988.

[24] "Ao ouvir tais palavras os juízes murmuraram, uns de incredulidade, outros de inveja da predileção que lhe dedicavam os deuses. Prosseguiu Sócrates: 'Ouvi mais isto, para que os que o desejam tenham mais um motivo para não acreditar no favor com que me honraram as divindades. Um dia em que, em pre-

o julgavam, provou à sociedade que seus ensinamentos não corrompiam a juventude e nem contrariavam o culto tradicional dos deuses.[25]

No lugar de proteger-se com palavras emotivas, replicou aos que lhe queriam imputar crimes por ele não cometidos, certo de que não deveria proteger-se, pois sua vida havia sido o maior dos testemunhos de justiça, felicidade e retidão. Assim testemunha Xenofonte a seu respeito:

> "Mas Hermógenes, filho de Hipônico e amigo de Sócrates, deu a esse respeito pormenores que mostram que o teor de sua linguagem coadunava perfeitamente com o de suas ideias. Relatava que, vendo-o discorrer a respeito de assuntos completamente alheios ao seu processo, dissera-lhe:
>
> – Não deverias, Sócrates, pensar em tua apologia?
>
> Ao que lhe respondeu Sócrates:
>
> – Não te parece que lhe consagrei toda a minha vida?
>
> Ao ser indagado por Hermógenes de que maneira:
>
> – Vivendo sem cometer injustiça alguma, o que é, a meu aviso, a melhor maneira de preparar uma defesa.
>
> Tomara Hermógenes:
>
> – Não vês que, melindrados com a defesa, fizeram os juízes de Atenas morrer muitos inocentes e absolveram muitos culpados cuja linguagem lhes despertara a piedade ou lhes lisonjeara os ouvidos?
>
> – Por duas vezes – dissera Sócrates – tentei preparar uma apologia; contudo, a isso se opôs meu demônio.

Estranhando-lhe a linguagem, respondera Sócrates:

> – Por que te assombras, se julgam os deuses mais vantajoso para mim deixar a vida desde já? Não sabes que, até o presente, homem algum viveu melhor e mais feliz que eu? Agrada-me haver sempre vivido na devoção e na justiça" (Xenofonte, Apologia de Sócrates. In: *Sócrates*, livro I, p. 271-272 [Os Pensadores]).

E ainda, às vésperas da execução da sentença, negando ao apelo de Críton, discípulo que viera ao cárcere propor-lhe a evasão da prisão, Sócrates pôde consolidar sua doutrina e

---

sença de numerosa assistência, Querefonte interrogava a meu respeito o oráculo de Delfos, respondeu Apolo não haver homem mais sensato, independente, justo e sábio do que eu.' Como era de esperar, a estas palavras os juízes fizeram ouvir murmúrio maior ainda" (Xenofonte, Op. cit. p. 276).

[25] "Diante disso, como é possível que a alguns agrade estar comigo tanto tempo? Vós ouvistes, ó cidadãos, que eu disse toda a verdade: têm prazer de ouvir-me quando submeto à prova aqueles que pensam serem sábios e não o são. Com efeito, não é desagradável. Ao fazer isso, repito-vos, cumpro as ordens do deus, dadas por intermédio de vaticínios e sonhos, e por outros meios de que se serve a providência divina para ordenar ao homem que faça alguma coisa. E estas coisas, ó atenienses, são verdadeiras e demonstráveis. Se de fato eu corrompo os jovens, se já corrompi algum, seria ainda necessário que estes, ao envelhecerem, tomassem consciência de que quando eram jovens eu os aconselhei a praticar o mal, e que viessem à tribuna para acusar-me e para exigir minha punição, e, se não quisessem fazê-lo diretamente, que enviassem hoje para cá as pessoas de sua família, pais, irmãos e outros, se os que lhes são caros sofreram algum mal por mim causado, e que me fizessem pagar por isso" (Platão, *Apologia de Sócrates*, trad., 1999, p. 86).

demonstrar a solidez de seu sistema filosófico. Antes ser condenado à morte por uma sentença injusta do que ser condenado à morte por uma sentença justa, afirma:

> "Acompanhava-o certo Apolodoro, alma simples e profundamente afeiçoada a Sócrates, que lhe disse:
> – Não posso aguentar Sócrates ver-te morrer injustamente.
> Então, dizem que, passando-lhe de leve a mão pela cabeça, Sócrates respondeu:
> – Meu caro Apolodoro, então preferias ver-me morrer justamente?" (Xenofonte, Apologia de Sócrates. In: *Sócrates*, livro III, p. 281 [Os Pensadores]).

Dessa forma, não procurando revidar o injusto corporificado na sentença condenatória com outro ato de injustiça para com a cidade, Sócrates consagrou valores que foram, posteriormente, absorvidos por Platão e por Aristóteles. O homem enquanto integrado ao modo político de vida deve zelar pelo respeito absoluto, mesmo em detrimento da própria vida, às leis comuns a todos, às normas políticas (*nómos póleos*). O homem, assim radicado naturalmente na forma de vida comunitária, tem como dever o cumprimento de seu papel como cidadão participativo, e, assim, integrado nos negócios públicos, deve buscar a manutenção da sacralidade e da validade das instituições convencionadas que consentem o desenvolvimento da harmonia comunitária.

O ato de descumprimento da sentença imposta pela cidade representava para Sócrates a derrogação de um princípio básico do governo das leis: a eficácia. A eficácia das leis comprometida, a desordem social haveria de reinar como princípio, uma vez que cada qual cumpriria ou descumpriria as regras sociais de acordo com suas convicções próprias; mas, para Sócrates, o débito social é incontornável.[26] Sua atitude serviria de exemplo para que outros também se esquivassem do cumprimento de seus deveres legais perante a cidade, o que equivaleria a solapar as estruturas da cidade-estado, reerguida sob a égide do governo de Sólon que havia instituído a *isonomia* entre os cidadãos.

A inderrogabilidade do valor das leis ganhou força de princípio dogmático, coercitivo e vinculativo para todo aquele que se pudesse considerar um bom cidadão, um cidadão virtuoso. A justiça política, que se fazia viva por meio das leis positivas, representou entre os gregos, e mesmo entre outros povos da Antiguidade, a orientação da vida do próprio indivíduo.

Amplamente restritivas da liberdade individual, as leis de algumas cidades intercediam profundamente na vida privada dos indivíduos. Em Esparta, por exemplo, o que ocorria é que, desde o nascimento até a morte do cidadão, o paternalismo das leis exprimia-se por um conjunto de disposições que norteavam a educação, a disciplina, a forma do convívio e outros valores sociais, no sentido de aperfeiçoamento não só da parte, mas do todo à qual está indissociavelmente ligada.[27]

---

[26] "Vejamos se assim entendes melhor. Se no instante de nossa fuga, ou como queres denominar nossa saída, as leis da República nos dissessem: 'Sócrates, o que vais fazer? Executar teu plano não significa aniquilar-nos completamente, sendo que de ti dependem as leis da República e as de todo o Estado? Acreditas que um Estado pode subsistir se as suas sentenças legais não têm poder e, o que é mais grave, se os indivíduos as desprezam e aniquilam?' Que responderíamos, Críton, a essas e a outras acusações semelhantes? Quantas coisas não poderiam ser ditas, até mesmo por um retórico, a respeito do aniquilamento dessa lei que exige o cumprimento das sentenças emitidas? Porventura responderíamos que a República foi injusta e nos julgou mal? É isso que diríamos?" (Platão, *Críton*, trad., 1999, p. 109).

[27] Ver Tovar, *Vida de Sócrates*, p. 321 e 322. Também, nesse sentido "Traza limites y caminos (la leye), incluso en los assuntos más íntimos de la vida privada y de la conducta moral de sus ciudadanos" (Jaeger, *Paideia*, v. 1, p. 127).

Sócrates serviu-se de sua própria experiência para fazer com que a verdade acerca do justo e do injusto viesse à tona.[28] A lei interna que encontra guarida no interior de cada ser, lei moral por excelência, poderia julgar acerca da justiça ou da injustiça de uma lei positiva, e a respeito disso opinar, mas esse juízo não poderia ultrapassar os limites da crítica, a ponto de lesar a legislação política pelo descumprimento.[29] Em outras palavras, para Sócrates, com base num juízo moral, não se podem derrogar leis positivas.[30] O foro interior e individual deveria submeter-se ao exterior e geral em benefício da coletividade.[31]

Assim, pode-se dizer que sua submissão à sentença condenatória representou não só a confirmação de seus ensinamentos, mas, também, a revitalização dos valores sócio-religiosos acordantes com os que foram a base da construção da própria cidade-estado grega, quando da transição de um estado gentílico ao político. Obedecer aos deuses era o mesmo que obedecer à cidade, e vice-versa.[32] Moralidade e legalidade caminham juntas para a realização do escopo social, dentro da ordem das leis divinas, as quais Sócrates insistia em sublinhar como parâmetro do correto julgamento do próprio ser.[33]

A atitude desprendida do filósofo relativamente a sua própria vida conferiu novo fôlego ao princípio do respeito às leis da cidade. Se essa decisão foi salutar, do ponto de vista político e ético, não foram poucos os motivos que inspiraram Sócrates em sua decisão, podendo-se enumerar, entre outros, os seguintes:

a) o momento histórico decadencial vivido pela mais célebre cidade-estado grega após haver sucumbido às forças espartanas na Guerra do Peloponeso, carecendo-se, portanto, de atitudes e posturas favoráveis à democracia e ao respeito às leis;

---

[28] É o que diz a respeito Aloysio Ferraz Pereira, *História da filosofia do direito*, 1980, p. 37.

[29] "... temos em Sócrates o exemplo clássico do conflito entre a ordem objetiva e legal por ele considerada como expressão da justiça, e o seu sentimento subjetivo de que estava sendo injustiçado ao ser condenado à morte" (Cláudio de Cicco, A justiça e o direito moderno, *Revista Brasileira de Filosofia*, 1991, p. 147).

[30] "'Possuímos', diriam, 'importantes provas de que nós e a República sempre te agradamos, porque permaneceste na cidade mais que qualquer outro ateniense e não houve espetáculo que te fizesse sair dela, salvo quando te dirigiste ao istmo de Corinto para assistir aos jogos. Nunca saíste exceto para expedições militares, e nunca fizeste viagem alguma como todos os cidadãos têm o hábito de fazê-lo, não tiveste a curiosidade de conhecer outras cidades e outras leis: nos amavas tanto e tão decidido estavas em viver a nossa maneira, que aqui tiveste teus filhos, testemunhos vivos de quanto isto te agradava, e até ao longo do teu processo poderias haver-te condenado ao exílio se o quisesses, e então fazer, com a anuência da tua cidade, o que pensas fazer apesar dela. Tu, que te declaravas indiferente ante a morte e que dizias que era preferível ao exílio, sem envergonhar-te com essa linguagem, sem nos respeitar, a nós, leis, intentas aniquilar-nos, ages como agiria o mais reles escravo e procuras salvar-te transgredindo a convenção que te obriga a viver como bom cidadão. Responde-nos então: dizemos a verdade quando afirmamos que te submeteste a esta convenção, não por palavras, mas de fato e de forma irrestrita?' O que responderíamos a isto e o que nos seria possível fazer exceto admiti-lo?" (Platão, *Críton*, trad., 1999, p. 111).

[31] Cf. Zeller, *La philosophie des grecs considérée dans son dévellopement*, 1884, p. 38.

[32] "Algum de vós talvez pudesse contestar-me: 'Em silêncio e quieto, ó Sócrates, não poderias viver após ter saído de Atenas?' Isso seria simplesmente impossível. Porque, se vos dissesse que significaria desobedecer ao deus e que, por conseguinte, não seria possível que eu vivesse em silêncio, não acreditaríeis e pensaríeis que estivesse sendo sarcástico. Se vos dissesse que esse é o maior bem para o homem, meditar todos os dias sobre a virtude e acerca dos outros assuntos que me ouvistes discutindo e analisando a meu respeito e dos demais, e que uma vida desprovida de tais análises não é digna de ser vivida, se vos dissesse isto, acreditar-me-iam menos ainda" (Platão, *Apologia de Sócrates*, trad., 1999, p. 91).

[33] Platão, *Críton*, 43 b.

b) a concatenação da lei moral com a legislação cívica;

c) o respeito às normas e à religião que governavam a comunidade, no sentido do sacrifício da parte pela subsistência do todo;

d) a importância e imperatividade da lei em favor da coletividade e da ordem do todo;

e) a substituição do princípio da reciprocidade, segundo o qual se respondia ao injusto com injustiça, pelo princípio da anulação de um mal com seu contrário, assim, da injustiça com um ato de justiça;[34]

f) o reconhecimento da sobrevivência da alma, para um julgamento definitivo pelos deuses, responsável pelo verdadeiro veredito dos atos humanos.

CONCLUSÕES

A filosofia socrática traduz uma ética teleológica, e sua contribuição consiste em vislumbrar na felicidade o fim da ação. Essa ética tem por fito a preparação do homem para conhecer-se, uma vez que o conhecimento é a base do agir ético; só erra quem desconhece, de modo que a ignorância é o maior dos males. Conhecer, porém, não é fiar-se nas aparências e nos enganos e desenganos humanos, e sim fiar-se no que há de verdadeiro e certo. Erradicar a ignorância, portanto, por meio da educação (*paideia*) é tarefa do filósofo, que, na certeza desses princípios, abdica até mesmo de sua vida para *re-afirmar* sua lição e seu compromisso com a divindade. A lição de vida da ética socrática é já uma lição de justiça.

Portanto, um misterioso conjunto de elementos éticos, sociais e religiosos permearam os ensinamentos socráticos, que permaneceram como princípios perenes e modelares, apesar de não terem sido reduzidos a escrito,[35] mas que se transmitiram e se consubstanciaram principalmente no pensamento platônico, surtindo seus reflexos nas demais escolas que se firmaram na doutrina socrática.

Ao contrário de fomentar a desordem, o caos, a insurreição, sua filosofia prima pela submissão, uma vez que a ética do coletivo está acima da ética do indivíduo. Seu testemunho de vida bem provou essa convicção no acerto da renúncia em prol da cidade-estado (*pólis*). Onde está a virtude está a felicidade, e isso independentemente dos julgamentos humanos a respeito.

A condenação de Sócrates, além de ter-lhe propiciado a oportunidade de questionar com sua vida a justiça citadina, também produziu sérios efeitos e deixou profundas marcas na história da filosofia. Platão, incorporando esse dilema, haverá de legá-lo com toda força para a posteridade.

---

[34] A esse respeito, ibidem, 54 c.

[35] A esse respeito diz Hannah Arendt: "Depõe muito a favor de Sócrates o fato de que só ele, entre todos os grandes pensadores – singular neste aspecto como em muitos outros –, jamais se tenha entregue ao trabalho de dar forma escrita a seus pensamentos: pois é óbvio que, por mais que um pensador se preocupe com o eterno, no instante em que se dispõe a escrever os seus pensamentos deixa de estar fundamentalmente preocupado com a eternidade e volta a sua atenção para a tarefa de legar aos pósteros algum vestígio deles" (*A condição humana*, 1988, p. 28).

4

PLATÃO: IDEALISMO, VIRTUDE E TRANSCENDÊNCIA ÉTICA

4.1 VIRTUOSISMO PLATÔNICO E SOCRATISMO

A principal parte do conjunto de premissas socráticas vem desembocar diretamente no pensamento platônico. De fato, Platão (427-347 a.C.), o discípulo mais notável de Sócrates e o fundador da Academia, por meio de seus diálogos *Fedro* e *República* (livros IV e X), que especificamente abordam a questão, desenvolve com acuidade os mesmos pressupostos elementares do pensamento socrático: a virtude é conhecimento, e o vício existe em função da ignorância. Ao raciocínio socrático somam-se as influências egípcia, pitagórica e órfica, que acabam por torná-lo um pensamento peculiar. De qualquer forma, em sua exposição do problema ético ressalta-se, sobretudo, o entrelaçamento das preocupações gnoseológicas, psicológicas, metafísicas e éticas propriamente ditas.[1]

Toda a preocupação filosófica platônica decorre não de uma vivência direta e efetiva em meio às coisas humanas. Todo o sistema filosófico platônico é decorrência de pressupostos transcendentes, quais a alma, a preexistência da alma, a reminiscência das ideias, a subsistência da alma...[2] O que há é que Platão, diferentemente da proposta de Sócrates, distancia-se da política e do seio das atividades prático-políticas. Se Sócrates ensinava nas ruas da cidade, Platão, decepcionado com o governo dos Trinta Tiranos e com o golpe que a cidade desferiu contra a filosofia, ensinara num lugar apartado, no recôndito onde o pensamento pode vagar com tranquilidade, e onde se pode desenvolver um modo de vida ao mesmo tempo que preocupado com a cidade, dela, de suas corrupções, torpezas e problemas, distante: a Academia.[3]

---

[1] "A relação entre a psicologia e a ética é exposta em dois diálogos: no livro IV da *República* e no Mito do Cocheiro, no *Fedro*" (Chaui, *Introdução à história da filosofia*, 1994, v. I, p. 214).

[2] "E concordamos também que, quando o conhecimento chega de certa maneira, é uma recordação. Ao dizer de certa maneira, quero dizer por exemplo, que quando um homem, vê ou ouve alguma coisa, ou percebe-a por qualquer um de seus outros sentidos, não conhece apenas a coisa que chama a sua atenção, mas, ao mesmo tempo, pensa em outra que não depende de sua maneira de conhecer, mas de uma diferente. Não afirmamos que esse homem lembra o que surgiu em sua imaginação" (Platão, *Fédon*, 1999, p. 136).

[3] Em torno do século VI a.C., destacou-se a figura de Tales, de acordo com toda a tradição que se formou acerca de sua personalidade, alcançando grandes repercussões na posteridade por meio da anedota da escrava trácia, o que aparece consignado no *Teeteto* de Platão. Nessa passagem da obra do filósofo da Academia, sublinha-se que as preocupações filosóficas afastam o pensador da realidade, dicotomizando sua personalidade humana a sua personalidade astronômico-científica. A importância da verdade e a prevalência da última personalidade sobre a primeira atestam o valor atribuído à especulação, coincidente com o início da reflexão humana pelas causas e princípios do universo, e aos iniciadores da atividade especulativa quando se firmaram as bases do paradigma teórico com a Academia de Platão.

Sócrates via na prudência (*phrónesis*) a virtude de caráter fundamental para o alcance da harmonia social. E a prudência estava incorporada a seu método de ensinar e ditar ideias, com vistas à realização de uma educação (*paideia*) cidadã. Quando a condenação de Sócrates firmou a hostilidade da cidade ao filósofo, à qual era inerente a politicidade do convívio, iniciou-se um processo acadêmico de distanciamento da cidadania participativa; esta era a derrocada do ideal de perfeição democrática.

O que há é que a prudência (*phrónesis*) socrática converte-se em vida teórica (*bios theoréticos*). Esta, declarada como a melhor das formas de vida, entre as possíveis e desejáveis formas de vida humana (filósofo, cavaleiro, artesão), passou a servir de modelo de felicidade humana. Tudo isso com base na tripartição da alma da seguinte forma: alma logística, correspondendo à parte superior do corpo humano (cabeça), à qual se liga a figura do filósofo; alma irascível, correspondendo à parte mediana do corpo humano (peito), caracterizada pela coragem como virtude cavalheiresca; alma apetitiva, correspondendo à parte inferior do corpo humano (baixo ventre), à qual se ligam os artesãos, os comerciantes e o povo.

Às potências da alma (*psyché*) humana vinculam-se, portanto, aos modos de vida, de maneira que: (a) a parte logística da alma passa a representar o que diferencia o ser humano de outros seres; (b) a parte logística da alma passa a representar a imortalidade do ser; (c) a parte logística da alma passa a representar o que há de mais excelente no homem que o faz assemelhar-se aos deuses; (d) a alma logística (*logistikón*) é hegemônica diante das outras partes da alma humana; (e) a alma logística é capaz de reflexão (*diánoia*), de opinião (*dóxa*), e de imaginação (*phantasía*); (e) a alma logística é capaz de razão (*noûs*) e é esta razão que permite ao homem acessar, por meio da contemplação, as ideias que somente aos deuses são acessíveis.[4]

A ciência só é possível do que é certo, eterno e imutável. Somente as ideias são, para Platão, certas, eternas e imutáveis, tendo-se em vista que tudo o mais que se conhece é incerto, perecível e mutável. Do que se disse anteriormente, somente a alma logística é capaz de ciência, e esta ciência (*epistéme*) à qual se refere Platão, deriva da contemplação das ideias perfeitas e imutáveis pelo filósofo.[5]

4.2 VIRTUDE E VÍCIO: ORDEM E DESORDEM

Cada parte da alma humana exerce uma função, e estas funções delimitadas, sincronizadas e direcionadas para seus fins são a causa da ordem e da coordenação das atividades humanas. Assim, as diversas faculdades humanas estão dotadas de aptidão para a virtude (*areté*),

---

4   Aí não há movimento, não há discurso, não há pensamento: a ideia encontra-se absorvida em sua plenitude de inteligibilidade.. Assim. "(...) o *noûs* intui e o logístico pensa e fala sobre o *einai te kai tên ousian* através do *noûs*, assemelhando-se àquilo do que fala e pensa (ser e substância)" (Andrade, 1994, p. 137). Das sombras sensíveis ao imutável do inteligível, todo tipo de recurso simbólico humano é eliminado, para que se vislumbre em sua pureza a forma (*morphé*) sem qualquer interferência de elementos da razão mundana.

5   Assim é que a opinião não é ciência, é algo entre o ser e o não ser (*República* 478 d), uma vez que não se estabelece, por meio desta, as bases de um conhecimento sólido e sustentável, permanecendo-se na inconstância da aparência, na fluidez insólita do relativo e particular. Da mesma forma como opinião não é ciência, opõem-se, também, os sujeitos-artífices da *dóxa* e da *epistéme*, ou seja, o *philodoxos* e o *philosophos*, na perspectiva de que o primeiro lança suas observações com base no conhecimento empiricamente captado, enquanto o segundo constrói o saber sobre a experiência contemplativa, que se baseia no conhecimento daquilo que não é contingente.

uma vez que a virtude é uma excelência, ou seja, um aperfeiçoamento de uma capacidade ou faculdade humana suscetível de ser desenvolvida e aprimorada.[6]

O virtuosismo platônico tem a ver, portanto, com o domínio das tendências irascíveis e concupiscíveis humanas, tudo com vistas à supremacia da alma racional. Então, virtude significa controle, ordem, equilíbrio, proporcionalidade..., sendo que as almas irascível e concupiscente submetem-se aos comandos da alma racional, esta sim soberana. Desse modo, boa será a conduta que se afinizar com os ditames da razão.[7]

A harmonia (*armonía*),[8] uma vez dominados os instintos ferozes, o descontrole sexual, a fúria dos sentimentos... surge como consequência natural, permitindo à alma fruir da bem-aventurança dos prazeres espirituais e intelectuais. A ética que deflui da alma racional é exatamente a de estabelecer este controle e equilíbrio entre as partes da alma, de modo que o todo se administre por força racional e não epitimética ou irascível.[9]

O vício, ao contrário da virtude, está onde reina o caos entre as partes da alma. De fato, onde predomina o levante das partes inferiores com relação à alma racional, aí está implantado o reino do desgoverno, isso porque ora manda o peito, e suas ordens e mandamentos são torrentes incontroláveis (ódio, rancor, inveja, ganância...), ora manda a paixão ligada ao baixo ventre (sexualidade, gula...).

Então, buscar a virtude é afastar-se do que é tipicamente valorizado pelos homens, que é o que mais ainda o mantém ligado ao corpo e ao mundo terreno, e procurar o que é valorizado pelos deuses, e que mais o distancia do corpo e do mundo terreno. O homem deve sim buscar identificar-se com o que há de melhor e mais excelente, e nesse sentido deve buscar inspiração nas faculdades que caracterizam os deuses, os mais excelentes dos seres, e não os animais. A alma que valoriza a mundanidade acaba por construir em torno de si certa corporalidade, que possui o peso das carnes humanas, e não a leveza característica dos deuses.[10] Lastreado

---

[6]   É a análise que da temática faz Chaui: "Embora a psicologia e a ética recebam exposições diversas, em todas elas Platão estabelece uma relação precisa entre *areté*, *dynamis*, *epistéme* e *téchne*. A *areté*, vimos, é a excelência ética, o ser bom. Os mitos platônicos evidenciam que a *areté* é uma *dýnamis*, uma possibilidade ou potencialidade da alma que precisa ser atualizada. A atualização é feita pela *téchne* como terapia e *paideía*. Estas pressupõem a ciência, a *epistéme*, que indica qual é a *areté* de cada função da alma – qual a excelência de cada uma delas – e qual a hierarquia entre essas funções. A *téchne*, isto é, a *paideia* dialética desfaz os conflitos entre as funções da *psykhé* (sua desordem), fazendo com que cada uma realize sua função própria" (Chaui, *Introdução à história da filosofia*, 1994, v. 1, p. 218).

[7]   "Não se afirma que uma alma que possui inteligência e virtude é boa, e que outra que é infame e corrompida é má? Não se afirma com razão? – Com toda a razão" (Platão, *Fédon*, trad., 1999, p. 160).

[8]   Mas – disse Sócrates – não vemos agora que a alma faz exatamente o contrário? Que dirige e governa as coisas de que pretende ser composta, resiste a elas no decorrer de quase toda sua existência, reprimindo a umas, duramente, pelas dores, como no ginásio, e a medicina tratando a outras com maior doçura, contentando-se em ameaçar ou reprimir os desejos, os ódios, os medos, como coisas de natureza distinta a sua? Foi isso que Homero representou tão bem quando, na *Odisseia*, diz que Ulisses: 'Golpeando o peito dirigiu-se duramente a seu coração: Suporta coração! Já que maiores torturas suportaste'. Crês que Homero teria dito isto se julgasse que a alma é uma harmonia que deve ser governada pelas paixões ao corpo? Não é mais lógico que julgasse que a alma deve dominá-las e dirigi-las e que é, enfim, coisa por demais divina para ser comparada com uma simples harmonia? (Platão, *Fédon*, trad., 1999, p. 162).

[9]   Qual a tarefa ética ou moral da alma racional? Dominar as outras duas faculdades, e harmonizá-las com a razão" (Chaui, *Introdução à história da filosofia*, 1994, v. I, p. 214).

[10]   "– No entanto, se a alma se afasta do corpo maculada, impura, como se houvesse estado sempre mesclada com ele, até o ponto de julgar servi-lo, embriagada pelo corpo, até o ponto de crer que nada existe além do físico, do que se pode ver, tocar, comer e beber, ou do que se presta aos prazeres do amor, ao passo

num dos principais ensinamentos de Sócrates é que Platão erigiu seu sistema, obviamente já sincretizado com o orfismo e o pitagorismo:

> "– Parece-te, portanto – replicou Sócrates –, que os desejos de um filósofo não têm por objeto o corpo e que, ao contrário, trabalha para afastar-se dele dentro do possível, a fim de se ocupar apenas de sua alma?
> – Com certeza.
> – Assim, de todas essas coisas que acabamos de falar – disse Sócrates –, é evidente que o trabalho do filósofo consiste em se ocupar mais particularmente que os demais homens em afastar sua alma do contato com o corpo" (Platão, *Fédon*. trad., 1999, p. 125).

Sacrificar-se pela causa da verdade significa abandonar os desejos do corpo, e fazer da alma o fulcro de condução da conduta em si e por si. Ao que deve visar o homem, para que sua ética se fortaleça? Ao aprimoramento da alma, e, sobretudo, daquela sua parte que se determina a ser a parte que mais faz o homem semelhante aos deuses: a razão. De fato:

> "Deste princípio – prosseguiu Sócrates – não se segue que os filósofos precisam pensar e dizer: a razão deve seguir apenas um caminho em suas investigações, enquanto tivermos corpo e nossa alma estiver absorvida nessa corrupção, jamais possuiremos o objeto de nossos desejos, isto é, a verdade. Porque o corpo nos oferece mil obstáculos pela necessidade que temos de sustentá-lo, e as enfermidades perturbam nossas investigações. Em primeiro lugar, nos enche de amores, de desejos, de receios de mil ilusões e de toda classe de tolices, de modo que nada é mais certo do que aquilo que se diz correntemente: que o corpo nunca nos conduz a algum pensamento sensato. Não, nunca! Quem faz nascer as guerras, as revoltas e os combates? Nada mais que o corpo com todas as suas paixões. Com efeito, todas as guerras têm origem apenas no desejo de acumular riquezas, e somos obrigados a acumulá-las pelo corpo, para servi-lo, como escravos, em suas necessidades. Eis o motivo de não termos tempo para pensar em filosofia; e o pior é que, quando conseguimos alguns instantes de paz e começamos a meditar, esse intruso irrompe em meio de nossas investigações, nos entorpece, nos perturba e nos impede o discernimento da verdade. Está demonstrado, ao contrário, que, se desejamos saber realmente alguma coisa, é preciso que abandonemos o corpo e que apenas a alma analise os objetos que deseja conhecer. Somente então usufruiremos da sabedoria pela qual estamos apaixonados, isto é, depois de nossa morte e de maneira alguma no decorrer da vida. E a própria razão o afirma, já que é impossível conhecer alguma coisa de forma pura, enquanto temos corpo; é preciso que não se conheça a verdade ou então que se a conheça após a morte, pois então a alma se pertencerá, livre desse fardo, e não antes. Enquanto estivermos nesta vida não nos aproximaremos da verdade a não ser afastando-nos do corpo e tendo relação com ele apenas o estritamente necessário, sem deixar que nos atinja com sua corrupção natural, e conservando-nos puros de todas as suas imundícies até que o deus venha nos libertar.

---

que detesta, receia e foge de tudo que é obscuro e invisível, de tudo que é inteligente, crês que essa alma pode, ao separar-se do corpo, ver em si mesma, por si mesma e sem mistura?
– Não, não creio.
– Ao contrário, conforme penso, sai toda misturada com uma corporalidade que, por ela haver-se habituado com o corpo, parece-lhe íntima e natural, porque nunca deixou de viver em comunidade com ela e multiplicou as oportunidades de exercitar-se nisso" (Platão, *Fédon*, trad., 1999, p. 147).

Dessa forma, livres da loucura do corpo, conversaremos, como é correto, com homens que usufruirão a mesma liberdade e conheceremos por nós mesmos a essência das coisas, e talvez a verdade não seja mais do que isso. Mas tenho grande temor de que aquilo que não esteja puro não possa alcançar a pureza. Aqui está, meu caro Símias, o que me parece que os verdadeiros filósofos devem pensar e a linguagem que devem usar entre eles. Pensas como eu?" (Platão. *Fédon*, trad., 1999, p. 127-128).

Adotado o *modus vivendi* virtuoso, o homem tem os deuses a seu favor. Trata-se de um sacrifício que tem suas compensações sobretudo tendo-se em vista que justos e injustos, bons e maus, virtuosos e viciosos submetem-se ao julgamento dos deuses, e se a justiça humana é impune para recriminar condutas, e se a ética humana é insuficiente para controlar os desregramentos humanos, existe a continuidade da vida para provar que os que se desigualam dos demais pela virtude terão suas recompensas, e que os que se desigualam dos demais pelo vício terão suas punições. Caso contrário, se assim não fosse, ensina Sócrates, que grande benefício seria a morte opaca e escura, prenhe de trevas e silêncio, pois daquele que erra apagaria todos os vícios e atrocidades. A mecânica da justiça está a apontar para algo mais além da vida e da morte. Como diz Sócrates:

> "Existe, contudo – prosseguiu Socrates –, ao menos uma coisa em que seria justo que todos vós refletísseis: se a alma é de fato imortal, se faz necessário que zelemos por ela, não só durante o tempo presente, que denominamos viver, mas ao longo de todo o tempo, pois seria grave perigo não se preocupar com ela. Suponhamos que a morte seja apenas uma completa dissolução de tudo. Que maravilhosa ventura estaria então reservada para os maus, que se veriam libertos de seu corpo, de sua alma e de sua própria maldade! Mas, em verdade, uma vez que se tenha demonstrado que a alma é imortal, não haverá escapatória possível para ela em face de seus males, exceto que se torne melhor e mais sábia. (...)

Então, a alma comedida e sábia segue a seu guia de livre e espontânea vontade e não desconhece a sorte que a espera: mas aquela que está presa a seu corpo pelas paixões, como eu dizia anteriormente, permanece por muito tempo ligada a ele e a este mundo visível, e só depois de haver resistido e sofrido muito é arrastada à força pelo gênio que lhe foi designado. Quando chega a esta reunião de todas as almas, se ela é impura, se está maculada por algum assassinato ou qualquer outro crime terrível, todas as outras almas fogem de sua presença e lhe demonstram horror; não encontra nem companheiro nem guia e vaga em completo abandono até que, após um certo tempo, a necessidade arrasta-a até o lugar que merece. Mas aquela alma que passou sua vida no comedimento e na pureza tem os próprios deuses por companheiros e guias, e ocupará o lugar que lhe está destinado, já que lá há lugares maravilhosos e diferentes da Terra, e não é o que imaginam aqueles que têm o hábito de fazer descrições, como já ouvi algumas" (Platão, *Fédon*, trad., 1999, p. 178)

4.3 IDEALISMO ÉTICO E MITO DE ER

O platonismo, ao contrário do que faz o aristotelismo, como se verá adiante,[11] prima pelo idealismo e não pelo realismo, não obstante sua obra caminhar paulatinamente em direção

---

[11] Em que consiste a felicidade parece ser um problema comum a ambas as Ethicae (EN e EE), pois tanto numa, como noutra, expõem-se as opiniões vulgares acerca da mesma (*Eth Nic.*, 1095 a, 14/1095 b. 13: *Eth. Eud.* 1214 b, 29/1215 a, 19), para, metodologicamente, superar-se o falseamento das premissas endoxológicas, das oporias e dos juízos errôneos.

100 | CURSO DE FILOSOFIA DO DIREITO • *Bittar / Almeida*

à maturidade mais realista, o que se nota na diferença de sua teoria política entre os textos *A república* e *As leis*. Isso porque o núcleo da teoria platônica repousa na noção de ideia (*eîdos*), que penetra inclusive o entendimento do que seja o bem supremo do homem. A *eîdos*, por distanciada dos mais vulgares desejos e tendências humanas realizáveis, inscreve-se, portanto, no quadro das especulações humanas, mas jamais das realizações humanas. Isso porque a ideia do que seja o Bem Supremo não pode ser atingida pelo homem, nem realizada concretamente. Enfim, a ideia do Bem que está a governar todo cosmo (*kósmos*) representa a grande prioridade do sistema de Ideias concebido por Platão.[12]

Às ideias de ética e de virtude liga-se diretamente a ideia de conhecimento como algo necessário.[13] De fato, o platonismo não nega sua herança socrática, e faz o conhecimento derivar dos altiplanos do Mundo Ideal. É por reminiscência que se podem recuperar as ideias que estão latentes na alma humana, mas que foram esquecidas pela passagem da alma de sua condição no Hades para a Terra. Recuperar o conhecimento latente na alma humana é reacender labaredas de vidas precedentes, uma vez que dessas vivências anteriores se podem extrair os conceitos primordiais já aprendidos e efetivamente adquiridos pela alma.

Assim, incumbe à alma logística a contemplação da verdadeira Realidade, de onde se extraem os conhecimentos certos e definitivos para serem seguidos pelos homens. Essa questão é ilustrada pelo Mito da Caverna (*República*, livro V), mas pode ser esclarecida, ainda, a partir do Mito de Er, apresentado em meio a uma exposição de Sócrates a Glauco sobre arte e técnica, no final livro X do diálogo *República* (525 a-621 d) de Platão.[14]

A narrativa do mito[15] detém-se fundamentalmente na figura de Er, guerreiro originário da Panfília (Ásia Menor), que, morto em uma batalha, teve seu corpo posteriormente encontrado entre outros cadáveres de guerreiros, mas na espantosa condição de cadáver são e íntegro. Uma vez encontrado, reconduzido a sua pátria e velado por doze dias (*dwdekataîos*) (*Rep.*, 614 a), no último desses doze dias, recobrou a vida e contou aos circunstantes o que havia visto no Hades.

A partir de então, advém seu relato pessoal, tudo narrado por Sócrates, baseado nas tradições populares a respeito de como seria a vida no Além, contando que, ao deixar o corpo, sua alma foi para um lugar maravilhoso, uma grande pradaria, onde se aglomeravam inúmeras

---

[12] "Donde mejor se ve como concebia el esta solucion es en ia *República*, pues toda la estructura de esta obra descansa sobre el criterio de que la idea del bien, el principio primario de todos los valores, ocupa un lugar predominante en el centro del cosmos" (Jaeger, *Paideia*, 1949, III, p. 288).

[13] De pronto, deve-se dizer que a justiça é uma virtude, e liga-se diretamente à virtude a ideia de conhecimento (só se erra por ignorância, no lema socrático), de modo que a virtude é algo ensinável. No entanto, se todo conhecimento somente pode ser dito como tal se se detiver nas Essências, e não nas aparências, então, a justiça que se ensina é acerca do que É e não do que parece ser; em meio ao dualismo (presente em Tales, Parmênides, Heráclito, Anaximenes, Anaximandro, Empédocles) mitológico e místico flagrante entre Bem (cuja causa é Deus e que existe como ideia) e Mal (cuja causa é outra que não Deus e que inexiste como Ideia), a justiça ensinável é algo que aponta para o Bem. Consulte-se, a respeito destas impressões, Kelsen, *A ilusão da justiça*, 1995, p. 1-7 e 142-152.

[14] O fato de se abordar um mito não torna a pesquisa parte de uma panacéia figurativa; o mito é tão significativo como método, em Platão, como o diálogo e a discussão dialética. De fato: "Por vezes, abandona a discussão dialética e exprime ideias de acesso difícil por meio do mito. Este encontrava-se na tradição, servia para embelezar a exposição e repousar o espírito com sua beleza poética, exprimindo o provável ou o possível, mas não o absolutamente certo. Pensa-se que só se empregava nas obras destinadas ao público, e não ao ensino" (Pereira, *Estudos de história da cultura clássica*, 7. ed., 1993, 1 v. p. 478).

[15] Esta narrativa já foi abordada em outra obra. Consulte-se Bittar. *Teorias sobre a justiça*: apontamentos para a história da filosofia. São Paulo : Juarez de Oliveira, 2000.

almas, e onde se avistavam quatro buracos, dois no solo e dois no céu. Os juízes, que ali se encontravam, avistavam os justos, e a estes recomendavam seguir à direita e para o céu, por uma das aberturas,[16] e avistavam, da mesma forma, os injustos, e a estes recomendavam seguir à esquerda e para baixo, por uma das aberturas.[17] Esses mesmos juízes, que selecionavam os justos e os injustos, recomendaram a Er que não tomasse nenhuma das direções, mas que retornasse ao mundo e servisse de testemunha aos homens do que havia visto ali.

De uma das aberturas da terra, conta Er ter visto surgir almas sujas e empoeiradas, que contavam sofrimentos e dores, e, pelo contrário, de uma das aberturas do céu, almas puras, que contavam das maravilhas que haviam visto,[18] todas vindas de uma longa viagem. Sócrates, em sua narrativa do relato de Er sobre o supraterreno, insiste em contar apenas o essencial a Gláuco, atribuindo ainda a Er outras informações acerca da vida no Além. Assim, as almas injustas pagavam, para cada injustiça cometida, dez vezes mais (*dekákis*); a duração de cada punição é de cem anos (vida humana); para cada boa ação, na mesma medida, a recompensa é decuplicada. A narrativa de Er sobre o sistema de punições e recompensas baseia-se no testemunho de almas que, além de terem visto coisas feias e padecido coisas ruins, presenciaram grandes criminosos (parricidas, tiranos...) serem impedidos de deixar as entranhas da terra ao tentarem delas sair.

Logo em seguida a uma permanência de sete dias nessa pradaria, onde tais fatos narrados foram presenciados por Er, as almas dela se deslocaram por quatro dias, caminhando em direção a uma coluna luminosa, que se vertia em direção ao céu. Ali se avistavam *Lachésis* (passado), *Clotho* (presente) e *Atropos* (futuro), filhas da Necessidade, responsáveis pelo movimento dos arcos celestes. Apresentando-se, relata Er, diante de *Lachésis* (futuro), cada alma recebia sua sorte no porvir, e isto tendo-se em vista o reencontro próximo com um corpo carnal,[19] mas tudo não por intervenção e responsabilidade da divindade, mas por sua própria liberdade de escolha (*aitía eloménou; Theòs analtios*) (*Rep.*, 617 e *Timeu*, 42 d); escolhendo os modelos de vida (*tà twn bíwn paradeígmata*) (*Rep.*, 618 a), as almas o faziam com base em experiências e hábitos de vidas anteriores,[20] selecionando o que melhor lhes conviesse num futuro próximo.

Nesse sentido, tendo em vista a liberdade de escolha de cada alma, podiam ser escolhidas vidas animais ou humanas;[21] após a escolha, cada alma recebia seu demônio, que lhes encaminharia nas dificuldades da vida.[22] Feito isso, o demônio de cada alma encarregava-se de conduzir sua pupila diante de *Clotho* e, em seguida, de *Atropos,* tornando irrevogável o destino por ela escolhido livremente, dentro de seu cabedal de responsabilidades e experiências anteriores.

Em seguida, todas as almas apresentavam-se diante do trono da Necessidade, para, posteriormente, passarem pela grande planície do *Léthes*, onde, pela noite, beberiam da água do rio Amelete, responsável pelo esquecimento do que viram e vivenciaram. Feito esse ritual, em meio à noite, após fortes estrondos e relâmpagos luminosos, cada alma é conduzida ao local onde renascerá. Er, por sua vez, não tendo bebido da água do rio Amelete (responsável

---

[16] *"toùs mén dikaíous kekeúein poreúesthai ten eis dexían te kai anw dià toú ouranoú"* (*Rep.*, 614 c).

[17] *"toùs dè adikous tèn eis aristerán te kai kátw"* (*Rep.*, 614 c).

[18] *"tàs d'au ek toú ouranoú eupatheías diegeîsthai kaì théas amechánous tò kállos"* (*Rep.*, 615 a).

[19] *"archè álles periódou thnetoû génous thanatephórou"* (Ibidem, 617 d).

[20] *"katà synétheian gàr toû protérou biou tà pollà aireîshtai"* (Ibidem, 620 a).

[21] *"wwn te gàr pántwn bious kaì dè kai toùs anthrwpínous ápantas"* (Ibidem, 618 a).

[22] *"ekeinen d'ekástw òn eíleto daimona"* (Ibidem, 620 d).

pelo esquecimento das vivências anteriores), e tendo recebido a orientação de retornar ao mundo para contar sua experiência no Além, recobrou sua consciência, e, tomando novamente posse de seu corpo, que foi retirado de campo em meio aos andrajos de guerra, pôde, liberto do adormecimento que acomete todas as almas, trazer seus relatos sobre o que seria a responsabilidade de cada qual por seus atos e pelo próprio destino.

Sócrates, então, conclui diante de Gláuco sua dissertação sobre o mito, encerrando seu diálogo, afirmando que se pode ser feliz, bem como agradar aos deuses, neste mundo, bem como no Além (*Rep.*, 621 d).

4.4 ÉTICA, JUSTIÇA E METAFÍSICA

A admissão de uma Realidade (divina) para além da realidade (humana), importa, também, a admissão de que existe uma Justiça (divina) para além daquela conhecida e praticada pelos homens. O que é inteligível, perfeito, absoluto e imutável pode ser contemplado, e é do resultado dessa atividade contemplativa que se devem extrair os princípios ideais para o governo da *politeia*, tarefa delegada ao filósofo.[23]

Mesmo estando a Ideia da Justiça distante dos olhos do comum dos homens, sua presença se faz sentir desde o momento presente na vida de cada indivíduo. Existe, para além da ineficaz e relativa justiça humana (a mesma que condenou Sócrates à morte!), uma Justiça, infalível e absoluta, que governa o *kósmos*, e da qual não se pode furtar qualquer infrator. A justiça não pode ser tratada unicamente do ponto de vista humano, terreno e transitório; a justiça é questão metafísica, e possui raízes no Hades (além-vida), onde a doutrina da paga (pena pelo mal; recompensa pelo bem) vige como forma de Justiça Universal. O homem justo, por suas razões singulares, participa da ideia do justo e, por isso, é virtuoso.

A cosmovisão platônica, que segue rigorosamente passos pitagóricos, permite a abertura da questão da justiça a caminhos mais largos que aqueles tradicionalmente trilhados no sentido de se determinar seu conceito. O que a proposta platônica contém é uma redução dos efeitos racionais da investigação, e uma maximização dos aspectos metafísicos do tema.[24] Nesse sentido, toda alma que perpassa a sombra e a incógnita da morte encontrará seu julgamento, que será feito de acordo com os impecáveis mandamentos da Justiça. A doutrina da paga no Além dos males causados a outrem, deuses e homens, possui caráter essencialmente órfico-pitagórico,[25] e é o cerne da justiça cósmica platônica.

A conduta ética e seu regramento possuem raízes no Além (Hades), de modo que o sucesso terreno (homicidas, tiranos, libertinos...) e o insucesso terreno (Sócrates...) não podem representar critérios de mensurabilidade do caráter de um homem (se justo ou se injusto).

---

[23] Onde o filósofo platônico governa não são necessárias leis, pois sua vontade é a vontade do Estado; as leis somente aparecem como um paliativo, como uma alternativa viável para a falta de um verdadeiro homem sábio. Nesse caso, as leis não devem e não podem ser desobedecidas em hipótese alguma, como se afirma no *Político*, 300 (Kelsen, *A ilusão da justiça*, 1995, p. 498-503).

[24] Assim, ocorre que a noção de justiça funcionaliza-se, de modo que seja feita parte de uma ordem de coisas muito maior: sua importância como máximo valor humano diminui à medida que a investigação evolui em seus aspectos metafísicos e transcendentes. De fato, a Justiça participa do Bem, Ideia Maior que tudo ordena, e para o que tudo teleologicamente se direciona, ou seja, da Ideia que congrega todas as demais virtudes (Amizade, Coragem, Amor...). A própria paga no Além é somente meio para a realização do Bem Supremo, como se pode inferir do texto da *República*. A respeito, consulte-se Ibidem, 1995, p. 447-448.

[25] Consulte-se, a respeito do misticismo platônico: Cornford, *Mysticism and science in the pythagorean tradition*. In: *The pre-socratics*: a collection of critical essays, 1974, p. 135-160.

Cap. 4 · PLATÃO: IDEALISMO, VIRTUDE E TRANSCENDÊNCIA ÉTICA | **103**

No reino das aparências (mundo terreno, sensível), o que parece ser justo, em verdade, não o é; o que parece ser injusto, em verdade, não o é.

A inversão ético-valorativa operada por Platão[26] faz com que todo o equilíbrio das relações humanas baseie-se em critérios palpáveis, acessíveis aos sentidos, passíveis de serem discutidos pela opinião (*dóxa*); o que há é que se cria uma expectativa de justiça, somente realizável no Além apesar de, por vezes, imediatizar-se na vida terrena.

Nos textos do *Górgias*, das *Leis*, da *República*, a retribuição aparece como a forma providencial de justiça cósmica. Nas *Leis*, sobretudo, a ordem do mundo é dada pela justiça retributiva (*Leis*, 903).[27] Esta é infalível.[28] O melhor à alma que se separa do corpo é nada dever a ninguém, pois aquele que algo dever, ainda que se esconda (*Leis*, 905) sob a justiça encaminhada pela providência divina, haverá de sucumbir. De fato, a retribuição é o modo de justiça metafísica (*República*, 613), que ocorre desde o aqui e também no Além.

A justiça agrada a Deus, e a injustiça o desagrada; mais que isso, a justiça é causa de bem para aquele que a pratica, e causa de mal para aquele que a transgride.[29] Passam à direita e para cima de Deus as almas que se destinam a fruir os gozos celestes, e passam à esquerda e para baixo de Deus as almas destinadas ao cumprimento de penas;[30] as almas cumprem seus ciclos num longo período de provas, durante o qual permanecem indo e vindo entre duas realidades.

Toda alma que retorna de seu ciclo tem o direito de escolher, diante de três moiras, a sorte que deseja cursar, em um vasto leque de opções, podendo optar por profissões e posições sociais as mais variadas, levando-se em conta as aptidões que já possui e que já adquiriu em vivências passadas; logo em seguida, submete-se a alma a beber a água do rio Ameles para o esquecimento do que viu e posterior renascimento.[31] O próprio renascimento, momento de união do corpo com a alma, que está presa como a um cárcere àquele, significa a justiça em funcionamento, mecanismo que responsabiliza cada alma por sua conduta aqui e no Além.[32]

A conclusão não é outra senão a de que não se pode ser justo ou injusto somente para esta vida, pois se a alma preexiste ao corpo, é porque também subsiste à vida carnal, de

---

[26] Platão não dá grandes garantias acerca do destino dos justos nesta vida – embora ele tenha a certeza de que os deuses os não esquecerão (*Rep.* 613a-b; comparar *Leis* X, 899c-900b) –, mas é na vida futura que a justiça recebe a sua recompensa suprema, tal como é descrito em termos ardentes no 'Mito de Er' in *República* X" (Peters, *Termos filosóficos gregos*, 1983, p. 55, verbete *diké*).

[27] "Enquanto identifica justiça com retribuição, Platão não apenas assume a doutrina órfico-pitagórica, mas aceita uma visão do povo grego que vem da Antiguidade" (Kelsen, *O que é justiça?* 1998, p. 99).

[28] Cf. Op. cit. p. 325-327.

[29] O castigo corrige, emenda, ensina; é a única forma de correção do incorreto: também a intimidação metafísica (temeridade pelo futuro no Hades) é aliada da correção e educação das almas. Ver a esse respeito as considerações acerca da pedagogia penal de Platão no texto *A ilusão da justiça*, de H. Kelsen, 1995, p. 305-310.

[30] Está-se a utilizar da palavra Deus (*Théos*), no contexto dos estudos da *República*, mas há que se ressaltar que a presença de Deus é muito mais sensível nas obras posteriores à *República*. Nestas, Platão parece assumir todas as consequências diretas e indiretas do uso do termo *Deus*, como princípio e causa do existente, em sua reflexão. Esta é a opinião de Jaeger, Op. cit. p. 289.

[31] Daí a ideia fundamental da doutrina platônica de que a concepção de justiça é inata ao homem quando de seu nascimento, pois conheceu o que é o justo e o injusto no Além, disto tendo-se esquecido transitoriamente, cabendo ao filósofo, por maiêutica, trazer à tona esse conhecimento previamente adquirido, reavivando apenas o que já se conhece por experiências anteriores.

[32] Cf. Kelsen, *A ilusão da justiça*, 1995, p. 315-323.

modo que ao justo caberá o melhor e ao injusto o pior. Aqui residem esporos da doutrina órfico-pitagórica e de um dualismo escatológico. Ao justo, a Ilha dos bem-aventurados; ao injusto, o Tártaro (*Górgias*, 447).[33] Nesse sentido, o mecanismo é implacável, pois toda alma comparecerá diante de um tribunal, que sentenciará os acertos e os erros, determinando o fim de cada qual no Além.[34]

4.5 ÉTICA, ALMA E ORDEM POLÍTICA

A ordem política platônica estrutura-se como uma necessidade para a realização da justiça, um imperativo para o convívio social,[35] onde governados obedecem e governantes ordenam.[36] E, nesta ordem, onde uns obedecem e outros ordenam, deve haver uma cooperação entre as partes para que se realize a justiça.

A alma tripartite, cuja estrutura é dada pelo *Fédon*, é feita paradigma funcional para a explicação da estrutura do próprio Estado (*Rep.*, 368 ss), em que a razão deve imperar sobre a paixão, sob pena de o cocheiro não conseguir corrigir o curso da alma desgarrada pelos instintos, como narrado no *Fedro*, 246. A divisão do trabalho é a regra de justiça no Estado Ideal; três classes dividem-se em três atividades (política; defesa; economia), não podendo haver interferência de uma classe na atividade da outra (*Rep.*, 592); a interferência representa a injustiça,[37] pois cada classe corresponde a uma parte da alma, e a alma racional, aliada à epitimética, deve governar. Nesse sentido, a justiça na cidade é ordem; a desordem é sinônimo de injustiça.[38] A justiça é a saúde do corpo social, pois onde cada um cumpre o que lhe é dado fazer, o todo beneficia-se dessa complementaridade.

O Estado Ideal platônico descrito sistematicamente na *República* é apenas meio para a realização da justiça.[39] De fato, porém, esse Estado não existe na Terra, e sim no Além, como modelo a se inspirar (*Rep.*, 592). Nesse Estado, a Constituição (*politeia*) é apenas instrumento da justiça, pois estabelece uma ordem jurídica. De qualquer forma, para Platão, o Estado Ideal deve ser liderado não por muitos (democracia), uma vez que a multidão não sabe governar,[40] mas por um único (teocracia), o filósofo, o sábio, pois este contemplou a Verdade, e está apto a realizá-la socialmente. Aqui, poder e filosofia (platônica) aliam-se.

CONCLUSÕES

A ética platônica destina-se a elucidar que a ética não se esgota na simples localização da ação virtuosa e de seu discernimento com relação à ação viciosa. De suas principais figu-

---

[33] Essa mesma reflexão reaparece no começo e no fim da *República*.

[34] Cf. Op. cit. p. 300-304.

[35] Para que se percebam de mais perto as nuances que estão a governar o cosmo, a cidade e o homem, leia-se, obrigatoriamente, Rachel Gazolla de Andrade, *Platão*: o cosmo, o homem e a cidade, 1994, onde se encontrará excelente análise da teoria platônica.

[36] Cf. Kelsen, *A ilusão da justiça*, 1995, p. 238-241.

[37] Cf. Ibidem, p. 462.

[38] "La justicia, en efecto, la justicia en la ciudad, consiste simplemente en que cada una de las clases sociales que hemos dicho, o más concretamente los hombres a ellas pertenecientes, hagan lo que les corresponde: los guardianes, que gobiernen: los soldados, que combatan y los de la clase económicamente productiva, que produzcan" (Robledo, *Platón*: los seis grandes temas de su filosofia, 1993, p. 559).

[39] Cf. Kelsen, *A ilusão da justiça*, 1995, p. 453-457.

[40] Cf. Ibidem, p. 458.

ras textuais, de seus principais mitos, podem-se inferir lições que fazem a alma orientar-se de acordo com padrões de conduta ditados com base na noção de Bem. Se sua natureza é metafísica, também a natureza da verdadeira e definitiva justiça será metafísica. Ao se moldar a conduta de acordo com estes reclamos, estará, definitivamente, a alma a orientar-se de acordo com o Bem; ao desviar-se destes, estará, literalmente, deixando o barco ser guiado pela correnteza e não pelo timoneiro. No controle das outras partes da alma pela alma racional reside a harmonia da virtude; no descontrole, o vício.

De qualquer forma, a educação (*paideia*) da alma tem por finalidade destinar a alma ao pedagogo universal, ao Bem Absoluto. No mundo, a tarefa de educação das almas, para Platão, deve ser levada a cabo pelo Estado, que monopoliza, no diálogo da *República*, a vida do cidadão. A educação deve ser pública, com vistas no melhor aproveitamento do cidadão pelo Estado e do Estado pelo cidadão.[41] Assim, justiça, ética e política movimentam-se, no sistema platônico, num só ritmo, sob a melodia de uma única e definitiva sonata, cujas notas são as ideias metafísicas que derivam da Ideia primordial do Bem.

Tamanho idealismo filosófico haveria de produzir condições favoráveis para o desenvolvimento de uma corrente de pensamento igualmente contundente, mas profundamente empírica: o aristotelismo.

---

[41] A respeito do problema da educação predominantemente pública em Platão, comenta-se: "En realidad, la creación de un sistema completo de educación elemental, considerado como la *paideia* del pueblo y como base de la alta educación de que se había ocupado en sus obras anteriores, constituye una de las más audaces innovaciones de Platón, digna de este gran genio educativo" (Jaeger, *Paideia*, III, 1949, p. 318).

5
ARISTÓTELES:
JUSTIÇA COMO VIRTUDE

5.1 O TEMA DA JUSTIÇA E A ÉTICA

O desenvolvimento do tema da justiça[1] na teoria de Aristóteles (384-322 a.C.), discípulo de Platão, fundador do Liceu e preceptor de Alexandre Magno, tem sede no campo ético, ou seja, no campo de um saber que vem definido em sua teoria como saber prático.[2] A síntese operada pelo pensador permitiu, por meio de seus textos, que se congregassem inúmeros elementos doutrinários reunidos ao longo dos séculos, pelos quais se espalharam os conhecimentos gregos anteriores a ele (pré-socráticos, socratismo, sofistas, platonismo...). É da reunião das opiniões dos sábios, da opinião do povo, da experiência prática, avaliados e analisados criticamente, dentro de uma visão de todo do problema (justiça da cidade, justiça doméstica, justiça senhorial...) que surgiu uma concepção propriamente aristotélica.[3]

Os principais conceitos sobre o tema da justiça, sua discussão, sua exposição e sua crítica na teoria de Aristóteles encontram-se analisados e apresentados no livro intitulado *Ethica Nicomachea* (livro V), texto dedicado à ética (ação prática, vícios, virtudes, deliberação, decisão, agir voluntário, educação...); é aqui, nesta sede textual, que o tema vem desdobrado em minúcias, com todos os contornos principais.

Falar de justiça, porém, é comprometer-se com outras questões afins, quais sejam, as questões sociais, políticas, retóricas... Por isso, Aristóteles também se lança na análise pontual do problema da justiça, dedicando algumas páginas de seus principais textos (*Politica, Rethorica*...) a seu tratamento, sem se falar no diálogo de autenticidade duvidosa intitulado *Acerca da justiça* (*Perì dikaiosýnes*), que versa sobre o tema. A obra de Aristóteles é vasta,

---

[1] Para um estudo mais detido, pormenorizado e completo do tema da justiça, consulte-se Bittar, *A justiça em Aristóteles*, Rio de Janeiro: Forense Universitária, 1999. Nesta mesma obra poderão ser encontrados: (a) estudos biográficos; (b) estudos histórico-sociais; (c) estudos sobre o conceito de justiça na história literário-filosófica grega; (d) estudos sobre os predecessores de Aristóteles no tema; (e) estudos mais detalhados sobre os diversos aspectos, inclusive retóricos, e suas implicações, na teoria de Aristóteles.

[2] Tanto em suas implicações éticas como em suas implicações políticas – advirta-se de que o termo *política* deve ser compreendido de acordo com a semântica helênica, e mais propriamente ainda, de acordo com o dicionário aristotélico –, o tema encontra-se no âmbito disciplinar, e não propriamente científico, que visa à *práxis*, ou seja, à obtenção de resultados práticos por meio da razão como diretiva da ação humana.

[3] Hans Kelsen, o autor da *Teoria pura do direito*, quer ver, equivocadamente, um racionalismo exacerbado na teoria aristotélica da justiça: "Aristóteles, na Ética, tenta desenvolver a sua filosofia moral sobre uma base inteiramente racionalista, a despeito do fato de esse sistema filosófico incluir uma verdadeira metafísica que, em última análise, não é desprovida de fortes implicações morais" (Kelsen, *O que é justiça*, 1998, p. 109). Mais que isso, Hans Kelsen quer transformar Aristóteles num lógico-matemático, quando pensa a questão da justiça, falseando o tratamento do problema que tão delicadamente vem inserido no campo da deliberação ética.

espraiando-se por diversos domínios do saber (ética, poética, política, física, metafísica, biologia, lógica...), e engloba inclusive três trabalhos sobre a ética (*Ethica Nicomachea*, *Magna Moralia, Ethica Eudemia*), mas a pesquisa que ora se enceta restringir-se-á às dimensões assumidas, fazendo-se das fontes citadas os limites de trabalho e levantamento de conceitos e ideias sobre o tema.

No entanto, não é apenas a natureza ética do livro (*Ethica Nicomachea*) que faz com que a justiça ganhe imbricações éticas na teoria de Aristóteles. Fato é que o mestre do Liceu tratou a justiça entendendo-a como uma virtude,[4] assemelhada a todas as demais tratadas no curso da obra (coragem, temperança, benevolência...). A justiça, assim definida como virtude (*dikaiosýne*), torna-se o foco das atenções de um ramo do conhecimento humano que se dedica ao estudo do próprio comportamento humano; à ciência prática, intitulada ética, cumpre investigar e definir o que é o justo e o injusto, o que é ser temerário e o que é ser corajoso, o que é ser jactante...

Dentro da filosofia aristotélica é que se encontra referência à tripartição das ciências em práticas, poéticas, ou produtivas, e teoréticas.[5] De acordo com essa divisão, dos conhecimentos humanos científicos, a investigação ética não se destina à especulação (ciências teoréticas) ou à produção (ciências produtivas), mas à prática; o conhecimento ético, o conhecimento do justo e do injusto, do bom e do mau, é uma primeira premissa para que a ação converta-se em uma ação justa ou conforme à justiça, ou em uma ação boa ou conforme o que é melhor.

O que se quer dizer é que, em poucas palavras, não somente o conhecimento do que seja justo ou injusto faz do indivíduo um ser mais ou menos virtuoso, praticamente. E é nesse ponto mesmo que se deposita toda a excelência do estudo ético, perquirição em torno do fim da ação humana, pois este também é objeto da investigação política, a mais importante das ciências práticas; é sua a tarefa de traçar as normas suficientes e adequadas para orientar as atividades da *pólis*, e dos sujeitos que a compõem, para a realização palpável do Bem Comum.[6]

E esta ciência preocupa-se com os desdobramentos individuais e sociais dos comportamentos humanos. Nesse sentido, pode-se dizer, os conceitos éticos e políticos aparecem condicionados um pelo outro; a imbricação entre ambas as esferas é clara na teoria aristotélica; o Bem que a todos alcança afeta o bem de cada indivíduo, assim como o bem de cada indivíduo acaba convertendo-se no Bem de toda a comunidade quando comungado socialmente. Assim, uma vez que o bem do todo é coincidente com o bem das partes, não se encontra o indivíduo inteiramente absorvido pelo Estado ao ponto do sacrifício da esfera particular em prol da esfera pública. Em verdade, há que se dizer, ocorre que, pela própria natureza racional do homem, ser gregário que é (o homem como um animal político por natureza, *politikon zoon*, é um postulado fundamental da teoria política aristotélica), só pode haver realização humana plena em sociedade.[7]

---

[4]   A esse respeito: "... na Antiguidade pode-se dizer: a legislação enquanto trabalho do legislador não se confundia com o direito enquanto resultado da ação. Em outras palavras, havia uma diferença entre *lex* e *jus* na proporção da diferença entre trabalho e ação. Desse modo, o que condicionava o *jus* era a *lex*, mas o que conferia estabilidade ao *jus* era algo imanente à ação: a virtude do justo, a justiça" (Ferraz Júnior, *Introdução ao estudo do direito*: técnica, decisão e dominação, 1988, p. 28).

[5]   A classificação das ciências aparece em vários capítulos da obra de Aristóteles, pontualizadamente. Nesse sentido, vide *De generatione et corruptione*, e *Metaphysica*. Ainda mais, acerca do conceito de ciência. Ver *Ethica Nicomachea*, 1139 b, 31/32.

[6]   *Eth. Nic.*,1094 b.

[7]   Cf. During, Op. cit., p. 671 e 673. Veja-se, também: *Eth. Nic.*, 1094 b, 1/10.

A verdade conceptual, de acordo com essa orientação, apreende-se por meio do raciocínio indutivo, método adequado à demonstração daquilo que é afeto a todos os indivíduos, e não de conhecimento específico de alguns poucos (matemáticos, astrônomos...), que capta o objeto de estudo em sua singular manifestação fenomênica, fundando-se, para tanto, na experiência de vida e na vivência do homem. É a observação do homem em sua natural instância de convívio, a sociedade, que consente a formulação de juízos éticos; é dessa experiência, pois, que se extrairão os conceitos explorados dentro da temática que se abeira das noções do justo e do injusto.

A peculiaridade do estudo ético reside no fato de que os juízos baseados em leis fixas não lhe são aplicáveis, como ocorre, por exemplo, com o conhecimento matemático,[8] as quais asseguram a obtenção de resultados constantes. Então, o estudo ético está marcado por esse tipo de preocupação: definir sem constranger com conceitos, pois fica sempre aberta uma margem de variabilidade que torna a principiologia ética flexível de indivíduo a indivíduo.

Em outras palavras, os princípios éticos não se aplicam a todos de forma única (a coragem não é a mesma para todos, a justiça não é a mesma para todos...), estando condicionados ao exame do caso particular para que, a cada um, de maneira personalizada e singularizada, se aplique o justo meio (*mesótes*).[9] O conceito de justo meio (*mesótes*) não comporta de forma alguma uma compreensão genérica e indiferente às qualidades específicas dos indivíduos; é, pelo contrário, sensível, dentro das ambições teóricas de Aristóteles, à dimensão individual.

5.2 JUSTIÇA COMO VIRTUDE

A justiça, compreendida em sua categorização genérica, é uma virtude (*areté*),[10] e, como toda virtude, qual a coragem, a temperança, a liberalidade, a magnificência..., é um justo meio (*mesótes*).[11] Não se trata de uma simples aplicação de um raciocínio algébrico para a definição e a localização da virtude (um meio algébrico com relação a dois polos opostos), mas da situação desta em meio a dois outros extremos equidistantes com relação à posição mediana, um primeiro por excesso, um segundo por defeito.[12]

---

[8]   Vide André Thiry, Saint Thomas et la morale d'Aristote, *in Aristote et Saint Thomas d'Aquin*: journées d'études internationales, 1957, p. 253.

[9]   *Eth. Nic.*, 1106 b, 27-28. A par desta referência, deve-se consultar também outra passagem específica a esse respeito (1109 a, 20-24).

[10] O vocábulo *areté*, comumente traduzido como virtude, entre os gregos tinha aplicação mais ampla que a moderna concepção derivada da tradição cristã ocidental, significando, em verdade, a excelência ou perfeição alcançada ou alcançável pelo desenvolvimento de alguma capacidade natural, seja de caráter ético, seja de caráter dianoético, em uma visão antropológica (Samaranch, *Cuatro ensayos sobre Aristóteles*: política, ética y metafísica, p. 230).

[11] Vide Moraux, *À la recherche de l'Aristote perdu*: le discours "Sur la justice", 1957, p. 117.

[12] Deve-se grifar que a noção de medida (*métron*), como nodal de toda a tratadística aristotélica, não foi tema novo na literatura filosófica do século IV a.C., tendo sido concebida como estandarte do Estado Constitucional durante o governo de Sólon, legislador do equilíbrio e da ordem sociais. A terminologia do justo meio, do excesso e da falta, além da noção de adequado (*armótton*) foram amplamente exploradas pela medicina do século V a.C., que deita raízes na doutrina de Hipócrates, na qual foi iniciado Aristóteles pela tradição familiar. Não só em Aristóteles, no entanto, a noção é uma constante. Também em Platão esta se encontra explicitamente exposta, o que demonstra um acolhimento reiterado do tema pelo pensamento grego nos diversos círculos de cultura que o compunham. Os princípios do adequado, da justa medida e do equilíbrio são as expressões mais flagrantes da cultura helênica; coaduna-se perfeitamente com o espírito heleno, afeito ao culto da medida, da proporcionalidade estética, do equilíbrio

Somente a educação ética, ou seja, a criação do hábito do comportamento ético, o que se faz com a prática à conduta diuturna do que é deliberado pela reta razão (*ortòs lógos*) à esfera das ações humanas, pode construir o comportamento virtuoso.[13] A semântica do termo *ética* (*éthos*) indica o caminho para sua compreensão: *ética* significa hábito, em grego. Aqui, o importante é a reiteração da prática virtuosa; nesse sentido, ser justo é praticar reiteradamente atos voluntários de justiça.[14] Está-se, destarte, a recorrer, novamente, ao capital valor da educação (*paideia*) como bem maior de todo Estado (*pólis*).

A justiça, em meio às demais virtudes, que se opõem a dois extremos (um por carência: temeroso; outro por excesso: destemido), caracteriza-se por uma peculiaridade: trata-se de uma virtude à qual não se opõem dois vícios diferentes, mas um único vício, que é a injustiça (um por carência: injusto por carência; outro por excesso: injusto por excesso).[15] Dessa forma, o que é injusto ocupa dois polos diversos, ou seja, é ora injustiça por excesso, ora injustiça por defeito.

O justo meio na relação entre dois polos é a equilibrada situação dos envolvidos numa posição mediana, ou seja, de igualdade, seja ela proporcional, seja ela absoluta. Esse equilíbrio reside no fato de ambos compartilharem de um *medium*, não se invadindo o campo do que é devido ao outro, não ficando com algo para mais ou para menos. Deve-se grifar, no entanto, que apenas a atividade do injusto, ou seja, o reter uma porção maior de bens e menor de males, constitui propriamente um vício, sendo que sofrer a injustiça, estado de passividade por excelência, não pode ser considerado uma situação viciosa. Portanto, não são dois vícios que se contrapõem por um meio-termo, como ocorre com as outras virtudes, mas se trata de uma posição mediana entre o possuir mais e o possuir menos, relativamente a todo e qualquer bem que se possa conceber.[16]

Aristóteles está sobretudo preocupado em demonstrar, por suas investigações, que a noção de felicidade (*eudaimonía*) é uma noção humana, e, portanto, humanamente realizável. O caminho? A prática ética. A ciência prática, que cuida da conduta humana, tem esta tarefa de elucidar e tornar realizável, factível, a harmonia do comportamento humano individual e social. O meio de aquisição da virtude é ponto de fundamental importância nesse sentido. De fato, não sendo a virtude nem uma faculdade, nem uma paixão inerente ao homem, encontra-se neste apenas a capacidade de discernir entre o justo e o injusto, e de optar pela realização de ações conformes a um ou a outro.

Deve-se renovar a ideia de que a virtude, assim como o vício, adquire-se pelo hábito, reiteração de ações em determinado sentido, com conhecimento de causa e com o acréscimo da vontade deliberada. A própria terminologia das virtudes chamadas éticas deve-se ao termo *hábito* (*éthos*). Ao homem é inerente a capacidade racional de deliberação, o que lhe permite

---

   e da própria harmonia dos opostos, sendo esta última, tema de reflexão de origem pitagórica, a ampla presença desta semântica na dimensão da filosofia e do pensamento.

[13] "... there are several excellences of man. There is, in first place, the realm of ethical virtues. A virtue is neither a state of the soul (like pleasure), nor a faculty; it is a quality of the character (ethos), inculcated by instruction and practice until it has become a habit (ethos). These excellences are defined as the habits of choosing the mean (mesotes) between excess and falling-short (to wich our passions or pleasures might lead us) as a prudent man would choose it according reason (II, 5 and 6)" (Voegelin, *Plato and Aristote*, 1957, p. 297).

[14] *Eth. Nic.*, 1094, 15-25.

[15] Ibidem, 1133 b, 30.

[16] Aquino, *Comentários a el libro quinto de la ética a Nicômaco*, 1946, p. 168.

110 CURSO DE FILOSOFIA DO DIREITO • Bittar / Almeida

agir aplicando a razão prática na orientação de sua conduta social. Conhecer em abstrato (teoricamente) o conteúdo da virtude não basta, como à exaustão já se disse, ao *phrónimos*, sendo de maior valia a atualização prática e a realização da virtude.[17]

5.3 ACEPÇÕES ACERCA DO JUSTO E DO INJUSTO: O JUSTO TOTAL

Esta investigação das acepções do termo *justiça* inicia-se com um pressuposto, a saber, o de que a justiça se concebe de várias maneiras, e disso está Aristóteles consciente. Não se trata de dizer que Aristóteles cria vários conceitos de justiça. Não. Sua teoria analisa a diversidade de acepções em que normalmente se usa o termo *justiça*, e é desta análise dos usos do termo que surge uma classificação própria da justiça de acordo com suas acepções. Assim, a imensidão que se abre ao se reconhecer este pressuposto como válido (*justiça* é um termo plurívoco) é que permitiu a Aristóteles forjar sua classificação e sua terminologia acerca da justiça. Assim, ao final da investigação, tendo-se anotado em quantos sentidos se diz o homem injusto (*ádikos*), poder-se-á dizer em quantos sentidos se diz o homem justo (*díkos*).[18]

Então, após identificar que para o vocábulo *justiça* podem-se atribuir muitos sentidos,[19] Aristóteles procede ao exame da primeira noção conceptual do termo, a saber, a noção de justiça total (*díkaion nomimón*).

Definindo-a, pode-se dizer que consiste na virtude de observância da lei,[20] no respeito àquilo que é legítimo e que vige para o bem da comunidade.

Se a lei (*nómos*) é uma prescrição de caráter genérico e que a todos vincula, então seu fim é a realização do Bem da comunidade, e, como tal, do Bem Comum. A ação que se vincula à legalidade obedece a uma norma que a todos e para o bem de todos é dirigida; como tal, essa ação deve corresponder a um justo legal e a forma de justiça que lhe é por consequência é a aqui chamada justiça legal. Aquele que observa os conteúdos legais pode ser chamado de justo, nesse sentido. O mesmo, *a contrariu sensu*, a respeito do injusto que lhe corresponde.

O papel relevante aqui desempenhado pelo legislador é, pois, determinante para a comunidade. Nesse sentido, a função do legislador é diretiva da comunidade política, e sua atividade comparável àquela do artesão.[21] O legislador, ao operar no sentido da construção do espaço normativo da *pólis*, nada mais está a fazer senão exercendo a prudência (*phrónesis*) legislativa;[22] sabendo-se que Aristóteles distingue entre as várias espécies de prudência existen-

---

[17] Afirma Aristóteles: "Sócrates tampoco estaba en lo cierto al considerar que las virtudes eran ciencias...", e ainda, "...porque cualquiera que conozca lo fundamental de la justicia no por eso será justo, sucediendo otro tanto en cuanto a las demás" (Gran Ética (MM), livro I, cap. I, p. 13).

[18] O homem injusto é ora aquele que não respeita a igualdade (*ánisos*), ora aquele que não respeita a lei (*paránomos*), ora aquele que toma em excesso aquilo que é bom em sentido absoluto e relativo (*pleonéktes*) (*Eth. Nic.*, 1129 a, 31-34).

[19] Ibidem, 1129 a, 26-27.

[20] *Nómos* é um termo grego de abrangência bem ampla, se comparado com o significado estrito da lei como norma jurídica escrita; assim, o costume, a convenção social, a tradição, são todas acepções não só cabíveis como usuais e pertinentes ao conceito de *nómos* entre os gregos. Nesse sentido: Schuhl, *Essai sur la formation de la pensée grecque*, 1934, p. 356-357. Para maiores referências a respeito do termo no seio da teoria aristotélica, ao lado de outros correlatos (*nómos/ nomikós/ nómimos/ nómisma*), ver H. Bonitz, *Index aristotelicus*, 1955, p. 488-489.

[21] *Eth. Nic.*, 1141 b, 29.

[22] Ibidem, 1141 b, 24-25.

tes (*phrónesis, oikonomía, politiké, bouleutiké, dikastiké*),[23] esta que é afeta ao legislador recebe uma nomenclatura específica, e é chamada *nomothesía*. O legislador virtuoso em sua arte, a arte de bem conduzir a comunidade nas coisas comuns, age de acordo com a *nomothesía*. Assim procedendo, o legislador age tendo em vista o melhor para o comunidade, o fim das leis deve necessariamente ser o Bem Comum.[24]

Esse tipo de justiça é o gênero, ou seja, a acepção mais larga, ou o sentido mais amplo que se pode atribuir ao termo. Se são muitos os sentidos do termo *justiça*, este é o mais genérico. Dessa forma é que a justiça total é também chamada de justiça universal ou integral, e tal se deve ao fato de a abrangência de sua aplicação ser a mais extensa possível (as leis valem para o Bem de todos, para o Bem Comum).[25] Pode-se mesmo afirmar que toda virtude, naquilo que concerne ao outro, pode ser entendida como justiça, e é nesse sentido que se denomina justiça total ou universal. De fato, pode-se entendê-la como sendo a virtude completa ou perfeita (*areté téleia*) em relação ao semelhante, e não em absoluto,[26] pois se a lei que versa sobre as mais diversas matérias e prescreve a prática das inúmeras virtudes exercitáveis no convívio social (temperança, magnificência...)[27] é regularmente observada, por consequência tem-se que nenhum prejuízo a outrem se efetuará pelo homem que pratica atos de justiça.

Aquele que contraria as leis contraria a todos que são por elas protegidos e beneficiados; aquele que as acata, serve a todos que por elas são protegidos ou beneficiados. Assim, o membro da comunidade relaciona-se indiretamente, por meio de suas atitudes comissivas no realizar das virtudes e omissivas diante dos vícios, com todos os que compartilham do modo de vida político, e os resultados de suas ações têm efeitos sobre todos. Essa é consequência direta da esfera individual sobre a coletiva, dado que ambas estão intrinsecamente imbricadas.

O justo total é a observância do que é regra social de caráter vinculativo. O hábito humano de conformar as ações ao conteúdo da lei é a própria realização da justiça nesta acepção (justiça total); justiça e legalidade são uma e a mesma coisa, nesta acepção do termo. Esse tipo de prática causa efeitos altruístas, de acordo com a virtude total.

Esse é o tipo próprio de justiça aplicável para a vida política, organização comunitária organizada pelos ditames emanados pelo legislador. Aqui não reside parte da virtude, mas toda a virtude, pois o respeito à lei corresponde ao respeito de todos. Em certo sentido, confunde-se até com o próprio sentido da virtude integral. Em essência, porém, difere a justiça total (*díkaion nomimón*) da virtude total (*dikaiosýne*). Esta é um bem *alótrio* (*oti pròs éterón estin*), porém apenas uma disposição de espírito, enquanto aquela envolve não somente o *animus* subjetivo humano, mas também, e sobretudo, os importes relacionais para com o outro, ou seja, a alteridade.[28]

---

[23] A distinção aparece em *Eth. Nic.*, 1141 b, 31-33.

[24] Ibidem, 1129 b, 14-19.

[25] "La justice conçue comme observance de la loi apparaît comme une vertu complète, totale, somme de toutes les autres vertus. En effet, la loi commande à la fois la bravoure, la modération, la douceur, etc." (Moraux, Op. cit., p. 113).

[26] *Eth. Nic.*, 1129 b, 25-27.

[27] A respeito da sacralidade das leis, do papel refinado do legislador, da influência das mesmas no comportamento humano social, já Pitágoras fora exemplo ao dar leis aos povos que visitou durante suas viagens: "A esse diede le leggi servendosi (dei codici) di Caronda di Catania e di Zalluco di Locri e fu grazie a lungo esempio di perfetto ordine interno e oggetto di invidia da parte dei centri circostanti" (Giamblico, *Vita pitagorica*, VII, 33).

[28] *Eth. Nic.*, 1130 a, 9-13.

Na produção de efeitos em meio ao convívio social, justiça e virtude são idênticas, uma vez que o conteúdo de toda legislação é o agir num sentido que corresponde à conduta que representa o meio-termo (não matar, não furtar, não ferir, não lesar, não injuriar... são aplicações de um único princípio que é o *neminem laedere*). Não obstante serem materialmente coincidentes, uma distinção em essência deve ser feita: diz-se que um homem é justo ao agir na legalidade; diz-se que um homem é virtuoso quando, por disposição de caráter, orienta-se segundo esses mesmos vetores, mesmo sem a necessária presença da lei ou conhecimento da mesma.[29]

Por ser a mais completa das virtudes, é esta forma de justiça a mais difícil de ser exigida e também, justamente por isso, a mais excelente de todas. Isto, pois, se muitos são capazes de praticar a justiça para com aquilo que lhes pertine (em relações particulares de troca, venda...), poucos são aqueles que o fazem nos importes relacionais, em função do outro que também compartilha do viver comunitário. Aqui se encontra o diferencial entre a mais alta virtude e toda e qualquer outra forma de justiça particular.[30]

5.4 ACEPÇÕES ACERCA DO JUSTO E DO INJUSTO: O JUSTO PARTICULAR

O justo particular corresponde a uma parte da virtude, e não à virtude total, como ocorre com o justo universal ou total (*díkaion nomimón*). A justiça particular refere-se ao outro singularmente no relacionamento direto entre as partes, diferença fundamental que permite encontrem-se as fronteiras de aplicação terminológica entre a justiça em sua acepção particular (justiça na relação entre particulares) e em sua acepção universal (justiça que envolve o todo, ou seja, a legislação e toda a comunidade por ela protegida).

Trata-se de dizer que o justo particular é, de certa forma, espécie do gênero justo total, pois quem comete um injusto particular não deixa de violar a lei, e como tal, praticar um injusto no sentido mais genérico. Se aqui se particulariza ainda mais a acepção do termo *justiça* é porque se procede *per genus et differentiam* da mais ampla à mais estreita das significações.[31]

O justo particular admite divisões: de um lado, é espécie do justo particular o justo distributivo (*díkaion dianemetikón*); de outro lado, é espécie do justo particular o justo corretivo (*díkaion diorthotikón*).

A primeira acepção do justo particular, ou seja, o justo distributivo, relaciona-se com todo tipo de distribuição levada a efeito no Estado (*politeía*), seja de dinheiro, seja de honras, de cargos, ou quaisquer outros bens passíveis de serem participados aos governados. Em suma, refere-se às repartições. Pressupõe-se aqui um (ou vários) exercente(s) do poder de distribuir e outro(s) apto(s) a receber(em).

A segunda acepção do justo particular, o justo corretivo, consiste no estabelecimento e aplicação de um juízo corretivo nas transações entre os indivíduos. Trata-se de uma justiça apta a produzir a reparação nas relações (*synallágmasi diorthotikón*).[32] Em síntese, está a presidir a igualdade nas trocas e demais relações bilaterais. Esta, no entanto, diferentemente do que ocorre com o justo distributivo, está a abranger ainda duas outras categorias diferenciais de justiça.

Deve-se ter presente, pois, que o justo particular corretivo ainda biparte-se para abranger tanto as relações baseadas na voluntariedade do vínculo entre pessoas (compra e venda,

---

[29]   Ibidem, 1130 a, 10.

[30]   Ibidem, 1130 a, 5-8.

[31]   *Eth. Nic.*, 1130 a, 34-1130 b.

[32]   *Eth. Nic.*, 1131 a.

locação, mútuo, garantia, comodato, depósito, pagamento, depósito...), constituídas pelo elemento estrutural sinalagmático, tipo de justo que não recebe nome em especial em grego (1132b, 31-1133b, 28), como as relações estabelecidas involuntariamente, surgidas como consequência de uma clandestinidade ou de uma violência, que atingem a uma ou a ambas as partes (roubo, adultério, prostituição, falso testemunho, homicídio doloso, sequestro, furto, difamação, injúria, lesão física...), acepção denominada *epanorthotikón* (1131b, 32-1132b, 20).

5.5 JUSTO PARTICULAR DISTRIBUTIVO

Detalhando-se, porém, melhor o que se quer definir, deve-se dizer que o justo particular distributivo (*díkaion dianemetikón*) realiza-se no momento em que se faz mister uma atribuição a membros da comunidade de bens pecuniários, de honras, de cargos, assim como de deveres, responsabilidades, impostos... Perfaz-se, portanto, numa relação do tipo público-privado, sendo que a justiça e a injustiça do ato radicam-se na própria ação do governante dirigida aos governados. Aqui, pressupõe-se uma relação de subordinação entre as partes que se relacionam, entre aquele que distribui e aqueles que recebem. Estes apenas podem ser, ao menos imediatamente, sujeitos passivos da justiça ou da injustiça do ato emanado do poder decisório. A injustiça, nesse sentido, é o desigual, e corresponde ao recebimento de uma quantia menor de benefícios ou numa quantia maior de encargos que seria realmente devido a cada súdito. Ocorrendo a injustiça na distribuição, tendo-se uma escassez de benefícios, ou um excesso de ônus, para uns e um excesso de benefícios, ou uma escassez de ônus, para outros, injusto é aquele que distribui, se consciente do mal que comete, uma vez que é deste que parte a iniciativa da ação de aquinhoamento e partição.

É no atribuir, no conferir a cada um o seu, que reside o próprio ato de justiça particular distributiva. A justiça distributiva, nesse sentido, consiste numa mediania a ser estabelecida entre quatro termos de uma relação,[33] sendo dois destes sujeitos que se comparam, e os outros dois, os objetos.[34] A distribuição, portanto, atingirá seu justo objetivo se proporcionar a cada qual aquilo que lhe é devido, dentro de uma razão de proporcionalidade participativa, pela sociedade, evitando-se, assim, qualquer um dos extremos que representam o excesso (*tò pléon*) e a falta (*tò élatton*).

De fato, a injustiça na distribuição recai em um dos polos, seja quando pessoas desiguais recebem a mesma quantia de encargos e de benefícios, seja quando pessoas iguais recebem quantias desiguais de benefícios e encargos. Em ambas as possibilidades, tem-se uma falta e um excesso relativamente a cada sujeito comparado. Entre o mais e o menos, o justo aqui reside no meio (*méson*), e, destarte, representa o igual (*íson*). O que cumpre ora dizer é que não se trata de uma igualdade qualquer, mas de uma igualdade de acordo com a geometria das desigualdades entre pessoas relacionadas (uns conhecem mais, outros agem mais, outros possuem maior técnica e habilidade manuais...) e coisas envolvidas (honrarias, impostos, deveres, obrigações, prestígio, salário, remuneração, função social, cargo...).

Portanto, a justiça distributiva é igualdade de caráter proporcional,[35] pois é estabelecida e fixada de acordo com um critério de estimação dos sujeitos analisados. Esse critério é o

---

[33] "Or des deux justices auquelles pense ici Aristote, l'une s'identifie à la vertu en général et l'autre est la justice au sens strict. Celle-ci se définit comme une analogie à quatre termes, dont deux représentent les personnes et les deux autres, les biens à partager" (Décarie, *L'objet de la métaphysique selon Aristote*, 2. ed., 1972, p. 69).

[34] *Eth. Nic.*, 1131 a, 18-20.

[35] *Eth. Nic.*, 1131 a, 29.

mérito de cada qual que os diferencia, tornando-os mais ou menos merecedores de tais ou quais benefícios ou ônus sociais (desigualdades naturais e sociais). O critério de avaliação subjetiva não é único, variando para cada forma de governo e suas respectivas necessidades. Assim, a liberdade é para o governo democrático o ponto fundamental de organização do poder (todos acedem ao poder e aos cargos públicos, indistintamente), da mesma forma que para a oligarquia o é a riqueza (somente os ricos acedem ao poder e aos cargos públicos), ou mesmo o nascimento (somente os eupátridas e membros de certas famílias galgam o poder e os cargos públicos), e para a aristocracia, a virtude (somente os virtuosos galgam o poder e os cargos públicos).[36]

No entanto, a conjunção de interesses na comunidade deve perfazer-se da maneira mais equitativa possível, proporcionando um governo mediano da coisa pública centrado no atendimento das variegadas reivindicações sociais. Exercer essa tentativa de equilíbrio na comunidade, distribuindo benefícios e ônus, é exercer a justiça particular distributiva.

A igualdade estabelecida é do tipo geométrico,[37] observando-se a proporcionalidade da participação de cada qual no critério eleito pela constituição (*politeía*). A igualdade na distribuição visa à manutenção de um equilíbrio, pois aos iguais é devida a mesma quantidade de benefícios ou encargos, assim como aos desiguais são devidas partes diferentes à medida que são desiguais e que se desigualam.[38]

A posição de Aristóteles diante do problema da distribuição e da adoção de um critério de igualdade geométrica encontra fundamentos históricos não destituídos de valor que aqui relevam ser explorados. Da observação das quatro partes relacionadas, dois sujeitos e dois objetos, pode-se depreender a relação (matemática) em que o primeiro termo está em direta relação de proporcionalidade com o terceiro, ao mesmo tempo em que o segundo assim se encontra frente ao quarto termo ($A : B = C : D$, onde $A + C = B + D$). Essa relação tetrática revela influência direta da teoria numérica pitagórica sobre o pensamento analítico de Aristóteles, não só pela utilização de uma nomenclatura nitidamente matemática – que, inclusive, era de uso constante entre os discípulos da Academia (*Akademeia*) –, mas pela forma de exposição e encadeamento do problema ético do prisma de uma ciência teorética, como o é a matemática dentro do quadro genérico das ciências na filosofia aristotélica. A própria significação simbólica atribuída ao número *quatro* (4) pelos pitagóricos era coincidente com o termo *justiça* (*diké*; *d-i-k-é*), uma vez que tanto pela multiplicação, como pela somatória das díades, obtém-se a quadripartição (*tetraktys*).

5.6   JUSTO PARTICULAR CORRETIVO

A outra espécie de justiça particular é chamada corretiva (*díkaion diorthotikón*). Destina-se a ser aplicada em todo tipo de relação a ser estabelecida entre indivíduos que se encontrem em uma situação de coordenação – e não de subordinação, como ocorre com o justo distributivo –, ou seja, de iguais entre iguais, como particulares e entre particulares, agindo como indivíduos em paridade de direitos e obrigações em face da legislação. Enquanto a aplicação da justiça para a distribuição obedece à subjetiva apreciação do mérito eleito pelas

---

[36]   Ibidem, 1131 a, 20-25.

[37]   Ibidem, 1131 b, 11-12. "À la notion simple de l'égalité, qui aparaissait dans l'idéal d'isonomie, se substituent des conceptions plus savantes: on distingue, on oppose égalité arithmétique et égalité géométrique ou harmonique. En fait, la notion fondamentale est devenue celle de proporcion..." (Vernant, *Mythe et pensée chez les grecs*, 1965, p. 171-172).

[38]   Na *Gran ética* (MM): "...es proprocional que el que tiene mucho tenga que contribuir con mucho, y el que tiene poco con poco..." (livro I, cap. XXXIV, p. 64).

formas de governo a que se vincula, o que implica necessariamente uma proporcionalidade na repartição do que a cada qual é devido, a justiça corretiva baseia-se exclusivamente num critério rigorosamente objetivo de restabelecimento do equilíbrio rompido entre os particulares: a igualdade aritmética.[39]

A justiça corretiva vincula-se à ideia de igualdade perfeita ou absoluta; aqui não se está a observar o mérito dos indivíduos, a condição dos mesmos, de modo que aqui não serve pensar em fatores mais subjetivos (e, portanto, mais relativos, políticos, sociais...) para a averiguação do que é justo ou injusto. Não se tem presente aqui qualquer espécie de relatividade, pois não se tem em conta os méritos, as qualificações, as distinções, as igualdades ou desigualdades que possam existir entre as pessoas. A aritmética aplicável permite a ponderação entre a perda e o ganho, garantindo, com objetividade, o restabelecimento das partes à posição inicial em que se encontravam; o justo corretivo se exerce por meio do retorno das partes ao *status quo ante*. Tem-se uma perfeita equidistância das partes relativamente ao centro, onde se situa o justo meio.

À mediania (*mesotés*) recorre-se para a sustação da desigualdade aritmética imperante entre pelo menos dois indivíduos. Se se recordar qual a fórmula que presidia a concepção do justo distributivo (A : B = C : D), verificar-se-á que aqui a equação assume outra configuração; há outro tipo de valoração na análise e ponderação do relacionamento dos elementos envolvidos numa situação em que se faça necessária a aplicação desta forma de justiça (AB + CD).

Assim, uma parte pratica a injustiça particular corretiva e a outra sofre a injustiça particular corretiva, quando se atribui ou se deixa de atribuir algo a alguém, sendo que a igualdade aritmética entre ambas é o intermediário, o justo meio, a igualdade novamente (*ón én méson tò íson, o legomen eînai díkaion*).

Procura-se grifar que novamente a noção do igual aparece para qualificar a justiça, mas não da mesma forma como anteriormente se disse a respeito do justo geométrico.[40] A noção de igual aqui não tem em vista o critério do mérito na distribuição, mas exclusivamente a ideia aritmética, de perfeição na divisão, de modo absoluto e abstrato.

Assim, resumidamente, entre o mais e o menos, entre o ganho e a perda, o justo. Nas palavras de Aristóteles: "De fato, nos casos deste tipo, se fala simplesmente – mesmo se para alguns o nome não é próprio – do ganho para quem, por exemplo, feriu e perda para quem foi ferido" (*Ethica Nicomachea*, 1132 a, 10-12). Perfazê-lo consiste exatamente em não tomar além do que lhe pertence, ou não causar a ninguém qualquer dano, dado que os reflexos podem ser de caráter penal ou civil.[41]

Do texto de Aristóteles ressalta-se a importância de uma análise etimológica do justo tomado neste sentido (*díkaion*), para que se apreenda com propriedade seu conteúdo. Assim é que *díka* significa uma partição igualitária, intermediário visível ao cotejarem-se duas linhas, uma maior e outra menor, numa operação algébrica – tomem-se as linhas AA, BB e CC iguais entre si; de AA retire-se o segmento AE e junte-o a CC, de modo a obter-se CD; a inteira linha DCC supera EA de CD + CZ, e como tal, supera BB de CD; a justiça aqui está em se retirar de uma que há de mais e se juntar à que há de menos – recebendo o termo *díkaion* o mesmo sentido aplicado à conceituação do justo particular em apreço.[42] Pode-se acompanhar de perto o texto:

---

[39] *Eth. Nic.*, 1131 b, 25-30.

[40] *Eth. Nic.*, 1131 b, 32-1132 a, 2.

[41] Ibidem, 1132 a.

[42] Ibidem, 1132 a, 30.

"O igual é um meio entre o mais e o menos segundo a proporção aritmética. Por isso é chamado 'justo', porque é divisão em duas partes iguais, como se se dissesse 'dividido em duas partes' (díkaion) e o juiz fosse un divisor em duas partes (*dikastés*)" (*Ethica Nicomachea*, 1132 a, 30-32).

Há que se advertir, porém, que o justo corretivo, regido pelos princípios mencionados, encontra aplicação em dois âmbitos diversos, o das relações estabelecidas voluntariamente e o das relações estabelecidas involuntariamente entre as partes, o que fundamenta a necessidade de uma bipartição conceptual.[43] Ao primeiro âmbito de aplicação corresponde uma espécie de justo que não recebe um nome específico entre os gregos, mas que poderemos chamar de justo comutativo, espécie de correção aplicável às transações do tipo da compra e venda, da locação, do empréstimo, do depósito, em suma, contratuais, onde prevalece a liberdade de vinculação e de estipulação do teor do vínculo, correspondendo ao sinalagma perfeito. Presente se faz a injustiça, quando, por qualquer motivo, os bens ou serviços trocados não se correspondem, devendo-se, portanto, recorrer a um critério de correção baseado na igualdade absoluta para o reequilíbrio da interação voluntária.

Segue-se que, contrariamente ao entendimento que tinham os pitagóricos acerca do conceito de justiça, Aristóteles diferenciou-o da noção de reciprocidade. Os filósofos da escola de Pitágoras de Samos tomavam os conceitos do justo e do recíproco como sinônimos, qual em verdadeira aplicação do princípio punitivo de Talião, em que se retribui um mal com o mesmo mal em quantidades equivalentes. A noção de justo associada à noção de recíproco já havia sido amplamente criticada e contestada por Sócrates, responsável pela rearticulação da tradição proveniente de um Estado primitivo e de moralidade restrita, em que prevaleciam as ideias de vindita e de retribuição absoluta. Nesse sentido, consagrou o filósofo o princípio de que não se deve responder com injustiça a uma injustiça, o que equivaleria à reiteração *ad infinitum* de um conflito, sendo que a justiça deve-se substituir a qualquer outro valor, uma vez que ao cidadão cabe fazer com que esta prevaleça na comunidade. Não sendo esse o tipo de lei que deve reger as relações sociais, nem como base de uma justiça distributiva,[44] nem como base de uma justiça corretiva,[45] o Estagirita consagrou uma nova abordagem do tema, introduzindo outro tipo de retribuição, a proporcional, e destronando o velho conceito de retribuição em igual medida. Essa nova reciprocidade, fundada na proporção, é elemento basilar das trocas sociais efetuadas entre bens de naturezas diversas.

Tendo-se presente que a reciprocidade proporcional é imprescindível para o governo das múltiplas necessidades humanas, deve-se acrescentar que a justiça comutativa é a realização perfeita das interações voluntárias. Se é a necessidade um dos fundamentos da existência do próprio modo de vida em sociedade, que visa à autossuficiência coletiva, a troca é algo inerente ao convívio humano, convívio que pressupõe uma pluralidade de interesses e aptidões diversas que constituem a razão da necessidade recíproca entre os homens. Para que haja a troca, um parâmetro de comensurabilidade deve existir para efeitos de equiparação dos bens que circulam em sociedade; este será imprescindível como elemento igualador entre coisas ou

---

[43]   *Eth. Nic.*, 1131 b, 25-26.

[44]   Diferencia-se do distributivo, pois, para este, não havendo a mesma igualdade que a reciprocidade pressupõe, prevalece a proporcionalidade entre as partes comparadas na relação (Aquino, *Comentários a el libro quinto de la Ética a Nicômaco*, 1946, p. 138).

[45]   Diferencia-se da corretiva, uma vez que a reciprocidade daria, muitas vezes, causa à desigualdade e à injustiça, devido ao fato de que, apesar de a lei tratar a todos de maneira paritária, os danos têm reflexos pessoais que exigem uma análise da parte envolvida numa relação particular. Além disso, a consideração acerca da voluntariedade e do elemento subjetivo da ação conduz à aplicação de penas diversas, uma vez que é mais reprovável aquilo que é feito emulativamente (Ibidem).

serviços desiguais. É assim que a procura por uma coisa, expressão do grau de necessidade e de utilidade, bem como da escassez, caracteriza o valor da coisa procurada, e o intercâmbio é efetuado por meio da moeda. Esta é elemento de mediação nas relações humanas que envolvem valor e, de certa forma, importante para saber se há ou não equilíbrio ou equivalência de valores entre coisas, pois qualquer desigualdade será motivo para a medição de uma injustiça. Assim, o estudo da presença da moeda parece refletir-se diretamente na temática da justiça, sendo relevante sua inserção neste ponto da discussão, a exemplo do que faz Aristóteles em extensa passagem (*Ethica Nicomachea*, 1132 b, 21-1133b, 28).

É assim que o justo comutativo, bem compreendido, conduz à noção de reciprocidade proporcional das trocas dentro da complexa malha social. São as trocas a base da subsistência da cidade, na visão histórico-interpretativa apresentada por Aristóteles. As trocas fazem-se entre objetos diferentes, produzidos por pessoas diferentes, que recebem valorações diferentes de acordo com cada sociedade. A equivalência que pode igualar os elementos da troca é conseguida por meio de um termo comum que estabeleça um liame entre estes, de acordo com a relação do tipo: A é um agricultor, C é uma quantia de alimento obtido pelo trabalho de A, B, um sapateiro, e D, o produto que constitui o objeto do labor de C. Para que a associação entre A e B seja viável, C e D devem igualar-se, tendo a convenção monetária como mediadora da interação.[46]

Nas palavras de Aristóteles: "Deste modo, agindo o dinheiro como uma medida, torna ele os bens comensuráveis e os equipara entre si; pois nem haveria associação se não houvesse troca, nem troca se não houvesse igualdade, nem igualdade se não houvesse comensurabilidade" (*Ethica Nicomachea*, 1133 b, 15).

Como representante da procura, o dinheiro tem função convencional relevante por presidir às trocas. Não sendo algo que existe por natureza, mas como fruto da criação e do poder normativo humano, deriva da lei (*nómos*), da qual se extrai sua denominação (*nómisma*).[47] A artificialidade da moeda deve-se ao fato de ter sido ela adotada pela utilidade, podendo ser igualmente substituída por outro padrão, qualquer que fosse, adotado pelos homens que da moeda fazem uso.[48]

A moeda é uma convenção que tem função definida de consentir um desenvolvimento natural das trocas que, por sua vez, encontram fundamento na própria natureza humana. Numa apreciação histórica do desenvolvimento da sociedade, do simples núcleo familiar, até o estágio político de agremiação, vê-se uma gradativa complexização do intercâmbio natural humano da troca de gênero por gênero de produto para uma forma de relação que envolve a moeda. Sua introdução no contexto das relações sociais veio dinamizar a comercialização dos produtos, e surgiu mesmo como uma necessidade premente de pragmatização da vida comercial, pois o metal mostrou-se inicialmente como eficaz meio de pesagem e mensuração, mediadora com a cunhagem e a destinação à circulação, dada a praticidade de manuseio e a facilidade de transporte e condução.[49]

Contudo, além da aplicação da justiça corretiva no reequilíbrio das associações humanas fundadas na voluntariedade do liame (contratos, pactos, trocas...), pode-se distinguir uma segunda espécie de justiça aplicável à reparação da situação anterior das partes que se encontram em relação, a saber, a justiça particular corretiva reparativa, que cumpre função

---

[46]   *Eth. Nic.*, 1133 b, 5.

[47]   Ibidem, 1133 a, 30.

[48]   *Pol.*, I, 9, 1257 b, 10.

[49]   *Pol.*, I, 9, 1257 a, 30-35.

primordial no âmbito das interações involuntárias. É também a esse conceito aplicável a ideia de igualdade aritmética, pois o renivelamento das partes se consegue com o retorno das partes ao *status quo ante*. O sujeito ativo de uma injustiça recebe o respectivo sancionamento por ter agido como causador (causa eficiente) de um dano indevidamente provocado a outrem, assim como o sujeito passivo da injustiça vê-se ressarcido pela concessão de uma reparação ou compensação *a posteriori* com relação ao prejuízo que sofreu.

Assim, há de se ter presente que a justiça reparativa é a necessária medida de restituição das condições anteriores em que se encontravam as partes antes que se fizesse entre elas uma desigualdade involuntária. A aproximação entre as partes não existia, e passou a existir desde que involuntariamente se tornaram vinculadas. O início da relação, para as partes nela envolvidas, é o início de sua desigualdade. Nessa medida, deve-se encetar que a igualdade entre as partes pode ser rompida de duas maneiras diversas, a saber: por clandestinidade, como nos casos de furto, adultério, envenenamento, lenocídio (corrupção), falso testemunho, engodo para escravizar, entre outros; por violência, como no sequestro, na agressão, no homicídio, no roubo a mão armada, na mutilação, nos insultos e nas injúrias.[50]

No primeiro grupo de atos, releva-se o caráter sub-reptício da injustiça cometida, dada a sutileza com que é realizada, enquanto, no segundo grupo, ressaltam-se os elementos de agressão moral ou física como caracterizadores de toda ação direcionada à obtenção de determinados fins com o emprego de meios coativos e de pressão. Englobam-se, destarte, nos gêneros expostos, hipóteses de danos materiais, *v.g.*, furto, assim como morais, *v.g.*, insulto e injúria.

As partes que se relacionam com base nesse tipo de situação de justiça/injustiça são: o autor da injustiça (A), agente que investe contra aquele que sofre a lesão, e o receptor da ação injusta (P), sendo este último a parte passiva da relação fundada na involuntariedade do liame. Apesar da impropriedade da utilização dos termos *perda* e *ganho* para as hipóteses deste gênero – como o caso em que alguém lesionou ou matou uma pessoa –, o que se destaca é o fato de que sempre indicam uma desigualdade que se forma a partir de uma ação causadora de dano.[51] De fato, aquele que causou o mal é chamado de sujeito ativo do injusto, e, nesse sentido, aquele que lucrou com a ação, pois alcançou seu desiderato. Aquele que sofreu o mal é chamado de sujeito passivo do injusto, e é o que sofreu uma perda, pois um mal lhe foi infligido. A injustiça é, em qualquer desses casos, desigualdade aritmética, cabendo ao juiz (*dikastés*), num exercício racional de apreciação do caso particular, igualar novamente as partes, aplicando ao causador de uma lesão a pena que corresponde ao delito por este cometido.[52] Com o restabelecimento da igualdade, atua o juiz de modo a tolher o ganho, reprimindo a conduta lesiva, e, se possível, fazendo com que a perda sofrida seja reparada.[53]

5.7 JUSTO DA CIDADE E DA CASA: JUSTO POLÍTICO E JUSTO DOMÉSTICO

O justo político (*díkaion politikón*) é apresentado por Aristóteles como algo diverso do justo doméstico (*oikonomikòn díkaion*).[54] O justo político[55] consiste na aplicação da justiça

---

[50]   *Eth. Nic.*, 1131 a, 5.

[51]   *Eth. Nic.*, 1132 a, 10-14.

[52]   Ibidem, 1132 a, 5.

[53]   Ibidem, 1132 a, 9/10.

[54]   A respeito da diferença, vide Moraux, Op. cit., p. 138-139.

[55]   "Le juste politique ne doit donc pas être considéré comme une nouvelle distinction qui viendrait s'ajouter à celle qui a été faite entre juste distributif et juste correctif; il est le juste correctif et le juste distributif,

na cidade, na *pólis*, ou seja, trata-se de algo que pertine ao corpo cívico. Assim, existente no meio social, é a justiça que organiza um modo de vida que tende à autossuficiência da vida comunitária (*autárkeian*), vigente entre homens que partilham de um espaço comum, dividindo atividades segundo a multiplicidade de aptidões e necessidades de cada qual, formando uma comunidade que tem por fim a *eudaimonía* e a plena realização das potencialidades humanas. As comunidades que não se organizam politicamente não possuem leis e não exercem o justo político, mas outra forma de justo análoga a esta.

Uma observação de caráter histórico, no entanto, deve ser feita, a respeito do justo político, antes que se aprofunde sua noção. A cidade-estado (*pólis*), além dos cidadãos, era formada por filhos de cidadãos e por estrangeiros, membros indispensáveis para a formação de um todo harmonioso, completo e bastante por si, porém; ao mesmo tempo em que indispensáveis para a perpetuação da vida social, eram membros não participativos; nem todo aquele que é indispensável para a composição de uma cidade deve necessariamente ser parte ativa no processo político-deliberativo social, de acordo com o espírito organizativo grego da Antiguidade.

Dessa forma é que, pertencendo ao grupo dos pares, dos igualmente submetidos à lei, para eles não se aplicava a justiça política. Esta concentra seu foco de atenção apenas nos cidadãos de uma *pólis*; a estes eram dirigidas as leis e os comandos normativos. Este estatuto político-legislativo lhes conferia uma posição de coordenação perfeita entre si – daí serem chamados pares –, e de subordinação diante de uma legislação comum – todos eram isonomicamente iguais perante as leis da cidade. Se sem legalidade e sem igualdade, geométrica ou aritmética, não se pode falar em justiça política, esta não é uma noção maleável o suficiente para comportar sob sua abrangência os estrangeiros, os menores, as mulheres e os escravos.[56]

Se cidadão é aquele que governa e que é governado – capacidade de ser eleito e de eleger na Assembleia –, e deste conceito excluem-se aqueles que não alcançaram a idade legalmente considerada como suficiente para a participação na vida cívica, as mulheres, e aqueles que não gozam de liberdade, imediatamente temos que a estes não se aplica a justiça política (*díkaion politikón*), pois para estes não vige a lei, sendo por ela atingidos apenas obliquamente.

O filho do cidadão, assim como o escravo, estão de tal maneira próximos ao pai-senhor que são concebidos como se partes do mesmo fossem,[57] diferenciando-se entre si no que tange às relações de poder que os vinculam ao pai-senhor, pelo fato de que o poder que se exerce sobre um assemelha-se ao que é aplicado ao regime monárquico (filho) e, o outro, assemelha-se ao regime tirânico (escravo).[58] Se não se pode cometer a injustiça contra si mesmo, uma vez que a injustiça pressupõe a bilateralidade, não há que se perquirir de uma justiça política aplicável a estes.[59] Ao se admitir a hipótese do obrar justa ou injustamente para com o filho ou para com o escravo, aplicam-se metaforicamente os termos *justiça* e *injustiça*, que são entendidos não em seus sentidos próprios, mas por analogia às ideias que se têm destes.[60]

---

mais envisagés cette fois dans leur réalisation au sein de la cité" (*Éthique de Nicomaque*, 1958, tome II, p. 386).

[56] *Eth. Nic.*, 1134 a, 25/30.

[57] Não pode ser um homem injustamente tratado por si mesmo, dado que a voluntariedade do praticar e a involuntariedade do sofrer estariam em plena contradição. Portanto, não é para consigo, as para com o Estado que, em certo sentido, se comete uma injustiça que contrarie à lei (Ibidem, 1138 a, 5/35).

[58] Ibidem, 1160 b, 1/7.

[59] Ibidem, 1134 b, 12/13.

[60] Ibidem, 1134 b, 10.

120 CURSO DE FILOSOFIA DO DIREITO • Bittar/Almeida

Em outra dimensão, na esfera da casa (*oikía*, em grego; *domus*, em latim), para com o filho se exerce uma forma de justiça (*patrikòn díkaion*) diferente daquela aplicável aos escravos (*despotikòn díkaion*), e, por sua vez, completamente diversa daquela aplicável à mulher (*gamikòn díkaion*).[61] Nessa perspectiva, pode-se dizer que a justiça doméstica tem estas últimas como espécies (justiça para com a mulher; justiça para com os filhos; justiça para com os escravos).

Sendo a *pólis* a culminância de todo o processo de integração e desenvolvimento humanos, e a ela aplicando-se o justo político, é natural que para o viver familiar se apliquem também regras de convívio que, além de diferirem do justo político, constituem o justo doméstico.[62] A unidade que faz com que filho e escravo representem parte do próprio pai-senhor não se aplica à relação matrimonial, relação semelhante ao exercício do poder do governo aristocrático, em que impera a liberdade entre os iguais. Exerce-se proporcionalmente ao mérito, e a quem é superior é dispensada uma parte maior do bem e do que lhe é apropriado.[63] De fato, tendo a mulher maior liberdade e não sendo de todo subordinada ao homem,[64] para ambos aplicam-se regras necessárias à organização do lar, à gerência dos negócios familiares,[65] da educação dos filhos, da manutenção e subsistência daquela que representa o próprio gérmen da vida política.

As regras políticas são, sem embargo, fruto da maturação gradativa das normas que se aplicam desde o relacionamento mais simples e primitivo que uniu homem e mulher para a procriação, processo organizativo humano, do qual o microcosmo familiar da *oikía* foi uma etapa.

O objeto próprio do justo político é a criação de uma situação de convivência estável e organizada, além de pacífica e racional, quando se tem a plena atualização do ideal nele inscrito, movimento lento e gradativo para o perfazimento de um objetivo que lhe é próprio dentro da ordem natural. E é pelo fato de entre os homens existir a injustiça, o "atribuir demasiado a si próprio das coisas boas em si, e demasiado pouco das coisas más em si", que se faz mister um conjunto de regras que seja próprio ao convívio social. O próprio conceito de injusto implica a existência de no mínimo dois sujeitos, um que cometa e outra que sofra, o que denota a sociabilidade de sua noção, além de demonstrar o âmbito de sua aplicação. Discriminando-se o justo do injusto, é a razão que passa a regrar a *pólis*.[66] Aliás, não de outra forma se define a justiça; a justiça é o discernimento do justo e do injusto,[67] de modo que somente a constância do exercício racional, aplicado às relações humanas, pode garantir a subsistência da estrutura social.

É certo que não se pode, portanto, concordar com Kelsen quando diz, a respeito da imbricação existente entre política e justiça: "Mas essa filosofia moral não é capacitada e considera-se incompetente para responder a questão quanto a qual desses critérios é o justo. Essa, porém, é justamente a questão da justiça".[68]

---

[61] *Eth. Nic.*, 1134 b, 8 e 1134 b, 15-17.

[62] Ibidem, 1134 b, 8-9.

[63] Ibidem, 1161 a, 22-23.

[64] Aquino, *Comentários a el libro quinto de la Ética a Nicomaco*, p. 181-182.

[65] A respeito da dimensão da *oikía* como a dimensão do labor e a dimensão da pólis como da liberdade, vide Bittar, A evolução histórica do pensamento. In: *RFD*, 89 (1994), p. 232.

[66] *Eth. Nic.*, 1133 a, 30-35.

[67] Ibidem, 1134 a, 31-32.

[68] Kelsen, *O que é justiça?*, 1998, p. 127.

5.8 JUSTO LEGAL E JUSTO NATURAL

Tendo-se esclarecido a noção de justo político e seu alcance, deve-se dizer que se trata de um conceito abrangente de outras duas formas de justo,[69] a saber, o justo legal (*díkaion nomikón*), que corresponde à parte das prescrições vigentes entre os cidadãos de determinada *pólis* surgida da *nómos*, e o justo natural (*díkaion physikón*), parte que encontra sua fundamentação não na vontade humana preceituada, mas na própria natureza.[70]

O justo natural (*díkaion phýsikon*) é aquele que por si próprio por todas as partes possui a mesma potência (*dýnamis*) e que não depende, para sua existência, de qualquer decisão, de qualquer ato de positividade, de qualquer opinião ou conceito. O que é por natureza é tal qual é, apesar de variar, mudar, relativizar-se, independentemente de outro fator senão a própria natureza (*phýsis*). O justo legal (*díkaion nomikón*), em contraposição, é aquele que, de princípio, não importa se seja desta ou daquela forma (indiferença inicial), porém, uma vez posto (*positum*, positivado), deixa de ser indiferente, tornando-se necessário. O ato do legislador de criação da lei torna o indiferente algo necessário.

O justo legal constitui o conjunto de disposições vigentes na *pólis* que têm sua existência definida pela vontade do legislador. Tem por objeto tudo aquilo que poderia ser feito das maneiras as mais variadas possíveis, mas uma vez que foi convencionada legislativamente, é a esta que se deve obedecer. A lei possui força não natural, mas fundada na convenção. Tendo várias formas de se estabelecer determinado princípio como conteúdo de lei, a opção é feita pelo legislador, passando, assim, aquilo que *a priori* era indiferente que fosse de tal ou de qual maneira, a ser vinculativo para todos os cidadãos que a ela se subordinam.[71] Ora, a vontade que se consigna com valor de justo para a vivência política, ao ser promulgada uma medida, está sujeita à variabilidade do juízo humano, encontrando, portanto, um grande conteúdo de relatividade espaço-temporal em seu conceito. De modo semelhante, pode-se pensar que, como as medidas de mercadorias não são as mesmas em todas as partes,[72] para todos os povos e em todos os tempos, assim também ocorre com tudo aquilo que é matéria do justo que não é natural.[73]

Também, é a esse tipo de justiça que se agregam as medidas legais de caráter particular, os decretos e as sentenças. As leis, em sua maior parte, dirigem-se genericamente a um grupo de cidadãos. Muitas vezes, porém, fazem-se necessárias decisões legislativas que se dirijam a uma situação especial, ou a um grupo especial de pessoas, ou mesmo a um único indivíduo, casos em que a apreciação legislativa discrimina a singularidade em meio ao todo em virtude da necessidade de adequação da lei ao critério da proporcionalidade, que busca satisfazer a justiça em seu sentido absoluto. Os decretos, as decisões emanadas do poder administrativo do governante, assim como as sentenças judiciais,[74] a aplicação concreta da generalidade abstrata das disposições legais, estão, também, atreladas ao justo legal como parte da justiça

---

[69] De acordo com P. Moraux, a distinção entre o justo legal (*díkaion nomikón*) e o justo natural (*díkaion physikón*) seria uma derivação das reflexões anteriormente empreendidas por Aristóteles em seu diálogo de primeira fase Perì dikaiosýnes (Moraux, *À la recherche de l'Aristote perdu*: le dialogue sur la justice, p. 131).

[70] *Eth. Nic.*, 1134 b, 18-21.

[71] Ibidem, 1134 b, 20.

[72] "Cada cidade tinha os seus pesos e medidas" (Coulanges, *A cidade antiga*, v. I, p. 310).

[73] *Eth. Nic.*, 1134 b, 30.

[74] "Lo justo sentencial es aplicación de lo justo legal a los hechos particulares" (Aquino, Op. cit., p. 192).

política que se realiza na vida cívica. De outra maneira não poderia ser, uma vez que todas as medidas mencionadas encontram respaldo ou na circunstancialidade ou na especialidade de determinado sujeito, ou na particularidade do caso em julgamento, ressaltando-se em tais motivações a efemeridade e a relatividade características das matérias que não existem por força da natureza, mas por força da convenção.

É da opinião de alguns que o justo político (*díkaion politikón*) resume-se ao justo legal (*díkaion nomikón*),[75] pois, no argumento destes, as leis são mutáveis e não poderia existir uma justiça por natureza que admitisse a mutabilidade. O fogo que arde na Pérsia também arde na Grécia.[76] Isso, no entanto, não é verdade em sentido absoluto. Talvez entre os deuses exista um justo que seja verdadeiramente imutável, mas entre humanos, o justo, por natureza, está também sujeito à mutabilidade. Assim, deve-se admitir aquilo que é mais mutável (justo legal) subsistindo ao lado do que é menos mutável (justo natural), porém, mesmo assim, mutável. Ambas as formas de justo político (*díkaion politikón*), pois, são mutáveis.

Dessa forma, o justo convencional ou legal equipara-se às demais convenções humanas, variando de local para local. É o que ocorre com as medidas, que não são as mesmas aqui e ali, e, sendo diversas, obedecem aos padrões locais de mensuração dos mesmos objetos. O justo convencional defere tratamento diferenciado de localidade para localidade à mesma matéria, comportamento humano, de acordo com uma série de variantes.

A outra parte, pois, que compõe o justo político (*díkaion politikón*), diferindo do justo convencional ou legal, é o justo natural (*díkaion phýsikon*), consistindo no conjunto de todas as regras que encontram aplicação, validade, força e aceitação universais. Assim, pode-se definir o justo natural como sendo a parte do justo político que encontra respaldo na natureza humana, e não depende do arbítrio volitivo do legislador, sendo, por consequência, de caráter universalista.

Aquilo que participa da definição material da justiça legal (*nomikòn díkaion*) é variável segundo os lugares, segundo o tempo e segundo a cultura de cada povo; apresenta-se geográfica e temporalmente de muitas maneiras, coadunando-se com a historicidade e com a cultura de cada civilização.[77] O justo legal é aquele que vem expresso na legislação vigente e, destarte, obedece ao padrão volitivo do legislador. Ora, nada mais mutante que a vontade do legislador na emissão de desideratos imperativos, o que se faz com certa frequência e de acordo com as momentâneas e situacionais necessidades deste ou daquele povo, desta ou daquela cidade, desta ou daquela comunidade. A lei está, portanto, condicionada à própria evolução da razão humana exercida em sociedade.

Não obstante essas variações, compartilham os povos, incondicional e intemporalmente, de noções e princípios comuns, fundados na própria natureza racional do homem. Tenha-se presente, por exemplo, que é indiferente que se fixe uma pena de dois anos, ou de dois anos e meio, para aquele que furtou, o que corresponde ao justo de acordo com a lei (*nomikòn díkaion*), sendo que todos acordam no sentido da necessidade de punição para aquele que furta, o que corresponde ao justo natural (*physikòn díkaion*).[78] Portanto, enquanto a justiça legal aponta para a multiplicidade, a justiça natural o faz para a unidade de tratamento de

---

[75]   *Eth. Nic.*, 1134 b, 24.

[76]   Ibidem, 1134 b, 26.

[77]   Aquino, Op. cit., p. 47.

[78]   *Eth. Nic.*, 1134 b, 20.

determinada matéria reputada de relevo para a sociedade;[79] enquanto as respostas apresentadas pelo justo legal são muitas, de acordo com cada constituição política que se analisa, a resposta oferecida pelo justo natural é única e homogênea, apesar de mutável.[80]

A dicotomização do tema iniciou-se com os questionamentos sofísticos a respeito da variabilidade das leis com a racionalização intensa do processo democrático do século V a.C. Sustentavam os sofistas a existência na vida política de um único tipo de justiça, a saber, a legal, positivação convencional reguladora da vida comum. A essa conclusão, falseada pela insustentabilidade de uma das premissas, aduziam argumentos que se revestiam do poder expressivo da oralidade desenvolvida como técnica. Diziam que tudo aquilo que é pela natureza é imutável, e tendo as leis caráter variável, nada pode existir por natureza, mas só em virtude de lei. Só a vontade do legislador regularia a vida social. O questionamento é relevante e participou diretamente dos estudos peripatéticos dirigidos por Aristóteles.[81]

Nesse sentido, parece indispensável compreender o significado do vocábulo natureza (*phýsis*), que figura em quase todos os tratados, sendo corolário substancial de toda a filosofia aristotélica. Assim, a natureza é princípio (*arché*) e causa (*aitía*) de tudo que existe; mais ainda, é princípio e fim do movimento, e não busca fora de si o movimento.[82] Dentro de um pensamento teleológico, isso significa que tudo parte para a realização de um fim que é inerente a cada coisa, e, nesse sentido, cada coisa dirige-se a seu bem (*agathós*). O movimento, ou seja, a atualização das potências de um ser, realiza-se guiado por uma pulsação natural interna ao ser; em sua atuação normal, está o ser destinado à realização da perfeição e da excelência inerente a sua estrutura, o que significa, nessa perspectiva, constância e regularidade na ocorrência dos fenômenos, além de fluidez e retitude de consequências. De fato, a cada causa sucede uma consequência, dentro da mecânica teleológica do ser. Não obstante, certa relatividade permeia o processo natural, uma vez que não é de todo absoluto e harmônico o movimento de atualização das potências do ser; falhas e distorções existem que estão a produzir o engano, o inesperado e o monstruoso. De qualquer forma, são estas exceções.[83]

---

[79]   Moraux, *À la recherche de l'Aristote perdu*: le dialogue sur la justice, 1957, p. 137.

[80]   São desta mesma opinião, na interpretação de Aristóteles e de Santo Tomás de Aquino (comentador de Aristóteles): Georges Kalinowski (La mobilité du droit naturel chez Aristote et Thomas d'Aquin. In: *Archives de philosophie du droit*, tome 29, 1984, p. 187-189); Michel Villey (p. 190-199).

[81]   *Eth. Nic.*, 1134 b, 25.

[82]   "... la naturaleza es un princípio y causa de movimiento o del reposo en la cosa a la que pertence primariamente y por sí misma, no por accidente" (*Phys.*, II, 192 b, 20).

[83]   3   A teoria da *phýsis* em Aristóteles ocupa um espaço não pouco relevante na estrutura teórica e na rede de conceitos que cerca a maior parte das conclusões filosóficas trazidas até nós por meio de seus principais escritos. Muito se perdeu no curso dos séculos, porém, do que remanesce, pode-se extrair quão representativo era o amplexo semântico represado no conceito de *phýsis*, conceito que norteia as reflexões da tratadística aristotélica. Não poucos têm sido os eruditos a se debruçarem sobre este na busca de coligação entre as profundezas significacionais deste e as demais reflexões empreendidas nas inúmeras partes de sua obra. Não há que se estranhar, portanto, que, ao se mencionar o conceito de *phýsis*, não se está a mencionar um conceito delimitado cientificamente a ponto de se restringir à unilateral perspectiva de um estudo puramente físico (*phýsikon méthodon*) ou de um estudo biológico (*biologikón méthodon*). O conceito de *phýsis* ganha na obra aristotélica muito mais um estatuto de princípio que de definição. O princípio aqui é o mesmo que o *principium*, como ponto de partida, e o mesmo que base, núcleo de uma sistemática de múltiplos outros conceitos que sobre ele se lastreiam, com ele se interpenetram, com ele interagem como causa e efeito, como conteúdo e continente, ou como matéria e forma. O sistema aristotélico – pode-se arriscar dizer, sem medo de se estar a incorrer verdadeiramente em um risco – é condicionado à ampla noção de *phýsis*, noção que ora se procura rastrear.

CURSO DE FILOSOFIA DO DIREITO • Bittar/Almeida

Nesse contexto de considerações, cabe encetar que, uma vez que não é noção meramente setorial, mas, ao contrário, genérica e participante de todas as partes do pensamento aristotélico, ao ser tomada na qualidade de princípio, como e em que medida assim se pode compreendê-la. Se é princípio, também esse princípio encontra aparas e limites que lhe torneiam e configuram uma moldura palpável. Sua universalidade significacional faz-se presente pois a *phýsis* associam-se outros conceitos, quais, ordem, fim, causa, motricidade, princípio, estrutura, processo. Estas, entre outras, são noções presentes não só nos ensinos biológicos e físicos, mas também naqueles outros de caráter ético, político, psicológico etc. Esta a abrangência que se quer localizar; esta a tarefa a ser levada a efeito, focalizando-se em cada assento doutrinal de Aristóteles um ponto de naturalismo no que tange à organização do pensamento e na forma de interpretar a realidade. Traduz-se a ideia de *phýsis* no sistema aristotélico ora como se traduziria o termo na Antiguidade helênica mais remota dos primeiros filósofos, ora como uma concepção própria e singular, sem par na história filosófica grega. De qualquer forma, deve-se tomar o termo em sua significação genérica, o que é o mesmo que dizer obediência ao estado de coisas tais quais são, tais quais se mostram aos olhos e ao intelecto, independentemente de qualquer intervenção alheia; o estado *phýsis* é o mesmo que o estado não técnico, algo pré-dado ao espírito humano, que participa da essência da coisa qual parte indispensável e sem a qual não haveria que se falar em completude essencial.

Destas significações a que mais se aproxima do conceito ora em investigação, o de justo natural (*díkaion physikón*), é o de *phýsis* como algo independente da vontade humana, como algo que decorre da essência e da estrutura da coisa sem que para isso sejam necessárias a intervenção ou a vontade legislativas.

A justiça natural é a parte da justiça política que visa permitir a realização plena do ser humano inserido na estrutura social de convívio. Sendo naturalmente um ser político (*zwon politikón*), a plena realização do animal racional está condicionada à própria natureza que o engendra, o que equivale a dizer, que à sociabilidade, à politicidade, à autoridade, ao relacionamento, à reciprocidade está o homem intestinamente ligado. Reger-se sob o signo de sua natureza para o homem significa estar sob o governo da razão, o que se traduz no âmbito social como estar sob o governo das leis, que são "a razão sem paixão".[84]

É a justiça natural o princípio e causa de todo movimento realizado pela justiça legal; o justo legal deve ser construído com base no justo natural. A justiça natural realiza-se com a própria *práxis* da razão em sociedade. Comportando o próprio conceito de natureza certa relatividade, por vezes, induz à irregularidade ou à disparidade (o que não deixa de estar dentro da ordem natural), também o conceito de justiça natural relativiza-se naquilo que lhe é próprio.

Tendo-se presente que imutabilidade e natureza não são absolutamente coincidentes, a justiça natural não é algo invariável. Pelo contrário, a noção de justo natural na teoria aristotélica está a reclamar atenção, no sentido de se advertir que a natureza, estando submetida à contingência temporal inerente a tudo aquilo que participa da realidade sublunar, também é mutável e relativa. Assim, aquilo que é por natureza, para o homem, ser racional, só pode ser algo que necessariamente varia na mesma proporção em que a razão varia; sobretudo deve-se destacar o fato de que a justiça natural realiza-se em sociedade, no evolver da razão humana, tendo-se em vista a natureza gregária humana, o que motiva ainda mais a se reforçar esta.

Este vir-a-ser constante que permeia a existência do homem enquanto participante de uma natureza corruptível foi a *quaestio* básica que motivou a busca incessante de uma resposta

---

[84] *Eth. Nic.*, 1134 a, 35-1334 b, 1.

filosófica que pudesse demonstrar a unicidade imperecível que jaz por detrás da multiplicidade variante, sujeita à constante renovação, desde os primórdios da filosofia em seu período cosmológico de desenvolvimento entre os gregos com a escola Jônica. Se nesta busca Platão enveredou-se pela busca do transcendente inteligível, Aristóteles situou a realidade nas coisas (*in rebus*), compondo o ser de matéria e forma.

Deve-se dizer, porém, no sentido de se engajarem ambos os conceitos, o justo legal tem sua origem no justo natural, e isto porque: (1) é a partir de um princípio comungado por todos os seres de natureza racional do qual se extrai uma conclusão sobre um comportamento (do princípio do *neminen laedere* consigna-se na norma positiva a proibição do roubo), portanto, da natureza das coisas; (2) é com base na dedução de especificações que permitam a composição de um texto legal inteligível e aplicável materialmente aos casos específicos surgidos no meio social (o valor da pena a ser cominada para a hipótese de roubo, o modo de cumprimento da pena...) que surge a lei positiva.

Sublinhe-se que não há no pensamento aristotélico uma oposição dicotômica entre justiça natural e legal, estando ambas ligadas ao justo político, participando conjuntamente na racionalização do meio citadino. Não obstante, o justo legal, que tem seu princípio no justo natural, pode deste nascer eivado ou não de vícios, ou erros humanos,[85] conforme esteja de acordo com a natureza ou destine-se ao benefício exclusivo dos exercentes do poder de governo da cidade-estado. Com isso, nem sempre o justo político está de acordo com a natureza, figurando corrompido nas formas de governo em que a constituição é apenas instrumento de manipulação de poder ou de aquisição de benefícios por parte de um único homem (tirania), de alguns (oligarquia), ou de muitos (democracia ou demagogia).

Deve-se perguntar, para se qualificarem as leis de justas ou injustas, se estão a serviço do Bem Comum ou se estão à serviço da satisfação de interesses momentâneos e arbitrários próprios das formas de governo corrompidas,[86] uma vez que nas constituições monárquica, aristocrática e republicana coadunam-se com a teleologia da justiça política. Nessas constituições, a lei segue a retidão da razão, naquelas, o arbítrio da paixão.

Nem toda legislação é legítima, o que depende da finalidade do próprio poder político. Legítima é aquela conforme à razão e à natureza, que traga repercussões práticas no sentido de conduzir os cidadãos ao hábito da virtude. Ocorre, também, de ser uma constituição corrompida e, no entanto, apresentar algumas boas disposições, assim como ocorre de em uma boa constituição figurarem leis que contrariem à reta razão.

Das partes que compõem o justo político, aquela que é conforme à natureza e à razão é sempre boa, enquanto aquela que é conforme a lei pode ser boa ou má. Desses princípios pode-se concluir que a legislação perfeita é a adequação plena do legal ao natural, o que representa uma atualização integral de toda justiça em seu sentido absoluto. A racionalidade humana, mesmo almejando ao bem, equivoca-se, originando-se normas degeneradas, por diversos motivos, a saber, por erros de interpretação, por falta de conexão da norma com a realidade sociocultural, por má expressão linguística, pela circunstancialidade de uma medida, entre outros. O justo natural, enquanto ideal de aperfeiçoamento da regra legislativa, atua vetorialmente sobre o legal, norteando sua reelaboração.

---

[85] Aquino, Op. cit., p. 191.

[86] "El poder político decae de su derecho, según Aristóteles, cuando su actividad no llega a contribuir eficazmente a aquella finalidad a causa de la cual el Estado existe" (Sanchez de la Torre, *Los griegos y el derecho natural*, p. 215).

5.9 EQUIDADE E JUSTIÇA

Além do que já se disse acerca do justo e do injusto, deve-se buscar definir as relações existentes entre a equidade e a justiça (*epieíkeia pròs dikaiosýnen*) – se são diferentes, em que são diferentes, em que medida são diferentes, quais os seus aspectos, como atuam, em que momento podem e devem ser invocadas –, assim como as existentes entre o equo e o justo (*tò d'epieikès pròs tò díkaion*) – se se equivalem, se são idênticos, mutuamente fungíveis, se possuem o mesmo campo de aplicação, se são atividades *ante* ou *post factum*.[87]

De fato, todos reconhecem que os termos não se equivalem perfeitamente, e, neste caso, o uso de um pelo outro conduz a equívocos notórios, de modo que, sendo semelhantes, porém não idênticos, devem ser distinguidos naquilo que lhes peculiariza. É no gênero (*éteron tô génei*) que se dizem aproximados os conceitos de ambos os termos. O uso, ainda mais, está a indicar a relativa e frequente coincidência dos campos semânticos de ambos os significantes, pois, verdadeiramente, se são diversos, ou o justo não é bom, ou o equo não o é. Isso porque, metaforicamente (*metaphéromen*), costuma-se exaltar o equo e o homem dotado desta qualidade, fazendo-se do "muito bom" (*agathós*) um sinônimo de *equo* (*epieikès*); vale dizer, o equo está para uma qualidade humana que desborda dos limites daquilo que é simplesmente bom. Trata-se de uma excelência ainda maior daquela já contida no conceito do que é bom.

Assim, deita-se a investigação sobre os aspectos essenciais de ambos os termos para que deles se extraia a resposta necessária à satisfação do *dubito* ora relevado. Como verdadeira *aporía* – Aristóteles refere-se ao problema como a uma *aporían óti tò epieikès díkaion*, como em *Ethica Nicomachea*, 1137 b, 11-12 –, faz-se do questionamento um instrumento para o alcance da verdade. Para que se prossiga no exame da realidade do que é equo é mister que se tenha presente também aquilo que é justo, pois com as distinções delineadas ter-se-ão por solidificadas as explicações a respeito da temática.[88]

O equo sendo melhor que uma forma de justo – e aqui se percebe nitidamente qual a estrita relação existente entre o equo e uma forma específica de justo, o justo legal –, não deixa de ser justo; porém, não simplesmente pelo fato de que se constitui um gênero diferente representa algo a mais que o justo. Em verdade, são a mesma coisa o justo e o *equo* (*tautòn ára díkaion kaì epieikés*), de maneira que, assim sendo, o *equo* é algo melhor e mais desejável que o justo.[89] Se equo e justo se equivalem, nesta medida, e da forma indicada segundo o gênero, não é verdade que o equo seja o justo segundo a lei (ou *tò katà nómon dé*), de acordo com o que está consignado na lei e foi posto pela vontade humana como vinculativo da conduta social, mas sim um corretivo do justo legal (*epanórthoma nomímou dikaíou*). É a equidade a correção dos rigores da lei.

A necessidade da aplicação da equidade decorre do fato de que as leis prescrevem conteúdos de modo genérico, indistintamente, dirigindo-se a todos, sem diferenciar, portanto, possíveis nuances e variações concretas, fáticas, fenomênicas, de modo que surgem casos para os quais, se aplicada a lei (*nómos*) em sua generalidade (*kathólou*), estar-se-á a causar uma injustiça por meio do próprio justo legal. Aqui a lei não é simplesmente segurança, razão sem

---

[87] *Eth. Nic.*,1137 a, 31-33.

[88] É no livro VII da *Ethica Nicomachea*, mais precisamente em 1154 a, 22-26, que Aristóteles explicita esta perspectiva da argumentação dizendo que não basta que se exponham a verdade e o verdadeiro, sendo necessário que se coloque em xeque também a perspectiva da erronia e as diferenças que existem entre um e outro dos conceitos. Por meio do conhecimento do falso, maior se torna a convicção em torno do verdadeiro.

[89] *Eth. Nic.*,1137 b, 8-11.

Cap. 5 · ARISTÓTELES: JUSTIÇA COMO VIRTUDE | 127

paixão, governo da coisa pública... a lei é injustiça. É exatamente com o intuito de superar os problemas decorrentes da impossibilidade de haver uma legislação minimamente detalhista e futurista é que existe o equo. Se a lei é, neste ponto e para estes fins, falha, isso não se deve nem ao conteúdo da lei em si, nem ao legislador;[90] não se trata de um erro legislativo, mas sim de um problema oriundo da própria peculiar conformação das coisas como são praticamente. Cada caso é um caso e demanda uma atenção especial e específica, absolutamente focalizada sobre seus traços e suas características, de modo que nenhuma legislação poder-se-ia aplicar a esta dimensão dos fatos.

Assim a abstração e a universalidade do preceito legal. De fato, a lei escrita é um imperativo que se formula impessoalmente abarcando sob sua tutela a pluralidade de cidadãos aos quais se dirige e a multiplicidade de casos que surgem na vida concreta da cidade-estado. Insuficiências são comuns nas leis, sendo que estas podem existir por vontade do legislador de que existam, ou mesmo contra a vontade deste. Assim, contra sua vontade existirão "quando um fato lhe passa despercebido", e por vontade do legislador, "quando, não podendo precisar tudo, eles têm de estatuir princípios gerais que não são aplicáveis sempre, mas só as mais das vezes" (*Rhetorica*, I, 1375 b).

Nesse sentido, aplicar a equidade (*epieíkeia*) significa agir de modo a complementar o caso que se apresenta aqui e agora (*hic et nunc*) de modo que, assim o fazendo, está-se a agir como o faria o próprio legislador se presente estivesse. O julgador, aqui, coloca-se na posição do legislador, que é quem opera com a generalidade da lei, fazendo-se um legislador para o caso individual, muitas vezes marginal a qualquer ditame legal;[91] é na ausência da lei que a equidade guarda sua utilidade maior, sobretudo complementando, particularizando e respondendo pelo que quedou imprevisto.

Não sendo algo diferente do justo, uma vez que a justiça e a equidade são coincidentes materialmente, deve-se ter presente que o equitativo é melhor que o justo, não tomado em seu sentido absoluto, mas no sentido que lhe é dado quando referente à parte da justiça política atinente à lei.[92] A equidade é medida corretiva da justiça legal quando esta engendra a injustiça pela generalidade de seus preceitos normativos.[93] Encontra aplicação, também, quando se faz obsoleta a lei pela alterabilidade constante a que estão sujeitas as circunstâncias fáticas que passam a contradizer o cristalizado na legislação. O justo legal é estanque, enquanto a realidade da práxis é, por essência, mutante. Para ambas as situações deve-se fazer uso da equidade, o que, traduzido em termos práticos, significa "ter em conta não a letra da lei, mas a intenção do legislador; não a parte, mas o todo" (*Rhetorica*, I, 1376 b-1377 a).

Assim como a necessidade de aplicação da equidade surge a partir da singularidade dos casos concretos, é exatamente no julgamento dos mesmos que dela deve lançar mão o julgador (*dikastés*). O julgador que se faz legislador no caso concreto é um homem *equo* (*epieikès*), nesse sentido. A prudência de seu reto juízo[94] – novamente a aplicação do *ortòs*

---

[90] Ibidem, 1137 b, 17-19.

[91] *Eth. Nic.*,1137 b, 22-24.

[92] Ibidem, 1137 b, 5-20. Também Carlos Aurélio Mota de Souza afirma a respeito do tema: "A equidade foi tratada dentro de sua filosofia moral realista como ideia de igualdade e ideia de justiça natural" (*Evolução do conceito de equidade*, 1989, p. 18).

[93] Ibidem, 1137 b, 25.

[94] Neste caso, o juiz atua como se médico fosse: "En la dosificación de lo que cada individuo puede soportar es donde se conoce el verdadero médico. Este es el hombre que sabe aplicar certeramente la medida adecuada en cada caso" (Jaeger, *Paideia: los ideales de la cultura griega*, 1946, III, p. 30).

lógos releva-se um critério para o aperfeiçoamento ético até mesmo da própria *dikaiosýne* – permite-lhe discernir que uma mecânica subsunção do fato à norma criaria uma situação de injustiça para aquele que é parte em um processo público. Recorre-se, portanto, a um critério de abrandamento da rigidez legislativa, fazendo-se o julgador como se o próprio legislador fosse caso este estivesse diante da concretude casuística. O apelo à razão é o mesmo que o apelo à natureza (*phýsis*) das coisas que se encontram em profunda mutação, diante da relativa estabilidade das leis.

Nem sempre aquele que causou um mal o fez propositadamente em detrimento de outrem, ocorrendo circunstâncias em que a injustiça é praticada sem um conteúdo necessariamente intencional. Apesar de a lei punir severamente aquele que foi a causa eficiente de um mal, a equidade é recurso utilizável como critério de mensuração e adaptação da norma ao caso, para que da observância de uma estrita legalidade não se venha a ser mais arbitrário do que num Estado onde as leis não estão presentes. Não é outro o sentido de tal afirmação de Aristóteles: "Os atos que são perdoados são passíveis da equidade". Inadvertências, atos que escapam a toda previsibilidade humana e faltas, atos calculados, ou calculáveis, desprovidos de maldade, não devem ser punidos com o mesmo rigor com que o são os delitos e os atos de perversidade, o que enseja uma discriminação dos elementos psicológicos do agente analisando-se "(...) não o estado atual do acusado, mas sua conduta constante ou sua conduta na maioria das circunstâncias" (*Rhet.*, I, 1376 b). Esta é uma forma de equidade aplicada pelo juiz na apreciação de um problema prático que se lhe apareça aos olhos. Além desta forma judicial de aplicação da equidade, outra há comum a todo homem, cultivável como qualquer virtude e disposição do caráter.

Como algo superior a um tipo de justiça, à justiça legal (*díkaion nomimón*), e utilizado como corretivo da mesma (*epanothoma nomímou dikaíou*), a equidade também origina-se na subjetividade como qualquer outra virtude (*areté*), ou seja, como uma disposição de caráter (*éxis*) cultivada pelo homem equitativo.

Entendida como virtude, significa não só "lembrar-nos do bem, mais que do mal que nos foi feito, dos benefícios recebidos mais que dos não recebidos" nas relações, mas, também, "suportar a injustiça que nos fere, preferir resolver uma desavença amigavelmente a apresentar uma ação no tribunal; recorrer a uma arbitragem mais do que a um processo, porque o árbitro considera a equidade e o juiz a lei" (*Rhetorica*, I, 1377 a). A essência do homem *equo* é assim definida da seguinte forma: (a) capacidade de escolha deliberada e de ação com coisa *equa*; (b) não ser rigoroso na justiça, quando esta é a pior solução; (c) inclinar-se a ter menos mesmo quando a lei lhe é favorável em detrimento do outro.[95] Esta disposição cultivada pelo homem *equo* é a equidade (*epieíkeia*). Tem-se que nas relações privadas a equidade representa a excelência do homem altruísta que, ao ter de recorrer ao império coativo da lei, prefere valer-se de técnicas de civilidade e virtuosismo que seguem os princípios próprios da moral que permeou a escola socrática.

Portanto, que coisa é o *equo*, e que coisa é o justo, com que espécie de justo existe uma relação de equidade por abrandamento e correção, está claro. Também claro está quem é homem *equo* (*epieikès*) e em que situações atua. Passe-se, ora, ao levantamento de uma questão pertinente, pois, de fato, trata-se de questão correlata ao problema da justiça – como tal, representa um destacamento do problema principal neste trabalho colocado –, de modo que é não só cabível, como também relevante dedicarem-se algumas palavras para o esclarecimento da temática da amizade e de suas relações com a justiça.

---

[95] *Eth. Nic.*, 1131 b, 34-1138 a, 2.

5.10 AMIZADE E JUSTIÇA

Para Aristóteles, amizade (*philía*) e justiça (*dikaiosýne*) estão estreitamente ligadas, podendo-se mesmo dizer que a primeira é que se mostra como sendo o verdadeiro liame que mantém a coesão de todas as cidades-estado.[96] Se comparadas, uma e outra, aquela há de ser colocada como o verdadeiro assento da paz nas relações entre as diversas cidades-estado, motivo pelo qual se deve dizer que a amizade concorre preventivamente para o bem do convívio social. A amizade é louvada pelos legisladores, e sua semântica assemelha-se àquela da concórdia entre as cidades. De fato, é a amizade (*philía*) elemento de importância para a reciprocidade inerente ao convívio social, ao qual o homem está predisposto por natureza, motivo pelo qual recebe amplo tratamento no contexto da *Ethica Nicomachea*.

Se a sociabilidade e a politicidade são da natureza humana, é a amizade a realização de todo contato que une os membros de um único corpo social. Mesmo para o exercício da contemplação, atividade das mais independentes do homem, a amizade é elemento indispensável. Alheio ao convívio social (*éremos*) – e o homem alheio ao convívio social ou é uma besta ou é um deus –, não há possibilidade de exercício da virtude ou da justiça em qualquer de suas formas, seja particular seja universal; fora do convívio social não há, enfim, reciprocidade. Se a sociabilidade funda-se na utilidade e na amizade, é evidente que esta última condiciona a existência da própria justiça.

Nesse sentido, pode-se dizer que "quando os homens são amigos necessitam de justiça, ao passo que os justos necessitam também da amizade; e considera-se que a mais genuína forma de justiça é uma espécie de amizade" (*Ethica Nicomachea*, VIII, 1, 1155 a, 26-28).[97]

A amizade pressupõe uma semelhança (*omoiótetá*),[98] e, em seu pleno sentido, torna a interação subjetiva uma relação justa, pois caracteriza-se por estar desprovida de todo interesse e de toda vontade de prejudicar, que são substituídas, neste tipo de relacionamento verdadeiramente humano, uma vez que racional e equitativo, pela reciprocidade, pela espontaneidade, pelo auxílio mútuo, pela confiança, pela igualdade.

Quando aqui está-se a mencionar a amizade, não se vislumbra outra forma qualquer de relação senão aquela existente entre pessoas virtuosas; de fato, é esta a mais desinteressada, a mais excelente e a mais perfeita manifestação do sentimento de amizade que se possa conceber, sendo, efetivamente, a mais completa e a mais duradoura de todas. Isso porque formas assemelhadas à amizade existentes que se fundam na utilidade que uma pessoa tem para a outra, ou, ainda, no prazer que uma é capaz de proporcionar a outra. Nem uma, nem outra dessa forma corresponde ao verdadeiro conceito de amizade, sendo-lhe apenas equiparadas. Para que a justiça venha a imperar mister se faz a existência da *philía*, razão do próprio coexistir social.

Outras similaridades existem entre as noções de justiça e de amizade. De fato, deve-se explorar o aspecto amizade enquanto comunhão e enquanto relação, para que se percebam as demais nuances que estão a governar em comum ambos os conceitos. Parece mesmo que, na perspectiva em que se pretende lançar a investigação, amizade (*philía*) e o justo (*tò díkaion*) possuem as mesmas coisas como objeto e a mesmas pessoas por sujeito.

---

[96] *Eth. Nic.*, 1155 a, 22/24). No mesmo sentido, afirma Kranz: "Justicia e amistad (ésta todavia en grado más alto) formam para Aristóteles el fundamento ético de toda vida en comunidad..." (La filosofía griega. In: *Historia da Filosofía*, p. 41).

[97] *Eth. Nic.*, 1155 a, 26/28.

[98] Ibidem, 1155 a, 33.

Isso porque a amizade, tanto quanto o justo, se perfazem em comunidade, se realizam e se praticam com o outro; a noção de alteridade é precipuamente formativa da essência do significado de amizade, e o mesmo ocorre com o justo. Ao se mencionar amizade, pressupõe-se o outro; ao se mencionar justiça, pressupõe-se também o outro. Daí que o outro participa de toda forma de comunidade à qual o homem possa pertencer, quais, a dos familiares, a dos companheiros de navegação, a dos companheiros de armas. Para cada forma de comunidade, uma forma diferente de amizade, bem como, até por decorrência do tipo diverso de relação de confiança e interesse, uma forma diferente de justiça. A amizade, na mesma medida da justiça, varia conforme o tipo de comunidade à qual pertença o homem.

A amizade existente entre os companheiros estende-se até onde vai a associação que mantêm entre si. Assim, é comum que se diga que "as coisas dos amigos são comuns" (*koinà tà phílwn*).[99] A variedade de comunidades às quais possa pertencer um homem determina a variedade de formas de justiça que também possa haver em cada uma; assim, de uma forma entre pais e filhos, de outra, entre irmãos, de outra, entre os amigos, de outra, ainda, entre os cidadãos. A forma do liame estabelece o maior ou o menor grau de amizade e de justiça que possam existir nestes importes relacionais. No mesmo sentido a respeito da injustiça. O grau de justiça está mais presente onde maior a proximidade e a afeição da amizade. Em suma: (a) a cada comunidade que pertence o indivíduo corresponde um bem particular e próprio dela; (b) cada pequena comunidade à qual o homem possa pertencer está inserida na comunidade política (*politikè koinonía*), âmbito maior que abrange todas as demais comunidades particulares; (c) se a cada comunidade corresponde um bem particular, também à comunidade política corresponde um bem, que, no entanto, é coletivo, comum a todos; (d) o bem geral e comum a todos é, de acordo com os *nomotétai*, o justo, que é o que é útil para todos. Gradativamente, pois, percebe-se um movimento ascensional do menos ao mais, do particular ao coletivo, da amizade restrita à amizade mais lata, do justo localizado e determinado a um justo genérico e comum.[100]

No entanto, ademais das noções comungadas pela amizade e pela coisa justa, deve-se frisar que nem tudo entre ambas é espelhado pela relação de semelhança. O igual (*tò íson*) não é da mesma forma (*ouk omoíos*) para o que é justo e para o que se convenciona chamar de amizade. De fato, para aquilo que é justo, igual em sentido primeiro (*prótos*) é o igual proporcional ao mérito, e, em sentido segundo, é o igual segundo a quantidade; na amizade, ao contrário, o igual segundo a quantidade é igual em sentido primário, enquanto o igual proporcionado ao mérito é igual em sentido secundário.[101] A noção de igual para a amizade e para o justo, portanto, estão em completa inversão.

Várias formas há para que se organize a vida política, e daí se descreverem as constituições de acordo com o governo político em três formas corruptas e em três formas normais de condução do poder, quais sejam: monarquia (*basileia*) e tirania (*tyrannis*); timocracia (*timokratía*) e democracia (*demokratía*); aristocracia (*aristokratía*) e oligarquia (*oligarchía*).[102] Os benefícios de um rei em prol de seus súditos é uma grandeza de espírito que consente se diga analogamente ser o rei o pastor de um povo; trata-se de uma forma de amizade que se manifesta no governo das coisas, e a excelência reside no fato de que se trata de coisas comuns a todos. Há aqui a aplicação da ideia de proporção, pois aquele que governa o faz de modo

---

[99] *Eth. Nic.*, 1159 b, 31.

[100] *Eth. Nic.*, 1160 a, 8-14.

[101] Ibidem, 1158 b, 29-33.

[102] Ibidem, 1160 a, 31-1161 a, 9.

Cap. 5 · ARISTÓTELES: JUSTIÇA COMO VIRTUDE | **131**

a dirigir a *res publica*, resultando de sua atuação a prática de uma justiça especial a aplicar aos súditos, qual seja, a do tipo distributivo (*díkaion nomimón*). De outra forma, no entanto, ocorrerá com as relações que se fundam na igualdade, qual as relações da timocracia e da democracia, em que prevalece a ideia de amizade e de justo aritmético. As formas degeneradas de governo conduzem a uma supressão da amizade, pois, efetivamente, onde o patriarca reina de modo a verter toda a parte de benefícios exclusivamente para si e para os seus, não pode haver a mínima confiança de seus súditos, o que inviabiliza a sustentação da ideia de amizade nestas formas de governo.[103]

Estas, pois, as considerações que se deviam em torno da questão da amizade (*philía*), no espectro da tradição anciã helênica, e nos demais espectros conceituais que envolve, quais os do relacionamento do conceito com as ideias de justo (*tò díkaion*), de igual (*tò íson*), dos reflexos dessas noções na vida em sociedade, com as formas de governo e de constituição (*politeia*), com o uso do poder e no tratamento dos demais em meio às diversas comunidades de que possa participar o homem em suas diuturnas negociações sociais.

5.11 JUIZ: JUSTIÇA ANIMADA

O juiz (*dikastés*), na teoria aristotélica, é o mediador de todo o processo de aplicação da justiça corretiva.[104] Se o injusto corresponde a um estado entre as partes em que uma permanece com mais e outra com menos daquilo que é prejudicial, e vice-versa com relação àquilo que é um benefício, então incumbe ao juiz colocar os indivíduos desiguais (de acordo com a justiça) em uma situação de paridade, de igualdade absoluta, de acordo com o estado inicial em que se encontravam antes de se desigualarem reciprocamente.

O injusto, nesse sentido, corresponde ao tomar mais do que é bom e menos do que é ruim; a função do juiz será retirar daquele que se apropriou de porção maior do que é bom, redistribuindo-a ao outro, ou atribuir mais do que é ruim àquele que se esquivou de fazê-lo por sua própria vontade (um contrato desigual, uma ofensa caluniosa, o descumprimento de um dever...). Sendo a relação entre as partes prejudicada pela existência de uma disputa, querela ou desavença, baseada na diferença que as distanciam, comumente recorre-se ao juiz, dentro de uma ordem política organizada sob o império da lei, sujeito ao qual incumbe, por um reto juízo, restabelecer a igualdade, servindo-se não de seu arbítrio ou de seus interesses, mas do convencionado e consubstanciado na legislação. Assim, indiferentemente se se trata deste ou aquele cidadão, aplicar-se-á a lei de modo a obter-se uma situação de igualdade aritmética; nesse sentido, a lei é cega para as diferenças de qualificação de cada qual.[105]

A própria noção de intermediário do justo relaciona-se à posição do juiz perante as partes em contenda, uma vez que é a imparcial e equidistante personificação da justiça.[106] É o representante do intermediário, é um mediador, e, já por essa significação, representa uma mediedade, sinônima de justiça corretiva. A posição ocupada pelo juiz na aplicação da lei é tal que se pode dizer que colocar-se diante do mesmo é colocar-se diante do justo; o juiz (*dikastés*) quer ser como o justo personificado (*díkaion émpsychon*).

---

[103] *Eth. Nic.*, 1161 a, 10-1161 b, 10.

[104] Ibidem, 1132 a, 6-7.

[105] Para fins de aplicação prática deste conceito à época de Aristóteles, a lei não media diferenças entre os sujeitos, somente questionando o *status civitatis* das partes, pois desta forma variava a aplicação das normas de acordo com a condição de cidadão, escravo ou estrangeiro do sujeito.

[106] *Eth. Nic.*, 1132 a, 20.

A paridade é alcançada quando se retira daquele que cometeu a injustiça e obteve um ganho, e se atribui àquele que foi privado de um benefício ou lesado em qualquer âmbito de expressão de sua subjetividade, ou mesmo, sancionando-se aquele que sobre a outra parte agiu causando uma clandestinidade ou uma violência. A justiça corretiva, em sua aplicação, conduz ao retorno das partes ao *status quo ante*, o que pode significar a possibilidade de uma retomada total das condições anteriores, quando se trate de situação restituível, ou do arbitramento de uma equivalência indenizatória com relação àquilo que seja o objeto da diferença estabelecida entre as partes; cumpre ao juiz exercitá-la, inclusive aplicando a equidade, no julgamento que se firma na lei, no sentido de realmente personificar a justiça.

CONCLUSÕES

Com o que se disse procurou-se sobretudo delinear os principais traços que comporiam uma teoria aristotélica acerca do que é justo (por força da lei, por força da natureza, na distribuição, na correção, na troca, na punição...) e do que é injusto (por força da lei, por força da natureza, na distribuição, na correção, na troca, na punição...). As contribuições de Aristóteles para o tema da discussão da justiça são inúmeras, visto que sua teoria redimensiona o entendimento do problema, conceituando, classificando, organizando, sistematizando o que anteriormente se discutia sem maior rigor.

A justiça aqui é entendida como sendo uma virtude, e, portanto, trata-se de uma aptidão ética humana que apela para a razão prática, ou seja, para a capacidade humana de eleger comportamentos para a realização de fins. O entendimento da temática da justiça em Aristóteles fica definitivamente grafado como sendo um debate ético; a ciência prática que discerne o bom e o mau, o justo e o injusto se chama ética. Assim, aqui fica claro que a justiça ocorre *inter homines*, ou seja, trata-se de uma prática humana e social bem delimitada; a justiça é uma virtude. Para que se diga isto se está necessariamente recorrendo à noção de *medium terminus* (*mesotés*).

Tudo parte da reflexão que faz do homem um ser gregário, e isto por natureza. Não só. Além de gregário para sua subsistência, é também político. Se por natureza, político, e por natureza, racional, então o homem exerce essa sua racionalidade no convívio político. Não de outra forma a racionalidade humana se exerce, senão em sociedade, na pólis, e assim por meio do discurso (*lógos*). É certo que a pólis, na acepção que Aristóteles confere ao termo, não é qualquer comunidade de homens; é, sim, uma comunidade humana soberana e autossuficiente, autárquica, com vistas ao melhor e não simplesmente à satisfação das necessidades básicas de subsistência (Aristóteles, *Política*, 1281 a, 1-3).

Tende, esta comunidade assim organizada, ao bem, à realização da felicidade (*eudaimonía*), ao que corresponda a um benefício para todos, sobretudo, acessível a todos. A pólis é sim a culminância das formas de organização da vida humana (família/aldeia/tribo/pólis). Que uma pólis é, pois, uma teia social com estrutura política e poder organizados parece ter ficado claro e, mais ainda, que é ela o *locus* de realização da racionalidade e da felicidade humanas, também.

Para esta comunidade assim organizada todo homem está por natureza destinado (*anthropws politikon zôon*), pois fora dela somente um deus ou uma besta.

Se se trata de uma virtude, que se exerce em função da racionalidade (razão prática), então o homem é capaz de deliberar e de escolher o melhor, para si e para o outro. Então, há que se dizer, a justiça participa da razão prática, e seu estudo pertence ao campo das ciências práticas, o que guarda relação com a ação, e não com a teoria, como querem alguns. Trata-se, pois, mais de algo que se pratica e do qual se extrai um resultado ativo; trata-se menos de algo que se pensa.

Justiça e injustiça são questões atinentes ao campo da razão prática. É a justiça qualidade, afecção, bondade, autorrealização, ou o quê? É ela, aristotelicamente, virtude ética, e nada mais. Seu campo é o da ponderação entre dois extremos, o da injustiça por carência e o da injustiça por excesso. Com este apelo ao virtuosismo, reclama-se maior espaço para a atuação da *prudentia*, e dos demais atributos da racionalidade humana, o que, em todos os sentidos, tem sido subestimado pelo homem moderno. Talvez seja esta uma forma de se retomar a valorização do problema da justiça como um problema genuinamente humano, ou mais, puramente humano.

Deve-se dizer ainda que a justiça também não é única; Aristóteles distingue suas espécies para melhor compreender o fenômeno em sua integralidade, e de modo a recobrir todas as aparições conceituais possíveis da justiça. É ela exercida de várias formas, em modalidades e circunstâncias desconsertantemente diversas (na distribuição de bens, na aplicação de penas, na troca, na compra e venda...), porém sempre com vista em determinado meio. Onde está guardado o meio-termo, proporcional (por exemplo, não se pode querer tributar a renda da mesma forma para aquele que pouco ganha com relação àquele que muito ganha, e tudo na medida do ganho de cada qual) ou aritmético (por exemplo, aquele que lesou alguém em x, fica obrigado a restituir-lhe, *in totum*, x, e x corresponderá a todas as perdas e danos sofridos por aquele lesado), aí há justiça.

Mais que isso, a justiça não se realiza sem a plena aderência da vontade do praticante do ato justo a sua conduta. Aquele que pratica atos justos não necessariamente é um "homem justo"; pode ser um "bom cidadão", porém não será jamais um "homem justo" ou um "homem bom" de per si. O "bom cidadão", desaparecida a sociedade, nada carregaria consigo se não a consciência livre de ter cumprido seu dever social. O "homem bom" é, ao contrário, por si mesmo, independentemente da sociedade, completo em sua interioridade; a justiça lhe é uma virtude vivida, reiterada e repisada por meio da ação voluntária.

Ainda além da justiça há algo que com ela guarda profunda relação, que não pode ser chamado justiça, e este algo é a equidade. Tem-se, pois, que a justiça requer uma pluralidade de classificações atinentes a suas diversas concepções, de acordo com cada situação (de distribuição, de compra e venda...), e um algo para além de seu juízo de mediedade e/ou proporcionalidade, ou seja, a equidade.

Assim, o tema da justiça vem inteiramente recoberto por uma análise percuciente de seus umbrais; os quadrantes do problema vêm notoriamente bem delimitados na teoria aristotélica. A justiça total destaca-se como sendo a virtude (total) de observância da lei. A justiça total vem complementada pela noção de justiça particular, corretiva, presidida pela noção de igualdade aritmética (comutativa, nas relações voluntárias; reparativa, nas relações involuntárias) ou distributiva, presidida pela noção de igualdade geométrica. A justiça também será exercida nas relações domésticas (justo para com a mulher; justo para com os filhos; justo para com os escravos) ou políticas (legal e natural). Cumpre ao juiz debruçar-se na equanimização de diferenças surgidas da desigualdade; é ele quem representa a justiça personificada. Para além da lei, porém, da justiça e de tudo o que se disse, está a noção de amizade, como a indicar que onde há a amizade, definida em sua pureza conceitual, não é necessária a justiça.

Após esta sistemática análise do tema da justiça, inovações maiores somente surgiriam, no período pós-aristotélico da filosofia helênica, com o estoicismo.

6

EPICURISMO:
ÉTICA, PRAZER E SENSAÇÃO

6.1 DOUTRINA EPICÚREA

A escola epicurista de pensamento, que organiza determinado conjunto de ideias, e à qual se liga uma tendência doutrinal que elege no prazer a finalidade do agir humano, deve seu nome ao pensador grego Epicuro de Samos (341-270 a.C.). Epicuro foi o iniciador de uma corrente de pensamento que gerou muita polêmica pelos preceitos que produziu;[1] sua obra está recolhida na forma de algumas cartas, um testamento, algumas sentenças vaticanas e máximas epicúreas.[2] Epicuro, porém, não militou suas ideias sozinho, uma vez que deixou discípulos que as disseminaram, quais Menequeu, Heródoto, Pitocles, Metrodoro, Hermarco e Colotes.[3]

Apesar de a doutrina epicurista guardar suas peculiaridades doutrinárias, e ter-se inscrito na história do pensamento como marcante contribuição exatamente por sua singularidade, comunga com outras doutrinas as mesmas condições sociotemporais da Grécia decadente do século IV a.C. Esse período corresponde a uma época de dominação macedônica sobre o povo heleno, momento pós-glorioso do século anterior, intitulado século de Péricles (século V a.C.). A Grécia que florescia pelas elevadas características da cidadania ativa, da política, da retórica assemblear, da arte, da poesia, da filosofia…, no século IV passa a se ver jungida aos estertores decadenciais de um período.

Esse declínio, já sentido com a injusta condenação de Sócrates à morte, em 399 a.C., só se acentuou à medida que o século IV a.C. se esvaía. O degringolar sócio-político--cultural haverá de produzir, como reflexo, o desaparecimento dos filósofos das praças públicas, num primeiro momento, e o desaparecimento definitivo de escolas de filosofia, num segundo momento.

---

[1] Diógenes Laércio, o biógrafo da Antiguidade, em sua *Vida de Epicuro*, afirma que foram muitos os que contestaram suas ideias e a ele se opuseram já a sua época, mas afirma também, e sobretudo, que gozou de muita honorabilidade social, de muito bom conceito dos amigos e da pátria que o reconheceu com bustos e elogios públicos.

[2] É também Diógenes Laércio quem testemunha a existência de uma enorme obra epicúrea (300 rolos ou livros), a saber: *Acerca da natureza; Acerca do amor; Compêndio dos livros contra os físicos; Casos dúbios; Máximas capitais; Acerca do fim; Acerca do critério; Protréptico; Acerca da vista; Acerca da música; Acerca das doenças....* Sua obra deve ter-se desencaminhado, e dela restam apenas os fragmentos anteriormente elencados.

[3] "Entre os primeiros integrantes da corrente epicurista, além dos três discípulos cujos nomes foram imortalizados pelas cartas que o mestre respectivamente lhes dirigiu (Heródoto, Pitocles e Menequeu), destacaram-se Metrodoro, Hermarco, Colotes, dos quais chegaram até nós alguns fragmentos" (Moraes, *Epicuro*: as luzes da ética, 1998, p. 71).

O que há de comum entre o epicurismo e as demais filosofias é o desapontamento com a política de seu tempo.[4] Às trevas sócio-organizacionais de seu tempo, os epicuristas responderam da mesma forma que o platonismo e o aristotelismo, a saber, distanciando-se das atividades políticas e aglomerando-se num lugar comum de estudos, reflexões e discussões: o jardim, a escola. Foram vários os locais de ensinamento em que se sediou a escola epicúrea (Mitilene, Lampsaco, Atenas), obedecendo-se à própria peregrinação de vida de Epicuro. A salvo dos despotismos públicos, das contradições sociais, das distorções éticas... ali podiam se dedicar ao pensamento e à discussão filosófica.

A doutrina epicurista resume-se, em suas linhas gerais, a discutir e a traçar contribuições em torno de temas quais o da matéria, o do átomo[5] e o das sensações. Fundamentalmente empírica, essa doutrina anuncia uma explicação do mundo a partir dos elementos que o integram. O cosmos existe, para o epicurismo, e faz parte de suas preocupações. Infinito que é, porém, funciona como um conjunto concatenado de elementos mínimos, os átomos, que, interagindo, causam as condições de formação da vida. Nesse sentido, a dissolução da vida é somente a desagregação dos átomos que a ela deram origem, o que causa a privação de toda sensação; a morte nada significa à medida que deixa de existir a causa de todo conhecimento, de toda dor e de todo prazer, a saber, a sensação.[6]

Não há divindade, não há transcendência nem autoridade sobre o cosmos; ele autogoverna-se a partir das partículas em que se subdivide. As lendas populares, a metafísica sacerdotal, a mitologia tradicional... são respostas insuficientes aos olhos dos epicuristas. Mais que isso, os mitos, as lendas, as crenças são insatisfatórios para responder às concretas necessidades humanas de respostas a seus anseios; viver sob a suspeita de um medo constante sobre os deuses e o cosmos é irracional, aos olhos dos epicuristas, como informa a décima segunda máxima epicúrea (*Ouk en tò foboúmenon lýein upèr twn kyriwtátwn mè kateidóta tís e tou sýmpantos phýsis, all'ypopteúontá ti twn katà toùs mýthous*).

Em síntese, a física domina a explicação inclusive da própria ética. A noção de matéria organizada em átomos, unidades diferentes entre si,[7] eternas, existentes desde sempre e de durabilidade infinita, passa a ser o núcleo de organização de seus conceitos filosóficos. Esta é, na explicação epicurista, a singela explicação cosmológica, nitidamente materialista, do todo, do Universo.

6.2 ÉTICA EPICÚREA

O homem vive e experimenta o mundo a partir das sensações. A percepção humana do mundo se dá em função da abertura que seus sentidos lhe conferem. Assim, é a partir das

---

[4] "Traz, entretanto, a marca inequívoca de seu tempo histórico. O desinteresse pela política é característico de todas as filosofias helenísticas: estoicismo, epicurismo, ceticismo, misticismo neoplatônico... Cada um desses movimentos de ideias extraiu suas próprias conclusões da constatação de que a *pólis* estava morrendo ou tinha morrido" (Moraes, *Epicuro*: as luzes da ética, 1998, p. 61-62).

[5] "Os átomos são pois não só infinitos (*ápeiroi*) em número, como já ficou demonstrado, mas, além disso, seus esquemas são ilimitados (*aperíleptoi*)" (Moraes, *Epicuro*: as luzes da ética, 1998, p. 39).

[6] Máxima epicúrea: "II – A morte não é nada para nós, pois o que se dissolve está privado de sensibilidade e o que está privado de sensibilidade não é nada para nós" (Epicuro, Máximas fundamentais. In: Moraes, *Epicuro*: as luzes da ética, 1998, p. 93-97). Ou, ainda, no original grego: *O thánatos oudèn pròs emas; tò gàr dialythèn anaisthetei, tò d'anaisthetoun oudèn pròs emas.*

[7] O atomismo epicúreo difere do atomismo de Demócrito exatamente por prever que os átomos são unidades diversas entre si, capazes de formar seres diversos entre si. Cf. Chevalier, *Histoire de la pensée*, 1955, p. 466-467.

coisas visíveis que se pode melhor compreender, não somente as coisas visíveis, mas também as coisas invisíveis, a partir da analogia, da reflexão, do cálculo racional, da comparação etc.[8] Desse modo, as sensações desempenham papel fundamental na formação do conhecimento humano,[9] mas, além disso, oferecem ao homem o móvel de seu comportamento em interação com a natureza e os demais seres humanos.

Acima de qualquer fonte metafísica de conhecimento, acima de qualquer poder lógico-racional humano, acima de qualquer capacidade intuitiva humana, para os epicuristas, está a sensação (*aisthésis*). Outras formas e fontes de conhecimento existem (pré-noções, paixões...), mas todas devem-se submeter ao crivo do que verdadeiramente pode ser tateado, visto, provado... por meio dos sentidos.

Reconhecendo a importância dos sentidos e seu papel para o homem é que o epicurismo delineia seus princípios éticos. Isso porque a base da experiência humana provém dos sentidos humanos. Assim, onde estão os sentidos está a ética. Mais que isso, é na base das sensações de dor e prazer que se organizam os comportamentos humanos.[10] Todo homem que age, o faz no sentido de evitar a dor e procurar o prazer; a insatisfação dos sentidos é a dor, enquanto a satisfação dos sentidos é o prazer.

Em qualquer momento de vida, verte-se o homem no sentido de realizar-se pessoalmente por meio dos sentidos, de modo mesmo a agir hoje para haurir condições de no futuro fruir deste ou daquele prazer (*hedoné*).[11] Então, para a doutrina epicurista, vive-se às voltas com a fuga da dor e a busca do prazer; o que há de mais caro à vida humana, a felicidade, depende do alcance do prazer.[12]

Pode-se mesmo dizer que se organiza a vivência com base nas experiências anteriores de dor e prazer; se isso provocou dor, então será um comportamento a ser evitado no futuro; se aquilo provocou prazer, então, será, no futuro, um comportamento a ser perseguido. Assim, toda deliberação de meios e fins, tendo em vista o agir, é governada pelas orientações que se formam com base nas experiências de dor e de prazer.

Há, porém, que se dizer que aí entra um ingrediente que define exatamente a complexidade da discussão. O que seja o prazeroso e o que seja o doloroso é, sem dúvida alguma, algo relativo, uma vez que, de acordo com as orientações e as experiências, variam certos fatores que determinam a interpretação do que seja doloroso e do que seja prazeroso. No entanto, é certo que toda dor é um mal (algo não natural), e que todo prazer é um bem (algo natural), mas nem toda dor haverá de nos fazer repeli-la, e nem todo prazer haverá de nos fazer procurá-lo. É o que afirma Epicuro:

---

[8] Cf. Chevalier, *Histoire de la pensée*, 1955, p. 461.

[9] "A fonte de todo conhecimento é a sensação. Não há evidência mais forte do que aquilo que sinto e percebo" (Moraes, *Epicuro*: as luzes da ética, 1998, p. 29).

[10] Aristóteles, em sua *Ethica Nicomachea*, já havia notado e discutido com profundidade isso. No entanto, o que há de peculiar aos epicuristas é eleger o prazer como fim da ação, numa atitude que representa um hedonismo declarado.

[11] Sobre o termo *hedoné* e sua relação com o epicurismo: "Aqui há uma correlação com a sua teoria da sensação (*aisthésis*) baseada no atomismo: tal como a sensação é o critério da verdade, assim também os movimentos ou experiências (*pathe*) do prazer e da dor, que são concebidos como tipos de deslocação atômica (Lucrécio II, 963-966), servem como critérios do bom e do mau, visto que o prazer é aquilo que é natural, tal como o bem, enquanto a dor é contrária à natureza, da mesma forma que o mal (D.L. X, 34)" (Peters, *Termos filosóficos gregos*, 1983, p. 98, termo *hedoné*).

[12] "Voilà pourquoi, observe Épicure (D.L.X, 128), nous disons que le plaisir est le principe et la fin de la vie heureuse" (Chevalier, *Histoire de la pensée*, 1955, p. 476).

"Exatamente porque o prazer é um bem primitivo e natural, não escolhemos todo e qualquer prazer; podemos mesmo deixar de lado muitos prazeres quando é maior o incômodo que os segue; e consideramos que muitas dores são melhores do que os prazeres quando conseguimos, após suportá-las, um prazer ainda maior" (Epicuro, *Carta a Menequeu*, trad. in Moraes, *Epicuro*: as luzes da ética, 1998, p. 92).

O prazer, então, é o móvel da ação humana. O prazer é absoluto e supremo à medida que representa a estável condição de supressão de toda dor. Assim, sensação incomparável e estável, a vivência de puro prazer seria a de total ausência da dor (*Óros tou menéthous twn ndonwn e pantòs tou algountos ypexaíresis*).[13] Contudo, se a ausência absoluta de dor é impossível para os homens, deve-se dizer que o realizável é que seja suprimido o maior número de dores possível, uma vez que se a somatória de dores for maior que a somatória de prazeres em uma vida, esta poderá ser dita uma vida infeliz.[14]

Se somente os deuses podem fruir do prazer absoluto e constante, e os homens devem viver às voltas com dores e sofrimentos, então o sábio buscará: (a) prolongar os prazeres; (b) reduzir e suportar as dores; (c) favorecer a que os outros participem do prazer.[15]

O prazer, na concepção epicurista, gera a tranquilidade de alma, a estabilidade das sensações e a satisfação do corpo.[16] No entanto, para alcançar esse estado anímico, será mister a ascese dos desejos.[17] De fato, o epicurismo consiste num grande apelo ao homem para que se utilize da maior de suas faculdades, a saber: a prudência (*phrónesis*). É ela que permite a sabedoria do discernimento na escolha de comportamentos, na prática de atos e na realização de atitudes.

O discernimento permite ao homem domar seus instintos e vencer suas temeridades. Novamente, aqui se está às voltas com o controle das paixões pela razão. Se a infelicidade possui causas (temer punição dos deuses; temer a morte; não saber escolher o que desejar; angustiar-se com o sofrimento), elas podem ser elencadas, estudadas e eliminadas. Nisso reside a sabedoria e a estabilidade da felicidade epicúrea: discernir, mesmo sofrendo, as causas do sofrimento, e procurar domar os instintos que o cercam (suicidar-se, matar alguém, furtar...).

---

[13] Cf. Hadot, *Que és la filosofía antigua?* 1998, p. 131.

[14] "Sustentando que o prazer está sempre na atividade, no movimento, e que o bem supremo consiste na somatória dos prazeres de que logramos desfrutar, ironizaram a concepção epicurística da ataraxia, isto é, de que a condição fundamental da felicidade consiste na 'eliminação daquilo que traz sofrimento', chamando-a de 'estabilidade do morto'. Não compreenderam que, ao considerar como prazer fundamental o sereno equilíbrio da alma, Epicuro estava supondo que viver é um bem e que, portanto, para ser boa, basta que a vida não seja demasiado perturbada por dores e sofrimentos" (Moraes, *Epicuro*: as luzes da ética, 1998, p. 69).

[15] "Por isso que, em vez de rezar para implorar a misericórdia divina, o sábio epicurista, tendo constatado, lúcido e sereno, que não está em nosso alcance (mas somente no dos deuses) sentir apenas prazer e nunca sofrer dor, concentra o esforço na busca de um prazer durável e do controle da dor" (Moraes, *Epicuro*: as luzes da ética, 1998, p. 64).

[16] O equilíbrio representa satisfação para o corpo e para a alma: "Este prazer mais puro não é então o prazer cinético da *anaplerosis*, mas o prazer estático (*katastematike*) do equilíbrio, a ausência de dor (*algos*) do corpo (*aponia*) e a ausência de perturbação da alma (*ataraxia*)" (Peters, *Termos filosóficos gregos*, 1983, p. 98, termo *hedoné*).

[17] "Agreguemos que este estado de placer estable y de equilibrio corresponde también a un estado de tranquilidad del alma y de ausencia de perturbación. El método par alcanzar este placer estable consistirá en una ascesis de los deseos" (Hadot, *Que és la filosofía antigua?* 1998, p. 132).

Então, há que se insistir no fato de que a felicidade oriunda do prazer só se atinge com a ascese dos desejos, ou seja, certa sabedoria prática no discernimento e na escolha de quais sejam os prazeres úteis, naturais e necessários para o homem. Isto porque, para o epicurismo, os desejos são:

1. necessários e naturais: comer, beber, dormir...;
2. não necessários e naturais: desejo sexual; desejo de extravagâncias alimentares...;
3. não necessários e não naturais, ou artificiais: os desejos ilimitados de poder, ganância...[18]

Saber escolher e discernir é ser prudente; ser prudente é conquistar a ataraxia, ou seja, a estabilidade de ânimo diante das coisas, dos prazeres, das paixões e, inclusive, da própria dor. Para o epicurismo, isto é ser livre. Aqui está o princípio da autossuficiência (*autarkeía*) e, portanto, da felicidade.[19]

6.3 PRAZER E JUSTIÇA

A noção de prazer é o núcleo dos entendimentos epicúreos no plano ético; sem prazer, não há felicidade. No entanto, o que seja o prazer, isto foi seriamente distorcido no curso dos séculos. Há que se dizer que o epicurismo sofreu fortes resistências ao entrar em confronto com o cristianismo, que rapidamente se transformou em doutrina antagônica, tendo em vista a abertura que esta filosofia concedia à fruição dos gozos terrenos, confundida com uma filosofia apologista dos vícios e das torpezas humanas, uma vez que estaria estimulando o cometimento de pecados e o apego às coisas terrenas. Aí, o epicurismo tornou-se sinônimo de perdição, confundido que foi com uma doutrina sensualista.

A noção de prazer aqui não se resume à noção vulgarmente admitida, um tanto quanto licenciosa e libertina. A sua época, Epicuro já havia pressentido que sua doutrina estaria sofrendo más interpretações. O prazer epicurista é a ausência de dor.[20] Epicuro adverte:

> "Quando dizemos que o prazer é a meta, não nos referimos aos prazeres dos depravados e dos bêbados, como imaginam os que desconhecem nosso pensamento ou nos combatem ou nos compreendem mal, e sim à ausência de dor psíquica e à ataraxia da alma. Não são com efeito as bebedeiras e as festas ininterruptas, nem o prazer que proporcionam os adolescentes e as mulheres, nem comer peixes e tudo mais que uma rica mesa pode oferecer que constituem a fonte de uma vida feliz, mas aquela sóbria reflexão que examina a fundo as causas de toda escolha e de toda recusa e que rejeita as falsas opiniões, responsáveis pelas grandes perturbações que se apoderam da alma. Princípio de tudo isso e bem supremo é a prudência. Por isso, ela é ainda mais digna

---

[18] "Son naturales y necesarios los deseos cuya satisfacción libera de un dolor y que corresponden a las necesidades elementales, a las exigencias vitales. Son naturales mas no necesarios el deseo de manjares suntuosos o también el deseo sexual. No son ni naturales ni necesarios, sino producidos por opiniones vacías, los deseos sin límite de la riqueza, de la gloria o de la inmortalidad" (Hadot, *Que és la filosofía antigua?* 1998, p. 132).

[19] "Esta doctrina de la libertad de la voluntad constituye el fundamento de la ética de Epicuro" (Nestle, *História del espíritu griego*, 4. ed. 1987, p. 248).

[20] Máxima epicúrea: "III – O limite da grandeza dos prazeres é a eliminação de tudo que provoca dor. Onde estiver o prazer e enquanto ele aí permanecer, não haverá lugar para a dor ou o sofrimento, juntos ou separados" (Epicuro, Máximas fundamentais. In: Moraes, *Epicuro*: as luzes da ética, 1998, p. 93-97).

de estima do que a filosofia" (Epicuro, Carta a Menequeu. In: Moraes, *Epicuro*: as luzes da ética, 1998, p. 93).

Nem sempre o prazer atrai o que há de melhor. Nem sempre a dor atrai o que há de pior. Há que se considerar ainda esta máxima epicúrea:

> "VII – Nenhum prazer é em si um mal, mas as coisas que nos proporcionam certos prazeres acarretam sofrimentos às vezes maiores que os próprios prazeres." (Epicuro, Máximas fundamentais. In: Moraes, *Epicuro*: as luzes da ética, 1998, p. 93-97).

A consciência da dor e do prazer é o que faculta ao homem escolher causar dor ou prazer; a ética social epicurista, uma vez bem compreendida, leva à conclusão de que a consciência de dor e de prazer induz o homem a se furtar da dor, e, portanto, a evitar produzi-la injustamente em outrem, e a buscar o prazer, e, portanto, a procurar favorecer a que os outros fruam do prazer. Da ética individualista do prazer surge uma ética social do prazer.[21]

O sábio evita não só prejudicar como causar preocupações nos outros.[22] Mais que isso, se o sábio se encontra distante das perturbações, procura oferecer serenidade aos outros, como vem escrito na quinquagésima nona sentença vaticana atribuída a Epicuro (*O atárachos eautw kaì etérw aóchletos*). Aqui está a chave da sociabilidade ética do epicurismo, e também a chave para a compreensão dos preceitos de justiça dessa doutrina.

Enfim, o homem que sofre torna-se sensível ao sofrimento do outro. Sua quinta máxima traduz esta preocupação:

> "V – Não é possível viver feliz sem ser sábio, correto e justo, [nem ser sábio, correto e justo] sem ser feliz. Aquele que está privado de uma dessas coisas, como, por exemplo, da sabedoria, não pode viver feliz, mesmo se for correto e justo" (Epicuro, Máximas fundamentais. In: Moraes, *Epicuro*: as luzes da ética, 1998, p. 93-97). Ou no original grego: *Ouk éstin edéws zen áneu tou phrónimws kaì kalws kaì dikaíws [oudè phronímws kaì kalws kaì dikaíws] áneu tou edéws; dè touto mè yparchei, ouk ésti touton edéws zen.*

O homem justo só pode ser tranquilo e sereno, e o epicurismo só pode recomendar a justiça e a serenidade; o homem justo não perturba o outro, e por isso afasta problemas, dissabores, ódios, vinganças e demais dores que possam advir das atitudes tomadas. O homem injusto, por sua vez, vive perturbado e desequilibrado, seja pelo medo de ser a qualquer momento golpeado pela vítima de seus atos, seja pelo temor de ver-se rejeitado, por causa de suas atitudes, pela comunidade à qual pertence, seja pelo *metus* de ser-lhe aplicada uma sanção pela prática de determinado ato socialmente desaconselhado. De fato:

> "XVII – O justo goza de uma perfeita tranquilidade de alma; o injusto, em compensação, está cheio da maior perturbação" (Epicuro, Máximas fundamentais. In: Moraes, *Epicuro*: as luzes da ética, 1998, p. 93-97). Ou, ainda: *O díkaios ataraktótatos, o d'ádikos pleístes taraches gémwn.*

---

[21] Por isso, não se pode dizer com tanta simplicidade como o faz Nestle: "La ética epicúrea está cortada a la medida del individuo" (Nestle, *Historia del espíritu griego*, 1987, p. 249).

[22] Máxima epicúrea: "I – O ser bem-aventurado e imortal está livre de preocupações e não as causa a outrem, de modo que não manifesta nem cólera nem bem-aventurança: tudo isso é próprio da fraqueza" (Epicuro, Máximas fundamentais. In: Moraes, *Epicuro*: as luzes da ética, 1998, p. 93-97).

Não causar danos e não sofrê-los é o ideal do direito natural. Há nisso uma simbologia, uma artificialidade, uma convenção traçada entre os homens no sentido de debelar todo tipo de conduta que possa interferir no viver alheio; assim, se não se sofre o mal, também se está obrigado a não causar nenhum mal. Tal convenção tem por objeto o prazer geral da sociedade e a garantia da tranquilidade e do equilíbrio das relações que envolvem uma pluralidade de indivíduos.

> "XXXI – O direito natural é uma convenção utilitária feita com o objetivo de não se prejudicar mutuamente" (Epicuro, Máximas fundamentais. In: Moraes, *Epicuro*: as luzes da ética, 1998, p. 93-97). Ou, ainda: *To`tes phýsews díkaión esti sýmbolon tou symphérontos eis tò mè bláptein allélous medè bláptesthai.*

O mesmo se pode dizer com a máxima seguinte, que traduz com todas as letras que a justiça não tem serventia de si para consigo mesma, tendo-se em vista que sua utilidade se encontra no caráter relacional que sustenta. Assim, onde há relações humanas, há justiça. E justiça consiste em conservar-se longe da possibilidade de causar dano a outrem e de sofrê-lo.

> "XXXIII – A justiça não existe em si mesma, mas só nas relações recíprocas e naqueles lugares em que se concluiu um pacto para não causar e não sofrer danos" (Epicuro, Máximas fundamentais. In: Moraes, *Epicuro*: as luzes da ética, 1998, p. 93-97).

Nesse sentido, praticar injustiça é construir para si o tormento da perseguição, uma vez que não é eternamente que se consegue escapar das mãos daqueles a quem cumpre efetivamente aplicar as leis, as sanções, enfim, as punições. Se há que se evitar a dor, há também que se evitar a injustiça. De fato:

> "XXXIV – A injustiça não é em si um mal, este reside no medo aterrorizante de não escapar àqueles que têm por função castigar os culpados" (Epicuro, Máximas fundamentais. In: Moraes, *Epicuro*: as luzes da ética, 1998, p. 93-97).

Entenda-se que a justiça não só é necessária, mas, sobretudo, é útil socialmente. Desse modo, pode-se dizer que a justiça é igual para todos; isso, no entanto, não a exime de por vezes causar injustiça, pois o que parece estar atrás do pensamento epicúreo é a afirmação de Aristóteles de que se dê igualmente aos iguais e desigualmente aos desiguais, uma vez que a justiça não se aplica somente de modo matemático e certeiro com um único critério indiferente para todos. No desigualar, diante de determinadas condições, há justiça, traduzindo-se a máxima que segue:

> "XXXVI – Em geral, a justiça é a mesma para todos, dado que ela representa uma vantagem para as relações sociais. Mas, considerando cada país em particular e outras circunstâncias determinadas, a mesma coisa não se impõe a todos como justa" (Epicuro, Máximas fundamentais. In: Moraes, *Epicuro*: as luzes da ética, 1998, p. 93-97).

A justiça não é algo naturalmente instintivo no homem, mas como um pacto útil para a subsistência da sociedade à medida que evita a causação dos danos mútuos.[23] Isso,

---

[23] "Une loi est juste, qu'elle soit la même ou non pour tous les hommes, du moment qu'elle est utile aux rapports sociaux" (Chevalier, *Histoire de la pensée,* 1955, p. 478).

porém, não é estanque, variando de tempos em tempos, de acordo com as necessidades da comunidade:

> "XXXVIII – Ali onde se torna manifesto, sem que as circunstâncias tenham mudado, que as leis estabelecidas como justas acarretam consequências que não são conformes à prenoção de justiça, tais leis não são justas. E quando, em consequência de uma mudança das circunstâncias, as leis estabelecidas como justas não se mostram mais úteis, elas não deixarão de ter sido justas no momento em que ofereciam utilidade às relações sociais entre os cidadãos da mesma comunidade. Elas posteriormente deixaram de ser justas por não mais serem úteis" (Epicuro, Máximas fundamentais. In: Moraes, *Epicuro*: as luzes da ética, 1998, p. 93-97).

CONCLUSÕES

Neste passo, há que se concluir que o epicurismo é, fundamentalmente, uma doutrina filosófica que se orienta, no sentido de afirmar a prevalência do sensório e do empírico na definição do bem agir. Não é nem um Bem Supremo (platonismo), nem a mediedade (aristotelismo), mas o equilíbrio que proporciona a felicidade, ou seja, a ataraxia (*ataraxía*).

A sensação é, para o epicurismo, não só a origem de todo conhecimento, mas sobretudo: o meio pelo qual se conhece o mundo; o fim do agir humano, uma vez que é em busca de uma sensação, a de ausência de dor, que vive o homem; a forma pela qual se torna possível interagir com o mundo, escolhendo comportamentos e agindo, sendo a causa de dor ou de prazer aos demais.

Assim, se as sensações desempenham fundamental papel para o homem, é a partir delas que se deve orientar eticamente. A ética epicúrea tem em vista a relação dor/prazer, à medida que o primeiro fator provoca repulsão e o segundo, atração (hedonismo; *hedoné*, grego, prazer). Assim se governaria o homem em suas escolhas e necessidades, distribuindo seu comportamento e suas ações de conformidade com suas escolhas de dor e prazer.

Esta proposta que repele a injustiça por ser causa de dor, e atrai a justiça por ser causa de prazer, não obstante suas diferenças teóricas, possui na ideia de *ataraxía* um ponto de inequívoco contato com a filosofia estoica.

7

CÍCERO: ESTOICISMO ROMANO E LEI NATURAL

7.1 PENSAMENTO CICERONIANO

Marcus Tullius Cícero (106-43 a.C.) é, sem dúvida nenhuma, com sua vasta obra (*Debates acadêmicos*; *Sobre a natureza dos deuses*; *Sobre a república*...), legatário de uma sincrética tradição filosófica. Cícero pronunciou-se sobre muitos e diversificados assuntos, deixando suas marcas e contribuições sobre a política, a moral, a teologia, o direito, a literatura, a retórica, a oratória... mas este livro dever-se-á circunscrever aos aspectos éticos e jurídicos de sua obra.

É impossível dissociar as contribuições ciceronianas, em grande parte originais, sem um olhar atento sobre as filosofias que o antecederam e o influenciaram, tais quais, a sofística, o socratismo, o platonismo, o aristotelismo, o epicurismo... de modo que este livro deverá priorizar também uma abordagem de compreensão histórica, pois dessa forma poder-se-á melhor situar o momento, a doutrina, o autor... com engajamentos políticos, sociais, éticos...

A época do Direito Romano[1] vivida por M. T. Cícero é a clássica (150 a.C. a 284 d.C.), dentro da conhecida divisão em períodos (época antiga; época clássica; época do Baixo Império) que se convencionou como forma de classificação do evolver histórico-romanístico. As principais fontes de direito deste período foram a jurisprudência (*responsa; ius respondendi ex auctoritate principis*), os editos dos magistrados (pretores, edis curuis, governadores de províncias), o costume e a legislação.[2] A importância da palavra e do discurso oral nesse período,[3] por exemplo, é, sem dúvida nenhuma, uma chave de ligação entre as preocupações de Cícero

---

[1] O Direito Romano, cuja função parecia à primeira vista constituir-se no instrumento ideal de controle social, muitas vezes era ele mesmo o retrato de um individualismo acentuado, fonte de desigualdades e exercício de um patriarcalismo exacerbado: "Em época normal, os costumes romanos são traduzidos com bastante exatidão pelo direito civil, cujo cordão umbilical com a moral vigente nunca foi realmente cortado; a técnica desse direito, mais verbal que conceptual e ainda menos dedutiva, permitia a seus profissionais entregarem-se a exercícios de virtuosismo. Tal direito realmente permitia obter justiça? Fazia respeitar as regras do jogo quando os indivíduos as violavam para oprimir o próximo? Numa sociedade tão desigual, desigualitária e atravessada por redes de clientelas, não é necessário dizer que os direitos mais formais não eram reais e que um fraco pouco tinha a ganhar processando os poderosos. E mais: mesmo quando não era violada, a justiça abria vias legais eficazes para obter o cumprimento do direito? Bastará um exemplo, no qual veremos que o poder público organiza a vendeta privada e não faz nada para a impedir" (Duby, Ariès, *História da vida privada*: do império romano ao ano mil, 1990, p. 165).

[2] Cf. Gilissen, *Introdução histórica ao direito*, 1988, p. 81-90.

[3] "Les grands organes du gouvernement républicain – le Sénat, les Comices, les Tribunaux – accordaient à la parole une place d'honneur" (Homo, *La civilisation romaine*, 1930, p. 140).

Cap. 7 · CÍCERO: ESTOICISMO ROMANO E LEI NATURAL | **143**

e sua influência para a cultura jurídica da época. Dever-se-á, nesse período, ter presente a concepção mais divulgada de Direito para os romanos (*ars boni et aequi*).[4]

Consequentemente, desta preocupação emerge a necessidade de se investigar o relacionamento da teoria jurídica ciceroniana com o Direito Romano clássico, ao que se seguiria uma pesquisa dos conceitos de direito e seus entrelaçamentos com a ética e seus fundamentos. Estar-se-ia a estudar os conceitos de direito das gentes, de direito positivo e de direito natural[5] na teoria filosófico-jurídica ciceroniana.

Desta análise dever-se-á extrair sobretudo a influência que os estoicos[6] produziram sobre Cícero.[7] Sobretudo, dever-se-á aquilatar qual a dimensão da influência da ética estoica[8] sobre a ética ciceroniana. Se existem equivalências entre os conceitos de *areté*, *virtus* e *honestum*,[9]

---

[4] *Digesta* de Justiniano, *liber primus. I: De iustitia et iure. Ulpianus, lib. 1 Institutionum*: "Iuri operam daturi prius oportet unde nomen iuris descendat. Est autem a iustitia appelatum: nam (ut eleganter Celsus definit) ius est ars boni et aequi. 1. Cujus merito quis nos sacerdotes appellet. Justitia namque collimus, et boni et aequi notitiam profitemur; aequum ad iniquo separantes, licitum ab illicitum discernentes..."

[5] "Estudando alguns fragmentos fundamentais do Direito Romano, assim como as lições de alguns autores, entre os quais se distingue Cícero, verificamos que em Roma se repete a distinção já posta na Grécia entre o Direito Positivo e o Direito Natural, ou melhor, entre o justo por natureza e o justo por lei ou convenção. Existem mesmo na obra de Cícero passagens de invulgar beleza, nas quais se tece a apologia da *lex* como expressão da *ratio naturalis,* sempre igual por toda parte, sempiterna, que determina o que deve ser feito e o que deve ser evitado. Bem poucas vezes a consciência da lei natural como momento essencial da ética atingiu tamanha beleza e precisão como na obra ciceroniana" (Reale, *Filosofia do direito*, 3. ed., 1962, v. 2, p. 530). É de Cícero a tripartição entre direito das gentes, direito civil e direito natural, divulgada posteriormente por Ulpiano. Cf. Reale, *Filosofia do direito*, 3. ed., 1962, v. II, p. 531.

[6] Acerca do estoicismo: "Fundada por Zenão de Chipre, a escola deve o seu nome à circunstância de os Zenonianos costumarem reunir-se na *Stoa poikile* ou Pórtico com Pinturas, da *ágora* de Atenas. A Zenão sucedeu Cleantes de Assos, famoso pela profundidade dos seus sentimentos religiosos, magnificamente expressos no *Hino a Zeus*. Em terceiro lugar, dirigiu-a Crisipo, o grande teorizador e divulgador, através dos seus múltiplos tratados, das doutrinas da escola" (Pereira, *Estudos de história da cultura clássica*, 7. ed., 1993, p. 529).

[7] No livro III do *De finibus* expõem-se a moral estóica e cosmogonia estóica na boca de Catão dialogando com Cícero: "Car, de même que les lois font passer le salut de l'État avant celui des particuliers, de même le bon citoyen, Qui est sage, soumis aux lois et Qui n'ignore pas son devoir civique, songe plus à assurer l'intérêt de tous que celui de tel ou tel ou même que le sien propre" (Cicéron, *Des termes extrêmes des biens et des maux*, 1928, p. 63). "Ut enim leges omnium salutem singulorum saluti anteponunt, sic uir bonus et sapiens et legibus parens et civilis offici non ignarus utilitati omnium plus quam unius alicuius aut suae consulit" (Cicéron, *De finibus bonorum et malorum*, III, 29, 64). Também o conceito estóico de natureza e sua influência sobre os homens aparece retratado com toda fidelidade nos escritos ciceronianos: "Une chose essentielle, selon les Stoïciens, est de bien se mettre dans l'ésprit que c'est la nature qui crée l'amour des parents pour les enfants, tendance première qui a servi de point de départ à cette union, don't nous suivant les progrès, du genre humain en sociétés" (Cicéron, *Des termes extrêmes des biens et des maux*, 1928, p. 61). "Pertinere autem ad rem arbitrantur intellegi natura fieri, ut liberi a parentibus amentur; a quo initio profectam communem humani generis societatem persequimur" (Cicéron, *De finibus bonorum et malorum*, III, 29, 62).

[8] "Os estoicos conceberam o seguinte ideal do homem sábio: aquele que venceu todas as suas paixões e se livrou das influências externas. Só deste modo se obtém o acordo consigo mesmo, ou seja: a liberdade autêntica. Semelhante ideal – pelos estoicos personificados sobretudo em Sócrates – deve ser cultivado por cada homem, pois a cada um é imposto pela *reta razão*. Existe uma lei natural que domina e se reflete também na consciência individual. O homem, por sua natureza, participa de uma lei universalmente válida. Eis porque, para os estoicos, o preceito supremo da ética é o que manda viver segundo a natureza (*omologouménos te phýseizen*)" (Del Vecchio, *Lições de filosofia do direito*, 5. ed., 1979, p. 51).

[9] O que se entende por *honestum* não é exatamente o que se entende por *virtus*: "C'est le cas pour *honestum* qui correspond au grec *tò kalón*. L'intérêt de ce vocabulaire s'accroît pour nous de ce que notre langue

e se a *ataraxia*[10] estoica correspondia realmente ao ideal ético na teoria de Cícero, já que a natureza humana para os estoicos só se pode realizar uma vez observadas as regras do cosmo e a ordem divina das coisas.[11] Ademais, dever-se-á investigar qual é o proveito do conceito de moralidade,[12] tendo em vista que o que é moral não pode estar vinculado a nenhum outro atrelamento senão à própria realização moral,[13] para as regras jurídicas, e que fronteiras se podem traçar, a partir de um estudo detido do problema, entre aquele e o conceito de ordem jurídica.

A ética estoica caminha no sentido de postular a independência do homem com relação a tudo o que o cerca, mas, ao mesmo tempo, no sentido de afirmar seu profundo atrelamento com causas e regularidades universais. A preocupação com o conceito de dever (*kathékon*) irrompe com uma série de consequências histórico-filosóficas que haveriam de marcar nuances anteriormente inexistentes. Razão, dever, felicidade, sabedoria e autonomia[14] relacionam-se com proximidade inusitada dentro da tradição romana, o que torna de relevo perceber qual foi o legado estoico para o universo intelectual romano. É com base nesse tipo de preocupação que Cícero haverá de solidificar algumas de suas preocupações nos campos filosófico e jurídico.

Sabe-se que foi discípulo de Poseidonios ou Posidônio de Apameia (135-51 a.C.), fundador de uma escola estoica em Rodes, e, ao lado de Panaitios ou Panaécio de Rodes (185-112 a.C.),[15] responsável pela expansão do estoicismo para dentro das fronteiras romanas. Também a responsabilidade de dimensionar adequadamente Cícero com o estoicismo será atribuição deste livro.

Além disso, Cícero destacou-se como personalidade eclética, sendo conhecido pela posteridade por suas diversas facetas, ora por sua atuação por meio de discursos políticos,

---

en dérive directement. On remarquera que ce n'est pas de la *virtus – areté* qu'il s'agit ici. La distinction est bien faite entre l'ordre de l'excellence naturelle et celui de la moralité" (Croissant, La moralité comme trait distinctif de l'homme dans un texte de Cicéron. In: *Études de philosophie ancienne*, 1986, p. 289).

[10] Cf. Chevalier, *Histoire de la pensée*: la pensée antique, 1955, p. 444.

[11] Como em Aristóteles, aparece no conceito da moral estóica a realização da natureza humana. Cfr. Croissant, La moralité comme trait distinctif de l'homme dans un texte de Cicéron. In: *Études de philosophie ancienne*, 1986, p. 291.

[12] "Par moralité (*honestum*), nous entendons une chose telle que, abstraction faite de toute considération d'utilité, indépendamment de toute récompense ou de profit, on puisse à bon droit dire d'elle qu'elle a un mérite propre (*per se ipsum laudari*). Quelle sorte de chose elle est, la définiton que je viens de donner ne peut pas aussi bien le faire comprendre – bien qu'elle le puisse dans une certaine mesure – que le sentiment universel (*communi ominium judicio*), ainsi que les intentions (*studia*) et la conduite (*facta*) des hommes les meilleurs, Qui accomplissent un très grand nombre d'actes pour cette unique raison que cela convient (*decet*), que cela est droit (*rectum*), que cela est moral (*honestum*), quoiqu'ils voient cependant qu'il n'y a aucun bénéfice à attendre" (Cicéron, *De finibus bonorum et malorum*, II, 45-47).

[13] É característico que: a moral não visa a outro fim ou recompensa senão a sua própria realização; não deve a ação moral se verter para qualquer utilidade, mas para a moralidade em si. Cf. Croissant, La moralité comme trait distinctif de l'homme dans un texte de Cicéron. In: *Études de philosophie ancienne*, 1986, p. 290.

[14] "A virtude e a felicidade têm, pois, como condição essencial, a independência, a autonomia, a autarquia, isto é, que cada indivíduo viva e se desenvolva em conformidade com o que realmente é. Se o consegue é feliz, nem pode deixar de o ser. Os cínicos, e talvez já Sócrates, haviam dito algo de análogo. Zenão faz desta afirmação o princípio da moral, e os outros estóicos, com variantes na expressão, seguiram-no geralmente" (Rivaud, *As grandes correntes do pensamento antigo*, 1940, p. 202).

[15] Cf. Nestle, *Historia del espíritu griego*, 4. ed., 1987, p. 258.

ora por sua atuação junto aos Tribunais com discursos jurídicos (criminais e civis), ora por suas obras sobre oratória, ora por seu perfeccionismo no domínio de estilo erudito e sóbrio de prosa latina,[16] ora por sua pujança discursiva e argumentativa, ora por seus escritos filosóficos de divulgação.[17]

Sua obra pode ser fundamentalmente dividida em dois grandes blocos de textos: os que se verteram para a retórica, a eloquência e a oratória (*De inventione; De oratore; Brutus; Orator ad Brutum; De optimo genere oratorum...*) e os que se verteram para as investigações filosóficas (*De republica; De legibus; Academica; De finibus bonorum et malorum; De officiis; Tusculanae disputationes; De natura deorum; De divinatione; De fato; De senectude; Laetius; Amicitia; De consolatione; Hortensius...*).

Suas obras são numerosas, mas podem-se alistar as filosóficas como as mais importantes para a discussão da temática em tela, a saber: *De Republica; De legibus; Paradoxa stoicorum; Academica; e finibus; Tusculanae Disputationes; Timaeus; De natura Deorum; De senectute; De divinatione; De fato; De amicitia; De officiis.*[18]

7.2 ÉTICA ESTOICA

A ética estoica é uma ética da ataraxia.[19] O *homo ethicus* do estoicismo é o que respeita o universo e suas leis cósmicas e se respeita. Isso porque, em primeiro lugar, se conhece, e conhece suas limitações, de modo que é capaz de alcançar a ataraxia, o estado de harmonia corporal, moral e espiritual, por saber distinguir o bem do mal. A ataraxia é o clímax de um processo de autodepuração da alma. Esse homem não se abala excessivamente nem pelo que é bom nem pelo que é mau, do que lhe possa advir. Significa, então, descoberta de sua interioridade, posse de um estado imperturbável diante das ocorrências externas.[20]

No entanto, esta ética assim pregada pelos estoicos é, no fundo, a derivação de um conjunto de estudos de caráter físico, lógico... A ética estoica é o resultado da interpenetração dos conhecimentos adquiridos pelo homem, e isso porque a lógica confere a certeza ao

---

[16] "Cicéron attachait une grande importance au style, parce qu'il y voyait un puissant instrument de persuasion. Avec la passion qu'il apportait à tout ce Qui touche à son art, il n'a pas cessé de faire des progrès jusqu'à sa mort et a porté à sa perfection la prose latine" (Humbert, *Histoire illustré de la littérature latine*, 1932, p. 135).

[17] Cícero teria sido sobretudo um grande divulgador da filosofia grega: "Ora, nisso Cícero mostra-se verdadeiramente genial: a cultura romana apossa-se, por mérito de Cícero, da filosofia grega; assimila-a, dá-lhe vida prática, difundindo-a e impondo-a ao mundo. Cícero, reunindo todos os sistemas filosóficos helênicos, dá a este apanhado a marca da ciência civil e moral de Roma, anima-o, vivifica-o, dá-lhe o impulso da ação, transformando romanamente o ideal máximo da cultura grega, a *humanitas*, em princípio operante sobre todos os povos. Os tratados filosóficos de Cícero têm uma marca estilística que refletia exatamente o conteúdo eclético: sua prosa é elegante, reavivada na forma e no léxico, os argumentos são expostos por meio de diálogos, nos quais agem os defensores das várias teorias. Ainda nisso vemos, mais que o filósofo, o divulgador da filosofia: um divulgador eficientíssimo (único em toda a literatura latina), que fará sentir através dos séculos o eco da ação fecunda" (Leoni, *A literatura de Roma*: esboço histórico da cultura latina, 1949, p. 44).

[18] Cf. Humbert, *Histoire illustré de la littérature latine*, 1932, p. 117.

[19] A respeito do estoicismo, consulte a excelente investigação de Doutorado de Andityos Soares Matos, intitulada "O estoicismo imperial como momento da ideia de justiça", Belo Horizonte, UFMG, 2009, 422 p.

[20] "Sábio é o homem que, retraindo-se desse mundo, contra o qual nada pode, busca refúgio em si mesmo. Destarte, torna-se senhor de si, vive sem perturbação, na ataraxia" (Ullman, O estoicismo ético de Marco Aurélio. *Revista Brasileira de Filosofia*, v. 41, fasc. 169, p. 41, jan./mar. 1993).

raciocínio, a física mostra os fundamentos das coisas...[21] No sistema ético-estoico, portanto, convivem conhecimentos de várias naturezas e fins para afirmar o que o homem deve ou não deve fazer. Todos os conhecimentos (físicos, lógicos, metafísicos...) estarão a favor das conclusões ético-estoicas.

Nesse sentido, há que se adiantar que não será a contemplação a finalidade da conduta humana, mas sim a ação, pois é nesta que reside a capacidade de conferir felicidade ao homem.[22] É por meio da ação que surgem as oportunidades de ser ou não ser; é na ação que reside o ideal de vida estoico.

A ética estoica é ainda uma ética que determina o cumprimento de mandamentos éticos pelo simples dever. Não é com vistas a um fim outro qualquer que da ação deve decorrer um bem qualquer para si ou para a comunidade. Não é visando ao enriquecimento, à honra social, ao elogio, à elevação de seu conceito entre as pessoas...[23] que se deve distinguir o agir ético. A ética deve ser cumprida porque se trata de mandamentos certos e incontornáveis da ação. Eis aí uma ética do dever.[24] Isso vem bem espelhado na doutrina ciceroniana, quando explica que não o temor social pela punição, mas a vontade de praticar justiça deve ser o móvel da ação:

> "Se o castigo, se o temor aos suplícios, e não a própria essência desonrosa dos atos, nos levam a considerar uma vida dedicada à injustiça e ao crime, então nada é injusto, e os maus seriam mais adequadamente chamados de imprudentes. Se o que nos leva a ser honrados não é a própria honradez, mas sim a utilidade e o interesse, então não somos bons, somos espertos."

Mas, o maior absurdo é supor-se que são justas todas as instituições e leis dos povos. Serão ainda justas as leis dos tiranos? Se os famosos Trinta quiseram impor leis a Atenas e se todos os atenienses aprovaram suas leis tirânicas, teríamos que considerá-las justas?

Assim, existe só um Direito, aquele que constitui o vínculo da sociedade humana e que nasce de uma só Lei; e esta Lei é a acertada em tudo quanto ordena e proíbe. Quem a ignora é injusto, esteja ela escrita ou não em alguma parte" (Cícero, *Das leis*, trad., p. 49).

Se se deseja a virtude tendo-se em vista outra coisa qualquer (honra, reconhecimento, dinheiro...), então, efetivamente, há algo melhor que a virtude, e isso só pode ser reconhecido

---

[21] "Não obstante a ética representar o fulcro do estoicismo, impossível é separá-la das outras partes do sistema. A lógica representa o fundamento da moral, porque proporciona ao sábio a certeza onde se encontra a ataraxia. Também à física está vinculada a ética, porquanto ela ministra os verdadeiros princípios. Mas como a física logra fundamentar os últimos princípios? Na visão estóica, o caráter essencial do universo consiste em estar sujeito a uma lei que governa, de modo igual, a totalidade do universo e todas as suas partes. A essa lei natural, que é o *lógos*, conformam-se, por uma fatalidade natural, os seres inanimados e os seres animados, desprovidos de razão. Cifra-se nisso a lei natural – o *nómos phýsikos*. Ao homem racional incumbe conformar-se voluntariamente com o *lógos*" (Ullman, O estoicismo ético de Marco Aurélio. *Revista Brasileira de Filosofia*, v. 41, fasc. 169, p. 41, jan./mar. 1993).

[22] "Para os estóicos não é mais a contemplação, mas a ação que está no ápice da vida humana" (Maritain, *A filosofia moral*, 1964, p. 74).

[23] "Cumprir o dever ético de amar os outros não deve visar a uma recompensa. Nada mais do que o dever pelo dever! O motivo da gratidão, da recompensa ou da bajulação não deve nem sequer ser cogitado" (Ullman, O estoicismo ético de Marco Aurélio. *Revista Brasileira de Filosofia*, v. 41, fasc. 169, p. 43, jan./mar. 1993).

[24] "A ética estoica é uma ética do valor puro" (Maritain, *A filosofia moral*, 1964, p. 77).

como inadmissível.[25] Ou, ainda, este tipo de preocupação se reafirma em trecho mais incisivo, que parte para a afirmação da necessidade de obediência às virtudes pela necessidade de observância do Direito como algo exclusivamente humano, e, portanto, naturalmente humano:

> "Para terminar este discurso, tirarei uma conclusão que, depois do que foi dito, tem que ser óbvia: o Direito e, em geral, o honrado devem ser desejados por seus méritos intrínsecos. Ademais, todos os homens bons amam a equidade e o Direito em si, e não seria próprio deles cair no erro de amar algo que, por natureza, não fosse digno de ser amado; logo, havemos de desejar e respeitar o Direito por si mesmo. Isso, valendo para o Direito, vale também para a justiça; valendo para a justiça, vale também para as demais virtudes" (Cícero, *Das leis,* trad., p. 52).

Essa obediência aos mandamentos éticos se deve ao fato de tais mandamentos decorrerem de leis naturais. À natureza (*phýsis*) não pode se sobrepor o ser humano. É da *phýsis* que emanam as normas do agir. E nessa obediência ao que é natural reside uma forma de intuição do que é elementar e natural, assim como consentâneo, à conservação e manutenção da vida humana; é a intuição das normas naturais que confere ao homem a capacidade de discernir o que é favorável e o que é desfavorável a seu bom agir.[26]

A justiça, a sabedoria, a fortaleza e a temperança constituindo-se nas virtudes cardeais da *stoa*, também estes haveriam de se tornar os móveis da ação para Cícero. Em seu *De officis* são essas as partes do *honestum* ciceroniano.

Em poucas palavras, a felicidade, a harmonia e a sabedoria residem num estado de alma em que o homem se torna capaz de ser indiferente às mudanças que estão a sua volta, a um só tempo: (a) por reconhecer a fugacidade de todas as coisas, por ser temente a Deus; (b) por confiar na justiça que decorre de seus atos; (c) por estar certo de que age de acordo com sua lógica; (d) por conhecer de um conhecimento certo as coisas pelas causas físicas; (e) por respeitar a natureza e os preceitos dela decorrentes; (f) por viver conforme o que é capaz de produzir um benefício para a comunidade.[27]

Nisso tudo há um grande e profundo compromisso do homem com a ação, assim como com a natureza. Com isso tudo está de acordo o pensamento ciceroniano, fundamentalmente voltado para a fundamentação ética na base do estoicismo.

7.3 ÉTICA CICERONIANA E JUSTIÇA

A base da ética ciceroniana, como já se disse, é a *stoa*. Não há, porém, um purismo filosófico em Cícero, uma vez que sua exposição não repousa exclusivamente no estoicismo,

---

[25] "Finalmente, se se deseja a virtude com vistas a outros bens, existe necessariamente algo melhor que a virtude. E que será? O dinheiro, as honras, a beleza, a saúde?" (Cícero, *Das leis,* trad., p. 53).

[26] "Para fundamentar esta teoría de los deberes, los estoicos van a volver a su intuición fundamental, la del acuerdo instintivo y original del ser vivo con él mismo que expresa la profunda voluntad de la naturaleza. Los seres vivos tienen una propensión original a conservarse y a rechazar lo que amenaza su integridad. Con la aparición de la razón en el hombre, el instinto natural se vuelve elección pensada y razonada; deberá ser elegido aquello que responde a las tendencias naturales: el amor a la vida, por ejemplo, el amor a los niños, el amor a los conciudadanos, fundamentado en el instinto de sociabilidad" (Hadot, *Que és la filosofía antigua?,* 1998, p. 150).

[27] "O homem que for sábio está livre de afectos e paixões, basta-se a si mesmo e é temente a Deus, aspira ao bem e ao justo e é capaz de actuar segundo a natureza" (Pereira, *Estudos de história da cultura clássica,* 7. ed., 1993, p. 531).

mas apela para um sincretismo filosófico que remonta ao socratismo, ao platonismo, ao aristotelismo, ao estoicismo...[28] No decurso de várias passagens, Cícero demonstra albergar posturas ético-filosóficas de várias escolas, bem como não desconhecer o argumento ético de outras escolas.[29] Desse modo constituída sua filosofia, Cícero não poderia negligenciar o principal contributo do estoicismo, a saber, a ligação do homem com a natureza, ou seja, a formação da ética a partir da intuição natural. Aliado a esse contributo está outro: a ética não se afirmar na contemplação, mas na ação, e é esta que deverá ser julgada boa ou má.[30] Não se pode chegar a outra medida senão à que diz que a justiça não é inata, mas se trata de uma conquista prática da ação humana.

Assim, Cícero não se atém a descrever pura e simplesmente o Direito Romano de sua época, ou suas raízes culturais, mas suas raízes e fundamentos naturais, dentro de uma prospecção tipicamente filosófica. Se Cícero quisesse se deter na discussão do Direito Romano, teria que verter sua discussão para um estudo documental das fontes romanas, mas sua vontade, expressa textualmente, é outra, a saber, discutir o que depende da incerteza da especulação e não da certeza documental.[31]

E nesse retrocesso às causas naturais do Direito, Cícero é obrigado a proceder a investigações aparentemente desconectadas do fenômeno que pretende compreender e estudar.[32] Contudo, no fundo, o que quer Cícero é exatamente demonstrar o movimento do cosmos ao Direito, para explicar-lhe a essência.

No cosmos é que Cícero encontra a reta razão (*recta ratio*) que a tudo ordena, e de acordo com a qual se devem pautar todas as condutas humanas. A ética ciceroniana movimenta-se a partir de uma lei absoluta preexistente, imutável, intocável, soberana e perfeita e que a tudo governa:

> "A razão reta, conforme à natureza, gravada em todos os corações, imutável, eterna, cuja voz ensina e prescreve o bem, afasta do mal que proíbe e, ora com seus mandados, ora com

---

[28] "Deste modo, refiro-me aos que estiveram na Antiga Academia com Espeusipo, Xenócrates e Pólemon, aos que, seguindo Aristóteles e Teofrasto, conservaram o fundo da filosofia anterior, mas com ideias distintas sobre o modo de expô-la; aos que adotaram o critério de Zenão e mudaram os termos sem modificar a doutrina, e ainda aos que aderiram à severa e rude sorte de Aristão, hoje abandonada e refugada, segundo a qual tudo – a não ser as virtudes e os vícios – estava submetido à mais absoluta igualdade. Êstes são os autores cuja aprovação desejo para o que disse antes" (Cícero, *Das leis*, trad., p. 48).

[29] "*Marco*: – Apenas um, pelo menos dos importantes: segundo os acadêmicos, o bem é tudo o que está em conformidade com a Natureza e é favorável à vida, enquanto que, para Zenão, nada é bom que não seja o honroso" (Cícero, *Das leis*, trad., p. 54).

[30] "Mas não é bastante ter uma arte qualquer sem praticá-la. Uma arte qualquer, pelo menos, mesmo quando não se pratique, pode ser considerada como ciência; mas a virtude afirma-se por completo na prática, e seu melhor uso consiste em governar a República e converter em obras as palavras que se ouvem nas escolas" (Cícero, *Da república*, trad., par. II, p. 10).

[31] "No que diz respeito ao Direito Natural, devemos pensar e falar por nossa própria conta; porém, quando se trata do Direito Romano, temos que nos referir aos documentos e às tradições" (Cícero, *Das leis*, trad., p. 115).

[32] Ático, dialogando com Cícero, em *Das leis,* reclama de seu procedimento retrospectivo:
"Ao lado de outras vantagens e aptidões do nosso corpo, o domínio da fala, o poder da palavra, que é o fator principal para a comunicação humana.
Ático: – Deuses imortais! Quão longe buscas as origens do Direito!
Mas, entre todas as questões que constituem o objeto das discussões científicas, nada é tão essencial como o compreender plenamente que nascemos para a justiça e que o Direito não se baseia em convenções, mas sim na Natureza" (Cícero, *Das leis*, trad., p. 44).

Cap. 7 · CÍCERO: ESTOICISMO ROMANO E LEI NATURAL | **149**

suas proibições, jamais se dirige inutilmente aos bons, nem fica impotente ante os maus. Essa lei não pode ser contestada, nem derrogada em parte, nem anulada; não podemos ser isentos de seu cumprimento pelo povo nem pelo Senado; não há que procurar para ela outro comentador nem intérprete" (Cícero, *Da República,* trad., par. XVII, p. 75).

Assim, o bem e o mal só podem ser dados como razões da natureza. O parâmetro da conduta humana deverá ser a observância da lei natural, e isso porque nela se encontra a noção de bem que deve ser seguida. Aí reside a felicidade, a ordenação da conduta individual, e, por consequência, como se verá adiante, da conduta social na república. Assim:

> "Se o bem é louvável é porque encerra em si mesmo algo que nos obriga a louvá-lo; pois o bem não depende das convenções e sim da Natureza. Se assim não fosse, a felicidade também se fundamentaria na convenção, e nada mais estúpido do que isso, se poderia dizer" (Cícero, *Das leis,* trad., p. 51).

O que há de se destacar é que o homem que conhece a si mesmo torna-se sábio, à medida que descobre em si uma lei natural, que é a que estimula a vivência na virtude e orienta para o recrudecimento dos vícios.

> "Mas é fora de dúvida que a norma de vida deriva da lei, uma vez que esta deve, ao mesmo tempo, retificar os vícios e fomentar as virtudes.
>
> Pois aquele que se conhece a si mesmo começará por sentir-se de posse de algo divino; conceberá sua própria natureza como uma imagem consagrada, agindo e pensando sempre de um modo digno de tantos favores divinos; e quando se examinar a si mesmo, por inteiro, descobrirá todos os dons que lhe deu a Natureza ao nascer e todos os instrumentos de que dispõe para obter e alcançar a sabedoria" (Cícero, *Das leis,* trad., p. 56-57).

Não a convenção humana, mas a natureza pode ser dada como parâmetro para a conduta ética. Se a razão é o distintivo humano, a virtude de acordo com a reta razão será o distintivo do ser humano justo:

> "E nós, para distinguirmos o bem do mal, não temos outra solução que não seja recorrer à Natureza.
>
> Seria preciso ser louco para crer que estas distinções se baseiam em convenções e não na Natureza.
>
> A virtude é uma razão perfeita; não há dúvida de que sua base é natural" (Cícero, *Das leis,* trad., p. 50-51).

A justiça, como uma das virtudes cardeais, portanto, haverá de ser uma decorrência também de um sistema natural. É com inspiração nas leis naturais que haverão de surgir as leis humanas. Uma vez surgidas, será com base nas leis naturais que haverão de se orientar e se corrigir.

Para que se possa iniciar um estudo acerca da República,[33] do Direito e de suas manifestações, há que se principiar pelo que seja a lei. Para que se possa iniciar um estudo acerca das

---

[33] *Ático:* "– Queres saber o que espero de ti? Pois bem, uma vez que já escreveste um livro sobre a melhor forma de república, parece-me lógico que faças outro sobre as leis. Assim foi, como vemos, o procedi-

leis, ter-se-á, então, que se iniciar um estudo sobre a natureza e as leis naturais, não se podendo deixar de lado um estudo sobre a natureza humana. De fato, de acordo com estes propósitos:

> "Temos de explicar a natureza do Direito e buscaremos a explicação no estudo da natureza do homem.
>
> (...) a lei é a razão suprema da Natureza, que ordena o que se deve fazer e proíbe o contrário. Esta mesma razão, uma vez confirmada e desenvolvida pela mente humana, se transforma em lei.
>
> Se tudo isto é certo, como creio que é, de um modo geral, então para falar de Direito devemos começar pela lei; e a lei é a força da Natureza, é o espírito e a razão do homem dotado de sabedoria prática, é o critério do justo e do injusto" (Cícero, *Das leis,* trad., p. 40).

Na natureza, e, por consequência, na lei natural, há não somente certeza de justiça, mas também prevalência de justiça. A lei natural antecede ao homem, e há de servir-lhe como guia na construção de suas artificiais estruturas de organização social, uma vez que o viver social é uma necessidade humana.[34] Então:

> "Sem dúvida, para definir Direito, nosso ponto de partida será a lei suprema que pertence a todos os séculos e já era vigente quando não havia lei escrita nem Estado constituído.
>
> Por isso buscarei a fonte do Direito na Natureza, que há de ser nosso guia no curso de toda essa discussão" (Cícero, *Das leis,* trad., p. 41).

Mais que isso, essa lei que preexiste ao homem é-lhe a orientação, e o que lhe traz a certeza da igualdade, uma vez que todos comungam das mesmas dificuldades, das mesmas limitações, enfim, da mesma condição humana. O viver humano está jungido por regras que não foram definidas pelo homem, mas que condicionam sua existência e que preexistem a ela. Tais leis igualam os homens entre si, mas os desigualam frente aos demais animais existentes: o homem está dotado de razão. A razão é o que há de ligação não entre os homens e os demais animais, mas o que há de ligação entre os homens e os deuses. Nesse sentido, floresce a *stoa,* uma vez que Cícero irá dizer que homens e deuses formam um só universo, onde as leis naturais presidem à coordenação do todo:

> "Pois ele é o único, entre todas as espécies e variedades de sêres animados, que tem acesso a uma razão e a um pensamento, de que carecem as outras. Com efeito, o que é mais divino, não direi apenas no homem, mas em todo o céu e a terra, do que a razão?
>
> Mas os que possuem razão em comum, devem também possuir em comum a razão justa. Ora, esta não é outra coisa senão a lei, logo a lei é um outro vínculo que devemos reconhecer entre homens e deuses.

---

mento daquele Platão, que admiras tanto, que preferes a todos os demais e a quem dedicas um grande amor" (Cícero, *Das leis,* trad., p. 39).

[34] "Uma vez convencido de que está destinado a viver na sociedade civil, compreenderá a necessidade de empregar, não só a arma útil da dialética, mas também uma arma de maior alcance e de efeito mais duradouro, isto é, a eloquência, que governa os povos, dá força às leis, castiga os maus, ampara os bons e exalta os grandes homens" (Cícero, *Das leis,* trad., p. 57).

Logo, devemos considerar que o nosso universo é uma só comunidade, constituída pelos deuses e pelos homens" (Cícero, *Das leis*, trad., p. 42).

As organizações sociais dependem desse tipo de ética. Isso porque, uma vez ordenada dessa forma, de acordo com a natureza, a sociedade haverá de perseguir e alcançar a felicidade geral, mas se desvirtuada ou distanciada de tal ética natural, não haverá de realizar a felicidade. A felicidade, portanto, encontra-se, para Cícero, na dependência do grau evolutivo de organização da República. Nesse aspecto, é a República que está a influenciar na felicidade do indivíduo, e não o contrário. Leia-se:

"Em suma, não há felicidade sem uma boa constituição política; não há paz, não há felicidade possível, sem uma sábia e bem organizada República" (Cícero, *Da república*, trad., p. 85).

Assim é que o Direito haverá de ser considerado mister para a organização humana. O Direito deverá se organizar de acordo com os mandamentos da natureza, e todos deverão ser coordenados em seus comportamentos por esse Direito. Isso porque o Direito é razão, e a razão é comum a todos os homens. Mais que isso, o Direito é uma decorrência natural para a organização justa e reta dos homens em sociedade. Assim:

"*Marco*: – Assim, chegamos à conclusão de que a Natureza nos criou para que participássemos todos do Direito e o possuíssemos em comum.

Assim, os que receberam a razão da Natureza também receberam a justa razão e consequentemente a Lei, que nada mais é que a justa razão no campo das concessões e das proibições. E se receberam a Lei, também receberam o Direito" (Cícero, *Das leis*, trad., p. 46).

A lei natural e eterna é a fonte desse Direito. Não reside na convenção nem na inteligência do legislador a formação das leis, mas numa razão natural, insubmissa às corruptelas do pensamento humano.

"*Marco*: – Parece-me então que, na opinião dos mais eminentes sábios, a lei não é o produto da inteligência humana, nem da vontade popular, mas algo eterno que rege o universo por meio de sábios mandatos e sábias proibições.

Portanto, é legítimo celebrar uma lei que é o presente dos deuses ao gênero humano e que é a razão e a inteligência do sábio que, no entanto, é capaz de mandar e proibir" (Cícero, *Das leis*, trad., p. 64).

Mesmo inexistindo leis escritas, percebe-se a presença da lei eterna que a todos governa. Pode-se mesmo cometer um crime que não esteja previsto em leis humanas, mas repudiar-se a conduta como desconforme ao bem, uma vez que a noção intuitiva de bem, de acordo com a razão eterna e divina,[35] precede a qualquer convenção humana e a qualquer ato do legislador.

---

[35] "Por isso, entre todas as espécies animais, nenhuma, com exceção do homem, tem o menor conhecimento de Deus, enquanto que, entre os homens, não há povo algum, civilizado ou primitivo, que não se sinta obrigado a crer num Deus, mesmo que ignore o Deus no qual se deve crer" (Cícero, *Das leis*, trad., p. 43).

A unidade divina[36] fomenta a profunda perfeição das leis naturais, que devem ser a inspiração última de todo legislador social. De acordo com o relato de um caso, Cícero ilustra o que quer dizer a esse respeito:

> "E mesmo durante o reinado de Lúcio Tarquínio não havia lei escrita alguma em Roma sobre o estupro, não diremos por isso que o atentado de Sexto Tarquínio contra Lucrécia, filha de Tricipitino não foi uma violação da Lei eterna. Existia, pois, uma razão derivada da natureza das coisas, incitando ao bem e afastando do mal, que para chegar a ser Lei não necessitou ser redigida, pois que já o era desde sua origem. E sua origem é tão antiga como a mente divina. Por isso a lei verdadeira e essencial, a que manda e proíbe legitimamente, é a razão justa do grande Júpiter.
>
> *Marco*: – Logo, assim como a mente divina é a lei suprema, do mesmo modo a razão é a lei quando atinge no homem seu mais completo desenvolvimento; mas este desenvolvimento só se encontra na mente do sábio" (Cícero, *Das leis*, trad., p. 65).

No entanto, as leis humanas devem constituir-se, de fato, em estímulo para os bons e em desestímulo para os maus. O critério para a diferenciação entre ambos não é dado pelo homem, mas pela natureza, ela que é soberana e justa. Para que as leis humanas consigam atingir sua finalidade, deverão conformar-se ao que há de necessário e incontornável dado pela lei natural. De fato:

> "Logo, a lei é uma diferença entre o justo e o injusto, feita de acordo com a Natureza, ou melhor, com a mais antiga e essencial de todas as coisas; e à Natureza sujeitam-se as leis humanas, que ameaçam os maus com o castigo, enquanto defendem e protegem os bons" (Cícero, *Das leis*, trad., p. 66).

Enfim, Cícero resume sua doutrina acerca dos comandos éticos e jurídicos num conjunto heterogêneo de preceitos (éticos, jurídicos, religiosos, políticos...) que devem ser registrados:

> "*Marco*: – Aproximem-se dos deuses com alma pura, oferecendo a piedade e despojando as riquezas. Ao que agir de outro modo Deus mesmo o castigará.
>
> Que ninguém tenha Deuses particulares, sejam novos ou forasteiros, a não ser que hajam sido reconhecidos pelo Estado. Que se adore em particular aqueles cujo culto haja sido devidamente reconhecido pelos antepassados.
>
> Que nas cidades existam santuários e no campo bosques sagrados e moradas dos Lares. Conservem-se os ritos da família e dos antepassados.
>
> Que se adorem como deuses os que sempre tiveram fama de ser habitantes do céu e os que colocaram seus méritos no céu, Hércules, Líber, Esculápio, Castor, Pólux, Quirino, assim como aquelas virtudes pelas quais os homens sobem ao céu, a inteligência, o valor, a piedade, a boa fé, em cuja honra se edificaram santuários, e não em honra dos vícios. Que se cumpram as cerimônias públicas.
>
> Que os feriados estejam livres de pleitos, que os celebrem os escravos uma vez terminados os trabalhos do dia e que se repartam periodicamente no ano; que os sacerdotes ofereçam em nome do Estado uma porção determinada de grãos e de frutas, de acordo com certos rituais e em certas oportunidades; e que reservem para outras ocasiões a oferta de leite

---

[36] "Porque o universo obedece a Deus, os mares e as terras obedecem ao universo, e a vida humana obedece às ordens da suprema Lei" (Cícero, *Das leis*, trad., p. 96).

e dos animais jovens; e, para que não possam omitir-se estes atos, façam os sacerdotes os cálculos necessários, a fim de determinar estas festas periódicas, destinando a cada um dos deuses as vítimas que lhe sejam convenientes e agradáveis.

Que os diferentes deuses tenham seus diferentes sacerdotes, pontífices para todos e flâmines para alguns. Que as virgens vestais vigilem na Urbe a chama inextinguível do lar público.

Que estas cerimônias particulares e públicas se façam do modo determinado e de acordo com os ritos, e que os que não sabem como realizá-las peçam conselho aos sacerdotes públicos. Destes haverá três categorias: a primeira, para presidir às cerimônias e aos rituais sagrados; a segunda, para interpretar as revelações obscuras dos adivinhos e dos profetas, quando as reconheçam o Senado e o povo; e os intérpretes de Júpiter Ótimo Máximo, ou áugures públicos, que anunciarão o futuro por meio dos sinais e dos auspícios, sem deixar de observar as regras. E que os sacerdotes tomem os agouros com respeito aos vinhedos, aos juncos e ao bem-estar do povo; que de antemão façam conhecer os auspícios aos encarregados dos assuntos militares e políticos, os quais se conformarão com eles; que prevejam a irritação dos Deuses e estejam a serviço de sua vontade; que interpretem os relâmpagos do céu, de acordo com a região correspondente, mantendo livres e delimitadas suas áreas de observação na urbe e no campo.

Que se considere nulo e incompleto tudo quanto o áugure declare injusto, nefasto, pernicioso e de mau agouro e que se aplique a pena máxima ao que desobedecer.

Que os feciais sejam juízes e mensageiros no tocante a tratados, paz, guerras, tréguas e embaixadas; que decidam sobre as guerras.

Que os prodígios sejam submetidos aos arúspices etruscos, se assim manda o Senado, e na Etrúria ensinem as regras aos primeiros cidadãos; que se ofereçam sacrifícios expiatórios aos deuses reconhecidos, que se conjurem os presságios anunciados pelo relâmpago e se purifiquem os objetos alcançados pelo raio.

Que as mulheres não façam sacrifícios noturnos, salvo aqueles que se fizerem legitima-mente em nome do povo; e que ninguém receba iniciação alguma, salvo nos mistérios gregos de Ceres, segundo o costume.

Que os sacrilégios imperdoáveis sejam considerados como impiedades e que os demais sejam redimidos pelos sacerdotes públicos.

Que nos jogos públicos, onde se praticam, sejam corridas de carros, sejam lutas livres, o canto e a música de lira ou de flauta, a alegria mantenha-se moderada e se associe às homenagens dos deuses.

Que se conserve o que há de melhor nos ritos antigos.

Que, com exceção dos sacerdotes da Mãe do Monte Ida, e somente nas festas legais, não se faça coleta de fundos.

Que aquele que haja roubado ou arrancado algum objeto sagrado, ou colocado sob a proteção do santuário, seja considerado parricida.

Os deuses castigam o perjúrio, com a destruição; os homens, com a infâmia.

Que os pontífices castiguem o incesto com a pena máxima.

Que o ímpio não se atreva a aplacar com dádivas a cólera dos deuses.

Que os votos recebam um cumprimento escrupuloso e que a violação do direito traga um castigo.

Que ninguém consagre um campo e que se imponham limites à consagração do ouro, da prata e do marfim.

Que os ritos privados se mantenham eternamente.

Que se declarem santos os direitos dos deuses Manes, que se reconheça a divindade dos bons defuntos e se reduzam os gastos funerários.

Ático: – Acabas de completar uma legislação que é impressionantemente sucinta. A mim, porém, parece que tua constituição religiosa pouco difere das leis de Numa e de nossas tradições" (Cícero, *Das leis*, trad., p. 69-71).

Assim, a razão deve-se sobrepor à paixão, com vistas à efetiva implantação da ordem de acordo com a lei natural entre os homens. Esta sociedade estará guiada pela reta razão.

A lei e a constituição organizadas numa sociedade, fica debelada toda causa da violência injusta e de toda falta de proporcionalidade entre o comportamento e a punição.[37] A lei é para a sociedade o mandamento de ordem, de retidão e de prudência, pois, em verdade, como diz Platão, as leis são o magistrado mudo.[38] Na lei, então, reside o princípio de igualdade,[39] justiça e retidão; convenção necessária, é ela que ordena a República (*res publica*) para o alcance de seus fins.

Por isso, as leis são, se bem constituídas de acordo com a lei natural, necessárias para os homens. Mais que isso, e antes mesmo disso, as leis são necessárias para a República, assim como a República é necessária para o homem, uma vez que o homem tem um instinto de sociabilidade que é o que funda a utilidade comum do viver em sociedade. Nesse sentido, o povo é a alma da criação e do sustento da República.[40] É na República, e não fora dela, é com as leis, e não a sua revelia, que se encontra a felicidade e a realização ética humana. Nisso há ordem, nisso há justiça, nisso há lei natural, nisso há razão divina.[41] É com o direito que se realizam o Estado, a República, o cidadão e o homem.[42]

---

[37] "O que segue, refere-se à corrupção e às intrigas. Posto que a aplicação das leis depende mais dos tribunais que dos discursos, pede-se, ademais, que os castigos sejam proporcionais aos delitos e que cada um receba a pena que corresponda ao seu vício: a morte para a violência, a multa para a avareza, a infâmia para a ambição" (Cícero, *Das leis*, trad., p. 114).

[38] "*Marco*: – Então seguirei, como já disse, o exemplo daquele homem divino, a quem talvez louve mais do que o necessário, devido à enorme admiração que sinto por ele.

Ático: Estás falando de Platão?

Marco: Dele mesmo, Ático.

Pois assim como as leis governam o magistrado, do mesmo modo os magistrados governam o povo; e com razão pode dizer-se que o magistrado é uma lei falada ou que a lei é um magistrado mudo" (Cícero, *Das leis*, trad., p. 95).

[39] "Não quiseram que se fizessem as leis acerca dos particulares, pois constituem privilégios; e não há nada mais injusto que o privilégio, posto que é próprio da lei ser estabelecida e promulgada para todos" (Cícero, *Das leis*, trad., p. 113).

[40] "A liberdade, por exemplo, só pode existir verdadeiramente onde o povo exerce a soberania; não pode existir essa liberdade, que é de todos os bens o mais doce, quando não é igual para todos" (Cícero, *Da república*, trad., p. 29).

[41] "...porque nada é mais grato a Deus, a esse Deus que a todos governa, do que essas sociedades de homens formadas sob o império do direito, que se chamam Estados, cujos legisladores, como os que a governam e conservam, partem daquele lugar a que hão de voltar um dia mais próximo ou remoto" (Cícero, *Da república*, trad., p. 89).

[42] "Se não se admite a igualdade da fortuna, se a igualdade da inteligência é um mito, a igualdade dos direitos parece ao menos obrigatória entre os membros de uma mesma república. Que é, pois, o Estado, senão uma sociedade para o direito?..." (Cícero, *Da república*, trad., p. 30).

A República pressupõe Direito, e o Direito pressupõe leis, e as leis pressupõem leis naturais, e as leis naturais pressupõem Deus. Assim, a investigação ciceroniana em torno do problema da justiça, da virtude e do Direito se entrelaça com razões cósmicas, com razões naturais...[43] de modo que, quando se fala em República, fala-se no governo para o bem comum. Onde uma facção domina direcionando a coisa pública para seus interesses, então não se está diante de uma República.[44]

Então, haveria que se dizer que a justiça consiste em não fazer o mal injusto[45] a outrem, nem utilizar-se do que é comum sem que seja para finalidades comuns. O que vale seja dito é que a injustiça em momento algum traz felicidade, e não é nela que deverá fiar-se aquele que busca felicidade; o temor da punição pende como uma ameaça que perturba a estabilidade harmônica daquele a quem se pode chamar justo.[46] Esta lição aparece seja no *De republica*, seja no *De officis*:

> "A primeira obrigação da justiça é não fazer mal a ninguém, sem que se seja provocado por qualquer injúria; e a segunda, usar dos bens comuns como comuns, e como próprios dos nossos em particular; *Sed iustitia primum munus est, ut ne cui quis noceat, nisi lacesitus iniuria, deinde ut communibus pro communibus utatur, privatis ut sui*" (Cícero, *De officis*, 7, 20).
>
> "A justiça, pelo contrário, nos prescreve o respeito aos direitos privados, nos manda consultar o interesse do gênero humano, dar a cada um seu direito, não tocar nas coisas sagradas, nem públicas, nem alheias" (Cícero, *Da república*, trad., p. 72).

CONCLUSÕES

Numa profunda ordenação cósmico-natural se pode encontrar o fundamento de toda ética e de todo conceito de justiça na teoria ciceroniana. São as leis naturais a ordenação do todo, de acordo com elas se funda a reta razão, de modo que o direito natural passa a representar a única razão de ordenação da conduta humana na República.

As virtudes são estimuladas pela lei natural, e os vícios são repreendidos por ela. É ela que, primeira, racional, pura, absoluta, imperativa... deve ser a escolta para os atos humanos, e não qualquer outro tipo de frágil convenção humana. É esse conjunto de preceitos que guia o homem na consecução de seus fins pessoais, que são, coincidentemente, também fins sociais.

---

[43] "Quem podia chamar República – continuou Cipião – ao Estado em que todos estavam oprimidos pela crueldade de um? Não havia vínculos de direito, nem consentimentos na sociedade, que é o que constituía o povo" (Cícero, *Da república*, trad., par. XXI, p. 76).

[44] "*Cipião*: Vês, pois, que, onde tudo está sob o poder de uma facção, não se pode dizer que existe República" (Cícero, *Da república*, trad., p. 77).

[45] "– Não há dúvida de que a justiça prescreve que não se mate o próximo, nem se toque no que lhe pertence. Mas, que fará o justo que, no perigo de um naufrágio, vê agarrar-se a uma tábua outro mais fraco do que ele?" (Cícero, *Da república*, trad., p. 75).

[46] "A justiça não é filha da natureza, nem da vontade, mas de nossa fraqueza. Se fosse preciso escolher entre três coisas, cometer injustiças sem sofrê-las, cometê-las e sofrê-las, ou evitar ambas, o melhor seria cometê-las impunemente; se fosse possível, portanto, não fazê-las e não sofrê-las, ao passo que o estado mais miserável seria lutar sempre, quer como opressor, quer como vítima ...
Acrescente-se que não pode haver benefício, por grande que seja, nem prêmio que proceda da injustiça, que valha a pena recear sempre, esperar sempre o castigo que ameaça o injusto" (Cícero, *Da república*, trad., p. 73).

É a sociabilidade condição natural humana, de modo que a organização do Estado, das leis, da justiça são condições para a realização da própria natureza humana. Observando-se a natureza das coisas, a natureza humana haverá de atingir um grau de afinidade e harmonia com as leis que regem o todo, de modo a que tudo se governe de acordo com um único princípio, que se resume à razão divina.

Dessa forma, o que se tem é uma ética do dever, constituída na base da lei natural, cuja finalidade reside em guiar e governar o todo. Dessa ética decorre a observância aos preceitos morais e jurídicos a um só tempo, dada a fusão em que se apresentam. Isso porque a sociabilidade humana é um mister, de modo que o Estado e as leis instrumentalizam esse mister, donde a felicidade humana decorre da própria harmonia de todos entre todos. É com a República que surge a felicidade humana.

O estoicismo lança o gérmen para que a filosofia cristã, que haverá de dominar o panorama da cultura ocidental por séculos, se implante e se desenvolva.

8
JUSTIÇA CRISTÃ

8.1 JUSTIÇA E RELIGIÃO

Quando se discute direito e justiça, é imprescindível analisar a influência que as Sagradas Escrituras produziram sobre a cultura ocidental.

De fato, as tradições, os hábitos, os costumes, as crenças populares, a moral, as instituições, a ética, as leis... estão profundamente marcadas pelas lições cristãs.[1] O alcance da doutrina cristã, que é fundamentalmente religiosa, teve sua utilização histórica, seus desvios e interpretações circunstanciais, mas o que importa dizer é que foi capaz de produzir suficiente abalo no espírito humano. É desse patrimônio religioso inestimável de influências, informações e valores que se devem retirar alguns preceitos básicos sobre a justiça; e isso, à medida que se escusar de discutir este tema, por qualquer motivo ideológico ou pretensamente científico, só satisfaz ainda mais ao não conhecimento de determinado espaço de cultura, qual o que se vive hodiernamente. Direito e justiça, como temas de pesquisa, não podem dispensar um tratamento mínimo à questão religiosa, mas isso não quer dizer que especificamente o cristianismo fosse uma doutrina política ou jurídica...[2]

Nessa medida é que se assume tal pesquisa sobre uma concepção religiosa, marcante, por sinal, para que ao lado das demais concepções tratadas no conjunto dessas investigações (platonismo e a metafísica; aristotelismo e a ética; romanos e a técnica...) se possa conhecer de perto uma concepção que possua o caráter religioso. Falar sobre a justiça é falar sobre um fenômeno multifacetado, o que justifica deparar-se com abordagens diversificadas, tantas quantas sejam as facetas do problema colocado em análise (faceta metafísica, faceta ética, faceta técnica, faceta religiosa...). Apagar o capítulo das interpretações religiosas acerca da justiça é apagar uma parte da saga humana.

No entanto, quando se procede ao resgate da Palavra dos Evangelhos em uma pesquisa desse perfil, quer-se, sobretudo, desvincular a justiça cristã dos usos sócio-históricos que recebeu (catolicismo; luteranismo; calvinismo...).[3] Assim, discutir justiça na Sagrada Escritura[4] não é discutir o que, em determinados momentos históricos, entendeu-se como justiça cristã, pois, nesse caso, trata-se de investigar muito mais os usos mundanos da palavra cristã por

---

[1] Essa discussão aparece em Bittar, *Teorias sobre a justiça*, 2000, p. 75-93.

[2] "A sublime doutrina religiosa e moral que, nascida na Palestina, se difundiu em poucos séculos em grande parte do mundo civilizado, provocou profunda transformação nas concepções do Direito e do Estado. Originariamente, porém, a doutrina cristã não tinha significado jurídico ou político, mas tão só moral. O princípio cristão da caridade, do amor, da fraternidade, não se propôs a obter reformas políticas e sociais, mas sim reformar as consciências" (Del Vecchio, *Lições de filosofia do direito*, 1979, p. 59).

[3] Um estudo desse tipo encontra-se em A. Truyol Y Serra, *História da filosofia do direito e do estado*, 1990, p. 45-65, a respeito da reforma (calvinismo, luteranismo...) e p. 85-100 (cristianismo e Estado Imperial).

[4] É com essa mesma proposta que trata do tema Hans Kelsen em seu *O que é justiça*, 1998.

camadas sociais, instituições, poderes constituídos, ideologias religiosas... do que o conceito oferecido pelos Evangelhos. Assim, deve-se desvincular, como condição epistemológica dessa pesquisa, a ideia de justiça cristã da justiça instituída como cristã no Império Romano após a adoção do cristianismo como religião oficial do Império por Constantino... da justiça praticada pelos senhores feudais como soberanos medievais que retiravam seus poderes de Deus... ou da justiça praticada pela Inquisição (Santo Ofício), fundada no século XI, que exercia poderes de julgamento sobre a vida das pessoas identificadas como hereges (*jus vitae ac mortis*)...

Os princípios extraídos da moral evangélica perenizaram-se, e seus usos históricos correspondem apenas a usos humanos de princípios que levam o homem a Deus; trata-se apenas de acidentes no percurso das ideias religiosas. Se desses princípios surgiram interpretações e usos os mais variados, uns caminhando para o ascetismo, outros para o desprezo da vida e dos valores humanos, outros para o extremismo sectário, outros para o purismo categórico... tais usos e interpretações são resultado da liberdade humana no discernimento dos conteúdos morais e religiosos. Não necessariamente coincidentes entre si, esses usos e interpretações se multiplicam e se modificam com o próprio evolver das civilizações, e então pode-se estar ainda por encontrar a interpretação e o alcance mais razoáveis das máximas cristãs, com os princípios deixados por meio da pregação crística.

Há, porém, que se ressaltar que a diversidade de religiões que se formaram ao longo dos séculos com base nos ensinamentos cristãos denuncia que a Palavra está sujeita a múltiplas interpretações.[5] E é do sentido que se atribui à Palavra que vivem e se orientam as comunidades religiosas. Isto está a confirmar o caráter controvertido da justiça e de suas possíveis concepções, materialistas, espiritualistas, ideológicas, racionais...

Então, trata-se sobretudo de pesquisar no bojo dos Evangelhos uma doutrina acerca da justiça, levando-se sobretudo em conta: (a) o julgamento de Jesus, como um fato humano de grande significado, uma vez que provocou verdadeira expansão de sua curta pregação (ele nunca escreveu uma palavra sequer do que pregou); (b) também, a doutrina de Justiça que incorpora, numa esperança e num anseio do advento da Justiça Divina; (c) a identificação da Boa Nova, a doutrina de Jesus, com ensinamentos nitidamente diversos dos contidos no Antigo Testamento. E isso porque, para essa doutrina: "Mas vós sois dele em Jesus Cristo, o qual para nós foi feito por Deus sabedoria, e justiça, e santificação, e redenção."[6]

Devem-se diferir os maus usos da doutrina cristã, que se fizeram na história ocidental por algumas ideologias, do que verdadeiramente ela encerra em si como doutrina, como ensinamento, como preocupação axiológica. O cristianismo alcançou muitas representações e interpretações no tempo e no espaço, muitas das quais fidedignas aos mandamentos originários, outras contraditórias. Trata-se aqui de buscar a Palavra dos Evangelhos por meio de um resgate ou de uma imersão na única ideologia latente na pregação de Jesus: fazei ao outro o que quereis que vos façam. Sem maiores pretensões, eis aí o objeto desse procedimento de pesquisa.

8.2 RUPTURA COM A LEI MOSAICA

A doutrina do Evangelho acerca da justiça não é, em toda parte (Antigo e Novo Testamentos), uniforme. Dessa maneira, o que se há de reconhecer desde o início de tal investigação é o abismo que divisa o que os profetas e a lei mosaica dizem acerca da justiça e o que a

---

[5]   Nesse sentido, todo o trabalho de Paul Ricoeur sobre a exegese das escrituras: *O conflito das interpretações*, 1978, p. 319-415.

[6]   Paulo, *Primeira Epístola de São Paulo aos Coríntios*, cap. I, v. 30.

doutrina crística diz acerca da justiça. Nessa diferença de conceitos, de ideias, de insinuações sobre como agir, como se comportar no meio social e como se conduzir espiritualmente, Hans Kelsen, em estudo específico da questão, quer identificar razão bastante para argumentar em desfavor da Palavra Evangélica e de suas promessas; o relativismo ser-lhe-ia uma nota fundamental, e desse escrito não se poderiam retirar parâmetros tão sólidos sobre a justiça, visto existir um desacordo entre os antigos dogmas (Velho Testamento) e os novos dogmas (Novo Testamento).

Na verdade, Hans Kelsen quer ver nas diferentes manifestações do Evangelho nada mais que flagrantes contradições de sentido; quer mesmo identificar em meio aos ensinamentos da Palavra Revelada contradições que conspurcam a eternidade de suas lições. No anseio de provar a relatividade do conceito de Justiça na história do pensamento e das doutrinas, deseja Hans Kelsen também relativizar todas as manifestações teóricas que acerca da justiça se formaram.

No entanto, o que Kelsen deixa de identificar na análise do tema é que a revogação moral de algumas máximas de Moisés e dos profetas por Jesus foi apenas a revogação de parte dos ensinamentos que o antecederam, e, grife-se, não de todas as máximas mosaicas e proféticas.[7] De fato, é do próprio ensinamento de Jesus esse conjunto de princípios: "Vós sabeis os mandamentos: não cometereis adultério; não matareis; não furtareis; não prestareis falso testemunho; não fareis mal a ninguém; honrai a vosso pai e a vossa mãe."[8]

Ademais, a revogação de parte da doutrina antiga, de seus ritos, de seus formalismos, de suas crenças místicas... era o recurso necessário, do qual se valeu Jesus Cristo em suas pregações, para superar o arcaísmo das concepções tradicionais do povo hebraico. Nesse sentido é que Jesus não aparece no cenário espiritual humano para desmentir os profetas e as leis, ou mesmo para superar a moral antiga, mas para adequar o homem e sua moral a seu tempo: "Aprendestes o que foi dito aos Antigos; não cometereis adultério. Mas eu vos digo que todo aquele que tiver olhado uma mulher com um mau desejo por ela, já cometeu adultério com ela, em seu coração."[9]

O algo a mais que o Cristo haveria de introduzir na sociedade de seu tempo estava para além do simples pensamento antigo, olho por olho, dente por dente, em que a vingança imperava como forma de desforra do mal causado. O Cristo faz residir o bem no perdão e no esquecimento das ofensas e dos males causados, o que, sem dúvida nenhuma, está para além do que normalmente se pede a um homem: "Aprendestes o que foi dito aos Antigos: Não matareis, e todo aquele que matar merecerá ser condenado pelo julgamento. Mas eu vos digo que todo aquele que se encolerizar contra seu irmão merecerá ser condenado pelo julgamento; que aquele que disser a seu irmão *Racca*, merecerá ser condenado pelo conselho; e que aquele que lhe disser: Sois louco, merecerá ser condenado ao fogo do inferno."[10]

O Cristo não desmentiu as profecias, a verdade antiga ou as promessas dos antigos sábios, pelo contrário, com sua presença *inter homines* fez dar cumprimento ao que se esperava de Deus pelo povo judaico. O momento do batismo é significativo neste sentido, pois cumpria a João Batista fazer com que se cumprisse o que estava escrito. João, não querendo batizar

---

[7]   "E que mais direi? Faltar-me-ia o tempo contando de Gedeão, e de Baraque, e de Sansão, e de Jefté, e de Davi, e de Samuel e os Profetas; Os quais pela fé venceram reinos, praticaram a justiça, alcançaram promessas, fecharam as bocas dos leões" (*Epístola aos Hebreus*, cap. XI, v. 33).

[8]   Marcos, cap. X, v. 19; São Lucas, cap. XVIII, v. 20; Mateus, cap. XIX, v. 19.

[9]   Mateus, cap. V, vv. 27 e 28.

[10]   Mateus, cap. V, vv. 21 e 22.

Jesus, recebeu a seguinte resposta: "Jesus, porém, respondendo disse-lhe: Deixa por agora, porque assim nos convém cumprir toda a justiça. Então ele o permitiu."[11]

Ao primitivismo da sociedade hebraica, dominada e escravizada pelos egípcios, correspondia um ensinamento rigoroso, uma moral rigorosa, um ensinamento solidamente dogmático, uma imagem religiosa de um Deus vingativo e todo poderoso. Foi isso que marcou o Antigo Testamento. É essa imagem que o Cristo procura desfazer ao adentrar com seus ensinamentos de um Deus benevolente e que perdoa.

Tratava-se anteriormente, à época mosaica, da história de uma religião não solidificada, não realmente estruturada e conhecida pelo povo, mas de uma promessa que começa a se formar, a se elaborar, de modo que sua introdução na consciência popular deveria atravessar as ondulações de um ensinamento imaturo. Nesse sentido, as figuras de sentido, as palavras, as imagens religiosas… são todas pintadas com cores fortes e igualmente atemorizantes.

O que se percebe, e o que se pode dizer, é que a Revelação não se faz da mesma forma, com os mesmos recursos, com a mesma intensidade… em qualquer momento histórico, para qualquer povo, em quaisquer circunstâncias, mas obedece às próprias dificuldades materiais e morais de uma civilização. A prosperidade (moral e religiosa) de uma civilização atrai para si ensinamentos paulatinamente mais elevados, e essa depuração se faz não sem muita disputa e dificuldade. Com isso, procura-se descrever o problema de um confronto entre o arcaísmo da concepção de justiça mosaica e a concepção de justiça crística.

Com isso, não se pode concluir diferentemente da renovação da doutrina cristã pelo advento do Messias. É com o advento do cristianismo que ficou marcada a lição da justiça tal qual retratada e concebida por essa religião. A justiça, ou melhor, o ensinamento acerca dela, surgiu com a própria vinda exemplar do Cristo em sua missão de esclarecimento acerca do justo e do injusto. "E, libertados do pecado, fôstes feitos servos da justiça", ou, "Porque, quando éreis servos do pecado, estáveis livres da justiça."[12]

Nos relatos apostólicos sobre a pregação crística, remarcam-se inúmeros aspectos que são de interesse para o estudo do conceito de justiça. Um dos que podem ser ressaltados reside no fato de que o mundo passará, as coisas, as pessoas, as civilizações, os imperadores, as Igrejas, as doutrinas, os sábios… mas a Palavra não passará. "E é mais fácil passar o céu e a terra do que cair um til da lei."[13] Isso quer dizer que, malgrado os impérios surjam e desapareçam, homens nasçam e morram, civilizações apareçam e desapareçam, as águas corram, os vendavais se movimentem… a Palavra do Senhor, tal qual retratada no exemplo e nas pregações do Cristo, não passará. O que foi dito, não foi dito em vão:

> "Não penseis que vim destruir a lei ou os profetas; eu não vim destruí-los, mas dar-lhes cumprimento; porque eu vos digo em verdade que o céu e a terra não passarão antes que tudo o que está na lei não seja cumprido perfeitamente, até um único jota e um só ponto."[14]

Estes argumentos demonstram a existência de uma ordem superior que se movimenta em ritmo diverso daquele em que se movimenta a ordem terrena das coisas. Trata-se de mencionar uma ordem que está para além dos sentidos humanos, naturalmente de caráter espiritual, em

---

[11] Mateus, cap. III, v. 15.

[12] Paulo, *Epístola de Paulo aos Romanos*, cap. VI, v. 20.

[13] Lucas, cap. XVI, v. 17.

[14] Mateus, cap. V, vv. 17 e 18.

que a Justiça aparece como fenômeno imperecível, e de acordo com a qual o julgamento se exerce de forma inexorável; a eternidade e a irrevogabilidade são suas características.

Leis humanas são leis circunstanciais, que se multiplicam exatamente em função da diversidade de caracteres dos povos. As leis divinas, que presidem a ordem divina das coisas, ou o Universo em sua totalidade, não podem estar maculadas pela mesma especificidade, perecibilidade e circunstancialidade, que são as características gerais das leis humanas. Assim, para além do que o homem (legislador) institui como o justo e o injusto, existe uma justiça que se exerce de acordo com regras espirituais, ou seja, de acordo com a lei divina. Esta se distancia da lei humana no sentido de que aquela é universal, inexorável, perene, irrevogável. Estas as suas características fundamentais.

Estar diante de uma justiça divina significa estar diante de uma justiça presidida por Deus, aplicada por esse mesmo Deus. Aquele que povoa o Universo de regras é Aquele mesmo que executa essas regras e, mais que tudo, que segundo essas regras julga pelos seus atos cada alma. Portanto, estar diante de si, de sua consciência, de sua conduta, de suas obras… é estar desnudado diante de Deus e apresentar-lhe suas oferendas, ou seja, seus percursos material e espiritual; em outras palavras, apresentar suas obras, e não seus títulos, suas honrarias, suas riquezas materiais… aí reside a importante ideia de responsabilidade.

A liberdade de agir do cristão reside no fato de que, conhecendo a Palavra Revelada, não precisa de outra crença senão a crença no ensinamento de Jesus para governar-se a si próprio. Assim, não se ilude com as tentações do que é transitório, não age de modo a desgostar o outro, guia-se e pauta-se de acordo com o que pode fazer para melhorar sua condição pessoal e a de seu semelhante, vive na carne tendo em vista o que é do espírito… Aí está a liberdade de agir do cristão; para além de se considerar que o cristianismo constrange, sufoca, oprime, *predetermina*, deve-se dizer que liberta a alma para ser conforme a regra cristã. A liberdade está, nesse sentido, em oposição à ideia de determinismo, ou seja, de um Deus que *predeterminou* o destino das almas. O fiel é livre para governar-se a si próprio, e discernir o que deve e o que não deve ser.

Nesse sentido, para além do legal e do ilegal encontram-se as fronteiras cristãs. A elasticidade dos horizontes cristãos é bem maior que a dos horizontes materiais. Pode-se mesmo falar na inserção humana em um mundo *bidimensional*, ou seja, numa duplicidade de papéis, um terreno e outro espiritual. Negá-lo seria o mesmo que jogar ao relento as seguintes palavras de Paulo de Tarso:

> "Ou não sabeis que o nosso corpo é o templo do Espírito Santo, que habita em vós, proveniente de Deus, e que não sois de vós mesmos? Porque fostes comprados por bom preço; glorificai a Deus no vosso corpo, e no vosso espírito, os quais pertencem a Deus."[15]

No entanto, existe uma interseção entre ambos que permite dizer que a dimensão do humano e do espiritual remontam a condição tal que é impossível falar de um respeito às coisas humanas pelo simples fato de serem humanas, pois tudo o que é humano remonta a fundamentos espirituais bem determinados. A preocupação cristã deposita-se no fato de se encaminhar o homem para a compreensão maior dos valores que o rodeiam, não somente como homem corporal (envolvido que está em relações familiares, sociais, econômicas, políticas…), mas sobretudo como homem espiritual (envolvido que está diretamente com o Senhor, na eterna aliança, e com o próximo, por meio do Senhor).

---

[15] Paulo, *Primeira Epístola de São Paulo aos Coríntios*, cap. VI, vv. 19 a 20.

Essa escala de aprendizado define-se a partir das próprias dificuldades, empecilhos, entraves... oferecidos pela vida comum. Nessa medida, é dos esforços, da perseverança, do trabalho, da conduta social... que se podem extrair as consequências favoráveis ou desfavoráveis a cada qual. A noção de responsabilidade, dentro da doutrina cristã, apoia-se no fato de que todo aquele que planta colhe segundo suas obras. A própria palavra de Paulo de Tarso está a retratar essa noção de cara importância cristã: "Ora, o que planta e o que rega são um; mas cada um receberá o seu galardão segundo o seu trabalho."[16]

Em todos os momentos da pregação crística parece identificar-se uma reiterada lição a respeito da responsabilidade do agir, qual seja, a de que o espaço de liberdade que possui o homem na condução de sua vida é amplo, mas possui limites. Assim, existem múltiplas opções e formas de se conduzir, de se comportar, de agir perante os outros e perante a própria divindade. E, diante dessa multiplicidade de opções, o homem pode ser traído pelas aparências, pelo que parece ser mais cômodo, mais agradável, mais favorável... ou mais vantajoso, ou mais belo, ou melhor... e assim desviado da finalidade primordial de sua existência *inter homines*: seu crescimento espiritual, sua responsabilidade. Assim, nos desvãos do caminho, tudo é possível, mas nem tudo é lícito ou conveniente ao homem, apesar de serem muitas as sugestões acerca do que é bom, do que é melhor, do que parece produzir mais felicidade... Saber identificar o que é lícito e o que é ilícito, do ponto de vista cristão, é o primeiro passo para o exercício da responsabilidade: "Ou irritaremos o Senhor? Somos nós mais fortes do que ele? Todas as coisas me são lícitas, mas nem todas as coisas convêm; todas as coisas me são lícitas, mas nem todas as coisas edificam."[17]

E dizer que há opções de conduta é dizer que tudo pode ser feito, mas que nem tudo convém ser feito. E isso significa que há algo que pode ser chamado de certo (honrar suas dívidas...) e algo que pode ser chamado de errado (injuriar o próximo...), algo de justo (solidarizar-se, preocupar-se com o bem-estar do outro...) e algo de injusto (roubar, adulterar...). Mais que isso, só se pode dizer que o ensino de Paulo, na divulgação do Evangelho, é categórico:

> "Não erreis: nem os devassos, nem os idólatras, nem os adúlteros, nem os efeminados, nem os sodomitas, nem os ladrões, nem os avarentos, nem os bêbedos, nem os maldizentes, nem os roubadores herdarão o reino de Deus."[18]

Em outra passagem avulta ainda mais diretamente a questão da justiça, de seu descumprimento e dos maus comportamentos humanos, todos em desacordo com as leis divinas: "Néscios, infiéis nos contratos, sem afeição natural, irreconciliáveis, sem misericórdia", ou, "Os quais, conhecendo a justiça de Deus (que são dignos de morte os que tais coisas praticam) não somente as fazem, mas também consentem aos que as fazem."[19]

8.3 LEI DIVINA E LEI HUMANA

É curioso notar que os erros humanos, as dores, os sofrimentos, os obstáculos, são todos instrumentos divinos para a educação das almas; onde parece haver injustiça, entre as ocorrências humanas, em verdade, há justiça de natureza divina, uma vez que Deus nada

---

[16] Paulo, *Primeira Epístola de São Paulo aos Coríntios*, cap. III, v. 8.

[17] Paulo, *Primeira Epístola de São Paulo aos Coríntios*, cap. X, vv. 22 a 23.

[18] Paulo, *Primeira Epístola de São Paulo aos Coríntios*, cap. VI, v. 10.

[19] Paulo, *Epístola de Paulo aos Romanos*, cap. I, vv. 30 a 32.

desconhece, ou seja, tudo provê. A esperança, a caridade, a solidariedade, a justiça... só existem porque também existe a indiferença, o egoísmo, o banditismo, a injustiça... Erros humanos, vícios da alma que se corrigem com acertos humanos, virtudes da alma. Não é outro o sentido das palavras:

> "E eu vos digo: granjeai amigos com as riquezas da injustiça; para que, quando estas vos faltarem, vos recebam eles nos tabernáculos eternos. Quem é fiel no mínimo, também é fiel no muito; quem é injusto no mínimo, também é injusto no muito."[20]

O mal e a dor não existem porque Deus os ignora, mas porque Deus os permite operar como formas de redenção da experiência humana. Tarefa inglória seria a existência da alma se seu percurso não estivesse marcado por um processo contínuo de aprendizado, que só se faz pelo conhecimento do bem e do mal, do justo e do injusto.

E para que mal e bem possam ser escolhidos, discernidos, identificados, rechaçando-se o que é causa do mal, e cultivando-se o que é causa de bem, é necessária a experiência na dor. Mais que isso, é necessário compartilhar a dor com o semelhante. Onde há sentimento, há a possibilidade de auxílio, e isso não por outro motivo senão o de que aquele que ampara será amparado, que ajuda será ajudado... porque fazer essas coisas aos outros é fazê-las ao próprio Cristo em pessoa. De fato, pensar como pensa o cristão não é simplesmente usufruir do privilégio de conhecer a Deus, mas comungar desse conhecimento com o outro, fazendo dele um partícipe, não passivo, mas ativo, do processo de busca de Deus. Estar com o espírito em Deus é estar voltado para Deus por meio do outro; é o outro, o próximo, o mediador do amor de um por Deus.

E fazer essas coisas não importa fazer mais do que os outros fazem? Não significa estar além do que é comumente possível fazer ou deixar de fazer? Quando se é insultado, o mais simples não é insultar? Quando se é recriminado, não é instintivo recriminar? No entanto, fazer essas coisas não é fazer o que não se gostaria que fosse feito a nós mesmos? E se não desejo que sobre mim recaia o mal, por que serei eu o praticante do mal que recai sobre o outro? O sofrimento, em grande parte, só existe porque alguém é causa de sofrimento, porque alguém faz sofrer. Desse modo, o ensinamento definitivo é:

> "Amai os vossos inimigos; fazei o bem àqueles que vos odeiam e orai por aqueles que vos perseguem e que vos caluniam; porque se não amais senão aqueles que vos amam, que recompensa tereis? Os publicanos não o fazem também? E se não saudardes senão os vossos irmãos, que fazeis nisso mais que os outros? Os pagãos não o fazem também? Sede, pois, vós outros, perfeitos, como vosso Pai Celestial é perfeito."[21]

A justiça dos fariseus é tomada como paradigma do que não deve ser. Ou seja, amar somente os que nos amam... não basta, o sentimento cristão reclama mais do fiel.

Aí está a principal inovação do Cristo com relação aos ensinamentos que o precederam.

> "Aprendestes o que foi dito: Amareis vosso próximo e odiarei vossos inimigos. E eu vos digo: Amai os vossos inimigos, fazei o bem àqueles que vos odeiam e orai por aqueles que vos perseguem e vos caluniam; a fim de que sejais os filhos de vosso Pai que está nos céus, que faz erguer o Sol sobre os bons e sobre os maus, e faz chover sobre os justos

---

[20]   Lucas, cap. XVI, vv. 9 e 10.

[21]   Mateus, cap. V, vv. 44, 46, 47 e 48.

e os injustos; porque se não amardes senão aqueles que vos amam, que recompensa tereis disto? Os publicanos não o fazem também? E se não saudardes senão os vossos irmãos, que fazeis nisso mais que os outros? Os publicanos não o fazem também? Eu vos digo que se a vossa justiça não for mais abundante que a dos Escribas e dos Fariseus, não entrareis no reino dos céus."[22]

É nesse *plus* que reside o diferencial do cristão para o não cristão. Nesse sentido, seguir a regra cristã é governar-se por essas máximas.

O Cristo reclama o que é mais caro à pessoa, ou seja, o desprendimento de si mesmo, ou mesmo de sua própria honra pessoal, oferecendo-se ao ofensor a outra face, quando a ofensa atingir uma delas, o que quer dizer renúncia de si, pois toda injustiça não será solvida na revolta, na reação, na vingança, na devolução do mal, mas sim no perdão, no esquecimento das faltas alheias, na humildade, e, sobretudo, no julgamento de Deus sobre o ofensor:

> "Tendes aprendido que foi dito: olho por olho e dente por dente. Eu vos digo para não resistirdes ao mal que se vos queiram fazer; mas se alguém vos bate na face direita, apresentai-lhe também a esquerda; e se alguém quer demandar convosco para tomar vossa túnica, abandonai-lhe também vossa capa; e se alguém quer vos constranger a fazer mil passos com ele, fazei ainda dois mil. Dai àquele que vos pede e não repilais àquele que quer vos tomar emprestado."[23]

Negá-lo é negar todo o princípio sobre o qual se estrutura o pensamento cristão. Mais que isso, é negar toda prática cristã (altruísmo). E isso, pois, se a interiorização, interiorização que espiritualiza o fiel em Deus, é importante para o cristão, mais importante ainda é o esforço em direção ao próximo, ou seja, a exteriorização de atitudes cristãs que vem acompanhada da intenção do bem-fazer.

A atenção pelo outro, e, portanto, pela exteriorização da conduta, tem que ser ressaltada, e isso à medida que é considerada fator de crescimento da alma no exercício da virtude. E tal virtude recolhe no meio ambiente e nas experiências os exemplos e modos positivos e negativos de ser, de se conduzir, de praticar ações, de agir em meio a outros... e deve extrair dessa prática de vida o seguinte ensinamento: aprender com os outros, porém saber não julgá-los:

> "Não julgueis, a fim de que não sejais julgados; porque vós sereis julgados segundo houverdes julgado os outros; e se servirá convosco da mesma medida da qual vos servistes para com eles."[24]

Num mundo onde todos são imperfeitos, quem será juiz das ações de quem? Quem poderá ser severo na avaliação do comportamento de outrem se não é severo o bastante para com o próprio comportamento, para com as próprias atitudes? A calma, a benevolência, a paciência não inspiram comportamentos de tolerância, em vez de comportamentos de rejeição, discriminação, insulto, julgamento?

---

[22] Mateus, cap. V, vv. 20 e de 43 a 47.

[23] Mateus, cap. V, vv. de 38 a 42.

[24] Mateus, cap. VII, vv. 1 e 2.

Cap. 8 · JUSTIÇA CRISTÃ | **165**

O que é por demais rígido não está a insinuar a desavença, a diferença, a causar a divisão, a acepção de pessoa, o menosprezo do outro? Assim:

> "Não julgueis a fim de que não sejais julgados: porque vós sereis julgados segundo houverdes julgado os outros; e se servirá para convosco da mesma medida da qual vos servistes para com eles."[25]

A Deus de julgar cada qual por seu comportamento, de acordo com sua própria responsabilidade, com seu livre-arbítrio, com suas obras, com seu feitos... A atitude de Jesus, ante a mulher adúltera, ao reclamar da multidão que jogasse a primeira pedra aquele que não possuísse pecados não é ilustrativa o bastante para isso? Não está esse tipo de proposta a incitar ao perdão, à reconciliação... e não ao julgamento amargo e à condenação eterna de uma pessoa por um erro cometido? Aquele que julga severamente, será severamente julgado, e ninguém é tão irrepreensível a ponto de não conter débitos perante a divindade. O homem é frágil perante Deus, e, mesmo assim, julga, atenta contra o outro, discrimina, exerce a maledicência... E isso está em flagrante contradição, pois o que menos sabe (homem) julga severa e erroneamente, enquanto aquele que mais sabe (Deus) julga com justeza, mas com perdão; a justiça divina tem tal peculiaridade: trata-se de uma justiça infalível, mas que sabe dizer: "Porque todo aquele que invocar o nome do Senhor será salvo."[26]

Na base do perdão está a reconciliação, e, na base da reconciliação, está a união:

> "Se perdoardes aos homens as faltas que eles fazem contra vós, vosso Pai vos perdoará também vossos pecados, mas se não perdoardes aos homens quando eles vos ofendem, vosso Pai, também, não vos perdoará os pecados;"[27]

ou ainda:

> "Reconciliai-vos o mais depressa com o vosso adversário, enquanto estais com ele no caminho, a fim de que vosso adversário não vos entregue ao juiz, e que o juiz não vos entregue ao ministro da justiça, e que não sejais aprisionado. Eu vos digo, em verdade, que não saireis de lá, enquanto não houverdes pago até o último ceitil."[28]

No entanto, além disso, deve-se dizer que toda lei, toda as promessas, todos os mandamentos e todos os profetas encontram-se reunidos num só preceito: Amai a Deus sobre todas as coisas e ao próximo como a vós mesmos. De fato:

> "Os Fariseus, tendo sabido que ele tinha feito calar a boca aos Saduceus, reuniram-se: e um deles, que era doutor da lei, veio lhe fazer esta pergunta para o tentar: Mestre, qual é o maior mandamento da lei? Jesus lhe respondeu: Amareis o Senhor vosso Deus de todo o vosso coração, de toda a vossa alma e de todo o vosso espírito; é o maior e o primeiro mandamento. E eis o segundo, que é semelhante àquele: Amareis

---

[25] Mateus, cap. VII, vv. 1 e 2.

[26] Romanos, cap. XIII, v. 13.

[27] Mateus, cap. VI, vv. 14 e 15.

[28] Mateus, cap. V, vv. 25 e 26.

vossos próximos como a vós mesmos. Toda a lei e todos os profetas estão contidos nesses dois mandamentos."[29]

É nisso que se resume toda a *summa* da doutrina cristã. Contudo, a aparente simplicidade do preceito trai o desatento fiel; onde há simplicidade de ensinamento, há dificuldade de aplicação.

"Fazeis aos homens tudo o que quereis que eles vos façam; porque é a lei e os profetas,"[30] ou, "Tratai todos os homens da mesma forma que quereríeis que eles vos tratassem"[31] são fórmulas sacramentais para o direcionamento do comportamento cristão. A dificuldade, não em sua compreensão, mas em sua aplicação, resulta do fato de que o que é bom para um não é bom para o outro, de modo que o fazer ao outro o que gostaria que fosse feito para si possui um conteúdo concreto muito vago. A crítica de Kelsen recai sobre esse ponto, dizendo: trata-se de uma concepção fluída e relativa, à medida que "fazer ao outro o que gostaria que me fosse feito" é semanticamente vago. Então, faz decorrer daí um ceticismo a respeito do que deve ser feito ou não.[32] Ademais, a crítica kelseniana recai sobre o caráter abstrato da fórmula, pois o subjetivismo do "desejar aos outros o que desejaria para mim" não define o que é o bom e o que é o mau.[33] Trata-se de um subjetivismo nefasto sobretudo para definir os limites do próprio ordenamento jurídico.

No entanto, não é isso que desmerece a aplicação dessa regra, pois, bem compreendido, o preceito não coloca um ponto final sobre a questão, muito menos encerra exatamente o que se deva ou não fazer em cada momento de vida perante o outro. O que há é uma regra que entrega a cada um o dever e a responsabilidade de administrar o bem do próximo a partir das próprias experiências (não matar, não roubar, não ferir, não iludir, não enganar, não prejudicar, não extorquir, não frustrar...). É perfeitamente responsável o preceito do Messias, pois ele encerra em si não uma fórmula fechada, de acordo com a qual deveria todo homem se conduzir; o preceito apela à prudência de vida e ao instinto de bondade de cada qual no operar com a própria vida em dialética com a vida alheia. Pelo contrário, o caráter abstrato da fórmula engrandece ainda mais a sabedoria que encerra em seu bojo.

Mais que isso, a interpretação desse preceito deve vir seguida de todo um importe de outros preceitos que sugerem seu alcance, a saber: granjeai amigos; praticai o bem; ide visitar os sofredores; sabeis perdoar; sabeis esquecer as ofensas que lhe são irrogadas; praticai a caridade; praticai a solidariedade; não vos apegueis aos bens materiais; tende fé em Deus Pai... que são todos os indicativos que concretizam um pouco mais a dimensão de sentido da chamada "regra de ouro". Ela é parte de uma doutrina que se exteriorizou por meio de palavras e parábolas (a Palavra das Escrituras) e por meio de exemplos, de comportamentos (a vida do Cristo e de seus apóstolos, seus atos...).

---

[29] Mateus, cap. XXII, vv. 34 a 40.

[30] Mateus, cap. VII, v. 12.

[31] Lucas, cap. VI, v. 31.

[32] "Da mesma natureza é a chamada regra de ouro: 'Não faças aos outros o que não queres que te façam a ti', que formulada positivamente, se traduz pelo princípio de justiça: devemos tratar os outros tal como gostaríamos de ser tratados. Se tomamos esta fórmula ao pé da letra, imediatamente verificamos que ela conduz a resultados que decididamente não são pretendidos por aqueles que dela se servem. Se devemos tratar os outros como queremos ser tratados, fica excluída toda punição de um malfeitor, pois nenhum malfeitor deseja ser punido. Deste modo é afastada uma parte essencial do direito positivo" (Kelsen, *O problema da justiça*, 1998, p. 19).

[33] Cf. Kelsen, *O problema da justiça*, 1998, p. 23.

Mais que isso, deve-se dizer que a aparência de devoção não torna ninguém devoto; é do coração que provém o mal, e é nele que se deve buscar a raiz de toda queda moral, de toda perdição, de todo desvirtuamento... Em outras palavras, "não é o que entra na boca que enlameia o homem, mas o que sai da boca do homem", como nesta passagem vem literalmente escrito:

> "Depois, tendo chamado o povo, ele lhe disse: Escutai e compreendei bem isto: Não é o que entra na boca que enlameia o homem, mas o que sai da boca do homem. O que sai da boca parte do coração, e é o que torna o homem impuro; porque é do coração que partem os maus pensamentos, os homicídios, os adultérios, as fornicações, os furtos, os falsos testemunhos, as blasfêmias e as maledicências; estão aí as coisas que tornam o homem impuro; mas comer sem ter lavado as mãos não é o que torna um homem impuro."[34]

Ou, ainda, deixar uma pessoa morrer no Sábado em função de uma convenção formal das instituições de credo humano é demonstração clara, para o Cristo, da impiedade do coração humano: Jesus, ao violar as regras judaicas curando uma pessoa no Sábado, aos que o acusavam disse: "Não julgueis segundo a aparência, mas julgai segundo a reta justiça."[35]

Outro ponto de especial importância para o estudo do tema da justiça dentro da doutrina espiritual do cristianismo é aquele que leva à discussão da obediência, ou acerca da possibilidade de desobedecer, em nome de preceitos religiosos, o poder institucional humano. Assim, abriu-se diante de Jesus a oportunidade de dizer o que politicamente poderia convir-lhe, se se tratasse de criar uma crise do povo perante seu imperador; sua doutrina nada tendo de interesse mundano, seu ensinamento curvou-se ante a necessidade de educar as almas por meio de suas palavras, quando disse: dai a César o que é de César e a Deus o que é de Deus. De fato:

> "Então os Fariseus, tendo-se retirado, decidiram entre si surpreendê-lo em suas palavras. Mandaram-lhe, pois, seus discípulos, com os Herodianos, dizer-lhe: Senhor, sabemos que sois verdadeiro, sem considerar a quem quer que seja, porque não considerais a pessoa nos homens; dizei-nos, pois, vosso conselho sobre isto: é-nos permitido pagar o tributo a César, ou não pagá-lo? Mas Jesus, conhecendo a sua malícia, lhes disse: Hipócritas, por que me tentais? Mostrai-me a peça de dinheiro que se dá para o tributo. E tendo eles lhe apresentado uma moeda, Jesus lhes disse: De quem é esta imagem e esta inscrição? De César, disseram-lhe. Então, Jesus lhes respondeu: Dai, pois, a César o que é de César, e a Deus o que é de Deus."[36]

Assim, o preceito remete a dois juízos diversificados: um juízo acerca das coisas humanas, de acordo com o qual a obediência às leis humanas aparece como indispensável; um juízo acerca das coisas divinas, de acordo com o qual a obediência à lei divina aparece como imperativo. Mais que isso, trata-se de não se invocarem razões religiosas, motivos de crença ou interesses outros como excusa para o cumprimento dos deveres cívicos e humanos.

---

[34] Mateus, cap. XV, vv. 1 a 20.

[35] João, cap. VII, v. 24.

[36] Mateus, cap. XXII, vv. 15 a 22; Marcos, cap. XII, vv. 13 a 17.

Isso é a chave para a compreensão da diferença entre lei humana e lei divina. Se a lei humana mandar algo diverso da lei divina, é lícito ao homem desobedecer a lei humana? A doutrina que é apolítica,[37] indicativa da paz, do tudo suportar, da benevolência... não pode ser a doutrina da resistência, da desobediência, da revolta, da revolução... de modo que, ante leis que são fruto da iniquidade, deve o homem resignar-se em sua fé de um porvir mais justo. "Mas, tu ó homem de deus, foge destas coisas, e segue a justiça, a piedade, a fé, a caridade, a paciência, a mansidão."[38] A doutrina possui inúmeros *praecepta* que estão exatamente a conduzir a esta conclusão: a de que o Direito Positivo deve ser respeitado, dando aos homens (governantes) o que é dos homens, e a Deus o que é de Deus.[39]

Outro aspecto relevante para a organização do comportamento humano em sociedade reside no perdão das ofensas, pois onde há perdão não há persecução, não há reprimenda, não há imperatividade sobre a conduta alheia. Isto se expressa quando diz a palavra evangélica que já é um erro movimentar demandas, dar azo às manifestações rancorosas e vingativas, uns contra os outros, seja em função de dívidas, seja em função de ofensas, seja em função de contratos...

> "Na verdade, é já realmente uma falta entre vós, terdes demandas uns contra os outros. Porque não sofreis antes a injustiça? Por que não sofreis antes o dano? Mas vós mesmos fazeis a injustiça e fazeis o dano: e isto aos irmãos. Não sabeis que os injustos não hão de herdar o reino de Deus?"[40]

Nesse sentido, a justiça está cercada por toda essa dimensão de enunciados que a tornam um proceder humano com vistas ao que se espera haver conforme prometido por Deus. Trata-se de uma doutrina que não se inscreve em meio às pretensões humanas, temporais... E isso não é em nada desmentido pelo Cristo:

> "Pilatos, tornando a entrar, pois, no palácio, e tendo feito vir Jesus, lhe disse: Sois o rei dos judeus? Jesus lhe respondeu: Meu reino não é deste mundo. Se meu reino fosse deste mundo, minhas gentes teriam combatido para me impedir de cair nas mãos dos judeus; mas, meu reino não é aqui. Pilatos, então, lhe disse: Sois, pois, rei? Jesus lhe replicou: Vós o dissestes; eu sou rei; eu não nasci e nem vim a este mundo senão para testemunhar a verdade; qualquer que pertença à verdade escuta minha voz."[41]

---

[37] "A doutrina do Cristo foi, essencialmente, *apolítica*. Todos os seus ensinamentos, ainda mesmo aqueles que depois foram utilizados para justificar o domínio temporal, tiveram originária e exclusivamente um significado espiritual. Jesus disse: *Não vim para ser servido, mas para servir. O meu reino não é deste mundo. Dai a César o que é de César, a Deus o que é de Deus*" (Del Vecchio, *Lições de filosofia do direito*, 1979, p. 60).

[38] Paulo, *Epístola de Paulo a Timóteo*, cap. VI, v. 11.

[39] "O resultado final do ensinamento de Paulo, que é a base da teologia cristã da justiça, pode ser formulado da seguinte maneira: existe uma justiça humana, relativa, que é idêntica ao direito positivo, e uma justiça absoluta, divina, que é o segredo de fé. Portanto, não existe nesta teologia nenhuma resposta à pergunta do que é justiça, uma questão da razão humana que se refere a um ideal que não é necessariamente idêntico a todo Direito e que pode ser realizado neste mundo" (Kelsen, *O que é justiça? A justiça, o Direito e a política no espelho da ciência*, 1998, p. 80).

[40] Paulo, *Primeira Epístola de São Paulo aos Coríntios*, cap. VI, vv. 7 a 9.

[41] João, cap. XVIII, vv. 33, 36, 37.

A justiça prometida pela Palavra Evangélica não é uma justiça deste mundo; aqui residem as diferenças, as injustiças, as desavenças, o rancor... e serão bem-aventurados pela Justiça Divina os que se encontram carentes ou saudosos desta mesma: "Bem-aventurados os que têm fome e sede de justiça, porque eles serão fartos", ou, "Bem-aventurados os que sofrem perseguição por causa da justiça, porque deles é o reino dos céus", ou, "Porque vos digo que, se a vossa justiça não exceder a dos escribas e fariseus, de modo nenhum entrareis no reino dos céus."[42]

Mais que isso, pode-se dizer ainda mais que a doutrina de Jesus é a doutrina dos desvalidos, dos desamparados, dos empobrecidos, dos discriminados, dos desprezados... e não dos potentados, donos do poder e da riqueza, ou donos do saber e das vaidades humanas. As bem-aventuranças são destinadas aos que têm puro o coração, e àqueles que, acreditando em sua palavra, de acordo com ela sabem esperar, em sua resignação, algo do amanhã: "Bem-aventurados os que choram, porque serão consolados. Bem-aventurados os que têm fome e sede de justiça, porque serão saciados. Bem-aventurados os que sofrem perseguição pela justiça, porque o reino de Deus é para eles."[43] A Justiça Divina é a que tudo provê, que tudo sabe, que tudo pode: "Não andeis pois inquietos dizendo: Que comeremos, ou que beberemos, ou com que nos vestiremos; Mas, buscai primeiro o reino de Deus, e a sua justiça, e todas estas coisas vos serão acrescentadas."[44] E é na esperança do estancamento das lágrimas, dos gemidos e da fome, da miséria e do desterro, do desprezo e das diferenças, dos desmandos e das calúnias que vive a esperança do fiel em Cristo: "Porque nós pelo espírito da fé aguardamos a esperança da justiça."[45]

De fato, a fé que move montanhas é a que deve animar o fiel. Se o fiel vive e sobrevive é porque aguarda algo que não se vê com os olhos, não se sente na pele, não se toca com as mãos, não degusta; "Porque o reino de Deus não é comida nem bebida, mas justiça, e paz, e alegria no Espírito Santo."[46]

E, quando se invoca a justiça de Deus, está-se a pensar em perdão e em reprimenda, também. E nisto não se veja contradição, visto que a causa da reprimenda não é Deus, mas o próprio homem com sua injustiça:

> "E, se a nossa injustiça for causa da justiça de Deus, que diremos? Por ventura será Deus injusto, trazendo ira sobre nós? (Falo como homem)."[47]

Assim, também a justiça dos senhores para com seus servos deve ser branda e não cruel: "Vós, senhores, fazei o que for de justiça e equidade a vossos servos, sabendo que também tendes um senhor nos céus."[48]

De fato, a crucificação do Cristo imortalizou a figura da condenação injusta; nesta figura ficou retida a imagem da injustiça da lei humana, de suas corrupções, de seus desvios, de

---

[42] Mateus, cap. V, vv. 6 e 10 e 20.

[43] Mateus, cap. V, vv. 4, 6 e 10.

[44] Mateus, cap. VI, v. 33.

[45] Paulo, *Epístola de Paulo aos Gálatas*, cap. V, v. 5.

[46] Paulo, *Epístola de Paulo aos Romanos*, cap. XIV, v. 17.

[47] Paulo, *Epístola de Paulo aos Romanos*, cap. III, v. 5.

[48] Paulo, *Epístola de Paulo aos Colossenses*, cap. IV, v. 1.

suas insuficiências. O julgamento que condenou *Christos Salvator* só pode ser o julgamento segundo a concepção transviada do homem. Tem-se, pois, na missão de sofrimento e ensinamento do Cristo:

> "Ao qual Deus propôs para propiciação pela fé no seu sangue, para demonstrar a sua justiça pela remissão dos pecados dantes cometidos, sob a paciência de Deus."[49]

Quando crucificado, ao lado dos demais condenados, ouvia-se da boca dos ladrões que ladeavam Jesus em seu martírio: "E nós, na verdade, com justiça, porque recebemos o que os nossos feitos mereciam; mas este nenhum mal fez."[50] E a condenação apartou-o fisicamente dos homens, mas o espírito de sua Palavra, conforme prometido não passou, e modernamente ainda se discutem seus ensinamentos, se formam novas doutrinas, novos ensinamentos, novas religiões, com base no que fez e no que falou. Cumpria que Ele fosse, pois a seu desaparecimento seguiria uma onda de interpretações, de seitas, de religiões, que se instalariam invocando sua doutrina; sua ida foi o princípio da polêmica cristã:

> "Todavia, digo-vos a verdade, que vos convém que eu vá; porque se eu não for, o Consolador não virá a vós; mas se eu for, enviar-vo-lo-ei; E quando ele vier, convencerá o mundo do pecado, e da justiça e do juízo; Do pecado porque não creem em mim; da justiça porque vou para meu Pai, e não me vereis mais."[51]

E é claro que tudo o que se encontra escrito e transcrito nos Evangelhos encontra, sem dúvida nenhuma, bloqueio em problemas exegéticos. No entanto, nem só de razão vive o fiel, mas sobretudo de fé, e é essa fé que reina do espírito do fiel a ponto de discernir a forma melhor do agir, e, nesse sentido, completar as entrelinhas do que não foi dito, ou do que está implícito nos textos dos Evangelhos: "Porque nele se descobre a justiça de deus de fé em fé, como está escrito: mas o justo viverá da fé."[52]

E aquele que crê será salvo, pois esta é a promessa, e essa lei, diferentemente das fugazes e passageiras leis humanas, não passará:

> "Porque o fim da lei é Cristo para justiça de todo aquele que crê. Ora, Moisés descreve a justiça que é pela lei, dizendo: O homem que fizer estas coisas viverá por elas."[53]

Essas são as notícias que se têm entre os homens da Boa Nova, malgrado todas as dificuldades que se podem sentir na interpretação dos textos. A questão da exegese dos textos sagrados sempre provocou muita celeuma entre os eruditos, porém não se trata de dizer qual é a melhor interpretação do texto, mas de identificar quem é capaz de realmente dar cumprimento a seus mandamentos. Apegar-se à literalidade dos textos é perder-se no instrumento (a palavra) que leva à redenção, sem realmente chegar a exercer práticas de redenção. Aquele que tem ouvidos de ouvir, que ouça.

---

[49] Paulo, *Epístola de Paulo aos Romanos*, cap. I, vv. 24 e 25.

[50] Lucas, cap. XXIII, v. 41.

[51] João, cap. XVI, vv. 7 a 10.

[52] Paulo, *Epístola de Paulo aos Romanos*, cap. I, v. 17.

[53] Paulo, *Epístola de Paulo aos Romanos*, cap. X, vv. 3 a 5.

8.4 LEI DE AMOR E CARIDADE

A doutrina cristã, em sua pureza originária, está a indicar a tolerância como sendo a *ratio essendi* do operar cristão. Isso quer dizer que se se mede o homem por suas obras, as obras cristãs deverão assinalar benevolência, paciência, tolerância, caridade, compreensão, amor... O que se quer grafar é que a lei de amor e caridade são os preceitos segundo os quais se deve pautar o comportamento humano. São esses preceitos que devem governar o homem iluminado pela chama divina, construindo, governando por essas regras de agir, a perfeição interior de seu eu (subjetividade) a partir do respeito ao próximo (intersubjetividade). Assim, o outro é tido em conta, por essa doutrina, como a única condição de salvação pessoal; sem o outro não há caridade, que significa doação de si em proveito de outrem; sem o outro não há amor, que também só se exerce dentro de uma relação humana... Em outras palavras, somente por meio do outro é que se pode realmente praticar o amor e a caridade, de modo que o outro é mesmo o mister para o alcance da perfeição de si.

Nesse sentido, esse tipo de justiça indica que a prática da caridade (moral e material) é a chave para a conquista do Paraíso, das bem-aventuranças. O que há é um compromisso, uma aliança, do indivíduo com a divindade, que se prova e se concretiza com a prática sincera e devotada do bem, incondicionalmente, perante todos e em todas as circunstâncias. Não é a intolerância, mas o respeito; não é a incompreensão, mas a solidariedade; não é o desprezo, mas a fraternidade; não é a discriminação, mas a identidade; não é o ódio, mas o amor... que estão a presidir, como princípios, a conduta do homem que busca sua realização em Deus.

Abraçar esse modelo de vida conduz a uma forma de comportamento não antissocial, mas, pelo contrário, solidária. Exige-se do fiel um comportamento tamanhamente abnegado, constrito no cumprimento da regra (*regula*), que seu comportamento adquire particular destaque, pois não convencional. Assim, a caridade a ser praticada deve ser inscrita com as seguintes características:

> "A caridade é sofredora, é benigna: a caridade não é invejosa; a caridade não trata com leviandade, não se ensoberbece. Não se porta com indecência, não busca os seus interesses, não se irrita, não suspeita mal; Não folga com a injustiça, mas folga com a verdade; tudo sofre, tudo crê, tudo espera, tudo suporta. A caridade nunca falha."[54]

E o cristão que se vê orientado pelas dádivas dos ensinamentos crísticos, pouco deve ao mundo. Ele está ciente de que se possuir todos os dons dos santos, e não tiver caridade, nada é perante Deus. Ou nas palavras de Paulo:

> "Ainda que eu falasse as línguas dos homens e dos anjos, e não tivesse caridade, seria como o metal que soa ou como o sino que tine. E ainda que tivesse o Dom da profecia, e conhecesse todos os mistérios e toda a ciência, e ainda que tivesse toda a fé, de maneira tal que transportasse os montes, e não tivesse caridade, nada teria."[55]

CONCLUSÕES

A doutrina cristã trazida por Jesus veio introduzir novas dimensões à questão da justiça. Tratando-se de uma concepção religiosa da justiça, deve-se dizer que a justiça humana é iden-

---

[54] Paulo, *Primeira Epístola de São Paulo aos Coríntios*, cap. XIII, vv. 4 a 8.

[55] Paulo, *Primeira Epístola de São Paulo aos Coríntios*, cap. XIII, vv. 1 a 2.

tificada como uma justiça transitória, por vezes um instrumento de usurpação do poder. Não é nela que reside necessariamente a verdade, mas na Lei de Deus, que age de modo absoluto, eterno e imutável. A lei humana, portanto, que condenou o Cristo, o que foi feito com base na própria opinião popular dos homens de seu tempo, é a justiça cega e incapaz de penetrar nos arcanos da divindade. A ilusão medra entre os que veem somente dentro dos estreitos limites do campo material de alcance de sua visão.

A justiça cristã, portanto, aponta para valores que rompem com o imediato do que é carnal. Nesse sentido, cumpre os preceitos de justiça (eterna) aquele que se faz conduzir de acordo com esses valores, muitos dos quais desconhecidos dos homens. Toda a lição evangélica, é de se reconhecer, está prenhe de um mistério contínuo, o que não escusa o fiel do bom conhecimento dos exemplos de vida do Cristo e de seus apóstolos; se a palavra é falha, para reforçá-la existem as narrativas de atos, fatos, momentos, comportamentos... O *Verbum*, nesse sentido, representa não só a elucidação dos profetas, mas a encarnação, por sua vida, história e palavras, das lições divinas sobre o que deve ser e o que não deve ser.

Rompendo com hábitos cristalizados, desmitificando figuras alegóricas populares, desfazendo o que era falso, introduzindo novas práticas e novos conceitos, e, sobretudo, por meio de suas parábolas, diferenciando o justo do injusto é que o Cristo veio semear a Boa Nova, tudo no sentido de colher o joio, separando-o do trigo, o que será feito no futuro apocalíptico, por meio do Julgamento Final.

O sentimento cristão identifica no mal uma doença, de modo a dispor-se a seu tratamento, que não se faz pelo julgamento insidioso e precipitado, mas pelo perdão e pelo esquecimento, pela doação de si, pelo aguardar pacientemente a reforma do outro coração... Onde reside a vingança (*vindita*) não reside uma máxima cristã; não se pode, por exemplo, entender como legítima uma guerra religiosa, ainda que esteja travestida de luta e combate aos infiéis, ou de disseminação de uma doutrina espiritual (Cruzadas).

E eis que se deve ouvir ainda: "Quem é injusto, faça injustiça ainda; e quem está sujo, suje-se ainda; e quem é justo, faça justiça ainda; e quem é santo, seja santificado ainda." Esta é a doutrina segundo a qual aquele que age por suas ações será medido; ao justo, a justiça, ao injusto a injustiça: "E eis que cedo venho, e o meu galardão está comigo, para dar a cada um segundo a sua obra." Assim, é do conjunto destes *praecepta* que se deve extrair o que é devido e o que não é devido, frente ao próximo e perante Deus. Todo entendimento, todo raciocínio, toda moral e todo comportamento, que se digam baseados na lei do Cristo, devem pautar-se por estes *praecepta*, ou seja, devem espelhar como reflexo, o comportamento daquele que morreu de morte de Cruz em nome de seus princípios, porque: "Eu sou o Alfa e o Ômega, o princípio e o fim, o primeiro e o derradeiro."[56]

Eis aí toda a substância para a arquitetura filosófica que irá perdurar por todo o medievo.

---

[56] *Apocalipse do Apóstolo São João*, cap. XXII, vv. 11 a 13.

9

SANTO AGOSTINHO:
A JUSTIÇA E O DAR A CADA UM O SEU

9.1 FILOSOFIA E MEDIEVO

Tendo em vista a difusão da filosofia e a expansão de seus postulados e contribuições na história do pensamento, há que se dizer que a maior contribuição para a formação e o desenvolvimento do pensamento medieval não foi romana, mas grega. De fato, foi da síntese e da conciliação dos postulados religiosos com os postulados filosóficos gregos que se iniciaram diversas correntes de pensamento no Medievo. Disso são exemplo Aurélio Agostinho (séculos IV e V), na patrística, que perpetrou a fusão do platonismo com o cristianismo, e Santo Tomás de Aquino (século XIII), na escolástica, que, por sua vez, perpetrou a fusão do aristotelismo com o cristianismo.[1]

Com efeito, o marco teórico do período, ou seja, o ponto de partida de toda filosofia, é a palavra revelada. Assim, o advento da doutrina cristã cristalizou novos ideais que se constituíram dogmaticamente em modelos de devoção e fé, modelos estes que conduziram a filosofia a servir de recurso teológico de ascensão espiritual. A filosofia, nesse contexto, deixou de ocupar o importante papel que desempenhou anteriormente, perdendo parte da autonomia racional que possuía, para tornar-se *ancilla theologiae*. A própria interpretação mística dada às palavras de Jesus, *"E ele lhes disse: Vinde vós aqui, à parte, a um lugar deserto, e repousai um pouco"* (Marcos, 6: 31), passou a constituir paradigma de vida interior, o que constituiu um primeiro passo para a construção da estrutura de vida monástica que se expandiu e se perpetuou no curso dos séculos medievais.

O acúmulo das experiências temporais que resumem todo o conjunto de acontecimentos do início da era cristã (a desestruturação paulatina da vida citadina, assim como dos ideais cívicos romanos, o fortalecimento do culto cristão e a ascensão de um poder eclesiástico organizado, o início do assédio bárbaro às fronteiras imperiais, a diluição da sociedade organizada pela difusão dos conflitos e dos confrontos humanos, entre outros fatores ideológicos que se desenvolveram pela difusão de novos princípios de vida e de uma nova literatura religiosa...) permitiu que o monasticismo lançasse suas raízes no seio do Império Romano, tanto do Ocidente como do Oriente. Suas raízes infiltraram-se tamanhamente no espírito humano, que a vida governava-se pelos ditames dogmatizados pela religião. Assim, o clero haveria de solidificar sua participação na sociedade medieval como instituição reinante durante toda a Idade Média, mesmo no período em que se estruturou e se organizou a vida universitária (séculos XII e XIII), somente perdendo forças com a Revolução Francesa (século XVIII).

Dessa forma é que o advento de uma nova ordem social aglutinou elementos que comporiam o quadro estrutural necessário para o surgimento do ideal de vida do monasticismo.

---

[1] Este estudo foi desenvolvido em Bittar, *Teorias sobre a justiça*, 2000, p. 97-122.

Ascetismo, anacoretismo, eremitismo são os únicos instrumentos de ascensão espiritual para os devotos das novas tendências; o deserto (*eremos*) constituia-lhes o local perfeito para a sublimação espiritual, aliada à maceração física, assim como para a descoberta da iluminação interior, donde se destacaram as primeiras aglomerações de *monachoi*, que integralizaram sua vivência comum a serviço da divindade, o que pressupunha grande esforço de autoesquecimento, distanciamento da vida pública e exercício espiritual pela oração.[2] Estava firmado o ideal eclesiástico de vida, onde a religião, e não mais a retórica, a filosofia, ou mesmo a política, passa a ocupar o primeiro lugar na ordem e na escala dos valores sociais.

De princípio, há que se notar que, em oposição à Antiguidade, o pensamento medieval cuidou de proscrever do quadro de atividades humanas louváveis a ação política (*vita activa*), invertendo-se, portanto, o modelo de educação (*paideia*) cidadã construído pelos gregos e pelos romanos, concentrando especificamente todos os rumos do saber para a vida contemplativa (*vita contemplativa*).[3] Se para os gregos era fundamental o papel da participação político-social do cidadão, para os cristãos a especulação integraliza o contato místico com a divindade. Se a *vita activa*, em sua modalidade de ação política, ainda que desvalorizada enquanto labor ou trabalho, encontrava relevante consideração entre os gregos, esta desaparece com o advento do medievo.

A eternidade da alma, a crença do poder da fé regeneradora e conversiva, a verdade revelada, o medo dos castigos e penas eternas são todos dogmas que presidem o comportamento das almas. O paradigma da *vita contemplativa*, sobretudo entre os intelectuais, passa a governar o modelo de vida monástico.[4]

Fundamentalmente, a bagagem intelectual e ideológica que haveria de permear os estudos de todo o período medieval cunhou-se fundamentalmente à época do baixo medievo. A tradição formou-se em torno do neoplatonismo, do pensamento patrístico e dos ensinamentos paleocristãos, que delinearam a lógica medievalista. Nesse sentido, a filosofia foi incorporada como recurso racional de auxílio ao pensamento teológico, que tinha como núcleo a interpretação do texto bíblico.

Os medievais primaram pela transcendência, conduzindo a própria noção de estética, sem prescindir do belo exterior ou negligenciar a aparência material das coisas, para a mística e para a metafísica intelectual. *Bonun* e *pulchrum* ganharam estatuto ontológico no pensamento medieval, encontrando unidade na ideia da Suma Potência Divina.[5] A beleza espiritual e a contemplação da perfeição divina são majoritariamente valorizadas sob o peso da influência

---

[2] Cf. Ariès; Duby, *História da vida privada*, 1992, v. I, p. 275-283.

[3] Santo Tomás de Aquino enaltece o valor da contemplação com as seguintes palavras: "*Vita contemplativa simpliciter melior est quam vita activa*" (*Summa Theologica*, II, 2, 182, 1, 2).

[4] Umberto Eco contesta qualquer tentativa de tratamento homogêneo dos longos séculos que formam a chamada Idade Média: "Como se pode reunir sob o mesmo rótulo uma série de séculos tão diferentes entre si?" (Eco, *Arte e beleza na estética medieval*, p. 11). Por isso adverte-se o leitor de que os apontamentos traçados neste texto são apenas linhas gerais e tópicas de algumas questões que relevam ser discutidas neste espaço.

[5] "De fato, a experiência da beleza inteligível constituía, antes de tudo, uma realidade moral e psicológica para o homem da Idade Média, e a cultura da época não permaneceria suficientemente iluminada se nos descuidássemos deste fator; em segundo lugar, ampliando o interesse estético para o campo da beleza não sensível, os medievais elaboravam ao mesmo tempo, por analogia, por paralelos explícitos e implícitos, uma série de opiniões a respeito do belo sensível, da beleza das coisas da natureza e da arte" (Eco, *Arte e beleza na estética medieval*, p. 16).

Cap. 9 · SANTO AGOSTINHO: A JUSTIÇA E O DAR A CADA UM O SEU | 175

crístico-medieval que se difundiu enquanto valor e ideologia preponderantes.[6] Enquanto a fugacidade do sensível corrói a superficialidade material dos corpos, o espírito reluz cintilante em sua eternidade incorpórea e inteligível; todo valor espiritual, enquanto valor estigmatizado pela dualidade *soma/psyché* (*corpore/anima*), exige o culto interior, a afeição pela abstração e pelo isolamento reflexivo, o que, em termos concretos, batizou o estilo monástico de vida como ideal contemplativo de dedicação à divindade. Aqui não há espaço para a vida pública, para as atividades políticas, para a agremiação, para movimento associativo, mas para a interiorização, para a reflexão, para a oração...

Se os signos da fé encontravam-se por todas as partes, impregnando a visão humana da natureza, também, e principalmente, haveriam de encontrar assento entre os teoricistas, teólogos, estudiosos, filósofos, copistas e comentadores medievais, sobretudo dentro da ascese disciplinar da vida monástica. A intuição enlevada era a força centrífuga do pensamento, enquanto a fé era a força centrípeta de descoberta do ser interior.

A *contemplatio* latino-medieval encontra sua raiz conceptual no consagrado axioma da *theoria* dos gregos; assim, à ideia helênica da especulação acresceu-se o valor do contato místico com a divindade. Destarte, a atividade contemplativa deixou de ser exclusivamente uma prerrogativa intelectual do filósofo direcionado para o alcance da verdade, tornando-se, também, recurso para a beatificação humana.

O pensamento medieval, nesse sentido, é, em essência, teologizante da natureza, e isto por mistificar todo o real com base na interpretação das Escrituras; Deus está em tudo, Deus conhece a alma humana, Deus tudo pode.[7] Nesse sentido, vasculhando-se, perscrutando-se e pesquisando-se, só se poderiam encontrar veementes e insofismáveis indícios das manifestações divinas extracorpóreas por todas as partes; em tudo há um fragmento da divindade, e o homem encontra-se sob esse jugo, convivendo, conflitivamente, com suas paixões, vícios e imperfeições. Nesse sentido, a visão do sensível não se cingia a seus aspectos objetivos e evidentes; a interpretação religiosa dos fenômenos materiais, à luz das orientações dos textos sagrados, é que conferia sentido às experiências humanas.

9.2 VITA THEOLOGICA

Em Santo Agostinho, é flagrante a preocupação com o transcendente, e isso não só em função de sua conversão para o cristianismo,[8] mas sobretudo em função de sua profunda formação na cultura helênica, sobretudo tendo-se em vista o eco do platonismo nos séculos

---

[6] Eco, *Arte e beleza na estética medieval*, p. 19.

[7] "Todo o pensamento político do medievo está dominado pela ideia de que bom governante é aquele que governa observando as leis de que não pode dispor livremente porque o transcendem, como são proclamadas por Deus ou as incritas na ordem natural das coisas ou ainda as estabelecidas como fundamento da constituição do estado (as leis, exatamente, 'fundamentais')" (Bobbio, *O futuro da democracia*: uma defesa das regras do jogo, 1986, p. 155).

[8] A respeito de sua conversão (386 d.C.), deve-se ler o que o Bispo de Hipona escreve em suas *Confissões*: "Assim falava e chorava, oprimido pela mais amarga dor do coração. Eis que, de súbito, ouço uma voz vinda da casa próxima. Não sei se era de menino, se de menina. Cantava e repetia: 'Toma e lê; toma e lê' (...) Abalado, voltei aonde Alípio estava sentado, pois eu tinha aí colocado o livro das Epístolas do Apóstolo, quando de lá me levantei. Agarrei-o, abri-o e li em silêncio o primeiro capítulo em que pus os olhos: '*Não caminheis em glutonarias e embriaguez, nem em desonestidades e dissoluções, nem em contendas e rixas; mas revesti-vos do Senhor Jesus Cristo e não procureis a satisfação da carne com seus apetites*'. Não quis ler mais, nem era necessário. Apenas acabei de ler estas frases, penetrou-me no coração uma espécie de luz serena, e todas as trevas da dúvida fugiram" (Agostinho, *Confissões* VIII, III, 29, tradução, 1973, p. 166).

III e IV da Era Cristã. É certo que no teologismo da obra agostiniana vive-se o mesmo estremecimento pelo qual Agostinho passou quando de sua conversão.[9] Isso porque a influência dos dogmas cristãos estão-lhe a perpassar gradativa e paulatinamente mais os escritos à medida que ganha maturidade seu pensamento.

A conversão de Augustinus, em 386, representou sua verdadeira adesão à filosofia,[10] não no sentido de que não a praticasse anteriormente (maniqueísmo...), mas no sentido de que sua profissão de fé se tornou o sacerdócio da palavra divina por meio de sua filosofia. Isso é de interesse direto no presente estudo, uma vez que Agostinho se torna pai da igreja (*pater ecclesiae*) e teorizador cristão.

É certo, então, que sua teoria, que se espraia por diversos temas, estará marcada por esta ambivalência, ou seja, por um conhecimento minucioso das Sagradas Escrituras, de um lado, prova disso são as citações que recheiam seus escritos, e por um conhecimento amplo dos textos gregos clássicos e pós-clássicos, de outro lado. Foi exatamente o bom conhecimento das doutrinas cristã e pagã que permitiu ao Bispo de Hipona galgar o *status* de *pater ecclesiae*,[11] soldando, com isso, a doutrina platônica especificamente ao ensinamento católico.[12]

Sabendo-se que os pressupostos com os quais discute o problema da justiça são teológicos, não se quer ignorar, no entanto, a herança helenística que agrega em seus textos. Identificar essas peculiaridades de sua formação é imprescindível para compreender o comprometimento de seus escritos com as teorias de Platão, Cícero, Plotino, Porfírio etc.,[13] bem como a influência do estilo e das preocupações doutrinais de Paulo de Tarso. O que há em Augustinus, no plano de discussão dos problemas éticos, políticos e jus-filosóficos, que são os que mais diretamente se deitam sobre a temática da justiça, é um resgate da metafísica platônica, tudo sob os fortes influxos da Palavra Evangélica.

---

[9] Agostinho possui o ontologismo e o existencialismo como traços marcantes de sua obra. Ao mesmo tempo em que se busca a si, busca a Deus, dotando o mundo de sentido e de verdade. A este respeito, consulte-se Coutinho, Essencialidade e existencialidade em Santo Agostinho, *Revista Portuguesa de Filosofia*, XLIV, 1988, p. 32-33.

[10] Sua conversão possui vários aspectos: 1. Religioso: que comporta sua decisão de adentrar à Igreja Católica pelo batismo; 2. Moral; que comporta sua desvinculação de compromissos maritais; 3. Social: que comporta sua liberdade dos compromissos seculares, principalmente aqueles relacionados ao magistério; 4. Filosófico: que comporta sua aproximação do neoplatonismo; 5. Cultural: que comporta sua busca de sabedoria (Cf. Marrou, *Saint Augustin et la fin de la culture antique*, 1938, p. 164-165).

[11] Não se pode, portanto, concordar com a postura essencialmente cristã que está a influenciar o trabalho de interpretação da teoria agostiniana de Martin, para quem o catolicismo é a chave do pensamento agostiniano, que nada deve de profundamente importante aos gregos: "Saint Augustin ne doit ni aux Stoïciens, ni à Platon, un symbole philosophique; il ne leur doit même aucune théorie importante. Il a subi, sans doute, une influence platonicienne, mais c'est l'enseignement chrétien qui lui a donné le moyen de transformer les théories platoniciennes" (Martin, *Saint Augustin*, 1907, p. 389). Seja as Sagradas Escrituras, seja os escritos neoplatônicos, constatam-se veementes fontes de estudo em Agostinho para comprovar a paridade destas duas pilastras de suas concepções.

[12] Nesse sentido, Agostinho é categorizado à conta de legítimo membro, ao lado de seus contemporâneos, da filosofia patrística medieval, aliando as reflexões advindas das contribuições helênicas com os próprios pressupostos da filosofia ocidental medieval. Nesse sentido, consulte-se Nader, *Filosofia do Direito*, 1997, p. 119-121.

[13] Em *Confissões* VII, II, 20 (tradução, 1973, p. 145) percebe-se a influência direta do platonismo sobre Agostinho. Em outros passos, podem-se recuperar referências textuais que comprovam o comprometimento de Agostinho com Platão e Porfírio, inclusive no sentido de sua reabilitação espiritual e cultural: *Singula quaedam dixerunt **Plato** atque Porphyrius, quae si inter se communicare potuissent, facti essent fortasse christiani* (De civitate Dei, Liv. XXII, Par. XXVII).

Cap. 9 · SANTO AGOSTINHO: A JUSTIÇA E O DAR A CADA UM O SEU | 177

A concepção agostiniana acerca do justo e do injusto floresce exatamente nesta dimensão, ou seja, concebendo uma transcendência que se materializa na dicotomia existente entre o que é da *Cidade de Deus* (*lex aeterna*) e o que é da *Cidade dos Homens* (*lex temporalem*).[14] O tema em Agostinho remete o estudo do problema da justiça fundamentalmente à discussão da relação existente entre lei humana (*lex temporalem*) e lei divina (*lex aeterna*),[15] onde está compreendido o estudo das diferenças, influências, relações etc. existentes entre as mesmas.

Analisar, pois, em meio às diversas questões abordadas pelos textos agostinianos, o evolver da discussão desta categoria básica de seu pensamento parece indispensável. Tendo-se, porém, em vista a vastidão de seus escritos, alcançando dimensões consideravelmente extensas (*De moribus ecclesiae catholicae et de moribus manicheorum; De agone christiano; De natura boni; De bono conjugali; De conjugiis adulterinis; De mendacio; Contra mendalium; Contra academicos; De beata vita; De ordine; Soliloqua; De immortalitate anima; De musica; De patientia; De utilitate jejunii; De continentia; De sancta virginitate; De bono viduitatis; De opere monachorum; De quantitate animae; De Genesi contra Manichaeos; De vera religione; De fide rerum quae non videntur; De fide et operibus; De fide et symbolo; Enchridion; De divinatione daemonum; De libero arbitrio; De magistro; De vera religione; De diversis quaestionibus; De utilitate credendi; De Genesi ad litteram liber imperfectus; De immortalitate animae; De quantitate animae; De doctrina christianna; De trinitate; De civitate Dei; De catechizandis rudibus; Enarrationes in Psalmos; In Ioannis Evangelium; De anima et eius origine; Quaestiones; Retractationes; Confessiones e Correspondências*), a restrição do tema favorece uma abordagem que se atém ao objeto de pesquisa almejado. Estar-se-ão, portanto, a considerar sobretudo, nessa análise, os textos *De civitate Dei, De ordine, Confessiones, De beata vita, De libero arbitrio*.

Mais que isso, discutir a situação do problema da justiça no conjunto de seu pensamento não significa buscar uma unidade sobre a questão em Agostinho. O que se pretende ao se discorrer sobre o justo e o injusto na doutrina agostiniana é sistematizar o que se encontra diluído no pensamento sobre o tema que se desenrolou em inúmeras obras. Trata-se, portanto, de vislumbrar, em meio à obra de Agostinho, os ensinos atinentes à justiça, sobretudo aqueles extraídos dos livros *De civitate Dei, De ordine, Confessiones, De beata vita, De libero arbitrio*. Perceba-se, portanto, que uma pesquisa sobre a justiça na obra agostiniana não é uma pesquisa que deve ater-se a estreitos problemas terminológico-conceituais, como aquela que se deve empreender no sentido da compreensão das acepções da justiça na obra aristotélica (justiça política, justiça distributiva, justiça comutativa, justiça corretiva...).[16] A justiça em Agostinho identifica-se como humana e como divina, e, para melhor compreender a discussão sobre esta oposição, deve-se proceder ao adequado inventário dos problemas e categorias de pensamento que a cercam.

A perscrutação, portanto, não quer transformar a teoria de Agostinho num sistema sobre a justiça, ou, muito menos, apontar para a existência de um conjunto sistematizado de conhecimentos teóricos dedicados ao estudo da justiça (*iustitia*).[17] É certo, no entanto, que o

---

[14] "É sobretudo na obra em vinte e dois livros intitulada *De civitate Dei* que desenvolve a sua teoria da história do gênero humano, sobre o problema do bem e do mal, sobre o destino ultraterreno do homem, sobre a justiça e sobre o Estado" (Del Vecchio, *Lições de filosofia do direito*, 1979, p. 63).

[15] "Ninguém emitiu conceitos mais belos sobre a justiça" (Macedo, *História do pensamento jurídico*, 1982, p. 44).

[16] Consulte-se, a esse respeito, Bittar, A teoria aristotélica da justiça, *Revista da Faculdade de Direito da Universidade de São Paulo*, São Paulo, nº 92, 1997, p. 53-73.

[17] Sua obra é assistemática, mas possui preceitos recorrentes e ideias sustentadas com constância (Cf. Arendt, *Le concept d'amour chez Augustin*: essai d'interprétation philosophique, 1991, p. 6-8).

178 | CURSO DE FILOSOFIA DO DIREITO • *Bittar/Almeida*

tema interessou ao pensador, que se deteve em breves passagens, dispersas por várias obras, dedicando, diretamente, algumas palavras sobre a justiça. A tarefa consiste, portanto, em coligir os argumentos do filósofo dedicados ao tema em questão, observando quais dimensões, quais proporções e quais perspectivas se podem ganhar com a análise do problema no contexto da obra agostiniana. Sinteticamente, o que se quer dizer é que não se estará, portanto, a incorrer no erro de se construir na obra agostiniana um conceito de justiça, mas de se identificar o conjunto das ideias lançadas pelo filósofo a respeito de uma questão pontual, neste caso, a justiça. É neste empreendimento que se lançam as palavras que seguem.

9.3 *LEX AETERNA E LEX TEMPORALEM*

Uma concepção sobre a justiça que recorre ao neoplatonismo como fonte filosófica de inspiração só pode traçar delineamentos dicotômicos para o tema da justiça e, mais que isto, identificar na justiça transitória a imperfeição e a corruptibilidade dos falsos juízos humanos, e, na justiça eterna, a perfeição e a incorruptibilidade dos juízos divinos. Assim é que se pode identificar nas lições agostinianas a presença do dualismo platônico[18] (corpo-alma; terreno-divino; mutável-imutável; transitório-perene; imperfeito-perfeito; relativo-absoluto; sensível-inteligível...),[19] que corporifica radical concepção entre o que é e o que deve ser. A justiça, portanto, pode ser dita humana e divina.

A justiça humana é aquela que se realiza *inter homines*, ou seja, que se realiza como decisão humana em sociedade. A justiça humana tem como fonte basilar a lei humana, aquela responsável por comandar o comportamento humano. Nesse sentido, o homem relaciona-se com outros homens e com o que o cerca; é no controle dessas relações que se lança a lei humana. Não é, portanto, sua tarefa comandar o que preexiste ao comportamento social. Para que se possa pensar acerca do que preexiste, deve-se recorrer à ideia de Deus, que, como origem de tudo, como princípio unitário de todas as coisas,[20] só pode ser o legislador maior do universo. A tarefa divina no controle do todo é, aos olhos humanos, irrealizável. É exatamente a ilimitação de poderes de Deus que permite tudo conhecer, tudo saber, tudo coordenar. Pelo contrário, é a limitação humana que faz do homem um ser restrito ao que lhe está ao alcance mais imediato. A limitação humana torna o campo de abrangência das leis no tempo e no espaço igualmente restrito.

A justiça divina é aquela que a tudo governa, que a tudo preside dos altiplanos celestes; de sua existência brota a própria ordenação das coisas em todas as partes, ou seja, em todo o universo. A justiça divina baseia-se na lei divina, que é aquela exercida sem condições tem-

---

[18] Em suas retratações mesmo Santo Agostinho afirma: "Platão mesmo não errou quando afirmou a existência do mundo inteligível, se nós não quisermos nos determos, numa palavra que é estrangeira, nesta matéria, ao uso eclesiástico, e somente nos ligarmos à coisa-ela-mesma. Pois, ele nomeou o mundo inteligível a razão em si, eterna e imutável, pela qual Deus fez o mundo" (*Retractationum libri duo, III*, sobre *De ordine, libri duo, caput III*). A respeito do neoplatonismo e do plotinismo de Agostinho, consulte-se Fabo de Maria, *La juventud de San Augustin ante la critica moderna*, 1929, p. 135-146.

[19] "Sendo absolutamente certo e inegável que o incorruptível se antepõe ao corruptível – como aliás já admitia –, poderia eu, se não fôsseis incorruptível, ter atingido com o pensamento algo mais perfeito que o meu Deus. Portanto, logo que vi que o incorruptível se deve preferir ao corruptível, imediatamente Vos deveria ter buscado, e, em seguida, deveria indagar donde vem o mal, isto é, a corrupção, a qual de modo algum pode afetar a vossa substância" (Agostinho, *Confissões*, livro VII, I, par. 6°, trad. 1973, p. 132).

[20] "Dizer que Deus é a *essentia* por excelência, ou que é supremamente ser, ou que é imutabilidade, é, pois, dizer a mesma coisa. Ser verdadeiramente é ser sempre da mesma maneira: *vere esse est enim semper eodem modo esse*" (Gilson, *A filosofia na Idade Média*, 1998, p. 148).

Cap. 9 · SANTO AGOSTINHO: A JUSTIÇA E O DAR A CADA UM O SEU | **179**

porais para sua execução, não sujeita, portanto, ao relativismo sociocultural que marca as diferenças legislativas entre povos, civilizações e culturas diversas. Mais que isso, a lei divina, além de absoluta, imutável perfeita e infalível, é infinitamente boa e justa. O *verbum* divino só pode ser a raiz última de formação do que é, e também do que não é. Quando, porém, se trata de falar sobre a justiça divina, deve-se advertir de que não se está a falar somente da justiça de Deus como justiça d'O Criador, mas também de uma justiça que se desdobra na própria justiça humana. Grife-se que a lei divina não é somente a lei d'Ele, mas também a que Ele produz nos homens; nesse sentido, e somente nesse sentido, a lei dos homens também é divina, à medida que é dada por Deus.[21]

A lei eterna inspira a lei humana, da mesma forma que a natureza divina inspira a natureza humana. Sem dúvida nenhuma, a natureza humana pode ser dita uma natureza divina, isto pois todo criado é fruto do Criador. Nesse sentido, a lei humana também é divina, ou seja, também participa da divindade. Em outras palavras, a fonte última de toda lei humana seria a própria lei divina.[22] Todavia, sua imperfeição, seus desvios, sua incorreção derivam direta e francamente das imperfeições humanas.

A justiça divina, mais que tudo, por sua onisciência e onipresença,[23] não confunde o que a justiça humana confunde, criando, por vezes, a desordem, ou mesmo a injustiça. O alcance do julgamento divino permite identificar o mal onde há mal e o bem onde há bem, e, a partir disso, separar aquele que é justo daquele que é injusto, ou seja, "o joio do trigo". Não só a lei divina é perfeita, mas também o julgamento que se faz com base na lei divina é perfeito. Deus separa os bons dos maus e lhes confere o que merecem (*separat inter bonos et malos, et sua cuique tribuit*); nisso reside o verdadeiro sentido da justiça, e esta parece ser a esperança de todo homem justo. Mais que isso, essa parece ser a melhor definição de justiça, como afirma mesmo Agostinho.[24] Essa melhor forma de justiça é a ordem que se dá em Deus.

A lei divina, não escrita, portanto, imprime-se no espírito humano,[25] e sua atuação sobre a lei humana dá-se de forma a que a influencie, inspirando-a, governando-a em seus princípios. Os homens produzem leis à medida que produzem comandos que se inspiram em influências provenientes da lei divina. A lei divina, lei eterna por definição, "é a lei em virtude da qual é justo que as coisas sejam perfeitamente ordenadas".[26]

O que faz com que as leis humanas sejam imperfeitas, corruptas, incorretas, e até mesmo injustas, não deriva da fonte de inspiração divina, mas da própria pobreza de espírito humana. Nada além do pecado original, que corrompeu a natureza humana, está por trás deste *écran*

---

[21] *De civitate Dei*, Liv. XXII, Par. II: *Sicut iustitia Dei, non solum qua ipse justus est dicitur, sed illa etiam quam in homine, qui ab illo justificatur, facit: sic et lex eius vocatur, quae potius est hominum, sed ab ipso data.*

[22] "A própria lei humana ou terrena seria a própria lei eterna adaptada pelo legislador à realidade concreta" (Nader, *Filosofia do Direito*, 1997, p. 121).

[23] A ordem deve-se ao fato de tudo reconduzir a Deus, que tudo dirige e governa em sua onipresença (*De ordine*, I, liber secundus, sectio prima, 2: *Ex quo fit ut omnia simul, quae Deus administrat, ordine administrentur*).

[24] *De ordine*, liber secundus, sectio secunda, VII, 22: *Justitiam Dei, quae separat inter bonos et malos et sua cuique tribuit. Nam nulla est, quantum sentio, manifestior justitiae definitio.*

[25] Agostinho vê o direito natural como "a lei eterna que, enquanto razão ou vontade de Deus, prescreve a conservação da ordem natural e proíbe a sua perturbação". E pergunta: "Quem senão Deus inscreveu a lei natural no coração dos homens?" (Kelsen, *O problema da justiça*, 1998, p. 84-85).

[26] *De libero arbitrio*, I.VI, 15: *Ut igitur breviter aeternae legis notionem, quae impressa nobis est, quantum valeo verbis explicem, ea est qua justum est ut omnia sint ordinatissima.*

existencial, prenhe de lamentos e de sofrimentos.[27] O homem existe, e sua natureza é corrupta; é nesse sentido que se pode dizer que o homem se desgarrou de sua origem. Não há aí mero determinismo informando a teoria agostiniana, mas uma profunda consciência de que o livre-arbítrio, sede da deliberação autônoma do homem, é seu motivo maior de queda espiritual.

E, nessa ordem de ideias, em que homens, instituições, governos, julgamentos, ordenações, organizações, comportamentos são corruptos, também leis são corruptas. Esse é o estado de coisas humano; esse é o estatuto da lei humana. A justiça, portanto, nessa orientação, é viciada *ab origine*. A justiça, dentro dessa dimensão, vem compreendida como algo profundamente marcado pelos próprios defeitos humanos.

Também outras são as diferenças que marcam nuances entre lei humana e lei eterna. Os comandos da lei eterna e da lei humana são diversos, ou seja, o que uma comanda, por vezes, à outra é indiferente. O que uma recrimina, para a outra, por vezes, não requer atenção especial.

De fato, quando a lei eterna comanda a alma para que se governe por si, está a comandar nada mais que sua aproximação de Deus. Esse processo de ascensão da alma não se faz, no entanto, sem um desprendimento gradativo de todas as atrações mundanas e temporais, perecíveis e fugazes. "A lei eterna ordena então de desviar seu amor das coisas temporais e de torná-lo, assim purificado, em direção às coisas eternas".[28] Nesse sentido, o que está prescrito por esta lei é o que deve ser em absoluto. Tudo deve estar conforme ao conteúdo desta lei, porque é ela o mandamento maior de vida, e é em seu rastro que se pode alcançar a perfeição. Nesse sentido, a busca do eterno significa trilhar caminhos guiados pela lei eterna; governar-se é deixar-se governar pela lei eterna.

Diferentemente, a lei temporal não se preocupa, ao menos diretamente, com o bem-estar da alma em si e por si. Para ela é indiferente o caminho trilhado pelo homem, desde que não transgrida seus ditames. Prova disso é que a lei temporal não pune o amor dos bens materiais, mas o que por ela é recriminado é o roubo injusto dos mesmos. Dessa forma, a lei humana ou temporal, ao preocupar-se somente com o roubo ou não dos bens materiais, simplesmente é indiferente à paixão pelos mesmos, o que significa que se basta em salvaguardar o governo civil, por meio da ordenação da conduta social.[29] Não se trata, portanto, de a lei humana preocupar-se com o governo da alma nos trilhos da virtude, mas com o governo da alma fora da ilegalidade e da transgressão. Enfim, o que se deve reter é o fato de que a lei humana recrimina crimes o suficiente para promover a paz social.[30] Ou seja, somente o que é absolutamente indispensável para salvaguardar a paz social interessa diretamente como conteúdo de uma lei humana.

Paixões que a lei humana exclui de sua regulamentação, de sua disciplina, de sua tutela, desde que não se concretizem em atos ilegais, a lei divina condena (inveja, ódio, concupiscência, desejar a mulher do outro...). O que é justo, ou ao menos não é considerado injusto de acordo com a lei humana (ilegal), não pode necessariamente ser considerado justo de

---

[27] "Efetivamente uma escola teológica defende esta tese. Mas não há nada de mais significativo do que o fato de uma outra escola, seguindo a orientação de Agostinho, defender a tese oposta: a tese pessimista de que a natureza do homem está corrompida, de que, depois da queda original, todos nós somos pecadores" (Kelsen, *O problema da justiça*, 1998, p. 84-85).

[28] *De libero arbitrio*, I.XV, 32: *Jubet igitur aeterna lex avertere amorem a tempora libus, et eum mundatum convertere ad aeterna.*

[29] *De libero arbitrio*, I.XV, 32: *Institueramus enim quaerere, quatenus habeat ius ulciscendi ea lex qua populi terreni civitates que gobernantur.*

[30] *De libero arbitrio*, I.V, 13: *Ea enim vindicanda sibi haec lex populi assumit, quae satis sint conciliandae paci hominibus imperitis, et quanta possunt per hominem regi.*

acordo com a lei divina; lei humana e lei divina, por vezes, possuem conteúdos semelhantes, até idênticos, mas nem sempre isso aparece como uma necessidade. Em *De libero arbitrio*, I.V, 13, é exatamente essa discussão que Agostinho introduz, no sentido de dizer que a lei divina pune e recrimina condutas não compreendidas entre os delitos segundo a lei humana, sendo, portanto, mais severa por penetrar na própria alma humana.

Ainda que imperfeita, e sujeita a todo estado de coisas a que está submetida a mundanidade, a lei que pode ser chamada temporal (*appellemus ergo istam legem, si placet, temporalem*), ou seja, a lei escrita constitui recurso auxiliar na organização social. Sua presença no sentido da regulamentação da conduta humana é indispensável. De fato, trata-se de ajuda para os homens no governo das coisas humanas, e, portanto, sua transitoriedade é manifesta, estando sujeita a mudanças constantes. Essas mudanças podem vir, de um lado, a favor da própria comunidade, pois o que era lei podia não ser justo, e o que se tornou lei passou a instituir o justo, ou, de outro lado, em desfavor da comunidade, ou seja, passando-se de um estado de justiça inscrita na lei para outro estado de injustiça inscrita na lei.[31]

Mais que isso, Agostinho está preocupado não só com o relacionamento da lei eterna com a humana, de modo que a eterna se veja cada vez mais presente e imiscuída na realidade das leis humanas. Agostinho quer mesmo salvaguardar a noção de que o Direito só possa ser dito Direito, quando seus mandamentos coincidirem com mandamentos de justiça. Conceber o Direito dissociado da justiça é conceber um conjunto de atividades institucionais humanas que se encontram dissociadas dos anseios de justiça. Mais que isso: "Suprimida a justiça que são os grandes reinos senão vastos latrocínios?"[32]

Invocando o conceito de república (*res – publica*) de Cícero, ao lado da doutrina de Varrão, Agostinho quer dizer que o que se faz com direito se faz com justiça, e o que se faz sem justiça não se pode fazer com Direito; as iníquas instituições humanas por si só não podem ser chamadas de Direito.[33] Ainda uma vez se diga, para Agostinho, o Direito não se concebe dissociado da noção de justiça. Isso reafirma a noção de que nem qualquer reunião de pessoas pode ser chamada de povo.[34] A coisa pública que se forma em torno de um povo deve ser administrada não só com Direito, mas sobretudo com justiça. Assim, Direito e justiça atrelam-se, ainda que em meio à transitoriedade dos interesses humanos, andando de mãos dadas.

Nesse sentido, qualificar um governo de destemperado é dizer que este ou aquele governo se distanciou da ordenação comum de todas as coisas. Em outras palavras, o governo deve guiar-se para a condução da coisa pública, e seu distanciamento desta significa a recondução para interesses outros que não os comuns a todos, mas puramente pessoais, egoísticos. Todo governo deve pautar-se nos preceitos da *lex divina*, para ser categorizado à conta de governo justo; dissociar governo e divindade é fazer do poder temporal um poder vazio, destituído de sentido, ou mesmo esvaziado de finalidade superior, que não aquelas egoísticas que possam mover um, poucos ou muitos, conforme o número dos ocupantes do poder público, à condução da coisa pública. A busca da *pax aeterna* preenche de fins o poder secular justo.

---

[31]   *De libero arbitrio*, I.VI, 14: *Appellemus ergo istam legem, si placet, temporalem, quae quanquam iusta est, communitari tamen per tempora juste potest.*

[32]   *De civitate Dei*, Liv. IV, cap. IV: *Remota itaque iustitia quid sunt regna nisi magna latrocinia.*

[33]   *De civitate Dei*, Liv. XIX, cap. XXI: *Quod enim jure fit, profecto juste fit; quod autem fit injuste, nec iure fieri potest. Non enim jura dicenda sunt vel putanda iniqua hominum constituta.*

[34]   *De civitate Dei*, Liv. XIX, par. XXI: *Qualiscumque multitudinis, quae populi nomine digna non est.*

Onde resplandece o exercício do poder puro e simples, ou seja, onde o poder se exerce com base na força, e não com base na justiça, identifica-se um poder que se exerce na base da iniquidade. É com essa intenção que Agostinho repele o Direito destituído de finalidade, ou seja, constituído com o único fim de usurpar a coisa pública, constituído, portanto, como mera instituição humana. Assim, onde não há verdadeira justiça, não há verdadeiro Direito, pois só se pode considerar uma aglomeração humana organizada em república, ou seja, sob uma ordem jurídica, onde há o consentimento do povo. Ou seja, num sistema como este, estará a presidir o conjunto das relações humanas a justiça, que é esta virtude que distribui a cada um o que é seu.[35]

Identifica-se de pronto que a filosofia agostiniana, ao debruçar-se sobre a questão da justiça, vem sobretudo marcada pela noção romano-ciceroniana de que o governo de direito é o governo justo, em que a justiça é o dar a cada um o que é seu (*suum cuirque tribuere*).[36] Essa virtude que sabe atribuir a cada um o que é seu é uma virtude que coordena interesses e vontades, estabelecendo a ordem. Não há república sem ordem, não há ordem sem direito, não há direito sem justiça.

Quebrar essa ordem estabelecida representa mesmo quebrar a ordem de Deus, atribuindo algo a alguém que disto não é merecedor; na distribuição do que é devido a cada um, deve haver equilíbrio e sobriedade, ou, ainda, sabedoria prática. Atribuir algo a alguém a quem não deva ser dado, deixando-se, portanto, de atribuir algo que a alguém é devido, nesta medida, é ser injusto.[37] A justiça, portanto, tem a ver com ordem,[38] da razão sobre as paixões, das virtudes sobre os vícios, de Deus sobre o homem.[39]

9.4 ALMA, JUSTIÇA DIVINA E LIVRE-ARBÍTRIO

Sabendo-se que o homem é mais que corpo, e não simplesmente alma, mas união de corpo e alma,[40] o sentido a ser imprimido à vida humana não deve ser outro senão o do cultivo da alma para a vida eterna. Ora, bastar-se na simples vivência transitória é viver não somente *inter homines*, mas também *secundum vitam terrenam*. O que é transitório é, por essência, destinado à corrupção, não podendo servir de parâmetro para a valoração do porvir. A verdadeira vida deve representar a inspiração para o comportamento do homem, e é nesse sentido que se deve voltar para o que é melhor, ou seja, para o que é divino.

Nesse sentido é que se pode concluir que Deus preenche a existência humana, à medida que a vida eterna é o destino de toda alma por Ele criada; galgar o *pax aeterna* é o destino

---

[35] *De civitate Dei*, Liv. XIX, par. XXI: *procul dubio colligitur, ubi iustitia non est, non esse rempublicam. Iustitia porro ea virtus est, quae sua cuique distribuit.*

[36] "O Direito Positivo se fundamentaria, em último grau, na lei eterna, que é a lei de Deus. A exemplo de Ulpiano e Cícero, concebeu a justiça como virtude: *Iustitia et virtus est quae sua cuique distribuit*" (Nader, *Filosofia do Direito*, 1997, p. 120).

[37] *De civitate Dei*, Liv. XIX, par. XXI: *An qui fundum aufert ei a quo emptus est, et tradit ei qui nihil in eo habet iuris, injustus est; et qui se ipsum aufert dominant Deo, a quo factus est, et malignis servit spiritibus, justus est?*

[38] Agostinho, *Contra Faustum Manich.*, lib. 22, c. 27: "*Lex vero aeterna est ratio divina vel voluntas Dei ordinem naturalem conservari iubens et perturbari vetans.*"

[39] *De civitate Dei*, Liv. XIX, Par. XXVII: *Hic itaque in unoquoque justitia est, ut obedienti Deus homini, animus corpori, ratio autem vitiis etiam repugnantibus imperet, vel subigendo, vel resistendo.*

[40] *De beata vita*, sectio secunda, I, 7: *Ergo jam scis te constare ex corpore et vita*, onde no diálogo se faz Navigius concordar que o homem não é somente corpo, mas também alma.

de toda alma. Assim é que se pode dizer que a alma é a vida do corpo, e que Deus é a vida bem-aventurada do homem.[41]

A alma errática, após sua criação, e após o pecado original, desgarrada de Deus, possui como parâmetro para sua conduta e comportamento nada mais nada menos que a lei que se encontra inscrita em seu coração (lei divina), e será o livre-arbítrio (*liberum arbitrium*) que facultará à mesma escolher e decidir entre comportamentos conformes ou desconformes aos preceitos de ordenação do universo.[42] É certo que a lei humana governa o comportamento humano, mas não é esta lei que governa a alma humana, pois é incapaz de penetrar em seus desígnios. O que realmente garante ao homem a segurança de que o certo é o certo e de que o errado é o errado é a lei divina que se encontra inscrita em seu coração, e de acordo com a qual se deve pautar, na volição de alcançar a *gnosis* de si mesmo.

As almas criadas por Deus vivem, agem, erram, desviam-se, e é segundo uma norma de justiça que serão julgadas. Trata-se da justiça divina, que governa sua atuação, que pauta seus julgamentos, tendo por base duas nuances: (1) de um lado, a lei divina (*lex aeterna*), que prescreve determinado comportamento ("não matarás"; "não desejarás a mulher do outro"; "não cometerás adultério"; "não roubarás"; "amarás a teu próximo como a ti mesmo" etc.); (2) de outro lado, o livre-arbítrio (*liberum arbitrium*) do homem no sentido da autocondução de sua vida, podendo escolher entre fazer e não fazer.

A justiça divina exerce-se, então, para Agostinho, em função do livre-arbítrio, que pode atuar contra (matar, cometer adultério etc.) ou a favor (não matar, não cometer adultério etc.) do que prescreve a lei eterna ("Não matarás"; "Não cometerás adultério" etc.). O livre-arbítrio é o que permite ao homem atuar segundo sua vontade, que pode estar a favor ou contra a lei divina. Essa importância dada ao livre-arbítrio como auto-determinação da alma por si mesma fica clara no diálogo em que Agostinho defronta-se com Evodius (*De libero arbitrio*, I, 1), dizendo que "as más ações não seriam punidas justamente se não tivessem sido cometidas voluntariamente" (*Non enim juste vindicaren-tur, nisi fierent voluntate*), ou seja, se as punições não tombassem sobre homens capazes de decidir, de fazer, de se conduzir de acordo com o bem ou com o mal, não haveria aí justiça nenhuma.

A vontade governa o homem, e pode fazê-lo contra ou a favor do próprio homem. De-ve-se, portanto, orientar no sentido da governabilidade da alma pela alma, onde a razão deve ser o princípio motor do comportamento, evitando-se que a alma sucumba sob os instintos ou impulsos dos quais não está isenta (concupiscência, ódio, homicídio, luxúria, lascívia etc.). Há aqui um certo apelo à ideia de equilíbrio, de *prudentia* na atuação prática da vida.[43] Se Agostinho se refere à capacidade humana de orientar-se *secundum legem* ou *contra legem*, a ideia de que no livre-arbítrio reside a chave para a compreensão do julgamento divino das

---

[41] *De civitate Dei*, Liv. XIX, Par. XXVI: *Quocirca ut vita carnis anima est, ita beata vita hominis Deus est.*

[42] Derivando do *Alcibíades* de Platão seus estudos, Agostinho concebe o homem como sendo uma alma num corpo (Cf. Gilson, *A filosofia na Idade Média*, 1998, p. 146). Contudo, ao contrário do platonismo, que extrema o corpo como cárcere da alma, o agostinianismo faz derivar os males não da natureza material de parte do homem, mas de seu mau uso do livre-arbítrio, pelo pecado (p. 153).

[43] Está sempre presente em seus textos a noção de que a alma pode ser corrompida pelo corpo; a carne pode decair o homem, e nesse passo a virtude (que os gregos chamavam *sophrosýne* e os latinos *temperantia*) desempenha papel fundamental na contenção das paixões, ou no combate aos vícios (*De civitate Dei*, Liv. XIX, par.IV, *quid hic agit nisi perpetua bella cum vitiis, nec exterioribus, sed interioribus; nec alienis, sed plane nostris et propriis; maxime illa, quae graece sofrosunh, latine temperantia nominatur, qua carnales frenantur libidines, ne in quaeque flagitia mentem consiententem trahant*).

obras humanas é fundamental. Ser livre é não só poder deliberar com autonomia, mas sobretudo deliberar iluminado pelo espírito divino, que se busca pela interiorização, caminho em direção a Deus.

Ou seja, onde há *liberum arbitrium* há a possibilidade de escolha,[44] e é segundo essa escolha que cada qual será julgado. Nas obras de cada homem pode-se identificar o que fez de bom e de ruim, e, nesse sentido, as obras são a identidade da alma. A conclusão não é outra senão a de que toda alma, a partir do conjunto de seus comportamentos, forja seu próprio destino, sobre o que Deus não possui nenhuma influência imediata e determinada.[45] O destino não é dado a cada um, mas por cada um construído de acordo com suas obras. É assim que o Julgamento da alma se fará de acordo com suas obras, de acordo com o que cada um faz ou fez, a partir do exercício de seu próprio livre-arbítrio.[46] Eis o ponto em que a justiça esbarra na questão da remissão dos pecados.[47]

Na raiz da distinção entre bem e mal parece residir não somente um poder de decisão, que confere estatuto ao livre-arbítrio, erradicando-se da doutrina agostiniana, nesse sentido, qualquer determinismo irracional ou teológico sobre os fins humanos, mas sobretudo um importante argumento de experiência; não há discernimento acerca do bem e do mal sem a existência do bem e do mal.[48] É necessário viver para presenciar bem e mal, e fazer da razão o meio para a orientação do comportamento para o bem, distanciando-se do mal.

O Supremo Julgamento,[49] o Juízo Final, nesse sentido, figura como o momento da distinção daqueles que souberam utilizar-se do livre-arbítrio de acordo ou contra a lei divina. O Juízo Final se dará de forma que aos bons seja dado o melhor, ou seja, o bem supremo, e aos maus seja dado o pior, o mal supremo. Momento de exultação para uns, momento de ranger de dentes para outros, é essa a forma de averiguar que a justiça divina atribui a cada um o seu, de acordo com as próprias obras. Essa separação dos justos e dos injustos se dará conforme o que vem narrado no Apocalipse de João.[50]

O livre-arbítrio deve orientar-se segundo a razão divina, ou seja, de acordo com os preceitos da lei eterna, o que não se faz sem que o homem mergulhe em si mesmo para se

---

[44] "Esse poder de utilizar direito o livre-arbítrio (*liberum arbitrium*) é precisamente a liberdade (*libertas*). Poder fazer o mal é inseparável do livre-arbítrio, mas poder não fazê-lo é um sinal de liberdade, e encontrar-se confirmado em graça a ponto de não mais poder fazer o mal é o grau supremo da liberdade. O homem que a graça de Cristo domina da maneira mais completa é, pois, também o mais livre: *libertas vera est Christo servire*" (Gilson, *A filosofia na Idade Média*, 1998, p. 155).

[45] "Quanto ao sentido moral, ele só se encontra nos atos das criaturas racionais. Já que dependem de um juízo da razão, esses atos são livres; os erros morais provêm, pois, do fato de que o homem faz um mau uso do seu livre-arbítrio. O responsável por isso é ele, não Deus" (Gilson, *A filosofia na Idade Média*, 1998, p. 153).

[46] *De civitate Dei*, Liv. XX, Par. I: *sed etiam de singulorum operibus propriis, quae gerunt arbitrio voluntatis.*

[47] *De civitate Dei*, Liv. XIX, Par. XXVI: *Ipsa quoque nostra iustitia, quamvis vera sit propter veri boni finem, ad quem refertur, tamen tanta est in hac vita, ut potius peccatorum remissione constet, quam perfectione virtutem.*

[48] Se os bons não estão isentos do mal deste mundo, isto se dá porque em todo mal se encontra escondida uma lição divina (*De civitate Dei*, Liv. XX, Par. II: *Ac per hoc etiam in his rebus, in quibus non apparet divina iustitia, salutaris est divina doctrina*).

[49] Sobretudo o livro XX do *De Civitate Dei* dedica-se à interpretação do Apocalipse, ou do Julgamento Final.

[50] *De civitate Dei*, Liv. XIX, Par. XXVIII: *Ad hos autem fines bonorum et malorum, illos expetendos, istos cavendos, quoniam per iudicium transibunt ad illos boni, ad istos mali.*

conhecer.[51] Isso pelo simples fato de que a lei eterna se encontra inscrita no coração de cada homem, e será nele que cada qual encontrará a Verdade, que é uma só para todos. Sobretudo a filosofia agostiniana pós-conversão vem regida pelo princípio de que *in interiore homines habitat veritas*. E, de fato, essa busca interior, ou seja, essa busca do autoconhecimento vem a corresponder à busca infinita do homem por si mesmo,[52] o que significa dizer a mesma coisa, do homem em direção a Deus. Conhecer-se e conhecer a Deus constituem uma única e mesma atividade do espírito, para Agostinho. Alma e Deus, como objetos de conhecimento, remetem a um estudo unificado de todo o mistério da criação.[53]

Nesse tipo de concepção, a sabedoria é não só o conhecimento das verdades, mas também da Verdade, ou seja, de Deus. Só é sábio aquele que reconhece a perenidade do Bem Absoluto, e que de acordo com a contemplação deste orienta seu proceder. Na sede de todo processo de autoconhecimento está o galgar proximidade a Deus, e, mais que isso, vencer a natureza corrupta da humanidade.

Ser feliz e ser sábio são uma e a mesma coisa, ou seja, possuir a sabedoria de Deus.[54] Não nos bens exteriores, não nos bens transitórios, não nos bens corporais se encontra a felicidade, mas no bem da própria alma, ou seja, na contemplação de Deus.[55] Essa sabedoria é espécie de medida, equilíbrio cristão em Deus (diverso do equilíbrio estoico), que previne contra o excesso e a intemperança. A revelação e a graça são os instrumentos para o conhecimento da verdade. O intelecto ganha sua existência com a intervenção da divindade, por meio do *Verbum*.[56] Quem possui Deus, como bem estável e perfeito, somente este é feliz.[57] Nesse sentido é que se pode falar em beatitude. Qual a razão de filosofar senão a vontade de conhecer a Verdade que reside no Bem?[58]

---

[51] *De ordine*, liber primus, I, sectio prima, 3: *Cujus erroris maxima causa est, quod homo sibi ipse est incognitus.*

[52] "À cette fuite devant soi Augustin oppose le *se querere*, se chercher soi-même – le grand problème que je suis pour moi-même (*quaestio mihi factus sum*)" (Arendt, *Le concept d'amour chez Augustin*: essai d'interprétation philosophique, 1991, p. 21).

[53] "Se trouver soi-même et trouver Dieu vont de pair" (Arendt, *Le concept d'amour chez Augustin*: essai d'interprétation philosophique, 1991, p. 21). Isso porque Deus é *summum esse* (Cf. Arendt, *Le concept d'amour chez Augustin: essai d'interprétation philosophique*, 1991, p. 43).

[54] "Il est rattaché à un mouvement de retour à l'homme qui connaît le bien et le mal (*malum*). C'est à partir de cette attitude fondamentale, le vouloir être heureux (*beatum esse velle*), qu'est déterminé le bien respectif de chaque désir" (Arendt, *Le concept d'amour chez Augustin*: essai d'interprétation philosophique, 1991, p. 12).

[55] "A posse da sabedoria identifica-se, por sua vez, com a posse contemplativa de Deus, pelo que a tarefa filosófica se constitui, de sua natureza, como itinerário existencial da mente para Deus, suprema medida da verdade" (Coutinho, Essencialidade e existencialidade em Santo Agostinho, *Revista Portuguesa de Filosofia*, XLIV, 1988, p. 22).

[56] Nos capítulos XI, XII e XIII do livro *De Magistro*, 1973, p. 353-357, Agostinho procura demonstrar que a força da verdade decorre não das palavras e dos sinais utilizados para comunicar, mas da iluminação de Cristo. A verdade interior é que faz a diferença no momento da identificação do que é, com relação ao que não é. Destarte, deve-se dizer que atrás de toda simples e pura elocução residem pressupostos metafísicos para o alcance da verdade plena das coisas, o que só ocorre mediante a revelação divina.

[57] *De beata vita*, sectio secunda, I, 10: *Deum igitur, inquam, qui habet, beatus est.*

[58] O homem só filosofa para ser feliz, e isto o faz no sentido de estudar o bem (*De civitate Dei*, Livro XIX, par. I, *Quandoquidem nulla est homini causa philosophandi, nisi ut beatus sit: quod autem beatum facit, ipse est finis boni; nulla est igita causa philosophandi, nisi finis boni*).

9.5 PREOCUPAÇÕES COM O ESTADO

A filosofia agostiniana, apesar de inteiramente orientada para a metafísica e para a teologia, caminha no sentido da construção de um sistema de ideias sobre o governo das almas. Ou seja, em poucas palavras, a vida terrena deve ser valorizada como forma de corrigir os rumos de cada alma em particular, tudo a partir dos *praecepta* divinos. Nesse sentido, a teologia agostiniana não paira na investigação somente das coisas do espírito. Pelo contrário, atrela-se aos movimentos da vida social e da política humana, a fim de traçar meios de orientação e governo das almas.

Nesse sentido é que se pode identificar em seu pensamento uma forte tendência à aceitação de uma espiritualização do poder temporal. Essa corresponde à intervenção dos chefes espirituais sobre os destinos de um povo, exatamente para conduzi-los em direção à *pax aeterna*. Com isso não se quer dizer senão que o poder político deve estar subordinado ao poder divino, ou seja, deve estar de acordo com o poder divino, interpretado por seus legítimos representantes.

Tendo a política humana esse compromisso com o divino, o Estado passa a ser, portanto, o meio para a realização da lei eterna.[59] A corrupção da alma humana é que impede o implemento imediato da ordem eterna sobre as coisas humanas. Se existe uma ordem divina, e se esta é desejada, pelo bem que é capaz de produzir, ela só não é alcançada pelo fato de que o homem é incapaz de se fazer conduzir por ela. Nesse sentido, o implemento dos ideais cristãos favorece o crescimento da ordem divina, o que significa um galgar paulatino em direção à realização da união definitiva da ordem humana com a ordem divina, e, portanto, da identificação da lei humana com a lei divina. Tem-se, pois, que a política humana deve refletir o anseio de perseguir a junção eterna das almas com Deus, daí o compromisso teocrático do Estado na teoria agostiniana.

Nas estruturas de relação humana estão, em razão crescente de organização, a casa (*domus*), a cidade (*civitas*) e o mundo (*orbis terrae*).[60] Nessa dimensão, a guerra e a desordem, bem como a vontade de dominação de um homem pelo outro, de um império pelo outro, causam os males da civilização.

A vida humana, no lugar de voltar-se para o crescente envolvimento com Deus, representa um desfile de atitudes que provam concretamente a ignorância das leis eternas (anarquias, guerras, roubos, assassínios, latrocínios, desmandos, autoritarismos, pilhagem, banditismo etc.). Agostinho vê nesse estado de transitoriedade, neste conjunto disperso de eventos irracionais, um desprezo de Deus. Esse é interpretado como constitutivo de um estado de coisas, chamado de humano, terreno, que recebe em sua teoria a designação de Cidade dos Homens (*Civitas terrena*). A Cidade dos Homens é, em síntese, a reunião dos ímpios (*societas ipiorum*).[61]

---

[59] "O Estado teria assim natureza instrumental, na concepção agostiniana. Como o cristianismo trouxe uma revolução para o Estado, a política torna-se um instrumento a serviço da ordem ético-religiosa" (Macedo, *História do pensamento jurídico*, 1982, p. 46).

[60] *De civitate Dei*, liv. XIX, par. VII: *Post civitatem vel urbem sequitur orbis terrae, in quo tertium gradum ponunt societatis humanae, incipientes a domo, atque inde ad urbem*. Agostinho menciona ainda uma sociedade superior à humana, que seria a dos anjos (*De civitate Dei*, Liv. XIX, par. IX: *In societatte vero sactorum Angelorum*).

[61] "A *Civitas terrena* – a qual não corresponde precisamente a um Estado concreto, mas, em geral, ao reino da impiedade (*societas impiorum*) – resulta do pecado original, sem o qual não existiriam senhorios políticos, juízes e penas. Os Estados têm até delitos por origem (Caim e Rômulo, por exemplo, foram fratricidas) e o próprio Império romano surge aos olhos de Santo Agostinho profundamente corrupto e viciado pelo paganismo" (Del Vecchio, *Lições de filosofia do direito*, 1979, p. 63).

Cap. 9 · SANTO AGOSTINHO: A JUSTIÇA E O DAR A CADA UM O SEU | 187

A Cidade dos Homens vem maculada *ab origine* pelo pecado original;[62] seu desencaminhamento deve-se exatamente ao fato de que a corrupção invadiu o espírito humano, distanciando-o de sua fonte de vida, Deus. A desordem terrena que Agostinho condena é fato humano que atesta o desencaminhamento da Cidade dos Homens. No entanto, apesar de assim maculada, sua indelegável missão terrena é conquistar a *pax* social.

Essa ordem, onde a primazia é das imperfeitas instituições, de incompletas estruturas de governo, de injustas leis, é caracterizada por reunir insuficientes conhecimentos acerca das leis eternas. Não por outro motivo é que Agostinho condena os julgamentos perpetrados nas cidades, onde frequentemente os juízos de ignorância dos juízes são a causa da flagelação e suplício dos inocentes, imolados por práticas de tortura, por Augustinus consideradas condenáveis.[63] O que se quer dizer é que sua teoria denuncia a miséria da Cidade dos Homens, opondo-a à eterna beleza da Cidade de Deus. Mais que isso, o *pater ecclesiae* quer condenar os malefícios das penas e atitudes humanas que depõem contra o semelhante, e torna-se um crítico mordaz da tortura e da pena de morte, pois tudo que é humano (sistemas de governo, de justiça etc.) ofusca-se diante da contemplação do que é imutável e perfeito (Justiça, Ordem, Bem).[64]

Ao estado de coisas humano, portanto, onde medram os pecados e o destempero comportamental, onde o próprio julgamento vem maculado pela injustiça, onde os vícios e a desordem seculares prevalecem sobre a razão e a virtude, opõe-se o estado de coisas divino, caracterizado pela ordem e justiça constantes. Nesse sentido, na existente e clara oposição entre o terreno e transitório, de um lado, e o divino e perene, de outro lado, reside o essencial da aventura humana. Trata-se de vislumbrar na humanidade um estado passageiro do homem, ou para estágios mais elevados de vida, ou para outros de maior sofrimento ainda. A mediação entre um estado e outro se dará por meio do chamado Juízo Final.

É exatamente levando-se em conta essas diferenças que ao estado de coisas divino Agostinho atribui um nome, qual seja, Cidade de Deus (*Civitas Dei*). A Cidade de Deus é a comunidade dos fiéis em Jesus Cristo, aqueles que serão beatos por conhecerem a Deus.[65] Jesus Cristo[66] é o fundador da Cidade Divina, e lutar contra os inimigos dessa é função sacros-

---

[62] "L'égalité des hommes n'est pas seulement l'égalité d'hommes qui vivent par hasard les uns avec les autres: elle s'etend jusqu'á l'extrême du passé historique" (Arendt, *Le concept d'amour chez Augustin*: essai d'interprétation philosophique, 1991, p. 97).

[63] *De civitate Dei*, Liv. XIX, par. VI: *Ac per hoc ignorantia judicis plerumque est calamitas innocentis.*

[64] "Cette faiblesse de la nature humaine, devenue prompte aux défaillances dont Augustin avait la triste expérience, et l'amour du prochain, lui inspirent l'indulgence pour les coupables, et lui font souhaiter l'adoucissement de la législation criminelle. Il combat la peine de mort, qui enlève au condamné le moyen de se repentir; il proteste contre la question, qui trop souvent fait subir la torture à des innocents" (Hatzfeld, *Saint Augustin*, 1924, p. 161-162).

[65] "A *Civitas terrena* é, portanto, caduca, e aspira a ser substituída pela *Civitas Dei* (ou *civitas caelestis*), que existe já na terra, embora parcialmente, e, por último, chegará a reinar só. Por *Civitas Dei* entende Santo Agostinho a comunhão dos fiéis, a qual como que figura uma cidade divina, pois os fiéis estão predestinados a participar da vida e da beatitude eternas" (Del Vecchio, *Lições de filosofia do direito*, 1979, p. 63).

[66] "Santo Agostinho coloca Cristo no centro da história. No *De civitate Dei* (X, 4-6), vê o mundo antigo, seus antigos ritos, sacrifícios, como um simples prelúdio de Cristo, como do mesmo modo as profecias, os milagres. A Revelação mostra que Cristo é o fundador da Cidade. Sendo o mediador divino entre Deus e os homens, Cristo é o criador da história" (Macedo, Cristo como centro da história: uma interpretação agostiniana da história. In: *Perspectivas atuais do direito* (Coord.) LITRENTO, Oliveiros, 1994, p. 135).

santa.[67] Num mundo de iniquidades, aproximar o homem de Deus é uma tarefa gigantesca a que se tem que lançar o fiel, reforçando a aliança inscrita no coração humano, a fim de se fazer reinar também na Terra a Cidade de Deus.

De fato, na base dessa divisão dicotômica, a Cidade de Deus fazendo face à Cidade dos Homens, podem-se identificar dois amores: um primeiro, ou seja, o amor de si e o desprezo de Deus, que deu origem à cidade terrestre; um segundo, ou seja, o amor de Deus, e o desprezo de si, a cidade celeste. Em *De civitate Dei*, Liv. XVIII, par. LIII, diz-se que ambas as cidades, uma terrena, de falsos deuses (*Quarum illa quae terrena est, fecit sibis quo voluit, vel undecumque, vel etiam ex falsos deos*), e outra divina, derivada da vontade do próprio Deus para ser seu próprio sacrifício (*illa autem quae celestis peregrinatur in terra, falsos deos non facit, sed a vero Deo ipsa fit, cujus verum sacrificium ipsa sit*), não só diferem em amor, em fé e em esperança, mas também terão fins diferentes, após serem separadas mediante o Julgamento Final (*Ambae tamen temporalibus vel bonis pariter affiguntur, diversa fide, diversa spe, diverso amore, donec ultimo judicio separentur*).[68] A comunidade dos crentes está destinada a gozar dos benefícios proporcionados pela implantação da Cidade de Deus na Terra, e a comunidade dos ímpios está destinada a provar dos maiores malefícios, em função do mau uso do livre-arbítrio.

Assim, de um lado tem-se o Estado terreno, a garantia da ordem e da paz social, que cumpre seu papel transitório até o advento definitivo do Juízo Final, quando se instaurará a Ordem Divina, reunindo o contentamento do corpo e da alma. A partir desse momento, e para os justos, à paz social unir-se-á a paz eterna dos eleitos que vivem em Cristo.[69] A tranquilidade da ordem, a unidade de todos em Deus, é o que predomina na construção da paz do todo.[70] E ordem não quer dizer nada além de que a cada um o seu.[71]

A Cidade dos homens possui sua história, que é anterior à própria história da Cidade de Deus,[72] pois esta só surgiu com o advento do *verbum* encarnado.[73] A história de vicissitudes da humanidade pecadora caminha lutando para o alcance da paz temporal, e isso desde o momento em que o homem é homem. A história da Cidade de Deus iniciou-se em momento

---

[67] *De civitate Dei*, L. XVIII, par. I, *cum prius inimicos Civitatis Dei, qui conditori ejus Christo deos suos praeferunt.*

[68] "Mais, remarquons-le, ces deux cités, ici-bas, sont mêlées et enchevêtrées, car la note qui les distingue et les oppose est une note, non d'appartenance extérieure, mais de vertu intérieure. Et elles demeurent telles jusqu'à la discrimination du jugement final, du Jugement dernier" (Chevalier, *Histoire de la pensée: la pensée chrétienne*, 1956, p. 105).

[69] "Ânsia de paz de que Agostinho, de resto, se faz eco, lembrando a ideia virgiliana da *pax romana*, não apenas em referência à sua própria pessoa, mas também em relação à existência colectiva da humanidade. Também esta será vista como ânsia e marcha colectiva, através das perturbações e vicissitudes da história intramundana, na direcção da paz perfeita e definitiva, na transcendência da mesma história" (Coutinho, Essencialidade e existencialidade em Santo Agostinho, *Revista Portuguesa de Filosofia*, XLIV, 1988, p. 20).

[70] *De civitate Dei*, Liv. XIX, par. XIII: *Pax coelestis civitatis, ordinatissima et concordissima societatis fruendi Deo et invicem in Deo. Pax ominum rerum, tranquilitas ordines.*

[71] *De civitate Dei*, Liv. XIX, par. XIII: *Ordo est parium dispariumque rerum sua cuique loca tribuens dispositio.*

[72] "La communauté des hommes qui, remontant à Adam, forme le monde (*mundus*) est toujours antérieure à toute cité de Dieu" (Arendt, *Le concept d'amour chez Augustin: essai d'interprétation philosophique*, 1991, p. 97).

[73] O livro XVIII do *De civitate Dei* dedica-se à descrição da história paralela das duas cidades desde a origem do mundo. Por sua vez, o fim de cada Cidade vem estudado no Livro XIX da mesma obra.

Cap. 9 · SANTO AGOSTINHO: A JUSTIÇA E O DAR A CADA UM O SEU | 189

determinado e destina-se à realização da paz eterna. O soberano bem da Cidade de Deus é a paz eterna e perfeita, diversa dessa paz fugaz da vida humana.[74] Dois amores, duas histórias e dois destinos diversos fazem diferir ambas as Cidades.

A teleologia da história, em Agostinho, não é outra senão a do desmantelamento do primado do terreno sobre o divino, ou seja, a paulatina desagregação dos valores mundanos em função dos teológicos. Isso quer dizer que se pretende ver na sucessão dos fatos históricos a desagregação da Cidade dos Homens em favor da construção da Cidade de Deus, ou ainda, a absorção dos membros da *societas impiorum* pela Cidade de Deus.[75] A tendência histórica das duas Cidades é o esvaziamento da comunidade terrena (homens que vivem governados pelo desregramento) e a lotação da divina (homens que vivem governados pela vontade de união a Deus), onde tudo se dá não em função do pecado comum,[76] mas da fé comungada por todos,[77] pois a Cidade de Deus glorifica-se ao ver-se preencher por aqueles que não possuíam destino em Deus.

Em poucas palavras, o destino histórico demonstrará que para os que se encontrarem fora da Cidade de Deus, será a lamúria, a segunda morte.[78] Sobre o que seja o verdadeiro e soberano bem, deve-se dizer: a vida eterna. Sobre o que seja o verdadeiro e soberano mal, deve-se dizer: a morte eterna.[79]

CONCLUSÕES

Da exposição verifica-se que a concepção de justiça de Santo Agostinho está governada pela dicotomia bom/mal, que estabelece a raiz semântica e a categoria lógica para a construção de todo o seu esquema de ideias (alma/corpo; divino/humano; eterno/perecível; perfeito/imperfeito; absoluto/relativo etc.), inclusive e sobretudo aquelas voltadas para a compreensão e explicação do que seja a justiça (lei eterna/lei temporal; lei inscrita/lei escrita; lei divina; lei humana). Nesse sentido, a justiça pode ser definida como humana e divina.

Assim, se a lei humana se encontra desenraizada de sua origem, seu destino só pode ser o erro e o mau governo das coisas humanas. Ao passo que se a lei humana se aproxima da fonte de inspiração que está a governar o coração humano (lei divina), bem como que está a governar todo o universo, então as instituições humanas passam a representar um avanço em direção do que é absolutamente verdadeiro, bom, imperecível e eterno.

No entanto, apesar de imperfeitas, as leis humanas são a garantia da ordem social, e, para serem chamadas em seu conjunto de Direito, devem estar minimamente aproximadas da justiça. A justiça, na teoria agostiniana, figura como *ratio essendi* do Direito; é aquela a

---

[74] *De civitate Dei*, Liv. XIX, cap. XX: *Quamobrem summum bonum Civitatis Dei cum sit aeterna pax atque perfecta, non per mortales transeant nascendo atque moriendo.*

[75] "A construção progressiva da Cidade de Deus é, pois, a grande obra, iniciada quando da criação, incessantemente continuada desde então e que dá sentido à história universal" (Gilson, *A filosofia na Idade Média*, 1998, p. 157).

[76] "La provenance commune est d'avoir tous part au péché originel (*peccatum originale*)" (Arendt, *Le concept d'amour chez Augustin*: essai d'interprétation philosophique, 1991, p. 96).

[77] "La véritable société (*societas*) est fondée sur le fait de la foi commune" (Arendt, *Le concept d'amour chez Augustin*: essai d'interprétation philosophique, 1991, p. 92).

[78] *De civitate Dei*, Liv. XIX, par. XXVIII: *Eorum autem qui non pertinent ad istam Civitatem Dei, erit contrario misera sempiterna, quae etiam secunda mors dicitur.*

[79] *De civitate Dei*, Liv. XIX, par. IV, *respondebit aeternam vitam esse sumum bonum, aeternam vero mortem summum malum.*

essentia para este, pois o Direito, sem a justiça, consistiria em mera instituição transitória humana, iníqua e sem sentido. Mais que isso, a justiça é a virtude que sabe atribuir a cada um o que é seu.

A lei humana, temporal, voltada para a ordenação do homem em sociedade tem por finalidade a realização da paz social, secular, temporal. A lei eterna, a realização da paz eterna. Lei humana e lei eterna se adequarão em objetivos e finalidades – e é isto que dá a entender Augustinus –, quando do advento da Cidade de Deus, que ocasionará a ruptura com o estado de coisas em que vive o homem dissociado de Deus, única forma de conter-se e pôr fim ao espírito mundano que governa a coisa pública e as instituições humanas.

Em suma, a teoria de Agostinho é tão significativa para o espírito medieval quanto o será a teoria de Santo Tomás de Aquino.

10

AVERRÓIS E A FILOSOFIA ÁRABE MEDIEVAL: JUSTIÇA, RAZÃO E FÉ

10.1 O MUNDO ÁRABE E A RETOMADA DA TRADIÇÃO FILOSÓFICA HELÊNICA

O mundo oriental desperta para um interesse declarado pelo pensamento filosófico, com destacado interesse pela cultura helênica antiga (Ptolomeu, Arquimedes, Hipócrates, Aristóteles, Teofrasto, Platão) por parte dos sírios,[1] especialmente a escola de Hunain,[2] que transmitem estes conhecimentos aos árabes, especialmente Avicena e Algazali, desde quando estes passarão a ter também um protagonismo de fundamental importância na conservação, interpretação, disseminação e transmissão do helenismo ao próprio mundo cristão ocidental medieval.[3] Desta tarefa se incumbirão filósofos sírios, árabes e judeus.[4] E isto se deve ao grande interesse pelas artes, pela cultura e pela filosofia que têm estes povos, que retiram do legado helênico uma fonte imorredoura e universal de conhecimento e sabedoria; por isso, o legado helênico, como ressaltam os estudiosos da filosofia árabe medieval, é profundamente incutido, em especial, no mundo árabe. Neste período, pode-se indicar o desenvolvimento de uma forte atividade de assimilação e tradução das obras peripatéticas pelos árabes.[5]

Esse processo se dá, para o mundo árabe, a partir do segundo século da hégira (VIII d.C.), desde quando melhor sorte terão os textos de Aristóteles,[6] com relação aos textos de

---

[1]   A respeito, vide Étienne Gilson, *A filosofia na Idade Média*, São Paulo, Martins Fontes, 1998, p. 424.

[2]   A respeito, vide Abdurrahman Badawi, *La transmission de la philosophie grecque au monde árabe*, Paris, J. Vrin, 1968, p. 20.

[3]   "Rápidamente, casi con gula, el musulmán digiere velozmente el legado cultural del mundo antiguo, hasta lograr un sincretismo cultural helenístico-musulmán de consecuencias históricas formidables, lo que permitiría conservar y transmitir el viejo legado clásico al mundo occidental cristiano, cuando éste hubiese llegado a sua mayoría de edad, a finales del siglo XII" (Miguel Cruz Hernández, *Historia de la filosofia española*: filosofia hispano-musulmana, Madrid, Asociación Española para el Progreso de las Ciencias, 1957, p. 31-32).

[4]   "Em 529 d. C., o imperador Justiniano descreve o fechamento das escolas filosóficas de Atenas. Portanto, podia parecer que o Ocidente se recusava definitivamente à influência da especulação helênica; mas o pensamento grego começara bem antes dessa data a ganhar terreno rumo ao Oriente; ele já inaugurara o movimento envolvente que devia trazer ao Ocidente do século XIII o pensamento de Aristóteles e do neoplatonismo por intermédio dos filósofos sírios, árabes e judeus" (Etienne Gilson, *A filosofia na Idade Média*, São Paulo, Martins Fontes, 1998, p. 423).

[5]   Abdurrahman Badawi, *La transmission de la philosophie grecque au monde arabe*, Paris, J. Vrin, 1968, p. 74-79.

[6]   "La présence d´Aristote dans la littérature philosophique d´expression arabe est massive et multiforme" (Jean Jolivet, Esquisse d´un Aristote Arabe, *in Penser avec Aristote* (Sinaceur, M. A., org.), Toulouse, Erès, 1991, p. 177).

Platão, que se avolumam em traduções a partir de então. Aristóteles terá, portanto, ampla receptividade, e crescente influência na formação e na determinação das discussões filosóficas do mundo árabe, para o qual Aristóteles se tornará sinônimo de *Al-Hakim*,[7] a cuja autoridade se recorre e de cuja doutrina se extraem os elementos para o aprimoramento dos saberes e das artes humanas. E isso até que, no século XII, seja plenamente desenvolvido em Córdoba, e em Toledo, no reino de *Al-Andalus*, no território ocupado em solo espanhol pelos árabes como província, onde, sob a proteção dos almorávidas, se desdobram vários incentivos à vivificação da doutrina peripatética.

Nesse período, a intensa luta entre muçulmanos e cristãos, que se define pela tentativa de reconquista das terras arabizadas, até a definitiva queda de Granada, em 1492, dará ensejo a uma intensa atividade política, em que as disputas por hegemonia tornam o cenário intelectual e político extremamente controverso.[8] A esta época, sem exageros, Córdoba, a capital de *Al-Andalus*, pode ser considerada, além do centro administrativo do reino dirigido pelo emir, a cidade mais próspera do Ocidente, onde se desenvolve uma particular tradição hispano-muçulmana. Será, para efeitos deste estudo, a receptora e a difusora do legado peripatético ao mundo ocidental. Somente em 1236 é que Córdoba será novamente reconquistada pelos cristãos, apesar de nela já terem sido incutidas as sementes de uma diversidade curiosa, e particular, neste ponto da história. Além de se tratar de um período de grande abundância para o mundo árabe andaluz, e, apesar de a tensão entre povos pela invasão territorial, desenvolve-se grande tolerância religiosa entre judeus, muçulmanos e cristãos, que, apesar de seus líderes religiosos diferentes (Moisés, Cristo e Maomé), e de estarem sob convívio num mesmo espaço territorial, são capazes de produzir miscigenações culturais curiosas, o que também se passa com suas doutrinas, como sói ocorrer na miscigenação dos pensamentos de Averróis, Aquino e Maimônides, a partir dos gregos, como Platão, Aristóteles e Plotino.

Por isso, a própria filosofia árabe, que, desde seu nascimento, não se desenraiza das tradições e dos modos de vida oriundos das configurações dos povos semitas e seus hábitos, tem sua formação se coagulando com mais intensidade somente a partir dos séculos VII e VIII d.C., e, será marcada por duas linhas, uma neoplatônica e outra neoaristotélica.[9] Neste quadrante, fica claro que Averróis (*Abû al-Walîd Muhammad ibn Ahmad ibn Muhammad ibn Ahmad ibn Ahmad ibn Ruchd*),[10] não é o pioneiro na introdução de Aristóteles no mundo árabe, mas um grande responsável por sua difusão. O primeiro grande pensador a atrair o valor do pensamento aristotélico para o mundo árabe é *al-Kindi* (Bagdá, século IX d.C.),

---

[7] "Le mot sagesse, *hikma,* recouvre en arabe une plage sémantique étendue qui va du religieux jusqu'à l'empirique; *Al-Hakim*, le Sage, est un nom divin, et la sagesse est un don de Dieu aux prophètes notamment; mais la *hikma* est aussi l'habilité dans un art" (Jean Jolivet, Esquisse d'un Aristote Arabe, *in Penser avec Aristote* (Sinaceur, M. A., org.), Toulouse, Erès, 1991, p. 180).

[8] "Como certeramente ha dicho Sánchez Albornoz, España es el resultado de la lucha de ochocientos años entre el Islam y los Reinos cristiano; una lucha que tiene todos los caracteres de una guerra civil, pues tan de casta española eran los musulmanes como los cristianos" (Miguel Cruz Hernández, *Historia de la filosofia española*: filosofia hispano-musulmana, Madrid, Asociación Española para el Progreso de las Ciencias, 1957, p. 191).

[9] A própria divisão que os historiadores muçulmanos fazem segue esta categorização, como bem indica Hernández: "Los historiadores musulmanes dividen a los filósofos en dos grupos, peripatéticos y platónicos, caracterizados los primeros por seguir ante todo a Aristóteles y los segundos por preferir la teoría neoplatónica de la iluminación" (Miguel Cruz Hernández, *Historia de la filosofia española*: filosofia hispano-musulmana, Madrid, Asociación Española para el Progreso de las Ciencias, 1957, p. 63).

[10] Neto de *Abû Al-Walîd Muhammad Ibn Ruchd* e filho de *Abu Al-Qasim Ahmed*, que também haviam exercido forte influência como autoridades públicos no mundo andaluz.

Cap. 10 · AVERRÓIS E A FILOSOFIA ÁRABE MEDIEVAL: JUSTIÇA, RAZÃO E FÉ | 193

que, como sábio árabe, se destaca por sua longa sabedoria clássica em geometria, filosofia, astronomia, música, medicina, lógica, psicologia, política, aritmética, entre outros assuntos.[11] Sua pioneira forma de atrair a tradição helênica para o interior da cultura árabe o faz ter de enfrentar a oposição ideológica e religiosa fortemente arraigadas aos laços comunitários árabe-muçulmanos.[12]

Do ponto de vista histórico, é a reunião de um conjunto de fatores sociais, econômicos, culturais e políticos que determina, em *al-Andalus*, o desenvolvimento de condições para um exponencial progresso da filosofia, fator que abre campo para a tarefa histórica e biográfica de Averróis (520-592, da hégira; 1126 d.C.-1198 d.C.).[13] Averróis, por isso, faz parte de um caminho histórico de introdução de Aristóteles, para o mundo árabe-muçulmano, iniciado desde o século IX, com o famoso episódio do sonho do califa *al-Ma'mun*,[14] no apogeu da civilização árabe e de sua presença no mundo Ocidental. Contemporâneo do filósofo judeu Maimônides, o jurista, médico e filósofo nascido em Córdoba de uma família de juízes, torna-se, por isso, um destacado comentador do pensamento aristotélico, o que possibilita ao Ocidente a incorporação e o resgate do perdido – por séculos a fio, sob a pressão do neoplatonismo da patrística – pensamento de Aristóteles.

O pensamento de Aristóteles, particularmente, tem uma longa história de idas e vindas no Ocidente, assim como para o Oriente. Por isso, a discussão sobre a influência de Aristóteles no pensamento de Averróis tem a ver com o tema da recepção do pensamento helênico no mundo oriental. Pode-se, por isso, afirmar que Averróis desenvolveu o aristotelismo e lhe conferiu estatuto fortemente sistemático, para o pensamento árabe, com concretos resultados para o mundo ocidental, especialmente considerado o franco assentimento recebido pelos governantes almôadas, desde *Abd al-Mu'min* (morto em 1163 d.C.), passando por *Abu Yussuf* (morto em 1184 d.C.), até *Abu al-Mansur* (morto em 1199 d.C.), no sentido de reformas religiosas e incentivos ao desenvolvimento do pensamento racional, que tornam a tarefa de Averróis uma atividade agraciada por condições políticas, na maior parte de sua vida, favoráveis à pesquisa filosófica e à dedicação às ciências e ao saber, no mundo andaluz do século XII d.C.[15] Da mesma forma que a recepção do aristotelismo vem se dando desde o século IX da era cristã para o mundo árabe, será apenas no apogeu de *al-Andalus* que o aristotelismo ganhará força suficiente para encontrar em Averróis um sistematizador e comentador a cujo fôlego e versatilidade intelectual se deve o amadurecimento desta tradição filosófica no mundo ibérico, em especial na Espanha.

10.2 A LUTA ENTRE O ANALÍTICO E O METAFÍSICO NA TRADIÇÃO ÁRABE MEDIEVAL

A tentativa de construção de um caminho de encontro entre a tradição religiosa muçulmana, centrada em sua lei (*Sheria*), e o pensamento racional, decorrente da especulação

---

[11]   Étienne Gilson, *A filosofia na Idade Média*, São Paulo, Martins Fontes, 1998, p. 426.

[12]   Cf. Miguel Cruz Hernández, *Historia de la filosofia española*: filosofia hispano-musulmana, Madrid, Asociación Española para el Progreso de las Ciencias, 1957, p. 66. Também, *vide* Mohammed Abed Al-Jabri, *Introdução à crítica da razão árabe*, São Paulo, UNESP, 1999, p. 90-91.

[13]   Mohammed Abed Al-Jabri, *Introdução à crítica da razão árabe*, São Paulo, UNESP, 1999, p. 120.

[14]   "O famoso 'sonho' do califa *al-Ma'mun*, tenha sido ou não real, em todo caso não era de modo algum inocente. Não aconteceu por puro interesse por Aristóteles, mas sim para enfrentar Zoroastro e Mani" (Mohammed Abed Al-Jabri, *Introdução à crítica da razão árabe*, São Paulo, UNESP, 1999, p. 84).

[15]   Cf. Alain de Libera, *Introdução*, Discurso decisivo (Averróis), São Paulo, Martins Fontes, 2005, p. IX.

filosófica (*Falsafa*), como forma de construção da sabedoria (*hikma*), é uma tarefa complexa, pois desafia as doutrinas imperantes e toca de perto a questão do poder nas sociedades árabes. O problema da aceitação ou não do racionalismo aristotélico tem raízes na luta em face da ideologia de uma religião, de cujos dogmas se extrai inquebrantável tradição ética, e das próprias formas de organização social. É possível uma conciliação entre o saber racional e a verdade revelada? Esta é uma questão que se põe, desde o pensamento de *al-Kindi*, e que se arrasta como tema a ser enfrentado por Averróis, no século XII d.C.[16]

Se a revelação do Alcorão se dá no século VII d.C., pelo único Profeta (Maomé), é certo que somente a partir do século IX d.C. o silogismo aristotélico, bem como os demais recursos da lógica estarão completamente disponíveis para o desenvolvimento do pensamento e da leitura hermenêutica mais rigorosa dos textos sagrados; isso, no entanto, não significa que os muçulmanos, neste período, não se valessem de diversos expedientes do raciocínio para entender e interpretar, aplicar e utilizar o texto muçulmano sagrado mais valioso de sua crença espiritual.[17]

E este embate somente pode se dar dentro de um ambiente em que a ambição por saber se confunde profundamente com a justificação da ordem de coisas existente, e, na mesma medida, com a dimensão daquilo que se crê, se justifica e se ordena. Afinal, Averróis é juiz (*cadi*), nomeado em 1169 em Sevilha, e em 1171 em Córdoba, o que significa, como autoridade, estar atrelado a um conjunto de atividades que o fazem agir, pensar e executar as leis moral, religiosa e jurídico-civil. Como doutrina onicompreensiva, a religião do Islã, uma vez tomada como universo fechado e centralizador de todos os aspectos da vida do fiel, não deixa espaço para a especulação e para a liberdade de pensamento, e, por isso, motiva *Ibn Ruchd* a uma direta crítica dos limites da fé muçulmana, como constata *Ali Benmkhlouf*.[18] A questão que está em evidência é a do próprio método de acesso à sabedoria contida nos textos sagrados, cultuados pela figura e não pela inteligência de seus dizeres.

Os debates em torno da obra e do pensamento de *Ibn Ruchd* se darão num contexto em que o racionalismo selará um forte passo no sentido de: limitar o dogmatismo da teologia, centrada que está na ortodoxia da tradição e nos cinco grandes cânones do islamismo; oferecer ao intérprete da palavra revelada novos elementos para a exegese do texto e para a construção de juízos ponderados de argumentos em torno das polêmicas aplicações das leis sagradas; recuperar a sabedoria antiga, estigmatizada como pagã, e lateralizada como elemento desnecessário para acessar a verdade, atributo exclusivo de autoridades religiosas; assentar caminhos filosóficos para a fé, reforçando a importância do exercício lógico sobre o Corão; demonstrar a não completude do sistema corânico, e a necessidade de perseguição

---

[16] "La asimilación de la filosofía griega había planteado ya en el mundo islámico el problema de la concordancia entre el saber racional y la verdad revelada y dada la importancia del esfuerzo filosófico de *Al-Kindi* no es de extrañar que se plantease también este problema, que desde *Al-Kindi* hasta *Averroes* será uno de los temas capitales del pensamiento filosófico musulmán" (Miguel Cruz Hernández, *Historia de la filosofía española*: filosofia hispano-musulmana, Madrid, Asociación Española para el Progreso de las Ciencias, 1957, p. 70).

[17] Cf. Ali Benmkhlouf, *Averróis*, São Paulo, Estação Liberdade, 2006, p. 72.

[18] "Como juiz muçulmano, isto é, magistrado encarregado da aplicação das normas, Averróis ataca a especulação dos teólogos, baseada em um método exclusivo que não reserva espaço suficiente para a diversidade dos pontos de vista materiais em que a dúvida é permitida, ou seja, em todos os assuntos, salvo os cinco pilares do Islã; e, como filósofo, ele coloca em causa o método dos teólogos, julgando-o homônimo, no sentido aristotélico do termo, ou seja, apropriado para produzir raciocínios sofísticos e erísticos ao favorecer a ambiguidade dos termos" (Ali Benmkhlouf, *Averróis,* São Paulo, Estação Liberdade, 2006, p. 63-64).

Cap. 10 · AVERRÓIS E A FILOSOFIA ÁRABE MEDIEVAL: JUSTIÇA, RAZÃO E FÉ | **195**

continuada da verdade, no sentido da construção de uma fé raciocinada, identificando na razão uma benesse de *Alah*.

A luta que se trava entre o analítico e racional, não surge no século XII, e nem é uma premissa interna do pensamento de Averróis; está se dando no embate das diversas doutrinas árabes desde o segundo ano da hégira, e envolve disputas por hegemonias entre seitas e seus entendimentos; as ambições políticas, territoriais, étnicas e religiosas não se separam. Não por outro motivo, filósofos como Averróis caem em desgraça, do ponto de vista conjuntural-político, do dia para a noite, como ocorreu em 1195, conforme a predominância de poder de um grupo ou de outro. Mas, se de fato o problema desta oposição é o problema inerente a toda cultura marcada por uma forte presença da crença na definição de seus traços culturais, ela se expressará como tensão desde os albores do pensamento árabe, em seus primeiros passos com *Al-Kindi* (Bagdá, século IX d.C.), e, por sua vez, com *Alfarabi* (Bagdá, século X d.C.), também responsável por um grande empreendimento no plano das discussões sobre o aristotelismo no mundo árabe.[19] Se os predecessores preparam caminho e condições para o exercício do pensamento filosófico e racional no mundo árabe, conduzindo-o do Oriente para a Espanha,[20] isto não significará uma conquista plena de caminho, em momento algum, e isto não significará que a tensão estará eliminada, pois, no século XII, se expressará vivamente através do neoaristotelismo de Averróis (1126-1198 d.C.), mais conhecido como *Ibn Ruchd*, que se tornará o mais célebre filósofo árabe para o mundo ocidental, em oposição ao neoplatonismo de Avicena (980-1037 d.C.), mais conhecido como *Ibn Sina*, em defesa do espiritual e do metafísico, este que se tornará o mais célebre filósofo árabe para o mundo oriental.[21]

Por isso, o pensamento árabe medieval terá nestes dois grandes filósofos, representantes que simbolizam os dois caminhos de acesso à verdade; de um lado, se encontra Avicena, e, de outro lado, se encontra Averróis. A mesma questão se expressará para ao mundo judaico, este que se servirá fartamente dos subsídios deixados pelos filósofos árabes.[22] Os dois pensadores judeus de maior impacto para a filosofia ocidental, *Salomão ibn Gebirol* (1020-1070), nascido em Málaga, mas tendo vivido em Zaragoza, representa a vertente neoplatônica, e, por sua vez, *Moisés ibn Maimônides* (1135-1204), nascido em Córdoba, mas tendo vivido no Marrocos, representa a vertente neoaristotélica, retirarão diretamente inspirações de Avicena e Averróis, como teóricos influentes para o mundo árabe, mas também para o mundo cristão e para o mundo judaico.[23] Assim é que o empreendimento de discussão e assimilação de Aristóteles é entrevisto por ambos os pensadores árabes como tarefa importante. No entanto, os movimentos de ambos são diferentes, pois, de um lado, Avicena fará uma retomada de Aristóteles a partir do neoplatonismo, e Averróis fará oposição a este aspecto do pensar aviceniano.[24]

---

[19] Étienne Gilson, *A filosofia na Idade Média*, São Paulo, Martins Fontes, 1998, p. 427.

[20] "Essa crítica da filosofia não devia deter o desenvolvimento desta, nem mesmo nos meios muçulmanos, mas devia ter como resultado fazer a filosofia muçulmana emigrar do Oriente para a Espanha, onde ainda vai ter brilho com Avempace, Ibn Tufail e, sobretudo, com Averróis" (Étienne Gilson, *A filosofia na Idade Média*, São Paulo, Martins Fontes, 1998, p. 439).

[21] Cf. José Silveira da Costa, *Averróis*: o aristotelismo radical, São Paulo, Moderna, 1994, p. 16-27.

[22] "Os filósofos árabes é que foram os mestres dos filósofos judeus" (Étienne Gilson, *A filosofia na Idade Média*, São Paulo, Martins Fontes, 1998, p. 454).

[23] "Em Avicena e, sobretudo, em Averróis, os filósofos judeus encontraram todo um material técnico de conceitos e sínteses parciais, tomados dos gregos e que eles só precisavam utilizar" (Idem, p. 462).

[24] "O desenvolvimento filosófico e teológico do século XIII seguiu-se à invasão do Ocidente latino pelas filosofias árabes e judaicas e, quase simultaneamente, pelas obras científicas, metafísicas e morais de Aristóteles" (Idem, p. 465).

Nesta medida é que a tarefa de Averróis, em alguns campos, é a de se opor ao legado deixado por Avicena, uma vez que este teria distorcido o pensamento de Aristóteles através de uma interpolação neoplatônica de seus textos.[25] O empreendimento de Averróis inclui o esforço por retomar o sentido da doutrina aristotélica, lendo os originais e comparando as traduções, em sua particularidade e em sua originalidade.[26] Se, de sua parte, o filósofo Avicena muito contribui para este debate, não obstante não ter distinguido com clareza *teologia* e *filosofia*, fica claro que esta tarefa é executada com maior precisão por Averróis.[27] A contribuição de Averróis, portanto, no campo do aristotelismo, é considerada mais rigorosa e mais sistemática do que aquela em que Aristóteles aparece atravessado por elementos do platonismo, e, com isso, com escudo para os argumentos teológicos de Avicena.

Mas, as polêmicas não ficam somente na oposição de Averróis a Avicena, pois também é célebre a oposição deste ao filósofo árabe de Bagdá, do século XI, *Al-Ghazali*, especialmente em função de seu livro intitulado *A destruição dos filósofos,* em que amplo espaço é concedido à teologia, com franco desprezo à filosofia, o motiva a redigir, para a cultura e tradição andaluzas do período, em 1180, o seu *A destruição da destruição dos filósofos,*[28] concedendo espaço ao livre pensamento e à razão na busca dos caminhos da verdade e da iluminação, exigindo campo de trabalho à lógica e à ciência, como domínios diferentes dos domínios da crença e da teologia.[29] Como o esforço contido na obra de Averróis é, pois, um esforço de superação do obscurantismo teológico que não passará indene, uma vez que sofrerá tantas resistências que será, ainda em vida, alvo de banimento e de decreto de queima em 1197. Aristóteles entra, neste projeto, como forma de resgate da sabedoria antiga, como defesa do lugar da *razão* (*lógos*),[30] no lugar do obscurantismo, como ferramenta para firmar a arte de leitura da tradição religiosa canônica, e, por isso, é visto com desconfiança.

---

[25] "Ora, Averróis não cessa de dizer que Aristóteles foi distorcido pelo espírito de inovação de Avicena que, em vez de comentar a obra do Estagirita, procedeu a uma compilação própria" (Ali Benmkhlouf, *Averróis,* São Paulo, Estação Liberdade, 2006, p. 51).

[26] "É através do mesmo método que o nosso filósofo comenta as obras de Aristóteles; não como uma reunião de temas separados uns dos outros, mas sim como um sistema coerente. Lia Aristóteles através de Aristóteles, ou seja, referindo-se ao conjunto das opiniões deste, aos fundamentos da sua filosofia e comparando essas opiniões umas com as outras. Comparava entre elas as diversas traduções árabes. Isto lhe permitiu livrar a filosofia do *Magister primus* das alterações e das interpretações que lhe haviam infligido os comentadores anteriores, e em especial Avicena" (Mohammed Abed al-Jabri, *Introdução à crítica da razão árabe,* São Paulo, UNESP, 1999, p. 126-127).

[27] Cf. José Silveira da Costa, *Averróis:* o aristotelismo radical, São Paulo, Moderna, 1994, p. 30-31.

[28] A respeito, Étienne Gilson, *A filosofia na Idade Média,* São Paulo, Martins Fontes, 1998, p. 438.

[29] "Finalmente, ainda segundo Averróis, Al-Ghazali refuta Aristóteles sem o ter compreendido. Assim, o filósofo cordovês tentará apresentar aos andaluzes [*abl zamanina*] o que Al-Ghazali deveria ter feito em seu *Maqasid al-fasifa* [As intenções dos filósofos]: explicar Aristóteles servindo-se do instrumento lógico que ele colocou à nossa disposição e, sendo necessário, utilizar os comentários de al-Farabi, a respeito do qual Ibn Tufayl diz-nos que suas obras mais importantes, introduzidas na Andaluzia, referem-se à lógica" (Ali Benmkhlouf, *Averróis,* São Paulo, Estação Liberdade, 2006, p. 52).

[30] "O pensamento de Averróis se apresenta como um esforço consciente para restituir em sua pureza a doutrina de Aristóteles, corrompida por todo o platonismo que seus predecessores nela haviam introduzido. Averróis viu muito bem que interesses teológicos haviam favorecido essa mistura. Ele sabia que restaurar o aristotelismo autêntico era excluir da filosofia o que melhor nela se harmonizava à religião" (Étienne Gilson, *A filosofia na Idade Média,* São Paulo, Martins Fontes, 1998, p. 444).

10.2.1 Sabedoria, fé e razão: a conciliação averroísta pela virtude

A obra de Averróis, extensa e amplamente dedicada à compreensão do *corpus aristotelicum*, é um importante ancoradouro de variações entre as diversas disputas do mundo medieval do período. Se suas obras filosóficas incluem comentários ao *Corpus aristotelicum arabum*, não se limitam a este campo de estudos, pois também avançam em diversas outras perspectivas temáticas, enfrentando questões teológicas, médicas e jurídicas. É o testemunho de uma vida dedicada ao trabalho e às diversas artes cultivadas pelos sábios do período, a medicina, a teologia e o direito. Este empreendimento se consolida a partir de 1165, quando se inicia a redação dos *Médios Comentários* ao *Organon*, dando lugar a um amplo projeto de compreensão do pensamento peripatético.[31] A própria atividade racional, como atividade humana, a mais excelente e mais apropriada aos homens, leva à contemplação [*al-ra' y*] que nada mais é do que uma concepção pelo intelecto [*al-tasswur bi al' aql*], donde o lugar especial do intelecto na vida mundana, até mesmo como aproximação da vida dos deuses.[32]

A rigorosa leitura corânica associada ao poderoso desenvolvimento do raciocínio demonstrativo tornam o esforço de conciliação entre a *fé muçulmana* no Corão e a ideia de *razão grega antiga* a particular contribuição de *Ibn Ruchd*, que terá duplo peso histórico: interferir na forma como o islã se afirma; canalizar a transmissão e assimilação do pensamento antigo ao mundo medieval ocidental. É desta forma que esta se torna uma tarefa do próprio pensamento filosófico árabe, mas também cristão e judaico.[33] Assim é que a leitura dos gregos se torna um imperativo, e a leitura de seus textos algo indispensável para o pensamento árabe, como afirma Averróis, num de seus principais textos sobre o tema, intitulado *A doutrina decisiva sobre a concordância entre a fé e a razão*:

> "Se se coloca a questão desse modo e se tudo aquilo de que se tem necessidade para o estudo dos silogismos racionais foi realizado da melhor maneira pelos Antigos, então, por certo, é preciso que avidamente tomemos em mãos seus livros, a fim de verificar tudo o que disseram a respeito. Se tudo for justo, aceitaremos o que propõe; e se se encontra algo que não seja justo, nós o indicaremos" (Averróis, *Discurso decisivo*, 2005, parágrafo 9o, p. 11).

Neste duplo sentido, sua obra devassa a escuridão e busca a afirmação da razão. Para Averróis, fica claro que os universais são uma construção da razão e que, por isso, toda a construção da razão é de fundamental importância para a aquisição da iluminação. Procede como Aristóteles, de forma a retirar da física a própria fundamentação dos primeiros passos empíricos para alçar em direção à metafísica.[34] O *múltiplo* do que é físico leva ao *Uno* do que

---

[31] A datação de desenvolvimento da obra de Averróis em torno de Aristóteles segue o seguinte desenvolvimento: 1167 – *Tópicos – Médio Comentário*; 1170 – *Física – Médio Comentário*; 1170 – *Segundos Analíticos – Médio Comentário*; 1174 – *Refutações Sofísticas – Médio Comentário*; 1174 – *De anima – Médio Comentário*; 1175-6 – *Retórica – Médio Comentário*; 1176 – *Poética – Médio Comentário*; 1177 – *Ética a Nicômaco – Médio Comentário*; 1183 – *Segundos Analíticos – Grande Comentário*; 1188 – *De Caelo – Grande Comentário*; 1190 – *De Caelo – Grande Comentário*; 1192-94 – *Metafísica – Médio Comentário*.

[32] Cf. Ali Benmkhlouf, *Averróis*, São Paulo, Estação Liberdade, 2006, p. 166.

[33] Esta é a conclusão de Josep Manuel Udina, Ni contigo ni sin ti. La filosofía y teología de Maimónides en relación a Aristóteles y al tema de la creación (Alonso, José Luis Cantón), *in Maimónides y el pensamiento medieval: actas del IV Congreso Nacional de Filosofía Medieval*, Córdoba, Universidad de Córdoba, 2007, p. 80.

[34] Cf. José Silveira da Costa, *Averróis*: o aristotelismo radical, São Paulo, Moderna, 1994, p. 34.

é metafísico, quando o recurso à filosofia é útil ao pensamento teológico, como se pode ler na *Doutrina decisiva*:

> "Se o ato de filosofar consiste na reflexão sobre os seres existentes e na consideração destes, do ponto de vista de que constituem a prova da existência do Artesão, quer dizer: enquanto são artefatos – pois certamente é na medida em que se conhece sua construção que os seres constituem uma prova da existência do Artesão" (Averróis, *Discurso decisivo*, 2005, parágrafo 2o, p. 3).

Nesta perspectiva, fica claro que toda a tradição metafísica grega tem profundo impacto em seu pensamento. A própria doutrina do Primeiro Motor Imóvel é, por isso, diretamente resgatada, da *Metafísica* (1073 a) de Aristóteles, como um confortável fundamento para o pensamento árabe muçulmano. O Primeiro Motor (*Próton kíneton*) é puro ato (*enérgeia*), é perfeito (*ariste*), eterno (*aídios*), imóvel (*akínetos*) e pura contemplação (*thewría*). Esta doutrina peripatética é vista como de plena conciliação com o pensamento da unidade de todas as coisas em Deus (*Alah*), tal como figura no Corão (XXI, 22): "Se nesses dois mundos houvesse deuses fora de Alá, os dois mundos cessariam de existir."[35]

A posição de *Ibn Ruchd* na dimensão das disputas entre o campo da fé e o campo da razão se dá por uma clara divisão de áreas de atuação: o filósofo fala como filósofo, a partir da razão, e o crente fala a partir de sua inspiração e de sua fé.[36] A própria atividade racional, como atividade humana, a mais excelente e mais apropriada aos homens, leva à contemplação [*al-ra' y*] que nada mais é do que uma concepção pelo intelecto [*al-tasswur bi al' aql*], donde o lugar especial do intelecto na vida mundana como forma de aproximação da vida dos deuses.[37] Seguindo as lições da *Metafísica* (993 b-994 b) de Aristóteles, Averróis vê na *philosophía* uma forma de saber que aproxima o homem da verdade (*alétheia*), e, por isso, não se pode tratar de uma forma de saber que possa ser prescindido, diante da religião, ou menosprezado, pelo sábio teólogo.

Por isso, não é heresia árabe desenvolver o raciocínio, pois se a filosofia conduz à verdade, ela não pode conduzir senão à concordância com relação à verdade revelada, donde a convergência entre filosofia e teologia, conforme estuda Averróis em *Doutrina decisiva sobre a concordância entre a fé e a razão*. Ademais, não se pode olvidar que é o próprio Corão que afirma: "Convoca os homens para o caminho do teu senhor por meio da sabedoria e da bela exortação; e discute com eles da melhor forma (XVI, 125)".[38] É nesta perspectiva que afirma na *Doutrina decisiva*, Averróis:

> "Que a lei religiosa convide à reflexão racional sobre os seres existentes e requeira de nós conhecimento deles, isto é evidente por diversos versículos do Livro de Deus – bendito e louvado seja –, entre os quais: *'Refleti, pois, ó vós que tendes clarividência'*. Este versículo mostra a necessidade do uso do silogismo racional, ou do racional e legal ao mesmo tempo" (Averróis, *Discurso decisivo*, 2005, parágrafo 3o, p. 5).

---

[35] Cf. Étienne Gilson, *A filosofia na Idade Média*, São Paulo, Martins Fontes, 1998, p. 449.

[36] "Numa posição tão complexa, conflitos de jurisdição são inevitáveis. Que é preciso fazer quando, num ponto preciso, a filosofia ensina uma coisa e a fé outra? Atendo-nos ao esquema que precede, a resposta seria simples: deixemos o filósofo falar como filósofo e o simples fiel falar como crente" (Étienne Gilson, *A filosofia na Idade Média*, São Paulo, Martins Fontes, 1998, p. 443).

[37] Cf. Ali Benmkhlouf, *Averróis*, São Paulo, Estação Liberdade, 2006, p. 166.

[38] Citado por Ali Benmkhlouf, *Averróis*, São Paulo, Estação Liberdade, 2006, p. 77.

Por isso, atacar a religião, diminuir o valor da fé, reduzir o campo de ação da crença na vida dos homens nunca foram objetivos do pensamento de Averróis. Salvaguardar o lugar da razão, em parceria com o lugar da fé, bem como abrir campo para a possível ambiência da filosofia, estas foram tarefas levadas adiante com profunda paixão por parte do pensador cordobês.[39] Assim é que religião e filosofia convergem em fins, como forma de expressão da sabedoria (*hikma*); não devem se anular, mas agir de modo a se completarem reciprocamente.[40]

A sabedoria, para ser adquirida, não se constrói na base da pura arrogância da razão humana, e nem com base na cega subserviência aos textos sagrados. A sabedoria, na visão averroísta, demanda posição ativa do pensamento, iluminado pela fé e pela crença. Em Averróis, filosofia e religião não concorrem entre si, mas se somam, exatamente porque se voltam à construção da virtude.[41] A ética é, portanto, algo que lhes aproxima os esforços. Se a crença segue seu próprio caminho, e se a razão também possui o seu, fica claro que ambas devem reforçar a ação humana virtuosa; não é iluminado aquele que age fora da virtude, num sentido como interpretam este termo os gregos, como *areté* ou excelência da ação.[42]

Ibn Ruchd evita, com isso, os extremismos que marcam as tendências que anulam qualquer papel à filosofia, ou, ao contrário, à religião, de modo a compor um mosaico teórico inspirado na doutrina do meio-termo ético-aristotélico. Assim, religião e filosofia se acomodam em seu interior. Por isso, a pluralidade das seitas, o número grandioso de variações de interpretação quanto ao texto sagrado do Corão, as múltiplas oposições existentes entre os intérpretes do texto sagrado, as facções e lideranças político-religiosas foram analisadas com desconfiança e precaução por *Ibn Ruchd*. Nada disto melhora a condição da razão e nem afirma a unidade da religião e da fé.[43] Por isso, se torna lamentável, para o pensamento árabe contemporâneo, como constatam alguns arabistas, que o averroísmo tenha entrado em derrocada, em favor do enraizamento e da disseminação do gnosticismo, que, por vezes, se converte em irracionalismo para o mundo árabe, segundo análise do filósofo árabe marroquino contemporâneo al-Jabri.[44]

---

[39] "Jamais pretendeu atacar a religião, mas tão somente defendeu o direito de se pensar livremente; ou seja, a de fazer filosofia pura, atribuindo à religião um papel eminentemente prático" (José Silveira da Costa, *Averróis*: o aristotelismo radical, São Paulo, Moderna, 1994, p. 51).

[40] Cf. Mohammed Abed al-Jabri, *Introdução à crítica da razão árabe*, São Paulo, UNESP, 1999, p. 133.

[41] Cf. Mohammed Abed al-Jabri, *Introdução à crítica da razão árabe*, São Paulo, UNESP, 1999, p. 125.

[42] "Assim é que reordenará a relação entre sabedoria (filosofia) e religião, seguindo o princípio segundo o qual cada uma delas procede de seus próprios princípios e utiliza o seu método próprio de raciocínio, ainda que ambas visem ao mesmo objetivo: incitar à Virtude" (Idem, p. 124).

[43] "Um dos esforços mais originais tentados por vários Averróis foi o que ele empreendeu no sentido de determinar com precisão as relações entre a filosofia e a religião. Ele constatava a presença de um grande número de seitas filosóficas e teológicas em luta umas com as outras, sendo a própria existência destas um perigo permanente tanto para a filosofia, como para a religião" (Étienne Gilson, *A filosofia na Idade Média*, São Paulo, Martins Fontes, 1998, p. 441).

[44] "O que nos importa não é o discurso em si, nem as suas motivações, mas sim as suas consequências: através de sua filosofia oriental, Avicena consagrou uma corrente espiritualista e gnóstica cujo impacto foi determinante no movimento de regressão pelo qual o pensamento árabe recuou de um racionalismo aberto, cuja tocha foi carregada pelos mutazilitas, depois por Kindi e que culminou com Farabi, para um irracionalismo deletério, promotor de um pensamento das trevas, que pensadores como Algazel, Suhrawardi de Alepo e outros apenas difundiram e popularizaram em diferentes ambientes" (Mohammed Abed al-Jabri, *Introdução à crítica da razão árabe*, São Paulo, UNESP, 1999, p. 94-95).

10.2.2 Ética, justiça e política no pensamento de Averróis

Quando Averróis se expressa sobre as questões entre teologia e filosofia, no fundo, atravessa o problema das relações entre lei divina e lei humana. Pode o homem construir arbitrariamente a partir de sua vontade as leis do mundo? Pode o homem desprezar as leis divinas, na arquitetura da vida da cidade? Tem a palavra humana a força revogatória dos decretos divinos e das leis da natureza? Todas estas questões são enfrentadas de modo direto ou indireto pelos textos de Averróis, mas, sobretudo, seu desafio é mais conciliar do que superar a visão que ora propende para uma superestimação absolutista da visão da lei divina, ora para a superestimação da visão da liberdade humana; a visão de Averróis fica entre estes dois possíveis extremos, o que torna possível uma ambientação conciliadora dos lugares da fé e da razão, do divino e do humano, na vida cotidiana, e na organização da vida política.

Se a teologia é guiada por um sistema de orientação específico, cercado de dogmas, a tarefa jurídica obedece a outra forma de racionalidade, menos cercada por dogmas, e mais aproximada de uma arte de exercício da prudência e do raciocínio, para o que a lógica é poderoso acessório. Se todo direito árabe nasce da fonte de inspiração primeira que procede de *Alah*, através do Profeta, não se pode negar a importância das palavras daqueles que atuam para tornar atual a palavra revelada. A unidade entre o direito que se pratica por juristas e a dimensão do teológico é que torna complicada a atividade de distinguir o que é objeto de fé e o que é objeto de regulação social. Sem esta separação, a unidade religiosa prepondera em todas as dimensões da vida dos crentes, e, por isso, reina soberana, sem espaço para a articulação dos espaços da política, da ética e da razão.[45]

Neste sentido, é o próprio texto sagrado que ganha em recursos com o uso mais esclarecido da razão, de modo que o que é obscuro, se torna claro, e o que não está esclarecido, se torna passível de argumentação racional. Toda a atualização dos cânones religiosos, bem como, toda a tarefa de construção de um ideal de lei humana, conforme a lei divina, somente podem ser dadas a partir de um empreendimento em que os recursos racionais são disponibilizados a favor dos textos sagrados, para confirmar sua força e exaltar sua integração, uma integração que se expressa entre o mundo dos homens e o mundo divino. Na avaliação de *Ibn Ruchd*, seria uma contradição admitir que Deus concede ao homem razão para que ela seja inabilitada diante dos desafios de interpretação e integração do texto sagrado.[46] Por isso, na *Doutrina decisiva*, lê-se:

> "Tornou-se evidente, a partir daí, que o estudo da obra dos Antigos é obrigatório pela Lei religiosa, pois que a intenção de seus escritos e o propósito deles são o mesmo propósito que a Lei pressupõe para se enraizar" (Averróis, *Discurso decisivo*, 2005, parágrafo 13°, p. 15).

É assim que a doutrina averroísta constrói sua identidade própria quanto aos temas da política, resgatando o pensamento e a sabedoria dos antigos, apesar das dificuldades do mundo medieval, seja para os árabes, seja para o mundo ocidental. O tema da política tem dificultosas engrenagens históricas desfavoráveis à sua assimilação pelo mundo árabe,

---

[45] É esclarecedor o trecho de Benmkhlouf: "Desfazer o vínculo entre teologia e direito: tratava-se de estabelecer a separação entre reflexão sobre as normas e reflexão sobre dogmas. Tradicionalmente, as posições jurídicas identificavam-se com esta ou aquela escola (...)" (Ali Benmkhlouf, *Averróis*, São Paulo, Estação Liberdade, 2006, p. 67).

[46] "(...) muito pelo contrário, o texto religioso é iluminado por esse método de raciocínio, do mesmo modo que a lei é iluminada pela interpretação do juiz; (...)" (Idem, p. 75).

Cap. 10 · AVERRÓIS E A FILOSOFIA ÁRABE MEDIEVAL: JUSTIÇA, RAZÃO E FÉ | **201**

e, por isso, terá percalços consideráveis até ser absorvida pelo pensamento filosófico de Averróis. E isto porque o texto da *Política* é ocultado pelo *Corpus aristotelicum arabum*, e o será, da mesma forma, para a tradição cristão ocidental. Por isso, Averróis se deterá, na maioria de seus estudos e comentários, à obra do *Organon* aristotélico. Não obstante, ainda que timidamente, o que Averróis faz é tentar recuperá-lo como um texto de sensível necessidade para os estudos, especialmente jurídicos, e isso, apesar de estar profundamente influenciado pela *República* de Platão, como ocorreu desde os filósofos árabes precedentes, como é o caso de Avicena.

Nesta perspectiva, a sabedoria e a iluminação não se alcançam por via da regressão a um estado de vida silvático, ou mesmo, através do heremitismo. Uma vez que já se concluiu que a ideia de virtude é de fundamental importância para o pensamento averroísta, deve-se esclarecer que a vida virtuosa somente é possível no vínculo comum entre os homens. Se o monasticismo ocidental, desde São Bento, aponta regras estritas para o enclausuramento como forma de alcance da *vita contemplativa,* a doutrina medieval averroísta não aponta para este mesmo caminho. É em sociedade, e não fora da sociedade, que espontaneamente se desenvolve a vida racional.[47] A doutrina averroísta segue literalmente o mais genuíno sentido da doutrina de Aristóteles contida na *Política* (1253 a, 2/ 3), onde se lê que o homem é um animal político por natureza (*kaí óti ántrhrwpos physei politikòn zwon*). Há, por isso, em sua obra uma forte preocupação no direcionamento do homem à ética e à sociedade, ao convívio e ao desenvolvimento da razão do convívio.

A felicidade decorre desta relação intimista entre política e ética, que não se separam, pois a *virtude* colabora para a construção do todo social, na mesma medida em que a política é a rainha mestra e mais excelente das ciências práticas, pois se traduz no bem comum. Portanto, quando se afirma que a sabedoria legitima o exercício do poder e que, por essa via, a dominação pode se distinguir do puro exercício da força, se está a dizer que existe na sabedoria (*hikma*) um elemento de fundamental distinção para a produção de justiça nas relações sociais. Por isso, a legitimação do poder se dá mediante a sabedoria, que converte a mera dominação infundada do poder que pode e deve ser justo, além de ser fundamental para a vida organizada.[48] Na *Doutrina decisiva,* a analogia entre o médico e o legislador, aquele como curador do corpo, e este como curador das almas, aparece para simbolizar, metaforicamente, este caminho comum poder e ética:

> "A correspondência é, com efeito, exata, pois a relação do médico com a saúde dos corpos é idêntica à relação do Legislador com a saúde das almas: o médico é aquele que busca a preservação dos corpos se há saúde, ou sua recuperação, se ela não existe mais; e o legislador é aquele que aspira a isso mesmo para a saúde das almas" (Averróis, *Discurso decisivo*, 2005, parágrafo 61º, p. 73).

10.3 O IMPACTO DO PENSAMENTO ÁRABE SOBRE A FILOSOFIA OCIDENTAL

A passagem dos árabes pela Europa deixa para trás grandes e indeléveis marcas, que não podem ser ignoradas pelos estudos da cultura, da sabedoria, da arquitetura, das artes, das ciências e da filosofia. Se a interpretação da presença dos árabes em *al-Andalus* centra-se

---

[47] "A verdadeira sabedoria só se alcança na sociedade, pois esta é o meio natural em que vivem os homens, unidos pelo vínculo comum de sua natureza racional" (José Silveira da Costa, *Averróis*: o aristotelismo radical, São Paulo, Moderna, 1994, p. 46).

[48] Cf. Idem, p. 50.

na concepção de que são apenas hóspedes indesejados em territórios cristãos, como enfatiza Hernández,[49] empobrece-se a percepção do altíssimo valor que o mundo ocidental extrairá de uma forte miscigenação ocorrida neste período, por ocasião de uma longa estada dos árabes em terras europeias.

De fato, a cultura e as marcas deixadas pelos árabes, que são bastante evidentes no universo de *al-Andalus*, estão por todas as partes, e podem ser vistas nas formas dos arcos mouriscos, desde o arco califal da Medina Azahara até a forma násrida dos arcos do Alhambra de Granada, na magnificência dos ladrilhos geométricos e azulejos do Real Alcázar de Sevilha, nas pinturas grafadas do Corão no *Mihrab* da *Mezquita* de Córdoba, e nos diversos templos que registram a passagem dos árabes pela Andaluzia como um todo. Também, podem-se ver as mesmas marcas em outras partes, como na dimensão da filosofia, nos passos e legados do averroísmo, e em suas consequências para o pensamento e a religião muçulmanas, bem como para o mundo ocidental. No que tange aos destinos da filosofia, em sua redefinição histórica, a partir do século XII d.C., a Espanha terá um papel fundamental para a Europa, servindo de eixo de disseminação do legado grego absorvido pelos árabes e por eles disseminados em seus debates, traduções e comentários das obras de Aristóteles.[50]

E isso porque, os árabes, ao invadirem os territórios espanhóis, já carregavam consigo um vasto cabedal de interesses pelos estudos antigos, e isto desde *Al-Kindi* e *Alfarabi*, além de um grande desenvolvimento de habilidades, ciências, técnicas náuticas, que são incorporadas pelo mundo andaluz, com fermentações que permitirão aos espanhóis darem o primeiro passo nas navegações expansionistas em direção à América. O Renascimento e tudo aquilo que a ele se sucede, está neste momento em fermentação. Aos poucos, se perceberá que a presença de Aristóteles para o pensamento ocidental será inevitável, na medida em que o filósofo cordobez Averróis terá influenciado diversos outros pensadores: o filósofo judeu andaluz Moisés Maimônides (1135-1204 d.C.); os filósofos do ocidente latino Roger Bacon (1214-1294 d.C.), Santo Alberto Magno (1193-1280 d.C.), que mantém mais acentuada inclinação aviceniana, Santo Tomás de Aquino (1225-1274 d.C.), que terá mais propensão averroísta do que neoplatônica, além de Siger de Brabant (1235-1284 d.C.) e de Marsílio de Pádua (1275-1342 d.C.).[51]

De *al-Andalus*, este legado será imediatamente recepcionado pelas grandes e potentes escolas de pensamento de toda a Europa, destacando-se as Universidades de Paris, na França, de Pádua e de Bolonha, na Itália, de Salamanca, na Espanha. É desta forma que o averroísmo será entranhado na vida científico-universitária do mundo ocidental medieval, e isto em pleno momento de nascimento da própria ideia de Universidade, no mundo ocidental, a partir dos *collegia* medievais até os *universitas studiorum*, que se dá exatamente neste contexto. Se nem a formação da Universidade tem uma história regular, que não tenha sofrido resistências e atropelos, o mesmo se pode dizer da recepção do aristotelismo, que atravessará, ao longo do século XIII, inúmeros expurgos. No entanto, em 1255 d.C., Aristóteles, através de seus tradutores árabes, já consta como matéria obrigatória de estudos

---

[49] "Pero si la Edad media suprimimos la presencia del Islam o le asignamos el triste papel de huésped incómodo e indeseable, tergiversamos la historia toda, de España y Europa" (Miguel Cruz Hernández, *Historia de la filosofía española*: filosofia hispano-musulmán, Madrid, Asociación Española para el progreso de las Ciencias, 1957, p. 189).

[50] Nos comentários de Hernández: "La España musulmana recibió del Oriente el legado griego y lo desarrolló, y la España cristiana – a la vez que servia de valladar guerrero que impedía la invasión de Europa – transmitió esa cultura a la Europa naciente" (Idem, p. 201).

[51] A respeito, *vide* Jacques Chevalier, *Histoire de la pensée*, II, Paris, Racine, 1956, p. 272.

Cap. 10 · AVERRÓIS E A FILOSOFIA ÁRABE MEDIEVAL: JUSTIÇA, RAZÃO E FÉ | 203

na recém criada (1215 d.C.) Universidade de Paris (*Universitas magistrorum et scholarium Parisiis studientium*),[52] onde lecionam Alberto Magno e Rogério Bacon, que se reportarão diretamente a Aristóteles e a Averróis, para construírem seus ensinos.[53]

Ademais, os árabes, especialmente Avicena e Averróis, pelo valor de suas reflexões, pela evidente presença de seus textos em circulação nos meios universitários e teológicos, pela autoridade que refletiam em determinados temas, pelo recurso ao comentário indireto do pensamento peripatético, se tornam uma presença constante e obrigatória nos textos das mais eminentes autoridades teológicas cristãs, como se pode colher evidências com muita clareza no pensamento de Santo Tomás de Aquino, em cujo pensamento inclusive se encontram paralelismos interessantes com a filosofia do teólogo cordobês de tradição judaica, Maimônides.[54]

As citações na *Suma contra os gentios* de Averróis por Tomás de Aquino são inúmeras. Podem-se vê-las no capítulo XX, parágrafo 12 (173), capítulo XXVII, parágrafo 9 (258), capítulo LX, parágrafo 4 (504), capítulo, todos do livro I, e capítulo LX, parágrafo 1 (1370) do livro II.[55] Se Aristóteles no texto do Aquinate é chamado de *Filósofo* (*Philosophum*), Averróis é chamado de *Comentador* (*Commentatur*). Quando as citações aparecem, Aquino está discutindo ao modo das *questionae disputatae* temas nos quais irá se utilizar de Averróis para afirmar alguma tese em uníssono com o filósofo árabe,[56] ora para discordar veementemente de seu pensamento e contradizer suas ideias.[57] Não obstante, pelo que se

---

[52] "O inevitável conflito entre a filosofia árabe e a teologia cristã se produz no início do século XIII, na Universidade de Paris, que acaba de se construir então. No ano de 1200, todos os mestres e estudantes das escolas catedrais de Paris se reúnem num só corpo, reconhecido por Filipe Augusto e pelo papa Inocêncio III, cujos estatutos Robert de Courçon, legado do papa, sanciona em 1215. A Universidade de Paris (*Universitas magistrorum et scholarium Parisiis studientium*), a mais antiga e a mais célebre das grandes universidades medievais, acha-se, assim, constituída. É lá que, desde os primeiros anos de sua atividade, as traduções de Aristóteles e de seus comentadores árabes fazem sua primeira aparição" (Étienne Gilson, *A filosofia na Idade Média*, São Paulo, Martins Fontes, 1998, p. 477).

[53] "Os anos seguintes assistem à chegada progressiva das obras de Averróis. Roger Bacon e Alberto Magno começam a citá-lo por volta dos anos de 1240-1250" (Idem, ibidem).

[54] "Aliás, isso explica a influência incontestе que exerceu sobre os filósofos cristãos do século seguinte, notadamente sobre Santo Tomás de Aquino. Se Maimônides não houvesse ensinado uma doutrina da alma fortemente influenciada pela de Averróis e que o levou a uma concepção bastante especial da imortalidade, poderíamos dizer que as filosofias de ambos combinam em todos os pontos verdadeiramente importantes" (Étienne Gilson, *A filosofia na Idade Média*, São Paulo, Martins Fontes, 1998, p. 460). A respeito de Maimônides, *vide* Francisco Asensio Gómez, Maimónides y el pensamiento de Santo Tomás (Alonso, José Luis Cantón), *in Maimónides y el pensamiento medieval: actas del IV Congreso Nacional de Filosofía Medieval*, Córdoba, Universidad de Córdoba, 2007, p. 131.

[55] Santo Tomás de Aquino, *Suma contra os gentios*, v. 01, Rio Grande do Sul, Sulina, 1990, p. 54.

[56] É o que ocorre no trecho do capítulo XXVII do livro I, parágrafo 9 (258, c): "O Comentador, porém, afirmou que neste ponto estava o erro dos sábios do povo dos sabeus (Averróis, A1, XII à Metafísica 41), isto é, dos idólatras, justamente por dizerem ser Deus a forma do céu" – "*Commentator etiam dicit, in XI Metaphys. Quod hic lócus fuit lapsus sapientum gentis Zabiorum, idest idolatrarum quia scilicet posuerunt Deum esse formam caeli*" (Santo Tomás de Aquino, *Suma contra os gentios*, v. 01, Rio Grande do Sul, Sulina, 1990, p. 68). A respeito, consultar também, Maimônides, Josep Manuel Udina, Ni contigo ni sin ti. La filosofía y teología de Maimónides en relacion a Aristóteles y al tema de la creación (Alonso, José Luis Cantón), *in Maimónides y el pensamiento medieval: actas del IV Congreso Nacional de Filosofía Medieval*, Córdoba, Universidad de Córdoba, 2007, p. 84.

[57] Da mesma forma, é o que se passa no trecho do capítulo LX do livro II, parágrafo 1 (1370, b): "Com efeito, diz o mencionado Averróis (in III Sobre a Alma 20, 165-188) que o homem diferencia-se especificamente dos irracionais pelo intelecto, que Aristóteles chama de passivo, ou seja, a potência cogitativa,

percebe, o pensamento árabe é uma constante obrigatória neste período para a afirmação das bases do pensamento medieval ocidental.

CONCLUSÕES

A concepção filosófica averroísta não propõe um racionalismo estéril à religião, mas uma fundamentação racional e uma divisão complementar de campos entre a fé e a religião. A virtude equilibra as perspectivas, de um lado, analítica e, de outro, metafísica, proporcionando convergências entre os esforços por iluminação. A própria ideia de lei, que não decorre da concepção neoplatônica, se estende a ponto de deixar uma marca considerável no campo da argumentação, da tradição aplicativa do direito e das possibilidades de construção racional de sentido, onde existe a perspectiva de complementação do texto sagrado.

De toda forma, na concepção averroísta, a vida política carece da lei, não como manifestação da pura vontade do homem, mas numa conformação do homem à lei divina, e à perfeição de um mundo cujas leis decorrem do poder divino, sendo a lei divina entendida como passível de ser interpretada com recursos da razão e da crença, para a sua própria confirmação. A aproximação da Verdade se dá, pois, pela fé e pela razão, sendo que nenhum destes caminhos isolados permite ao homem o esclarecimento necessário para alcançar a sabedoria. Assim é que a vida feliz depende do associativismo humano do qual extrai suas raízes, e, por isso, a própria concepção de justiça deriva deste duplo esforço entre fé e razão.

A tarefa da filosofia árabe de se conciliar com a tradição peripatética produz efeitos muito claros para o mundo ocidental, e, uma vez tendo ganhado campo no universo cordobês andaluz, recebe amplo assentimento e expansão no mundo ocidental, sendo recebida pelo pensamento filosófico medieval, com evidências concretas em Santo Tomás de Aquino, penetrando, de diversas formas, as principais Universidades europeias, onde, sob o influxo do pensamento aristotélico, se formarão condições para a ambientação paulatina do mundo moderno, em etapas posteriores.

---

que é própria do homem, em cujo lugar os outros animais têm uma certa estimativa natural"; e, mais adiante, no trecho do parágrafo 2 (1371), haverá de contestá-lo diretamente: "Mas, que tais afirmações sejam falsas e ditas abusivamente, vê-se claramente" – "*Quod autem haec sint falsa, et abusive dicta, evidenter apparet*" (Santo Tomás de Aquino, *Suma contra os gentios*, v. 01, Rio Grande do Sul, Sulina, 1990, p. 272).

11

SANTO TOMÁS DE AQUINO:
JUSTIÇA E SINDERESE

11.1 FILOSOFIA TOMISTA

A filosofia de Santo Tomás de Aquino (1225-1274) encontra-se estrutural e visceralmente comprometida com os Sagrados Escritos, de um lado, e com o pensamento aristotélico, de outro. Isso não significa que deixe de albergar outras propostas em seu interior, representando até certo ponto uma grande síntese do pensamento filosófico até o século XIII, como as de Dionísio, Boécio, Albergo Magno, Averróis, Santo Agostinho, entre outros. No entanto, os pilares de seus escritos são estes que se indicam como principais fontes de inspiração de seu pensamento, claramente fecundo e vasto, seja pela proporção de suas obras, seja pela qualidade de sua doutrina teológica, que haveria de converter-se em *doctrina perennis*; além de coligir opiniões, sua doutrina converte-se num foco de dispersão de uma nova forma de conceber o conhecimento, aliando fé e razão.[1]

Assim, a influência recebida do aristotelismo dota as lições tomistas de clarividência particular, pois, ainda que os textos do Aquinatense se imiscuam no tratamento de temas metafísicos, teológicos, políticos, sociais... (*Suma contra os gentios, Suma teológica, Sobre o ser e a essência, Sobre o governo dos príncipes...*), tudo é racionalmente concebido, concatenado, logicamente explicado, metodicamente exposto, entrecortando-se suas considerações pessoais com aquelas outras desenvolvidas e defendidas por seus predecessores.[2] Nesse tipo de exposição filosófica, muito semelhante à de Aristóteles, inclusive os opositores possuem espaço reservado, ainda que sirvam como forma de argumento *a contrario sensu*.

---

[1]   Este estudo encontra-se elaborado em Bittar, *Teorias sobre a justiça*: apontamentos para a história da filosofia, 2000, p. 123-151.

[2]   Um exemplo de como seu pensamento se constrói e distribui é estruturalmente o seguinte: "Se os que veem a Deus em essência veem tudo: O oitavo discute-se assim: Parece que os que veem a Deus em essência veem tudo em Deus. 1. Pois, diz Gregório: *O que não verão os que veem a quem tudo vê?* Ora, Deus vê tudo. Logo, tudo veem os que veem a Deus. 2. Demais. Quem vê um espelho vê tudo o que nele reflete (...). Logo quem vê a Deus vê tudo o que existe ou pode existir. 3. Demais. Quem intelige o mais intelige o menos, como diz Aristóteles. Ora, tudo o que Deus faz ou pode fazer é menos que a sua essência. Logo, quem intelige Deus intelige tudo que Deus faz ou pode fazer. 4. Demais. A criatura racional deseja naturalmente saber tudo (...) Logo, vendo a Deus sabe tudo. Mas, em contrário, os anjos veem a Deus em essência e, entretanto, não sabem tudo (...). Solução. O intelecto criado, vendo a essência divina, não vê nela, por isso, tudo o que Deus faz ou pode fazer (...). Logo, nenhum vendo a Deus pode saber tudo o que ele faz ou pode fazer, o que seria compreender-lhe o poder" (Aquino, *Summa Theologica*, Prima Parti, q. XII, articulum VIII, trad., p. 99). As proposições são apresentadas, e a solução ao problema pode reafirmá-las no todo ou em parte, bem como contrariá-las, terminando-se por uma análise de cada uma em particular.

Com essas palavras quer-se introduzir o leitor no universo tomista, no sentido de dizer que, dentro deste sistema de pensamento, a justiça não somente encontra lugar especial,[3] recebendo, portanto, tratamento extensivo, principalmente no texto da *Summa Theologica*, mas também que a justiça vem estudada minuciosamente, parte por parte, conceito por conceito, detalhe por detalhe entre as questões LVII e LXXIX da Segunda Parte (*Summa Theologica, Secunda Secundae Partis*, quaestio LVII/ LXXIX).[4]

Nesse caso, o estudo dos conceitos de direito (*iure*) e de justiça (*iustitia*) faz-se como parte de um estudo que se volta para o conjunto de interesses dos homens; esta pesquisa deixa de possuir qualquer remissão mais aprofundada a discussões sobre a justiça metafísica, como o é a discussão sobre a justiça dos atos de Deus (*Dicendum quod necese est quod in quolibet opere Dei misericordia et veritas inveniantur – Sum. Theol.*, quaest. XXI, art. IV), e outras implicações correlatas a este tema, que, para esta finalidade, será considerado lateral. Perceber-se-á, com a análise a que se procederá, que as influências do aristotelismo e da jurisprudência romanos só puderam favorecer o desenvolvimento do tema da justiça em Santo Tomás de Aquino como problema ligado à ação humana, à *práxis*, à virtude que sabe atribuir a cada um o seu; aqui nada há sobre uma justiça intangível. Isso, porém, não impede que a preocupação tomista com as regras divinas lhe faça dissertar sobre a lei divina, como se verá.

11.2 RAZÃO PRÁTICA, SINDERESE E ÉTICA

O estudo da justiça consolida-se, na teoria tomista, dentro do estudo da *lex*, como diz Miguel Reale.[5] Estudar a justiça nessa teoria é debruçar-se sobre três acepções do termo *lex*: uma no sentido humano, outra no sentido natural, outra no sentido divino. Todavia, para que se possa, com o devido cuidado, proceder a esse tipo de estudo se deve, primeiramente, situar o tema de discussão em um terreno mais amplo, que o cerca e recobre, como o mais abrangente ao mais estreito; trata-se de identificar na teoria tomista a preocupação com a razão prática e com a ética.

Para isso, mister se faz o desenvolvimento de algumas questões primordiais, como essa que se relaciona com a natureza humana. Assim, em Santo Tomás, o homem é composto de corpo (*corpus*) e alma (*anima*), sendo o primeiro a matéria perecível que colabora para o aperfeiçoamento da alma, esta criada por Deus. Do mesmo modo como a potência está para o ato, a alma está para o corpo; a alma é incorruptível, imaterial e imortal, enquanto o corpo é corruptível, material e mortal. A alma, porém, preenche de vida não somente o homem; animais e vegetais também possuem alma, e é esta que, com graus diferenciados, com potências e faculdades diferenciadas, permite se diferenciem os seres entre si na escala natural.

---

[3] A respeito dos principais excertos textuais tomistas para o Direito e a justiça, consultar-se Martínez, *Textos de filosofia do direito*, 1993, p. 55-57.

[4] A proposta de Tomás de Aquino vem claramente exposta logo no início da questão LVII: "Consequentemente ao tratado da prudência, devemos tratar da justiça. Sobre o qual há quatro pontos a considerar. O primeiro é sobre a justiça. O segundo, sobre as suas partes. O terceiro, sobre o dom a ela pertinente. O quarto, sobre os preceitos pertinentes à justiça" (*Summa Theologica*, Secunda Secundae Partis, q. LVII, *De iure*).

[5] A lei eterna não é a mesma que a lei divina: "O elemento mais alto da filosofia jurídico-moral tomista é a *lex aeterna*, expressão mesma da razão divina, inseparável dela, que governa todo o universo, como um fim ao qual o universo tende. A ideia de *lex aeterna* não deve ser confundida com a de *lex divina*, ou revelada, a qual é uma expressão da primeira, a mais alta forma de sua participação aos homens, porque dada por Deus, como no exemplo das Sagradas Escrituras" (Reale, *Filosofia do direito*, 1962, p. 538).

Destarte, a alma vegetativa é a alma dos vegetais, que simplesmente executam as atividades das quais desconhecem a forma e o fim, e sua existência transcorre simplesmente na execução de tarefas fisiológicas; a alma sensitiva é a alma dos animais, que, dotados de sensibilidade, executam e apreendem a forma do agir, diferenciando-se, portanto, dos vegetais; a alma intelectual, por sua vez, é inerente ao animal racional (homem), que é capaz, além de sobreviver, de executar atividades, e ainda de apreender a forma e o fim de suas ações. Enfim, é o conhecimento das causas, dos meios e dos fins que distingue a categoria da alma racional na escala natural.[6] Percebe-se, portanto, que o homem acumula as três faculdades anímicas, a vegetativa, a sensitiva e a intelectual, das três se servindo, sendo que a última particulariza-o e torna-o capaz de conhecer o fim de suas ações; em suma, é a faculdade intelectual que particulariza o homem em meio aos outros seres dotados de alma.[7]

Visto isso, há que se dizer que a razão somente aufere conhecimento das coisas a partir da experiência sensível com as coisas; é da interação sensível humana com os objetos-de-conhecimento que surge o conhecimento; a gnoseologia (teoria do conhecimento) tomista indica que o intelecto se constrói a partir da experiência sensível. Em outras palavras, utilizando-se da definição escolástica de conhecimento, pode-se dizer que *nihil est in intellectu quod non prius fuerit in sensu*, ou seja, nada está no intelecto que primeiro não tenha passado pelos sentidos. Em síntese, no homem, as sensações são a forja do conhecimento, pois é da apreensão concreta pelos sentidos das coisas que surge o conhecimento racional. Eis aí embrionariamente a sede do conhecimento. Parte-se do material para que se alcance o abstrato, do particular para que se alcance o geral; da experiência ao conceito das coisas, o conhecimento constrói-se pela interação com os próprios objetos-de-conhecimento.[8]

O homem (animal racional) vale-se de sua razão em sua vida prática, seja para realizar tarefas, seja para encontrar soluções, seja para sobreviver, seja para desenvolver técnicas, seja para defender-se... sobretudo em função de suas experiências sensoriais. Contudo, as sensações não constroem o conhecimento sozinhas; as sensações possuem a razão como ponto de apoio. Assim, pode-se, a partir do uso racional das experiências hauridas concretamente, discernir os fins desejáveis e não desejáveis, para, a partir da escolha destes fins, eleger meios para sua realização. Daí, falar-se na participação conjunta da vontade com a inteligência, de maneira que a causa final (inteligente) move a causa eficiente (vontade), e vice-versa. Deus não determinou o homem como escravo de um destino absoluto, o que oprimiria sua liberdade de ser, de decidir e de agir; ao contrário, na teoria tomista, Deus lançou no homem, como motor universal que é (Motor Imóvel), a vontade para que siga no sentido do Bem (o próprio Deus), podendo escolher livremente os meios para a realização deste Bem. Neste sentido é que se pode dizer que a razão prática

---

[6] A razão, sendo a distinção entre os seres, a capacidade de discernir, de escolher e de optar, far-se-á conduzir de acordo com o que esta mesma razão, por meio de seus processos seletivos de conhecimento, apreende como melhor. Esse algo melhor deverá, para o homem, certamente, distar do que seria o melhor para o animal, para o que o concurso da racionalidade, imperando por sobre a instintividade, a impulsividade e a paixão intestina, se faz de grande importância. Reminiscências platônicas na dicotomia irascível/racional podem aqui ser localizadas.

[7] A teoria do *Doctor Angelicus* ainda tem espaço para as chamadas formas angélicas, que, por sua vez, estão destituídas de corporeidade, pairando independentemente do grilhão corporal, o que afasta o problema da área de interesse deste estudo.

[8] O método do conhecimento aqui referido radica-se nos principais postulados da filosofia aristotélica (*De anima*; *Parva Naturalia*; *Analytica Posteriora*), essencialmente empírica e sensitiva.

é o instrumento de que se vale o homem para eleger meios para o alcance de fins, estes também livremente por si escolhidos.[9]

A liberdade consiste exatamente na possibilidade humana de escolha entre inúmeros valores que se apresentam como aptos à realização de um bem; valores diametralmente opostos candidatam-se a oferecer maior felicidade, se perseguidos. Assim, a possibilidade de escolha deita-se sobre a verdade real (aquilo que realmente é um bem) ou a verdade aparente (aquilo que parece ser um bem), o que comprova a existência do livre arbítrio (*liberum arbitrium*), ou seja, da capacidade de julgar aquilo que é certo e aquilo que é errado, aquilo que é justo e aquilo que é injusto, diferenciação esta secularmente explorada, inclusive com valiosas contribuições da doutrina agostiniana.

A atividade ética consiste exatamente em, por meio da razão prática, discernir o mal do bem e executar o escolhido mediante a vontade, destinando-se atos e comportamentos para determinado fim, que é o bem (o *télos* da filosofia aristotélica). O ato moral de escolha do bem, e de repúdio do mal (*bonum faciendum et male vitandum*), consiste numa atividade racional à medida que os melhores meios se escolhem pela experiência haurida, direcionando-se para a realização do bem vislumbrado também pela razão.

A sociedade civil carece de ética, uma vez que o próprio convívio dos seres racionais já representa uma eleição de um fim (Bem Comum) e dos meios (Sociedade Civil) para o alcance deste fim; é a razão prática que indica o caminho para o convívio social (*societas*). A sociedade surge como agregado humano natural composto de várias unidades familiares, esta sim a primeira e mais natural forma de convívio humano. A continuidade da sociedade, seu destino, sua fortuna, sua bem-aventurança... dependem nada mais, nada menos, que da prudente governança instituída para o direcionamento do que é comum a todos; a sociedade deve ser dirigida por uma autoridade que deverá ser prudente na escolha dos meios que conduzirão ao Bem Comum. Mais uma vez se está a dizer que a ética, como fruto do operar da razão prática, deve estar a presidir o convívio social. Nesse sentido, percebe-se que o Doutor Angélico segue de perto o pensamento aristotélico no que concerne à ética do coletivo.

Já se disse que é sobre o agir (individual, familiar, social...), ou seja, sobre a razão prática que a ética incide. Na filosofia tomista, esse conceito encontra-se sob a denominação de *sinderese* (*sinderesis*), conjunto de conhecimentos conquistados a partir da experiência habitual; é com base nesses conhecimentos extraídos da vivência, da prática, que se podem cunhar os principais conceitos acerca do que é bom e do que é mau, do que é justo e do que é injusto.[10]

11.3 SINDERESE E HÁBITO

A sinderese (*sinderesis*) atua, para o ser agente, de modo que estabeleça o fim da razão prática, ou seja, o Bem. No entanto, o que é o Bem que guia a ação como causa final? O conceito, já definido anteriormente por Aristóteles, é: *bonum est quod omnia appetunt*, ou seja, o bem

---

[9]   Ainda podemos dizer que a faculdade intelectiva, una e indivisa, age de duas formas: segundo a razão especulativa, ou seja, procura do conhecimento pelo conhecimento; segundo a razão prática, que tem por fim último a ação (execução, efetivação, atualização). Conclui-se, já nesse passo da investigação, que o homem participa ativamente do mundo por meio da razão especulativa, procurando a descoberta e o entendimento das leis que regem o mundo e o cercam, e da razão prática, agindo prudentemente no relacionamento com seu próximo, ou mesmo, no sentido de dominar sua natureza instintiva: *sibi ipsi et alliis providens* (*Sum. Theol.*, I-II, q. 91, a.2).

[10]   Ainda aqui se veem ecoar as palavras aristotélicas inscritas na *Ethica Nicomachea* (livro VII), que preceituam uma doutrina que faz do agir ético um agir pendular entre o vício e a virtude e lastreia-se na escolha entre a dor e o prazer.

é o que a todos agrada. Assim, a busca que se empreende no sentido da realização do Sumo Bem é mais que a simples caminhada reta por caminhos retos. Pelo contrário, identificar o Sumo Bem e distingui-lo do bem aparente é vaguear por caminhos tortuosos. De qualquer forma, porém, é o fim o nexo de causalidade da ação, e é o fim que movimenta a atuação humana por atos, comportamentos, condutas... Nesse quadro, o mal só encontra lugar como bem aparente, ou seja, elege-se um mal como fim somente julgando-se equivocadamente que se trata de um bem (mal = aparência de bem). O mal, portanto, na teoria tomista, não é fim de uma ação, pois o mal representa somente a simples privação do bem. Em verdade, Santo Tomás de Aquino nega uma ontologia ao mal, fazendo deste um estado de ignorância do Verdadeiro Bem, este sim fim de toda ação.[11]

Todo o conjunto de experiências sinderéticas, ou seja, de experiências hauridas pela prática da ação, é capaz de formar um grupo de princípios, de conceitos... que permitem a decisão por hábitos (bons, maus; justos, injustos...). Isso quer dizer que os hábitos não são inatos, mas conquistados a partir da experiência; é esta a base das operações da razão prática. O primeiro princípio da razão prática, assim dirigida em sua finalidade, será, como já se disse, fazer o bem e evitar o mal (*bonum faciendum et male vitandum*). Esse é o princípio que haverá de governar, como pano de fundo, a teoria tomista da justiça.[12]

O governo de si para o homem será guiar-se por princípios extraídos da experiência, que formam o que se pode chamar de uma lei natural, verdadeiro hábito interior. Esta lei natural apresenta características básicas, a saber: (a) trata-se de uma lei racional: *rationis prima regula est lex naturalis*, uma vez que é fruto da razão prática e sinderética do homem; (b) trata-se de uma lei rudimentar: só pode ser considerada como princípio norteador ou origem do direito, não correspondendo a sua totalidade; (c) trata-se de uma lei insuficiente e incompleta: necessita da lei humana (positiva), para a qual representa uma diretriz, para efetivar-se. Isso já permite dizer que a lei natural, atuando somente como forma de governo do homem por si mesmo, não basta. Em outras palavras, ética não é a única forma de controle e regramento do comportamento em sociedade. Assim, de uma relação de débito recíproco entre o homem, seu semelhante e a comunidade, surge a justiça dentro da comunidade civil.[13]

11.4 DEFINIÇÃO DE JUSTIÇA

Santo Tomás de Aquino, seguindo as lições do *Philosophus*, faz o conceito de justiça emergir do seio dos conceitos éticos; *éthos*, em grego, significa hábito, reiteração de atos voluntários que se destinam à realização de fins (justiça é uma virtude). Assim, o pensador cristão não despreza as lições gregas, sobretudo aristotélicas, mas, pelo contrário,

---

[11] *Dicendum quod, sicut ex dictis patet, malum quod in defectu actiones consistit semper causatur ex defectu agenti* (Sum. Theol., q. XLIX, art. II); *Unde, cum malum sit privatio boni...* (Sum Theol., q. XLIX, art. IV); *Dicendum quod nullum ens dicitur malum per participationem, sed per privationem. Unde nono oportet fieri reductionem ad aliquid quod sit per essentiam malum* (Sum Theol., q. XLIX, art. IV).

[12] "Ora, a igualdade da justiça nós a constituimos fazendo o bem, isto é, dando a outrem o que lhe é devido; e conservamos a igualdade da justiça já constituída desviando-nos do mal, isto é, não causando nenhum dano ao próximo" (*Constituit autem aliquis aequalitatem iustitiae, faciendo bonum, id est, reddendo alteri quod ei debetur; conservat autem aequalitatem iustitiae iam constitutae, declinando a malo, id est, nullum nocumentum proximo inferendo, Sum. Theol.*, Secunda Secundae Partis, q. LXXIX, art. I).

[13] "*Iustitia autem proprie dicta debitum necessitatis requerit: quod enim ex iustitia dicui redditur, ex necessitate iuris ei debetur.*" Ainda: "*Iustitia enim, secundum PHILOSOPHUM, in V Ethic., ad alterum est, cui debitum reddit*" (Sum. C. Gent., cap. XXVIII, II, 1). E mesmo, "*Cum iustitiae actus sit reddere uincuique quod suum est*" (Sum. C. Gent., cap. XXVIII, II, 2).

delas comunga, fazendo com que a elas se una a noção de justiça tal qual concebida pelos juristas romanos (justiça é uma vontade perene de dar a cada um o que é seu, segundo uma razão geométrica).[14]

Assim, se a discussão sobre o justo e o injusto se situa no âmbito dos conceitos éticos, é possível dizer que a justiça é uma virtude, ou seja, um meio (*medium*) entre extremos opostos, ao qual os gregos chamavam de *mesotés,* ou seja, a justa medida entre algo por excesso e outro algo por carência.[15] Pode-se dizer, então, que razão (*ratio*) e experiência (*habitus*) caminham de braços dados, tudo no sentido de se dizer que a justiça, em particular, consiste em dar a cada um o que é seu, nem a mais do que é devido ao outro, e nem a menos.

De fato, o *Doctor Angelicus* diz expressamente que o ato de justiça consiste em dar a cada um o que é seu: *Cum iustitiae actus sit reddere unicuique quod suum est, actum iustitiae pracedit quo aliquid alicuius suum efficitur, sicut in rebus humanis patet* (*Summa Contra Gentiles*, liv. II, cap. XXVIII, 2). Todavia, as ambiguidades que a expressão *dar a cada um o seu* gera tornam necessária a introdução de uma explicação acerca "do que seja o próprio de cada um". Com isso, o ato de justiça torna-se o ato habitual de dar, com vontade perpétua e constante, a cada um o que lhe pertence, nada a mais e nada a menos.[16] Mais que isso, a igualdade aqui não é uma igualdade entre coisas, ou de coisas com pessoas, mas entre pessoas; a justiça é uma relação de igualdade entre pessoas.[17]

Nela reside o esplendor da virtude, diz Tomás de Aquino.[18] A justiça não tem a ver com um exercício do intelecto especulativo, puramente reflexivo;[19] a justiça é, pelo contrário, um hábito, portanto, uma prática, que atribui a cada um o seu, à medida que cada um possui uma medida, e que nem todos são materialmente iguais. A justiça tem a ver com uma atividade da razão prática, de discernir o meu do seu, e o seu do meu. Mais que isso, a justiça não tem a ver com as paixões interiores, que são objeto das outras virtudes; a justiça é fundamental-

---

[14] "Ora, chama-se nosso o que nos é devido por uma igualdade proporcional. Por onde, o ato próprio da justiça não consiste senão em dar a cada um o que lhe pertence" (*Hoc autem dicitur esse suum unicuique personae, quod ei, secundum proportionis aequalitatem debetur. Et ideo proprius actus iustitiae nihil aliud est quam reddere unicuique quod suum est*; *Sum. Theol.*, Secunda Secundae Partis, q. LVIII, art. XI).

[15] "Por onde, a mediedade da justiça consiste numa certa proporção de igualdade entre a nossa obra externa e uma outra pessoa. Ora, o igual é uma mediedade real entre o mais e o menos, como diz Aristóteles. Logo, a mediedade da justiça é real" (*Et ideo medium iustitiae consistit in quadam proportionis aequalitate rei exterioris ad personam exteriorem, Sum. Theol.*, Secundà Secundae Partis, q. LVIII, art. X).

[16] "E quem quisesse reduzir essa definição à sua forma devida, poderia dizer: *a justiça é um hábito pelo qual, com vontade constante e perpétua, atribuímos a cada um o que lhe pertence.* Definição quase idêntica à do Filósofo quando diz: *a justiça é um hábito que nos faz agir escolhendo o que é justo*" (*Et si qui vellet eam in debitam formam definitionis reducere, posset sic dicere, quod iustitia est habitus secundum quem aliquis constanti et perpetua voluntate ius suum unicuique tribuit; Sum. Theol.*, Secunda Secundae Partis, q. LVIII, art. I).

[17] "Como já dissemos, o nome da justiça, implicando a igualdade, está na natureza da justiça ser relativa a outrem; pois nada é igual a si mesmo, mas a outrem" (*Sum. Theol.*, Secunda Secundae Partis, q. LVIII, art. II).

[18] "Por onde, como diz no mesmo lugar (Túlio), nela é máximo o esplendor da virtude" (*Unde, sicut ibidem dicit, in ea virtutis splendor est maximus; Sum. Theol.*, Secunda Secundae Partis, q. LVIII, art. III).

[19] "Ora, a justiça não se ordena a dirigir nenhum ato cogniscitivo; pois, não somos considerados justos por conhecermos com retidão alguma coisa. Logo, o sujeito da justiça não é o intelecto ou a razão, que é uma potência cognoscitiva" (*Sum. Theol.*, Secunda Secundae Partis, q. LVIII, art. IV).

mente um hábito à medida que pressupõe a exterioridade do comportamento, ou seja, de um comportamento que sabe atribuir a cada qual o seu.[20]

Nos esforços de conciliação das concepções filosófica grega e jurídica romana, o Doutor Angélico acaba por elaborar não apenas uma conceituação eclética a partir da mera fusão de ambas, mas também uma teoria própria, tudo isto sem que se perca a noção da realidade e da imperiosa necessidade de efetivação da justiça. E, para esta concepção, a justiça é uma virtude cardeal, e sua função consiste em dar a cada um o que é seu (*Ergo non sufficienter, per hoc, notificatur actus iustitiae, quod dicitur actus eius esse reddere unicuique quod suum est; Sum. Theol.*, quaest. LVIII, art. XI).

11.5 JUSTIÇA E DIREITO

O direito é objeto da justiça, e o estudo do tema da justiça na teoria do Aquinatense deve ser ladeado do estudo do direito. O direito tem a ver com a justiça, à medida que é assim chamado porque é justo (*ius dictum est, quia iustum est; Summ. Theol.*, quaest. LVII, art. I, 3). Em meio às demais virtudes, é a virtude da justiça que cuida da conduta exterior do homem; a temperança, a prudência... entre outras virtudes, estabelecem parâmetros para a conduta interior. A justiça, em sendo da exterioridade, afina-se com o tema do direito. Nas palavras de Santo Tomás:

> "Dentre as outras virtudes, é próprio à justiça ordenar os nossos atos que dizem respeito a outrem. Porquanto, implica uma certa igualdade, como o próprio nome o indica; pois, do que implica igualdade se diz, vulgarmente, que está ajustado. Ora, a igualdade supõe relação com outrem. Ao passo que as demais virtudes aperfeiçoam o homem só no referente a si próprio."[21]

A justiça (*iustitia*) e o justo (*iustum*) interessam ao estudo do direito; mais ainda, o direito (*ius*) interessa ao estudo da justiça e do justo. Quer-se concluir, portanto, que se inter-relacionam, sendo que o direito visa poder estabelecer de maneira plena a justiça. Direito, nesse sentido, não pode ser outra coisa senão uma busca da *iustitia*. Logicamente, não são o mesmo. Todavia, o que é justo por natureza não pode estar plenamente contido no direito. O direito não é a justiça, a maior das virtudes,[22] mas busca a realização da justiça.

Afinal, deve-se dizer que o *ius* não se reduz à *lex*, no sentido de lei positiva; o *ius* abrange o que está posto, e algo mais, que advém da razão divina e da razão natural. É o que se estudará a seguir.

11.6 ACEPÇÕES DO TERMO *JUSTIÇA*

A lei não possui um único sentido, mas vários, e isto porque a teoria tomista admite várias dimensões de leis. Então, a lei ou é eterna, ou é natural, ou é das gentes, ou é humana. É essa classificação basilar para a compreensão dos desdobramentos do tema da justiça na

---

[20] A justiça não versa sobre as paixões: "Ora, não é pelas paixões interiores que comunicamos imediatamente com outrem. Por onde, a justiça não versa sobre as paixões" (*Et ideo iustitia circa passiones non est; Sum. Theol.*, Secunda Secundae Partis, q. LVIII, art. IX).

[21] *Dicendum quod iustitiae proprium est, inter alias virtutes, ut ordinet hominem in his quae sunt ad alterum* (*Sum. Theol.*, Secunda Secundae Partis, q. LVII, art. I).

[22] "*Unde et iustitia legalis, secundum quod ordinat ad bonum commne, potest dici virtus generalis...*" Essa frase demonstra a magnitude da justiça legal por ordenar toda a comunidade civil ao bem comum (*Sum. Theol.*, II-II, q. LVIII, art. 6).

teoria tomista.[23] Assim, de maneira sucinta, quando se fala em *lex* podem-se detectar as seguintes categorias: lei eterna: é a lei promulgada para Deus e que tudo ordena, em tudo está, tudo rege; lei natural: trata-se de uma lei comum a homens e animais; lei comum a todas as gentes: trata-se de uma lei racional, extraída da lei natural, no entanto, comum somente a todos os homens;[24] lei humana: trata-se de uma lei puramente convencional e relativa, assim como altamente contingente, e que deve procurar refletir o conteúdo das leis eterna e natural. Isso em noções gerais sobre cada qual dessas espécies que se podem distinguir; contudo, o tema reclama uma atenção maior e mais detalhada, o que movimenta a análise de cada qual das acepções do termo *lex* em separado.

A lei eterna é um conceito que se encontra manifesto no texto aquiniano.[25] A ordem universal é dada pela lei eterna. Trata-se de uma lei eterna, porque promulgada por Deus, e, assim, não está sujeita às vicissitudes a que as leis humanas estão. E, nessa dimensão, para tudo há uma diretriz, que reside na lei eterna; a ordem existe e é imperativa, regente do todo, a partir da razão divina, que a tudo inspira. A lei eterna é o princípio e o fim do todo universal, uma vez que, como diz Santo Tomás: "todo o conjunto do universo está submetido ao governo da razão divina" (*Sum. Theol.*, I-II, q. 91, art.1, resp.). Em suma, o que é eterno é o que foi divinamente promulgado.[26] Ainda, para com Deus não se pode dar a igualdade, e é por isso que a lei divina é o *fas* e não o *ius*.[27]

A lei natural (*lex naturalis*) representa, na teoria tomista, uma participação racional na lei eterna (*lex aeterna*), sorte de reificação de algo que possui quintessência espiritual; a natureza está prenhe do que é divino, e, portanto, retrata, em parte, leis divinas. Assim, um justo natural forma-se, não porque foi declarado pelo legislador, mas simplesmente porque na natureza existe; é nela que residem os princípios de justiça natural. Tendo-se em vista que a natureza humana é mutável, a apreensão do que é natural, por vezes, admite Aquino, pode

---

[23] "Para Santo Tomás, há três espécies de leis, a lei eterna, a lei natural e a lei humana, a primeira, de natureza divina, conhecida parcialmente pelo homem mediante suas manifestações, a segunda, conhecida pelo homem através da razão, a terceira criada pelo próprio homem" (Cretella Jr., *Curso de filosofia do direito*, 1993, p. 126).

[24] O Direito das gentes é somente humano, enquanto o direito natural é comum aos homens e animais: "Ora, apreender as cousas de um modo absoluto não só pode o homem, mas também os outros animais. Por onde, o direito chamado natural, no primeiro sentido, é-nos comum com os animais. Porém, do direito natural assim concebido afasta-se o direito das gentes, como diz o jurisconsulto; porque aquele é comum a todos os animais e este, só aos homens entre si" (*Sum. Theol.*, Secunda Secundae Partis, q. LVII, art. III).

[25] A lei eterna não é a mesma que a lei divina: "O elemento mais alto da filosofia jurídico-moral tomista é a *lex aeterna*, expressão mesma da razão divina, inseparável dela, que governa todo o universo, como um fim ao qual o universo tende. A ideia de *lex aeterna* não deve ser confundida com a de *lex divina*, ou revelada, a qual é uma expressão da primeira, a mais alta forma de sua participação aos homens, porque dada por Deus, como no exemplo das Sagradas Escrituras" (Reale, *Filosofia do direito*, 1962, p. 538).

[26] "Chama-se direito divino o que foi divinamente promulgado. E ele abrange, em parte, o justo natural, mas cuja justiça escapa aos homens; e, em parte, o justo por instituição divina" (*Dicendum qoud ius divinum dicitur quod divinitus promulgatur. Et hoc partim est de his quae sunt naturaliter iusti, sed tamen eorum iustitia homines latet; partim autem de his quae fiunt iusta institutione divina; Sum. Theol.*, Secunda Secundae Partis, q. LVII, art. II).

[27] "A justiça, implicando a igualdade, não podemos dar a Deus uma paga equivalente; por onde, não podemos, propriamente falando, dar a Deus o que é justo. E, por isso, a lei divina não se chama propriamente direito (*ius*), mas *fas*, porque basta, para Deus, o cumprirmos com o que podemos" (*Sum. Theol.*, Secunda Secundae Partis, q. LVII, art. I).

falhar.[28] O jusnaturalismo tomista não vislumbra na natureza um código imutável incondicionado e absoluto, mas uma justiça variável e contingente como a razão humana. E é a partir das leis naturais, apreendidas pelo homem, em sua variabilidade, que surge a chamada justiça das gentes, ou seja, como uma derivação racional da lei natural comum a todos os povos.[29]

A lei humana, por sua vez, é fruto de uma convenção; não possui força por si só, mas a adquire a partir do momento em que é instituída. Representa, assim, a concretização da lei natural; mais que isso, é o que é indiferente até quando seja declarado como vinculativo pela vontade do legislador.[30] Todavia, o que é indiferente não significa que possa ser arbitrário, pois deve-se, na lei positiva, retratar a lei natural. Em outras palavras, a lei humana deve retratar o que a lei natural preceitua; deve o legislador positivar o que é dado pela natureza, o que da natureza decorre, e não o contrário. Nesse sentido, o que é contrário à lei natural, se positivado, transforma-se num aparato de direito injusto, ilegítimo, iníquo.[31] No entanto, o simples fato de uma lei positiva não estar de acordo com a lei natural não justifica a desobediência ao que foi criado pelo homem; a desobediência só se justifica, para Tomás de Aquino, quando houver um entrechoque entre a lei humana e a lei eterna.[32] Em poucas palavras, a desobediência à lei humana só se justifica se representar a lei humana uma afronta da lei divina, a lei eterna conhecida pelo homem, caso contrário deve ser imperativamente obedecida.[33]

Assim, pode-se dizer, o *ius positum* é derivado do justo natural. Ou ainda, o justo natural é o parâmetro para atuação do legislador positivo.[34] É absolutamente imprescindível sua existência em função da necessidade de aplicação da justiça *inter homines*. O homem, no convívio social, necessita de regras convencionais positivas para que possa garantir a pacificidade dessa interação no meio social. O direito natural, que pela experiência natural o homem conhece, é insuficiente, necessitando de leis positivas complementares, leis que tornam concreto o que na

---

[28] "Ora, a natureza do homem é mutável. Por onde o natural ao homem pode, às vezes, falhar" (*Natura autem hominis est mutabilis. Et ideo quod naturali est homini, potest aliquando deficere; Sum. Theol.*, Secunda Secundae Partis, q. LVII, art. II).

[29] "As prescrições do direito das gentes a razão natural as dita, como tendo a equidade de maneira imediata" (*Dicendum quod, quia ea quae sunt iuris gentium, naturalis ratio dictat, puta ex propinquo habentia aequitatem; Sum. Theol.*, Secunda Secundae Partis, q. LVII, art. III).

[30] "Há, porém, um terceiro grau na concepção escalonada da lei. Põe-se o problema da *lex humana*, que, ou deriva dedutivamente da lei natural (*per modum conclusionem*), ou representa uma determinação ou especificação da lei natural em cada caso concreto, por obra do legislador (*per modum determinationis*), segundo motivos de oportunidade e de conveniência" (Reale, *Filosofia do direito*, 1962, p. 539).

[31] "Para Tomás de Aquino somente seria lei o preceito substancialmente justo e justo seria sempre que acorde com a razão. Como esta se apoia na natureza, toda lei criada pelos homens teria natureza de lei se em consonância com a lei natural. Em resumo, a lei seria justa se não contrariasse a natureza. As leis injustas, que não seriam leis, mas uma corrupção, não se impunham no plano da consciência e deveriam ser cumpridas apenas em situação excepcional, como nas hipóteses de escândalo ou perturbação" (Nader, *Filosofia do direito*, 1997, p. 125).

[32] "As disposições de direito humano não podem derrogar as do direito natural ou do direito divino. Ora, pela ordem natural, instituída pela providência divina, as coisas inferiores são ordenadas à satisfação das necessidades humanas" (*Sum. Theol.*, Secunda Secundae Partis, q. LXV, art. VII).

[33] Cf. Del Vecchio, *Lições de filosofia do direito*, 1979, p. 66.

[34] "A vontade humana, em virtude de um consentimento comum, pode determinar o justo, em cousas que por si mesmas em nada repugnam à justiça natural. E a tal se aplica o direito positivo. Por isso, o Filósofo diz que o *justo legal é o que, ao princípio, pode ser indiferente de um modo ou outro; mas uma vez estabelecido, deve permanecer no que é*. Mas, o que em si mesmo repugna ao direito natural não pode a vontade humana torná-lo justo. Por exemplo, se estatuísse que é lícito furtar ou adulterar. Por isso, diz a Escritura: *Ai dos que estabelecerem leis iníquas*" (*Sum. Theol.*, Secunda Secundae Partis, q. LVII, art. II).

natureza reside (*lex*, o direito escrito); essas acompanham as variações da natureza humana, suas imperfeições e as contingências oriundas da limitação do saber racional.

O direito positivo, se adequado ao direito natural, é um benefício para a comunidade civil, mas se estiver baseado na perversão da reta razão (*recta ratio*), sendo-lhe uma corruptela, um desvirtuamento, um conjunto de regras de autoridade que servem a um ou a poucos, perderá sua força coativa dada pela natureza (*Sum. Theol.*, I-II, q. 96, art. 4), preservando somente a que lhe é dada por convenção.

A justiça legal é aquela que diz respeito, imediatamente, ao Bem Comum (convívio pacífico na sociedade civil) e, mediatamente, aos particulares. É assim que verificamos a importância da existência do justo legal para "ordenar os bens particulares ao bem comum" (*Sum. Theol.*, II-II, q. 61, art. 1), o que significa que é referente à distribuição do que é devido a cada um segundo o objetivo social maior, ou seja, o Bem Comum.[35] E o Bem Comum representa não somente o bem da sociedade, mas sobretudo o bem dos particulares.[36]

Deveres sociais impõem ao homem uma conduta externa, e é aqui que aparece a prescrição legislativa, estabelecendo obrigações, criando situações, proibindo condutas (*Sed materia iustitiae est exterior operatio, secundum quod ipsa vel res cuius est usus, debitam proportionem habet ad aliam personam – Sum. Theol.*, II-II, quaest. LVIII, art. X). Também, a lei positiva requer a atuação de uma autoridade que a institua, dando-lhe força coativa, enquanto a lei natural (*quod conventionalis est*) é algo que advém da razão humana e tem força própria dada pela natureza (*quod naturalis est*). Aqui se pode constatar a presença espectral da recorrente oposição *katà physin/katà synthèken*, entre o que é por natureza e o que é por força da técnica humana, a iluminar a explanação da temática.

As acepções do termo *justiça*, reconhece Tomás de Aquino, são tão diversas, que é possível dizer que existem várias justiças, como, por exemplo, uma justiça militar, uma justiça dos magistrados..., mas isso não por defeito do conceito geral, mas em função da especificidade do que é devido a cada um. Em outras palavras:

> "Essa justiça, porém, distingue-se segundo os diversos deveres. Daí as denominações de direito militar, ou de direito dos magistrados ou dos sacerdotes. Não por deficiência do justo absoluto, no sentido em que se diz justo paterno ou justo próprio do senhor. Mas, porque a cada condição pessoal, relativa a um dever próprio, é devido algo de próprio."[37]

Categoria de relevo, ainda, a par a divisão que já se deu de lei (eterna, natural, das gentes, humana), dentro da doutrina tomista, é aquela atinente à diferenciação entre justiça comutativa e distributiva. A primeira é responsável pela regulação das relações entre particulares,

---

[35] "E, a esta luz, os atos de todas as virtudes podem pertencer à justiça, enquanto esta ordena o homem para o bem comum. Por onde, a justiça é considerada uma virtude geral. E como o próprio da lei é ordenar o homem para o bem comum, como já estabelecemos, daí resulta que essa justiça geral, ao modo que referimos, chama-se justiça legal, porque, obedecendo-lhe, o homem procede de acordo com a lei, ordenadora de todos os atos para o bem comum" (*Et secundum hoc, actus omnium virtutum possunt ad iustitiam pertinenre, secundum quod ordinat hominem ad bonum commune; Sum. Theol.*, Secunda Secundae Partis, q. LVIII, art. V).

[36] "O bem comum é o fim das pessoas particulares que vivem em comunidade; assim como o bem do todo é o de cada parte. Ao passo que o bem de um particular não é o fim de outro. Por onde, a justiça legal, que ordena para o bem comum, pode aplicar-se às paixões interiores, que formam, de certo modo, a disposição própria de cada um, mais do que a justiça particular, que nos ordena ao bem particular de outrem" (*Sum. Theol.*, Secunda Secundae Partis, q. LVIII, art. IX).

[37] *Sum. Theol.*, Secunda Secundae Partis, q. LVII, art. IV.

Cap. 11 · SANTO TOMÁS DE AQUINO: JUSTIÇA E SINDERESE | **215**

entre as partes individuais componentes da esfera maior da sociedade. A segunda coordena o relacionamento da parte com o todo, de modo que atribua a cada parte o que lhe é devido segundo seu mérito, capacidade ou participação dentro da sociedade.

Em ambos os casos, a justiça encontra-se presente como meio de equilíbrio na interação, estabelecendo a igualdade entre aqueles que se relacionam. No entanto, os critérios de igualdade diferem em um e outro caso. Destarte, na justiça comutativa, das trocas, o critério de igualdade utilizado é o da média aritmética, ou seja, divisão em quantidade no exato meio. Por exemplo, numa compra e venda, se o comprador, após efetuada a negociação, permanecer com seis unidades de referência e o vendedor com quatro, existirá desigualdade que será mediada pela justiça comutativa de modo que cada um receba cinco unidades, valores idênticos segundo uma média aritmética. Na justiça distributiva, consistente na repartição dos bens dentro da coletividade segundo a maior ou menor participação meritória de cada qual, o critério de igualdade é a proporcionalidade, ou ainda, a proporção geométrica.[38] Todavia, a proporção geométrica não consente que, por meio desse tipo de justiça, se faça acepção de pessoa.[39]

11.7 REGIME DAS LEIS

O que é mais conveniente para a comunidade civil, estar sob um regime de leis ou de homens? Essa é uma questão clássica, que pasmou a Antiguidade por séculos, tendo sido recorrente recurso de argumentação entre os círculos sofistas. Por sua vez, elucidando a questão, o *Doctor Angelicus*, repudiando a paixão, opta pela mesma posição de Aristóteles (*Politica*, 1287a/ 1287b) e de Platão (*Leis*, 644 D-645 A; 674 B): o regime das leis. As razões para essa escolha são desta maneira apresentadas:

- numa sociedade ampla, existe a necessidade de que os juízes sejam numerosos, para que exista a verdadeira efetivação da justiça. Destarte, é muito mais fácil que se encontrem poucos bons legisladores do que muitos juízes que possam ser considerados bons para o exercício do cargo;
- o legislador (*legislatoris*), ao exercer sua função legiferante, procura prever os casos acessíveis à capacidade humana em momento anterior ao da ocorrência dos fatos. O juiz, por sua vez, irá analisá-lo no momento de sua emergência. Se o juiz estiver submisso à lei, irá apenas executá-la;
- o juiz (*iudex*), diante do fato, pode envolver-se subjetivamente no caso, sendo conduzido e deixando-se cegar pelo amor, pelo ódio, pelas paixões... deixando de existir a objetividade necessária à segurança de um julgamento apropriado. O legislador produz o corpo legislativo em abstrato, estando distante da ocorrência dos fatos que poderiam influenciá-lo.

O objeto da justiça é o direito (*Et hoc quidem est ius. Unde manifestum est quod ius est obiectum justitia – Sum. Theol.*, q. LVII, art. I), que, por sua vez, é o efeito da lei. O ato da justiça é o ato de julgar. Verificamos que o julgamento é algo imprescindível para a administração da

---

[38] "*Et ideo in iustitia distributiva non accipitur medium secundum aequalitatem rei ad rem; sed secundum proportionem rerum ad personas...*" Ainda: "*Et ideo dicit PHILOSOPHUS, lib.V Ethic. (op. cit.), quod tale medium est secundum geometricam proportionalitem, in qua attenditur aequale non secundum quantitatem sed secundum proportionem*" (*Sum Theol.*, II-II, q. LXI, art. 2).

[39] "Por onde, é claro que a acepção de pessoas se opõe à justiça distributiva, quando quem a faz age contra o que exige a proporção. Pois, nada se opõe à virtude senão o pecado. Por onde e consequentemente, a acepção de pessoas é pecado" (*Sum. Theol.*, Secunda Secundae Partis, q. LXIII, art. I).

justiça entre os homens, desde que: proceda de uma inclinação justa, do contrário será injusto; proceda de uma autoridade competente e instituída para o desempenho da função judicante, caso contrário será usurpada a sentença; seja proferida a sentença de acordo com a *recta ratio*, que guia a prudência do juiz, pois senão estaremos diante de uma sentença temerária.

Estamos verdadeiramente diante de um ciclo: a lei escrita deve instituir a lei natural (concretizá-la), para que tenhamos uma sentença baseada na lei escrita proferida segundo a reta razão. Se a lei escrita for injusta, por motivo de ter sido promulgada segundo o mero arbítrio do legislador ou por não estar adequada a novos tipos de problemas surgidos em meio à constante escalada evolutiva humana, a sentença baseada nessa lei não será vinculativa ou obrigatória, pois uma lei só encontra força na natureza, e aquilo que contraria o Bem Comum, não tendo fundamento natural, não vincula os indivíduos.[40] A noção do que participa do natural é, portanto, o termômetro do justo e do injusto.

A lei justa de ordenação do convívio social é produzida pelo legislador, obedecendo a um complexo de atos que possam conferir-lhe o caráter de vinculatória, por ter força natural. Numa primeira fase, chamada intencional, o legislador atua por meio do intelecto especulativo, escolhendo e elegendo, por um juízo da razão, o meio mais adequado para que se alcance a meta colimada. Na fase executória, orientado pelo intelecto prático ou agente, ordena aos súditos a execução ou efetivação da intenção eleita primariamente por um ato de *imperium*, aplica a lei de acordo com seu fim (*usus*). Não se pode omitir a promulgação como fase importantíssima para que se dê publicidade ao preceito legislativo.

Se a reta razão orientou as decisões do legislador que ponderou as escolhas pelo justo meio segundo a lei natural, orientando as condutas para o Bem Comum, poderá fruir dos benefícios que advirão a esta sociedade que rapidamente se encaminhará para seu fim.

11.8 JUSTIÇA, LEI E ATIVIDADE DO JUIZ

A atividade do juiz consiste na efetivação da justiça; é ele dito a justiça encarnada, ou a justiça viva, não por outro motivo.[41] No pensamento tomista, há que ser considerado o fato de que o ato de julgar é um ato de individualização da lei; no julgamento, portanto, deve estar presente o mesmo conteúdo de coação que aquele presente na lei. Assim é que se pode dizer:

> "A sentença do juiz é uma como lei particular aplicada a um fato particular. E, portanto, assim como a lei geral deve ter força coativa, como claramente diz o Filósofo, assim também a sentença do juiz deve ter força coativa para obrigar ambas as partes a lhe obedecerem; do contrário ela não seria eficaz."[42]

O ato por meio do qual o juiz decide aplicando justiça chama-se julgamento; é lícito ao juiz exercê-lo na medida e nos limites de seu poder. O ato de julgar é ilícito àqueles que não

---

[40] "*Dicendum quod lex scripta, sicut non dat rolrer iuri naturali, ita nec potest eius rlorer minuere vel auferre: quia nec voluntas hominis potest immutare naturam. Ius autem positivum scriptura legis et continet et instituit, dans ei auctoritatis rolrer.*" Assim, também: "*Et ideo, si scriptura legis contineat aliquid contra ius naturale, iniustitia est, nec habet vim obligandi*" (*Sum. Theol.*, II-II, q. LV, art. 6).

[41] "O juiz é o intérprete da justiça; por isso, como diz o Filósofo, *os homens buscam proteção junto dele como se fosse a justiça viva*" (*Sum. Theol.*, Secunda Secundae Partis, q. LXVII, art. III). Ainda: "E, por isso, o Filósofo diz que os homens recorrem ao juiz, como à justiça viva" (*Propter quod Philosophus, in V Ethic. (lect. VII), dicit quod homines ad iudicem confugiunt sicut ad quamdam iustitiam animatam; Sum. Theol.*, Secunda Secundae Partis, q. LX, art. I).

[42] *Sum. Theol.*, Secunda Secundae Partis, q. LXVII, art. I.

estão revestidos de poder para tanto. Aí há uma atividade recriminável. O juízo ou julgamento é o ato por meio do qual se estabelece o que é justo ou direito.[43]

Mais que isso, o julgamento de um juiz consiste no estabelecimento concreto da igualdade, de alguma forma rompida anteriormente, fato que reclama sua intervenção para o reequilíbrio das partes. Nesse sentido, restabelecer o equilíbrio é retomar a igualdade rompida; no julgamento, no entanto, não deve haver acepção de pessoa, mas um julgamento que satisfaça às necessidades de justiça reclamadas pelo caso. O juiz deve dar a cada um o seu (*suum cuique tribuere*).[44] Deve-se dizer também que, para que o julgamento seja classificado como um julgamento conforme aos mandamentos de justiça, é mister a reunião dos seguintes requisitos: proceder de uma inclinação justa; ser dado por uma autoridade investida de poder para tanto; estar inspirada pela *prudentia*.

Se somente os juízes, ou seja, aqueles investidos de poder de julgar, estão aptos para realizar o juízo de pessoas, então deve-se concluir que os clérigos não estão autorizados ao exercício do julgamento. Se o julgamento não está autorizado, quanto menos a condenação e a morte de pessoas. É essa uma arma teórica muito forte contra a Inquisição, que, naturalmente, deve ter significado um grande desafio em pleno século XIII. São de Santo Tomás as seguintes palavras:

> "Não é lícito aos clérigos matar, por dupla razão. Primeiro, por serem eleitos para o ministério do altar, em que se representa a paixão da morte de Cristo, como diz a Escritura: *O qual, quando espancavam, não espancava*. A outra razão é que aos clérigos foi cometido o ministério lei nova, que não determina a pena de morte ou a mutilação do corpo."[45]

O julgamento do juiz é legítimo à medida que não espelha um julgamento que procede de sua escolha pessoal, mas que se baseia em conhecimentos decorrentes de sua experiência profissional, em testemunhas, em provas... Ademais, não pode o juiz exigir mais do que o devido das pessoas que inquire; tudo deve ser feito nos estreitos limites da lei.[46] O procedimento básico de efetivação da justiça feito pelo juiz parte do que dizem as leis; se essas são omissas, o juiz deve valer-se das provas, das testemunhas, da experiência... Se, porém, esses dados forem insuficientes, deve o juiz absolver o julgado por carência de elementos de juízo.[47] Se julgar baseado nas alegações verossímeis, são os acusadores e testemunhas que o condenam. O algoz que segue a decisão manifestamente injusta do juiz peca, porque esta decisão deveria

---

[43] "Chama-se propriamente juízo o ato do juiz como tal. Ora, o juiz significa, por assim dizer, aquele que diz o direito. Mas, o direito é objeto da justiça, como estabelecemos. Por onde, o juízo, segundo o uso primeiro do vocábulo, significa a definição ou a determinação do justo ou do direito" (*Sum. Theol.*, Secunda Secundae Partis, q. LX, art. I).

[44] "O juiz dá a cada um o que lhe pertence, mandando e dirigindo: porque o juiz é a justiça animada, e o chefe é o guarda da justiça, como diz Aristóteles. Ao passo que os súditos dão a cada qual o que lhe pertence, o modo de execução" (*Sum. Theol.*, Secunda Secundae Partis, q. LVIII, art. I).

[45] *Sum. Theol.*, Secunda Secundae Partis, q. LXIV, art. IV.

[46] "E, portanto, se não quiser confessar a verdade, como deve, ou se a negar com mentira, peca mortalmente. Se, porém, o juiz exigir o que não pode, na forma do direito, o acusado não está obrigado a responder-lhe, mas pode evadir-se à resposta apelando ou por outro meio lícito. Não lhe é contudo lícito dizer mentira" (*Sum. Theol.*, Secunda Secundae Partis, q. LXIX, art. I).

[47] Deve-se questionar se se deve julgar sempre de acordo com as leis escritas: "Ora, de dois modos pode uma coisa ser justa: por sua própria natureza, e tal é o justo natural; ou por uma convenção humana, e tal se chama direito positivo, como já ficou estabelecido" (*Sum. Theol.*, Secunda Secundae Partis, q. LX, art. V).

contestar; todavia, se se tratar de sentença duvidosa, deve obedecê-la, uma vez que se encontra submetido ao poder tutelar do julgador.

O condenado por uma sentença de morte, por sua vez, pode insurgir-se sem cometer infração à lei divina, se injustamente julgado e sentenciado; caso contrário, se quiser insurgir-se contra uma sentença de morte produzida de acordo com o que é justo e regular, seu ato será pura e recriminável rebeldia à lei humana.[48] Portanto, o desrespeito ao julgado fica autorizado somente na hipótese de decisão injusta.

11.9 INJUSTO E VÍCIOS DA JUSTIÇA

O exercício da justiça pode ser viciado de muitas maneiras, então, teremos a descaracterização de seu conteúdo. A perversão da reta razão é, em geral, o modo mais corrente de o agente afastar-se da justiça e aproximar-se da injustiça. E isso pode ocorrer com a justiça distributiva, como com a justiça comutativa. A justiça distributiva, que consiste na repartição de bens na sociedade civil segundo o mérito de cada qual, estará viciada, caso utilize critérios falaciosos de atribuição. Por exemplo, se houver acepção de pessoa segundo sua riqueza na eleição de um cargo profissional, teremos um vício de justiça. A justiça comutativa, exercida na distribuição igualitária dos bens nas trocas entre particulares, pode ser viciada de múltiplas maneiras; assim, pelo furto, pelo roubo, pela prisão arbitrária, pela violência, pela difamação ou pela desigualdade oriunda da violação dos respectivos direitos e deveres em contratos em geral, como compra e venda, locação, depósito, empréstimo e até em usufruto. Todos se regulam pelo princípio de que ambas as partes têm o direito à mesma quantidade (*Sum. Theol.*, II-II, q. 61, art. 3).

Para que se cometa a justiça ou injustiça, é necessário o concurso da vontade do agente praticante do ato; o ato involuntário pode ser justo ou injusto, mas o agente que o comete não pode ser definido de homem justo ou injusto se não tem a prática da justiça ou da injustiça como ato voluntário e reiterado:

> "Por onde, pode dar-se que quem comete a injustiça não seja injusto, por duas razões (…). Portanto, quem pratica uma injustiça, sem a intenção de a praticar, p. ex., agindo por ignorância, pensa não fazer um ato injusto, esse não pratica uma injustiça, em si e formalmente falando, mas só por acidente e como que materialmente" (*Sum. Theol.*, Secunda Secundae Partis, q. LIX, art. II).

Assim, simplesmente praticar um ato de injustiça não torna a pessoa injusta; o ato de injustiça, se reiterado e consciente, torna o homem injusto.

Além do que já se disse, deve-se esclarecer que ninguém pode ser vítima e autor da injustiça ao mesmo tempo. Pode-se, porém, optar por sofrer voluntariamente a justiça praticada por outrem, ou seja, a injustiça se pode sofrer voluntariamente, quando se aceita ser prejudicado numa reação.[49]

---

[48] "De dois modos pode um réu ser condenado à morte. De um modo, justamente. E, nesse caso, não lhe é lícito resistir; pois, é lícito ao juiz coagi-lo se resiste; donde resulta que o condenado faria uma guerra injusta. Portanto, peca sem nenhuma dúvida. De outro modo, injustamente. E então a sentença do juiz seria semelhante à violência dos ladrões, conforme àquilo da Escritura: *Os seus príncipes eram no meio dela como uns lobos que arrebatam a sua presa para derramar o sangue*" (*Sum. Theol.*, Secunda Secundae Partis, q. LXIX, art. IV).

[49] Pode-se sofrer a injustiça voluntariamente: "Portanto, um mesmo sujeito não pode ser, ao mesmo tempo, agente e paciente, como diz Aristóteles (…) Logo, devemos concluir que a injustiça, em si mesma e

Cap. 11 • SANTO TOMÁS DE AQUINO: JUSTIÇA E SINDERESE | 219

Há maior injustiça quando esta é realizada contrariando o bem maior da sociedade, ou seja, a lei que estabelece a ordem em seu interior; os malefícios que gera são acentuadamente danosos. É certo que o mal acontece também quando se perturba a harmonia e a igualdade de uma relação particular, porém a escala dos efeitos negativos é menor.[50] De qualquer forma, o homicídio (*Summa Theologica*, q. LXIV), a violação da propriedade (LXVI), o julgamento parcial (q. LXVII), a acusação mentirosa (q. LXVIII), a participação desonrosa do advogado (q. LXXI) são todos exemplos de vícios que afetam de maneira direta ou indireta a justiça.

11.10 JUSTIÇA E SUA PRÁTICA

Na teoria tomista, alguns conceitos pertinentes ao direito encontram maior respaldo, ou uma fundamentação peculiar, o que motiva esta investigação pontual. Pode-se tratar do tema da justiça *in genere*, definindo-a, como se fez até o presente momento como uma virtude... lançando-lhe as características... suas relações com o Direito... suas espécies... Contudo, o que se quer nesta parte é tratar da justiça de modo pontual, de modo que se resolvam algumas questões que suscitam discussão (a propriedade é um direito natural? no matrimônio há prevalência do homem sobre a mulher? a escravidão é legítima? entre outras). Assim, serão aqui tratados resumidamente temas como o da propriedade, do matrimônio, da escravidão...

A propriedade privada encontra seu fundamento na lei natural. Mais precisamente:

> "A propriedade privada não é, assim, contrária ao direito natural – *non est contra ius naturale*, mas não tendo sido instituída por ele, só pode ter sido pelo direito positivo – *secundum humanum conditum, quod pertinet ad ius positivum*. Só este justifica o poder de aquisição e disposição, que o homem tem sobre as coisas materiais."[51]

Assim, se foi o direito positivo aquele que instituiu a propriedade privada, cabe ao legislador equilibrar uma distribuição equitativa da mesma entre os indivíduos, de modo que evite grandes disparidades sociais, atribuindo, prudentemente, a cada um o seu.

O matrimônio (*matrimonium*) é algo proveniente do *ius naturale*, ou seja, daquela parte do direito natural *quod omnia animalia docuit*. Isso se dá porque o homem integra a família como primeiro núcleo de convívio, para depois congregar-se em sociedade. Todavia, o matrimônio humano difere da união impulsiva e instintiva do animal, pois encontra objetivos outros diferentes da mera procriação: a associação do homem com a mulher e a educação dos filhos. É o casamento monogâmico o próprio para a realização desses valores.[52]

Como decorrência natural de uma variação imensa de conclusões retiradas das premissas gerais do pensamento do Doutor Angélico, encontram-se, ainda, outras aplicações inevitáveis do conceito de justiça depreendido da forma como foi elucidado. Ademais: 1. só o Estado tem o direito de matar em prol da sanidade do corpo social (*ius vitae ac necis*),

---

formalmente falando, ninguém pode fazê-la senão voluntariamente (...) e podemos sofrê-lo voluntariamente, como quando damos a outrem, por nossa vontade, mais do que lhe devemos" (*Sum. Theol.*, Secunda Secundae Partis, q. LIX, art. III).

[50] "Há uma dupla injustiça – Uma, a ilegal, oposta à justiça legal. E esta é essencialmente um vício especial, porque despreza o bem comum, que é um objeto especial (...) De outro modo, chama-se injustiça a que implica uma certa desigualdade, em relação a outrem" (*Sum. Theol.*, Secunda Secundae Partis, q. LIX, art. I).

[51] Correia, *Ensaios políticos e filosóficos*, 1984, p. 338.

[52] Idem, ibidem. p. 338-339.

amputando-lhe o membro degenerado; 2. a legítima defesa é consentida desde que haja uma proporcionalidade entre reação e ameaça e, também, desde que a pretensão seja a autodefesa e não o assassínio da outra parte; 3. o roubo e o furto não são considerados pecados, quando o indivíduo encontrar-se em uma situação de necessidade, ou seja, quando sua vida estiver dependendo do objeto do roubo;[53] 4. é lícito, por motivo de correção, ao pai açoitar o filho, e ao senhor o escravo;[54] 5. a prisão é legítima desde que exercida pela sociedade, por meio de uma autoridade; 6. até mesmo a amputação de membros é legítima, na hipótese anterior;[55] 7. o advogado não pode patrocinar causas que sabe claramente injustas, mas se for enganado, nem por isso comete pecado; 8. a usura e a fraude são dois abusos inaceitáveis e recrimináveis.[56]

CONCLUSÕES

As dimensões da teoria tomista sobre a justiça são incrivelmente vastas. Abrangem-se, com suas concepções, a atividade do legislador, a atividade do juiz, o que é pela natureza, por força divina, e o que é por força de convenção. Mais que isso, todo este aparato de classificações permite explorar com certeza e clareza o terreno teórico elaborado por Tomás de Aquino para o cultivo de suas ideias. Ou seja, para além da letra do que concebeu como sendo o justo e o injusto, percebe-se a preocupação que transparece de sua teoria de recobrir com apuro os diversos espectros pelos quais se desdobra o problema. Com esta visão mais larga da *iustitia*, e, portanto, mais crítica, sua resposta ao problema aparece mais completa e racional.

Sua contribuição reside em seu jusnaturalismo, sendo que sua teoria admite uma *lex naturalis* mutável, e que, portanto, não se encontra nos ombros estreitos do que é absoluto. Ademais, sua concepção transcende para a lei divina, da qual faz derivar tudo o que foi gerado por força da razão divina. Nesse sentido, todo conteúdo de direito positivo deve-se adequar às prescrições que lhe são superiores e fontes de inspiração: o direito natural e o direito divino. Nesse sentido, o *ius* transcende à *lex scripta*; a lei posta pela autoridade não exaure o Direito.

Além disso, resta como resposta ao que seja o justo, ou melhor, a qual seja o conceito de *iustitia*: trata-se de um hábito virtuoso, de uma reiteração de atos direcionados a um fim e voluntariamente concebidos pela razão prática, no qual reside a vontade de dar a cada um o que é seu (*voluntas suum cuique tribuere*).

O apego e fundamentos teológicos para a explicação do justo, claramente delineado no pensamento tomista, com o advento do Renascimento e do Iluminismo, tende a reduzir-se vez a vez mais, como se verá nos próximos capítulos.

---

[53] "Contudo, se a necessidade for de tal modo evidente e imperiosa que seja indubitável o dever de obviá-la com as coisas ao nosso alcance então podemos licitamente satisfazer à nossa necessidade com as coisas alheias, apoderando-nos delas manifesta ou ocultamente. Nem tal ato tem propriamente a natureza de furto ou rapina" (*Sum. Theol.*, Secunda Secundae Partis, q. LXIV, art. VII).

[54] "Ora, estando o filho sujeito à autoridade do pai e o escravo à do senhor, é lícito ao pai açoitar o filho e ao senhor, o escravo, por motivo de correção e ensino" (*Sum. Theol.*, Secunda Secundae Partis, q. LXV, art. II).

[55] "Mas, como todo o homem se ordena, como ao fim, para toda a comunidade, da qual é parte, como dissemos, pode suceder que a amputação de um membro, embora cause detrimento a todo o corpo, se ordene contudo ao bem da comunidade, quando imposta a alguém como pena, para coibir pecados" (*Sum. Theol.*, Secunda Secundae Partis, q. LXV, art. I).

[56] "Empregar fraude para vender uma coisa por mais do que seu justo preço é absolutamente pecado, porque enganamos o próximo causando-lhe dano" (*Sum. Theol.*, Secunda Secundae Partis, q. LXXVII, art. I). "Receber usura pelo dinheiro mutuado é, em si mesmo, injusto, porque se vende o que não se tem; donde nasce manifestamente uma desigualdade contrária à justiça" (*Sum. Theol.*, Secunda Secundae Partis, q. LXXVIII, art. IV).

12
THOMAS MORE: UTOPIA E DIREITO

12.1 THOMAS MORE: SEU TEMPO E SUA OBRA

Na transição entre os séculos XV e XVI, enfrentava a Europa momento de mudanças profundas em relação aos pensamentos e às instituições medievais, marcados ainda fortemente pela influência teológica, estática e dogmática. Conceitos, valores e dogmas passam, a partir do advento de novas ideias, a ser *reanalisados* e contestados, sob um novo prisma, caracterizados essencialmente pelo intenso racionalismo e pela valorização dos problemas de ordem secular: é o humanismo que irrompe como filosofia de vida, como movimento intelectual, artístico etc.[1] Um acontecimento de grande relevância, ocorrido neste período, destaca-se pela decisiva influência que produziu sobre os espíritos, a saber, a Reforma Protestante,[2] com as lutas de Calvino e Lutero, o que desencadeou o processo de gradativa destruição do desmedido poder concentrado pela Igreja Católica.

Na Inglaterra, além da repercussão das questões de cunho religioso, durante o século XVI, começou a despontar uma economia centralizada na produção de lã, que acabou por gerar excessiva concentração de terras e de rendas, acentuando ainda mais as sensíveis disparidades sociais. Este fato econômico haveria de marcar profundamente as preocupações de Thomas More.

Em meio a tantas mudanças e convulsões sociais, religiosas, econômicas e até políticas, Thomas More (1478-1535) destacou-se por sua luta intelectual, propondo uma possível solução utópica em seus pensamentos filosóficos.[3] Como chanceler e humanista, porfiou pela defesa da Inglaterra e de seus interesses, além de manter-se fiel a suas convicções religiosas cristãs e a sua honestidade político-jurídica.

Completou seus estudos em Oxford, onde travou contato com o pensamento humanístico, assumindo contato com as notáveis ideias de filósofos e pensadores a ele contemporâneos, como o Arcebispo de Canterbury, Grogyn, Morton, Colet e, principalmente, de Desidério Erasmo, ou Erasmo de Roterdam. Enfim, em seu contexto, está cercado de grandes autoridades

---

[1]   "Iniciado, em parte, no século XIV (Petrarca), manifesta-se propriamente no século XV e prossegue no século XVI. A Renascença representa essencialmente a libertação do espírito crítico, longo tempo sufocado e deprimido pelos excessos do dogmatismo" (Del Vecchio, *Lições de filosofia do direito*, 1979, p. 74). Sobre as várias repercussões do movimento, consulte-se Ariès, Duby, *História da vida privada*: da Europa feudal à Renascença, 1990. v. 2.

[2]   "A modernidade abre-se com eventos de extraordinária repercussão: a reforma protestante e a chegada dos europeus à América" (Lopes, *O Direito na história*, 2000, p. 178).

[3]   "O caráter harmonioso da personalidade de Moro, cheia de matizes, reflete-se no seu famoso livro acerca da melhor constituição política e da ilha da Utopia (*De optimo rei publicae statu sive de nova insula Utopia*; Lovaina, 1516), escrito em 1515-16, ou seja, simultaneamente com a *Instrução do Príncipe Cristão*, do seu amigo Erasmo" (Serra, *História da filosofia do direito e do estado*, 1990, p. 29).

que se notabilizaram pelas ideias humanísticas, idealistas, e pelo crescente comprometimento com o direito natural.[4]

Sua formação humanística incluía o conhecimento de obras filosófico-políticas de grande importância, como as de Santo Agostinho e de Platão. Sua condenação à morte em 1535, em função de uma desavença político-religiosa com Henrique VIII, em defesa dos ideais de ligação da Inglaterra com Roma, teve reconhecimento por parte da Igreja, que o canonizou, passando a ser identificado como São Tomás Morus.[5]

Ainda com relação aos humanistas que o cercavam, levando-se em consideração as diferenças e peculiaridades entre os dois autores, costuma-se estabelecer uma certa relação entre Niccolo Machiavelli e Thomas More, por serem ambos autores que participaram do movimento intelectual humanístico, negando as ultrapassadas instituições medievais. Considera-se que More iguala-se em importância a seu contemporâneo, Maquiavel, apesar deste abordar a decadência de seu momento e apontar soluções muito mais técnicas do que valorativas.

A Itália de Maquiavel é um agregado disforme de pequenas unidades extremamente marcadas por conflitos regionais. Então, sua preocupação centra-se na proposição de um modelo voltado para a operacionalidade do sistema ético do ser humano, fatores gerados das desigualdades sociais. A tecnicidade de sua abordagem aponta a enorme necessidade de unificação, possível apenas com a presença de um príncipe virtuoso que seja capaz de conduzir o poder e administrá-lo com a presença de uma milícia oficial (opondo-se aos guerrilheiros profissionais a serviço de qualquer interesse, intitulados *condottieri,* que abundavam em toda a Europa). O príncipe é elemento essencial para a funcionalidade da máquina estatal, em sua concepção.

A Inglaterra de Thomas More tem problemas numerosos no campo econômico e na distribuição social, de modo que suas atenções estão voltadas para os defeitos de ordem comunal; More concentra grande parte da atenção de sua obra *Utopia* na participação política, na harmonia do corpo social, no bem-estar da coletividade. A capacidade dos indivíduos de conduzirem seus deveres está na razão direta da durabilidade do Estado. Thomas More torna-se um grande marco na história ocidental, legando às gerações futuras decisivas influências no campo intelectual que, à luz dos séculos, continuam a fazer ponderar a situação humana, sua evolução histórica e seu alcance.

Quanto a sua obra, não é das mais extensas e nem das mais densas dentro da teoria política e jurídica; reúnem-se seus escritos da seguinte forma: cartas; uma antologia de poetas gregos e latinos, em coautoria; uma biografia de Picolo Della Mirandola; uma tradução dos *Diálogos* de Luciano; um escrito intitulado *Epigrammata*; textos poéticos em latim e em inglês; destaca-se o diálogo sobre a morte pela fé, do que deu exemplo vivo (*Dialogus quod mors pro fide fugienda non sit*).

---

[4] "Não podem ser esquecidos os nomes ilustres de Tomás Campanella (1568-1639), que revive Platão na *Cidade do Sol;* Nicolau Maquiavel (1469-1527), autor de *O príncipe,* livro que preconiza o princípio de que o fim justo legitima o emprego de todos os meios, sendo o Estado o bem supremo em prol de quem tudo o mais deve ser sacrificado; Tomás More, ou Morus, chanceler da Inglaterra, autor da *Utopia;* João Althusius, na *Política,* defende o princípio do contrato social, do qual renasce a soberania, combatendo, desse modo, a teoria do direito divino dos reis, entusiasticamente aceita pelos soberanos protestantes; Hugo Grócio, jurista notável, escreve o *De iure belli ac pacis,* sobre o direito da guerra e da paz" (Cretella Jr., *Curso de filosofia do direito,* 5. ed., 1999, p. 132).

[5] "Tomás More não podia seguir o Rei no plano inclinado que levaria à ruptura com Roma. Morto às mãos do carrasco, foi canonizado pela Igreja" (Serra, *História da filosofia do direito e do estado,* 1990, p. 28).

Cap. 12 · THOMAS MORE: UTOPIA E DIREITO | 223

Sua mais famosa contribuição crítica, lida por politólogos e juristas, no entanto, veio a ser registrada na obra intitulada *Utopia* (*De optimo reipublicae statu deque nova insula Utopia*),[6] traduzida para o inglês em 1551 (Ralph Robinson), que, com a proposta de um retorno à situação bucólica e harmônica do convívio humano, demonstra um forte protesto às deficiências do convívio social, às atrocidades cometidas pelos homens aos próprios homens, e, de forma geral, às imperfeições do caráter humano. Advirta-se o leitor de que a palavra utopia, originada do grego, *ou-topós,* significa "lugar nenhum", correspondendo à dimensão de perspectivas políticas ideais.

A *Utopia* de Thomas More, que se assinala como sendo um escrito contextualizado em meio às utopias renascentistas,[7] sob franca influência e inspiração dos modelos greco-romanos, aborda de maneira crítica as instituições (propriedade privada, monarquia, distribuição de bens, trabalho, participação política popular etc.)[8] que compunham a conjuntura de então e as repercussões sociais futuras dos problemas ingleses presentes a sua época. Por sua importância crítica, foi muito retomada em outros períodos da história, tendo sido motivo de interessantes repercussões sobre o pensamento ocidental.

Existem utopias antigas, medievais e modernas; a obra de More é, sem dúvida alguma, o grande marco das utopias modernas. A proposta do escrito é francamente idealista, acercando-se de temas os mais variados (clima, geografia, guerra, paz, voto, trabalho, ócio, lazer etc.), sendo que todos convergem para a formação da melhor república para se viver.[9] A obra adapta-se muito bem ao momento de abertura dos horizontes europeus, com os mitos vindos de ultramar, com as lendas sobre os povos indígenas, com os rumores do paraíso terrestre.

12.2 A ILHA DE UTOPIA: NARRATIVA, IDEALIZAÇÃO E EXPOSIÇÃO DE IDEIAS

Passar-se-á, nesta parte, a narrar, a discutir e a apresentar a proposta teórica da *Utopia*, de modo a valorizar-se os principais aspectos do viver utopiano. Topicamente, tocar-se-ão os pontos cruciais da exposição dialogada construída por More em face de Hitlodeu, bem como

---

[6] Utiliza-se das seguintes edições para a elaboração das referências deste capítulo: Morus, Thomas. *A Utopia*. Rio de Janeiro: Ediouro, 1992; Moro, Tommaso, *Utopia*. Tradução de Franco Cuomo. Roma: Newton, 1994.

[7] "Prescindindo de uma série de utopias que, no ponto de vista de uma exposição geral como esta, podemos classificar de, histórica e filosoficamente, menores, têm sido associadas à de More as que compuseram, um pouco menos de cem anos depois dele, Francis Bacon e Campanella, e que com a primeira são objeto de consideração conjunta sob a denominação de utopias do Renascimento" (Serra, *História da filosofia do direito e do estado*, 1990, p. 32).

[8] "É esse o homem que publica, em 1516, *A Utopia*, cujo objetivo é apresentar o melhor estado da república. Claro, esse humanista pensa na Cidade Ideal de Platão, mas não se trata aqui essencialmente, de uma celebração de um pensamento antigo. Thomas More pode muito bem dar à sua obra o aspecto da descrição – bastante detalhada – da 'nova ilha Utopia', a cidade filosófica de 'lugar nenhum', e o faz a partir de uma violenta crítica à monarquia (à monarquia francesa... mas só francesa?), bem como à propriedade privada ('não há a menor esperança de que cada coisa seja própria de cada um')" (Jerphagnon, *História das grandes filosofias*, 1992, p. 123).

[9] "Thomas More (1478-1535), lorde chanceler da Inglaterra, no reinado de Henrique VIII, tornou-se famoso com a publicação, em 1516, da obra *Utopia* (do grego *u* = não, nenhum, *topia* = lugar, logo, lugar inexistente), em que faz severa crítica aos governos da época e, em especial, à Inglaterra, ao mesmo tempo que propõe a criação de um Estado ideal, sabidamente impossível, cujo protótipo modelo é o da ilha imaginária que descreve, em pleno funcionamento, com governo perfeito, habitada por cidadãos sábios e felizes" (Cretella Jr., *Curso de filosofia do direito*, 5. ed., 1999, p. 134).

224 CURSO DE FILOSOFIA DO DIREITO · Bittar/Almeida

assinalar-se-ão as mais marcantes passagens da obra como forma de se descrever uma leitura de seu modelo teórico e de suas pretensões filosófico-sociais. Passe-se ao texto.

12.2.1 Do encontro

Exercendo seu ofício diplomático, Thomas More, em viagem pela Europa, por ocasião fortuita, encontra um grande amigo de nobres qualidades, que lhe apresenta Rafael Hitlodeu (Hythlodeus),[10] homem de personalidade prodigiosa e abastado de conhecimentos intelectuais, geográficos, linguísticos, que disserta sobre várias de suas aventuras e ideias, transmitindo a More uma experiência inigualável.

Thomas More apercebe-se de quão importante seria travar conversação com Rafael, podendo extrair desta empresa grandes proveitos. De espírito assaz enérgico e indomável, Rafael disserta sobre questões e litígios vigorantes neste momento, tratando inclusive de problemas ingleses, problemas estes que tocavam profundamente Thomas More, trespassando sua narrativa por um realismo fatídico e até um certo ceticismo quanto à realidade; sem temores, Hitlodeu conduz críticas às instituições inglesas de maneira implacável. Questiona-se, nesta primeira passagem da obra, sobretudo, se deveria o filósofo aliar-se aos soberanos para iluminar o exercício do poder ou não; o ceticismo com o *status quo* dos governantes conduz à resposta negativa.[11]

12.2.2 Da análise social

Em primeiro momento, segue-se uma veemente crítica aos reis e à maneira como estes conduziam o poder. Ressalta-se que o trono tem sido utilizado por seus ocupantes como mero instrumento de satisfação de seus desejos e caprichos, distanciando-se de sua função inicial, que era a organização social e a condução harmônica do conjunto para o alcance do escopo social por todo idealizado. As desigualdades sociais, as disparidades de *status* na sociedade, a exploração dos trabalhadores, a formação de uma economia agressiva para os desfavorecidos etc. são estas as preocupações que tem em mente Thomas More.[12]

As atitudes de um rei devem condizer com o Bem Comum e sempre procurar o benefício de seus súditos. Contudo, a ruína moral, o arrefecimento de valores essenciais pela corrupção e pela ganância econômica têm conduzido, a esse tempo, o uso do poder real para outros fins.

Inclui-se, neste grupo de privilegiados pelo poder estatal, agregada à autoridade real, uma camada de açambarcadores dos benefícios gerados pelo trabalho da população que, verdadeiramente, parasitam a hierarquia social. Constata-se que a existência dessas disposições sociais tem sido a causa principal das disparidades entre classes, gerando-se injustiças, miséria, roubo e práticas assassinas. Nessas condições, torna-se inviável o desenvolvimento da Inglaterra, enquanto permeada pela corrupção e pelo banditismo legalizado.

---

[10] "A obra toma a forma de diálogo fingido com um tal Rafael Hitlodeu (Hythlodeus, cujo significado é 'que diz coisas vãs'), apresentado como um português culto, suposto companheiro de Américo Vespúcio nas viagens pelo Novo Mundo, e que teria ido depois, com meia-dúzia de homens, e por conta própria, pelos mares do Sul em fora, até topar com terras incógnitas, entre as quais a Ilha da Utopia (que, como se sabe, quer dizer 'em parte alguma')" (Serra, *História da filosofia do direito e do estado,* 1990, p. 29).

[11] "Como em Platão e nos estóicos, levanta-se, no começo da Utopia, a questão das relações entre o poder político e a sabedoria, mais concretamente de saber se o filósofo se deve pôr ao serviço de um rei para o orientar com os seus conselhos" (Serra, *História da filosofia do direito e do estado,* 1990, p. 29).

[12] "Em contraste com esta desigualdade, que revolta a consciência humanística e cristã, reina, em Utopia, a comunidade de bens" (Serra, *História da filosofia do direito e do estado,* 1990, p. 30).

Na sequência da exposição, Rafael é questionado sobre quais seriam as melhores maneiras de sanar o problema do banditismo, das penas e do desemprego. Serve-se ele de seus amplos conhecimentos históricos e começa por abordar a novidade social inglesa, que é a origem de grandes desordens: a criação extensiva de carneiros para a produção de lã e a desmedida expropriação de terras para esse fim. Assim, grandes proprietários transformam terrenos aráveis, plantações, vilas e cidades em pastos para a engorda de carneiro para atender a uma ganância interminável. Aqueles que da terra dependiam perdem seu ofício, caindo num ócio forçado e, consequentemente, na marginalidade, sendo obrigados, para não se despedirem da vida por falta de alimentos, a roubar e a tentar opor-se a seus intentos.

Enfim, nesse discurso, percebe-se nítida a preocupação de que o egoísmo de poucos é a origem dos problemas de muitos. Propondo-se a resolver este problema, passa o narrador a expor os princípios que considera capazes de sanar tais desordens: (1) que os homens se abstivessem de causar danos aos outros; (2) que a sociedade desse a todos condições de desenvolver suas potencialidades; (3) que a justiça assumisse sua verdadeira função e passasse a exercer suas finalidades.

Pode-se concluir que a sede de equidade e de justiça são grandes à época. Incapacitado de participar das estruturas de poder para modificá-las, More dedica-se a reconstituir o mundo a partir de suas experiências, procurando, sobretudo, destacar que a propriedade privada e a excessiva valorização econômica dos bens são os entraves fundamentais que impossibilitam a evolução da sociedade. Nesse sentido, parte para *re-fundar* a realidade em sua *Utopia*, pela boca de Hitlodeu, descrevendo pormenorizadamente a existência e as características da ilha que abrigaria as condições de vida que tantos desejam fosse realmente existente.

12.2.3 Da geografia regional

Na descrição dos caracteres físicos e geográficos da ilha Utopia, Hitlodeu inicia por ressaltar as qualidades e as virtudes oferecidas por ela em função de sua localização. Em seguida, Thomas More identifica as dificuldades de acesso a esse paraíso, sugestionando atenção para as defesas naturais de que foi provida, uma vez que exigem largos esforços para ser alcançada.[13] De geografia defensiva, a Ilha é naturalmente provida de condições tais que somente o experiente andarilho consegue acessar suas paragens.

12.2.4 Do sistema político

A organização social da ilha baseia-se num sistema comunal em que os bens produzidos pelo trabalho agrícola são equitativamente distribuídos, repartidos e trocados entre 54 cidades que compõem este pequeno e quimérico universo. Não existindo trocas monetárias, a propriedade privada não se instaura como padrão de medida de valor do indivíduo na sociedade, podendo existir uma igualdade de condições e harmonia de convivência. O sufrágio é um exercício constante para a escolha de representantes do povo que, normalmente, compõem um conselho de homens unanimemente aclamados.

Sem diferenças étnicas ou culturais, seu povo aglomera-se em cidades muito aproximadas umas das outras. Atendo-se a Amaurota, capital e sede do governo, Rafael, em sua narrativa da localidade, diz tratar-se de uma cidade sabiamente construída e disposta pela natureza, contendo todos os requisitos que favoreçam o bom desenvolvimento humano.

---

[13] Este parece ser um alerta para aqueles que pensam em atingi-la, sem antes merecê-la.

226 | CURSO DE FILOSOFIA DO DIREITO • *Bittar / Almeida*

Num ataque direto às formas de governo instauradas até aquele momento, More apresenta a magistratura, o corpo governamental, e ainda outros partícipes da estrutura institucional da região como membros eleitos do povo e para o povo. O sigilo e a falsidade, originários dos espíritos açambarcadores, neste sistema político-jurídico, são prevenidos por mecanismos de decisão aberta diante do público, evitando-se conspirações.

Ainda quando trata das artes e dos ofícios utopianos, utiliza-se de seus artifícios teóricos para questionar os problemas advindos da injusta distribuição social dos homens em sociedade. Isso porque, na ilha de *Utopus*, o trabalho, o lazer, as atividades intelectuais, o descanso e as atividades comunais distribuem-se durante um dia inteiro de todos os cidadãos. Aqueles ociosos, pretensos inválidos, nobres, clérigos e beatas, que somam grande massa inválida na Inglaterra do século XVI, na Utopia não encontram lugar; todas as atividades são distribuídas a todos os participantes dessa sociedade segundo as aptidões naturais desenvolvidas por cada qual.

A fartura na alimentação, a união e a amizade são fatores constantes na vida dos habitantes de Utopia, de modo que a felicidade brota naturalmente de seus corações. Isso reforça a capacidade de relacionamento e a integração humana, de modo que os habitantes de *Utopia* louvam seus costumes e suas tradições, eternizando-os, legando-os a seus sucessores. Um clima de harmonia envolve a ilha.

12.2.5 Das relações com outros povos

A certa altura da narrativa, quando é feita alusão às relações dos habitantes de *Utopia* com outros povos desconhecidos, mas amigáveis, afirma-se sua capacidade de exteriorizar acolhimento. Porém, o mesmo tratamento não é dado àqueles que não compactuam dos mesmos ideais utopianos em torno do Bem Comum. Por sua vez, as nações primitivas recebem todo e qualquer apoio por parte dos utopianos, que não negam auxílio a quaisquer necessidades materiais ou morais.

12.2.6 Do bem-estar social

O povo de *Utopia* atenta para o esplendor da natureza, para o brilho e vigor das coisas belas que lhes foram legadas por Deus como verdadeiros tesouros a céu aberto, dispostos para o usufruto de todos, gerando o deleite da alma e não a paixão corrosiva ocasionada pelo dinheiro e pela propriedade privada.

As atividades mais prazerosas são aquelas desempenhadas nos momentos em que estão desvinculados das obrigações do trabalho, e dedicam-se às construções intelectuais. Isto porque se trata de um povo que cultiva a filosofia, principalmente com lustro moral e como forma de se encontrar a felicidade. O bem-estar revela-se como um estado harmonioso de convívio com a natureza. A grande luta humana consiste no bem do outro.

12.2.7 Da juridicidade

Quanto ao ordenamento jurídico e à organização e disposição das leis, na ilha de *Utopia* destaca-se o seguinte: as leis são promulgadas com a finalidade de que cada qual seja advertido de seus direitos e também de seus deveres; as leis não se multiplicam em infinitas disposições normativas, pois são em número pequeno e, não obstante, são suficientes às instituições e à sociedade.

Dessa forma, essas assertivas expressam e manifestam abertamente a repulsa do autor à burocrática e complexa organização jurídica inglesa do século XVI. Enfatiza-se a necessidade de leis claras e acessíveis ao povo, sobretudo com relação à prática da justiça. As convulsões sociais e as nítidas discrepâncias entre a teoria jurídica pregada pelos "doutores de direito" e a realidade desprovida de qualquer embasamento legal originam a repulsa de Thomas More. Em tal meio, as leis são mecanismo de justificação do poder e fundamento para maiores iniquidades.[14]

12.2.8 Do belicismo

O uso da guerra pelos utopianos pode ser visto como um mal necessário.[15] O pensador inglês, preso a seu contexto histórico, descarta a possibilidade de uma existência pacífica entre os homens, em razão da sórdida natureza de um povo ou da diferença de estágios evolutivos em que se encontram os indivíduos. Em sua concepção, deve haver a supremacia de um povo de caráter evoluído e extremamente caridoso, como são os utopianos, a fim de que desta interação resulte o benefício para os subjugados de desfrutarem dos ensinamentos, da doutrina e da disciplina dos mais esclarecidos.

Por isso, os habitantes desta ilha são dotados de técnicas aprimoradas, meticuloso treinamento e de um conjunto de regras militares que evitam ou atenuam os malefícios da prática bélica, sendo usado apenas em casos excepcionais ou visando a um benefício.

12.2.9 Do pensamento religioso

Suas reflexões religiosas estão expressamente relatadas e esclarecidas quando faz alusão à religião utopiana. Não existindo a institucionalização de um culto, os cidadãos têm plena liberdade de optar pela religião que considerarem melhor. Apesar disso, existe um certo consenso na escolha por um ramo do pensamento religioso. A perspectiva de Thomas More, com relação à divindade, transcende às práticas e interpretações temporais, que são comumente aceitas, e que comprometem a fé com a política; More cria, em sua obra, um Deus comum a todos (Mitra), estabelecendo o fundamento de sua crença: a tolerância religiosa.

A posição do rei como chefe da igreja, as práticas e cultos sangrentos ou fantasiosos, o monopólio e a intolerância do cristianismo são fatos estampados diante de sua visão até então, os quais combate com veemência, apesar de sua inabalável fé na pureza doutrinária cristã. Os pontos que de melhor maneira demonstram seus princípios são: a irrefutável existência de um corpo celestial maior, onipresente e onisciente, criador e razão de todas as coisas; a tolerância entre todas as seitas e a imortalidade da alma.

CONCLUSÕES

O modelo utopiano de organização social, política, econômica e jurídica re-funda a realidade em novas bases, nitidamente. Destaca-se a atenção pelo sistema comunal de produção e pela divisão do trabalho de acordo com a aptidão de cada membro do corpo social. Além das condições geográficas as mais favoráveis, Utopia oferece a seus habitantes ordem, abundância de alimentos, sistema jurídico organizado, sistema político participativo, integração povo-poder e divisão de tarefas na construção dos ideais sociais.

---

[14] Assim sendo, a relação entre os indivíduos na utopia baseia-se no princípio de que o bem particular é o bem geral, a fortuna do Estado é constituída mediante o trabalho conjunto. A riqueza é a abundância de virtudes, o melhor padrão de vida resume-se a uma existência pacífica, harmônica, simples e carregada de labor e boas ações. Todos os defeitos e doenças são proscritos desse quadro laboriosamente concebido.

[15] "Sem ter propósitos agressivos, Utopia está preparada para a guerra, e serve-se nela, em primeiro lugar, dos seus aliados e de tropas mercenárias" (Serra, História da filosofia do direito e do estado, 1990, p. 31).

Outro aspecto importante da obra, que aqui deve ser ressaltado, é quanto à consideração de Morus sobre as instituições jurídicas de seu momento, que compactuavam com a perpetuação das iniquidades. Em *Utopia* inexistem a excessiva burocracia e a inoperacionalidade do sistema jurídico devido à excessiva quantidade de normas, leis e regulamentos, bem como a grande distância existente entre o povo e a ordem jurídica, sendo esta inteligível e manuseável unicamente por seus técnicos, torna-a pouco democrática.

Apesar de distante da consecução de seu escopo, quando More escreveu sua *Utopia* não tinha, de fato, preocupação com sua implantação efetiva a realidade: a ilha é um lugar inexistente. Mas, desta miragem sobre a Terra é que se extraem lições encantadoras sobre o poder que os homens possuem de cunharem seus próprios destinos sociais. A *Utopia*, além de obra de devaneio intelectual, é ainda ferramenta crítico-teórica que se coloca na fileira dos escritos sobre as necessidades de justiça no meio social.

Eis aí um importante lastro teórico para a modernidade.

13
JUSNATURALISMO

13.1 ILUMINISMO E RACIONALISMO: RUPTURA COM A TEOCRACIA

A filosofia escolástica exaltava a existência de uma lei divina, a partir da qual deveria ser forjada a lei humana. Dentro desta concepção, tal lei não possuiria nenhuma espécie de erro ou falha, em função de sua natureza transcendente; dessa forma, além de perfeita, seria imutável.

Essa concepção surge, de modo cristalino, nas concepções de Santo Agostinho e Santo Tomás de Aquino. A Cidade de Deus é o lugar regido pela lei divina que contrasta com a cidade dos homens, regida pela lei humana. A tarefa de incorporar a lei divina no âmbito da lei humana é o que deve ser realizado pelo Direito. Ressalte-se que se trata de uma tarefa dificílima. Na concepção tomista há uma lei eterna, uma lei natural e uma lei humana. A lei eterna regula toda a ordem cósmica (céu, estrelas, constelações etc.) e a lei natural é decorrente desta lei eterna. Fica claro nas duas concepções, sinteticamente resenhadas anteriormente, que a lei superior (a divina, para Santo Agostinho, e a eterna, para Santo Tomás de Aquino) emana de uma força sobre-humana, qual seja: Deus.

Ora, exatamente para colocar um novo centro nessa concepção é que surge o Direito Natural, dentro do espectro da laicização da cultura moderna. Marcado profundamente pela ideia, que predominava no século XVI, de que a verdade das ciências estava confiada à razão matemática e geométrica, o jusnaturalismo moderno elege a reta razão como guia das ações humanas. Grócio assim define o Direito Natural:

> "O mandamento da reta razão que indica a lealdade moral ou a necessidade moral inerente a uma ação qualquer, mediante o acordo ou o desacordo desta com a natureza racional."[1]

Essa mudança de centro, verdadeira revolução copernicana na esfera do Direito, indica um novo caminho a ser percorrido pela Ciência Jurídica, que deixa de estar ligada a concepções mítico-religiosas, para buscar seu fundamento último na razão.

O Direito Natural divide-se em duas fases. A primeira fase, a antiga, tem início na Cidade-estado Grega e usa a natureza como fonte da lei que "tem a mesma força em toda parte e independe da diversidade das opiniões".

Grócio inaugura uma nova concepção do Direito Natural. O princípio último de todas as coisas não seria mais Deus, nem a natureza, mas a razão. Estava criada a Escola Clássica do Direito Natural, que teve diversos representantes, entre eles, serão objeto de nosso estudo: Hugo Grócio, Samuel Pufendorf e John Locke.

---

[1] Apud Baptista, *Direito e comércio internacional*, 1994, p. 368.

Os diferentes autores da Escola Clássica do Direito Natural não necessariamente concordavam entre si. Autores como Henrique e Samuel Coccejo, Leibiniz e Joan Cristian Von Wollf adotaram uma posição antirracionalista afirmando, categoricamente, que Deus é a fonte última do Direito Natural, o que contrariava a famosa assertiva de Grócio: "O Direito Natural existiria mesmo que Deus não existisse, ou ainda que Deus não cuidasse das coisas humanas."[2]

13.2 HUGO GRÓCIO

Nascido na Holanda, na cidade de Delft, no ano de 1583, filho de pai protestante e mãe católica. Seus primeiros trabalhos intelectuais versaram sobre: filologia, poesia, história e teologia. A partir de 1607, ano em que inicia o exercício da advocacia na cidade de Haia (sede do governo holandês), passa a interessar-se pelas questões do Direito. Sua principal obra, na qual expõe sua concepção do Direito Natural, é *De Jure Belli ac Pacis*, publicada no ano de 1625.

O que há que se notar é que a cidade natal de Grócio, Delft, é o berço da civilização holandesa, possuindo uma característica básica: o comércio.[3]

Delft é retrato de uma singularidade da Holanda durante o feudalismo: o predomínio da cidade. A cidade é um elemento não feudal na estrutura social da época, e os mercadores e comerciantes, seus principais habitantes, constituíram um sistema administrativo e judiciário autônomo dos senhores feudais. As cidades holandesas transformaram-se em *communitas* – uma comunidade estruturada em forma corporativa – e podiam fazer alianças, estabelecer relações comerciais e militares com outras cidades. Algumas vezes, a cidade colocava-se, expressamente, sob a proteção de um príncipe, declarando-lhe lealdade. Esta experiência de autonomia desenvolveu-se e se transformou no moderno conceito de soberania.

Foi nesse ambiente que nasceu e se formou Hugo Grócio. Sua doutrina do Direito Natural reflete esse desejo de autonomia, que se manifesta, de modo inicial, em relação à Teocracia. Não é mais Deus ou a ordem divina o substrato do Direito, mas a natureza humana e a natureza das coisas. Não há possibilidade de uma sanção religiosa. O Direito Natural não mudaria seus ditames na hipótese da inexistência de Deus, nem poderia ser modificado por ele.

> "Portanto, não há nada de arbitrário no direito natural, como não há arbitrariedade na aritmética. Os ditames da reta razão são o que a natureza humana e a natureza das coisas ordenam."[4]

O método dedutivo, influência do raciocínio matemático e geométrico, é o que possibilita à reta razão alcançar as regras invariáveis da natureza humana.

É essa ideia que está na raiz das modernas Declarações de Direitos Humanos. Declara-se não o que é oculto e imperceptível, mas o que é de fácil acesso à razão humana. A contundente afirmação de direitos, contrária ao desrespeito desses direitos e esperançosa na construção de

---

[2]   Ibidem. p. 367.

[3]   "Delft – na época, a terceira cidade dos Países Baixos após Dordrecht e Haarlem – dispunha de um escritório da Companhia das Índias Ocidentais em seu recinto fortificado. A navegação para o Extremo Oriente trouxe para a cidade a famosa porcelana. Mais de vinte cerâmicas, juntamente com tecelagem de tapetes e lençóis, com fábricas de barris de cerveja e de queijos, entre outros, eram responsáveis pelo intenso movimento comercial" (Carvalho, Arqueologia do consenso. In: *Direito e comércio internacional*, Baptista, Huck, Casella (Coords.), 1994, p. 371).

[4]   Ibidem, p. 367.

um novo estado de coisas, é o que leva à elaboração de Declarações. Nessa perspectiva, veja-se alguns *considerandos* da Declaração Universal dos Direitos Humanos de 1948:

> "Considerando que o reconhecimento da dignidade inerente a todos os membros da família humana e de seus direitos iguais e inalienáveis é o fundamento da liberdade, da justiça e da paz no mundo;
>
> Considerando que o desprezo e o desrespeito pelos direitos da pessoa resultaram em atos bárbaros que ultrajaram a consciência da Humanidade e que o advento de um mundo em que as pessoas gozem de liberdade de palavra, de crença e de liberdade de viverem a salvo do temor e da necessidade foi proclamado como a mais alta aspiração do homem comum."

Grócio contribuiu, de modo decisivo, para a criação do Direito Internacional. Segundo ele, a lei natural que regula a convivência das diversas nações é o Direito das Gentes e esse direito é um fragmento destacado da lei natural.

Para Grócio, tanto as relações entre os indivíduos, tão-somente, como as relações entre os indivíduos e os governos, e, por fim, as relações entre os diversos Estados Soberanos baseiam-se na ideia de um contrato. Tais pactos são de cumprimento obrigatório, porque impostos pelas próprias partes que o assinam. É dessa posição que surge a famosa máxima do Direito Internacional: *pacta sunt servanda* ("Os pactos existem para serem cumpridos"). Saliente-se que os contratos eram feitos pela reta razão que, por meio do uso do raciocínio dedutivo, aquilatava os princípios do Direito Natural pertinentes ao caso em tela.

13.3 SAMUEL PUFENDORF

Samuel Pufendorf (1632-1694), jusfilósofo alemão, discípulo de Grócio, lecionou na Universidade de Heidelberg, na qual foi o primeiro professor de Direito Natural e das Gentes. Suas principais obras foram *Elementa Juris Universalis* (1660) e *De iure naturae et gentium* (1672).

O autor, chegando a ser consagrado, ao final de sua vida, como barão Samuel von Pufendorf, desenvolve um jusnaturalismo que revela fortes influências recebidas de Grotius, Hobbes e Descartes, e que se encontra na emergência histórica do nascimento do Estado Moderno.

Pufendorf não somente vivenciou a guerra dos trinta anos, como viu o nascimento da chamada Paz de Westfália, eventos que muito marcaram sua constituição como indivíduo e o levaram às suas reflexões sobre direito natural, deveres humanos, paz e guerra.

Reduzido a um mero jusnaturalista, o grande jurisconsulto saxão do século XVII escreveu diversas obras de Direito Público e de Direito Público Eclesiástico, tendo como uma das características principais de seu pensamento a complexidade. Bobbio o definiu como "un filosofo tipicamente sincretistico",[5] sendo capaz de amalgamar diversas correntes e propostas.

Esta característica pode ser percebida no trecho a seguir transcrito, no qual Pufendorf consegue conciliar a "reta razão" com "Deus":

> "Quoique la souveraineté résulte immédiatement des conventions humaines, cela n'empêche pas, souligne-t-il, que pour la rendre plus sacré et plus inviolable, il ne faille un principe plus relevé et que l'autorité des Princes ne soit de droit divin aussi bien que de droit humain. Car, poursuit-il, depuis que les hommes se furent multipliés considérablement, la droite raison leur ayant fait voir que l'établissement des sociétés

---

[5]   *Il Diritto naturalle nel Secolo XVIII*, 1947, p. 34.

politiques était absolument nécessaire pour l'ordre, la tranquillité et la conservation du genre humain, Dieu en tant que l'Auteur doit aussi être certainement considéré comme Auteur des sociétés politiques et par conséquent de la souveraineté sans laquelle elles ne sauraient se concevoir."[6]

Ao explicar seu método de reflexão, Pufendorf evidencia sua adesão ao método das ciências matemáticas e ao raciocínio indutivo, o que o aproxima de Hugo Grócio:

"Il faudrait en vérité rassembler alors tout ce que les différents peuples considèrent comme Droit et ce sur quoi tous et chacun tombent d'accord. En réalité, cette voie est incertaine, infinie et presque impraticable...car je crois qu'il n'y a pas une prescription du Droit naturel que ne contredisent les moeurs ouvertement admises de n'importe quel peuple (...)

Après avoir ainsi rejeté cette méthode, je pense qu'on doit plutôt suivre ici les mathématiciens, c'est-à-dire qu'il faut établir un principe immuable que personne de sensé ne peut mettre en doute et dont alors tout ce qui est de Droit naturel et durable puisse procéder."[7]

Conforme aponta Pufendorf, usa-se o método dos matemáticos para a descoberta de um princípio imutável. Essa ideia, cara à Escola Clássica do Direito Natural, faz dele um Direito imutável, perene às transformações históricas e não suscetível aos diversos costumes e tradições dos diferentes povos.

Na obra *De officio hominis et civis*, de 1691, a reflexão sobre os deveres do homem e do cidadão é explicitada por Samuel Pufendorf. Esta obra é, em verdade, uma síntese alcançada a partir da edição do *De iure naturae et gentium* (1672), na qual expõe sua concepção de que o direito natural é acessível pela razão natural, uma vez que se encontra ínsito à natureza própria do homem, como elemento fundamental para a paz entre os homens a partir da legitimidade de atuação do Estado soberano.

Com sua obra inscrita em meio às fortes pressões históricas, na transição entre o teologismo medieval e o racionalismo moderno, constata-se em Pufendorf o esforço de identificação do equilíbrio por meio da razão, sem descurar de considerar a importância da revelação. Este trecho é bastante explícito para esta percepção: "...é muito evidente que os homens derivam o conhecimento de seu dever, e do que é adequado fazer, ou do que deve ser evitado nesta vida, por assim dizer, de três fontes, ou nascentes: da luz da natureza; das leis e constituições dos

---

[6] "Que a soberania resulte imediatamente das convenções humanas, isto não impede, sublinhe-se, que, para torná-la mais sagrada e mais inviolável, seja dispensável encontrar um princípio mais importante e que a autoridade dos príncipes não seja de direito divino ao mesmo tempo que humano. Então, depois que os homens se multiplicaram consideravelmente, a reta razão lhes tendo feito ver que o estabelecimento de sociedades políticas era absolutamente necessário para a ordem, a tranquilidade e a conservação do gênero humano. Deus enquanto criador deve também ser considerado o criador das sociedades políticas e, por consequência, da soberania, sem a qual aquelas não poderiam ser concebidas" (Apud Dufour, *Droits de l'homme, droit naturel et histoire*, 1991, p. 105).

[7] "Seria necessário juntar tudo o que os diferentes povos consideram como Direito e sobre o que todos e cada um estão de acordo. É verdade, esta via é incerta, infinita e quase impraticável..., pois eu creio que não há uma prescrição do Direito Natural que não contradiga os costumes abertamente admitidos por não importar qual povo...

Após ter rejeitado esse método, penso que é melhor seguir o dos matemáticos, ou seja, que é preciso estabelecer um princípio imutável, o qual a pessoa razoável não possa pôr em dúvida e da qual tudo o que é de direito natural possa derivar" (Apud obra citada, p. 108).

países; e da especial revelação de Deus Todo-Poderoso" (Pufendorf, *Os deveres do homem e do cidadão de acordo com as leis do direito natural*, 2007, p. 41).

As leis da natureza fazem do homem um animal social, as de cada cidade fazem do homem um cidadão, e, as divinas, determinam a condição do cristão perante Deus. As diversas leis são concomitantes e agem em níveis diversos na determinação da vida. A diversidade destas leis dá consistência às ciências que as estudam, a ciência do Direito Natural, a ciência do Direito Civil e a *Theologia moralis*. Não se trata de colocar cada uma dessas ciências em confronto com a outra, mas de pensar suas complementaridades e níveis de alcance. Assim, por exemplo, a ciência do direito civil pressupõe a ciência do direito natural. Então, Pufendorf pode dizer que: "...pode-se facilmente descobrir não só as fronteiras e limites exatos que distinguem o direito natural, conforme o definimos, da atividade moral, mas pode-se igualmente concluir que o direito moral não é de modo algum incompatível com as máximas da perfeita divindade" (Pufendorf, *Os deveres do homem e do cidadão de acordo com as leis do direito natural*, 2007, p. 47).

Se as leis humanas, também, se ocupam do que é exterior ao homem, as leis divinas se ocupam não somente do que aparece na conduta humana como sendo bom, mas sobretudo do caráter insondável dos sentimentos humanos. Se a moralidade interior é algo do divino, a separação das tarefas do Estado deve estar orientada no sentido de conduzir uma comunidade à paz social. As sociedades do início da modernidade são aquelas em que a multiplicidade de credos começa a conviver livremente, e que nos tempos de Pufendorf devem ser defendidas como forma de laicização da organização do Estado. Eis aí uma conquista fundamental para a cultura e para o discurso filosófico moderno.

Nesse conjunto, as leis naturais obedecem a uma lógica particular: "As Leis naturais são aquelas que estão de acordo com a natureza sociável do homem, que uma sociedade honesta e pacífica não poderia se manter entre a humanidade sem elas, donde que isto pode ser buscado, e seu conhecimento adquirido pela luz daquela razão, que nasce com todos os homens, e por uma consideração da natureza humana em geral" (Pufendorf, *Os deveres do homem e do cidadão de acordo com as leis do direito natural*, 2007, p. 89).

O homem entregue à pura condição natural, na visão de Pufendorf, está reduzido a pouco mais que um animal: só, ele é mudo, desprovido de proteção, está em luta com outros animais, sem auxílio, entregue a um autoabastecimento rudimentar, até que a morte advenha. A comunidade dos homens é, por isso, fundamental: "Deve então seguir-se que qualquer vantagem que acompanhe a vida humana será devida à ajuda mútua que os homens dão uns aos outros. De forma que, depois da Divina Providência, não há coisa alguma no mundo mais benéfica para a humanidade do que os próprios homens" (Pufendorf, *Os deveres do homem e do cidadão de acordo com as leis do direito natural*, 2007, p. 92-93).

Mas, a humanidade é também seus apetites, e estes são a causa de muitas irracionalidades, entre as quais se encontra a guerra. Afirma Pufendorf: "... os homens são mais capazes de causar mal uns aos outros do que os irracionais" (Pufendorf, *Os deveres do homem e do cidadão de acordo com as leis do direito natural*, 2007, p. 94). Por isso, o direito natural é uma lei de garantia da sociabilidade.

Daí decorrer uma lei fundamental da natureza, ou seja, a lei segundo a qual "... todo homem deveria, o quanto lhe for possível, preservar e promover a sociedade: isto é, o bem-estar da humanidade" (Pufendorf, *Os deveres do homem e do cidadão de acordo com as leis do direito natural*, 2007, p. 96). As leis que comandam esta relação de compromisso entre meios e fins na preservação da humanidade formam a constelação do direito natural.

O acesso à verdade das coisas é limitado, mas a certeza deixada por Pufendorf é a de que "...Deus é o autor do Direito Natural" (Pufendorf, *Os deveres do homem e do cidadão de acordo com as leis do direito natural,* 2007, p. 97). A partir desse ponto de sua obra, Pufendorf divide os deveres do direito natural nos deveres perante Deus (cap. IV), para consigo mesmo (cap. V) e para com os outros homens (cap. VI).

Diferentemente do estado de natureza, a condição social traz compensações ao homem, pois, "... em um estado de natureza todo homem deve contar apenas com sua própria força; enquanto, em uma comunidade, todos estão do seu lado" (Pufendorf, *Os deveres do homem e do cidadão de acordo com as leis do direito natural,* 2007, p. 257).

Ademais, nas condições naturais, inexistente pacto civil, não há como recorrer a um terceiro em caso de ofensa, pois a comunidade permite isto, ou seja, que "eu posso recorrer ao socorro do magistrado civil" (Pufendorf, *Os deveres do homem e do cidadão de acordo com as leis do direito natural,* 2007, p. 259).

No cap. XVI, no qual inclusive Pufendorf cita abundantemente o *De iure belli ac pacis* de Grotius, quando trata especificamente da guerra e da paz, Pufendorf detém-se a dizer que a paz está de acordo com as leis da natureza e que isto é racional. No entanto, exceptua situações da guerra justa, contra a invasão injusta (defensiva) ou para obter a preservação ou recuperação de direitos cujo reconhecimento são recusados por outro povo ou Estado (ofensiva). Assim, "... às vezes é tanto legítimo quanto necessário ir à guerra, quando, devido à injustiça de outrem, não podemos, sem o uso da força, preservar o que é nosso, nem desfrutar os direitos que são propriamente nossos" (Pufendorf, *Os deveres do homem e do cidadão de acordo com as leis do direito natural,* 2007, p. 353).

Compartilhando da ideia da imutabilidade do Direito Natural, com Grotius e Pufendorf, o filósofo inglês John Locke constrói uma interessante obra sobre o Direito Natural. É ele, com sua obra e contribuição, que será analisado a seguir.

13.4 JOHN LOCKE

A obra mais famosa de John Locke (1632-1704) é o *Ensaio sobre o entendimento humano* (*Essay concerning human understanding,* 1690). É uma obra dedicada à pesquisa das fontes de nossas ideias e pensamento, na qual Locke faz uma crítica severa ao inatismo[8] e apresenta sua tese de que a força motriz do conhecimento é a experiência.

Locke não acredita na existência de leis inatas, mas isso não significa que ele não enxergue outras leis, além da lei positiva.

> "Há uma grande diferença entre uma lei inata e uma lei da natureza, entre uma verdade impressa originalmente na alma e uma verdade que ignoramos, mas que todos podem conhecer, servindo-nos do modo justo daquela faculdade que recebemos da natureza."[9]

Para Locke, as leis naturais não são inatas, não se encontram impressas na mente humana, estão na natureza e podem ser conhecidas, facilmente, por meio do uso da razão.

A principal contribuição de Locke para a Filosofia Política são seus dois *Tratados sobre o magistrado civil* (1689). Locke escreve uma obra para o cidadão na qual apresenta as regras e técnicas a serem seguidas para se viver em um estado de paz na sociedade.

Locke, diferentemente de Hobbes, não possui uma visão pessimista do estado de natureza. Este não seria o estado de guerra, onde o homem age como o lobo do homem

---

[8]   Ideia segundo a qual o ser humano já viria com todo conhecimento dentro de si, e a tarefa da filosofia seria apenas despertá-lo.

[9]   Apud Bobbio, *Locke e o direito natural,* 1997, p. 145.

(*homo homini lupus*), mas um estado de paz. Esta paz seria quebrada pela ausência de um *tertius* que julgasse os conflitos. Assim, o surgimento do contrato que dá origem à vida social está ligado à ideia de que é imprescindível um "terceiro" para a decisão das lides surgidas na vida social.

> "O maior inconveniente do estado de natureza é a falta de um juiz imparcial para julgar as controvérsias que nascem – e não podem deixar de nascer – entre os indivíduos que participam de uma sociedade."[10]

Assim, na concepção lockeana, convivem, simultaneamente, o Estado Civil com o Estado de Natureza. O Estado Civil é erigido para garantir a vigência e proteção dos direitos naturais que correriam grande perigo, no estado de natureza, por encontrarem-se totalmente desprotegidos. Assim, é a guerra e a desordem que ameaçam os homens e os motivam a formar as regras que constituem o modo de vida regido pelo Estado e pelas leis.

> "O tema que Locke enfrenta, logo após ter falado do estado de natureza e do estado de guerra, é o tema do fundamento da propriedade individual, isto é, o tema relativo à passagem da posse originária em comum de todas as coisas para a propriedade como direito exclusivo de um indivíduo sobre uma parte dos bens da terra, passagem que ocorre no estado de natureza, ou seja, antes da instituição da sociedade civil. Como se sabe, Locke resolve esse problema refutando as duas soluções clássicas, tanto a que faz derivar o título originário de propriedade da ocupação quanto a que o faz derivar do contrato: a propriedade individual, isto é, o direito de um indivíduo de desfrutar e de dispor com exclusividade de um determinado bem, deriva, segundo Locke, do esforço que esse indivíduo fez para apropriar-se de tal bem e, se necessário, para transformá-lo e valorizá-lo com o próprio trabalho. É inútil aduzir que essa tese sobre a propriedade é uma das teses mais originais e inovadoras do sistema lockiano. Nada comparável se encontra nos outros tratados célebres de filosofia política que fazem parte do modelo jusnaturalista" (Bobbio, *Thomas Hobbes*, 1991, p. 15).

A doutrina de John Locke afirma que a propriedade é algo que se possui desde o estado de natureza. Ora, as conquistas, os aperfeiçoamentos, os artefatos, as terras, os cultivos, as técnicas que cada um desenvolveu no sentido da sua preservação individual ou grupal são méritos que se devem ao labor, à luta individual que cada um empreendeu contra os fenômenos da natureza e as condições adversas ambientais. O direito de propriedade decorreria da personalização da natureza pelo esforço humano. Assim, a preservação da propriedade ganha um *status* importante em sua teoria, e passa a significar o próprio fim da atividade do Estado. Esta importância é destacada por Bobbio:

> "Essas premissas servem para compreender qual é a nova função da família no sistema de Locke. O tema da família é tratado por Locke antes do tema da sociedade política (diferentemente de Hobbes), mas depois do tema da propriedade individual. Que significado se pode atribuir a essa sucessão de temas? O fato de o tratamento da família preceder o da sociedade política mostra que a primeira continua a ser uma sociedade natural; por outro lado, o fato de ela vir depois do tratamento da propriedade individual – com os temas conexos do trabalho, da apropriação e da valorização do solo, bem como

---

[10] Idem, p. 181.

da moeda – mostra que o instituto familiar nada tem a ver com a atividade econômica, que é uma atividade essencialmente individual" (Bobbio, *Thomas Hobbes*, 1991, p. 16).

Outra peculiaridade do pensamento de Locke é sua posição a favor do direito de resistência. Locke baseia sua posição na impossibilidade de os magistrados, cuja autoridade fundamenta-se na proteção dos direitos naturais, desrespeitarem a "lei natural". Caso isso ocorra, a oposição dos cidadãos é totalmente legítima. Esclarece o próprio Locke:

> "Aquele que exceda com sua autoridade o poder que lhe foi dado pela lei e faça uso da força que possui sob seu comando para fazer, com respeito aos súditos, o que a lei não permite, deixa, por isso, de ser magistrado e, como delibera sem autoridade, justifica a oposição que se lhe faça, assim como nos opomos a qualquer pessoa que viole com a força o direito alheio."[11]

A originalidade da obra de Locke está em sua radical defesa dos direitos naturais, que não são inatos, mas de fácil apreensão pela razão e não podem ser desrespeitados pelo "estado civil" que é instituído, exatamente, com o intuito de assegurar sua proteção. A sociedade é, então, apenas o artifício para manterem-se os direitos naturais, e não pode corrompê-los, desvirtuá-los ou suprimi-los.

13.5 THOMAS HOBBES

Thomas Hobbes (1588-1679) possui como principal destaque, entre seus escritos, a obra intitulada *Leviatã*, ou *Matéria, forma e poder de uma comunidade eclesiástica e civil*, que foi publicada em 1651. Outras referências importantes são o *De cive* e o *Elementos de direito natural e político*.[12] Hobbes é reconhecido, entre os pensadores do jusnaturalismo racional, como o teórico do poder soberano, sobretudo em função de suas ideias expostas na citada obra.

Para Hobbes, o estado de natureza humano propicia o amplo uso da liberdade, que passa a ser irrestrito, a ponto de uns lesarem, invadirem, usurparem, prejudicarem aos outros. Não há o controle racional do homem no estado de natureza, como afirmava Locke, nem o estado idílico e bucólico de pleno deleite do estado de natureza tal qual concebido por Rousseau, no século XVIII.

---

[11]   Idem, p. 242.

[12]   Sobre o sentido e a dimensão de cada uma destas obras, leia-se a exposição de Norberto Bobbio, p. 88: "O problema político preocupou fortemente Hobbes durante todo o decorrer de sua longa vida de reflexão. Ele forneceu uma exposição sistemática desse problema em três obras diferentes, compostas no período da maturidade: (1) os *Elements of Law Natural and Politic*, escritos em 1640 e publicados como dois tratados distintos, intitulados respectivamente *Human Nature or the Fundamental Elements of Policy e De Corpore Politico or the Elements of Law, Moral and Politic*, em 1650; (2) a *Elementorum philosophiae sectio tertia de cive*, escrita no primeiro ano do exílio francês (1641), publicada anonimamente numa edição de poucos exemplares, em Paris, em 1642, e republicada em Amsterdã, em 1647, aos cuidados de Samuel Sorbière, com o adendo de notas explicativas e polêmicas, e precedida de uma carta dedicatória a William Cavendish, Conde de Devonshire, datada de 1º de novembro de 1646, e de um importante prefácio aos leitores, de caráter metodológico; traduzida para o inglês em versão fidelíssima pelo próprio autor, em 1651, com o título *Philosophical Rudiments concerning Government and Society*; (3) o *Leviathan or the Matter, Forme, and Power of a Commonwealth Ecclesiastical and Civil*, escrito na última parte da estada na França, no final da guerra civil, em 1649, e publicado em Londres, em 1651; publicado também, bem mais tarde, em latim, mutilado e mitigado, na primeira edição da obras completas latinas. Em Amsterdã, em 1668" (Bobbio, *Thomas Hobbes*, 1991, p. 88).

Cap. 13 · JUSNATURALISMO | **237**

Contrariando toda uma tradição, que remonta a Aristóteles, Hobbes se distanciará da aceitação da hipótese de que o homem é um animal político por natureza, para encontrar em seu lugar uma outra, o saber, e de que o homem é um animal egoísta, donde decorre a necessidade de evitar que a vida se extinga pela oposição de todos contra todos, o que funda a importância do contrato criador do Estado.

No estado de natureza há o estado de guerra de uns contra os outros, e o homem pode ser chamado de lobo do próprio homem (*homo homini lupus*). Ou seja, no lugar de atacar outras carniças, outros animais, como lobo do próprio homem, o homem morde o próprio rabo, acaba com seu próprio semelhante, destrói aquele que poderia acabar por auxiliá-lo na caça, isso se caçassem juntos contra terceiros, e não uns contra os outros. Por isso, a preservação da espécie está condicionada pela criação do pacto social, sob a autoridade do soberano (*super omnes*), aquele que está acima de todos para evitar a guerra e a morte. Eis o estado nefasto de autodestruição em que os homens se colocam, na leitura do estado de natureza, pré-cívico, por Hobbes. A propósito, leia-se:

> "Com isso se torna manifesto que, durante o tempo em que os homens vivem sem poder comum capaz de os manter a todos em respeito, eles se encontram naquela condição a que se chama guerra; e uma guerra que é de todos os homens contra todos os homens. Pois a guerra não consiste apenas na batalha, ou no ato de lutar, mas naquele lapso de tempo durante o qual a vontade de travar Batalha é suficientemente conhecida.
>
> Portanto tudo aquilo que é válido para um tempo de guerra, e que todo homem é inimigo de todo homem, o mesmo é válido também para o tempo durante o qual os homens vivem sem outra segurança senão a que lhes pode ser oferecida por sua própria força e sua própria invenção. Numa tal situação não há lugar para a indústria, pois seu fruto é incerto; consequentemente não há cultivo da terra, nem navegação, nem uso das mercadorias que podem ser importadas pelo mar; não há construções confortáveis, nem instrumentos para mover e remover as coisas que precisam de grande força; não há conhecimento da face da terra, nem cômputo do tempo, nem letras; não há sociedade; e o que é pior do que tudo, um constante temor e perigo de morte violenta. E a vida do homem é solitária, pobre, sórdida, embrutecida e curta" (Hobbes, *O leviatã*, 1999, p. 109).

Dessa forma, é a igualdade o grande mal que leva os homens a provocarem danos uns sobre os outros, e causarem a necessidade de intervenção do Estado:

> "Mas, diferentemente dos teóricos do igualitarismo, Hobbes não formula sobre a igualdade natural um juízo de valor positivo; ao contrário, considera a igualdade material dos homens, tal como se verifica no estado de natureza, uma das causas do *bellum omnium contra omnes*, que torna intolerável a permanência naquele estado e obriga os homens a criarem a sociedade civil" (Bobbio, *Igualdade e liberdade*, 1997, p. 37).

O fundamento da teoria política de Hobbes será, nesta dimensão, a existência de um Estado como artifício humano para o aperfeiçoamento da natureza, e a superação do estado de natureza.[13] Assim, é uma convenção que cria o Estado, é um acordo de vonta-

---

[13] "A ideia de que o estado, a *societas civilis*, precisamente enquanto contraposta ao insociável estado de natureza, é algo construído pelo homem, um artefato, é o fundamento – como mostrarei melhor no próximo item – da teoria política hobbesiana" (Bobbio, *Thomas Hobbes*, 1991, p. 33).

des, é um pacto, que dá início à vida civil, no sentido de abolir a guerra e a impunidade geral contra a violência.[14]

Nesse sentido, a ditadura de um é preferível à ditadura de todos, e, instaurado o estado de guerra em condições naturais de convívio, é do estado violento que Hobbes mais procura se afastar, defendendo um modelo segundo o qual o jusnaturalismo corresponde a obedecer às leis civis emanadas do soberano, e a ele se submeter de modo irrestrito, alienando-lhe todos os direitos e liberdades.[15]

CONCLUSÕES

O Direito Natural surge pela primeira vez na história do pensamento com os gregos. Desta feita, sua grande contribuição é mostrar a ligação do Direito com as forças e as leis da natureza. Na segunda oportunidade que vem à tona, no século XVII, o Direito Natural aparece como reação racionalista à situação teocêntrica na qual o Direito fora colocado durante o medievo. É a razão humana, independente da fé, que deduz uma natureza humana da qual se extraem direitos naturais.

Deus deixa de ser visto como o emanador das normas jurídicas, ou como última justificação para a existência das mesmas, e a natureza passa a ocupar esse lugar. Trata-se da acentuada passagem do pensamento teocêntrico ao antropocêntrico. A natureza não dá aos homens esse entendimento; é ele mesmo, por meio do uso da razão, que apreende esse conhecimento e o coloca em prática na sociedade.

Este novo pensamento prepara as bases intelectuais da Revolução Francesa (1789), que rompe, de modo definitivo e prático, com a teocracia e com o modo assimétrico de estratificação social do *Ancien Régime*, e afirma, categoricamente, os direitos naturais, que serão positivados em declarações. Rousseau, o próximo pensador a ser analisado, aprofunda e explicita a ideia do novo consenso realizado por meio dos contratos.

---

[14] "O Estado, responde Hobbes, não é por natureza, e sim por convenção. Precisamente porque satisfaz uma exigência elementar do homem, são os próprios homens que o desejam e lhe dão vida através de um acordo recíproco. Na base do Estado, portanto, ele põe a hipótese contratualista" (Bobbio, *Thomas Hobbes*, 1991, p. 79).

[15] "Quando rebenta a guerra civil, Hobbes 'quebra o encanto' dessa teoria ao sustentar que o poder provém de um contrato entre os homens, que, aterrados pela guerra civil, decidem que alguém deve mandar sem limites legais. Os homens consideram melhor a ditadura de um só do que a de todos. A ordem é o valor mais elementar de uma sociedade; é como respirar. Quando há ordem, ninguém se lembra de que ela está lá. Quando não há, fazemos qualquer coisa para recuperá-la. Exemplo: o golpe de Estado de 1976 – acatar a uma junta militar e esperar que ela ponha ordem – é o contrato hobbesiano perfeito. Há algo pior do que o despotismo: a anarquia" (Grondona, *Os pensadores da liberdade*, 2000, p. 19).

14
JEAN-JACQUES ROUSSEAU E O CONTRATO SOCIAL

14.1 ROUSSEAU: SEU TEMPO E SUA OBRA

Após longos anos de assentamento de uma cultura laica, em meio a agitações sociais e políticas intensas, às vésperas de um movimento mais radical de libertação das rédeas econômicas e estruturais medievais (Primeiro Estado: clero; Segundo Estado: nobreza; Terceiro Estado: povo), a Revolução Francesa (1789), é que se desenvolveu o pensamento de Jean-Jacques Rousseau (1712-1778), o filósofo de Genebra, cujo pensamento é gestado como fruto da própria efervescência de seu tempo. A desmistificação e o racionalismo são claramente preocupações do filósofo do século XVIII, e Rousseau não escapa a esta regra; pelo contrário, é-lhe um sectário. Mas não somente por isso é que sua teoria se destacou como preceptora do nascente e encandecente movimento revolucionário, que haveria de culminar com a tomada da Bastilha em 14 de julho de 1789.

Assim é que, em meio à proposta de resgate do homem por si mesmo, de seu autoconhecimento, ou seja, de introspecção, ressaltou-se o postulado rousseauniano do bom selvagem, impregnado pela nostalgia do passado, pela idealização do espaço da soletude, e pelo bucolismo, traços característicos do romantismo que se desprende das mãos do filósofo social francês no século XVIII. Nesse romantismo está um certo desprezo pelo que ocorre na realidade política; em seu racionalismo, em suas denúncias, em sua revolta doutrinal estão as lições que sintetizam os anseios de uma época.

Se a bondade é intrínseca à natureza humana, o estado cívico só pode corresponder a um estado degenerado da convivência humana, em que o desgoverno, o destempero, a corrupção, a beligerância medram. Abdicarem os homens de suas liberdades individuais e naturais para imergirem no seio do convencionalismo contratual somente sob a condição de que o contrato social garanta a continuidade do estado de natureza, ou seja, do estado de liberdade; é isto o que cumpre analisar por meio dessa investigação.

Os textos de base para a dilucidação da *quaestio vexatissima,* ou seja, o problema da identificação do que seja a justiça na obra de Rousseau,[1] restringir-se-á ao estudo de dois textos fundamentais, apesar de se considerar a importância dos demais textos de sua obra (*Considerações sobre o governo da Polônia; Emílio; Confissões*): *Discours sur l'origine et les fondements de l'inegalité parmi les hommes* (1753), *Discurso sobre a origem e os fundamentos da desigualdade entre os homens*, este primeiro escrito para responder a uma pergunta formulada pela academia de Dijon, qual seja, *"Qual a origem da desigualdade entre os homens, e se ela é autorizada pela lei natural"* (*"Quelle est l'origine de l'inégalité parmi les hommes,*

---

[1] Deve-se ressaltar que de sua obra, em 19 de junho de 1762, *Émile* e *Le Contrat Social* são queimados em praça pública em Genebra e inúmeras perseguições seguem-se do ato de condenação de suas obras.

et si elle est autorisée par la loi naturelle"); *Du contrat social* (1762), *O contrato social,* este segundo escrito é, na verdade, um extrato de uma obra maior que Rousseau havia composto, cuja parte publicada ficou conhecida sob este título,[2] procurando, por meio desta, responder à seguinte questão que se põe a si mesmo: *"O homem nasceu livre, e por todos os lados ele está preso"* (*"L'homme est né libre, et partout il est dans les fers"*; Rousseau, *Du contrat social,* 1992, Livro I, Capítulo I, p. 29). Por que isso ocorre? Esta é a questão a investigar e a respeito da qual refletir.

14.2 A VONTADE GERAL E O CONTRATO SOCIAL

Estudar as dimensões pelas quais se desenvolve o pensamento rousseauniano é, inevitavelmente, ceder espaço para a discussão conjunta de problemas naturais, sociais, políticos e jurídicos. Não se pode pretender anelar o que de fato não ocorre desta maneira, mas cindir o que se encontra unido é igualmente artificial e pernicioso para a compreensão de um pensamento. São fortes os indícios teóricos presentes nas obras deste autor que permitem constatar uma visão compactada da realidade, onde os entrelaçamentos temáticos são incontornáveis. O próprio título da obra, que é basilar para a discussão do tema em Rousseau, está a retratar essa imbricação, pois se chama *Du contrat social* (*Do contrato social*) ou *Principes du droit politique* (*Princípios do direito político*). Não por outra razão, o estudo sobre a justiça possuirá essa conotação ao adentrar no pensamento de Jean-Jacques Rousseau.[3]

Essa investigação sobre o problema da justiça, portanto, não dispensa o conhecimento e tratamento de questões que circundam o problema enfocado. Uma das questões primordiais é aquela atinente à noção de contrato social e sua relação com a vontade geral. Tendo em vista que essas expressões não passaram despercebidas pela história do pensamento, mas, pelo contrário, marcaram profundamente o pensamento e a política modernos, parece relevante deter a análise na compreensão das mesmas.

Porém, deve-se advertir desde logo, que é fonte de dubiedades a interpretação do que J.-J. Rousseau tenha realmente desejado representar linguisticamente quando se utiliza da expressão *contrato social* (*contrat social*). O uso do termo não só é recorrente em todos os livros do *Du contrat social,* mas sua compreensão é chave para a exata identificação das preocupações do autor.

De qualquer forma, identificar nos propósitos do *Du contrat social* o delineamento de uma história da sociedade humana é falsear a proposta de Rousseau. Deve-se começar por dizer que o trabalho de Rousseau é hipotético e não descritivo. A pesquisa e a investigação rousseaunianas não consistem numa busca de acontecimentos ou fatos, que, se se somassem, resultariam na formação da história da humanidade desde seus primórdios; se assim fosse, seu trabalho seria puramente histórico-descritivo. Na verdade, sua proposta é filosófica, e por isso se desdobra no sentido de desenvolver os argumentos que conferem solidez a suas

---

[2] Como diz Rousseau a respeito de sua própria obra: "Ce petit traité est extrait d'un ouvrage plus étendu, entrepris autrefois sans avoir consulté mes forces, et abandonné depuis longtemps. Des divers morceaux qu'on pouvait tirer de ce qui était fait, celui-ci est le plus considérable, et m'a paru le moins indigne d'être offert au public. Le reste n'est déjà plus" (Rousseau, *Du contrat social,* 1992, p. 22).

[3] Jean-Jacques Rousseau, como comprovam várias citações textuais, inclusive no *Du contrat social,* no Capítulo II do Livro I, sobre Grotius, Hobbes, Aristóteles, assim como citação sobre Montesquieu no Capítulo XI do Livro II, manteve-se em vivo e contínuo diálogo com as filosofias políticas que lhe antecederam e que lhe eram contemporâneas.

hipóteses.[4] Uma das hipóteses desenvolvidas em seu trabalho filosófico é a da formação de um contrato social.

O contrato social é, portanto, um pacto, ou seja, uma deliberação conjunta no sentido da formação da sociedade civil e do Estado. Trata-se de um acordo que constrói um sentido de justiça que lhe é próprio; a justiça está no pacto, na deliberação conjunta, na utilidade que surge do pacto.[5] Trata-se de um verdadeiro escambo: liberdade natural × utilidade comum. O homem poderia optar por continuar em sua situação inicial, ou seja, em seu estado de natureza, ou, então, por meio de uma convenção, fundar uma associação tendente à realização de seu estado social. Em poucas palavras, a partir da união de muitos em torno de um objetivo comum, o que há é a formação de um corpo maior e diverso dos corpos individuais dos membros que o compõem. Forma-se mesmo, pode-se dizer, uma pessoa pública (*personne publique*), um corpo moral ou coletivo (*corps moral ou collectif*), diferente dos membros particulares que compõem sua estrutura, e isto em função do ato de união que se chama pacto social.[6]

Há aqui não só o surgimento da sociedade, mas também o do Estado, e isto se pode chamar, em meio ao movimento contratualista como um todo, de contratualismo total.[7] Trata-se, em suma, de uma união de forças, pois se o homem não pode criar novas forças, ao menos pode unir-se para que as forças particulares se transformem em uma força maior, e assim, dessa união possa surgir uma forma de organização em que a força de todos é maior que a força desorganizada e inglória dos particulares espalhados, dispersos, desunidos, desagregados.[8]

O contrato aparece como forma de proteção e de garantia de liberdade, e não o contrário. A união de forças destina-se à realização de uma utilidade geral, que não se confunde com a utilidade deste ou daquele membro. O que se busca é a concretização do que não seria possível ou acessível ao homem em seu estado de natureza, quando as forças particulares agiam desagregadamente. E isso se a vontade particular se destina naturalmente à realização de preferências, a vontade geral que funda o pacto se destina à realização da igualdade.[9] É essa igualdade que deverá governar o pensamento comum dos pactuantes, pois é ela que garante

---

4   É sua advertência: "Commençons donc par écarter tous les faits, car ils ne touchent point à la question. Il ne faut pas prendre les recherches, dans lesquelles on peut entrer sur ce sujet, pour des vérités historiques, mais seulement pour des raisonnements hypotétiques et conditionnels" (Rousseau, *Discours sur l'origine et les fondements de l'inégalité parmi les hommes*, Introduction, 1992, p. 169).

5   Rousseau, *Du contrat social*, 1992, Livro II, Capítulo III, p. 57.

6   "À l'instant, au lieu de la personne particulière de chaque contractant, cet acte d'association produit un corps moral et collectif composé d'autant de membres que l'assemblée a de voix, lequel reçoit de ce même acte son unité, son moi commun, sa vie et sa volonté. Cette personne publique qui se forme ainsi par l'union de toutes les autres prenait autrefois le nom de Cité, et prend maintenant celui de République ou de corps politique, leque est applé par ses membres État quand il est passif, Souverain quand il est actif, Puissance en le comparant à ses semblables" (Rousseau, *Du contrat social*, 1992, Livro I, Capítulo VI, p. 40).

7   "O contratualismo não é uma doutrina, mas um movimento que abrange várias doutrinas muitas vezes conflitantes" (Reale, *Filosofia do direito*, 3. ed., 1962, p. 546). "Contratualismo total é aquele que, como acontece na obra de Hobbes ou de Rousseau, refere-se tanto à origem da sociedade como à do Estado" (Reale, *Filosofia do direito*, 3. ed., 1962, p. 546).

8   "Or comme les hommes ne peuvent engendrer de nouvelles forces, mais seulement unir et diriger celles qui existent, ils n'ont plus d'autre moyen pour se conserver que de former par agrégation une somme de force qui puisse l'emporter sur la résistance, de les mettre en jeu par un seul mobile et de les faire agir de concert" (Rousseau, *Du contrat social*, 1992, Livro I, Capítulo VI, p. 38).

9   "... car la volonté particulière tend par sa nature aux préférences, et la volonté générale à l'égalité" (Rousseau, *Du contrat social*, 1992, Livro II, Capítulo I, p. 51).

a realização do interesse comum dos membros. A noção de contrato social está governada pela ideia de bem comum; é essa sua teleologia.[10]

O contrato social possui o respaldo da vontade geral, que não se constitui meramente da somatória das vontades particulares, mas que se coloca na posição de representar o interesse comum. A vontade geral é mais que simplesmente a vontade de todos (somatória dos interesses particulares), pois aquela visa à realização do interesse comum e público, e esta visa aos interesses particulares.[11] Mais que isso, deve-se esclarecer que a vontade geral não está lastreada na ideia de unanimidade; ela não é geral por ser unânime, por não haver discordância, mas porque nela estarão contadas todas as ideias, todas as contribuições, todas as discordâncias que participam formalmente do todo, do sistema. O critério para definir a vontade geral é a participação de todos, com a formação de um consenso da maioria.[12] O que há de específico também à vontade geral é o fato de ser sempre reta, nunca se enganando, nunca se corrompendo ou se desvirtuando, pois o engano está no julgamento que dela emana ou no uso que dela se faz;[13] é constante[14] e orientada para o que é comum a todos, para o benefício de todos.[15]

Essa convenção social vem, portanto, definida por seus caracteres como útil, equitável e legítima, onde prevalece a igualdade e a comunidade de fins.[16] Mais que isso, no contrato está imanente a noção de que se trata de uma relação em que prevalece a paridade de direitos e deveres, pois em contrapartida à adesão dos particulares e a sua obediência às leis proclamadas como comuns, está o imperativo de que o soberano deve se condicionar à observância delas e deve obedecer à finalidade do pacto, o interesse comum. Há aí um pacto sinalagmático.

Assim, após sua formação com um corpo único, total, dotado de vida, de forças próprias, de autonomia, de vontade, o que há é que qualquer atentado a uma de suas partes representa também um atentado a todo o corpo. Da mesma forma, qualquer atentado ao todo será também um atentado à parte. O interesse particular agrega-se de tal forma ao interesse geral, que se torna difícil identificar um atentado a um que não represente, ao mesmo tempo, um atentado ao outro. Assim, a punição que o corpo social, atingido por um ato ilícito, pode

---

[10]   "Or c'est uniquement sur cet intérêt commun que la société doit être gouvernée" (Rousseau, *Du contrat social*, 1992, Livro II, Capítulo I, p. 51).

[11]   "Il y a souvent bien de la différence entre la volonté de tous et la volonté générale; celle-ci ne regarde qu'à l'interêt commun, l'autre regarde à l'intéret privé, et n'est qu'une somme de volontés particulières" (Rousseau, *Du contrat social*, 1992, Livro II, Capítulo III, p. 54).

[12]   Para alguns autores, esse seria um ponto frágil da teoria rousseauniana, porque se limitaria a descrever o que é atinente somente à democracia, e não a todos os povos, a todos os sistemas políticos, em todos os tempos etc.: "Defini-lo com Rousseau e outros como expressão da vontade geral, ou seja, da vontade da maioria do povo, é formular uma definição exclusivamente correspondente ao direito das democracias, sendo assim inaplicável, por exemplo, ao Código de Hamurabi" (Gusmão, *Introdução ao estudo do direito*, 1999, p. 50).

[13]   "La volonté générale est toujours droite, mais le jugement qui la guide n'est pas toujours éclairé" (Rousseau, *Du contrat social*, Livro II, Capítulo VI, p. 64).

[14]   "S'ensuit-il de là que la volonté générale soit anéantie ou corrompue? Non, elle est toujours constante, inaltérable et pure; mais elle est subordonnée à d'autres qui l'emportent sur elle" (Rousseau, *Du contrat social*, Livro IV, Capítulo I, p. 134).

[15]   A vontade geral, nesse sentido: "Il s'en suit de ce qui précède que la volonté générale est toujours droite et tend toujours à l'utilité publique" (Rousseau, *Du contrat social*, 1992, Livro II, Capítulo III, p. 54).

[16]   "Convention légitime, parce qu'elle a pour base le contrat social, équitable, parce qu'elle est commune à tous, utile, parce qu'elle ne peut avoir d'autre objet que le bien général, et solide, parce qu'elle a pour garant la force publique et le pouvoir suprême" (Rousseau, *Du contrat social*, 1992, Livro II, Capítulo IV, p. 59).

Cap. 14 · JEAN-JACQUES ROUSSEAU E O CONTRATO SOCIAL | 243

aplicar sobre um particular facilmente justifica-se, e isso à medida que a violação, seja ao todo, seja a um particular, é um problema sempre do todo.[17] O direito de punir encontra aí sua justificação e seu fundamento.

Ocorre, porém, que a convenção não é o fim dos males humanos, pelo contrário, é o início das tormentas humanas.[18] Se se quiser retraçar a história das desgraças humanas, diz Rousseau, deve-se retraçar a história das sociedades civis. Enfim, o que é contrato social? A fonte dos males da sociedade, ou o pacto tendente à realização de uma utilidade geral? Surge, aqui, um impasse que parece macular a obra de Rousseau pela contradição interna.

Ademais, o que se constata com essas afirmações é que há uma forte contradição interna na teoria rousseauniana, pois, de um lado, o contrato representa a chave para a conservação do homem, mas, de outro lado, é a chave que aprisiona o homem à sociedade civil, fontes de fortes iniquidades. O que se deve perceber aqui é um contrassenso, que se pode admitir como natural, entre a descrição que Rousseau oferece da realidade perversa das práticas políticas de seu tempo e o desejo rousseauniano do que poderia em verdade ser o contrato social; a contradição se dá como uma condição natural do que se vislumbra como deve ser (ou deveria ser) o contrato social e do que efetivamente é (o que ocorre) o contrato social; na descrição de uma realidade que, à sua época, era flagrantemente iníqua, fonte de desigualdades e desmandos, desordem e proteção de interesses pessoais. Trata-se, em suma, de uma oposição entre o que a teoria oferece (*theoría*) e o que a prática social demonstra (*práxis*).

É assim que, após tecer longas considerações sobre trabalho, ócio, alimentos, fadigas etc., Rousseau, em seu *Discours sur l'origine et les fondements de l'inégalité parmi les hommes*, conclui que a causa de todos os males humanos são as próprias invenções humanas, e que a forma de se corrigir todo tipo de desvio seria a manutenção do estado de natureza do homem. Na vida simples, pura e uniforme, sem tropeços e contratempos, sem mandos e desmandos, sem ordem e desordem, estaria a verdadeira felicidade humana; é no estado pré-cívico, ou de natureza, que residiria a felicidade humana, e não no artificialismo fundado com o pacto.[19]

Entretanto, esta convenção social é aquela que cria as condições artificiais com as quais se estabelece o homem em sociedade. A passagem do estado de natureza para o estado legal, ou seja, do estado pré-cívico para o social, é uma passagem brusca, em que, para Rousseau, há grande perda de liberdade (natural) e deterioração de qualidades.[20] No estado de natureza, o homem possuía todas as suas potencialidades livres para serem exercidas ilimitadamente, inclusive sua liberdade, que não possuía aparas. O natural, na verdade, em sua concepção, não seria o evolver da sociedade de um estado primeiro, mais primitivo, a um estado segundo, mais

---

[17]   "Afin donc que le pacte social ne soit pas un vain formulaire, il renferme tacitement cet engagement qui seul peut donner la force aux autres, que quiconque refusera d'obéir à la volonté générale y sera contraint par tout le corps; ce qui signifie autre chose sinon qu'on le forcera d'être libre" (Rousseau, *Du contrat social*, 1992, Livro I, Capítulo VII, p. 42-43).

[18]   "On ferait aisément l'histoire des maladies humaines en suivant celle des sociétés civiles" (Rousseau, *Discours sur l'origine et les fondements de l'inégalité parmi les hommes*, Primeira Parte, 1992, p. 180).

[19]   "Voilà les funeste garants que la plupart de nos maux sont notre propre ouvrage, et que nous aurions presque tous évités, en conservant la manière de vivre simple, uniforme, et solitaire qui nous était prescrite par la nature" (Rousseau, *Discours sur l'origine et les fondements de l'inégalité parmi les hommes*, Primeira Parte, 1992, p. 179).

[20]   Contudo, para Rousseau, o indivíduo pode opor seu direito de liberdade ao Estado, pois esta sua liberdade não se esvai em momento algum: "Saindo do estado de natureza e colocando-se sob a égide do Estado, os homens permanecem livres e iguais, sendo seus direitos resguardados por força que emana do grupo, sem com este confundir-se" (Cretella Jr., *Curso de filosofia do direito*, 4. ed., 1993, p. 147).

avançado, mas a manutenção do homem em um determinado estado pré-cívico. A sociedade não tem nada de natural, e tem tudo de artificial e pernicioso; fundada a sociedade civil, o homem comprou sua própria escravização.[21] Esta escravização do homem aos cânones do pacto o tornaram um ser frágil, destituído de coragem, detestavelmente submisso a normas sociais e as crenças falaciosas.[22]

14.3 DIREITOS NATURAIS E DIREITOS CIVIS

Os direitos civis somente surgem após o advento do contrato social. Os direitos naturais, por sua vez, são anteriores aos direitos civis, preexistindo a qualquer convenção social. O que se está a estudar é a existência de uma tecitura dual, que divide o homem em dois estados, um primeiro, o estado natural, e um segundo, o estado civil. Entre estes estados primeiro e segundo está a mediar a ruptura a convenção a que se chama contrato social.

Para que se possa discutir, portanto, a existência de direitos naturais e de direitos civis, como duas categorias distintas de direitos na teoria de Rousseau, há que se partir de um pressuposto, a saber, aquele segundo o qual, entre um estado primeiro e um estado segundo, existe uma mudança substancial de qualidade de convívio e organização social para o homem. Nesse sentido, a ruptura entre um estado primeiro, chamado de natureza (*status naturae*), e um estado segundo, chamado cívico (*status civitatis*), se dá com a cessão das liberdades individuais ao Estado, o que é feito por meio do contrato social. Ou seja, o pacto social é ele mesmo o fundamento da existência do que é construído pelo homem, e que não se encontra na natureza. Serão as leis que são imanentes à natureza humana, então, a mensuração da aptidão para o bem comum das leis sociais. Ou, ainda, em outras palavras, se se tiver que determinar quais os limites da aventura cívica humana, estes limites estão dados pela própria natureza.

Na verdade, os direitos civis, para representarem uma ordem justa, legítima, fundada na igualdade e no respeito do *status naturae*, devem encarnar os chamados direitos naturais; devem ser seu prolongamento vital, ou seja, sua continuidade ininterrupta, mesmo após a adesão ao contrato social, pois da bagagem do que é de sua natureza o homem jamais se livra. Os direitos civis definem-se, *in substantiam*, pelo que os direitos naturais, por si sós, representam em termos de conteúdo. Enfim, o que se vê da história humana, diz Rousseau, é que os direitos civis se fizeram distanciar dos direitos naturais, de modo que o direito civil converteu-se em direito arbitrário, e a lei natural remanesceu apenas como lei comum aos povos, ou seja, como direito das gentes.[23]

Perceba-se que o pressuposto de partida para a elaboração dessas afirmações teóricas é o de que a natureza é boa, no sentido de que suas leis (naturais) são mais perfeitas que as

---

[21] "De quoi s'agit-il donc précisément dans ce discours? De marquer dans le progrès des choses le moment où le droit succédant à la violence, la nature fut soumise à la loi; d'expliquer par quel enchaînement de prodiges le fort put se résoudre à servir le faible, et le peuple à acheter un repos en idée, au prix d'une félicité réelle" (Rousseau, *Discours sur l'origine et les fondements de l'inégalité parmi les hommes*, Introdução, 1992, p. 168).

[22] Nas ácidas palavras de J.-J. Rousseau: "Il en est ainsi de l'homme même: en devenant sociable et esclave, il devient faible, craintif, rampant, et sa manière de vivre molle et efféminée achève d'énerver à la fois sa force et son courage" (Rousseau, *Discours sur l'origine et les fondements de l'inégalité parmi les hommes*, Primeira Parte, 1992, p. 181).

[23] "Le droit civil étant ainsi devenu la règle commune des citoyens, la loi de nature n'eut plus lieu qu'entre les diverses sociétés, où, sous le nom de droit des gens, elle fut tempérée par quelques conventions tacites pour rendre le commerce possible et suppléer à la commiseration naturelle" (Rousseau, *Discours sur l'origine et les fondements de l'inégalité parmi les hommes*, Segunda Parte, 1992, p. 240).

humanas.[24] Contudo, Rousseau não está desavisado quanto aos perigos da definição do que seja a lei natural; ele mesmo incumbe-se de dizer que a expressão é equívoca, e, assim sendo, é de difícil definição.[25] De qualquer forma, se a natureza produziu o homem dessa forma, e não daquela forma, é porque dessa forma deve ser mantido. Mais que isso, o homem em si é bom (por natureza), e a sociedade o corrompe (por convenção); a tese sustentada por Rousseau é diversa daquela sustentada por Hobbes, porque a teoria hobbesiana caminha para a afirmação de que o homem é mau por natureza (*homo homini lupus*).[26] A corrupção humana dá-se, para Rousseau, num segundo momento, ou seja, a partir de quando a sociedade se constitui, e o homem deixa sua solidão natural. No estado de natureza, o homem encontrava a forma bucólica, idílica, campesina e romântica de viver livre de qualquer jugo humano ou convencional. A única forma de sociedade não artificial, e, portanto, natural, na teoria rousseauniana, é a chamada sociedade familiar, rudimento da formação civil.[27]

Deve-se reter que a passagem do estado de natureza ao estado cívico importa em que, quando do ato de pactuar, cada pessoa se dá a todos e a ninguém ao mesmo tempo. Isso quer dizer que, formado o todo, ninguém tem direito sobre ninguém, senão o Estado sobre seus membros. Entretanto, ainda este poder que o Estado possa ter sobre os particulares é limitado, calculado, mensurável, e não ilimitado, incalculável ou invencível. A liberdade continua íntegra após a adesão ao pacto, agora com a garantia de um Estado que a reforce.[28]

Assim, aquele que pactua conserva seu direito de liberdade, não tendo nunca alienado esse mesmo direito, nem o seu, nem o de seus descendentes.[29] Renúncia à liberdade significa renúncia a direitos do homem, aos próprios deveres mesmo que lhe são imanentes.[30] Nesse sentido é que o direito de escravidão é apontado por Rousseau como uma contradição de termos.[31]

---

[24]   "Diferentemente de Hobbes, para quem o homem é mau por natureza, admitiu o contrário, pois tudo que provém da natureza é bom" (Nader, *Filosofia do Direito*, 5. ed., 1997, p. 138).

[25]   "Connaissant si peu la nature et s'accordant si mal sur le sens du mot loi, il serait bien difficile de convenir d'une bonne définition de la loi naturelle" (Rousseau, *Discours sur l'origine et les fondements de l'inégalité parmi les hommes*, Prefácio, 1992, p. 161).

[26]   A este respeito, Rousseau é claro ao dizer que: "Hobbes prétend que l'homme est naturellement intrépide, et ne cherche qu'à attaquer, et combattre" (Rousseau, *Discours sur l'origine et les fondements de l'inégalité parmi les hommes*, Primeira Parte, 1992, p. 176).

[27]   "La plus ancienne de toutes les sociétés et la seule naturelle est celle de la famille" (Rousseau, *Du contrat social*, 1992, Livro I, Capítulo I, p. 29). "La famille est donc si l'on veut le premier modèle des sociétés politiques; le chef est l'image du père, le peuple est l'image des enfants, et tous étant nés égaux et libres n'aliènent leur liberté que pour leur utilité" (Rousseau, *Du contrat social*, 1992, Livro I, Capítulo II, p. 30).

[28]   "O resultado é precisamente que todos os homens permanecem livres e iguais como no estado de natureza, mas os seus direitos adquirem uma garantia tutelar, antes inexistente" (Del Vecchio, *Lições de filosofia do direito*, 1979, p. 123).

[29]   "Quand chacun pourrait s'aliéner lui-même, il ne peut aliéner ses enfants; ils naissent hommes et libres; leur liberté leur appartient, nul n'a droit d'en disposer qu'eux" (Rousseau, *Du contrat social*, 1992, Livro I, Capítulo IV, p. 34).

[30]   "Rennoncer a sa liberté c'est rénoncer à la qualité d'homme, aux droits de l'humanité, même à ses devoirs" (Rousseau, *Du contrat social*, 1992, Livro I, Capítulo IV, p. 34).

[31]   "Ainsi, de quelque sens qu'on envisage les choses, le droit d'esclave est nul, non seulement parce qu'il est illégitime, mais parce que qu'il est absurde et ne signifie rien. Ces mots, esclavage et droit, sont contradictoires; ils s'excluent mutuellement. Soit d'un homme à un homme, soit d'un homme à un peuple, ce discours sera toujours également insensé. *Je fais avec toi une convention toute à ta charge et toute à mon*

A liberdade do cidadão dá-se em relação proporcional e direta à grandeza do Estado: quanto maior, menor a liberdade dos cidadãos que o compõem; quanto menor, maior a liberdade dos cidadãos que o compõem.[32] Seria impensável uma alienação geral do povo de seus direitos básicos para aderirem a um pacto; se há que se dizer algo, deve-se afirmar que isto é loucura e não pacto social, diz Rousseau. Nesse sentido, doar[33] sua liberdade a um, ou a poucos, ou a muitos, do governo seria o mesmo que assinar um decreto de escravidão.[34]

Assim, o contrato social encontra seus limites (ou os poderes que deste pacto decorrem estão limitados por, o que equivale a dizer o mesmo) nos direitos naturais dos pactuantes. São os direitos que antecedem o pacto bem diversos daqueles formados com o pacto, pois estes últimos podem ou não respeitar os primeiros.[35] Os direitos civis seriam, quando conformes àqueles, os direitos naturais declarados pelo Estado.

O homem nasceu livre; por que se encontra sob ferros? É essa a questão que fomenta a pesquisa rousseauniana sobre direitos, deveres, estado de natureza e estado civil, contratos etc.[36] Rousseau não está simplesmente a conjecturar ou a pressupor a existência de direitos ínsitos ao homem. Na teoria rousseauniana, existe lugar preciso e determinado para os direitos naturais, que devem ser respeitados pelo pacto social. É isso que se tenta afirmar neste passo.

Nenhum homem possui, por natureza, nenhum direito de submeter outro homem.[37] O homem só deve ceder ao poder legítimo, ou seja, àquele legitimamente constituído pela vontade de adesão e de deliberação,[38] e não àquele constituído com base na força física. A força física não possui ação moral nenhuma; trata-se de uma força que, se irresistível, leva à submissão e não à aderência.

Para Rousseau, a passagem do estado pré-cívico ao cívico deu-se exatamente em função dessa necessidade de transformar o poder físico em poder moral. Isso porque o mais forte nunca é tão forte para ser sempre mestre, e isto se ele não transforma seu poder físico em

---

profit, que j'observerai tant qu'il me plaira, et que tu observeras tant qu'il me plaira" (Rousseau, Du contrat social, 1992, Livro I, Capítulo IV, p. 37).

[32] "D'où il suit que plus l'État s'agrandit, plus la liberté diminue" (Rousseau, Le contrat social, Livro III, Capítulo I, p. 87).

[33] A palavra alienar pode significar, e isto Rousseau indica, dar ou vender: "Aliéner c'est donner ou vendre" (Rousseau, Du contrat social, 1992, Livro I, Capítulo IV, p. 33).

[34] "Que des hommes épars soient successivement asservis à un seul, en quelque nombre qu'ils puissent être, je ne voit là qu'un maître et des esclaves, je n'y vois point un peuple et son chef; c'est si l'on veut une agrégation, mais non pas une association; il n'y a là ni bien public ni corps politique" (Rousseau, Du contrat social, 1992, Livro I, Capítulo V, p. 37).

[35] "Il s'agit donc de bien distinguer les droits respectifs des citoyens et du souverain, et les devoirs qu'ont à remplir les premiers en qualité de sujets, du droit naturel dont ils doivent jouir en qualité d'hommes" (Rousseau, Du contrat social, 1992, Livro II, Capítulo III, p. 56).

[36] "L'homme est né libre, et partout il est dans les fers" (Rousseau, Du contrat social, 1992, Capítulo I, p. 29). Por quê?

[37] "Puisque aucun homme n'a une autorité naturelle sur son semblable, et puisque la force ne produit aucun droit, restent donc les conventions pour base de toute autorité légitime parmi les hommes" (Rousseau, Du contrat social, 1992, Livro I, Capítulo IV, p. 33).

[38] "Convenons donc que force ne fait pas droit, et qu'on n'est obligé d'obéir qu'aux puissances légitimes" (Rousseau, Du contrat social, 1992, Livro I, Capítulo III, p. 33)

Cap. 14 • JEAN-JACQUES ROUSSEAU E O CONTRATO SOCIAL | **247**

poder moral.[39] Nesse sentido é que se sugere que o direito venha em lugar do apetite e que a justiça venha em lugar do instinto.[40]

Assim é que os homens, e não Deus, no sentido de uma teoria laicizada do poder, fundam a sociedade, no sentido da moralização de seus atos, em que a força física cede à força racional, e todas as possíveis consequências dessa substituição passam a entrar em operação. Nesse sentido, a liberdade natural, ou seja, a força do indivíduo e suas limitações egoísticas, é substituída também pela liberdade civil, em que a vontade de um convive e dialoga com a vontade geral, direitos e deveres ladeiam-se, interagem, afirmam-se, reafirmam-se etc.

Daí emerge a verdadeira liberdade, que reside no conceito de legalidade, única forma de garantia da igualdade. Não há verdadeira igualdade fora do pacto, e sim dominação. Com o contrato surge a moralidade, o consenso, a verdadeira liberdade deliberada. Com isso, progressivamente, a moralidade vem-se substituindo à noção de vingança privada, de julgamento e desforra privada das ofensas.[41] A liberdade do estado de natureza pode ser identificada como um estado de liberdade desvairada, no qual prevalece o direito do mais forte, pois para cada liberdade individual não há limites e nem aparas.[42] E isso porque a liberdade individual pré-cívica significava também desigualdade física efetiva, e, portanto, submissão, escravidão. A desigualdade moral, se não anda em par com a desigualdade física, é contra a lei natural, de qualquer forma que se possa defini-la.

Ainda assim, tendo explanado sobre a moralização da sociedade e sobre a formação dos direitos, Rousseau é cético quanto à natureza da sociedade civil. O homem deveria mesmo ter continuado em sua juventude, em seu estado de natureza, e não envelhecido e decretado sua decrepitude com a sociedade civil; a exemplo dos selvagens, dever-se-ia ter considerado a hipótese de o homem se conservar em seu estado de natureza, vivendo de suas atividades frugais e bucólicas.[43]

Por que esta conclusão? Com o pacto, além da moralização dos atos anteriormente vingativos, instintivos e brutais, além da construção da liberdade moral, surgem as leis, a propriedade, a magistratura, a usurpação etc. e aí para Rousseau estão os males da sociedade. A propriedade é mesmo o decreto de fim à igualdade humana, na concepção rousseauniana. Assim, desigualdade e propriedade são uma e a mesma coisa. E a história das desigualdades

---

[39]   "Le plus fort n'est jamais assez fort pour être toujours le maître, s'il ne transforme sa force en droit et l'obéissance en devoir" (Rousseau, *Du contrat social,* 1992, Livro I, Capítulo III, p. 32).

[40]   A justiça vem substituir o instinto, o direito, à impulsão física: "Ce passage de l'état de nature à l'état civil produit dans l'homme un changement très remarquable, en substituant dans sa conduite la justice à l'instinct, et donnant à ses actions la moralité qui leur manquait auparavant. C'est alors seulement que la voix du devoir succédant à l'impulsion physique et le droit à l'appétit" (Rousseau, *Du contrat social,* 1992, Livro I, Capítulo VIII, p. 43).

[41]   "Que la moralité commençant à s'introduire dans les actions humaines, et chacun avant les lois étant seul juge et vengeur des offenses qu'il avait reçues, la bonté convenable au pur état de nature n'était plus celle qui convenait à la société naissante" (Rousseau, *Discours sur l'origine et les fondements de l'inégalité parmi les hommes,* Segunda Parte, 1992, p. 229).

[42]   "On pourrait sur ce qui précède ajouter à l'acquis de l'état civil la liberté morale, qui seule rend l'homme vraiment maître de lui; car l'impulsion du seul appétit est esclavage, et l'obéissance à la loi qu'on s'est prescrite est liberté" (Rousseau, *Du contrat social,* 1992, Livro I, Capítulo VIII, p. 44).

[43]   "L'exemple des sauvages qu'on a presque tous trouvés à ce point semble confirmer que le genre humain était fait pour y rester toujours, que cet état est la véritable jeunesse du monde, et que tous les progrès ultérieures ont été en apparence autant de pas vers la perfection de l'individu, et en effet vers la décrépitude de l'espèce" (Rousseau, *Discours sur l'origine et les fondements de l'inégalité parmi les hommes,* Segunda Parte, 1992, p. 231).

dá-se com o estabelecimento sucessivo da lei, do direito de propriedade, da magistratura, do poder arbitrário.[44] A propriedade, a princípio um ato arbitrário de tomada de posse sobre um bem, é transformada, para Rousseau, arbitrariamente em um direito, que passa a ser a causa de domínio de muitos por parte de poucos e, portanto, de exclusão,[45] dando origem à usurpação, que, por sua vez, forma o direito de excluir,[46] enquanto a servidão dá origem à miséria e à submissão constante de uns em favor de outros.

Rousseau quer radicar o surgimento da ideia de propriedade da própria atividade de cultivo e uso da terra, que, lavorada, dividida, custeada, utilizada, mensurada, foi-se fragmentando e dando origem à noção de "minha propriedade" e de "sua propriedade".[47] Ora, é este, na opinião de Rousseau, o verdadeiro fundador da sociedade civil; é este primeiro homem que disse "Esta terra é minha!", e que se fez acreditar por gente simples que as coisas não são comuns, e sim particulares, que existe o meu e o seu, e não o que é de todos, o responsável pelo desvirtuamento da sociedade. Reproduzindo o grito de Rousseau, quantas guerras, crimes, assassinatos e misérias não teriam sido evitados se este primeiro proprietário não tivesse sido ouvido por seus semelhantes![48]

É aí que reside o erro de formação da sociedade e do Estado. Assim, na teoria rousseauniana, a solução seria a não criação da sociedade civil e seus cânones (propriedade, direito de reivindicar etc.), ou, então, a única forma de reparação do erro cometido com a formação da sociedade, seria o retorno ao *status naturae*.[49] Isso leva a pensar que a adequada repro-

---

[44] "Si nous suivons le progrès de l'inégalité dans ces différentes révolutions, nous trouverons que l'établissement de la loi et du droit de propriété fut son premier terme; l'institution de la magistrature le second, que le troisième et dernier fut le changement du pouvoir légitime en pouvoir arbitraire" (Rousseau, *Discours sur l'origine et les fondements de l'inégalité parmi les hommes*, Segunda Parte, 1992, p. 249).

[45] "Tout homme a naturellement droit à tout ce qui lui est nécessaire; mais l'acte positif qui le rend propriétaire de quelque bien l'exclut de tout le reste" (Rousseau, *Du contrat social*, 1992, Livro I, Capítulo IX, p. 44).

[46] "Changer l'usurpation en un véritable droit, et la jouissance en propriété" (Rousseau, *Du contrat social*, 1992, Livro I, Capítulo IX, p. 46).

[47] Assim, a descrição dessa evolução do conceito de propriedade, até a própria instituição do direito de propriedade: "De la culture des terres s'ensuivit nécessairement leur partage, et de la propriété une fois reconnue les premières règles de justice: car pour rendre à chacun le sien, il faut que chacun puisse avoir quelque chose" (Rousseau, *Discours sur l'origine et les fondements de l'inégalité parmi les hommes*, Segunda Parte, 1992, p. 234). "C'est le seul travail qui donnant droit au cultivateur sur le produit de la terre qu'il a labourée lui en donne par conséquent sur le fond, au moins jusqu'à la récolte, et ainsi d'année en année, ce qui faisant une possession continue, se transforme aisément en propriété" (Rousseau, *Discours sur l'origine et les fondements de l'inégalité parmi les hommes*, Segunda Parte, 1992, p. 234).

[48] "Le premier qui, ayant enclos un terrain, s'avisa de dire: *Ceci est à moi*, et trouva des gens assez simples pour le croire, fut le vrai fondateur de la société civile. Que des crimes, de guerres, de meurtres, que de misères et d'horreurs n'eût point éparnés au genre humain celui qui, arrachant les pieux ou comblant le fossé, eût crié à ses semblables: Gardez-vous d'écouter cet imposteur; vous êtes perdus, si vous oubliez que les fruits sont à tous, et que la terre n'est à personne" (Rousseau, *Discours sur l'origine et les fondements de l'inégalité parmi les hommes*, Segunda Parte, 1992, p. 222).

[49] "Je conçois dans l'espèce humaine deux sortes d'inégalité; l'une j'appelle naturelle ou physique, parce qu'elle est établie par la nature, et qui consiste dans la différence des âges, de la santé, des forces du corps, et des qualités de l'esprit, ou de l'âme, l'autre qu'on peut appeler inégalité morale, ou politique, parce qu'elle dépend d'une sorte de convention, et qu'elle est établie, ou du moins autorisée par le consentement des hommes. Celle-ci consiste dans les différents, privilèges, dont quelques-uns jouissent, au préjudice des autres, comme d'être plus riches, plus honorés, plus puissants qu'eux, ou même de s'en faire obéir" (Rousseau, *Discours sur l'origine et les fondements de l'inégalité parmi les hommes*, Introdução, 1992, p. 167).

Cap. 14 · JEAN-JACQUES ROUSSEAU E O CONTRATO SOCIAL | **249**

dução do estado de natureza, pelo respeito dos direitos de natureza do homem, é paliativo à impossibilidade desse regresso a um estado pré-cívico. Assim, onde leis correspondessem à moralidade da sociedade, menor seria o grau de imposição, de artificialidade e arbitrariedade.[50] O Estado, no fundo, deve ser o retrato do *status naturae*, e isso se quiser ser um Estado legitimamente constituído.[51]

14.4 LEIS E JUSTIÇA

O jusnaturalismo rousseauniano expressa-se no fato de se poder detectar em sua obra fortes indícios de um imanentismo da justiça, uma vez que o filósofo de Genebra desenvolve suas ideias destacando-as da ordem natural das coisas. Na verdade, Rousseau é o último grande jusnaturalista de sua época, sendo sua noção de direitos naturais inspiradora das ideias da Revolução Francesa e da Declaração de Direitos do Homem e do Cidadão; essa ideia de direitos naturais oponíveis ao Estado e ao soberano tomaram amplo reflexo na sociedade de seu tempo.[52]

De fato, como afirma Bobbio:

> "Quando, no início do *Contrato social*, Rousseau escreveu as fatídicas palavras o *homem nasceu livre, e por toda a parte encontra-se em cadeias*, indicou na libertação das cadeias, no ideal da liberdade, o τελος, portanto, o sentido da história. A Revolução Francesa apareceria a seus grandes contemporâneos como a primeira e entusiasmante realização desse ideal (ainda que nem sempre plena e justa, com todos os seus execráveis horrores)" (Bobbio, *Igualdade e liberdade*, 1997, p. 72).

O que aguardava Rousseau, efetivamente, do contrato social era uma ordem justa, de fato correspondente ao estado de natureza, respeitante da vontade geral, que jamais falha e está sempre retamente constituída.[53] É em busca de leis, não só de leis, mas de leis justas, que Rousseau de fato escreveu sua obra.[54] Em verdade, o estado de coisas de seu tempo é sempre uma constante em que as leis de justiça retratam o prevalecimento de uns em detrimento de outros.

Seu jusnaturalismo reside no fato de que realmente o conteúdo dos direitos civis já vem previamente definido pelo contrato, que se lastreia na vontade geral. A vontade geral é uma

---

[50] "Or moins les volontés particulières se rapportent à la volonté générale, c'est-à-dire les moeurs aux lois, plus la force réprimante doit augmenter" (Rousseau, *Le contrat social*, Livro III, Capítulo I, p. 87-88).

[51] "Ponto de partida e base da construção política de Rousseau é o direito natural da liberdade e da igualdade. Só quando o seu ordenamento se conformar com o referido princípio é que o Estado é um verdadeiro estado – um estado natural e racionalmente legítimo" (Del Vecchio, *Lições de filosofia do direito*, 1979, p. 122).

[52] Como diz Del Vecchio: "A maior eficácia coube, no entanto, às ideias de Rousseau, pois, naquela época, tudo conspirava para valorizar as doutrinas do direito natural, de que ele foi o último e mais eloquente intérprete" (Del Vecchio, *Lições de filosofia do direito*, 1979, p. 124).

[53] Em seu prefácio à edição francesa, Pierre Burgelin escreve: "Le contrat social selon Rousseau ne contient rien de tel: des hommes se rassemblent, comme ces aventuriers qui, dit-on, accompagnaient Romulus. Jusque-là ils vivaient dans l'anarchie où la lutte pour la vie fait la loi. Mais ils ont l'idée de justice, qui, selon Rousseau, est inée à l'homme: ils proposent de fonder une juste société, un corps politique" (Burgelin, *Le contrat social*, Introdução, p. 11).

[54] "Rousseau pretendeu ditar as leis justas (*foederis aequas leges*, lema do Contrato social), depois de ter explicitamente declarado que as leis vigentes (positivas) eram injustas" (Del Vecchio, *Lições de filosofia do direito*, 1979, p. 122).

vontade de pactuar e de formar uma sociedade que saiba preservar direitos e liberdades inatos ao homem, anteriores ao pacto, imanentes, inalienáveis e insuprimíveis.[55]

O fundamento de toda lei deve ser a noção de justiça, imanente ao pacto, e *a priori* de qualquer convenção humana. Assim, não é, em sua teoria, de Deus,[56] de uma força metafísica ou de uma lei divina que emana a justiça das leis, mas dos próprios homens que sabem respeitar os limites de legislar segundo a natureza. Assim, ainda que com fundamento racional--natural, acima dos direitos naturais nem mesmo o soberano e seus mandamentos. Nenhuma ideologia religiosa mistura-se ou deve-se misturar aos deveres dos cidadãos. O credo deixa de ser fundamento para obediência, pois os direitos são feitos por homens e para homens. Aliás, em verdade, a tolerância religiosa deve ser extensiva a todos os credos, contanto que essas religiões preguem a tolerância e não desviem os cidadãos de seus deveres cívicos.[57] É isso que prega Rousseau.

E se se quer discutir a formação das leis do Estado (e Rousseau as distingue em políticas, civis, penais e costumeiras, e a Rousseau interessa o estudo das primeiras, o que se faz no Cap. XII do Livro II de *Du contrat social*), deve-se dizer que a vontade geral é fundadora do pacto social; é dela que emana o poder para a feitura das leis de um Estado.[58] Na verdade, o contrato aparece como sendo a única forma de salvaguardar e proteger a liberdade do indivíduo. É o contrato a forma-guardiã de estabilidade da liberdade e da igualdade. É no povo que reside a soberania, e é dele que esta mesma emana. Mais que isto, se o poder é exercido por um ou por alguns, estes são meros representantes da vontade geral, esta sim emanando do povo.[59]

De fato, as leis são feitas pelo legislador (Assembleia Nacional), mas o poder de ditar as leis remonta à ideia de pacto, onde o único soberano é o povo. Esta ideia haveria de conquistar as democracias modernas e marcar-lhes definitivamente o espírito. O Poder Legislativo é mesmo o coração do Estado, para Rousseau, enquanto o Poder Executivo é-lhe o cérebro; se o cérebro se paralisa e o coração funciona, ainda assim há vida, mas se o coração cessa suas funções, não há mais vida. Com essa figura, Rousseau quer exprimir a indispensabilidade do Poder Legislativo, noção esta que haveria de marcar também a história das democracias representativas modernas, em que o sufrágio universal figura como sendo o maior instrumento e a maior arma de participação no poder por parte do cidadão.[60] É impor-

---

[55] "Segundo Rousseau, o contrato social representa aquela forma ideal de associação em que o pertencer a um corpo político não destrói a liberdade de cada um. O conteúdo do contrato é, pois, determinado *a priori;* não é qualquer coisa de contingente (como, por exemplo, em Grócio), mas significa, única e necessariamente, a consagração política dos direitos de liberdade e de igualdade próprios do homem no estado de natureza" (Del Vecchio, *Lições de filosofia do direito,* 1979, p. 121).

[56] "Toute justice vient de Dieu, lui seul en est la source; mais si nous savions la recevoir de si haut nous n'aurions besoin ni de gouvernement ni de lois. Sans doute il est une justice universelle émanée de la raison seule; mais cette justice pour être admise entre nous doit être réciproque" (Rousseau, *Du contrat social,* 1992, Livro II, Capítulo V, p. 61).

[57] "Maintenant qu'il n'y a plus et qu'il ne peut plus y avoir religion nationale exclusive, on doit tolérer toutes celles qui tolèrent les autres, autant que leurs dogmes n'ont rien de contraire aux devoirs du citoyen" (Rousseau, *Le contrat social,* Livro IV, Capítulo VIII, p. 168).

[58] "A lei, para Rousseau, não passa da expressão da vontade geral – e, por conseguinte, não é acto de comando arbitrário" (Del Vecchio, *Lições de filosofia do direito,* 1979, p. 123).

[59] "A soberania é inalienável, imprescritível e indivisível, e embora o governo ou poder executivo seja confiado a determinados órgãos ou indivíduos, a soberania conserva a sua sede no povo que, a todo o tempo, poderá avocá-la a si" (Del Vecchio, *Lições de filosofia do direito,* 1979, p. 123).

[60] "La puissance législative est le coeur de l'État, la puissance exécutive en est le cerveau, qui donne le mouvement à toutes les parties. Le cerveau peut tomber en paralysie et l'individu vivre encore. Un homme

Cap. 14 · JEAN-JACQUES ROUSSEAU E O CONTRATO SOCIAL | 251

tante ressaltar que, para Rousseau, no rigor do termo, a democracia jamais existiu e jamais existirá, pois a maioria nunca esteve e nunca estará apta a governar.

Se as leis são emanação da vontade geral, elas têm que ter por objeto a ação como conduta genérica e abstrata, e jamais versar sobre conteúdos específicos ou sobre o comportamento deste ou daquele cidadão.[61] Essa advertência reforça a ideia de que a generalidade das leis induz à prática da igualdade de todos perante as leis.

Falsear a justiça, e implantar o governo da injustiça, é dar espaço para o crescimento, ou para o florescimento proliferado, de vontades particulares, de interesses egoísticos em meio à maioria. As vontades particulares guiam-se pelos interesses individuais, e seu fortalecimento só pode representar o enfraquecimento das forças políticas do Estado, pelo esvaziamento da vontade geral. A vontade geral, por sua vez, possui compromisso direto com o interesse comum, e não com o interesse individual, de modo que seu prevalecimento, sua constância, sua manutenção são sinônimos de estabilidade no governo das coisas comuns. O desvirtuamento do poder é seu uso para fins que não estão programados para serem fins comuns, mas fins individuais; o desgoverno é exatamente a confusão entre o que é comum e o que é individual.

A lei só pode ser identificada com ordem à medida que é ela a orientação racional de todos para todos, ou seja, expressão maior da vontade geral, concretização do que o pacto quer ver acontecer orgânica e harmoniosamente em sociedade. Nesse sentido, a lei só pode ser a representação das vontades, em que cada indivíduo vê cristalizado também seu interesse; em que residem todos os interesses, na lei reside o interesse de cada indivíduo e de todos os indivíduos. A lei, assim retratada, só pode ser vista como sendo uma continuidade da própria lei natural, ou seja, daquela lei que preside a vivência humana anterior ao estado cívico.

Após o pacto, a convenção tem que se manter íntegra.[62] Toda degeneração do pacto se deve ao fato de que o nó social se esvai gradativamente e as forças sociais, por consequência, passam a relaxar, a enfraquecer até a degenerescência terminal. Tem início a pulverização do poder, a desmoralização das instituições, o desrespeito generalizado pela ordem que não se mantém e as forças privadas, as disputas, os interesses intestinos e as diferenças se reaquecem.

Assim, nessas premissas, nesse conjunto de ideias e de respostas, em tudo percebe-se uma grande preocupação com a noção de ordem,[63] de equilíbrio, de divisão, de ponderação e organização, sobretudo no que pertine à divisão de poderes. Romper a ordem do Estado,

---

reste imbécile et vit: mais sitôt que le coeur a cessé ses fonctions, l'animal est mort"; "Ce n'est point par les lois que l'État subsiste, c'est par le pouvoir législatif. La loi d'hier n'oblige pas aujourd'hui, mais le consentement tacite est présumé du silence, et le souverain et censé confirmer incessamment les lois qu'il n'abroge pas, pouvant le faire. Tout ce qu'il a déclaré vouoir une fois, il le veut toujours, à moins qu'il ne le révoque" (Rousseau, *Le contrat social,* Livro III, Capítulo XI, p. 117).

[61] "Quand je dis que l'objet des lois est toujours général, j'entends que la loi considère les sujets en cors et les actions comme abstraites, jamais un homme comme individu ni une action particulière" (Rousseau, *Du contrat social,* 1992, Livro II, Capítulo VI, p. 62).

[62] O contrato não é pura ficção rousseauniana, nem descrição de uma história da formação da sociedade. "Deste modo, sublinhava categoricamente uma necessidade racional: indicava como se deveria constituir o ordenamento jurídico, a fim de se conservarem socialmente íntegros os direitos que o homem por natureza já possui" (Del Vecchio, *Lições de filosofia do direito,* 1979, p. 121).

[63] Talvez a noção de ordem seja basilar para todo a formação de direitos que a ela sucede: "Mais l'ordre social est un droit sacré, qui sert de base à tous les autres. Cependant ce droit ne vient point de la nature; il est donc fondé sur des conventions" (Rousseau, *Du contrat social,* 1992, Livro I, Capítulo I, p. 29).

dizendo ao legislador que julgue, ao magistrado que legisle etc. seria o mesmo que decretar o fim do Estado; eis aí o princípio da anarquia e da desordem.[64]

CONCLUSÕES

Não se pode conceber a teoria rousseauniana da justiça senão como uma grande crítica aos desvios do poder, aos desmandos da política, ao desgoverno das leis, enfim, às instituições humanas em seu *status quo*. Nesse sentido é que a ideia de um pacto que originasse o convívio sócio-humano em bases sólidas poderia representar, filosoficamente, o argumento-vetor para todo um conjunto de pensamentos, caminhando não no sentido da renúncia à vida comum, à vida agremiada, mas às iniquidades advindas da deturpação dos fins aos quais se destina a agremiação.

Re-fundar os ditames do convívio social, nisso reside o evolver teórico de Jean-Jacques Rousseau. Sua proposta, por um só ato, mantém a ordem do Estado, renuncia ao caos e à desordem implantados, institui o culto do estado de natureza, privilegia a liberdade e enaltece os fins sociais. Com isso, quer-se opor, sem dúvida alguma, aparas ao exercício do poder do Estado em face do indivíduo, que luta por sobreviver numa sociedade que é tão ou mais iníqua que seu estado natural.

Sendo a vida irrenunciável, o pacto social a garantia, o povo a vontade soberana da lei, os órgãos do Estado os instrumentos deste, a soberania inviolável, a lei expressão da vontade geral, a teoria rousseauniana espraia-se por terrenos os mais diversos, fazendo do pacto sociopolítico o meio para o perfazimento da justiça. A justiça, aqui, reside no respeito pelo que da natureza humana deflui, não se podendo ultrapassar os limites que são ditados pelo ato de concessão de poder quando do perfazimento do contrato. A injustiça, neste caso, representa o próprio entrelaçamento do poder com fins que não correspondem à vontade geral dos contratantes, mas com outras propostas e seduções ditadas pelos interesses particulares.

Eis aí uma filosofia que será o lastro e o fundamento de todo o contratualismo posterior, bem como o berço de ideias para a conquista revolucionária francesa.

---

[64] "De plus, on ne saurait altérer aucun des trois termes sans rompre à l'instant la proportion. Si le souverain veut gouverner, ou si le magistrat veut donner des lois, ou si les sujets refusent d'obéir, le désordre succède à la règle, la force et la volonté n'agissent plus de concert, et l'État dissous tombe ainsi dans le despotisme ou dans l'anarchie" (Rousseau, *Le contrat social,* Livro III, Capítulo I, p. 87).

15

DAVID HUME: ÉTICA, JUSTIÇA, UTILIDADE E EMPIRISMO

15.1 EMPIRISMO HUMEANO

David Hume (1711-1776) destaca-se em seu tempo por provocar uma revolução filosófica nos conceitos éticos, jurídicos e políticos reinantes. Ao contrário de afirmar a supremacia da razão e dos métodos racionais de alcançar a certeza e a verdade, ao estilo cartesiano, conduz sua reflexão para o caminho da reconstrução do conhecimento humano a partir de bases sensoriais. A filosofia humeana tem seus alicerces baseados na experiência, que figura como a grande matriz do conhecimento humano.[1] Em um primeiro sentido, seu pensamento enquadra-se nas demais pretensões das filosofias empiristas inglesa e escocesa.[2] Em um segundo sentido, sua filosofia destoa do racionalismo jusnaturalista imperante.

Sua principal obra, que será aqui explorada, o *Tratado sobre a natureza humana* (*A treatise of human nature*), que teve uma primeira publicação em 1739 (dois volumes), e uma segunda publicação em 1740 (terceiro volume), discute amplamente o tema ético, e faz repousar na utilidade o fundamento último de toda moralidade. Possui, ainda, famoso estudo intitulado *Investigação sobre o conhecimento humano* (*An enquiry concerning human understanding*), *Princípios da moral* (*An enquiry concerning the principles of morals*), *Diálogos referentes à religião natural* (*Dialogues concerning natural religion*), *Discursos políticos* (*Political discourses*), além de vários ensaios, bem como uma *História da Inglaterra*. Com seus escritos, aprofundou o empirismo inglês já reinante no pensamento setecentista, cujos expoentes foram Berkeley (1685-1753) e Locke (1588-1679).

Seu empirismo foi uma reação direta ao racionalismo do século XVIII.[3] Ao contrário de destacar a importância dos juízos lógicos e decretar impecáveis as sutilezas racionais, Hume afirmou-se como um cético e empirista, levando às últimas consequências sua explicação da origem do conhecimento pelos sentidos. Não a razão, mas os sentidos são responsáveis pelo conhecimento. Esboça sua tese empirista sustentado que está nas próprias falhas do raciocínio

---

[1] "A filosofia de Hume, verdadeira ou falsa, representa a bancarrota da racionalidade do século XVIII. Começa ele, como Locke, com a intenção de ser razoável e empírico, sem confiar em nada, mas procurando toda a instrução que lhe fosse possível obter da experiência e da observação" (Russell, *História da filosofia ocidental*, 1969, Livro III, p. 214).

[2] "Com David Hume, a filosofia do Direito e do Estado volta a integrar-se numa filosofia geral. Entronca esta com a teoria empirista do conhecimento, de John Locke, mas, ao invés do seu precursor, Hume leva as suas implicações até a esfera da moral, do Direito e da religião" (Serra, *História da filosofia do direito e do estado*, 1990, p. 307).

[3] "Se o século XVIII foi o século da apologia da razão, foi também o que lhe marcou limites. Já antes de meados do século, David Hume opunha ao racionalismo imperante um empirismo destinado a atingir o apogeu em oitocentos" (Serra, *História da filosofia do direito e do estado*, 1990, p. 305).

humano, sempre suscetível ao erro e ao engano.[4] Ao contrário de afirmar o absolutismo da razão e do saber humanos, Hume deposita nos sentidos corporais a sede de todo conhecimento humano. Nesse sentido, a reavaliação da posição do saber, do conhecimento e da própria existência de causas e leis naturais são colocadas em dúvida em sua filosofia.

Sua ética foi uma resposta direta ao jusnaturalismo imperante. Reconhecendo pouco de universal à moral e ao direito, protegeu suas convicções das invasivas tendências ao imanentismo natural; para Hume, moral é expressão de empirismo ético. Nestes exatos termos é que afirma Hume ter-se construído sua teoria:

> "A presente teoria é o simples resultado de todas estas inferências, cada uma das quais parece estar fundamentada na constante experiência e observação" (Hume, *Uma investigação sobre os princípios da moral*, 1995, p. 100).

Nesse sentido, sua teoria, ainda que contrária, interagiu com a de Hugo Grócio (1583-1645), autor de *De iure belli ac pacis*,[5] uma vez que teve que conviver, direta ou indiretamente, com o jusnaturalismo de seu tempo.[6] Haveria de ter uma proposta singular, no sentido de refutar os sólidos argumentos oriundos de uma larga e bem sedimentada doutrina jusnaturalista. O que se fará a seguir será exatamente demonstrar quais os argumentos que o sustentam em sua crítica ao jusnaturalismo.

15.2 ÉTICA, JUSTIÇA E DIREITO

A ética humeana não possui qualquer vínculo metafísico. Pelo contrário, procura construir-se a partir de recursos empíricos, recorrendo à explicação de que é da experiência sensorial que se extraem o caráter e as convicções morais. Nesse sentido, é que vício será dito o que causa incômodo, e virtude será dito aquilo que causa satisfação.[7] Não é a razão que informa o que seja o certo e o errado, o justo ou o injusto, mas a própria experiência humana.

---

[4] "Acrescentarei, para maior confirmação da teoria precedente que, como esta operação do espírito – que nos permite inferir efeitos iguais a partir de causas iguais e vice-versa – é tão essencial para a subsistência de todos os seres humanos, não é provável que pudesse ser confiada às falazes deduções de nossa razão, que é lenta em suas operações, que não aparece em nenhum grau durante a infância que, no máximo, em toda idade e período da vida humana está bastante exposta ao erro e ao equívoco" (Hume, Investigação sobre o entendimento humano, B, V. In: Pereira, *Textos e filosofia geral e filosofia do direito*, 1980, p. 156).

[5] Sua doutrina haveria de contrastar com o que afirma Hugo Grócio (*Do direito da guerra e da paz*, X, 1): "O direito natural é um ditado da reta razão, que indica que alguma ação por sua conformidade ou desconformidade com a mesma natureza racional, é moralmente feia ou necessária, e por conseguinte é proibida ou ordenada por Deus, autor da natureza."

[6] Apesar de toda querela com o jusnaturalismo universalista de seu tempo, Hume acorda com os mesmos quando identifica os conceitos de propriedade e direito. Assim, leia-se: "Malgrado todas as divergências a respeito do fundamento do direito, o grande ponto de identificação entre Hume e a vertente grociana do jusnaturalismo é o fato de ambos equacionarem direito e propriedade. Hume, sem dúvida, vai polir o quanto possível esta equação, tornando-a mais estreita do que em Grócio. De qualquer modo, ela empresta certas características ao seu pensamento que nos permite, em teoria jurídica, aproximá-lo do espírito da teoria grociana" (Araújo, *Hume e o direito natural*, Clássicos do pensamento político (Cláudia Galvão Quirino, Cláudio Vouga, Gildo Brandão – orgs.), São Paulo: Edusp: Fapesp, 1998, p. 153).

[7] "Tudo o que produz incomodidade nas ações humanas se chama vício, e o que produz satisfação, se chama virtude. Os juízos de valor, tais como o bom, o mau, o útil, e também as operações que indicam relações de causa e efeito entre os fatos, não se baseiam na razão, mas naquilo que Hume chama convenções" (Serra, *História da filosofia do direito e do estado*, 1990, p. 307).

De qualquer forma, a moral aparece como um imperativo para o homem; não só todo homem possui a noção da moral, mas até mesmo o mais insensível dos homens é capaz de distinguir pela experiência as impressões causadas pelas virtudes das impressões causadas pelos vícios.[8] Assim é que a advertência da utilidade do estudo da moral ganha sentido, uma vez que se deve valorizar a virtude e reprimir o vício:

> "A finalidade de toda especulação moral é ensinar-nos nosso dever, e, pelas adequadas representações da deformidade do vício e da beleza de virtude, engendrar os hábitos correspondentes e fazer-nos evitar o primeiro e abraçar a segunda" (Hume, *Uma investigação sobre os princípios da moral*, 1995, p. 22-23).

A conquista das virtudes na história da humanidade[9] é um processo gradativo de aquisição de certas práticas e conceitos que se formam com uma única finalidade, incluindo-se aí a própria finalidade da legislação e do direito, o bem da humanidade.[10]

A justiça, em meio a esse entendimento, aparece como algo necessário pelo motivo de ser útil socialmente. De fato, é ela o mais fervoroso dos sensos morais desenvolvido pelo homem que atua sobre o comportamento alheio; seu motivo não é outro senão a utilidade social que produz, tendo em vista a necessidade de manutenção e sobrevivência da sociedade.[11] A justiça é tão útil e tão necessária que mesmo as sociedades mais primitivas e estruturadas no banditismo ou na pirataria têm seus próprios critérios de justiça como suficientes para a manutenção do equilíbrio de convívio e subsistência.[12] Se até mesmo a guerra possui suas regras, que dizer do convívio pacífico entre os homens? Hume institui, pois, os princípios e noções de justiça, ainda que variados de acordo com a sociedade, como *conditio sine qua non* para o evolver da comunidade de vida a que se propõem os que repartem bens e espaços entre si.[13] Então:

---

[8] "Mesmo um homem de enorme insensibilidade será frequentemente tocado pelas imagens do certo e do errado e, ainda que seus preconceitos sejam os mais obstinados, irá certamente aperceber-se de que outras pessoas experimentam impressões análogas" (Hume, *Uma investigação sobre os princípios da moral*, 1995, p. 20).

[9] "A história, a experiência e a razão nos instruem o suficiente sobre este progresso natural dos sentimentos humanos e sobre a gradual ampliação de nosso respeito pela justiça à medida que nos familiarizamos com a extensa utilidade de virtude" (Hume, *Uma investigação sobre os princípios da moral*, 1995, p. 48).

[10] "Se examinarmos as leis particulares pelas quais se administra a justiça e se determina a propriedade estaremos mais uma vez diante da mesma conclusão: o bem da humanidade é o único objetivo de todas estas leis e regulamentos" (Hume, *Uma investigação sobre os princípios da moral*, 1995, p. 48).

[11] "A necessidade da justiça para subsistência da sociedade é o único fundamento dessa virtude, e como nenhuma qualidade moral é mais valorizada do que ela, podemos concluir que esta característica de utilidade é, de modo geral, a mais enérgica, e a que tem um controle mais completo sobre nossos sentimentos" (Hume, *Uma investigação sobre os princípios da moral*, 1995, p. 63).

[12] "Mesmo em sociedades que estão estabelecidas sobre os princípios mais imorais e mais destrutivos dos interesses da sociedade em geral, são requeridas certas regras que uma espécie de falsa honra, bem como de interesse privado, obriga os membros a observar. Assaltantes e piratas, já se notou muitas vezes, não poderiam manter sua perniciosa associação se não estabelecessem entre si uma nova justiça distributiva e recorressem àquelas mesmas leis de equidade que violam no que diz respeito ao resto da humanidade" (Hume, *Uma investigação sobre os princípios da moral*, 1995, p. 70-71).

[13] "Para levar a questão mais adiante, podemos observar que nem sequer é possível aos homens manterem-se uns aos outros sem estatutos e princípios e sem uma ideia de honra e justiça. A guerra tem suas leis, tanto quanto a paz, e mesmo aquele tipo esportivo de guerra levada a cabo entre lutadores, boxeadores,

"Seria um empreendimento supérfluo provar que a justiça é útil à sociedade e, consequentemente, que parte de seu mérito, pelo menos, deve originar-se dessa consideração" (Hume, *Uma investigação sobre os princípios da moral*, 1995, p. 35).

Aí as hipóteses humeanas, respectivamente, da extrema escassez de bens e da abundância de bens, começam a pôr à prova a ideia de justiça:

"Suponhamos que a natureza houvesse dotado a raça humana de uma tamanha abundância de todas as conveniências exteriores que, sem qualquer incerteza quanto ao resultado final, sem qualquer atenção ou dedicação de nossa parte, todo indivíduo se achasse completamente provido de tudo aquilo que seus mais vorazes apetites pudessem necessitar, ou sua faltosa imaginação pretender ou desejar" (Hume, *Uma investigação sobre os princípios da moral*, 1995, p. 35).

Para Hume, a situação de abundância de bens corresponderia a condição tal que dispensável se tornaria a existência da justiça.[14] A justiça teria a ver com certa necessidade e utilidade humana de regular aquilo que é escasso; o dividir, o definir o que é o seu e o que é o meu, estabelecer a propriedade, defendê-la, isto é, o que gera conflito e dá origem à imperativa necessidade da presença da justiça. Isso porque, entre outros motivos, a noção de direito confunde-se com a noção de propriedade, ou seja, de poder opor-se a outrem de alguma forma. Ter um poder jurídico significa agir contra outrem, que pretende a sua coisa, do modo legitimamente admitido pela lei, portanto, de modo justo, sem recorrer à força.[15] De fato:

"Parece óbvio que, em uma condição tão afortunada, todas as demais virtudes sociais iriam florescer e intensificar-se dez vezes mais; mas, quanto à cautelosa e desconfiada virtude da justiça, dela não se ouviria falar uma vez sequer. Pois qual seria o propósito de efetuar uma repartição de bens quando cada um já tem mais do que o suficiente?" (Hume, *Uma investigação sobre os princípios da moral*, 1995, p. 36).

"Suponha-se além disso que, embora as carências da raça humana continuem as mesmas do presente, o espírito se tenha engrandecido tanto e este tão repleto de sentimentos

---

esgrimistas de bastões e gladiadores é regulamentado por princípios definitivos. O interesse e a utilidade comuns geram infalivelmente uma norma sobre o que é certo e o que é errado entre as partes envolvidas" (Hume, *Uma investigação sobre os princípios da moral*, 1995, p. 72-73).

[14] Isto não ocorre na formação da sociedade, pois no início era a escassez que definia a beligerância completa entre os homens: "O poder era a única medida do direito, e uma guerra permanente de todos contra todos era o resultado do egoísmo incontrolado e da barbárie dos homens" (Hume, *Uma investigação sobre os princípios da moral*, 1995, p. 43). Ainda, a respeito: "Os seres humanos nascem necessariamente em uma sociedade familiar, pelo menos, e são instruídos pelos seus pais em alguma regra de conduta e comportamento. Mas deve-se admitir que, se esse estado de guerra e violência mútuas foi alguma vez real, a suspensão de todas as regras de justiça, dada a absoluta inutilidade delas, terá sido uma consequência necessária e inevitável" (Hume, *Uma investigação sobre os princípios da moral*, 1995, p. 44-45).

[15] "A ideia de que o direito é um poder moral do indivíduo é decisiva, pois significa que independentemente de sua capacidade de garanti-lo pela força, ele pode demandar com justiça o ato ou objeto a que corresponde o direito" (Araújo, *Hume e o direito natural*, Clássicos do pensamento político (Cláudia Galvão Quirino, Cláudio Vouga, Gildo Brandão – orgs.), São Paulo: Edusp: Fapesp, 1998, p. 138).

amigáveis e generosos que todo o ser humano nutre o maior carinho pelos demais e não sente uma preocupação maior pelos assuntos de seu próprio interesse do que pelos de seus companheiros" (p. 37).

"Parece evidente que, em vista de tamanha benevolência, o uso da justiça ficaria suspenso neste caso, e jamais se cogitaria, aqui, as divisões e barreiras da propriedade e obrigação" (p. 37).

Tal estado produziria um contentamento geral, em que, satisfeitas as necessidades materiais humanas, todos se regozijariam de ver-se dividindo a abundância de bens em comum:

> "E a raça humana em seu todo formaria uma única família, na qual tudo seria possuído em comum e usado livremente, sem consideração de propriedade, mas ao mesmo tempo com bastante prudência, dando-se as propriedades de cada indivíduo uma atenção tão plena como se nossos próprios interesses estivessem aí intimamente envolvidos" (Hume, *Uma investigação sobre os princípios da moral*, 1995, p. 38).

A próxima hipótese ostenta condições diametralmente contrárias, no sentido de continuar pondo à prova a ideia de justiça. Podem-se supor condições tais em que o homem ficasse submetido a uma privação absoluta de bens:

> "Suponha-se que uma sociedade tombe em uma carência tão grande de todas as coisas comumente necessárias para se viver, a ponto de a máxima frugalidade e trabalho não serem capazes de impedir a morte da maioria das pessoas e a extrema miséria de todas elas. Numa tal emergência, admitir-se-á prontamente, segundo acredito, que as leis da justiça estarão suspensas, dando lugar aos motivos mais fortes da necessidade e autopreservação. Seria porventura um crime, após um naufrágio, agarrar-se a qualquer meio ou instrumento de salvação em que pudéssemos por as mãos, sem preocupar-se com as anteriores limitações decorrentes do direito de propriedade?" (Hume, *Uma investigação sobre os princípios da moral*, 1995, p. 39).

> "Quando alguém, mesmo numa sociedade politicamente construída, torna-se por seus crimes ofensivo ao público, ele é punido pelas leis em seus bens e em sua pessoa; ou seja, as regras ordinárias da justiça ficam, em relação a ele, momentaneamente suspensas, e não é iníquo infligir-lhe, para o *benefício* da sociedade, aquilo que de outro modo ele não poderia sofrer sem que se configurasse ofensa ou injustiça" (p. 41).

Ambas as hipóteses, a da abundância e a da carestia geral, têm uma única finalidade, qual seja: provar a utilidade da justiça. Mais que comprovadamente útil, a justiça é julgada valor de primacial importância para Hume, uma vez que para este pensador só se confirma a utilidade da justiça em se suprimindo os bens ou em se causando, hipoteticamente, sua abundância. Torna-se ainda mais claro, a partir do contraste que produzem estas duas hipóteses, o quanto o valor da justiça é caro ao homem, e não o contrário:[16]

---

[16] "Estas reflexões estão longe de enfraquecer as obrigações derivadas da justiça ou de diminuir em qualquer medida a sacrossanta consideração pela propriedade. Pelo contrário, tais sentimentos devem adquirir uma nova força pelo presente raciocínio. Pois que formação mais sólida poder-se-ia desejar ou conceber

"Contrarie-se, em qualquer aspecto relevante, a condição dos homens – produza-se extrema abundância ou extrema penúria, implante-se no coração humano perfeita moderação e humanidade ou perfeita rapacidade e malícia: ao tornar a justiça totalmente *inútil*, destrói-se com isso totalmente sua essência e suspende-se sua obrigatoriedade sobre os seres humanos" (Hume, *Uma investigação sobre os princípios da moral*, 1995, p. 42).

15.3 ÉTICA, JUSTIÇA, LEI E UTILIDADE

O que há de curioso em Hume é que não possui nada de utópico. Seu pensamento é coerente em afirmar que, uma vez implantada a igualdade de propriedades entre os homens, as diversas habilidades, técnicas, experiências e diligências, que existem naturalmente entre si, romperiam com a pretensa igualdade.[17] O bom-senso ordinário e um pouco de experiência, de acordo com Hume, seriam bastantes para administrar esta situação e devolver o homem a uma situação em que é capaz de dizer o que é o seu e o que é o do outro.[18] Aqui está o gérmen para que se possa opor ao outro, pelo direito, uma forma de não intervenção, para que cada um se proteja e se resguarde sob a ideia de que o "seu" e o "meu" são intocáveis.

Assim, a lei surge como uma forma de conduzir o homem ao que lhe é natural, traduzindo-se em um conjunto de preceitos que existe e vigora como lei suprema para a segurança do povo. No texto:

"A segurança do povo é a lei suprema; todas as outras leis particulares são subordinadas a esta lei e dela dependem. E se no curso *ordinário* das coisas elas são seguidas e levadas em consideração, é apenas porque a segurança e o interesse públicos *ordinariamente* requerem um exercício assim equânime e imparcial" (Hume, *Uma investigação sobre os princípios da moral*, 1995, p. 53).

As leis devem traduzir, em outras palavras, os anseios, as expectativas, as peculiaridades de um determinado povo, constituindo-lhe a chave para sua adequada proteção. Não é, para Hume, uma legislação forjada na base de princípios universais[19] satisfatória para dar conta das

---

para qualquer dever do que a observação de que a sociedade humana, e mesmo a natureza humana, não poderá substituir em seu estabelecimento, e chegará a graus ainda mais elevados de felicidade e perfeição quanto mais inviolável for o respeito dedicado àquele dever?" (Hume, *Uma investigação sobre os princípios da moral*, 1995, p. 58-59).

[17] "Mas os historiadores e mesmo o senso comum podem nos informar que, por mais plausíveis que pareçam estas ideias de uma *perfeita* igualdade, elas são, no fundo, realmente *impraticáveis*, e, se não o fossem, seriam extremamente perniciosas para a sociedade humana. Por mais iguais que se façam as posses, os diferentes graus de habilidade, atenção e diligência dos homens irão imediatamente romper essa igualdade" (Hume, *Uma investigação sobre os princípios da moral*, 1995, p. 50).

[18] "Podemos concluir então que, a fim de estabelecer leis para a regulamentação da propriedade, devemos estar familiarizados com a natureza e a condição dos seres humanos, devemos rejeitar aparências que podem ser falsas embora plausíveis, e devemos procurar aquelas regras que sejam, no seu todo, as mais *úteis* e *benéficas*. O bom-senso ordinário e uma pequena experiência são suficientes para esse propósito, desde que os homens não se entreguem a uma avidez demasiado egoísta ou a um fanatismo excessivo" (Hume, *Uma investigação sobre os princípios da moral*, 1995, p. 51).

[19] O paradoxo entre racionalismo e empirismo surge neste passo, quando Hume afirma: "Por maior que seja a variedade das leis dos Estados, deve-se reconhecer que elas concordam de forma bastante regular em seus traços gerais, pois os propósitos que elas visam são em toda parte exatamente similares" (Hume, *Uma investigação sobre os princípios da moral*, 1995, p. 61-62). É certo que, para Hume, não se trata de

necessidades sociais; é preciso que haja correspondência das leis com os preceitos de ordem religiosa, moral e ademais correspondência das leis com o clima, a situação geográfica etc. específicas de cada sociedade:

> "As leis têm, ou deveriam ter uma referência permanente à constituição do governo, aos costumes, ao clima, à religião, ao comércio, à situação de cada sociedade" (Hume, *Uma investigação sobre os princípios da moral*, 1995, p. 53-54).

E se se questionar para que servem a justiça, a lei positiva e o governo, o raciocínio humeano estará disposto de forma tal que se provarão por necessidades concretas as ocorrências de justiça e a formação dos governos, com óbvias restrições de liberdade e criação de maiores constrições de comportamento aos homens:

> "Qual a necessidade de uma lei positiva quando o direito natural, por si só, é uma coerção suficiente? Para que empossar magistrados quando jamais ocorre qualquer desordem ou iniquidade? Por que limitar nossa liberdade original se, em todos os casos, o mais extremo exercício dessa liberdade se revela inocente e benéfico? É óbvio que o governo jamais teria surgido se fosse completamente inútil, e que o único fundamento do dever de obediência é a *vantagem* que proporciona à sociedade, ao preservar a paz e a ordem entre os seres humanos" (Hume, *Uma investigação sobre os princípios da moral*, 1995, p. 65-66).

Assim, é na base da utilidade que se estabelecem as forças governamentais na condição de imporem restrições de comportamento e conduta em sociedade. Se existe um motivo para isso, este motivo é a utilidade geral que causa a aplicação da justiça, que, de fato, não beneficia a um, mas a muitos.[20] Assim é porque o que é útil é louvável, estimável, e necessário, produzindo sempre um bem. Decorre que:

> "Deve-se admitir, portanto, que as virtudes sociais têm uma beleza e estimabilidade naturais que, de pronto e anteriormente a todo preceito e educação, recomendam-nas ao respeito da humanidade não instruída e angariam sua afeição. E como a utilidade pública dessas virtudes é o principal aspecto do qual derivam seu mérito, segue-se que a finalidade que elas tendem a promover deve ser-nos de algum modo agradável, e capaz de apoderar-se de alguma feição natural. Ela deve agradar, seja por uma intenção ao interesse próprio, seja por motivos e considerações mais generosas" (Hume, *Uma investigação sobre os princípios da moral*, 1995, p. 78).

Para Hume, é óbvio e natural o sistema que explica a moralidade pelo conceito de utilidade, sendo desnecessário remontar a causas longínquas para que se recobre o porquê da

---

explicar a harmonia das legislações pelo racionalismo jusnatural, mas, sim, a partir da coincidência de fins que possuem em comum.

[20] "A utilidade é agradável e granjeia nossa aprovação. Esta é uma questão de fato, confirmada pela observação diária. Mas é útil? Para quê? Para os interesses de alguém, certamente. Mas interesses de quem? Não apenas os nossos, pois nossa aprovação frequentemente se estende além disso. Devem ser, portanto, os interesses daqueles que são beneficiados pelo caráter ou ação que é objeto de aprovação; e estes, devemos concluir, por mais remotos que sejam, não nos são totalmente indiferentes. Ao tornar disponível este princípio, teremos descoberto uma imensa fonte de distinções morais" (Hume, *Uma investigação sobre os princípios da moral*, 1995, p. 82-83).

escolha deste ou daquele valor como moralidade positiva (virtude) ou negativa (vício). Então, pode-se dizer que se age com vistas a este ou àquele fim com base em uma experiência humana que favorece o entendimento de que se trata de algo imediatamente útil. É essa utilidade o fundamento de toda a moralidade:

> "A utilidade é apenas uma tendência à obtenção de um certo fim, e é uma contradição em termos que alguma coisa agrade como meio para um certo fim se esse próprio fim não nos afeta de modo algum. Assim, se a utilidade é uma fonte do sentimento moral, e se essa utilidade não é invariavelmente considerada apenas em referência ao próprio sujeito, segue-se que tudo o que contribui para a felicidade da sociedade recomenda-se diretamente à nossa aprovação e afeto. Eis aqui um princípio que explica em grande medida a origem da moralidade. Que necessidade temos, então, de buscar sistemas remotos e abstratos, quando já se tem a mão um que é tão óbvio e natural?" (Hume, *Uma investigação sobre os princípios da moral*, 1995, p. 84).

A utilidade é, portanto, o grande princípio com base no qual se organizam e se estruturam os conceitos morais. Aqui está, para Hume, a grande chave para a compreensão do universo da moralidade, de todas as grandes formas de ser e estar humanamente entre humanos:

> "Parece ser uma questão de fato que o aspecto da utilidade, em todos os assuntos, é uma fonte de louvor e aprovação; que essa utilidade é constantemente citada em todas as decisões morais relativas ao mérito ou demérito de ações; que ela é a única origem de alta consideração dedicada à justiça, fidelidade, honra, lealdade e castidade; que ela é inseparável de todas as demais virtudes sociais da humanidade, generosidade, caridade, afabilidade, leniência, misericórdia e moderação. E, numa palavra, que ela é o fundamento da parte principal da moral, que se refere à humanidade e aos nossos semelhantes" (Hume, *Uma investigação sobre os princípios da moral*, 1995, p. 99).

Assim é que o princípio da utilidade perpassa a constituição da moralidade humana. A utilidade geral é o verdadeiro critério estável de justiça.[21] Porém, não de uma moralidade do indivíduo, mas sobretudo da moralidade social. Existem, e Hume as reconhece, as virtudes sociais, quais a justiça e a fidelidade. O que há é que, além do plano das virtudes particulares (interesse individual) existem as virtudes sociais (interesse coletivo), que devem sua existência a uma convenção, que quer dizer pacto para utilidade geral no sentido de regência comum das ações de acordo com um certo conjunto de normas. Não é, portanto, a subjetividade[22] que detecta o que é justiça, mas a convenção que determina o que é justiça, e isto em função da utilidade gerada por este pacto.

---

[21] "A utilidade pública é o objetivo geral de todas as correntes de justiça, e essa utilidade requer igualmente uma regra estável em todas as controvérsias; mas quando diversas regras quase iguais ou indistintas se apresentam, basta uma mínima inclinação do pensamento para estabelecer a decisão em favor deste ou daquele litigante" (Hume, *Uma investigação sobre os princípios da moral*, 1995, p. 205).

[22] "Quando Hume afirma que a justiça é inútil em casos de extrema abundância ou escassez de bens, ele está recusando precisamente este tipo 'subjetivado' de justiça distributiva natural" (Araújo, *Hume e o direito natural*, Clássicos do pensamento político (Cláudia Galvão Quirino, Cláudio Vouga, Gildo Brandão – orgs.), São Paulo: Edusp: Fapesp, 1998, p. 162).

Então, nesse sentido, a observância das virtudes sociais corresponde a uma convenção social.[23] Contudo, desde já, diga-se que esta convenção não se perpetua no tempo com os mesmos interesses, intenções, pois aquilo que obrigou gerações passadas pode não obrigar futuras.[24]

As virtudes sociais diferenciam-se pelo fato de as consequências dos atos conformes ou desconformes à justiça e à lealdade serem sentidas nos planos gerais da sociedade. Não se trata de um benefício/malefício específico de um indivíduo, mas de um benefício/malefício social. Assim, essas virtudes sociais possuem sumo grau de importância, por terem reflexos sociais e por constituírem-se em regras gerais de conduta na sociedade. De fato, é o que vem dito em seu texto:

> "Mas a situação não é a mesma no que se refere às virtudes sociais da justiça e da fidelidade. Elas são úteis ao extremo e, na verdade, absolutamente necessárias ao bem-estar da humanidade; contudo, o benefício que delas resulta não é uma consequência de cada ato individual isolado, mas decorre do plano ou sistema global no qual cooperam todos ou a maior parte dos membros da sociedade. A paz e a ordem geral são os frutos da justiça, ou de uma generalizada abstenção de apropriar-se da propriedade alheia, mas o acatamento específico de um direito particular de um cidadão individual pode com frequência, tomado isoladamente, trazer consequências perniciosas. O resultado dos atos individuais é aqui, em muitos casos, diretamente oposto ao resultado do sistema global de ações, e pode ocorrer que o primeiro seja extremamente prejudicial embora o último seja vantajoso no mais alto grau. As riquezas herdadas de um progenitor são, quando em mãos de uma má pessoa, um instrumento de malefício; o direito de herança pode, em certos casos, ser pernicioso. Seu benefício provém apenas da observância de uma regra geral, e é suficiente se, por meio dele, estabelecer-se uma compensação por todos os males e inconveniências que decorrem de situações e caracteres particulares" (Hume, *Uma investigação sobre os princípios da moral*, 1995, p. 198-199).

O que há é que o exercício das virtudes sociais permite o controle da conduta em geral em sociedade, com fito em uma utilidade coletiva. Isso já foi dito. Deve-se, no entanto, dizer

---

[23] "Tem sido afirmado por alguns que a justiça nasce das convenções humanas e provém da escolha, consentimento ou acordo voluntário da humanidade. Se 'convenção' significa aqui uma *promessa* (que é o sentido mais usual da palavra), nada poderá ser mais absurdo do que essa posição. O cumprimento das promessas é, ele mesmo, um dos mais importantes elementos da justiça, e certamente não estamos obrigados a cumprir nossa palavra simplesmente porque demos nossa palavra de que iríamos cumpri-la. Mas se 'convenção' quer dizer um sentimento de interesse comum, um sentimento que cada qual experimenta em seu próprio peito, que observa em seus companheiros e que o leva, em colaboração com os outros, a estabelecer um plano ou sistema geral de ações que tende à utilidade pública, deve-se confessar que, neste sentido, a justiça surge de convenções humanas. Pois se se admitir (o que é verdade, evidentemente) que as consequências particulares de um ato particular de justiça podem ser prejudiciais tanto ao público quanto aos indivíduos, segue-se que cada um, ao abraçar essa virtude, deve manter os olhos sobre o plano ou sistema global, e deve esperar a adesão de seus companheiros à mesma conduta e comportamento" (Hume, *Uma investigação sobre os princípios da moral*, 1995, p. 200-201).

[24] "Mas a hipotética historicidade de tal contrato não podia ter validade para mais tarde, pois a vontade de uns homens não obriga os seus descendentes" (Serra, *História da filosofia do direito e do estado,* 1990, p. 309).

que essas virtudes sociais, assim como as demais virtudes, são desdobramentos naturais[25] das potencialidades humanas. E quando se utiliza a palavra *natural*, nessa parte, não se veja contradição[26] alguma com o que se disse a respeito da convenção, pois se é natural ao homem ser justo, por meio de uma convenção, pode-se fazer dos critérios de justiça regra geral para a sociedade. Pode-se qualificar de naturais essas virtudes à medida que correspondem à atualização do que o ser tem de possível em suas faculdades:

> "Em um animal tão sagaz, aquilo que surge necessariamente do exercício de suas faculdades intelectuais pode com justiça ser considerado natural" (Hume, *Uma investigação sobre os princípios da moral*, 1995, p. 203).

É simples dizer que se está diante de virtudes naturais, mas se deve explicar que não são somente regras naturais que regem os homens, uma vez que estas podem ser insuficientes. Ao falhar a razão natural, para Hume, surge a lei positiva, que nada mais é que uma forma de se ocupar o lugar do debate no sentido de dizer qual a utilidade pública que prevalece e que deve ser adotada.

> "Assim, quando a razão natural não aponta nenhuma regra fixa de utilidade pública pela qual se pode decidir uma controvérsia de propriedade, leis positivas são comumente promulgadas para ocupar o seu lugar e dirigir os procedimentos de todas as correntes de justiça" (Hume, *Uma investigação sobre os princípios da moral*, 1995, p. 204).

Se a razão falha, entram as leis positivas. Se estas, por sua vez, falham, entram os precedentes, com toda a força social que possuem em função do costume, ou outras técnicas jurisprudenciais de analogia, comparação etc.

> "Quando também estas leis falham – o que muitas vezes sucede – recorre-se a precedentes; e uma decisão anterior, embora ela própria tomada sem qualquer razão suficiente, torna-se com justiça uma razão suficiente para uma nova decisão. Se faltam leis e precedentes diretos, busca-se o auxílio de outros indiretos, e o caso controverso é submisso a eles por meio de raciocínios analógicos, comparações, semelhanças e correspondências que frequentemente são mais fantasiosos do que reais. Em geral, pode-se afirmar com segurança que a jurisprudência é, sob este aspecto, diferente de todas as ciências, e que em muitas das questões mais sutis não se pode propriamente dizer que

---

[25] "A palavra 'natural' é comumente tomada em tantos sentidos e tem uma significação tão vaga, que parece ocioso discutir se a justiça é ou não natural. Se o amor a si mesmo, se a benevolência são naturais ao ser humano; se a razão e a prudência também lhe são naturais, então o mesmo epíteto pode ser aplicado à justiça, ordem, fidelidade, propriedade, sociedade" (Hume, *Uma investigação sobre os princípios da moral*, 1995, p. 203).

[26] Se bem que quanto a esse passo da discussão pode-se localizar uma certa controvérsia: "E foram estas circunstâncias e necessidades – fundamentalmente o processo de superação das *family-societies* e a necessidade de regular os bens materiais –, que não só deram origem à ideia de direito ou propriedade associada a estes objetos, mas à ideia mesma de direito ou propriedade. Se Hume tivesse assumido que a vida e a liberdade são propriedades naturais do indivíduo, ele teria necessariamente que reconhecer que a virtude da justiça é uma ideia moral natural, e não fruto de convenção. Um dos objetivos centrais de seu argumento, contudo, é mostrar exatamente o oposto" (Araújo, *Hume e o direito natural*, Clássicos do pensamento político (Cláudia Galvão Quirino, Cláudio Vouga, Gildo Brandão – orgs.), São Paulo: Edusp: Fapesp, 1998, p. 143).

a verdade ou falsidade esteja deste ou daquele lado" (Hume, *Uma investigação sobre os princípios da moral*, 1995, p. 204-205).

Assim, o viver social é necessário, para que o homem possa suprir suas necessidades pessoais em comum com outros homens.[27] A convenção coloca a utilidade de cada qual em função de uma utilidade geral, que a todos beneficia. Assim é que se a convenção causa utilidade, deve ser preservada e mantida, daí a necessidade de sua observância e obediência de suas regras. Essa comunhão de todos, ou da maioria, em torno de objetivos utilitários comuns cria uma situação de estabilidade que só pode ser mantida à medida que se respeita o princípio de que o do outro não pode ser invadido. A não intervenção no alheio é o grande pivô da discussão após a criação da convenção que garante estabilidade aos critérios de justiça eleitos para e pela sociedade.

CONCLUSÕES

Assim, à guisa de conclusão, pode-se detectar na teoria humeana da justiça uma preocupação de justificação de existência do valor pelo empirismo (a experiência humana determina o que é bom, o que é mau, o que é justo, o que é injusto etc.), bem como uma preocupação de justificação de finalidade do valor pela utilidade, que pode ser geral, se se tratar de uma virtude individual, ou particular, se se tratar de uma virtude social. Com essa argumentação, floresce em Hume uma crítica profunda ao jusnaturalismo imperante, uma vez que de seu pensamento decorrem sérias controvérsias com relação ao absoluto, racional, lógico-dedutivo e universal jusnaturalismo; não há, para Hume, imanência das regras de justiça, há experiências de justiça.

Também a estável garantia de manutenção da convenção utilitária que guia a sociedade deve-se ao princípio da não intervenção, segundo o qual não se pode invadir o alheio sem se cometer uma indevida intromissão em direitos. Então, se a convenção utilitária se desdobra, em última hipótese, da experiência humana, há que se dizer que esta convenção é mantida pela não invasividade do alheio, que é o que garante uma certa estabilidade e paz social. Porém, um ato de invasão não descaracteriza a noção de regra geral que é a convenção; isto é capaz de afetar a utilidade geral, à medida que a regra geral vê-se afetada pelo descumprimento generalizado de seu mandamento.

Este empirismo contrasta flagrantemente não somente com o racionalismo que lhe antecede, mas também com o que lhe é contemporâneo e posterior, sobretudo quando se pensa na arquitetura filosófica kantiana.

---

[27] "Para Hume, apenas a sociedade permite ao homem suprir as deficiências que individualmente o afligem, comparado com os outros animais" (Serra, *História da filosofia do direito e do estado,* 1990, p. 309).

16

IMMANUEL KANT:
CRITICISMO E DEONTOLOGIA

16.1 RACIONALISMO KANTIANO

O criticismo filosófico kantiano é uma reação ao dogmatismo (Wolff) e ao ceticismo (Hume).[1] De fato, entre esses extremos procura posicionar-se a filosofia kantiana, conciliando inclusive empirismo e idealismo, redundando num racionalismo que acaba por *re-orientar* os rumos das filosofias moderna e contemporânea.[2] Dados biográficos acerca do filósofo de Königsberg confirmam na prática o que foi seu pensamento em teoria: rigor, perseverança e imanência racional.

Toda a contribuição de maturidade de Immanuel Kant (1724-1804) representou um esforço de superação de suas próprias concepções anteriores e de outros paradigmas filosóficos,[3] com vista na formação de um sistema que explicasse as regras da razão prática e da razão teórica. Suas principais obras giram em torno desse tema, e são: *Crítica da razão pura* (*Kritik der reinen Vernunft*, 1a edição de 1781 e 2a edição de 1787); *Crítica da razão prática* (*Kriik der praktischen Vernunft*); *Crítica do juízo* (*Kritik der Urteilskraft*, 1790); *Fundamentação da metafísica dos costumes* (*Grundlegung zur Metaphysik der Sitten*, 1785); *A metafísica dos costumes* (*Die Metaphysik der Sitten*, 1797); *Sobre a paz perpétua* (*Zum ewigen Frieden*), entre outras, como *O conflito das faculdades*, de 1798.

Com isso se quer afirmar que grande parte de sua tarefa filosófica foi uma empreitada em torno do conhecimento. Analisou e dissecou o conhecimento humano, mas não só, pois seus estudos o levaram a discernir vontade de conhecimento e de sentimento, e perceber os limites existentes entre ambos.

---

[1] A filosofia kantiana funda o criticismo, algo entre o dogmatismo e o ceticismo: "Daqui o cepticismo de Hume, que sacudiu Kant (como ele próprio o confessou) do seu sono dogmático e o estimulou a fazer investigações e a elaborar um sistema, cujo objetivo era a superação crítica do dogmatismo tradicional e do empirismo céptico" (Del Vecchio, *Lições de filosofia do direito*, 1979, p. 129).

[2] "Toda a filosofia alemã dos séculos XIX e XX será uma interpretação e um desenvolvimento do kantismo. Os grandes pós-kantianos trarão um aprofundamento e um enriquecimento do que Kant iniciara. O contraste entre Fichte, de um lado, Schelling e Hegel, de outro, reproduz a oposição entre a filosofia prática e a filosofia teórica no próprio Kant. O neokantismo assumirá uma posição francamente antimetafísica e pretenderá reduzir o kantismo à crítica do conhecimento" (Jerphagnon, *História das grandes filosofias*, 1992, p. 223).

[3] "Em Manuel (Immanuel) Kant (1724-1804) convergiram todas as grandes correntes da filosofia moderna, e muito especialmente as do século das luzes: o racionalismo de Leibniz, popularizado por Wolff; o empirismo de Locke e Hume; a filosofia do sentimento, de Rousseau. No meio de influências tão opostas, o seu pensamento foi sendo elaborado com características originais, em longos anos de meditação solitária" (Serra, *História da filosofia do direito e do estado*, 1990, p. 359).

O conhecimento só é possível para Kant na medida em que interagem condições materiais de conhecimento advindas da experiência (o que os sentidos percebem) com condições formais de conhecimento (o que a razão faz com que os sentidos percebam).[4] A experiência é o início do conhecimento, mas sozinha é incapaz de produzir conhecimento:

> "Se, porém, todo o conhecimento se inicia com a experiência, isso não prova que todo ele derive da experiência" (Kant, *Crítica da razão pura*, trad., 1994, B1, I, p. 36).

Isso quer dizer que os sentidos absorvem da experiência dados, informações... que a razão elabora e organiza; é dessa união do que a experiência fornece com o que a razão operacionaliza, porque nela já estão as condições formais para tanto, que é possível o conhecimento. Com isso formula sua célebre doutrina acerca da razão prática e da razão teórica,[5] bem como acerca dos juízos sintéticos e analíticos.[6] Inclusive o homem, na doutrina kantiana, governa-se com base em leis inteligíveis (puramente racionais) e naturais (empíricas e sensíveis), correspondendo estas a duas categorias diferentes entre si, de acordo com a própria proposta geral das reflexões do sistema filosófico criticista.[7] A teoria kantiana do conhecimento informa que os objetos são contaminados pela razão humana.[8]

É esse o racionalismo kantiano que, posteriormente, irá redundar no idealismo hegeliano, e o real será dito racional e o racional será dito real. Quanto ao kantismo, é esta sua revolucionária concepção da teoria do conhecimento, que deposita profunda importância no *sujeito-do-conhecimento* e não no *objeto-do-conhecimento*, que ficou conhecida e celebrizada pelas próprias palavras de Kant como a revolução copernicana (*kopernikanische Wende*) com relação ao que se vinha entendendo sobre a matéria desde Descartes.

---

[4]   "A matéria do conhecimento é dada pelas sensações, produto da experiência. Mas estas sensações não têm conexão entre si; são um caos variegado. Neste caso, o nosso pensamento introduz uma ordem, enlaçando uns com os outros os conteúdos das sensações, mediante elementos *a priori;* por um lado, mediante as formas da intuição sensível, que são o espaço e o tempo (os quais tornam possível a experiência, pois não podemos pensar objeto algum sem o situarmos no espaço e no tempo); por outro lado, mediante as formas do intelecto, as categorias (que são em número de doze, e a mais importante delas é a de causalidade)" (Serra, *História da filosofia do direito e do estado*, 1990, p. 361).

[5]   Acerca da razão prática, ouça-se Kant se pronunciando: "Ainda bem; eu sustento que a todo ser racional que possui uma vontade devemos atribuir necessariamente também a ideia da liberdade, debaixo da qual age. Em tal ser intuímos uma razão que é prática, digamos, que tem causalidade em relação aos seus objetos" (Kant, *Fundamentos da metafísica dos costumes,* trad., 1997, p. 103).

[6]   "Em todos os juízos, nos quais se pensa a relação entre um sujeito e um predicado (apenas considero os juízos afirmativos, porque é fácil depois a aplicação aos negativos), esta relação é possível de dois modos. Ou o predicado B pertence ao sujeito A como algo que lhe está contido (implicitamente) nesse conceito A, ou B está totalmente fora do conceito A, embora em ligação com ele. No primeiro caso chamo analítico ao juízo, no segundo, sintético" (Kant, *Crítica da razão pura*, 3. ed. trad., 1994, B10, IV, p. 43).

[7]   "Em razão disso, um ser racional deve considerar a si mesmo como *inteligência* (isto é, não pela parte de suas potências inferiores) e como pertencente, não ao mundo sensível, mas ao inteligível; portanto, tem dois pontos de vista sob os quais pode considerar-se a si próprio e conhecer leis do uso de suas forças e, conseguinte, de todas as suas ações: o *primeiro*, enquanto pertence ao mundo sensível, debaixo de leis naturais (heteronomia), e o *segundo*, como pertencente ao mundo inteligível, sob o domínio de leis que, independentes da natureza, não são empíricas, mas se fundamentam somente na razão" (Kant, *Fundamentos da metafísica dos costumes,* trad., 1997, p. 108-109).

[8]   Em suma, a conclusão é a de que: "O mundo em que vivemos é um mundo construído por nós" (Serra, *História da filosofia do direito e do estado*, 1990, p. 361).

A explicação dessa postura será, sem dúvida, de grande importância para a compreensão da discussão ética proposta por Emmanuel Kant. E entende-se que a ética é uma questão de suma importância no contexto das ideias kantianas; o que se sabe é que não somente a teoria do conhecimento e a crítica do conhecimento foram os objetos de maior atração para Kant, porque:

> "Duas coisas enchem o ânimo de admiração e veneração sempre novas e crescentes, quanto mais frequentemente e com maior assiduidade delas se ocupa a reflexão: *O céu estrelado sobre mim e a lei moral em mim*" (Kant, *Crítica da razão prática*, trad., 1995, A 289, p. 183).

16.2 ÉTICA KANTIANA

A ética kantiana é revolucionária,[9] no sentido de que inaugura um conjunto de preocupações muito peculiares, que não se confundem com as preocupações teleológicas ou utilitaristas ou hedonistas; sua contribuição é, portanto, marcante. Reflexões a esse respeito descolam-se sobretudo da obra *Fundamentação da metafísica dos costumes* (*Grundlegung zur Metaphysik der Sitten*, 1785); no entanto, são importantes as referências filosóficas contidas em *Crítica da razão pura* (*Kritik der reinen Vernunft*, 1787),[10] em *Crítica da razão prática* (*Kriik der praktischen Vernunft*)[11] e, referente ao Direito Internacional, o opúsculo sobre *À paz perpétua*.[12]

A preocupação kantiana está em dizer que a razão humana é insuficiente para alcançar o modelo ideal de realização da felicidade humana; uma de suas obras, *Crítica da razão pura*, é um grande esforço exatamente nesse sentido.[13] O criticismo detecta na razão um instrumento incapaz de fornecer todas as explicações e de produzir todas as deduções necessárias para explicar as razões últimas do existir, do querer, do escolher eticamente.[14]

O que inquieta Kant, em suas discussões, de um lado, é relatar a insuficiência do sistema racional para a resolução do conflito ético humano, bem como, de outro lado, relatar que não na experiência sensível se encontrará o elemento que garanta a felicidade e a realização ética

---

[9] "A revolução kantiana, partindo do campo científico e filosófico, envolve também o espaço ético. Kant é verdadeiramente um marco central na história da ética: por um lado, representa o ponto de chegada de um movimento que remonta ao fim da Idade Média, segundo o qual a ética consiste num equilíbrio entre lei e liberdade: por outro, ele é o lugar de referência da reflexão ética posterior" (Pegoraro, *Ética é justiça*, 2. ed., 1997, p. 54).

[10] Kant, *Crítica da razão pura*, tradução de Fundação Calouste Gulbenkian, 1994.

[11] Kant, *Crítica da razão prática*, tradução de Artur Morão, Edições 70, 1995.

[12] Kant, *À paz perpétua e outros opúsculos*, tradução de Artur Morão, Edições 70, 1995, B3-B112, p. 119-171.

[13] "Demonstrarei que a razão nada consegue nem por uma das vias (a via empírica) nem pela outra (a via transcendental) e que em vão abre as asas para se elevar acima do mundo sensível pela simples força da especulação" (Kant, *Crítica da razão pura*, trad., 1994, A591-B619, p. 499).

[14] A própria discussão acerca da noção de mundo denota esta tendência geral do criticismo: "Esse mundo não significa outra coisa a não ser um algo que restou quando exclui dos fundamentos que determinam minha vontade em tudo o que pertence ao mundo sensível, só para reincluir o princípio das causas motoras no campo da sensibilidade, limitando-o e mostrando que não o compreende *in totum*, mas sim que fora dele existe algo mais; este algo mais, contudo, desconheço-o" (Kant, *Fundamentos da metafísica dos costumes*, trad., 1997, p. 120).

humanas. Está, portanto, consciente de que a especulação, a ciência e a elevada consciência racional não conduzem à felicidade:

> "Eis aqui, pois, o limite supremo de toda investigação moral. Determiná-lo, entretanto, é de grande importância para que a razão, por uma parte, não vá buscar no mundo sensível, de um modo prejudicial aos costumes, o motor supremo e um interesse concebível, sim, mas empírico, e, por outra parte, para que não articule infrutuosamente as suas asas no espaço, para ela vazio, dos conceitos transcendentais, sob a denominação de mundo inteligível, sem adiantar-se sequer em um passo e perdendo-se entre fantasmas" (Kant, *Fundamentos da metafísica dos costumes*, trad., p. 121).

Preocupa-se, portanto, em fundamentar a prática moral não na pura experiência, mas em uma lei aprioristicamente inerente à racionalidade universal humana; quer-se garantir absoluta igualdade aos seres racionais ante à lei moral universal, que se expressa por meio de uma máxima, o chamado imperativo categórico, que se resume a uma única sentença, conforme segue:

> "O imperativo categórico é, pois, único, e é como segue: *age só, segundo uma máxima tal, que possas querer ao mesmo tempo que se torne lei universal.*"

Este mesmo imperativo se vê relatado ou enunciado de três formas elocutivas diferentes, e ainda na *Crítica da razão prática* se lê:

> "Age de tal modo que a máxima da tua vontade possa valer sempre ao mesmo tempo como princípio de uma legislação universal" (Kant, *Crítica da razão prática*, trad., 1995, A 54-55, p. 42).

Apesar dessa variação verbo-gramatical do imperativo categórico, todos os preceitos kantianos formulados a esse respeito remetem a uma única preocupação semântica, dado que *o* imperativo é *um* imperativo e não vários, dado que a multiplicidade estrangularia toda a proposta de Kant.

De qualquer forma, se se trata de um imperativo *a priori*, significa que se trata de algo que não deriva da experiência, mas que deriva da pura razão.[15] Veja-se que aqui a razão prática é legisladora de si, e é quem define os limites da ação e da conduta humanas:

> "A regra prática é, pois, incondicionada, por conseguinte, apresentada *a priori* como uma proposição categoricamente prática, mediante a qual a vontade é de um modo absoluto e imediato objetivamente determinada (pela própria regra prática, que aqui constitui, pois, uma lei). Com efeito, a razão pura, prática em si, é aqui imediatamente legisladora. A vontade é concebida como independente de condições empíricas, por conseguinte, como vontade pura determinada pela simples forma da lei, e este princípio de determinação é visto como a condição suprema de todas as máximas" (Kant, *Crítica da razão prática*, trad., 1995, A 56, p. 43).

Em outras palavras, o *a priori* é tudo aquilo que é válido independentemente de qualquer condição ou imposição derivada da experiência. Trata-se de um imperativo categórico, e não

---

[15] "Portanto, se um juízo é pensado com rigorosa universalidade, quer dizer, de tal modo que, nenhuma exceção se admite como possível, não é derivado da experiência, mas é absolutamente válido *a priori*" (Kant, *Crítica da razão pura*, trad., 1994, B4, II, p. 38).

de um imperativo hipotético, pois, efetivamente, o que há é que o primeiro não tem em vista senão a realização da máxima que prescreve.[16] De fato, é claro o texto a respeito:[17]

> "Pois bem; todos os *imperativos* mandam, já *hipotética*, já *categoricamente*. Aqueles representam a necessidade prática de uma ação possível, como meio de conseguir outra coisa que se quer (o que é possível que se queira). O imperativo categórico seria o que representasse uma ação por si mesma, sem referência a nenhum outro fim, como objetivamente necessária.
>
> Ainda bem; se a ação é boa só como meio para *alguma outra coisa*, então é o imperativo *hipotético*; mas se a ação é representada como boa *em si*, isto é, como necessária numa vontade conforme em si mesma com a razão, como um princípio de tal vontade, então é o imperativo *categórico*" (Kant, *Fundamentos da metafísica dos costumes*, trad., p. 64).

O imperativo categórico é único, é absoluto, e não deriva da experiência. Não tem em vista a felicidade, mas de sua observância decorre a felicidade. O imperativo hipotético guiaria, nas sendas práticas, o homem no sentido de alcançar objetivos práticos, como o da felicidade. Todavia, não o imperativo categórico, que subsiste por si e em si, independente de qualquer vontade ou finalidade:

> "O imperativo categórico, que, sem referência a qualquer propósito, isto é, sem nenhum outro fim, declara a ação objetivamente necessária em si, tem o valor de um princípio *apodítico*-prático" (p. 64).

Dessa forma, pois, o imperativo que se refere à escolha dos meios para a própria felicidade, isto é, o preceito da sagacidade, é hipotético; a ação não é enviada em absoluto, mas sim como simples meio para outro propósito.

Por último, há um imperativo que, sem pôr como condição nenhum propósito a obter por meio de certa conduta, determina essa conduta imediatamente. Tal imperativo é *categórico*. Não se refere à matéria da ação e ao que desta possa resultar, mas à forma e ao princípio onde ela resulta, consistindo o essencialmente bom da ação no ânimo que se nutre por ela, seja qual for o êxito. Esse imperativo pode denominar-se o da *moralidade* (Kant, *Fundamentos da metafísica dos costumes*, trad., p. 65).

A ética, por consequência, é um compromisso de seguir o próprio preceito ético fundamental, e pelo só fato de segui-lo em si e por si. Estar conforme ao dever não é o mesmo que segui-lo pelo só fato de se tratar do dever:[18]

---

[16] "Há duas classes de imperativos: o imperativo hipotético, que diz: Deves agir assim e assim, se quiseres conseguir tais e tais fins, e o imperativo categórico, que diz que certa classe de ação é objetivamente necessária, sem levar em consideração qualquer fim. O imperativo categórico é sintético *a priori*. Seu caráter é deduzido por Kant do conceito de lei" (Russel, *História da filosofia ocidental*, 1969, liv. IV, p. 260).

[17] E ainda a *Crítica da razão pura* disserta da mesma forma a respeito do assunto: "Admito que há, realmente, leis morais puras que determinam completamente *a priori* o fazer e o não fazer (sem ter em conta os móbiles empíricos, isto é, a felicidade), ou seja, o uso da liberdade de um ser racional em geral e que estas leis comandam de uma maneira absoluta (não meramente hipotética, com o pressuposto de outros fins empíricos) e portanto, são, a todos os títulos, absolutas" (Kant, *Crítica da razão pura*, trad., 1994, A807-B835, p. 641).

[18] Para ilustrar com exemplos a diferenciação é que Kant expõe: "Por exemplo: é imediatamente conforme ao dever que o mercador não cobre mais caro de um freguês inexperiente" (Kant, *Fundamentos da*

Cap. 16 · IMMANUEL KANT: CRITICISMO E DEONTOLOGIA | 269

"Precisamente nele se estriba o valor do caráter, moral, o caráter que, sem comparação, é o supremo: em fazer o bem, não por inclinação, mas sim por dever" (Kant, *Fundamentos da metafísica dos costumes*, trad., p. 43).

O homem que age moralmente deverá fazê-lo não porque visa à realização de qualquer outro algo (alcançar o prazer, realizar-se na felicidade, auxiliar a outrem...),[19] mas pelo simples fato de colocar-se de acordo com a máxima do imperativo categórico. O agir livre é o agir moral; o agir moral é o agir de acordo com o dever; o agir de acordo com o dever é fazer de sua lei subjetiva um princípio de legislação universal, a ser inscrita em toda a natureza. Daí decorre que o sumo bem só pode ser algo que independa completamente de qualquer desejo exterior a si, de modo que consistirá no máximo cumprimento do dever pelo dever, do qual decorre a suma beatitude e a suma felicidade, como simples mérito de estar conforme ao dever e pelo dever.[20] Assim, de fato, agir de acordo com o imperativo é a suma ética kantiana:

> "A boa vontade não é boa pelo que efetivamente realize, não é boa pela sua adequação para alcançar determinado fim a que nos propusemos; é boa somente pelo querer; digamos, é boa em si mesma. Considerada em si própria, é, sem comparação, muito mais valiosa do que tudo o que por meio dela pudéssemos verificar em proveito ou referência de alguma inclinação e, se quisermos, da suma de todas as inclinações" (Kant, *Fundamentos da metafísica dos costumes*, trad., p. 38).

Se a felicidade existe, trata-se de algo que decorre de uma lei pragmática, segundo a qual é buscada a realização de determinadas atitudes e o alcance de determinados objetos, com o que se encontra a felicidade. Contudo, a felicidade em si não é fundamento e nem a finalidade da moral. O dever ético deve ser alcançado e cumprido exatamente porque se trata de um dever, e simplesmente pelo fato de ser um dever.[21] A lei moral tem o dever como preceito fundamental:

> "A felicidade é a satisfação de todas as nossas inclinações (tanto *extensive*, quanto à sua multiplicidade, como *intensive*, quanto ao grau e também *protensive*, quanto à duração). Designo por lei pragmática (regra de prudência) a lei prática que tem por motivo a felicidade; e por moral (ou lei dos costumes), se existe alguma, a lei que não tem outro

---

   metafísica dos costumes, trad., 1997, p. 42). Isto é conservar-se de acordo com o dever. Mais que isto, é necessário ter consciência do dever e governar-se livremente segundo ele. Todavia, o que na prática as pessoas fazem é: "Conservam sua vida conforme o dever, sim, mas não por dever" (Kant, *Fundamentos da metafísica dos costumes*, trad., 1997, p. 42).

[19] A felicidade é decorrência da observância do dever de estar conforme ao dever e pelo dever: "A de procurar cada um a sua própria felicidade, não por inclinação, mas por dever, e só então a sua conduta tem um verdadeiro valor moral" (Kant, *Fundamentos da metafísica dos costumes*, trad., 1997, p. 44-45).

[20] "Designo por ideal do sumo bem a ideia de semelhante inteligência, na qual a vontade moralmente mais perfeita, ligada à suprema beatitude, é a causa de toda a felicidade no mundo, na medida em que esta felicidade está em exata relação com a moralidade (como mérito de ser feliz)" (Kant, *Crítica da razão pura*, trad., 1994, A810-B838, p. 643).

[21] "Vamos considerar o conceito do *dever*, que contém o de uma boa vontade, se bem debaixo de certas restrições e obstáculos subjetivos, os quais, contudo, longe de ocultá-lo e de fazê-lo incognoscível, talvez por contraste, fazem-no ressaltar e aparecer com maior clareza" (Kant, *Fundamentos da metafísica dos costumes*, trad., 1997, p. 41).

móbil que não seja indicar-nos *como podemos tornar-nos dignos da felicidade*" (Kant, *Crítica da razão pura*, trad., 1994, A806-B834, p. 640).

A liberdade está indistintamente ligada à noção de autonomia.[22] A autonomia da vontade no agir de acordo com a máxima de vida gerada pelo imperativo categórico são pontos fortes e altos do sistema ético kantiano. Em consonância com esses pontos de apoio do sistema kantiano, o homem figura como ser racional, fim em si mesmo, e a humanidade, na mesma dimensão, deverá figurar, em suas relações, sempre como fim e nunca como mediação.

Todo homem é um fim em si mesmo, um sistema particular capaz de governar-se a si próprio de acordo com a orientação da máxima decorrente do imperativo categórico. O homem, como ser por natureza racional, é o ser que tem em si o princípio do domínio de si; é o que sugere Kant por meio de sua reflexão.[23] Fazer uso de outrem é torná-lo meio, ou seja, é tratá-lo em completa afronta com o dever moral:

> "Agora eu afirmo: o homem, e em geral todo ser racional, *existe* como *fim em si mesmo, não só como meio* para qualquer uso desta ou daquela vontade" (Kant, *Fundamentos da metafísica dos costumes,* trad., 1997, p. 78).

O próprio imperativo prático se escreveria neste sentido para significar o mesmo que o imperativo categórico, só que direcionado para esse tipo de preocupação:

> "O imperativo prático será, pois, como segue: *age de tal modo que possas usar a humanidade, tanto em tua pessoa como na pessoa de qualquer outro, sempre como um fim ao mesmo tempo e nunca somente como um meio*" (Kant, *Fundamentos da metafísica dos costumes,* trad., 1997, p. 79).

Na filosofia moral kantiana, a vontade aparece como absolutamente autônoma, liberta de qualquer heteronomia que só poderia conspurcar a pureza primitiva em que se concebe constituída a vontade.[24] E a suprema liberdade da vontade residirá, no contexto da filosofia kantiana, exatamente em estar vinculado ao dever, ao imperativo categórico. É ele condição de liberdade e não de opressão do espírito:

> "Esta fórmula é justamente a do imperativo categórico e o princípio da moralidade; assim, pois, vontade livre e vontade submetida a leis morais são a mesma coisa" (Kant, *Fundamentos da metafísica dos costumes,* trad., 1997, p. 102).

Se a vontade consiste em certa causalidade, é de se dizer que certa qualidade dessa causalidade é a liberdade. Estar ou não aferrado, sob grilhões, desta ou daquela forma, é condicionar a causalidade voluntária. Isso, sobretudo, porque liberdade tem um conceito bem preciso na teoria kantiana, a saber, a ausência de obstáculos internos e externos, po-

---

22 "Com a ideia da liberdade se acha, contudo, inseparavelmente unido o conceito de *autonomia*, e com este o princípio universal da moralidade, que serve de fundamento à ideia de todas as ações de seres *racionais*, do mesmo modo que a lei natural serve de fundamento a todos os fenômenos" (Kant, *Fundamentos da metafísica dos costumes,* trad., 1997, p. 109).

23 "O fundamento deste princípio é este: a natureza racional existe como fim em si mesma" (Kant, *Fundamentos da metafísica dos costumes,* trad., 1997, p. 79).

24 A vontade legisladora é o princípio de toda moral: "A ideia da vontade de todo ser racional como uma vontade universalmente legisladora" (Kant, *Fundamentos da metafísica dos costumes,* trad., 1997, p. 81).

Cap. 16 · IMMANUEL KANT: CRITICISMO E DEONTOLOGIA

sitivos ou negativos, de modo que se determina a relação da liberdade com o imperativo categórico muito facilmente:

> "Vontade é uma espécie de causalidade dos seres vivos, enquanto racionais, e *liberdade* seria a propriedade desta causalidade, pela qual pode ser eficiente, independentemente de causas estranhas que a *determinem*" (Kant, *Fundamentos da metafísica dos costumes,* trad., 1997, p. 101).

Abnegar-se por essa causa é abnegar-se pela causa da própria libertação de si. É com base nessa liberdade que se causa a adequação do homem ao imperativo, e dessa adequação resulta a felicidade. Nessa cadeia de implicações extrai-se que o ser kantianamente ético significa agir conforme ao dever, inclusive em detrimento dos próprios desejos, tendências e inclinações:

> "Uma ação realizada por dever, entretanto, tem que excluir por completo um influxo da inclinação, e com esta todo objeto da vontade; a não ser, objetivamente, a *lei* e, subjetivamente, o *respeito puro* em relação a essa lei prática, e, portanto, a máxima de obedecer sempre a essa lei, ainda que com prejuízo de todas as minhas inclinações" (Kant, *Fundamentos da metafísica dos costumes,* trad., p. 45).

Nesse caso, se estará diante de uma vontade que se quer a si mesma, na intenção de ser somente o dever e de constituir-se autonomamente e independentemente de qualquer carência interna (felicidade, afetuosidade, realização...) ou externa (dinheiro, reconhecimento, poder, prazer...). Essa vontade, dentro desse esquematismo, é senhora de si e não quer nada mais que si mesma, no afã de ser integralmente o que o imperativo diz ser necessário e imperioso.

Desse modo se forja e se concebe o conceito de moralidade; tudo o que faculta a manutenção dessa liberdade, dessa autonomia. A imoralidade residirá em tudo o que contrarie esse princípio basilar segundo o qual se organizam as estruturas ético-humanas:

> "A *moralidade* é, pois, a relação das ações com autonomia da vontade, isto é, com a possível legislação universal, por meio das máximas da mesma. A ação que possa coadunar-se com a autonomia da vontade é *permitida*; a que não concorde com ela é *proibida*" (Kant, *Fundamentos da metafísica dos costumes,* trad., 1997, p. 91).

Poder-se-ia mesmo pressupor a existência de um mundo moral, um mundo em que, absolutamente e formalmente, livre de condições e imposições empíricas, subsistissem somente leis e regras conforme o preceito fundamental de todo dever, a saber o mundo moral, cujas notas e características principais são dadas por Kant:

> "Chamo mundo moral, o mundo na medida em que está conforme a todas as leis morais (tal como pode sê-lo, segundo a liberdade dos seres racionais) e tal como deve sê-lo, segundo as leis necessárias da moralidade. O mundo é assim pensado apenas como mundo inteligível, pois nele se faz abstração de todas as condições (ou fins) da moralidade e mesmo de todos os obstáculos que esta pode encontrar (fraqueza ou corrupção da natureza humana)" (Kant, *Crítica da razão pura,* trad., 1994, A808-B836, p. 641).

Todavia, de qualquer forma, na prática, é a vontade que governa o apetite humano, e é isso que, de fato e em parte, destina o homem à fortuna ou à desgraça. É a vontade que governa, na prática, por leis *a priori* o homem.[25] Compreende-se daí que o homem esteja sob o influxo de um princípio formal universal, cujas propriedades defluem da própria natureza racional humana, de acordo com o qual todos os homens devem governar-se conforme uma só e mesma regra,[26] e isso porque:

> "Todas as máximas têm efetivamente:
>
> 1º) – Uma *forma*, que consiste na universalidade, e neste sentido se expressa a fórmula do imperativo moral, dizendo: que as máximas têm que ser escolhidas de tal modo como se devessem ter o valor de leis universais e naturais.
>
> 2º) – Uma *matéria*, isto é, um fim, e então expressa a fórmula: que o ser racional deve servir como fim por sua natureza e, portanto, como fim em si mesmo; que toda máxima deve servir de condição limitativa de todos os fins meramente relativos e caprichosos.
>
> 3º) – Uma *determinação integral* de todas as máximas por meio daquela fórmula, a saber: que todas as máximas, por legislação própria, devem concordar em um reino possível dos fins, como um reino da natureza" (Kant, *Fundamentos da metafísica dos costumes*, trad., 1997, p. 87).

De acordo com Kant, todos os homens estão imanentemente dotados, pelo só fato de serem racionais, do princípio segundo o qual deverão conduzir suas condutas, e isso é realidade palpável para intelectuais e não intelectuais, para pobres e ricos, para afortunados ou não, para homens de ínfimas e irrisórias condições sociais e profissionais... Há praticamente uma iluminação da vida prática pelo imperativo categórico quando se age.

Não será nenhum teórico que haverá de descobrir o elixir da felicidade humana. À crítica de que seu sistema e seu imperativo seriam tamanhamente abstratos que não corresponderiam à realidade das coisas, tal qual ocorrem na prática quotidiana, sobretudo, para a maior parte das pessoas, Kant já responde que:

> "Inexperto no que se refere ao curso do mundo; incapaz de estar preparado para os sucessos em geral que nele ocorrem, bastava-me perguntar: – podes crer que tua máxima se converta em lei universal? Se não, é uma máxima reprovável, e não por algum prejuízo que possa ocasionar-te ou a qualquer outro, mas sim porque não pode convir, no princípio, em uma legislação universal possível; a razão, todavia, impõe-me respeito imediato por esta legislação universal, da qual não conheço certamente ainda o fundamento – que o filósofo haverá de indagar –;
>
> Assim, pois, somos chegados ao princípio de conhecimento moral da razão vulgar do homem. A razão vulgar não necessita deste princípio tão abstrato e em uma forma universal; mas, apesar de tudo tem-no continuamente diante dos olhos usando-o com critério em seus raciocínios" (Kant, *Fundamentos da metafísica dos costumes*, trad., 1997, p. 48).

---

[25] "Kant entende por metafísica dos costumes o conjunto de leis *a priori* segundo as quais se determina a vontade" (Serra, *História da filosofia do direito e do estado*, 1990, p. 363).

[26] "A moral kantista está toda centrada no conceito de imperativo. Segundo Kant, o homem não deve agir desta ou daquela maneira, por ser livre, mas é livre porque deve fazer algo que lhe dita a consciência de modo irrefragável. A ideia de liberdade não é alcançada, segundo ele, através de uma análise indutiva dos fatos humanos" (Reale, *Filosofia do direito*, 19. ed., 1999, p. 656).

Cap. 16 · IMMANUEL KANT: CRITICISMO E DEONTOLOGIA | 273

E as críticas que se fazem ao sistema kantiano residem exatamente nesse ponto, e desdobram-se em inúmeras discussões que concluem pela: abstração excessiva do sistema kantiano, pela frieza universal dos preceitos kantianos, pela falta de um conteúdo do imperativo categórico, pela carência de cores e de paixão na moral kantiana, entre outras. O patológico, o irracional, o passional, o carnal... aqui não ganham tamanho relevo, exatamente por estarem ofuscados pela racionalidade e pelo idealismo perfeccionista, absoluto e categórico, do sistema kantiano.

16.3 DIREITO E MORAL

Direito e moral distinguem-se no sistema kantiano como duas partes de um mesmo todo unitário, a saber, duas partes que se relacionam à exterioridade e à interioridade, uma vez relacionadas à liberdade interior e à liberdade exterior.[27] A doutrina do direito inicia-se, na reflexão kantiana, com essa nota. E isso é consequência do que se viu anteriormente, como segue nesta discussão.

De fato, o agir ético tem um único móvel, a saber: o cumprimento do dever pelo dever. Somente a ação que é, além de conforme ao dever (exteriormente conforme ao dever), inclusive, cumprida, porque se trata do dever (interiormente deontológica), pode ser qualificada de ação moral.[28]

O agir jurídico pressupõe outros fins, outras metas, outras necessidades interiores e exteriores para que se realize; não se realiza uma ação conforme à lei positiva somente porque se trata de uma lei positiva. Podem-se encontrar ações conforme à lei positiva que tenham inúmeros móveis: temor da sanção, desejo de manter-se afastado de repreensões, prevenção de desgastes inúteis, e da penalização das autoridades públicas, medo de escândalo etc.

Aí vai a grande diferença entre moralidade e juridicidade de uma ação. Ademais, a moralidade pressupõe autonomia, liberdade, dever e autoconvencimento;[29] a juridicidade pressupõe coercitividade. A doutrina da coercitividade começa a ganhar alento com a filosofia kantiana, na sequência dos estudos de Thomasius,[30] o que marcará profundamente o cenário da filosofia

---

[27] "A divisão em doutrina do Direito e doutrina da virtude (Ética) é devida a que a liberdade, cujas leis *a priori* são objeto de investigação, se desdobra em: liberdade externa (isto é, independência em face de força exterior) e liberdade interna (independência em face das impressões sensíveis). Por outro lado, o *a priori*, para Kant, é, por natureza, formal, sem o que não seria universal, e, por isso, é preciso, ao formulá-lo, prescindir de qualquer conteúdo, por si mesmo contingente" (Serra, *História da filosofia do direito e do estado*, 1990, p. 363).

[28] "Kant distingue uma dupla legislação: a legislação interna, ética (*ethisch*), que faz do dever o próprio móbil da ação ('age de acordo com o dever por dever!'; *handle pflichtgemäss aus Pflicht!*), e a legislação externa, jurídica (*juridisch*), que não inclui na lei o móbil, mas admite outros móbeis além do dever" (Serra, *História da filosofia do direito e do estado*, 1990, p. 364).

[29] Ainda aqui não é excessivo dizer que: "O homem é livre porque deve; não deve porque seja livre. Eis, pois, como o imperativo categórico é o fundamento da moral kantiana. Quando um imperativo vale por si só, objetivamente, sem precisar de qualquer fim exterior, dizemos que é um imperativo autônomo. A moral é autônoma" (Reale, *Filosofia do direito*, 1999, p. 660).

[30] "A doutrina da coercitividade, ou seja, a doutrina que sustenta não haver efetivamente Direito sem coação, recebe de Espinosa e Kant o prestígio de sua autoridade. Kant, do ponto de vista da filosofia jurídica, é um continuador de Thomasius. Alguns autores, como por exemplo, Del Vecchio, chegam mesmo a sustentar que o filósofo do criticismo transcendental teria inovado muito pouco nos domínios tradicionais do jusnaturalismo da época. A nosso ver, porém, não é de todo aceitável esta apreciação da doutrina do Direito de Kant" (Reale, *Filosofia do direito*, 1999, p. 656).

jurídica posterior. Criticável, ou não, essa postura é marcante para o pensamento jurídico, e definiu os parâmetros para o raciocínio e a discussão acerca da relação entre Direito e Moral.

O direito ainda pode ser dividido conforme esteja simplesmente prescrito pelo legislador, ou conforme esteja decorrendo da preceptística *a priori* da natureza racional humana, em seu viés ético-universal.[31] Não é à toa que Emmanuel Kant é o divisor de águas com o jusnaturalismo, pois converte essa doutrina num conjunto mais próximo de um racionalismo. A noção de natureza, em Kant, assume a acepção de razão.[32]

Deve-se considerar, portanto, quando se está a enunciar e a discutir o conceito propriamente de direito em Kant, a síntese elaborada por Bobbio: "Na definição do direito podem ser relevados os três requisitos dos quais falamos anteriormente: 1. o direito pertence ao mundo das relações externas; 2. ele se constitui na relação de dois ou mais arbítrios; 3. a sua função não é de prescrever este ou aquele dever substancial com relação aos sujeitos dos vários arbítrios, mas de prescrever-lhes a maneira de coexistir, ou seja, as condições por meio das quais o arbítrio de um possa coexistir com o arbítrio de todos os outros. De fato, podemos dizer que, segundo Kant, o direito é a forma universal de coexistência dos arbítrios dos simples. Enquanto tal, é a condição ou o conjunto das condições segundo as quais os homens podem conviver entre si, ou o *limite* da liberdade de cada um, de maneira que todas as liberdades externas possam coexistir segundo uma lei universal. Finalmente, o direito é o que possibilita a livre coexistência dos homens, a coexistência em nome da liberdade, porque somente onde a liberdade é limitada, a liberdade de um não se transforma numa não liberdade para os outros, e cada um pode usufruir da liberdade que lhe é concedida pelo direito de todos os outros de usufruir de uma liberdade igual à dele" (Bobbio, *Direito e estado no pensamento de Emmanuel Kant*, 1997, p. 70).

E aqui, todo tempo, a noção de liberdade é importantíssima. Isso porque as pretensões jurídicas são menores que as pretensões morais. Aquelas deitam-se sobre a regulamentação da conduta, para que faculte a *coexistência* pacífica entre as vontades e as liberdades humanas (conforme a da conduta à lei positiva),[33] estas visam à moralização do homem no conceito de dever segundo o imperativo (conformidade da conduta ao imperativo e intenção do agir de acordo com o imperativo). A pacificidade do convívio é a meta das normas jurídicas.

Em poucas palavras, na síntese de Bobbio: "é verdade que o direito é liberdade; mas é liberdade limitada pela presença da liberdade dos outros" (Bobbio, *Direito e estado no pensamento de Emmanuel Kant*, 1997, p. 78).

O Estado será, nesse contexto, o instrumento para a realização dos direitos; trata-se de um Estado somente de direitos, que regulamenta o convívio das liberdades. Sua meta é a de garantir as liberdades, de modo a permitir que todos convivam, que todos subsistam, que

---

[31] "O direito natural ou racional é, para Kant, o conjunto de leis jurídicas cuja obrigatoriedade pode ser estabelecida *a priori;* o Direito positivo ou estatuído, pelo contrário, é o que dimana da vontade de um legislador" (Serra, *História da filosofia do direito e do estado*, 1990, p. 367).

[32] "É costume designar estas correções metodológicas dizendo: com Kant, acaba a Escola do Direito natural (*Naturrecht*) e começa a Escola do Direito racional (*Vernunftrecht*). O Direito natural passa a direito da razão. Desnecessário é recordar, porém, que Kant mais não fez do que ultimar um processo de correção metodológica, iniciada há muito e quase concluído já na obra de Rousseau" (Del Vecchio, *Lições de filosofia do direito*, 1979, p. 127).

[33] "O Direito, pois, segundo Kant, reduz-se a disciplinar as ações externas dos homens e a tornar possível a sua coexistência. Define-o assim: *O Direito é o conjunto das condições segundo as quais o arbítrio de cada um pode coexistir com o arbítrio dos restantes, de harmonia com uma lei universal de liberdade*" (Del Vecchio, *Lições de filosofia do direito*, 1979, p. 137).

Cap. 16 • IMMANUEL KANT: CRITICISMO E DEONTOLOGIA | 275

todos possam governar-se a si próprios, segundo a lei moral, mas sem obstruir que os outros também vivam de acordo com seus fins pessoais e próprios.[34]

16.4 À PAZ PERPÉTUA E COSMOPOLITISMO

A necessidade da paz permanente é que faz com que a ideia de cosmopolitismo seja um imperativo da razão para a ordem internacional dos Estados. Com a pretensão de desvelar a ordem que funciona como motor da história, o pensamento kantiano acerca de uma ordem cosmopolita (*weltbürgericher Zustand*) não se encontra fora de uma filosofia da história guiada pela ideia da razão, e, como consequência, dirigida pela ideia do direito.[35] Discutir a história em Kant não é somente discutir a *Historie*. Esta é compreendida como conjunto de fatos empiricamente acumulados, mas a discussão sobre a história também inclui uma discussão composta ao nível da *Weltgeschichte*.[36] A filosofia da história cumpre o papel de apontar no sentido de um devir. Dentro de metas racionais, a filosofia da história aponta e descreve a partir de uma certa ideia de racionalidade o devir histórico. Em sua *Ideia de uma história universal de um ponto de vista cosmopolita*, de 1784, está o desenvolvimento dessa questão.[37]

A insociável sociabilidade humana (*ungesellige Geselligkeit*) é a condição para que a natureza realize a oposição que gera a necessidade da mudança pela razão, ou seja, a necessidade da criação de leis e fomentos ao processo de integração mediada pela razão. Na *quarta proposição*, Kant afirma: "O meio de que a natureza se serve para realizar o desenvolvimento de todas as suas disposições é o antagonismo delas na sociedade, na medida em que ele se torna ao fim a causa de uma ordem regulada por leis desta sociedade. Eu entendo aqui por antagonismo a *insociável sociabilidade dos homens*, ou seja, sua tendência a entrar em sociedade que está ligada a uma oposição geral que ameaça constantemente dissolver essa sociedade. O homem tem uma inclinação para associar-se porque se sente mais como homem em tal estado, pelo desenvolvimento de suas disposições naturais."[38] Não é fora de uma natureza humana em processo permanente de contradição interna que Kant fala da ideia do projeto cosmopolita, da ideia de que a razão pode guiar a história e de que o Direito deve desempenhar um papel fundamental na ordenação da vida pacífica.[39]

---

[34] "Fim do Estado, segundo Kant, é tão só a tutela do direito. O Estado deverá assegurar aos cidadãos o gozo dos seus direitos, mas não deve ingerir-se nas atividades nem cuidar dos interesses individuais. A sua função acha-se cumprida quando a todos assegurou a liberdade; nesse sentido, deverá ser Estado de Direito (fórmula esta que mais tarde assumiu significado muito diverso do kantiano)" (Del Vecchio, *Lições de filosofia do direito,* 1979, p. 139).

[35] A *quinta proposição* se inicia exatamente com esta questão: "O maior problema para a espécie humana, a cuja solução a natureza a obriga, é alcançar uma sociedade civil que administre universalmente o direito" (Kant, *Ideia de uma história universal de um ponto de vista cosmopolita*, 2004, p. 10).

[36] Ao final da *Nona proposição,* Kant deixa clara esta distinção, ao afirmar: "Seria uma incompreensão do meu propósito considerar que, com esta ideia de uma história do mundo (*Weltgeschichte*), que de certo modo tem um fio condutor *a priori,* eu quisesse excluir a elaboração da história (*Historie*) propriamente dita, composta apenas empiricamente" (*Id.,* p. 22).

[37] Cf. Terra, Algumas questões sobre a filosofia da história em Kant, *in Ideia de uma história universal de um ponto de vista cosmopolita,* 2004, p. 44-45. A respeito, o vertical estudo de Abdoul-Nour, *O conceito de direito internacional em Kant e sua recepção na filosofia política do direito internacional e das relações internacionais,* Tese de Doutorado, Universidade de São Paulo, São Paulo, 1999.

[38] Kant, *Ideia de uma história universal de um ponto de vista cosmopolita,* 2004, p. 8, grifo nosso.

[39] Em outro capítulo de sua obra, no *Sobre a pedagogia,* Kant reflete sobre a natureza humana fazendo uma forte aposta na superação da barbárie pelo uso da lei, da razão, do direito e da educação: "o homem é moralmente bom ou mau por natureza? Não é bom nem mau por natureza, porque não é um ser moral

É pela contradição, pelo choque, pela oposição, que é possível a passagem da barbárie à civilização, da ignorância à cultura, da anomia ao Direito. No texto *A paz perpétua* (*Zun ewigen Frieden*), Kant também afirma: "O que subministra esta *garantia* é nada menos que a grande artista, a *natureza (natura daedala rerum),* de cujo curso mecânico transparece com evidência uma finalidade: através da discórdia dos homens, fazer surgir a harmonia, mesmo contra a sua vontade."[40] A insociabilidade sociável é uma das causas motrizes do movimento da própria história, e, por isso, também da formação do projeto cosmopolita.[41] A filosofia da história contida na reflexão kantiana vem embebida pela necessidade de problematização da questão da guerra, como constata Norberto Bobbio.[42] Se em Kant o surgimento desse projeto já vem dado como desdobramento claro do processo de afirmação das contradições internas da natureza humana, Habermas não deixará de verificar nas contradições da história do século XX e nas exigências da globalização em estado avançado no início do século XXI as circunstâncias ensejadoras da necessidade de reflexão e ação sobre o tema.

Ainda, na *terceira proposição,* Kant está partindo da ideia de que existe uma natureza teleológica humana, e que a razão ocupa o lugar primeiro na definição desta natureza. "A natureza quis que o homem tirasse inteiramente de si tudo o que ultrapassa a ordenação mecânica de sua existência animal e que não participasse de nenhuma felicidade ou perfeição senão daquela que ele proporciona a si mesmo, livre do instinto, por meio da própria razão."[43] Por isso, a ideia de que a razão deve orientar a história é de fundamental importância.

Se o plano oculto da natureza opera por uma mecânica que leva a insociabilidade sociável humana a confrontos permanentes, disso extrai-se que a única forma de construir qualquer tipo de luta contra a irracionalidade somente pode se dar por meio da razão. Dessa forma, impõe-se que a natureza humana seja capaz de articular condições de realização motivadoras de possibilidades de ação fundadas na razão. Se a saturação de boas maneiras não assegura a existência de seres moralizados, deve-se também partir do pressuposto que a natureza somente conseguirá cumprir sua meta quando razão e direito solidificarem condições de libertação do homem do jugo da irracionalidade. Há, portanto, um plano oculto na história "[...] para estabelecer uma constituição política (*Staatsverfassung*) perfeita interiormente e, quanto a este fim, também exteriormente perfeita, como o único estado no qual a natureza pode desenvolver plenamente, na humanidade, todas as suas disposições".[44]

---

por natureza. Torna-se moral apenas quando eleva a sua razão até aos conceitos de dever e de lei". E, mais adiante, avança: "A maior parte dos vícios deriva daquele estado de civilização que violenta a natureza; e é nossa destinação, como seres humanos, sair do estado natural de barbárie animal. A arte torna-se natureza" (Kant, *Sobre a pedagogia,* 2006, p. 95).

[40] Kant, *A paz perpétua e outros opúsculos,* 1995, p. 140.

[41] "Além de ser um dever a realização da Constituição republicana e da federação de nações que possibilitem a paz perpétua, esta é promovida especialmente pela insociável sociabilidade; com o desenvolvimento das sociedades chega-se a um ponto em que é do interesse do próprio governante ir aperfeiçoando as instituições políticas" (Terra, Algumas questões sobre a filosofia da história em Kant, in *Ideia de uma história universal de um ponto de vista cosmopolita,* 2004, p. 63).

[42] "A guerra sempre foi um dos temas obrigatórios de toda filosofia da história, pelas características de terribilidade ou de fatalidade, que parecem ou quase sempre pareceram inerentes a ela" (Bobbio, *O problema da guerra e as vias da paz,* 2003, p. 51).

[43] Kant, *Ideia de uma história universal de um ponto de vista cosmopolita,* 2004, p. 6.

[44] A *oitava proposição* registra esta ideia, Kant, *Ideia de uma história universal de um ponto de vista cosmopolita,* 2004, p. 17.

Cap. 16 · IMMANUEL KANT: CRITICISMO E DEONTOLOGIA | 277

A visão kantiana de natureza humana é, também, convergente com aquela desenvolvida por Freud, em seu texto de 1932, *Por que a guerra?*, no qual discute o tema com Einstein, na medida em que registra atrás da formação da lei a ideia de que a violência é um traço do qual não pode o homem se desprender. Razão e instinto acompanham a humanidade. Por isso, não se pode desprezar "(...) o fato de que a lei, originalmente, era força bruta e que, mesmo hoje, não pode prescindir do apoio da violência".[45] Assim, a natureza humana não é boa, mas oscila entre *éros* e *tánatos*. Daí, para Freud, como para Kant, a ideia de que somente é possível regular o convívio humano, especialmente quando o tema se desloca para o plano internacional, considerando a necessidade de estabelecimento de uma autoridade internacional capaz de se traduzir em ordem entre os povos. Afirma Freud: "As guerras somente serão evitadas com certeza, se a humanidade se unir para estabelecer uma autoridade central a que será conferido o direito de arbitrar todos os conflitos de interesses. Nisto estão envolvidos claramente dois requisitos distintos: criar uma instância suprema e dotá-la do necessário poder."[46]

Para Kant, as disposições naturais humanas, guiadas pela razão, devem poder encontrar pleno desenvolvimento não somente sob leis que regem a vida civil dentro de um Estado, mas, sobretudo, sob um Estado cosmopolita de nações (*allgemeiner Völkerstaat*) que livre os cidadãos de todo o mundo da irracionalidade da guerra e da ferocidade dos combates, cujas consequências humanas e sociais são sempre desastrosas, o que torna a ideia do Direito projetada para as relações internacionais uma ideia fundamental na lógica de funcionamento da relação entre os Estados. Para Kant, portanto, não está fora de cogitação que o propósito supremo da natureza, que funciona por uma história oculta, se cumpra, a saber, a formação de "[...] um Estado cosmopolita universal, como o seio no qual podem se desenvolver todas as disposições originais da espécie humana", como vem afirmado ao final da *oitava proposição*.[47] Isto significa superar a condição hobbesiana de estado de natureza, onde a relação entre Estados é definida por uma condição selvagem, significa fazer uma aposta na perspectiva onde cada Estado possa extrair o respeito à sua existência e idiossincrasia não propriamente da força, mas especialmente da razão, mas somente "[...] desta grande confederação de nações (*Foedus Amphictyonum*) de um poder unificado e da decisão segundo as leis de uma vontade unificada".[48]

Neste sentido, a filosofia de Kant possui grande significado e grande peso conceitual para o debate internacionalista, na medida em que trouxe para a reflexão sobre as relações internacionais algo de muito valioso, a saber: "La principal innovación del proyecto kantiano consiste en la transformación del derecho internacional – un derecho de los Estados – en un derecho cosmopolita – un derecho de los Estados y de los individuos."[49] Essa substancial contribuição kantiana permite a Habermas pensar no projeto da ordem cosmopolita como um projeto já estreitamente vinculado à garantia da dignidade da pessoa humana.

A questão da paz para Kant é de singular importância em sua obra, e, de certa forma, perpassa diversos de seus textos. No entanto, o opúsculo *A paz perpétua* (*Zun ewigen Frieden*),

---

45   Freud, Por que a guerra?, in *Sigmund Freud*: novas conferências introdutórias sobre psicanálise e outros trabalhos, v. XXII, 1996, p. 202.

46   Freud, Por que a guerra?, in *Sigmund Freud*: novas conferências introdutórias sobre psicanálise e outros trabalhos, v. XXII, 1996, p. 201.

47   Kant, *Ideia de uma história universal de um ponto de vista cosmopolita*, 2004, p. 19.

48   Id., p.13.

49   Habermas, Es aún posible el proyecto kantiano de la constitucionalización del derecho internacional?, in *Derecho y justicia en una sociedad global*, 2005, p. 103.

cujo título vem inspirado na inscrição satírica de uma hospedaria holandesa,[50] representa a primeira obra a inaugurar uma tradição idealista extremamente importante para o pensamento que se projeta para os temas das relações internacionais e para o capítulo do direito das gentes. Hobbes, Rousseau e Locke não deixam de estar preocupados com a questão da paz, mas a obra de Kant dá consistência sistemática a um problema que a partir de então se alça a ser filosófico.[51] A significação desta obra é verdadeiramente a de um grande marco para a tradição moderna de pensamento, se tornando um referencial inolvidável para o pensamento dos próximos séculos, bem como para as ações concretas nas políticas internacionais que haverão de levar a cabo a ideia.[52] Kant, através desse texto, consegue ir além de seu tempo para pensar a passagem do direito das gentes (*Völkerrecht*) ao direito dos cidadãos do mundo (*Weltbürgerrecht*).[53]

Paz (*Friede*) e liberdade (*Freihet*) aqui, até mesmo terminologicamente, se confundem, como afirma Ottfried Höffe.[54] Mas, o que é a paz perpétua senão algo mais definitivo do que um tratado, ou seja, uma "(...) aliança pela paz deve 'encerrar todas as guerras para todo o sempre' e suprimir como tais todos os males ocasionados pela guerra. É esse o significado da 'paz perpétua'".[55] A paz é uma exigência normativa para as relações entre os Estados.[56] Kant possui sua significação e importância nesta seara especialmente porque suas ideias contrariam a lógica do direito internacional clássico e contestam a naturalidade da ideia da guerra; mais que isto, na interpretação de Habermas, em *O Ocidente dividido*, Kant coloca em suspensão o *ius ad bellum* como forma de prática corriqueira de soluções de conflitos nas relações internacionais.[57] A paz conhecida por Kant à sua época acabava representando somente um conjunto de armistícios aos quais se sucedia novamente o estado de beligerância, e dessa sucessividade se nutria a perspectiva de uma Europa belicista. As relações internacionais assim marcadas

---

[50] Sobre a curiosidade do título da obra: "Lemos, em *À paz perpétua*, que 'a razão, de seu trono de suprema autoridade legisladora moral, condena absolutamente a guerra como um recurso legal e faz do estado de paz uma obrigação direta, muito embora a paz não possa ser estabelecida ou assegurada exceto por um pacto entre as nações'. Não há a menor dúvida sobre qual deve ser nossa máxima de ação nessa questão. Contudo, isso não é de forma alguma o que o puro observador – que não age e fia-se inteiramente naquilo que vê – concluiria, e o título irônico do panfleto mais do que alude à possível contradição. Pois o título original, *Zun ewigen Frieden*, a inscrição satírica de uma hospedaria holandesa, decerto significa cemitério. *Este* é o lugar da Paz Eterna, e a hospedaria oferece bebidas que conduzem ao estado tão esperado ainda nesta vida. E sobre a paz? A paz é a estagnação, que também poderia ser chamada de morte?" (Arendt, *Lições sobre a filosofia política de Kant*, 1993, p. 68-69).

[51] Cf. Höffe, Teoría de la justicia de la paz en Kant, in *Diálogo Científico*, vol. 13, n. 1/2, 2004, p. 12.

[52] "A ideia da paz vinculada ao direito será marcante em todo o movimento pacifista do século XIX; a obra de referência desta ideia será *A paz perpétua*, que será considerada o marco da nova era do pacifismo, o ponto de partida de todos os esforços pacifistas dos séculos XIX e XX, e seu autor, o 'fundador da filosofia da paz'" (Abdoul-Nour, *O conceito de direito internacional em Kant e sua recepção na filosofia política do direito internacional e das relações internacionais*, 1999, p. 73).

[53] Habermas, *Entre naturalismo e religião*: estudos filosóficos, 2007, p. 350.

[54] Cf. Höffe, Teoría de la justicia de la paz en Kant, in *Dialogo Científico*, vol. 13, n. 1/2, 2004, p. 22.

[55] Habermas, *A inclusão do outro*: estudos de teoria política, 2002, p.187.

[56] A própria definição de paz se dá, em grande parte, a partir da noção de guerra, como constata Bobbio, daí a necessidade de um projeto de direito para a relação entre os Estados que evite a guerra: "Definida desse modo a guerra, a paz entendida como não guerra pode ser definida como o estado em que se encontram grupos políticos entre os quais não exista uma relação de conflito caracterizada pelo exercício de uma violência duradoura e organizada" (Bobbio, *O problema da guerra e as vias da paz*, 2003, p. 143).

[57] Cf. Habermas, *O Ocidente dividido*, 2006, p. 119-120.

serão apenas um estado permanente de oposição de Estados, o que motiva Kant a ensaiar uma das mais arrojadas formas de projeção da razão nos temas da política internacional, ainda que não tenha sido o primeiro exercício de teorização do pacifismo.[58] Em Kant se lê o quanto esse projeto é menos uma ideia vazia e mais uma tarefa em progressivo desenvolvimento na humanidade: "Se existe um dever e ao mesmo tempo uma esperança fundada de tornar *efetivo* o estado de um direito público, ainda que apenas numa aproximação que progride até ao infinito, então a *paz perpétua*, que se segue aos até agora falsamente chamados tratados de paz (na realidade, armistícios), *não é uma ideia vazia, mas uma tarefa* que, pouco a pouco resolvida, se aproxima constantemente do seu fim (porque é de esperar que os tempos em que se produzem iguais progressos se tornem cada vez mais curtos)."[59]

CONCLUSÕES

O kantismo inaugura uma nova fase das especulações éticas. Kant faz da ética o lugar da liberdade, na medida em que instrui seus preceitos de forte conotação deontológica (dever – ser), e faz a liberdade residir na observância e na conformidade do agir com a máxima do imperativo categórico. No lugar de mencionar na felicidade a finalidade do agir humano, faz residir no dever, e num dever que se insculpe como regra apriorística, racional e universal, a preocupação ética.

O domínio do dever é o domínio da liberdade do espírito. Isso porque, sendo incapaz de iluminar os caminhos da felicidade a razão teórica, incumbe à razão prática fazê-lo, guiada que está pela influência direta do imperativo categórico. A liberdade, assim, se confunde com o cumprimento do próprio dever.

Todavia, moralidade inscreve-se como algo diverso de juridicidade, na medida em que aquela lida com a liberdade, com a autonomia, com a interioridade e com a noção de dever pelo dever. A juridicidade, por sua vez, lida com os conceitos de coercitividade, exterioridade e pluralidade de fins da ação, que não os fins próprios de uma deontologia categórica e *a priori*.

O universalismo do imperativo categórico reflete-se até na ideia kantiana da necessidade de formação de uma federação de Estados, no plano internacional, no sentido de evitar-se a guerra e buscar-se a paz, fim último da proposta de todo o Direito e de toda a história.

---

[58]   Como assinala Bobbio, se trata de pensar na linha daqueles que consideram que o direito tem um papel fundamental para a construção da paz, de pensar *peace throught law*. A linha do pacifismo é aquela que se reúne em torno de grandes premissas teórico-históricas: "(...) a história do pacifismo tem início com alguns projetos, cogitados e construídos em gabinete por pensadores ou diplomatas isolados, os quais, embora interpretando uma certa linha de tendência, não representam uma força histórica capaz de colocá-la em ação. Os três principais são os do abade de Saint-Pierre, *Projet pour rendre la paix perpetuelle en Europe* (1713), o de Kant, *Pela paz perpétua* (1795), o de Saint-Simon e Thierry, *Réorganisation de la société européenne* (1814). Os três são representantivos daquela forma mais elementar de pacifismo que em outra parte chamei de pacifismo jurídico ou da paz através do direito" (Bobbio, *O problema da guerra e as vias da paz*, 2003, p. 159).

[59]   Kant, *A paz perpétua e outros opúsculos*, 1995, p. 171 (grifo nosso).

17
GEORG W. F. HEGEL:
RAZÃO, HISTÓRIA E DIREITO

17.1 SISTEMA HEGELIANO

Após Kant, o conjunto de ideias mais impactante e que maior efeitos produziu sobre o espírito moderno foi o sistema filosófico hegeliano. É o pensamento filosófico de George Wilhelm Friedrich Hegel (1770-1831) aquele que mais se sobressai dentre as doutrinas de seu tempo, tendo marcado época e mudado os destinos das ideias na modernidade. Contudo, há que se dizer que é como filósofo que seu pensamento adentra à área do Direito, e não como jurista que seu pensamento avança no sentido da filosofia. Hegel é um genuíno pensador que se dedicou às grandes questões suscitadas pelo Direito.

Sua obra encontra eco, desde sua época, em vários setores (estética, teoria do conhecimento, lógica, direito etc.). Ademais, vários de seus textos notabilizaram-se e alcançaram aceitação universal: *Fenomenologia do espírito, Introdução à história da filosofia, Ciência da lógica, Enciclopédia das ciências filosóficas, Filosofia do direito, Filosofia da história universal, Filosofia da religião.*[1] Nesse espectro, a obra de destaque para os estudos de Filosofia do Direito, e que será a referência básica de leitura neste capítulo, é seu escrito intitulado *Lineamentos de filosofia do direito (Grundlinien der Philosophie des Rechtes).*[2]

A obra hegeliana possui um viés essencialmente racionalista. Dizer que há um racionalismo, de caráter idealista, no pensamento hegeliano significa dizer que toda a teoria do conhecimento vem marcada pela ideia de que a realidade mora na racionalidade, ou de que o sujeito é o construtor da realidade das coisas na idealidade da razão. Nada existe fora do pensamento, pois tudo o que é conhecido é já pensamento.

Apesar de Hegel ter radicalizado o racionalismo kantiano, mergulhando-o na ideia do espírito, e não ter abandonado uma concepção progressista na filosofia da história, dá passos extremamente relevantes no sentido de superar os aspectos individuais e liberais do kantismo. Em Hegel, a história, em seu movimento interno, ganha o tônus da dialética, noção que será de fundamental importância para a concepção marxiana do materialismo histórico, apesar de

---

[1] Para a composição desta reflexão, ter-se-ão presentes as seguintes traduções: Hegel, G. W. F. *Como o senso comum compreende a filosofia.* Tradução de Eloisa Araújo Ribeiro. São Paulo: Paz e Terra, 1995; Hegel, G. W. F. *Introdução à história da filosofia.* Tradução de Euclidy Carneiro da Silva. São Paulo: Ediouro, 1986; Hegel, G. W. F. *Fenomenologia del espiritu.* Tradução de Wenceslao Roces. México: Fondo de Cultura Económica, 1991; e, também, Hegel, G. W. F. *Princípios da filosofia do direito.* Tradução de Orlando Vitorino. Lisboa: Guimarães Editores, 1990.

[2] Quanto à obra de Hegel, leia-se: "*Fenomenologia do espírito* (1807), seu primeiro trabalho, é seguido da *Ciência da lógica* (1812-1816), a obra-prima que lhe saiu da pena, além da *Enciclopédia das ciências filosóficas,* a Filosofia do direito, a *Filosofia da história universal,* a *História da filosofia,* a *Filosofia da religião*" (Cretella Jr., *Filosofia do direito,* 1999, p. 158).

Cap. 17 · GEORG W. F. HEGEL: RAZÃO, HISTÓRIA E DIREITO | 281

partir de Hegel para invertê-lo. Em Hegel, também, se a razão parecia construir-se dedutiva-mente, num solilóquio, agora ela se movimenta na maré da intersubjetividade das relações de recíproco reconhecimento (Axel Honneth) em meio à historicidade do agir social. A noção de justiça será claramente afetada por esta nova forma de intelecção da própria racionalidade histórica e intersubjetiva.

Onde está a razão, estão seus objetos, e o que não pode ser conhecido não possui lugar lógico. Então o ser possui existência racional, lógica, identificando-se em sua morada abstrata. A isto alguns comentadores chamam de panlogismo, uma vez que tudo se logiciza na dimensão da filosofia hegeliana.[3] Este é o primeiro ingrediente a ser levado em conta, quando se trata de avaliar os quadrantes da produção intelectual hegeliana.

Porém, quando se afirma que em Hegel se encontrará uma filosofia racionalista, é também crucial diferenciar a doutrina elaborada por Hegel daquela elaborada por outros racionalistas, sobretudo daquela elaborada por Kant. Costuma-se, equivocadamente, tratar de modo indiferenciado o pensamento dos diversos teóricos do racionalismo, como se sob essa rubrica se pudesse tratar indiferentemente deste autor como daquele outro; esse tipo de tratamento mascara diferenças que não podem ser ocultadas. Entre dois racionalistas, como Kant e Hegel, por exemplo, há uma diferença substancial, que consiste num salto no sentido da concreção dialética, onde empiria (ser) e razão (dever-ser) se unem de modo indiferenciável.[4]

A concreção dialética está presente no pensamento hegeliano de modo a marcá-lo por meio do elemento histórico, pois, para Hegel, a realização do espírito se dá na história, preocupação que está ausente da reflexão kantiana. Outro dado que enfatiza a diferença anteriormente assinalada é que, do seio do hegelianismo, surgiu a doutrina de Karl Marx e sua dialética materialista da história. Isso não quer dizer que sejam doutrinas idênticas, pois o marxismo tomou rumo ainda mais social, ideológico e político, identificando na práxis os usos transformadores da política, notabilizando-se, em meio a convulsões sociais, num materialismo econômico; a dialética, no entanto, é um ponto de unidade do marxismo com o hegelianismo.

---

[3] "J. Frederico Guilherme Hegel viveu de 1770 a 1831. Menos precoce que Schelling, publicou suas obras mais tarde do que este. Data de 1807 sua *Fenomenologia do espírito*, e de 1821, sua *Filosofia do direito*. O pensamento fundamental de Hegel é o idealismo absoluto em sentido objetivo. Ele nega dogmaticamente qualquer limite ao conhecimento: o próprio absoluto é cognoscível. Para Kant, semelhante ideia era absurda e contraditória, pois, uma vez conhecido, deixaria o absoluto de ser tal, para se tornar relativo. Da obra analítica, sagaz e prudente de Kant para buscar os limites do conhecimento, Hegel não fez caso; sente por ela certo desdém. O dogmatismo é, assim, a primeira nota distintiva da filosofia hegeliana.

Outra nota que a distingue consiste na identificação do pensamento com o ser – identificação que pode designar-se por intelectualismo ou, ainda, panlogismo. Tudo é pensamento; nada existe fora do pensamento" (Del Vecchio, *Lições de filosofia do direito*, 1979, p. 153).

[4] "George Wilhelm Friedrich Hegel (1770-1831) nunca concebeu a razão de maneira abstrata, separada dos dados empíricos; ao contrário, o que distingue a filosofia de Hegel é o desejo de levar a posição kantiana até as que lhe parecem ser suas últimas consequências, partindo da ideia fundamental do espírito como síntese *a priori*, como força sintética constitutiva da realidade cognoscível.

Kant quis conciliar empiria e razão, através de uma composição, de uma síntese, vendo na razão uma forma e nos dados da intuição sensível um conteúdo. Para Kant, como já dissemos, a razão é a forma ordenadora de um conteúdo que a experiência fornece. É uma concepção de certa maneira estática, com a qual Hegel não concordou. O mestre da *Fenomenologia do espírito* não se contentou com uma adequação estática entre o empírico e o racional, mas, desenvolvendo o pensamento crítico em função da afirmada força sintética do espírito, levou a cabo uma verdadeira fusão entre o real e o racional" (Reale, *Filosofia do direito*, 1999, p. 111).

De qualquer forma, aí está presente a ideia da dialética como forma de superação dos opostos pela síntese. Quando se afirma algo (tese), o contrário está pressuposto no que vem afirmado (antítese), e da contraposição entre a afirmação e a contraposição surge a síntese.[5] Assim ocorre com relação ao que se diz, com relação aos fatos históricos, com relação às revoluções sociais, com relação aos movimentos intelectuais etc. de modo que tudo se pode explicar na base dinâmica desta dialética.

De qualquer forma, há que se reconhecer que a matriz teórica do hegelianismo foi o criticismo kantiano,[6] e foi do desenvolvimento dos pressupostos kantianos que Hegel chegou a compor, obviamente acrescentadas as nuances que o distinguem de Kant, sua imperiosa concepção filosófica. Se Hegel foi capaz de construir a partir do racionalismo kantiano um racionalismo diferenciado, isto não significa que Kant não representou um pensamento de grande relevo para a modernidade; pode ser dito, um verdadeiro marco intelectual da modernidade.

Ademais, destaca-se a preocupação de Hegel com o vivido sentido da Revolução Francesa, a sua época um fato já consumado e consolidado em suas consequências práticas, o evento que houve por bem reestruturar toda a cadeia de relações humanas secularmente sedimentadas.

Habermas aponta Hegel como o primeiro pensador a ter consciência completa de que a modernidade haveria de se tornar objeto de reflexão e justificação, e o contexto da modernidade irrompe com a própria conjunção de fatores que a envolvem e que a produzem, a saber, a Revolução Francesa, o Iluminismo e a Reforma.[7] Com essa preocupação é que a Filosofia do Direito de Hegel passará, então, a representar um desafio intelectual no sentido de identificar uma possível relação entre a objetividade do Estado e a subjetividade dos indivíduos, entre a ordem e a liberdade, com vistas na construção de uma estrutura institucional ao mesmo tempo que funcional, profundamente ética, ao mesmo tempo que organizada, protetora das liberdades individuais, estas que são conquistas da modernidade.[8]

17.2 DOUTRINA HEGELIANA

O idealismo racional hegeliano vem bem expresso na seguinte frase, extraída da *Introdução aos lineamentos de filosofia do direito*, a saber: o que é real é racional, o que é racional é real. E, de fato, o que essa frase condensa em si de sentido é o conteúdo de toda a doutrina

---

[5] "Segundo Hegel, é da essência do pensamento a existência dessas três fases. Toda vez que nosso espírito afirma A, implica, necessariamente, a posição de não-A. Essa contraposição assinala o dinamismo do espírito e representa a força intrínseca de seu processo" (Reale, *Filosofia do direito*, 1999, p. 155).

[6] "Onde colocar essa doutrina que identifica real e racional? Em nosso entender, é uma derivação do criticismo ou, por outras palavras, é um desenvolvimento da Filosofia transcendental em universalidade concreta, razão pela qual preferimos situá-la como derivação do criticismo kantista, cujo subjetivismo supera. É, se quiserem, um racionalismo de concreção, mas não um racionalismo abstrato, puramente lógico-formal e sem conteúdo" (Reale, *Filosofia do direito*, 1999, p. 111).

[7] "Em primeiro lugar, Hegel descobre o *princípio dos tempos modernos: a subjetividade* (…). Os históricos acontecimentos-chave para o estabelecimento do princípio da subjetividade são a reforma, o iluminismo e a Revolução Francesa" (Habermas, *O discurso filosófico da modernidade*, 1990, p. 27).

[8] "Toda a questão que se coloca na Filosofia do Direito de Hegel, desde o início, é exatamente, uma vez afirmada de maneira definitiva na civilização ocidental a subjetividade ou a liberdade do indivíduo, proclamada e tornada irreversível pela Revolução Francesa, indagar como é ela possível e como pode salvar-se sem cair no risco da extinção pela sua elevação ao plano da liberdade absoluta, do terror e, com isso, da desestruturação da sociedade. Como salvar a ordem social, a substância ética do Espírito, que é a própria liberdade objetivada, sem o sacrifício da liberdade subjetiva? Esse problema clássico volta, pois, à instância filosófica na nova perspectiva de Hegel" (Salgado, *A ideia de justiça em Hegel*, 1996, p. 492-493).

idealista; todo real só é real porque é conhecido por um sujeito que lhe identifica como real, e, nessa medida, aquilo que já foi conhecido, já se tornou racional.[9] Nas palavras de Hegel, comentando o sentido da afirmação:

> "No entanto, mostrou Platão o grande espírito que era pois, precisamente, o princípio em volta do qual gira tudo o que há de decisivo na sua ideia é o princípio em volta do qual gira toda a revolução mundial que então se preparava:
> *O que é racional é real e o que é real é racional*
> Esta é a convicção de toda a consciência livre de preconceitos e dela parte a filosofia tanto ao considerar o universo espiritual como o universo natural. Quando a reflexão, o sentimento e em geral a consciência subjetiva, de qualquer modo consideram o presente como vão, o ultrapassam e querem saber mais, caem no vazio e, porque só no presente têm realidade, eles mesmos são esse vazio" (Hegel, *Princípios da filosofia do direito*, 1990, p. 13).

Isso não quer dizer que tudo o que é real é racional. Dito de outra forma, nem tudo o que é real é racional, tendo-se em vista aquilo que pode ser identificado como o caos, como o desordenado, pois nisso não há razão. Dizer que o real é racional não é o mesmo que dizer que todo o real é racional. O que Hegel pretende fazer entender é que a razão ordena o real, de modo a que este real se faça racional. O sentido de organização, de ordenado, de idealizado decorre exatamente da intervenção do homem como ser racional sobre a realidade.

E, de fato, Hegel mesmo se importa em dizer que essa sua manifestação é essencial para a compreensão de suas ideias. O idealismo hegeliano é um conjunto de ideias consistente, uma vez que consciente de suas consequências, e consciente ainda da resistência que causaria para muitos.

Nessa sua especulação, que gerou polêmica, está imersa uma certa metafísica e uma certa gnoseologia, a um só tempo; o que há é que a teoria do conhecimento hegeliana se reveste de um certo tom de teoria do ser, encaminhando, naturalmente, o ser para dentro da redoma da lógica. O panlogismo hegeliano abraça o ser em seu seio, de modo a identificar-se em seu bojo uma preocupação mais que simplesmente lógica.[10]

Ademais, o idealismo hegeliano expressa-se pelo estudo do espírito, e de suas manifestações em todas as latitudes, em todas as dimensões, em todos os sentidos em que pode aparecer. Por isso, a doutrina do espírito envolve a compreensão do que seja o espírito e de quais sejam as expressões do espírito, a saber: em primeiro lugar, a manifestação do espírito como algo diverso da realidade que o circunda, o Espírito Subjetivo, que é alma, consciência, razão; em segundo lugar, a manifestação do espírito como ser de liberdade, que se projeta em

---

[9]   "O idealismo, especialmente na sua acepção lógica, parte da afirmação de que só conhecemos o que se converte em pensamento, ou é conteúdo de pensamento. Ser, para o idealista, não é outra coisa senão ideia. Ser é ser pensado. Daí a já lembrada afirmação incisiva que fez um dos modernos, Hegel, exatamente num livro de filosofia do direito: – *o que é racional é real, o que é real é racional*. Quando Hegel faz esta afirmação, ele a faz, muito embora o conteste, no plano da teoria do conhecimento. Que é que se conhece? E a resposta é essa: – nós só conhecemos aquilo que elevamos ao plano do pensamento, de maneira que só há realidade como realidade espiritual. Resumamos: Ser é ser percebido – atitude psicológica; ser é ser pensado – atitude lógica" (Reale, *Filosofia do direito*, 1999, p. 121).

[10] "No fundo, em Hegel, opera-se uma fusão entre a metafísica e a gnoseologia, ficando excluídas, por absurdas, todas as formas de transcendência: a transcendentalidade se resolve na identidade do ser e do pensamento. É por isso que a Lógica de Hegel é uma Lógica do ser, a Metafísica do ser como pensamento" (Reale, *Filosofia do direito*, 1999, p. 124).

liberdade e que se faz liberdade, o Espírito Objetivo, que é direito, moralidade, costume; em terceiro lugar, a manifestação do espírito como plenamente consciente de si e conhecedor de si, o Espírito Absoluto, que é arte, religião, filosofia.[11]

Isso porque, verdadeiramente, para Hegel, o Espírito torna-se um ser para si (autonomia humana) à medida que se liberta e se distingue do ser em si (natureza). A vida humana não é simplesmente existência, mas sobretudo existência consciente. A odisseia humana, expressa numa verdadeira fenomenologia, consiste exatamente na libertação do espírito e em seu consequente evolver histórico. O desfile evolutivo do espírito permite perceber que existem instâncias de manifestação do espírito, e que umas são mais elevadas e superiores que as outras. Assim, é impossível que o espírito absoluto manifeste-se sem que tenha havido anteriormente uma progressiva evolução do espírito subjetivo. Mais que isso, é numa gradação também de importância que se deve ter presente a trilogia dos espíritos em Hegel, pois se razão (Espírito Subjetivo) é importante para o homem, filosofia é também sumamente importante para o homem (Espírito Absoluto).

O Espírito Objetivo, que se manifesta em direito, moralidade e costume, determina a liberdade e suas aplicações sociais, políticas e subjetivas. Perceba-se, quanto às três partes do Espírito Objetivo, que: o Direito é a liberdade em grau máximo, em sua abstração lógica mais genérica e, portanto, infinita em si, que se projeta para fora de modo imperfeito – esta é a liberdade em si; a Moralidade é a liberdade voltada para o sujeito que dela se vale, dela se utiliza, por meio dela valora a sociedade e as pessoas, os fatos e os acontecimentos, e, portanto, infinita para si, que se projeta para dentro – esta é a liberdade para si; o Costume é a objetivação do que mora no sujeito em termos de moralidade e, mais que isso, a síntese (costume) entre direito (tese) e moral (antítese) – esta é a liberdade feita objeto social e coletivo de comportamento.

Essas são as três partes do Espírito Objetivo, ou seja, desdobramentos dialéticos da noção de vontade.[12] Leia-se o que diz Hegel a respeito da moralidade:

> "§ 105 – O ponto de vista moral é o da vontade no momento em que deixa de ser infinita em si para o ser para si. É este regresso da vontade a si bem como a sua identidade que existe para si em face da existência em si imediata e das determinações específicas que neste nível se desenvolvem, que definem a pessoa como sujeito.
>
> § 106 – A subjetividade constitui agora a determinação específica do conceito. Diferente que é do conceito enquanto tal, da vontade em si, ou, noutros termos, como vontade

---

[11] "Com o espírito, porém, inicia-se novo processo. Hegel distingue três formas: espírito subjetivo, espírito objetivo, espírito absoluto. Cada uma destas três formas, por sua vez, subdivide-se em três outras formas ou graus. Ao espírito subjetivo corresponde a alma, a consciência e a razão; ao objetivo o direito, a moralidade e o costume; ao absoluto, a arte, a religião e a filosofia" (Del Vecchio, *Lições de filosofia do direito*, 1979, p. 155).

[12] "A dialética do Espírito Objetivo obedece a uma trilogia comparável à da Fenomenologia; o Direito Abstrato é a objetivização do Espírito na relação com as coisas do mundo exterior, comparável à dialética da consciência com o mundo na relação do conhecer; na Moralidade, momento de subjetivização da vontade, o Espírito procura a afirmação de si como consciência de si, em que o objeto da consciência é ela mesma; e na dialética da Eticidade, o Espírito move-se não mais como relação direta com a coisa, mas relação consigo (Moralidade), na medida em que passa no outro para si (ou consciência de si), num movimento ao nível da razão, de um nós que ao mesmo tempo é um eu, uma sociedade em que, ao mesmo tempo, o sujeito afirma a sua identidade de ser livre com o outro. Neste nível, a mediação não se faz apenas pela coisa, mas pela dialética a ela interna, enquanto considerada coisa no mundo das relações jurídicas ou trabalho, o elemento dinâmico da base material do direito, a sociedade civil, cuja mola propulsora é a força de trabalho e suas relações" (Salgado, *A ideia de justiça em Hegel*, 1996, p. 323).

do sujeito, como vontade do indivíduo que, sendo para si, é algo que existe (e implica também um carácter imediato), assim a subjectividade dá a existência do conceito. Um plano Superior é definido para a liberdade. Aquela parte da existência em que o elemento real se junta agora à ideia é a subjectividade da vontade: só na vontade como subjectiva é que a liberdade ou vontade em si pode ser real em acto" (Hegel, *Princípios da filosofia do direito*, 1990, p. 104).

Então, dessa trilogia extrai-se que a reflexão jurídica seria uma reflexão que teria por base a análise do Espírito Objetivo, como um momento da realização do espírito que é agente da liberdade. O Direito figura, portanto, neste contexto de discussões, como o momento em que o espírito que determina a liberdade, a determina do modo mais abstrato e do modo mais geral possível. Em primeiro lugar, porque o Direito terá por objeto o comportamento de múltiplos sujeitos, na projeção da liberdade em sua exterioridade. Em segundo lugar, porque cumpre ao Direito fixar os limites entre o justo e o injusto, entre o lícito e o ilícito, e nisso há grande margem de liberdade e grande amplitude conceitual. É sobre esse aspecto que se deve deter a análise da jusfilosofia hegeliana, levando-se em conta, sempre, os pressupostos teóricos da reflexão geral levada a termo por Hegel.

17.3 JUSTIÇA E DIREITO PARA HEGEL

As ideias de Hegel, quando projetadas para o âmbito dos problemas jurídicos, estruturam-se no sentido de construírem uma totalidade ao mesmo tempo que explicativa de sua proposta, crítica das propostas do jusnaturalismo e da escola histórica.[13]

Para Hegel, a Filosofia do Direito possui um objeto, qual seja, a ideia do conceito de direito (*Die philosophische Rechtswissenschaft hat die Idee des Rechts, den Begriff des Rechts und dessen Verwirklichung zum Gegenstande*), e isso vem declarado desde o princípio em sua obra.[14] Leia-se:

> "§ 1 – O objecto da ciência filosófica do direito é a ideia do direito, quer dizer, o conceito do direito e a sua realização.
>
> *Nota* – Do que a filosofia se ocupa é de ideias, não do conceito em sentido restrito; mostra, pelo contrário, que este é parcial e inadequado, revelando que o verdadeiro conceito (e não o que assim se denomina muitas vezes e não passa de uma determinação abstracta do intelecto) é o único que possui realidade justamente porque ele mesmo a assume. Toda a realidade que não for a realidade assumida pelo próprio conceito é existência passageira, contingência exterior, opinião, aparência superficial, erro, ilusão etc. A forma concreta que o conceito a si mesmo se dá ao realizar-se está no conhecimento do próprio conceito, o segundo momento distinto da sua forma de puro conceito" (Hegel, *Princípios da filosofia do direito*, 1990, p. 19).

---

[13] "Há duas posições teóricas claramente combatidas por Hegel pela sua unilateralidade: o jusnaturalismo, que apresenta como fundamento do direito positivo a razão no modo abstrato e formal do Iluminismo, e o historicismo da Escola Histórica, que fundamenta o direito, não na natureza da coisa, mas na aparência ou contingência fenomenal dos fatos históricos; racionalismo abstrato do direito natural e irracionalismo do historicismo fático ou empírico" (Salgado, *A ideia de justiça em Hegel*, 1996, p. 343).

[14] "No primeiro parágrafo das *Grundlinien der Philosophie des Rechtes*, Hegel define o objeto dessa disciplina: "Die philosophische Rechtswissenschaft hat die Idee des Rechts, den Begriff des Rechts und dessen Verwirklichung zum Gegenstande"; vale dizer: seu objeto é a ideia ou o conceito do direito na sua efetividade" (Salgado, *A ideia de justiça em Hegel*, 1996, p. 328).

A Filosofia do Direito aparece como forma de manifestação da Lógica, porque na Lógica está contida toda a liberdade dos conceitos; na plenitude dessa abstração está contida a ideia de igualdade das pessoas. Em seu sentido pleno, é no conceito de direito que deve se deter toda especulação jurídica, pois se esse conceito existe, e se sua existência é racional (o que é racional é real; o que é real é racional), é lógica, ali reside toda a liberdade do espírito enquanto agente da realidade exterior.

Percebe-se que também nesse setor do pensamento hegeliano, dedicado à discussão do direito, o racionalismo é notório e indisfarçável, à medida que direito e justiça haverão de ser identificados com o que há de racional e não com o que há de irracional.[15] À medida que a racionalidade avança, inclusive historicamente, produz-se o que se pode chamar de absorção do irracional pelo racional, e nessa expansão encontram-se as metas da racionalidade jurídica.

> "§ 4 – O domínio do direito é o espírito em geral; aí, a sua base própria, o seu ponto de partida está na vontade livre, de tal modo que a liberdade constitui a sua substância e o seu destino e que o sistema do direito é o império da liberdade realizada, o mundo do espírito produzido como uma segunda natureza a partir de si mesmo" (Hegel, *Princípios da filosofia do direito*, 1990, p. 29).

Surgirá a justiça, neste conjunto de ideias, não somente como um mero dado axiológico da sociedade, mas como a ideia que norteia a formação do próprio direito. O direito consubstancia-se por meio da legislação, e, com base na legislação, os indivíduos agem para a defesa e construção de seus direitos; aí está a justiça efetiva do sistema hegeliano.[16]

O direito representa nada mais nada menos que uma manifestação do Espírito objetivo, uma manifestação que consiste na liberdade em grau máximo da capacidade volitiva humana. E se se identifica na noção de direito a ideia de liberdade, há que se dizer:

> "§ 29 – O facto de uma existência em geral ser a existência da vontade livre, constitui o Direito. O Direito é, pois, a liberdade em geral como ideia" (Hegel, *Princípios da filosofia do direito*, 1990, p. 13).

---

[15] "A partir da equação 'real = racional' é que se pode compreender por que não há para Hegel uma ideia de justiça separada da realidade em que ela se revela. A ideia, por ser a expressão maior da racionalidade, é também a máxima expressão da realidade. A ideia de justiça não é criação arbitrária do homem para ser aplicada como esquema compulsório a uma realidade que lhe é diferente, à guisa de forma sobre a matéria, mecanicamente. É ela exposição dessa mesma realidade. Assim, na medida em que o Estado ou o direito aparecem na sua mais clara inteligibilidade, na sua mais radical expressão de racionalidade, mostram-se na sua maior expressão de realidade" (Salgado, *A ideia de justiça em Hegel*, 1996, p. 499).

[16] "A ideia de justiça é a expressão mais lúcida da racionalidade do direito e do Estado, no momento em que a vontade não mais aparece como um *abstractum*, mera faculdade da alma que, como forma, busca um conteúdo que lhe é exterior, enfim como um em si, mas como sua própria finalidade, forma e conteúdo de si mesma, em si e para si, conhecendo-se como vontade livre. Só assim, como forma de expressão da vontade livre, em si e para si, real racionalidade, pode-se falar na idealidade do direito, ou na ideia de justiça.
A ideia de justiça é, portanto, a realidade efetiva do direito, não um em si imediato e natural, mas em si e para si, enquanto liberdade efetiva ou vontade livre. Essa vontade livre e efetiva, concebida não mais no momento do em si, mostra-se no momento abstrato do direito como organização normativa, mas só se torna realmente concreta no sujeito do direito, que realiza na singularidade do seu direito a universalidade abstrata da ordem normativa" (Salgado, *A ideia de justiça em Hegel*, 1996, p. 499).

Para melhor compreensão dessa relação entre querer, liberdade e direito, há que se dizer que:

"§ 5 – Contém a vontade:

O elemento da pura indeterminação ou da pura reflexão do eu em si mesmo, e nela se evanesce toda a limitação, todo o conteúdo fornecido e determinado imediatamente pela natureza, as carências, os desejos e os instintos ou por qualquer intermediário; a infinitude ilimitada da abstracção e da generalidade absolutas, o puro pensamento de si mesmo;"

"§ 6 – b) Ao mesmo tempo, o Eu é a passagem da indeterminação indiferenciada à diferenciação, a delimitação e a posição de uma determinação específica que passa a caracterizar um conteúdo e um objecto. Pode este conteúdo ser dado pela natureza ou produzido a partir do conceito do espírito. Com esta afirmação de si mesmo como determinado, o Eu entra na existência em geral; é o momento absoluto do finito e do particular no Eu";

"§ 7 – c) A vontade é a unidade destes dois momentos: é a particularidade reflectida sobre si e que assim se ergue ao universal, quer dizer, a individualidade. A autodeterminação do Eu consiste em situar-se a si mesmo num estado que é a negação do Eu, pois que determinado o limitado, e não deixar de ser ele mesmo, isto é, deixar de estar na sua identidade consigo e na sua universalidade, enfim, em não estar ligado senão a si mesmo na determinação" (Hegel, *Princípios da filosofia do direito*, 1990, p. 31-33).

De fato, no que consiste o ato do legislador? Num ato de querer esta ou aquela medida social. No que consistem as atitudes e atividades jurídicas mais substanciais? Em atos e atividades de querer esta ou aquela medida individual ou coletiva. Então, a noção de vontade, e, sobretudo, de vontade livre, é um ingrediente de grande importância na arquitetônica da jusfilosofia hegeliana.[17]

Pode-se mesmo dizer que o Direito é o existir da vontade livre (*Dasein des freien Willens*), em sua essência.[18] É essa vontade livre que haverá de se converter em vontade determinada com a formação dos direitos positivos dos Estados. Ou seja, há no Direito manifestado algo de universal, de lógico, de abstrato, de absoluto, assim como algo de concreto, de relativo, de cultural:

"§ 209 – A relação recíproca das carências e do trabalho que as satisfaz, reflecte-se sobre si mesma, primeiro e em geral, na personalidade infinita, no direito abstracto. É, porém, o próprio domínio do relativo, a cultura, que dá existência ao direito. O direito é, então, algo de conhecido e reconhecido, e querido universalmente e adquire a sua validade e realidade objectiva pela mediação desse saber e desse querer.

---

[17] Isso já se pode ver destacado no texto dos comentadores da temática: "Teremos agora de procurar esclarecer aquela parte do sistema hegeliano diretamente respeitante à nossa disciplina: o espírito objetivo. Este, em primeiro lugar, manifesta-se pelo Direito, o qual, no dizer de Hegel, é a existência do livre querer (tese). Por outras palavras: é a própria liberdade considerada na sua existência externa, a liberdade que se estabelece no exterior. O querer do homem é essencialmente livre: é livre enquanto é querer. Deste modo, o problema da liberdade do querer, que tanto afligiria os filósofos anteriores, é por Hegel eliminado ou afastado mediante simples identificação" (Del Vecchio, *Lições de filosofia do direito*, 1979, p. 155).

[18] "Ora, o direito é o existir da vontade livre (*Dasein des freien Willens*) e, por isso, liberdade autoconsciente (*selbstbewusste Freiheit*)" (Salgado, *A ideia de justiça em Hegel*, 1996, p. 329).

Nota – Cumpre à cultura, ao pensamento como consciência do indivíduo na forma do universal, que eu seja concebido como uma pessoa universal, termo em que todos estão compreendidos como idênticos. Deste modo, o homem vale porque é homem, não porque seja judeu, católico, protestante, alemão ou italiano. Tal consciencialização do valor do pensamento universal tem uma importância infinita, e só se torna um erro quando cristaliza na forma do cosmopolitismo para se opor à vida concreta do Estado.

§ 210 – A realidade objectiva do direito está, por um lado em existir para a consciência, ser algo que se sabe, e, por outro lado, em ter a força e o valor reais e ser conhecido esse valor universal" (Hegel, *Princípios da filosofia do direito*, 1990, p. 194-195).

A liberdade do querer que determina o direito não se esvai num querer arbitrário; há, no querer jurídico, a ideia de que se realiza como uma manifestação do espírito objetivo, e, bem entendido, num querer racional.[19] A noção de arbítrio contém em si a ideia de caos, de indeterminação do querer do outro, de despotismo, de pura paixão sem razão, por isso o direito não poderá jamais ser confundido com a ideia de vontade arbitrária, mas como vontade que organiza, que sistematiza, que favorece as liberdades individuais. É este querer racional que se coloca a favor, como no sistema kantiano, da proteção da liberdade. É o sistema jurídico que defende a liberdade e não que a oprime; se a liberdade absoluta do espírito diz que tudo é possível, percebe-se de fato que as liberdades individuais devem conviver, e convívio é sinônimo de limitação.

Se os indivíduos possuem direitos, esses direitos vêm pela ordem jurídica.[20] O Direito, que é a máxima expressão da liberdade, historicamente concretiza-se, individualiza-se, torna-se realidade fenomênica de um modo pluricultural, harmoniza-se com as diferenças e as tendências dos povos, exteriorizando-lhes os sentidos de viver, e nisso é que consiste a noção de positividade do Direito. Aí está a ocorrência histórica do Direito:

> "§ 30 – Só porque é a existência do conceito absoluto da liberdade consciente de si, só por isso o Direito é algo de sagrado. Mas a diversidade das formas do Direito (e também do Dever) tem origem nas diferentes fases que há no desenvolvimento do conceito de liberdade. Em face do direito mais formal e portanto mais abstracto e mais limitado, o domínio é a fase do espírito em que os ulteriores elementos contidos na ideia de liberdade alcançam a realidade, possuem um direito mais elevado porque mais concreto, mais rico e mais verdadeiramente universal.
>
> *Nota* – Cada fase do desenvolvimento da ideia de liberdade tem o seu direito particular porque é existência da liberdade numa das determinações que lhe são próprias. Quando se fala de oposição entre a moralidade subjectiva ou objectiva e o direito, apenas se entende por direito o direito formal da personalidade abstracta. A morali-

---

[19] "Hegel prossegue o pensamento de Kant. O direito é o lugar da liberdade. Para Hegel como para Kant, o direito continua a ser a única forma de existência da liberdade, e a razão o critério da sua validade. Entretanto, Hegel procura relacionar esses conceitos dialeticamente, introduzindo a categoria da historicidade do direito e da sociedade em que o direito se desenvolve" (Salgado, *A ideia de justiça em Hegel*, 1996, p. 324).

[20] "Organização estatal ou ordem jurídica é o meio pelo qual se dá a eficácia aos direitos ou liberdades que os indivíduos têm e que, por sua vez, por se tratar de direitos e não de privilégios, de liberdades no interesse de todos e de cada um, é também uma determinação desses direitos, sem o que se cairia, ou no estado de natureza, ou no despotismo, ou no caos arbitrário ou liberdade sem lei, ou na supressão das liberdades para conferi-las como privilégio a alguns" (Salgado, *A ideia de justiça em Hegel*, 1996, p. 434).

dade, subjectiva ou objectiva, o interesse do Estado, constituem cada um, um direito particular pois cada um deles é uma determinação e uma realização da liberdade. Só podem entrar em conflito quando, por serem direitos, se colocam na mesma linha; se o ponto de vista moral subjectivo do espírito não fosse também um direito, não fosse também uma das formas da liberdade, de modo algum poderia esta entrar em conflito com o direito da personalidade ou com qualquer outro. Com efeito, um direito contém o conceito da liberdade, a mais alta determinação do espírito em face da qual tudo o que lhe é alheio não possui existência substancial" (Hegel, *Princípios da filosofia do direito*, 1990, p. 49-50).

A essência do Direito (máxima liberdade) faz-se acontecimento de direito (liberdade concreta), manifestando-se neste ou naquele conjunto de leis, deste ou daquele Estado, desta ou daquela cultura. Assim, surgem as leis, os códigos, o direito positivo, concretizações que são da noção abstrata de Direito.[21]

A lei pode, então, ser vista como uma concreção da vontade do Direito. O Direito, abstratamente, é a ordem do todo possível, mas ainda invisível e inexistente socialmente. A lei é esta concreção do Direito e, ainda, este tornar-se para si do Direito, à medida que é por meio da lei que se estabelecem os direitos e os deveres de forma clara e acessível a todos; é ela visibilidade da liberdade abstrata contida na noção de Direito.[22]

> "§ 211 – O que o direito é em si afirma-se na sua existência objectiva, quer dizer, define-se para a consciência pelo pensamento. É conhecido como o que, com justiça, é e vale; é a lei. Tal direito é, segundo esta determinação, o direito positivo em geral" (Hegel, *Princípios da filosofia do direito*, 1990, p. 195).

Na sequência necessária da forma das leis de um povo, surge, para Hegel, o código, que é, sem dúvida, coletânea racional e sistematizada das leis produzidas por um povo:

> "Quando os direitos consuetudinários chegam a ser reunidos e codificados – o que um povo que atinge qualquer grau de cultura não pode demorar a fazer – a coleção assim constituída é o código. Terá este, porque não é mais do que uma coleção, um caráter informe, vago e incompleto. O que sobretudo o distingue daquilo a que verdadeiramente se chama um código, é que os verdadeiros códigos concebem pelo pensamento e exprimem os princípios do direito na sua universalidade, e, portanto, em toda a sua precisão" (Hegel, *Princípios da filosofia do direito*, 1990, p. 196).

---

[21] "Se a razão é o elemento diretor da história a informar o *ethos* através do tempo, o direito produzido nessa história é o revelar-se dessa razão, portanto da liberdade. O direito positivo é, nesse sentido, o modo pelo qual o justo aparece, o modo pelo qual a essência do direito se mostra mais perfeita num determinado momento histórico, modo de aparecer o direito, que é a razão na história. O direito, entretanto, sendo forma de expressão da liberdade numa determinada época, não é uma norma isolada, que pode ser até injusta ou irracional. É o conjunto das normas jurídicas ordenadas a formar a estrutura do Estado, na forma mais expressiva da razão: o sistema, cujos passos são a lei, o código e a constituição" (Salgado, *A ideia de justiça em Hegel*, 1996, p. 325).

[22] "A lei é a forma para si do direito, plenamente conhecida, ou posta ao conhecimento de todos. Por isso é válida (*gultig*) e eficaz (*wirklich*), na medida em que realiza o conteúdo da liberdade em dois sentidos: *gewusst* e *gewollt*. Destarte, a lei é a vontade (o direito) que se quer e que se sabe, vontade da vontade e saber da vontade. Esse direito que se quer e que se sabe, a lei, realiza-se em dois planos: o da posição, pela qual a lei é posta pelo poder competente e vale (*gelten*), e o da aplicação, pela qual a lei deve ser seguida e cumprida (*wirken*)" (Salgado, *A ideia de justiça em Hegel*, 1996, p. 348).

É a ordem jurídica que se coloca a serviço dos membros de um Estado, no sentido de instrumentalizá-los para o alcance de suas metas dentro da protetiva estrutura racional da ordem jurídica; se a sociedade nasce espontaneamente, o Estado se cria posteriormente, e isto com vista na melhor construção e adequação dos interesses, inclusive com vista na proteção das liberdades individuais, conquista da Revolução Francesa. Essa opção pelo Estado, e por um Estado que proteja as liberdades individuais, é, mais uma vez, uma manifestação do Espírito Objetivo, em sua ilimitada liberdade de querer.

A aproximação do direito positivo da máxima racionalidade dá-se à medida que se alcança a noção de sistema, de harmonia racional, de todo orgânico, de mundo controlado e feito legislação. É nesse momento que aparece clara a preocupação racionalista de Hegel de ver preponderar o direito positivo sobre o direito costumeiro, o direito legislado sobre o não legislado, o direito organizado com relação ao direito não organizado, espontâneo, mera ocorrência, mera manifestação costumeira.

Apesar do que se disse, o direito vigora em sua abstração, mas também se manifesta como realidade concreta nas instituições e nas práticas da sociedade civil, misturando-se, portanto, às individualidades e às particularidades morais e civis dos povos. De fato:

> "§ 213 – O direito que chega à existência na forma de leis positivas também, como conteúdo, se realiza através da aplicação, e estabelece, então, relações com a matéria fornecida pelas situações infinitamente complexas e singulares das espécies de propriedades e de contratos da sociedade civil e, bem assim, com as situações morais que assentam no sentimento, no amor e na confiança, mas só na medida em que estes contêm um aspecto do *direito* abstracto (§ 159).
>
> O aspecto da moral subjectiva e os imperativos morais que só pela sua subjectividade e individualidade próprias se ligam com a vontade, esses não podem constituir objecto da legislação positiva" (Hegel, *Princípios da filosofia do direito*, 1990, p. 198-199).

O racionalismo do sistema jurídico há de imperar não somente quando se trata de pensar na lei, mas também quando se trata de pensar na aplicação da lei. Nesse sentido, o sistema hegeliano haveria de prever em seus projetos filosóficos a organicidade do ordenamento jurídico. Esta decorre da relação harmoniosa que parecem apresentar os elementos do sistema: de um lado a lei, de outro lado, a jurisdição, como forma institucionalizada para a aplicação da lei.[23] E é a jurisdição o direito de cada um, em face do outro, por meio da sentença:

> "§ 228 – A sentença, que é a qualificação legal de um caso, garante o direito subjectivo das partes; quanto à lei, porque é conhecida e é, portanto, a lei da própria parte; quanto à qualificação, pela publicidade do processo. Quanto, porém, à decisão sobre o conteúdo particular subjectivo e exterior do assunto, cujo conhecimento é o primeiro dos dois aspectos mencionados no § 225º, o direito da consciência é satisfeito pela confiança na subjectividade de quem decide. Tal confiança funda-se, essencialmente, na igualdade que, do ponto de vista da situação particular, da classe comum etc., há entre a parte e quem decide" (Hegel, *Princípios da filosofia do direito*, 1990, p. 209).

---

[23] "Em razão disso, na esfera da aplicação do direito, o justo, o que importa fundamentalmente para a existência da liberdade é a jurisdição pública, a limitação do absolutamente arbitrário nas relações puramente subjetivas (vingança etc.), entre os membros da sociedade" (Salgado, *A ideia de justiça em Hegel*, 1996, p. 363).

O que será esta decisão jurídica senão uma vontade dirigida ao comportamento de outrem, de conformidade com o que diz a legislação? Nesse sentido, ainda uma vez pode-se afirmar que mesmo a prática jurisdição do Direito consiste numa manifestação do querer:

"§ 13 – Pela decisão, afirma-se a vontade como vontade de um indivíduo determinado e como diferenciando-se fora dele em relação a outrem. Mas além de ser assim finita, como fato de consciência (§ 8º), a vontade imediata também formal por causa da distinção entre a sua forma e o seu conteúdo (§ 11º) Apenas lhe pertence a decisão abstrata como tal e o conteúdo ainda não é o conteúdo e a obra da sua liberdade" (Hegel, *Princípios da filosofia do direito*, 1990, p. 38).

O que é puramente arbítrio de um indivíduo contra o outro, ou mesmo, o que é pura imposição do mais forte sobre o mais fraco, não há de resistir num esquema em que a jurisdição funciona para a aplicação da justiça.[24] É este um meio neutro de solução de conflitos. Eis aí que:

"§ 94 – O direito abstrato é direito de coação pois ato injusto é uma violência contra a existência da minha liberdade numa coisa exterior. Manter esta existência contra; a violência como ação exterior é uma violência que suprime a primeira" (Hegel, *Princípios da filosofia do direito*, 1990, p. 99).

Nesse esquematismo, a infringência à lei, a infringência ao direito, a lesão dos direitos do outro parece como uma forma de contrariedade à ordem implantada racionalmente pelo sistema jurídico. O crime é, portanto, uma manifestação contrária aos anseios de ordem, controle e racionalidade inerentes ao ordenamento jurídico. O crime consiste, efetivamente, na negação da negação instituída pelo Estado no exercício do controle da conduta de seus cidadãos:

"§ 95 – A primeira coação, exercida como violência pelo ser livre que lesa a existência da liberdade no seu sentido concreto, que lesa o direito como tal, é o crime – juízo negativo infinito em todo o seu sentido (*Lógica*, ed. 1833, 5º vol., p. 90). Nele são negados, não apenas o aspecto particular da absorção da coisa na minha vontade (§ 85º), mas também o que há de universal e infinito no predicado do que me pertence – a capacidade jurídica – e isso sem que haja a mediação da minha opinião (como na impostura, § 88º). É o domínio do direito penal.

Nota – O direito, cuja violação é o crime, até hoje só foi visto através das instituições já estudadas e a significação imediata do crime apenas se refere a essas determinações. Ora, a substância de tais formas é o universal que continuará idêntico no seu desenvolvimento ulterior sem que, no entanto, a sua violação deixe de ser um crime. A gradação que no parágrafo seguinte estabelecemos tanto se refere, portanto, ao conteúdo particular mais adiante definido como perjúrio, como ao crime de Estado, como à falsificação de moeda etc." (Hegel, *Princípios da filosofia do direito*, 1990, p. 99-100).

---

[24] "Nesse plano, a justiça é puramente a eliminação do arbitrário subjetivo e a instauração da possibilidade de uma jurisdição neutra, imparcial. É a solução imparcial do conflito, independentemente de um juízo de conteúdo da lei aplicável, ou da própria decisão. Justa é a decisão imparcial, não arbitrária, ainda que do ponto de vista do seu resultado possa ser considerada como injusta" (Salgado, *A ideia de justiça em Hegel*, 1996, p. 363).

Daí a necessidade de o sistema jurídico funcionar na base de proibições e negações (não fazer, deixar de fazer, controlar o fazer), que significam restrições da liberdade abstratamente concebida. Ora, convívio importa rigorosamente em concessões recíprocas, para que o todo possa subsistir, e é por isso que o Estado prepondera por sobre os interesses do indivíduo, pois existe para preservar a continuidade do todo, e não da parte. Justifica-se, com isso, que possa o Estado punir, e inclusive punir com a pena de morte, pois envolvidos estão os interesses de todos, que preponderam com relação aos das partes.

> "§ 97 – Como evento que é, a violação do direito enquanto direito possui, sem dúvida, uma existência positiva exterior mas contém a negação. A manifestação desta negatividade é a negação desta violação que entra por sua vez na existência real; a realidade do direito reside na sua necessidade ao reconciliar-se ela consigo mesma mediante a supressão da violação do direito;
>
> *Nota* – Sabe-se que Beccaria contestou o direito de o Estado aplicar a pena de morte, com o pretexto de que não pode presumir-se que o contrato social contenha o consentimento dos indivíduos em serem mortos, antes devendo admitir-se o contrário. Ora o Estado, de um modo geral, não é um contrato (§ 75°), e a sua essência substancial não é exclusivamente a protecção e a segurança da vida e da propriedade dos indivíduos isolados. É antes a realidade superior e reivindica até tal vida e tal propriedade, exige que elas lhe sejam sacrificadas. Além de constituir um dever do Estado manter o conceito de crime, já na ação do criminoso se encontra o que há de racional independentemente da adesão do indivíduo, a racionalidade formal, o querer do indivíduo. Considerando-se assim que a pena contém o seu direito, dignifica-se o criminoso como ser racional. Tal dignificação não existirá se o conceito e a extensão da pena não forem determinados pela natureza do acto do criminoso, o que também acontece quando ele é considerado como um animal perigoso que se tenta intimidar ou corrigir ou que é preciso suprimir. Enfim, do ponto de vista das moralidades da sua existência, a forma que a justiça tem no Estado, isto é, como pena, não é a única e o Estado não é a condição necessária da justiça em si" (Hegel, *Princípios da filosofia do direito*, 1990, p. 104).

Preservar não somente integra a racionalidade do sistema jurídico; é o fim da coação estatal. Também se preveem crimes como forma de impedir que o âmbito de um, ou a vontade de um, atravesse o âmbito do outro, a vontade do outro. Quando isto ocorre, está-se diante de uma situação em que duas vontades não conseguem conviver, e, portanto, requerem a intervenção da lei, do Estado, do julgamento, enfim, das instituições jurídicas. Quando a má-vontade atravessa a outra, constrange a outra, determina por critérios aleatórios o limite da outra, impondo-se para prevalecer, então está-se diante de uma situação tal na qual se fere a personalidade alheia. De fato, Hegel trata os direitos reais e os direitos pessoais da mesma forma, ou seja, como manifestações da personalidade humana sobre as coisas. Assim, o simples roubo é a quebra da personalidade alheia, que havia investido de vontade um determinado objeto. Assim:

> "§ 38 – Em relação a ação concreta e aos fatos da moralidade subjetiva e objetiva, o direito abstrato apenas constitui uma possibilidade perante o conteúdo deles; a regra jurídica só é, portanto, uma faculdade ou uma permissão. A necessidade deste direito limita-se (sempre por causa da sua abstração) a algo de negativo: não ofender a personalidade e tudo o que lhe é consequente. Só há, portanto, interdições jurídicas e a forma positiva dos imperativos de direito funda-se, em ultima análise, numa interdição;

Nota – A divisão do direito em direito real e pessoal e em processo, bem como as outras muitas classificações, tem por fim dar uma ordem superficial ao amálgama de matéria inorganizada que se apresenta. Tal divisão implica, antes de tudo, uma confusa mistura dos direitos cuja condição está nas realidades substanciais, como o Estado e a família, e dos direitos que apenas se reportam à simples personalidade abstrata. Tal confusão concentra-se na divisão kantiana dos direitos em reais, pessoais e reais-pessoais. Muito longe nos levaria o desenvolvimento do que há de errôneo e de mal analisado nesta classificação, que constitui a base do Direito Romano, de direitos pessoais e reais (o processo é já a aplicação e não se deve pois considerar nessa classificação).

Já hoje está suficientemente esclarecido que só a personalidade confere o direito sobre as coisas e que, portanto, o direito pessoal é essencialmente um direito real (entendendo-se a coisa no sentido mais geral, como o que é exterior à minha liberdade, onde se pode incluir também o meu corpo, a minha vida). O direito real é o direito da personalidade como tal" (Hegel, *Princípios da filosofia do direito*, 1990, p. 57-58).

Pode-se mesmo sintetizar toda a doutrina filosófica acerca dos direitos e das leis construídas por Hegel num sintético e sábio ensinamento, que não esconde seu sentido kantiano, a saber: "Sê uma pessoa e respeita os outros como pessoa." A ideia daí derivada é a de que o indivíduo encontra-se socialmente com a sua própria dignidade num meio intersubjetivo onde reconhece no outro a mesma qualidade humana. Não somente o caráter de imperativo faz com que esta afirmação hegeliana remeta ao pensamento de Kant, mas também a preocupação de fundo de que a pessoa seja tratada nunca como meio e sempre como fim, e de que a finalidade do direito é permitir que as liberdades convivam. Isto porque é a própria noção de pessoa (personalidade) que investe de sentido todo o esquematismo do direito abstrato:

> "§ 36 – 1º É a personalidade que principalmente contém a capacidade do direito e constitui o fundamento (ele mesmo abstrato) do direito abstrato, por conseguinte formal. O imperativo do direito é portanto: sê uma pessoa e respeita os outros como pessoas" (Hegel, *Princípios da filosofia do direito*, 1990, p. 56).

17.4 DIREITO E ESTADO ÉTICO

O Estado aparece no contexto da Filosofia do Direito hegeliana como um elemento primordial da formação dos direitos. Nesse sentido, o Estado é a manifestação também do Espírito, nele estando imersas as noções de moralidade e de liberdade,[25] e é assim que pode cumprir sua missão racional:

---

[25] "Com base nesses três momentos pode-se entender dialeticamente a noção de Estado ético, em três níveis: O Estado (Ético abstrato – isonomia), o Estado democrático (autonomia) e o Estado democrático de direito (ético concreto – autárqueia), vale dizer: o Estado concebido como organização do poder na forma racional de vida social livre (comunidade ética), ou Estado que tem um fim ético e não simplesmente uma função eficaz é o Estado entendido como organização da participação dos indivíduos dessa comunidade ética na formação e exercício do poder, ou o Estado conceituado nos momentos concretos do ético-político, ou seja, o Estado de direito em sentido amplo, em que se assentam os fundamentos racionais dos direitos universais do homem enquanto homem, na concepção hegeliana esboçada no parágrafo 209 da *Filosofia do direito* e que, na perspectiva em que se conduziu

"§ 257 – O Estado é a realidade em ato da ideia moral objetiva, o espírito como vontade substancial revelada, clara para si mesma, que se conhece e se pensa, e realiza o que sabe e porque sabe.

No costume tem o Estado a sua existência imediata, na consciência de si, no saber e na actividade do indivíduo, tem a sua existência mediata, enquanto o indivíduo obtém a sua liberdade substancial ligando-se ao Estado como à sua essência, como ao fim e ao produto da sua atividade" (Hegel, *Princípios da filosofia do direito*, 1990, p. 224-225).

Mais de perto ainda, o Estado é um estágio evolutivo das corporações humanas que oferece aos cidadãos a ordem e o império da razão. O Estado é o racional em si e para si, e agrupa sob seu manto toda a pujança de ser o guardião da liberdade, como valor supremo de toda constituição, e de ser o guardião das liberdades individuais, que se encontram fragilizadas frente à pulverização caótica do poder. Assim:

"§ 258 – O Estado, como realidade em ato da vontade substancial, realidade que esta adquire na consciência particular de si universalizada, é o racional em si e para si: esta unidade substancial é um fim próprio absoluto, imóvel, nele a liberdade obtém o seu valor supremo, e assim este último fim possui um direito soberano perante os indivíduos que em serem membros do Estado têm o seu mais elevado dever" (Hegel, *Princípios da filosofia do direito*, 1990, p. 225).

De fato, não pode um povo alcançar o nível de organização de um Estado sem ter passado anteriormente por experiências que cunharam em seu seio as noções primordiais para sua formação. O Estado possui como caracteres objetivos aferíveis e identificáveis na prática a racionalidade da substância moral objetivada em leis, em organização jurídica. O Estado sem ordem jurídica não pode receber este nome na filosofia hegeliana, porque ela é o indício da evolução racional do povo e de seus costumes. Então:

"§ 349 – Não começa um povo por ser um Estado, e a passagem ao estado político de uma horda, uma família, um clã ou uma multidão constitui em geral a realização geral da ideia nesse povo. Nesta forma, a substância moral que ele é em si ainda não possui a objetividade que consiste em ter nas leis, como determinações pensadas, uma existência para si e para os outros com universal validade. Enquanto não for reconhecido, a sua independência é apenas formal; não é uma soberania, pois não é objetivamente legal e não possui expressão racional fixa" (Hegel, *Princípios da filosofia do direito*, 1990, p. 315).

A cada espírito nacional corresponde um Estado que lhe é a manifestação, a concreção no plano das instituições. Assim, a pluralidade de Estados existentes são a manifestação da pluralidade de espíritos nacionais existentes. E, por sua vez, os espíritos nacionais são a manifestação do espírito do mundo. É ele que rege o funcionamento e a organização daqueles.[26]

---

este trabalho, é o *Estado justo ou ético* em si e para si: Estado da Liberdade" (Salgado, *A ideia de justiça em Hegel*, 1996, p. 501).

[26] "Se tratan dialécticamente, de modo que, según Hegel, progresamos del derecho abstracto al estado concreto. Derecho, estado y ética son expresiones de un desarollo histórico que es la manifestación de un espíritu nacional, y estos espíritus nacionales en su totalidad son la manifestación del espíritu mundial. Deben comprenderse como proyecciones concretas de este espíritu mundial. El espíritu mun-

Os poderes do Estado nacional, em seus desdobramentos políticos, são os seguintes, dentro da filosofia hegeliana:

> "§ 273 – Divide-se o Estado político nas seguintes diferenças substanciais:
> a) capacidade para definir e estabelecer o universal – poder legislativo;
> b) integração no geral dos domínios particulares e dos casos individuais – poder do governo;
> c) a subjectividade como decisão suprema da vontade – poder do príncipe. Neste se reúnem os poderes separados numa unidade individual que é a cúpula e o começo do todo que constitui a monarquia constitucional" (Hegel, *Princípios da filosofia do direito*, 1990, p. 253).

O que faz do Estado um aparelhamento ético é o fato de funcionalizar a compatibilização, pós-revolucionária, entre ordem e liberdade. Se o indivíduo não pode ser relegado à marginalidade irracional da anarquia total, se o indivíduo não pode ser oprimido pela exploração e pela opressão das classes mais privilegiadas (*Ancien Régime*), se o Estado não pode simplesmente tragar toda a liberdade dos indivíduos sem conceder-lhes vantagens ou direitos, então deve haver uma solução medianeira a ser levada a efeito pelo Estado. Isso porque o Estado não pode ser governado, nesse esquematismo, como uma forma de privilégio, como uma forma de prevalecimento pessoal, de realização da própria vontade, ou como exercício arbitrário do poder; o Estado pós-kantiano é um Estado guiado pela ideia do imperativo categórico, ou pela ideia de Direito.

O Estado manifesta-se na história, desde a Antiguidade, de diversas formas, detecta Hegel. E essas formas de manifestação permitem identificar quatro tipos de Estado: o oriental, o grego, o romano e o prussiano.[27]

Além do convívio racional criado pela implantação do Estado por sobre o prevalecimento dos indivíduos (antes o governo do todo pelo todo, que o governo do todo pela arbitrariedade subjetiva), existe também no sistema hegeliano a ideia de que os Estados entre si têm que conviver racionalmente: é o direito internacional, que regula as vontades dos diversos Estados:

> "O fundamento do direito dos povos como direito universal que entre os Estados é válido em si e para si é que é diferente o conteúdo particular dos contratos, reside no dever de se respeitarem os contratos, pois neles se fundam as obrigações dos Estados uns para com os outros. Como, porém, a relação entre eles tem por princípio a sua soberania, daí resulta que se encontram uns perante os outros num estado de natureza e os seus direitos não consistem numa vontade universal constituída num poder que lhes é superior mas obtém a realidade das suas recíprocas relações na sua vontade particular.

---

dial no es algo ajeno a ellas, sino que en ellos y por ellos es lo que es" (Hegel, *La filosofia del derecho*, 1997, p. 193-194).

[27] "No campo da filosofia do direito, Hegel é apologista do Estado, que considera o mais alto grau do espírito objetivo, espírito desperto, ao contrário da natureza, espírito adormecido."
"Nada acima do Estado, além do absoluto."
"Para Hegel, quatro são os tipos de Estado, que correspondem a quatro graus no progresso incessante do espírito do mundo: oriental, grego, romano e prussiano."
"No Estado prussiano ou germânico está o ideal derradeiro dos Estados consubstanciado na monarquia prussiana" (Cretella Jr., *Filosofia do direito*, 1999, p. 160).

Esta condição geral mantém-se no estado de dever ser e o que realmente se passa é uma sucessão de situações conformes a tais tratados e de abolições desses tratados" (Hegel, *Princípios da filosofia do direito*, 1990, p. 307-308).

O Estado, em suas dimensões de atuação, para dentro (relação com seu povo) e para fora (relação com outros povos), prioriza o bem-estar interno, e sua função não é a de provedor das necessidades externas, mas das necessidades internas. O que efetivamente regula o comportamento dos Estados entre si, na paz ou na guerra, é esse tipo de raciocínio.

> "§ 337 – O bem substancial de um Estado é o seu bem como Estado particular, com seus interesses e sua definida situação e, também, com as outras circunstâncias particulares que estão ligadas às relações contratuais. Por isso, o comportamento do governo é um comportamento particular e não o da Providência geral (§ 324º, nota). A finalidade das relações de cada Estado com os outros, bem como o princípio da justiça das guerras e dos tratados, não é, portanto, um pensamento universal (filantrópico), mas a realidade do bem-estar ameaçado em sua definida particularidade" (Hegel, *Princípios da filosofia do direito*, 1990, p. 309).

A guerra não aparece como uma manifestação legítima de resolução de contendas no plano internacional. E isso não somente porque contraria a racionalidade do diálogo, não somente por significar a prática da lei do mais forte, não somente porque se posiciona no sentido contrário do desenvolvimento do direito e da ordem internacionais, mas sobretudo porque o espírito do mundo (*weltgeit*) governa a ordem dos Estados. As invasões injustas, as disputas de territórios, as guerras sanguinolentas, as injustiças territoriais e étnicas não parecem encontrar acolhida no sentido que Hegel confere à ideia de espírito do mundo.[28]

Como forma de compatibilização das vontades internacionais é que surge o direito internacional, ou seja, a razão a governar a diferença entre os diversos Estados nacionais:

> "§ 330 – O direito internacional resulta das relações entre Estados independentes. O seu conteúdo em si e para si tem a forma do dever ser e a sua realização depende de vontades soberanas diferentes" (Hegel, *Princípios da filosofia do direito*, 1990, p. 306).

A história funciona dialeticamente, na alternância da preponderância deste ou daquele Estado, mas a história não é mera manifestação da força, e sim da razão, e nisso há a participação do Espírito do mundo:

> "§ 342 – Não se pense, porém que a história universal é o simples juízo da força, quer dizer, da necessidade abstrata e irracional de um destino cego; antes, sendo em si e para si razão, e como o seu ser para si é no espírito um saber, a história é, de acordo com o conceito da sua liberdade, o desenvolvimento necessário dos momentos da razão, da consciência de si e da liberdade do espírito, a interpretação e a realização do espírito universal" (Hegel, *Princípios da filosofia do direito*, 1990, p. 312).

---

[28] "Não admite Hegel, pois, a possibilidade de uma injusta invasão ou de uma conquista ilícita: vence na guerra quem deve vencer – e cada povo tem a sorte e o governo que merece. O espírito do mundo – *weltgeit* – é superior ao espírito dos diversos estados e pronuncia irrevogavelmente a sua sentença sobre eles" (Del Vecchio, *Lições de filosofia do direito*, 1979, p. 156).

Se assim é, então deve-se dizer que, dialeticamente, um povo desenvolve-se a ponto de organizar-se em Estado, esse Estado passa a desenvolver-se a ponto de tornar-se Estado entre Estados, no plano das relações internacionais, para por fim realizar-se em hegemonia sobre os demais Estados, e influenciar o rumo da história dos povos. Assim:

"§ 259 – A Ideia do Estado:

a) possui uma existência imediata e é o Estado individual como organismo que se refere a si mesmo – é a constituição do Direito político interno;

b) transita à relação do Estado isolado com os outros Estados – é o direito externo;

c) é ideia universal como gênero e potência absoluta sobre os Estados individuais, o espírito que a si mesmo dá a sua realidade no progresso da história universal" (Hegel, *Princípios da filosofia do direito*, 1990, p. 232-233).

O apogeu, a grandeza e o domínio do império prussiano ou germânico, à época de Hegel, parecia ser o indício de mais uma revelação histórica da dialética do espírito do mundo. Se ao império prussiano antecederam outros impérios na hegemonia cultural e política dos povos, a nova encarnação do espírito do mundo se daria com os germanos, na filosofia hegeliana. Fixando seus olhos e projetando expectativas sobre seu povo foi que Hegel depositou parte de sua teoria a favor do governo, a favor das intenções de seu Estado. Isto é inegável, e Hegel mesmo revela com clareza sua tendenciosa posição teórica:

"§ 352 – A verdade e o destino das ideias concretas, dos espíritos dos povos, residem na ideia concreta que é a universalidade absoluta. Esse é o Espírito do mundo. Em volta do seu trono, os povos são os agentes da sua realização, testemunhas e ornamentos do seu esplendor. Como espírito, é ele o movimento da actividade em que a si mesmo se conhece absolutamente, se liberta da forma da natureza imediata, se reintegra em si mesmo, e, deste modo, os princípios das encarnações desta consciência de si no decurso da sua libertação, que são impérios históricos, são quatro.

"§ 353 – Na primeira revelação, enquanto imediata, o princípio do espírito é a forma do espírito substancial como identidade em que a individualidade se perde na sua essência e fica injustificada para si.

O segundo princípio é o saber deste espírito substancial, e deste modo ele é o conteúdo e efectivação positivos e o ser para si enquanto sua forma vivente, a bela individualidade moral objetiva.

O terceiro é o ser para si, o ser consciente que se aprofunda em si até à universalidade abstrata e fica portanto em contradição infinita com a objetividade que o espírito também abandonou.

O princípio da quarta encarnação é esta contradição espiritual que se arruína para receber em si mesma, em sua interioridade, a sua verdade e essência concretas, para se reconciliar com a objetividade e para, como o espírito assim reintegrado na primeira substancialidade, regressar de uma contradição infinita. O que então produz e conhece é esta verdade como pensamento e como mundo de uma realidade legal.

§ 354 – De acordo com estes princípios, há quatro impérios históricos: o oriental, o grego, o romano e o germânico" (Hegel, *Princípios da filosofia do direito*, 1990, p. 316-317).

CONCLUSÕES

O sistema hegeliano de pensamento caracteriza-se por destacar a racionalidade como um dado constitutivo da realidade, e, inclusive, do evolver histórico das ideias jurídicas e dos sistemas jurídicos. Toda a noção de Direito resume expectativas de justiça no plano do concreto, do fenomênico. Nesse sentido, a missão do Estado resume-se em instrumentalizar a boa aplicação e a conquista gradativa da justiça por meio do Direito.

O conjunto de ideias de Hegel acerca do Direito resume em si ainda outras preocupações: a de que a pessoa seja protegida, pois a personalidade dilata-se em diversas manifestações pessoais ou reais; a de que a pessoa seja vista como fim e não como meio; a de que o Estado coloca-se a serviço das necessidades jurídico-sociais; a de que a razão prepondere sobre o caos institucional da sociedade.

Se o Direito é manifestação do Espírito objetivo é porque se desdobra em esforços objetivos, coletivos e racionais no sentido de realizar a ideia de convívio das vontades. Quando a liberdade é a matéria-prima, pode-se dizer que regular as liberdades significa colocar os instrumentos do Estado para funcionarem a favor da manutenção da liberdade geral. Disso só pode resultar a síntese de que é respeitando a pessoa que se poderá fazer cumprir o ideal do Direito conectado ao ideal do Estado.

18
KARL MARX:
HISTÓRIA, DIALÉTICA E REVOLUÇÃO

18.1 A HISTÓRIA COMO PROVA DA RUPTURA MARXISTA

Karl Heinrich Marx (1818-1883)[1] não pode, de forma alguma, ser negligenciado na análise jurídico-social de construção do Direito moderno e contemporâneo. Um biógrafo chegou a escrever: "A história do século XX é um legado de Marx" (Wheen, *Karl Marx*, 2001, p. 9). Pelo contrário, é este filósofo alemão, proveniente da Renânia, que, inclusive, habitou em suas peregrinações a França e a Inglaterra, como jornalista e escritor, em agitado percurso ativo-teórico, o causador de inúmeras transformações efetivas nas estruturas do pensamento e da legislação dos séculos XIX e XX, tamanha a repercussão de suas lições, reivindicações e propostas.

Marx, porém, não surgiu sozinho, em seu momento histórico, e também não lecionou aquilo que não era uma solicitação necessária em sua época (pós-Revolução Industrial, pós-Revolução Francesa, pós-Codificação do Direito...). Ademais, os prenúncios dos movimentos operários e das reivindicações teóricas a serviço dos explorados vinham ecoando desde o século XVIII, com destaque para inúmeros escritores. O marxismo encontra terreno fértil, e não totalmente cru, para a solidificação de suas propostas. No entanto, o marxismo instala-se como expressão do socialismo científico diferindo do socialismo utópico (Owen, Saint-Simon, Proudhon, Fourier...), e, também, do anarquismo (Bakunin, Malatesta, Tolstoi, Kropotkin...). De fato:

> "Os comunistas só se distinguem dos outros partidos operários em dois pontos: 1) Nas diversas nacionais dos proletários, destacam e fazem prevalecer os interesses comuns do proletariado, independentemente da nacionalidade. 2) Nas diferentes fases por que passa a luta entre proletários e burgueses, representam, sempre e em toda parte, os interesses do movimento em seu conjunto.
>
> Praticamente, os comunistas constituem, pois, a fração mais resoluta dos partidos operários de cada país, a fração que impulsiona as demais, teoricamente tem sobre o resto do proletariado a vantagem de uma compreensão nítida das condições, da marcha e dos fins gerais do movimento proletário.

---

[1] "Filho de um advogado e conselheiro de justiça e descendente de judeus, Karl Heinrich Marx (1818-1883) nasceu em Treves, capital da província alemã da Renânia. Após os estudos preliminares em sua terra natal, matriculou-se na Universidade de Bonn, onde iniciou o curso de Direito, logo interrompido, pois seu interesse maior concentrava-se nos estudos de História e Filosofia. Ingressou posteriormente na Universidade de Berlim, onde se influenciou pelo pensamento ateu e liberal-democrático da esquerda hegeliana" (Nader, *Filosofia do direito*, 7. ed., 1999, p. 221).

O objetivo imediato dos comunistas é o mesmo que o de todos os demais partidos proletários: constituição dos proletários em classe, derrubada da supremacia burguesa, conquista do poder político pelo proletariado.

As concepções teóricas dos comunistas não se baseiam, de modo algum, em ideias ou princípios inventados ou descobertos por tal ou qual reformador do mundo" (Marx, Engels, Manifesto do partido comunista. In: *Obras escolhidas*, 1956, p. 36).

Assim é que, em aliança com a figura de Friedrich Engels (1820-1895),[2] aparece Marx como o expoente mais destacado do socialismo científico, desenvolvendo com absoluta autenticidade o método dialético do materialismo histórico.[3] O homem destaca-se de sua análise como o principal elemento de reflexão, mas não o homem universal, ou o homem espiritual, ou o homem racional, mas o homem como força produtiva, como ser econômica e historicamente engajado. O percurso intelectual marxista retrata certa preocupação com uma pluralidade de temas filosóficos, mas é acentuada a preocupação de colocar sua obra a serviço da classe do proletariado. São as principais obras: *O capital* (1867, 1o livro; 1885 e 1894, 2o e 3o livros); *Crítica da filosofia do direito de Hegel* (1843); *Teses sobre Feuerbach* (1845); *O Manifesto comunista* (1848), *A ideologia alemã* (1845-1846), entreoutras.

Sua obra vem marcada por uma dupla influência, de um lado, Hegel, de outro lado, Feuerbach. O marxismo não é necessariamente uma corrente que tenta conciliar ambas as tendências, e sim, na verdade, uma proposta que recolhe influências de ambas. Marx não pode aceitar a especulação pura e racional-idealista ao estilo hegeliano, mas, apesar disso, foi formado na leitura de Hegel. Marx haveria de agregar às ideias hegelianas o *plus* que representa Feuerbach, no sentido de dizer que a ação, a real atuação, a efetividade das coisas supera em importância o momento das ideias de modo abstrato.[4] Feuerbach, e seu naturalismo, contribuem para a formação de um Marx engajado, concreto. Contudo, não há que se desprezar a dialética hegeliana, e muito menos a ideia do poder do homem sobre a natureza como separação entre ambos, no contexto do pensamento marxista.[5] O floreio idealista hegeliano

---

[2] "Em companhia de Marx, fundou a associação Internacional dos Operários, conhecida como Primeira Internacional dos Comunistas. Preparou várias obras em parceria com seu amigo: A sagrada família (1845); A ideologia alemã (1845/6); Manifesto do partido comunista (1848); individualmente, escreveu Contribuição à crítica da economia política (1859), A origem da família, a propriedade privada e o Estado (1884). Anti-Duhring (1878) foi escrita por Engels com pequena colaboração de Marx" (Nader, *Filosofia do direito,* 7. ed., 1999, p. 222).

[3] "Materialismo porque somos o que as condições materiais (as relações sociais de produção) nos determinam a ser e a pensar. Histórico porque a sociedade e a política não surgem de decretos divinos nem nascem da ordem natural, mas dependem da ação concreta dos seres humanos no tempo" (Chaui, *Convite à filosofia,* 12. ed., 1999, p. 414).

[4] "Feuerbach es el héroe de Marx durante todo el año de 1844, año decisivo en que Marx hará la única tentativa de formular su pensamiento filosófico. Feuerbach será su remedio antihegeliano y a él pedirá Marx el marco conceptual para su 'naturalismo o humanismo acabados'. Los jóvenes hegelianos del *Doktorklub* no pueden tomar posición sobre la dialéctica hegeliana? Es porque desconocen la dialética del único pensador que, según Marx, tuvo 'una relación seria y crítica con la dialéctica hegeliana e hizo en ese orden de ideias verdaderos descubrimientos'" (Papaioannou, *De Marx y del marxismo,* 1991, p. 37).

[5] "Tras haber recusado o espiritualismo hegeliano en nombre del naturalismo feuerbachiano, Marx llevará la negatividad a su grado de incandescencia e identificará la verdadera vida humana con el trabajo y el combate contra la naturaleza. Para él, como para Hegel, el hombre se define desde un principio como el ser que debe negar a la naturaleza para conquistar su humanidad, pero, mientras que Hegel había sustraído al arte, a la religión y a la filosofía del imperio de la negatividad. Marx recusará la ficción del

é espantado da obra de Marx,[6] que convive com a história de modo muito mais próximo e direto, cotejando-a com os reflexos dos modos de produção sobre as formas de organização do poder e de distribuição da riqueza.[7] No trecho a seguir, pode-se aferir exatamente essa dimensão do pensamento marxista:

> "O que vem a ser a sociedade, qualquer que seja sua forma? O produto da ação recíproca dos homens. Podem os homens escolher livremente esta ou aquela forma social? De modo algum. A um nível determinado do desenvolvimento das forças produtivas dos homens corresponde uma forma determinada de comércio, do consumo, correspondem formas determinadas de organização social, uma determinada organização da família, das camadas ou das classes; em resumo: uma determinada sociedade civil. A uma sociedade civil determinada corresponde uma situação política determinada que, por sua vez, nada mais é que a expressão oficial dessa sociedade civil. Eis o que Proudhon jamais compreenderá – pois julga ter feito algo mais brilhante, ao fazer da sociedade civil uma decorrência do Estado – isto é: da síntese oficial da sociedade uma decorrência da sociedade oficial.
>
> É desnecessário acrescentar que os homens não dispõem livremente de suas forças produtivas – que constituem a base de toda a sua história, pois toda força produtiva é uma força já adquirida, produto de uma atividade anterior. Assim, as forças produtivas são o resultado da energia posta em prática pelos homens: essa energia, porém, é determinada, ela própria, pelas condições em que os homens se encontram, pelas forças produtivas já alcançadas, pela forma social que lhes é anterior, que eles não criaram e que é o produto da anterior geração. Graças ao simples fato de que toda nova geração se encontra face a forças produtivas já adquiridas pela geração precedente e que lhe servem de matéria-prima para a nova produção, surge um encadeamento na história, surge a história da humanidade, a qual é tanto mais a história da humanidade quanto mais se desenvolverem suas forças produtivas e, em consequência, suas relações sociais. Conclusão obrigatória: a história social dos homens nada mais é que a história de seu desenvolvimento individual, tenham ou não consciência disso. Suas relações materiais

---

espiritu en las superestructuras ideológicas e interpretará la totalidad del ser humano en función del grado de intensidad de sus acciones negativas" (Papaioannou, *De Marx y del marxismo*, 1991, p. 59).

[6] "Talvez o acaso tenha ajudado a decidir seu destino, mas foi um acaso que ele mesmo vinha buscando. Esse foi outro daqueles marcos de fronteira que balizam o território inexplorado lá adiante. Hegel tinha servido a seus propósitos e, desde a saída de Berlim, as ideias de Marx vinham-se deslocando do idealismo para o materialismo, do abstrato para o concreto. 'Já que toda filosofia verdadeira é a quintessência intelectual de sua época', escreveu ele em 1842, 'há de chegar o momento em que a filosofia, não apenas internamente, por seu conteúdo, mas também externamente, por sua forma, entrará em contato e interação com o mundo real de sua época'. Marx havia passado a desprezar os argumentos nebulosos e indistintos dos liberais alemães, 'que acham que se honra a liberdade colocando-a no firmamento estrelado da imaginação, e não no terreno sólido da realidade'. Era graças a esses sonhadores etéreos que a liberdade, na Alemanha, continuava a não passar de uma fantasia sentimental. A nova orientação de Marx exigiria, é claro, outro período exaustivo e fatigante de auto-instrução, mas isso não era motivo de desânimo para tão insaciável autoditata" (Wheen, *Karl Marx*, 2001, p. 41).

[7] "Tanto em Marx como em Gramsci a sociedade civil – e não mais o Estado, como em Hegel – representa o momento ativo e positivo do desenvolvimento histórico. De modo que, em Marx, esse momento ativo e positivo é estrutural, enquanto em Gramsci é superestrutural. Em outras palavras: ambos colocam o acento não mais sobre o Estado, como o fazia Hegel, pondo fim à tradição jusnaturalista, mas sobre a sociedade civil: ou seja, em certo sentido, eles invertem Hegel" (Bobbio, *O conceito de sociedade civil*, 1982, p. 33).

CURSO DE FILOSOFIA DO DIREITO • *Bittar / Almeida*

constituem a base de todas as demais relações. Essas relações materiais são apenas as formas necessárias sob as quais sua atividade material e individual se realiza" (Marx, Cartas: Marx a P. V. Annenkov, Bruxelas, 28 de dezembro de 1846. In: *Obras escolhidas*, 1960, p. 245).

Assim, o pensamento sedimenta-se em compromisso com o social, com a *práxis*, com a ação política, afastando-se do idealismo, ou mesmo das perspectivas contemplativas anteriormente existentes.[8] Marx não admite uma filosofia de gabinete,[9] encerrada que está no inativismo contemplativo e passivo ante os acontecimentos sociais, tanto que escreve entre suas *Teses sobre Feuerbach*, a XI:

> "Os filósofos não fizeram mais que interpretar o mundo de forma diferente; trata-se porém de modificá-lo" (Marx, Teses sobre Feuerbach. In: *Obras escolhidas*, 1960, p. 208).

A proposta marxista consegue aliar a dialética hegeliana,[10] a efetividade naturalista feurbachiana, o historicismo, o evolucionismo darwiniano e o materialismo, arquitetando-se como um inovador arcabouço teórico colocado a serviço dos interesses sociais da coletividade. Os princípios do pensamento marxista haverão de inspirar gerações de debates e reflexões, os quais mantêm, em sua generalidade, os aspectos sociais e as preocupações humanas, sobretudo do jovem Marx, ainda que muitas vezes se perceba a inviabilidade da saída revolucionária, como ocorrerá no pensamento frankfurtiano.

Sua obra caracteriza-se por não se espraiar somente no diletantismo da descoberta filosófica. Trata-se de um pensamento que coloca a filosofia a serviço das necessidades sociais. O próprio engajamento associativo de Engels e Marx acabou por firmar as bases do movimento trabalhista e operário do século XIX, fortalecendo as bases ideológicas que haveriam de permitir a ascensão da classe operária e de suas reivindicações, em face dos poderes instalados.[11]

---

[8]   "O que se quer afirmar é que o progressivo e necessário envolvimento da filosofia com temas sociais, até o seu definitivo comprometimento como instrumental crítico e social da razão, se dá em função de concretas mutações sócio-contextuais. As atividades cognitivas não haveriam de se tornar ilesas ao conjunto de transformações que sofria e sofre a vida contemporânea" (Bittar, *Teorias sobre a justiça: apontamentos para a história da filosofia do direito*, 2000, p. 184).

[9]   Veja-se o que afirma a Tese II de Marx sobre Feuerbach: "O problema de se ao pensamento humano corresponde uma verdade objetiva não é um problema da teoria, e sim um problema prático. É na prática que o homem tem que demonstrar a verdade, isto é, a realidade, e a força, o caráter terreno de seu pensamento. O debate sobre a realidade ou a irrealidade de um pensamento isolado da prática é um problema puramente escolástico" (Marx, Teses sobre Feuerbach. In: *Obras escolhidas*, 1960, p. 208).

[10]   "A dialética exerce exatamente a mesma função na mente humana. Uma ideia desnudada engalfinha-se apaixonadamente com sua antítese, criando uma síntese; esta, por sua vez, transforma-se na nova tese, a ser devidamente seduzida por um novo amante demoníaco. Dois erros podem formar um acerto – mas, logo depois do nascimento, esse acerto converte-se noutro erro, que tem de ser submetido ao mesmo escrutínio rigoroso que seus antepassados, e assim vamos avançando. Em si mesmo, o embate de Marx com Hegel foi uma espécie de processo dialético, do qual emergiu o bebê sem nome que viria a se transformar no materialismo histórico" (Wheen, *Karl Marx*, 2001, p. 29).

[11]   "Um espectro ronda a Europa – o espectro do comunismo. Todas as potências da velha Europa unem-se numa Santa Aliança para conjurá-lo: o papa e o tzar, Metternich e Guizot, os radicais da França e os policiais da Alemanha.
      Que partido de oposição não foi acusado de comunista por seus adversários no poder? Que partido de oposição, por sua vez, não lançou a seus adversários de direita ou de esquerda a pecha infamante de comunista?

Cap. 18 · KARL MARX: HISTÓRIA, DIALÉTICA E REVOLUÇÃO | **303**

Trata-se de uma proposta que alia as necessidades da práxis com as ideias filosóficas e a teoria. Leia-se o que diz Marx em suas *Teses sobre Feuerbach*, na Tese VIII:

> "A vida social é essencialmente prática. Todos os mistérios que desviam a teoria para o misticismo encontram sua solução racional na prática humana e na compreensão desta prática" (Marx, Teses sobre Feuerbach. In: *Obras escolhidas*, 1960, p. 210).

A visão do intelectual como um acadêmico altera-se para a de um atuante revolucionário das práticas sociopolíticas. Por isso, o pensamento marxiano situa o homem diante das necessidades materiais, como ser contingente e determinado historicamente. E esta é uma proposta que vai sendo vagarosamente construída ao longo do percurso intelectual de Marx, em meio a suas experiências políticas, ativistas, a suas manifestações intelectuais por pequenos artigos,[12] em companhia de Engels, e mediante o fortalecimento estrutural do movimento operário. E de fato isto ocorre:

> "Com o deslocamento, de Paris para Londres, do centro de gravidade da organização, um fator novo passou a primeiro plano: de organização alemã que era, a Liga converteu-se, pouco a pouco, em uma organização internacional. Além dos alemães e dos suíços, congregavam-se, na associação operária, todas as nacionalidades a que o idioma alemão serve, preferentemente, como meio de comunicação com os estrangeiros, isto é, escandinavos, holandeses, húngaros, tchecos, eslavos do sul, e ainda russos e alsacianos. Entre outros, era visitante assíduo da Associação, em 1847, um granadeiro da guarda inglesa, que comparecia de uniforme. A Associação não tardou a tomar o título de Associação Cultural Operária Comunista; e, nas carteiras de filiação, a divisa 'Todos os homens são irmãos' figurava em vinte idiomas pelo menos, embora com uma ou outra falha ortográfica. Da mesma forma que a Associação pública, a Liga secreta passou em seguida a ter também um caráter mais internacional. A princípio, isso tinha um sentido ainda limitado: do ponto de vista prático, pelas diferentes nacionalidades de seus aderentes; do ponto de vista teórico, pela consciência de que toda revolução, para triunfar, tinha que ser uma revolução europeia. Não se foi então além disso, mas ficara assentada a base" (Engels, Contribuição à história da liga dos comunistas. In: *Obras escolhidas*, 1960, p. 155-156).

Duas conclusões decorrem desses fatos:

1ª O comunismo já é reconhecido como força por todas as potências da Europa;

2ª É tempo de os comunistas exporem, à face do mundo inteiro, seu modo de ver, seus fins e suas tendências, opondo um manifesto do próprio partido à lenda do espectro do comunismo.

Com este fim, reuniram-se, em Londres, comunistas de várias nacionalidades e redigiram o manifesto seguinte, que será publicado em inglês, francês, alemão, italiano, flamengo e dinamarquês" (Marx, Engels, Manifesto do partido comunista. In: *Obras escolhidas*, 1956, p. 25).

[12] "Marx e Engels, por sua vez, tomarão parte ativa nos movimentos revolucionários que se desenvolvem na Europa inteira. Seu papel não será desprezível na Alemanha (1848-1849). Mas deve-se ver que, por enquanto, o marxismo é mais um instrumento de análise, elaborado por algumas individualidades, do que uma doutrina que produz efeitos históricos reais nas massas. Ainda não é época das grandes sumas teóricas, o momento não se presta a tanto. O estilo de intervenção adotado é a redação de artigos, que serão, por vezes, reunidos posteriormente, dando lugar a *As lutas de classes na França*, 1850 e *O 18 de brumário de Luís Bonaparte*, 1852" (Jerphagnon, *História das grandes filosofias*, 1992, p. 262).

304 | CURSO DE FILOSOFIA DO DIREITO • *Bittar / Almeida*

Toda a reflexão levada a cabo pelo marxismo tem motivo em distorções sociais notórias de seu tempo. Sua própria análise da luta de classes na história demonstra o quanto a posse dos instrumentos e dos meios de produção faculta injustiças e dominações entre os próprios homens, e o capitalismo seria mais um destes sistemas que, no curso do século XIX, testificava a distorção desta forma de se distribuírem as riquezas e as relações humanas em sociedade.[13]

De fato, a noção de que o motor da história é a luta de classes, que se antepõem conforme as alterações dos meios de produção e as forças produtivas, e que não são causas e efeitos, ou mesmo ideias que desfilam no curso da história, mas sujeitos concretos envolvidos em relações econômicas, trabalhando e produzindo, modificando a natureza, modificando os instrumentos e a técnica, re-definindo os espaços de produção, re-conceituando as formas de dominação, de exploração e de enriquecimento, é um distintivo da filosofia marxista.[14] É desta análise econômica, materialista e dialética, que vive em tensões periódicas em torno dos modos de enriquecimento, que Marx extrai os elementos para a crítica do capitalismo.

Assim, a reflexão propriamente marxista e a reflexão da fase pós-marxista serão contributos legados à humanidade, de inestimável valor para a criação da consciência acerca dos problemas sociais mais intestinos dos regimes de exploração, bem como uma denúncia revolucionária das bases da dominação econômica, e a bandeira para a conquista dos direitos sociais. As próprias palavras de Marx a respeito de seus esforços são de intenso significado neste momento da discussão:

> "Este esboço sobre a trajetória dos meus estudos no campo da Economia Política tende simplesmente a demonstrar que as minhas ideias, qualquer que seja o juízo que mereçam, e por muito que se choquem com os preconceitos interessados das classes dominantes, são o fruto de longos anos de conscienciosa investigação. E à porta da ciência, como à porta do inferno, deveria estampar-se esta divisa:
> *Qui si conviem lasciare ogni sospetto;*
> *Ogni vita convien che qui sia morta.*
> Deixe-se aqui tudo o que é suspeito – Mate-se aqui toda vileza" (Marx, Prefácio à Contribuição à crítica da economia política. In: *Obras escolhidas*, 1956, p. 337).

O resultado do ativismo marxista (e engeliano) é que o comunismo fortifica-se e ganha alento em várias partes do mundo, surgindo a bandeira desta ideologia como instrumento

---

[13] Os dados de época são aterradores: "Na verdade, uma grande parte da população estava excluída de toda e qualquer partilha. Tanto no começo como no final do século XIX (cf. A. Daumard, F. Codaccioni), dois terços dos falecidos morrem sem deixar sucessão. A concentração das fortunas tende inclusive a aumentar: em Paris, 1% dos parisienses em 1820-1825 detém 30% dos bens, reduzindo-se a 0,4% em 1911. A situação é semelhante em Bordeaux e em Toulouse. É pior em Lille, cidade proletária: em 1850, 8% dos habitantes detêm 90% da fortuna urbana, passando a deter 92% em 1911. O crescimento das classes médias, embora real, ainda não marca muito a distribuição da fortuna e tende a corroborar a ideia de uma sociedade bloqueada, onde as oportunidades de mobilidade são pequenas e agudos os riscos de tensão interna que ameaçam as famílias, no que se refere aos haveres" (Perrot, *História da vida privada: da revolução francesa à primeira guerra*, v. 4, 1991, p. 107).

[14] "A história não é um progresso linear e contínuo, uma sequência de causas e efeitos, mas um processo de transformações sociais determinadas pelas contradições entre os meios de produção (a forma da propriedade) e as forças produtivas (o trabalho, seus instrumentos, as técnicas). A luta de classes exprime tais contradições e é o motor da história. Por afirmar que o processo histórico é movido por contradições sociais, o materialismo histórico é dialético" (Chaui, *Convite à filosofia*, 12. ed., 1999, p. 415).

de luta contra a opressão capitalista e estatal. Isso fica claro quando se leem abertamente os intentos comunistas:

> "Em resumo, os comunistas apóiam em toda parte qualquer movimento revolucionário contra o estado de coisas social e político existente.
>
> Em todos movimentos, põem em primeiro lugar como questão fundamental a questão da propriedade, qualquer que seja a forma, mais ou menos desenvolvida, de que esta se revista.
>
> Finalmente, os comunistas trabalham pela união e entendimento dos partidos democráticos de todos os países.
>
> Os comunistas não se rebaixam a dissimular suas opiniões e seus fins. Proclamam abertamente que seus objetivos só podem ser alcançados pela derrubada violenta de toda a ordem social existente. Que as classes dominantes tremam à ideia de uma revolução comunista! Os proletários nada têm a perder nela a não ser suas cadeias. Têm um mundo a ganhar. PROLETÁRIOS DE TODOS OS PAÍSES, UNI-VOS!" (Marx, Engels, Manifesto do partido comunista. In: *Obras escolhidas*, 1956, p. 52).

A humanidade do século XX não pode ser lida, e muito menos entendida, sem que se renda atenção à repercussão que o marxismo trouxe para a política mundial. Pense-se nos direitos constitucionais sociais, pense-se nas repercussões mundiais das reivindicações dos trabalhadores, pense-se na Revolução Russa e na implantação do comunismo russo (1917), pense-se na atuação política e ideológica nas propostas de Stálin e Lênin, pense-se na divisão do mundo em blocos, pense-se na Guerra Fria, pense-se na pluralização das tendências comunistas e socialistas no século XX (anarquismo, sindicalismo revolucionário, esquerda-luxemburguista, marxismo-leninismo, stalinismo, titoísmo, castrismo, social-democracia alemã, trabalhismo inglês, socialismo cristão...), pense-se nos movimentos estudantis de 1968, pense-se nas pressões ideológicas e no antagonismo intelectual-acadêmico, pense-se no pluripartidarismo, pense-se na atuação sindicalista dos partidos políticos socialistas e comunistas, pense-se na legislação trabalhista, pense-se nos direitos constitucionais (Constituição da República Federativa do Brasil de 1988), sociais e coletivos... e, então, se tomará consciência de que as reivindicações dos intelectuais ativistas do século XIX, com especial atenção para Marx, marcaram a história com sua influência.[15]

---

[15] Sobre os desdobramentos do socialismo, inclusive no Brasil: "O socialismo contemporâneo a partir da Segunda Internacional dividiu-se em múltiplos partidos socialistas que acabaram evoluindo para duas grandes tendências:

a) socialismo revolucionário: anarquismo, sindicalismo revolucionário, esquerda-luxemburguista, marxismo-leninismo (estalinismo, maoísmo, titoísmo, castrismo etc.);

b) socialismo reformista: social-democracia alemã, trabalhismo inglês (fabianismo), socialismo escandinavo, socialismo cristão etc.

A principal corrente do socialismo reformista brasileiro tem sido o socialismo democrático, que historicamente foi representado por Evaristo de Moraes, Nicanor do Nascimento, Joaquim Pimenta, Agripino Nazaré, João Mangabeira, Hermes Lima, etc. Esta modalidade do socialismo brasileiro foi atacada duramente pelas mais destacadas vertentes da esquerda social radical e revolucionária: o anarcosindicalismo e o marxismo-leninista (comunismo). Inúmeras foram as razões das dificuldades do socialismo democrático no Brasil antes de 1930. O país não tinha tradição industrial, mas uma economia agroexportadora, embasada na monocultura agrícola sem solidez de um mercado interno. As condições socioeconômicas do início do século e as imigrações europeias favoreceram o anarco-sindicalismo e, depois de 1917, o marxismo-leninismo" (Wolkmer, *Ideologia, estado e direito*, 3. ed., 2000, p. 130).

A própria Igreja apresenta memórias marcantes da incômoda presença das ideias sociais. Isso leva o próprio papado a posicionar-se ideologicamente, com manifestações escritas que saldam os débitos eclesiásticos com as necessidades sociais dos trabalhadores e da sociedade em geral.

No tocante à Igreja Católica, sempre preocupada em manifestar-se sobre os principais problemas temporais, sobre as ideologias sociais, sobre a política e os modos de governar, apresenta-se, sobretudo com Leão XIII (Encíclica *Quod apostolici*) e Pio XI (Encíclica *Miserentissimus redemptor; Quadragesimo anno; Caritate Christi; Acerba Anni; Dilectissima nobis*) flagrantemente antagônica ao marxismo.[16] Leão XIII, apesar de sua preocupação com a exploração do homem no trabalho, é frontalmente contra o socialismo,[17] assim como ao liberalismo econômico.[18] Em muitos momentos, aparecem as declarações oficiais de que a Igreja não possui nenhum vínculo, e de que não aceita as ideias comunistas, mas não há que se negar que dentro da própria Igreja não são poucos os ativistas comunistas e socialistas, ou mesmo os simpatizantes das ideias de Marx.

Não obstante, as doutrinas das encíclicas do papado têm assumido dia a dia maiores preocupações de caráter social, exteriorizando a necessidade de proteção dos direitos das minorias e, sobretudo, dos trabalhadores. Isso é mostra de que a Revolução Industrial deixou suas marcas e suas lições também sobre a doutrina da Igreja Católica, que se tem manifestado pela boca dos Papas a respeito dos problemas sociais, promovendo a preocupação com o catolicismo social moderno, como é exemplo a encíclica *Rerum novarum*.

18.2 CAPITALISMO E DESIGUALDADES SOCIAIS

A exploração econômica no seio das atividades sociais, a manipulação do poder econômico como forma de exercício da dominação, a criação de instrumentos de servilização do homem pelo homem, a formação de uma economia burguesa que extrai da propriedade e da mercadoria a forma de instauração da diferença social,[19] a coisificação humana nas relações

---

[16] "Destruição da família, negação da propriedade privada, luta de classes, base da ditadura do proletariado, como todas essas aberrações do marxismo poderão enxertar-se no monólito espiritualista do tomismo, de que tocamos aqui apenas em alguns pontos fundamentais" (Correia, *Ensaios políticos e filosóficos*, 1984, p. 341).

[17] Isto pode ser ratificado no texto da própria Encíclica do Papa Leão XIII, *Carta encíclica Rerum novarum sobre a condição dos operários*, no Capítulo I, onde se trata da questão social e do socialismo: "Os socialistas, para curar este mal, instigam nos pobres o ódio, invejosos contra os que possuem, e pretendem que toda propriedade de bens particulares deve ser suprimida, que os bens de um indivíduo qualquer devem ser comuns a todos, e que a sua administração deve voltar para os municípios ou para o Estado. Mediante esta transladação das propriedades e esta igual repartição das riquezas e das comodidades que elas proporcionam entre os cidadãos, lisonjeiam-se de aplicar um remédio eficaz aos males presentes" (Leão XIII, Rerum novarum. In: Pontifício Conselho Justiça e Paz, *Da rerum novarum à centesimus annus*, 1993, p. 77).

[18] Na demonstração do trecho a seguir: "Confundindo numa mesma reprovação Bakunin e os anarquistas muito ativos na Itália daquela época, que em nome de seu ideal de liberdade apregoavam a rebelião contra toda autoridade, no céu e na terra, e os discípulos de Proudhon ('a propriedade é roubo'), de Karl Marx ('a propriedade privada dos meios de produção está na origem da luta de classes') e de Lassalle, ou de Jules Guesde, ele lhes objurga pôr em dúvida o princípio da autoridade e o direito de propriedade, 'sancionado pelo direito natural', e de abalar os fundamentos tradicionais da sociedade" (Pontifício Conselho Justiça e Paz, *Da rerum novarum à centesimus annus*, 1993, p. 16).

[19] Veja-se claramente este tipo de problemática identificada no trecho abaixo, explicativo do sentido da mercadoria e de seu valor: "A mercadoria é valor de uso: trigo, linho, diamante, máquina etc., mas como mercadoria ela não é, ao mesmo tempo, valor de uso. Fosse ela valor de uso para seu possuidor, isto

Cap. 18 · KARL MARX: HISTÓRIA, DIALÉTICA E REVOLUÇÃO | 307

sociais, a redução das capacidades humanas ao potencial mensurável de trabalho do homem, a alienação gerada pelo trabalho, a manutenção da hegemonia burguesa mantida com bases nas ideias de lei e ordem... são alguns temas que alcançam grande significado na teoria marxista. Isso porque são os temas que, inclusive, alcançaram maior repercussão jurídico-política. O modo de produção burguês é um tipo histórico que dá sequência a uma lógica de exploração remota, que revoluciona materialmente a vida humana, mas que perpetua a desigualdade e a diferença. Em poucas palavras:

> "Em grandes traços podem ser caracterizados, como épocas progressivas da formação econômica da sociedade, os modos de produção: asiático, antigo, feudal e burguês moderno. As relações burguesas de produção constituem a última forma antagônica do processo social de produção, antagônicas não em um sentido individual, mas de um antagonismo nascente das condições sociais de vida dos indivíduos, contudo, as forças produtivas que se encontram em desenvolvimento no seio da sociedade burguesa criam ao mesmo tempo as condições materiais para a solução desse antagonismo. Daí que com essa formação social se encerra a pré-história da sociedade humana" (Marx, Prefácio. In: *Os economistas* (Para a crítica da economia política; Salário, preço e lucro; O rendimento e suas fontes), 1982, p. 26).

Marx, ao encaminhar seus estudos para a história e para a economia, tem em vista fazer emergir daí as razões primitivas da exploração, reavaliando o espírito da cultura liberal e capitalista de modo que possa identificar as raízes das desigualdades que vivencia e presencia com estupefação à sua época. Assim, as preocupações econômicas nesse momento são plenamente justificáveis e racionais:

> "Em resumo: Quanto mais aumenta o capital produtivo, tanto mais se estendem a divisão do trabalho e o emprego da máquina, quanto mais a divisão do trabalho e o

---

é, fosse ela imediatamente meio para a satisfação de suas próprias necessidades, não seria mercadoria. Para ele (seu possuidor), ela é, pelo contrário, um não valor de uso, a saber, mero portador material do valor de troca, ou simples meio de troca; como portador ativo do valor de troca, o valor de uso torna-se meio de troca. Ela continua sendo valor de uso para ele, mas apenas como valor de troca. Por isso, como valor de uso, ela precisa ainda vir a ser, e isso só para outros. Não sendo ela valor de uso para seu próprio possuidor, é valor de uso para possuidores de outras mercadorias. Quando isso não acontece, seu trabalho foi trabalho em vão, não resultou portanto em mercadoria. Ademais, ela precisa vir a ser valor de uso para ele próprio, porque fora dela, nos valores de uso das mercadorias alheias, é que estão seus meios de subsistência. Para vir a ser valor de uso, a mercadoria precisa confrontar-se com a necessidade particular para a qual é objeto de satisfação. Os valores de uso das mercadorias vêm a ser, portanto, valores de uso, mudando de lugar por toda a parte, saindo da mãos que a utilizaram como meio de troca para as mãos que a utilizam como objeto de uso. É apenas através dessa alienação multilateral das mercadorias que o trabalho contido nelas se torna trabalho útil. Nesse relacionamento em processo das mercadorias entre si como valores de uso, elas não adquirem nova determinidade econômica. Pelo contrário, desaparece a determinidade formal que as caracterizava como mercadoria. O pão, por exemplo, quando passa das mãos do padeiro para as mãos do consumidor, não se altera em seu modo de ser como pão. Mas, em contrapartida, é apenas o consumidor que se relaciona com o pão como valor de uso, ou seja, a esse alimento determinado, ao passo que, nas mãos do padeiro, era de uma relação econômica, uma coisa natural sobrenatural. A única mudança de forma que sofrem as mercadorias em seu vir a ser valor de uso é, portanto, a supressão do seu modo de ser formal, em que eram não valores de uso para seus possuidores e valores de uso para seus não possuidores. Vir a ser valor de uso pressupõe a alienação multilateral das mercadorias, isto é, sua entrada no processo de troca. Mas o modo de ser das mercadorias para a troca é seu modo de ser como valores de troca. Por isso, para se efetivarem como valores de uso, as mercadorias devem se efetivar como valores de troca" (Marx, Prefácio. In: *Os economistas* (Para a crítica da economia política; Salário, preço e lucro; O rendimento e suas fontes), 1982, p. 26).

emprego do maquinismo aumentam, mais a concorrência entre os operários cresce e mais se contrai seu salário.

Ademais, a classe operária é recrutada também nas camadas superiores da sociedade. Uma quantidade de pequenos negociantes e de pessoas que vivem de rendas é lançada nas fileiras da classe operária e só lhes resta erguer os braços ao lado dos braços operários. Eis por que a floresta de braços que se erguem, pedindo trabalho, se torna cada vez mais densa, enquanto os braços se tornam cada vez mais finos" (Marx, Trabalho assalariado e capital, Nova Gazeta Renana – 5-4-1849. In: *Obras escolhidas*, 1956, p. 91).

Marx bem analisa que, enquanto uma classe detém os meios de produção, outra classe dispõe apenas de sua capacidade de trabalho, e a garantia do capital reside exatamente na manutenção desse tipo de relação social:

> "Conservando-se e multiplicando-se, como força social independente, isto é, força de uma parte de sociedade, através de sua troca pela força de trabalho imediata, viva. A existência de uma classe que possui apenas sua capacidade de trabalho é uma condição preliminar necessária ao capital.
>
> É exclusivamente o domínio do trabalho acumulado, passado, materializado, sobre o trabalho imediato, vivo, que transforma o trabalho acumulado em capital" (Marx, Trabalho assalariado e capital, Nova Gazeta Renana – 5-4-1849, In: *Obras escolhidas*, 1956, p. 79).

Num contexto de crescente industrialização e aumento da marginalização, a relação homem/máquina estava invertida, sendo aquele servo desta, bem como a relação capital/trabalho também estava invertida, pois quanto maior o primeiro, menor o segundo, e vice-versa:

> "Eles estão em relação inversa. A parte do capital, o lucro, sobe na mesma medida em que a parte do trabalho, o salário, baixa, e vice-versa. O lucro sobe, na medida em que o salário baixa, baixa na medida em que o salário sobe" (Marx, Trabalho assalariado e capital, Nova Gazeta Renana – 5-4-1849. In: *Obras escolhidas*, 1956, p. 89).

O marxismo procura fazer frente às carências decorrentes do mau uso do governo a favor das classes sociais mais privilegiadas, detectando no liberalismo econômico pós-revolucionário a sede das principais distorções na sociedade civil.[20] De fato:

> "Desde que a civilização se baseia na exploração de uma classe por outra, todo o seu desenvolvimento se opera numa constante contradição. Cada progresso na produção é ao mesmo tempo um retrocesso na condição da classe oprimida, isto é, da imensa maioria. Cada benefício para uns é necessariamente um prejuízo para outros; cada grau de emancipação conseguido por uma classe é um novo elemento de opressão para a outra. A prova mais eloquente a respeito é a própria criação da máquina, cujos efeitos, hoje, são sentidos pelo mundo inteiro. Se entre os bárbaros, como vimos, é difícil estabelecer a diferença entre os direitos e os deveres, com a civilização estabelece-se entre ambos uma distinção e um contraste evidentes para o homem mais imbecil, atribuindo-se a

---

[20] "Liberalismo político, liberalismo econômico ou economia política e idealismo político hegeliano formam o pano de fundo do pensamento de Marx, voltado para a compreensão do capitalismo e das lutas proletárias" (Chaui, *Convite à filosofia*, 12. ed., 1999, p. 412).

Cap. 18 · KARL MARX: HISTÓRIA, DIALÉTICA E REVOLUÇÃO | 309

uma classe quase todos os direitos e à outra quase todos os deveres" (Marx, Engels, A origem da família, da propriedade privada e do Estado. In: *Obras escolhidas*, 1960, p. 141).

A própria história, tão profundamente investigada por Marx, é prova de que a sucessão dos governos põe-se sempre a favor da hegemonia de uma classe em detrimento da outra. A história da humanidade, em seu *panneaux* de fundo, é o retrato da luta de classes. Desse modo, a história pode ser lida, fundamentalmente, baseando-se em seus traços econômicos, de modo que Estado, política, ideologia, economia e modos de produção estão intrinsecamente ligados. A sociedade civil é o retrato disso tudo, em movimento, ao vivo, e em cores.[21]

Pode-se mesmo dizer que a história é governada pelos impulsos econômicos, e são eles que afinal determinam a condição humana, e não o contrário. A ideia de trabalho é central para a vivência humana. Marx considera que o homem distingue-se do animal não por ser animal político ou animal racional, mas por ter capacidade de trabalho, ou seja, por ser capaz de interagir com a natureza, a ponto de poder modificar a própria natureza.[22] Isso é essencial ao homem, que para isso se destina, e nisso que se realiza. Se, porém, o homem é feito escravo de outro, se o homem é explorado por meio do trabalho, o trabalho deixa de ser sua condição específica para cumprir sua função, para tornar-se o instrumento que oprime o homem economicamente. Nesse sentido, o trabalho transforma-se em mecanismo de opressão de um pelo outro.

O capitalismo perverte a noção de trabalho, que teria uma função criadora e transformadora, como concebida por Marx, e isso porque instrumentaliza o trabalho para a aquisição do capital, servilizando a operosidade humana em função de seu acúmulo:

"Estas breves indicações bastarão para demonstrar, precisamente, que o próprio desenvolvimento da indústria moderna contribui por força para inclinar cada vez mais a balança a favor do capitalista contra o operário, e que, em consequência disto, a tendência geral da produção capitalista não é para elevar o nível médio normal do salário, mas, ao contrário, para fazê-lo baixar, empurrando o valor do trabalho mais ou menos até seu limite mínimo. Porém, se tal é a tendência das coisas neste sistema, quer isto dizer que a classe operária deva renunciar a defender-se contra os abusos do capital e abandonar seus esforços para aproveitar todas as possibilidades que se lhe ofereçam de melhorar em parte a sua situação? Se o fizesse, ver-se-ia degradada a uma massa informe de homens famintos e arrasados, sem probabilidade de salvação. Creio haver demonstrado que as lutas de classe operária em torno do padrão de salários não são mais que esforços destinados a manter de pé o valor dado do trabalho, e que a necessidade de disputar o seu

---

[21] "Marx indaga: O que é a sociedade civil? E responde: Não é a manifestação de uma ordem natural racional nem o aglomerado conflitante de indivíduos, famílias, grupos e corporações, cujos interesses antagônicos serão conciliados pelo contrato social, que instituiria a ação reguladora e ordenadora do Estado, expressão do interesse e da vontade gerais. A sociedade civil é o sistema de relações sociais que organiza a produção econômica (agricultura, indústria e comércio), realizando-se através de instituições sociais encarregadas de reproduzi-lo (família, igrejas, escolas, polícia, partidos políticos, meios de comunicação, etc.). É o espaço onde as relações sociais e suas formas econômicas e institucionais são pensadas, interpretadas e representadas por um conjunto de ideias morais, religiosas, jurídicas, pedagógicas, artísticas, científico-filosóficas e políticas" (Chaui, *Convite à filosofia*, 12. ed., 1999, p. 410).

[22] "Os seres humanos, escrevem Marx e Engels, distinguem-se dos animais não porque sejam dotados de consciência – animais racionais –, nem porque sejam naturalmente sociáveis e políticos – animais políticos –, mas porque são capazes de produzir as condições de existência material e intelectual. Os seres humanos são produtores: são o que produzem e são como produzem" (Chaui, *Convite à filosofia*, 12. ed., 1999, p. 412).

preço com o capitalista é inerente à situação em que o operário se vê colocado e que o obriga a vender-se a si mesmo como uma mercadoria. Se em seus conflitos diários com o capital cedessem covardemente, ficariam os operários, por certo, desclassificados para empreender outros movimentos de maior envergadura" (Marx, Salário, preço e lucro. In: *Obras escolhidas*, 1956, p. 419).

O proletário é o principal instrumento de que se vale o capitalista, que, aliado à técnica, permite a multiplicação da mais-valia. A força de trabalho, a capacidade laboral e o tempo do trabalhador são expropriados em função do lucro. O salário é o que permite simplesmente que o proletário sobreviva alienado e se reproduza, garantindo a continuidade do sistema capitalista de acumulação e lucro:

"O custo de produção da força de trabalho simples se compõe, pois, do custo de existência e de reprodução do operário. O preço do custo de existência e de reprodução constitui o salário. O salário assim determinado é denominado o mínimo de salário. Este mínimo de salário, da mesma forma que a determinação do preço das mercadorias pelo custo de produção em geral, é válido para a espécie e não para o indivíduo tomado isoladamente. Há milhões de operários que não recebem o bastante para subsistir e reproduzir, entretanto, o salário de toda a classe operária é, dentro de suas oscilações, igual a este mínimo" (Marx, Trabalho assalariado e capital. Nova Gazeta Renana – 5-4-1849. In: *Obras escolhidas*, 1956, p. 77).

Assim, o proletário é o autor e a vítima dos delitos que contra a classe trabalhadora perpetra o capitalismo. Cada vez mais distanciado dos meios de produção, detidos pelo capitalista, há, nesse sentido, inclusive uma redução de seus horizontes de vida à atividade fabril, com nítido distanciamento da família, do lazer, da associação, da politicidade, do estudo... A servilização do homem pelo trabalho assalariado[23] é o cancro que Marx quer ver eliminado da sociedade.[24]

Nesse sentido, a reivindicação social é vista e interpretada como forma de manifestação das necessidades sociais, e, portanto, como maneira de solicitação da justiça no corpo social. A própria ideia da revolução do proletariado é instrumento teórico e prático suficiente na teoria marxista para a fixação da igualdade no meio social, tendo-se em vista, sobretudo, a necessidade de superar os fatores de desigualdade e diferença estabelecidos pela existência da propriedade e do individualismo econômico. Enfraquecidos em suas forças físicas, massacrados em suas forças econômicas, dilacerados em seus hábitos, costumes e direitos, os proletários ainda têm uma vantagem com relação aos capitalistas:

---

[23] "O salário não é, portanto, a parte do operário na mercadoria que ele produz. O salário é a parte de mercadorias já existentes, com a qual o capitalista compra, para si próprio, uma determinada quantidade de força de trabalho produtiva.

A força de trabalho é, assim, uma mercadoria que seu possuidor, o assalariado, vende ao capital. Por que a vende? Para viver" (Marx, Trabalho assalariado e capital, Nova Gazeta Renana – 5-4-1849. In: *Obras escolhidas*, 1956, p. 71).

[24] Sobre o proletário: "Condenado por la propiedad privada a una existencia bestial, y hostil a su esencia, el proletario al mismo tiempo se sustrae al imperio del viejo mundo: objetivamente está expulsada de la esfera de la familia, de la religión, del estado, etc.; desde un principio se sitúa fuera de todo lo que manifiestaba hasta aquí al ser aparente del hombre. Creador y criatura de la gran industria, el proletario es el único que puede asumir, interiorizar y terminar la aniquilación de la ideología inaugurada por la técnica" (Papaioannou, *De Marx y del marxismo*, 1991, p. 108).

Cap. 18 · KARL MARX: HISTÓRIA, DIALÉTICA E REVOLUÇÃO | **311**

"Um elemento de êxito os trabalhadores possuem – número, mas os números só pesam na balança quando unidos pela associação e encabeçados pelo conhecimento. A experiência passada demonstrou como a negligência desse laço de fraternidade, que deve existir entre os operários de diferentes países e incitá-los a manter firmemente unidos em todas as suas lutas pela emancipação, será castigada com o fracasso comum de seus esforços isolados. Esse pensamento levou os operários de diferentes países, reunidos a 28 de setembro de 1864, em ato público realizado em St. Martin's Hall, a fundarem a Associação Internacional. *Proletários de todos os países, uni-vos!*" (Marx, Manifesto de lançamento da Associação Internacional dos trabalhadores. In: *Obras escolhidas*, 1956, p. 356).

Neste sentido, a ditadura do proletariado aparece apenas como uma fase transitiva em busca do ideal a ser alcançado: o comunismo completo. A teoria marxista não será uma teoria da liberdade, não será uma teoria conceitual da justiça, mas uma teoria histórico-dialética e socioeconômica. São esses os acentos da reflexão marxista; são esses os elementos diferenciais e caracterizadores da proposta de Karl Marx, em face da cavalgada capitalista desde a ascensão paulatina da burguesia[25] na Idade Moderna e o fim do *Ancien Régime*.

18.3 MARX E O DIREITO

Marx introduz novas concepções acerca das preocupações com o Estado e com o Direito.[26] A primeira constatação de destaque da teoria marxista é a de que as relações jurídicas não podem ser entendidas de modo formal, isoladamente de fatores sociais e econômicos. Então, toda relação jurídica possui fundo econômico, e retrata determinada condição de relações socioeconômicas predominantes:

"Minha investigação desembocou no seguinte resultado: relações jurídicas, tais como formas de Estado, não podem ser compreendidas nem a partir de si mesmas, nem a partir do assim chamado desenvolvimento geral do espírito humano, mas, pelo contrário, elas se enraízam nas relações materiais de vida, cuja totalidade foi resumida por Hegel sob o nome de 'sociedade civil' (burgerliche Gesellschaft), seguindo os ingleses e franceses do século XVIII; mas que a anatomia da sociedade burguesa (burgerliche Gesellschaft) deve ser procurada na Economia Política" (Marx, Prefácio. In: *Os economistas* (Para a crítica da economia política; Salário, preço e lucro; O rendimento e suas fontes), 1982, p. 25).

Diante do caos social, da exploração do homem pelo homem, da quebra da igualdade em sociedade, e, sobretudo, do desrespeito da condição humana, tendo em vista a impossibilidade de romper com as estruturas de outro modo, arquiteta-se o governo provisório do proletariado como forma de ruptura com o *status quo*. É do explorado que parte a iniciativa para a derrocada do secular governo dos senhores em face das classes servis. Isso porque a práxis

---

[25] Utilizo-me da seguinte definição, dada por Engels à noção de burguesia: "Por burguesia compreende-se a classe dos capitalistas modernos, proprietários dos meios de produção social, que empregam o trabalho assalariado. Por proletários compreende-se a classe dos trabalhadores assalariados modernos que, privados de meios de produção próprios, se veem obrigados a vender sua força de trabalho para poder existir (Nota de F. Engels à edição inglesa de 1888)" (Marx, Engels, Manifesto do partido comunista. In: *Obras escolhidas*, 1956, p. 25).

[26] "Marx e Engels fariam dela um dos fundamentos do seu sistema: o Estado não é mais a realidade da ideia ética, o racional em si e para si, mas – conforme a famosa definição de *O Capital* – 'violência concentrada e organizada da sociedade'" (Bobbio, *O conceito de sociedade civil*, 1982, p. 21).

política do ideário comunista só pode ser implantada com a ruptura do sistema implantado, que aliena o homem pelo trabalho.

A força da revolução surge, na verdade, não como uma ação originária contra um sistema, mas como uma *re-ação* ao que está implantado, por sua negação de admitir a ascensão do proletariado, ou mesmo a redução das desigualdades sociais.[27] A revolução é somente uma forma de radicalizar aquilo que a burguesia já iniciara no século XVIII, a modificação de história pela ação humana contra o poder e a favor de liberdade. Tratar-se-ia da quebra final do consolidado ciclo histórico de luta de classes, algo que remonta aos primórdios da humanidade:

> "Até hoje, a história de todas as sociedades que existiram até nossos dias tem sido a história das lutas de classes" (Marx, Engels, Manifesto do partido comunista. In: *Obras escolhidas*, 1956, p. 25).

Aqui está um ingrediente importante da reflexão marxista: a ditadura do proletariado é uma inversão das polaridades da história tal como tem sido escrita desde remotos tempos da Antiguidade. Nisto há uma declarada característica revolucionária, o que não macula a obra de Marx em face dos desvios gerados pelo capitalismo à sua época, pois é justificável qualquer especulação ou proposta política que fizesse face às regras capitalistas existentes no século XIX.

Marx afirma que o Estado prevalece como superestrutura constante de inúmeros aparatos burocráticos de controle social, sendo, por esse motivo, mecanismo de dominação de uma classe social pela outra, modo de projeção política da classe dominante que tende a sufocar a classe subjacente.[28] Para esse fim, facilmente valer-se-iam, os líderes, de mecanismos múltiplos de opressão, dada a relação de subordinação estabelecida entre o plano em que figura o poder central e o plano em que se situam os indivíduos na órbita privada.

Nesse contexto, o Direito e o Estado[29] são vistos como superestruturas que somente ratificam a vontade dos dominadores em face dos dominados. A estrutura que dá lastro para o desenvolvimento da superestrutura é a econômica, que determina a divisão social das classes. Trata-se de dizer que consistem em ideologias novas a serviço de velhas lutas de classes, que servem de continuação, bem como de fortalecimento aos interesses da classe dominante:

> "No Estado, corporifica-se diante de nós o primeiro poder ideológico sobre os homens. A sociedade cria um órgão para a defesa de seus interesses comuns, face aos ataques de dentro e de fora. Este órgão é o poder do Estado. Mas, apenas criado, esse órgão se torna independente da sociedade, tanto mais quanto mais vai se convertendo em órgão de uma determinada classe e mais diretamente impõe o domínio dessa classe.
>
> A luta da classe oprimida contra a classe dominante assume forçosamente o caráter de uma luta política, de uma luta dirigida, em primeiro termo, contra o domínio político

---

[27] "Se tiverem essa ciência, se conseguirem unir-se e organizar-se para transformar a sociedade e criar outra sem a divisão e a luta de classes, passarão à práxis política.

Visto que a burguesia dispõe de todos os recursos materiais, intelectuais, jurídicos, políticos e militares para conservar o poderio econômico e estatal, buscará impedir a práxis política dos trabalhadores e estes não terão outra saída senão aquela que sempre foi usada pelas classes populares insubmissas e radicais: a revolução" (Chaui, *Convite à filosofia*, 12. ed., 1999, p. 421).

[28] "A lógica que preside o direito é intimamente ligada à lógica da reprodução do capital" (Mascaro, Alyson Leandro, *Filosofia do direito*, 2010, p. 293).

[29] "O Estado seria também uma instituição a serviço da classe dominante, pois além de se estruturar por modelo jurídico é fonte criadora do Direito. A extinção das classes provocará, igualmente, a extinção do Estado" (Nader, *Filosofia do direito*, 7. ed., 1999, p. 229).

Cap. 18 · KARL MARX: HISTÓRIA, DIALÉTICA E REVOLUÇÃO · 313

dessa classe; a consciência da relação que essa luta política tem para com sua base econômica obscurece-se e pode chegar a desaparecer inteiramente. Se assim não sucede integralmente entre os próprios beligerantes, sucede quase sempre entre os historiadores. Das antigas fontes relativas às lutas ocorridas no seio da república romana, somente Apiano nos diz claramente qual era a questão que, em última instância, ali estava em jogo, a saber, a propriedade da terra.

Uma vez, porém, que se erige em poder independente face à sociedade, o Estado cria rapidamente uma nova ideologia. Nos políticos profissionais, nos teóricos do direito público e nos juristas que cultivam o direito privado, a consciência da relação com os fatos econômicos desaparece por completo. Como, em cada caso concreto, os fatos econômicos têm que revestir a forma de motivos jurídicos para serem sancionados em forma de lei e como, para isso, é necessário ter também em conta, como é lógico, todo o sistema jurídico vigente, pretende-se que a forma jurídica seja tudo e o conteúdo econômico, nada. O direito público e o direito privado são encarados como dois campos independentes, com seu desenvolvimento histórico próprio, campos que permitem e exigem, por si mesmos, uma construção sistemática, mediante a extirpação consequente de todas as contradições internas" (Engels, *Ludwig Feuerbach e o fim da filosofia clássica alemã*. In: *Obras escolhidas*, 1960, p. 202-203).

São expedientes racionais postos a serviço de uma ordem institucional, legal, burocrática, que só contribui para a manutenção das diferenças entre as classes sociais. Assim, Estado e Direito estariam destinados ao desmonte progressivo, uma vez que não subsistiriam após a ditadura do proletariado.[30] O destronamento da superestrutura, por sua própria autocontradição interna, só poderia gerar a necessária superação das cristalizadas diferenças sociais.

O Direito não é nem instrumento para a realização da justiça, nem a emanação da vontade do povo (*volkgeist*), nem a mera vontade do legislador, mas uma superestrutura ideológica a serviço das classes dominantes. A ordem instaurada pela regra jurídica é causa de manutenção das distorções político-econômicas,[31] que estão na base das desigualdades sociais e da exploração do proletariado. Ainda há Estado e ainda há Direito enquanto uma classe mantiver-se no poder. Durante a própria instalação da ditadura do proletariado, ainda que transitória, ainda há Direito. Após a ditadura do proletariado, e o gradativo desmantelamento das estruturas jurídicas e burocráticas, passará a viger uma situação comunista em que o Direito é algo dispensável, em face da própria igualdade de todos e da própria comunhão

---

[30] "Num célebre panfleto político, o Manifesto comunista, que conclamava os proletários do mundo todo a se unir e a se organizar para a longa luta contra o capital, Marx e Engels consideravam que a fase final do combate proletário seria a revolução e que esta, antes de chegar à sociedade comunista, teria que demolir o aparato estatal (jurídico, burocrático, policial e militar) burguês.

Essa demolição foi designada por eles com a expressão *ditadura do proletariado*, tomando a palavra *ditadura* do vocabulário político dos romanos. Estes, toda vez que Roma atravessava uma crise que poderia destruí-la, convocavam um homem ilustre e lhe davam, por um período determinado, o poder para refazer as leis e punir os inimigos de Roma, retirando-lhe o poder assim que a crise estivesse superada. A ditadura do proletariado seria um breve período de tempo em que, não existindo ainda a sociedade sem estado e já não existindo o Estado burguês, os proletários – portanto, uma classe social – governariam no sentido de desfazer todos os mecanismos econômicos e políticos responsáveis pela existência de classes sociais e, portanto, causadores da exploração social" (Chaui, *Convite à filosofia*, 12. ed., 1999, p. 422).

[31] Recordemos, de Marx, a célebre tese do prefácio à *Contribuição à crítica da economia política*: "O conjunto dessas relações de produção constitui a estrutura econômica da sociedade, ou seja, a base real sobre a qual se eleva uma superestrutura jurídica e política e à qual correspondem formas determinadas da consciência social" (Bobbio, *O conceito de sociedade civil*, 1982, p. 37).

de tudo. Abolida a divisão de classes sociais, o Estado desaparece, porque é mera expressão da dominação de uma classe sobre outra.

A propriedade não é vista como um direito natural de todo indivíduo,[32] nem como uma conquista da humanidade em favor do equilíbrio social, nem como uma forma de dar a cada um o seu conforme seu trabalho. A propriedade privada não é um mal em si, mas o uso que dela se faz é suficiente para a desigualdade das classes e para a exploração. A propriedade é vista como o ingrediente que diferencia os homens entre si, que causa distorções entre as classes sociais, que assegura a manutenção dos interesses do poder e de alienação do proletariado pela servilização do trabalho; em suma, trata-se de uma forma de exploração.[33] É ela que instaura a diferença entre o possuidor e o despossuído, em face dos instrumentos de produção.[34] A abolição da propriedade privada é a regra comunista que, apesar de contrariar muitas ideologias e razões, possuiu seu fundo de verdade na afirmação que segue:

> "Horrorizai-vos porque queremos abolir a propriedade privada. Mas em vossa sociedade a propriedade privada está abolida para nove décimos de seus membros. E é precisamente porque não existe para estes nove décimos que ela existe para vós. Acusai-nos, portanto, de querer abolir uma forma de propriedade que só pode existir com a condição de privar de toda propriedade a imensa maioria da sociedade" (Marx, Engels, Manifesto do partido comunista. In: *Obras escolhidas*, 1956, p. 39).

Assim, sua participação no comunismo a ser instaurado após a ditadura do proletariado há de ser coletiva, onde para todos é dado o que é de todos:

> "Viver do trabalho dos outros será uma atitude correspondente ao passado. Não haverá governo, nem poder do Estado, distinto da própria sociedade. A agricultura, as minas, as manufaturas, numa palavra, todos os ramos de produção, organizar-se-ão, gradualmente, do modo mais adequado. A centralização nacional dos meios de produção tornar-se-á a base de uma sociedade formada por associações de produtores livres e iguais, que desenvolverão os problemas sociais segundo um plano comum e racional. Esse é o fim humanitário para que tende o grande movimento econômico do século XIX" (Marx, The nationalization of the Land, a paper read at the Manchester Section of the International Working Men's Association. In: *The International Herald*, Londres, 15-6-1872).[35]

---

[32] "Contra o liberalismo político, Marx mostrará que a propriedade privada não é uma ordem natural racional. Contra Hegel, mostrará que o Estado não é a ideia ou o espírito encarnados no real e que a História não é o movimento da consciência e suas ideias" (Chaui, *Convite à filosofia*, 12. ed., 1999, p. 412).

[33] A riqueza é urdida com base na exploração do trabalho. Os homens, apartados dos meios de produção e do saber pleno sobre sua própria atividade, não mais se dirigem autonomamente. O capitalista reúne em seu proveito uma série de saberes e afazeres, devolvendo, da riqueza produzida, uma determinada parte aos trabalhadores, e acumulando para si o excedente. Tal diferença entre o que é repassado ao trabalhador e o que é acumulado pelo capitalista é a mais-valia" (Mascaro, *Filosofia do direito*, 2010, p. 286).

[34] "A divisão social do trabalho não é uma simples divisão de tarefas, mas a manifestação da existência da propriedade, ou seja, a separação entre as condições e os instrumentos do trabalho e o próprio trabalho, incidindo, a seguir, sobre a forma de distribuição dos produtos do trabalho. A propriedade introduz a existência dos meios de produção (condições e instrumentos de trabalho) como algo diferente das forças produtivas (trabalho)" (Chaui, *Convite à filosofia*, 12. ed., 1999, p. 413).

[35] Cf. Martínez, *Textos de filosofia do direito*, 1993, p. 227-229.

A partir de então, instaurado o comunismo de bens, na ausência da propriedade privada, na ausência da distribuição piramidal dos membros da sociedade civil, na ausência do Estado, na ausência do Direito, na ausência da burocracia, o homem poderia experimentar sua própria natureza como ser capaz de trabalho. Trabalho associado à ideia de exploração seria mero rumor do passado.[36] Não mais acossado pela necessidade de produzir mais-valia em troca de salário, o homem se verá livre para reconhecer-se em sua própria obra, ou seja, não mais alienado de si mesmo. Essa é a própria síntese da dialética hegeliana colocada no plano dos fatos, e retirada do plano dos ideais,[37] marcada por uma ideia de história que torna o proletariado o instrumento para a libertação de todos, um sujeito universal da história e da ruptura com o processo de dominação.

No fundo, a questão primacial da reflexão marxista está na justiça social, o que se pode fazer por meio da re-organização das forças sociais produtivas, uma vez que a economia determina as estruturas e as classes de uma sociedade. Eis o ideário comunista para a *re-inversão* do *status quo* capitalista quando do início da revolução comunista:

> "O proletariado utilizará sua supremacia política para arrancar pouco a pouco todo capital à burguesia, para centralizar todos os instrumentos de produção nas mãos do Estado, isto é, do proletariado organizado em classe dominante, e para aumentar, o mais rapidamente possível, o total das forças produtivas.
>
> Todavia, nos países mais adiantados, as seguintes medidas poderão geralmente ser postas em prática:
>
> 1 – Expropriação da propriedade latifundiária e emprego da renda da terra em proveito do Estado.
>
> 2 – Imposto fortemente progressivo.
>
> 3 – Abolição do direito de herança.
>
> 4 – Confiscação da propriedade de todos os emigrados e sediciosos.
>
> 5 – Centralização do crédito nas mãos do Estado por meio de um banco nacional com capital do Estado e com o monopólio exclusivo.
>
> 6 – Centralização, nas mãos do Estado, de todos os meios de transporte.
>
> 7 – Multiplicação das fábricas e dos instrumentos de produção pertencentes ao Estado, arroteamento das terras incultas e melhoramento das terras cultivadas, segundo um plano geral.
>
> 8 – Trabalho obrigatório para todos, organização de exércitos industriais, particularmente para a agricultura.
>
> 9 – Combinação do trabalho agrícola e industrial, medidas tendentes a fazer desaparecer gradualmente a distinção entre a cidade e o campo.
>
> 10 – Educação pública e gratuita de todas as crianças, abolição do trabalho das crianças nas fábricas, tal como é praticado hoje. Combinação da educação com a produção

---

[36] "Julgava Marx que essa seria a última revolução popular. Por que a última? Porque aboliria a causa de todas as revoluções que as anteriores não haviam conseguido abolir: a propriedade privada dos meios de produção. Só assim o trabalho poderia ser verdadeiramente *práxis* humana criadora" (Chaui, *Convite à filosofia*, 12. ed., 1999, p. 422).

[37] "A destruição da sociedade capitalista foi preconizada por Marx na perspectiva da dialética hegeliana. Enquanto Hegel concebia o ritmo da evolução da geral apenas no plano do pensamento, Marx o transportava para o âmbito da práxis. Com esta inversão, proclamou, fez andar com os pés quem caminhava de cabeça para baixo" (Nader, *Filosofia do direito*, 7. ed., 1999, p. 224).

material etc." (Marx, Engels, Manifesto do partido comunista. In: *Obras escolhidas*, 1956, p. 42).

Eis aí sua efetiva relevância para os estudos jurídicos.[38] É claro, então, que não admite conciliação com a ideia de justiça natural, que, efetivamente, para o marxismo, representa apenas um expediente ideológico para a justificação do poder. De fato, a crítica marxista a este tipo de argumento naturalista é incisiva:

> "A falsa concepção interesseira que vos leva a erigir em leis eternas da natureza e da razão as relações sociais oriundas do vosso modo de produção e de propriedade – relações transitórias que surgem e desaparecem no curso da produção – a compartilhais com todas as classes dominantes já desaparecidas. O que admitis para a propriedade antiga, o que admitis para a propriedade feudal, já não vos atreveis a admitir para a propriedade burguesa" (Marx, Engels, Manifesto do partido comunista. In: *Obras escolhidas*, 1956, p. 39).

Pode parecer estranho, mas a chave para a solução dos problemas humanos decorreria de uma solução econômica para problemas econômicos. Se o problema da exploração é econômico, dá-se uma solução também econômica para o mesmo. Não há nenhuma solução ética, nenhuma postura que parta da consciência social, mas um ativismo revolucionário para a saída do sistema secular de exploração do homem pelo homem. E, de fato, escreve-se que:

> "Suprimi a exploração do homem pelo homem e tereis suprimido a exploração de uma nação por outra" (Marx, Engels, Manifesto do partido comunista. In: *Obras escolhidas*, 1956, p. 41).

18.4 OS MARXISMOS CONTEMPORÂNEOS

O marxismo é uma filosofia materialista e dialética, e surge como reação ao modelo de organização social capitalista, no mundo moderno. É, portanto, um fruto da modernidade e, ao mesmo tempo, uma revisão crítica da modernidade. Nesta medida, a filosofia marxiana original, como doutrina surgida no bojo do século XIX, far-se-á presente, também, derivando-se em diversas doutrinas, ao longo do século XX. Uma parte considerável da história contemporânea virá atravessada pela reinvenção, pela inserção local, pela ideologização ou pela partidarização das concepções de Karl Marx.

Por isso, são notáveis as variantes, as perspectivas e as análises que derivam das ideias de Karl Marx, abrindo-se em perspectivas teóricas as mais variadas.[39] Muitas vezes, isso significou a disputa, a luta e o desentendimento acerca do que seria a "verdade" da doutrina, ou ainda, qual seria a "aplicação ortodoxa" do pensamento marxiano, disputando-se, inclusive, com isso, qual tem sido ou qual foi, de fato, o "socialismo histórico" que conseguiu consagrar

---

[38] "A teoria é relevante na medida em que se propõe a equacionar politicamente a sociedade segundo um modelo justo de distribuição de riquezas" (Nader, Filosofia do direito, 7. ed., 1999, p. 220).

[39] "Há variadas possibilidades teóricas nas filosofias do direito que se reclamam marxistas, no que se dá sua grande riqueza interna. Há uma distância grande entre os pensadores da Escola de Frankfurt e Althusser, por exemplo, e cada marxismo é uma visão possível do fenômeno social e do fenômeno jurídico. A riqueza das interpretações do marxismo é responsável por várias colorações nos horizontes da filosofia crítica do direito" (Mascaro, Filosofia do Direito, 2. ed., 2012, p. 443).

a doutrina de Marx para além do "capitalismo de Estado", evitando-se o jugo de situações políticas totalitárias.

Nesta perspectiva, enquanto manifestações históricas dos ideais marxistas revolucionários, a Revolução Russa (1917) e a Revolução Comunista Chinesa (1949), estão identificadas com esta tradição. Ademais, há que se recordar que a história do século XX traz consigo eventos marcantes, ligados a esta perspectiva, tais como, a Guerra Fria (1945-1991), a Revolução Cultural Chinesa (1966),[40] a dissolução da URSS (1991), a queda do Muro de Berlim (1990), entre outros.[41] Atualmente, as experiências de Cuba, Coreia do Norte e China, ainda persistem na tentativa de conduzirem adiante o modelo implementado ao longo dos eventos políticos revolucionários do século XX.

Para além da análise histórica, agora já no plano teórico, os marxismos do século XX[42] terão presença em diversas partes do mundo, destacando-se, não de forma exaustiva, suas principais e mais influentes correntes de pensamento:

a) o marxismo russo: Evgeny Pachukanis (1891-1937);[43] Vladimir Ilitch Ulianov, Lenin (1870-1924);[44] Lev Davdovitch Bronstein, Trotski (1879-1940); Pëtr Stutchka (1865-1932);

b) o marxismo italiano: Antonio Gramsci (1891-1937); Umberto Ceroni (1926-2007);

c) o marxismo alemão: 1ª geração da Escola de Frankfurt (Max Horkheimer; Theodor Adorno; Walter Benjamin; Erich Fromm; Herbert Marcuse; Otto Kirchheimer; Franz Neumann; Jürgen Habermas, na primeira fase de seu pensamento); e, também, o pensamento de Ernst Bloch (1885-1977);[45]

d) o marxismo húngaro: György Lukács (1885-1970);[46]

e) o marxismo francês: Louis Althusser (1918-1990).[47]

Já no início do século XXI, o marxismo vem se renovando, e encontrando novas fronteiras e linhas de trabalho, a exemplo do destacado papel do marxismo húngaro do discípulo

---

[40] Tsé-Tung, O livro vermelho, 2002.

[41] Para um panorama das revoluções, ao longo do século XIX e XX, vide Löwy, Revoluções, 2009.

[42] A este respeito, consulte-se Mascaro, Filosofia do Direito, 2. ed., 2012, p. 443-580.

[43] "O maior pensador do marxismo jurídico é quem capitaneou e marcou os limites últimos da reflexão soviética: Evgeny Pachukanis. A filosofia do direito pachukaniana é a mais importante da tradição jurídica marxista, e, certamente, a mais original e próxima das ideias do próprio Marx. Na Revolução Russa, Pachukanis teve logo de início uma grande proeminência" (Mascaro, Filosofia do Direito, 2. ed., 2012, p. 446).

[44] Lenin, O imperialismo, 3. ed., 2005; Lenin, O que fazer? 1988.

[45] Bloch, O princípio esperança, v. 1, 2 e 3, 2005-2006. A este respeito, vide Mascaro, Utopia e direito: Ernst Bloch e a ontologia jurídica da utopia, 2008. Ademais: "Ao mesmo tempo embebido de um notável e poético humanismo e de uma grande capacidade de reflexão crítica e radical, Bloch é uma referência no campo da filosofia pura, da filosofia política, da filosofia da religião e também da filosofia do direito, contida em especial na sua obra Direito natural e dignidade humana" (Mascaro, Filosofia do Direito, 2. ed., 2012, p. 566).

[46] Lukács, História e consciência de classe: estudos sobre a dialética marxista, 2003. Lukács, Prolegômenos para uma ontologia do ser social, 2010. Vide Lessa, Pinassi (orgs.), Lukács e a atualidade do marxismo, 2002. A este respeito, vide Almeida, O direito no jovem Lukács: a Filosofia do Direito em História e consciência de classe, 2006.

[47] Althusser, Aparelhos ideológicos de Estado, 10. ed., 1985; Althusser, Posições, 1975.

de György Lukács, István Mészáros (1930-2017),[48] e, também, do marxismo esloveno de Slavoj Žižek (1949-).[49]

Os marxismos contemporâneos não têm evitado tratar e desenvolver aspectos relevantes concernentes ao debate sobre o Direito, o Estado, a Forma Jurídica, a Igualdade, a Redistribuição, os Direitos Sociais, a Ideologia. Não por outro motivo, a Filosofia do Direito marxista vem encontrando inúmeros desdobramentos atuais, com o enorme desafio de compreender as transformações sociais e econômicas, e inclusive a crise estrutural do capitalismo financeiro global (2008) e seus desafios em todas as partes do mundo. Por isso, no que tange à relação entre marxismo e Direito, deve-se destacar a importante literatura surgida nos últimos anos.[50]

CONCLUSÕES

As forças econômicas em interação na história, a luta de classes como o móvel da sociedade, a servilização do homem pelo trabalho, numa indesculpável perversão do papel existencial do homem, são fatores que destacam o marxismo para uma forte crítica social. E isso é analisado na teoria marxista não somente como um fato contemporâneo e passageiro, mas também como uma constante histórica, que, por forçosamente presente, haveria de gerar a opressão burguesa em face da fraqueza proletária. Eis a dialética econômica da história:

> "Homem livre e escravo, patrício e plebeu, barão e servo, mestre de corporação e companheiro, numa palavra, opressores e oprimidos, em constante oposição, têm vivido numa guerra ininterrupta, ora franca, ora disfarçada; uma guerra que terminou sempre, ou por uma transformação revolucionária da sociedade inteira, ou pela destruição das duas classes em luta" (Marx, Engels, Manifesto do partido comunista. In: *Obras escolhidas*, 1956, p. 26).

Engajado no plano dos fenômenos, o marxismo tornou-se uma bandeira político-ideológica no mundo inteiro, mas nunca efetivamente realizado de modo pleno, pois as experiências históricas acabaram culminando em meras manifestações do regime asiático, com a concentração no próprio Estado. Com sensíveis repercussões sobre o Direito, a Política, a Economia, e mesmo sobre as relações internacionais entre Estados, de modo que desconsiderá-lo em seu profundo papel de modificação da sociedade contemporânea seria equívoco teórico inescusável.

O pensamento marxista encontra seus reflexos na área do Direito, apesar de não ver neste a saída para a história das iniquidades praticadas de homem sobre homem, de sociedade para sociedade. O Direito é servil com relação ao poder, e expressa as dimensões exatas da relação explorador-explorado, não permitindo a abertura dos horizontes da igualdade, que somente seria possível com a instauração de uma ditadura provisória do proletariado, para um passo seguinte, em que nem o Direito e nem o Estado teriam lugar.

---

[48] Mészáros, A teoria da alienação em Marx, 2006; Mészáros, A crise estrutural do capital, 2009. Mészáros, A educação para além do capital, 2008.

[49] Žižek, Às portas da revolução: escritos de Lenin de 1917, 2005. A respeito, leia-se: "Além disso, o marxismo jurídico é uma fronteira também alcançada por pensadores que o tangenciam em contato com outras fontes filosóficas originárias, como é o caso atual de Slavoj Zizek" (Mascaro, Filosofia do Direito, 2. ed., 2012, p. 445).

[50] Naves, Marxismo e direito: um estudo sobre Pachukanis, 2000; Antunes, *Riqueza e miséria do trabalho no Brasil*, 2006; Mascaro, Filosofia do Direito, 2. ed., 2012; Kashiura Junior, Crítica da igualdade jurídica: contribuição ao pensamento jurídico marxista, 2009; Melo, Direito e ideologia: um estudo a partir da função social da propriedade rural, 2. ed., 2013; Casalino, O direito e a mercadoria: para uma crítica marxista da teoria de Pachukanis, 2011; Kashiura Junior, Sujeito de direito e capitalismo, 2014.

19
AVATARES DO POSITIVISMO JURÍDICO

19.1 JURISPRUDÊNCIA DOS CONCEITOS

"O termo *positivismo* não é, sabidamente, unívoco. Ele designa tanto a doutrina de Auguste Comte, como também aquelas que se ligam a sua doutrina ou a ela se assemelham. Comte entende por 'ciência positiva' *coordination de faits*. Devemos, segundo ele, reconhecer a impossibilidade de atingir as causas imanentes e criadoras dos fenômenos, aceitando os fatos e suas relações recíprocas como o único objeto possível da investigação científica."[1]

É a colocação da realidade fática como único objeto merecedor de consideração por parte da Ciência Jurídica que faz com que a razão de ser do positivismo jurídico reduza-se à compreensão da norma e do sistema jurídico no qual ela está inserida. De fato, será o reducionismo uma característica fundamental dos positivistas.

Puchta (1798-1846), o mais célebre discípulo de Savigny, seu sucessor na Universidade de Berlim, formou-se como romanista; em virtude disso, estudou, minuciosamente, o Direito Romano e, a partir daí, elaborou a jurisprudência dos conceitos, que se baseia na chamada "pirâmide de conceitos":

"Esta concepção de sistema, que informa notavelmente a 'jurisprudência dos conceitos', acentua-se e desenvolve-se com Putcha e sua 'pirâmide de conceitos', que enfatiza, conhecidamente, o caráter lógico-dedutivo do sistema jurídico, enquanto desdobramento de conceitos e normas abstratas, da generalidade para a singularidade, em termos de uma totalidade fechada e acabada."[2]

Esse desdobramento conceitual exemplifica-se por meio do conceito de servidão de passagem (art. 1.385, § 2º, do Código Civil). Antes das condições necessárias para o exercício desse direito se fazerem presentes, ele é, tão somente, um direito subjetivo (num primeiro plano: um poder sobre um objeto;[3] num segundo plano: um direito "sobre uma coisa", um direito real), logo após um "direito sobre coisa alheia", com a consequente sujeição parcial dessa coisa.

---

[1] Ferraz Jr. *A ciência do direito*, 1980. p. 31.

[2] Ibidem, p. 33.

[3] Para Puchta "existe um direito (em sentido subjectivo) quando por força do Direito (em sentido objectivo) um objecto cai em poder de certa pessoa". Apud Larenz, *Metodologia da ciência do direito*, 3. ed., 1997, p. 24.

Importa esclarecer que esses conceitos relacionam-se entre si gerando novos conceitos:

> "Mediante a combinação de elementos diversos, a ciência pode criar novos conceitos e proposições jurídicas: os conceitos são produtivos – acasalam-se e geram novos conceitos."[4]

A redução do Direito à norma, com a desconsideração das questões éticas, políticas e sociológicas na esfera do Direito atinge seu ápice com a Jurisprudência dos Conceitos; como reação, surge a Jurisprudência dos Interesses, que se centra em aspectos sociológicos para a compreensão do fenômeno jurídico e tem em Rudolf Von Ihering um de seus principais expoentes. Antes de se estudar a jurisprudência dos interesses, é mister analisar, de forma breve, o Pandectismo, a Escola da Exegese e a Escola Analítica. Isso porque o Pandectismo (Alemanha), a Escola da Exegese (França) e a Escola Analítica (Inglaterra) têm uma característica que unifica todas essas escolas: a compreensão dos dispositivos legais, pela cuidadosa pesquisa da vontade do legislador.

19.2 PANDECTISMO E ESCOLA DA EXEGESE

Na Alemanha, Bernhard Windscheid foi o autor do *Tratado dos Pandectas*, que deu origem ao movimento que ficou conhecido como *pandectismo,* por dedicar-se à pesquisa dos *Pandectas* ou *Digesto* de Justiniano. Esse movimento encarava a lei como um produto resultante da história de um povo e da "vontade racional" do legislador. Ocupando uma posição intermediária entre a compreensão do espírito de um povo, como manifestação da lei, e o mais puro apego ao texto da lei, o *pandectismo* supera a Escola Histórica e influencia, de modo decisivo, o surgimento da codificação, na França, pós-revolução. O movimento pela codificação, na França, tem como principal referência doutrinária a Escola da Exegese.

A escola da exegese francesa constitui-se por meio da discussão a respeito da forma mais adequada de interpretar-se o Código de Napoleão (1804). Ensina Bobbio:

> "A escola da exegese deve seu nome à técnica adotada pelos seus primeiros expoentes no estudo e exposição do Código de Napoleão, técnica que consiste em assumir pelo tratamento científico o mesmo sistema de distribuição da matéria seguido pelo legislador e, sem mais, em reduzir tal tratamento a um comentário, artigo por artigo, do próprio Código."[5]

A Escola da Exegese advoga o princípio da completude do ordenamento jurídico, e não deixa espaço para o Direito natural. As lacunas da lei devem ser resolvidas pelo próprio sistema jurídico. Assevera Demolombe, um dos principais *exegetas:*

> "A minha máxima, a minha profissão de fé é: *os textos acima de tudo!* Eu publico um *Curso do Código de Napoleão;* tenho portanto por finalidade interpretar, explicar o próprio Código de Napoleão, considerado como lei viva, como lei aplicável e obrigatória, e a minha preferência pelo método dogmático não me impedirá de tomar sempre por base os próprios artigos da lei."[6]

---

[4]   Puchta apud Larenz, Op. cit., p. 31.

[5]   Bobbio, *O positivismo jurídico:* lições de filosofia do direito, 1995, p. 83.

[6]   Apud Bobbio, Op. cit., p. 88.

19.3 ESCOLA ANALÍTICA

Semelhante à Escola da Exegese, na França, tivemos o surgimento da Escola Analítica, na Inglaterra. Seu principal representante é o inglês John Austin (1790-1859), cuja obra única intitula-se *A determinação do campo da jurisprudência: a filosofia do direito positivo*. Ao explicar o subtítulo de sua obra, Austin mostra a influência que a Escola Histórica exerceu sobre ele:

> "De todas as expressões concisas que examinei mentalmente, 'filosofia do direito positivo' indica da forma mais significativa o objeto e o âmbito do meu curso. Emprestei tal expressão de um tratado de Hugo, célebre professor de jurisprudência da Universidade de Gottingen, e autor de uma excelente história do direito romano. Embora o tratado em questão se intitule 'o direito natural', não diz respeito ao direito natural no significado ordinário do termo. Na linguagem do autor diz respeito ao 'direito natural como *uma filosofia do direito positivo*'."[7]

Austin define o Direito positivo como aquele direito emanado diretamente dos soberanos:

> "Toda lei positiva, ou bem toda lei simples e estritamente dita, é posta por uma pessoa soberana ou por um corpo de soberano de pessoas a um ou mais membros da sociedade política independente na qual essa pessoa ou esse corpo é soberano ou supremo. Ou, em outras palavras, essa lei é posta por um monarca ou grupo soberano a uma ou mais pessoas em estado de sujeição frente a seu autor."[8]

Austin distingue o Direito positivo da moralidade humana. A moralidade humana constituída de: (1) leis que normatizam a vida dos homens no estado de natureza; (2) leis que coordenam as relações entre os Estados (Direito internacional); e (3) leis das "pequenas associações" (família, corporação, sociedades comerciais) difere-se do Direito positivo, pois suas leis não são emanadas de um comando soberano.

Apesar de fazer uso da doutrina da Escola Histórica, em vários aspectos de sua obra, Austin é um fervoroso defensor da codificação, que em sua opinião deveria ser acessível somente aos juristas, na terra do *common law*: "É melhor ter um direito expresso em termos gerais, sistemático, conciso (*compact*) e acessível a todos, do que um direito disperso, sepultado num amontoado de detalhes, imenso (*bulky*) e inacessível."[9]

19.4 JURISPRUDÊNCIA DOS INTERESSES

> "O *fim*[10] – eis a alavanca que move a vontade do homem. Concebemos um estado futuro possível, mais agradável que o estado presente. Essa concepção nos leva a agir; é um projeto de ação oferecido à vontade pela inteligência e pelo desejo. A ação que praticamos constitui o *meio* para alcançar o *fim*, que é o estado futuro mais agradável que o presente."[11]

---

[7] Apud Bobbio, Op. cit. p. 103.

[8] Apud Bobbio, Op. cit. p. 107.

[9] Apud Bobbio, Op. cit. p. 117.

[10] Ihering se vale do termo *fim* como sinônimo de interesse.

[11] Lessa, *Estudos de Filosofia do Direito*, 2000, p. 310.

322 | CURSO DE FILOSOFIA DO DIREITO • *Bittar/Almeida*

Como reação aos movimentos descritos anteriormente, dos primórdios do positivismo jurídico que concentraram seu estudo na análise minuciosa do texto da lei, surgiram diversos movimentos, dos quais um dos principais e de maior influência foi a jurisprudência dos interesses.

Contrapondo-se à jurisprudência dos conceitos, a jurisprudência dos interesses adota uma perspectiva sociológica e elege o interesse como mola propulsora do Direito. Saliente-se que o jovem Ihering foi discípulo de Puchta e, em sua primeira fase, é um adepto da "jurisprudência dos conceitos". Posteriormente (a partir de 1861), Ihering prepara o caminho da nova escola, que não se fundamenta na redução das proposições jurídicas a conceitos, mas num positivismo sociológico.

A primeira crítica radical à jurisprudência dos conceitos foi formulada por Kirchmann, numa famosa conferência (*Falta de valor da Jurisprudência como Ciência* – 1848), na qual acusou a jurisprudência dos conceitos "a constranger as formas da actualidade nas ultraconhecidas categorias de figuras já mortas".[12] Essa opinião faz referência à dificuldade de adaptar-se às novas formas da sociedade e da economia, de meados e final do século XIX, ao culto às formas jurídicas do Direito Romano.

Ihering dá expressão a seu novo ponto de vista científico com a publicação de uma obra essencialmente crítica, *O que é sério e o que não é sério na jurisprudência*. Nessa obra, publicada em 1861, Ihering faz uma crítica mordaz e satírica à teoria que por ele já fora adotada.

Numa obra publicada em 1864, Ihering dá sinais de sua visão marcadamente sociológica:

> "A vida não é o conceito; os conceitos é que existem por causa da vida. Não é o que a lógica postula que tem de acontecer; o que a vida, o comércio, o sentimento jurídico postulam é que tem de acontecer, seja isso logicamente necessário ou logicamente impossível."[13]

Em 1877, Ihering termina o primeiro volume de sua obra *O fim no direito*, na qual delineia as principais linhas da jurisprudência dos interesses, e apresenta o que para ele era o fim (a finalidade) do Direito: a "tutela dos interesses".

Numa famosa conferência, pronunciada em 1872, intitulada *A luta pelo direito*, Ihering mostra as duas faces do Direito (objetivo e subjetivo):

> "A palavra *Direito* é empregada em sentido duplo, tanto objetivo como subjetivo. No sentido objetivo, é o conjunto de leis fundamentais editadas pelo Estado, ou seja, o ordenamento jurídico da vida e, em sentido subjetivo, é a atuação concreta da norma no direito específico de determinada pessoa.
>
> Em ambas as acepções, o Direito encontra oposição, e em ambas as direções deve ser controlado, isto é, deve estar no caminho da luta para vencê-la ou para defendê-la."[14]

Ihering deixa claro que a luta, que brota do seio da sociedade, é o fator propiciador da criação do Direito:

> "Todas as grandes conquistas que a história do direito revela – a abolição da escravatura, a servidão pessoal, a liberdade de aquisição da propriedade imóvel, a liberdade

---

[12]   Larenz, Op. cit. p. 56.

[13]   Apud Larenz, Op. cit. p. 58.

[14]   Ihering, *A luta pelo direito*, 1999, p. 29.

de profissão e de culto, só foram conseguidas após lutas renhidas e contínuas, que duraram séculos."[15]

Mais adiante, Ihering faz alguns elogios poéticos da luta no Direito:

"Não hesito, portanto, em afirmar que a luta indispensável ao nascimento de um direito não é um castigo, mas uma graça."[16]

"A luta pelo direito é a poesia do caráter!"[17]

Se a luta é a forma, o meio pelo qual os direitos são protegidos e conquistados, o interesse é o que motiva a ação, dos seres humanos, em prol do direito.

Meu interesse, tão-só, é o motivo que me deverá impelir na defesa de meu patrimônio, interesse que me levou a adquiri-lo e a utilizá-lo. Ação e processo relativos a meus bens são meras questões de interesse."[18]

Na segunda parte de sua conferência, Ihering afirma que cada indivíduo é responsável pela preservação do Direito como um todo:

"Cada um tem o dever de esmagar a cabeça da hidra do arbítrio e do desrespeito à lei sempre que esta ponha a cabeça de fora. Quem quer que usufrua as vantagens do direito deverá cooperar para manter a força e o prestígio da lei, ou, em outras palavras, cada um nasce como combatente pelo direito, no interesse da sociedade."

O tom emocional do discurso de Ihering deve-se ao fato de sua obra ser uma obra de ruptura com o positivismo rígido e o encaminhamento de novas direções para a ciência jurídica. É o próprio Ihering que afirma:

"Firmeza, clareza, precisão, direito material, remoção de todas as regras, sobre as quais deve impulsionar-se todo autêntico senso de justiça, em todas as esferas do direito, não apenas do direito privado, como da polícia, da Administração, da atividade financeira; independência dos tribunais, organização o mais perfeita possível das regras processuais – este é o caminho que o Estado deve seguir para o pleno desenvolvimento do senso de justiça de seus membros e, com isso, de sua própria energia."[19]

Apesar de todas as críticas dirigidas à obra de Ihering, o Direito continua devedor de uma de sua contribuição principal: a necessidade de ser adotada uma perspectiva da sociedade, no estudo da dogmática jurídica.

CONCLUSÕES

As Escolas jurídicas analisadas têm como ponto comum a não-utilização do arcabouço teórico do jusnaturalismo, com exceção do conceito de sistema, que exerce papel de funda-

---

[15] Ihering, Op. cit. p. 32.

[16] Ibidem, p. 35.

[17] Ibidem, p. 58.

[18] Ibidem, p. 54

[19] Ihering, Op. cit. p. 83.

mental importância na formulação do embrionário direito positivo. Os positivismos podem prescindir de fundamentos naturalistas, pois, após a positivação, conta-se com o pressuposto de que toda lei decorre da vontade do legislador, do poder de ditar regras para vida social.

Fundamental esclarecer que, baseado no conceito de sistema, herança jusnaturalista, estruturar-se-á o movimento de codificação do Direito, cujo principal objetivo é organizar o caos do direito não escrito (natural e consuetudinário) e oferecer ao Estado um instrumento de controle da vida em sociedade.

A única Escola contrária ao movimento da codificação foi a Escola Histórica.[20] Com exceção dessa Escola, todas as outras, independentemente da diversidade do ponto de vista, valorizam, de modo enfático, o texto escrito da lei.

Esse movimento culminará na obra científica de Hans Kelsen que criará a base para o posterior desenvolvimento científico do positivismo jurídico, no século XX.

---

[20] O principal representante da Escola Histórica foi Savigny (1779-1861). Ele fundou, em 1815, a *Revista por uma Ciência Jurídica Histórica*. A Escola Histórica foi a primeira crítica radical ao Direito Natural, um verdadeiro movimento de desconstrução de suas principais premissas. Romântica e antirracionalista, via o Direito não como uma ideia da razão, mas um produto da história, variável no tempo e no espaço.

20

POSITIVISMO JURÍDICO:
O NORMATIVISMO DE HANS KELSEN

20.1 O PROJETO CIENTÍFICO DE HANS KELSEN

Hans Kelsen pode ser considerado um dos mais notáveis, influentes e destacados juristas do século XX.[1] O jurista Hans Kelsen (1881-1973), nascido em Praga,[2] tendo estudado e vivido em Viena (Áustria), e tendo sido, posteriormente, perseguido pelo nazismo[3] (demitido em 12.04.1933 e aposentado em 30.09.1933, em função de ser judeu e social-democrata),[4] irá viver o final de sua vida nos Estados Unidos. Como revela a sua *Autobiografia* (1947), a sua carreira acadêmica alcançou muito prestígio e sua obra se expandiu a ponto de ter alcance mundial,[5] mas sua vida foi entrecortada pelas dificuldades próprias de um cenário político de instabilidades do entreguerras na Europa,[6] o que o forçou a uma flutuação profissional considerável – uma vez que terá que exercer atividades docentes em diversos países e instituições, em Viena, em Colônia, em Genebra, em Praga, em Nova Iorque, em Harvard e, finalmente, em Berkeley –,[7] tendo vivido o exílio, a perseguição étnico-racial, a demissão forçada da

---

[1] "Não há exagero em se considerar Hans Kelsen como o grande filósofo do Direito do século XX e, provavelmente, não apenas dessa centúria" (Toffoli, Junior, Hans Kelsen, O jurista e suas circunstâncias, *in Autobriografia de Hans Kelsen*, 5. ed., 2018, p. XVIII).

[2] "A nacionalidade original de Hans Kelsen, portanto, não era *tcheca*, ou melhor, boêmia, pois Praga era a capital do Reino da Boêmia (atual República Tcheca), parte integrante do Império Austro-Húngaro. Tecnicamente, Kelsen deveria ostentar em seus primeiros documentos a qualificação de súdito de Sua Majestade Imperial e Real de fé mosaica" (Toffoli, Junior, Hans Kelsen, O jurista e suas circunstâncias, *in Autobriografia de Hans Kelsen*, 5. ed., 2018, p. XXIII-XXIV).

[3] "Em 1933, Hitler tornou-se chanceler do Reich e eu fui um dos primeiros professores a serem demitidos pelo governo nazista" (Kelsen, Autobiografia, *in Autobriografia de Hans Kelsen*, 5. ed., 2018, p. 95).

[4] "Portanto, pessoalmente, tenho toda a simpatia por um partido socialista e ao mesmo tempo democrático, e nunca dissimulei essa simpatia. Porém, mais forte do que essa simpatia era e é minha necessidade de independência partidária na minha profissão" (Kelsen, Autobiografia, *in Autobriografia de Hans Kelsen*, 5. ed., 2018, p. 71).

[5] "Traduções de diversos escritos meus foram publicadas em quase todas as línguas do mundo. O maior sucesso da teoria pura do direito, até onde sei, foi na Espanha, na América Latina e no Japão; o menor, na Alemanha, na Inglaterra e na América do Norte" (Kelsen, Autobiografia, *in Autobriografia de Hans Kelsen*, 5. ed., 2018, p. 73).

[6] "Meus três anos e meio de atividade no Ministério da Guerra não foram perdidos para meu trabalho científico" (Kelsen, Autobiografia, in Autobriografia de Hans Kelsen, 5. ed., 2018, p. 66).

[7] "Em 1930, ele adquire a cidadania alemã – em complemento, e não em substituição à cidadania austríaca – por meio da cidadania prussiana obtida pela nomeação como professor ordinário na Universidade de Colônia. Kelsen perde ambas as cidadanias, tanto austríaca quanto alemã, com a aquisição da cidadania tcheca ligada à contratação pela Universidade Alemã de Praga. Enfim, Kelsen abandona esta última em

Universidade pelo nazismo, a fuga da Europa no momento da eclosão da 2ª. Guerra Mundial,[8] até a emigração aos Estados Unidos da América,[9] onde encerrará a sua carreira na Faculdade de Ciências Políticas na Universidade de Berkeley, na Califórnia.

Não obstante as tempestades históricas, Hans Kelsen haverá de desenvolver um projeto científico – de matiz neokantiano e positivista –[10] que irá alcançar uma das mais extensas e modernas obras discutidas no século XX, razão de seu reconhecimento e de seu uso até os dias de hoje. Mas, sua obra não se limitou ao conhecimento da *Ciência do Direito*, ou ainda, à *Teoria do Direito*, sabendo-se da importância de seus escritos ao *Direito Constitucional*, à *Teoria do Estado*, à *Ciência Política*, à *Teoria da Democracia*, ao *Direito Internacional* e à *Filosofia do Direito*. Neste particular, era curiosa a sua postura, na medida em que diferenciava sua atuação como *jurista* (*Teoria Pura do Direito*; *Teoria Geral das Normas*), e sua atuação como *filósofo*, quando escrevia acerca do tema da justiça (*A ilusão da justiça*; *O problema da justiça*; *O que é justiça?*). Ao ser *jurista*, exigia que o Direito fosse tratado como problema específico – ou seja, como Norma Jurídica, na medida em que havia elegido este como sendo o centro de atenção dos estudos da *Ciência do Direito*;[11] já como filósofo, era um relativista, que considerava a divergência entre as diversas correntes teóricas sobre a noção do justo e do injusto, o que reafirmava a importância da segurança obtida por meio da legislação.

Até mesmo os seus críticos devem reconhecer a magnitude, a cientificidade e o alcance de sua obra, o que muito colaborou para a autonomia científica do Direito. Especialmente sua obra *Teoria Pura do Direito* (*Reine Rechtslehre*), de 1934, irá representar uma contribuição inovadora e única no campo da *Teoria do Direito*. Esta obra, ainda hoje, persiste sendo uma leitura obrigatória para a boa formação dos juristas, quase passados 100 anos de sua 1ª. edição. Aliás, esta obra, desde a sua publicação, se torna uma referência imprescindível para a *Teoria do Direito*, na Europa e no mundo, do início do século XX, mas, a partir das discussões que suscitou, com os ecos que dela advieram em todo o mundo por parte de seguidores e de críticos, deve-se saber que a *Teoria Positivista Normativa* nela encontrou sua mais completa expressão, apenas revisitada na obra póstuma intitulada *Teoria Geral das Normas* (*General Theory of Norms*, 1979).[12]

A *Teoria Pura do Direito* (1934) delineia os contornos de uma visão do Direito que procura isentar o fenômeno jurídico de outros elementos que lhe sejam externos. É no interior

---

prol da cidadania estadunidense em 1945" (Jestaedt, Introdução, *in Autobriografia de Hans Kelsen*, 5. ed., 2018, p. 17).

[8] "Quando a guerra estourou, em 1939, minha decisão de deixar a Europa estava tomada" (Kelsen, Autobiografia, *in Autobriografia de Hans Kelsen*, 5. ed., 2018, p. 106).

[9] "Como outros tantos milhares de exilados (ou autoexilados, por enquanto) ele partiu para o Novo Mundo, via Lisboa, desembarcando em Nova York no ano de 1940" (Toffoli, Junior, Hans Kelsen, O jurista e suas circunstâncias, *in Autobriografia de Hans Kelsen*, 5. ed., 2018, p. LVII).

[10] "Minha autoconsciência permanentemente ferida pela escola e faminta por satisfação encontrou evidentemente nessa interpretação subjetivista de Kant, na ideia do Eu como centro do mundo, a expressão filosófica adequada" (Kelsen, Autobiografia, *in Autobriografia de Hans Kelsen*, 5. ed., 2018, ps. 38-39).

[11] "O conceito fundamental de uma teoria científica do direito parecia ser para mim o conceito da norma jurídica – em um paralelo com o conceito da lei da causalidade como conceito fundamental das ciências da natureza" (Kelsen, Autobiografia, *in Autobriografia de Hans Kelsen*, 5. ed., 2018, p. 44).

[12] "Como comprova de modo impressionante sua obra do final da vida, a *Allgemeine Theorie der Normen*, editada postumamente em 1979, o nonagenário – que trabalhava com escrúpulo inabalado – ainda empreendia extensas modificações e acréscimos substanciais na sua teoria" (Jestaedt, Introdução, *in Autobriografia de Hans Kelsen*, 5. ed., 2018, p. 04).

desta obra que Hans Kelsen irá formular uma concepção segundo a qual a *pureza de método* deve orientar a Ciência do Direito, uma concepção que recebe da influência de Hermann Cohen.[13] Em sua visão, a *autonomia* da Ciência do Direito é algo muito importante de ser alcançado,[14] na medida em que o Direito não pode se confundir com outros fenômenos. Ela revela uma postura do jurista segundo a qual a *Ciência do Direito* deve estar isenta de aproximações com a Política.[15] Neste sentido, a distância da política partidária, pela não-filiação, é a atitude de mundo coerente de Hans Kelsen, com o seu projeto científico, como revela em sua *Autobiografia*.[16]

20.2 A CONTRIBUIÇÃO PARA A CONSTITUIÇÃO DA ÁUSTRIA

Enquanto jurista atuante, a sua prática permitiu que contribuísse como redator da *Constituição* da Áustria (1920),[17] a convite de Karl Renner.[18] É no interior das atividades de redação da Lei Constitucional que se elabora o paradigma da *Corte Constitucional* (1920),[19] quando a Corte Imperial se transforma em Corte Constitucional,[20] dedicando-se ao controle abstrato de constitucionalidade, um legado que se perpetuará como uma das mais importantes

---

[13] "A separação nítida entre uma teoria do direito positivo e a ética, de um lado, e a sociologia, do outro, me parecia urgentemente necessária. Mais tarde, quando tomei conhecimento dos escritos de Hermann Cohen, ficou claro para mim que a 'pureza de método' era objetivo ao qual eu tendia, mais instintivamente que por meio de reflexão sistemática" (Kelsen, Autobiografia, *in Autobriografia de Hans Kelsen*, 5. ed., 2018, ps. 42-43).

[14] "Sua meta como jurista era a cientificidade da sua disciplina, a ciência do direito com todas as suas numerosas subdisciplinas. Além disso, seu esforço central foi iluminar a independência e autonomia do direito como instrumento singular de regulação social" (Jestaedt, Introdução, *in Autobriografia de Hans Kelsen*, 5. ed., 2018, p. 02).

[15] "À semelhança da Alemanha do pós-guerra, a Áustria foi regida por governos parlamentaristas de enorme instabilidade, ao menos até 1934, com a chegada ao poder do chanceler Engelbert Dollfuss. A intervenção ideológica na universidade não se fez demorar. Essa situação causou profunda espécie a Kelsen, que deixou claro seu pensamento sobre a única postura a ser adotada pelo cientista em face do poder político: *independência*" (Toffoli, Junior, Hans Kelsen, O jurista e suas circunstâncias, *in Autobriografia de Hans Kelsen*, 5. ed., 2018, p. XXXVII-XXXVIII).

[16] "...e, em segundo lugar, porque eu era da opinião, e ainda sou hoje, de que um professor e pesquisador no campo das ciências sociais não deve se filiar a partido nenhum, pois a filiação a um partido prejudica a independência científica" (Kelsen, Autobiografia, *in Autobriografia de Hans Kelsen*, 5. ed., 2018, p. 70).

[17] "E, além de jurista, não se deve esquecer o Kelsen praticante do direito: ele foi um dos 'pais' da Lei Constitucional federal de 1920 da Primeira República, precursora em tantos sentidos; já falamos de sua atividade como juiz da Corte Constitucional austríaca nos anos 1921-1930; enfim, além da sua atividade de consultoria, devemos mencionar seus pareceres de direito internacional" (Jestaedt, Introdução, *in Autobriografia de Hans Kelsen*, 5. ed., 2018, p. 04).

[18] "Depois de deixar o serviço militar no final de outubro de 1918 e retomar minha atividade acadêmica, fui chamado pelo dr. Karl Renner, o chanceler de Estado do governo provisório da Áustria germânica, ao seu escritório da chancelaria para colaborar na preparação da Constituição definitiva da Áustria germânica" (Kelsen, Autobiografia, *in Autobriografia de Hans Kelsen*, 5. ed., 2018, p. 79).

[19] "O sistema europeu desenvolveu-se como resposta aos ataques político e ideológico da Constituição. O sistema de defesa não poderia ser senão de natureza política e ideológica. A evolução chegou à institucionalização das Cortes Constitucionais, a partir de 1920, como os únicos tribunais competentes para solucionar conflitos constitucionais, fundado no critério de controle concentrado" (Silva, *Curso de direito constitucional positivo*, 34. ed., 2011, p. 558).

[20] "Este último pôde ser incorporado sem modificações substanciais. A Corte Imperial foi transformada em uma verdadeira corte constitucional – a primeira desse tipo na história do direito constitucional" (Kelsen, Autobiografia, *in Autobriografia de Hans Kelsen*, 5. ed., 2018, p. 80).

328 | CURSO DE FILOSOFIA DO DIREITO • Bittar/Almeida

aquisições do Direito contemporâneo, em seu modelo europeu.[21] Hans Kelsen não somente integrou as atividades de redação da Constituição, mas também contribuiu decisivamente e originalmente para uma melhor adequação do papel dos Poderes do Estado e ainda exerceu de forma efetiva o cargo de Ministro da Corte Constitucional da Áustria, concomitantemente às suas atividades como Professor,[22] no período 1921-1930.

Após este período, será no escrito intitulado *Quem deve ser o guardião da Constituição?* (*Wer soil der Hüter der Verfassung sein?*, 1931), que Hans Kelsen irá afirmar que: "A função política da Constituição é estabelecer limites jurídicos ao exercício do poder".[23] Em torno deste escrito, que é o retrato do debate entre Hans Kelsen e Carl Schmitt, no período da República de Weimar (Alemanha, 1919-1933), sobre a função da *Corte Constitucional* como guardiã da Constituição, posição esta frontalmente contrária à visão de que este poder deveria estar nas mãos do Presidente do *Reich* (*Führerprinzip*).[24] Este escrito tem uma importância muito grande, pois se levanta contra o arbítrio político e a concentração do poder, como aponta Hans Kelsen na obra *A democracia*,[25] indo na contramão de todas as tendências de época de reacender o *princípio monárquico*.[26]

20.3 POSITIVISMO JURÍDICO E NORMATIVISMO

Com os pilares teóricos fixados no método positivista é que Hans Kelsen (*Teoria Pura do Direito*, que aparece como edição completa pela primeira vez em 1934 pela editora vienense F. Denticke) procurou delinear uma Ciência do Direito desprovida de qualquer outra influência que lhe fosse externa. Assim, alhear o fenômeno jurídico de contaminações exteriores a sua ontologia seria conferir-lhe cientificidade. Nesse sentido, o isolamento do método jurídico seria a chave para autonomia do Direito como ciência. Dessa forma, por meio das ambições de sua teoria, ter-se-ia uma descrição do Direito que correspondesse apenas a uma descrição pura do Direito.

---

[21] "O modelo kelseniano de justiça constitucional concentrada é o que melhor se adequa aos sistemas políticos de base parlamentar" (Queiroz, Controle de constitucionalidade: o controle jurisdicional da constitucionalidade. Democracia, poder judicial e justiça constitucional, *in Comentários à Constituição Federal de 1988* (BONAVIDES, Paulo; MIRANDA, Jorge; AGRA, Walber de Moura, orgs.), 2009, p. 1564).

[22] "Logo depois que a Corte Constitucional viu a luz em virtude da nova Constituição Federal, fui eleito membro e depois de pouco tempo nomeado pela Corte como um dos seus relatores permanentes. Contudo, exerci essa função somente como trabalho paralelo, pois mantive meu cargo de Professor na Faculdade de Direito" (Kelsen, Autobiografia, *in Autobriografia de Hans Kelsen*, 5. ed., 2018, p. 81).

[23] Kelsen, *Jurisdição constitucional*, 3.ed., 2013, p. 240.

[24] "Consequentemente, o *Führerstaat* é, por natureza, autoritário: o *Führerprinzip* implica a supressão da representação política e da democracia e exige a concentração de poderes no *Führer*, que não responde perante quaisquer órgãos nem encontra limites à sua actuação" (Novais, *Contributo para uma Teoria do Estado de Direito*: do Estado de Direito Liberal ao Estado Social e Democrático de Direito, 2013, p. 147-148).

[25] "... a separação dos poderes talvez aja também em sentido democrático: em primeiro lugar, na medida em que significa uma divisão do poder, cuja concentração, favorável à expansão e ao exercício arbitrário, ela impede (...)" (Kelsen, *A democracia*, 2000, p. 91).

[26] "Quando os representantes da teoria constitucional do século XIX, orientados pelo assim chamado *princípio monárquico*, defendiam a tese de que o natural *guardião da Constituição* seria o monarca, esta não passava – quem poderia duvidar disto hoje! – de uma ideologia muito evidente (...)" (Kelsen, *Jurisdição constitucional*, 3.ed., 2013, p. 240).

As categorias do ser (*Sein*) e do dever-ser (*Sollen*) são os pólos com os quais lida Hans Kelsen, para distinguir realidade e Direito, que caminham em flagrante dissintonia, em sua teoria. Mais precisamente, é com a quebra da relação ser/dever-ser que pretende Hans Kelsen operar para diferir o que é jurídico (fenômeno jurídico puro) do que é não jurídico (cultural, sociológico, antropológico, ético, metafísico, religioso). A Teoria Pura do Direito propõe-se a uma análise estrutural de seu objeto, e, portanto, expurga de seu interior justiça, sociologia, origens históricas, ordens sociais determinadas etc. A ela não se defere a tarefa de empreender todo esse estudo, mas de empreender uma sistematização estrutural do que é jurídico, propriamente dito.[27]

Ser e dever-ser diferem entre si na mesma medida em que ciências sociais (humanas) diferem das ciências naturais (físico-matemáticas). Essa diferenciação repousa na distinção provocada pelos termos *causalidade* e *imputação* e suas consequências lógico-teóricas.[28] De fato, condição e consequência ligam-se pela imputação de uma sanção a um comportamento, na esfera do Direito; nesse sentido, a sanção pode ser, como pode não ser aplicada.[29] Causa e efeito, estudadas pelas ciências naturais, comportam-se com regularidade, e, então, o que é causa provoca necessariamente o efeito respectivo.

Tendo em vista essas considerações, o conceito de responsabilidade (*zurechnungsfähig*) passa a significar que a sanção pode ser imposta a um sujeito (sujeito capaz de direito e de fato); o conceito de irresponsabilidade (*unzurechnungsfähig*) passa a significar que a sanção não pode ser imposta a um sujeito (louco, doente mental, criança, incapaz por surdez etc.). Assim, causalidade (ciências naturais) e imputação (ciências sociais) passam a ser as grandes categorias com base nas quais Kelsen estrutura seu pensamento. Como derivação dessa distinção decorrem inúmeras consequências teóricas, sobretudo aquelas ligadas à distinção entre ser e dever-ser, isolados e neutralizados laboratorial e aritmeticamente. O dever-ser jurídico não se enraíza em qualquer fato social, histórico; não é condicionado por nada que possa perverter sua natureza de puro dever-ser; Kelsen desenraíza o Direito de qualquer origem fenomênica, a título de compreendê-lo autonomamente em sua mecânica.

Então, a atitude do jurista, segundo Kelsen, deve consistir num partir da norma jurídica dada, para chegar à própria norma jurídica dada. Essa postura é nitidamente contrária à que procura questionar os valores que antecederam à elaboração da norma jurídica (aqui se procede raciocinando com base na norma retrospectivamente), ou ao que seria possível de se conceber após a elaboração da norma jurídica (aqui se procede raciocinando de acordo com a norma prospectivamente). Para o positivismo kelseniano, a norma jurídica é o alfa (α) e o ômega (Ω) do sistema normativo, ou seja, o princípio e o fim de todo o sistema.

Inclusive, em sua teoria, a noção de Estado identifica-se com a noção de Direito, sendo que este consiste no ordenamento de normas jurídicas coercitivas da conduta. Assim, todo Estado é um ordenamento jurídico, mas nem toda ordem jurídica é um Estado.[30] Apenas a ordem jurídica centralizada pode ser dita Estado.

---

[27] Kelsen, *O que é justiça? A justiça, o direito e a política no espelho da ciência*, 1998, p. 291-293.

[28] "Condição e consequência estão ligadas não segundo o princípio de causalidade, mas segundo o princípio de imputação" (Ibidem, p. 327).

[29] "O princípio da imputação afirma: se A existe, B deve existir" (Ibidem, p. 331).

[30] "Se o Estado é uma comunidade, é uma comunidade jurídica" (Kelsen, *O que é justiça? A justiça, o direito e a política no espelho da ciência*, 1998, p. 290). Mas, "nem toda ordem jurídica é um Estado" (Ibidem, p. 290).

Se a norma jurídica encontra posição nuclear em seu sistema teórico, o conceito-chave, e de maior importância de sua teoria, é o conceito de validade. Essa consiste na existência da norma jurídica, ou seja, em sua entrada regular dentro de um sistema jurídico, observando-se a forma, o rito, o momento, o modo, a hierarquia, a estrutura, a lógica de produção normativa prevista em dado ordenamento jurídico. Ser válida não significa o mesmo que ser verdadeira ou falsa, mas estar de acordo com procedimentos formais de criação normativa previstos por determinado ordenamento jurídico. A validade não submete a norma ao juízo do certo ou do errado, mas ao juízo jurídico, propriamente dito, ou seja, ao juízo da existência ou não (pertinência a um sistema formal) para determinado ordenamento jurídico.[31]

Do conceito de validade é que se pode partir para o conhecimento do fundamento de todo o ordenamento jurídico: a norma fundamental (*Grundnorm*). De fato, na cascata das recíprocas relações de validade entre as normas é que reside a chave para a dissecação do conceito de norma fundamental, que nada mais é que o fundamento último de validade de todo um sistema jurídico. O sistema jurídico, para Kelsen, é unitário, orgânico, fechado, completo e autossuficiente; nele, nada falta para seu aperfeiçoamento; normas hierarquicamente inferiores buscam seu fundamento de validade em normas hierarquicamente superiores. O ordenamento jurídico resume-se a esse complexo emaranhado de relações normativas. Qualquer abertura para fatores extrajurídicos comprometeria sua rigidez e completude, de modo que a norma fundamental desempenha esse papel importante de fechamento do sistema normativo escalonado.

Ao problema de onde estaria o ponto de apoio de todo o sistema jurídico a resposta do positivismo kelseniano seria: numa estrutura escalonada de normas, onde a última aparece como norma fundamental, ápice de uma pirâmide de relações normativas. Onde há hierarquia, há interdependência entre normas, onde há interdependência, a validade da norma inferior é extraída da norma superior, e assim até uma última norma, a norma fundamental. Essa não é a norma constitucional de um Estado (Constituição da Argentina, Constituição da França, Constituição do Brasil…), mas um pressuposto lógico do sistema, o cume da pirâmide escalonada de normas jurídicas. Ela não existe historicamente, e nem fisicamente, mas é pressuposta logicamente. O estatuto teórico da norma fundamental (qual sua natureza, sua função, a razão de sua existência etc.) parece ser o maior problema para essa criação da teoria kelseniana.[32]

Nesse mesmo sentido é que se pode desenvolver essa questão com outras palavras. Para Kelsen, a teoria do Direito possui dois juízos de valor: (1) valores de direito, cujo parâmetro objetivo é a norma jurídica (lícito/ilícito); (2) valores de justiça (justo/injusto), cujo parâmetro subjetivo repousa em dados variáveis e indedutíveis (justiça democrática, autoritária, nacionalista, demagógica etc.).[33] Abordando-se os valores, pode-se dizer que a norma jurídica é a única segurança para a teoria do direito; é ela o centro das investigações positivistas do Direito. Todavia, ela não é a simples expressão da vontade do legislador,[34] porque são muitas

---

[31] "Uma importante diferença entre a verdade de um enunciado e a validade de uma norma consiste em que a verdade de um enunciado precisa ser verificável, quer isto dizer: ser verificável como verdadeiro ou falso. A validade de uma norma não é, porém, verificável" (Kelsen, *Teoria geral das normas*, 1986, p. 227).

[32] "Este princípio (da unidade) recebe em Kelsen o nome de norma fundamental, noção intuitivamente simples de ser percebida (se as normas do ordenamento compõem séries escalonadas, no escalão mais alto está a primeira norma da série, de onde todas as demais promanam) mas difícil de ser caracterizada (é a questão do seu estatuto teórico: é norma? É um ato ou fato de poder? É uma norma historicamente positivada ou uma espécie de princípio lógico que organiza o sistema?)" (Ferraz Jr. *Introdução ao estudo do direito*, 2. ed., 1994, p. 176).

[33] Kelsen, *O que é justiça? A justiça, o direito e a política no espelho da ciência*, 1998, p. 203-224.

[34] Ibidem, p. 210-211.

as possíveis vontades do legislador, o que torna a pesquisa da norma um dado fluído. A norma está sempre sujeita à interpretação, e é isto que permite que diversos sentidos jurídicos convivam num só ordenamento.

Assim, o conjunto das normas forma a ordem jurídica, que é um "sistema hierárquico de normas legais".[35] Toda ordem jurídica requer um regresso *ad infinitum* por meio das normas, até a norma fundamental (esta é "pressuposição do pensamento jurídico",[36] e não um dado histórico). Caso contrário, inexistente a norma fundamental, devem-se aceitar pressupostos metafísicos para a fundamentação da ordem jurídica (Deus, ordem universal, contrato social, Direito Natural etc.). O que se pode reconhecer é que existe um consentimento de todas as pessoas em aceitar a Constituição,[37] e é a partir desse simples dado que deve raciocinar o jurista; esse é o "princípio da eficácia" kelseniano. Kelsen termina por afirmar que a "ciência jurídica não tem espaço para os juízos de justiça",[38] mas somente para os juízos de Direito.

Numa doutrina em que as normas têm total preponderância, até mesmo o fundamento do ordenamento vem definido como uma norma, a norma fundamental, aquela que não remete a nenhuma outra. Seu caráter é técnico-gnosiológico, e sua existência, puramente lógica. Assim, essa norma possui uma natureza puramente pensada, como forma de estancar o regresso *ad infinitum* do movimento cadenciado de busca do *principium* de validade de toda a estrutura piramidal do ordenamento jurídico; trata-se de uma ficção do pensamento, na busca de determinar logicamente um começo e um fim.

Toda essa regência de normas por uma norma fundamental não exclui a possibilidade de o juiz agir aplicando e interpretando, ou seja, produzindo normas individuais. Também a atividade aplicativa é uma atividade que está às voltas com normas; interpretam-se normas gerais e criam-se normas individuais.

Nesse passo, o sentido as normas jurídicas alcança-se por meio da interpretação, mas esta não consiste em um processo de cognição de um sentido imanente, inefável, apriorístico, causado por leis morais ou naturais; trata-se simplesmente das possibilidades de sentido de um texto normativo, em sua literalidade.

Nesse esquema de ideias, interpretação e aplicação estão intimamente relacionadas, pois trata-se de um processo cognitivo em direção à fixação do sentido da norma a ser aplicada. Não há normas jurídicas que não passem pelo processo de interpretação. A interpretação, que é fundamentalmente a compreensão da literalidade das palavras da lei, no entanto, adverte Kelsen, não está ligada somente à aplicação do direito, mas também aos processos cogniscitivos da ciência do direito; ao jurista teórico, como ao jurista prático, interessa a interpretação. Assim, para aquele, será a atividade do pensamento que identifica os possíveis sentidos jurídicos de uma norma jurídica, e para este, um ato de escolha de um desses possíveis sentidos por meio de um ato de vontade, a decisão.[39] Há, portanto, duas formas de interpretação jurídica, para Kelsen.[40]

---

[35] Ibidem, p. 215.

[36] Ibidem, p. 218.

[37] Ibidem, p. 218-219.

[38] Ibidem, p. 223.

[39] "A interpretação é, portanto, uma operação mental que acompanha o processo da aplicação do Direito no seu progredir de um escalão superior para um escalão inferior" (Kelsen, *Teoria pura do direito*, 1976, p. 463).

[40] Todavia, os cientistas do direito também interpretam, mas sem aplicar, de modo que: "existem duas espécies de interpretação que devem ser distinguidas claramente uma da outra: a interpretação do Direito

Quem aplica o direito exerce a chamada interpretação autêntica do direito.[41] Autêntica aqui quer dizer que se trata do ato de interpretação copulado com o de aplicação; quando há essa fusão, então aquele que determina o sentido também decide, e aquele que decide também determina o sentido de forma concreta e final. É esse ato que pode realmente pôr fim à cadeia das interpretações e discussões acerca do sentido de uma norma jurídica. Nesse sentido, enquanto a ciência do direito polemiza (interpretação não autêntica), o aplicador do direito define (interpretação autêntica).

Isso tudo se deve ao fato de que a norma jurídica não possui somente um sentido, mas vários possíveis. A ciência do direito procura somente identificar e descrever esses possíveis sentidos.[42] As muitas possibilidades jurídicas facultam muitas escolhas, e é nisso que reside a liberdade do juiz, ou seja, no poder de determinar qual dos sentidos é o mais adequado para o caso concreto. Feita a escolha, no entanto, não há nada no Direito Positivo que permita dizer que essa escolha é melhor que aquela outra.[43] Nenhum método torna essa escolha um ato objetivo e sensivelmente positivo a ponto de se tolher as possibilidades de escolha do juiz.

Esses lineamentos são bastantes para se recordar a postura positivista (não axiológica, não política, não ética etc.) e normativista (normas e validade; norma fundamental e fundamento de validade; norma geral e individualização da norma) encontradas nos textos de Hans Kelsen.

20.4 CIÊNCIA DO DIREITO

Quando se trata de estudar o tema da ciência e do método kelsenianos, não se trata de dizer que sua teoria é uma teoria do Direito puro (direito como um fenômeno puro), mas que sua teoria é uma teoria pura do Direito (teoria metodologicamente pura).[44] Essa parece ser a primeira advertência necessária para que se possam evitar equívocos na leitura e interpretação das especulações kelsenianas; sua teoria representa por si só um purismo, porém não há em Kelsen a pretensão de alargar este purismo para que transforme o Direito, como acontecimento social, em fenômeno puro. Não se trata, portanto, de dizer que Kelsen afirmava a pureza do direito em si; a pureza é atributo da ciência que quer construir.

---

que não é realizada por um órgão jurídico mas por uma pessoa privada e, especialmente, pela ciência jurídica" (Ibidem, p. 464).

[41] "A interpretação feita pelo órgão aplicador do Direito é sempre autêntica. Ela cria Direito" (Ibidem, p. 470).

[42] "A interpretação científica é pura determinação cogniscitiva do sentido das normas jurídicas" (Kelsen, *Teoria pura do direito*, 1976, p. 472); "A interpretação jurídico-científica não pode fazer outra coisa senão estabelecer as possíveis significações de uma norma jurídica" (Kelsen, *Teoria pura do direito*, 1976, p. 472). A interpretação jurídico-científica tem de evitar, com o máximo cuidado, a ficção de que uma norma jurídica apenas permite, sempre e em todos os casos, uma só interpretação: a interpretação correcta" (Kelsen, *Teoria pura do direito*, 1976, p. 472).

[43] Afirma Kelsen: "Só que, de um ponto de vista orientado para o Direito Positivo, não há qualquer critério com base no qual uma das possibilidades inscritas na moldura do Direito a aplicar, possa ser preferida à outra. Não há absolutamente qualquer método – capaz de ser clarificado como de Direito Positivo – segundo o qual, das várias significações verbais de uma norma, apenas uma possa ser destacada como correcta – desde que, naturalmente, se trate de várias significações possíveis: possíveis no confronto de todas as outras normas da lei ou da ordem jurídica" (Ibidem, p. 468).

[44] "Kelsen esclareceu repetidamente que a sua teoria é uma teoria pura do direito positivo e não uma teoria do direito puro, ou seja, de uma direito desligado da realidade" (Mario Losano, na Introdução em *O problema da justiça*, p. XVI).

Cap. 20 · POSITIVISMO JURÍDICO: O NORMATIVISMO DE HANS KELSEN | **333**

Seus intentos científicos não se voltam para a descrição deste ou daquele ordenamento jurídico. Não se trata de detectar, ou descrever, este ou aquele direito positivo (belga, francês, alemão, inglês), mas de descrever cientificamente o Direito, sem recorrer a pressupostos alheios à matéria jurídica e pertencentes a outras dimensões teóricas (Sociologia, Antropologia, Ética etc.). Em outras palavras, a Teoria Pura, ou seja, a Ciência do Direito, para Kelsen, possui um objeto: o Direito Positivo. É deste que deve incumbir-se, sem pretender penetrar nas ambições das outras ciências geometricamente delimitadas.

Como já se disse, sua pretensão não é a de estudar, por meio dessa ciência, os Direitos positivos *in concretu* (Direito brasileiro, Direito islâmico, Direito uruguaio, Direito francês etc.), ou os possíveis ordenamentos vigentes em dado momento histórico, mas de estudar as estruturas com as quais se constrói o Direito Positivo, estruturas que seriam comuns a todos os sistemas, independentemente de sua localização geográfica ou de sua situação histórico-temporal.

Exclui-se de seu objeto, portanto, todo conteúdo de sociologia, de justiça e seus respectivos juízos axiológicos. O que a Teoria Pura procura identificar como relevante para a pesquisa jurídica é o estudo da validade (existência de uma norma jurídica), a vigência (a produção de efeitos de uma norma jurídica), a eficácia (condutas obedientes e observantes a uma norma jurídica). Toda pesquisa da Teoria Pura se resume e se baseia no estudo da norma jurídica. Se assim é, não se deve confundir seus pressupostos metodológicos com os de outras escolas de pensamento do Direito que não possuam essas preocupações.

A ciência, para Kelsen, deve, por exemplo, diferenciar-se da política. O político e o jurídico devem estar separados para que a ciência jurídica não se contamine com elementos de natureza política, correndo o risco de perder sua independência.[45] A ciência não é ciência de fatos, de dados concretos, de acontecimentos, de atos sociais.[46] A ciência, para Kelsen, é a ciência do dever-ser, ou seja, a ciência que procura descrever o funcionamento e o maquinismo das normas jurídicas.

Deve-se salientar, ainda, que a ciência, exercendo sua função de cognição de um objeto, não possui qualquer papel de autoridade, que decorre do exercício do poder de instituições sociais. Com isso se quer dizer que a ciência do direito, para Kelsen, não possui nenhum caráter vinculativo, pois a decisão judicial ou administrativa é que, evidentemente, determinará qual o sentido possível e admissível de uma norma jurídica a ser aplicado num caso concreto. A atividade da ciência consiste no produzir proposições jurídicas, descrevendo seu objeto; não está a ciência revestida de autoridade para decidir conteúdos de direito.[47] Mais que isso, a ciência (do direito) interpreta, e dessa interpretação derivam-se os múltiplos sentidos de uma norma jurídica; o papel da ciência do direito é descrever esses múltiplos sentidos.

---

[45] Ibidem, p. 368-374.

[46] "A ciência do Direito, segundo Kelsen, não tem a ver com a conduta efetiva do homem, mas só com o prescrito juridicamente. Não é, pois, uma ciência de factos, como a sociologia, mas uma ciência de normas; o seu objecto não é o que é ou acontece, mas sim um complexo de normas" (Larenz, *Metodologia da ciência do direito*, 1997, p. 82).

[47] "Se as proposições por meio das quais a ciência do Direito descreve seu objeto forem chamadas regras de Direito, devem ser distinguidas das normas jurídicas descritas por essa ciência. As primeiras são instrumentos da ciência jurídica, as segundas são funções da autoridade jurídica. Ao descrever o Direito por meio de regras de Direito, a ciência do Direito não exerce a função de autoridade social, que é uma função da vontade, mas a função da cognição" (Kelsen, *O que é justiça? A justiça, o direito e a política no espelho da ciência*, 1998, p. 362).

20.5 DIREITO E NORMA JURÍDICA

Até aqui, se procurou verificar como Hans Kelsen, na *Teoria Pura do Direito*, procura delinear o Direito, diferenciando-o de outros fenômenos sociais. Mas, na sequência deste estudo, também vale ressaltar a importância da obra *Teoria Geral das Normas* (*Allgemeine Theorie der Normen*, 1979), em que Hans Kelsen dá continuidade e desenvolvimento às ideias contidas em *Teoria Pura do Direito*, aprofundando e modificando alguns de seus aspectos. A *Teoria Geral das Normas* é o último escrito de Hans Kelsen, e que não viu a luz enquanto ele vivia, tendo sido publicado postumamente, a partir de esforços do discípulo Rudolfo Métall, do *Instituto Hans Kelsen* e, também, de Grete Métall. É assim que, enquanto obra que reflete os últimos pensamentos científicos de Hans Kelsen, ela consolida o conjunto das percepções que Hans Kelsen já havia desenvolvido em suas obras anteriores.

Enquanto obra dedicada inteiramente a compreender a noção de "norma", em meio ao conjunto das diversas "normas" existentes (normas de Direito; normas da Moral; Normas da Lógica), ali se destaca o estudo da noção de "norma jurídica" na condição de um "mandamento", enquanto objeto de estudo da Ciência do Direito.[48] Não somente as "normas" são mandamentos, como especificamente a "norma jurídica" habita o mundo do *dever-ser* (*Sollen*), e não o mundo do *ser* (*Sein*), seguindo-se a divisão que já havia sido metodicamente constitutiva da *Teoria Pura do Direito*.[49] A norma jurídica depende da "validade" para existir,[50] e esta decorre do mandamento de outra norma que lhe é autorizadora.[51] E aquilo que propriamente a norma jurídica cria para a conduta humana afetada é uma relação de "imputação" entre *ação humana* e *consequência jurídica*, na medida em que Hans Kelsen aí não reconhece a noção de causalidade.[52] Se as normas jurídicas podem ser obedecidas ou desobedecidas, então, o problema da eficácia surge como uma questão de obediência às normas, algo que guarda um elevado grau de distância da dinâmica da validade das normas.[53]

---

[48] "Norma" dá a entender a alguém que alguma coisa deve ser ou acontecer, desde que a palavra "norma" indique uma prescrição, um mandamento. Sua expressão linguística é um imperativo ou uma proposição de "dever-ser" (Kelsen, *Teoria Geral das Normas*, 1986, p. 2).

[49] Aqui, serão destacado três trechos em que esta divisão entre ser e dever ser é claramente evidenciada na *Teoria Geral das Normas*: "Um dever-ser não se pode reduzir a um ser, um ser não se pode reduzir a um dever-ser; assim, também não se pode de um ser deduzir um dever-ser, nem de um dever-ser deduzir um ser" (Kelsen, *Teoria Geral das Normas*, 1986, p. 70); "Não se pode explicar mais pormenorizadamente a diferença entre ser e dever-ser. Ela é dada, espontaneamente, à nossa consciência (o que não significa que um dever-ser de *conteúdo determinado*, porventura uma certa norma conteudisticamente moral é dada, espontaneamente, à nossa consciência)" (Kelsen, *Teoria Geral das Normas*, 1986, p. 77). E, afinal: "Para a justificação do dualismo de ser e dever-ser cuida-se invocar a autoridade de Kant. Cita-se a conhecida passagem da *Kritik der reinen Vernunft*: "Pois em observação à natureza, a experiência sugere-nos a regra e é a fonte da verdade; atendendo às leis morais, porém a experiência (infelizmente!) é a mãe da aparência, e é sumamente condenável tirar daquela as leis sobre o que eu *devo fazer*, ou com isso querer limitar o que *se faz*" (Kelsen, *Teoria Geral das Normas*, 1986, p. 98-99).

[50] "Que uma norma 'vale' significa que ela é existente. Uma norma que não vale, não é norma, porque não existe" (Kelsen, *Teoria Geral das Normas*, 1986, p. 36).

[51] "'Validade' é a específica existência da norma, que precisa ser distinguida da existência de fatos naturais, e especialmente da existência dos fatos pelos quais ela é produzida" (Kelsen, *Teoria Geral das Normas*, 1986, p. 4).

[52] "Causalidade e imputação, como já observado, são dois diferentes modos de um nexo funcional, dois diferentes modos, nos quais duas questões de fato são ligadas uma com a outra como condição e consequência" (Kelsen, *Teoria Geral das Normas*, 1986, p. 32).

[53] "A eficácia de uma ordem normativa – segundo opinião usual – consiste em que suas normas impõem uma conduta determinada, e efetivamente são observadas, e quando não cumpridas são aplicadas" (Kelsen, *Teoria Geral das Normas*, 1986, p. 176).

A ideia de "norma" é o centro da preocupação da *Teoria Geral das Normas*, e ela é também uma noção fundamental para a ideia de sistema jurídico, pois todo ordenamento jurídico-positivo é um sistema de normas jurídicas encadeadas entre si, de forma escalonada. Do escalão inferior ao escalão superior, as normas jurídicas se autorizam entre si, por relações de validade, e as relações de validade alcançam a sua máxima expressão, quando se alcança a Constituição. A Constituição funciona como o último documento positivo existente dentro do sistema jurídico. E, acima dele, somente algo de caráter lógico, e que explica a origem de todo o encadeamento de normas entre si. Aqui se reitera o papel da *norma fundamental*, com relação a todo o sistema jurídico, assumindo aqui, com clareza, algo que não estava tão explícito na *Teoria Pura do Direito*, qual seja, a ideia de que a *norma fundamental* é fruto da especulação teórica, é algo pensado, e não existente no mundo.[54] Em *Teoria Geral das Normas*, Hans Kelsen evidencia o fato da *norma fundamental* ser o *fundamento* para o sistema jurídico como um todo, e de sua criação ser uma *ficção*.[55] E isso porque, se *normas* derivam de *normas*, a *norma fundamental* é uma norma que não deriva de nenhuma outra e faz dela derivar todas as demais.

20.6 JUSTIÇA E DIREITO

Quando se trata de avançar em direção à compreensão do tema da justiça em Kelsen, devemos primeiramente compreender a relação mantida entre as normas jurídicas (objeto de estudo do Direito) e as normas morais (objeto de estudo da Ética). Assim, discutir sobre justiça é discutir sobre normas morais. Para Kelsen, porém, discutir sobre justiça não é discutir sobre Direito, e vice-versa, porque toda ordem jurídica é definida pelas normas jurídicas que possui. Assim, as normas jurídicas são estudadas pela ciência do Direito, e são normas entre outras sociais, e estas últimas são morais, objeto de estudo da Ética como ciência. Com essa delimitação, já se percebe que a(s) doutrina(s) da justiça(s) não é (são) objeto(s) de conhecimento do jurista, que deve estar afeito a compreender a mecânica das normas jurídicas.

O Direito possui a nota característica de poder ser moral (Direito justo), e de poder não ser moral (Direito injusto); certamente, prefere-se o Direito moral ao imoral, porém não é isso que retira validade de determinado sistema jurídico.[56] Um Direito positivo pode ser justo ou injusto, ou seja, um Direito positivo sempre pode contrariar algum mandamento de justiça, e nem por isso deixa de ser válido.[57] O Direito não precisa respeitar um mínimo moral para ser definido e aceito como tal, pois a natureza do Direito, para ser garantida em sua construção, não requer nada além do valor jurídico.[58] Mais uma vez, deve-se afirmar que o que foi posto

---

[54] "A norma fundamental de uma ordem jurídica ou moral positivas – como evidente do que precedeu – não é positiva, mas meramente pensada, e isto significa uma norma fictícia, não o sentido de um real ato de vontade, mas sim de um ato meramente pensado" (Kelsen, *Teoria Geral das Normas*, 1986, p. 328).

[55] "É uma norma-'fundamento', pois acerca da razão de sua validade não mais pode ser indagada, pois não é norma estabelecida, mas uma norma pressuposta. Não é positiva, estabelecida por um real ato de vontade, mas sim pressuposta no pensamento jurídico, quer dizer – como mostrado no que precedeu – uma norma fictícia. Ela representa o supremo fundamento de validade de todas as normas jurídicas que formam o ordenamento jurídico. Somente uma norma pode ser o fundamento da validade de uma outra norma" (Kelsen, *Teoria Geral das Normas*, 1986, p. 328).

[56] Kelsen, *Teoria pura do direito*, 1976, p. 100.

[57] "Um Direito Positivo pode ser justo ou injusto; a possibilidade de ser justo ou injusto é uma consequência essencial do fato de ser positivo" (Kelsen, *O que é justiça? A justiça, o direito e a política no espelho da ciência*, 1998, p. 364).

[58] Kelsen, Op. cit. p. 103.

pelo legislador é norma jurídica, se consignado internamente no ordenamento jurídico dentro dos moldes procedimentais e hierárquicos suficientes para tanto.

Assim, a conclusão acerca da relação entre Direito e Moral não pode ser outra senão a de que: "A exigência de uma separação entre Direito e Moral, Direito e Justiça, significa que a validade de uma ordem jurídica positiva é independente desta Moral Absoluta, única válida, da Moral por excelência, de *a Moral*."[59] Assim, é válida a ordem jurídica ainda que contrarie os alicerces morais.[60] Validade e justiça de uma norma jurídica são juízos de valor diversos, portanto (uma norma pode ser válida e justa; válida e injusta; inválida e justa; inválida e injusta).

A discussão sobre a justiça não se situa dentro das ambições da Teoria Pura do Direito, porque Kelsen quer expurgar de seu interior a preocupação com o que é justo e o que é injusto. Discutir sobre a justiça, para Kelsen, é tarefa da Ética, ciência que se ocupa de estudar não normas jurídicas, mas normas morais, e que, portanto, se incumbe da missão de detectar o certo e o errado, o justo e o injusto. E muitas são as formas com as quais se concebem o justo e o injusto, o que abeira esse estudo do terreno das investigações inconclusivas. Enfim, o que é justiça?

Isso não significa dizer que Kelsen não esteja preocupado em discutir o conceito de justiça, e mesmo buscar uma concepção própria acerca deste valor. Isso quer dizer, pelo contrário, que toda discussão opinativa sobre valores possui um campo delimitado de estudo, o qual se costuma chamar de Ética. Aqui, sim, é lícito debater a justiça ou a injustiça de um governo, de um regime, de determinadas leis. Por isso, Kelsen não se recusa a estudar o justo e o injusto; ambos possuem lugar em sua teoria, mas um lugar que não o solo da Teoria Pura do Direito; para essa somente o Direito positivo deve ser objeto de preocupação. Daí dedicar-se, fora de sua obra *Teoria Pura do Direito*, a extensas investigações sobre a justiça, tendo publicado inúmeros artigos, e ter-se detido com muito afinco no estudo de algumas teorias sobre a justiça, como, por exemplo, a teoria platônica da justiça, que se tornou obra coesa, publicada postumamente (*O que é justiça? A justiça, o direito e a política no espelho da ciência; O problema da justiça; A ilusão da justiça* etc.).

Em *O que é justiça? A justiça, o direito e a política no espelho da ciência*, as doutrinas sobre a justiça são divididas em racionalistas (Aristóteles, Kant, direito natural etc.) e metafísico-religiosas (Platão, Jesus entre outros), e recebem pormenorizado estudo. Já nos estudos preambulares da obra, Kelsen declara sua opinião de que a justiça não pode ser concebida de forma absoluta, e que, portanto, não pode ser entendida como lugar estanque, comum a todos os homens, de conteúdo inefável, tratando-se, pelo contrário, de algo extremamente mutável, variável. Para Kelsen, é esse relativismo que deve induzir à tolerância, e a tolerância à aceitação. Sua teoria da justiça resume-se a isso.

A resposta cristã ao problema da justiça consiste na obediência a qualquer Direito, pois todos os Direitos derivam de Deus. Nesse caso, a fundamentação parte para uma concepção religiosa; seria nessa certeza religiosa que repousaria uma possível certeza científica. Kelsen, porém, adverte de que a fé não garante certeza à ciência.[61]

Desenvolve, então, em suas investigações,[62] a ideia da justiça das Sagradas Escrituras como uma justiça extremamente contraditória. E isso não por outro motivo senão porque a

---

[59]   Idem, p. 104.

[60]   O Direito da *Teoria Pura* não pode ser por essência um fenômeno moral (Kelsen, *Teoria pura do direito*, 1976, p. 107).

[61]   Kelsen, *O que é justiça? A justiça, o direito e a política no espelho da ciência*, 1998, p. 251-259.

[62]   Ibidem, p. 27-80.

Cap. 20 · POSITIVISMO JURÍDICO: O NORMATIVISMO DE HANS KELSEN | **337**

Palavra Revelada deveria ser a fonte não de ideias díspares, incompatíveis, conflitantes, mas de harmonia, integração, coesão, signos da imutabilidade da lição divina. Sua pesquisa, então, desenvolve-se no sentido de mostrar as incongruências textuais dos textos sagrados, sobretudo aquelas existentes entre o Antigo e o Novo Testamento.

Trata-se de estudar, com essas ambições, uma fonte religiosa sobre a justiça (Bíblia), onde sua concepção vem estritamente fundada no poder da Revelação de Deus (atos e palavra); seus atos são suas intervenções na vida das pessoas, sua palavra, aquela dada nos Evangelhos. Esse tipo de investigação deveria ser suficiente para identificar um conceito único e definitivo de justiça (a justiça como valor absoluto), ou seja, um sobre o qual se pudesse confiar toda fé, toda esperança, todo fulgor da alma, podendo-se, então, dormir o sono científico dos justos. Existe, porém, uma franca contradição entre o Antigo Testamento (princípio da retaliação ensinado por Javé) e o Novo Testamento (com Cristo, a lei do amor e do perdão). É essa contradição que motiva à descrença num valor absoluto, perene, único, que induz ao relativismo. A diferença é muito acentuada, destaca Kelsen, entre os ensinamentos dados pela lei mosaica (Moisés e o Decálogo), a doutrina crística (Jesus Cristo e sua pregação) e os ensinos paulianos (Paulo de Tarso e suas Cartas e Exortações).

Essas variações não permitem falar de uma unidade de conceitos ou de valores cristãos-judaicos absolutos dentro dos Evangelhos; muitas contradições conduzem a soluções de justiça diversas, o que faz pressentir falta de homogeneidade na Palavra Revelada. É acentuado o fato de que o juízo final provocará muitos males, e sua justiça ocorrerá por meio da retribuição (penas e castigos; ranger de dentes).[63]

Se, pelo contrário, a pesquisa se detiver sobre concepções filosóficas, as mais evidentes e de maior influência na Antiguidade grega, talvez seja possível reter algo de definitivo acerca do conceito de justiça. No entanto, a pesquisa elaborada por Kelsen sobre as teorias platônica[64] e aristotélica é exatamente uma pesquisa que demonstra o caráter insatisfatório das mesmas para responder à questão: o que é justiça?

De fato, quanto à teoria platônica da justiça, para Kelsen, reafirma-se o aspecto metafísico e transcendente da teoria platônica, que operacionaliza seus conceitos com base nas categorias real/ideal; a análise debruça-se sobre os principais aspectos aprofundados em *A ilusão da justiça*. A justiça, na teoria platônica, é uma virtude, e liga-se diretamente à virtude a ideia de conhecimento (só se erra por ignorância), de modo que a virtude é algo ensinável;[65] contudo, se todo conhecimento somente pode ser dito como tal se se detiver nas essências, e não nas aparências, então, a justiça que se ensina é acerca do que É e não do que parece ser; entre Bem e Mal, a justiça ensinável é algo que aponta para o Bem.[66] Todavia, o que é justo não pode ser objeto de *dóxa*, mas somente de *epistéme*, e esta não é senão o conhecimento por meio da dialética; a própria massa dos homens não está em acordo quanto ao que seja a justiça.[67]

A crítica de Kelsen recai no fato de a teoria platônica estar exercendo uma vontade de eticizar o mundo natural,[68] como ocorre no *Fédon*, julgando-o entre Bem e Mal. Nessa concepção, tudo que é material é efêmero, e tudo que é só pode ser entendido como tal se

---

[63] Ibidem, p. 69-70.

[64] Ibidem, p. 81-107.

[65] Kelsen, *A ilusão da justiça*, 1995, p. 142-152.

[66] Ibidem, p. 01-17.

[67] Ibidem, p. 279.

[68] Ibidem, p. 189-192.

inefável, transcendente. A justiça (humana, relativa, inconstante...) nada mais é que cópia da Justiça (Absoluta, Verdadeira, Real...), pois, instável e imperfeita, só pode ser algo que deriva do conhecimento instável e imperfeito que o homem possui da Verdade, da Realidade, do que É, de acordo com a teoria metafísica do conhecimento exposta no *Mênon* e no *Fedro*.[69] Entre o Justo Absoluto, inalcançável de imediato, somente contemplável, e o Injusto Absoluto, existe o justo empírico, humano, realizável.[70]

Em poucas palavras, extrai-se da doutrina que não se pode ser justo ou injusto somente para esta vida, pois se a alma preexiste ao corpo, é porque também subsiste à vida carnal, de modo que ao justo caberá o melhor e ao injusto o pior (doutrina órfico-pitagórica; dualismo escatológico); ao justo, a ilha dos bem-aventurados, ao injusto, o Tártaro; toda alma aparece nua diante de um Tribunal, que sentenciará os acertos e os erros,[71] determinado o fim de cada qual no Além.[72]

Nesse sentido, o direito positivo (justiça relativa, imperfeita, realizável, humana...) deve ser obedecido, pois seu fundamento está na natureza e na transcendência da própria justiça absoluta, esta inatingível, inalcançável, inexprimível; o Estado aí é mero instrumento para a realização da justiça. A obediência, mesmo às leis iníquas, deve ser irrestrita, pois também Sócrates submeteu-se, feliz, à sentença condenatória que injustamente lhe fora imposta (*Apologia de Sócrates*); assim, o direito positivo vem justificado metafisicamente, e a legitimidade deste direito deriva do direito natural irracional.[73] De todo o esforço platônico não resta um conceito estável e sólido sobre o que seja a justiça; mais ainda, a fluidez de sua metafísica transforma a Justiça num valor inefável, e, portanto, destituído de conteúdo material e humano.

Quanto à teoria aristotélica da justiça,[74] partindo de uma premissa equivocada, a de que Aristóteles é um racionalista, Kelsen interpreta o sistema de ideias sobre a justiça contida na *Ética à Nicômaco* como um esquema matemático-geométrico. Assim, a justiça dotada de igualdade e proporcionalidade, dividida em distributiva (geométrica), comutativa (aritmética)... seria nada mais que um esboço de matematização da justiça, esboço naturalmente, segundo Kelsen, fadado ao fracasso teórico.

Partindo da identificação do bem maior metafísico (Deus), causa incausada, procura-se identificar na investigação da *Ética* uma busca pelo que é o bem para o homem (felicidade). Residindo a felicidade na virtude, e sendo a justiça uma virtude, nestes quadrantes é que se tecem considerações sobre a doutrina do meio-termo (*mesótes*). Kelsen quer declarar insuficiente remeter a definição da justiça a uma fórmula vazia, ao "a cada um o seu" (segundo o mérito ou segundo o princípio da não invasão do que é do outro); mais que isso, o que é meu, e o que é seu, para Kelsen não parece claro o suficiente para que sirva de parâmetro para definição.

A justiça aristotélica aparece dividida em *justo total* (legitimidade), subdividido em *justo natural* e *justo positivo*, e *justo particular*, subdividido em *justo distributivo* (igualdade geométrica) e *justo comutativo* (igualdade aritmética). Aqui estaria, para Kelsen, a falha da

---

69   Ibidem, p. 203-218.

70   Ibidem, p. 40-61.

71   Seja no *Górgias*, seja nas *Leis*, 904, seja na *República*, a retribuição aparece como a forma providencial de *justiça cósmica*. Nas *Leis*, sobretudo, a ordem do mundo é dada pela justiça retributiva (*Leis* 903). Esta é infalível (Kelsen, *A ilusão da justiça*, 1995, p. 325-327).

72   Kelsen, *A ilusão da justiça*, 1995, p. 300-304.

73   Ibidem, p. 504-519.

74   Kelsen, *O que é justiça? A justiça, o direito e a política no espelho da ciência*, 1998, p. 109-135.

teoria, que, preocupada com a identificação de espécies e subespécies, de tipos e classificações, teria perdido a noção de sua importância prática. Mais que isso, quando Aristóteles remete a discussão sobre a justiça para a necessidade da amizade (entre amigos não há a necessidade de justiça), Kelsen quer ver aí uma renúncia de Aristóteles à discussão do tema do qual se acercou: a justiça. Porque, para Kelsen, Aristóteles teria deixado de definir o que é a justiça, remetendo o problema para a amizade.

Resposta nenhuma, muito menos, sobre o que seja a justiça se pode encontrar, para Kelsen, nas teorias jusnaturalistas.[75] Em qualquer teoria do Direito natural, qualquer que seja sua origem e sua proposta, sempre se estará procurando uma constância de valores imanentes na "natureza". No fundo, o que se quer dizer é que a resposta do Direito natural é a seguinte: a natureza aparece como legisladora; ou melhor, a natureza é a norma fundamental de todo ordenamento jurídico. Como o conceito de "natureza" em si já é fluido, esta natureza pode ser: humana; biológica; social; racional. A ambiguidade e os retoques teóricos já começam aqui, demonstrando que o terreno do que seja o natural é em si fonte de discórdias entre seus próprios teóricos. A dificuldade avulta, quando se procura identificar justiça e natureza, e por consequência, justiça e direito, pois o que ocorre é uma confusão imperdoável entre valor (*dever-ser*) e fato (*causa/efeito*). Dessa forma, esse tipo de abordagem recai invariavelmente na aceitação de um essencialismo dedutível e observável da natureza. Na avaliação de Kelsen, a demonstração, método próprio da ciência natural, é confundida com a avaliação, método próprio das ciências valorativas. O(s) jusnaturalismo(s), portanto, procedendo dessa forma, não estaria(m) apto(s) a responder ao desafio do que seja a justiça.

Enfim, quer-se dizer que as escolas e teorias sobre o justo e o injusto são muitas.[76] Podem-se, pelo menos, alistar as seguintes teorias que partem de um pressuposto para encerrarem suas conclusões, a saber: 1. o dar a cada um o seu (*suum cuique tribuere*); 2. a regra de ouro (Não faças aos outros o que não queres que façam a ti); 3. o imperativo categórico (Age sempre de tal modo que a máxima do teu agir possa por ti ser querida como lei universal); 4. o evitar o mal e o fazer o bem (*bonum faciendum et male vitandum*); 5. o costume como valor de justiça social; 6. o meio-termo aristotélico (*mesótes*); 7. a retribuição; 8. a equivalência na prestação; 9. o amor ao próximo; 10. o contrato social, a democracia liberal; 11. a justiça e a felicidade; 12. o jusnaturalismo da natureza, da razão...

Diante desse enorme desfile de escolas e doutrinas, a posição kelseniana é cética, negando preponderância a uma ou a outra. São plúrimas as formas de compreender o que seja a justiça; a resposta à questão fica em aberto, portanto. Assim, se todas essas teorias e concepções concorrem para uma resposta ao problema, a justiça deve ser um valor inconstante, relativo, dissolúvel e mutável; é nisso que se resume a concepção kelseniana sobre o fenômeno.

Assim, o que ocorre é que esse ceticismo leva Kelsen a afirmar que o terreno dos valores está destituído de qualquer constância; a existência de valores díspares é motivo de descrença para o filósofo da matematização e do rigorismo.[77] Não admitindo existência à justiça absoluta, que só se pode conceber com base em pressupostos metafísicos e não científicos, sua doutrina se abeira da noção de justiça relativa, como resposta à questão do que seja a justiça.

---

[75] Ibidem, p. 177-201.

[76] Cf., sobretudo, Kelsen, *O problema da justiça*, 1998.

[77] "Ao considerar o tema da justiça, Hans Kelsen aplica à teoria dos valores a mesma metodologia usada ao construir uma teoria pura do direito: no exame da justiça, assim como no do direito, ele identifica cientificidade com não valoração" (Mario Losano, na Introdução em *O problema da justiça*, p. XXV).

CURSO DE FILOSOFIA DO DIREITO • *Bittar / Almeida*

Justiça e injustiça nada têm a ver com validade de determinado direito positivo; é essa a nota distintiva entre Direito e Ética.[78] A validade de uma ordem jurídica não vem contrariada pelo simples fato de que o Direito se tenha construído contra a moral.[79] O que é válido prepondera sobre o que é justo, pois o que é válido está de acordo com os modos de existência normativa de dado ordenamento jurídico; o que é justo, por sua vez, está no plano das especulações, dos valores etc. e aceitar que o justo prepondera com relação ao válido é trocar o *certum* pelo *dubium*.[80] O que pode determinar o princípio de validade de todo um ordenamento é sua norma fundamental, pressuposto lógico-técnico do sistema, e não qualquer norma de justiça.[81] A norma fundamental basta para a clausura do ordenamento jurídico. Desvincular validade de justiça, norma fundamental de justiça etc. é a tarefa do positivismo kelseniano.

A questão da justiça pode ser tratada por um detido estudo do que é e do que não é justo/injusto, mas dessa tarefa está isenta a Ciência do Direito, ao estilo kelseniano. O que há é que uma teoria sobre a justiça responde por concepções acerca do justo e do injusto, e o que é justo e injusto nem sempre é claro e unânime. Contudo, que há um justo e que esse justo é um justo relativo, isso Kelsen admite.[82]

CONCLUSÕES

O que há de se reter de toda essa reflexão é que a teoria da justiça kelseniana, no fundo, e em verdade, é reflexo de sua postura jurídico-metodológica. O relativismo da justiça, é o que se quer dizer, é, na teoria kelseniana, fruto do positivismo jurídico. Em síntese, as ideias de que a ciência pura é a ciência *a-valorativa*, *a-histórica*, *a-ética* etc. refletem o entendimento de que é possível, em ciências humanas, não só extrair do fenômeno jurídico o que é não jurídico, mas também compreender o fenômeno jurídico como mecânica dotada de certeza, rigorismo e especificidade; tudo isto é feito com sacrifício dos valores.

A autonomia do Direito, para Kelsen, só se alcança isolando o jurídico do não jurídico. Isso quer dizer que o Direito, como ciência, deve significar um estudo lógico-estrutural seja da norma jurídica, seja do sistema jurídico de normas. Nesse emaranhado de ideias, a própria interpretação se torna um ato, cogniscitivo (ciência do direito) ou não cogniscitivo (jurisprudência), de definição dos possíveis sentidos da norma jurídica. A interpretação do juiz, ato prudencial, por natureza, para Kelsen, transforma-se no ato de criação de uma norma

---

[78] "Na independência da validade do direito positivo da relação que este tenha com uma norma de justiça reside o essencial da distinção entre a doutrina do direito natural e o positivismo jurídico" (Kelsen, *O problema da justiça*, 1998, p. 7).

[79] A este respeito, consulte-se Grzegorczyk, Michaut, Troper, *Le positivisme juridique*, 1992, p. 145.

[80] "Abstrair da validade de toda e qualquer norma de justiça, tanto da validade daquela que está em contradição com uma norma jurídica positiva como daquela que está em harmonia com uma norma jurídica positiva, ou seja, admitir que a validade de uma norma do direito é independente da validade de uma norma de justiça – o que significa que as duas normas não são consideradas como simultaneamente válidas – é justamente o princípio do positivismo jurídico" (Kelsen, *O problema da justiça*, 1998, p. 11).

[81] "A norma fundamental de uma ordem jurídica não é de forma alguma uma norma de justiça. Por isso, o direito positivo, isto é, uma ordem coativa criada pela via legislativa ou consuetudinária e globalmente eficaz, nunca pode estar em contradição com a sua norma fundamental, ao passo que esta mesma ordem pode muito bem estar em contradição com o direito natural, que se apresenta com a pretensão de ser o direito justo" (Kelsen, *O problema da justiça*, 1998, p. 117).

[82] A esse respeito consulte-se Grzegorczyk, Michaut, Troper, *Le positivisme juridique*, 1992, p. 143-145.

individual. Qualquer avanço no sentido da equidade, dos princípios jurídicos, da analogia só são admitidos desde que autorizados por normas jurídicas.

Assim, a teoria da justiça kelseniana só pode estar profundamente marcada por este conjunto de premissas. O projeto científico de Hans Kelsen, influenciado pela modernidade científica do *método* (René Descartes), pela tradição lógico-matemática (Círculo de Viena) e pela visão de *pureza* (Hermann Cohen), não somente irá procurar um distanciamento entre Direito e Política, mas também entre Direito e Moral, além de um distanciamento entre Direito e Sociedade, que fará da concepção kelseniana de *norma jurídica* o centro do ordenamento jurídico, escalonado, hierárquico e piramidal. Esta concepção recebe muitas críticas, mas é admirável a sua influência e a sua cientificidade. A grande contribuição de Hans Kelsen virá na *autonomia* da Ciência do Direito, e também no legado deixado no âmbito do Direito Constitucional, com o controle abstrato de constitucionalidade. Se a atividade do jurista (norma jurídica) se diferencia da atividade do filósofo (justiça), ainda que seu relativismo lhe leve a confirmar a busca de certeza e de segurança jurídica através do direito positivo, a sua busca pela justiça não deixou de ser incansável, como registra a sua abundante literatura e produção intelectual neste tema.

21

ALF ROSS:
REALISMO JURÍDICO

21.1 O REALISMO JURÍDICO E O POSITIVISMO JURÍDICO

O Realismo Jurídico é uma corrente de pensamento que possui inúmeras vertentes, entre as quais se encontram as duas mais destacadas, a saber, o *realismo jurídico norte-americano* (K. Llewellyn; Jerome Frank; J. Gray; Oliver W. Holmes), corrente para a qual a *realidade* consiste *naquilo que os juízes decidem*, e o *realismo jurídico escandinavo* (Axel Hägestrom, V. Lundstedt, Karl Olivecrona e Alf Ross), corrente para a qual a *realidade* consiste naquilo que existe de fato como *realidade psicossocial*,[1] e que procura enfatizar a pesquisa sobre o Direito, não em fenômenos naturais (jusnaturalismo), ou em normas jurídicas e estatutos legais (juspositivismo) ou, ainda, em fenômenos ideais ou valorativos (idealismo), para centrar-se a pesquisa sobre o Direito considerando-se as *práticas reais vigentes* em sociedade. O que unifica as diversas tendências de realismo jurídico é o seu caráter antimetafísico.[2] O que menos interessa, segundo o método empirista dos teóricos realistas é a tomada de conhecimento acerca do *Direito-norma* e mais do *Direito-vigente* na sociedade. No entanto, deve-se compreender que muitas das concepções e categorias desenvolvidas pelo realismo jurídico, especialmente o norte-americano, estão profundamente marcadas pelo pragmatismo e pelo *common law,* tornando-se, por isso, de mais difícil compreensão e adequação para sistemas jurídicos codificados.

Em detrimento do realismo norte-americano, pretende-se aqui apenas abordar, em grossas linhas, o significado do Direito, e sua relação com a Justiça, na concepção do realismo jurídico escandinavo, ou da Escola de Uppsala (Axel Hägestrom, V. Lundstedt, Karl Olivecrona e Alf Ross), com ênfase neste último autor, o dinamarquês Alf Neils Christian Ross (1899-1979), que será aqui o foco de atenção, especialmente considerada a contribuição trazida por sua obra mais importante, a saber, *Direito e Justiça (On Law and Justice)*, de 1958. A obra de Alf Ross é relevante, este autor participou dos grandes debates do cenário do meio do século,

---

[1]   "Eles receberam o nome de 'realistas', como os americanos, porque se propuseram a explicar o que o direito é 'realmente'; porém, explicavam-no essencialmente em termos psicológicos, em termos de um conjunto de respostas mentais diante de palavras como 'direito' e 'dever', respostas que o treinamento e o hábito tinham desenvolvido nas pessoas sujeitas a um sistema jurídico e naquelas que o administravam" (Kelly, *Uma breve história da teoria do direito ocidental*, 2010, p. 487).

[2]   É o que afirma Alf Ross, no seguinte trecho: "Várias tendências filosóficas – o empirismo lógico, a escola de Uppsala, a escola de Cambridge e outras – têm fundamento comum na rejeição da metafísica, no conhecimento especulativo baseado numa apreensão *a priori* pela razão" (Ross, *Direito e justiça*, 2000, p. 94). "Em sua atitude radicalmente antimetafísica, procura constituir uma ciência empírica do direito, que descreva a realidade jurídica com proposições empiricamente verificáveis, elegendo as decisões judiciais, como os fatos que servem de base para as afirmações científicas" (Ferreira, Realismo jurídico. In: Barretto, (coord.), *Dicionário de Filosofia do Direito* 2006, p. 700).

e, acerca de seus principais escritos, registram-se: *Towards a realistic jurisprudence: a Criticism of the dualism in Law* (1946); *Why Democracy?* (1952); *Tû-Tû* (1957); *Directives and Norms* (1968); *On Guilt, Responsibility and Punishment* (1975).

A obra de Alf Ross consegue conciliar traços de uma análise do direito de *common law* com traços de análise do direito de *civil law*, servindo, portanto, de importante fonte de análise crítica de outras tradições teóricas, inclusive do próprio realismo norte-americano.[3] Ademais, desenvolve, dentro das tendências radicais do realismo, como a de Lundstedt,[4] uma visão conciliadora e moderada, que não elimina a relevância das *normas jurídicas* em prol da *realidade,* mas enfatiza o encontro das *normas jurídicas* com sua *vigência na realidade social.*[5]

No lugar da *validade*, a noção de *vigência* ganha muita força no pensamento realista, e o que de fato é feito por meio das *normas na realidade* importa mais do que os *conceitos jurídicos* que elaboram por sua existência lógica ou formal. Ainda mais, para o realismo de Alf Ross, os idealismos impedem que se perceba a principal fonte do Direito, a saber, a *experiência jurídica real e concreta* em sociedade.[6] Na linha do realismo de Alf Ross, portanto, o que se poderá esperar encontrar, em termos teóricos, é uma abordagem do Direito que o faz objeto de análise como abordagem psicosssocial, uma avaliação que depende da conciliação entre o realismo psicológico e o realismo comportamental, o que vem anunciado neste trecho de *Direito e Justiça*:

> "Só é possível atingir uma interpretação sustentável da vigência do direito por meio de uma síntese do realismo psicológico e do realismo comportamental, que foi o que tentei explicitar no presente capítulo. Minha opinião é comportamentista na medida em que visa a descobrir consistência e previsibilidade no comportamento verbal externamente observado do juiz; é psicológica na medida em que a aludida consistência constitui um todo coerente de significado e motivação, somente possível com base na hipótese de que em sua vida espiritual o juiz é governado e motivado por uma ideologia normativa cujo conteúdo nós conhecemos".[7]

---

[3] Pode-se apreender, no trecho seguinte, o que afirma Alf Ross sobre o realismo norte-americano: "Na teoria norte-americana do direito o termo 'realismo' é empregado primordialmente num sentido distinto do aqui indicado, a saber, para designar uma postura cética ante conceitos jurídicos e regras jurídicas e o papel que desempenham na administração da justiça" (Ross, *Direito e justiça*, 2000, p. 94).

[4] "Lundstedt é considerado o mais extremo dos realistas escandinavos. Para ele, expressões como 'direito' ou 'dever' não significam absolutamente nada que possa ser verificado pela experiência. Meramente servem de rótulos, talvez convenientes, que indicam os cursos de ação que seriam seguidos, principalmente pelos juízes, em diferentes conjuntos de circunstâncias; os direitos, em consequência, são simplesmente posições vantajosas, e o são porque em geral estão protegidos pelo mecanismo judiciário do Estado" (Kelly, *Uma breve história da teoria do direito ocidental,* 2010, p. 489).

[5] "Como salienta Alf Ross, os conceitos jurídicos fundamentais devem ser interpretados como concepções de realidade social do comportamento em sociedade" (Ferreira, Realismo jurídico. In: Barretto (coord.), *Dicionário de Filosofia do Direito* 2006, p. 702).

[6] "Os idealistas, segundo Ross, propugnam pela concepção de que o direito pertence principalmente ao mundo das ideias, onde a ideia de validez é captada imediatamente pela razão, desprezando o mundo dos fenômenos sensíveis (no tempo e no espaço) como algo básico na formação essencial do direito" (Alves, Apresentação. In: Ross, *Direito e Justiça* 2000, p. 11).

[7] Ross, *Direito e justiça*, 2000, p. 100.

21.2 DIREITO E SISTEMA JURÍDICO

A posição teórico-realista revela uma preocupação muito específica em face de outras tradições, enfatizando a empiria em face da razão, e na constatação de algo mais importante do que o regramento. Esta preocupação diversa quanto à ênfase da empiria em face da razão,[8] faz do método científico do Direito uma questão central para o Realismo Jurídico,[9] e aí mora a grande diferença desta tradição com relação à tradição do positivismo, e, também, do idealismo. Ademais, a ênfase na constatação leva ao destaque a noção de vigência, e do Direito como vigência, e não a noção mais central, ao menos na perspectiva teórica do positivismo normativista de Hans Kelsen, do Direito como validade. Apesar de Alf Ross reconhecer a importância de Hans Kelsen, em sua vida, formação e obra,[10] e acompanhar a obra de Hans Kelsen em vários aspectos, diverge de considerável número de aspectos de sua forma de compreensão da realidade, como realidade dividida entre o *ser* (*Sein*) e o *dever-ser* (*Sollen*).[11]

Num certo sentido, pode-se dizer que a tradição do positivismo normativista segue certo *idealismo*, pois faz do Direito algo que está divorciado da realidade e que habita apenas o *Sollen*,[12] na medida em que descende da tradição kantiana e que enfatiza o Direito-norma como comando racional e abstrato hierarquizado e formalizado na forma de dever-ser. Desse modo, a crítica do realismo a todas as formas de idealismo é a de que a realidade é cindida em duas dimensões, seguindo-se aqui de perto o que afirma Alf Ross, em *Direito e Justiça*:

> "A interpretação do conceito *direito vigente* (...) difere incisivamente do ponto de vista tradicional predominante na teoria jurídica da Europa continental: pode ser caracterizada como teoria jurídica realista em contraposição à teoria jurídica idealista"
>
> "Esta última se apoia na suposição de que existem dois *mundos* distintos, aos quais correspondem dois métodos diferentes de conhecimento. De um lado, o *mundo da realidade*, que abarca todos os fenômenos físicos e psíquicos no tempo e no espaço que apreendemos por meio da experiência dos sentidos; de outro, o *mundo das ideias ou*

---

[8] "Em relação ao realismo jurídico escandinavo, a análise que competiria fazer é muito semelhante. O que se encontra, por exemplo, na obra principal de Alf Ross, *Sobre o Direito e a Justiça*, é algo muito parecido com a última fase de Llewellyn, com a diferença de que o autor dinamarquês é muito mais sistemático do que o americano, embora (eu diria que, como contrapartida) Ross tenha uma concepção muito mais céptica acerca do alcance da razão" (Atienza, *O direito como argumentação*, 2014, p. 48-49).

[9] "A ciência de Alf Ross é estruturada a partir da premissa de que o objeto *direito consiste em um fato social, portanto, uma realidade*" (Rodrigues, Alf Ross e seu realismo jurídico: uma resenha crítica, *Revista de Estudos Constitucionais, Hermenêutica e Teoria do Direito*, jan.-abr. 2016, p. 118).

[10] "Em Viena, Ross chegou a entrar em contato com Hans Kelsen, cujo trabalho parece ter sido fundamental para a construção de sua própria obra" (Rodrigues, Alf Ross e seu realismo jurídico: uma resenha crítica, *Revista de Estudos Constitucionais, Hermenêutica e Teoria do Direito*, jan.-abr. 2016, p. 117).

[11] "Ao contrário do positivismo normativista, Ross tem uma visão ampla e fluida do Direito. Dedica grande importância ao Direito não estabelecido pelas autoridades e destaca, em particular, o papel daquilo a que chama de 'tradição de cultura' (que consiste basicamente num conjunto de valorações) enquanto fonte do Direito que podem ser o elemento fundamental que inspira o juiz ao formular a regra em que se baseia a sua decisão" (Atienza, *O direito como argumentação*, 2014, p. 49).

[12] "Sem renunciar a suas raízes positivistas e partindo da postura kantiana de que *Sein* e *Sollen* são categorias absolutamente diversas, Kelsen circunscreve o direito ao puro *Sollen*, puro dever-ser" (Rodrigues, Alf Ross e seu realismo jurídico: uma resenha crítica, *Revista de Estudos Constitucionais, Hermenêutica e Teoria do Direito*, jan.-abr. 2016, p. 122).

validade, que abarca vários conjuntos de ideias normativas absolutamente válidas (a verdade, o bem e a beleza) que apreendemos *imediatamente* por meio de nossa razão".[13]

Ora, é assim que o empirismo do método irá garantir uma aproximação do Direito muito mais voltado para a experiência, entendida aqui a experiência como *tradições, cultura, práticas.* Aquilo que se *faz* é o que uma Ciência do Direito entendida *empiricamente,* e que deve muito à Sociologia do Direito, *tem de estudar,* para compreender o funcionamento da justiça na prática. Daí a aproximação que deixa o Direito-conceito e o Direito-norma em segundo relevo, para caminhar em direção à compreensão do Direito-prática como algo mais importante, o que se faz pela apreensão da *forma* como os juízes decidem.

Isso não significa que a posição teórica de Alf Ross abandone completamente a significação do Direito-norma. Ora, o sistema jurídico continua sendo um conjunto de normas jurídicas (mas que efetivamente operam na mente do juiz), como se depreende deste trecho:

> "Em conformidade com isso, um ordenamento jurídico nacional, considerado como um sistema vigente de normas, pode ser definido como o conjunto de normas que efetivamente operam na mente do juiz, porque ele as sente como socialmente obrigatórias e por isso as acata".[14]

As normas estruturam o Direito-regra, mas não são o centro do Direito, pois ainda demandam serem aplicadas. Segundo Alf Ross, as normas do sistema jurídico são ou *normas de conduta* ou *normas de competência.*[15] As normas jurídicas, desta forma, fazem parte da formação de juízes, se dispersam na sociedade para regularem a ação humana, e influenciam comportamentos, a ponto de comporem uma parte da *moral social.* Assim é que as normas jurídicas são absorvidas pela cultura, e se tornam obrigatórias, porque são *sentidas como obrigatórias.*[16] Alf Ross entende claramente a estrutura psicocomportamental da obediência às normas jurídicas:

> "Esta capacidade do sistema se baseia no fato de as normas serem efetivamente acatadas porque são sentidas como socialmente obrigatórias".[17]

Isso acaba por demonstrar, com clareza, aquilo que os realistas não fazem nenhuma questão de ocultar, qual seja, a relação explícita entre Direito e Poder. O Direito e o Poder não são coisas opostas, ou, ainda, não são coisas que se digladiam, mas o Poder funciona por meio do Direito, como se afirma neste trecho:

> "Um ponto de vista realista não vê o direito e o poder como opostos. Se por poder social entendemos a possibilidade de dirigir as ações de outros seres humanos, então o

---

[13]   Ross, *Direito e justiça,* 2000, p. 91.

[14]   Ross, *Direito e justiça,* 2000, p. 59.

[15]   "As normas jurídicas podem ser divididas, de acordo com seu conteúdo imediato, em dois grupos: *normas de conduta* e *normas de competência*" (Ross, *Direito e justiça,* 2000, p. 57).

[16]   "Em verdade, a observância das regras decorreria preponderantemente da aceitação espontânea por parte de seus destinatários, um mecanismo psíquico desenvolvido a partir da racionalização de que a sentença judicial ou o ato da autoridade executiva são legítimos porque se apresentam embasados no direito (noção de validade jurídica)" (Rodrigues, Alf Ross e seu realismo jurídico: uma resenha crítica, *Revista de Estudos Constitucionais, Hermenêutica e Teoria do Direito,* jan.-abr. 2016, p. 123).

[17]   Ross, *Direito e justiça,* 2000, p. 59.

direito é um instrumento de poder, e a relação entre os que decidem o que há de ser o direito e os que estão submetidos a esse direito é uma relação de poder. O poder não é alguma coisa que se posta por trás do direito, mas sim alguma coisa que funciona por meio do direito".[18]

É desta forma que o Direito alcança a prática, e se *verbaliza* nas decisões, que recolhem as crenças sociais, as normas jurídicas, enquanto captadas pela *decisão do juiz*. Esta é, em parte, expressão de racionalidade, e, em parte, expressão de irracionalidade,[19] não sendo mera relação formal com o sistema jurídico, mas fruto de atitudes prenhes de convicções. Se o *silogismo judiciário* servia à tradição da Escola da Exegese e da tradição positivista para explicar a *decisão do juiz*, para a teoria realista o juiz é motivado não apenas por normas jurídicas, as quais teria o dever de deduzir, mas por outras convicções, conforme se lê em *Direito e Justiça*:

> "O juiz não é motivado exclusivamente pelas normas jurídicas; também o é pelos fins sociais e pelo discernimento teórico das conexões sociais relevantes ao atingir aqueles fins. Por esta razão, tem-se exigido da ciência do direito, em especial modernamente, que dirija sua atenção para as realidades da vida social".[20]

21.3 DIREITO E JUSTIÇA

A abordagem realista prescinde de um conceito de justiça, para afirmar-se teoricamente como teoria. Ora, isto é integralmente coerente com o *método empírico*, que não pode crer naquilo que não observa concretamente. Por isso, as concepções realistas se distanciam da tarefa de pensar o Direito apontando para um *ideal de justiça*, ou, ainda, apontando para um *conceito filosófico de justiça*. Alf Ross irá se deter, em capítulos de sua obra *Direito e Justiça*, para analisar e se distanciar das demais correntes filosóficas que pensaram o Direito por meio de um conceito de justiça.[21] Aceita-se a realidade como ela é, e como manifestação dos usos sociais e das práticas que estão vigentes, e não por deslocamentos utópicos em direção a noções ainda não completamente presentes na realidade concreta.

Isso não impede que Alf Ross reconheça enorme força interna existente no termo justiça, como afirma neste trecho:

> "Invocar a justiça é como dar uma pancada na mesa; uma expressão emocional que faz da própria exigência um postulado absoluto. Não é o modo adequado de obter entendimento mútuo".[22]

---

[18] Ross, *Direito e justiça*, 2000, p. 84.

[19] Eis a leitura de Manuel Atienza acerca do realismo jurídico escandinavo: "... mais em concreto, as decisões de política jurídica têm para ele uma componente cogniscitiva racional (cujo incremento depende basicamente do desenvolvimento de uma sociologia do Direito sobre bases científicas), mas, em última análise, existe sempre uma componente de irracionalidade, isto é, as decisões dependem dos juízos de valor que, segundo Ross, têm um carácter emocional (irracional)" (Atienza, *O direito como argumentação*, 2014, p. 49).

[20] Ross, *Direito e justiça*, 2000, p. 43.

[21] "Desnecessário dizer que os realistas escandinavos rejeitavam não só todas as ideias absolutas de justiça, mas também *a fortiori* a posição inteira do direito natural; a ausência do pensamento jusnaturalista na Escandinávia é atribuída por Friedman à não existência, ali, de um elemento católico" (Kelly, *Uma breve história da teoria do direito ocidental*, 2010, p. 490).

[22] Ross, *Direito e justiça*, 2000, p. 320.

Mas, o que Ross irá retirar disso é algo que denigre a noção de justiça, pois, no fundo muitas guerras e desordens foram motivadas pela noção de justiça. Por isso afirma:

> "Visto que a ideia formal de igualdade ou justiça como estrela polar para a orientação político-social carece de todo significado, é possível advogar a favor de qualquer postulado material em nome da justiça. Isto explica porque todas as guerras e conflitos sociais, como foi dito anteriormente, foram travados em nome da exaltada ideia de justiça".[23]

Assim, mais importante do que constatar a força da ideia de justiça, é verificar que a sociedade se rege por comandos concretos de conduta, fixados em padrões, em regras, em estruturas de jogos, em atitudes e decisões de juízes. Então:

> "A ideologia da justiça é uma atitude militante de tipo biológico-emocional, para a qual alguém incita a si mesmo à defesa cega e implacável de certos interesses".[24]

Isso não irá significar, no entanto, que o Direito não guarde alguma conexão com a justiça. Mas, isto, na visão de Alf Ross, se faz mediante a atividade psicológica do juiz ao incorporar valores nas decisões de justiça. Então, o que interessa a Alf Ross é perceber nas palavras da decisão do juiz o quanto elas contêm noções de justiça que estão afinadas com a prática do que normalmente se faz nos tribunais, e como revelação de algo que se afasta deste *common sense* judicial.[25] Nesse sentido, prático e aplicado, a justiça pode servir como um ideal que guia a aplicação do Direito.

> "Decidir com objetividade é fazê-lo da forma típica, normal; decidir subjetivamente é incorrer em desvios excepcionais. A decisão é objetiva (*justa* sem sentido objetivo) quando cabe dentro de princípios de interpretação ou valorações que são correntes na prática. É subjetiva (*injusta* em sentido objetivo) quando se afasta disso".[26]

CONCLUSÕES

O realismo jurídico, e, em especial, o realismo jurídico escandinavo de Alf Ross, procura enfatizar a dinâmica do Direito como vigência social, ou seja, algo que pertence à *experiência psicossocial* e é aceito e praticado enquanto tal. Assim, a ruptura promovida pelo realismo jurídico em face do positivismo jurídico é, a um só tempo, metodológica, e, também, ideológica. Enquanto o positivismo jurídico acaba derivando de uma abordagem idealista e dualista da realidade, o realismo se propõe a entender as relações concretas entre os membros de uma

---

[23] Ross, *Direito e justiça*, 2000, p. 320.

[24] Ross, *Direito e justiça*, 2000, p. 320.

[25] " A justiça concebida desta maneira como um ideal para o juiz (todo aquele que deve aplicar um conjunto determinado de regras ou padrões), é uma ideia poderosa na vida social. Representa o que se espera de um bom juiz e é aceita pelo próprio juiz como profissional supremo. No que toca a isto a ideia de justiça faz sentido. Refere-se a fatos observáveis. Qualificar uma decisão de injusta quer dizer que não foi realizada de acordo com o direito e que atende a um erro (injusta em sentido objetivo), ou a um desvio consciente da lei (injusta em sentido subjetivo). Dizer que um juiz cometeu uma injustiça (subjetivamente) significa que se deixou guiar por interesses pessoais, pela amizade em relação a uma das partes, pelo desejo de agradar aos que estão no poder, ou por outros motivos que o afastam do acatamento do que ordena a lei" (Ross, *Direito e justiça*, 2000, p. 330).

[26] Ross, *Direito e justiça*, 2000, p. 331.

mesma sociedade, não somente porque são guiadas por normas, mas porque *agem* de acordo com a crença disseminada na sua realização. A ênfase do realismo *psicocomportamental* recai mais sobre a figura do juiz, que é quem de fato toma decisões, e concretiza o Direito, e menos sobre a figura do legislador, que idealiza o Direito-norma e o faz estar posto por meio da validade jurídica.

O realismo está marcado por características muito céticas quanto ao papel da razão e quanto ao sentido de a experiência jurídica estar fundada em *conceitos jurídicos* e em *regras jurídicas*. Por isso, a experiência de recolher nas decisões o que a sociedade tem feito, pela via do Direito, se destaca em face da sistematicidade do Direito. Daí esta teoria se aproximar da *realidade* das práticas sociais como *práticas* que também estão no interior do Direito, e que não se negam como exercício de Poder. Neste ponto, o Direito praticado pelas decisões jurídicas pode ser guiado pelo ideal da justiça, ou se distanciar dela, enquanto o juiz se faz um realizador dos interesses dos envolvidos, e não alguém que age desviando-se do que *normalmente se faz* quando se decide, nos tribunais.

22
EXISTENCIALISMO JURÍDICO

22.1 OS EXISTENCIALISMOS

O existencialismo, como corrente filosófica, ficou famoso com Sartre, especialmente com a frase que ganhou ainda maior notoriedade: "Estou condenado a ser livre." Existem muitas vertentes existencialistas, inclusive dedicadas à enunciação de uma filosofia jurídica existencialista. O existencialismo apresenta-se não como uma filosofia única, independentemente do autor que preconize seus pressupostos teóricos, mas como uma pluralidade de tendências existencialistas, desde seus precursores (Kierkegaard; Husserl), com matizes diversos, com visões diversas, com consequências teóricas diversas. Todas as tendências, porém, desde o existencialismo ateu (Sartre, Heidegger) até o cristão (Jaspers, Gabriel Marcel), partem de uma mesma premissa, qual seja, a de que a existência precede a essência.[1]

Mais que isso, os existencialismos são a voz de uma sociedade que vive a derrelição, que vive o abandono, que procura saídas, mas se acotovela com o purgatório da existência e de seus dilemas. Em pleno contexto contemporâneo, após a queda dos fetiches e o desmonte acalorado das filosofias metafísicas medievais e antigas, resta ao homem a segurança de ser o que é, ou seja, um ser simplesmente existente. Em suas origens, o hegelianismo e o marxismo funcionaram como molas propulsoras para o surgimento do existencialismo. Trata-se, em sua abordagem mais genérica, de uma filosofia do desespero, voltado menos para o conceito, a ideia, e mais para o singular e o vivido.[2]

O homem é compelido a pensar sobre si, uma vez que se vê esmagado pela fatalidade de ser. Num mundo de inúmeras possibilidades, viver é escolher entre essas possibilidades, pois, se o mundo é infinito de escolhas, o homem é um ser finito. A vivência é um acontecimento que não se explica por si, mas que simplesmente é. E quando se procura identificar o que se é, percebe-se que se está diante de uma situação tal que se pode dizer: existir é ser livre.[3] E

---

[1] "Entre as espécies de existencialismo, isto é, o cristão, no qual se inclui o de Jaspers e de Gabriel Marcel, e o ateu, é neste último que se inclui o de Heidegger e o de Sartre. Ambos têm em comum o fato de admitirem que a existência precede a essência. Do ponto de vista do humanismo, tal assertiva significa que o homem primeiramente existe, surge no mundo e só depois é que se define. Se Deus não existe, há pelo menos um ser no qual a existência precede a essência, que é o homem. O homem inicialmente não é nada. Será alguma coisa como a si próprio fizer" (Guimarães, *Direito natural*: visão metafísica e antropológica. 1991, p. 156-157).

[2] "O existencialismo é o fruto duma civilização que se transforma, insatisfeita, desiludida, que se sente esmagada pelo peso de suas contradições, vendo ruir assustadoramente a muralha onde se havia abrigado durante tanto tempo. É por isto que o momento da 'existência', do 'abandono', da 'derrelição', ressoa em acentos tão patéticos na filosofia de Sartre e Heidegger" (Correia, *O existencialismo e a consciência contemporânea*, 1949, p. 8). Conferir também Huisman, *História do existencialismo*, 2001, p. 8.

[3] "O existencialismo é uma filosofia do desespero, é uma filosofia da consciência temporal, finita. A consciência vê o 'agora' e o 'agora' não tem nada, absolutamente nada que a possa guiar; no sentimento

essa liberdade consiste exatamente em poder optar entre ser isto e ser aquilo, entre fazer isto e fazer aquilo, dentro das possíveis aberturas que o mundo oferece, e, então, construir-se a si mesmo de acordo com essas escolhas existenciais. A existência, portanto, constitui a essência de cada qual.

Não se fixando em premissas *a priori* verdadeiras, não se detendo em propostas ontológicas, não aceitando os dogmas absolutos, não se apoiando no pressuposto da dialética materialista, derrubando os fetiches metafísicos, desprezando as respostas universais, desconstituindo o estatuto conservador das políticas conservadoras, abalando as bases dos movimentos burgueses,[4] o existencialismo, no entanto, possui um apego, que irá ser exatamente o apego pelo contingencial, pelo situacional. Não há nenhum idealismo além do que agora se pode ter, do que agora se pode identificar como justo ou certo. Nesse sentido, o futuro abre-se como um leque de possibilidades, e para o futuro as respostas são inimagináveis, pois na liberdade dos homens mora a responsabilidade de construí-lo.[5]

Admitido isso, deve-se dizer que, quando se trata de pesquisar, sob qualquer rubrica, o existencialismo, é mister exercer um ato de escolha, que, nesse caso, recai sobre o existencialismo francês inscrito nos pensamentos de Jean-Paul Sartre e de Albert Camus, com suas afinidades e dissintonias.[6] Jean-Paul Sartre (1905-1980), filósofo francês, intelectual que marcou época por seu ativismo e por sua filosofia, via na *práxis* a grande sistemática de reconstrução do movimento filosófico e na liberdade o grande símbolo do humanismo existencial. Albert

---

do instante atual, completamente vazio, a consciência se encontra, coincide mais profundamente com a existência indeterminada. E esta existência que aí está aparece, às vezes, de modo particularmente intenso em toda a sua terrível vacuidade. – Heidegger escreveu e pareceu ter experimentado que 'no tédio geral e profundo que se estende sobre os abismos da existência, como bruma silenciosa, confundindo estranhamente os homens e as coisas numa indiferenciação geral', nós temos uma 'revelação da existência em sua totalidade' (Bréhier, *História da filosofia*, v. II, IIª parte, p. 1120). – O tédio que tudo confunde numa indiferenciação geral' mostra que a existência é quase nada, porque ela pode ser tudo, ela não tem consciência, é o oposto da consciência."

[4] "A moderna filosofia existencial foi a primeira influência decisiva, sofrida por Sartre. Sem dúvida, ela representa, conforme acentua Georg Lukacs, melhor do que qualquer outra tendência filosófica moderna, a crise que o pensamento burguês atravessa em nosso século.
A história do existencialismo começa no século XIX com a falência do idealismo objetivo, cujo ponto culminante – Hegel – representa o apogeu da filosofia burguesa clássica. Hegel condensa a experiência prática e intelectual da burguesia, em seu período de ascensão, na mais perfeita interpretação da História até então elaborada: ele a vê como o processo dialético do desenvolvimento do espírito humano. Os conflitos entre as ideias dos homens, através da História, manifestam a luta do Espírito para atingir, através da superação de todas as contradições, o Saber Absoluto" (Maciel, *Sartre*: vida e obra, 1986, p. 28-32).

[5] "Ora, o existencialismo declara inútil, este complexo aparelhamento elaborado pelos idealistas porque antes da 'situação no mundo não há consciência alguma, nenhum eu é possível sem a realidade que o envolve e prescindir da existência como dado imediato é desvirtuar a metafísica. Pelo contrário, o objeto próprio desta é a existência concreta, 'em situação'. Êste dado imediato aparece, é verdade, 'na' consciência; tal consciência, porém, não pode ser 'pura', ela não se funda em si mesma porque imersa no existente geral onde se situa" (Correia, *O existencialismo e a consciência contemporânea*, 1949, p. 3).

[6] Destaca-se a seguinte bibliografia, pertinente ao tema, base para o desenvolvimento das reflexões ora encetadas: Camus, Albert. *Lettres à un ami allemand*. France: Follio, 1997; Cotta, Sérgio. *Le droit dans l'existence*: éléments d'une ontophénoménologie juridique. Tradução do italiano por Emmanuel Rocher. Paris: Bière, 1996; Dubouchet, Paul. *La pensée juridique avant et après le Code Civil*. 3. ed. Paris: L'Hermès, 1994; Nicolas, André. *Une philosophie de l'existence*: Albert Camus. Paris: Presses Universitaires de France, 1964; Gélinas, Germain-Paul. *La liberté dans la pensée d'Albert Camus*. Suíça: Éditions Universitaires Fribourg Suisse, 1965.

Cap. 22 · EXISTENCIALISMO JURÍDICO | 351

Camus (1913-1960), filósofo e escritor argeliano, tendo vivido grande parte de seu tempo na França, via na literatura um grande foco de dispersão da dimensão existencial das vivências humanas: dramatizou ao máximo o homem e os problemas de seu tempo. Por meio de sua caneta, o existencialismo ganhou a maior manifestação teatral dos problemas humanos. Tanto Camus, como Sartre, possuem uma perspectiva em comum, pois veem na liberdade a grande chave para a compreensão do que é humano.[7]

22.1.1 Existencialismo camusiano

É interessante demonstrar como o percurso intelectual de Camus, por meio de suas obras, rastreou o problema da liberdade humana. Em *Envers et endroit*, encontra-se a descoberta da liberdade humana em face da perecibilidade do corpo; em *Noces*, é o prazer que reclama atenção; os inimigos da liberdade são a vontade absoluta de liberdade (*Calígula*), a inconsciência (*L'étranger*), o sentimento do absurdo em face da conciliação das forças que lideram a batalha interior do livre-arbítrio (*Le mythe de Sisyphe*), as hesitações (*Le malentendu*); os inimigos externos da liberdade são: a violência da guerra (*Les lettres à un ami allemand*); os sofrimentos (*La peste*); a violência do poder (*L'État de siège*). As possibilidades de liberdade aparecem em *Les justes* e *L'homme révolté*. Ainda, reaparece trêmula a flama da liberdade em *L'été, l'éxil et le royaume* e em *la chute*.[8]

A interpretação conjunta das obras do filósofo e escritor Albert Camus permite vislumbrar os traços que o identificam como um legítimo representante do existencialismo francês. Em obras tais quais *O estrangeiro* e *A peste*, entre outras, evidencia-se sua preocupação em explorar uma filosofia do absurdo, decorrente de um sentimento de vazio pela arbitrariedade das coisas, pela sutileza dos conceitos e definições dos discursos humanos, pela vacuidade das práticas mundanas, pela efemeridade das pretensões humanas, pela hipocrisia das ambições sociofinanceiras, pelo caráter tênue dos limites e das linhas divisórias entre o certo e o errado, entre o justo e o injusto,[9] entre o bom e o mau, entre a preguiça e o ócio, entre o desmando e a força de caráter, entre a irresponsabilidade e o desprezo dos interesses materiais humanos.[10]

A obra de Camus é uma proposta de denúncia da existência do homem vista dentro da existência. Ou seja, é de dentro das situações, das ocorrências, das vivências... que emergem os ensinamentos filosóficos camusianos, e não de uma cátedra ou da dedução de qualquer tipo de princípio metafísico. Demonstra-se assim que o homem é o arquiteto de si, que está na liberdade humana a grande chave para a solução dos próprios dilemas humanos. Essa demonstração, dentro da pedagogia textual camusiana, é dada não pela afirmação do que se quer dizer, mas pela exposição da situação extrema contrária à que se quer afirmar.

---

[7]   A respeito de Albert Camus e da liberdade: "L'oeuvre se présente ainsi, non parce que Camus écrit un traité de la liberté, mais parce qu'il présente l'homme tel qu'il le voit et ce dernier lui paraît caractérisé par sa liberté. Il s'agit d'un angle de vision sur la réalité humaine et non de la démonstration d'une théorie à faire admettre" (Gélinas, *La liberté dans la pensée d'Albert Camus*. 1965, p. 166).

[8]   Cf. proposta de análise do problema da liberdade mediante as obras de Camus empreendida por Gélinas, Germain-Paul, *La liberté dans la pensée d'Albert Camus*. Suíça: Éditions Universitaires Fribourg Suisse, 1965. p. 20-165.

[9]   Ouça-se Albert Camus: "Et je serais tenté de vous dire que nous luttons justement pour des nuances, mais des nuances qui ont l'importance de l'homme même. Nous luttons pour cette nuance qui sépare le sacrifice de la mystique, l'énergie de la violence, la force de la cruauté, pour cette plus faible nuance encore qui sépare le faux du vrai et l'homme que nous espérons des dieux lâches que vous révérez" (Camus, *Lettres à un ami allemand*, 1998, p. 30).

[10]   Nicolas, André. *Une philosophie de l'existence*. Paris: PUF, 1964.

352 | CURSO DE FILOSOFIA DO DIREITO • *Bittar / Almeida*

Nesse aspecto, a tomada de consciência do absurdo é o primeiro passo no sentido do existencialismo, ou seja, do *existere*. Estar ciente de que se vive é estar ciente das arbitrariedades do quotidiano. Pensar de acordo com o existencialismo é estar consciente de que existir é agir conforme a liberdade que ao homem foi atribuída. Tendo em vista que essa liberdade depõe a favor do aumento da responsabilidade humana, o existencialismo camusiano resulta não na proposta de eliminação da vida, pelo suicídio, mas no viver mais (*vivre le plus*). Em viver mais, em uma interação com o mundo, aumentam as possibilidades de transformação da realidade, e isso porque aquele que convive com o mundo sente uma revolta diária no sentido de modificá-lo, de *re-construí-lo*. Estando disponível ao presente, e, portanto, aberto ao futuro, viver mais só pode significar liberar-se de toda presilha moral e/ou metafísica e deixar acontecer, deixar passar, deixar existir... Esse *deixar ser* faculta abertura, faculta liberdade de interação, faculta ser para o outro, o que importa aceitação e tolerância, que representam elementos importantes para o pensamento camusiano.

Assim, do choque entre o homem em vivência contingente sobre o mundo e a realidade contextual em que vive surge o absurdo, pois o mundo é estrangeiro ao homem e seu dono é Deus. No entanto, o homem não é Deus e, portanto, vive a impossibilidade de compreendê-lo em sua totalidade, estando escravo das ocorrências contingentes que presencia. É interessante perceber que, apesar de o homem não ser Deus e viver o sentimento do absurdo, Camus limita a aceitação do sentimento do absurdo, pois caracteriza as personagens que seriam o extremo do absurdo em seus textos literários, rejeitando-as como modelo de comportamento para instaurar o razoável viver. Então, Camus ensina o que deve ser o razoável viver por meio da expressão do antimodelo de comportamento figurada por suas personagens atípicas, apáticas, nebulosas e descontextualizadas.

Quando as próprias noções de justiça e de patriotismo são de complicada identificação prática,[11] o que deseja Camus tornar claro aos olhos é o fato de que o mundo não pode ser inteiramente conceitualizado, pois está para além da vã racionalidade humana. Será a revolta que haverá de pôr em questão o mundo a todo segundo, e é essa mesma revolta que permite a *re-avaliação* das condutas humanas.[12]

Assim, focaliza-se o homem nos momentos em que ele é mais homem, ou seja, na própria vivência das situações. Então, há nisso preocupação de identificar no homem não algo diferente do que realmente é, mas como se comporta de fato. E a conclusão camusiana é a de que o homem é uma força, capaz de mover e de promover tiranos; é nisso que consiste a humanidade existencial de Albert Camus.[13] Eis aí suas principais inquietações.

---

[11]   Sobre essa dificuldade de se determinar o que seja cada um desses valores, ou a justiça, ou o patriotismo: "Apparemment, cela était vrai. Mais, je vous l'ai déjà dit, si parfois nous semblions préférer la justice à notre pays, c'est que nous voulions seulement aimer notre pays dans la justice, comme nous voulions l'aimer dans la vérité et dans l'espoir. C'est en cela que nous nous séparions de vous, nous avions de l'exigence. Vous vous contentiez de servir la puissance de votre nation et nous rêvions de donner à la nôtre sa vérité. Vous vous suffisiez de servir la politique de la réalité, et nous, dans nos pires égarements, nous gardions confusément l'idée d'une politique de l'honneur que nous retrouvons aujourd'hui. Quand je dis 'nous', je ne dis pas nos gouvernants. Mais un gouvernant est peu de chose" (Camus, *Lettres à un ami allemand*, 1998, p. 37-38).

[12]   Nicolas, Andhé. *Une philosophie de l'existence*, 1964.

[13]   Qu'est-ce que l'homme? Mais là, je vous arrête, car nous le savons. Il est cette force qui finit toujours par balancer les tyrans et les dieux. Il est la force de l'évidence. C'est l'évidence humaine que nous avons à préserver et notre certitude maintenant vient de ce que son destin et celui de notre pays sont liés l'un à l'autre. Si rien n'avait de sens, vous seriez dans le vrai. Mais il y a quelque chose qui garde du sens" (Camus, *Lettres à un ami allemand*, 1998, p. 39).

22.1.2 Existencialismo sartreano

É interessante também identificar nas obras de Sartre as mesmas preocupações que inquietam todas as passagens das obras camusianas. A vasta obra sartriana recobre um oceano de preocupações; isso se pode perceber até pela análise de sua vasta produção filosófica, literária e teatral.[14] No entanto, podem-se identificar elementos constantes de seus textos, que fornecem ao leitor a linha de pensamento que caracterizou Sartre, ou seja, um pensamento voltado para a liberdade.

Há que se dizer que Sartre se mostra consciente das tendências existencialistas de sua época e apresenta-as da seguinte forma: existencialismo cristão (Jaspers e Gabriel Marcel); existencialismo ateu (Heidegger e Sartre). No entanto, apesar das nuanças que os diferenciam, possuem em comum a noção de que a subjetividade é o ponto de partida, ou seja, a existência precede a essência.

O existencialismo sartriano afirma que a condição humana não pode expor o homem a definições universais, pois o homem é o que se faz, ou seja, no processo de autodefinição, a subjetividade constrói-se por escolhas de liberdade, para tornar-se produto no futuro.[15] Então, o homem, a princípio, não é nada, mas passa a ser conforme existe, vivencia e determina a partir de seu presente o seu futuro.[16] É isso que motiva a que se diga que é de erros, desacertos e ajustes que se pode construir a história humana. Como diz Sartre, em outra passagem: "Fazer e, ao fazer, fazer-se e não ser nada senão o que se faz." Ou, ainda, em outras palavras, o erro é essencial à verdade:

> "Escusa dizer que o erro é necessário à verdade porque a torna possível. Sem a possibilidade do erro, a verdade seria necessária. Mas ela não seria mais verdade então, já

---

[14] Para que se possa ter a dimensão da obra sartriana, deve-se ler esta referência com as traduções em língua portuguesa respectivas: "*La transcendance de l'ego*: recherches philosophiques, Paris. 1936; L'imagination (A imaginação). Paris: Presses Universitaires de France, 1936/Brasil, Difel; *La nausée* (A náusea), Gallimard, 1938/Brasil, Difel; *Le mur* (O muro), Paris: Gallimard, 1939/Brasil, Civilização Brasileira; *Esquisse d'une théorie des emotions* (Esboço de uma teoria das emoções), Paris: Hermann, 1939/Rio de Janeiro, Zahar; *L'imaginaire*, Paris: Gallimard, 1940; *L'être et le néant*, Paris: Gallimard, 1943; *L'âge de la raison* (A idade da razão), Paris: Gallimard, 1945/São Paulo, Abril e Difel; *Le sursis* (Sursis), Paris: Gallimard, 1945/São Paulo, Difel; *L'existentialisme est un humanisme* (O existencialismo é um humanismo), Paris: Nagel, 1946/São Paulo, Martins Fontes; *Réflexions sur la question juive* (Reflexões sobre o racismo), Paris: Gallimard, 1946/São Paulo, Difel; *Beaudelaire*, Paris: Gallimard, 1947; *Les jeux sont faits*, Paris: Nagel, 1947; *Les mouches* (As moscas), Paris: Gallimard, 1947/São Paulo, Martins Fontes; *Huis-Clots*, Paris: Gallimard, 1947; *Morts sans sépulture*, Paris: Gallimard, 1947; *La putain respecteuse* (A prostituta respeitosa), Paris: Gallimard, 1947/Rio de Janeiro, Civilização Brasileira; *L'engrenage*, Paris: Nagel, 1948; *Les mains sales*, Paris: Gallimard, 1948; *Entretiens sur la politique*, Paris: Gallimard, 1949; *La mort dans l'ame* (Com a morte na alma), Paris: Gallimard, 1949/São Paulo, Difel; *Le diable e le bon Dieu* (O diabo e o bom Deus), Paris: Gallimard, 1951/São Paulo, Difel; *Saint Genêt, comédien et martyr*, Paris: Gallimard, 1953; *L'affaire Henri Martin*, Paris: Gallimard, 1954; *Kean*, Paris: Gallimard, 1954; *Nekrassov*, Paris: Gallimard, 1956; *Les sequestrés d'Altona* (Os sequestradores de Altona), Paris: Gallimard, 1960/São Paulo, Martins Fontes; *Critique de la raison dialectique*, Paris: Gallimard, 1960; *Les mots* (As palavras), Paris: Gallimard, 1964/São Paulo, Difel; *Situations* I, II, III, IV, V, VI, VII, VIII e IX, Paris: Gallimard; *Furacão sobre Cuba*, Ed. do Autor, Rio de Janeiro, 1960; *L'idiot de la famille*, Paris: Gallimard, 1972" (Machado. *O testamento de Sartre*, 1986, p. 83-84).

[15] "L'homme est non seulement tel qu'il se conçoit mais tel qu'il se veut, et comme il se conçoit après l'existence, comme il se veut après cet élan vers l'existence, l'homme n'est rien d'autre que ce qu'il se fait" (Sartre, *L'existentialisme est un humanisme*, 1996, p. 29-30).

[16] "L'homme tel que le conçoit l'existentialiste, s'il n'est pas définissable, c'est qu'il n'est d'abord rien. Il ne sera qu'ensuite, et il sera tel qu'il se sera fait" (Ibidem, p. 29).

que implica uma visão livremente construída por um comportamento antecipador. É a possibilidade do erro que faz da verdade uma possibilidade. O erro vem de fora à realidade humana como consequência de uma decisão de parar ou de não recomeçar o processo de verificação; mas o que pertence à realidade humana é não parar o processo verificante; neste caso as antecipações falsas não aparecerão como erros, mas como simples tentativas que se anulam e que são condições necessárias da construção da visão. É possível, portanto, considerar a história do homem como a história de seus erros, se se toma o ponto de vista das interrupções de verificação devidas à morte, à sucessão das gerações, à violência etc., bem como vê-la como uma imensa verificação em curso se constatarmos o caráter provisório de cada interrupção e a retomada da verificação logo depois, bem como também a circularidade das verificações pela prática (os barcos que verificam mil vezes por dia, que verificam a cada instante do dia e da noite o princípio de Arquimedes). Somente, aqui como alhures, a pluralidade ou a existência de uma totalidade destotalizada substantifica o erro se, no curso da verificação, faço dom de minha verdade interrompida (ou erro) ao outro. De fato, se é verdade que o desvelamento do Ser por um absoluto-sujeito é em-si para o outro e torna-se finalmente fato (a Terra gira), o mesmo processo se renova se o dom é dom de um erro. O erro torna-se fato, propriedade da humanidade. Mas o fato é, em sua substância profunda, falso" (Sartre, *Verdade e existência*, 1990, p. 51).

O que há de próprio à filosofia existencialista sartriana é a proposta de um humanismo acentuadamente vivo, feito de atos de escolha e da responsabilização pelas escolhas.[17] Quando, porém, se utiliza da palavra *humanismo*, não se entende que se trata de uma filosofia que visa enaltecer os caracteres humanos, mas de uma filosofia que faz repousar a determinação do futuro do homem nas próprias mãos do homem.[18] Isto porque o homem não pode libertar-se da subjetividade, assim como não pode ultrapassar a subjetividade. É este o sentido profundo do existencialismo nas palavras de Sartre.[19]

Na responsabilidade de gerenciar a liberdade, de guiar as escolhas entre o que fazer e o que deixar de fazer, engaja-se não somente o indivíduo, mas também toda a humanidade,[20] pois é ela o grande projeto de convivência das diversas liberdades. O homem está condenado a ser livre,[21] bem como a humanidade está condenada a fazer conviverem essas liberdades.

Mora no homem o peso da liberdade, pois é também no homem que mora a angústia de deliberar acerca do certo e do errado, acerca das possíveis alternativas a seguir. É esta para Sartre, valendo-se de Kierkegaard, a angústia de Abraão, uma vez que este foi instado a sacrificar seu

---

[17] "Mais il y a un autre sens de l'humanisme, qui signifie au fond ceci: l'homme est constamment hors de lui-même, c'est en se projetant et en se perdant hors de lui qu'il fait exister l'homme et, d'autre part, c'est en poursuivant des buts transcendants qu'il peut exister; l'homme étant ce dépassement et ne saisissant les objets que par rapport à ce dépassement, est au coeur, au centre de ce dépassement" (Ibidem, 1996, p. 76).

[18] "Ainsi, la première démarche de l'existentialisme est de mettre tout homme en possession de ce qu'il est et de faire reposer sur lui la responsabilité totale de son existence" (Ibidem, p. 31).

[19] "Subjectivisme veut dire d'une part choix du sujet individuel par lui-même, et d'autre part, impossibilité pour l'homme de dépasser la subjectivité humaine. C'est le second sens qui est le sens profond de l'existentialisme" (Ibidem).

[20] "Ainsi, notre responsabilité est beaucoup plus grande que nous ne pourrions le supposer, car elle engage l'humanité entière" (Ibidem, p. 32).

[21] "C'est ce que j'exprimerai en disant que l'homme est condamné à être libre" (Ibidem. p. 39).

Cap. 22 · EXISTENCIALISMO JURÍDICO | 355

filho como forma de demonstração de sua fé. Contudo, quem poderia assegurar que a voz que o incitava era a voz de um anjo? Não poderia ser a voz de um demônio? Não poderia ser este o indício de uma loucura porvindoura? Não poderia ser esta uma alucinação? E, no entanto, pendia sobre Abraão o dever de responsabilizar-se pelo comportamento de extrema gravidade que iria assumir. A dúvida é a dona do desespero existencial.[22] É essa dúvida que martiriza o homem, e é dela que se vive, e é nela que mora a chave da responsabilidade existencialista; entre múltiplas escolhas de liberdade, a que mais convenha àquele sujeito.

Nada se pode dizer a respeito do futuro, ou do destino desta ou daquela política. O homem é sempre o homem e, por consequência, é sempre livre, de modo que tentar determinar o conteúdo do futuro é iludir-se com o que é irreal.

Não se pode, portanto, determinar se a revolta do proletariado, ou se outra política ou tendência assume, em hipótese, este ou aquele resultado; pode-se dimensionar no hoje o que uma ideologia significa, mas jamais projetá-la em todas as suas consequências no futuro.[23]

E é exatamente por não fazer o futuro repousar sobre bases sólidas e certas, evolutivas ou involutivas, que o existencialismo incomoda. Sua proposta exige do sujeito consciência de que é na ação que reside todo propósito de mudança do futuro. Não há, portanto, no futuro um destino certo, pois ele é construído, todos os dias, por todos os sujeitos em interação. Assim, não é no quietismo, num ceticismo absoluto, ou num niilismo que mora o existencialismo. Pelo contrário, sua proposta filosófica reside no ativismo, numa espécie de movimento em direção à construção do futuro pelo próprio poder do homem de ser livre.[24]

O homem, imerso em uma política existencial de ser um ativista, e não um quietista, abre-se para ser, com todas as palavras, um projeto-de-si. O homem possui uma condição privilegiada sobre o mundo, com relação aos demais seres existentes, e isso porque é capaz de determinar sua própria constituição, como consciência-de-si que é:

"Desde Kierkegaard, certo número de ideólogos, no esforço por distinguir o ser do saber, foram levados a melhor descrever o que poderíamos chamar de 'região ontológica' das existências. Sem prejulgar os dados da psicologia animal e da psicobiologia, é óbvio que a presença-no-mundo descrita por estes ideólogos caracteriza um setor – ou talvez mesmo o conjunto – do mundo animal. Mas, neste universo vivo, o homem ocupa para nós um lugar privilegiado. De início, porque ele pode ser histórico, isto é, definir-se sem cessar pela sua própria práxis através das mudanças sofridas ou provocadas e de sua interiorização, e, depois, pela própria superação das relações interiorizadas. Em seguida, porque ele se caracteriza como o existente que somos. Neste caso, ocorre que quem interroga é precisamente o interrogado ou, se se prefere, a realidade humana

---

[22] "Quant au désespoir, cette expression a un sens extrêmement simples. Elle veut dire que nous nous bornerons à compter sur ce qui dépend de notre volonté, ou sur l'ensemble des probabilités qui redent notre action possible" (Ibidem, p. 47).

[23] "Mais je ne puis pas compter sur des hommes que je ne connais pas en me fondant sur la bonté humaine, ou sur l'intérêt de l'homme pour le bien de la société, étant donné que l'homme est libre, et qu'il n'y a aucune nature humaine sur laquelle je puisse faire fond je ne sais ce que devidendra la révolution russe; je puis l'admirer et en faire un exemple dans la mesure où aujourd'hui me prouve que le prolétariat joue un rôle en Russie, qu'il ne joue dans aucune autre nation" (Ibidem, p. 49-50).

[24] Contra o quietismo se manifesta o existencialismo sartriano: "Le quiétisme, c'est l'attitude des gens qui disent: les autres peuvent faire ce que je ne peux pas faire. La doctrine que je vous présente est justement à l'opposé du quiétisme, puisqu'elle déclare: il n'y a de réalité que dans l'action; elle va plus loin d'ailleurs, puisqu'elle ajoute: l'homme n'est rien d'autre que son projet, il n'existe que dans la mesure où il se réalise, il n'est donc rien d'autre que l'ensemble de ses actes, rien d'autre que sa vie" (Ibidem, p. 51).

356 | CURSO DE FILOSOFIA DO DIREITO • *Bittar / Almeida*

é o existente cujo ser está em questão em seu próprio ser. É evidente que este 'estar--em-questão' deve ser tomado como uma determinação da práxis e que a contestação teórica não intervém senão a título de momento abstrato do processo total. De resto, o próprio conhecimento é forçosamente prático: ele muda o conhecido. Não no sentido do racionalismo clássico. Mas como a experiência, em microfísica, transforma necessariamente seu objeto" (Sartre, *Questão de método*, 1996, p. 135-136).

O homem é a um só tempo matéria-prima e mão de obra para a confecção de si. E, nesse sentido, constitui-se em um somatório do que é e do que fez, mas de um é e fez que sempre se movem pelo somatório cada vez mais crescente em torno do que pode ser no futuro.[25] Eis a história do ser e dos movimentos da humanidade:

"A verdade começa como uma história do Ser e ela é uma história do Ser, já que é desvelamento progressivo do Ser. A verdade desaparece com o homem. O Ser, então, cai de novo na noite sem data. Assim, a verdadeira temporalização do Ser tal qual é enquanto o absoluto--sujeito lhe confere um desvelamento progressivo como nova dimensão de ser. É óbvio dizer que a verdade é total porque o absoluto-sujeito é totalizante. Por sua aparição no Ser ele faz com que haja uma totalidade do Ser. É esta totalidade concreta do Ser que é a verdade, posto que é ela que é desvelada. Assim, a verdade não é uma organização lógica e universal de 'verdades' abstratas: é a totalidade do Ser enquanto é manifestado como uma historialização da realidade – humana. Entretanto, a verdade não poderia ser para um só absoluto-sujeito. Se eu comunico uma manifestação desvelada, comunico-a com meu comportamento desvelador, com o traçado e a seleção que operei sobre ela; com contornos. Neste caso, o que é entregue ao outro é um em-si-para-si. Se digo: a mesa é redonda, comunico ao outro um já-desvelado, já recortado no conjunto dos objetos, exatamente como se eu lhe passasse um porta-lápis (madeira trabalhada). Neste momento, o Em-si aparece ao recém-chegado como Para-si, subjetividade. Ele é Em-si e é também o que uma subjetividade desvela do Em-si (julgo meu companheiro pelo que ele me mostra da paisagem)" (Sartre, *Verdade e existência*, 1990, p. 21).

Cada subjetividade possui uma história, e é essa história um somatório do que essa subjetividade pôde escolher dentro de seu âmbito de liberdade. Existir e fazer arte possuem os mesmos elementos fundamentais, a saber: invenção e criação. Aí está a liberdade como fundamento de todos os valores.

22.2 PROPOSTA EXISTENCIALISTA

Antes de qualquer coisa, há que se dizer que o existencialismo faz do homem não um objeto de estudo universal, mas um contingente, um ser que vive e que existe entre coisas que vivem ou simplesmente existem. O que faz o homem diferenciar-se da mundanidade em que se encontra é o fato de ser consciente. Esta é a base para diferenciar o "ser em si", tudo o que existe menos o homem, do "ser por si", o homem como ser consciente de si. Antes de ser consciência, e de se constituir como consciência autônoma, o homem existe, e é por isso que a existência precede a essência desse sujeito que se descobre como autor de sua própria vivência.[26]

---

[25] "Ce que nous voulons dire, c'est qu'un homme n'est rien d'autre qu'une série d'entreprises, qu'il est la somme, l'organisation, l'ensemble des relations qui constituent ces entreprises" (Ibidem, p. 53).
"En ce sens nous pouvons dire qu'il y a une universalité de l'homme; mais elle n'est pas donnée, elle est perpétuallement construite. Je construis l'universel en me choisissant; je le construis en comprenant le projet de tout autre homme, de quelque époque qu'il soit" (Ibidem, p. 61).

[26] "O existencialismo diz, pois, que a existência precede a essência. Antes de termos consciência, nós já existimos. A consciência é uma atitude livre diante da realidade e até certo ponto ela sai da realidade

Na proposta existencialista, que não deixa de ser uma proposta humanista, o homem é colocado em evidência. Contudo, não se tenha aqui a imagem de um homem universal, abstrato, de essência e substância definidas de modo metafísico ou natural. O que há é a noção de um homem que se manifesta por meio de indivíduos, estes todos livres no uso e escolha de seus caminhos existenciais. Então, a proposta existencial consiste fundamentalmente no estudo e na observação da liberdade. Em outras palavras, a moral existencialista é uma moral da responsabilidade no exercício medido da liberdade.[27]

A liberdade volta ao cenário dos estudos filosóficos, e haverá de refletir sobre o universo de estudos jusfilosóficos, ganhando consistência de necessidade do pensamento. No entanto, em momento algum o estudo da liberdade recai sobre a noção de liberdade, ou mesmo sobre a essência da liberdade. A liberdade é vista e estudada em sua contingência, ou em suas manifestações e ocorrências circunstanciais.

A moral existencialista está profundamente imbricada à ideia de liberdade. Nessa moral, está inscrito o poder da subjetividade na constituição de si, na confecção do próprio percurso existencial. No entanto, apesar de se inscrever como moral do sujeito como artífice de si, não prescinde de pensar e de se preocupar com o sujeito enquanto ser relacional, ou seja, enquanto ser que se engaja socialmente e vive em humanidade. Isto porque a liberdade é o ingrediente-chave de sua proposta, e a liberdade de um indivíduo não pode conviver sozinha, mas emparelhada com as demais liberdades individuais.[28]

A liberdade é vista, estudada, analisada e dimensionada, como um valor característico humano. Essa liberdade é tão grande que o homem, historicamente, inclusive, é presa de si mesmo. A escravidão do homem possui uma causa: o homem. A libertação do homem se dará de uma forma: pelo homem. É ele o princípio e o fim de toda a conjuntura e de toda a responsabilidade que se liga a essa conjuntura; é isso o que afirma Albert Camus. Há que se ter esperança no fato de que o homem libertará o próprio homem; este é o otimismo existencial sartriano.

Pode o homem, em tal perspectiva, ser visto como o *homo faber* de si mesmo. Nesse sentido é que se releva a importância da ação para o homem, uma vez que nela mora um poder transformador, um poder-fazer que pressiona o presente a tornar-se futuro; eis aí a poética da ação existencialista.[29]

---

bruta, interpretando-a. Isto é verdade até para a ciência: na ciência não há, por exemplo, nenhuma superioridade da moderna física atômica sobre a física de Demócrito ou de Aristóteles. Estes sistemas são simplesmente interpretações da realidade, correspondem a certas atitudes livres do espírito que são equivalentes" (Correia, *O existencialismo e a consciência contemporânea*, 1949, p. 1).

[27] Cf. Huisman, *História do existencialismo*, 2001, p. 145.

[28] "A moral existencialista é sobretudo uma teoria da liberdade e duma liberdade absoluta, paradoxalmente abstrata.

Deste princípio que a existência precede a essência, o existencialismo conclui pela impossibilidade de qualquer moral 'objetiva', porque não há uma 'natureza humana'. O homem se 'faz' ele é a regra absoluta do bem, a medida de todas as coisas. A única realidade do domínio moral é a 'subjetividade' humana, é o homem 'em situação' escolhendo soberanamente e por aí criando sua vida. Como eu sou a série dos meus atos e não existe uma natureza humana, como eu existo sempre neste instante, aqui e agora, e não encontro outra regra das minhas ações fora do meu ato gratuito de escolha, como legislador supremo, nesta liberdade absoluta eu devo assumir a responsabilidade total de minha existência. Eu faço dela o que entender e por mim escolho a humanidade inteira, porque não há valores que se imponham a mim antes da minha atitude, nada está escrito num 'céu inteligível', como diz Sartre" (Correia, *O existencialismo e a consciência contemporânea*, 1949, p. 5).

[29] Destaca-se um texto publicado em algum folhetim estudantil do Centro Acadêmico XI de Agosto da Faculdade de Direito do Largo de São Francisco, em que se expunham preocupações deste tipo: "La

O absoluto, o perene, o universal não ganham com o existencialismo ainda maiores forças doutrinárias, a exemplo do que ocorre com as filosofias ontológicas. O existencialismo não evidencia o absoluto, o perene, o universal, pois demora na noção de ocorrência, de circunstância, de fenômeno... Assim, ganham desprezo os temas acerca da essência humana, da natureza humana, da definição humana, como ideias universais sobre o homem, pois é muito mais importante perceber o homem em ação, o homem em vivência, o homem em atuação, o homem como ser livre, o homem como sujeito cultural, o homem como sujeito histórico, o homem como ser vivente... e sentir as carências humanas, as ambiguidades da sobrevivência, as dificuldades de superar as contingências da condição humana, discutir as fraquezas do espírito humano quando invade a liberdade alheia... De fato:

> "Esta tarefa de integração seria fácil se pudéssemos trazer à luz algo como uma essência humana, isto é, um conjunto fixo de determinações a partir das quais poder-se-ia designar um lugar definido aos objetos estudados. Mas, há acordo entre a maioria dos investigadores quanto a um ponto: a diversidade dos grupos – considerados do ponto de vista sincrônico – e a evolução diacrônica das sociedades proíbem fundar a antropologia sobre um saber conceptual. Seria impossível encontrar uma 'natureza humana' comum aos Muria – por exemplo – e ao homem histórico de nossas sociedades contemporâneas. Mas inversamente uma comunicação real e, em certas situações, uma compreensão recíproca se estabelecem ou podem estabelecer-se entre existentes tão distintos (por exemplo, entre o etnólogo e os jovens Muria que falam de seu gothul). É para levar em conta esses dois caracteres opostos (nada de natureza comum, comunicação sempre possível) que o movimento da antropologia suscita de novo, e de uma maneira nova, a 'ideologia' da existência" (Sartre, *Questão de método*, 1996, p. 137).

Se o absoluto, o perene, o metafísico desaparecem do cenário filosófico com o existencialismo, que é uma linguagem do homem, sobre o homem e para o homem, há que se dizer, no entanto, que existe uma única proposta existencial ligada à transcendência, a saber, a transcendência do dia a dia e das mazelas humanas por meio da liberdade. Isso porque

---

poétique de l'action dans l'existentialisme: 'Moins qu'une simple théorie et plus qu'une science pratique, la réflexion existentialiste a pour but la réalisation d'un vrai humanisme. En fait, ce genre d'humanisme existentialiste signale l'empire de l'action comme raison d'être de la vie humaine aussi comme il indique l'homme comme le seigneur de ses actions – ou d'après les mots de Sartre, 'il n'y a d'autre législateur que lui-même' –, ce qui veut dire la même chose. Dans ce sens l'homme est un 'projet de soi-même', aussi bien comme il est une dessein de son futur; au même temps qu'il attend d'être quelqu'un, il n'est pas encore ce quelqu'un désiré. Il ne laisse pas d'être toujours moins de ce qu'il est et plus de ce qu'il désire d'être. Cette poétique de la construction humaine est, en essence, la poétique de la liberté, bien sûr. Mais, ici, il faut, plus que rélever la simple discussion sur la vérité ou non des prémisses existentialistes, que ce soient celles chrétiennes ou celles (...) athéistes, consacrér la maxime très bien répandue et quelques fois oubliée, qui fait de l'homme l'artisan de soi-même, en lui donnant le pouvoir de auto-construction du *moi* et du *soi*. Vers soi-même, l'homme est ce qu'il a vécu, pendant que pour les autres, l'homme, l'individu, est ce qu'il a fait. Celà c'est le plus important vraiment. Le coté concretiste de l'existence, prise comme ensemble de rélations objectives de l'homme. Dans ce sens, l'existentialisme n'est rien de plus qu'une nouvelle dimension de la théorie antique des oeuvres et des hommes. Pour qu'un homme puisse survivre et surmonter la condition humaine, il faut plus que simplement vivre, il faut laisser un oeuvre, il faut laisser un petit morceau du *soi* sur le terrain des hommes; ni plus, ni moins que ça, la maxime arquimedienne de l'existentialisme indique: 'il faut faire!'" (Eduardo C. B. Bittar: da obra de Jean-Paul Sartre, *L'existentialisme est un humanisme*).

liberdade é sinônimo de possibilidades futuras, de alternativas e de saídas, e é somente nesse sentido, que se pode falar em transcendência para o pensamento existencial.[30]

Se se quiser definir o homem, da perspectiva existencialista, só se poderá dizer o que efetivamente ele é pelo que ele efetivamente faz, e é ele essa força livre capaz de entronizar como de derrubar tiranos.[31] Então, o homem é liberdade, é vivência livre, é escolha-de-si, é a forja do futuro, e a definição de seu próprio existir; é mais um estar-aí, é mais um fazer-de-si, do que um ser predefinido, ontologicamente destinado a ser ou deixar de ser algo.

O existencialismo lida com evidências que se destacam da existência-ela-mesma, e não por uma busca quintessenciada de valores. Os valores estão aí, encontram-se e se partilham, e de seu confronto podem-se retirar evidências e julgamentos acerca do que é produtivo e do que não é produtivo para o existir. O simples existir, a existência, este estar-aí (*ek sistere*), quer-se insistir nesse fato, é rico de significância. Então, da existência, devem-se retirar as escolhas para o cultivo da própria existência.

Assim, o absurdo e o *non sense* das nuanças da vida, a contingencialidade dos fenômenos, a fugacidade incompreensível da existência, a fragilidade brutal dos valores, a sutileza dos sentimentos, a delicadeza dos sustentáculos da vida... são tematizados, não a modo abstrato, mas conforme ao próprio teatro das ocorrências fenomenais, por meio da literatura ilustrativa, de Albert Camus. Nesse pensamento existencial, luta-se pelas sutilezas que diferenciam o sacrifício da mística, a energia da violência, a força da crueldade, o falso do verdadeiro... evidencia-se, sem dúvida nenhuma, a noção de limite, a noção de fronteira entre isto e aquilo, que é onde o homem normalmente perece, adoece, destrói...

Ao contrário do que se pode pensar, o existencialismo, ao ver o homem livre-em-si, e, ao vê-lo também presa-de-si, não sustenta, no entanto, o suicídio, ou mesmo o uso da força como forma de libertação. Suicidar-se é extinguir a liberdade; usar da violência é oprimir pela força, e isso representa um ato de constrição de liberdade. O existencialismo tematiza e dramatiza o suicídio exatamente como forma de pedagogia para a valorização da vida e da liberdade; pode-se demonstrar, pelo drama vivido por um indivíduo que retira a própria vida, a responsabilidade que é administrar a própria liberdade, para que se perceba que a chave do humano reside exatamente na valorização da liberdade, e não na depreciação da vida; neste estar-em-vivência das situações é que se percebe que o suicídio não é saída para os males existenciais. Então, respeitar a suma filosófica do existencialismo é propiciar esse deixar-acontecer, pois na abertura do futuro reside a consistência da esperança humana.

22.3 EXISTENCIALISMO JURÍDICO

O que se disse com relação ao existencialismo é igualmente cabível ao existencialismo jurídico. Tendência recente na área jurídica, é, sem dúvida, um desdobramento dos estudos filosóficos existencialistas, e, por isso, seus fundamentos e suas premissas são as já anteriormente afirmadas, ou seja: há no existencialismo um profundo humanismo; há neste humanismo a defesa da liberdade, com a responsabilidade que dela decorre; há no existencialismo a preocupação de afirmar a essência como algo decorrente da existência.[32]

---

[30] Cf. Correia, *O existencialismo e a consciência contemporânea*, 1949, p. 6-7.

[31] É nesse sentido que esta definição aparece em Albert Camus: "Qu'est-ce que l'homme? Mais là, je vous arrête, car nous le savons. Il est cette force qui finit toujours par balancer les tyrans et les dieux. Il est la force de l'évidence" (Camus, *Lettres à un ami allemand*, Deuxième Lettre – Décembre 1943, 1997, p. 39).

[32] "Do verbo *existire*, o termo *existência* expressa o que está aí, modo de ser. Essência e existência compõem o ente: aquela indica o que uma coisa é, enquanto que esta revela que uma coisa é. Por essencialismo

Assim mesmo, o que há é que se formaram diversas correntes, muitas entre si diferenciadas em seu desenvolvimento teórico. O que se fará neste espaço será discutir as fronteiras do Direito da perspectiva da leitura existencial sartriana e camusiana, uma vez que se entende que a reflexão jurídica, se escorada nos pressupostos dos existencialismos sartriano e camusiano, redunda numa reflexão acerca da liberdade. Isso porque se perceberá que da aplicação dos preceitos desses teóricos à área jurídica só poderão decorrer noções contrárias a qualquer essencialismo, bem como a qualquer imanentismo jusnaturalista.

De qualquer forma, é possível afirmar que o existencialismo jurídico só pode ser uma filosofia que aponta para a liberdade, exercida juridicamente, em seu sentido mais amplo: liberdade de criar, liberdade de fazer, liberdade de deixar de fazer, liberdade de existir, liberdade de escolher, liberdade de ir e vir, liberdade de se expressar, liberdade de professar, liberdade de exercer... No entanto, liberdade é sempre exercida ao lado do outro, com o outro, para o outro. O *ego* se percebe como livre *no* outro e *com* o outro. É no encontro com o outro que releva discutir a questão da liberdade, pois, ante o imperativo do tudo poder, encontra-se o imperativo da liberdade do outro.

Para o existencialismo, não é importante que a discussão ganhe foros de discussão conceitual acerca da liberdade. O problema desloca-se da mera busca teórica do que seja a liberdade, como busca puramente essencialista, e passa a ser: como se manifesta a liberdade do homem como ser-para-si? Como se manifesta a liberdade do homem como ser-para-o-outro? O que permite a liberdade conjugada com outras liberdades? O que uma liberdade permite em face das muitas com as quais se divide?

Se a questão fosse a de identificar a essência da liberdade, estar-se-ia a investigar ontologicamente o fenômeno, o que em nada convém a esse método. Trata-se, sobretudo, de discutir o problema a partir da evidência da liberdade, ou seja, pensar a liberdade como acontecimento-no-mundo. A própria formulação do problema passa a direcionar-se de forma diversa; no lugar de se questionar acerca de "qual o conceito de liberdade", parte-se do seguinte ponto: "Dado que a liberdade existe..."

Contudo, a investigação detém-se na liberdade não por acidente, mas porque a liberdade é algo caro à própria existência. O existir, este *estar-aí* (*ek istere*), este *ser-aí* (*dasein* heideggeriano), para sustentar-se, para continuar, para persistir, para durar, depende da liberdade, pois a liberdade é produtiva (esta é outra evidência); como o ar é indispensável para a sobrevivência do corpo, a liberdade é cara para o exercício do espírito.

---

diz-se a doutrina que sustenta o primado da essência sobre a existência. Esta seria um acidente daquela. O pensamento existencialista preconiza o inverso: o primado da existência sobre a essência. A corrente filosófica apresenta matizes diversos, sendo que a distinção maior se dá entre o existencialismo cristão, que reúne Kierkegaard, Karl Jaspers e Gabriel Marcel, e o ateu, de Heidegger e Sartre.

O existencialismo é uma filosofia centrada no ser humano; é humanismo que se preocupa com o ser individual, concreto. Cada pessoa apresenta um mundo interior personalíssimo, com seu condicionamento e circunstâncias. Considera existência inautêntica a vida social, que despersonaliza e, em lugar de converter o homem no 'ser-em-si-mesmo', impõe-lhe a lógica do se: se todos pensam assim, deve-se pensar igualmente; se as pessoas falam de um determinado modo, deve-se falar também (...) Vida autêntica é a interior, quando o homem estabelece o seu próprio Dasein, o seu modo próprio de ser. Daí que o 'homem é o único e soberano senhor do seu destino', conforme Jean-Paul Sartre. Karl Jaspers admite, em pequena dimensão, a comunicação existencial entre os homens. Além de certo limite no relacionamento social, a existência se emerge na superficialidade. Existência autêntica, para ele, não requer a solidão absoluta. A liberdade se revela fundamental na concepção existencialista. De acordo com Sartre, o ser humano é livre para tudo, menos para o não ser. Em realidade, o homem está condenado à liberdade. Esta se condiciona às circunstâncias; é sempre em situação, não havendo, também, situação sem liberdade" (Nader, *Filosofia do direito*, 1999, p. 232-233).

Essa filosofia só pode ser, portanto, refratária a toda espécie de constrangimento arbitrário, injustificável, improdutivo, ilegítimo, quase sempre revestido de uma justificativa ideologizada (anarquia, pelo mal do poder; totalitarismo, pelo mal da pluralidade; fundamentalismo, pelo mal da liberdade de interpretação; guerra, pelo mal de um grupo, de uma atitude, de um governo...). Tudo isso se rebela contra um fato constatado por todos (outra evidência), o de que nenhum homem pode ser igual ao outro. Os constrangimentos, nesse momento, surgem como formas de apagar no outro o que há nele de peculiar, seja destruindo-lhe radicalmente a existência, seja reduzindo-lhe a mera e dócil mimésis do constrangedor.

O primado da liberdade invoca, então, a disciplina do saber e do agir, reduzindo as forças erráticas e animalescas a manifestações também livres, mas não impositivas. Se a liberdade desse indivíduo é um bem caro, ela não pode constranger a liberdade também cara daquele outro indivíduo. Tudo concorre no sentido de vislumbrar na sociedade, e nas práticas jurídicas que a sustentam, um campo de forças complexo, com muitas descargas energéticas particulares, mas neutro por sua manifestação de todo, em prol da sobrevivência das liberdades individuais e grupais.

Nessa neutralidade do todo reside propriamente o exercício do poder jurídico, capaz de desafogar as tensões que emergem de uma sociedade que claramente se desequilibra, podendo ou não tender para sua própria destruição. Se a destruição é a quebra do existir, e, portanto, a quebra de possibilidades, acontecimentos futuros, mudanças, faculdades de agir, então a luta existencial deve-se dar exatamente nesse sentido: na anulação da destruição. Assim, aceitação e tolerância são de muita importância.

Mais ainda, o existencialismo não pode fazer do sujeito uma parcela submissa e passiva do Estado. O sujeito existe antes mesmo dele, e o autoriza, bem como o legitima, a ele atribuindo nascimento e morte, de modo que se pode afirmar que o sujeito é sempre o autor das instituições. A limitação dos poderes do Estado é decorrência lógica dessa reflexão. Mais ainda, o Estado só se autoriza se sua busca perene não for outra senão a justiça. O existencialismo não pode aceitar uma ética de fins, que tudo autoriza, pois se vive de uma ética de meios, que escolhe caminhos antes de operar. Num mundo onde os fins são nebulosos e incertos, tanto quanto as noções do que seja o melhor e o mais correto fazer são nebulosas, não se pode afirmar uma ética de fins como o escopo de atuação estatal.

O existencialismo é, em suma, uma doutrina da liberdade, mas, ressalte-se ainda uma vez, não uma doutrina que se propõe a definir a liberdade, e sim uma doutrina que se propõe a defender a liberdade contra as tiranias do dogma, contra as teorias absolutistas, contra os tiranos e déspotas, contra as maiorias sociais em face das minorias, contra os costumes e as opressões dos hábitos comunitários. É ela, em suma, uma doutrina da liberdade absoluta.[33]

Em qualquer acepção que se possa concebê-lo, o existencialismo repousa toda sua força e toda sua proposta não no desdém do que é humanamente contingencial e liberal, mas exatamente na contingência e na liberdade, uma vez que, em vez de se canonizarem verdades, eternizar normas, dogmatizar doutrinas jurídicas, deve-se deixar o homem viver a justiça, experimentar seus sentidos, testar suas dimensões, viver suas ambiguidades, enfim, provocar sua queda e sua ascensão. É no testar e saborear a justiça que se poderão encontrar esperanças de ser no homem.[34]

---

[33] "A liberdade do homem é o que o obriga a fazer, em vez de ser e neste sentido é absoluta, pois é ela que dá sentido a todas as determinações que poderiam lhe vir de fora ou do passado" (Guimarães, *Direito natural*: visão metafísica e antropológica, 1991, p. 157).

[34] "Votre sourire et votre dédain me diront: qu'est-ce que sauver l'homme? Mais je vous le crie de tout moi-même, c'est ne pas le mutiler et c'est donner ses chances à la justice qu'il est le seul à concevoir" (Camus, *Lettres à un ami allemand*, Quatrième Lettre, Juillet 1944, 1997, p. 72).

362 | CURSO DE FILOSOFIA DO DIREITO • *Bittar / Almeida*

Perceba-se, portanto, que a pura subjetividade, ou o egoísmo individualista, não importa a este estudo, mas como a subjetividade se dá no convívio com os outros. O próprio sujeito se percebe em meio a uma teia, onde, além de perceber a si, de perceber sua felicidade, sua liberdade, seus estados de alma, sua faculdade de fazer, de ser, de ter, de agir, de crer, de dever... percebe a dos outros. O estar-no-mundo é um estar-com-o-outro, e não um estar-só-em-si.[35]

A alteridade, então, aparece como *alter-ego* husserliano, em que o estar presente do outro é uma projeção de si na objetividade do exterior. A autoconsciência faculta o acesso do sujeito à copresença, à coexistência, à coparticipação, e isso quer dizer ao codever, ao copoder, ao codireito... Se esse indivíduo existe em condições iguais, deve existir aquele outro indivíduo. Daí, surgem necessidades coexistenciais: (1) de segurança em face dos outros; (2) de cooperação com os outros; (3) de duração entre os outros. A sequência é o surgimento de institutos como propriedade, posse, seguridade, polícia..., bem como das regras de convivências, das normas, das leis...

A experiência jurídica é, na verdade, uma realização de sujeitos, em sua projeção coletiva, que deriva da autoconsciência. A lei, portanto, aparece como essa projeção da proteção do eu visto no outro, defesa da esfera de interação das liberdades. A discussão existencial, transposta e vivida nos caminhos do Direito, retoma a contraposição que se dá no interior do Direito entre uma prática impositiva (exterioridade, artificialidade, repressão) e uma prática protetiva (realização inata do sujeito, proteção da personalidade humana, garantia).[36]

Em suma, vislumbra-se no homem o poder de constituir-se como autor de seu destino, como autor de sua contingencialidade, como factor-de-si; os ordenamentos jurídicos que se sucedem são, na verdade, projeções-do-homem, em sua busca incessante de si, em seu processo de autoabertura para novos horizontes, onde a liberdade é sempre plenamente mais possível. O homem é o projeto do próprio Direito, e é ele o artífice de sua elaboração, que se consubstancia em leis passageiras e condicionadas a experiências localizadas, regionalizadas, circunstanciais, temporais, enfim, relativas.

É aparentemente conflitiva a relação do existencialismo com o Direito, sobretudo sabendo-se que a principal fonte do Direito são as normas jurídicas, que cristalizam valores e impõem obrigatoriamente comportamentos sociais. No entanto, essas normas objetivas nada mais são do que regras contingentes de comportamento, cuja mutação e variabilidade prova à saciedade a indeterminação do futuro afirmada pelo existencialismo.[37]

O que se pode dizer é que os instrumentos, os mecanismos, as fórmulas e as instituições jurídicas constituem projeções-de-si, projeções de um sujeito de *si-para-consigo* e projeções de um sujeito inserido em relações em que comunga espaços, prazeres, dores, esperanças, desafios... com a alteridade (direitos de grupos, comunidades, coletividades, categorias). O existencialismo é a um só tempo filosofia do sujeito-para-si (indivíduo) e do sujeito-para-o-outro (coletividade).

Assim, um sujeito que, em seu existir, percebe-se em situação de consumo, porque consome e depende de consumir, torna-se a uma só vez credor (do produto, do serviço) e devedor (retribuição pelo produto ou serviço) de outro. A alteridade que se constrói em torno do consumo faz com que se identifiquem entre si diversos sujeitos numa mesma condição

---

[35] Cotta, *Le droit dans l'existence*: éléments d'une ontophénoménologie juridique, 1996, p. 42.

[36] Ibidem. p. 20-25. E pode mesmo parecer estranho que se discuta a filosofia da liberdade em face do instrumento de dever-ser que é o Direito (Cf. Dubouchet, *La pensée juridique avant et après le Code Civil*, 3. ed., 1994, p. 340).

[37] Daí pode-se afirmar a contingencialidade do direito positivo, sua variabilidade (Cotta. Op. cit., p. 46).

(de consumo), o que autoriza a construção do conceito abstrato do consumidor como sujeito-abstrato (qualquer sujeito) e categoria social (em oposição ao empresário).

As dificuldades de aproximação entre o pensamento jurídico e a reflexão existencialista são muitas, o que não impede que se veja nesta uma filosofia que abra os horizontes do Direito para a maior liberdade possível, esvanecendo-se as forças dogmatizantes do raciocínio jurídico e fortalecendo-se a dimensão do acontecimento, do caso, das peculiaridades, da contingência das definições, da relatividade da lei, da subjetividade do julgamento... e outros temas conciliáveis com a consciência filosófica existencial.[38]

De qualquer forma, fica definida a impossibilidade de pensar em questões jurídicas que coloquem o homem, como sujeito universal, no centro dos debates. O existencialismo aqui apresentado é incompatível com qualquer noção objetiva, absoluta, universal e/ou metafísica, seja relativa ao homem, seja relativa aos direitos por natureza atribuídos ao homem, seja relativa a atributos intrínsecos à personalidade humana... O existencialismo pode, no máximo, refletir sobre a condição existencial deste ou daquele homem, não como sujeito universal, homogeneamente concebido o gênero humano, mas como sujeito circunstancial e individual...

CONCLUSÕES

Trata-se, sobretudo, por meio desta pesquisa específica de uma tendência existencialista, de perceber como o Direito se constrói a partir da existência e da experiência da vida humana. Quer-se dizer que se tem como preocupação fundamental nada mais que isto, a saber: perceber o "homem jurídico", ou seja, o homem que produz o normativismo da conduta, a partir do

---

[38] "Não há como se operar, na prática, a conciliação plena entre o pensamento existencialista e a missão da lei. Pode-se promover a aproximação do Direito à tese existencialista, mas no valor segurança jurídica tem-se a barreira que veda a harmonia entre os princípios daquela filosofia e o Direito. A composição entre ambos não se opera, notadamente, por três razões: (a) incapacidade de o Direito captar a verdade existencial que se desenrola na consciência individual; (b) característica de generalidade dos preceitos jurídicos; (c) subordinação dos juízes a esquemas normativos fechados.

O ordenamento jurídico se apresenta como aparelho artificial, que se impõe aos homens e que não encontra fundamentação na filosofia existencial. Esta, em realidade, não admite regras preexistentes. O homem, no exercício de sua liberdade, deve criar o seu Dasein, isto é, o seu modo de existir. Diante de tal premissa, não há fórmula possível de conciliação entre aquela corrente e o Direito que, na anterioridade das leis aos fatos, possui um de seus princípios básicos. Podemos cogitar, todavia, de um sistema normativo que, embora não realize o projeto existencial, dele se aproxime. E isto haverá de ser alcançado na medida em que se confira maior autonomia à vontade. A liberdade de se firmar contratos torna possível a adequação de interesses às condições objetivas. As partes se sujeitam a regras eleitas livremente.

O Direito Positivo modelado sob a influência da filosofia existencial há de permitir, até onde os anseios de segurança admitam, a máxima liberdade. Para tanto, deverá dispor o mínimo necessário sobre a conduta interindividual. De um modo geral, na disciplina dos fatos sociais, as normas estabelecem limites, impõem restrições, excluem alternativas. O mínimo normativo, ora considerado, não se confunde com o fenômeno da anomia, pois não se cogita de ausência de normas ou em se deixar a descoberto áreas de interesse.

A fim de se permitir aos tribunais a adaptação do Direito às condições particulares, as normas jurídicas não devem ser rígidas, mas se apresentar com esquemas abertos e flexíveis. Tanto quanto o valor segurança jurídica permita, as decisões judiciais devem aplicar os critérios de equidade. Não se cogita, aqui, da apologia do Direito Livre, corrente que não prosperou na teoria jurídica. Enquanto esta preconizava a liberdade plena dos juízes na busca da solução justa, pensamos na ampliação das hipóteses de franquia ao Judiciário na adaptação das regras e princípios jurídicos às exigências de justiça do caso concreto" (Nader, *Filosofia do direito*, 1999, p. 237).

"homem mesmo". Está no próprio homem a chave para a liberdade ou para o despotismo, e é por isso que esta filosofia se assinala como uma filosofia humanista.

Em tal perspectiva, o existencialismo pode afirmar que, antes de se autorizar a crítica a dizer que o Direito é a pura e desprezível restrição do Estado, é ele já uma manifestação da liberdade humana. É possível optar por tipos de sistemas e por conteúdos normativos determinados.

Em outras palavras, trata-se de pesquisar os fundamentos da intersubjetividade dentro da existência mesma. Feito isto, reafirma-se o primado da liberdade do sujeito em face da possibilidade de exercício do arbitrário e do terror pelas instituições estatais; onde mora o despotismo, aí mora também uma organização que arrepia aos princípios existencialistas, por contrariar o primado da liberdade e de sua construção em sociedade.

Avesso às construções teóricas universalizantes e racionalistas, o existencialismo é uma proposta que se aferra à individualidade da vivência do sujeito, da perspectiva de respeitá-la e entendê-la enquanto algo circunstancial, individual e pleno de liberdade existencial.

Sem dúvida, sua maior preocupação é a de detectar quais as relações do sujeito com o que lhe cerca, e a partir de que fundamentos e com que limites se pode conceber a imposição de normas do exterior para o interior. Para o existencialismo, a justiça não é uma lição falaciosa, ou da qual se tenha que fugir, mas um valor pelo qual se tenha que lutar, e não que se possa subsistir sem ele. É da vivência que se extrai a justiça, é na vivência que se pode perceber a presença da justiça, é em vivência que se poderá construir o que seja a justiça, e, acima de tudo, praticá-la.

23

HANNAH ARENDT: PODER, LIBERDADE E DIREITOS HUMANOS

23.1 O PODER NÃO VIOLENTO

Hannah Arendt (1906-1975), filósofa judia nascida em Linden, na Alemanha, perseguida pelo nazismo e exilada nos Estados Unidos desde 1941, onde vem a falecer após largo trabalho em universidades americanas no campo da filosofia política, em especial na New School for Social Research de New York, elaborou uma definição de poder que foge aos padrões convencionais, e que tem como marca distintiva a não inclusão da violência como elemento constitutivo. Aliás, toda a sua obra é um imenso registro de luta conta o arbítrio do poder violento (*As origens do totalitarismo*; *Eichmann em Jerusalém*; *A condição humana*; *Homens em tempos sombrios*; *Entre o passado e o futuro*; entre outras). Assim:

> "Max Weber definiu o poder como a possibilidade de impor a própria vontade ao comportamento alheio. Hannah Arendt, ao contrário, concebe o poder como a faculdade de alcançar um acordo quanto à ação comum, no contexto da comunicação livre de violência. Ambos veem no poder um potencial que se atualiza em ações, mas cada um baseia-se num modelo de ação distinto."[1]

Na concepção arendtiana, a convivência pacífica entre os homens é o fator que propicia a ação conjunta e é esta ação que é geradora de poder. Como a própria Hannah Arendt conclui:

> "O único fator indispensável para a geração do poder é a convivência entre os homens. Todo aquele que, por algum motivo, se isola e não participa dessa convivência, renuncia ao poder e torna-se impotente, por maior que seja sua força e por mais válidas que sejam suas razões."[2]

Para Hannah Arendt, a geração do poder não é um trabalho,[3] mas a consequência da ação conjunta dos homens, a qual propicia, pelo discurso, a revelação de cada indivíduo em sua específica singularidade. A ação não violenta é a única forma de ação que possibilita o encontro dos homens pela palavra. A ausência de violência é necessária, pois, na atividade humana da ação, não se objetiva atingir determinado fim, mas a descoberta de uma meta

---

[1]   Habermas, Freitag e Rouanet. *Sociologia*. São Paulo: Ática, 1980. p. 34.

[2]   Arendt, *A condição humana*, 1992, p. 201.

[3]   Termo utilizado como uma das três atividades fundamentais da condição humana; as outras duas seriam: a ação e o labor. Para um estudo detalhado do tema, ver Arendt, *A condição humana*.

comum que sirva como elemento aglutinador. Quando a palavra é usada tão somente para atingir um fim específico, ela perde sua característica de revelação.

> "Isso ocorre sempre que deixa de existir convivência, quando as pessoas são meramente 'pró' ou 'contra' os outros, como ocorre, por exemplo, na guerra moderna, quando os homens entram em ação e empregam meios violentos para alcançar determinados objetivos em proveito de seu lado e contra o inimigo. Nessas circunstâncias, que naturalmente sempre existiram, o discurso transforma de fato em mera 'conversa', apenas mais um meio de alcançar um fim, quer iludindo o inimigo, quer ofuscando a todos com propaganda."[4]

Dessa forma, a não violência é requisito essencial para a geração do poder advindo do agir conjunto.

> "A violência destrói o poder, mas não o cria ou substitui, pois o poder, para ser gerado, exige a convivência, e a violência baseia-se na exclusão da interação/cooperação com os outros. Isso explica a combinação, que não é rara na experiência política, de violência e impotência, pois governantes e governados frequentemente não resistem à tentação de substituir o poder que está desaparecendo pela violência."[5]

23.2 O DESVIRTUAMENTO DO PODER E A VIOLÊNCIA

O poder pode ser dito algo inerente às estruturas sociais. Onde há sociedade, há poder. Contudo, à ideia de poder por vezes ocorre estar acoplada àquela outra de violência. A equivalência não é perfeita, entre as duas ideias, e nem mesmo a coincidência histórica pode fazer disso uma verdade. O que se há de dizer, no entanto, é que o poder violento, ou seja, a associação de poder com violência é já uma demonstração do desvirtuamento conceitual da ideia de poder.[6] Mais que isso, é já sinal de que o poder, que funciona na base de consensos e jogos de aceitação, encontra-se ameaçado de extinção, cedendo espaço para algo que lhe substitui, e que não depende de consentimento, mas da capacidade técnica de gerar sofrimento e submissão: a violência.

O poder, propriamente, deixa de existir, quando entra em ação um conjunto de aparatos cuja força representa uma aniquilação do poder de estar com, de discussão, de debate, de discurso, elementos que caracterizam o estar entre homens (*inter homines essere*). Ceder espaço ao advento da força é negar o princípio da ação e da busca de consensos por meio da ingerência de instrumentos de submissão e de abuso da condição humana:

---

[4] Arendt, Op. cit., p. 193.

[5] Lafer, *A reconstrução dos direitos humanos*: um diálogo com o pensamento de Hannah Arendt, 1988, p. 209-210.

[6] Poder é definido com os seguintes termos por Hannah Arendt: "O *poder* corresponde à habilidade humana não apenas para agir, mas para agir em concerto. O poder nunca é propriedade de um indivíduo; pertence a um grupo e permanece em existência apenas na medida em que o grupo conserva-se unido. Quando dizemos que alguém está 'no poder', na realidade nos referimos ao fato de que ele foi empossado por um certo número de pessoas para agir em seu nome. A partir do momento em que o grupo, do qual se originara o poder desde o começo (*potestas in populo*, sem um povo ou grupo não há poder), desaparece, 'seu poder' também se esvanece. Em seu uso corrente, quando falamos de um 'homem poderoso' ou de uma 'personalidade poderosa', já usamos a palavra 'poder' metaforicamente; aquilo a que nos referimos sem a metáfora é o 'vigor' [*strenght*]" (Arendt, *Sobre a violência*, 1994, p. 36).

"Aqueles que se opõem à violência com o mero poder rapidamente descobrirão que não são confrontados por homens, mas pelos artefatos humanos, cuja desumanidade e eficácia destrutiva aumentam na proporção da distância que separa os oponentes. A violência sempre pode destruir o poder; do cano de uma arma emerge o comando mais efetivo, resultando na mais perfeita e instantânea obediência. O que nunca emergirá daí é o poder" (Arendt, *Sobre a violência*, 1994, p. 42).

A potência que acompanha a violência é exatamente o que torna a sutileza da política algo de que se pode prescindir, algo de que se pode abrir mão, em momentos em que a violência predomina. Isso porque decisões acompanhadas de violência são pautadas pela capacidade de abafarem expectativas de contrariedade. Num confronto entre o poder e a violência, quem cede? Será que o poder e suas artimanhas complexas de atuação entre os homens são mais eficientes que a bala de canhão, ou que os incontáveis bandos de fanáticos dispostos a dar vida por um ideal, ou mesmo em função de ordens superiores?[7]

"Em um conflito frontal entre a violência e o poder, dificilmente o resultado é duvidoso. Se a estratégia da resistência não violenta de Gandhi extremamente poderosa e bem-sucedida, tivesse encontrado um inimigo diferente – a Rússia de Stalin, a Alemanha de Hitler e mesmo o Japão do pré-guerra, em vez da Inglaterra, o resultado não teria sido a descolonização, mas o massacre e a submissão" (Arendt, *Sobre a violência*, 1994, p. 42).

Já restou afirmado, com isso, portanto, que violência e poder não são a mesma coisa. Mas não basta. Deve-se grifar ainda que poder e violência são conceitos opostos, pois quando um está forte (poder consensual forte; violência e opressão absolutas), o outro está ausente (violência inativa; poder ineficaz e desacreditado).[8]

23.3 GANDHI E A NÃO VIOLÊNCIA

Defende-se a ideia de que, no decorrer do século XX, a personagem que exerceu, de forma prática, a teoria sobre o poder, de Hannah Arendt, foi Mahatma Gandhi. A não violência ocupa um papel central no pensamento político de Mahatma Gandhi; ele a define fazendo uso de uma palavra em sânscrito, *ahimsa*:

"O *ahimsa* é a base da busca da Verdade. Todos os dias percebo que a busca é vã, a menos que seja apoiada no *ahimsa*. É apropriado oferecer resistência e atacar um sistema, mas oferecer resistência e atacar seu autor é equivalente a oferecer resistência e atacar a si próprio. Pois somos todos farinha do mesmo saco, e filhos do mesmo Criador, e portanto os poderes divinos em nós são infinitos. Menosprezar um único

---

[7] "Politicamente, o ponto é o de que com a perda do poder torna-se uma tentação substituí-lo pela violência – em 1968, durante a Convenção Democrática, em Chicago, pudemos assistir a este processo pela televisão –, e esta violência por si mesma resulta em impotência" (Arendt, *Sobre a violência*, 1994, p. 43).

[8] "Para resumir: politicamente falando, é insuficiente dizer que poder e violência não são o mesmo. Poder e violência são opostos; onde um domina absolutamente, o outro está ausente. A violência aparece onde o poder está em risco, mas, deixada a seu próprio curso, ela conduz à desaparição do poder. Isto implica ser incorreto pensar o oposto da violência como a não violência; falar de um poder não violento é de fato redundante" (Arendt, *Sobre a violência*, 1994, p. 46).

ser humano é menosprezar aqueles poderes, e assim prejudicar não apenas aquele ser, mas também o mundo inteiro."[9]

Gandhi criou o termo *satyagraha*, formado da união de duas palavras sânscritas, *satya* (verdade) e *agraha* (estar conectado), para definir sua doutrina política. Ele deixa claro que a *ahimsa* é a forma de ação da *satyagraha* e que esta diferencia-se de modo radical da resistência passiva:

> "Satyagraha, then is literally holding on to Truth and it means, therefore, Truth-force. Truth is soul or spirit. It is therefore, know as soul force. It excludes the use of violence, because man is not capable of knowing the absolute truth and, therefore, to punish. The word was coined in South Africa to distinguish the nonviolante resistance of The Indians of South Africa from the contemporary 'passive resistance' of the suffragettes and others. It is not conceived as a weapon of the weak.
>
> For the past thirty years I have been preaching and practicing *Satyagraha*. The principles of Satyagraha, as I know it today, constitute a gradual evolution. *Satyagraha* differs from Passive Resistance as the North Pole from the South. The latter has been conceived as a weapon of the weak and does not exclude the use of physical force or violence for the purpose of gaining one's end, whereas the former has been conceived as a weapon of the strongest and excludes the use of violence in any shape or form... In the application of *Satyagraha* I discovered in the earliest stages that pursuit of truth did not admit of violence being inflicted one one's opponent but that he must be weaned from error by patience and sympathy. For what appears to be truth to the one may appear to be error to the other. And patience means self-suffering. So the doctrine came to mean vindication of truth not by the infliction of suffering on the opponent but on one's self."[10]

A finalidade da doutrina da *satyagraha* é a conquista da libertação tanto coletiva, como individual. O termo usado por Gandhi para expressar essa libertação é: *swaraj*. Essa palavra sânscrita significa, literalmente, liberdade. E tem uma conotação espiritual, significando a liberdade da ilusão, do temor e da ignorância, o que implica um autoconhecimento e um domínio de si próprio. Gandhi aplica a ideia dessa libertação espiritual do indivíduo para o campo da libertação política coletiva.

---

[9] Gandhi, *Autobiografia:* minha vida e minhas experiências com a verdade, 1999, p. 244.

[10] Apud Dalton, *Mahatma Gandhi nonviolent power in action,* 1993: "SATYAGRAHA é literalmente agarrar-se à verdade e isso significa, portanto, a força da verdade que vem da alma ou espírito. Isso exclui o uso da violência, porque o homem não é capaz de punir conhecendo a força absoluta da verdade. Essa palavra foi cunhada na África do Sul para distinguir a resistência não violenta dos indianos da África do Sul da contemporânea "resistência passiva" dos eleitores e outros. Ela não foi concebida como uma arma do fraco.

Pelos últimos 30 anos eu venho pregando e praticando SATYAGRAHA. Os princípios da Satyagraha, como eu os concebo hoje, constituem uma evolução gradual. SATYAGRAHA difere da resistência passiva como o Polo Norte do Sul. Essa última foi concebida como uma arma do fraco e não exclui o uso da força física ou violência com o propósito de alcançar determinado fim, enquanto que a SATYAGRAHA foi concebida como uma arma forte e exclui o uso de violência em qualquer forma ou feitio.

Na prática do SATYAGRAHA eu descobri nos primeiros momentos que a busca da verdade não admite que a violência seja utilizada contra um oponente, mas que ele deve ser avisado de seu erro pela paciência e simpatia. Porque o que parece ser verdade para um pode ser erro para outro, e paciência significa autossofrimento. Assim, essa doutrina pretende ligar-se à verdade não pela inflingência de sofrimento em seu oponente, mas nele mesmo."

Cap. 23 · HANNAH ARENDT: PODER, LIBERDADE E DIREITOS HUMANOS | **369**

Embora muitos classifiquem Gandhi como um dos idealizadores da desobediência civil, ele foi muito mais do que isso. O que ocorre é que, em algumas ocasiões, a doutrina política do *satyagraha* assume a forma de uma campanha de desobediência civil.

Um dos grandes momentos da vida de Gandhi como líder político, na Índia, foi a Marcha do Sal, também conhecida como a Marcha de Dandi. Esse movimento popular foi uma campanha de desobediência civil que mobilizou toda a Índia, no ano de 1930.

> "En tanto que la desobediencia común es un acto que desintegra el ordenamiento y, por esa razón, há de ser evitada o reprimida para devolver aquél a su estado primitivo, la desobediencia civil es un acto que pretende en última instancia cambiar el ordenamiento; es en definitiva, un acto no distributivo, sino inovador. Se llama 'civil' precisamente porque quien la pratica no cree transgredir los deberes que impone la ciudadanía; por el contrário, se tiene por mejor ciudadano desobedeciendo en esa precisa circunstancia. Por esse carácter demonstrativo y esta finalidad innovadora, el acto de desobediencia civil tiende a darse el máximo de publicidad."[11]

Gandhi tinha clara ciência dessa necessidade, tanto é assim que, antes de iniciar a campanha, escreve uma carta ao Viceroy, Lord Edward Irwin, contando detalhes da futura marcha.

No dia 12 de março de 1930, aos 60 anos de idade, Gandhi parte de Dandi, uma pequena vila localizada na província de Gujarat, ao oeste da Índia, acompanhado de 78 seguidores. O objetivo dessa marcha era protestar contra a taxa que incidia sobre a coleta do sal. Conforme a regulamentação do *Indian Salt Act*, de 1882, a representação do governo britânico, na Índia, assumiu o monopólio da coleta e da manufatura do sal. Os depósitos de sal foram controlados pelo governo britânico, que cobrava uma taxa de 46 *cents* para cada *maund* (82 libras); isso equivalia a um imposto pesadíssimo para o povo indiano.

Gandhi escolheu o sal como objeto da marcha porque era um artigo de primeira necessidade das camadas populares e oprimidas da população indiana.

Ele mesmo teceu o seguinte comentário:

> "Next to air and water, salt is perhaps the greatest necessity of life. It is the only condiment of the poor...There is no article like salt outside water by taxing wich the state can reach even the starving millions, the sick, the maimed and the utterly helpless. The tax constitutes therefore the most inhuman poll tax that ingenuity of man can devise."[12]

A desobediência civil foi iniciada por Gandhi, que desafiou o monopólio do governo britânico e desrespeitou a lei, ao simplesmente coletar sal natural da costa da Índia, no dia 6 de abril de 1930.

> "Thousands of people followed him and so sanctified themselves, an extraordinary sight beyond description. Finally, at 6:30, Gandhi stopped on the shore and picked up

---

[11] Bobbio, *El tercero ausente*, 1997, p. 117.

[12] Dalton, Op. cit., p. 100, "Próximo do ar e da água, o sal é talvez a maior necessidade da vida. Este é o único condimento do pobre. Não existe nenhum artigo como o sal (com exceção da água), pelo qual, ao taxá-lo, o Estado possa atingir mesmo os milhões de famintos doentes, completamente miseráveis e mutilados. Essa taxa constitui portanto a mais inumana taxa que a ingenuidade do homem poderia imaginar."

the symbolic salt and so offered civil disobedience. The deed was done. 'With this', he said, 'I am shaking the foundations of the British Empire'. A sweeping claim to be sure, but by the end of the year, more than 60.000 Indians (by government estimate) suffered imprisionment for committing an act no more or less than this."[13]

A marcha inicial, em Dandi, foi acompanhada por milhares de outros seguidores, nos mais diversos pontos do território indiano, e intensificou-se, no dia 5 de maio de 1930, como consequência da prisão de Gandhi. Segundo fontes históricas, houve mais de 5.000 (cinco mil) reuniões que aglomeraram, no mínimo, 5.000.000 (cinco milhões) de pessoas. Gandhi percorreu a pé mais de 500 km, durante 24 dias. A campanha só veio a terminar um ano depois, quando Gandhi e o Lord Eward Irwin, o Viceroy, mantiveram negociações diretas.

Ao eleger a *ahimsa* (não violência) como princípio de ação, Gandhi opta, sem a menor sombra de dúvida, por uma ética de princípios, já que a conquista do resultado, por mais importante que seja, não justifica, em hipótese alguma, a violação da integridade psicofísica do ser humano. Ora, a *satyagraha*, doutrina política de Gandhi, tem como objetivo a libertação (*swaraj*), que só poderá ser conquistada pela ação não violenta. Dessa forma, o raciocínio de meios e fins perde a razão de ser, já que a forma de ação não violenta integra a finalidade que surge paulatinamente.[14]

A ação política gandhiana é simples e inovadora. Gandhi estabelece, com clareza, os três pontos fundamentais de sua prática: um princípio da ação, uma forma de luta e um objetivo a ser alcançado. O princípio da ação é a não violência *(ahimsa)*; a forma de luta (*satyagraha*) apresenta diversos métodos (greve, desobediência civil, jejum etc.) e tem elementos permanentes: um criterioso exame dos fatos e um apelo de entendimento ao adversário e, logo após, o exercício da não violência ativa para tentar evidenciar a injustiça da situação. O objetivo a ser alcançado é a libertação coletiva e individual (*swaraj*). Esses três pontos são interdependentes: *ahimsa* é o motor da *satyagraha*, e a *satyagraha* é o meio de se atingir *swaraj*. Gandhi tem plena consciência de sua responsabilidade instancial; ele não age como um líder autoritário, mas lidera pelo exemplo, praticando, do modo mais rigoroso possível, a teoria por ele criada. Esse exemplo e os pontos essenciais da teoria gandhiana serão fonte de inspiração para os mais diversos pensadores e ativistas, entre eles o brasileiro Mário Carvalho de Jesus, o italiano Aldo Capitini, o Papa João XXIII, Marthin Luther King (Nobel da Paz – 1964), Dalai Lama.

---

[13] Ibidem, p. 115. "Milhares de pessoas seguiram-no e também santificaram-se a si próprias, um extraordinário sinal além de qualquer descrição. Finalmente, às 6:30 Gandhi parou na costa e, simbolicamente, pegou o sal, concretizando a desobediência civil. 'Com esse ato – disse Ghandi –, eu estou balançando as fundações do Império Britânico.' Uma reivindicação para não deixar dúvidas, mas, até o final do ano, mais de 60.000 indianos (segundo estimativas do governo) foram aprisionados por imitarem esse gesto de Gandhi."

[14] Parekh, *Gandhi: past masters*, 1997, p. 38. "Finalmente, para Gandhi, a dicotomia meios e fins, que está na essência da maior parte das teorias sobre a violência, é falsa. Na vida humana, os assim chamados *meios* constituem-se não de implementos ou brinquedos inanimados, mas de ações humanas, e por definição não podem estar fora da jurisdição da moralidade. Além disso, o método de lutar por um objetivo não só apenas externo, mas uma parte do todo. Todo passo na direção de um desejo formava seu caráter, e o máximo de cuidado deveria ser tomado, pois do contrário isso poderia distorcer ou danificar o objetivo. O objetivo não existia no final de uma série de ações realizadas para atingi-lo; elas o esboçam desde os primeiros momentos. Os assim chamados *meios* eram realmente os fins numa forma embrionária, como sementes, das quais os assim chamados fins eram um fluir natural. Desde que isso era assim, a luta por uma sociedade justa não pode ser conduzida por meios injustos."

23.4 LIBERDADE ARENDTIANA

Existe outro termo do pensamento político arendtiano que é exercitado na ação gandhiana, qual seja: liberdade. "Os homens *são* livres – diferentemente de possuírem o dom da liberdade – enquanto agem, nem antes, nem depois; pois *ser* livre e agir são a mesma coisa."[15]

Para Hannah Arendt liberdade não equivale a livre-arbírio, mas está identificada à esfera da ação equivalendo a soberania; os homens e mulheres tornam-se livres, ao exercitarem a ação e decidirem, em conjunto, seu futuro comum.

> "Quando a liberdade se tornou livre-arbítrio. Desde então, a liberdade tem sido um problema filosófico de primeiro plano, e, como tal, foi aplicada ao âmbito político, tornando-se assim, também, um problema político. Devido ao desvio filosófico da ação para a força de vontade, da liberdade como um estado de ser manifesto na ação para o *liberum arbitrium,* o ideal de liberdade deixou de ser o virtuosismo, no sentido que mencionamos anteriormente, tornando-se a soberania, o ideal de um livre arbítrio, independentemente dos outros e eventualmente prevalecendo sobre os outros."[16]

O conceito de soberania pode ser definido, de modo breve e sintético, enquanto o poder de decidir em última instância. No Estado Absoluto, o rei era o soberano absoluto, detinha todo o poder de decisão, nada o limitava. Daí a famosa e conhecida frase de Luís XIV "L'État c'est moi". Após a Revolução Francesa (1789) a soberania "real" é substituída pela soberania popular ("todo poder emana do povo e em seu nome será exercido"). Uma nova arquitetura política é erigida, o povo elege seus representantes, tanto para o Poder Executivo, como para o Poder Legislativo, e eles é que serão os responsáveis pelo efetivo exercício do poder de decisão,[17] em última instância; a soberania trocou de mãos, do rei passou para o povo, todavia, efetivamente, continua a ser exercida por poucos.

Ao explicitar sua noção de liberdade, Hannah Arendt recorre à *polis* grega; lá é o espaço no qual a liberdade pode manifestar-se:

> "A *polis* grega foi outrora precisamente a 'forma de governo' que proporcionou aos homens um espaço para aparecimento onde pudessem agir – uma espécie de anfiteatro onde a liberdade podia aparecer (...)
>
> Se entendemos então o político no sentido da *polis*, sua finalidade ou *raison d'être* seria estabelecer e manter em existência um espaço em que a liberdade, enquanto virtuosismo, pudesse aparecer."[18]

Assim, a concepção de poder arendtiana tem como elemento essencial a não violência; essa definição ajusta-se à ideia de liberdade enquanto campo do exercício da ação. A liberdade, entendida dessa forma, não é funcional, ou seja, seu exercício não pressupõe determinado fim. Como na *satyagraha* de Gandhi, sua prática é uma tentativa da busca da verdade, a qual não está predeterminada, mas surge, paulatinamente, durante a prática. O mesmo ocorre com a liberdade "arendtiana"; ela é um meio para tornar a ação efetiva, daí podendo resultar diversas

---

[15]   Arendt, *Entre o passado e o futuro*. 3. ed., 1992, p. 199.

[16]   Arendt, Op. cit. p. 211.

[17]   Note-se que, na passagem da soberania "real" para a soberania popular, surge um novo termo: o Estado de Direito, pois o exercício da soberania popular encontra-se limitado pela lei.

[18]   Arendt, H. Op. cit., p. 201.

consequências. Essa concepção difere, radicalmente, da ideia de soberania, que tem um fim explícito em sua conceituação, qual seja: a decisão em última instância.

> "Onde os homens aspiram a ser soberanos, como indivíduos ou como grupos organizados, devem submeter-se à opressão da vontade, seja esta a vontade individual com a qual obrigo a mim mesmo, seja a 'vontade geral' de um grupo organizado. Se os homens desejam ser livres, é precisamente à soberania que devem renunciar."[19]

Para manter a possibilidade da prática da liberdade, os seres humanos devem preservar o espaço público. Esse espaço, para ser preservado, requer a manutenção de um direito mínimo, a cidadania, que Hannah Arendt chamou de "o direito a ter direitos". O exercício da cidadania é o "meio criador" do espaço público que torna possível a liberdade.

23.5 LIBERDADE, AGIR COMUM E VIOLAÇÃO DOS DIREITOS HUMANOS

A Alemanha nazista impossibilitou o exercício da cidadania para todos seus habitantes, constituindo-se num Estado Totalitário. Para impedir o surgimento do totalitarismo uma das ações fundamentais é a preservação do "direito a ter direitos".

O primeiro passo para o desrespeito à cidadania dos judeus, na Alemanha nazista, foi uma campanha de desnacionalização.

A nacionalidade é um vínculo jurídico que une o ser humano a determinado Estado. É uma relação estabelecida pelo Direito interno, correspondendo a cada Estado determinar o modo de aquisição, perda e reaquisição da nacionalidade.

A Corte Internacional de Justiça assim define nacionalidade:

> "*A nacionalidade é um vínculo legal que tem sua base no fato social do enraizamento, uma conexão genuína de existência, interesses e sentimentos, junto com a existência de direitos e deveres recíprocos.*"

Nem todo nacional é um cidadão, mas todo cidadão é um nacional. A criança ou o adolescente que ainda não estão no gozo de seus direitos civis e políticos, que não estão em condições de exercer a cidadania em sua plenitude, são nacionais, pois adquiriram a nacionalidade no momento de seu nascimento, mas ainda não são cidadãos no exercício integral de seus direitos e deveres.

Antes do surgimento do Direito Internacional dos Direitos Humanos (DIDH), a nacionalidade era uma condição prévia para o exercício da cidadania. Dessa forma, o apátrida, que não possui nenhuma nacionalidade, era considerado como um não cidadão. O que implicava o não reconhecimento de seus direitos.

Ora, é o surgimento do DIDH que reintegra o apátrida ao mundo do direito. A *Convenção sobre o Estatuto dos Apátridas*, de 1954, assim o define: "aquele que não é considerado como cidadão por nenhum Estado na aplicação de suas leis".

O fato de o apátrida, em virtude de não possuir nacionalidade, não ser reconhecido como cidadão por nenhum Estado, não o impede de exercer seus direitos de cidadania em outro país. No sistema do DIDH, o apátrida não perde seus direitos fundamentais, continua podendo exercer os seguintes direitos, em pé de igualdade com os nacionais do país no qual reside: liberdade de praticar sua religião e a educação religiosa de seus filhos, acesso aos tribunais,

---

[19] Ibidem, p. 213.

Cap. 23 · HANNAH ARENDT: PODER, LIBERDADE E DIREITOS HUMANOS | **373**

ensino elementar, assistência e socorro públicos, legislação do trabalho e seguros sociais. Na mesma situação dos estrangeiros, exerce direito de associação, emprego remunerado, trabalho autônomo, exercício de uma profissão liberal, moradia.

Com relação ao apátrida, o Estado compromete-se a: expedir documentos de identidade, documentos de viagem, respeitar o princípio do *non-refoulement* e facilitar sua naturalização. A Declaração Universal de Direitos Humanos (1948) estabelece:

> "Artigo XV – 1. Toda pessoa tem direito a uma nacionalidade.
>
> 2. Ninguém será arbitrariamente privado de sua nacionalidade, nem do direito de mudar sua nacionalidade."

O genocídio perpetrado pela Alemanha nazista contra o povo judeu foi o ato final de um processo histórico de exclusão social que teve, em seu início, diversas medidas judiciais que inviabilizaram o exercício da cidadania por parte dos judeus. A lei de Nuremberg, de 15 de setembro de 1935, preservou a nacionalidade alemã dos judeus, mas retirou-lhes o *status* de cidadão. Essa lei transformou os judeus, que se refugiaram em países vizinhos, em estrangeiros de segunda categoria, pois, tendo perdido a cidadania, não podiam valer-se da proteção de seu Estado; tal medida transformou esses judeus em apátridas de fato. Em outubro de 1938, carteiras de identidade com a impressão da letra "J", para comprovar a origem judaica de seu portador, substituíram os passaportes dos judeus. A lei de nacionalidade do Reich, de 25 de novembro de 1941, privou da nacionalidade alemã os judeus que residiam fora do território da Alemanha.

Processos de desnacionalização continuam a ocorrer até os dias atuais. É o caso do Butão, pequeno país asiático entre a China e a Índia, que, em virtude de uma campanha de desnacionalização, privou da nacionalidade butanesa toda uma etnia, gerando, em consequência, mais de 100.000 refugiados, provisoriamente instalados em campos de refugiados no Nepal.

Hannah Arendt apresenta o trecho de um jornal nazista revelador do real objetivo da campanha de discriminação contra os judeus:

> "O jornal oficial da SS, o *Schwartze Korps*, disse explicitamente em 1938 que, se o mundo ainda não estava convencido de que os judeus eram o refugo da terra, iria convencer-se tão-logo, transformados em mendigos sem identificação, sem nacionalidade, sem dinheiro e sem passaporte, esses judeus começassem a atormentá-los em suas fronteiras."[20]

Mais do que a perda da nacionalidade alemã, o grande empecilho para os judeus na Alemanha nazista foi a impossibilidade do exercício da cidadania. Mesmo que possuíssem um vínculo jurídico que os ligasse ao Estado alemão, esse vínculo, por não ser respeitado de fato, transformava os judeus em não cidadãos tanto na Alemanha, como na Comunidade Internacional, o que os privava da proteção jurídica de seu próprio país.

A definição de refugiado da *Convenção Relativa ao Estatuto dos Refugiados Provenientes da Alemanha*, de 1938,[21] ajuda-nos a compreender esse ponto:

> "1. Para os propósitos da presente Convenção, o termo 'refugiado proveniente da Alemanha' deve ser aplicado a:

---

[20] Arendt, *As origens do totalitarismo*, 1998, p. 302.

[21] Essa *Convenção,* elaborada pelo Alto Comissariado para os Refugiados (judeus e outros) provenientes da Alemanha só foi assinada por três países e, portanto, nunca entrou em vigor.

a) Pessoas que não possuam ou que possuíram nacionalidade alemã e que comprovadamente não gozem de direito ou de fato, da proteção do governo alemão;

b) Apátridas não vislumbrados por Convenções e Acordos pretéritos, que partiram do território alemão depois de lá terem se estabelecido, e que comprovadamente não gozem, de direito ou de fato, da proteção do governo alemão.

2. Pessoas que partiram da Alemanha por razões de pura conveniência pessoal não estão incluídas nesta definição."

A condição essencial para o reconhecimento de um ser humano como sujeito de direito, no sistema do DIDH, deixa de ser seu vínculo jurídico com determinado Estado ou seu *status* jurídico de cidadão e passa a ser sua existência como ser humano. O simples fato da existência vincula o homem, a mulher e a criança à ordem jurídica internacional. Essa é a "novidade" do Direito Internacional dos Direitos Humanos: o ser humano passa a ser sujeito de direito na ordem internacional. Tal fato amplia o espaço público, pressuposto do exercício da liberdade, que não está mais reduzido a "cidade-estado" dos gregos, mas amplia-o para o espaço do mundo.

CONCLUSÕES

Hannah Arendt, ao prescindir da violência como elemento de definição do exercício do poder e instituir uma discussão sobre o poder como consenso participativo e dialogal, inaugura uma nova forma de pensar a política. Esta deixa de ser vista como algo utilitário, com interesse de alcançar determinado fim. Assim, transforma-se no exercício da construção do espaço público, espaço no qual manifestar-se-á a singularidade de cada ser no momento da ação. Essa manifestação conjunta do agir traçará os nortes da vida coletiva daquela específica comunidade. Significa dizer: onde há política, há espaço público; onde há espaço público, há diálogo; onde há diálogo, há direitos.

A ação política gandhiana e o Direito Internacional dos Direitos Humanos, ao tornarem imprescindível a manutenção do espaço da ação, são exemplos paradigmáticos da tentativa de construção desta nova política, delineada por Hannah Arendt, não um instrumento de controle e opressão, mas uma senda para libertação de cada um e de todos nós. É, portanto, no campo da ação, garantido pela política, que se realiza a liberdade.

24
JOHN RAWLS:
ÉTICA, INSTITUIÇÕES, DIREITOS E DEVERES

24.1 JUSTIÇA COMO EQUIDADE

As reflexões que se propõem a respeito de John Rawls (1921-2002) estão basicamente lastreadas em seu marcante escrito intitulado *Uma teoria da justiça* (*A theory of justice*, Harvard University Press, 1971). Este escrito, na verdade, representa a condensação de inúmeros artigos que movimentaram a opinião deste marcante professor titular da Harvard University, Cambridge, Massachusetts, Estados Unidos, em seu sacerdócio intelectual dentro da teoria do Direito; na verdade, trata-se de uma obra que é o resultado de inúmeras pesquisas, publicadas como artigos autônomos e anteriores, desenvolvidas pelo autor, que foram reunidas num único livro que trata sistematicamente do tema da justiça.[1] Esse texto, portanto, engloba discussões contidas em *Justice as fairness* (1958), *Distributive justice* (1967), *Distributive justice: somme addenda* (1968), *Constitucional liberty* (1963,) *Civil obedience* (1966), *The sense of justice* (1963). É necessário dizer que a tradução portuguesa de 1990, com versão de 1993, é aquela que serve de base para essa leitura, e isso porque nela já se incluem correções de ideias, aperfeiçoamentos de críticas dirigidas à edição original e diálogos de Rawls principalmente com H. L. A. Hart. Certamente, este é seu mais importante escrito, mas não o único de destaque, considerando-se a importância alcançada pelo polêmico texto de 1999, *The law of people*.

Seus propósitos são claros, absolutamente claros, na medida em que se ferramenta para discutir e desbancar o intuicionismo e o utilitarismo.[2] Ao mesmo tempo que estabelece essa frente de combate, não adere a qualquer postulado perfeccionista, segundo o qual a sociedade

---

[1] Paul Ricoeur, retraçando aspectos de sua biografia, diz mesmo que é a partir de 1957 que se passa a constituir passo a passo a teoria da justiça de Rawls: "C'est en 1957 que paraît le premier texte de John Rawls expressément intitulé Justice as Fairness. C'est autour de ce noyau que se constitue, couche par couche, l'épais volume intitulé A theory of justice, publié à Harvard en 1971" (Ricoeur, *Le juste*, 1995, p. 99).

[2] Em suas palavras: "O meu objetivo é produzir uma teoria da justiça que represente uma alternativa ao pensamento utilitário em geral e, portanto, às suas diversas versões" (Rawls, *Uma teoria da justiça*, 1993, p. 40). Assim, engloba-se Sidgwick, Hume Smith, Bentham. Sua teoria erige um método teórico, que não é nem o puro utilitarismo e nem o intuicionismo irracional: "Na minha interpretação, o princípio da utilidade na sua forma clássica define o bem como a satisfação do desejo, ou, talvez melhor, como a satisfação do desejo racional. Isto está de acordo com os pontos essenciais da teoria e fornece dela, creio, uma interpretação correta" (Ibidem, p. 43). Este é o utilitarismo. "L'utilitarisme est en effet une doctrine téléologique dans la mesure où il définit la justice par la maximisation du bien pour le plus grand nombre" (Ricoeur, *Le juste*, 1995, p. 74). "Uma vez atingido um certo nível de generalidade, o intuicionismo defende que não há um critério construtivo de parâmetro superior para determinar a relevância adequada dos diversos princípios da justiça concorrentes" (Ibidem, p. 49). Este é o intuicionismo. Rawls tentará o balanço, nem recorrendo somente a um, nem a outro, mas aos dois: "Sem dúvida que qualquer concepção da justiça deve, em alguma medida, confiar na intuição. Apesar disso devemos fazer o possível para reduzir o apelo direto aos nossos juízos refletidos" (Ibidem, p. 54).

CURSO DE FILOSOFIA DO DIREITO • Bittar / Almeida

dever-se-ia guiar pelo que é melhor para o homem. E, ainda que haja fortes traços de economicidade em suas proposições teóricas, o que se há de dizer é que também qualquer sistema econômico está baseado em uma ideia de justiça.[3] Isso porque, devemos dizer desde já, não há justiça sem moral, política ou economia, para Rawls.[4]

A análise do referido texto inicia-se com duas ponderações necessárias. A primeira, segundo a qual a noção de equidade (*fairness*) está a reger todo o espectro de reflexões introduzido por Rawls em torno da questão da justiça. Sua teoria da justiça é uma teoria da justiça como equidade, e o conceito de equidade aqui possui suas peculiaridades.[5] A equidade dá-se quando do momento inicial em que se definem as premissas com as quais se construirão as estruturas institucionais da sociedade.[6] A segunda, de acordo com a qual John Rawls concebe sua teoria[7] com uma matriz bem determinada, a do contratualismo (Locke, Rousseau, Kant).[8] E, não sendo ele o único neocontratualista contemporâneo,[9] é mister que fiquem nuançadas suas características teóricas mais marcantes por meio dessa pesquisa. É dela que se abeira para reformular seus cânones; é nela que busca inspiração para a grade dos conceitos que explora com desenvoltura e propriedade, em meio ao contratualismo contemporâneo.[10]

---

[3] "Uma doutrina da economia política tem de incluir uma concepção do bem público que seja baseada numa concepção da justiça" (Ibidem, p. 210).

[4] "Dado que as estruturas econômicas têm estes efeitos e que, na verdade, os devem ter, a sua escolha implica uma visão do bem humano e da concepção das instituições que permitem realizá-lo. Esta escolha deve, pois, ser feita com fundamentos políticos e morais, bem como econômicos" (Ibidem, p. 210). É evidente também o comprometimento desse tipo de proposta teórica com os arcanos político-sociais: "Deste modo, uma concepção completa da justiça não só é capaz de apreciar leis e medidas políticas mas também de hierarquizar os processos políticos que selecionam qual a opinião política que é transformada em lei" (Ibidem, p. 163).

[5] Pouco se relaciona este estudo da equidade com aquela concepção de equidade dada pela teoria aristotélica, por exemplo, em que se encontra definida como um corretivo da lei: "Como algo superior a um tipo de justiça, à justiça legal (*díkaion nomimón*), e utilizada como corretivo da mesma (*epanpthoma nomímou dikaíou*)" (Bittar, *A justiça em Aristóteles*, 1999, p. 130).

[6] Assim, equidade representa: "Isto explica a propriedade da designação justiça como equidade: ela transmite a ideia de que o acordo sobre os princípios da justiça é alcançado numa situação inicial que é equitativa" (Ibidem, p. 34).

[7] "É necessário salientar que pelo menos nas suas fases iniciais uma teoria da justiça é precisamente isso, ou seja, uma teoria. Uma teoria da justiça está sujeita às mesmas regras metodológicas que se aplicam a todas as outras. As definições e análises de significado não têm um lugar especial: a definição é apenas um instrumento utilizado na construção da estrutura geral da teoria" (Ibidem, p. 60).

[8] As pretensões teóricas: "O meu objetivo é apresentar uma concepção da justiça que generaliza e eleva a um nível superior a conhecida teoria do contrato social, desenvolvida, entre outros, por Locke, Rousseau e Kant" (Ibidem, p. 33).

[9] "Entre os contratualistas definidores contemporâneos contar-se-á, provavelmente, David Gauthier, que define o que é justo em termos do que se espera que seja agradável para as partes racionais em certas circunstâncias hipotéticas, e Tim Scanlon, que define o que é justo como base para um acordo geral, não forçado, entre pessoas informadas. Por outro lado, autores como Jurgen Habermas não chegam a definir-se quanto à questão de saber se o contrato de que falam se relaciona de uma forma heurística ou definidora com a justiça" (Kuhatas, Pettit, Rawls, *Uma teoria da justiça e os seus críticos*, 1995, p. 46).

[10] "Comparando os meados do século com épocas anteriores, é realmente extraordinário notar que não havia personalidade, texto ou sequer disciplina que pudessem reinvidicar a qualidade de continuadores dos grandes do passado. Havia muitos estudiosos de Maquiavel, Hobbes, Rousseau, Montesquieu, Mill e outros, mas poucos faziam o que esses pensadores fizeram, poucos aceitavam o desafio da teoria política. É provável que o último grande teórico político tenha sido Henry Sidgwick" (Ibidem, p. 17).

Nessa medida, pensar a justiça com John Rawls é pensar em refletir acerca do justo e do injusto das instituições.[11] Qual seria a melhor forma de administrar a justiça de todos senão por meio das instituições sociais? Não se quer tratar do fenômeno na esfera da ética de cada indivíduo, da ação humana individualmente tomada, das concepções plúrimas que se possam produzir sobre a justiça,[12] o que não deixa de ser considerado relevante; quer-se, pelo contrário, disseminar a ideia de que a justiça das instituições é que beneficia ou prejudica a comunidade que a elas se encontra vinculada. Uma sociedade organizada é definida exatamente em função da organização de suas instituições, sabendo-se que estas podem ou não realizar os anseios de justiça do povo ao qual se dirigem.[13]

Nesse sentido, a justiça figura como a virtude primeira de todas as instituições sociais, ou seja, aquilo que a verdade é para a ciência, deve a justiça ser para as instituições sociais. Isso significa dizer que uma sociedade bem organizada possui a máxima aderência de suas partes contratantes não por outro critério senão pela justiça que se encontra traduzida nas estruturas institucionais da sociedade. A ciência que se distancia da verdade passa a cavar seu próprio destino: o desaparecimento. As instituições sociais, da mesma forma, devem almejar, mas não só, devem realizar a justiça por meio de sua quadratura institucional.

As instituições são fundamentalmente o que internamente, em seu sistema estrutural, preveem como regras, que podem ser justas ou injustas.[14] Quando se discute a questão da justiça das instituições, deve-se dizer que não é porque uma regra isolada ou um conjunto de regras isoladas sejam injustas que a instituição pode ser qualificada de injusta.[15]

Tocar nesse aspecto é tocar na questão de como os direitos e os deveres são distribuídos em sociedade, pois as instituições têm por meta exatamente isso. Alguns possuem mais direitos e outros estão sobrecarregados de deveres? Alguns se favorecem das estruturas sociais para garantirem seu bem-estar pessoal? Todos têm igual acesso a benefícios socialmente reconhecidos e coletivamente garantidos? Essas são, de fato, as questões com as quais pretende John Rawls lidar por meio de sua teoria.[16] Em poucas palavras, trata-se de estudar como a justiça se faz nas estruturas básicas de uma sociedade, e propor um modelo que explique e que mostre como isso se realiza, ainda que de modo deontológico.

---

[11] "Alors qu'avec Kant l'idée du juste s'applique d'abbord aux relations de personne à personne, avec Rawls la justice s'applique d'abbord aux instituttions – elle est la vertu par excellence des instituttions – et seulement à titre secondaire aux individus et aux États-nations considérés comme des individus sur la scène de l'histoire" (Ricoeur, *Le juste*, 1995, p. 72).

[12] Se trata menos de estudar o que é de interesse de cada parte contratante que adere ao pacto social, e muito mais de estudar o que é de interesse comum a todas as partes: "Assim, é natural que se considere que o conceito de justiça é distinto das várias concepções da justiça, sendo definido pelo papel que estes diversos conjuntos de princípios, as diferentes concepções da justiça, desempenham em comum" (Rawls, *Uma teoria da justiça*, 1993, p. 29).

[13] "Pode considerar-se que uma concepção pública da justiça constitui a regra fundamental de qualquer associação humana bem ordenada" (Ibidem, p. 28).

[14] "Uma instituição existe em um certo lugar e momento, quando as ações por ela executadas, de acordo com o entendimento público de que se deve obedecer ao sistema de regras que a define" (Ibidem, p. 64).

[15] "A justificação desta distinção é que uma ou mais regras de uma organização podem ser injustas sem que a instituição em si mesma o seja" (Ibidem, p. 65).

[16] O que confirma isso é a seguinte afirmação: "O nosso tema, no entanto, é a justiça social. Para nós, o objeto primário da justiça é a estrutura básica da sociedade, ou mais exatamente, a forma pela qual as instituições sociais mais importantes distribuem os direitos e deveres fundamentais e determinam a divisão dos benefícios da cooperação em sociedade" (Ibidem, p. 30).

As questões da distribuição e da participação na distribuição encontram particular importância nesse contexto.[17] Tudo isso, portanto, conduz o leitor ao universo da justiça social e seus meandros.[18] Existe a necessidade de dizer que é num sistema único de cooperação que se pode inserir a preocupação com a questão da justiça social.[19]

É com atenção a esse espectro de pesquisa do tema que Rawls faz de seu neocontratualismo uma proposta de re-início na avaliação do tema da justiça. Como definir a justiça nas estruturas sócio-institucionais ignorando o pacto inicial da sociedade? Fundamentalmente, seu conceito de justiça resgata a noção de contratualismo do século XVII. Assim, como hipótese de estudo, parte-se para a análise da posição original das partes no momento de realização do pacto social, para, com base nisso, traçarem-se as linhas com as quais se organiza a tecitura da justiça.

É com base no acordo inicial que se pode discutir a situação das partes que aderem ao pacto. Encontram-se elas inteiramente absorvidas pelo Estado? Devem elas possuir direitos anteriores ao pacto? Esses direitos serão preservados? Assim, os princípios diretores do conceito de justiça na teoria de Rawls virão dados pela noção de que presidem a sociedade no momento de sua formação.[20]

Grife-se, ainda, que o contrato não é um mentalismo insólito de Rawls. O que há é que a posição original é capaz de facultar a simulação das condições ideais de igualdade para que, nesse momento, se possam escolher os princípios diretores da sociedade. Desde o momento do pacto, definidas as premissas de operação da sociedade, bastaria que o maquinismo social entrasse em funcionamento e executasse as regras que foram pactuadas. Seria, então, *a priori* da história formada a concepção de justiça que haveria de impregnar a construção e a atuação das instituições.

Todavia, em que consiste esse acordo inicial, ou pacto social? É ele, na teoria de Rawls, pura hipótese. Não se trata de um acordo histórico, e sim hipotético. Esse acordo vem marcado pela ideia de uma igualdade original para optar por direitos e deveres; é essa igualdade o pilar de toda a teoria. Mais que isso, a ideia de recorrer ao contrato social, e de estudar os sujeitos pactuantes na origem da sociedade numa posição original, não tem outro fito senão o de demonstrar a necessidade de se visualizarem as partes num momento de igualdade inicial. Eis aí a equidade (*fairness*) de sua teoria.

Assim, se tivessem que optar por instituições inclinadas a realizar isso ou aquilo, seria esse o momento, o *start* de todo o agir social. E acerca do que se deve decidir no momento de iniciação das atividades sociais? O que há que escolher no momento do pacto inicial não é nada mais nada menos que a estrutura fundamental da sociedade, seus alicerces.[21]

---

[17] O conceito de distribuição é de fulcral importância nesta concepção: "A justiça de um modelo de sociedade depende essencialmente da forma como são atribuídos os direitos e deveres fundamentais, bem como das oportunidades econômicas e condições sociais nos diferentes setores da sociedade" (Ibidem, p. 30).

[18] "É necessário um conjunto de princípios que permitam optar pelas diversas formas de ordenação social que determinam esta divisão dos benefícios, bem como obter um acordo sobre a repartição adequada dos mesmos. Estes princípios são os da justiça social" (Ibidem, p. 28).

[19] "O objeto primário dos princípios da justiça social é a estrutura básica da sociedade, ou seja, a articulação das principais instituições sociais num sistema único de cooperação" (Ibidem, p. 63).

[20] "A ideia condutora é antes a de que os princípios da justiça aplicáveis à estrutura básica formam o acordo inicial" (Ibidem, p. 33).

[21] Esta é a opinião daqueles que analisam a obra de Rawls: "O que há a escolher na posição original é nem mais nem menos do que a estrutura básica da sociedade" (Kuhatas, Pettit, Rawls, *Uma teoria da justiça e os seus críticos*, 1995, p. 36).

Cap. 24 · JOHN RAWLS: ÉTICA, INSTITUIÇÕES, DIREITOS E DEVERES | 379

A natureza do pacto na teoria de Rawls guarda raízes com o kantismo e com o contratualismo rousseauniano, porém não se reveste de absoluto e imperativo apego a esses autores. Pelo contrário, a teoria da justiça de Rawls apega-se única e exclusivamente numa noção ritualizada do pacto social, numa noção processual de pacto social, desvinculando-se seja do naturalismo rousseaunianio, seja da metafísica kantiana.[22] A noção de contrato social é fluida, mas ainda assim, e consciente das possíveis críticas ao conceito, Rawls opta por desenvolvê-la como aspecto inicial de sua discussão, como pressuposto de seu debate, como premissa metodológica de suas conclusões científicas.[23] É útil o conceito de contrato na medida em que a ideia de contrato pressupõe pluralidade de pessoas e publicidade de princípios de justiça. O que a crítica tem apontado é que no contrato, na concepção de John Rawls, identificam-se muito mais pressupostos econômicos que políticos.[24]

Visto isso, há que se dizer que se remete para o momento seguinte dessa pesquisa a investigação de qual seja a situação das partes contratantes após a realização do contrato social.

24.2 OS DOIS PRINCÍPIOS

A proposta de Rawls é re-fundar a sociedade com base na avaliação do momento decisório ou de aderência ao pacto, ainda que se trate de um momento hipotético, o que se pretende é identificar nessa posição original dos pactuantes um momento de igualdade.[25]

Esse momento de igualdade vem marcado pela noção de que existem consciência, equidade e liberdade para deliberar sobre direitos e deveres, e selecionar entre estes os melhores

---

[22] "O que distingue a teoria da justiça como equidade é a forma como caracteriza a situação inicial, o cenário em que surge a condição da unanimidade. Uma vez que se pode interpretar em termos kantianos a posição original, esta concepção da justiça tem efetivamente afinidades com o idealismo. Kant quis dar uma fundamentação filosófica à ideias de Rousseau sobre a vontade geral. A teoria da justiça, por sua vez, tenta fazer uma apresentação natural, de natureza processual, da concepção kantiana do reino dos objetivos, bem como das noções de autonomia e de imperativo categórico. Deste modo, a estrutura subjacente à doutrina de Kant é liberta do contexto metafísico, de forma a poder ser vista com maior clareza e apresentada relativamente livre de objeções" (Rawls, *Uma teoria da justiça*, 1993, p. 213).

[23] Contrato não é expressão isenta de ambiguidades e flutuâncias semânticas; disto está consciente Rawls: "Pode objectar-se ao uso do termo contrato, ou de termos semelhantes, mas creio que ele é útil" (Ibidem, p. 36).

[24] O contrato possui natureza econômica: "A noção de contrato de Rawls é muito mais econômica do que política. Para ele, as partes, ao decidirem, fazem-no por referência ao modo como as estruturas propostas respondem aos seus interesses pessoais" (Kuhatas, Pettit, Rawls, *Uma teoria da justiça e os seus críticos*, 1995, p. 48).

[25] Na posição original, os aderentes ao pacto possuem liberdade, voluntariedade e comungam de princípios de justiça: "Os sujeitos na posição original assumem que os princípios por eles reconhecidos, sejam quais forem, serão estritamente respeitados e seguidos por todos. Assim, os princípios de justiça que dela resultam são os que, em circunstâncias favoráveis, definem uma sociedade perfeitamente justa" (Ibidem, p. 273). Sobre a posição originária: "Também aqui uma concepção do bem é utilizada para defender a teoria da justiça como equidade contra diversas objeções. Por exemplo, pode dizer-se que as partes na posição original sabem tão pouco sobre a sua situação que o acordo racional sobre os princípios da justiça é impossível. Dado que elas não sabem quais são os seus objetivos, pode acontecer que os projetos que formulam sejam arruinados pelos princípios aos quais deram o seu consentimento. Como poderão, nestas circunstâncias, obter uma decisão sensata? Pode responder-se a esta objeção afirmando que a racionalidade de uma escolha determinada não depende dos conhecimentos do sujeito que a efetua, mas da forma como ele raciocina a partir da informação de que dispõe, por mais incompleta que seja. A nossa decisão é perfeitamente racional, desde que ela atenda às nossas circunstâncias e corresponda ao melhor de que somos capazes. Assim, as partes podem de fato atingir uma decisão racional e algumas das concepções alternativas da justiça são certamente melhores que outras" (Ibidem, p. 306).

380 | CURSO DE FILOSOFIA DO DIREITO • *Bittar / Almeida*

para comporem um quadro vasto de equipamentos institucionais a serviço de todos. O pacto é estruturado tomando por base dois princípios basilares de seu sistema acerca da justiça, quais sejam: (1) princípio da igualdade; (2) princípio da diferença.[26]

São esses princípios os responsáveis pelo equacionamento de todo o sistema de organização das instituições justas.[27] O bom equilíbrio entre os dois princípios produz o bom equilíbrio das instituições sociais.[28] E esses dois princípios diretores das qualidades institucionais são eleitos equitativamente na posição original.[29] Trata-se nada mais nada menos que da aplicação do que Rawls chama de justiça processual pura à teoria das instituições.[30]

São esses princípios os reguladores de toda atividade institucional que vise distribuir direitos e deveres, benefícios e ônus.[31] O primeiro princípio define as liberdades, enquanto o segundo princípio regula a aplicação do primeiro, corrigindo as desigualdades.[32] Sendo impossível erradicar a desigualdade entre as pessoas, o sistema institucional deve prever mecanismos suficientes para o equilíbrio das deficiências e desigualdades, de modo que estes se voltem em benefício da própria sociedade.

Nessa posição original, as partes encontram-se em situação de igualdade, e podem optar por direitos e deveres, ou seja, podem escrever sua própria história institucional futura. É certo que o véu da ignorância corresponde ao que não se conhece do ponto de vista da justiça (e é por isso que se fala de uma justiça *a priori*), até para que essa possa ser identificada e constru-

---

[26]   Então: "A primeira apresentação dos dois princípios é a seguinte: Primeiro. Cada pessoa deve ter um direito igual ao mais extenso sistema de liberdades básicas que seja compatível com um sistema de liberdades idêntico para as outras. Segundo. As desigualdades económicas e sociais devem ser distribuídas por forma a que, simultaneamente: (a) se possa razoavelmente esperar que elas sejam em benefício de todos; (b) decorram de posições e funções às quais todos têm acesso" (Rawls, *Uma teoria da justiça*, 1993, p. 68).

[27]   "Rawls está convencido de que os dois princípios da justiça como equidade são justos e proveitosos para os cidadãos e os que lhes são queridos; além disso, serão publicamente conhecidos como justos em qualquer sociedade onde sejam apresentados. Desta forma reforçarão o sentido de justiça, trazendo estabilidade" (Kuhatas, Pettit, Rawls, *Uma teoria da justiça e os seus críticos*, 1995, p. 73).

[28]   Liberdade, igualdade e fraternidade somam-se: "Uma vez aceite tal princípio, podemos associar as ideias tradicionais de liberdade, igualdade e fraternidade com a interpretação democrática dos princípios da justiça da forma seguinte: a liberdade corresponde ao primeiro princípio, a igualdade à ideia de igualdade contida no primeiro princípio, juntamente com a igualdade equitativa de oportunidades, e a fraternidade ao princípio da diferença" (Rawls, *Uma teoria da justiça*, 1993, p. 99).

[29]   "Isto explica a propriedade da designação justiça como equidade: ela transmite a ideia de que o acordo sobre os princípios da justiça é alcançado numa situação inicial que é equitativa" (Ibidem, p. 34).

[30]   "A justiça processual pura, por seu lado, aplica-se quando não há critério independente para o resultado justo: em vez disso, existe um processo correto ou equitativo que permite que o resultado, seja ele qual for, será igualmente correto ou equitativo desde que o processo tenha sido devidamente respeitado. Esta situação pode ser demonstrada por um jogo de azar" (Rawls, Ibidem, p. 86).
        A aplicação da justiça processual pura na justiça como equidade: "Assim, para se aplicar a noção de justiça processual pura à distribuição, é necessário estabelecer-se um sistema justo de instituições e administrá-lo de forma imparcial" (Ibidem, p. 87).

[31]   "Considero, assim, que o conceito de justiça é definido pelo papel dos respectivos princípios na atribuição de direitos e deveres e na definição da divisão adequada das vantagens sociais. Uma concepção da justiça, por seu lado, é uma interpretação deste papel" (Ibidem, p. 32).

[32]   "Le premier principe assure donc les libertés égales de la citoyenneté (liberté d'expréssion, d'assemblé, de vote, d'éligibilité aux fonctions publiques). Le second principe s'applique à une condition d'inégalité et pose que certaines inégalités doivent être tenues pour préférables même à une répartition égalitaire" (Ricoeur, *Le juste*, 1995, p. 84).

ída antes da história acontecer, antes do curso dos acontecimentos fluirem. Todavia, afirma Rawls, as partes estão conscientes do que pode e do que não pode interferir nas instituições, produzindo justiça ou injustiça, pois disso estão avisadas pelas contribuições de alguns saberes e conhecimentos; a ignorância, quer afirmar Rawls, não é propriamente um empecilho.[33]

As instituições passam a estar afetadas por aquilo que desde o princípio se pode definir como justo ou injusto (equidade inicial). Tudo deverá governar-se de conformidade com isso. É certo, porém, que os homens que optam por direitos e deveres não possuem o mesmo grau de liberdade em sociedade que possuiriam se estivessem em natureza.

É certo que a liberdade que as instituições constroem não corresponde à liberdade total e absoluta dos indivíduos, muito menos à satisfação plena dos indivíduos. Não é disso que trata, mas de uma adequação das justiças dos indivíduos (conceitos subjetivos de justiça), tais quais desejadas por cada qual, dentro de um sistema que as absorve e as reconhece institucionalmente.

Assim, o primeiro princípio tem a ver com a fixação das liberdades básicas de todo pactuante,[34] que devem ser iguais para todos: liberdade política, liberdade de expressão, de reunião, de consciência, de pensamento, de não ser preso arbitrariamente.[35] Todavia, o que se deve notar é que se trata de, quando da aderência ao pacto social, abdicar de direitos fundamentais, mas não de todos.

Para que haja essa abdicação de direitos, é mister que aqueles que aderem ao pacto recebam em troca benefícios ainda maiores que aqueles que teriam se se mantivessem em sua posição ante *pactum*.[36]

O segundo princípio,[37] em sua locução "funções às quais todos têm acesso", deve ser interpretado de acordo com a igualdade democrática. Assim, se o primeiro princípio reza que todos devem possuir determinado benefício social, o segundo cumprirá para que o acesso a esse benefício social se dê de modo concreto e real. Nem a liberdade natural, nem a igualdade

---

[33] "Mas, embora as partes estejam sob um véu de ignorância sobre factos específicos, é-lhes dado conhecimento de toda sorte de fatos gerais que afetam a escolha da estrutura básica, em particular aqueles que a psicologia e as ciências sociais põem à sua disposição. São estes dois aspectos importantes do véu de ignorância" (Kuhatas, Pettit, Rawls, *Uma teoria da justiça e os seus críticos*, 1995, p. 39).

[34] "Poderíamos referir, desde logo, que tal resposta se traduz em escolhermos ser governados por dois princípios de justiça: o primeiro garante liberdades individuais (de expressão, de associação e de culto, entre outras); o segundo assegura que as desigualdades sociais e econômicas são distribuídas de modo a proporcionarem o maior benefício possível aos menos favorecidos da sociedade, embora mantendo uma equitativa igualdade de oportunidades" (Ibidem, p. 51).

[35] "É essencial observar que é possível estabelecer um elenco das liberdades básicas. Entre elas contam-se, como particularmente importantes, a liberdade política (direito de votar e de ocupar uma função pública) e a liberdade de expressão e de reunião; a liberdade de consciência e de pensamento; as liberdades das pessoas, que incluem a proibição da opressão psicológica e da agressão física (direito à integridade pessoal); o direito à propriedade privada e à proteção face à detenção e à prisão arbitrárias, de acordo com o princípio do domínio da lei. E, de acordo com o primeiro princípio, estas liberdades devem ser iguais para todos" (Rawls, *Uma teoria da justiça*, 1993, p. 68).

[36] "Pelo menos teoricamente é possível admitir que, ao abdicarem de algumas de suas liberdades fundamentais, os sujeitos possam ser suficientemente compensados pelos ganhos econômicos e sociais daí resultantes. A concepção geral da justiça não impõe restrições quanto ao tipo de desigualdades que são admissíveis. Exige apenas que a posição de todos seja melhorada" (Ibidem, p. 69).

[37] "O segundo princípio aplica-se, numa primeira abordagem, à distribuição da riqueza e do rendimento e à concepção das organizações que aplicam as diferenças de autoridade e responsabilidade" (Ibidem, p. 68).

382 | CURSO DE FILOSOFIA DO DIREITO • Bittar/Almeida

liberal, nem a aristocracia natural são princípios aptos a explicarem o que é devido, de acordo com o segundo princípio da teoria de Rawls.

Deve-se lembrar ainda que toda a ordem de distribuição dos princípios entre si é feita de forma lexical, como a distribuição de nomes em dicionários.[38]

Contudo, o pacto não se faz de uma só vez; é ele um processo de etapas gradativas, do mais abstrato ao mais concreto. Deve-se ainda mais ter em conta que é sob o véu da ignorância que os pactuantes escolhem os dois princípios, numa primeira etapa do contrato. Numa segunda etapa, os pactuantes passam a deliberar concretamente acerca das diretrizes de sua própria sociedade, e isso por meio da votação de uma Constituição.[39] Vencida também essa etapa, as discussões passam a deitar sobre as políticas de bem-estar da sociedade, mediante a economia e outras fontes de justiça social.[40]

Assim dadas as premissas que regerão a sociedade, os dois princípios tornam-se os motores da caminhada social. Entretanto, esses princípios não têm a ver exclusivamente com o momento inicial do pacto social; os dois princípios grifam sua importância, à medida que se mantêm atuantes, no sentido de resguardar inclusive situações futuras de desigualdade entre os pactuantes. O primeiro princípio faz das liberdades uma realidade de proteção; o segundo princípio garante que o primeiro não se manterá puramente como princípio formal, mas que se regulará de acordo com as necessidades, as mudanças sociais, as desigualdades surgidas.[41]

A aplicação de ambos os princípios confirma continuamente a realização da justiça, como equidade e igualdade.[42] E isso sobretudo por que se trata de uma teoria que identifica as desigualdades naturais e procura corrigi-las.[43] Deve-se mesmo, numa teoria que tenha esse perfil, buscar romper a desigualdade natural entre as pessoas, para que assim se faça justiça.[44] Não se trata de discutir se a distribuição natural é ou não justa, mas de discutir se a justiça

---

[38] Sobre a ordem lexical: "A primeira regra de prioridade estabelece a prioridade da liberdade, que só admite restrições à liberdade para bem da liberdade" (Kuhatas, Pettit, Rawls, *Uma teoria da justiça e os seus críticos*, 1995, p. 60). "A Segunda regra de prioridade estabelece o primado da justiça sobre a eficácia e o bem-estar" (Ibidem, p. 60).

[39] "Na primeira etapa, debaixo do véu da ignorância, escolheriam os dois princípios. Na segunda, ultrapassada a discussão dos princípios da justiça, as partes na assembleia constituinte adquirem conhecimento dos fatos gerais respeitantes à sociedade a que pertencem" (Ibidem, p. 65-66).

[40] "Na terceira etapa, resolvidas as questões relativas à constituição política e com uma informação mais completa, escolheriam as políticas de bem-estar econômico e político que Rawls recomenda. Na última etapa perspectivamos a nossa situação particular em condições de total acesso aos fatos, pois o véu da ignorância foi sendo gradualmente removido na descida sequencial do mundo da Posição Original até ao nosso mundo, e somos capazes de estudar a aplicação das normas com integral compreensão da estrutura básica da nossa sociedade" (Ibidem, p. 66).

[41] Assim, os dois princípios se incumbem de regular as desigualdades futuras: "seguimos a ideia de que os dois princípios tentam limitar a arbitrariedade de certas contingências naturais do acaso social" (Rawls, *Uma teoria da justiça*, 1993, p. 92).

[42] "Vou concluir esta discussão sobre os dois princípios explicando em que sentido eles expressam uma concepção igualitária da justiça" (Ibidem, p. 94).

[43] "As desigualdades sociais e econômicas devem ser distribuídas por forma a que, simultaneamente, a) proporcionem a maior expectativa de benefício aos menos favorecidos e b) estejam ligadas a funções e a posições abertas a todos em posição de igualdade equitativa de oportunidades" (Ibidem, p. 84).

[44] "Assim, o princípio mantém que, para tratar igualmente todas as pessoas, para permitir uma genuína igualdade de oportunidades, a sociedade deve dar melhor atenção aos que nasceram em posições sociais menos favorecidas" (Ibidem, p. 95).

das instituições é capaz de suprir diferenças que impedem o exercício de iguais direitos; sexos diferentes,[45] corpos diversos,[46] situações econômicas distintas, posições sociais diversificadas não devem receber o mesmo tratamento.[47]

Mais que isso, os dois princípios devem incumbir-se de fazer com que todos participem da melhor forma possível das estruturas sociais,[48] de forma a que a estrutura cooperativa da sociedade facilite a manutenção de uma sociedade organizada.[49] Nisso há um profundo senso de operância: se a estrutura é justa ao princípio, e encontra meios para a manutenção dessa sua estrutura justa, então poder-se-á dizer que se trata de um sistema equilibrado. Num sistema institucional com esse perfil, as realizações pessoais são possíveis, desde que se melhore a condição do outro e se respeitem as condições impostas pelo pacto para a preservação de todos.[50]

Então, deve-se grifar que após a realização do pacto original, com a escolha dos dois princípios, as partes contratantes se vinculam a ponto de escolherem uma Constituição.[51] A Constituição institui um governo de legalidade, no qual a ordem se estabelece na base da igualdade e da publicidade.[52] É o dever natural de justiça que propulsiona, diz Rawls, o cidadão à obediência da Constituição e das leis.[53] É a lei a garantia de que situações iguais

---

[45] Para sexos diversos: "Assim, se por exemplo o sexo masculino for favorecido na atribuição de direitos básicos, tal desigualdade só é justificada pelo princípio da diferença se tal resultar em benefício do sexo feminino e for aceitável do seu ponto de vista" (Ibidem, p. 94).

[46] Para deficientes: "Parto da hipótese de que todos têm necessidades físicas e capacidades psicológicas normais, de modo que os problemas dos cuidados especiais de saúde e do tratamento dos deficientes mentais se não colocam" (Ibidem, p. 93).

[47] "A distribuição natural não é nem justa nem injusta; tal como não é injusto que se nasça numa determinada posição social. A forma como as instituições lidam com estes fatos é que pode ser justa ou injusta" (Ibidem, p. 96).

[48] "O primeiro consiste em a estrutura básica dever governar a sociedade com sentido de justiça; o segundo, em dever governá-la nas circunstâncias típicas da justiça" (Kuhatas, Pettit, Rawls, *Uma teoria da justiça e os seus críticos*, 1995, p. 37).

[49] "Na teoria da justiça como equidade, a sociedade é interpretada como um empreendimento de natureza cooperativa, que visa obter vantagens mútuas para os participantes. A estrutura básica é um sistema público de regras que definem um sistema de atividades que leva os homens a agirem em conjunto de modo a produzir uma maior soma de benefícios e que atribui a cada um certos direitos, que são reconhecidos, a uma parte dos resultados respectivos" (Rawls, *Uma teoria da justiça*, 1993, p. 85).

[50] "A todos é assegurada uma liberdade igual para prosseguir o plano de vida que entender, desde que não viole as exigências de justiça. A partilha dos bens primários entre os sujeitos é feita com base no princípio de que alguns podem obter uma maior quantidade se os adquirem por formas que melhorem a situação dos que têm menos. Uma vez o dispositivo instalado e em funcionamento, não há lugar a questões sobre a satisfação total ou a perfeição" (Ibidem, p. 91).

[51] "Suponho, assim, que após a adoção dos princípios da justiça na posição original, as partes realizam uma convenção constituinte. Agora, têm de decidir sobre a justiça das diversas formas políticas e de escolher uma constituição: são, por assim dizer, delegados a esta convenção" (Ibidem, p. 164).

[52] "Assim, a Constituição estabelece e protege um estatuto comum da igualdade entre os cidadãos e realiza a justiça no plano político" (Ibidem, p. 166).

[53] "A existência de obrigações pode ser justificada pelo dever natural de justiça, pois que, quando alguém utiliza um certo aparelho institucional, as suas regras passam a ser-lhe aplicáveis e o dever de justiça existe" (Ibidem, p. 268).

"Assim temos o dever natural de respeitar a constituição, por exemplo, ou as leis básicas que regulam a propriedade (se forem justas), mas temos a obrigação de desempenhar as tarefas do cargo que obtivemos, ou de seguir as regras de associações e atividades a que aderimos" (Ibidem, p. 268).

384 | CURSO DE FILOSOFIA DO DIREITO • *Bittar / Almeida*

serão igualmente tratadas.[54] E lei aqui não é sinônimo de constrição, mas de liberdade.[55] Consciente das dificuldades que engendram a discussão do tema da justiça nessa base, e dos comprometimentos de seus postulados teóricos, é que Rawls está preocupado em demonstrar materialmente a realizabilidade dos dois princípios (menciona a formação da Constituição, os processos legislativos, as formas de execução da lei etc.). Nas instituições deve medrar o que se chama de justiça material.[56]

Tudo isso leva à ideia de estabilidade. A justiça, quando penetra desde o pacto original o espírito institucional, de fato, torna-se algo estável na sociedade. A estabilidade é mais que pura consequência da justiça institucional, é mesmo o termômetro da atuação das instituições públicas. Uma sociedade bem organizada caminha naturalmente e sem tropeços para a estabilidade de suas instituições. O conceito de estabilidade leva a refletir o quanto o pacto não ocorre somente num momento deliberativo inicial, mas faz-se dia a dia no agir das instituições.[57] De fato, nessas condições pode-se falar de estabilidade, de manutenção, de existência contínua.[58]

A sociedade sem estabilidade é aquela que convive com o desvirtuamento de seus poderes institucionais.[59] Nisso se percebe que tudo se define com base na noção de equilíbrio, que pode ser, para dada sociedade, estável ou instável, conforme, em sua concepção, esteja ou

---

[54] "O princípio do domínio da lei também implica o preceito de que as situações semelhantes devem ser tratadas de modo semelhante" (Ibidem, p. 193).

[55] À justiça como regularidade: "O princípio do domínio da lei está, como é óbvio, intimamente relacionado com a liberdade" (Ibidem, p. 192).

[56] A justiça formal não basta na aplicação das leis: "A justiça formal, no caso das instituições jurídicas é simplesmente um aspecto do domínio da lei (*rule of law*) que apoia e tutela as expectativas legítimas" (Ibidem, p. 66). É mister a justiça substantiva: "O caráter inevitavelmente vago da lei e o vasto âmbito da respectiva interpretação encorajam uma arbitrariedade na decisão que só a fidelidade à justiça pode impedir. Assim, afirma-se, quando estão presentes a justiça formal, o princípio de domínio da lei (*rule of law*) e a tutela das legítimas expectativas, a justiça substantiva estará também, provavelmente, presente" (Ibidem, p. 67).

[57] "Ora, uma sociedade bem ordenada é também regulada pela sua concepção pública da justiça. Este fato implica que os seus membros têm um forte desejo, que normalmente é efetivo, de agir de acordo com o exigido pelos princípios da justiça. Dado que uma sociedade bem ordenada se mantém ao longo do tempo, a sua concepção da justiça é presumivelmente estável: isto é, quando as instituições são justas (segundo o definido por essa concepção), aqueles que nelas tomam parte adquirem o correspondente sentido da justiça e desejam contribuir para a sua manutenção. Uma concepção da justiça é mais estável do que outra se o sentido da justiça que tende a gerar é mais forte e mais susceptível de afastar as inclinações para a ruptura e se as instituições que ela torna possíveis fomentarem apenas os mais fracos impulsos e tentações para agir de forma injusta. A estabilidade de uma concepção depende de um equilíbrio de motivações: o sentido da justiça que cultiva e os objetivos que encoraja devem normalmente dominar as propensões para a injustiça. Para apreciar a estabilidade de uma concepção da justiça (e da sociedade bem ordenada que ela define), devemos examinar a força relativa destas tendências opostas" (Rawls, *Uma teoria da justiça*, 1993, p. 347).

[58] Na opinião da crítica reúne-se a mesma informação: "Rawls sustentava que os seus dois princípios representavam uma concepção pública de justiça da qual poderia esperar-se que, depois de instalada, se mantivesse. E representavam, além disso, um valor que não era utópico, mas susceptível de ser alcançado" (Kuhatas, Pettit, Rawls, *Uma teoria da justiça e os seus críticos*, 1995, p. 22).

[59] "Há conflito de interesses uma vez que os sujeitos não são indiferentes à forma como são distribuídos os benefícios acrescidos que resultam da sua colaboração, já que, para prosseguirem os seus objetivos, todos preferem receber uma parte maior dos mesmos" (Rawls, *Uma teoria da justiça*, 1993, p. 28).

não lastreada nos dois princípios de justiça.[60] De fato, uma sociedade bem ordenada é estável e uma sociedade estável é bem ordenada.[61]

O que se discute, quando se fala em instabilidade das instituições, é a própria aderência dos espíritos pactuantes ao contrato social ou não. Isso quer dizer que todo pacto vive da aceitação reiterada que se dá ao funcionamento das instituições, que devem reger-se de acordo com os dois princípios de justiça. Contudo, nem porque as instituições sejam imperfeitas, se deverá gerar desobediência civil; o dever de civismo insiste em reclamar do pactuante uma adesão a estruturas que observam no geral os princípios de justiça, e que, como tudo o que é humano, comete erros.[62]

Assim, a questão de aceitar ou não as leis de determinado Estado remonta à própria dúvida sobre o que as instituições representam em termos de justiça. Se se caracterizam pela realização de justiça, de acordo com o tônus que é dado ao conceito por Rawls, então a obediência civil é um dever da sociedade perante as instituições.[63]

Então não se está a discutir se se deve ou não obedecer a uma instituição iníqua, violenta, arbitrária, despótica..., mas se um governo democraticamente constituído está ou não sujeito à desobediência civil; uma teoria da justiça deve prever uma teoria da desobediência.[64]

A desobediência pode ser definida, então, como um ato de resistência não violento, de caráter político, contrário à lei, no sentido da realização de uma mudança política.[65] A submissão ou insubmissão discute-se à medida que as instituições desrespeitem os princípios de justiça.[66] Todavia, a resistência nada tem a ver com força, revolução, rebeldia, insurgência

---

[60] "Em contrapartida, um equilíbrio é instável quando um movimento que dele se afasta provoca reações dentro do sistema que conduzem a mudanças ainda maiores. Os sistemas são mais ou menos estáveis em função da importância das forças internas disponíveis para os fazer voltar ao equilíbrio" (Ibidem, p. 349).

[61] "No início da obra, caracterizei a sociedade bem ordenada como sendo aquela que é concebida para promover o bem dos seus membros e que é regulada de forma efetiva por uma concepção pública da justiça. Assim, é uma sociedade na qual todos aceitam os mesmos princípios da justiça, sabendo que os outros também os aceitam, e as instituições sociais básicas satisfazem esses princípios, sendo tal fato conhecido" (Ibidem, p. 346).

[62] "O dever de civismo impõe a aceitação das imperfeições das instituições e um certo comedimento na forma como dela nos aproveitamos" (Ibidem, p. 276).

[63] "Assim, pelo menos num estado de quase justiça, há normalmente um dever (e para alguns também uma obrigação) de aceitar leis injustas, desde que estas não excedam certos limites de injustiça" (Rawls, *Uma teoria da justiça*, 1993, p. 276).

[64] "Vou agora ilustrar o conteúdo dos princípios do dever natural e da obrigação, apresentando uma teoria da desobediência civil. Conforme já indiquei, esta teoria é concebida apenas para o caso especial de uma sociedade quase justa que, no essencial, seja bem ordenada, mas na qual, não obstante, ocorram sérias violações da justiça. Dado que parto do princípio de que um estado de quase justiça exige um regime democrático, a minha teoria diz respeito ao papel e à justificação da desobediência civil a uma autoridade democrática legitimamente estabelecida" (Ibidem, p. 281).

[65] "Começarei por definir a desobediência civil como um ato público, não violento, decidido em consciência mas de natureza política, contrário à lei e usualmente praticado com o objetivo de provocar uma mudança nas leis ou na política seguida pelo governo" (Ibidem, p. 282).

[66] "A violação persistente e deliberada dos princípios básicos desta concepção durante um período de tempo extenso, em especial a lesão das liberdades fundamentais, convida à submissão ou à resistência" (Ibidem, p. 283).

386 | CURSO DE FILOSOFIA DO DIREITO • Bittar/Almeida

forçada.[67] A ideia da desobediência caminha para a mobilização e para o abalo das estruturas de poder da sociedade, com vista na alteração das leis que se façam em desacordo com os referidos princípios.

Exequibilidade e estabilidade,[68] portanto, são notas distintivas dessa noção de justiça.[69] Quando se obedece a uma legislação, ou a um conjunto de instituições operantes, se obedece porque estas são justas, de acordo com os dois princípios de justiça elencados. Dizer que são justas é dizer que respeitam e devem ser respeitadas de acordo com o chamado dever natural de obediência;[70] representam o justo para a maioria e, portanto, o que há de melhor para a maioria; refletem e respeitam também o conceito de justo que cada indivíduo possa possuir.[71] Os sacrifícios pessoais só se justificam se forem trocadas as liberdades por maiores benefícios. Se isso ocorrer, há justiça, devendo, portanto, haver obediência.

CONCLUSÕES

Trata-se de uma concepção da justiça particularmente construída sobre os arcanos e os pilares que estão a orientar o contratualismo setecentista. A justiça é identificada como equidade (*fairness*), em que a equidade reside exatamente no igualitarismo da posição original, ou seja, num estado inicial do contrato social, momento hipotético, e não histórico, em que se pôde optar por direitos e deveres. E essa opção racional é que é capaz de tornar a teoria da justiça uma concepção sobre um valor de justiça que não é pura subjetividade, que não se confunde com o bem de um indivíduo etc., mas que se realiza institucionalmente (fala-se da justiça das instituições), objetivamente (fala-se de uma justiça que é racionalmente compartilhada no convívio social) e coletivamente (fala-se da justiça que gera o bem comunitário e não individual).

O fato de despreocupar-se da justiça como uma prática de virtude, ou de uma dissertação inteiramente voltada para o justo meio, ou para a discussão da ação voluntária, não significa necessariamente que Rawls seja um teórico avesso a qualquer tipo de investiga-

---

[67] "Nesta gama de possibilidades ela representa uma forma de dissidência situada nas fronteiras da fidelidade ao direito. A desobediência civil, entendida, desta forma, é claramente distinta da ação militante e das ações de obstrução; e está muito afastada da resistência organizada que recorre à força" (Ibidem, p. 284). Isto revela inclusive certo distanciamento das ideias revolucionárias, como por exemplo as de Marx.

[68] "Além disso, deve ter-se em conta o problema da estabilidade. Um sistema justo deve gerar apoio para si próprio. Tal significa que ele deve ser concebido de forma a provocar nos seus membros o correspondente sentido da justiça, um desejo efetivo de, por razões de justiça, agir de acordo com as respectivas regras" (Rawls, *Uma teoria da justiça*, 1993, p. 210).

[69] Exequibilidade e estabilidade das instituições justas do modo equitativo são suas preocupações (Cf. Kuhatas, Pettit, Rawls, *Uma teoria da justiça e os seus críticos*, 1995, p. 22).

[70] "Sem dúvida que não há qualquer dificuldade em explicar por que é que devemos obedecer às leis justas, adotadas segundo os termos de uma Constituição justa. Em tal caso, são os princípios do dever natural e o princípio de equidade que estabelecem os direitos e os deveres necessários" (Rawls, *Uma teoria da justiça*, 1993, p. 273).

[71] "Para sermos mais precisos, consideremos qualquer pessoa numa sociedade bem ordenada. Parto do princípio de que ela sabe que as instituições são justas e que os outros sujeitos têm (e continuarão a ter) um sentido da justiça semelhante ao seu, pelo que obedecem (e continuarão a obedecer) a essas disposições. Pretendemos demonstrar que, com base nestes pressupostos, é racional para alguém, definido nos termos da teoria estrita do bem, respeitar o seu sentido da justiça. O projeto de vida que traduz este respeito é a melhor resposta que pode dar aos projetos semelhantes dos seus associados; e se tal é racional para um indivíduo sê-lo-á para todos" (Ibidem, p. 427-428).

Cap. 24 • JOHN RAWLS: ÉTICA, INSTITUIÇÕES, DIREITOS E DEVERES | 387

ção nesse sentido. Esse pensador da justiça admite que a formação social do pacto é uma construção humana que beneficia a todos, e que é por meio dela que se podem realizar os indivíduos socialmente.

A grandiosidade da obra, que possui capítulos dedicados a essa discussão, não o desmente. Assim, a ética é questão importante, porém não tão central quanto o é a questão da justiça das instituições. Se a justiça existe, ela é definida em função da capacidade que as instituições possuem de realizá-la. O que motiva a formação da teoria da justiça como equidade não é uma atenção especial pelo indivíduo e seu poder de ação voluntária e ética, fundada no hábito, mas uma preocupação com o coletivo, com o público, com o institucional; aqui estão os elementos para a compreensão da exata dimensão da abrangência da teoria de Rawls.

Mais que isso, trata-se de um modelo que se governa baseado em dois grandes princípios, que, se bem que abstratos, são modelares das instituições, e suficientemente significativos para seu bom governo: o princípio da garantia de liberdade; o princípio da distribuição igual para todos. A boa aplicação de ambos os princípios é suficiente para a produção do que Rawls identifica como estabilidade, termo inteiramente ligado às ideias de legitimidade e de observância da lei.

25
THEODOR VIEHWEG: TEORIA DA ARGUMENTAÇÃO E A REDESCOBERTA DA TÓPICA

25.1 O QUE É A TÓPICA

No final da Segunda Guerra Mundial (1945), Theodor Viehweg, que estudara Direito e Filosofia e exercera a profissão de juiz, estava desempregado. A fim de sobreviver, estabeleceu-se num pequeno povoado rural, próximo de Munique. Perto de sua casa, descobriu uma biblioteca intacta, escondida dentro de um claustro. Iniciou, então, uma minuciosa pesquisa que teve como produto final *Tópica e jurisprudência*, apresentado à Universidade de Munique para obtenção do título de livre-docente e publicado, em 1953.

O livro *Tópica e jurisprudência* representa um marco na história do pensamento jurídico, porque expõe uma nova forma de pensar para a Ciência Jurídica. A bem da verdade, Viehweg não faz nenhuma descoberta, mas resgata a tópica e propõe que ela[1] é a forma adequada para o Direito equacionar suas questões.

A tópica a que Viehweg faz referência foi desenvolvida, primeiramente, por Aristóteles (Tópica, in *Órganon*). É o próprio Viehweg quem nos apresenta o pensamento aristotélico:

> "*Topoi* são, portanto, para *Aristóteles*, pontos de vista utilizáveis e aceitáveis em toda a parte, que se empregam a favor ou contra o que é conforme a opinião aceita e que podem conduzir a verdade."[2]

Mais adiante o próprio Aristóteles esclarece o significado de *topoi*:

> "Os *topoi,* enumerados de um modo mais ou menos completo, são os que nos podem ajudar, em relação a cada problema a obter raciocínios dialéticos."[3]

Ao definir o significado de *aporia*, Viehweg precisa a tarefa da tópica:

> "O termo *aporia* designa precisamente uma questão que é estimulante e iniludível, designa a 'falta de um caminho', a situação problemática que não é possível eliminar e que *Boécio* traduziu, talvez de modo frágil, pela palavra latina *dubitatio*. A tópica pretende fornecer indicações de como comportar-se em tais situações, a fim de não ficar preso, sem saída. É, portanto, uma *técnica do pensamento problemático*."[4]

---

[1]   Enquanto pensamento problemático.

[2]   Viehweg, *Tópica e jurisprudência*, 1980, p. 27.

[3]   Viehweg, Op. cit. p. 27.

[4]   Viehweg, Op. cit. p. 33.

Há um problema quando uma questão possibilita mais de uma resposta possível. O Direito lida, todo o tempo, com problemas. Lide é definida nos manuais de processo civil como "uma pretensão resistida". Num processo judicial uma das partes tenta fazer com que sua opinião prevaleça, e vice-versa. É tarefa do juiz diante dessa "lide" encontrar uma saída, uma solução que seja capaz de resolver aquele problema específico.

Ao fundamentar sua sentença, o juiz relata sobre quais provas apoiou-se. Tais provas devem ser compreendidas por todas as partes integrantes do processo judicial:

> "A ninguém é dado conduzir uma prova objetiva sem lograr estabelecer com seu interlocutor, pelo menos, um círculo batizado pelo entendimento comum. A atividade processual, por exemplo, ensina isto diariamente ao jurista. (...) Os *topoi* e os catálogos de *topoi* têm, em consequência, uma extraordinária importância no sentido da fixação e da construção de um entendimento comum. Desenvolvem as perguntas e as respostas adequadamente e indicam o que é que parece digno de uma reflexão mais profunda."[5]

A tópica faz uso dos "lugares-comuns", ou seja, daquelas ideias e pensamentos que são aceitos, de forma consensual, pelos integrantes da situação comunicacional como primeiros argumentos que tornam possível o início do diálogo. O pensamento, por meio da tópica, oferece a possibilidade desses "lugares-comuns" serem superados pelo exercício comunicacional. Veja-se o texto seguinte sobre a tentativa de superação da tese da "legítima defesa da honra", usada como excludente de ilicitude nos crimes passionais:

> "Contudo vale lembrar a decisão do Superior Tribunal de Justiça, de 1991, que rejeitou a legítima defesa da honra e determinou novo julgamento pelo Tribunal do Júri de Apucarana (PR) do réu que matou a mulher e seu amante. Argumento decisivo foi o de que não existe honra conjugal, pois a honra é pessoal e própria. Mesmo nesse caso paradigmático, não houve consenso. Voto divergente sustentou a ideia de que a norma jurídica há de ser interpretada culturalmente e que o aspecto cultural há de ser considerado de acordo com o lugar do fato. Sustentou, ainda, que não se poderia dizer, nesse caso, que o Tribunal do Júri 'tenha errado', mas, que 'julgou mal', apenas 'manifestando uma cultura brasileira'. Em novo julgamento, o réu de Apucarana foi absolvido."[6]

No mesmo texto é apresentado o "novo" argumento do advogado de defesa:

> "Conhecedor do desprestígio atual da tese da legítima defesa da honra, o ilustre advogado do acusado recorre à figura da 'violenta emoção', mais aceita em nossos tribunais para os crimes de paixão, com o fim de tipificar o homicídio como privilegiado."[7]

A seguir, as autoras do texto jornalístico em tela insurgem-se contra as teses da defesa:

> "Importa consignar o repúdio a toda e qualquer forma de abordagem que sirva a macular a imagem da vítima ou a justificar o crime a partir de um julgamento moral de seu comportamento. Ao ser apresentada como aquela que teria traído amorosa e profissionalmente seu companheiro/chefe, pessoa tida como séria e

---

[5] Viehweg, Op. cit. p. 41.

[6] Pandjiarjian e Pimentel. Defesa da honra: tese superada? *Folha de S. Paulo*, 12 set. 2000.

[7] Idem, ibidem.

dedicada a ela, referências desabonadoras e adjetivos pejorativos têm sido impu-
tados, ora de forma explícita, ora sutilmente implícita, à sua moralidade e à sua
competência profissional."[8]

25.2 TÓPICA E ARGUMENTAÇÃO

O embate dos argumentos num caso judicial assemelha-se ao exercício da antiga arte
grega: a dialética.

> "A dialética é, então, uma espécie de arte de trabalhar com opiniões opostas, que ins-
> taura entre elas um diálogo, confrontando-as, no sentido de um procedimento crítico.
> Enquanto a analítica está na base da ciência, a dialética está na base da prudência."[9]

A prudência é uma virtude do saber que consegue ponderar argumentos diversos,
confrontar opiniões antagônicas e, ao final, decidir de modo equilibrado. Viehweg chama
o Direito de Jurisprudência, em vez de Jurisciência, porque acredita que o Direito é arte de
pensar problemas, por meio de um estilo de pensamento, qual seja: a tópica.

Ao decidir, o juiz deverá levar em conta os diversos argumentos apresentados pelas partes
e decidir-se pelo mais adequado ao caso em tela para fundamentar sua sentença.

Ao sopesar os diversos argumentos, a tópica oferece uma forma de abordar e pensar o
problema, caso a caso, e não uma infalível resposta científica. A tópica é um estilo de pensar
e não um método científico.

No dicionário, a palavra *direito* surge com diversos significados:

> "**Direito** *adj.* 1. Que segue linha reta. 2. Justo; honrado; honesto. 3. Que está do lado
> oposto ao do coração. 4. Destro. 5. Correspondente a este lado. 6. Reto; alinhado;
> aprumado. *Adv.* 7. Em linha reta. 8. Bem; de modo correto. *S.m.* 9. O que é direito. 10.
> Ciência das normas obrigatórias que regem as relações do homem em sociedade. 11.
> O conjunto dessas normas. 12. Lado principal de alguma coisa (espec. tecido), oposto
> ao avesso. 13. Prerrogativa."[10]

Analisando os diversos significados da palavra *direito*, percebemos que a compreensão
da palavra *direito* dependerá da circunstância em que a palavra foi escrita, e que a apresentação
de diversos sentidos da palavra ajuda-nos a esclarecer cada diverso significado relacionado
a um específico caso concreto.

O pensar tópico como forma de argumentação diferencia-se da dogmática. Pois a dogmática parte de pontos de partida indiscutíveis e inegáveis, enquanto a tópica vale-se de pontos
de partida abertos à discussão, já que são tentativas de compreensão e não uma certeza absoluta. Assim, o próprio dogma é possível de ser questionado. Aduz Tercio Sampaio Ferraz Jr.:

> "A estes momentos do questionamento argumentativo liga-se o questionamento do
> próprio dogma do qual se parte – a lei, o direito consuetudinário, a norma adminis-
> trativa etc. – o que permite ao processo decisório discutir seus pontos de partida sem

---

[8]   Idem, ibidem.

[9]   Ferraz Jr., Prefácio à obra citada, p. 5.

[10] Luft, *Minidicionário LUFT*, 1997, p. 215.

Cap. 25 • THEODOR VIEHWEG: TEORIA DA ARGUMENTAÇÃO E A REDESCOBERTA DA TÓPICA | 391

negá-los. Trata-se de uma astúcia da razão dogmática para extrair de sua vinculação ao dogma sua própria liberdade."[11]

25.3 TÓPICA E O DIREITO COMO SISTEMA

Como já esclarecido, o pensamento tópico é fundado nos problemas que surgem da análise dos casos concretos, em síntese: é uma forma de pensar casuística e problemática. Todavia, o pensamento sistemático, que teve um papel central na organização da Ciência do Direito a partir do advento do Direito Positivo, é um pensamento universalizante que visa criar um sistema de normas jurídicas capaz de equacionar as mais diversas questões jurídicas que possam surgir.

À primeira vista, a pretensão universalizante do pensamento sistemático contrapõe-se ao pensamento tópico, uma vez que este surge da análise do caso concreto, ou seja, é um pensamento *a posteriori* e não *a priori*. Já o pensamento sistemático visa, ao menos em tese, ser um pensamento dedutivo que deduz do *a priorístico* sistema de normas jurídicas a aplicação do direito ao concreto. O próprio Viehweg comenta essa questão:

> "Todo esse procedimento (tópico) constitui para uma mentalidade lógica uma questão incômoda, pois supõe uma perturbação da dedução, ante a qual não pode estar seguro em nenhum momento. Por isto, dificilmente será ouvido em nossa disciplina quem não dispuser de um conhecimento jurídico suficiente de premissas, isto é, quem não tiver aprendido onde podem e devem inserir-se novas premissas à vista do problema fundamental, nos quadros de um determinado modo de entender o direito, sentindo-se, ao contrário, autorizado ou, se possível, obrigado a continuar imperturbavelmente a dedução iniciada."[12]

Para Viehweg, a própria elaboração do sistema do Direito Positivo deu-se por meio de um pensamento tópico. Nesse sentido, Viehweg convida-nos ao exercício de nossa criatividade para que sejamos capazes de pensar casuística e problematicamente no âmbito do sistema jurídico. Fazendo isso, podemos criar um sistema de normas jurídicas que se renova a cada diferente interpretação.

CONCLUSÕES

Importante lembrar que a obra de Viehweg foi escrita no pós-guerra, num momento em que o Positivismo Jurídico e a própria lógica jurídica formal estavam sendo questionadas.

Viehweg não é um contestador do positivismo jurídico, mas oferece uma alternativa ao perigo de seu tecnicismo "cego". Em sua obra central *Tópica e jurisprudência*, Viehweg não cria nenhum novo conceito, mas faz um preciso e sintético estudo analítico-histórico da tópica de Aristóteles, a civilística contemporânea.

Graças a esse estudo, Viehweg reintroduz a argumentação como ferramenta do Direito para a busca da decisão. O próprio Viehweg, no prefácio à 3ª edição de *Tópica e jurisprudência*, aponta alguns jusfilósofos que estavam trabalhando na vereda por ele aberta: Chaïm Perelman (Bélgica), Luís Recaséns Siches (México) e Julius Stone (Austrália).[13]

---

[11]   Ferraz Jr., *Introdução ao estudo do direito*: técnica, decisão, dominação, 2. ed., 1995, p. 333.

[12]   Viehweg. Op. cit. p. 95.

[13]   Tanto é que Viehweg publicou e prefaciou, no ano de 1965, dois ensaios de Perelman em tradução alemã.

Alguns autores criticam a obra de Viehweg, chamando atenção para sua generalidade:

"A tópica não permite ver o papel importante que a lei (sobretudo a lei), a dogmática e o precedente desempenham no raciocínio jurídico; ela fica na estrutura superficial dos argumentos padrões e não analisa sua estrutura profunda, permanecendo num nível de grande generalidade que está distante do nível de aplicação como tal do Direito."[14]

O que se faz imprescindível esclarecer é que Viehweg não tinha a intenção de criar um novo conceito; seu interesse era iluminar e chamar a atenção para um campo do saber que estava sendo negligenciado pelo Direito. Dessa perspectiva, sua obra foi e continua sendo um marco da Filosofia do Direito do século XX.

---

[14] Atienza, *As razões do direito*: teorias da argumentação jurídica, 2000, p. 75.

26
CHAÏM PERELMAN: ARGUMENTAÇÃO, LÓGICA E DIREITO

26.1 O AUTOR E SUAS PREOCUPAÇÕES

Autor de inúmeras obras nas áreas da filosofia e da filosofia jurídica, Chaïm Perelman (1912-1984), polonês de origem que viveu desde a adolescência na Bélgica, notabilizou-se sobretudo por sua vocação intelectual dedicada à emancipação do raciocínio jurídico e da lógica do pensamento jurídico das redes e tramas reducionistas e positivistas. A obra de Perelman, por vezes associada às valiosas contribuições de Olbrechts-Tyteca, é extensa e recobre, afora inúmeros artigos que aparecem citados ao longo deste texto, os seguintes títulos, a saber: *Retórica e filosofia* (1952), *Tratado da argumentação* (1958), *Justiça e razão* (1970, 2. ed.), *Filosofia moral* (1967 e 1976, 5. ed.), *Lógica e moral* (1969), *O campo da argumentação* (1970), *Lógica e argumentação* (1971), *Lógica jurídica* (1980), *O império retórico: retórica e argumentação* (1977), *A nova retórica e humanidades* (1979), *Justiça, lei e argumento* (1980).[1]

O trabalho, as posturas teóricas, a pesquisa empreendida por Chaïm Perelman encontraram eco, já durante sua vida, sobretudo em meio à chamada *Escola de Bruxelas* (*Centre belge de logique judiciaire, L'École de Bruxelles*), que, substancialmente, dedica-se a estudos de lógica judiciária, bem como à continuidade de sua reflexão e à revisão e à divulgação de suas posturas teóricas. Dessa Escola nasceram vários pensadores que se têm destacado no exercício de interpretação do pensamento perelmaniano.[2]

---

[1]   As obras e as edições utilizadas neste texto são as seguintes: Perelman, Chaïm. *Droit, morale et philosophie*. 12. ed. Paris: Librairie Générale de Droit et de Jurisprudence, 1976; Perelman, Chaïm. *Cours de logique*: logique formelle et théorie de l'argumentation. 9. ed. Bruxelas: Presses Universitaires de Bruxelles, 1966; Perelman, Chaïm. *L'empire rhétorique*: rhétorique et argumentation. Paris: J. Vrin, 1977; Perelman, Chaïm; Tyteca, L. Olbrechts. *Traité de l'argumentation*: la nouvelle rhétorique. 3. ed. Bruxelas: Institut de Sociologie, Éditions de l'Université de Bruxelas, 1976; Perelman, Chaïm. *El imperio retórico*: retórica y argumentación. Bogotá: Grupo Editorial Norma, 1997; Perelman, Chaïm. *Ética e direito*. São Paulo: Martins Fontes, 1996; Perelman, Chaïm. *Droit, morale et philosophie*. 2. ed. Paris: R. Pichon et R. Durand-Auzias, 1976; Perelman, Chaïm. *Le champ de l'argumentation*. Bruxelas: Presses Universitaires de Bruxelles, 1970; Perelman, Chaïm. *Logique juridique*: nouvelle rhétorique. 12. ed. Paris: Dalloz, 1979; Perelman, Chaïm. *Présomptions et fictions en droit*: essai de synthèse. In: Les présomptions et les fictions en droit: travaux du Centre National de Recherches de Logique. Estudo publicado por Chaïm Perelman e P. Foriers. Bruxelas: Établissements Émile Bruylant, 1974, p. 339-348; PERELMAN, Chaïm. *À propos de la règle de droit*: réflexions de méthode, In: La règle de droit: travaux du Centre National de Recherches de Logique. Estudo publicado por Chaïm Perelman. Bruxelas, Établissements Émile Bruylant, 1971, p. 313-323.

[2]   Indicam-se aqui algumas referências da Escola de Bruxelas e a respeito da Escola de Bruxelas: Dubouchet, Paul. *La pensée juridique avant et après le Code Civil*. Paris: L'Hermès, 1994; Dubouchet, Paul. *Sémiotique juridique*: introduction à une science du droit. Paris: Presses Universitaires de France, 1990; Goyard-Fabre, Simone; Sève, René. *Les grandes questions de la philosophie du droit* (recueil de textes

O que releva destacar, quando se trata de empreender uma pesquisa acerca desse vasto manancial de pensamento das ciências humanas e da ciência jurídica, propriamente dita, é o eixo fundamental de preocupações de Chaïm Perelman. Entende-se que a principal preocupação do autor foi o raciocínio jurídico, ou seja, procura lidar, e conciliar, com as seguintes questões: (a) Como se raciocina juridicamente? (b) Qual a peculiaridade do raciocínio jurídico? (c) Quais as características desse raciocínio? (d) De onde extrai o juiz subsídios para a construção da decisão justa? (e) Até onde leva a argumentação das partes em um processo? (f) Qual a influência que a argumentação e a persuasão possuem para definir as estruturas jurídicas? Estas, entre outras questões, guiaram os escritos de Perelman para a formação de um conjunto encadeado de conceitos que acabaram por se apresentar hábeis à formação de uma sólida reflexão a respeito do julgamento e do ato jurídico de decisão.

É esta perspectiva da obra de Perelman que se procurará colocar em relevo quando se estiver a descrever e a comentar as principais passagens e os mais destacados capítulos do pensamento de Perelman. Ter-se-á por estudo, nesta pesquisa, a atividade judiciária, de apreciação das normas, de relacionamento destas com fatos e acontecimentos concretos, de decisão de um conflito institucionalizado.

Uma reflexão sobre o julgamento nada mais vem a ser do que um estudo sobre um dos mais importantes acontecimentos jurídicos: a criação da norma individual. De fato, grande parte da aparelhagem do Estado, das normas jurídicas, da atuação dos operadores e servidores da justiça faz-se em função de determinado ato processual que se chama julgamento. O que há é que o julgamento, a princípio, é um processo e não um simples ato, mas sua formulação jurídica e sua exteriorização pública é que verdadeiramente lhe conferem um sentido jurídico.

Nesse sentido, a pesquisa deveria necessariamente orientar-se em função do levantamento dos meios pelos quais se produz a decisão jurídica, das normas que a autorizam, das correntes teórico-dogmáticas que explicam os efeitos da decisão, e outras questões desse tipo. E, se isso fosse feito, não obstante a riqueza da temática, estar-se-ia simplesmente a reforçar o *status quo* dos estudos já empreendidos nessa matéria. A proposta de aliar a análise do julgamento com a de uma reflexão em torno da obra de Perelman é, pelo contrário, um esforço de criação, e não simplesmente de descrição e exposição de uma teoria, mas de reflexão conjunta.

O pensador Chaïm Perelman, com seus estudos sobre a nova retórica, a lógica e a argumentação, na história das ideias contemporâneas, em matéria jurídica, a um só tempo, inovou com suas contribuições (lógica jurídica, ética e direito...) e resgatou alguns testemunhos históricos sobre temáticas importantes (a nova retórica e o pensamento aristotélico...),

---

choisis). Paris: Presses Universitaires de France, 1986; Wróblewski, J. *La règle de décision*. In: La règle de droit: travaux du Centre National de Recherches de Logique. Estudo publicado por Chaïm Perelman. Bruxelas: Établissements Émile Bruylant, 1971, p. 85; Perelman, Chaïm. *Le raisonnable et le déraisonnable en droit*: au-delà du positivisme juridique. Paris: Librairie Générale de Droit et de Jurisprudence, 1984; Perelman, Chaïm. Olbrechts-Tyteca, L., *Nouvelle rhétorique*: logique et rhétorique. In: L'homme et la rhétorique (sous la direction d'Alain Lempereur). Paris: Méridiens Klincksieck, 1990, p. 117-151; Perelman, Chaïm. *Droit et rhétorique*. In: L'homme et la rhétorique (sous la direction d'Alain Lempereur). Paris: Méridiens Klincksieck, 1990, p. 207-212; Stamatis, Constantin S. *Argumenter en droit*: une théorie critique de l'argumentation juridique. Paris: Éditions Publisud, 1995; Lempereur, Alain. *Y a-t-il une École de Bruxelles?* In: L'homme et la rhétorique (sous la direction d'Alain Lempereur). Paris: Méridiens Klincksieck, 1990, p. 7-14; Terré, François. *La découverte du sens par la rhétorique*. In: La découverte du sens en droit, Archives de Philosophie du Droit et de Philosophie Sociale, nº 48. Editado por François Paychère. Stuttgart: Franz Steiner Verlag, 1992, p. 17-30; LEBEN, Charles. *Chaïm Perelman ou les valeurs fragiles*. In: Droits: Revue Française de Théorie Juridique, nº 2, Paris, Presses Universitaires de France, p. 107-115.

incrementando os debates atuais. Alguns autores chegam a ver prenúncios de uma Semiótica Jurídica no seio dos escritos de Perelman, o que denuncia sua preocupação com a pragmática e o uso do discurso pelos operadores do direito.

Pode parecer estranho estudar a argumentação no seio do sistema jurídico, ainda mesmo atribuindo-lhe uma função de grave importância para o decisionismo jurídico, e isto porque parece estar-se a contradizer a natureza, sempre admitida, rígida e formal das regras jurídicas. Estar-se-á, portanto, a estudar um universo presente que se encontra relegado aos bastidores da prática jurídica, ou ainda camuflado por não ser considerado determinante. É exatamente nisto que Perelman encontrou alento para perseguir novas perspectivas para a prática jurídica, sobretudo judiciária.

26.2 COMBATE AO POSITIVISMO JURÍDICO

A princípio, há que se dizer que Perelman possui, entre outros, um objetivo muito claro, jamais negado ou desmentido em seus escritos: declarar guerra ao positivismo jurídico. Essa missão de dizer que o raciocínio jurídico não obedece às regeladas mecânicas do raciocínio exato (matemático, mecanicista, rigoroso...)[3] e que o direito não se resume à lei[4] destacam a força de atuação de seu pensamento, uma vez que suas obras desdobraram-se nas vertentes mais variadas do conhecimento para provar a impropriedade do pensamento positivista.

Deve-se dizer, no entanto, que Perelman não torna simplesmente sua reflexão um pensamento antiformalista, no sentido da destruição do raciocínio lógico-formal. Ele esforça-se, sim, por definir as bases de uma lógica jurídica específica, de uma lógica que não se vale somente do raciocínio dedutivo, mas que se vale também, entre outras coisas, do raciocínio dedutivo. O que se procura identificar é a não redução do raciocínio jurídico, sobretudo o judicial, com o raciocínio dedutivo.[5]

Perelman assinala que, para além de a pesquisa sobre o raciocínio jurídico deter-se sobre seu desenrolar dedutivo (premissa maior – premissa menor – síntese), deve antes verificar que a própria atividade de definição do conteúdo das premissas do raciocínio é uma atividade complexa para o juiz; a lógica judiciária não se resume à mera dedução de conclusões extraídas do texto da lei.[6] Ainda mais, o texto da lei é traidor, se encarado como texto dotado de um único sentido, pois quanto mais vagos são os recursos linguísticos da lei, maior o campo que se abre para a interpretação da lei. A interpretaçao jurídica não pode fixar-se no princípio *in claris cessat interpretatio,* muito menos admitir que um texto jurídico possa chegar a sua plenitude absoluta de sentido.

---

[3]   "Si la justice pouvait se passer de jugement, si on pouvait la mécaniser, les machines pourraient dire le droit d'une façon beucoup plus rapide et beaucoup moins coûteuse que l'homme. Mais, les machines n'ont pas de jugement, et c'est pourquoi, dans toutes les situations délicates, le recours au juge est indispensable" (Perelman, *Le champ de l'argumentation,* 1970, p. 146).

[4]   Na *Les grandes questions de la philosophie du droit,* 1986, p. 158-160, que representa em verdade um conjunto seleto de textos de filosofia do direito, Goyard-Fabre e Sène fazem aparecer a reflexão de Perelman num tópico específico, qual seja, *Le droit ne se réduit pas à la loi,* onde se apresenta o texto da *Logique juridique, nouvelle réthorique,* como um texto em que se fixa a relação entre o juiz e a vida concreta do direito.

[5]   Cf. Dubouchet, *La pensée juridique avant et après le Code Civil,* 1994, p. 430.

[6]   "Ce qu'il y a de spécifiquement juridique dans le raisonnement du juge, ce n'est nullement la déduction formellement correcte d'une conclusion à partir de prémisses – en cela la déduction en droit n'a rien de particulier – mais ce sont les raisonnements qui conduisent à l'établissement de ces prémisses dans le cadre d'un système de droit en vigueur" (Perelman, *Droit, morale et philosophie,* 1976, p. 93).

Ademais, há que se dizer que o raciocínio jurídico é um raciocínio engajado em seu contexto, seja político, seja econômico, seja ideológico, seja social, seja cultural...,[7] o que só faz com que o mito da legalidade pura e estreita desapareça no horizonte do folclore jurídico.

Para que se compreenda o que quer dizer Perelman quando se refere ao raciocínio jurídico, está claro que consiste no raciocínio fundamentado expresso na decisão do juiz, que é aquele que recolhe em si todos os elementos fundamentais esboçados pelos demais profissionais do direito que atuam a seu lado (advogado, promotor...), além de outros indispensáveis para a formação de uma decisão judicial. O raciocínio jurídico consiste em todo ato aplicativo da lei, e aí está o manancial de estudos do jurista.[8]

No entanto, devem-se tomar alguns cuidados ao se estudar a obra de Perelman, quais sejam: não se está pensando que seja possível definir *a priori* o que seja a justiça feita pelo juiz, uma vez que a atividade prudencial do magistrado é exercida mediante a provocação das partes e a existência de um caso concreto a ser analisado; não se está pensando em conceituar uma verdade judicial, por meio da qual o juiz expressaria a vontade da lei, ou algo semelhante, mas no juízo do magistrado como *iter* racional para o alcance de um resultado socialmente institucionalizado.

De um lado, o juiz não invoca nenhum tipo de metafísica da justiça para resolver os casos concretos que estão diante de seus olhos, mas a sensos humanos e racionais, calcados sobretudo em experiências, valores, provas e discursos. Então, não se trarão à baila questões como a da justiça, visto que se procura substituir esta noção metafísica por outras que correspondam à realidade material das práticas jurídicas. A justiça é um termo equívoco, e faz apelo a valores sociais, éticos, morais sujeitos a grandes transformações semânticas no tempo e no espaço. Tudo isto ainda faz apelo às noções de divindade, natureza, razão, costume, acordo social... noções que historicamente ganharam inúmeros alentos conceptuais, inúmeras decisões de sentido etc.[9] Perelman, portanto, não está preocupado em conceituar justiça, mas em vê-la acontecer nos casos concretos, e, corriqueiramente, a noção de justiça, em sua reflexão, é substituída por aquela de equidade[10] dos casos concretos, tendo-se em vista a liberdade de convencimento do juiz.

Se há que se falar em uma justiça, na teoria que se assinala, ela há de consistir em uma constante luta entre a equidade que se pode ministrar ao caso concreto (exercida fora da letra da lei) e a segurança do princípio da legalidade (dada pela letra da lei), de modo que o juiz, em seu desempenho, deve ater-se a viver o drama corrente de sopesar esses valores e administrá-los diante de cada ocorrência factual.[11] De fato, é desse equilíbrio tenso que surge a justiça das decisões.[12]

---

[7] "Le raisonnement juridique s'avère ainsi indissociable de son contexte social, politique et idéologique" (Perelman, À propos de la règle de droit: réflexions de méthode. In: *La règle de droit*: travaux du Centre National de Recherches de Logique, 1971, p. 323).

[8] "Si nous entendons par raisonnements juridique tout raisonnement qui, directement, concerne l'application de la loi, conçue dans le sens le plus large, ce sont les jugements et arrêts des Cours et Tribunaux qui nous en fournissent les plus spécimens les plus autorisés" (Perelman, *Le champ de l'argumentation*, 1970, p. 123).

[9] Só se pode chegar a um conceito relativo de justiça, ou seja, ao conceito de uma justiça que se busca no meio das coisas humanas, e que só se distingue por ser inconfundível com o arbitrário, com o inaceitável (Perelman, *Droit, morale et philosophie*, 1976, p. 56-66).

[10] Sobre os conceitos de equidade, ver Perelman, *Droit, morale et philosophie*, 1976, p. 31.

[11] Cf. Perelman, *Le champ de l'argumentation*, 1970, p. 146.

[12] Em sua teoria sobre a argumentação jurídica, Stamatis não deixa de considerar de relevo o fato de que o direito positivo é sempre o endereço necessário do raciocínio jurídico, e negando isto veementemente

Cap. 26 · CHAÏM PERELMAN: ARGUMENTAÇÃO, LÓGICA E DIREITO | 397

De outro lado, o juiz, no julgamento, não faz verdade, não raciocina para tornar a realidade dos autos uma transparente descrição de acontecimentos passados, uma vitrina descritiva de fatos que geraram consequências jurídicas, mas para decidir, para resolver conflitos, para conferir a determinada *quaestio juridica* o estatuto de *quaestio judicata*. O próprio advogado não procura provocar no julgador a vontade de fazer verdade, mas fazer de sua narrativa aquela mais plausível, mais consistente, mais próxima do razoável, trazendo o julgador para a aderência de sua posição. Ver no julgador um tradutor da verdade seria o mesmo que convertê-lo em uma máquina silogística, posição irreal, pois, onde residem fatos e normas, residem instrumentos de muita maleabilidade retórica.

Como princípio processual básico, tem-se como ponto de partida para a discussão acerca da controvérsia jurisdicional o fato de que a verdade não existe, mas se constrói por um *decisum* que advém da apreciação de fatos expostos e retoricamente sustentados juridicamente dentro da sistemática normativa da comunidade jurídica. O dissenso, ao alinhar-se em formas de um procedimento institucionalizado, legaliza-se nos devidos termos das prescrições estabelecidas para a ritualização dos atos de vontade das partes litigantes. Não pode ser outra a definição da verdade processual que a administração do dissenso. No âmbito do processo penal, a ficção da verdade real é teleologia sistemática, uma vez que esta reside na hermética individualidade psicológica dos sujeitos envolvidos na relação, sendo de difícil apuração critérios que embasem a alegação de uma verdade purificada e integral no contexto da litigância processual.

Nesse sentido em que se ressaltam as posturas daquele que ataca e daquele que defende, não obstante a reciprocidade desse processo de ataque e defesa, encontra-se esse sempre em uma situação de vantagem para com aquele que acusa, pois as refutações fundam-se basicamente na desconstrução dos argumentos da outra parte, argumentos estes que devem conter uma plausibilidade, considerando-se que aquele que alega tem o ônus da prova do alegado.[13]

26.3 COMBATE À LÓGICA FORMAL

Percebe-se, portanto, que o pensamento de Perelman volta-se menos para as estruturas formais do pensamento jurídico e mais para a *práxis* do direito. Esse tipo de preocupação já aparece em Kalinowski, que representa um dos pioneiros na missão de conferir autonomia ao raciocínio jurídico com relação à lógica formal.[14] Todavia, de qualquer forma, é necessário, nesse quadro de estudos, reconhecer o mérito de Viehweg[15] e Engish. Quer-se verificar o que efetivamente acontece na prática dos tribunais para se determinar o que o jurista exerce por meio de seu raciocínio argumentativo. Procura-se com esse modelo de preocupação filosófica aproximar a teoria da prática, distanciando os olhos do jurista do purismo da lógica formal, que, por influência dos estudos positivistas, vieram a desembocar na área jurídica. De fato,

---

as alternativas que negam a aceitação da lei (Stamatis, *Argumenter en droit*: une théorie critique de l'argumentation juridique, 1995, p. 323).

[13] Aristóteles, *Retórica*, 1402 b, 25.

[14] Perelman atribui a Kalinowski a tarefa, no século XX, de sedimentação de uma lógica jurídica como atividade do raciocínio independente, marcadamente autônoma (Perelman, *Le champ de l'argumentation*, 1970, p. 132).

[15] As derradeiras linhas de uma artigo que relaciona argumentação e Direito são dedicadas a um elogio da proposta de Viehweg: "C'est à la lumière des transformations intervenues depuis la deuxième guerre que l'on comprendra et l'on appréciera le mieux l'importance de l'oeuvre du professeur Th. Viehweg dans l'évolution des idées juridiques du monde occidental" (cf. Perelman, Droit et rhétorique. In: *L'homme et la rhétorique*, 1990, p. 207).

CURSO DE FILOSOFIA DO DIREITO • Bittar/Almeida

esse combate é legítimo à medida que expurga uma excrescência teórica das ciências exatas que havia sido enxertada nas ciências humanas e jurídicas pelo movimento dos positivistas.

Para uma lógica que não vive de certezas, já se disse, não se pode almejar que o raciocínio jurídico esteja vertido para o alcance da verdade. O mito da verdade não existe no pensamento de Perelman, uma vez que o termo verdade é substituído por outros mais apropriados para expressar o que é próprio do raciocínio jurídico, a saber, o razoável, o equitativo, o aceitável, o admissível...[16] Em suma, o juiz não é a boca da lei (*bouche de la loi*).[17]

Ademais, quanto ao uso dos termos, Perelman constata um desequilíbrio na utilização prática dos termos *razoável* e *não razoável*, e isto porque parece tradição teórica o desprezo pela ideia de razoável como algo incerto, contrariamente às noções de racional e irracional, que abundam nos tratados jurídicos.

Em verdade, os estudos lógicos contemporâneos e modernos, derivados de uma tradição cartesiana, acompanhada de outra leibniziana, negligenciaram a própria lógica aristotélica.[18] É do resgate da lógica aristotélica, por vezes aliada a influências ciceronianas, que haverá de nascer uma semente adequada para o tratamento e a análise dos problemas jurídicos contemporâneos, na perspectiva perelmaniana. O apelo à lógica aristotélica não formal, ou seja, à lógica aristotélica judiciária, é um recurso de que se vale Perelman para *re-inventar* as dimensões do sistema jurídico em seu funcionamento dinâmico na prática. Dialogar com Chaïm Perelman, sem dúvida alguma, é dialogar com Aristóteles (*Topica, Rethorica...*),[19] tamanha a imbricação entre a obra daquele autor e a filosofia aristotélica incorporada em seus textos. Eis aí o lastro teórico de que se vale Perelman para construir seu conjunto de ideias.

Quanto ao que seja a lógica jurídica, parece claro, pois, não sendo mero apêndice da lógica formal, ou muito menos ainda um aperfeiçoamento do raciocínio lógico-dedutivo aplicado ao direito e às normas, consiste efetivamente numa lógica argumentativa. É em discurso que se constrói o saber jurídico; é em discurso que se constrói a justiça, a equidade, a razoabilidade, a aceitabilidade das decisões judiciais.

A argumentação passa a ter papel muito mais considerável na atuação prática do jurista, e o rigor do formalismo lógico desaparece frente a esse modelo de raciocínio propriamente jurídico. São inúmeras as formas de se provar que a pura dedução conduziria a situações iníquas, ou, mesmo, impediria que o julgamento se aproximasse da justiça.

A lógica, na concepção perelmaniana, obedece, portanto, não a esquemas rígidos de formação, elocução, dedução, construção. Trata-se de uma lógica material, prática, e sobretudo inteiramente condicionada a sua tarefa de produzir efeitos diante de um auditório. Essa peculiaridade impede-lhe de se construir de outra forma que não aquela contingente, contrariamente aos procedimentos de abstração, que destroçam a prática do sentido, e erigem o

---

[16] "Ainsi, la logique juridique de Perelman veut-elle substituer aux concepts de 'vrai' ou de 'correct' ou de 'valide', les concepts d''acceptable', de 'raisonnable', d' 'équitable', d' 'admissible' ou de 'juste', et par conséquent a-t-elle recours aux standards, à ces instruments d'administration du droit..." (Dubouchet, *La pensée juridique avant et après le Code Civil*, 1994, p. 433).

[17] O juiz não é a 'boca da lei', aplicador neutro e desideologizado das normas jurídicas, como se quis no pensamento derivado da Revolução Francesa (cf. Perelman, *Le champ de l'argumentation*, 1970, p. 140).

[18] "La logique moderne se limite ainsi à l'étude des preuves qu'Aristote qualifiait d'analytiques, en omettant toutes celles qu'Aristote qualifiait de dialectiques, et qui sont celles qui viennent à l'appuid'une opinion ou qui s'y opposent" (Perelman, *Le champ de l'argumentation*, 1970, p. 124).

[19] O estudo da retórica aristotélica é de suma importância nesse contexto, mas o próprio texto da *Rethorica* é de pretensões bem mais amplas que aquelas esposadas pela nova retórica (cf. Perelman e Olbrechts--Tyteca, Nouvelle rhétorique: logique et rhétorique. In: *L'homme et la rhétorique*, 1990, 117-151).

que é o normativo, e não o que é o razoável, de acordo com situações, contextos e vivências diante de auditórios determinados.[20]

A lógica da argumentação, frontalmente contrária à lógica formal, diametralmente oposta à proposta por Hans Kelsen, pretensamente científica, vislumbra na atividade do juiz um complexo empreendimento de elaboração, condensação, valoração, ponderação, divisão de elementos de diversas naturezas, em que não somente a norma jurídica é um ponto de referência, pois divide espaço e, por vezes, colide com impressões psicológicas, histórias e vivência comunitárias, intuições pessoais, provas não produzidas (mas é também conhecida da sociedade)...[21] que para outros modelos teóricos são simplesmente motivo de desprezo. Há, em Perelman, a preocupação de trazer todos esses elementos à tona.

26.4 PAPEL DA ARGUMENTAÇÃO NO JULGAMENTO

Está fora de dúvida que o operador do direito influencia a decisão do juiz. De fato, o juiz, quando entra em contato com os argumentos, com os documentos, com as provas orais, com os relatos, com as fundamentações as mais diversificadas de textos normativos..., passa a receber um afluxo de informações que deverão ser condensadas num único ato, final do processo de julgamento, a que se chama de decisão. Nesse passo, pode-se verificar que as etapas pré-silogística e pós-silogística[22] têm profunda imbricação entre si, redundando num ato aparentemente simples e definitivo que é a decisão.

Para alcançar a decisão, o juiz deverá enfrentar as evidências apresentadas por ambas as partes litigantes em determinado processo. De fato, o que ocorre é que o juiz se encontra legalmente vinculado pelos argumentos contundentes das partes, sejam aqueles técnicos, de procedimento, normativos, sejam puramente retóricos,[23] e é com base neles que deverá sustentar sua decisão, seu julgamento.[24] Todavia, o fato de ter que estar atento ao que ambas as partes dizem a respeito dos direitos e dos fatos envolvidos, o poder do juiz, no campo das provas, e de seu convencimento por meio destas, ou de sua qualificação, começa pela possibilidade de qualificar os fatos, para deles extrair possíveis consequências legais.[25]

A decisão é a resultante de um grande e difícil processo de ponderação de inúmeros fatores e elementos; o juiz, à medida que constrói a decisão, não é um autômato. Contudo, a

---

[20] Cf. Perelman, *Le champ de l'argumentation*, 1970, p. 138.

[21] A respeito do não jurídico como determinante na formação da decisão jurídica, consulte-se Wróblewski, La règle de décision. In: *La règle de droit*: travaux du Centre National de Recherches de Logique, 1971, p. 85.

[22] É curioso notar que Stamatis destaca no julgamento um raciocínio dotado de duas etapas: uma primeira, pré-silogística, capaz de colocar o jurista em face dos problemas fáticos e normativos com os quais se depara; uma segunda, propriamente silogística, em que se procede a uma formalização do raciocínio. Todavia, o julgamento em si não aparece nem como decisão arbitrária do sujeito do julgamento nem como pura justificação da decisão tomada na etapa pré-silogística. O julgamento aparece como conjunção das etapas (Stamatis, *Argumenter en droit*: une théorie critique de l'argumentation juridique, 1995, p. 154-155).

[23] Por vezes, o julgamento pode conter algum tipo de argumentação que acolha argumentos das partes; por vezes, pode simplesmente afastá-los todos e sustentar suas próprias razões. Contudo, de uma forma ou de outra: "Cette motivation fournira à la fois les raisons qui ont paru prévaloir, ainsi que la réfutation des objections opposées à la thèse défendue par le juge" (Perelman, *Le champ de l'argumentation*, 1970, p. 129).

[24] Ibidem, p. 126.

[25] Ibidem, p. 128.

400 CURSO DE FILOSOFIA DO DIREITO • *Bittar / Almeida*

argumentação da decisão, que motiva o julgamento e o enquadra jurídica e logicamente às regras prevalecentes em um sistema jurídico determinado, não tem simplesmente a função de elucidar o raciocínio seguido pelo órgão investido do poder de decisão. Mais que isso, a decisão argumentada é a forma legítima de expressão decisória, esta capaz de pôr fim a outros argumentos. Então, o argumento decisório é uma forma de afastar outras possíveis formas de argumentação sustentadas pelas partes.[26]

Mais ainda, dizer que a decisão judicial é fundamentada, e condensa em si um julgamento significa dizer que ela escapa aos moldes de todo tipo de ato arbitrário. Trata-se, ao contrário, de um ato prudencial. É de uma atividade de constante ponderação entre opostos, entre tensas pretensões, entre inconciliáveis valores, entre possibilidades válidas que vive o julgador. Andando num fio de prumo, sua decisão deverá ser a mais prudente, ou seja, a que mais procurar ponderar conceitos opostos, facetas diversas, relativos aos mesmos fatos.[27]

Na formação da vontade decisória, é de fundamental importância o domínio de técnicas de argumentação e do uso de provas, seja para o agente julgador, seja para os operadores do direito que com ele estiverem interagindo. Técnicas de argumentação são hábeis instrumentos para a afirmação do que se pleiteia ou do que se decide. O estudo das provas também é indispensável, à medida que estas são o verdadeiro respaldo de toda decisão. Às vezes, não se requer a prova de fatos, às vezes se proíbe a prova de outros fatos, e, ainda, às vezes, estabelecem-se presunções que dispensam determinada parte de provar.[28]

No sistema perelmaniano, não se pode opor a razão à argumentação; toda atividade argumentativa é uma atividade nitidamente racional. A verdadeira oposição dá-se entre a demonstração e a argumentação. Não se pode identificar racional (*rationnel*) com razoável (*raisonnable*), pois a passagem daquele para este importa em um distanciamento da contingência e da ambiguidade, e em uma aproximação da formalização e da abstração.[29] O raciocínio jurídico é o raciocínio dialético.[30] É deste que se valem as partes, por meio de seus representantes judiciais, postulando a aplicação do direito a seu favor, e é deste que se vale o juiz para afirmar sua convicção de julgamento por meio de uma decisão.

Perelman está consciente[31] de que as ficções, as presunções, as palavras vagas, as expressões indeterminadas… são todos expedientes que somente facilitam a penetração da argumentação e a abertura da liberdade do juiz para decidir em confronto com situações casuísticas.[32]

---

[26] Ibidem, p. 129.

[27] "Le juge éclairé est celui qui décide après avoir entendu le pour et le contre. Nous pourrions dire que la rhétorique, plutôt que de former le plaideur, doit former le juge" (Perelman/ Olbrechts-Tyteca, Nouvelle rhétorique: logique et rhétorique. In: *L'homme et la rhétorique*, 1990, p. 150).

[28] Cf. Perelman, *Le champ de l'argumentation*, 1970, p. 141.

[29] Ibidem, p. 329-331.

[30] "Une des grandes différences entre le raisonnement mathématique et le raisonnement juridique, c'est que le raisonnement mathématique descend vers les conséquences; mais il arrive au raisonnement juridique de remonter; c'est la raison pour laquelle je le qualifie de dialectique, par opposition au raisonnement analytique" (Ibidem, p. 332).

[31] "À l'heure actuelle, dans différents domaines, on considère que l'indétermination des concepts est indispensable à leur utilisation. Le problème de l'interprétation, en droit, est aujourd'hui étudié en connexion étroite avec les problèmes du langage" (Perelman/Olbrechts-Tyteca, Nouvelle rhétorique: logique et rhétorique. In: *L'homme et la rhétorique*, 1990, p. 141).

[32] A função das ficções, sobretudo da ficção *iuris tantum*, é de facilitar o julgamento. De fato: "Le rôle de ces présomptios est de faciliter la tâche du juge ou de l'administrateur, de celui qui se trouve dans l'obligation de juger, de celui qui doit prendre une décision, que la preuve du fait est difficile à fournir" (Perelman,

Cap. 26 · CHAÏM PERELMAN: ARGUMENTAÇÃO, LÓGICA E DIREITO | 401

Também está consciente Perelman do fato de que a lei não prevê todas as hipóteses das possíveis ocorrências futuras.

Com isso se percebe que a função do julgador é bem mais complexa que aquela que lhe é declarada. O julgador possui a atribuição de construir e completar o sistema jurídico, que, por sinal, tendo em vista as lacunas e as antinomias jurídicas, não é um sistema fechado, mas aberto. Perelman admite que se fale em sistema jurídico, mas não que se fale em sistema jurídico fechado, hermético, distanciado da prática prudencial, do convívio, da argumentação, do razoável de cada situação. O absoluto, nesse campo, não pode, nesta concepção, prosperar.[33] O julgador possui o poder, inclusive, de superar a lei para fazer justiça.

26.5 NOVA RETÓRICA E PROPOSTA PERELMANIANA

A nova retórica, portanto, abala os tradicionais conceitos esculpidos ao longo dos anos por uma forte tendência positivista que se instalou nos meios jurídicos. A anarquia da nova retórica provoca o jurista a não pensar os fatos dentro dos ditames da lei, mas a pensar os fatos como ocorrências suscetíveis de valoração, ao lado de normas suscetíveis de valoração, justapostas a provas suscetíveis de valoração... que se aconchegam em argumentos favoráveis ou contrários aos interesses em jogo em determinada causa, mas que, de qualquer forma, se revelam por meio do discurso e da prática judiciária.

A nova retórica não reduz os meios de convencer e persuadir à argumentação, mas reduz sua pesquisa a esta exclusiva perspectiva, no sentido mesmo de não se deter sobre outras formas de manifestação humana senão aquela chamada argumentação. A argumentação é o modo de gerar convencimento e de produzir persuasão mais usual nos meios jurídicos; é pelo discurso que se acessa a consciência do juiz, que se invadem suas perspectivas pessoais, para se fazer instalar o gérmen de uma possível decisão favorável a determinado interesse judicial.[34]

A retórica, nesse sentido, é um estudo que proporciona conhecimento acerca dos meios argumentativos e dos auditórios disponíveis. Da adequação entre os instrumentos e expedientes retóricos e o auditório disponível surge a verdadeira sabedoria retórica, que não se confunde com a sabedoria lógico-abstrata. A retórica pouco tem com as abstrações e muito tem com o uso do discurso; tem mais ainda relação com o estudo dos auditórios aos quais se dirigem os diversos gêneros de discurso (tribunal, juiz, assembléia, alunos...).[35]

A argumentação retórica desenvolve-se em meio a um sistema de ideias tal que o ouvinte não está obrigado a aceitar as conclusões do raciocínio desenvolvido, pois as premissas não configuram um sistema rígido de valores e opções. Há sempre a possibilidade de o argumento não ser adequado, de o argumento não convencer, de o argumento ser contestado...[36]

Présomptions et fictions en droit: essai de synthèse. In: *Les présomptions et les fictions en droit*: travaux du Centre National de Recherches de Logique, 1974, p. 340).

[33] Perelman, *Le raisonnable et le déraisonnable en droit*, 1984, p. 74.

[34] Cf. Perelman/Olbrechts-Tyteca, Nouvelle rhétorique: logique et rhétorique. In: *L'homme et la rhétorique*, 1990, p. 117-151.

[35] "Puisque l'argumentation rhétorique vise à l'adhésion, elle dépend essentielement de l'auditoire auquel elle s'adresse, car ce qui sera admis par un auditoire ne le sera par un autre; et ceci concerne non seulement les pre'misses du raisonnement mais encore chaque chaînon de celui-ci, et enfin le jugement même qui sera porté sur l'argumentation dans son ensemble" (Ibidem, p. 131).

[36] "Tandis que, en logique, l'argumentation est contraignante, il n'y a pas de contrainte en rhétorique. On ne peut être obligé d'adhérer à une proposition ou obligé d'y renoncer à cause d'une contradiction à laquelle on serait acculé. L'argumentation rhétorique n'est pas contraignante parce qu'elle ne se déroule

Quando avulta a retórica, também se destaca a responsabilidade humana, a ética na argumentação, a liberdade de dizer e de assumir os resultados do que se diz.[37] É claro que não se detém Perelman em estudar o procedimento de má-fé dos operadores do direito, e muito menos em estudar as posturas desonestas na condução do processo. Presume-se que a retórica seja apenas um estudo técnico dos processos e dos instrumentos de produção de convencimento e persuasão, mas que o conteúdo dos expedientes retóricos utilizados caminhem para a verossimilhança, e não para a sofística pura e simples, na linha de preocupações aristotélicas. Eis aí o desafio teórico da retórica perelmaniana.

Isto porque os dois únicos limites para o campo de desenvolvimento da retórica são a pura evidência, que dispensa a argumentação, e a imposição arbitrária, que impede a argumentação.[38]

CONCLUSÕES

A óptica da filosofia perelmaniana detém-se sobre a prática do raciocínio jurídico. Nele se detecta a raiz de todas as preocupações do jurista, uma vez que o raciocínio jurídico é o raciocínio judiciário ou decisório. Ora, todo o poder de dizer o direito, o justo, o equitativo deposita-se nas mãos do juiz, e é nesta medida que o empreendimento filosófico de Chaïm Perelman justifica-se.

Desvencilhando o raciocínio jurídico das tramas da lógica formal, Perelman visa afirmar que a lógica jurídica diferencia-se das demais por ser uma lógica dialética ou argumentativa. Nesse sentido, não é dedutiva, não é rígida, não é abstrata, nem *a priori* dos fatos em julgamento. O raciocínio jurídico desenrola-se com base em fatos concretos, em situações flagrantes, em meio a contextos políticos... de onde emergem decisões que condensam a justiça concreta de cada caso. Trata-se de um modelo teórico que apela para a casuística na determinação do justo e que inscreve à argumentação a tarefa de instrumentalizar as atividades do jurista e dos operadores do direito.

Nesta senda da argumentação jurídica, que desbanca o mecanicismo apriorístico da constituição do raciocínio jurídico e abre flanco para a reflexão teórica acerca da porosidade da argumentação jurídica, aberta por Viehweg e trabalhada por Perelman é que irá se formar a semiótica jurídica.

---

pas à l'intérieur d'un système don't les prémisses et les règles de déduction sont univoques et fixées de manière invariable" (Ibidem, p. 137).

[37] "C'est là le sens de la responsabilité et de la liberté dans les affaires humaines. Là où il n'y a ni possibilité de choix ni alternative, nous n'exerçons pas notre liberté. C'est la délibération qui disntigu l'homme de l'automate. Cette délibération porte sur ce qui est essentiellement l'ouevre de l'homme, sur les valeurs et les normes qu'il a créées, et que la discurssion permet de promouvoir" (Ibidem, p. 150).

[38] Ibidem, p. 207.

27

RONALD DWORKIN:
O DIREITO COMO INTEGRIDADE

27.1 DWORKIN EM FACE DO POSITIVISMO

É de notável importância ter em Ronald Dworkin um contraponto conceitual à mais do que sedimentada conjuntura política e filosófica do positivismo jurídico; não é por outro motivo que se recorre a este pensador norte-americano, Professor de Teoria Geral e Jurisprudência da Universidade de Nova York (Estados Unidos da América) e da Universidade de Oxford (Inglaterra), com suas reflexões baseadas na tradição anglo-saxã, isto porque se pretende discutir ao longo desta investigação o problema da relação entre a lógica da racionalidade e a lógica da razoabilidade.

Certamente, quando Dworkin está se postando ante seu objeto de estudo, o Direito, não o faz a partir das mesmas premissas que inspiraram a formação e o lastro das concepções classicamente modernas[1] – sem contradição de termos – do direito contemporâneo. Sua postura é já problematizante, e considera o Direito como um fenômeno de profundo interesse especulativo, o que o motiva a dizer, como o disse de fato em uma conferência no Japão: "É minha visão, de fato, que o Direito é em grande parte filosofia."[2] E é esta visão problematizante que fará dele um autor que, ao pensar a questão da interpretação, se torna referência fundamental para a cultura hermenêutica contemporânea, especialmente por representar um contraponto de inigualável valor para a crítica e a contraposição ao modelo do positivismo jurídico e à analítica do discurso jurídico, de *civil law* (Hans Kelsen e Norberto Bobbio) ou de *common law* (John Austin e Herbert L. A. Hart).[3]

Quando Dworkin está se postando em face do positivismo, não está somente negando uma matriz de pensamento e suas principais estruturas de raciocínio, mas está, acima de qualquer coisa, se antepondo à lógica dos dois maiores representantes desta vertente de pensamento jusfilosófico, Kelsen e Hart, que ocuparam o espaço da jusreflexão do século XX. Além disso, ao reacender o debate sobre pontos frágeis do positivismo, automaticamente, Dworkin reacende a labareda que o faz colocar-se também em face do jusnaturalismo e do

---

[1] A teoria clássica pensa o problema do procedimento decisório em duas etapas, considerando aquela em que investiga o direito positivo, à busca da solução regrada, e, em não havendo, abre-se à admissão do puro arbítrio: "Como já afirmei, a teoria do direito clássica pressupõe que os juízes decidam os casos em duas etapas: encontrem o limite daquilo que o direito explícito exige e, em seguida, exerça um poder discricionário independente para legislar sobre problemas que o direito não alcance" (Dworkin, *Levando os direitos a sério,* 2002. p. 195).

[2] Dworkin, Direito, filosofia e interpretação. In: *Cadernos da Escola do Legislativo,* Belo Horizonte, 3(5), p. 44-71, jan./jun. 1997, p. 71.

[3] Se posicionando desta forma em exposição oral numa palestra em Tóquio, é que Dworkin (Direito, filosofia e interpretação. In: *Cadernos da Escola do Legislativo,* Belo Horizonte, 3(5), p. 44-71, jan./jun. 1997, p. 48) se identifica do ponto de vista teórico.

404 CURSO DE FILOSOFIA DO DIREITO • *Bittar / Almeida*

pragmatismo.[4] Muito menos se pode deixar de considerar que Dworkin, ao propor uma reflexão sobre o Direito (*Taking rights seriously; Law's empire*), está em verdade acenando não somente com uma proposta de contramarcha com relação ao positivismo, mas sobretudo abrindo um espaço de interlocução que haverá de encontrar fértil manancial de trocas intelectuais com Neil MacCormick, Jürgen Habermas e John Rawls.[5]

Disto surgirá uma reflexão curiosa e vanguardista, que reafirma a importância de Wittgenstein e de Heidegger, e que se desconecta das pretensões teóricas dedutivistas ao estilo de Kant ou de Hegel. Isto é que confere um *tom* especial ao raciocínio de Dworkin, que, apesar de se basear na linguagem de *common law,* não se circunscreve ao seu universo de problemas, na medida em que se pode mundializar, com toda pertinência, servindo como instrumento crítico apropriado para a reflexão em *civil law.* Este *tom* especial decorre da peculiaridade de seu pensamento, a uma só vez liberal (porque afirmador de direitos individuais ante-estatais), e, ao mesmo tempo, preocupado com questões de justiça distributiva e solidarismo social, portanto, bem colocado para a sua inserção entre as discussões dos últimos anos travadas no espaço da Filosofia do Direito, especialmente ante o falencismo pós-moderno demonstrado pelo modelo teórico, moderno por excelência, do positivismo jurídico, para responder às grandes aflições de justiça de nossos tempos, bem como aos grandes desafios hermenêuticos decorrentes do próprio colapso do Estado Moderno.[6]

Dworkin haverá sim de vergastar a tese fundamental da mentalidade positivista, a saber, a de que o juízo jurídico não se faz sem o juízo moral.[7] Se o positivismo fazia crer, especialmente influenciado pelo pensamento kantiano que principia a construção que culmina com a separação entre o ser (*Sein*) e o deve-ser (*Sollen*) de Kelsen, que Direito e Moral eram esferas que poderiam ser metodologicamente separadas para a cognição e fundamentação das práticas jurídicas ("A exigência de uma separação entre Direito e Moral, Direito e Justiça, significa que a validade de uma ordem jurídica positiva é independente desta Moral Absoluta, única válida, da Moral por excelência, de *a* Moral"),[8] Dworkin irá exatamente abrir uma frente de trabalho na qual nega ostensivamente dar continuidade a este raciocínio. Dworkin não vai de encontro ao sistema jurídico vigente para afirmar a inexistência de parâmetros judiciais ou conceder uma carta em branco aos juízes para julgar. Muito menos, Dworkin fará com que o juiz esteja desatrelado da ordem positiva e da necessidade de garantir direitos individuais.[9]

---

[4]   A sintética mensagem a seguir dá conta da postura de Dworkin ante as divergentes teorias: "Recordemos brevemente aqui que o filósofo tenta traçar para a teoria do direito uma terceira via que superasse por um lado as teses positivistas (o convencionalismo), por outro as teses do pragmatismo e também do jusnaturalismo" (Billier, Maryioli, *História da filosofia do direito,* 2005, p. 428).

[5]   Cf. Pilon; Dutra, Filosofia jurídica contemporânea, justiça e dignidade do ser humano: John Rawls e Ronald Dworkin. In: Wolkmer, Antonio Carlos (Org.). *Fundamentos do humanismo jurídico no Ocidente.* São Paulo: Manole, Florianópolis: Fundação Boiteux, p. 182.

[6]   É claro que isto tudo o faz reconhecer as dificuldades de operar com as exigências de um sistema que leve a sério os direitos: "No entanto, é claro no pensamento humanista de Dworkin a dicção de que levar direitos a sério é mais caro para a sociedade do que não os levar, ao trocá-los por benefícios utilitaristas" (Pilon; Dutra, Filosofia jurídica contemporânea, justiça e dignidade do ser humano: John Rawls e Ronald Dworkin. In: Wolkmer, Antonio Carlos (Org.). *Fundamentos do humanismo jurídico no Ocidente.* São Paulo: Manole, Florianópolis: Fundação Boiteux, p. 206).

[7]   Saldaña, Derechos morales o derechos naturales. In: *Boletin Mexicano de Derecho Comparado*, México: Universidad Autónoma de México, n. 90, p. 1217, sept.-nov. 1997.

[8]   Kelsen, *Teoria pura do direito,* 1976, p. 104.

[9]   Cf. Romero, Ronald Dworkin: sobre la teoría de la función judicial. In: *Revista de Derecho,* Chile: Universidad de Concepción, n. 193, p. 101-105, enero-junio 1993.

Cap. 27 · RONALD DWORKIN: O DIREITO COMO INTEGRIDADE | 405

Dworkin se posicionará, do ponto de vista ontológico, contra a vertente positivista exatamente por não admitir nenhum tipo de fundamentação de metalinguagem externa para a existência do Direito,[10] como uma regra de reconhecimento (que faz com que a comunidade reconheça a autoridade de algum órgão do qual emanam regras válidas), em Hart, ou uma norma fundamental (que faz com que tudo se vincule logicamente ao princípio sintático e hierárquico de relacionamento entre as validades das normas jurídicas), em Kelsen.[11] Daí sua relevância para a crítica hermenêutica hodierna às matrizes do positivismo jurídico.

27.2 A ATIVIDADE INTERPRETATIVA: RAZÕES E DESRAZÕES DA JUSTIÇA

A justiça não pode ser construída fora da linguagem. Aliás, isso fica muito claro quando, em *Law's Empire* (1996), Ronald Dworkin afirma o que segue: "Isso seria um erro, pois a justiça é uma instituição que interpretamos".[12] Este é um dado inegável para a reflexão jusfilosófica que assume problematizar a interpretação na esfera das práticas jurídicas. Não por outro motivo, o direito não é visto como uma investigação, especialmente no processo, que reconstrói dados do passado, como um historiador o faria, mas sim um tipo de atitude investigativa sobre a realidade que realiza interpretações sobre fatos ocorridos e juridicamente relevantes, dentro de um contexto decisório. O Direito é, assim, considerado, em sua teoria, fato interpretativo que depende visceralmente das necessidades da prática social comunitária e institucional dos agentes de justiça.[13] Entenda-se, no entanto, que interpretação, no sentido assumido por Dworkin, não é nem criação *ex nihilo*, nem mesmo ato de vontade da autoridade decisória. Interpretação parece significar a retomada do sentido social, sob as circunstâncias de uma nova situação.[14]

O direito pode ser entendido como atitude interpretativa, na medida em que corresponde a uma certa aparição do sentido enquanto fruto da comunidade que realiza justiça. Em *Law's empire*, Dworkin afirma com clareza: "Ao contrário de muitos outros fenômenos sociais, a prática do direito é *argumentativa*".[15] De fato, o juiz está vinculado não somente pelo caso, mas pelo conjunto de determinações que pressionam sua decisão para decidir abrigando argumentos de princípio, mas não os de política.

Mas, o Direito não pode simplesmente ser visto como fruto da legalidade estrita, mas sim como instrumento que realiza valores e expectativas de justiça que lhe são anteriores. Mais que isto, é um *récit* que se pratica e se constrói fazendo com que algo se some à estrutura da

---

[10] Cf. Silva Filho, Dworkin e os princípios: os avanços da hermenêutica crítica do direito. In: *Estudos Jurídicos*, v. 31, n. 81, p. 73-94, jan./abr. 1998.

[11] Cf. Dworkin, Direito, filosofia e interpretação. In: *Cadernos da Escola do Legislativo*, Belo Horizonte, 3(5), p. 44-71, jan./jun. 1997.

[12] Dworkin, *O império do direito*, 3. ed., 2014, p. 91.

[13] "O Direito, antes de ser um exemplo de regras que se aplicam ora de maneira mecânica (*easy cases*), ora de maneira 'refletida' nos casos difíceis, é mais a atitude interpretativa de uma comunidade que realiza a justiça. Antes do direito como sistema de regras existe a ideia de direito, o direito como justiça" (Billier, Maryioli, *História da filosofia do direito*, 2005, p. 421).

[14] A respeito: "É certamente daí que resulta a definição do direito como coerência narrativa, isto é, a retomada ininterrupta da história jurídica passada e sua reconstrução interpretativa que, nesse sentido, não trai nem o conteúdo dessa história, nem sua estrutura institucional" (Billier, Maryioli, *História da filosofia do direito*, 2005, p. 423).

[15] Dworkin, *O império do direito*, 3. ed., 2014, p. 17.

concepção de justiça do ontem, para que se torne melhor. A noção de história demonstrada nesta leitura de Dworkin sobre o processo de construção da justiça é fundamentalmente cíclico-evolutiva, na medida em que o ontem é remanejado a cada *case* para ser tornado o "melhor possível" como objeto de uma demanda judicial. "Eu disse que nós temos por objetivo fazer do objeto da interpretação o melhor que ele puder ser".[16] O ontem está sempre recebendo ajustes, adequações e acomodações para caber no hoje. Nesta perspectiva é que o Direito, enquanto conceito, será considerado fruto da concepção histórica de justiça de um conjunto de participantes (envolvidos em uma história, em uma mundividência etc.), e não poderá se descolar daquilo que são as próprias práticas sociais.

Na construção teórica dworkiniana, duas regras presidem a ideia da interpretação: a primeira consiste na "conveniência": esta é a fase do levantamento dos casos relativos à situação a ser decidida, bem como na empírica constatação dos argumentos cabíveis; a segunda corresponde ao "valor": trata-se da escolha do valor de justiça que se resolve acolher para orientar o processo de seleção dos argumentos a serem acolhidos, de acordo com a *"moral política"*, ou seja, de acordo com a ideia de que a justiça não prescinde da igualdade para se realizar. Isto quer dizer que a posição teórica de Dworkin não se afasta completamente da ideia de que os direitos individuais devam ser protegidos, tampouco que a ideia de igualdade deva ser abolida da reflexão sobre o justo e o injusto.

Afinal, a pergunta aqui passa a ser: o que é a moral política? E esta pergunta é importante exatamente porque permite vislumbrar a posição teórica de Dworkin como liberal. A pergunta sobre qual seja a "moral política" nos leva à ideia da solução correta para o caso controverso ou difícil (*hard case*): igual respeito e igual atenção.[17] Esta fórmula registra um importante passo evolutivo dentro do pensamento de Dworkin, isto porque, em sua primeira fase, revela-se simplesmente como um liberal, que se dedica a enfatizar a importância do valor kantiano da autonomia individual. Nesta fase, desenvolve suas concepções na base da defesa do Estado liberal não intervencionista, ou intervencionista na medida da necessidade de proteção das liberdades individuais. Nesta medida, o bem privado de cada um é simplesmente algo de interesse dos particulares, sendo a justiça uma tarefa alheia a isto, pois o mercado define o espaço da satisfação da noção de felicidade (escolha dos melhores bens para si) individual de cada um. Dworkin, em sua segunda fase, passa a entender que a satisfação do bem particular de cada um (privado) não pode ser conquistada sem que alguns elementos de justiça (público) intervenham para o consentimento da realização deste bem particular. Ambos, bem público e bem particular, se misturam, porque se complementam. A justiça passa a ser entendida como condição de bem-estar para a realização dos indivíduos. Aqui, portanto, Dworkin não se revela nem um liberal, nem um comunitarista, mas um teórico da terceira via ou da conciliação. Nesta segunda fase, sem igual respeito e sem igual atenção,[18] não há a possibilidade de bem privado e bem público se somarem.[19]

---

[16] Dworkin, Direito, filosofia e interpretação. In: *Cadernos da Escola do Legislativo*, Belo Horizonte, 3(5), p. 44-71, jan./jun. 1997.

[17] "Igual respeito e igual atenção, esta é a norma fundamental da moral política dworkiniana" (Billier, Maryioli, *História da filosofia do direito*, 2005, p. 426).

[18] "A justiça, sem ser uma componente de nosso bem-estar, é contudo a condição de sua possibilidade" (Billier, Maryioli, *História da filosofia do direito*, 2005, p. 426).

[19] "Em outras palavras, o segundo Dworkin reconhece que a ideia do bem não é exclusivamente de ordem privada, mas também de ordem pública, aderindo assim às teses do filósofo canadense Will Kymlicka" (Billier, Maryioli, *História da filosofia do direito*, 2005, p. 425).

27.3 HERMENÊUTICA, RAZOABILIDADE E A COERÊNCIA DO DIREITO

Suas reflexões são precisas no sentido de se inclinarem pelo viés da interpretação à discussão da própria noção de Direito; a questão da interpretação não é, de modo algum, um capítulo *à latere* da discussão de como o Direito se operacionaliza na prática, mas é de fato um aspecto crucial do desenvolvimento do próprio Direito, algo que nos consente compreender sua ideia de que o Direito não se exaure em ser um conjunto de normas, pois pressupõe de fato, além de regras – estas reconhecidas pelo positivismo como únicas formas de manifestação da juridicidade – também princípios, estes igualmente vinculantes da atividade judicial.

Normas e princípios, portanto, compõem o sistema jurídico, na medida em que normas jurídicas válidas se aplicam, e normas jurídicas inválidas não se aplicam, enquanto que princípios sempre se aplicam, com maior ou menor intensidade aqui e ali, mas sempre serão considerados subsídios para que a interpretação de cada caso esteja escorada em valores morais de grande força e peso socioinstitucional.[20]

É certo, no entanto, que a invocabilidade de regras é mais usual que a de princípios; isto decorre não somente da própria consolidação de certas matérias em leis e praxes judiciais, por possuírem fácil acesso à argumentação dos pleiteantes, mas sobretudo porque a maior necessidade do uso de princípios se dá com o aumento da insegurança jurídica do terreno decisório no qual esteja o juiz pisando. A partir daí se pode perguntar: há norma para o caso concreto? (lacuna); havendo norma para o caso, ela é direta e objetivamente precisa para o caso? (ambiguidade); havendo norma para o caso, ela é a única a ser aplicada e, em não sendo, com quais normas conflita e quais as opções para a decidibilidade? (antinomia). A partir destas indagações é que se percebe que o juiz estará agindo por princípios, sobretudo – mas não exclusivamente –, quando se deparar com os chamados *casos difíceis* (*hard cases*),[21] muito comuns em matéria de alta complexidade que chegam para exame das Cortes Superiores. Os *hard cases* são exatamente aqueles casos para os quais tanto uma decisão política como uma decisão jurídica parecem ser invocadas como mecanismo de solução da controvérsia. Daí a ideia de que as funções legislativa e judicial, nestas hipóteses, se aproximam.[22]

Os princípios (isonomia processual das partes, amplo contraditório como garantia legal, pactos devem ser observados...) funcionam, para o juiz, como instrumentos de auxílio à decisão judicial, e, para o Direito, como dados fundamentais para a construção da validade do sistema, dado este que leva Dworkin a raciocinar pensando na coerência de todo o Direito, incluindo os princípios, e não somente na coerência das regras entre si.[23]

Quando se passa a pensar a coerência do Direito como uma grande mecânica que reúne regras e princípios, a razoabilidade (*fairness*) do Direito deixa de depender simplesmente

---

[20]   Cf. Saldaña, Derechos morales o derechos naturales. In: *Boletin Mexicano de Derecho Comparado*, n. 90, p. 1216, sept.-nov. 1997.

[21]   "Un caso es difícil si existe incerteza, sea porque existen varias normas aplicables que determinan sentencias distintas – porque las normas son contradictorias – sea porque no existe norma exatamente aplicable" (Romero, Ronald Dworkin: sobre la teoría de la función judicial. In *Revista de Derecho*, Chile: Universidad de Concepción, n. 193, p. 101-105, enero/junio 1993, p. 104). Também: "Em seu aspecto descritivo, a teses dos direitos sustenta que, nos casos difíceis, as decisões judiciais são caracteristicamente geradas por princípios, não por políticas" (Dworkin, *Levando o direito a sério*, 2002, p. 151).

[22]   "Contudo, se o caso em questão for um caso difícil, em que nenhuma regra estabelecida dita uma decisão em qualquer direção, pode parecer que uma decisão apropriada possa ser gerada seja por princípios, seja por políticos" (Dworkin, *Levando o direito a sério*, 2002, p. 131).

[23]   Cf. Silva Filho, Dworkin e os princípios: os avanços da hermenêutica crítica do direito. In: *Estudos Jurídicos*, v. 31, n. 81, p. 73-94, jan./ abr. 1998.

408 | CURSO DE FILOSOFIA DO DIREITO • *Bittar / Almeida*

da lógica intrassistêmica das regras entre si (o que foi decretado pelo legislador) e passa a depender da lógica intersistêmica (o que as instituições reconhecem como práticas legítimas socialmente), em face da recorribilidade à história e à *práxis* em torno da justiça. Se a aplicação do Direito sempre depende de uma releitura do passado, de forma a retornar bem melhor ... história e interpretação andam juntas na definição e circunscrição do que seja a ideia de '*coerência*' do Direito. Em sua reflexão, está ausente a preocupação com a verdade, enquanto correspondência (*adequatio mens ad rerum*), na medida em que caminha no sentido da afirmação da ideia de uma outra forma de verdade, enquanto coerência.[24]

Os princípios são, portanto, vinculativos para a atividade do juiz, além de se considerar que se constroem no embate histórico dos valores morais. Some-se a estes dois fatores a ideia de que são, por essência, abertos e vagos pela indefinição de seus conteúdos semânticos, porosos para experiências em constante processo de construção. Dworkin, portanto, não somente reconhece a vagueza da linguagem, como também reconhece a subjetividade da interpretação, incluindo-as na lógica do processo decisório e na avaliação do funcionamento da ideia de Direito. O problema da vagueza[25] pode ser superado pela adoção de princípios como escoras da decisão, e o problema da subjetividade pelo compartilhamento de valores contidos nos princípios, já que estes são gestados ao longo da tradição social e jurídica. Assim, o juiz, "na sua interpretação, é acompanhado por uma teoria política de fundamento histórico, baseada em estruturas, práticas, consensos".[26]

Não se trata de pensar como o positivismo, ou tudo (ordenamento normativo completo) ou nada (discricionariedade absoluta do juiz), mas sim de um modo em que se pode vincular o juiz a dados constantes do sistema jurídico, mas não contidos em regras específicas (ou explícitas) para o caso concreto: os princípios. Não que estes ofereçam pura segurança ao juiz no momento da decisão, pois princípios podem ser lidos por vieses diferentes por dois juízes diferentes. Por exemplo, como afirma Dworkin, diante de uma mesma querela, um juiz de vanguarda e um juiz simpatizante do positivismo podem decidir de modos díspares; o juiz de índole positivista, vinculado à ideia de previsibilidade, pensaria que, se a lei concede tal possibilidade, o próprio assassino herde na sucessão os bens daquele que matou (!), apesar de entender que o legislador deveria mudar a legislação no futuro.[27] O outro juiz poderia pensar que existem princípios (ainda que a lei diga o contrário) no ordenamento contrários ao favorecimento do praticante de um assassinato, especialmente se se trata de receber a herança da vítima do ato criminoso.

A subjetividade, portanto, não está eliminada do processo hermenêutico, pelo contrário. A interpretação sempre será algo de natureza subjetiva, afirma Dworkin. "Para cada pessoa, há uma interpretação diferente."[28] Este pensamento é extremamente democrático porque abre

---

[24] "A teoria da verdade-correspondência dos fatos com o real é assim substituída por aquela da verdade--coerência" (Billier, Maryioli, *História da filosofia do direito*, 2005, p. 421).

[25] Este problema da vagueza está não somente nos princípios, mas sobretudo na linguagem do próprio Direito, especialmente que se está diante do sistema de *common law*: "As leis e as regras do direito costumeiro (*common law*) são quase sempre vagas e devem ser interpretadas antes de se poder aplicá-las aos novos casos" (Dworkin, *Levando o direito a sério*, 2002, p. 128).

[26] Silva Filho, Dworkin e os princípios: os avanços da hermenêutica crítica do direito. In: *Estudos Jurídicos*, v. 31, n. 81, p. 73-94, jan./ abr. 1998.

[27] Cf. Dworkin, Direito, filosofia e interpretação. In: *Cadernos da Escola do Legislativo*, Belo Horizonte, 3(5), p. 44-71, jan./jun. 1997.

[28] Dworkin, Direito, filosofia e interpretação. In: *Cadernos da Escola do Legislativo*, Belo Horizonte, 3(5), p. 44-71, jan./jun. 1997.

Cap. 27 • RONALD DWORKIN: O DIREITO COMO INTEGRIDADE | **409**

exatamente a vivência do Direito à vivência da diferença e da complexidade, fugindo portanto à base de inspiração do raciocínio de toda a fundamentação filosófica da modernidade positivista: a busca pela homogeneidade. Mais que isto, a concepção hermenêutica de Dworkin permite que o juiz se libere através de suas decisões, suas convicções, suas ideias pessoais, e as miscigene ao conjunto dos valores institucionais aplicáveis.[29] Isto não quer dizer que o juiz simplesmente poderá tomar decisões arbitrárias, ou simplesmente pensará conforme suas inclinações puramente pessoais, mas sim que estes argumentos deverão se mesclar, como efetivamente se mesclam, a valores institucionalizados e consagrados na prática jurídica. Aliás, na prática: "Um juiz, porém, só muito raramente irá mostrar este tipo de independência. Tentará, sempre, associar a justificação que ele fornece para uma decisão original às decisões que outros juízes ou funcionários tomaram no passado."[30]

Sendo a interpretação a espinha dorsal da atividade jurídica, é de se concluir que o próprio Direito não poderá se pleitear jamais uma condição puramente objetiva, mas sim uma condição mais subjetiva.[31] É isto que alimenta o turbilhão de visões e aplicações do Direito, é isto que aquece a fornalha das discussões judiciais, é isto que caracteriza o processo de dialética construção social da justiça, o que faz com que as incertezas jurídicas sejam simplesmente "derivação da incerteza moral ou política".[32] Ao contrário de afastar a ideia do bem do Direito, ou mesmo de afastar a compaixão e outros sentimentos da esfera da prática da justiça, Dworkin acentua a presença destas no seio da atividade construtora de valores práticos afirmadores da justiça, como se vê neste trecho da transcrição de uma de suas conferências (Atenas, 1994): "Então, haveremos de conduzir a justiça dentro da bondade, não apenas racionalmente, mas emocionalmente; e, assim, haveremos de conduzir melhor, com mais dignidade e com menos incoerência a responsabilidade pessoal de nossas vidas."[33]

27.4 ARGUMENTOS DE PRINCÍPIO E ARGUMENTOS DE POLÍTICA: *HARD CASES* E O DESAFIO À APLICAÇÃO DO DIREITO

A aplicação de um princípio a um caso concreto, especialmente em *hard cases,* demanda do julgador o uso não de critérios fixos (estes que são inexistentes), mas um balanceamento, em que se ressalta a ideia de "peso" de um princípio. Não somente inexistem estes critérios fixos que consintam a formulação de uma racionalidade abstrata sobre os princípios, como também não há nada no pensamento de Dworkin que autorize a identificar qualquer tipo de hierarquia entre os próprios princípios;[34] então, *in abstracto,* nenhum princípio vale mais ou menos que outro, a não ser diante de uma situação em que se evidencie que seu uso concreto *deva ser* preponderante com relação ao de um outro princípio. Um princípio

---

[29] "O conceito de direito, afirmará Dworkin, nunca é independente de uma concepção do direito e da justiça" (Billier, Maryioli, *História da filosofia do direito*, 2005, p. 422).

[30] Dworkin, *Levando o direito a sério*, 2002, p. 175.

[31] Cf. Dworkin, Direito, filosofia e interpretação. In: *Cadernos da Escola do Legislativo*, Belo Horizonte, 3(5), p. 44-71, jan./jun. 1997.

[32] Dworkin, Direito, filosofia e interpretação. In: *Cadernos da Escola do Legislativo*, Belo Horizonte, 3(5), p. 44-71, jan./jun. 1997.

[33] Dworkin, A bondade da justiça. In: *Justiça do Direito*, Passo Fundo, v. 13, n. 13, p. 125-134, 1999.

[34] Assiste razão a Romero, quando interpreta o pensamento de Dworkin para afirmar que não pode haver hierarquia predefinida entre os princípios. A este respeito, vide Romero, Ronald Dworkin: sobre la teoria de la función judicial. In: *Revista de Derecho*, Chile: Universidad de Concepción, n. 193, p. 101-105, enero/junio 1993.

(igualdade) poderá pesar mais num caso que noutro, ou pesar mais que um outro princípio (liberdade de mercado).[35]

Mas os princípios não querem dizer livre opção de julgar pelo juiz, o que faria de cada sentenciador, nos casos concretos, alguém livre para iniciar uma nova proposta normativa, em atitude semelhante à liberdade criadora do legislador. "O juiz continua tendo o dever, mesmo nos casos difíceis, de descobrir quais são os direitos das partes, e não de inventar novos direitos retroativamente."[36] Ora, em Dworkin isto é claro: a equidade do juiz nada tem a ver com a *auctoritas* do legislador, pois a atividade do juiz se assemelha à atividade do legislador. Este age por políticas, ou segue diretrizes, que são decisões fundamentais atinentes a demandas da coletividade, seguindo imperativos sociais, econômicos e políticos de decisão e escolha. A distinção não pode ser mais clara quando Dworkin afirma: "Os argumentos de princípio são argumentos destinados a estabelecer um direito individual; os argumentos de política são argumentos destinados a estabelecer um objetivo coletivo. Os princípios são proposições que descrevem direitos; as políticas são proposições que descrevem objetivos."[37] O juiz, por sua vez, age (e deve agir), não por escolhas políticas (ou por preferências político-pessoais), e sim de acordo com princípios, ou seja, "imperativos de justiça ou equidade",[38] que possuem valor por si só determinados.

Dworkin, a partir de uma analogia com a ideia de escritura de um romance compartilhada entre vários autores ("Gostaria agora de comparar o desenvolvimento do Direito à elaboração desse, digamos, romance em cadeia"),[39] não acredita que os juízes, mesmo em casos difíceis (*hard cases*), estejam autorizados a criar, e simplesmente criar, direito novo, na medida em que ao agirem, o fazem de acordo com uma tradição, pois tomam o romance já pré-escrito, em parte, com a tarefa de dar-lhe continuidade ou dar acabamento definitivo. Isto significa que o juiz não está autorizado a criar uma estória desvinculada de sua escrita anterior, muito menos que o juiz possa se desvencilhar do dever de considerar a coerência narrativa da ordem discursiva com a qual processa a estória ou lhe põe um término.[40] Desta forma, não há somente a imposição dos valores subjetivos do juiz ao caso concreto, mas uma atividade que leva em consideração o resto da "estória" escrita pelos demais atores sociais (agentes econômicos, morais, religiosos...) e jurídicos (legisladores, políticos, juízes, advogados...).

O papel da sua teoria dos princípios, portanto, é não somente fundamental para discutir coerência e narratividade, na construção da razoabilidade (*fairness*) da justiça (*justice*), como também determinante para circunscrever os limites entre a esfera da política e a esfera da juridicidade.[41] De fato, quando Dworkin prefere optar pela discussão que predispõe o juiz

---

[35] Cf. Silva Filho, Dworkin e os princípios: os avanços da hermenêutica crítica do direito. In: *Estudos Jurídicos*, v. 31, n. 81, p. 73-94, jan./abr. 1998.

[36] Dworkin, *Levando o direito a sério*, 2002, p. 127.

[37] Dworkin, *Levando o direito a sério*, 2002, p. 141.

[38] Silva Filho, Dworkin e os princípios: os avanços da hermenêutica crítica do direito. In: *Estudos Jurídicos*, v. 31, n. 81, p. 73-94, jan./abr. 1998.

[39] Dworkin, Direito, filosofia e interpretação. In: *Cadernos da Escola do Legislativo*, Belo Horizonte, 3(5), p. 44-71, jan./jun. 1997.

[40] Há um apelo forte à ideia de coerência na obra de Dworkin. A este respeito, consulte-se Chueiri, Considerações em torno da teoria da coerência narrativa de Ronald Dworkin. In: *Sequência*, n. 23, p. 73-77, dez. 1991.

[41] De fato: "As decisões jurisdicionais nos casos difíceis não devem se basear em argumentos de política (*politics*) que surgem de uma problemática de objetivos a realizar em uma comunidade – o crescimento

Cap. 27 · RONALD DWORKIN: O DIREITO COMO INTEGRIDADE | 411

a levar a sério os direitos, nem denegando-os às partes, por se deparar com um caso difícil, nem agindo como político, mas sim criando decisão razoável, pelo balanço entre princípios com pesos relativos às situações, confere à prática jurídica uma espécie de ajuste de razoabilidade conforme a necessidade de equidade demandada pelas exigências casuísticas. É neste sentido que se expressa, dizendo: "Não obstante, defendo a tese de que as decisões judiciais nos casos civis, mesmo em casos difíceis como o da *Spartan Steel*, são e devem ser, de maneira característica, gerados por princípios, e não por políticas."[42]

A distinção, portanto, entre argumentos de princípios e argumentos de política (*policy*), é fundamental. Os segundos justificam uma decisão política, conferindo algum toque de racionalidade à decisão acerca de algum objetivo coletivo da comunidade, considerada em sua totalidade. Os primeiros também podem ser ditos argumentos que justificam uma decisão política, mas agora mostrando que a decisão (política) está respeitando e garantindo um direito específico, pertinente a um ou a vários membros do corpo social.[43] Portanto, não é tarefa do julgador agir como alguém que simplesmente cria *ex nihilo* direito, na medida em que nem recebeu mandato social para isto, e muito menos pode surpreender as partes em meio ao processo com direitos novos, a que correspondem deveres (*post factum*) da parte perdedora, antes por elas desconhecidos.[44]

27.5 O DIREITO COMO INTEGRIDADE

O Direito não se confundirá, nesta medida, com uma ação de poder (imposição de escolha fundada na força e baseada na ideia de uma política a atender metas sociais), mas, de fato, exercerá uma atividade censória do poder, na medida em que o uso da força acaba por ganhar guarida somente quando e onde a força for justificável pela imperatividade de princípios sociais e pela vinculatividade de valores morais fundantes do pensamento jurídico predominante. Mas isto não autoriza a dizer que direito nada tem a ver com política ou com moral,[45] como queriam os positivistas, na medida em que os argumentos utilizados pelos juristas não se encontram alheios aos processos históricos de construção dos valores. Com Habermas: "O direito situa-se entre a política e a moral: Dworkin demonstra que o discurso jurídico trabalha não somente com argumentos políticos que visam ao estabelecimento de objetivos, mas também com argumentos de fundamentação moral."[46]

---

econômico, por exemplo –, mas em argumentos de princípio pelos quais as autoridades de aplicação do direito fixam os direitos subjetivos das partes no momento dos fatos" (Billier, Maryioli, *História da filosofia do direito*, 2005, p. 426).

[42] Dworkin, *Levando o direito a sério*, 2002, p. 132.

[43] Cf. Dworkin, *Levando o direito a sério*, 2002, p. 129.

[44] "A conhecida história de que a decisão judicial deve ser subordinada à legislação é sustentada por duas objeções à originalidade judicial. De acordo com a primeira, uma comunidade deve ser governada por homens e mulheres eleitos pela maioria e responsáveis perante ela. Tendo em vista que, em sua maior parte, os juízes não são eleitos, e como na prática eles não são responsáveis perante o eleitorado, como ocorre com os legisladores, o pressuposto acima parece comprometer essa proposição quando os juízes criam leis. A segunda objeção argumenta que, se um juiz criar uma nova lei e aplicá-la retroativamente ao caso que tem diante de si, a parte perdedora será punida, não por ter violado algum dever que tivesse, mas sim por ter violado um novo dever, criado pelo juiz após o fato" (Dworkin, *Levando o direito a sério*, 2002, p. 132).

[45] Cf. Burton, Ronald Dworkin and legal positivism. In: *Iowa Law Review*, n. 01, v. 73, p. 109-129, Oct. 1987.

[46] Habermas, *Direito e democracia*: entre facticidade e validade, v. II, 2003, p. 218.

A comunidade jurídica de intérpretes do direito persegue um ideal político, e esse ideal político é a integridade. Ora, somente o uso contínuo do direito, no movimento promovido pela capacidade que os intérpretes têm de atualizarem o direito contido nos precedentes e na legislação, através da jurisdição, torna possível a permanente tarefa de renovação dos ideais regulatórios contidos no direito, onde o passado se faz presente e o futuro está sendo construído. Por isso, em *Law's empire* (1996), Ronald Dworkin pode afirmar:

> "O direito como integridade, portanto, não apenas permite como também promove formas de conflito ou tensão substantivos dentro da melhor interpretação geral do direito. Agora estamos em posição de explicar o porquê. Aceitamos a integridade como um ideal político distinto, e aceitamos o princípio de integridade na prestação jurisdicional como soberano em todo o direito, pois queremos tratar a nós mesmos como uma associação de princípios, como uma comunidade governada por uma visão simples e coerente de justiça, equidade e devido processo legal adjetivo na proporção adequada. Já notamos que essas três virtudes componentes – equidade, justiça e devido processo – às vezes entram em conflito. Hércules evita obter a integridade do ponto de vista da justiça apenas (...)".47

Isso faz com que a prática do direito seja tão importante quanto a teoria do direito, na medida em que a elaboração prática do direito está em constante construção e reconstrução, o que faz dos juristas verdadeiros filósofos que pensam sua atividade prática. Sem abdicar do legado deixado por outros juízes, é que novos juízes fazem prosseguir no sentido do melhor possível, a resolução de novos casos concretos. E a interpretação é o meio de fazê-lo funcionar,[48] especialmente considerando as aparas de princípios e de regras, diante de casos convencionais ou de casos difíceis, na fronteira entre política e moral.

CONCLUSÕES

A reflexão de Dworkin, centrada na ideia de que o Direito nunca se pode alhear aos processos de linguagem e que, portanto, é produto do processo hermenêutico, não desconsidera nem menospreza a importância do conservantismo de valores que medra no processo de aplicação de um sistema de regras em um conjunto de casos concretos (*hard or easy cases*). Mas casos difíceis (*hard cases*) se definem muito mais problemáticos, porque tornam necessário ao juiz proceder a uma escolha, que recorre a critérios de justiça (*justice*) externos à ordem jurídica concreta, abrindo caminho para decisões polêmicas que parecem convidar o jurista a pensar os limites entre Direito e Política.

A resposta de Dworkin a esta perplexidade não reafirma as teses positivistas e muito menos abre campo para um autorizativo indeterminado para que o juiz proceda simplesmente conforme seu arbítrio. Sua reflexão aposta na ideia de que um sistema somente pode ser considerado coerente e completo se avaliados os princípios que a ele pertencem, estes que às vezes estão consagrados em regras, mas que, em sendo coisas separadas delas, continuam e possuir a mesma capacidade de vinculação da decisão que as próprias regras. Nesta medida

---

47 Dworkin, *O império do direito*, 3. ed., 2014, p. 483.

48 "O direito é um conceito interpretativo. Os juízes devem decidir o que é o direito interpretando o modo usual como os outros juízes decidiram o que é direito" (Dworkin, *O império do direito*, 3. ed., 2014, p. 488).

Cap. 27 • RONALD DWORKIN: O DIREITO COMO INTEGRIDADE | **413**

é que, no esforço de compreender a dinâmica dos precedentes, Dworkin chega à ideia de que o sistema somente funciona porque princípios informam a completude do sistema, o que por si só é argumento bastante para informar ao juiz que o seu papel crítico não está em reproduzir regras do ordenamento, repetir a lógica dos julgados anteriores, nem mesmo criar como se fosse legislador, mas sim *ponderar* o *peso* dos valores que estão em debate, especialmente diante de situações-limite ou de *hard cases*. Aí está não só a chave para a compreensão do papel do juiz-Hércules em seu pensamento,[49] mas sobretudo a chave para a compreensão da ideia de que o raciocínio que legitima a lógica jurídica não é de pura racionalidade apodítica, mas sim de uma espécie de ação mental que pratica permanente e inexaurivelmente a busca do razoável.

---

[49] "É por isso que imaginamos um juiz hercúleo, dotado de talentos sobre-humanos e com um tempo infinito a seu dispor. Um juiz verdadeiro, porém, só pode imitar Hércules até certo ponto" (Dworkin, *O império do direito*, 3. ed., 2014, p. 294).

28
SEMIÓTICA DO DIREITO: LINGUAGEM, DISCURSO E SENTIDO JURÍDICO

28.1. O PROJETO SEMIÓTICO

A diversidade de correntes teóricas no campo da *Semiótica* é notável. Isso dificulta muito toda tentativa de reconstruir a história da *Semiótica*, como aliás procura destacar a semioticista francesa Anne Hénault, ao se ocupar da *história da Semiótica*.[1] No entanto, de modo um pouco mais sumário, é possível identificar as principais correntes teóricas, que dão conta de um mapa amplo da diversidade das linhas em desenvolvimento: Juri Lotman (*semiótica lotmaniana*), e a Escola de Tartu-Moscou, com ênfase na *Semiótica da cultura*; Charles Sanders Peirce (*semiótica peirceana*), e a Escola Norte-Americana, com ênfase na *Semiótica, Pragmatismo e Lógica*; Ferdinand de Saussure (*semiologia saussuriana*), e a ênfase na *Semiologia* e na *Linguística*; Algirdas Julien Greimas (*semiótica greimasiana*), e a Escola Francesa, com ênfase na *narrativa* e na busca do *sentido*.[2] Num inventário, ainda que restrito, não se pode, no entanto, esquecer dos nomes de Louis Hjelmslev, Vladimir Propp, Roland Barthes, Umberto Eco, entre outros.[3] Há diferenças de concepção, de método e, até mesmo de análise da função da linguagem, que é o confere um colorido às abordagens empreendidas neste campo. Por isso, não é possível assimilá-las entre si.

Dentro das várias linhas de abordagens semióticas, a Escola Francesa – e, em particular, a *semiótica greimasiana* – traz uma contribuição notável a este campo de estudos, e será por esta razão que, aqui, dar-se-á ênfase a esta perspectiva. Desde o início de seus estudos – a partir do momento em que Algirdas Julien Greimas (1917-1992) se fixa em Paris –,[4] enquanto derivação dos estudos estruturalistas dos anos 50/60, na procura de seguir e de estender o empreendimento de compreensão da *narrativa do conto fantástico* (V. Propp), a *semiótica greimasiana* irá se desenvolver enquanto um *projeto científico*.[5] Isso significa que ela se apresenta como

---

[1] "Não tenhamos ilusões: nos dias de hoje, uma verdadeira história da semiótica é impossível de ser feita" (Hénault, *História concisa da semiótica*, 2006, p. 12).

[2] "Ao mesmo tempo que perpetuam a memória dos fundadores – Charles Sanders Peirce (1839-1914), Youri M. Lotman (1922-1993), Algirdas J. Greimas (1917-1992) –, elas servem, entre os iniciados, para designar as principais correntes teóricas entre as quais os semioticistas hoje se distribuem e se reconhecem" (Landowski, *Com Greimas*: interações semióticas, 2017, p. 49).

[3] Consulte Nöth, *A Semiótica no século XX*, 3.ed., 2005.

[4] "E é apenas às custas do exílio, já com quase quarenta anos, que ele encontra, uma vez definitivamente estabelecido em Paris, a estabilidade necessária para o florescimento de sua vocação de pesquisador" (Landowski, *Com Greimas*: interações semióticas, 2017, p. 51).

[5] "Filiado à forte perspectiva estrutural que reinava na França na passagem da década de 1950 para a de 1960 e, nessa linha, acreditando na viabilidade de se fazer ciência ou ao menos um 'projeto de ciência' na área das Humanidades, Greimas gostava de frisar a 'vocação metodológica' de sua teoria juntamente

aspirante, no ambiente científico, encontrando-se o seu método em estado de transformação.[6] E o seu *projeto científico* se inscreve em meio às *Humanidades*, como um ponto de convergência dos saberes, em torno dos modos da linguagem e do funcionamento do discurso.

Quando se afirma que a *Semiótica* é vista como *projeto*, deve-se considerar que ela se encontra em transformação, de modo a identificar que o impulso inicial de Algirdas Julien Greimas – da *Sémantique Structurale: recherche de méthode* (1966) à *Sémiotique des Passions* (em coautoria com Jacques Fontanille, 1991) –, agora vem seguido por uma série de inovadoras contribuições pós-greimasianas.[7] Todas as tendências pós-greimasianas são devedoras da proximidade criada pelo espírito do 'círculo de intelectuais' que gravitou em torno de A. J. Greimas, nos anos 1970 e 1980,[8] quando a chamada École de Paris dava acenos de seu surgimento.

Assim, a configuração inicial da *semiótica greimasiana* – estrutural, lógica e fixada na análise das *modalidades* (saber; poder; crer; fazer; dever) –, agora vive migrações metodológicas e conceituais interessantes, através da *Semiótica das Paixões* e da *Semiótica Tensiva*, sob forte influência fenomenológica.[9] Aqui, o *sentido* vem sendo explorado nas dimensões correlatas da *intensidade* e da *extensidade*. Em particular, na França, as tendências da *semiótica pós-greimassiana* estão em movimento, destacando-se as contribuições de Eric Landowski (*Sociossemiótica; Semiótica dos Regimes de Existência*),[10] de François Rastier (*Semiótica da Cultura; Semiótica do Texto*),[11] de Jacques Fontanille e Claude Zilberberg (*Semiótica Tensiva*).[12]

28.2. O OBJETO DA SEMIÓTICA: O SENTIDO

O objeto da *Semiótica* não é outro senão o *sentido*, de forma a seguir-se de perto o que a este respeito afirma o semioticista francês Eric Landowski.[13] Mas, para que haja *sentido* é

---

com a necessidade de dissociá-la das interpretações subjetivas que então prevaleciam nos estudos sobre o sentido" (Tatit, *Passos da semiótica tensiva*, 2019, p. 14).

[6] "O fazer teórico da Semiótica Francesa, como aliás de qualquer domínio do conhecimento é aspectualizado imperfectivamente, o que significa que não constitui ela uma teoria pronta e acabada, mas um projeto, um percurso" (Fiorin, Esboço da história do desenvolvimento da semiótica francesa, *in Cadernos de Estudos Linguísticos*, 2020, (42), p. 131).

[7] "Atualmente, as abordagens conhecidas sob o nome de semiótica 'tensiva', de semiótica 'modular' e de 'sociossemiótica' constituem as correntes pós-greimasianas de ampla difusão mais conformes a este posicionamento: diversificação e renovação, sem ruptura epistemológica nem psicodrama edipiano" (Landowski, *Com Greimas*: interações semióticas, 2017, p. 63).

[8] "Efetivamente, no curso dos anos 1970, é sob a forma de uma espécie de clube fundado sobre o voluntariado, a estima intelectual recíproca e um sentido delicado de convivialidade que em torno dele se constitui, desta vez para um empreendimento a longo prazo, uma equipe de colaboradores ao mesmo tempo diversificada em termos de pertencimento disciplinar e unificada pela adesão a um mínimo epistemológico comum, assim como por uma exigência compartilhada de rigor no plano conceitual" (Landowski, *Com Greimas*: interações semióticas, 2017, p. 53).

[9] Fontanille, Zilberberg, *Tensão e significação*, 2001; Zilberberg, *Elementos de semiótica tensiva*, 2011.

[10] "Analisar os comportamentos, os discursos, os objetos, as visões de mundo e suas evoluções segundo essa problemática constitui hoje uma das vias possíveis – convencionalmente chamada *sociossemiótica* – para entender e explicar o modo como, na diversidade das culturas, o 'sentido da vida' se constrói" (Landowski, *Com Greimas*: interações semióticas, 2017, p. 152).

[11] "Le texte, ou la performance sémiotique, est l´unité fondamentale pour la problématique rhétorico-herméneutique" (Rastier, Sémiotique et Sciences de la Culture, *in Revista Texto!*, 2001, p. 04).

[12] A este respeito, consulte Fontanille, Zilberberg, *Tensão e significação*, 2001.

[13] "Nossa profissão é dizer algo sensato sobre questões que, a priori, interessam a todo mundo, já que tocam à mais difundida – e mais misteriosa – das coisas humanas: o sentido" (Landowski, *Com Greimas*: interações semióticas, 2017, p. 37).

CURSO DE FILOSOFIA DO DIREITO • *Bittar / Almeida*

necessário que se reconheça a existência de uma *relação*,[14] capaz de combinar dois termos,[15] que é de onde nasce a possibilidade de engatilhar as *práticas de sentido* que decorrem de sua mobilização narrativa. Assim, a *Semiótica* opera com a linguagem, o discurso e o sentido, para discuti-los como foco central de suas preocupações.

É neste sentido que a *Semiótica*, na perspectiva greimasiana, fornece uma *metalinguagem* (dicionário de termos semióticos) – *metalinguagem* que é explorada na obra *Sémiotique: dictionnaire raisonné de la théorie du langage*, 1979) – que irá permitir a *análise do discurso*.[16] Isso já confere à *Semiótica* o enorme potencial de contribuir com as *Ciências Humanas* de modo a federar os interesses das *Humanidades*. Mais do que isso, ao compreender o *sentido* a partir da noção de *percurso gerativo do sentido* – na perspectiva de quem enuncia um discurso (enunciador) –, e a partir do *percurso de interpretação do sentido* – na perspectiva de quem interage com a enunciação (enunciatário) –, a *Semiótica* valoriza a noção de *interação* ao tratar da comunicação como um processo bilateral e multifacetado.

Contudo, o sentido aqui não é considerado nem de forma ontológica e nem de forma estática. Nesta visão, há uma *fratura* entre o mundo e o saber, mediada pela linguagem. Foi a partir da análise de diversas *narrativas* que a *Semiótica* conseguiu construir um *modelo teórico* que permite analisar os discursos (literários; jornalísticos; políticos; publicitários; jurídicos) de modo estruturado, considerando-se: o *nível fundamental* (nível lógico e mais profundo); o *nível narrativo* (nível relacional e intermediário); o *nível discursivo* (nível superficial e de manifestação, onde se unem conteúdo e expressão).[17] Isso permite afirmar que o *sentido* se coloca num campo de tensões, disputas e transformações, que se origina muito aquém do *texto*, tendo alcance muito além do *texto*. A complexa *trama* que enreda o *sentido* faz perceber que o pensamento humano se estrutura de forma *narrativa*, considerando a relação que se estabelece em seu interior, considerados Destinador, Sujeito, Objeto-de-Valor e Anti-Sujeito.[18]

28.3. O OBJETO DA SEMIÓTICA DO DIREITO: O SENTIDO JURÍDICO

No âmbito do Direito, o objeto de estudo da *Semiótica do Direito* não seria outro senão o *sentido jurídico*. Nisto, a tarefa de uma *Semiótica do Direito* é a de compreender a especifici-

---

[14] "Organização estrutural mínima, a estrutura elementar define-se, em primeiro lugar, como a relação que se estabelece entre dois termos-objetos - um só termo não significa -, devendo a relação manifestar sua dupla natureza de conjunção e de disjunção" (Barros, *Teoria do discurso*: fundamentos semióticos, 1988, p. 21).

[15] "D´où la première définition, généralement utilisée d´ailleurs, du concept de structure: présence de deux termes et de la relation entre eux" (Greimas, *Sémantique structurale*: recherche de méthode, 1966, p. 19).

[16] "É verdade que em si mesma a metalinguagem semiótica construída para tratar das condições de emergência e apreensão do sentido constitui um bloco conceitual tão compacto que, com exceção de alguns greimasianos mais ortodoxos, ninguém fala essa estranha língua, o 'semiotiquês', nem o 'greimasiano', embora, num campo bem próximo, 'falar lacaniano' não pareça um privilégio exclusivo dos analistas." (Landowski, *Com Greimas*: interações semióticas, 2017, p. 68).

[17] "São lugares diferentes de articulação do sentido, que pedem a construção, no interior da gramática semiótica, de três gramáticas - fundamental, narrativa e discursiva -, cada qual com dois componentes, ou seja, uma sintaxe e uma semântica" (Barros, *Teoria do discurso*: fundamentos semióticos, 1988, p. 15).

[18] "Os actantes são, por conseguinte, concebidos como entidades narrativas. Só é possível pensar em actantes do discurso se uma perspectiva narratológica for adotada no exame da enunciação, ou seja, se a enunciação for abordada do ponto de vista de sua organização narrativa ou espetacular" (Barros, *Teoria do discurso*: fundamentos semióticos, 1988, p. 80).

Cap. 28 • SEMIÓTICA DO DIREITO: LINGUAGEM, DISCURSO E SENTIDO JURÍDICO | **417**

dade da *linguagem jurídica* e das *práticas discursivas* próprias dos juristas[19] – sabendo-se que a *linguagem jurídica* é aqui tomada enquanto linguagem técnica, especializada, terminologizada e praticada pelos juristas –, enquanto prática profissional atinente a um *grupo semiótico* (*groupe sémiotique*), procurando com isso seguir a visão acerca da temática desenvolvida pelo semioticista inglês Bernard Jackson.[20]

Ao deter-se sobre a *linguagem jurídica*, as *práticas de discurso* e o *sentido jurídico* fica claro que a *semiótica greimasiana*, ainda que recorrendo a um positivismo metodológico,[21] assume postura teórica mais alinhada com o *realismo jurídico* do que com o *positivismo jurídico*.[22] Desta forma, a *Semiótica do Direito* contribui para os esforços mais generalizados da *Teoria do Direito*, para fornecer subsídios de compreensão ao *linguistic turn*, vivenciado no campo do Direito. Para a *Semiótica do Direito*, não há *texto* sem *contexto* (o que amplia a análise discursiva), não há *sentido jurídico* sem o duplo movimento de enunciação-e-interpretação (o que dimensiona o sentido de modo intersubjetivo), não há *texto jurídico* sem que se considere antes o seu *sentido social* (o que reconecta e valoriza a percepção sociojurídica), não há *movimento textual* sem que haja *transformação sistemática* (o que amplia a visão do dinamismo sistêmico-textual do Direito).

Por isso, para a *Semiótica do Direito*, o ponto-chave de compreensão da análise repousa sobre a noção de *texto jurídico*. Em verdade, o Direito-sistema é visto como um *conjunto de textos jurídicos* – como se pode identificar, de forma similar, na obra do jurista Pierre Moor, com a observação de que o Direito é definido como sendo um '*composé de textes*' -,[23] sabendo-se que estes são reciprocamente co-determinados, em circulação, sendo produtores e produzidos, de forma a encadear-se a partir do *texto-motriz*, a Constituição.[24] Os *textos jurídicos* estão enredados no interior de *universos de sentido*, que são sempre setoriais, falam línguas-técnicas diferenciadas, comungam de relações sociais e desafios setorializados, conduzindo a *movimentos parciais* no interior do *movimento mais amplo* de funcionamento do sistema jurídico. É assim que os micro-universos de sentido gravitam de forma a se constelar em torno do núcleo irradiador de sentido do sistema jurídico, a Constituição. No interior do sistema jurídico, as principais modalidades de *textos jurídicos* em circulação podem

---

[19] "A *Semiótica Jurídica*, pelo contrário, da forma como é compreendida, é uma teoria que deve preocupar-se com acentuar o funcionamento interdiscursivo do sistema jurídico, que possui uma relação de viva dinâmica com os demais sistemas de significação, onde se detecta a *interação* de informações, assim como onde se vivenciam a um só tempo a *formação*, a *reconstrução*, a *destruição* e a *continuidade* dos discursos, em sua heterogênea miscigenação; não é por outro motivo que seu designativo é o de estudo *pancrônico*" (Bittar, *Linguagem jurídica: semiótica, discurso e direito*, 7.ed., 2017, p. 61).

[20] Cf. Jackson, *Semiotics and legal theory*, 1985, p. 284.

[21] "Le fait que j'aie choisi quatre représentants majeurs du positivisme s'est avéré profitable dans la mesure où Greimas était lui-même un 'positiviste' - mais dans un sens tout à fait différent. Le positivisme de Greimas est 'purement méthodologique' (Jackson, Le périple sémiotique d'un théoricien du droit, *in Actes Sémiotiques*, 2017, p. 06).

[22] "When we turn back to Greimas/Landowski´s account of what is happening in the text (rather than why it is happening) we find much in common with 'realist' approaches in legal philosophy" (Jackson, *Semiotics and legal theory*, 1985, p. 139).

[23] "Le droit est composé de textes, il est composé avec des textes. Bien plus: il travaille avec la production de textes" (Moor, *Dynamique du Système Juridique*, 2010, p. 61).

[24] A este respeito, consulte Bittar, *Introdução ao Estudo do Direito*: humanismo, democracia e justiça, 2.ed., 2019, ps. 448-450.

ser assim identificadas: i) o discurso normativo; ii) o discurso burocrático; iii) o discurso decisório; iv) o discurso científico.[25]

28.4. A SEMIÓTICA E A SEMIÓTICA DO DIREITO

A *Semiótica do Direito* surge à carreira da fixação dos modelos teóricos da *Semiótica Geral* e vem sendo levada adiante por algumas linhas de trabalho, tais quais: i) na tradição peirceana, por Roberta Kevelson;[26] ii) na tradição greimasiana, por Eric Landowski[27] e por Bernard Jackson.[28] No Brasil, em particular, essa passagem se dará a partir do *boom* de estudos semióticos, especialmente sentidos no período da década de 1980-90, considerando a forma como se deu a recepção dos estudos semióticos.[29] Neste ambiente, e no período histórico que lhe é correspondente, estão em efervescência não somente as discussões sobre a linguagem e o discurso, empreendidas pela *Semiótica*, mas a recuperação democrática, após o período da ditadura civil-militar (1964-1985), a emergência da Constituição Federal de 1988, e a *viragem linguística* que está se operando no conjunto dos estudos de *Teoria do Direito*. Tudo isso se sincroniza, de tal forma que irá permitir a reunião de estudos de *Teoria da Comunicação*, *Filosofia da Linguagem* e *Filosofia do Direito*, que despertaram as condições para a aparição de pesquisas e estudos no campo da *Semiótica do Direito*.[30] De lá para cá, os estudos teóricos vêm sendo incrementados com estudos empíricos, concretos e análises de casos, o que vem fazendo da *Semiótica do Direito* um campo de estudos profícuo, ainda mais diversificado,[31] plural e instigante.[32]

Como já foi possível apontar em vários outros estudos, existem diversas aplicações possíveis à *Semiótica do Direito* que são úteis aos juristas, sabendo-se que, dentre elas, se podem indicar: i) o estudo da simbologia da justiça;[33] ii) o estudo dos rituais jurídicos, em sentido mais específico, do ritual judiciário;[34] iii) o estudo das linguagens alternativas para

---

[25] "O discurso jurídico é mais que o discurso normativo, no sentido de que acolhe também em seu seio outras manifestações textuais, que não apenas aquela normativa; nele se inserem, além do discurso jurídico-normativo, o discurso jurídico-burocrático, o discurso jurídico-científico e o discurso jurídico-decisório" (Bittar, *Linguagem jurídica: semiótica, discurso e direito*, 7.ed., 2017, p. 180).

[26] Kevelson, *The law as a system of signs*, 1988.

[27] Especialmente, o Capítulo intitulado 'Análise semiótica de um discurso jurídico: a lei comercial sobre as sociedades e os grupos de sociedades', escrito em colaboração, entre Eric Landowski e Algirdas Julien Greimas, *Semiótica e Ciências Sociais*, 1981, ps. 69-113.

[28] Jackson, *Semiotics and legal theory*, 1985.

[29] No Brasil, a linhagem de *semiótica peirceana* teve início com a presença de inúmeros intelectuais nos anos 1960: "Um número de estudiosos de renome internacional visitou o Brasil no final da década de 1960 para dar palestras e seminários. Entre eles estavam: Nicolas Ruwet, Abrahan Moles, Max Bense, Roman Jakobson, Umberto Eco e Tzvetan Todorov" (Santaella, Memória e perspectivas da semiótica no Brasil, *in Intexto*, n. 37, 2016, p. 23).

[30] A este respeito, consulte Bittar, *Linguagem jurídica: semiótica, discurso e direito*, 7.ed., 2017.

[31] Araújo, *Semiótica do direito*, 2005.

[32] São exemplos: Pistori, Paixões em conflito num discurso jurídico, *in Casa- Cadernos de Semiótica Aplicada*, vol. 08, n. 01, ag. 2010, ps. 01-13; Duvoisin, Leobeth, Marcas do fascismo nas traduções e tensionamentos da *Semiosfera do Tribunal do Júri*, *in Revista Estudos Semióticos*, FFLCH-USP, vol. 14, no. 03, Dez. 2018, ps. 98-111.

[33] A este respeito, consulte Bittar, *Semiótica, Direito & Arte*: entre Teoria da Justiça e Teoria do Direito, 2020, ps. 137-230.

[34] A este respeito, consulte Garapon, *Bem julgar*: ensaio sobre o ritual judiciário, 1999.

Cap. 28 • SEMIÓTICA DO DIREITO: LINGUAGEM, DISCURSO E SENTIDO JURÍDICO | **419**

a cidadania e a disseminação dos direitos humanos (linguagens da poesia, da fotografia, do cinema);[35] iv) o estudo das relações polêmicas do contraditório processual;[36] v) o estudo das modalidades do discurso jurídico (discurso normativo; discurso burocrático; discurso decisório; discurso científico);[37] vi) o estudo da retórica judicial e das técnicas de produção de persuasão e convencimento;[38] vii) o estudo dos modelos de descrição do sistema jurídico, no interior do macro-universo sociossemiótico.[39]

CONCLUSÕES

O campo de trabalho da *Semiótica*, enquanto projeto científico, se dedica a compreender a circulação do *sentido* num *campo de relações*. Para isto, se vale de uma *terminologia científica*, que permite a análise dos discursos, e por isso, forma uma *metalinguagem* voltada para a compreensão da própria linguagem (verbal; não-verbal; sincrética). A *Semiótica* se dedica à análise da linguagem (verbal; não verbal; sincrética), mas não se basta no estudo dos *signos*, ou no estudo da relação entre *significante* e *significado*, para a formação dos *signos*. Por isso, o seu objeto é o *sentido*. Ainda que haja várias linhas e tradições semiológicas e semióticas, a preocupação central é com a dimensão da linguagem, do discurso e do sentido.

Os estudos de *Semiótica Geral* deram origem – por meio da formação de *modelos teóricos* de análise do discurso, sobretudo provenientes do campo da *Literatura* –, aos estudos de *Semiótica do Direito*. Se aquela se dedica ao *sentido*, esta se dedica ao *sentido jurídico*. Assim, os discursos jurídicos são analisados, considerando as suas principais modalidades (discurso normativo; discurso burocrático; discurso decisório; discurso científico), uma vez que é da circulação destes discursos que se alimenta a totalidade do funcionamento do sistema jurídico. É a partir de um circuito encadeado de trocas, de relações, de interconexões que os discursos jurídicos - tomados como *textos jurídicos* em circulação - estão se relacionando reciprocamente, de modo a formar uma *trama de relações*, a partir das quais se forma o *sentido jurídico*, enquanto prática interdiscursiva dos atores jurídicos. Com isso, a *Semiótica do Direito* permite entender que o *sentido jurídico* é uma construção intersubjetiva, que depende da comunidade dos atores jurídicos, sendo fruto da atividade pragmática, processando-se dinamicamente a partir de intercâmbios com outras dimensões da vida social. É isso que permite afirmar que, não somente o *sentido jurídico* não é ontológico, e sim *prática social*, como também a sua construção é – por si mesma – um ato de sociabilidade.

---

[35] A este respeito, consulte Bittar, *Semiótica, Direito & Arte*: entre Teoria da Justiça e Teoria do Direito, 2020, ps. 313-342.

[36] A este respeito, consulte Bittar, *Semiótica, Direito & Arte*: entre Teoria da Justiça e Teoria do Direito, 2020, ps. 276-292.

[37] A este respeito, consulte Bittar, *Linguagem jurídica: semiótica, discurso e direito*, 7.ed., 2017, 175-355.

[38] Mosca, Novos tempos, novos paradigmas: os desafios dos estudos retóricos na modernidade, *in Retórica e discurso*: fronteiras e interfaces: das origens aos desdobramentos atuais. Homenagem à Professora Lineide do Lado Salvador Mosca (HUBERT, Elizabete Enz; BENTO, Emilson José - orgs.), 2019, ps. 213-225.

[39] A este respeito, consulte Bittar, *Introdução ao Estudo do Direito*: humanismo, democracia e justiça, 2.ed., 2019, ps. 439-450.

29
JÜRGEN HABERMAS:
RAZÃO COMUNICATIVA E DIREITO

29.1 A RAZÃO COMUNICATIVA HABERMASIANA

Jürgen Habermas (1929-), membro da segunda geração da Escola de Frankfurt, à qual se ligam expoentes como Theodor Adorno e Max Horkheimer, tem-se destacado por pensar os principais problemas sociais e humanos a partir da matriz da comunicação. Toda mediação e toda relação estão entrelaçadas a fatos linguísticos e suportando uma relação discursiva; é certo que, para Habermas, esta dimensão não poderia ser negligenciada, mas sim tornar-se-ia o cerne das questões investigativas que o tem movido numa intensa jornada de produção filosófica acerca de múltiplos assuntos de grande relevância e importância, inclusive para temas da ciência, da política, da bioética, da responsabilidade social, da cidadania, da democracia.

São testemunhas desta sua intensa produtividade as seguintes obras: *Estudante e política* (1961); *Mudança estrutural da esfera pública* (1962); *Teoria e prática* (1963); *Conhecimento e interesse* (1968); *Técnica e ciência como ideologia* (1968); *Movimento de protesto e reforma nas escolas de nível superior* (1969); *Para a lógica da ciência social* (1970); *Problemas de legitimação no capitalismo tardio* (1973); *Para a reconstrução do materialismo histórico* (1976); *Teoria do agir comunicativo* (1981); *Consciência moral e agir comunicativo* (1983); *O discurso filosófico da modernidade* (1983); *Teoria dos meios de comunicação* (1989); *A ética da discussão* (1991); *Direito e democracia* (1992); entre outras obras.

A teoria do agir comunicativo[1] surge como uma teoria voltada para a compreensão da dimensão da verdade não enquanto conformidade da mente com as coisas, mas como fruto de uma experiência intersubjetiva e dialógica no espaço social.[2] Mais que buscar a solução do problema da verdade, desmistificada de qualquer correlação com o gênio singular, ou mesmo com a criação pura do teórico na solidão,[3] Habermas quer falar de uma linguagem que constitua uma proposta de pragmática universal, que possui seus pressupostos para existir.[4] Na

---

[1]   Para um estudo mais aprofundado desta noção, pesquise-se Habermas, *Teoria do agir comunicativo*, Frankfurt, 1981; Habermas, *Esclarecimentos acerca do conceito do agir comunicativo*, in Habermas, *Estudos preliminares e suplementos à teoria do agir comunicativo*, Frankfurt, 1984.

[2]   Cf. Stieltjes. *Jürgen Habermas*: a desconstrução de uma teoria, 2001, p. 67.

[3]   Habermas chega a afirmar expressamente em um de seus textos: "(...) la ética del discurso supera el planteamiento meramente interno, monológico de Kant, quien cuenta con que cada individuo particular realice la verificación de sus máximas de acción en su fuero interno ('en la solitaria vida del alma', como decía Husserl)" (Habermas, Jürgen, *Aclaraciones a la ética del discurso*, 2000, p. 23 e 24).

[4]   "Encontramo-nos, portanto, diante de quatro pretensões de validez: 1) inteligibilidade, 2) verdade, 3) veracidade, 4) retidão. As pretensões de validez estabelecem o fundamento da pragmática universal: não lhe atribuem nem o objetivo, nem o conteúdo. O fim da pragmática universal, como já mencionamos

concepção compartilhada, em sua formação, entre Jürgen Habermas e Karl-Otto Apel, a ideia de consenso dialógico parece ser o único meio, ou a única via, para que não se resvale num apriorismo desnecessário (ética do dever ou ética de princípios)[5] ou num moralismo reacionário e autodefensivo de seus valores. O consenso é uma ideia comunitária a ser desenvolvida pelo grupo que pensa seus problemas em comum, e, portanto, constrói, comunicativamente, suas soluções (morais e jurídicas). Assim, toda a discussão sobre a ética do discurso perpassa a temática do consenso enquanto finalidade mesmo da realização discursiva.

No sentido de valorizar a dimensão da intersubjetividade e de combater a unilateralidade da ideia da razão solitária é que se funda a teoria do agir comunicativo. No lugar da *ratio*, eivada de categorias lógicas e transcendentais, como pós-metafísico e pós-kantiano, é que Habermas aparece como um pensador ligado à questão do compartilhar que a comunicação permite. Desacredita-se, neste modelo, que o *cogito ergo sum* possa ter qualquer significação maior para a fundamentação da ética:

"O princípio do 'eu penso', que segundo Kant – assim como já segundo Descartes e ainda segundo Husserl – marca para a reflexão transcendental o ponto iniludível, esse 'eu penso' não permite por si mesmo nenhuma fundamentação transcendental da ética" (Apel, Karl-Otto, *Ética do discurso como ética da responsabilidade*, Cadernos de Tradução, no 3, Departamento de Filosofia da Universidade de São Paulo, 1998, p. 11).

Nenhum sujeito falante que se apropria de uma língua para dela usar estará somente praticando um mero ato isolado de fala. Muito menos ainda estruturará seu pensamento e suas categorias de organização mental a partir da imanência. Tanto a fala quanto a organização do pensamento são decorrências de um processo de troca de experiências comunicativas que são constitutivas da ordem social e da própria noção de intersubjetividade. Pensar estas trocas e os modos pelos quais se tornam condições de realização da ação comunicativa, eis o *modus* desta teoria.[6]

Ademais, o que há de distintivo na contribuição da ética discursiva habermasiana? Para responder a esta questão, é necessário acompanhar o filósofo, quando, lucidamente, afirma:

"A ética do Discurso não dá nenhuma orientação conteudística, mas sim, um *procedimento* rico de pressupostos, que deve garantir a imparcialidade da formação do juízo. O Discurso prático é um processo, não para a produção de normas justificadas, mas para o exame da validade de normas consideradas hipoteticamente. É só com esse proceduralismo que a ética do Discurso se distingue de *outras* éticas cognitivistas, universalistas e formalistas, tais como a teoria da justiça de Rawls" (Habermas, *Consciência moral e agir comunicativo*, 1989, p. 148).

---

neste texto, é instituir uma forma de razão, um tipo de racionalidade – A Razão Comunicativa. Este é o seu teor" (Stieltjes, Claudio. *Jürgen Habermas*: a desconstrução de uma teoria, São Paulo, Germinal, 2001, p. 57).

[5] "A meu ver a ética do discurso pode aqui ser compreendida como tentativa de uma mediação entre a preocupação kantiana e a hegeliana com vistas a um novo fundamento para um paradigma intersubjetivo da transcendentalidade" (Apel, Karl-Otto, Ética do discurso como ética da responsabilidade. In: *Cadernos de Tradução*, nº 3, Departamento de Filosofia da Universidade de São Paulo, 1998, p. 18).

[6] Cito em especial este trecho esclarecedor: "A pragmática universal demonstra que a utilização cotidiana da linguagem implica a coordenação das ações de um ator social com pelo menos outro ator acerca de um estado de coisas nos mundos objetivo, subjetivo e social. A reconstrução racional das condições universais da comunicação é a base da teoria da ação comunicativa" (Mattos, *As visões de Weber e Habermas sobre direito e política*, 2002, p. 77).

422 | CURSO DE FILOSOFIA DO DIREITO • *Bittar/Almeida*

A particular preocupação desta ética discursiva são as condições de validade pelas quais se produzem os diversos discursos (jurídicos, políticos, morais, educacionais...). No lugar do apreço aos valores, no lugar da indicação do bom e do mal, no lugar de afugentar pelo maniqueísmo escatológico os vícios humanos, esta proposta tem a sóbria tendência a identificar-se menos com conteúdos morais e axiológicos e mais com os modos pelos quais se fazem discursos. Eis aí seu proceduralismo. A correlação, portanto, com os temas da política, da moral e do Direito é evidente. Não há como se pensar qualquer tipo de norma moral, qualquer tipo de relação social, qualquer tipo de coerção jurídica sem antes se pensar em como estas coisas se podem construir, de modo legítimo, para uma determinada comunidade, e, neste caso, a resposta habermasiana aponta para o agir comunicativo.

29.2 A PROPOSTA ÉTICO-PROCEDURAL ACERCA DO DIREITO

Pensar o Direito a partir da teoria do discurso é considerá-lo na perspectiva de uma razão que age, enquanto se comunica, e, por isso, menos se experimenta seja como razão teórica, seja como razão prática,[7] mas sim como razão comunicativa, pela ética do discurso (*Diskursethik*), tal como vem identificada na perspectiva habermasiana.[8] Isto significa que o uso público da razão é o lugar de encontro das possibilidades de construção de regras comuns, uma vez congruentemente construídas a partir das deliberações no espaço público. Ora, é o procedimento garantidor da participação e do consenso que estabelece a eticidade do agir comunicativo, condição *sine qua non* para a formação legítima da vontade jurídico-política.

A falibilidade dos modelos teóricos anteriores, para Habermas, decorre do fato de oscilarem na definição do direito ora para o lado da validade, o que ocorre com o modelo kelseniano, ora para o lado da facticidade, o que ocorre com as correntes sociológicas, como a de Niklas Luhmann, como aponta em seu famoso e marcante texto para a história da Filosofia do Direito, *Direito e democracia: entre facticidade e validade* (*Faktizität und Geltung. Beitrag zur Diskurstheorie des Rechts und des demokratichen Rechsstaats*): "Arrastada para cá e para lá, entre facticidade e validade, a teoria da política e do direito decompõe-se atualmente em facções que nada têm a dizer umas às outras."[9] No lugar de eliminar a tensão entre faticidade e validade, Habermas a mantém em suspenso, admitindo-a no interior das práticas do direito, para discutir a sua ideia e o conjunto de elementos que sustentam a sua legitimidade.

A razão comunicativa produz verdades a partir do exercício da interlocução mediada por instrumentos institucionais garantidores das condições de aparição do discurso. Com Habermas:

> "A intersubjetividade de um grau mais alto (*die höherstufige Intersubjektivität*), que comunga a perspectiva de cada um com a perspectiva de todos, pode constituir-se apenas sob os pressupostos comunicativos de um discurso ampliado universalmente, no qual

---

[7] Esta é uma constatação que se encontra também na interpretação de Castelo Branco: "O projeto normativo do autor tem a finalidade de emancipar a vontade e opinião política através de uma razão comunicativa – não só substitutiva, mas também crítica da razão prática, exatamente como se viu na tradição da Aufkläung – que se adeque a exigência discursiva de uma sociedade moderna em que a política é inteiramente secularizada" (Castelo Branco, O paradoxo de Habermas. In: *Direito, Estado e Sociedade*, v. 9, nº 20, p. 144, jan./jul. 2002).

[8] Habermas, *Direito e democracia*: entre facticidade e validade, 2003, p. 19.

[9] Habermas, *Direito e democracia*: entre facticidade e validade, 2003, p. 23.

Cap. 29 · JÜRGEN HABERMAS: RAZÃO COMUNICATIVA E DIREITO | **423**

todos os possivelmente envolvidos possam participar e tomar posição com argumentos numa postura hipotética em vista das pretensões à validade (tornadas problemáticas a cada momento) de normas e modos de ação."[10]

Isso significa que pensar e agir em comum se somam, no processo da produção de sentido que se dá em comum entre falantes, abandonando-se a ideia de que as verdades são formadas por um sujeito (ou alguns sujeitos) que buscaria em normas abstratas e unilateralmente deduzidas verdades contidas em uma razão solitária, autossuficiente, como ocorre no pensamento kantiano.[11] A verdade aqui é fruto de um procedimento de engajamento argumentativo (semelhante ao procedimento jurídico) que consente a produção compartilhada de normas do agir.[12]

A formação discursiva da vontade é questão central de discussão habermasiana, que vem claramente influenciada pelo pressuposto extraído das regras do jogo democrático, segundo as quais os atores e participantes atuam conforme pautas e procedimentos previamente constituídos para a garantia do exercício do direito à voz e à participação.

É aí que a inspiração de Habermas se dá para apresentar uma proposta de entendimento da cultura do direito. Diferentemente do princípio moral, que opera orientando o processo interno de determinação do conteúdo argumentativo de cada fala, o princípio da democracia serve como parâmetro para "a institucionalização *externa* e eficaz da participação simétrica numa formação discursiva da opinião e da vontade, a qual se realiza em formas de comunicação garantidas pelo direito".[13]

O Direito tem uma participação expressiva, significativa e necessária na constituição e determinação dos modos de ação social, determinando, desta forma, o esquema de atuação de cada um dentro do jogo de troca social. Por isso mesmo se torna importante pensar o Direito, fundando-o em um solo muito concreto, que parte de evidências reais e possibilidades concretas de realização. Mas esta realidade é plural, é o mundo da vida, de onde se extraem as múltiplas experiências que atravessam a condição humana (injustiças, sentimentos, dificuldades, debilidades, instituições, tradições, moralidades...), e que não pode ser reduzido a uma categoria única e organizadora de todo o real, como o econômico em Marx. Se há um atributo, diferentemente do pensamento marxista, que marca a condição humana, este atributo é a capacidade de produção de linguagem e de interação comunicativa através da linguagem.

Isto porque se o Direito não for considerado um sistema empírico coordenador de ações, a própria discussão filosófica fica vazia, exatamente porque ideal e descolada da realidade.[14]

---

[10] Habermas, Para o uso pragmático, ético e moral da razão prática. In: *Boletim de Estudos Avançados da USP*, USP, IEA, tradução de Márcio Suzuki, set./dez. 1989, v. 3, n. 7, p. 15.

[11] "A razão comunicativa, ao contrário da figura clássica da razão prática, não é uma fonte de normas do agir" (Habermas, *Direito e democracia*: entre facticidade e validade, 2003, p. 20).

[12] "Por isso, Karl-Otto Apel e eu sugerimos tomar a própria argumentação moral como processo adequado para a formação racional da vontade. Ora, o exame de pretensões de validade hipotéticas representa esse processo, pois todo aquele que deseja argumentar seriamente tem que entrar em contato com as suposições idealizadoras de uma forma de comunicação exigente. Todo aquele que se envolve numa prática de argumentação tem que pressupor pragmaticamente que, em princípio, todos os possíveis afetados poderiam participar, na condição de livres e iguais, de uma busca cooperativa da verdade, na qual a única coerção admitida é a do melhor argumento" (Habermas, *Direito e democracia*: entre facticidade e validade, 2003. v. II, p. 215).

[13] Habermas, *Direito e democracia*: entre facticidade e validade, 2003, p. 146.

[14] Habermas, *Direito e democracia*: entre facticidade e validade, 2003, p. 94.

424 CURSO DE FILOSOFIA DO DIREITO • Bittar / Almeida

Se torna especialmente importante pensar o Direito, de forma concreta e empírica, seja pela necessidade de sua existência, seja pelo fato de se constatar uma clara crise de fundamentação do direito e das práticas políticas, especialmente se considerada a problemática necessidade de refundar a ideia de Estado de Direito dentro de nossa cultura, como único mecanismo possível de manutenção da coesão social, sabendo-se que o estado atual da questão é exatamente o de crise, talvez gerada pela carência de efetiva presença e exercício de seus próprios princípios.[15]

29.2.1 O direito em face da moral: diferenciando as esferas normativas

Para pensar o Direito, é necessário assumi-lo em toda a sua problemática condição. Isto está a comandar a ideia de que a base de moralidade estrutura o Direito. Então, é da tensão entre coerção e liberdade, assim como entre facticidade e validade, que se alimenta a ideia de Direito.[16] Isto significa aproximá-lo também das experiências sociais que lhe são próximas, ou das quais retira também grande parcela de seu *modus*. Eis a aproximação existente entre a experiência do direito e a experiência da moral.

Para distinguir o direito da moral, dada a sua proximidade deontológica de outras esferas de normação, já destacadas por Jhering,[17] é imperioso passar pela compreensão da dinâmica da vida social. Quando se está a falar de Direito, esclareça-se, se está a falar desta forma assumida pelo Direito desde a modernidade, qual seja, juntamente com Habermas, a de um Direito além de normatizado, que se pretende sistemático, de interpretação obrigatória e predisposto pela força ao exercício da imposição do comportamento obrigatório. Quando se está a falar de moral, considere-se que se está a considerar uma forma do saber cultural, fator relevante para manutenção das instituições sociais.

O Direito é mais que isto, exatamente porque o direito reclama mais que saber, reclama ação, e é desta forma que se trata de um sistema que preside as ações, que intercede nas ações, que define e pauta as ações e que comanda pela força o cumprimento de determinadas ações. O Direito forma "um complexo de reguladores da ação", na concepção de Habermas, que não deixa de compartilhar com a moral a capacidade de influenciar na tomada de decisão, mas que não se define por isso, e sim pela capacidade de produzir uma eficácia direta sobre a ação. É de um elevado grau de racionalidade que se nutrem as práticas institucionais do Direito, contrariamente ao que ocorre com as normas morais, cujos apelos sentimental, emocional, axiológico, por vezes, são turbadores da sua própria consistência. É isto que lhe garante um forte traçado autônomo, a partir da ideia de validade (Kelsen), que consente à teoria a sua descrição como sendo um sistema diferenciado de outros sistemas sociais (Luhmann).[18] Enquanto sistema, no entanto, o Direito recolhe da moral os princípios vitais

---

[15] "Os indícios de uma erosão do Estado de direito assinalam, sem dúvida, tendências de crise; no entanto, nelas se manifesta muito mais a insuficiente institucionalização de princípios do Estado de direito do que uma sobrecarga da atividade do Estado, tornada mais complexa através desses princípios" (Habermas, *Direito e democracia*: entre facticidade e validade, 2003, v. II, p. 180).

[16] Habermas, *Direito e democracia*: entre faticidade e validade, 2003, p. 52-54.

[17] "A ordem ética do mundo contém três categorias desses imperativos abstratos: do direito, da moralidade e da ética" (Jhering, A finalidade do direito, apud, Morris, p. 413).

[18] "Kelsen desengata o conceito do direito do da moral e inclusive do da pessoa natural, porque um sistema jurídico que se tornou inteiramente autônomo tem que sobreviver com suas ficções autoproduzidas; ele introduz as pessoas naturais no seu próprio ambiente ou "mundo circundante", nos termos da nova guinada naturalista de Luhmann" (Habermas, *Direito e democracia*: entre facticidade e validade, 2003. p. 118). Também, e seguindo Luhmann: "Do ponto de vista sociológico, ambos se

Cap. 29 · JÜRGEN HABERMAS: RAZÃO COMUNICATIVA E DIREITO | **425**

e constitutivos dos processos de eleição de valores e formas de compreensão de conteúdos de ações humanas específicas.[19]

É isto que define o direito para além da moral, ou seja, se trata de um "sistema de saber e, ao mesmo tempo, sistema de ação; ele pode ser entendido como um texto repleto de proposições e interpretações normativas ou como uma instituição, isto é, como um complexo de regulativos da ação".[20] As ações individuais, portanto, se coordenam e se organizam a partir de preceitos normativos escalados como sendo referenciais do modo de agir em sociedade (pagar o tributo; omitir-se de causar dano material a outrem; dirigir como licença administrativa etc.). Como comando para a ação, o Direito age organizando os mecanismos de interação do convívio social, modulando desta forma os encontros entre subjetividades e interesses de cunho social. A legalidade é, sem dúvida alguma, importante face do direito moderno, mas não sua única e última fonte de legitimidade.[21]

O Direito que se organiza como sistema, que se funda na coerção e que realiza pela força seus preceitos, e assim o é desde a modernidade, retira dos indivíduos "o fardo das normas morais e as transfere para as leis que garantem compatibilidade das liberdades de ação".[22] Se a moral, como forma de influenciação sobre os comportamentos sociais demanda a consciência do agente para condicionar-se a ter esta ou aquela escolha, o Direito cumpre a função de pré-dizer quais escolhas são válidas e quais não são válidas, tolhendo, de certa forma, a possibilidade de exercício de liberdades de escolha para além daquelas normadas como essenciais para o convívio social. Mas, ao tolher a livre-arbitrariedade das decisões de consciência individuais, também regula o encontro das vontades no espaço público. O Direito, neste sentido, reclama menos consciência e mais obediência.

Uma sociedade regulada pelo Direito não significa uma sociedade esvaziada de preceitos morais. O Direito os incorpora em suas interfaces discursivas e, ao fazê-lo, desdobra a sua pretensão de validade para que se torne também legítima do ponto de vista moral. Certamente, o Direito pode se fechar autopoieticamente e autorreferir-se, porém isto não garante que sua condição de sobrevivência social se dê independentemente da moral, ou de qualquer mínimo moral. No entanto, há que se reconhecer que em sociedades racionalizadas, burocratizadas

---

diferenciaram simultaneamente do ethos da sociedade global, no qual o direito tradicional e a ética da lei ainda estavam entrelaçados entre si. Com o abalo dos fundamentos sagrados desse tecido de moral, têm início processos de diferenciação" (Habermas, *Direito e democracia*: entre facticidade e validade, 2003, p. 141).

[19] Cf. Habermas, *Direito e democracia*: entre facticidade e validade, 2003, p. 110-111.

[20] Habermas, *Direito e democracia*: entre facticidade e validade, 2003, p. 150.

[21] "O surgimento da legitimidade a partir da legalidade não é paradoxal, a não ser para os que partem da premissa de que o sistema do direito tem que ser representado como um processo circular que se fecha recursivamente, legitimando-se a si mesmo. A isso opõe-se a evidência de que instituições jurídicas da liberdade decompõem-se quando inexistem iniciativas de uma população acostumada à liberdade. Sua espontaneidade não pode ser forçada através do direito; ele se regenera através das tradições libertárias e se mantém nas condições associacionais de uma cultura política liberal. Regelações jurídicas podem, todavia, estabelecer medidas para que os custos das virtudes cidadãs pretendidas não sejam muito altos. A compreensão discursiva do sistema dos direitos conduz o olhar para dois lados: De um lado, a carga da legitimação da normatização jurídica das qualificações dos cidadãos desloca-se para os procedimentos da formação discursiva da opinião e da vontade, institucionalizados juridicamente. De outro lado, a juridificação da liberdade comunicativa significa também que o direito é levado a explorar fontes de legitimação das quais ele não pode dispor" (Habermas, *Direito e democracia*: entre facticidade e validade, 2003, p. 168).

[22] Habermas, *Direito e democracia*: entre facticidade e validade, 2003, p. 114.

426 CURSO DE FILOSOFIA DO DIREITO • *Bittar / Almeida*

e normatizadas, exatamente porque complexas, os preceitos da moral somente encontram efetividade objetiva quando transformados para a linguagem do Direito.[23]

Mais que isto, para uma teoria do agir comunicativo, não interessa simplesmente pensar, ao modo kantiano, acentuado na perspectiva kelseniana, a diferenciação destes sistemas, mas sobretudo pensar no não acantonamento da moral provocado pela intensa especificação dos subsistemas sociais, na medida em que quanto mais a moral "se interioriza e se torna autônoma, tanto mais ela se retrai para domínios privados".[24]

Para esta visão, portanto, esta relação não é de mera complementaridade, entre a esfera da interioridade e da exterioridade, mas sim de entrelaçamento, na medida em que o agir comunicativo pressupõe esta participação do juízo moral na produção de decisões social e juridicamente relevantes.[25] De fato:

> "Por conseguinte, se as qualidades formais do direito são encontráveis na dimensão dos processos institucionalizados juridicamente, e se esses processos regulam discursos jurídicos que, por seu turno, são permeáveis a argumentações morais, então pode-se adotar a seguinte hipótese: a legitimidade pode ser obtida através da legalidade, na medida em que os processos para a produção de normas jurídicas são racionais no sentido de uma razão prático-moral procedimental. A legitimidade da legalidade resulta do entrelaçamento entre processos jurídicos e uma argumentação moral que obedece à sua própria racionalidade procedimental."[26]

29.2.2 O Direito e o mundo da vida

O Direito pertence ao domínio do mundo da vida (*Lebenswelt*), enquanto reunião de personalidade, sociedade e cultura. É dentro dele, portanto, que se deve perceber e acolher a definição de Direito. O mundo da vida resume a complexidade de fatores que condicionam o agir social. O mundo da vida está impregnado de consensos da experiência de vida. O mundo da vida cria as condições para o diálogo e o consenso, para o encontro das vontades e para a deliberação político-jurídica na dimensão da esfera pública. Isto porque os indivíduos "compartilham do chamado mundo da vida, onde possuem uma tradição cultural comum e crescem internalizando valores, expectativas e identidades em comum".[27]

Pode-se mesmo dizer que a sociedade civil, na acepção habermasiana, se estrutura a partir de sua capacidade de entendimento, presidida que é pelo princípio do discurso. Assim, todo agir social que corresponde a uma troca recíproca entre atores sociais acaba sendo também e invariavelmente uma troca que pressupõe consensos mínimos extraídos do mundo da vida.

---

[23]   Habermas, *Direito e democracia*: entre facticidade e validade, 2003, p. 145.

[24]   Habermas, *Direito e democracia*: entre facticidade e validade, 2003, v. II, p. 217.

[25]   "A questão acerca da legitimidade da legalidade fez com que o tema do direito e da moral predominasse. Esclarecemos como o direito, exteriorizado de modo convencional, e a moral interiorizada se complementam. Porém não nos interessamos apenas nessa relação complementar, e sim no *entrelaçamento* simultâneo entre moral e direito" (Habermas, *Direito e democracia*: entre facticidade e validade, 2003, v. II, p. 218).

[26]   Habermas, *Direito e democracia*: entre facticidade e validade, 2003, v. II, p. 203.

[27]   Tendrich, O conceito de espaço público na concepção de J. Habermas. In: *Direito, Estado e Sociedade*, PUC-Rio, 1997, p. 167.

Ora, esta troca é codificada por instrumentos que sintetizam valores, ideias, experiências, consensos, e a linguagem é o *medium* portador deste processo. A linguagem opera a síntese indivíduo/universal codificando a razão objetivada através das instituições sociais.

O mundo da vida, como forma condensada de saber e poder,[28] com suas evidências e consensos admitidos, é o pano de fundo da ideia de que o agir comunicativo se dará a partir das experiências extraídas desta esfera. O mundo da vida corresponde a "um complexo de tradições entrelaçadas, de ordens legítimas e de identidades pessoais",[29] e o agir comunicativo extrai a sua vivacidade daí. Extraído da teoria da comunicação, o conceito de mundo da vida evita que a realidade seja encarada de modo partilhado, na medida em que significa esta "rede ramificada de ações comunicativas que se difundem em espaços sociais e épocas históricas". Ora, é evidente que todas as práticas que assumem ao nível da comunicação alguma significação, já incorporaram tradições culturais, valores, instituições, sabedorias acumuladas. A originariedade, o imprevisto e o indeterminado são a marca do processo de constituição desta grande trama constituída a partir do convívio de indivíduos socializados, que buscam apoio nas condições de reconhecimento recíproco. Esta é mesmo a condição para, em meio ao social, afirmar-se como sujeito. Isto é o que faz com que sejam reciprocamente pressupostas e condicionantes a pessoa, a cultura e a sociedade.[30]

29.2.3 Direito e esfera pública

O Direito depende da esfera pública. A esfera pública é uma noção evidente da vida social, tão comum e tão instantaneamente presente na estrutura do convívio quanto a ação, os atores sociais, o grupo e a coletividade. Trata-se de uma noção evidente na medida em que o próprio homem, na concepção habermasiana, é "um ser plural, nascido em comunidade linguística e convivendo em um mundo marcado pela intersubjetividade e no qual compartilha expectativas, visões culturais, ideais comuns".[31] Quando se fala em espaço público, esta noção não retrata uma instituição, uma organização, pois não permite a formação de papéis e competências específicos e funcionalmente diferenciados, assim como também não é um sistema, uma vez que seus horizontes são abertos, permeáveis e maleáveis. Trata-se sim de uma verdadeira rede de feixes comunicacionais, de encontros e desencontros de tomadas de posição e de ações comunicativas, que pressupõe a base da linguagem natural para se realizar, lugar onde se sintetizam as opiniões públicas. É para ela que convergem as dicotomias, as disputas, as diferenças, os dilemas, os debates, as contraposições axiológicas.[32]

A existência de uma esfera pública sólida e consistente, sistematicamente predisposta à vivência da condição dialogal, é a garantia da radicalização da capacidade de produzir vontades democráticas nas tomadas de decisão que marcam a vida política, e que determinam

---

[28] "Durante o agir comunicativo o mundo da vida nos envolve no modo de uma certeza imediata, a partir da qual nós vivemos e falamos diretamente. Essa presença do pano de fundo do agir comunicativo, latente e imperceptível, que tudo perpassa, pode ser descrita como uma forma condensada e, mesmo assim, deficiente, de saber e de poder" (Habermas, *Direito e democracia*: entre facticidade e validade, 2003, p. 41).

[29] Habermas, *Direito e democracia*: entre facticidade e validade, 2003, p. 42.

[30] Habermas, *Direito e democracia*: entre facticidade e validade, 2003, p. 111-112.

[31] Tendrich, O conceito de espaço público na concepção de J. Habermas. In: *Direito, Estado e Sociedade*, PUC-Rio, 1997, p. 158.

[32] Cf. Habermas, *Direito e democracia*: entre facticidade e validade, 2003, v. II, p. 92.

428 CURSO DE FILOSOFIA DO DIREITO • *Bittar / Almeida*

as decisões formadoras do discurso jurídico. Ante os déficits de democracia, ante a crise de legitimação, ante o excesso de burocracia, ante a distância entre o poder instituído e o representado do poder, deve-se caminhar no sentido de, pela esfera pública, "alargar e aprofundar o campo político participativo em todos os espaços estruturais de interação social, revalorizando o primado da comunidade com todas as suas feições solidárias e permitindo uma libertação da sociedade civil, quer dos controles burocráticos empreendidos, quer dos imperativos econômicos impostos pelo mercado".[33]

Nesta esfera, a disputa é por hegemonia de influenciação. O reconhecimento das capacidades e habilidades de influenciação da opinião pública depende da habilidade e da competência políticas adquiridas, o que faz com que haja convergências significativas de determinados grupos, instituições e/ou partidos cuja conquista de notoriedade lhes confere também o prestígio necessário para determinar opiniões na esfera pública (cientistas, artistas, juristas, políticos, padres, partidos, ONGs...). A esfera pública é aberta e democrática, indeterminada e informe, e por isso está sempre acolhendo a divergência, a diversidade e a pluralidade. O novo sempre pode irromper. Ainda que a mídia alcance cada vez mais predominância na determinação das orientações da esfera pública, ainda carece do público como destinatário e assentidor último de suas práticas.[34] O espaço público pressupõe liberdade de encontros comunicativos, o que de certa forma significa que seu caráter espontâneo não é determinado nem pela mídia, nem pelo governo e nem por outras forças totalizantes.

É claro que a ideia de uma esfera pública que supere a lógica do individualismo burguês iluminista sem recair no comunitarismo tem alguns pressupostos, quais sejam: (1) uma base cultural mínima que consinta o compartilhamento de visões de mundo; (2) uma base democrática de expressão livre da vontade, onde haja a possibilidade do encontro dos diversos segmentos de representação da sociedade, sem a preponderância de nenhum; (3) uma base mínima de direitos que garantam a liberdade individual e a solidez do espaço da política; (4) uma base mínima de desenvolvimento moral e liberdade de crítica à regras estabelecidas pelo jogo político.[35]

A noção de espaço público é, portanto, incentivadora do pluralismo, do encontro da diversidade, do incremento da politicidade nas sociedades modernas diferenciadas e complexas, pois os critérios de entrada e participação não estão vinculados a pressupostos totalizantes.

29.3 POR UMA TEORIA PÓS-METAFÍSICA DO DIREITO

O inapelável compromisso mantido por Habermas de pensar a legitimidade do Direito a partir do problema da legalidade, extraída da experiência de afirmação do Direito positivo na modernidade, considerando especialmente o papel da experiência democrática e de discuti-lo a partir da ideia de radicalização do processo de compartilhamento de vontades é de grande significação para a cultura do direito positivo contemporâneo.[36] Sem

---

[33] Tendrich, O conceito de espaço público na concepção de J. Habermas. In: *Direito, Estado e Sociedade*, PUC-Rio, 1997, p. 156.

[34] Cf. Habermas, *Direito e democracia*: entre facticidade e validade, 2003, v. II, p. 95-96.

[35] Cf. Tendrich, O conceito de espaço público na concepção de J. Habermas. In: *Direito, Estado e Sociedade*, PUC-Rio, 1997, p. 162-263.

[36] Cf. Castelo Branco, O paradoxo de Habermas. In: *Direito, Estado e Sociedade*, v. 9, n. 20, p. 145, jan./jul. 2002.

Cap. 29 · JÜRGEN HABERMAS: RAZÃO COMUNICATIVA E DIREITO | **429**

apelos metafísicos, e considerando o estado atual da cultura hodierna, completamente secularizada, é mister assumir como premissa de argumentação a necessidade de trabalhar o Direito como um fundamental instrumento de solidificação racional do convívio humano em sociedade.

Neste sentido, o pensamento habermasiano reafirma a necessidade do Direito, na exata medida em que representa uma alternativa aos sistemas que funcionam capitaneados pelo poder ou pelo dinheiro. O Direito representa a alternativa fundada na razão de constituição de um agir comum, determinado por mecanismos e procedimentos, que garantam aos interessados o envolvimento na produção dos consensos sociais expressados por meio de normas.

A necessidade imperiosa do Direito decorre do fato, concreto e real, de que pensar em sua abolição só pode conduzir a uma insanidade, na medida em que os níveis éticos para a integração social não são suficientes – somente eles – para suportar o imperativo da socialização. A proposta marxista se esgotaria, se trazida do pensamento à ação, num retorno ao desregramento do próprio convívio. E se é verdade que a natureza humana está mais próxima da "sociabilidade insociável", na leitura de Kant, e menos próxima da gregariedade aristotélica, o Direito se torna uma necessidade do próprio convívio, como elemento conservador do próprio convívio. Nesta medida, o Direito participa da atual condição de necessidade do exercício da própria sociabilidade. Esta necessidade não está descartada do pensamento habermasiano.

O Direito que exerce todo o seu potencial é, acima de tudo, um Direito indicativo, enunciativo, libertário, emancipatório, porque capaz de estimular (mais que reprimir) o desenvolvimento dos esforços sociais para o alcance e a realização de fins comuns. É, nesta acepção, emancipatório, porque abraça, na perspectiva da teoria do agir comunicativo, a ideia da radicalização da democracia. Estes fins comuns nunca são passíveis de serem fixados *a priori,* pois são sempre fruto daquilo que se delibera como sendo fim comum dentro de cada novo contexto, e a partir de cada nova necessidade sócio-humana.

O direito que meramente se retira, para só aparecer quando a norma é violada, não é o melhor modelo de instituição social que se deseja. O direito que intervém a ponto de totalizar as vivências individuais em vivências coletivas, sufocando liberdades e deixando pouco espaço à autonomia individual, muito menos. Isto porque sufoca o potencial de autonomização ética da vontade pela autonormação do indivíduo pela razão, incrementos que são fundamentais na articulação criada pela própria cultura do Estado de Direito, como avalia Habermas.[37] O direito que se quer é um *medium* entre estes dois tipos, é um direito que simboliza ação para frente, e representa a admissão do *éthos* maduro de uma sociedade na querença da realização de metas comuns razoáveis.

Seu diferencial, portanto, não está no fato de ser produzido pelo Estado ou de se realizar por regras contidas em lei (Kelsen). O conceito de direito necessariamente deve abrigar em sua visão a ideia de que a sociedade civil, na acepção habermasiana, o que implica a esfera pública política, é o centro produtor do direito.

CONCLUSÕES

Afinal, como se pode avaliar o Direito a partir da concepção apresentada por Jürgen Habermas? Partindo da ideia da razão comunicativa, é possível pensar que o Direito

---

[37] Vide, especialmente, Habermas, Para o uso pragmático, ético e moral da razão prática. In: *Boletim de Estudos Avançados da USP,* tradução de Márcio Suzuki, v. 3, n. 7, p. 5-19, set./dez. 1989.

legítimo se funda sobre as experiências ordinárias colhidas no mundo da vida, de onde se extraem condições para a participação na arena da esfera pública, através da qual os circuitos de comunicação habilitam os atores sociais à produção de decisões social e juridicamente relevantes.

Assim, pode-se, com Habermas, pensar no Direito como sendo um instrumento necessário da experiência social, mas sobretudo imprescindível para a vivência governada pela razão, enquanto razão comunicativa, em lugar da irracionalidade e do atomismo sociais. É assim que o Direito se anela à ideia de ser uma prática social de deliberação, compartilhamento e estabelecimento de referenciais do agir comum; é, certamente, linguagem, codificada ao nível normativo, comprometida com a salvaguarda da liberdade, o que só é possível por meio do exercício de escolhas entre valores diversos, para que comportamentos se tornem socialmente vinculativos, consentindo-se a sobrevivência da coesão social e o crescimento das perspectivas de alcance da justiça na vida compartilhada por uma comunidade linguística.

30
AXEL HONNETH:
JUSTIÇA, RECONHECIMENTO E LIBERDADE

Axel Honneth nasceu no ano de 1949. Atualmente é professor de Filosofia na Universidade de Columbia (New York), na Universidade J. W Goethe (Frankfurt) e diretor do Instituto de Pesquisas Sociais (em Frankfurt) desde 2001. Entre suas principais obras destacamos: *The critique of power: reflective stages in a critical social theory* (1991 (1985)).[1] *Luta por reconhecimento: a gramática moral dos conflitos sociais* (2003 (1992)), *Sofrimento de indeterminação: uma reatualização da filosofia do direito de Hegel* (2007 (2001)) e seu último livro, *Das recht der freiheit: grundriss einer demokratischen sittlichkeit* (2011) com tradução para o inglês *Freedom's right: the social foundations of democratic life (new directions in critical theory)* a ser lançada em fevereiro de 2014.

A discussão a respeito da definição de liberdade é um tema que permeia a história da filosofia e se destaca como o principal valor da sociedade moderna.[2] No presente capítulo nossa intenção é apresentar – de forma básica – o conceito de liberdade que está na raiz do pensamento de Axel Honneth. Não se trata da liberdade como livre-arbítrio, de um sujeito atomizado desvinculado de toda sociedade que o circunda. De forma sintética entre Kant e Hegel, Honneth – de forma assertiva – opta por Hegel. De modo conciso e direto, aduz Roberto Gargarella ((1999); 2008, p. 137):

> "(...) enquanto Kant mencionava a existência de certas obrigações universais que deveriam prevalecer sobre aquelas mais contingentes, derivadas do fato de pertencermos a uma comunidade particular, Hegel invertia essa formulação para dar prioridade a nossos laços comunitários. Assim, em vez de valorizar – junto com Kant – o ideal de um sujeito 'autônomo', Hegel defendia que a plena realização do ser humano derivava da mais completa integração dos indivíduos em sua comunidade".

Em um texto no qual discorre a respeito de sua concepção de justiça Honneth (2004 p. 106) esclarece a concepção intersubjetiva de liberdade que norteia seu pensamento:

> "(...) a realização da liberdade denota, para que se obtenha um ganho de poder de ação, como através da afirmação por parte de todos os outros, a compreensão acerca das capacidades e desideratos individuais. Apenas quando nós compreendemos este processo

---

[1]   Sem tradução para o português.

[2]   "Entre todos os valores éticos que intentam vingar na sociedade moderna, e, ao vingar, tornam-se hegemônicos, apenas um deles mostra-se apto a caracterizar o ordenamento institucional da sociedade de modo efetivamente duradouro: a liberdade no sentido da autonomia do indivíduo" (Honneth, *O direito da liberdade*, 2015, p. 34).

432 CURSO DE FILOSOFIA DO DIREITO • Bittar / Almeida

como eventos de reciprocidade (wechselseitiges Geschehen) entre dois sujeitos, será fácil compreender por que para Hegel as relações intersubjetivas não deviam construir uma limitação, mas uma condição da liberdade subjetiva: o indivíduo está capacitado para o desenvolvimento da autonomia apenas na medida em que entretém relações com outros sujeitos, as quais possibilitem com sua forma o reconhecimento recíproco de personalidades individuadas".

Na tentativa de elaborar uma teoria social crítica orientada de forma intersubjetiva, Honneth utiliza o conceito tripartite de reconhecimento hegeliano. Para evitar os problemas da atualização de uma teoria carregada de elementos idealistas, como a de Hegel, em tempos pós-metafísicos, vale-se do pensamento de George Herbert Mead para dar suporte material aos três padrões de reconhecimento intersubjetivo: (1) o amor, (2) o direito e (3) a solidariedade. No âmbito deste capítulo teceremos breves comentários a propósito de tais padrões de reconhecimento.

30.1 O AMOR: PRIMEIRA ESFERA DE RECONHECIMENTO

Quanto ao padrão de reconhecimento do "amor", devem ser consideradas as relações eróticas entre dois parceiros, de amizade e entre pais/filhos (Honneth (1992); 2003, p. 159). No que tange à relação mãe/criança, importante observar que, para Winnicott[3] é na passagem da fase de "absoluta dependência" da criança em relação à mãe para um novo estágio de interação denominado "dependência relativa" que ocorrem as etapas decisivas para o desenvolvimento da capacidade da criança de criar vínculos. Tais etapas de desenvolvimento da relação de reconhecimento mãe e filho são constitutivas do que Honneth nomeia de "ser si mesmo em um outro", o qual pode ser concebido como padrão elementar de todas as formas maduras de amor (1992; 2003, p. 167-168).

O "amor" entre pai e filho não é apenas o primeiro padrão de reconhecimento, mas também aquele que dará o fundamento para todas as outras relações. Nesse sentido, preciso o comentário de Honneth (1992); 2003, p. 177):

> "(...) ela precede, tanto lógica como geneticamente, toda outra forma de reconhecimento recíproco: aquela camada fundamental de uma segurança emotiva não apenas na experiência, mas também na manifestação das próprias carências e sentimentos, propiciada pela experiência intersubjetiva do amor, constitui o pressuposto psíquico de todas as outras atitudes de autorrespeito".

Devido ao fato de sua importância capital para as "outras formas maduras de amor", é imprescindível a proteção da infância, primeira fase de nossas vidas, para o integral e saudável desenvolvimento da pessoa. Observe-se que no "amor", enquanto padrão de reconhecimento, a forma de desrespeito são os maus-tratos infringidos contra o próprio corpo e a consequência desses atos é uma perda de confiança em si e no mundo (Honneth (1992); 2003, p. 215). Todavia, apesar da necessária e indubitável necessidade da proteção da infância, não é isso que se observa na maioria dos países da comunidade internacional. O "Estudo do Secretário--Geral das Nações Unidas sobre Violência contra a Criança" (<www.unviolencestudy.org>), coordenado por Paulo Sérgio Pinheiro, mostra um quadro de gravíssimas violações de direitos

---

[3] Honneth utiliza a psicanálise de Daniel Winnicott para dar suporte teórico ao padrão de reconhecimento do amor.

humanos observado em todas as partes do mundo. Entre as conclusões desse estudo vale a pena destacar algumas:

a) A violência contra a criança é um fenômeno transversal praticado em todos os países da comunidade internacional e em todas as classes sociais.

b) Apenas 16 entre os 192 países da comunidade internacional proíbem a violência e qualquer forma de castigo corporal contra as crianças.

c) Algumas formas de violência contra a criança são consideradas legais e socialmente aceitas.

d) A mensagem principal do estudo é que nenhuma violência contra a criança é justificável e que toda violência contra ela pode ser evitada.

No próximo item apresentaremos um exemplo literário de maus-tratos contra as crianças. Tais exemplos literários também serão utilizados na apresentação dos outros padrões de reconhecimento. Fazemos isso a fim de oferecer uma concretude maior a nossa argumentação.

30.1.1 Um exemplo literário de maus-tratos como forma de desrespeito

A escritora paulistana Beatriz Bracher, no romance *Não falei*, obra de ficção em que faz uma reflexão da Ditadura Militar (1964-1985), indica que Graciliano Ramos escreveu o livro *Memórias do cárcere*, obra póstuma publicada no ano de sua morte (1953), na qual faz uma reflexão pessoal do período que passou na prisão (1936-1937) como prisioneiro político, entretanto, antes de escrever esse livro teve de se libertar de seu passado como criança e para isso escreveu "Infância", no ano de 1945.[4] Assinalo que essas são as únicas memórias em toda obra literária do autor.

No capítulo "Um cinturão", Graciliano descreve uma surra com cinturão que lhe foi aplicada por seu pai. Os momentos que precedem ao ato são reveladores da impossibilidade do diálogo e também da situação de total falta de proteção da criança em face da violência paterna.

> "Ninguém veio, meu pai me descobriu acocorado e sem fôlego, colado ao muro, e arrancou-me dali violentamente, reclamando um cinturão. Onde estava o cinturão? Eu não sabia, mas era difícil explicar-me: atrapalhava-me, gaguejava, embrutecido, sem atinar com o motivo da raiva. Os modos brutais, coléricos, atavam-me; os sons duros morriam, desprovidos de significação" (p. 30).

As lembranças que tais violações de direitos humanos deixam na vida do autor como adulto são marcantes:

> "Onde estava o cinturão? Hoje não posso ouvir uma pessoa falar alto. O coração bate-me forte, desanima, como se fosse parar, a voz emperra, a vista escurece, uma cólera doida agita coisas adormecidas cá dentro. A horrível sensação de que me furam os tímpanos com ponta de ferro" (p. 31).

---

[4] Esse é o trecho em que Beatriz Bracher faz referência a Graciliano Ramos: "Nos anos setenta isso não era assunto. Nos anos trinta também não. Graciliano Ramos foi preso pelo Estado Novo, não conta se apanhou. Foi preso retirado de circulação. Quando saiu seus companheiros do Partido Comunista pediram que escrevesse um livro denunciando o regime opressor. Ele só foi escrever *Memórias do Cárcere* anos depois, mas recém-liberto insistiram na denúncia necessária. Ele então escreveu *Infância*, os personagens eram uma criança franzina, o pai, os tios, o professor, o diretor, o padre, o delegado, e o avô no semiárido brasileiro, escreveu um livro sobre o regime opressor."

A descrição do ato de violência em si é ilustrativa de uma cena de violência interpessoal, familiar por meio da constituição de uma relação oposta ao reconhecimento, vale dizer: os maus-tratos e a humilhação.

"Havia uma neblina, e não percebi direito os movimentos de meu pai. Não o vi aproximar-se do torno e pegar o chicote. A mão cabeluda prendeu-me, arrastou-me para o meio da sala, a folha de couro fustigou-me as costas. Uivos, alarido inútil, estertor. Já então eu devia saber que rogos e adulações exasperavam o algoz. Nenhum socorro. José Baía, meu amigo, era um pobre diabo" (p. 31).

A cena final mostra o autor tendo a sensação de transformar-se em um "minúsculo" e "insignificante" inseto, a lembrança da *Metamorfose* de Kafka é irresistível. Além disso, o último comentário é a impressão do autor em relação à justiça: "Sozinho, vi-o de novo cruel e forte, soprando, espumando. E ali permaneci, miúdo, insignificante, tão insignificante e miúdo como as aranhas que trabalhavam na telha negra. Foi esse o primeiro contacto que tive com a justiça" (p. 32).

No tocante a essa cena adequada a definição de Ricoeur a propósito da humilhação:

"A humilhação, sentida como a retirada ou a recusa desta aprovação, atinge cada qual no nível pré-jurídico do seu 'ser-com' outro. O indivíduo se sente como olhado do alto, como se fosse nada. Privado de aprovação, é como se não existisse" (Ricoeur; (2004); 2007, p. 310-311).

Essa sensação de absoluto vazio de sentir-se como um nada é o sinal da falta de reconhecimento como pessoa na infância. Essa carência no primeiro padrão de reconhecimento terá como consequência a falta de autoconfiança.

30.2 O DIREITO

Nas relações jurídicas pré-modernas o reconhecimento da pessoa como sujeito de direito está ligado ao seu estamento, que está relacionado ao padrão de reconhecimento da estima social (ou solidariedade). Os direitos e deveres individuais são definidos no âmbito da "estrutura social de cooperação". O que significa, em termos práticos, que nem todo indivíduo é considerado como sujeito de direito (Honneth (1992); 2003, p.183).

Todavia, a partir do advento do Direito moderno o sistema jurídico deve ser compreendido como "expressão dos interesses universalizáveis de todos os membros da sociedade" e a partir de então o Direito não deve mais admitir qualquer forma de exceção ou privilégio (Honneth (1992); 2003, p. 181). Nessa mesma direção, a lapidar e sintética afirmação de Celso Lafer (1988, p. 153): "(...) é justamente para que o dado da existência seja reconhecido e não resulte apenas do imponderável da amizade, da simpatia ou do amor no estado de natureza, que os direitos são necessários." Imprescindível enfatizar que é a partir de 1789 com o fato histórico da Declaração dos Direitos do Homem e do Cidadão que o Direito é transformado em um novo e independente padrão de reconhecimento.

O Direito como padrão de reconhecimento é relacional e normativo. O que significa dizer que só nos reconhecemos como sujeitos de direito se reconhecermos – tendo em vista a norma – o outro, aquele "outro generalizado", como ele também um sujeito de direito.

"(...) só podemos chegar a uma compreensão de nós mesmos como portadores de direitos quando possuímos, inversamente, um saber sobre quais obrigações temos de

Cap. 30 · AXEL HONNETH: JUSTIÇA, RECONHECIMENTO E LIBERDADE | 435

observar em face do respectivo outro: apenas da perspectiva normativa de um 'outro generalizado', que já nos ensina a reconhecer os outros membros da coletividade como portadores de direitos, nós podemos nos entender também como pessoa de direito, no sentido de que podemos estar seguros do cumprimento social de algumas de nossas pretensões" (Honneth (1992); 2003, p. 179).

É preciso ter claro que o Direito enquanto padrão de reconhecimento é um processo de "mão dupla". Deve-se reconhecer o valor universal da norma e a singularidade de todos os integrantes de uma sociedade, identificando cada pessoa como livre e igual diante dos outros. Essa estrutura dual do Direito está relacionada à ligação existente entre ampliação dos direitos reconhecidos às pessoas pela norma e enriquecimento das capacidades dos sujeitos como consequência do reconhecimento mútuo. Em outras palavras, reconhecimento: (1) da validade em relação às normas; e (2) da capacidade em relação aos sujeitos (Ricoeur; (2004); 2007, p. 310-311).

Afirma Honneth (1992); 2003, p. 186):

> "(...) Por isso, na estrutura do reconhecimento jurídico, justamente porque está constituída de maneira universalista sob as condições modernas, está infrangivelmente inserida a tarefa de uma aplicação especifica à situação: um direito universalmente válido deve ser questionado, à luz das descrições empíricas da situação, no sentido de saber a que círculo de sujeitos ele deve se aplicar, visto que eles pertencem à classe das pessoas moralmente imputáveis. Nessa zona de interpretações da situação referidas à aplicação, as relações jurídicas modernas constituem, como veremos, um dos lugares em que pode suceder uma luta por reconhecimento."

Se no âmbito da estima social a questão que se coloca é de saber como se constitui o sistema de valores que aquilatará o valor de determinado ser humano, para o reconhecimento jurídico a questão central é como determinar a "propriedade constitutiva das pessoas como tais"? (Honneth (1992); 2003, p. 187). Para responder a essa questão, uma pergunta deve ser formulada: quais são os atributos de uma pessoa moral? Ou, nas palavras de Paul Ricoeur: quais são os atributos do homem capaz?

30.2.1 A pessoa moral ou o homem capaz

> "Nesse sentido, toda comunidade jurídica moderna, unicamente porque sua legitimidade se torna dependente da ideia de um acordo racional entre indivíduos em pé de igualdade, está fundada na assunção da imputabilidade moral de todos os seus membros." (Honneth (1992); 2003, p. 188).

Axel Honneth não aborda em detalhes a questão das características de uma pessoa moral – a "propriedade constitutiva das pessoas como tais" (conforme sua própria definição) – na obra *Luta pelo reconhecimento: a gramática moral dos conflitos sociais*, de 1992. Ele elenca tais características no texto *Decentered autonomy: the subject after the fall*, artigo integrante da obra *Disrespect the normative foundations of critical theory*, de 2000. Nesse texto, Honneth define a pessoa moral como aquela capaz de dirigir e organizar a própria vida e atender as demandas morais de seu ambiente. A fim de atender esses objetivos, tal pessoa deve possuir as seguintes habilidades: (1) articulação de suas necessidades por meio

436 CURSO DE FILOSOFIA DO DIREITO • *Bittar / Almeida*

da linguagem; (2) construção de uma narrativa coerente da própria vida; (3) sensibilidade moral em relação ao contexto.

Paul Ricoeur, em sua obra *Parcours de la reconnaissance* (2004), discorre a propósito do reconhecimento como uma jornada dividida em três etapas (correspondentes aos três estudos de sua obra), são elas: (1) o reconhecimento como identificação; (2) reconhecer-se a si próprio; (3) o reconhecimento mútuo. Para Ricoeur, o reconhecimento – acima de tudo – é uma questão de identificação. Assim, ser reconhecido significará para cada um a confirmação plena de sua identidade por meio do reconhecimento do outro da totalidade de suas capacidades (Ricoeur; (2004); 2007, p. 383). Ricoeur elenca as habilidades do homem capaz como: (1) poder dizer; (2) eu posso fazer;[5] (3) poder narrar e narrar a si próprio e (4) a imputabilidade. Tais habilidades são apresentadas no segundo estudo dedicado ao tema do "reconhecimento de si próprio". Ricoeur ((2004); 2007, p. 164) compara o "homem capaz" ao personagem de uma obra literária. Afirma o autor:

> "É personagem aquele que pratica a ação na história. A categoria de personagem é portanto também uma categoria narrativa e seu papel na história advém da mesma inteligência narrativa que a trama: pode-se dizer que a própria personagem é posta na trama."

De acordo com nossa leitura e compreensão, as características comuns entre a "pessoa moral" de Honneth e o "homem capaz" de Ricoeur são: (1) a utilização da linguagem; (2) a possibilidade de elaborar uma narrativa de si próprio; (3) ser capaz de responder sobre suas próprias ações.[6]

30.2.1.1 Imputabilidade ou atribuição de responsabilidade a uma pessoa

É com o conceito de imputabilidade que a noção de homem capaz atinge sua mais elevada significação na forma de se qualificar a si próprio como aquele sujeito que é capaz de realizar uma ação (Ricoeur (2004); 2007, p. 172).

A questão da atribuição da responsabilidade é tarefa do Direito. Tal atribuição de responsabilidade é feita de modo específico considerando a singularidade de cada agente. Isso fica claro quando consideramos o princípio da individuação da pena. A sabedoria da imputação jurídica é não determinar uma responsabilidade ilimitada que iria na direção da indiferença, mas achar uma "justa medida nos limites de uma relação de proximidade local e temporal entre as circunstâncias de ação e os efeitos de um eventual dano" (Ricoeur (2004); 2007, p. 176).

Para o Direito só será considerada imputável a pessoa no pleno exercício de suas capacidades, vale dizer: o Sujeito de Direito.

30.2.2 Sujeito de Direito

O indivíduo único e insubstituível, mas semelhante a outros, transformando-se em sujeito graças ao Direito – enquanto instância garante de sua identidade – faz a expressa proibição do sujeito ser tratado como coisa (Supiot (2005); 2007, p. 15). A própria etimologia da palavra é

---

[5] No original *Je peux faire*.

[6] Se para Ricoeur a imputabilidade é característica integrante do "homem capaz", para Honneth a possibilidade de atribuição de responsabilidade a uma pessoa está relacionada ao "atendimento das demandas morais de seu ambiente" e à "sensibilidade moral em relação ao contexto".

Cap. 30 · AXEL HONNETH: JUSTIÇA, RECONHECIMENTO E LIBERDADE | **437**

esclarecedora: o "sujeito", o assujeitado que deve respeitar uma lei maior que a todos submete. O ser humano é definido como sujeito por obra e graça de um dogma do Direito. Assevera Alain Supiot ((2005); 2007, p. 13):

> "As noções de sujeito e de objeto, de pessoa e de coisa, de espírito e de matéria se definem por oposição mútua. Uma não é concebível sem a outra e jamais a ciência positiva poderia ter nascido sem elas. Cumpre realmente postular que o homem é um sujeito capaz de razão para que a ciência seja possível e essa definição do ser humano não resulta de uma demonstração científica, mas de uma afirmação dogmática; é um produto da história do Direito e não da história das ciências."

Ser um sujeito de direito significa a possibilidade de participar da esfera pública respeitando a si próprio e aos outros como um outro sujeito. Voltando à ideia anteriormente exposta do Direito como padrão de reconhecimento duplo estando relacionado com a validade da norma e o reconhecimento mútuo da capacidade dos sujeitos. É nesse processo de ampliação dos direitos reconhecidos e aperfeiçoamento das capacidades que os sujeitos reconhecendo-se de forma recíproca é que se trava a *luta por reconhecimento*.

Entretanto, para poder tomar parte nessa luta, a pessoa deve se considerar e ser considerada como *sujeito de direito*. Essa etapa inicial é um pré-requisito para a ação no âmbito jurídico e político dotando o sujeito de autorrespeito. Quanto a esse tópico, assevera Honneth ((1992); 2003, p. 197):

> "(...) visto que possuir direitos individuais significa poder colocar pretensões aceitas, elas dotam o sujeito individual com a possibilidade de uma atividade legítima, com base na qual ele pode constatar que goza do respeito de todos os demais. É o caráter público que os direitos possuem, porque autorizam seu portador a uma ação perceptível aos parceiros da interação, o que lhes confere a força de possibilitar a constituição do autorrespeito; pois, com a atividade facultativa de reclamar direitos, é dado ao indivíduo um meio de expressão simbólica, cuja efetividade social pode demonstrar-lhe reiteradamente que ele encontra reconhecimento universal como pessoa moralmente imputável".

Entender a possibilidade de reclamar direitos como uma característica inerente ao sujeito de direito é algo comum para Honneth e Ricoeur. Quanto a esse aspecto, interessante observar que ambos os autores fazem referência ao artigo *The nature and value of rights*, de Joel Feinberg, no qual o autor define dignidade da pessoa humana enquanto "a capacidade reconhecível de afirmar pretensões" (Honneth (1992); 2003, p. 196).[7] A carência de autorrespeito inviabiliza a participação ativa do sujeito no espaço público como cidadão e também a possibilidade de pleitear direitos junto ao Estado.

30.2.2.1 *Sujeito de Direito, autorrespeito e violência*

Todo sujeito de direito é uma pessoa, mas nem toda pessoa é um sujeito de direito. Diante dessa constatação básica é possível formular a noção do não sujeito de direito (CARBONNIER, Jean. Sur les traces de non-sujet de droit. In: *Archives de philosophie du droit*, tome 34, Le Sujet de Droit. Paris: Éditions Sirey, p. 197-207). Carbonnier exemplifica o não sujeito de

---

[7] Honneth cita esse autor em *Luta pelo reconhecimento*, p. 196 e Ricoeur, em *Parcours de la reconnaissance*, p. 315.

direito por meio de diversos exemplos, entre eles o da criança que, apesar de ser uma pessoa no sentido amplo do termo, ainda não é um sujeito de direito na integralidade do exercício dos seus direitos. E que, devido a esse fato, é merecedora de uma proteção ampliada.[8]

Importante ter claro que entre o não sujeito de direito e sujeito de direito existe uma fronteira que precisa de uma mediação institucional para ser superada a fim de que o não sujeito de direito seja transformado – de modo pleno – em sujeito de direito. Quando essa mediação institucional não é realizada, a experiência do reconhecimento jurídico não se realiza em sua plenitude e a pessoa tem sua "estrutura intersubjetiva da identidade pessoal" abalada. Esse abalo tem como consequência direta a ausência de autorrespeito, que em termos práticos significa "(...) uma perda da capacidade de se referir a si mesmo como parceiro em pé de igualdade na interação com todos os próximos" (Honneth (1992); 2003, p. 217).

De acordo com Honneth ((1992); 2003, p. 211), a privação de direitos é a forma de desrespeito no âmbito do padrão de reconhecimento pelo direito afetando – ao fim e ao cabo – a integridade social da pessoa. Uma das formas que a privação de direitos pode adquirir é a violência. Nesse caso, a privação de direitos pode atingir o processo da constituição do sujeito de direito. A esse respeito afirma Wieviorka (2006, p. 203):

> "Formulemos, em termos bem simples, mas que podem constituir um sólido ponto de partida, nossa hipótese principal: a violência é frequentemente, ao menos em parte ou na origem, a marca de um sujeito contrariado, interditado, impossível ou infeliz. A marca, eventualmente, de uma pessoa tendo sofrido ela própria, uma violência, seja física – (...) – seja moral ou simbólica, como é com frequência o caso dos jovens delinquentes."

Em virtude da violência contra si próprio ou contra pessoas do seu grupo ter interrompido o processo de constituição do sujeito de direito, a pessoa não conquista o autorrespeito em relação a si própria e – consequentemente – o respeito e consideração em relação aos outros.[9] Com a ausência do autorrespeito a erupção da violência surge como uma possível resposta. Esclarecedor o comentário de Wieviorka (2006, p. 204):

> "A violência urbana explode quando essa negação da pessoa como sujeito, vivida como particularmente dolorosa pelos jovens sem grande futuro e submetidos a discriminação social e ao racismo, é acentuada pelo comportamento da polícia ou das decisões da justiça, por uma 'bravata' policial que acarreta a morte de um jovem do bairro, pela liberação de policiais culpados de graves brutalidades – lembremos que os grandes distúrbios de Los Angeles, em abril de 1992, foram desencadeados pela liberação dos policiais brancos acusados de terem agredido selvagemente Rodney King, um negro que em absoluto os havia ameaçado, apesar da gravação em vídeo testemunhando os fatos."

O que se pode constatar nesse episódio é um processo de negação da subjetividade (Wieviorka, 2006, p. 204). Nesse sentido, importante também enfatizar duas questões: (1)

---

[8] Sobre a proteção da criança no Direito Internacional dos Direitos Humanos, consulte Gustavo Ferraz de Campos Monaco: *A proteção da criança no cenário internacional.*

[9] Para uma discussão filosófica da questão do respeito veja Joseph Raz, *Valor, respeito e apego*. Para um esclarecimento etimológico da palavra *consideração* veja Guilherme Assis de Almeida, *Não violência e direitos humanos*, especialmente Capítulo 2 – Proteção Internacional dos Direitos Humanos como Reação à Ruptura, p. 56-96.

a agressão contra uma pessoa do grupo afeta todas as outras, o que mostra a característica relacional e interdependente do reconhecimento pelo direito; (2) só a pessoa que tem a integridade moral preservada sente respeito por si própria.

Tais situações de violência estabelecem um ciclo vicioso: carência de autorrespeito, gerando situações de violência, e situações de violência gerando carência de autorrespeito. Para quebrar esse ciclo vicioso é preciso conceber mediações institucionais para constituição do sujeito de direito. Iniciando um novo ciclo, dessa vez virtuoso, e que tem como ponto de partida a conquista do autorrespeito.

30.3 A ESTIMA SOCIAL OU SOLIDARIEDADE

Conforme visto anteriormente, o Direito como padrão de reconhecimento considera todas as pessoas iguais perante a lei. Já no padrão de reconhecimento da estima social, não é isso o que ocorre. Pois nesse padrão o reconhecimento é manifestado em relação a especificidade e singularidade de cada pessoa em particular. Ou seja, a pessoa se sente estimada em relação a características que ela possui e as diferenciam das outras pessoas. Esclarece Honneth (2003 (1992), p. 204):

> "(...) Mas a relação jurídica não pode recolher em si todas as dimensões da estima social, antes de tudo porque esta só pode evidentemente se aplicar, conforme sua função inteira, às propriedades e capacidades nas quais os membros da sociedade se distinguem uns dos outros: uma pessoa só pode se sentir 'valiosa' quando se sabe reconhecida em realizações que ela justamente não partilha de maneira indistinta com todos os demais (...)."

É importante ter claro que nesse padrão de reconhecimento uma luta entre as diversas forças que compõem uma sociedade num específico período histórico para se determinar qual o valor protagonista ou preponderante a marcar a vida de determinada época é que pode levar um indivíduo a adequar ao modo de vida que lhe é próprio os ditos valores protagonistas apenas e tão somente para sentir-se estimado.

> "(...) nas sociedades modernas, as relações de estima social estão sujeitas a uma luta permanente na qual os diversos grupos procuram elevar com os meios da força simbólica e em referência às finalidades gerais, o valor das capacidades associadas à sua forma de vida. (...)" Honneth (2003 (1992), p. 207).

Lembramos aqui artigo de Miguel Reale a propósito da escala de valores dominante naquela época. O texto intitula-se "A cultura do orgasmo" e é válido até os dias de hoje. Escreve Reale (1996, p. 135):

> "Somos uma pobre humanidade perplexa à beira do terceiro milênio, exausta, sem rumos certos, procurando agonicamente abrir seu caminho entre os restos das ideologias destruídas pelo incêndio de duas guerras universais. Vivemos, pois, desprovidos de um sentido comum e ideal de vida, em assustadora disponibilidade. O pior é que, quando se julga estar fazendo uma opção fundamental, o que na realidade ocorre é a repetição de antigos equívocos, como, por exemplo, o dos que pretendem subordinar as atividades da mente ou do espírito a supostas predeterminações reveladas pela biologia. Deposita-se na engenharia biológica a esperança de construção de uma nova humanidade (...)."

A estima social pode propiciar o surgimento de relações solidárias que são caracterizadas pela igual intensidade no sentimento de estima mútua e pela possibilidade de compartilhamento de valores comuns significativos e engrandecedores para vida de cada um. Compartilhamento esse que ocorre sem nenhuma espécie de pressão social. Como nos ensina Honneth (2003 (1992), p. 211):

> "Por isso, sob as condições das sociedades modernas a solidariedade está ligada ao pressuposto de relações sociais de estima simétrica entre sujeitos individualizados (e autônomos); estimar-se simetricamente nesse sentido significa considerar-se reciprocamente à luz de valores que fazem as capacidades e as propriedades do respectivo outro aparecer como significativa para a práxis comum. Relações dessa espécie podem se chamar solidárias porque elas não despertam somente a tolerância para com a particularidade individual da outra pessoa, mas também o interesse afetivo por essa particularidade: só na medida em que eu cuido ativamente de que suas propriedades, estranhas a mim, possam se desdobrar, os objetivos que nos são comuns passam a ser realizáveis."

É essa solidariedade que será capaz de estabelecer uma comunidade de valores ensejadora de relações sociais caracterizadas pela troca e desenvolvimento recíproco nas quais a violência não ocupa lugar algum e a peculiaridade de cada um é fruto da admiração de todos. Relações nas quais a competição não encontra nenhum espaço, já que o crescimento do indivíduo no âmbito do grupo é princípio. Entendida essa palavra no seu sentido de dar início, como também na sua perspectiva ética.

30.3.1 Exemplo literário de desprezo e reconhecimento

As cenas a seguir descritas derivam do livro *Correr,* romance biográfico do escritor francês Jean Echenoz, que tem como tema a vida do corredor da Checoslováquia Emil Zatopek. Nas cenas aqui descritas Emil está participando da Olimpíada de 1936 na cidade de Berlim. Em um primeiro momento, descreve-se a reação do soldado americano Joe ao tomar consciência que a delegação da Checoslováquia é composta de apenas um membro.

> "(...) O soldado não consegue esconder o *desprezo* que aquele homem lamentável lhe inspira. Inicialmente, não tinha achado ruim desfilar à frente de um grupo de atletas, mas agora se sente ridículo tendo a obrigação de desfilar a frente de apenas um. Seu nome é Joe, e, de repente, Joe já não sabe o que pensar. Sente-se quase humilhado. Bem que gostaria de abandonar tudo aquilo, mas agora é tarde" (p. 38-39).

Logo após esse olhar de desprezo que o faz sentir mal, Emil faz o que melhor sabe fazer, correr.

> "Como Emil, irritado com aquela acolhida, opta por adotar desde o início uma velocidade muito grande, em pouco tempo ele se livra dos adversários mais perigosos. Seu ritmo é tal que logo completa uma volta inteira à frente dos competidores mais atrasados. Oitenta mil espectadores se levantam aos gritos, num único movimento, pois Emil lhes oferece um espetáculo que nunca haviam visto: tendo já uma volta à frente de todos os adversários, ele se lança agora para ultrapassá-los mais uma vez, um depois do outro, e, à medida que eles acusam o golpe e reduzem a velocidade, ele acelera ainda mais, cada vez mais. De boca aberta ou gritando, estarrecido diante daquele desempenho tanto quanto daquele jeito improvável de correr, o público do estádio não aguenta mais. De

pé, como todos os demais, o próprio Larry Snider fica estupefato com aquele estilo impuro. Não é normal, avalia ele, não é nada normal. Esse sujeito faz tudo aquilo que não se deve fazer e ainda ganha" (p. 41).

Com a vitoriosa *performance* de Emil ocorre uma mudança radical no comportamento do carregador de placa americano Joe.

"Mas o homem mais feliz, ali, aquele que sente mais alegria do que todos, é o carregador da placa que se sentira humilhado. Nesse momento, o coração de Joe está inchado de orgulho. Dali a pouco, Emil participará do desfile de encerramento, com a medalha presa ao seu agasalho. Antes de chegar até ele, vê o seu soldado americano, a placa na mão, aguardando-o impaciente para depois se atirar louco de alegria sobre seu corpo. Só um, grita ele abraçando-o e rindo à beira das lágrimas, só um, só um. Ele toca nele, aperta-o, apalpa-o, amassa-o, está tão contente que poderia até bater nele. Pouco depois, caminhando à frente de Emil no desfile, Joe estará radiante de triunfo e de felicidade, sabendo o quanto todos os demais carregadores de placas do mundo o invejam, o quanto têm ciúmes dele. Só um, meu Deus" (p. 42-43).

Essas cenas ilustram o fato de que apesar do reconhecimento ser um processo intersubjetivo, ele depende também de diversos outros e imponderáveis fatores presentes na vida social.

E, se no âmbito do direito, tais fatores têm o mínimo de controle em consequência da presença da norma não é o que ocorre no padrão de reconhecimento da estima social que está à mercê da escala de valores que é determinada de modo arbitrário pela sociedade.

CONCLUSÕES

Se no livro escrito em 1992, *Luta pelo reconhecimento*: a gramática moral dos conflitos sociais, Honneth apresenta o direito enquanto um padrão de reconhecimento, em seu livro mais recente, *Das recht der freiheit: grundriss einer demokratischen sittlichkeit*, já fica demonstrado que o exercício da *liberdade de forma intersubjetiva* é um direito – de fundamental importância – para a existência de uma vida democrática. É assim que a mais recente contribuição à Filosofia do Direito trazida por Axel Honneth, sua obra intitulada *Das recht der Freiheit* (2011), aprofunda esta análise. Nela, Honneth parte da intuição fundamental da teoria de Hegel,[10] a saber, a ideia de que a teoria da justiça tem de estar vinculada às instituições sociais e às relações de reconhecimento recíprocas entre os parceiros do convívio social. É desse ponto de partida que nascerá a teoria da justiça como reconhecimento em Honneth, ancorada no legado histórico das sociedades liberais-modernas do Ocidente. E, em seu interior, se poderá perceber que a ideia de liberdade (*Freiheit*) é sentida como o valor ético central das relações do mundo ocidental.[11]

A democracia, afinal, neste sentido, tem a ver com justiça e com liberdade, e onde essas não prosperam, torna-se impossível a realização de padrões de reconhecimento que

---

[10] "Ao mesmo tempo, no entanto, parece-me fazer sentido que a intenção hegeliana de esboçar uma teoria da justiça a partir de pressupostos estruturais da sociedade contemporânea deva ser retomada mais uma vez" (Honneth, *O direito da liberdade*, 2015, p. 19).

[11] "Entre todos os valores éticos que intentam vingar na sociedade moderna, e, ao vingar, tornam-se hegemônicos, apenas um deles mostra-se apto a caracterizar o ordenamento institucional da sociedade de modo efetivamente duradouro: a liberdade no sentido da autonomia do indivíduo" (Honneth, *O direito da liberdade*, 2015, p. 34).

levam a formas de vida e de integração social niveladas por exigências morais mais amplas. Essa percepção nos faz ter presente o quanto os padrões amor, direito e solidariedade são determinantes para a vida do indivíduo, e o quanto a sua ausência perturba o espaço do coletivo, com consequências diretas para o convívio social. Se as formas de sociabilidade puderem ter presentes as exigências de reconhecimento, a gramática moral dos conflitos sociais poderia ser parametrizada por preocupações de afirmação de todos e de cada um como sujeitos de direito. Assim, a preservação da integridade de todos e de cada um tornaria possível o alvorecer de práticas de justiça e convívio onde a intersubjetividade define a forma dos traçados de laços sociais mais equilibrados. A contribuição de Honneth aponta, neste sentido, para a continuidade do legado deixado por Habermas, com inovações conceituais importantes que renovam a proposta da Teoria Crítica da Sociedade, trazendo-lhe novos desafios teóricos, que não deixam de representar novos patamares de exigências para as práticas das relações humanas.

31

ROBERT ALEXY: DIREITO, RAZÃO PRÁTICA E DIREITOS FUNDAMENTAIS

31.1 DIREITO, REGRAS E PRINCÍPIOS

Robert Alexy é professor de Direito Público e Filosofia do Direito na *Christian-Albrechts--Universität*, em Kiel, na Alemanha. Sua obra ganhou grande influência nos estudos do Direito, no Brasil, nos últimos anos, especialmente considerando a sua absorção no campo da Teoria do Direito Constitucional e na Teoria dos Direitos Fundamentais. Sua postura teórica retoma importantes elementos para a consolidação do Estado Democrático de Direito, assumindo uma linha liberal e analítica, voltada para o exercício da argumentação e da razão prática no Direito, de grande utilidade para a aplicação deste. De sua extensa produção,[1] ressaltam-se: *Theorie der juristichen Argumentation* (1978);[2] *Theorie der Grundrechte* (1985);[3] *Begriff und Geltung des Rechtes* (1992);[4] *Recht, Vernunft, Diskurs* (1995).[5]

Na construção de sua teoria, Alexy não abre mão de considerar o Direito enquanto instância de institucionalização da organização social.[6] E, dentro da Teoria do Direito, suas principais questões temáticas serão: teoria analítica do direito; razão jurídica como parte da razão prática; colisão de direitos fundamentais; princípio da proporcionalidade. Será por meio

---

[1]   A respeito do desenvolvimento do pensamento de Robert Alexy como sistema, leia-se o comentário de Claudia Toledo: "Nos dois primeiros, estão a base do seu pensamento. Não por outro motivo são a publicação de sua Tese de Doutorado Teoria da argumentação jurídica (Theorie der juristischen Argumentation), defendida em 1976 e publicada em 1978), e tese de Habilitation, Teoria dos Direitos Fundamentais (Theorie der Grundrechte, defendida em 1984 e publicada em 1985. Entre este e o terceiro livro, Alexy continuou a construção de seu pensamento em cerca de 30 artigos. Elaborou, então, em 1992, seu terceiro e último livro, Conceito e validade do Direito (Begriff und Geltung des Rechts). Desde então Alexy segue desenvolvendo, aperfeiçoando e enriquecendo sua obra não em livros, mas por meio de artigos (desde 1992, até 2016, foram escritos 108 artigos, traduzidos para mais de 20 idiomas)" (Toledo, Claudia, O pensamento de Robert Alexy como sistema – argumentação jurídica, direitos fundamentais, conceito e validade do direito. In: Toledo, Claudia (org.) O pensamento de Robert Alexy como sistema. Rio de Janeiro, Forense Universitária, 2017, p. 29-30).

[2]   Alexy, *Teoria da argumentação jurídica*, tradução de Zilda Hutchinson Schild Silva, Landy, 2001.

[3]   Alexy, *Teoria dos direitos fundamentais*, tradução de Virgílio Afonso da Silva, Malheiros, 2008.

[4]   Alexy, *Conceito e validade do direito*, Tradução de Gercélia Batista de Oliveira Mendes, Martins Fontes, 2011.

[5]   Alexy, *Direito, razão, discurso*: estudos para a filosofia do direito, Luís Afonso Heck, 2. ed., Livraria do Advogado, 2015.

[6]   "A organização necessária pressupõe direito. A renúncia à instalação, fundamentada pelo argumento do conhecimento, da imposição e da organização, da sociedade a forma do direito seria a anarquia" (Alexy, *Direito, razão, discurso*: estudos para a filosofia do direito, 2015, p. 114).

de inúmeras construções da Filosofia do Direito que trará interessantes construções para a Teoria do Direito Constitucional e para a Teoria dos Direitos Fundamentais, com profundo impacto nos debates sobre a racionalidade do Direito, especialmente no âmbito das Altas Cortes de Justiça, no nosso caso, o Supremo Tribunal Federal.

A compreensão que Robert Alexy desenvolve de Direito é algo peculiar, protegida em face da possibilidade de o Direito ser utilizado como um sistema que dê espaço para abrigar o arbítrio de governantes e o abuso totalitário. Para desenvolver esta percepção, preocupa-se em colocar o Direito alinhado com a ideia de pretensão de correção, como pretensão de justiça.[7] Isto faz com que sua abordagem gravite em torno de uma concepção não positivista, na medida em que desenvolve a preocupação de "re-aproximação" entre Direito e Moral.[8] A pretensão de correção coloca o Direito, na concepção de Robert Alexy, em desconexão com o arbítrio político, e a fórmula de Radbruch serve bem como parâmetro para julgar situações de abuso político do Direito, ainda que haja nuances e dificuldades neste ponto.[9] De toda forma, a concepção de Direito de Robert Alexy vem mais aprimorada que a da tradição positivista.

A própria compreensão basilar do que seja o "Direito" leva, desde pronto, Robert Alexy a concordar com Ronald Dworkin.[10] E isso porque o "Direito" não será aqui interpretado como "conjunto de leis dadas pelo legislador", da forma como Hans Kelsen consagrou o conceito de Direito, mas como um sistema que compreende regras e princípios jurídicos, cuja aplicação envolve operações complexas. As regras jurídicas se caracterizam pelo fato de se organizarem pela dimensão da validade, pela forma de agir do tipo tudo-ou-nada, sendo mandamentos definitivos que contém disposições diretas, completas e objetivas para os casos regulados.[11] Os princípios jurídicos se caracterizam por serem mandamentos de otimização, por agirem maximizando o sentido jurídico e por atuarem de forma a colocar

---

[7] "De fato, a institucionalização de uma norma jurídica necessariamente implica uma pretensão de correção, que, nesse contexto, tem a característica de ser uma pretensão de justiça que fornece uma validade moral a qualquer tipo de lei" (Tovar, Alejandro Nava. Não positivismo e a pretensão de correção. In: Toledo, Claudia (org.) O pensamento de Robert Alexy como sistema. Rio de Janeiro, Forense Universitária, 2017, p. 229).

[8] "Esses dois exemplos confirmam que participantes em um ordenamento jurídico necessariamente levantam uma pretensão de correção, que conecta Direito com Moral, mas não qualquer conceito de Moral, e sim a Moral compreendida como uma pretensão de justiça – abarcando conteúdo apropriado e aplicação do Direito" (Tovar, Alejandro Nava, Não positivismo e a pretensão de correção. In: Toledo, Claudia (org.) O pensamento de Robert Alexy como sistema. Rio de Janeiro, Forense Universitária, 2017, p. 229).

[9] No comentário de Alejandro Nava Tovar: "Há alguns casos nos quais a linha divisória entre injustiças severas e extremas pode ser vista como não tão autoevidente, e, assim, normas incorretas e decisões jurídicas poderiam encontrar uma justificação sob a trama da razão" (Tovar, Alejandro Nava, Não positivismo e a pretensão de correção. In: Toledo, Claudia (org.) O pensamento de Robert Alexy como sistema. Rio de Janeiro, Forense Universitária, 2017, p. 238).

[10] "A divisão das normas jurídicas em regras e princípios foi primeiramente feita por Ronald Dworkin, em 1967, no artigo The model of Rules, tendo sido por ele retomada e mais detalhadamente trabalhada em 1977, no livro Taking rights seriously. A teoria dos princípios de Robert Alexy é fundada nessa distinção". Toledo, Claudia. O pensamento de Robert Alexy como sistema – argumentação jurídica, direitos fundamentais, conceito e validade do direito. In: Toledo, Claudia (org.) O pensamento de Robert Alexy como sistema. Rio de Janeiro, Forense Universitária, 2017, p. 36).

[11] "O ponto decisivo para a distinção de regras e princípios é que princípios são mandamentos de otimização, enquanto regras têm o caráter de mandamentos definitivos" (Alexy, *Direito, razão, discurso*: estudos para a filosofia do direito, 2015, p. 164).

Cap. 31 · ROBERT ALEXY: DIREITO, RAZÃO PRÁTICA E DIREITOS FUNDAMENTAIS | 445

em ação a dimensão do peso na avaliação das questões de justiça.[12] Em *Teoria dos direitos fundamentais,* Alexy chega a afirmar:

> "Princípios são normas que ordenam que algo seja realizado na maior medida possível dentro das possibilidades jurídicas e fáticas existentes".[13]

31.2 DIREITO, RAZÃO PRÁTICA E INTERPRETAÇÃO

O que foi dito antes define algo sobre as características do Direito, a partir de seus elementos mínimos constitutivos. Mas, quando se parte para enxergá-lo no processo prático de sua aplicação cotidiana, Alexy irá enxergar o direito, considerando que: a aplicação do Direito depende do exercício da razão prática; a razão prática é vista como um exercício enfaticamente ligado à dimensão pragmática do discurso;[14] a razão prática não se exerce sem a importante tarefa da interpretação; a interpretação depende, para o seu exercício concreto, de argumentos, sendo que os argumentos jurídicos constituem caso especial da argumentação prática geral. Em *Teoria da argumentação jurídica* isso irá ficar bem claro, a partir da retomada de Alexy faz de Chaïm Perelman e de Jürgen Habermas, com suas decisivas contribuições para a teoria da argumentação, para a teoria retórica contemporânea e para a teoria do discurso.[15] Assim é que Robert Alexy, ao colocar-se dentro de uma mais larga tradição que decorre da viragem linguística (Linguistic turn), acentua a busca e a preocupação com a descrição teórica das leis que governam a pragmática da interação discursiva, de modo que a sua descrição favorece a compreensão do que se passa, efetivamente, no plano do discurso.[16] Em seu *Direito, razão, discurso* é importante a passagem que afirma:

> "Eu parto disto, que a argumentação jurídica é um caso especial da argumentação prática geral. A discussão da estrutura e dos problemas de uma teoria procedimental da argumentação jurídica, que está orientada pelo conceito de razão prática, deve, por conseguinte, iniciar com a teoria da argumentação prática geral".[17]

---

[12] "Segundo isso, princípios tem uma dimensão, que regras não têm, uma dimensão de peso (*dimension of weight*), que se mostra em sua conduta de colisão. Quando dois princípios colidem, o princípio com o peso relativamente maior decide, sem que o princípio com o peso relativamente menor, com isso, fique inválido. Em outra conjuntura de casos, os pesos poderiam ser distribuídos às avessas" (Alexy, *Direito, razão, discurso:* estudos para a filosofia do direito, 2015, p. 141).

[13] Alexy, *Teoria dos direitos fundamentais,* 2008, p. 588.

[14] "A teoria do discurso busca tornar a dimensão pragmática explícita por meio de um sistema de regras e formas do discurso prático geral e do discurso jurídico" (Alexy, Robert, Dever ideal e otimização. In: Toledo, Claudia (org.) O pensamento de Robert Alexy como sistema. Rio de Janeiro, Forense Universitária, 2017, p. 28).

[15] "Somando-se tudo, pode-se dizer que a despeito de um número de pontos críticos, a teoria de Habermas contém muitas descobertas importantes para a teoria da argumentação racional" (Alexy, *Teoria da argumentação jurídica,* 2001, p. 117).

[16] Seguindo-se o comentário de Claudia Toledo: "Na verdade, Alexy não cria essas normas, que disciplinam o agir dos falantes no discurso prático geral e no discurso jurídico, mas identifica normas que já são nele seguidas, explicitando o que está implícito na prática discursiva – ou seja, o que se faz enquanto se fala no discurso. Dessa forma, torna mais clara sua dimensão pragmática" (Toledo, Claudia, O pensamento de Robert Alexy como sistema – argumentação jurídica, direitos fundamentais, conceito e validade do direito. In: Toledo, Claudia (org.) O pensamento de Robert Alexy como sistema. Rio de Janeiro, Forense Universitária, 2017, p. 32).

[17] Alexy, *Direito, razão, discurso,* 2015, p. 78. Leia-se, nesse sentido: "Na medida em que o discurso prático geral pode ser racional – Alexy articula regras para que essa racionalidade seja promovida –, o discurso

Assim, a interpretação ocupa boa parte do exercício prático do raciocínio jurídico, sendo que o termo interpretação pode ser compreendido: em sentido largo, para significar "... entendimento de todos os objetos, que foram produzidos no quadro de suas capacidades, para unir com esses objetos um sentido"[18]; em sentido estrito, para significar "...um meio para o cumprimento da tarefa prática da ciência do direito... dizer o que em casos concretos é ordenado, proibido e permitido juridicamente".[19] De acordo com esta visão, a interpretação jurídica cabe para análise e avaliação de todos os objetos correntemente discutidos pelo direito, tais como cláusulas, contratos, leis, disposições, atos administrativos, costumes, princípios, entre outros. E, a interpretação jurídica, assim compreendida, se diferencia da interpretação histórica, da interpretação estética, da interpretação jornalística, da interpretação política, pelo seu caráter prático, institucional e normativo,[20] notas que são próprias da sua importância para a realização dos direitos. E é desta forma que a interpretação tem grande valor para o Direito, pois age no processo de construção e reconstrução contínuas do Direito. Não de outra forma é que Robert Alexy irá afirmar que:

> "Cada interpretação modifica o direito e é, com isso, um aperfeiçoamento do direito em sentido amplo".[21]

Mas, em sua teoria da interpretação, Alexy não irá se manter filiado à tradição derivada de Friedrich Carl von Savigny, que fundou a classificação mais clássica das modalidades de interpretação, da seguinte forma: gramatical; lógica; histórica; sistemática.[22] Robert Alexy irá dar um passo fundamental para a cultura da argumentação contemporânea, ao avançar para uma compreensão muito mais complexa, afirmando que os métodos de interpretação são: (a) linguísticos, subdivididos em (a.1) semânticos e (a.2) sintáticos; (b) genéticos, subdivididos em (b.1) semântico-subjetivos e (b.2) teleológico-subjetivos; (c) sistemáticos, subdivididos em (c.1) asseguradores, (c.2) contextuais, (c.3) sistemático-conceituais, (c.4) de princípio, (c.5) jurídico-especiais, (c.6) prejudiciais, (c.7) históricos, (c.8) comparativos; (d) práticos gerais, subdivididos em (d.1) teleológicos e (d.2) deontológicos.[23]

Além dessa decisiva contribuição à teoria da interpretação e da argumentação, juntamente com o consenso dos debates contemporâneos, considera que não é possível hierarquizar os argumentos entre si, para definir previamente escolhas hermenêuticas. Sustenta sim que é possível, apenas, afirmar que alguns argumentos têm primazia em abstrato, em face de outros. É por isso que, em *Direito, razão e discurso,* irá estabelecer o seguinte:

> "Sob esses pressupostos, deixam formular-se duas regras de primazia mais gerais: (1) argumentos linguísticos prevalecem *prima facie* sobre todos os outros argumentos; (2)

---

jurídico, enquanto caso especial, também pode ser racional" (Toledo, Claudia, O pensamento de Robert Alexy como sistema – argumentação jurídica, direitos fundamentais, conceito e validade do direito. In: Toledo, Claudia (org.) O pensamento de Robert Alexy como sistema. Rio de Janeiro, Forense Universitária, 2017, p. 33).

[18] Alexy, *Direito, razão, discurso,* 2015, p. 61.

[19] Alexy, *Direito, razão, discurso,* 2015, p. 67.

[20] "A interpretação jurídica distingue-se de outros tipos de interpretação por seu caráter prático e institucional" (Alexy, *Direito, razão, discurso:* estudos para a filosofia do direito, 2015, p. 63).

[21] Alexy, *Direito, razão, discurso:* estudos para a filosofia do direito, 2015, p. 75.

[22] Alexy, *Direito, razão, discurso:* estudos para a filosofia do direito, 2015, p. 70.

[23] Alexy, *Direito, razão, discurso:* estudos para a filosofia do direito, 2015, p. 70.

Cap. 31 · ROBERT ALEXY: DIREITO, RAZÃO PRÁTICA E DIREITOS FUNDAMENTAIS | 447

argumentos linguísticos, genéticos e sistemáticos prevalecem *prima facie* sobre argumentos práticos gerais".[24]

31.3 DIREITO, PONDERAÇÃO E DIREITOS FUNDAMENTAIS

No campo da aplicação do Direito, especialmente considerando a colisão constitucional de direitos fundamentais, registra-se enorme avanço teórico trazido pelo pensamento de Robert Alexy para o debate sobre a racionalidade do Direito, e isso em função de uma série de premissas internas de suas reflexões, e isso porque irá:

1. estreitar a correlação e a codependência entre direitos fundamentais e democracia;[25]

2. sustentar o conceito de direitos fundamentais como direitos humanos positivados;[26]

3. reconhecer que os direitos fundamentais dentro de um mesmo texto constitucional positivo colidem entre si;[27]

4. compreender que as colisões de direitos fundamentais são colisões de princípios, relativizando o valor de "regra jurídica" das normas de direitos fundamentais, ponto polêmico em face da posição de Jürgen Habermas, para poder invocar a ponderação como específico procedimento de solução de colisões de direitos fundamentais;[28]

5. conceituar ponderação e colocá-la em disputa no quadro da tradição da subsunção racional clássica, que organizou a forma pela qual o raciocínio jurídico foi descrito pela tradição positivista;[29]

6. afirmar que a ponderação é apenas parte do princípio da proporcionalidade, que se subdivide em princípio da adequação, da necessidade e princípio da proporcionalidade em sentido estrito;[30]

7. afirmar que o peso é o que importa considerar, quando se está diante do processo de sopesamento, o que garante que os princípios continuarão válidos, mesmo após o seu uso no processo de aplicação do Direito;[31]

---

[24] Alexy, *Direito, razão, discurso:* estudos para a filosofia do direito, 2015, p. 74.

[25] "Como os direitos do homem dizem respeito não só à autonomia privada, mas também à pública, a sua fundamentação abarca, necessariamente, a fundamentação da democracia" (Alexy, *Direito, razão, discurso:* estudos para a filosofia do direito, 2015, p. 114).

[26] "Direitos fundamentais são essencialmente direitos do homem transformados em direito positivo" (Alexy, *Direito, razão, discurso:* estudos para a filosofia do direito, 2015, p. 63).

[27] "Não existe catálogo de direitos fundamentais sem colisão de direitos fundamentais e também um tal não pode existir" (Alexy, *Direito, razão, discurso:* estudos para a filosofia do direito, 2015, p. 57).

[28] "As colisões de direitos fundamentais supradescritas devem, segundo a teoria dos princípios, ser designadas como colisões de princípios. O procedimento para a solução de colisões de princípios é a ponderação" (Alexy, *Direito, razão, discurso:* estudos para a filosofia do direito, 2015, p. 64).

[29] "A ponderação é a forma de aplicação do direito característica para princípios. Ao contrário, regras são normas que sempre somente ou podem ser cumpridas ou não cumpridas. Se uma regra vale e é aplicável, então é ordenado fazer rigorosamente aquilo que ela pede. (...) Sua aplicação é um assunto-tudo-ou-nada" (Alexy, *Direito, razão, discurso:* estudos para a filosofia do direito, 2015, p. 164-165).

[30] "No direito constitucional alemão, a ponderação é parte daquilo que é exigido por um princípio mais amplo. Esse princípio mais amplo é o princípio da proporcionalidade. O princípio da proporcionalidade compõe-se de três princípios parciais: dos princípios de idoneidade, da necessidade e da proporcionalidade em sentido restrito" (Alexy, *Constitucionalismo discursivo,* 2007, p. 110).

[31] "Princípios colidentes e suas implicações nos casos concretos permanecem válidos mesmo se superados por outro princípio. Isto é, o conflito resolve-se pela dimensão do peso e não através da dimensão da

8. descrever a Lei da Ponderação[32] no exercício da razão prática do direito;[33]

9. e, a partir de todos esses passos, e considerando o arcabouço teórico-conceitual e lógico-analítico aí pressuposto, irá buscar na manutenção do Estado Democrático de Direito, por meio da razão-de-decidir, que se ofereça a maior clareza possível aos cidadãos do exercício fundamentado e racional do Direito em seu processo de aplicação concreta, evitando-se com isso o arbítrio, a irracionalidade e o voluntarismo, substituindo-os pelo cultivo do sopesamento.

Ante a possibilidade de uma interpretação distorcida da utilidade da ponderação, entretanto, deve-se aceitá-la como uma forma específica para a solução de casos que envolvam conflitos entre princípios jurídicos. Para todos os demais casos, ou seja, para aqueles que envolvam conflitos entre regras jurídicas, recomenda-se o uso da subsunção, forma clássica de raciocínio lógico-jurídico para a aplicação do Direito. Nas palavras de Robert Alexy:

> "A determinação do grau apropriado de satisfação de um princípio relativamente aos mandamentos de outros princípios dá-se através da ponderação. Assim, a ponderação é a forma específica de aplicação dos princípios. Em contraste, regras são normas que ordenam algo determinado. Elas são mandamentos definitivos. Sua forma de aplicação é a subsunção" (ALEXY, Robert, Dever ideal e otimização. In: TOLEDO, Claudia (org.), O pensamento de Robert Alexy como sistema. Rio de Janeiro, Forense Universitária, 2017, p. 7).

No entanto, todos aqueles passos demonstram que, apesar das dificuldades de lidar com *hard cases,* é possível chegar a uma racionalidade das etapas de construção do raciocínio jurídico, e, com isso, qualificar ainda mais a busca por critérios racionais para a avaliação e o julgamento com justiça nos casos concretos. Por isso, o sopesamento, afinal, aparece como arte de raciocinar, e traz contribuições que a clássica compreensão positivista lógico-subsuntiva do direito não era capaz de comportar.

31.4 DIREITO, CERTEZA E RACIONALIDADE

É assim que a teoria de Robert Alexy terá forte incidência no direito contemporâneo, sendo muito evocada especialmente por constitucionalistas, pois a partir de sua análise, tornar-se-á possível falar de: a) razão prática; b) sopesamento; c) proporcionalidade; e d) ponderação. Esses conceitos alargam as dimensões de atuação e compreensão da razão jurídica.

---

validade. Em contrapartida, o conflito entre regras é solucionado através da dimensão da validade, em que uma das regras contrárias é declarada completamente inválida ou nela é introduzida uma cláusula de exceção, o que significa declará-la parcialmente válida" (Alexy, Robert, Dever ideal e otimização. In: Toledo, Claudia (org.) O pensamento de Robert Alexy como sistema. Rio de Janeiro, Forense Universitária, 2017, p. 11).

[32] "A Lei da Ponderação, que é idêntica à terceira máxima parcial da máxima da proporcionalidade, a proporcionalidade em sentido estrito, declara: 'Quanto maior o grau de não satisfação ou de afetação de um princípio, maior deve ser a importância de satisfação do outro'" (Alexy, Robert, Dever ideal e otimização. In: Toledo, Claudia (org.) O pensamento de Robert Alexy como sistema. Rio de Janeiro, Forense Universitária, 2017, p. 17).

[33] "A lei da ponderação mostra que a ponderação deixa decompor-se em três passos. Em um primeiro passo, deve ser comprovado o grau de não cumprimento ou prejuízo de um princípio. A isso deve seguir, em um segundo passo, a comprovação da importância do cumprimento do princípio em sentido contrário. Em um terceiro passo deve, finalmente, ser comprovado, se a importância do cumprimento do princípio em sentido contrário justifica o prejuízo ou não cumprimento do outro" (Alexy, *Direito, razão, discurso:* estudos para a filosofia do direito, 2015, p. 111).

Cap. 31 · ROBERT ALEXY: DIREITO, RAZÃO PRÁTICA E DIREITOS FUNDAMENTAIS | 449

Isso permite afirmar que a certeza jurídica não é o único postulado da razão prática, que a esta se exerce de forma relativa e aproximada, e nunca de forma a obter-se correção definitiva (algo impossível, no campo do Direito), e que o sopesamento e a proporcionalidade são novas manifestações da forma de se exercer a razão jurídica contemporânea, de modo mais objetivo possível, sem que isso implique uma total aniquilação da subjetividade da decisão jurídica.[34] Mais precisamente, neste âmbito de discussão, é em *Direito, razão e discurso* que se poderá encontrar uma citação cujo trecho é bastante significativo:

> "(...) se racionalidade devesse ser equiparada com certeza. Isso, contudo, não é o caso. A razão prática não faz parte daquelas coisas que podem ser realizadas ou só perfeitamente ou, no fundo, não. Ela é realizável aproximativamente e sua realização suficiente não afiança, sem dúvida, uma correção definitiva, porém, certamente, uma relativa".[35]

Deve-se grifar, contudo, que, se tomarmos como ponto de referência a tradição de pensamento positivista, em especial, a de Hans Kelsen no campo da teoria da interpretação, o pensamento de Robert Alexy significa farto avanço no sentido da controlabilidade da decisão de justiça,[36] favorecendo uma racionalização do processo de aplicação do Direito Positivo pelas autoridades dotadas de poder de aplicação.

CONCLUSÕES

A verdade jurídica é uma busca que não pode ser resolvida senão pelos caminhos da interpretação. Ora, a interpretação é nada mais consistente senão num entendimento sobre as coisas, que se exerce por meio de argumentos, sendo os argumentos jurídicos parte do exercício da razão prática. A superação que o pós-positivismo de Robert Alexy acaba trazendo para o Direito envolve o reconhecimento de que a razão prática é assunto complexo, demandando, de um lado, a subsunção, e, de outro, a razoabilidade.[37]

Ora, concretamente, a contribuição analítico-liberal de Robert Alexy, na esteira das teorias do discurso e da argumentação precedentes, confirma a importância da busca de critérios racionais para a justificação das decisões jurídicas, o que não significa que estes

---

[34] "Elevação do grau de racionalidade nas decisões jurídicas não é sinônimo de estrita racionalidade ou absoluta objetividade. A proposta de Alexy se limita à promoção, no maior grau possível, da racionalidade, sem a crença (fadada ao fracasso) da exclusão ou anulação de qualquer margem de subjetividade no discurso jurídico e nas decisões dele extraídas" (Toledo, Claudia, O pensamento de Robert Alexy como sistema – argumentação jurídica, direitos fundamentais, conceito e validade do direito. In: Toledo, Claudia (org.) O pensamento de Robert Alexy como sistema. Rio de Janeiro, Forense Universitária, 2017, p. 39).

[35] Alexy, *Direito, razão, discurso*: estudos para a filosofia do direito, 2015, p. 174-175.

[36] O esclarecimento vem muito bem explicitado por Claudia Toledo, no seguinte comentário: "Conferir objetividade aos julgamentos não é apenas proporcionar sua controlabilidade, mas promover a justiça das decisões tomadas. Uma vez que objetividade controlável é a antítese de subjetividade arbitrária, indubitavelmente, uma decisão será tão mais justa quanto mais critérios objetivos tiver para a justificação das escolhas feitas. E, da utilização de tais critérios decorre maior controle objetivo daquela decisão, garantindo-se maior racionalidade ao processo decisório" (Toledo, Claudia, O pensamento de Robert Alexy como sistema – argumentação jurídica, direitos fundamentais, conceito e validade do direito. In: Toledo, Claudia (org.) O pensamento de Robert Alexy como sistema. Rio de Janeiro, Forense Universitária, 2017, p. 39).

[37] "A isso deve ser objetado que racionalidade prática é um assunto complexo. O resultado da análise de um objeto complexo pode ser somente um modelo complexo" (Alexy, *Direito, razão, discurso*: estudos para a filosofia do direito, 2015, p. 89).

critérios levem o intérprete a encontrar a essência das palavras, a verdade jurídica, ou os elementos ontológicos atrás das leis. Certo grau de incerteza acompanha a aplicação do Direito, e é exatamente aí que atuam a razoabilidade, a ponderação e o sopesamento, como termos que invadiram o vocabulário jurídico contemporâneo, especialmente no âmbito da Teoria do Direito Constitucional e da Teoria dos Direitos Fundamentais, para demonstrar a importância da reflexão prática diante dos casos concretos.

POEMA DA CAMINHADA
Depois de caminhar
Na senda do filosofar
A hora agora é de parar
Respirar para pensar
(...)
Seguir adiante: questionando
Do meio até o fim
Por uma questão de princípio.

Guilherme Assis de Almeida

PARTE II

TÓPICOS CONCEITUAIS

32
DIREITO E TÉCNICA

32.1 DIREITO, TÉCNICA E JUSTIÇA

O Direito adquire, historicamente, a feição que se lhe atribui. Por isso, não é um fenômeno estável e sofre mudanças, em seu conceito, na visão que se tem dele, no conjunto de suas práticas concretas, e também na sua função social. O Direito, nesse sentido, se aprimora, ou se empobrece, conforme o estado da evolução social. Por isso, em formas sociais retrógradas, também se terá uma redução social da significação do Direito, e, em sociedades estruturadas em torno de premissas de liberdade, igualdade, solidariedade e formação humana, como reflexo, ter-se-á no Direito a expressão das conquistas de patamares morais de correlação indivíduo-indivíduo, indivíduo-grupo, grupo-indivíduo. Por isso, as grades sociais definem muito de como o Direito se configura a cada contexto.

Para a sociedade moderna, e, especialmente após a Revolução Industrial, o enaltecimento da técnica e da produção econômica como indícios do desenvolvimento torna possível o enaltecimento do papel da técnica. Soluções técnicas são aplicadas a todos os campos, raciocínios técnicos são considerados bem-vindos para a solução de problemas, a reflexão vai sendo assenhoreada pelo vocabulário técnico e, nesse sentido, a romaria de confirmação da técnica como o lugar próprio da definição da sociedade moderna vai se desenhando. É nesse compasso que o Direito assume o caráter de "saber tecnológico". Na lavra de Tercio Sampaio Ferraz Júnior, cuja dedicação afiada ao tema, e cuja crítica é de grande atualidade, pode-se ler:

> "Com isso, instaura-se uma nova mentalidade, a mentalidade da máquina eficaz, que primeiro uniformiza coisas e seres humanos para, depois, desvalorizar tudo, transformando coisas e homens em bens de consumo, isto é, bens não destinados a permanecer, mas a serem consumidos e confundidos com o próprio sobreviver, numa escalada em velocidade, que bem se vê na rapidez com que tudo se supera, na chamada civilização da técnica." (Ferraz Junior, *Introdução ao estudo do Direito*, 6. ed., 2010, p. 07).

Enquanto ferramenta, o Direito serve, e, enquanto sua utilidade é garantida, sua fungibilidade o torna um instrumento a mais na sociedade bipolar, de produtores e consumidores. Tornando-se objeto trocado, forma de mediação de mercadorias com "segurança jurídica", duas problemáticas projeções afetam o Direito: (1) seu saber de estatura científica vai galgando cada vez menos sentido de uma reflexão teórica (metódica, refletiva e crítica), cada vez mais a expressão de busca pela "fórmula-pronta" (pílula, *fast-food* jurídico e reprodução irrefletida); (2) sua prática mimetiza o modo de circulação dos bens de consumo e, por isso, a atividade do foro vai assumindo a forma da repetitividade e o modo de ser do funcionamento de sistemas mecânicos.

Aos poucos, vai-se percebendo que, estranhamente, a discussão sobre valores no âmbito do Direito perdeu o sentido. Quanto mais técnica se torna a literatura da área jurídica, mais

CURSO DE FILOSOFIA DO DIREITO • *Bittar / Almeida*

se perde de vista a tarefa que cumpre fazer passar através da cultura do Direito, premida pela ideia-guia da justiça. O termo *justiça* tem um estranho cabimento nos manuais técnicos do Direito: ou não aparece, ou funciona como ideal longínquo, acenando apenas como um indutor retórico de frontispício. Não por outro motivo, a ciência dogmática do Direito vai tornando a questão da justiça uma questão da não especialidade do Direito. Pode ser um problema para cidadãos inflamados nas ruas, pode ser um problema para teóricos e filósofos, mas não se configura como um problema digno de ser enfrentado no quotidiano das definições e do tratamento dos temas específicos dos diversos ramos do Direito contemporâneo. Isso diz alguma coisa do estado atual da arte do Direito. Isso também diz alguma coisa sobre a forma com a qual se lida com o Direito moderno.

32.2 DIREITO, TÉCNICA E CONSUMO

A preocupação com o tema da técnica não é interessante quando se trata de demonizá-la. A técnica não é boa, nem má. Soluções técnicas são bem-vindas em engenharia, medicina e informática. No entanto, se a técnica extrapola o seu sentido próprio (é sempre algo instrumental), e exerce função que não é sua (de aplicável e prática, se converte em índice de nobreza social), passa a assenhorear-se das dimensões do exercício de uma nova e danosa forma de poder, o controle técnico. O uso e a aplicação de dispositivos, senhas, dígitos, códigos, registros são apenas sinais de que estamos cercados por todas as partes pelo aparato técnico.

Quanto maior o entrelaçamento entre os instrumentos técnicos que vinculam o ir e vir, a liberdade, a ação, a existência, operações práticas do cotidiano etc. mais se percebe de perto o quanto a técnica de auxiliar da existência se torna recurso sem o qual não há a rotação espontânea da existência. O aparato está todo ligado entre si, e a conectividade é cada vez mais um modo inescapável de vida; a ausência do mundo virtual é, por exemplo, sentida como um sinal de *in-existência*. Aos poucos, a *second life* ocupa o lugar da *first life*. A virtualidade que amplia horizontes também amesquinha a projeção da personalidade humana, e esvazia o conteúdo da liberdade. Num certo sentido, cercados por todas as partes, os indivíduos de sociedades de massas se veem reduzidos a números, identificados por seus *chips* e *tarjetas eletrônicas,* seus *códigos de barras* e *identificadores*. A técnica que deveria libertar, oprime. De mero acessório no aparato, a equipagem estrutural da sociedade. Eis aí o paradoxo do processo de tecnificação da existência no mundo pantécnico. Na percuciente análise do problema, é Tercio Sampaio Ferraz Junior que afirma:

> "No mundo pantécnico, dominado sobretudo pela tecnologia informática, este paradoxo, situado no terreno da simultaneidade e da rapidez das trocas informações, provoca uma espécie de curto-circuito na noção de liberdade: toda decisão de informar torna-se, ao mesmo tempo, anárquica e conformada. Com isso, o conteúdo da noção de liberdade se torna vazio" (Ferraz Junior, Responsabilidade sem culpa, culpa sem responsabilidade na sociedade tecnológica. In: FABIANI, Emerson Ribeiro (Org.). *Impasses e aporias do direito contemporâneo*: estudos em homenagem a José Eduardo Faria. São Paulo: Saraiva, 2011, p. 143).

O consumo também não é bom, nem mau, é necessário à sobrevivência. O desvirtuamento se dá quando a técnica é hipervalorizada, ou quando o consumo se torna a finalidade da existência. Quando os esforços sociais giram em torno do consumo e da técnica, da técnica e do consumo, a compulsão pelo ter, e as variações dos impulsos das ações sociais são todas marcadas pelo sempre esperado compasso do "querer mais", do "consumir para ser".

O consumidor é, acima de tudo, a entidade abstrata das sociedades de massa, cuja satisfação é sempre impossível. É de recente autoria de Zygmunt Bauman a obra *Vida para consumo*, uma crítica sociológica à forma de estruturação do atual estágio do sistema econômico, que projeta os indivíduos sistematicamente para a rotação *consumo-inclusão-possuidor* ou para a rotação *não-consumo-exclusão-não-possuidor*.

A insistência com a qual a ideologia mercantil da sociedade do consumo impregna as consciências através de expedientes da propaganda, dos reclames comerciais, do apelo dos anúncios, enfocando exclusivamente o materialismo canhestro e a falta de alternativas fora do consumo, torna, num certo sentido, abusiva a conversão do *consumo-necessário,* vital e elementar à sobrevivência e reprodução material da vida, ao *consumismo-desnecessário,* tornado ideologicamente necessário, vital e essencial. Nesta gravitação, a sociedade que enaltece a técnica e reduz o humano à dimensão social do consumo (*animal laborans*) empobrece o sentido da experiência, tornando o conjunto dos esforços sociais uma tarefa do *trabalhar para produzir* e do *produzir para consumir*.

Considerada essa forma de expressão da sociedade moderna, em seu atual estágio de desenvolvimento, vale reproduzir, do poeta Tarso de Melo, na coletânea de poesias *Vidas à venda*, seu poema *Metal*:

> "A cada dia um pouco da mão fica nas alavancas,
> os cabelos incorporam às engrenagens, renascem
> os seus dentes nas roldanas, manivelas instigam
> e depois sugam seus músculos, a boca da máquina
> cospe braços, pernas, grita sua canção monótona,
> o suor lubrifica as polias, ferve os sulcos do parafuso
> (ideias agora são de aço, o sonho mora no alumínio)
> o dia todo se consome nessa troca;
> gasta, a vida
> em breve vai cruza a cidade desfeita em cem cavalos,
> em brasa, trocada por mil e quinhentas cilindradas."

CONCLUSÕES

A excessiva pulsão por evolução técnica na sociedade moderna tornou possível um franco desenvolvimento das forças de produção, e estas tornaram possível um desenvolvimento sem precedente dos avanços tecnológicos. Esse processo traz vantagens e desvantagens. Estas últimas podem ser contabilizadas no plano das expressões da cultura do Direito, quando se percebe que o Direito é rebaixado a saber puramente tecnológico e operatório. Num certo quando o fazer justiça passa a ser uma questão de "fazer funcionar a engrenagem".

A centralidade social ocupada pela técnica é um claro produto do desenvolvimento interno da sociedade moderna. Daí, sua central condição para a incrementação dos processos de produção ter-se tornado também um fator de crescimento econômico e revolução permanente da história moderna. No entanto, a mesma história moderna das recentes conquistas e avanços registra a nefasta associação que potencia a aplicação da técnica para a guerra, para a dizimação atômica, para a diferenciação do poderio militar, para o exaurimento da natureza. Daí a paradoxal condição da técnica na sociedade moderna: a técnica que liberta é a mesma que oprime, abrindo horizontes para a objetificação da vida.

Num mundo que, por conta e risco do próprio homem, há muito deixou de ser "antropo-cêntrico", como anunciado nos albores da Renascimento moderno, para se converter em "tecno-cêntrico", quanto mais a técnica avança, ao longo da história da modernidade, mais a grandiosidade da técnica se torna espetaculosa, e faz o homem se sentir pequeno e impotente diante da potência da máquina. Sua potência é trocada pela potência da máquina, mas a diminuição do esforço do labor humano se torna inversamente proporcional à capacidade humana de realizar condições de socialização centrada no desenvolvimento humano, em seus sentidos de desenvolvimento social, moral, psicológico, científico, educacional e político. Por isso, a experiência dos valores empobrecida reflete diretamente na forma que se tem de cultivo da igualdade, da liberdade, da responsabilidade, da sociabilidade. Considerando estruturas sociais modernas, pode-se verificar o quanto o Direito vai se converter num saber tecnológico, cuja tendência, ainda que resistida no âmbito da teoria, vai tornando para a prática, irresistível seu apelo operatório.

33
DIREITO E MORAL: NORMAS JURÍDICAS E NORMAS MORAIS

33.1 REGRAS MORAIS E REGRAS JURÍDICAS: O CIRCUITO DO DEVER-SER

As regras jurídicas não estão isoladas na constituição do espaço do *dever-ser* social. Existem muitos discursos fundantes de práticas determinadoras de comportamento, podendo-se citar a religião como dispersora de modos de ação (corretos, bons, adequados, virtuosos...), a moral como constitutiva de um grupo de valores predominantes para um grupo ou para uma sociedade (e suas derivações, como, por exemplo, a moral dos justos, a moral dos vencedores, a moral do "morro", a moral da prisão...), as regras do agir no trabalho constitutivas de ordem e imperativos de eficácia e organização funcional (sem que necessariamente sejam regras jurídico-trabalhistas), entre os quais aparece o discurso jurídico-normativo. Ora, a norma jurídica é mais uma das possíveis formas de constituição de mecanismos de subjetivação dos indivíduos, pertencendo à ordem das regras imperativas, politicamente determinadas, objetivamente apresentadas, das quais, sob nenhuma excusa (salvo as previstas em lei), se pode deixar de cumprir. Assim, o grande grupamento da deontologia, o estudo das regras de dever ser, coloca a experiência moral ao lado da experiência religiosa e da experiência jurídico-política.

Pode-se mesmo estudar a autonomia do Direito em face das outras experiências, o que se fará a seguir, mas não se poderá fazê-lo sem considerar a importância de vislumbrar que a matéria da qual se constitui toda a experiência jurídica advém do caudal das influências das demais regras de *dever-ser*. Diga-se, de princípio, que o Direito é forma, e que esta forma se apropria das experiências gerais da sociedade (incluídas as morais dos grupos, as reflexões religiosas, os imperativos políticos, as ideologias reinantes etc.) para colocá-las sob uma forma, que passa a determinar esta substância ou este conteúdo como juridicamente *determinado* e *vinculante*. Uma sociedade hipócrita em seus valores tende a ter um Direito que resguarda sua hipocrisia (moral hipócrita). Uma sociedade democrática, livre, madura politicamente, eticamente responsável, tende a conceber os seus direitos a partir destes valores.

À pergunta "de onde parte o Direito?" pode-se responder fazendo-se pensar no fluxo das ações desde o indivíduo, que produz conceitos e padrões éticos e os envia à sociedade, até a sociedade, que também produz padrões e conceitos morais e os envia (ou inculca) por meio de seus mecanismos generalizantes (pressão social, instituições, tradições, mitos, meios de comunicação, discurso hegemônico, procedimentos, exigências, regras) à consciência do indivíduo. É desta interação, e com base no equilíbrio destas duas forças, que se pode extrair o esteio das preocupações que fundam a formação do ciclo de retroalimentação entre o universo dos valores sociais e o universo dos valores jurídico-normativos.

33.2 MORAL E DIREITO FACE A FACE

O tema da relação entre Direito e Moral, normalmente, é tratado de forma que se indique a experiência moral e a norma moral como anteriores, sobretudo tendo-se em vista o cronológico surgimento das regras de direito relativamente às regras da moral. Costuma-se também afirmar que a norma moral é interior, prescindindo de qualquer fenômeno exterior, como geralmente sói ocorrer com o fenômeno jurídico. Afirma-se, mais ainda, que a norma moral não é cogente, pois não pode dispor do poder punitivo de uma autoridade pública para fazer valer seus mandamentos, recorrendo-se, normalmente, a sanções diferenciadas das jurídicas (consciência; rejeição social; vergonha...). E, por fim, se afirma que a norma moral não é sancionada nem promulgada, pois estas são as características de normas estatais que se regulamentam dentro de um procedimento formal, complexo e rígido, com o qual se dá publicidade aos mandamentos jurídicos. No entanto, os autores que enunciam essas notas diferenciais entre ambos os grupos de normas, de um lado, as jurídicas, de outro lado, as morais, reconhecem a falibilidade que os afeta.[1]

A isso tudo se acresça ainda a necessidade de segurança jurídica para o Direito, fator que propicia a criação de outras necessidades internas ao sistema jurídico, que acabam por torná-lo fenômeno peculiar: criação de autoridades; divisão de competências; imposição de formas jurídicas; procedimentalização dos atos; discriminação taxativa de fatos, crimes, direitos, deveres e outras.[2]

Os esforços de diferenciar Direito e moral não devem ser maiores que os de demonstrar suas imbricações. O Direito pode caminhar em consonância com os ditames morais de uma sociedade, assim como andar em dissonância com os mesmos. Na primeira hipótese, está-se diante de um Direito moral, e, na segunda hipótese, está-se diante de um Direito imoral. Essas expressões bem retratam a pertinência ou impertinência do Direito com relação às aspirações morais da sociedade.[3]

O curioso é dizer que o Direito imoral, apesar de contrariar sentidos latentes axiologicamente na sociedade, ainda assim é um Direito exigível, que obriga, que deve ser cumprido, que submete a sanções pelo não cumprimento de seus mandamentos, ou seja, que pode ser realizado. Em outras palavras, o Direito imoral é tão válido quanto o Direito moral. Este, no entanto, é mais desejável, pois em sua base de formação se encontra o consentimento popular, ou seja, o conjunto de balizas morais de uma sociedade, refletindo anseios e valores cristalizados de modo expressivo e coletivo.

Se, porém, se pode dizer que o Direito imoral é válido, tanto quanto o Direito moral, sua característica principal está no fato de ser um fenômeno desprovido de *sentido*, e esse fato faz presumir que o Direito se exerce como mero instrumento de poder e auto-

---

[1] Cf. Ferraz Júnior, *Introdução ao estudo do direito*: técnica, decisão, dominação, 1994, p. 326-329.

[2] "Essas reflexões não significam, de modo algum, que o direito não possua uma especificidade, pela qual se afasta dos pontos de vista próprios da ética. Com efeito, a importância especial concedida em direito à segurança jurídica explica o papel específico do legislador e do juiz, tão oposto à autonomia da consciência que caracteriza a moral."

"Ante a multiplicidade de normas e de valores, o direito, querendo garantir a segurança jurídica que fixaria os direitos e obrigações de cada qual, tem de conceder a alguns, os legisladores, a autoridade de elaborar as regras que se imporão a todos, e tem de designar aqueles, os juízes, que terão a incumbência de aplicá-las e de interpretá-las" (Perelman, *Ética e direito*, 1996, p. 303).

[3] Cf. Ferraz Júnior, *Introdução ao estudo do direito*: técnica, decisão, dominação, 1994, p. 326-329.

Cap. 33 • DIREITO E MORAL: NORMAS JURÍDICAS E NORMAS MORAIS | **459**

ridade, destituído de legitimidade, de algo que o enobreça como atividade prudencial, e não como atividade baseada na força. Por sua vez, o Direito moral, além de válido, tem algo a mais, que o corrobora como prática social, ou seja, possui *sentido*, encontrando reforço de manutenção, durabilidade, constância e obediência no consentimento popular. A conclusão não é outra senão a de que o Direito instrumentaliza a justiça, e é carente de seu sentido.[4]

Abordando-se ainda mais de perto as características da moral e do Direito, pode-se dizer que o Direito possui como características: a heteronomia; a coercibilidade;[5] a bilateralidade.[6] O Direito é atributivo da conduta humana. Heteronomia, coercibilidade e bilateralidade seriam as notas essenciais do Direito, porque as obrigações jurídicas formulam-se da comunidade para o indivíduo, e não o contrário, porque o descumprimento de comandos jurídicos pode ter como modo a aplicação de sanções, e mesmo o exercício do comando jurídico sob a força física, uma vez que o Estado monopoliza a violência, e, por fim, porque as relações jurídicas pressupõem ao menos a interação de dois sujeitos para existir e serem cumpridas. Unilateralidade, incoercibilidade e autonomia seriam as notas essenciais da moral, significando exatamente o oposto do indicado anteriormente como características do Direito.[7]

Se a moral demanda do sujeito uma atitude (solidariedade), seu estado de espírito, sua intenção e seu convencimento interiores devem estar direcionados no mesmo sentido vetorial das ações exteriores que realiza (intenção solidária, e não interesseira).[8] É certo que a norma ética se constitui, na mesma medida da norma jurídica, de um comando de ordenação e orientação da conduta humana (dever ser), tornando-se critério para averiguação da ação conforme ou desconforme, mas há que se notar esse diferencial.[9] Se o Direito demanda do sujeito uma atitude (não matar), conforma-se com a simples não ocorrência do fato considerado criminoso, não arguindo acerca da volição (rivalidade).

De fato, o que se há de dizer é que a moral se caracteriza por uma série de dados (espontaneidade, consciência, unilateralidade, conduta interior...) que a faz algo distinto do Direito (coercitividade, bilateralidade, heteronomia, atributividade...).[10]

---

4   Ibidem.

5   "O direito é ordenação heterônoma e coercível da conduta humana" (Reale, *Lições preliminares de Direito*, 1994, p. 49).

6   "La diferencia esencial entre el Derecho y la Moral estriba en que el Derecho tiene por objeto las relaciones entre personas, mientras que la Moral recae sobre el hombre en cuanto individuo. De aquí que los deberes jurídicos sean siempre deberes de un sujeto de Derecho para con otro" (Radbruch, *Introducción a la filosofía del derecho*, 1993, p. 53).

7   Cf. Gusmão, *Introdução ao estudo do Direito*, 1999, p. 69-70.

8   "A qual dessas categorias pertencerá a Moral? Podemos dizer que a Moral é o mundo da conduta espontânea, do comportamento que encontra em si próprio a sua razão de existir. O ato moral implica a adesão do espírito ao conteúdo da regra" (Reale, *Lições preliminares de direito*, 1994, p. 44).

9   "A norma ética estrutura-se, pois, como um juízo de dever ser, mas isto significa que ela estabelece, não apenas uma direção a ser seguida, mas também a medida da conduta considerada lícita ou ilícita. Se há, com efeito, algo que deve ser, seria absurdo que a norma não explicitasse o que deve ser feito e como se deve agir" (Reale, *Lições preliminares de direito*, 1999, p. 36).

10 Cf. Reale, *Lições preliminares de Direito*, 1994, p. 57. No tridimensionalismo, por exemplo, o direito é a um só tempo fato, valor e norma, ou seja, nele está imerso o juízo de valor, o costume, a axiologia... não

460 | CURSO DE FILOSOFIA DO DIREITO • *Bittar / Almeida*

São provas que corroboram a tese da intensa intimidade do Direito com a moral, a saber:

a) a obrigação natural (ex.: dívida de jogo) descrita no art. 814 do Código Civil. Trata-se de obrigação puramente moral, não exigível juridicamente, mas que, se solvida, não pode ser motivo de ação judicial (pedido impossível). Tem-se aí a absoluta indiferença do Direito por um ato (não pagamento de dívida decorrente de obrigação natural) moralmente recriminável;

b) o incesto não é considerado crime no sistema jurídico repressivo brasileiro, inexistindo tipo penal específico para a apenação do agente. Não obstante a indiferença legal sobre o assunto, trata-se de um típico comportamento moralmente condenável;

c) a preocupação constitucional com o princípio da moralidade pública, expressa no art. 37, da Constituição Federal, *caput:* "A administração pública direta e indireta de qualquer dos Poderes da União, dos Estados, do Distrito Federal e dos Municípios obedecerá aos princípios de legalidade, impessoalidade, moralidade, publicidade e eficiência...". Aqui se comprova a relevância do princípio moral para a própria organização, manutenção e credibilidade cívica dos serviços públicos. O que é moralmente recomendável tornou-se juridicamente exigível do funcionalismo público;

d) toda a teoria do negócio jurídico e dos tratos comerciais circula em torno da ideia de boa-fé, estabelecendo inúmeras presunções a ela concernentes (art. 164, C. Civil, 2002);

e) o mau proceder moral dos pais, do ponto de vista moral, pode acarretar efeitos jurídicos sobre o poder familiar, conforme se verifica da leitura deste artigo da legislação civil (art. 1.638, C. Civil, 2002);

f) os próprios princípios gerais de Direito, de possível aplicabilidade em todos os ramos do Direito na falta de norma jurídica específica (art. 4º da Lei de Introdução às Normas do Direito Brasileiro), têm origem ética (a ninguém lesar – *neminem laedere;* dar a cada um o seu – *suum cuique tribuere;* viver honestamente – *honeste vivere*);

g) fica o juiz autorizado, jurídica e formalmente, em caso de lacuna da lei, a aplicar os costumes como forma de solução de litígios (art. 4º da Lei de Introdução às Normas do Direito Brasileiro).

Até mesmo do ponto de vista histórico, pode-se provar a intrínseca relação do Direito com a moral. Isso porque, a princípio, eram indistintas nas comunidades primitivas as práticas jurídicas, as práticas religiosas e as práticas morais. A sacralidade, o espiritualismo e o ritualismo das antigas práticas jurídicas e de suas fórmulas denunciam essa intrínseca relação.[11]

O que há que se questionar agora é qual a relação mantida entre Direito e moral, visto que foram analisados os principais aspectos que caracterizam cada qual dos ramos normativos. E, nesse sentido, só se pode afirmar que o Direito se alimenta da moral, tem seu surgimento a partir da moral, e convive com a moral continuamente, enviando-lhe novos conceitos e normas, e recebendo novos conceitos e normas. A moral é, e deve

---

podendo ser concebido como um fenômeno apartado da moral, com ela se relacionando intensamente (*Direito como experiência; Filosofia do direito; Lições preliminares de direito*).

[11] Cf. Gusmão, *Introdução ao estudo do direito*, 1999, p. 67-70.

sempre ser, o fim do Direito.[12] Com isso, pode-se chegar à conclusão de que Direito sem moral, ou Direito contrário às aspirações morais de uma comunidade, é puro arbítrio, e não Direito.[13]

CONCLUSÕES

A ordem moral, por ser espontânea, informal e não coercitiva, distingue-se da ordem jurídica. No entanto, ambas não se distanciam, mas se complementam na orientação do comportamento humano. A axiologia é, portanto, capítulo de fundamental importância para os estudos jurídicos, visto que dá cristalização reiterada e universal por meio dos costumes diante do surgimento de exigências normativas jurídicas.

Apesar dos esforços teórico-didáticos no sentido de diferenciar Direito e Moral, não se pode perceber senão uma profunda imbricação entre o exercício do juízo jurídico e o exercício do juízo moral; pode-se até mesmo perceber esta inter-relação no ato decisório do juiz, sempre sobrecarregado pelas inflexões pessoais, costumeiras, axiológicas, contextuais e socioeconômicas que circundam o caso *sub judice*.

---

[12] "A relação entre os seus respectivos domínios normativos consiste, em nossa opinião, sobretudo no seguinte: a moral é ao mesmo tempo, por um lado, o fim do direito, e, por outro, também o fundamento da sua validade obrigatória" (Radbruch, *Filosofia do direito*, 1997, p. 109).

[13] Está-se aqui a contrariar frontalmente a teoria normativista de Hans Kelsen. O Direito da *Teoria Pura* não pode ser por essência um fenômeno moral (Kelsen, *Teoria pura do direito*, 1976, p. 107).

34
DIREITO E JUSTIÇA

34.1 JUSTIÇA: VALOR ABSOLUTO OU RELATIVO?

A ideia de justiça, independentemente de qualquer tomada de posição, traduz uma complexidade de expectativas que tornam difícil sua conceituação. Reconhecendo a pluralidade de perspectivas em que se desdobra a ideia de justiça, podem-se detectar, no curso da história do pensamento ocidental, inúmeras correntes sobre o justo e o injusto, que se assinalam como habilitadas à discussão e à resposta para a pergunta: o que é a justiça? De fato, são inúmeras as tendências acerca da justiça, e entre elas podem-se apontar as seguintes: teoria sofista; teoria socrática; teoria platônica; teoria aristotélica; doutrina cristã; teoria agostiniana; teoria tomista; teoria rousseauniana; teoria kantiana; teoria hegeliana; teoria kelseniana; teoria rawlsiana.[1]

No entanto, entre essas todas ressalta-se o fato de que o pensamento ocidental, e, inclusive, os ordenamentos jurídicos e as doutrinas jurídicas sofreram profundas e diretas influências das seguintes ideias:

a) de Platão advém uma herança segundo a qual a justiça é virtude suprema;
b) de Aristóteles advém uma herança segundo a qual a justiça é igualdade/proporcionalidade;
c) dos juristas romanos advém uma herança segundo a qual a justiça é vontade de dar a cada um o seu (*iustitia est constans et perpetua voluntas ius suum cuique tribuendi*).[2]

Independentemente da assunção de qualquer resposta mais imediata à dimensão filosófica da justiça, deve-se ressaltar o fato de que inclusive as tendências mais modernas da teoria jurídica têm dado importância a esta para a vivência das experiências jurídicas, contrapondo-se, dessa forma, ao mero formalismo decorrente do predomínio da filosofia positivista no seio das ideias jurídicas do século XX. Chegar o juiz a uma decisão justa, esta deve ser a meta de toda atividade jurisdicional; orientar o juiz nesse empreendimento, esta deve ser a meta da doutrina e da teoria do direito. Nesse sentido, contribuem as posições e as ideias de inúmeros pensadores contemporâneos.[3]

Nesse tipo de preocupação, o positivismo vê na justiça um *absurdum* a ser combatido, pois sua realidade seria metafísica e impossível de ser conceituada. Chaïm Perelman ocupa

---

[1] Ver, a esse respeito, Bittar, *Teorias sobre a justiça*: apontamentos para a história da filosofia do direito, 2000, p. 1-235.

[2] Gusmão, *Introdução a estudo do direito*, 1999, p. 71-73.

[3] Nesse sentido se destacam Esser, Pawlowski, Kriele, Rawls...

papel central nessa discussão sobre a justiça.[4] Isso porque, além de tratar da questão da justiça, trazendo-a novamente para o seio das preocupações jurídicas,[5] vê como saída para o impasse de sua conceituação o uso da teoria da argumentação. Ora, para Perelman, os conflitos em torno da justiça, e de seus possíveis enfoques, pode ser dirimido ante um método argumentativo, em que todas as oportunidades são oferecidas para a discussão dos valores envolvidos, emergindo do diálogo a razoabilidade das respostas.

Chaïm Perelman, em seu ensaio sobre a justiça, não admite que esta seja um valor absoluto, mas relativo e impassível de ser definido pelo conhecimento; o valor é relativo e depende da crença de cada qual. Ora, desta forma, Perelman aponta como saída para o problema a elevação da questão para o nível da razoabilidade prudencial do diálogo e da argumentação.[6] Portanto, é a discussão racional, sobre valores mais ou menos aceitos, que constitui o objeto de conhecimento sobre a justiça. Estudar justiça, segundo Perelman, é estudar valores, e valores relativos, que se discutem historicamente, socialmente, culturalmente.

Em face desse relativismo, também reconhecido por Hans Kelsen,[7] não se pode afirmar algo diferente do que forçosamente se conclui: sendo um valor relativo, a justiça é passível de várias acepções, variáveis ao sabor das preferências, tendências, bem como das culturas, das ideologias, das políticas, devendo ser admitido que o valor absoluto de justiça não é palpável para o homem. Aliás, Platão mesmo, em suas investigações, torna clara a verdadeira natureza da justiça, que é transcendente e inacessível para os homens.[8]

34.2 JUSTIÇA E FINALIDADE DO DIREITO

A questão da justiça, quando vista como elemento fundante do ordenamento jurídico, pode ser considerada como algo relacionado com a doação de sentido. Isso porque, desde a Antiguidade, a justiça sempre representou o preenchimento de sentido das práticas do Direito, que acabou por se transformar em um mero proceder técnico, vazio, sem conteúdo preciso, objeto de labor, na Modernidade.

A própria história da humanidade, de suas ideologias, bem como de suas tendências político-econômicas, tornou o Direito frágil, suscetível e vassalo aos desmandos do poder político e econômico. O Direito, muitas vezes, arcabouço coercitivo da conduta humana social, se desprovido de essência e de finalidade, serve a qualquer finalidade, independentemente de qualquer valor, podendo ser importante ingrediente de utilidade para a dominação e o interesse de minorias.

---

[4] Perelman aponta em um de seus artigos (Über die Gerechtigkeit) seis conceitos de justiça: "1. A cada um o mesmo; 2. A cada um segundo os seus méritos; 3. A cada um segundo as suas obras; 4. A cada um segundo as suas necessidades; 5. A cada um segundo a sua posição; 6. A cada um o que lhe é devido por lei" (Larenz, *Metodologia da ciência do direito*, 1989, p. 204).

[5] "O mérito de Perelman é o de ter legitimado de novo a discussão do conceito de justiça com propósito cientificamente sério" (Larenz, *Metodologia da ciência do direito*, 1989, p. 208).

[6] São suas palavras, citadas por Larenz: "dever-se-ia deitar as mãos à obra, no sentido de elaborar uma lógica dos juízos de valor, na qual se tivesse como ponto de partida o modo como as pessoas raciocinam sobre valores. Isto deveria acontecer sob a forma de uma teoria da argumentação" (Larenz, *Metodologia da ciência do direito*, 1989, p. 206). E isso é o que realmente faz Perelman, posteriormente, inclusive ao lado de Tyteca, durante seu percurso intelectual ao escrever: *Nova retórica, Ética e direito, Tratado da argumentação*, entre outras obras ligadas à ideia do raciocínio valorativo, próprio do jurista.

[7] Kelsen, *O que é justiça? A justiça, o direito e a política no espelho da ciência*, 1998, p. 23-25.

[8] A respeito, consulte-se Bittar, *Teorias sobre a justiça*, 2000, p. 9-32.

No entanto, deve-se resgatar a ideia de que o preenchimento semântico do Direito pela ideia de justiça tem a ver com a teleologia do movimento do que é jurídico em direção ao que não é jurídico, mas é valorativo, e deve ser a axiologia a se realizar: a justiça.[9] A justiça, nesse sentido, passa a ser a *ratio essendi* do Direito, que por si e em si, sem esse parâmetro valorativo, não possui sentido.

A justiça, porém, só se realiza se pensada como igualdade (aspecto material da justiça). Ela acontece, ela opera, ela se dá nas relações, ou seja, ela está presente nas relações humanas e corporifica-se como igualdade, que pode ser aritmética ou geométrica (aspecto formal da justiça), conforme se tenha em vista a igualdade absoluta ou a igualdade proporcional. A opção pela adoção da justiça geométrica, que tem em consideração a proporcionalidade (distribuição de deveres e direitos, permitindo a existência de desigualdades) ou da aritmética (igualitarismo levado ao extremo) dependerá de códigos forte e fraco prevalecentes axiologicamente na sociedade.[10]

De qualquer forma, o que se percebe é que Direito e justiça são conceitos diferentes, que às vezes andam em sintonia, às vezes em dissintonia. Há que se ressaltar, no entanto, que se nem sempre o Direito caminha *pari passu* com a justiça, ainda assim ele a busca, ele nela deposita sua finalidade de existir e operar na vida social. O Direito deve ser o veículo para a realização da justiça. Em outras palavras, a justiça deve ser a meta do Direito.

Ademais, a justiça não é coercível, é autônoma, correspondendo a uma norma moral, e não a uma norma jurídica. Normas jurídicas absorvem conteúdos de normas de justiça, funcionam como forma de compelir coercitivamente comportamentos injustos, de proscrevê-los socialmente, mas não há que se negar a natureza da justiça como norma moral, e não jurídica.

Vistos estes aspectos do problema, deve-se admitir que, com essas características, a justiça, em face do Direito, está a desempenhar um tríplice papel, a saber: (1) serve como meta do Direito, dotando-o de sentido, de existência justificada, bem como de finalidade; (2) serve como critério para seu julgamento, para sua avaliação, para que se possam aferir os graus de concordância ou discordância com suas decisões e práticas coercitivas; (3) serve como fundamento histórico para sua ocorrência, explicando-se por meio de suas imperfeições os usos humanos que podem ocorrer de valores muitas vezes razoáveis.[11]

CONCLUSÕES

A justiça funciona, enquanto valor que norteia a construção histórico-dialética dos direitos, como fim e como fundamento para expectativas sociais em torno do Direito. Apesar de a justiça ser valor de difícil contorno conceitual, ainda assim pode ser dita um valor essencialmente humano e profundamente necessário para as realizações do convívio humano, pois nela mora a semente da igualdade.

Contrariando frontalmente o raciocínio positivista, é de se admitir que entre as tarefas do jurista se encontra propriamente esta, a de discutir o valor da justiça. Neste caminho, o importante não é nem mesmo a solução que se possa encontrar para o dilema, mas a aquisição de consciência a propósito de sua dimensão.

O direito pode ser dito um fenômeno sem sentido, com Tercio Sampaio, se divorciado da dimensão da justiça, à medida que sua função técnico-instrumental serve às causas que garantem o convívio social justo e equilibrado.

---

[9] Cf. Ferraz Júnior, *Introdução ao estudo do direito*, 1991, p. 361 ss.

[10] Ibidem.

[11] Gusmão, *Introdução ao estudo do direito*, 1999, p. 73.

35

DIREITO E LIBERDADE: CONTRAPONTOS ENTRE PODER, NÃO PODER E DEVER

35.1 SENTIDOS DE LIBERDADE

A liberdade pode ser definida de muitas formas. Aliás, a liberdade pode ser vista e sentida de muitas formas. Alguns definem arbitrariedades sob o manto conceitual de exercício de sua liberdade. Outros, consideram-na um valor fundamental para a própria construção do pacto social. Por isso, existem diversas concepções de liberdade, o que por si só já traduz o altíssimo interesse que o termo possui para as investigações filosóficas e para as perspectivas da vida humana.

Abordando-se a perspectiva da liberdade interpessoal, pode-se perceber com clareza que a real sensação de liberdade violada surge quando se lhe é negada, como nesta descrição:

> "Se a Ku Klus Klan não permite, recorrendo ao uso da força, que os negros entrem numa escola pública, estes se acham não livres para realizar tal ação com relação ao Governo" (Bobbio, Matteuci, Pasquino, *Dicionário de política*, 5. ed., 2000, v. 2, p. 708).

Esta sensação de não-liberdade significa, em termos práticos, a vivência quotidiana de limitações e restrições impostas no sentido vetorialmente contrário ao do ímpeto da vontade libertária. Afinal, qual o simbolismo da liberdade? Não são as asas? Não é o horizonte sem fronteiras? Não é a ausência de barreiras e empecilhos? Ora, dessa semântica se descola a importância de se afinar a reflexão para pensar na ordem social como garantidora do mínimo de liberdade possível para o comportamento humano compartilhado em espaços comuns.

A sensação da não liberdade, ou do limite da liberdade, numa leitura hegeliana, também pode ser sentida e percebida a partir de uma experiência única, a da própria morte. Ora, a experiência do libertar-se de si mesmo é o maior limite possível e pensável para a produção irracional da sensação da liberdade em nós, e o extremo limiar entre a vida e a morte traduz com exatidão esta sensação de *liber-ação* ou libertação. Assim, pode-se dizer:

> "A conquista dessa liberdade não é política nem gera qualquer forma de liberdade social, liberdade em face dos outros, ou disto ou daquilo. Mas, ao assumi-la no seu sem-sentido, sinto-me angustiosamente livre e todas as minhas atividades começam a partir daí, sem serem geradas por isso.
>
> Esse sentimento de que não somos livres *para* alguma coisa, nem somos livre *por* alguma coisa, nem *de* alguma coisa, faz da liberdade, da *minha* liberdade, o correlato positivo da morte, da *minha morte*. Este *sentimento* da liberdade e da morte, que me faz pensar, produzir coisas, labutar, não é *causa* nem *razão* do pensamento, do trabalho, da labuta (ilusão gerada pela infinita possibilidade de o homem falar de tudo, até de sua

466 CURSO DE FILOSOFIA DO DIREITO • Bittar / Almeida

própria morte), mas apenas o inefável que resiste à racionalização e que me *autoriza* (não provoca nem causa) um salutar encontro com o mistério num mundo em que, supostamente, tudo pretende ser transparente" (Ferraz Junior, *Estudos de filosofia do direito*, 2002, p. 132).

Nesse sentido de liberdade, que valoriza o aspecto imanência e intimidade, em detrimento do aspecto social e interpessoal, *viver* a liberdade é muito mais que estar condicionado por condições externas que facultam a liberdade *disto* ou *daquilo*, para *isto* ou para *aquilo*. Nesta linha idealista-hegeliana de raciocínio, nem mesmo o senhor é livre, possuindo seus escravos, pois na dependência deles se encontra.

O curioso a afirmar sobre o tratamento da questão da liberdade é acentuar o seu aspecto teleológico como fio condutor da própria história. Pensa-se, sim, na dimensão da liberdade como uma busca permanente de povos, nações, indivíduos, coletividades, raças, Estados... O processo histórico revela que a própria história humana é a união das venturas e desventuras do processo de definição dos limites da liberdade. E, definitivamente, essa busca teleológica na história vem marcada por uma característica:

> "Não há nem uma liberdade perdida para sempre, nem uma liberdade conquistada para sempre: a história é uma trama dramática de liberdade e de opressão" (Bobbio, *Igualdade e liberdade*, 1997, p. 75).

Ainda com Bobbio, o que se pode constatar é que a liberdade, se não é conquistada nem perdida para sempre, é, estavelmente, compreendida como o valor mais caro ao indivíduo, somente comparável ao valor da justiça para a coletividade.

No entanto, a reflexão sobre a liberdade não pára por aí. Deve-se pensar a liberdade enquanto categoria fundamental não só da existência (da individualidade), mas também das perspectivas relacionais (da coletividade). Nesta outra perspectiva, já importa entrever que os limites da razão (liberdade como imanência) são menos importantes que os fatores externos e determinantes que impedem que a realização da liberdade individual e social se realize (por forças econômicas hegemônicas, por limitações das condições laborais determinadas por regimes escravistas e de exploração humana, por sistemas políticos imperialistas e colonialistas, por determinantes de dominação militar, por excesso de anarquismo e violência sociais etc.).

É com ênfase neste aspecto social e interpessoal da liberdade que se desenvolverá o raciocínio a seguir.

35.2 A LIBERDADE SOCIAL

> "Assim, pois, não há Direito sem dever, como não há Direito e dever sem justiça; ora, a primeira regra dessa justiça reguladora é a do direito romano: *menimem ladere*, não ofender a ninguém, isto é, não invadir o Direito de alguém. De tudo isso está palpitante que a escravidão não é um Direito, e que por consequência não impõe um dever. Entrando para a sociedade, quando sua liberdade sofre a restrição considerável que a muda em Direito, o homem não perde certos direitos naturais, primordiais. Esses são uma barreira que não se pode atravessar. A grande glória da Revolução Francesa é tê-los reunido em um código, que é o código da grandeza humana, de sua origem divina! Esses direitos a escravidão viola-os em legítimos proprietários, quer dizer que a escravidão funda-se sobre a violência, que é um estado de guerra. Destruindo a liberdade humana, na raça

conquistada, ela destrói a noção do Estado, substitui a força à equidade, a tirania ao Direito, a opressão ao dever, por isso não dá direito nenhum ao senhor sobre o escravo, nem impõe dever algum ao escravo para com o senhor."[1]

Nosso grande abolicionista, em texto memorável, faz referência à Declaração Universal dos Direitos do Homem e do Cidadão e à Revolução Francesa, como argumento favorável à abolição da escravidão. O escravo é um ser humano que não possui nenhuma espécie de direito, nem o mais básico deles, o Direito à liberdade. Como bem assinala Joaquim Nabuco, a escravidão é um abuso, já que é construída com base na negação do direito de alguém e, portanto, não gera nenhum dever, não tendo méritos para ser, racionalmente, respeitada.

Escravos e súditos identificam-se na ausência de direitos. O escravo não possui nenhum, foi reduzido a mera coisa. Já o súdito mantém uma limitada liberdade de ir e vir, que pode ser tirada a qualquer momento.

Seguindo o raciocínio de Joaquim Nabuco, a todo direito corresponde um dever. O dever mais básico que garante a fruição dos outros direitos é o dever do Estado respeitar a liberdade do cidadão. Esse dever do Estado constitui-se em uma prestação negativa (uma obrigação de não fazer) e só é passível de exigência no âmbito do Estado de Direito.

Já que no Estado Absoluto não existiam cidadãos, mas súditos que não possuíam direitos, somente, um único dever: a obediência. Os súditos eram obrigados a respeitar as decisões do rei (o soberano) que, por ser o responsável pelas decisões finais, era incapaz de errar. A máxima anterior e sua filosofia se encontram expressas no famoso provérbio: *The King can do no wrong*. Como define Bobbio: "O Estado Absoluto coloca-se como a encarnação mais perfeita da soberania entendida como poder que não reconhece ninguém superior."[2]

A Queda da Bastilha, em 14 de julho de 1789, marco histórico da Revolução Francesa, decepa a cabeça de Luis XIV e dá início a uma nova forma de exercício da soberania, vale dizer: a soberania popular.

O poder, origem do Estado, não cabe mais ao soberano, já que o dogma do "direito divino de governar" é substituído pela máxima "todo poder emana do povo e em seu nome será exercido". A emanação do poder pelo povo só se tornou possível porque, como diz Bobbio, passou-se do regime de "cortar cabeças" para o regime de "contar cabeças". A figura do súdito foi substituída pela do cidadão, aquele que tem, no dizer de Hannah Arendt, o "direito a ter direitos". Pode-se afirmar, de modo categórico, que a liberdade garantida pelo Direito é a ideia filosófica essencial que dá origem ao Estado Moderno (pós-Revolução Francesa).

> "A *Liberté*, assim, representa a emancipação de um povo que, por vontade própria ou premido pela traição do rei a seu afeto, constrói uma nova *Polis* – coisa ainda mais difícil porque o faz não num território virgem como a América, mas no continente mais carregado de história. O novo é uma opção."[3]

A palavra *liberdade*, um dos dísticos da Revolução Francesa (liberdade, igualdade, fraternidade), significa: "propriedade de o alvedrio se determinar por sua própria energia, sem ser a vontade forçada a isso."[4] Ou seja, agir por livre e espontânea vontade. Agindo desse modo

---

[1]   Nabuco, *A escravidão*, 2. ed., 1999, p. 46-47.

[2]   Bobbio, *Direito e Estado no pensamento de Emanuel Kant*, p. 11.

[3]   Ribeiro, *A última razão dos reis*, 1993, p. 104.

[4]   Nascentes, *Dicionário de sinônimos*, 3. ed., 1981, p. 72-73.

CURSO DE FILOSOFIA DO DIREITO • *Bittar / Almeida*

liberto, os cidadãos escolherão seus representantes que serão os responsáveis pelo governo do país e, portanto, exercerão a soberania.

O exercício da soberania – o poder de decidir em última instância –, que, no Estado Absoluto era função única e exclusiva do rei, passa agora a ser regulado por uma nova arquitetura que tem como fundamento a representação popular. Ora, a representação popular só pode ser exercitada quando os cidadãos possuem liberdade de escolha.

A *liberdade*, palavra-chave da Revolução Francesa, apresenta duas perspectivas diferentes: (1) *ex-parte principi* e (2) *ex-parte populli*. A primeira limita a liberdade de ação do Estado, e a segunda garante a liberdade do cidadão. As duas são interdependentes, uma complementando a outra.

O Estado Constitucional, ao limitar o poder soberano, garante os Direitos Naturais do indivíduo. As duas transformações são simultâneas e são a essência do novo Estado Constitucional ou Estado de Direito.[5] Estabelece a *Declaração Universal dos Direitos do Homem e do Cidadão* (1789):

> "Artigo 16. A sociedade em que não esteja assegurada a garantia dos direitos fundamentais nem estabelecida a separação dos poderes não tem Constituição."

A separação dos poderes é o mecanismo que visa impossibilitar o surgimento de um poder absoluto. Dividem-se os poderes Executivo, Legislativo e Judiciário e prescreve-se seu funcionamento harmônico e independente. Os direitos fundamentais são assim chamados, pois dão a base, a estrutura, o fundamento do novo tipo de Estado recém-surgido, qual seja: o Estado de Direito.

O desrespeito a uma dessas liberdades macula o próprio cerne do Estado de Direito. Famosa a *Carta aos Brasileiros* de Goffredo Telles Júnior, lida no páteo das Arcadas, no dia 11 de agosto de 1977, na qual Mestre Goffredo dá uma aula prática sobre este tema essencial:

> "Vimos um churrilho de mentiras, usado para justificar uma inapta reforma do Poder Judiciário. Vimos o Parlamento ser fechado para permitir o enxerto atrabiliário de emendas na Constituição.
>
> *Basta!* – exclamou Alencar Furtado. *Basta!* – exclamamos nós.
>
> O que queremos é *ordem*. O que queremos é uma ordem que consagre o direito dos cidadãos de serem regidos por uma Constituição soberana, elaborada livremente pelos representantes do povo numa Assembleia Nacional Constituinte; o direito de não ver ninguém jamais submetido a disposições de atos do Poder Executivo, contrárias aos preceitos e ao espírito da Constituição; (...) o direito de nunca ser submetido à tortura, nem a tratamento, desumano ou degradante; o direito de pedir a manifestação do Poder Judiciário, sempre que houvesse interesse legítimo de alguém; o direito irrestrito de impetrar *habeas corpus*: (...)
>
> Tais direitos são valores soberanos. São ideais que inspiram as ordenações jurídicas das nações verdadeiramente civilizadas. São princípios informadores do *Estado de Direito*.
>
> Sim, o que queremos é *ordem*. No entanto, a ordem que queremos é a *ordem do Estado de Direito*.
>
> A consciência jurídica do Brasil quer uma coisa só: *o Estado de Direito já!*"

---

[5] A expressão *Estado de Direito* surge, pela primeira vez, em 1813.

Cap. 35 · DIREITO E LIBERDADE: CONTRAPONTOS ENTRE PODER, NÃO PODER E DEVER | **469**

Continuando na companhia de Mestre Goffredo, é útil seu famoso raciocínio que diz: "A desordem é a ordem que vai contra nossos interesses."

O interesse maior no Estado de Direito é a manutenção e garantia da liberdade de cada um e de todos. É essa a própria razão de ser da República, que possui a virtude como sentimento motivador.

> "A virtude republicana é, pois, para Montesquieu, inspirada na tradição romana, uma virtude política, um sentimento que passa pelo respeito às leis e pela devoção do indivíduo à coletividade. Nesse sentido, ao contrário da monarquia, que se baseia na diferenciação e na desigualdade (o privilégio da religião, raça, sabedoria e posição, como dirá o manifesto republicano de 1870), e do despotismo que se funda na igualdade diante do medo e na impotência derivada da não participação no poder soberano, a igualdade republicana, na lição *aggiornatta* de Montesquieu, é uma igualdade na virtude."[6]

Para preservação da liberdade de cada um e de todos, é imprescindível o respeito à lei, esta é a pedra angular de toda construção do moderno Estado de Direito. Miguel Reale, em texto apaixonado, assevera:

> "A exclusão de atos de violência é, em suma, um dado básico e intocável do Estado de Direito, sem o que não haveria garantia de um ordenamento jurídico estável, sempre sob a ameaça de se obter pela força o que se não logra alcançar pelo voto."[7]

Tais considerações não importam, todavia, em negar que no sistema democrático não possa haver a mais ampla opção ideológica, desde a extrema direita até a extrema esquerda, do mais estrito neoliberalismo ao mais ambicioso social-progressismo, desde que, porém, seja obedecido por todos o *princípio da legalidade*, o qual, em última análise, "consiste em não pretender que a vontade individual ou coletiva seja superior à vontade objetivamente consubstanciada nos mandamentos da Constituição e das Leis".[8]

A lei é o parâmetro da conduta do cidadão. A limitação de sua liberdade só poderá ser condicionada por ela. Estabelece o art. 5º, inciso II, da Constituição Federal de 1988:

> "Art. 5º (...)
> II – ninguém será obrigado a fazer ou deixar de fazer alguma coisa senão em virtude de lei."

Em outras palavras, tão somente a lei poderá obrigar a execução de um dever, ou impedir a execução de determinado ato. No Estado de Direito, nada pode ser arbitrário.

Os limites à liberdade do ser humano são necessários, pois ele é capaz de tudo, do ato mais sublime ao mais bestial. A grande contribuição trazida pelo conceito de Estado de Direito é que essas limitações só poderão ser realizadas pela lei. Assim, o ser humano não está sujeito ao poder desmesurado de outro ser, mas, ao menos teoricamente, à justa e adequada orientação da lei.

---

[6] Lafer, *Ensaios liberais*, 1991, p. 19-20.

[7] Reale, *O Estado democrático de direito e o conflito das ideologias*, 1999, p. 9.

[8] Reale, *O Estado democrático de direito e o conflito das ideologias*, 1999, p. 9.

CURSO DE FILOSOFIA DO DIREITO • Bittar/Almeida

A lei, como parâmetro da conduta, é uma questão variável, dependendo do ramo de Direito que se estuda. A principal diferença de tratamento situa-se entre o Direito Administrativo (que regula a atuação do Estado) e o Direito Civil (que regula a atuação dos cidadãos). Em apertada síntese, a Administração só pode fazer o que a lei determina, e o cidadão só não pode fazer o que a lei proíbe. No Direito Administrativo, vige o princípio da supremacia do interesse público, e, no Direito Civil, o princípio da autonomia da vontade.

Orlando Gomes, por sua vez, define o Direito Civil do seguinte modo:

> "Aplica-se a todas as relações que qualquer *particular* possa travar, numa perspectiva de *coordenação*, e compreende as regras relativas aos elementos da *relação jurídica*. Caracteriza-se hoje pela adoção de instrumentos técnicos próprios (propriedade, contrato, obrigação, sociedade) e princípios particulares (igualdade e autonomia dos sujeitos)."[9]

Ora, respeitando o princípio da autonomia da vontade, o Código Civil prevê hipóteses de anulação do ato jurídico, apenas, no caso de eles emanarem de erro substancial (art. 138 do Código Civil). Observa Maria Helena Diniz:

> "O ato negocial apenas produzirá efeitos jurídicos se a declaração de vontade das partes houver funcionado normalmente. Se inexistir correspondência entre a vontade declarada e a que o agente quer exteriorizar, o negócio jurídico será viciado ou deturpado, tornando-se anulável se no prazo decadencial de quatro anos for movida ação de anulação (...). Trata-se de hipótese em que se apresentam os *vícios de consentimento*, como o erro, o dolo e a coação, que se fundam no desequilíbrio da atuação volitiva relativamente a sua declaração. Casos há, ainda, em que se tem uma vontade funcionando normalmente, havendo até mesmo correspondência entre a vontade interna e sua manifestação, entretanto, ela se desvia da lei, ou da boa-fé, violando direito e prejudicando terceiros, sendo, por isso, anulável o negócio (...). Trata-se dos *vícios sociais*, como a simulação e a fraude, que contaminam a vontade manifestada contra as exigências da ordem legal."[10]

No âmbito do Direito Civil, a lei objetiva preservar a autonomia da vontade, tentando minimizar a ocorrência do erro na manifestação dessa vontade. No Direito Administrativo, a intenção é diversa. Maria Sylvia Zanella di Pietro revela o papel da lei nesse ramo do Direito Público:

> "Precisamente por não poder dispor dos interesses públicos cuja guarda lhes é atribuída por lei, os poderes atribuídos à administração têm o caráter de poder-dever; são poderes que ela não pode deixar de exercer, sob pena de responder pela omissão. Assim, a autoridade não pode renunciar ao exercício das competências que lhe são outorgadas por lei; não pode deixar de punir quando constate a prática de ilícito administrativo; não pode deixar de exercer o poder de polícia para manter o exercício dos direitos individuais em consonância com o bem-estar coletivo; não pode deixar de exercer os poderes decorrentes da hierarquia; não pode fazer liberalidade com o dinheiro público. Cada vez que ela se omite no exercício de seus poderes, é o interesse público que está sendo prejudicado."[11]

---

[9] Gomes, *Introdução ao direito civil*, 1988, p. 30.

[10] Diniz, *Código civil anotado*, 3. ed., 1997, p. 109.

[11] Di Pietro, *Direito administrativo*, 1997, p. 64.

Em virtude de o princípio da supremacia do interesse público reger a dogmática do Direito Administrativo, o poder conferido pelo Direito à Administração Pública é, literalmente, um poder-dever. Ou seja, a ação administrativa não é autônoma, não é a Administração que estabelece o que será realizado, mas a lei.

O bem jurídico da liberdade é de tamanha importância para a Ciência Jurídica, que, nos textos legais, é protegido desde a edição da *Carta Magna* (17 de junho de 1215) e, especificamente, por meio do *Habeas Corpus Amendment Act* (26 de maio de 1679). Na época contemporânea, a "liberdade de ir e vir" continua a ser um dos direitos essenciais protegidos pelo Direito Positivo. Dizemos isso porque o art. 3º, comum às quatro Convenções de Genebra,[12] impede, em seu inciso II, a violação ilegal da liberdade de ir e vir. Estabelece o art. 3º:

> "Para esse efeito, são e permanecem proibidos, sempre e em toda parte, em relação às pessoas acima mencionadas:
>
> a) os atentados à vida e à integridade física, em particular o homicídio sob todas as formas, as mutilações, os tratamentos cruéis, torturas e suplícios;
>
> b) as tomadas de reféns;
>
> c) as ofensas à dignidade das pessoas, especialmente os tratamentos humilhantes e degradantes;
>
> d) as condenações proferidas e as execuções efetuadas sem julgamento prévio por um tribunal regularmente constituído, que ofereça todas as garantias judicias reconhecidas como indispensáveis pelos povos civilizados."

O inciso *a* proíbe a violação do direito à vida e à integridade física; o inciso *b* protege a liberdade de ir e vir; o inciso *c* proíbe as ofensas à dignidade da pessoa humana e à integridade psíquica; e o inciso *d* visa proibir as execuções extrajudiciais e proteger o "devido processo legal" (garantia essencial do cidadão no Estado de Direito).

CONCLUSÕES

Conforme já analisado, é da própria natureza do Estado de Direito escolher a lei como garante e protetora da liberdade individual. A garantia e a proteção da liberdade serão realizadas de diversas formas, dependendo da especificidade de cada ramo do Direito. No Direito Administrativo, a lei guia a ação do Estado e zela pela supremacia do interesse público; os atos vinculados são a regra; os atos discricionários, a exceção. Já no Direito Civil, regido pelo princípio da autonomia da vontade, a livre escolha é a regra sendo que a lei visa garantir sua real concretização. Veja-se o Código Civil Brasileiro e os "defeitos dos atos jurídicos" que visarão impedir que a livre manifestação da vontade seja maculada. Tão essencial é a questão da liberdade para o direito, que até numa situação de guerra a "liberdade de ir e vir" foi eleita como um dos quatro direitos essenciais a serem preservados (art. 3º comum às quatro Convenções de Genebra, 1949, do Direito Internacional Humanitário).

Nesse sentido, é atual e válida a concepção kantiana que lastreia a ideia de Direito, na medida em que suas palavras parecem espelhar com todas as letras a importância da intervenção do Direito na construção do espaço do convívio comum: trata-se da instância que garante as condições segundo as quais o arbítrio de um não interfira no dos outros, segundo uma lei universal de liberdade.

---

[12] Documento pertencente a dogmática jurídica do Direito Internacional Humanitário. Para maiores informações, consulte Swinarski, *Direito internacional humanitário*, 1990.

36
DIREITO E DESENVOLVIMENTO:
O HUMANO, O ECONÔMICO E A LIBERDADE

O economista e filósofo Amartya Sem nasceu na Índia, no ano de 1933, na cidade de Santiniketan, a cidade universitária criada pelo poeta e prêmio Nobel indiano Rabindranath Tagore. Sem, como Tagore, foi laureado com um Prêmio Nobel, o de Ciências Econômicas, no ano de 1998, devido ao seu trabalho nas áreas de: fome, pobreza, teoria do desenvolvimento humano, economia do bem-estar.[1] Como o próprio esclarece, "nasci em um campus Universitário e parece que vivi toda minha vida em um ou outro campus". Sem obteve seu Ph.D no Trinity College (Universidade de Cambridge) e desde 2004 é professor na Universidade de Harvard. Já foi professor em diversas universidades: Cambridge (1998-2004), Harvard (1988-1998), Oxford (1977-1988), London School of Economics (1971-1977), Delhi School of Economics (1963-1971), Cambridge (1957-1963) e a Universidade de Jadavpur na Índia (1956-1958).

Entre seus principais trabalhos destacam-se: *Collective choice and social welfare* (1970); *Poverty and famines: an essay on entitlements and deprivation* (1982); *Sobre ética e economia* (1987); *Desenvolvimento como liberdade* (1999); *Desigualdade reexaminada* (2004); *The argumentative indian* (2005); *Identity and violence: the ilusions of our time* (2006).

36.1 DESENVOLVIMENTO COMO LIBERDADE

Quando ainda era uma criança e morava na cidade de Dhaka (atual Bangladesh), Sem presenciou um episódio que marcou profundamente todo seu trabalho intelectual. Uma tarde um homem apareceu gritando no portão da casa dos pais de Sem. O homem era Kader Mia, um empregado diarista e muçulmano da família, que tinha sido esfaqueado. A caminho do hospital, Kader Mia contou ao pai de Sem que fora avisado pela esposa que, como um muçulmano, não deveria trabalhar em uma região hostil, pois habitada preponderantemente por hindus. Todavia para Kader Mia não havia opção, era circunstancialmente obrigado a trabalhar onde quer que lhe oferecessem trabalho, pois sua família passava fome. Ao refletir a respeito dessa história, Sem percebe o relacionamento existente entre os entraves ao exercício da liberdade (uma vez que Kader Mia não tinha a possibilidade de escolher trabalhar onde quisesse) e o processo de desenvolvimento.

Muitos anos depois do episódio Kader Mia, escreve Sem:

> "(...) as liberdades substantivas que desfrutamos para exercer nossas responsabilidades são extremamente dependentes das circunstâncias pessoais, sociais e ambientais. Uma criança a quem é negada a oportunidade de aprendizado escolar básico não só é destituída na juventude, mas desfavorecida por toda a vida (como alguém incapaz de certos atos básicos que dependem de leitura, escrita e aritmética). O adulto que não dispõe de

---

[1]   Para maiores informações a respeito do Prêmio Nobel consulte o *site*: <www.nobelprize.org>.

Cap. 36 · DIREITO E DESENVOLVIMENTO: O HUMANO, O ECONÔMICO E A LIBERDADE | 473

recursos para receber tratamento médico para uma doença que o aflige não só é vítima da morbidez evitável e da morte possivelmente escapável, como também pode ter negada a liberdade para realizar várias coisas – para si mesmo e para outros – que ele pode desejar como ser humano responsável. O trabalhador adstrício na semiescravidão, a menina submissa tolhida por uma sociedade repressora, o desamparado trabalhador sem terra, desprovido de meios substanciais para auferir renda, todos esses indivíduos são privados não só de bem-estar, mas do potencial para levar uma vida responsável, pois esta depende do gozo de certas liberdades básicas. Responsabilidade *requer* liberdade."[2]

A perspectiva seniana de liberdade a vincula direta e centralmente ao processo de desenvolvimento por duas razões. Esclarece-nos Sem: "1) A *razão avaliatória*; a avaliação do progresso tem de ser feita verificando-se primordialmente se houve aumento da liberdade das pessoas e 2) A *razão da eficácia*: a realização do desenvolvimento depende inteiramente da livre condição de agente das pessoas."[3]

Ao centralizar o desenvolvimento na liberdade, sem ajuda a construir o conceito de desenvolvimento humano. Nesse sentido, a Declaração do Direito ao Desenvolvimento (1986 – Art. 2, inciso 1) estabelece que "a pessoa humana é o sujeito central do desenvolvimento e deve ser participante ativo e seu principal beneficiário". Essa afirmação apresenta uma visão da liberdade, centrada na pessoa humana como sujeito central e principal beneficiária. O Estado não ocupa aqui um papel central, apesar de ser considerado enquanto agente necessário e importantíssimo no papel de articulador de políticas públicas geradoras de desenvolvimento. Não desejamos afirmar que ao Estado não cabe nenhum papel nesse processo, mas que o papel central não é dele, mas da pessoa humana. O Estado pode ser um agente facilitador ou o contrário.

A teoria de Amartya Sem do "Desenvolvimento como Liberdade" também aborda o tema do desenvolvimento, centrado na pessoa humana e não no Estado, sua concepção de desenvolvimento como o pensamento de Hannah Arendt, está aquém da lógica da soberania. O que significa dizer que o fenômeno do poder é visto enquanto ação coletiva e não submissão, seja ela de que tipo for. Esse processo da ação coletiva é que viabiliza a expansão das liberdades individuais, expansão essa propiciadora do desenvolvimento. A responsabilidade fundamental do ser humano é exercitar sua liberdade individual enquanto comprometimento social.

> "O princípio organizador que monta todas as peças em um todo integrado é a abrangente preocupação com o processo do aumento das liberdades individuais e o comprometimento social de ajudar para que isso se concretize. (...) O desenvolvimento é realmente um compromisso muito sério com as possibilidades de liberdade."[4]

O que se percebe é que as liberdades individuais ficam condicionadas a um papel fortemente social por parte do Estado, que é o ente que representa a possibilidade de atendimento às políticas afirmadoras de direitos humanos, algo sem o que a mera competição liberal entre atores sociais acaba por subentender a plena igualdade de todos perante a lei. Nesse sentido, garantir a liberdade de todos, e não de uma minoria, significa agir no sentido de proporcionar políticas que previnam lesões a oportunidades igualitárias, bem como agir no sentido de compensar as diferenças e distorções surgidas ao longo do convívio social.

---

[2]   Sem, *Desenvolvimento como liberdade*, 2000, p. 322.

[3]   Sem, *Desenvolvimento como liberdade*, 2000, p.18.

[4]   Sem, *Desenvolvimento como liberdade*, 2000, p. 336-337.

36.2 DIREITO, ÍNDICE DE DESENVOLVIMENTO HUMANO E SEGURANÇA HUMANA

A pesquisa de Amartya Sem não se limitou à seara acadêmica, muito pelo contrário. Sem foi membro da presidência do Banco Mundial, durante a gestão do Presidente James Wolfensohn, e fez diversos trabalhos para a Organização das Nações Unidas.

Uma das principais contribuições de Sem para essas duas organizações é a nova perspectiva que oferece para a definição de pobreza como privação de capacidades.

> "Ser pobre, segundo Sem, não significa viver abaixo de uma linha imaginária da pobreza – por exemplo, auferir um rendimento igual ou inferior a dois dólares por dia. Ser pobre é ter um nível de rendimento insuficiente para desenvolver determinadas funções básicas, levando em conta as circunstâncias e requisitos sociais circundantes, sem esquecer a interconexão de muitos fatores."[5]

A ideia de que o Direito depende de uma conexão complexa de fatores para ser capaz de indicar caminhos que levam à justiça implica também na assunção de responsabilidades no plano das exigências que envolvem questões de desenvolvimento. Mas a palavra *desenvolvimento* aqui não está estritamente relacionada à questão do progresso material, mas à capacidade que uma sociedade tem de produzir inclusão social e, com isto, conduzir ao desenvolvimento humano, ou seja, ao atendimento de fatores que condicionam a dignidade humana.

Ao considerar a interconexão de diversos fatores para analisar o fênomeno da pobreza, Sem trabalhou em conjunto com o economista paquistanês Mahhub Al Haq, e criou o Índice de Desenvolvimento Humano. Esse índice, pela primeira vez na história do pensamento econômico, leva em conta diversos fatores para mensurar o desenvolvimento humano. Os fatores considerados são: renda, expectativa de vida e educação. O índice de desenvolvimento humano (IDH) de todos os países da comunidade internacional foi publicado pela primeira vez, no ano de 1990, por oportunidade do lançamento do primeiro Relatório de Desenvolvimento Humano do Programa das Nações Unidas para o Desenvolvimento (PNUD), intitulado "Conceito e Medida do Desenvolvimento Humano".[6] Desde 1990, o PNUD publica anualmente um novo relatório; o de 2006 intitulou-se "Além da escassez: Poder, Pobreza e a Crise Mundial da Água" e o do ano de 2007 analisa o tema do desenvolvimento humano e mudança climática. O último relatório de desenvolvimento humano elaborado pela representação do PNUD no Brasil foi lançado no ano de 2005 e intitula-se: "Racismo, Pobreza e Violência".

No relatório de Desenvolvimento Humano de âmbito global do ano de 1994 Sem e Mahhub Al Haq criam o conceito de segurança humana. Esse conceito passou a servir como orientação das ações no plano da segurança da ONU de diversas organizações Internacionais, bem como de diversos Estados. É o próprio Sem que esclarece o conceito.

> (...) "a segurança humana consiste em proteger o essencial vital de todas as vidas humanas de uma forma que realce as liberdades humanas e as plenas realizações do ser humano. Segurança humana significa proteger as liberdades fundamentais: liberdades que constituem a essência da vida. Significa proteger o ser humano contra as situações e ameaças críticas (graves) e onipresentes (generalizadas). Significa utilizar processos

---

[5] Charo Quesada, *Amartya Sem e as mil facetas da pobreza*, 2000, p. 8.

[6] Para consultar os relatórios de desenvolvimento humano desde 1990 consulte o *site* <www.undp.org>.

que tenham como fundamentos as forças e aspirações do ser humano. Significa a criação de sistemas políticos, sociais, ambientais, econômicos, militares e culturais que, em seu conjunto, ofereçam ao ser humano as pedras angulares da sobrevivência, os meios de vida e a dignidade."[7]

A segurança humana complementa a segurança do Estado em quatro aspectos:

"1) se preocupa com a pessoa humana e a comunidade, mais do que com o Estado, 2) as ameaças para a segurança da pessoa incluem ameaças e condições que nem sempre foram classificadas como ameaças a segurança do Estado, 3) a variedade de agentes não se circunscreve unicamente ao próprio Estado; 4) a consecução da segurança humana não inclui somente a proteção da pessoa, mas também lhe oferece os meios de se valer por si própria."[8]

CONCLUSÕES

O pensamento original de Amartya Sem possibilita ao Direito um caminho para a experimentação de sua função promocional. O Direito, ao se valer de sua função promocional, deixa de punir e prevenir ações consideradas ilícitas e passa a promover ações lícitas e positivas.

"Para atingir o próprio fim, um ordenamento repressivo efetua operações de três tipos e graus, uma vez que existem três modos típicos de impedir uma ação não desejada: torná-la *impossível*, torná-la *difícil* e torná-la *desvantajosa*. De modo sintético, pode-se afirmar que um ordenamento promocional busca atingir o próprio fim pelas três operações contrárias, isto é, buscando tornar a ação desejada *necessária*, *fácil* e *vantajosa*."[9]

Ao definir o desenvolvimento como um processo de expansão das liberdades individuais e a pobreza como privação de capacidades, Sem faz uma aposta enfática no processo de mudança do *status quo*. Nesse sentido a função promocional e não repressiva é a mais adequada para operar de forma conjunta a teoria semiana do desenvolvimento como liberdade.

"É notória a importância que têm, para uma análise funcional da sociedade, as categorias da conservação e da mudança. Considerando agora as medidas de desencorajamento e as de encorajamento de um ponto de vista funcional, o essencial a se destacar é que as primeiras são utilizadas predominantemente com o objetivo da conservação social e as segundas, com o objetivo da mudança."[10]

Não basta pensar no desenvolvimento como mero fator de crescimento econômico. O progresso se mede por aquilo que se agrega à dimensão do humano, e não aos bens de uma

---

[7] Comisión de la Seguridad Humana, *La seguridad humana*: ahora proteger y habilitar a la gente, 2003, p. 03.

[8] Comisión de la Seguridad Humana, *La seguridad humana*: ahora proteger y habilitar a la gente, 2003, p. 04.

[9] Bobbio, *Da estrutura à função*: novos estudos de teoria geral do direito, São Paulo, 2006, p. 15.

[10] Bobbio, *Da estrutura à função*: novos estudos de teoria geral do direito, São Paulo, 2006, p. 19.

sociedade. Por isso, a economia serve os interesses de dignificação humana, e não o contrário. Aqui está implícita uma crítica à ideia das sociedades industriais e pós-industriais que convivem com grande contingente de progresso material, acompanhado de forte contingente de exclusão social e lesões a direitos humanos.

Se o direito tem um compromisso com a justiça, não pode prescindir de considerar que o desenvolvimento humano é um elemento que, atrelado a políticas públicas, a cláusulas constitucionais dirigentes, a compromissos políticos, a atitudes prestativas do Estado, pode representar o primeiro passo em direção à liberdade. Nesse sentido, a própria noção de liberdade implica em uma solidariedade social que dignifica a condição dos *partners* da vida social, algo que se pode mensurar pelo equilíbrio estrutural de uma sociedade e pelos níveis de justiça distributiva existentes.

37
DIREITO E ÉTICA:
O COMPORTAMENTO HUMANO EM QUESTÃO

37.1 DIFERENCIANDO ÉTICA E MORAL

Costuma-se, com muita habitualidade, tratar indistintamente os termos ética e moral. É neste sentido que é mister identificar a existência de claras distinções entre estes vocábulos, o que não pode ser feito sem uma prévia reflexão sobre o tema.

O termo ética, em sua etimologia, revela que *éthos* (grego, singular) está ligado à ideia do hábito, daquilo que é fruto da ação reiterada humana, o que determina o modo de agir do indivíduo. Já o termo *éthe* (grego, plural) é o conjunto de hábitos ou comportamentos de grupos ou de uma coletividade, podendo corresponder, nesta acepção mais coletiva, aos próprios costumes. A tradição latina, ao traduzir *éthos* por *mos* (donde, moral), perverteu a origem etimológica ao confundir ética com moral.

Define-se *ética* como sendo a capacidade de ação livre e autônoma do indivíduo. Significa, acima de tudo, capacidade de resistência que o indivíduo tem em face das externas pressões advindas do meio (inclusive pressões morais ilegítimas). Somente o indivíduo pode praticar a ética, e, neste sentido, por vezes, ser ética significa *confrontar* a moral reinante, por vezes, estar de acordo com a moral reinante. Lembra-se aqui o julgamento de Sócrates, que, com seu pensar (*sua ética*), foi condenado pela maioria de votos da Assembleia de Atenas (*moral coletiva*) como um malfeitor da cidade. No entanto, a história o reabilitou como o mais importante símbolo do pensamento antigo!

Define-se *moral* como o conjunto das sutis e, por vezes até mesmo não explícitas, manifestações de poder axiológico, capazes de constituir instâncias de sobredeterminação das esferas de decisão individual e coletiva. A moral, geralmente, se constitui por um processo acumulativo de experiências individuais, que vão ganhando assentimento geral, até se tornarem regras e normas abstratas ("Não matarás"; "Não darás falso testemunho").

Esta distinção, que já se tornou clássica no pensamento contemporâneo, retrata a tensão bipolar indivíduo/sociedade expressa na relação entre *Sittlichkeit* e *Moralität,* advinda dos debates do eixo filosófico Kant-Hegel,[1] também incorporada na reflexão de Jürgen Habermas,[2] tão relevante para a discussão sobre a consciência moral.

---

[1] "Hegel introduz uma precisão conceitual: reserva o conceito de *Moralität* para o ator individual que pela ação já consciência moral dos seus equívocos e acertos; e reserva o conceito de *Sittlichkeit* para a ação moral praticada no coletivo, conscientizada por cada ator individual.

Hegel resolve de maneira dialética a tensão criada com a polaridade entre indivíduo e sociedade, deixando claro que a ação moral individual já é socialmente mediada, enriquecendo a consciência moral subjetiva. Da mesma forma, a ação moral coletiva não seria *sittlich* se não se calcasse na consciência moral de cada um dos atores no interior de uma comunidade social (*oikós, pólis,* sociedade civil etc). Não há indivíduo sem sociedade, como não há sociedade sem indivíduos. A questão da moralidade não é nem

478 | CURSO DE FILOSOFIA DO DIREITO • *Bittar / Almeida*

É certo que não existe indivíduo sem sociedade, e vice-versa, de modo que comportamento ético e exigência moral social acabam se intercambiando o tempo todo. Mas, o que precisa ficar claro é que nem tudo o que é *moralmente* aceito (por um grupo, por uma maioria, ou pela hegemonia coletiva) pode ser chamado de *eticamente* aceitável.

Os alemães do período *entre-guerras* não somente votaram no partido social-nacionalista, que veio a conduzir Hitler ao poder, como aplaudiram seu expansionismo e seu dinamismo disciplinado que devolveu dignidade ao povo alemão e ascendeu a nação alemã ao ápice do poder imperialista europeu; não teriam sido cúmplices do extermínio sistemático de judeus, ciganos, poloneses, idosos e deficientes? Seria ao povo lícito, neste período, ser contra o antissemitismo reinante?

A questão que se põe define bem a diferenças entre as práticas sociais majoritárias, os valores consagrados pelo consenso de meio-termo social, e a marca da contribuição do *in-divíduo* (aquele que não se divide) para o mundo, da personalidade que não se esgota em reproduzir a moralidade alheia, mas criativamente se *faz* sujeito por decidir com *autoesclarecimento*.

Ser *resistente,* no sentido da ética foucaultiana (Michel Foucault), é ser capaz de exercitar a sua autonomia, a sua personalidade, ante mesmo a conjuntura que força à pasteurização e à homogeneização dos comportamentos em unidades servis a ideologias reinantes. Em poucas palavras, é não se deixar assujeitar desde fora, na medida em que isto é possível, nos diversos contextos em que é possível resistir às inflexões do poder que se mascara e se reveste das mais diversas faces possíveis.

37.2 A DIMENSÃO DO SABER ÉTICO E A DIMENSÃO DO SABER JURÍDICO

Desse modo, pode-se admitir que todo conteúdo de normas morais tem em vista sempre o que a experiência registrou como bom e como mau, como o que é capaz de gerar felicidade e infelicidade, como sendo o fim e a meta da ação humana, como a virtude e o vício. Essa preceptística, que não é estável, e nem homogênea em sua totalidade e em sua generalidade, entre as diversas culturas, varia ao sabor de inúmeros fatores.

Com os meios de realização escolhidos, com os fins almejados, com as consequências práticas e com os reflexos sociais previstos... percebe-se, compreende-se, constrói-se, delibera-se... quais são os padrões de conduta aceitáveis e inaceitáveis. Isso, porém, não se pode definir antes da necessária passagem pelo convívio histórico. O que se quer dizer é que as regras orientativas e disciplinadoras do que seja o socialmente aceitável e conveniente decorrem da abstração das experiências e vivências sociais historicamente engajadas. O indivíduo produz conceitos e padrões éticos e envia-os à sociedade, assim como a sociedade produz padrões e conceitos morais e envia-os (ou inculca), por meio de suas instituições, tradições, mitos, modos, procedimentos, exigências, regras, à consciência do indivíduo. É dessa interação,

---

subjetiva nem individual, ela sempre é objetiva e social, mas conscientemente medida pela perspectiva subjetiva de cada indivíduo. Por isso a questão da moralidade tem de ser transformada numa questão da *Sittlichkeit*. Esta última inclui e absorve a primeira.

Qual o segredo profundo da *Sittlichkeit* hegeliana? O trabalho e a educação, ou seja, duas formas de ação que permitem transformar simultaneamente o indivíduo, e a sociedade por vias racionais" (Barbara Freitag, *Itinerários de Antígona*: a questão da moralidade, Papirus, Campinas, 1992, p. 70 e 71).

2   "A moral trata do que é igualmente bom para todos, enquanto a ética se ocupa do diferente. Ela engloba a necessidade de *autoesclarecimento*, ou de esclarecimento de quem somos e de quem gostaríamos de ser (Habermas, 1993), de forma que saibamos naturalmente quais são nossas obrigações e dúvidas" (Roberto Cardoso de Oliveira, A questão étnica: qual a possibilidade de uma ética global?, in *As dimensões culturais da transformação global*, Lourdes Arizpe, Unesco, 2001, p. 56).

Cap. 37 · DIREITO E ÉTICA: O COMPORTAMENTO HUMANO EM QUESTÃO | **479**

e com base no equilíbrio dessas duas forças, que se pode extrair o esteio das preocupações ético-normativas. De um lado, a ética do indivíduo, do outro lado, a moral da sociedade.

Se o saber ético estuda o agir humano, está claro que possui fronteiras muito tênues com o saber jurídico, de modo que Ética, como saber, e Direito como ciência, convivem. Deve-se dizer que dentre as normas sociais e demais convenções destacam-se as normas jurídicas, com as quais interagem as normas morais. Assim, há que se investigar as relações existentes entre ambas as categorias de normas, procurando-se definir o âmbito de alcance de cada qual.

As normas jurídicas distinguem-se das normas morais, fundamentalmente em função da cogência e da imperatividade que as caracterizam. Eis aí uma primeira delimitação de suma importância. As normas morais possuem autonomia com relação ao Direito, e, pode-se dizer, vice-versa, o que, por contrapartida, não significa dizer que não possuam influências, ou que não possuam relações e imbricações recíprocas. Fundamentalmente, o que se quer dizer é que a relação entre Direito e ética, entre normas jurídicas e normas morais, é estreita, não obstante se possam identificar nitidamente as diferenças que se marcam entre os dois campos de estudo.

Deve-se admitir que a cumplicidade existente entre Direito e moral é notória, além de inegável.[3] Quando se trata de relacionar ambas as esferas,[4] é de crucial importância assinalar que, às vezes, normas morais e normas jurídicas convergem, às vezes, divergem. Que dizer das normas jurídicas de direitos humanos, contrárias à discriminação, contrárias ao desmando… se não que se trata de um conjunto de preceitos morais que deságuam no universo das prescrições jurídicas para encontrar seu reforço na coação estatal?[5] Que dizer das normas jurídicas que caminham dissociadas de quaisquer resguardos éticos ou, por vezes, contrárias à ética?[6]

É por demais importante grifar que se torna impossível ao jurista penetrar adequadamente nos meandros jurídicos menosprezando por completo as regras morais. Se isso já é por si difícil e prejudicial, então se torna inaceitável a posição que receita ao jurista manter distância absoluta do estudo das normas éticas, como aquela que resulta do pensamento kelseniano. Em outras palavras, e sinteticamente, tudo confirma a hipótese de que a pesquisa jurídica deve ser uma pesquisa conjugada com a ética;[7] deve-se perceber que os entrelaçamentos entre o Direito e a temática ética são inegáveis.[8]

---

[3]   Nada há a desabonar essa ideia, a não ser posturas teóricas formalistas e puristas, do ponto de vista metodológico, como ocorre com a *Teoria Pura do Direito* de Hans Kelsen.

[4]   A respeito do tema, consulte-se o excelente estudo *Ética e direito* (1996) de Chaïm Perelman.

[5]   Deve-se consultar, a respeito, a análise histórico-evolutiva dos direitos humanos em Comparato, *A afirmação histórica dos direitos humanos,* 1999.

[6]   Este é o caso das normas que contêm prazos, indiferentes a conteúdos morais; das normas processuais que consentem a mentira em nome da defesa pessoal do réu, contrariamente ao que diz a moral quanto à mentira.

[7]   Hans Kelsen não negava a possibilidade de estudo da justiça; é certo que não só estudava a justiça (*A ilusão da justiça; O que é justiça; O problema da justiça*), como também a julgava um valor relativo. Estudou, porém, a justiça com um valor em separado do Direito, como objeto de uma ciência própria, autônoma e desvinculada do Direito (estuda normas jurídicas), a Ética (estuda normas morais).

[8]   Já se teve oportunidade de afirmar isto em outra parte. Ver, portanto, Bittar, *Teorias sobre a justiça*: apontamentos para a história da Filosofia do Direito. São Paulo: Juarez de Oliveira, 2000. Também, leia-se em Ferraz Júnior, *Introdução ao estudo do direito,* 1994, p. 355: "Pelo que dissemos, a justiça é o princípio e o problema moral do direito".

480 | CURSO DE FILOSOFIA DO DIREITO • *Bittar / Almeida*

37.3 A ÉTICA E O PODER DE ESCOLHA

E, quando se trata de pensar a ética, trata-se de evidenciar a raiz de onde tudo provém, a sede das tormentas e das soluções sociais: o comportamento humano. De fato, não bastasse o termo *éthos* (gr., hábito) já revelar esse sentido, a reflexão ética se propõe exatamente a colocar-se atenta aos entrelaçamentos profundamente humanos das ações intersubjetivas e das intenções intrasubjetivas.

Agir eticamente implica decisão. Para que se decida é necessária prévia deliberação (*boulesis*), prévio processo mental de sopesamento de meios e fins. É nesta balança que entram as aflições do bom e do mau, do justo e do injusto, do certo e do errado. Se não existisse dúvida, se as leis morais fossem presididas por imperativos absolutos e naturais, se não houvesse espaço para o livre-arbítrio e tudo fosse nada mais que mera extensão da "vontade divina" (pura heteronomia), não haveria espaço para a manifestação do bem ou do mal existente no interior de cada um. Não haveria ética num mundo totalmente determinado pelo destino (natural, divino, causal).

Por isso, sempre quando se fala em ética se está a falar em liberdade e em responsabilidade. A capacidade de correlacionar a esfera íntima de minha liberdade de autodeterminação (ficar ou não no emprego, aceitar ou não a propina, corroborar ou não esta decisão, pagar ou não o oficial de justiça, propagandear ou não esta ideia...) e a responsabilidade sobre a esfera exterior dos resultados de minha ação (prejudicar um amigo, trair uma causa, corromper o poder, desestabilizar o poder...) tem a ver com capacidade ética desenvolvida por indivíduos dotados de *phrónesis*, prudência, na leitura aristotélica.

É sempre dentro de uma conjuntura, consideradas as pressões existentes, os riscos envolvidos, a complexidade das relações atreladas à situação, que se verifica o momento decisório, que significa o exercício do ato de escolha.

Toda ação ética implica escolha. Neste sentido, a escolha "é uma espécie de salto. Salto absoluto porque não se pode voltar atrás".[9] Todo ato individual é absolutamente autêntico, na medida em que reúne em torno de si reflexão prévia, liberdade de agir e responsabilidade assumida pelas consequências do ato.[10] É do conjunto destes saltos que me faço a mim, que determino meu percurso existencial, e, exatamente por isso, neste processo, me torno autor da minha própria condição (rico, porém solitário e doente; pobre, não obstante feliz e reconhecido; cansado, porém vitorioso). No fundo, somos *artífices* de nossa própria personalidade, *artistas* em permanente processo de cinzelamento de nossos contornos, que se aferem pela nossa visão de nós mesmos e pela visão externa que têm de nós os outros.

37.4 ÉTICA E RESPONSABILIDADE PROFISSIONAL

Isso é particularmente importante e curioso de se estudar, quando se trata de pensar a relação existente entre o Direito e a Ética, pois qual seria a conduta aceita socialmente? Quais seriam os comportamentos admissíveis pela sociedade, por não ferirem seus valores, suas instituições e suas finalidades? Comportamentos antiéticos são todos antijurídicos? E vice--versa? É possível se pensar que existe um mínimo ético na dimensão estrutural do Direito, como afirmam alguns autores? Quais os parâmetros desse mínimo ético? Estes não são mais simples problemas para a Filosofia do Direito; são sim dilemas, na medida em que se convive diuturnamente com a revisão desses postulados a cada vez que uma pessoa é morta, é presa,

---

[9]   Heller, *Agnes Heller entrevistada por Francisco Ortega*, 2002, p. 42.

[10]   Vide Heller, *An ethics of personality,* 1996, p. 155 e 157.

é torturada, é violada em seus direitos fundamentais etc. É inegável, portanto, a relevância da discussão da perspectiva ética em face da perspectiva jurídica, na medida em que uma interfere sobre a outra, seja do ponto de vista pragmático, seja do ponto de vista teórico.

Se o comportamento humano é o grande foco de atenção das discussões sobre a eticidade, num primeiro olhar, que é que se constata no comportamento humano? Parte-se de uma pergunta: do que é que somos capazes como seres capazes de razão, de deliberação e decisão? Do que é que somos capazes por sermos seres que pensam causas e fins, meios e métodos, por sermos seres que intentam, que confabulam, que refletem, que agem e que são capazes de criação? O que podemos fazer como seres criativos?

Quando a pergunta é o que somos capazes de fazer como seres criativos, a resposta parece encaminhar-se com facilidade. Somos capazes de agir, fazer, produzir, inovar, revolucionar, mudar, instituir, estruturar, formar, construir, dominar, sistematizar, dimensionar, calcular, consertar, moldar etc. Isso significa que nestes verbos moram as grandes conquistas e realizações, de indivíduos, grupos e, por vezes, civilizações inteiras. Ainda mais, isso significa que somos capazes de imensas obras de engenharia, de criativas soluções mecânicas, de formidáveis obras artísticas, de lideranças intelectuais e teóricas, de descobertas e revelações científicas, de soluções práticas e técnicas que favoreçem a melhoria da qualidade de vida, de imensas atitudes de solidariedade e afetividade, de realizações que rompem limites físicos e aumentam a flexibilidade da condição humana, entre outras coisas.

No entanto, é paradoxal que a capacidade de criar se encontre alinhada com a paralela capacidade de destruir. E essa parece ser uma força tão equivalente àquela criativa. É assim que fenômenos absolutamente assintônicos e diametralmente opostos convivem lado a lado, produzindo todas as contradições que marcam a vida social.

Se somos capazes daquelas coisas anteriormente citadas, também somos capazes de desfazer, destituir, desestruturar, deformar, desconstruir, inviabilizar, desarticular, poluir, vingar etc. Isso significa que nestes verbos moram as grandes catástrofes que marcaram e marcam indivíduos, grupos e sociedades. Onde está a humanidade está a ambiguidade. É assim que a mesma ciência que produz cura de doenças para milhares também produz artefatos capazes de destruição em massa. O mesmo exército que é capaz de se mobilizar para salvar vidas pode ser o agente que assassina crianças, mulheres e idosos indefesos. A mesma indústria que alimenta, veste e produz é capaz de criar em série os meios de destruição da vida. O mesmo gênio posto à disposição da melhoria da condição humana é capaz de servir às causas mais ignóbeis. O mesmo sentimento que é capaz de unir duas pessoas pode ser transformado na causa de seu recíproco aniquilamento. O mesmo fervor popular que movimenta a luta por direitos e práticas sociais justas é capaz de exercer-se cegamente em busca de ideais políticos arbitrários. O mesmo Estado que é capaz de criar regras e mantê-las a serviço da comunidade é capaz de escravidão, alienação e desvio de poder. A mesma máquina que transporta pessoas e pode distribuir alimentos pode despejar toneladas de bombas sobre culpados e inocentes, civis ou militares. A mesma lógica teórica que justifica descobertas inteiras é capaz de pôr-se a serviço de tiranos e conquistas soberanas e arbitrárias. O mesmo programador de *software* que traz soluções informáticas ao estado da técnica é o portador de conhecimentos suficientes para inviabilizar seu uso (*hacker*). As mesmas técnicas agrícolas que favoreçem que frutos tenros e plantas medicinais possam vicejar dão suporte para o plantio de ervas das quais se extraem alucinógenos que sustentam o tráfico e a exploração humana. As mesmas relações de trabalho que produzem crescimento e riqueza, progresso e inovação são manipuláveis para a exploração de uns pelos outros. Um discurso filosófico pode ser importante arma de luta pacífica contra a opressão, contra a inculcação de ideias, contra a degeneração e a apatia mentais, mas pode ser também a chama para incendiar multidões em direção a práticas violentas e a derramamento inútil de sangue.

É curioso pensar que o mesmo líquido pode ser veneno e antídoto! Atrás de todo esse dilema está o infindável rol de escolhas, e, nesse sentido, vale questionar: que escolha deve ter o operador do Direito ao postular caminhos de ação prática no desempenho de sua profissão?; qual o grau de responsabilidade social que mora atrás das perspectivas de atuação do operador do Direito?; qual o comprometimento do operador do Direito com a dimensão da cidadania, e com a afirmação da democracia e dos direitos humanos?

Pensar essas questões é pensar que toda vez que se postula algo em juízo (sobre o patrimônio, o estado civil, a liberdade ou a vida das pessoas), toda vez que se peticiona à administração pública, toda vez que se escreve um artigo de temática atual e polêmica, toda vez que se resolve um problema de aplicação do Direito, se vive o compromisso do operador com seu meio, pois suas ações agem sobre o mundo, interferem na vida comunitária, modificam o poder etc. Há um altíssimo grau de intervenção do jurista sobre os mundos fático, social, político, econômico, cultural e axiológico, o que por si só justifica que as práticas jurídicas sempre sejam *re-pensadas*, na perspectiva de um positivismo crítico e reavaliativo (na perspectiva de Foucault), que os operadores do Direito sejam chamados à berlinda da responsabilidade de seus misteres, e que o Direito seja utilizado como instrumento de transformação social, na perspectiva da afirmação da cidadania, na busca de efetividade da justiça social, bem como no culto objetivo e direto da democracia como prática da igualdade política e de liberdade de ação sobre o mundo social.

É nesse sentido que a ética pode ser considerada um meio ao conjunto das pressões externas (dos costumes, da economia, da política, das normas sociais) o último reduto do exercício da liberdade de escolha pelo indivíduo capaz de discernir, e, portanto, capaz de exercer resistência (Freud, Nietzsche, Foucault).

Discutir, portanto, ética e ética profissional, para o universo das profissões jurídicas, é mais que um simples reclamo, ou uma sofisticação filosófica, e sim uma necessidade imperativa para que se possa pensar constantemente, invocando uma lição de Alaôr Caffé Alves, a quem se serve com o que se faz?

CONCLUSÕES

A Ética, como saber filosófico, possui por objeto especulativo o estudo das questões morais, enquanto a ciência do Direito possui por objeto normas jurídicas. Não obstante as dificuldades que decorrem da compreensão dessa decisão, é ela aceita como um ponto divisor de águas e limítrofe entre águas contíguas. Ética e Direito conjugam-se, apesar de constituírem campos diversos de estudo, intercambiando valores e normas entre si. Dessa dialética é que se nutre o rico debate interdisciplinar.

Mais que tudo, há que se dizer que o tema de ética perpassa o exercício do Direito quotidianamente, pois grandes decisões que se projetam sobre a vida social passam por decisões de operadores do direito. O sentido de responsabilidade ético-social parece ser ainda mais aflitivo nesta profissão, o que só pode tornar este tipo de debate um exercício indispensável para a formação de novos profissionais (ensino jurídico) e para o acompanhamento do exercício prático-profissional dos operadores (comissões de ética profissional).

38
DIREITO, HISTÓRIA E VALOR

38.1 O SENTIDO DA HISTÓRIA E A TEORIA TRIDIMENSIONAL DO DIREITO

As forças históricas são um imperativo para a condição humana. Não há como enxergar os indivíduos fora da história.

O curioso de perceber isso é que, dessa forma, pode-se revalorar o próprio sentido da história, para percebê-la não mais como "o conjunto dos fatos passados", como "a narração dos acontecimentos relevantes", como a "série ordenada de fatos marcantes". A história passa a ser vista como a trama que determina as condições nas quais, dialeticamente, homens criam e recriam seus destinos. Toda vez que uma ação humana se projeta para intervir sobre o mundo, condiciona-o a ser diferente do que era até então, e é exatamente esse condicionamento da realidade das coisas que passa a determinar as condições nas quais se vive no presente e se viverá no futuro. Aquele que determina por suas ações também é determinado pelas condições históricas que são efeito de suas ações. Isso, pensado no tempo e no espaço, abrangendo coletividades, é o que se pode chamar de história.

Nessa linha de raciocínio, a história não fala do passado, nem se atém ao ocorrido, porque sua perspectiva age dialeticamente condicionando a coexistência humana no hoje e no amanhã, a partir de ações do passado; há uma solução de continuidade, uma interligação, uma interdependência entre presente, passado e futuro.

Nessa exata medida é que a experiência jurídica só pode ser, com Miguel Reale, avaliada como sendo uma experiência histórico-cultural, ou seja, como parte de um processo maior e mais amplo de contingência no qual se encontra imersa a condição humana. É dessa forma que o movimento dinâmico entre fatos, valores e normas se dá no tempo e no espaço; a interação entre esses elementos se dá num processo dialético no qual se pode perceber a profunda imbricação entre o que moralmente se aceita, entre o que se pretende do futuro, entre o que se pode tornar realidade, entre o que se faz como prática social, entre o que as classes disputam entre si, entre o que e como se valoram determinadas categorias do comportamento humano... Enfim, não há como pensar o Direito sem pensar suas tramas, condicionadas a partir de perspectivas histórico-dialéticas, nas quais se movimenta.

> "No imenso mecanismo humano o Direito figura também, por assim dizer, como uma das peças de TORCER e AJEITAR, em proveito da sociedade, o homem da natureza" (Barreto, 1822).[1]

---

[1] Apud Reale, *Filosofia do direito*, 19. ed., 1999, p. 220.

O Direito aparece, na vida social, por meio das normas jurídicas. Para a Teoria Tridimensional do Direito,[2] de autoria de Miguel Reale, a norma jurídica é apenas uma das dimensões da experiência jurídica, estando presentes outras duas dimensões: o fato e o valor.

Consoante a Teoria Tridimensional do Direito, a norma, inspirada pelos valores, é o modo pelo qual o Direito incide sobre os fatos da vida social. Esclarece Miguel Reale:

> "Posto isto, sendo a experiência jurídica uma das modalidades da experiência histórico-cultural, compreende-se que a implicação polar FATO-VALOR se resolve, a meu ver, num processo normativo de natureza integrante, cada norma ou conjunto de normas representando, em dado momento histórico e em função de dadas circunstâncias, a compreensão operacional compatível com a incidência de certos valores sobre os fatos múltiplos que condicionam a formação dos modelos jurídicos e a sua aplicação."[3]

Dessa forma, conclui-se que as normas jurídicas são o resultado de uma relação tensional entre fato e valor.

Neste item, o interesse principal é explicitar qual a relação existente entre Direito, História e Valor. Para isso, é útil o estudo de um caso concreto, qual seja: a Segunda Guerra Mundial como evento constitutivo do Direito Internacional dos Direitos Humanos (DIDH).

Desde a Escola Histórica que a história passou a ocupar um papel de destaque na compreensão do fenômeno jurídico. Para Miguel Reale, o tempo histórico é a clareira onde os valores são expressados:

> "Os valores se manifestam nas coisas valiosas e se revelam na experiência, através da história. São, então, algo que o homem realiza em sua própria experiência e que, por isso, vão assumindo, através do tempo, expressões diversas."[4]

38.2 A TEORIA TRIDIMENSIONAL DO DIREITO E A CONSTRUÇÃO DOS VALORES: DIREITO E EXPERIÊNCIA

No centenário de nascimento de Miguel Reale (em 2010), quando se trata de avaliar as raízes de seu pensamento, se trata de considerar os avanços relativos do tridimensionalismo diante das tradições positivistas que lhe eram pregressas e anteriores. Por isso, sua filosofia, centrada na relação com os valores, é um marco não somente no sentido de se tratar de um ponto referencial teórico divisor de águas na cultura jurídica, mas também por significar a síntese de diversas tendências teóricas que ocuparam o cenário intelectual dos séculos XIX e XX. A teoria tridimensional do Direito, nesse sentido, pode ser vista como a síntese de compreensão e superação dos embates filosóficos que dividiram espaço ao longo dos últimos dois séculos.

O desenvolvimento de uma teoria tridimensional específica e concreta do Direito pressupunha, portanto, ao longo da obra de Miguel Reale, a fixação das teses que fundamentariam a afirmação de sua proposta, o que demanda, inapelavelmente, uma tomada de posição diante da ideia de Direito. O Direito é um objeto que se oferece ao conhecimento, e, para identificá-lo em sua especificidade, seria antes necessário situá-lo, em meio a outros objetos, bem como

---

[2] Para uma versão atualizada desta Teoria, veja Reale, *Teoria tridimensional do direito*: situação atual. 5. ed. São Paulo, 1994.

[3] Reale, *Teoria tridimensional do direito*: situação atual, 5. ed., 1994, p. 74.

[4] Reale, Apud Garcia, *A teoria dos valores de Miguel Reale*, 1999, p. 47.

Cap. 38 · DIREITO, HISTÓRIA E VALOR | 485

discutir as diversas propostas explicativas que anteriormente se assinalaram no sentido de desnudar-lhe o específico estatuto teórico. É isso que torna necessária a compreensão dos pilares dessa teoria, antes que se possa discutir sua contribuição para o pensamento jusfilosófico.

Desde a formação da ciência dogmática do direito, no século XIX, duas forças teóricas passam a se opor na discussão do Direito. De um lado, e historicamente em primeiro lugar, afirma-se a visão que reduz o Direito à norma, ao abstrato. De outro lado, e em oposição à primeira tendência, a visão que devolve o Direito à esfera do fenômeno, à dimensão do social, ao mundo fático. A primeira perspectiva teórica é a do positivismo, que encontra eco em diversas escolas, ganhando grande repercussão na forma de pensar e estruturar a nascente concepção de um sistema do Direito, no mundo moderno, e desenvolvida pelo jusnaturalismo racionalista. Aí estão as escolas da Jurisprudência dos conceitos, da Jurisprudência analítica, da Exegese, bem como a Pandectista, e destacam-se os pensamentos de Puchta, Windscheid e a primeira fase do pensamento de Jhering.

A reação a esse reducionismo positivista, que fetichiza a importância da lei e traduz a consistência da experiência jurídica na dimensão da norma jurídica escrita e posta pelo Estado, é que dá origem à segunda tendência teórica, que começa a despontar no próprio século XIX, em direção à história e à sociologia. Mas, essas reações não cessaram, irrompendo no século XIX, entre as quais se destacam de François Gény ("direito vivo"), os sociologismos de Leon Duguit ("direito social"), Ehrlich ("direito concreto") e Georges Gurvitch.

O pensamento de Reale opor-se-á a essa tensão bipolar que tenta reduzir o Direito ora à dimensão do fato, ora à dimensão da norma. A dicotomia que opõe ser e dever-ser parece representar uma camisa-de-força teórica desnecessária para a descrição do Direito, exatamente porque opõe à racionalidade das normas a irracionalidade dos fatos e eventos sociais. A oposição a essas concepções seria um passo adiante no sentido da identificação da real condição humana, que se descreve pela atuação permanente da razão sobre os fenômenos cognoscíveis (a razão ordena), mas não desprovido de irresistível apelo histórico.

É por isso que Reale haverá de entender o Direito como experiência, porque se trata de um objeto cognoscível no domínio da vida, onde planta suas raízes e de onde extrai seu dinamismo, e a norma jurídica será identificada como fato da experiência humana. Porém, aqui já se encontra uma dificuldade, pois o próprio conceito de experiência não parece traduzir univocidade ou certeza teórica, o que Reale reconhece em seu livro intitulado *O direito como experiência*. Na visão de Reale, o Direito não se resume a ser nem puro fato, nem puro ideal, nem pura forma a contemplar, o que de certa forma coloca Reale diante de um embate com as mais ancestrais concepções que orientam o pensamento filosófico ocidental, de Platão a Marx. O que é que permite a Reale opor-se a essas concepções e o que é que dá fundamento à sua opção metodológica perante o Direito? Sua visão da teoria do conhecimento e da teoria do valor.

Isso porque Reale não poderia desprezar, na constituição de sua teoria tridimensional, a ideia primordial de que valores operam inevitavelmente na órbita da definição do Direito. Isso porque "Só o homem é capaz de valores, e somente em razão do homem a realidade axiológica é possível".[5] Mas, que são valores, que características possuem e como se situa a formação do Direito? Reale não poderia ignorar que os valores não são necessariamente construídos por práticas virtuosas, especialmente após a *Genealogia da moral*, de Nietzsche. Não poderia ignorar também a face social dos valores que determinam a conduta do indivíduo, inserido em relações intersubjetivas de laços de solidariedade orgânica ou mecânica, após os estudos

---

[5]   Reale, *Filosofia do direito*, 1999, Saraiva, p. 191.

de Durkheim. Muito menos poderia deixar de considerar que os valores funcionam (religião, moral, direito, Estado, política) como ideologias que alienam as consciências individuais para que vejam a realidade como "é" e não como "deve ser", após as críticas de Marx. Também não poderia desatrelar-se da concepção existencialista emergente que, à carreira da fenomenologia hegel-husserliana, postaria o ser dos valores no mundo da história.

Então Reale é um legatário crítico das filosofias hegeliana e kantiana que haverá de partir de suas concepções de mundo, para construir sua própria forma de investigar o universo dos valores. Legatário porque Kant é o primeiro filósofo a trazer a ideia de valor da economia para a filosofia, e Hegel, o primeiro a localizá-lo na historicidade. Na expressão de Luigi Bagolini, Reale fundará seu "historicismo axiológico" permeando ambas as compreensões do funcionamento da vida dos valores, afastando-se, portanto, de outras tendências, quais sejam: (1) as subjetivistas, que afirmam que o valor surge na consciência individual (Bentham); (2) a de sociologia do valor, que afirma derivar o valor da consciência coletiva (Durkheim); (3) a do ontologismo axiológico, que confere vida própria aos valores, em si e por si (Scheler; Hartmann); (4) a do historicismo cultural, que coloca o valor na história, mas o reduz ao do absolutismo determinista do passado (Hegel; Heidegger; Marx).

Os valores, para Reale, pertencem à esfera do "dever-ser", e não à esfera do "ser", esta que é própria dos objetos naturais (físicos e psíquicos) e ideais, sendo que os objetos culturais (Moral, Direito, Religião, Política ...) aparecerão como *síntese dialética* da vida do espírito, em constante relação com a dimensão concreta do ser. Os valores contidos na esfera do "dever-ser" são marcados pela bipolaridade (a todo valor se segue um desvalor), pela incomum imensurabilidade (não é possível metrificar valores), pela implicação recíproca (não há isolamento dos valores entre si), pela referibilidade (todo valor "é" para alguém ou alguma coisa), pela impossibilidade de hierarquização absoluta, pelo preferibilidade (valores são objeto de escolha e decisão), pela objetividade (valores aparecem nas relações sociais), pela historicidade (valores são marcados pela história e marcam a história), pela inesgotabilidade e pela inexorabilidade (valores não se exercem, sempre se renovam e são parte inescapável da vivência humana). Com este colorido, Reale pode construir uma visão dinâmica do Direito que busca seu funcionamento no próprio dinamismo da vivência axiológica.

Isso porque atrás de sua visão do Direito está a concepção segundo a qual os valores não possuem existência ontológica em si, mas sim quando referida a homens e indivíduos concretos; a história revela não todos os valores, mas tábuas de valores que são seleções não arbitrárias marcadas por experiências; não somente a intuição, mas outras formas de compreensão permitem acesso aos valores; a liberdade, que nunca se perde e nunca se conquista definitivamente, como afirma Norberto Bobbio, na história e no tempo, situa os valores; não é de um mundo transcendente que se deduzem valores; as civilizações acabam por eleger e agrupar "constelações axiológicas" que as marcam e identificam; a história é a busca da própria fisionomia do humano no espelho das vivências concretas; o ser humano é o "valor-fonte" para todas as demais coisas existentes.[6]

Um direito que se "faz" e "des-faz" o tempo todo parece não só ser a verdadeira tradução da vida do Direito após a positivação, garantia de mutabilidade institucional e sistemicamente estável, mas também a verdadeira criação da modernidade jurídica, que, como afirma Agnes Heller, funda a Justiça dinâmica. Porém, não só. Um direito que se "faz" e se "des-faz" vive o pulsar natural da vida dos valores, e isso é que está a traduzir a sua função mais interna, a sua semântica, a sua estrutura.

---

[6] Cf. García, Angeles Mateos, *A teoria dos valores de Miguel Reale*, Saraiva, 1999, p. 70 a 80.

Isso permite compreender a história das "gerações" dos direitos humanos e a construção da "incindibilidade complementar" que marca a sua moderna leitura, na medida em que direitos individuais, econômicos, sociais, culturais, ambientais, bioéticos e cosmopolitas são a base e o lastro para a construção de qualquer sociedade que preze simultaneamente os valores da solidariedade social e da liberdade individual, que faça apelo à democracia econômica mais que à mera democracia formal liberal, que esteja preparada para a flexibilização da soberania nacional, que tenha por meta a ampla e efetiva afirmação concreta do princípio da dignidade humana. A visão histórica permite dizer que o direito se mede dessa vivência permanente com valores, o que torna a investigação realiana fundamental para a descrição do funcionamento da experiência jurídica e de seu peculiar dinamismo.

Há, portanto, atrás da ideia de Direito de Reale, um movimento que deve ser atentamente observado para que se compreenda o real valor de seu pressuposto, pois não se reduz à norma positiva e busca um fundamento ético-humanista, base de seu radical humanismo. Isso é o que lhe consente dizer que o direito é "experiência tridimensional de caráter normativo bilateral atributivo" (Reale, *Teoria tridimensional do direito*, p. 75). A norma é só o *locus* de oposição, o momento especial de densificação, dessa tensão profunda que se esconde atrás da ideia de Direito, o que sempre está a exigir do jusfilósofo uma visão para além das aparências. Isto é o que torna a teoria tridimensional do Direito um ponto de apoio privilegiado para a obser-vação do fenômeno jurídico, fato que lhe trouxe profunda receptividade em solo nacional e alhures. Mas, o que torna esta contribuição ao pensamento jusfilosófico único não é somente sua visão de que a experiência jurídica pode ser tripartida em *experiência ética*, *experiência normativa* e *experiência social*, pois essa constatação é anterior a Miguel Reale. Então, cabe verificar como o tridimensionalismo específico e concreto constrói sua identidade se desgar-rando de concepções anteriores.

Podem-se identificar várias concepções próximas às de Reale, a saber: na Alemanha, com Emil Lask e Gustav Radbruch, dá-se a fundação do tridimensionalismo, mas que permanece abstrato e genérico, exatamente porque não é capaz de correlacionar dialeticamente o "ser", o "dever-ser" e o "cultural", esferas de competências científicas autônomas do sociólogo, do jurista e do filósofo; na Itália, o neokantismo de Giorgio Del Vecchio, que constrói apenas uma decisão tripartite dos conhecimentos jurídicos, e o neopositivismo de Norberto Bobbio, que atribui a três ramos diferentes do pensamento competências distantes da exegese do Direito (Filosofia do Direito, Sociologia do Direito e Teoria Geral do Direito), além de Bagolini e Pasini; na França, a visão de Paul Roubier, para quem segurança jurídica, justiça e progresso social são as três faces do Direito, mas que se envolvem em unilateralismos que não se in-ter-relacionam (formalismo; idealismo; realismo); em Portugal e na Espanha, o egologismo de Cossio, a culturologia de Garcia Máynez e Moncada e a fundamentação de um "*logos* do concreto" com o pensamento de Luis Recaséns Siches, perfilhando esta última perspectiva de grande similitude com a proposta realiana.

Em síntese, o tridimensionalismo específico e concreto realiano afirma-se a partir, especialmente, de sua obra *Fundamentos do direito* (1940), e, simultaneamente, na Alema-nha, com Saver (*Juristiche Methodenlehre*, 1940), como ruptura necessária com o paradigma do tridimensionalismo abstrato e genérico que busca nos pensamentos de Max Scheller e Nicolai Hartmann suas bases. Isso porque estes últimos haviam reproduzido a divisão entre o numênico e o fenômeno, radicalizando a visão kantiana, para construir em meio à oposição de "ser" e "dever-ser" a esfera da cultura como sendo realidade referida ao valor. Não só essas três esferas jazem autônomas e não integradas, como o valor é considerado objeto ideal, sem concretude.

488 | CURSO DE FILOSOFIA DO DIREITO • Bittar/Almeida

Para redimensionar essa discussão é que se afirma a concepção tridimensional (três faces inseparáveis) específica e concreta, porque na composição do Direito concorrem fato, valor e norma, vivendo em integração dialética complementar, em que implicação e polaridade identificam a estrutura desse *processus* de funcionamento dessa dinâmica interna da experiência jurídica. Além de concreto e específico, é dinâmico, por pressupor a constante passagem da mudança aberta a um fluir heraclitiano necessário para a constante afirmação da liberdade no regaço de experiência jurídica. A dialética atual é o motor do processo dinâmico, mas, ressalte-se, não se trata da dialética hegeliana de opostos contraditórios e nem da dialética de classes de fundo marxista, apesar de pressupor essas concepções; trata-se de uma dialética de complementaridade, pois eventos e valores marcam a entrelaçada constituição do fenômeno normado. Isso porque tudo "é devendo ser", na medida em que, ontognoseologicamente, o que "é" só "é" enquanto percebido, na medida em que percebido foi sob o espectro da experiência histórica anterior; isso significa que o próprio conhecimento em si é dialética por essência, que o Sujeito (S) ao conhecer o objeto (o) o determina, na mesma medida em que o objeto (o) determina o Sujeito (S). O homem culturaliza o mundo, é mundanizado pelos fenômenos, mas reabsorve o valor ao perceber de novo o mundo; trata-se de um verdadeiro *circulus inextricabilis* que não se pode negar, sob pena de subtrair da descrição da mecânica ontognoseológica parte de seu funcionamento normal.

É a partir desse personalismo axiológico e desse humanismo histórico dialético que se pode assinalar com mais evidência a importância da própria Filosofia do Direito na dispersão de modelos e espectros de análise que, com grande gravidade, acabam por formatar concepções de mundo e a determinar a luta pela identificação de um *corpus* próprio para o Direito, como fenômeno complexo, em meio às demais ciências humanas.

38.3 ERA NUCLEAR E TOTALITARISMO

No tocante ao caso concreto, iremos iniciar nossa análise pelo estudo do fato. O evento catalisador da formação do DIDH, foi, sem sombra de dúvida, a Segunda Grande Guerra Mundial. Esse fato histórico tem como eventos constitutivos: os campos de concentração e as bombas atômicas de Hiroxima e Nagasaki.

O campo de concentração é o fato-histórico emblemático do totalitarismo. O totalitarismo, por desconsiderar a dignidade da pessoa humana e criar uma forma até então inédita de governo, foi um evento de ruptura:

> "A ruptura tem como marco definitivo o TOTALITARISMO enquanto forma de governo e dominação baseada no terror e na ideologia, cujo ineditismo as categorias clássicas do pensamento político não captam e cujos crimes não podem ser julgados pelos padrões morais usuais, nem punidos dentro do quadro de referências dos sistemas jurídicos tradicionais."[7]

A transformação concreta dos seres humanos em objetos descartáveis, ocorrida nos campos de concentração, visa à completa eliminação dos direitos de cidadania. Já não existe a clássica divisão entre governantes e governados, governantes com deveres em

---

[7] Lafer, *A reconstrução dos direitos humanos*: um diálogo com o pensamento de Hannah Arendt, 1988, p. 80.

relação aos governados e governados com direitos em relação aos governantes. O que há é uma máquina de terror, dispondo dos homens e mulheres da maneira que melhor lhe aprouver, como se fossem coisas, sem nenhuma espécie de critério. É o primado do arbítrio absoluto.

Neste depoimento do responsável pelo campo de concentração de Auschwitz, Rudolph Hess, pode-se ter ideia daquilo que ficou conhecido como a "indústria da morte":

> "Visitei Treblinka para ver como é que eles faziam o seu extermínio. O comandante do campo disse-me ter liquidado 80.000 pessoas em seis meses. Ocupava-se, sobretudo, a liquidar todos os judeus do gueto de Varsóvia. Utilizava o gás monóxido e eu achei que os seus métodos davam pouco rendimento. Por isso, empreguei em Auschwitz o Zyclon B, ácido prússico cristalizado que se atirava para a câmara de gás. Bastavam três a quinze minutos para matar todos os ocupantes da câmara, segundo as condições atmosféricas.
>
> (...) Depois de retirar os corpos da câmara de gás, os nossos comandos especiais recolhiam os anéis e extraíam os dentes de ouro dos cadáveres. Uma outra melhoria em relação a Treblinka eram as nossas câmaras de gás, prontas para receber 2.000 pessoas de cada vez."[8]

No dia 6 de agosto de 1945 (explosão da bomba atômica em Hiroxima), a humanidade entrou na era nuclear. Passamos a viver num universo que convive com sua concreta possibilidade de destruição.

> "La situación es nueva porque por primera vez en la historia la guerra total puede llevarnos al aniquilamiento de la vida sobre la tierra, es decir, al fin de la historia humana. Se necessita un cierto esfuerzo de imaginación para comprender que isto puede ocurrir, pero es un esfuerzo que debemos hacer."[9]

O estado de paz torna-se o único viável para conservação da vida no planeta Terra, pois, no caso de uma guerra travada com armas atômicas, o completo aniquilamento planetário é algo viável, não meramente virtual.

A era nuclear e junto com ela a possibilidade do conflito termonuclear mudam o próprio significado do conceito de guerra. A Guerra Fria, iniciada logo após o término da Segunda Guerra, é um exemplo dessa mudança. Foi uma guerra que não teve nenhuma batalha concreta, mas que contou com o armazenamento de material atômico capaz de destruir a terra centenas de vezes.

É nesse aspecto que o advento da era nuclear constitui-se como um evento de ruptura: é impossível raciocinar sobre o tempo futuro com o arcabouço teórico do passado, pois um evento histórico ocorreu, criando um hiato entre o passado e o futuro. É nisso que se constitui a ruptura.

O próximo passo é investigar qual o valor que inspira a criação do DIDH. Tendo em vista esse objetivo, primeiro é preciso aferir quais são as principais características dos valores, e, por meio dessa pesquisa, revelar o valor inspirador do DIDH.

---

[8]   Richar, *A história inumana*: massacres e genocídios das origens aos nossos dias, 1992, p. 131.

[9]   Bobbio, *El tercero ausente*, 1997, p. 192.

38.4 VALORES: CARACTERÍSTICAS PRINCIPAIS

Segundo Miguel Reale, as principais características dos valores são: bipolaridade, implicação recíproca,[10] referibilidade,[11] preferibilidade, incomensurabilidade, graduação hierárquica, objetividade, historicidade e inexauribilidade.[12]

A característica bipolar do valor significa que para cada valor há sempre um desvalor. Belo-feio, forte-fraco, preservação-destruição...

Ora, como já visto anteriormente, o fato perante o qual o DIDH toma posição é a Segunda Guerra Mundial. Esse evento faz aparecer um desvalor, já revelado historicamente (característica da historicidade), mas jamais da forma como surgiu, entre 1939-1945. Este "desvalor" revelado, principalmente, nos campos de concentração, ganha concretude através da ação de transformar o ser humano em objeto descartável.

Tal ação tem como "razão de ser" a ideia de *não* dispensar ao ser humano seu devido respeito, tratá-lo como coisa, não considerá-lo em sua especificidade, em sua dignidade inerente. O "desvalor" manifestado é a indignidade do ser humano.

A Declaração Universal dos Direitos Humanos de 1948, documento-fonte do DIDH, já em seus "considerandos" faz referência a *dignidade* do ser humano:

> "Considerando que o reconhecimento da dignidade inerente a todos os membros da família humana e de seus direitos iguais e inalienáveis é o fundamento da liberdade, da justiça e da paz no mundo."

Ao tomar posição, perante a Segunda Guerra Mundial, o DIDH é inspirado por um valor: a dignidade da pessoa humana.

É importante deixar claro que não é a pessoa o valor a ser preservado, mas a dignidade que lhe é inerente. Lembre-se da característica *implicação*: nenhum valor realiza-se sozinho, há sempre uma implicação recíproca entre eles. A característica da "preferibilidade" explica por que a escolha de determinado valor, em detrimento de outro. Mostra também a relação existente entre liberdade e valor, ter um valor "preferido" implica uma escolha. A relação entre liberdade e valor será analisada mais adiante.

Na acepção de Miguel Reale, o homem é o valor-fonte de todos os valores ou a "fonte dos valores": "o homem é a fonte de todos os valores porque é inerente é sua essência valorar, criticar, julgar tudo aquilo que lhe é apresentado, seja no plano da ação ou no do conhecimento."[13]

Há uma relação íntima e direta entre a noção de pessoa e a "concretização" dos valores: "Pessoa não é senão o espírito na autoconsciência de seu pôr-se constitutivamente como valor."[14]

É por esse motivo que a teoria dos valores de Miguel Reale foi nomeada, por alguns de seus melhores estudiosos, de personalismo-axiológico.[15]

---

[10] A realização de um determinado valor influencia, direta ou indiretamente, outros valores.

[11] Ou necessidade de sentido.

[12] Reale, *Filosofia do direito*. 19. ed. São Paulo: Saraiva, 1999, p. 191.

[13.] Reale, *Experiência e cultura*, p. 196.

[14] Reale, *Filosofia...* Op. cit. p. 209.

[15] Veja Mateos, *A teoria dos valores de Miguel Reale*: fundamento de seu tridimensionalismo jurídico. São Paulo: Saraiva, 1999, p. 70, Capítulo IV.

A pessoa, além de ligar-se diretamente à noção de valor, liga-se, também, à liberdade. Já que só há possibilidade de escolha quando existe liberdade, e o ato de "valorar" é parte integrante-essencial do exercício da liberdade.

> "Não haveria valor se não houvesse no ser humano a possibilidade de livre escolha entre as alternativas imanentes à problemática axiológica, nem poderíamos falar de liberdade, se não houvesse a possibilidade de opção e participação real dos valores e das valorações."[16]

Miguel Reale usa os três conceitos: pessoa, valor e liberdade. De forma inter-relacionada, a existência de um depende da existência do outro. Assim, a pessoa é o homem no exercício de sua liberdade, que implica, necessariamente, uma escolha entre diversos valores. Só é possível consumar a liberdade com um "prévio" ato de valorar.

38.5 LIBERDADE ENQUANTO VALORAÇÃO

É a característica da liberdade, da possibilidade de escolha que dá ao homem sua dignidade, entendida como especificidade: "A dignidade da pessoa encontra-se centralizada na sua liberdade, que a independentiza e diferencia em relação aos demais comportamentos."[17]

Pico de la Mirandola, em seu *Discorso de la dignitá humana*, já baseava a "dignidade do ser humano" em sua liberdade:

> "Não te fizemos nem celeste nem imortal, para que tu mesmo, como artífice por assim dizer livre e soberano, te possas plasmar e esculpir na forma que escolheres. Poderás te rebaixar à irracionalidade dos seres inferiores; ou então elevar-te ao nível divino dos seres superiores."

José Régio faz ardorosa defesa desta possibilidade de escolha:

> "Ah, que ninguém me dê piedosas intenções!
> Ninguém me peça definições!
> Ninguém diga: 'vem por aqui'!
> A minha vida é um vendaval que se soltou.
> É uma onda que se alevantou.
> É um átomo a mais que se animou...
> Não sei para onde vou,
> Sei que não vou por aí!"[18]

A liberdade, enquanto escolha de valores, é o que dá especificidade à pessoa humana; é só ela em todo o universo que é capaz de criar um mundo contraposto ao da natureza, o mundo ético.

Todavia, conforme alerta Hannah Arendt, o mundo da ação é ilimitado. O ser humano é capaz de atos que o aproximem da ordem divina, como também de ações que o igualam à mais horrível das bestas feras. É essa possibilidade do "horror absoluto" que o regime totalitário

---

[16] Reale, *Experiência e cultura*, 1999, p. 196.

[17] Mateos, Op. cit. p. 84.

[18] Régio, Poema de Deus e do Diabo, In: *Antologia*, 1985, p. 51.

492 | CURSO DE FILOSOFIA DO DIREITO • *Bittar/Almeida*

traz consigo. Seu grande paradoxo é que essa possibilidade de escolha, que possibilitou o surgimento dos campos de concentração, foi totalmente negada aos prisioneiros destes campos.

A mera possibilidade de escolha, a liberdade por si só, não constitui a dignidade do ser humano. O que será constitutivo de sua dignidade é a consideração da existência desta liberdade em todos os seres humanos, e não o mero desejo de seu exercício.

O perigo da liberdade radica em sua absoluta vastidão.

> "É essa vocação antinatural, essa constante possibilidade do excesso que, aliás, lemos no olho humano: por não refletir apenas a natureza, podemos decifrar nele o pior e o melhor, o mal absoluto e a generosidade mais surpreendente. É esse excesso que chamo de liberdade."[19]

38.6 DIGNIDADE DA PESSOA HUMANA

Como visto no item anterior, a dignidade do ser humano, entendida enquanto especificidade, iguala-se a liberdade.

Na Declaração Universal dos Direitos Humanos, de 1948, a palavra *dignidade* não tem esse sentido, mas o sentido primordial de *respeito* a esta especificidade.

> "*DIGNIDADE ... cuidado com que se evita tudo o que possa enfraquecer o respeito a que se tem direito.*"[20]

Dessa definição é possível *aferir* o elemento básico do conceito de dignidade: o direito ao respeito. Um dos sinônimos possíveis de *respeito* é *consideração*, que é uma palavra latina: *com siderare*. Levar em conta as estrelas. A palavra oposta à consideração é *desejo*, que, etimologicamente, significa: *de-siderare*. Não levar em conta as estrelas.

E o que são as estrelas? As estrelas simbolizam o destino do ser humano, seu vir a ser...

O ser humano é aquele que possui a liberdade, que tem a possibilidade de, ao menos teoricamente, determinar seu "dever-ser". É essa possibilidade que deve ser levada em conta, respeitada, *considerada*. A essência da dignidade do ser humano é o respeito mútuo a essa possibilidade de escolha. A especificidade do ser humano é sua liberdade. A dignidade a ele inerente consistirá no respeito a essa possibilidade de escolha.

É este valor: a *dignidade da pessoa humana*, que inspira a criação do DIDH.

38.7 DECLARAÇÃO UNIVERSAL DOS DIREITOS HUMANOS (1948)

> "Considerando que o desprezo e o desrespeito pelos direitos da pessoa resultaram em atos bárbaros que ultrajaram a consciência da Humanidade e que o advento de um mundo em que as pessoas gozem de liberdade de palavra, de crença e de liberdade de viverem a salvo do temor e da necessidade foi proclamado como a mais alta aspiração do homem comum."

O segundo *considerando* da Declaração de 1948 deixa claro que é impossível conjugar liberdade e desprezo e desrespeito pelos direitos da pessoa. O valor que se elege para "proteger" e tornar possível o integral exercício da liberdade é a dignidade, pois essa palavra-chave

---

[19] Ferry, Comte-Sponville, *A sabedoria dos modernos*, 1999, p. 28.

[20] Nascentes, *Dicionário de sinônimos*, 1981, p. 188.

une o direito à liberdade com o direito ao respeito. Todo homem pode agir livremente, e todo homem tem o direito de ser respeitado, assim está colocado um limite à liberdade do ser humano: o respeito ao exercício da liberdade de outrem.

> "Artigo I: Todos os homens nascem livres e iguais em dignidade e direitos. São dotadas de razão e consciência e devem agir em relação umas às outras com espírito de fraternidade."

O valor da liberdade está acompanhado da igualdade, em dignidade e direitos, e faz-se um apelo para que os homens e mulheres ajam entre si com espírito de fraternidade. Uma liberdade "sem limites" é inconcebível no espírito da Declaração.

Recapitulando algumas características dos "valores": a referibilidade, a incomensurabilidade, e a inexauribilidade.

A *dignidade da pessoa humana* como valor constitutivo do DIDH aponta uma direção, tudo deve ser feito pelo *corpus juris* do DIDH para atingir esta meta.

Impossível aquilatar se existe mais ou menos dignidade, já que esta é uma meta que não tem como ser medida, pois incomensurável. É inexaurível, assim nunca chegaremos a um ponto de total satisfação relativo a preservação da dignidade da pessoa humana, esta poderá ser cada vez mais respeitada, cultivada. O contrário também é verdadeiro, assim o desrespeito e a violação da dignidade da pessoa humana podem ganhar formas assombrosas.

Ao traçar um "norte" para o DIDH, o valor da *dignidade da pessoa humana* indica a finalidade a ser atingida, e por meio do estudo das características dos valores, percebe-se que esta finalidade é mais uma "força-motriz" de uma meta a ser alcançada, com relativa facilidade.

A importância básica da Declaração de 1948 é a transformação dos "direitos humanos" num *adquirido axiológico*.

> "Neste sentido, poder-se-ia apontar que os direitos humanos alcançaram, no plano universal, por obra da integração dos valores da convivência coletiva, normativamente positivos, o *status* de valores fundamentais. Tornaram-se pois parâmetros das formas de conceber a vida em sociedade, *standards* da legitimidade do poder das soberanias e como tal indicadores e balizas do *locus standi* e da credibilidade dos Estados e de seu acesso à cooperação internacional. Os direitos humanos seriam, em outras palavras, um 'adquirido axiológico' desvendado pelo 'senso majestoso da história', como diria José Guilherme Merquior, na sua análise da relação entre os valores e a história na obra de Miguel Reale."

A relação entre história e o valor é uma das características essenciais da obra realeana. Tanto é que sua obra já foi batizada de "historicismo axiológico". O próprio Reale esclarece a interação existente entre Direito e História.

> "A História do Direito revela-nos um ideal constante de adequação entre a ordem normativa e as múltiplas e cambiantes circunstâncias espácio-temporais, uma experiência dominada ao mesmo tempo pela dinamicidade do justo e pela estabilidade reclamada pela certeza e pela segurança."[21]

A mutabilidade e a constância na História do Direito são apresentadas por duas expressões realeanas: *constelações* e *invariantes axiológicas*.

---

[21] Reale, Op. cit. p. 572.

Constelações axiológicas são formadas pelos comportamentos individuais e coletivos vigentes em determinado período histórico, são, essencialmente, mutáveis. Cada tempo histórico apresenta sua própria e característica "constelação axiológica". Invariantes axiológicas são aqueles valores que são gravados na consciência histórica da humanidade, integrando nosso patrimônio ético.

> "Uma vez elevados à categoria de consciência coletiva, determinados valores se tornam semelhantes a entidades ontológicas, adquirindo um caráter permanente e definitivos."[22]

CONCLUSÕES

Em virtude do fato de os direitos humanos serem um *adquirido axiológico* e da dignidade da pessoa humana constituir-se numa invariante axiológica, ambos devem transformar-se numa preocupação e tarefa pedagógica, é o que diz a ONU.

A Assembleia Geral proclama:

> "A presente Declaração Universal dos Direitos Humanos como o ideal comum a ser atingido por todos os povos e todas as nações, com o objetivo de que cada indivíduo e cada órgão da sociedade, tendo sempre em mente esta Declaração, se esforcem, através do ensino e da educação, em promover o respeito a esses direitos e liberdades..."

A Assembleia Geral da ONU declarou a década de 1995 a 2004 como a Década da Educação em Direitos Humanos. O principal instrumento que deve ser usado nessa tarefa é a Declaração Universal dos Direitos Humanos.

A importância da educação como forma de disseminação de um valor pode ser percebida *a contrario sensu*:

> "Numa reflexão sobre os regimes facistas, Wallon mostra como seus dirigentes estavam cientes da força política da educação. Valorizando fatores como o sangue e a raça, a educação fascista buscava manter os indivíduos em sintonia com seu lado mais instintivo e primitivo. À exaltação desses aspectos somava-se a limitação dos recursos da inteligência, da qual denunciavam as consequências perniciosas. Assim formados, os indivíduos ficariam mais suscetíveis de mergulhar na retórica contagiante dos políticos e de aderir às suas ideias facistas."[23]

A eleição da educação como forma privilegiada de implementação dos direitos humanos é um exemplo da relação existente entre a passagem do tempo histórico e a implementação dos valores.

> "O historicismo axiológico, entendido como um dos traços essenciais da axiologia realeana, expressa a essencial correlação existente entre história, cultura e axiologia. A tensão dialética entre esses termos traz, como consequência, a compreensão do valor como uma realidade autônoma, porém, ao mesmo tempo, inseparável da realidade histórico-cultural em que os valores se desenvolvem e se manifestam."[24]

---

[22] Mateos, Op. cit. p. 68.

[23] Galvão, *Uma concepção dialética do desenvolvimento infantil*, 6. ed., 1999, p. 93.

[24] Mateos García, Op. cit. p. 70

39
DIREITO, NORMA E SISTEMA

39.1 A QUESTÃO DO SISTEMA

A questão de pensar o sistema jurídico foi suscitada de modo muito característico pelo pensamento positivista do século XIX, na esteira das conquistas do jusnaturalismo moderno e do conceito moderno de ciência. Isto importa em dizer que a ideia de sistema jurídico, para descrever de modo rigoroso o conjunto de normas do ordenamento jurídico, uma vez introduzida pelo positivismo jurídico a partir de então, invade o vocabulário da dogmática jurídica, acabando esta terminologia por se incorporar à ciência e à prática jurídicas de modo definitivo.

Se a pergunta então recair não tanto sobre o surgimento histórico do termo, mas se direcionar mais diretamente à significação do termo, então se percebe que realmente é determinante para a cultura jurídica moderna. A ideia de sistema é evocativa de harmonia, coerência, regularidade e estruturação; o uso dogmático desta ideia com vistas à produção da garantia de que a segurança jurídica é possível é determinante para o próprio universo dos valores jurídico-dogmáticos. Para pensar o sistema é necessário que haja concatenação entre seus elementos, é necessário que haja profunda interligação entre as diversas categorias de elementos em relação, daí a necessidade de a ideia de ordenamento abrigar sob seu manto outras grandes convergências teóricas do positivismo jurídico: a interpretação literal (para cercar o arbítrio dos juízes), a unidade sistemática (para eliminar a fragmentação normativa), a coerência estrutural (para escapar à ilogicidade do direito dispersivo), a completude (para garantir a igualdade perante a lei) e a doutrina das fontes do direito com prevalência da legislação (para garantir a supremacia da legalidade). É deste modo que, constituído o debate na ambiência do juspositivismo, o termo se seculariza e adentra à dimensão da própria cultura contemporânea do direito, determinando o modo como juristas pensam e descrevem a ordem jurídica.

39.2 NORMA JURÍDICA

Dois diplomatas – um indiano e outro brasileiro – conversam, animadamente, tentando estabelecer as cláusulas de um contrato internacional. O diplomata mexe a cabeça da direita para a esquerda, e o brasileiro acredita que ele não está concordando. O diplomata brasileiro mexe a cabeça de cima para baixo e o indiano crê que a resposta é negativa. No diálogo mudo travado entre os dois diplomatas, a compreensão é impossível, já que o gesto que significa uma resposta positiva para o brasileiro significa uma resposta negativa para o indiano e vice-versa. Não existe um consenso básico quanto ao significado dos gestos.

O que diferencia as normas jurídicas das normas morais, culturais e sociais, é a característica específica de gozarem da aceitação consensual dos integrantes da sociedade. Afirma Miguel Reale:

> "Ora, dentre as ferramentas com que o homem se projeta na História, destaca-se o *Direito*, um dos mais delicados processos de previsão e de garantia da espécie, sendo superada a

variabilidade contraditória dos comportamentos singulares para se atingirem *esquemas ideais* ou *modelos de ação,* isto é, *formas típicas e exemplares de conduta,* compatíveis com *certa* margem de previsão geradora de confiança nos resultados de nossas iniciativas."[1]

Esclarecendo o art. 229, da CF de 1988, ao dispor:

> "Art. 229. Os pais têm o dever de assistir, criar e educar os filhos menores, e os filhos maiores têm o dever de ajudar e amparar os pais na velhice, carência ou enfermidade."

Essa norma jurídica é fruto de uma investigação da vida social. Observando-se a nosso redor, constata-se que o normal é o auxílio dos pais aos filhos menores, e o dos filhos maiores, em caso de necessidade, aos pais. Todavia, o fato de tratar-se de uma situação, ao menos teoricamente, normal, não significa que esta situação sempre seja verificada.

O Direito, ao transformar essa situação numa norma estabelece um *dever ser.* Caso essa situação não se concretize, a parte responsável pelo cumprimento da obrigação pode sofrer uma sanção. Observe-se que, dessa forma, o Direito dita a normalidade ("Os pais têm o dever de assistir (...) e os filhos maiores têm o dever de ajudar e amparar").

Observe-se ainda que a norma científica obedece a outro critério de formação. O cientista observa os fenômenos da natureza e constata sua repetição ou regularidade. Feita essa constatação, o cientista elabora uma norma ou lei científica. Desse modo, temos que a lei científica descreve a normalidade, e a norma jurídica prescreve a normalidade. A primeira está no plano do ser e a segunda do dever-ser.

Esclarece Goffredo Telles Jr. com sua habitual clareza e precisão:

> "A norma jurídica *não é descritiva* de um comportamento efetivamente mantido, mas é, isto sim, a fórmula do comportamento que *deve ser mantido,* em determinada circunstância. Ela é uma indicação de caminho, e não o relato do caminho percorrido. Ela não descreve *o que é,* mas *o que deve ser.* Ela não é norma *do ser,* mas *do dever ser.*"[2]

As duas normas (a científica e a jurídica) possuem maneiras diversas de lidar com o imprevisto. A ciência, por meio da atitude cognitiva, procura conhecer a realidade da forma mais abrangente possível, e o Direito, por meio da atitude normativa, busca normatizar a realidade. Ditando os comportamentos e atitudes que considera normais, e portanto, desejáveis.

Recapitulando, as duas características principais da norma jurídica são a prescrição de uma conduta considerada como normal e a ocorrência de uma sanção, caso esta conduta não se concretize.

A norma jurídica e a norma moral, apesar de partilharem o campo do dever-ser, diferenciam-se quanto à sanção. A sanção é parte essencial da norma jurídica e algo eventual e arbitrário para a moral. É por essa razão que Bobbio define a norma jurídica como: "aquela norma cuja execução é garantida por uma sanção externa e institucionalizada."[3]

A garantia da execução da norma dada pela sanção tem vários momentos, sendo que a aplicação da sanção é o último deles. O violador da norma, por exemplo o indivíduo que furtou um pacote de fraldas, resolve, por temor de responder judicialmente por este ato, devolver

---

[1]   Reale, *Filosofia do direito,* 19. ed., 1999, p. 245.

[2]   Telles Jr., *O direito quântico*: ensaio sobre o fundamento da ordem jurídica, 1985, p. 256.

[3]   Bobbio, *Teoria do ordenamento jurídico,* 5. ed., 1994, p. 27.

a *res furtiva*. Diz-se que, nesse caso, houve coerção (reação que ocorre na psique humana, independente da ação do Estado). Caso um policial assista ao furto, prenda o cidadão em flagrante delito e, logo após, receba o pacote de fraldas das mãos do cidadão, houve coação, o pacote foi devolvido por temor à aplicação da sanção, e o cidadão responderá, judicialmente, pelo crime de furto.

39.3 DAS VÁRIAS ESPÉCIES NORMATIVAS

É importante esclarecer que nem todas as normas jurídicas são dotadas de sanção. As normas programáticas presentes na Constituição Federal de 1988 são normas que traçam linhas gerais para a atuação do Poder Público, e não possuem nenhuma espécie de sanção por seu descumprimento. Tais normas são características do Estado Social, que foi implementado no ordenamento jurídico pátrio pela Constituição de 1988.

As normas programáticas, bem como as normas que preveem as chamadas sanções premiais[4] são um fato novo no mundo do Direito. O Estado de Direito clássico previa, tão somente, três normas de conduta para regular a vida em sociedade, quais sejam: as normas proibitivas, obrigatórias e permissivas.

A norma proibitiva proíbe determinada conduta (*É proibido fumar*), a norma obrigatória impõe uma conduta (*O voto é obrigatório para os maiores de dezoito anos*), a norma permissiva possibilita a execução ou não de determinado ato (*o voto é facultativo para os maiores de dezesseis e menores de dezoito*). Alguns autores, como Alff Ross, discordam do caráter jurídico das normas permissivas, todavia esta é uma posição minoritária.

Além das normas de conduta que visam regular o comportamento humano, o Direito conta com outra espécie normativa: as normas de estrutura ou de competência. Tais normas estabelecem o procedimento por meio do qual determinada norma de conduta adquire validade.

39.4 DIREITO COMO SISTEMA DE NORMAS

Um sinal de trânsito, com cores vermelho, amarelo e verde, é uma boa representação do conjunto de normas de conduta. A norma proibitiva corresponde ao sinal vermelho (proíbe uma ação), a norma permissiva corresponde ao sinal amarelo (permite uma ação), e a norma obrigatória corresponde ao sinal verde (obriga uma ação). Imagine-se a hipótese de o trânsito de São Paulo ser regulado por apenas um destes sinais: o vermelho, o amarelo ou o verde. Viver-se-ia o mais completo caos. Daí concluir-se pela necessidade de usar o sinal com seus três tipos de normas. Nesse caso, a norma de competência ou estrutura seria a norma que permitiu e determinou o local da instalação do sinal.

A metáfora do sinal de trânsito serve para ilustrar o fato de que o Direito não pode ser reduzido a uma espécie de norma, mas é constituído de uma série delas, um conjunto normativo. Cientificamente falando, um sistema. Esta é a conclusão a que chega Bobbio no final de seu livro, intitulado *Teoria da norma jurídica*:

> "A nosso ver, a teoria da instituição teve o grande mérito de pôr em relevo o fato de que se pode falar de Direito somente onde haja um complexo de normas formando um ordenamento, e que, portanto, o Direito não é norma, mas um conjunto coordenado de normas, sendo evidente que uma norma jurídica não se encontra jamais só, mas está ligada a outras normas com as quais forma um sistema normativo."[5]

---

[4] Normas que preveem a concessão de subsídios ou uma alíquota menor, em Direito Tributário.

[5] Bobbio, Op. cit. p. 21.

Um dos grandes méritos científicos de Hans Kelsen foi chamar a atenção para a existência de duas distintas realidades no universo jurídico: norma e ordenamento. Kelsen, na *Teoria Pura do Direito*, intitula de *Estática jurídica* o capítulo que estuda a norma e de *Dinâmica jurídica* o capítulo que estuda o ordenamento.

No capítulo a *Dinâmica jurídica*, Kelsen apresenta o Direito como uma estrutura escalonada. Estude-se o que ele diz:

> "A relação entre a norma que regula a produção de uma outra e a norma assim regularmente produzida pode ser figurada pela imagem espacial da supra-infra-ordenação. A norma que regula a produção é a norma superior, a norma produzida segundo as determinações daquela é a norma inferior. A ordem jurídica não é um sistema de normas jurídicas ordenadas no mesmo plano, situadas umas ao lado das outras, mas é uma construção escalonada de diferentes camadas ou níveis de normas jurídicas."[6]

A figura geométrica da pirâmide que, desde Puchta e a jurisprudência dos conceitos, é usada para representar o sistema jurídico representa essa imagem Kelseniana. Cada nova norma a entrar no ordenamento seria validada por sua norma antecessora, que, por sua vez, já foi validada por outra norma, isto até, atingirmos a *norma fundamental* (o topo da pirâmide) que, conforme Kelsen, é "o fundamento de validade último que constitui a unidade desta interconexão criadora."[7]

A figura da pirâmide não é a única possível a explicar o funcionamento do ordenamento. Entre nós, Tércio Sampaio Ferraz Jr. faz uso de um círculo, isto porque os ordenamentos jurídicos não são homogêneos, embora coesos. De acordo com Tércio:

> "O caráter imperativo ou vinculante de suas normas depende da coesão de sua estrutura que pode ser rígida, flexível etc. Não há uma norma há conferir-lhe unidade, porque os ordenamentos contêm séries normativas plurais."[8]

Não havendo uma norma conferindo unidade ao sistema, mas séries normativas plurais, isto significa que não existe norma-fundamental, mas outras normas que dão origem as séries normativas plurais. Essas são as chamadas normas-origem.

A norma-origem tem uma característica que a diferencia das demais normas do sistema normativo: ela impera sem ser levada em consideração sua validade.

> "Assim, normas-origem são normas efetivas (ocorrem numa situação de fato favorável), dotadas de império e primeiras de uma série. Como não guardam nenhuma *relação* com qualquer *norma* antecedente, não são válidas, apenas imperativas, isto é, têm força impositiva."[9]

As circunstâncias de fato favoráveis que dão nascimento as normas-origem são as regras de ajustamento, ou regras de calibração. Recapitulamos, a título de exemplo, uma norma-origem surgida com o consenso presumido da sociedade, a lei que implementou o uso obrigatório do

---

[6] Kelsen, *Teoria pura do direito*, 6. ed., 1984, p. 310.

[7] Kelsen, Op. cit. p. 310.

[8] Ferraz Jr., Op. cit. p. 195.

[9] Ibidem, p. 190.

cinto de segurança, na cidade de São Paulo. Nos primeiros dias de promulgação da lei, alguns cidadãos impetraram mandado de segurança contra o uso obrigatório do cinto, alegando que a municipalidade era incompetente para legislar sobre trânsito. Houve uma enérgica reação da classe médica contra esse questionamento jurídico, mostrando a importância da lei para a saúde e segurança de todos os motoristas da cidade. Dias após, Brasília (Distrito Federal) adotou a mesma lei: aparece uma foto do Presidente da República, na primeira página dos jornais, usando o cinto... A discussão técnico-jurídica cessou, a validade da norma deixou de ser questionada, e ela, simplesmente, imperou.

A discussão da validade das normas é preterida apenas para as normas-origem, em relação às demais normas do sistema, a discussão é imprescindível. Pois a validade

> "é uma qualidade da norma que designa sua pertinência ao ordenamento, por terem sido obedecidas as condições formais e materiais de sua produção e consequente integração no sistema".[10]

A validade é o "salvo conduto" que possibilita a entrada da norma no sistema do direito. É uma característica eminentemente formal, uma questão "por excelência" da dogmática jurídica. De outro lado, temos a eficácia que

> "é uma qualidade da norma que se refere à possibilidade de produção concreta de efeitos, porque estão presentes as condições fáticas exigíveis para sua observância, espontânea ou imposta, ou para a satisfação dos objetivos visados (efetividade ou eficácia social) ou porque estão presentes as condições técnico-normativas exigíveis para sua aplicação (eficácia técnica)".[11]

Em poucas palavras, a validade é uma característica da técnica do Direito que diz respeito às condições do ordenamento para a entrada de uma nova norma. A eficácia refere-se a produção de efeitos da norma, tanto pela possibilidade de sua aplicação (eficácia técnica), como pela concretização dos objetivos sociais predeterminados.

39.5 UMA POSSÍVEL DESCRIÇÃO DO SISTEMA JURÍDICO

Na reflexão de Tércio Sampaio Ferraz Jr., a noção de sistema jurídico é pensada em relação dialética com a posição tradicional de Hans Kelsen (sistema de normas, piramidal, escalonado, hierárquico, de único fundamento de validade, dotado de uma norma fundamental), no sentido de sua superação teórica como modelo descritivo do sistema jurídico. Assim, seu modelo se antepõe ao positivista e, via pragmática da comunicação, e numa leitura mais realista do sistema jurídico como sistema social, consegue descrevê-lo de modo mais elucidativo e consentâneo com a práxis viva do próprio Direito contemporâneo. Na descrição de Tércio Sampaio Ferraz Jr., o sistema jurídico:

- possui vários fundamentos de validade, dispersos pelo ordenamento, na medida em que séries normativas são fundadas por normas-origem, cujo critério de estabelecimento está na efetividade e não na validade;
- não funciona conforme um esquematismo binário, qual seja, conforme a pressuposição da negação lógica entre validade e invalidade na estruturação do sistema

---

[10] Ibidem, p. 202.

[11] Ibidem, p. 202.

("A relação entre norma válida e inválida não é, neste sentido, a de uma negação lógica, isto é, nos quadros de nossa concepção, a invalidade não é negação da validade *tout court*") (Ferraz Jr., *Teoria da norma jurídica*: ensaio de pragmática da comunicação normativa, 4. ed., 2003, p. 144);

- corresponde a uma estrutura porosa, móvel, dinâmica, de plasticidade indefinida, ou até mesmo amorfa, não possuindo ápice ou descritivos evocativos somente do critério organizativo hierárquico ("Criam-se, com isto, cadeias normativas que, dentro do sistema, podem assumir formas hierárquicas, embora as diversas cadeias, entre si, guardem antes, formas circulares de competências entrecruzadas, de mútuas limitações") (Ferraz Jr., *Teoria da norma jurídica*: ensaio de pragmática da comunicação normativa, 4. ed., 2003, p. 148);

- pode ser visto e descrito no plano horizontal projetando-se de modo caótico, com séries normativas conflitantes entre si, com invalidades, anomias, lacunas e antinomias ("Podemos entender, nestes termos, que o mesmo sistema normativo albergue diversos subsistemas, cujas normas-origens não são nem válidas nem inválidas e, ao mesmo tempo, sejam, no seu relacionamento, inválidas umas perante as outras. Explica-se, com isto, que a invalidade não seja uma figura anormal, nem um fenômeno marginal, mas uma resposta coerente, dentro de uma situação") (Ferraz Jr., *Teoria da norma jurídica*: ensaio de pragmática da comunicação normativa, 4. ed., 2003, p. 143);

- se insere na dimensão decisória, e é *feito* e *re-feito* a todo momento em que uma decisão judicial ou uma nova norma-origem é lançada no sistema;

- não possui como regra determinante de sua conformação e estruturação a ideia hierarquizante de competências autorreferíveis e escalonadamente distribuídas;[12]

- é inerentemente conflitivo, sendo visto em confronto com a realidade contextual (histórica, axiológica e política) na qual se encontra;

- define-se *a posteriori*, nas mãos de seus operadores, dando-se maior importância ao papel do aplicador, que é quem define na prática quando uma norma é inconstitucional, quando um ato é inválido e quanto se considera revogada tacitamente uma norma do sistema, o que torna a tarefa da dogmática uma tarefa de difícil administração das próprias contradições do sistema ("Em suma, como sistemas dinâmicos, os ordenamentos têm alta mobilidade, neles tudo está em movimento, donde decorre a dificuldade de operar com eles (tarefa da dogmática)" (Ferraz Jr., *Introdução ao estudo do direito*: técnica, decisão, dominação, p. 195);

- funciona como instrumento, como meio, para a realização de justiça, o que permite evocar a ideia de que haja uma substância moral definidora do agir comum em sociedade, legitimando a ação da ordem jurídica, sem o que o sistema torna-se mero ato de arbítrio e, apesar de dotado de validade, confunde-se com o exercício da violência ("Por isso, também nesses termos, a exigência moral de justiça é uma espécie de condição para que o direito tenha um sentido") (Ferraz Jr., *Introdução ao estudo do direito*: técnica, decisão, dominação, p. 354).

---

[12] Neste sentido, parece ter sido definitiva a influência do pensamento de Emil Lask na orientação original dada à reflexão de Ferraz Jr., na medida em que: "Neste sentido, rompe ele (Lask) a possibilidade da hierarquia como padrão único da organização sistemática" (Ferraz Jr., Concepção de sistema jurídico no pensamento de Emil Lask. In: *Revista Brasileira de Filosofia*, São Paulo, v. 26, fasc. 103, p. 307-324, 1976, p. 321, destaque nosso).

CONCLUSÕES

A concepção de sistema jurídico é fruto de certa cultura do sistemismo positivista legada do século XIX aos dias atuais, noção esta que está atrás das concepções que os juristas sustentam ao interpretarem e avaliarem o ordenamento jurídico.

Um dos grandes paradigmas temáticos sobre a discussão da noção de sistema é o do jusfilósofo vienense Hans Kelsen que, com sua concepção de sistema, acaba por criar uma influência enorme sobre a cultura dogmático-científica do século XX, determinando o modo pelo qual se pensa a questão do sistema, sem que necessariamente este seja considerado hodiernamente o modo mais coerente e realista de se pensar o problema.

A partir da concepção de Ferraz Junior é possível, no entanto, oferecer um antimodelo ao kelseniano, e, por isso, foi possível descrever o sistema jurídico como sistema dinâmico, que possui vários padrões de funcionamento, todos determinados por regras estruturais. Não sendo totalidades homogêneas, sendo apenas coesos, os sistemas jurídicos se formam a partir de séries normativas plurais, que antes de conviverem harmoniosamente, se cruzam e entrechocam provocando fenômenos que somente os desafios aplicativos (aplicação, integração, interpretação) do Direito podem solver, constituindo-se o sistema a todo instante em que ele efetivamente é invocado para a solução de sempre novos litígios.

Neste sentido, a própria concepção de sistema jurídico parte do ideário teórico do positivismo jurídico, acaba por funcionar como importante instrumento ideológico, a serviço das causas do Estado, na medida em que "seria impossível que o direito admitisse oficialmente que se move em múltiplas e incoerentes direções" (Ferraz Jr., *Introdução ao estudo do direito*, 2001, p. 281). A garantia de uma plasticidade externa de sistematicidade orgânica é um dos ingredientes para que a própria eficácia do sistema apareça como ingrediente determinante da continuidade da invocabilidade do sistema como todo unitário (monopólio da força pelo Estado) para a solução de litígios sociais.

40

DIREITO E LINGUAGEM: LINGUAGENS FORMAL E NATURAL NA FORMAÇÃO DO DISCURSO JURÍDICO

O Direito, pode-se afirmar, depende da linguagem para se fixar como fenômeno social. De fato, todo ato, toda prática, toda atividade jurídica envolve invariavelmente atos de linguagem, haja vista sobretudo a importância da publicidade dos atos jurídicos, especialmente para sistemas de matriz romanística legislada e codificada. Direito e linguagem convivem, portanto, uma vez que aquele depende desta como forma de manifestação. Quer-se afirmar desde já que a linguagem possui um papel fundamentalmente instrumental perante o Direito. Essas afirmações, porém, não se furtam à investigação de uma análise mais densa da convivência de ambos os fenômenos, o que se faz a seguir.

40.1 AS PRÁTICAS DO DISCURSO JURÍDICO

A linguagem jurídica manifesta-se, seja valendo-se dos elementos de uma linguagem verbal, seja valendo-se dos elementos de linguagens não verbais.[1] De qualquer forma, a linguagem verbal (língua natural) representa sempre a maior base de manifestação jurídica, sobretudo grafando-se por meio da escrita. A primazia da linguagem verbal com relação às não verbais, neste campo, deve-se sobretudo ao fato de que a primeira sintetiza com maior propriedade um maior número de informações, com um importe relativamente reduzido de ruídos, destacando-se sobretudo a economia e a capacidade de comunicação que engendra.

A linguagem jurídica, ainda que domínio técnico, constituiu-se primordialmente com base na linguagem verbal (natural), tendo dela se desgarrado pela formação de um espaço de sentido e de um espaço estrutural autônomos (uma *gramática* e um *dicionário* jurídicos). A questão, porém, não se resume a esse aspecto da linguagem jurídica. Releva dizer que o domínio das práticas jurídico-textuais constitui um universo de discurso autônomo, capaz de produzir suas próprias injunções e de lançar suas influências sobre os demais universos de discurso que o circundam. Em outras palavras, o universo do discurso jurídico pode ser dito um universo oriundo da linguagem natural, encontrando-se atualmente autônomo dela, apesar de preservar sua relação dialética com os sistemas que o circundam.

---

[1] A respeito do texto semiótico gestual, ver Greimas, *Du sens*: essais sémiotiques, 1970, p. 83-84. Aliás, é curioso ressaltar que Kelsen, em sua *Teoria pura do direito,* estava consciente de que o *modus* de realizar um imperativo normativo poderia variar, mas que a prescritividade possuía sempre um valor estável: "Os actos que têm por sentido uma norma podem ser realizados de diferentes maneiras. Através de um gesto: assim, com um determinado movimento de mão, o sinaleiro ordena que paremos, com outro, que avancemos. Através de outros símbolos: assim uma luz vermelha significa para o automobilista a ordem de parar, uma luz verde significa que deve avançar. Através da palavra falada ou escrita: uma ordem pode ser dada no modo gramatical do imperativo, *v.g.* Cala-te! Mas também o poder se expressa sob a forma de uma proposição: Eu ordeno-te que te cales. Sob esta forma podem também ser concedidas autorizações ou conferidos poderes" (Kelsen, *Teoria pura do Direito,* 1976, p. 24).

Cap. 40 · DIREITO E LINGUAGEM: LINGUAGENS FORMAL E NATURAL NA FORMAÇÃO DO DISCURSO JURÍDICO | **503**

Se as práticas jurídico-textuais lastreiam-se em estruturas de linguagem, é certo que possuem como sustentação um sistema semiótico. A *juridicidade*, então, pode-se dizer, passa a constituir um *metassistema*, ou seja, um sistema assentado sobre os pilares de um (ou de vários) outro(s) sistema(s). O que há é que o conjunto das práticas jurídico-textuais vale-se de um sistema de manifestação preexistente socialmente, engajado socialmente, produto de uma história cultural, de ambiguidades semióticas, de fluxos e *re-fluxos* de toda espécie. Desse modo, o comprometimento do sistema jurídico com outras instâncias e sistemas parece evidente.[2]

O que se quer sobretudo estabelecer como premissa é que um sistema que vive e pulsa em constante dialética com outros sistemas não pode ser analisado sem que se recorra à própria noção de dialética.[3] Uma análise que produz a *mise en scène* do discurso não poderia descurar, naturalmente, de seu enraizamento sociocultural, daí porque se primará por destacar como ocorrem os intercâmbios do que possui existência jurídica com o que não possui existência jurídica.[4]

Quando se está a falar da linguagem jurídica, deve-se sobretudo grifar que o discurso jurídico não é um discurso descontextualizado,[5] mas um discurso que se produz no seio da vida social, parafraseando Saussure. A linguagem jurídica exerce-se em meio a um conjunto de sistemas em verdadeira dinâmica de fluxos e refluxos recíprocos, intromissões e extromissões, o chamado inferno dos intercâmbios sígnicos; a participação do discurso jurídico no conjunto das relações sociais dota-lhe desta especial característica que é a constante mutação.

Ao contrário do que se pensa quando se se refere a normas, a leis, a códigos, não é a imutabilidade a característica do sistema jurídico, mas sua transformação dialética,[6] movi-

---

[2] "De acordo com uma concepção pancrônica em sentido amplo, resultante da neutralização da oposição sincronia, diacronia, ou se preferirmos, segundo uma concepção dialética de sistema e estrutura, um sistema de significação deve ser considerado como uma instância do processo semiótico de produção. Enquanto gerador e veículo de significação, de informação e de ideologia, ele contém além de grandezas--signos, funções semióticas *lato sensu* e regras semântico-sintáxicas frásticas e transfrásticas, uma espécie de máquina semiótica que o torna capaz de engendrar novas funções semióticas e/ou metassemióticas e, também, embora em menor velocidade, novas regras frásticas e transfrásticas" (Pais, *O percurso gerativo da enunciação*: produtividade léxica e discursiva. In: *Confluência* (Revista do Departamento de Linguística da UNESP-Assis), v. 3, Assis, Unesp, p. 165).

[3] Por dialética aqui não se entenda nem *dialética materialista* (marxista), nem *dialética idealista* (hegeliana), mas sim aquele modo de ser específico dos sistemas que, em verdadeira ebulição, intercambiam-se, estabelecem relações recíprocas, criam-se e *re-criam-se* uns a partir dos outros, em um contato tão imprescindível que uns necessitam dos outros para se preservarem sempre vivos. De fato: "Os sistemas semióticos que integram o complexo linguístico e sociocultural de determinada comunidade só podem funcionar de maneira satisfatória, se se conservam suficientemente para assegurar a intercompreensão dos sujeitos e se se modificam, suficientemente, para responder às novas necessidades de comunicação" (Pais, O percurso gerativo da enunciação: produtividade léxica e discursiva, In: *Confluência* (Revista do Departamento de Linguística da Unesp-Assis), v. 3, Assis, Unesp, p. 164).

[4] Esta é a opinião de Maria Helena Diniz, quando estuda o problema, detectando, ainda que se referindo a uma teoria semiológica, a exata função desempenha nesta seara pela Semiótica Jurídica: "A semiologia verifica, analiticamente, a função desempenhada pelos fatores extranormativos na produção das significações jurídicas e dos seus efeitos na sociedade" (Diniz, *Norma constitucional e seus efeitos*, 1989, p. 16).

[5] "O discurso jurídico não passa de um caso particular, definível na sua especificidade, ante todos os discursos possíveis – e realizados – numa língua natural qualquer" (Greimas, Landowski, *Semiótica e ciências sociais*, p. 70).

[6] "Assim, os sistemas semióticos funcionam e mudam, e, mudando, se reiteram, donde uma tensão dialética sustentada entre duas forças contrárias, a conservação e a mudança. Mais exatamente sustentamos que o funcionamento de um sistema semiótico – enquanto instrumento de comunicação no seio da vida

504 | CURSO DE FILOSOFIA DO DIREITO · Bittar / Almeida

mento que vivifica sua estrutura em permanente contato com os demais sistemas sociais.[7] É importante ressaltar que nenhum sistema semiótico está isento do processo de realimentação.[8] Esta pode ser intersemiótica ou intrassemiótica, e ocorre sempre porque a toda nova informação ou significação segue um ciclo de realimentação do sistema e do discurso. Aqui está declarado o caráter mutante de uma semiótica qualquer; os discursos, os usos e os universos de valor que sustentam essa discursividade variam com a própria oscilação das experiências humanas que jazem na condição de elementos pré-código da cadeia semiótica.[9]

Desenvolvendo-se essa ideia, é mister dizer que o Direito desenvolve-se nos moldes desses movimentos sistêmicos. Imerso no universo da cultura, o sistema jurídico não é mais que uma constelação. Essa constelação, com suas práticas textuais, funciona em concomitância com os demais sistemas que se podem distinguir. Daí se destacar o fato de que este estudo abrange todos os processos semióticos em operação relevantes para a codificação e descodificação dos discursos jurídicos.

Na trama das relações sistêmicas, o sistema jurídico-semiótico comunica-se, inter-relaciona-se, interage, não somente vive, mas *con-vive*. Essa convivência fortalece sua dinâmica e o intercâmbio de valores, experiências, discursos, técnicas, práticas, conquistas, conhecimentos, operações, conceitos, símbolos, signos verbais e não verbais. Não há dúvidas de que ocorre uma superafetação recíproca dos fenômenos entre si, e, nesse sentido, com esta carga de premissas, não se pode conceber o texto (jurídico ou não) como sendo apenas a *surface* de um grande campo de relações enraizadas em pressupostos comuns de experiência de mundo.

Assim, no contexto do uso da linguagem,[10] constata-se que as comunidades, as práticas, os hábitos, as circunscrições de tarefas, as divisões de trabalho, as matérias, as diferenças sociais, as estratificações, as etnias, a especificidade de experiência deram origem a um grande número de *universos de discurso*, entre os quais se pode destacar aquele do discurso jurídico.[11]

Contudo, esse próprio universo, com normas de uso e regras de competência discursiva, não é homogeneamente idêntico em seus desdobramentos; ele, como qualquer outro, subdivide-se em microssemióticas (discurso normativo, discurso burocrático, discurso

---

social – e sua mudança – no eixo da história – constituem em conjunto, simplesmente, o funcionamento desse mesmo sistema, numa concepção pancrônica em sentido amplo, ou seja, numa concepção dialética de sistema e estrutura, na medida em que o sistema é apenas uma instância do processo semiótico" (Pais, O percurso gerativo da enunciação: produtividade léxica e discursiva, In: *Confluência* (Revista do Departamento de Linguística da Unesp-Assis), v. 3, Assis, Unesp, p. 166).

[7]   A este respeito, Greimas, Landowski, *Semiótica e ciências sociais*, p. 79.

[8]   A este respeito, Castro, *Para uma análise sociossemiótica e semiolinguística de aspectos do discurso jurídico brasileiro*: a liberdade e o Estatuto da Criança e do Adolescente, tese, 1997, I, p. 64.

[9]   Consulte-se Pais, Semiose, informação e transcodificação. In: *Língua e literatura*, Revista DLFFLCH – USP, a. VIII, v. 8, 1979, p. 59-60.

[10]   Consideráveis discussões a respeito do tema se encontram em Greimas, Landowisk, *Semiótica e ciências sociais*, 1981, p. 42-43.

[11]   "Por conseguinte, temos, numa semiótica objeto constituída por uma língua natural, por exemplo, espacialmente delimitada, sócio-culturalmente condicionada e contextualizada, historicamente determinada, a definição de *microssemióticas-objeto*, ou se se preferir, de diferentes universos de discurso, como seja, o universo de discurso científico, o universo de discurso tecnológico, o universo de discurso jurídico, o universo de discurso político, o universo de discurso jornalístico, o universo de discurso publicitário, o universo de discurso burocrático, o universo de discurso pedagógico, o universo de discurso religioso, dentre outros, aos quais correspondem outras tantas normas discursivas, e que constituem, por exemplo, o objeto da sociossemiótica, enquanto estudo dos discursos sociais não literários" (Pais, Aspectos de uma tipologia dos universos de discursos, In: *RBL*, 1984, p. 45-46).

Cap. 40 • DIREITO E LINGUAGEM: LINGUAGENS FORMAL E NATURAL NA FORMAÇÃO DO DISCURSO JURÍDICO | 505

decisório, discurso científico), às quais se dedicará especial atenção nas partes do trabalho que seguem a esta.

Para que se fale de discurso jurídico, com sua vastidão, é importante também que se fale do discurso em geral, assim como de sua vastidão. Pode-se dispor de um *discurso factual*, quando se quer que os signos remetam a fatos ("Fulano foi à Faculdade para pesquisar"), sendo que a veracidade de sua constituição verifica-se com base na comparação (verificação) da ocorrência dos fatos de acordo com a enunciação. Pode-se dispor de um *discurso sensorial-descritivo*, quando se quer definir coisas, e não relatar fatos-ocorrências, aferíveis por experiência ("A laranja é fruta; a fruta é ácida"). Pode-se dispor ainda de um *discurso deôntico*, como ocorre com os julgamentos axiológicos ("É bom que tu te cuides"), éticos ("Esta ação não pode ser considerada correta") e com aqueles outros jurídicos ("A conduta do réu foi considerada injusta e caluniosa, o que lhe acarreta uma sanção grave e infamante"; "É proibido gravar a conversa alheia sem autorização expressa"). Destes últimos destacam-se os jurídico-normativos, pela só característica de sua aferição ser impossível de ser realizada, pois tudo se remete à legalidade ou à validade ou não da norma jurídica que dá base ao enunciado de discurso.[12]

À vastidão dos discursos possíveis segue-se a vastidão dos universos de discurso correspondentes, cada qual com suas características fundamentais, sendo regidos por normas e regramentos internos que os fazem práticas textuais diversas. São eles, fundamentalmente, na proposta de Cidmar Teodoro Pais, os universos de discurso científico, tecnológico, jurídico, político, jornalístico, publicitário, burocrático, religioso, pedagógico, entre outros, entre os quais se quer destacar sobretudo, o científico, o jurídico, e o burocrático, e suas modalidades complexas, respectivamente, o *poder-fazer-saber*, o *poder-fazer-dever*, o *poder-fazer-fazer*.[13]

Parte-se dessa repartição dos universos de discurso em geral para se construir outra mais específica, correspondendo à especificidade reclamada pelo domínio jurídico. O *discurso jurídico* é mais que o discurso da *normatividade* (discurso prescritivo); dizer o contrário seria compactuar com o raciocínio positivista e legalista, entendido este como um reducionismo que acaba por integralizar a dinâmica jurídica ao universo normativo. O discurso jurídico é mais que o discurso normativo no sentido de que acolhe também em seu seio outras manifestações textuais, que não apenas aquela normativa; nele se inserem, além do *discurso jurídico-normativo*, o *discurso jurídico-burocrático*, o *discurso jurídico-científico*, e o *discurso jurídico-decisório*.

É certo, pois, que na definição de discurso normativo e de discurso jurídico deve-se ter presente a distinção básica entre o conteúdo e o continente. O discurso jurídico, em sua generalidade, é o conjunto das produções de sentido no campo a que se pode chamar jurídico, e abarca toda a dinâmica interna do jurídico e suas fontes (*ex qua ius oritur*), de modo que o discurso normativo é parte desta generalidade, mas não qualquer parte, e sim parte substancial desta generalidade.

Ainda nessa distinção, o primeiro, o discurso jurídico, estudado como problema, integra o que a jurisprudência fala (diz, comanda, doutrina, decide, delimita, estima, perfecciona...) acerca das manifestações jurídicas, assim como o que a doutrina leciona (interpreta, produz, critica, atribui sentido, organiza, cria, promete, reivindica *de lege ferenda*...), e, sobretudo

---

[12] Pode-se dizer mesmo: "Uma norma, porém, não é verdadeira nem falsa, mas válida ou não válida" (Kelsen, *Teoria pura do direito*, 1976, p. 285).

[13] Cf. Pais, *Conditions semantico-syntaxiques et semiotiques de la productivite systémique, léxicale et discursive*, Thèse présentée à l'Université de Paris–IV pour l'obtention du grade de Docteur d'État ès-Lettres, tomo II, 1993, p. 57. Perceba-se, no entanto, que no curso da investigação estar-se-ão a criar classificações novas que estarão a conflitar com o modelo-matriz do qual parte esta reflexão.

o que as leis prescrevem (enunciam, concedem, proíbem, autorizam, modificam, inovam, extinguem...), admitidas estas como fontes formais principais, a par das fontes de integração (analogia, costumes, princípios, equidade). O segundo, o discurso normativo, também estudado como problema, acolhe em seu bojo a questão principal do que seja o discurso prescritivo, por natureza; é parte, portanto, daquele outro estudo mais largo a respeito das múltiplas manifestações jurídicas, não apenas normativas. É mister, portanto, que se estude o discurso jurídico por meio de suas espécies, mas não só, devendo-se estudá-lo valorizando-se também suas características capitais, suficientes para distingui-lo como gênero dos demais discursos assinaláveis.[14]

De fato, esse tipo de discurso não faz apelo à sensibilização estética, e muito menos constitui-se em mera narrativa, quando se quer tomá-lo como normativo-prescritivo, pois cria direitos, deveres, obrigações, assim como os extingue; não é mera composição ou ordenação de signos, quando se quer tomá-lo como burocrático ou decisório, pois faz cumprir, decide, ordena, impõe, determina, constrói; não é mero ato de descrição da realidade, quando se quer tomá-lo como científico, pois exerce a interpretação, assinalando caminhos normativos os mais diversos baseando-se em um único texto normativo.

Assim, querem-se assinalar quatro principais modalidades de discurso jurídico, a saber, o normativo, o burocrático, o decisório e o científico, cada qual destas constituindo particulares manifestações da textura jurídica. Para cada qual dessas modalidades podem-se distinguir também funções jurídico-discursivas preponderantes:

a) *função cogente*, exercida pelo discurso normativo: corresponde às tarefas de comandar condutas, eleger valores preponderantes, recriminar atividades, estimular atividades, comandar a estrutura do sistema, a interpretação e o fazer dos agentes públicos;

b) *função ordinatória*, exercida pelo discurso burocrático: corresponde às atividades de regularização, acompanhamento, ordenação e impulso dos procedimentos, orientando o *cursus* dos ritos institucionais;

c) *função decisória*, exercida pelo discurso decisório: corresponde às atividades aplicativa, dirimidora, conclusiva e concretizadora dos parâmetros normativos;

d) *função cognitivo-interpretativa*, exercida pelo discurso científico: corresponde às atividades de conhecimento, distinção, classificação, orientação, informação, interpretação, explicação, sistematização e crítica dos demais discursos aqui apresentados. É certo que uma quinta função pode ser distinguida neste estudo – estritamente ligada à *práxis* jurídica –, a *função persuasiva*, que estaria, na verdade, por detrás de todas as demais (cogente-normativa, decisória, ordinatório-burocrática e cognitiva) influenciando-as, exercida com muita presença

---

[14] De fato: "A própria expressão *discurso jurídico* já comporta um certo número de pressupostos que é preciso explicitar: 1. Ela sugere que por discurso jurídico deve-se entender um subconjunto de textos que fazem parte de um conjunto mais vasto, constituído de todos os textos manifestados numa língua natural qualquer; 2. Isso também indica que se trata de um discurso, quer dizer, de um lado, a manifestação sintagmática, linear da linguagem e, de outro lado, a forma de sua organização que é levada em consideração e que compreende, além das unidades frásticas (lexemas, sintagmas, enunciados), as unidades transfrásticas (parágrafos, capítulos ou, enfim, discursos-ocorrências); 3. A qualificação de um subconjunto de discursos como jurídico implica, por sua vez, tanto a organização específica das unidades que o constituem, como a existência de uma conotação particular subentendida a esse tipo de discurso, ou, ainda, as duas coisas ao mesmo tempo" (Greimas, Landowski, *Semiótica e ciências sociais*, p. 72-73).

Cap. 40 · DIREITO E LINGUAGEM: LINGUAGENS FORMAL E NATURAL NA FORMAÇÃO DO DISCURSO JURÍDICO | 507

pelo discurso parcial dos litigantes em procedimentos formais: correspondendo às atividades de convencimento, persuasão, formação de prova, interpelação, exegese, avocando-se para si os resultados positivos do *decisum*.[15]

Esses quatro grandes grupamentos, que formam por sua vez microssistemas de significação, com normas e regras de funcionamento próprias, passam a constituir o *corpus* das investigações que seguem neste trabalho, caracterizando a pesquisa das partes que seguem, podendo-se distinguir e identificar os discursos em particular pelos seguintes distintivos:

1 *discurso normativo*, que possui a característica modal *poder-fazer-dever* (textos normativos, leis, portarias, regulamentos, decretos...);

2 *discurso burocrático*, que possui a característica modal *poder-fazer-fazer* (decisões de expediente e andamento burocrático-procedimental...);

3 *discurso decisório*, que possui a característica modal *poder-fazer-dever*, nas esferas 3.1 administrativa (decisões de oportunidade, de mérito, de legalidade, de aplicação de multa, de isenção fiscal...) ou 3.2. judiciária (sentenças, acórdãos, decisões interlocutórias...), incorporando em seu bojo as preocupações lúdicas do *discurso-contra* e da dialética *interpartes*;

4 *discurso científico*, que possui a característica modal *poder-fazer-saber* (lições doutrinárias, ensinamentos teóricos, resenhas, críticas, comentários, formulações e reformulações exegéticas...).[16]

Cada qual desses universos de discurso jurídico possui um processo gerativo diverso, com normas e regras de uso próprios, mas todos obedecem a um plano de formação comum, que se pode explicitar nesta parte. Assim, o discurso normativo obedece a uma microtextura normativa para sua formação, e seu processo gerativo distingue-se essencialmente daquele percorrido pelos discursos científico, decisório e burocrático.

Nem sempre onde há referência a questões, discussões, problemas, acontecimentos jurídicos pode identificar-se um discurso jurídico. A simples matéria jurídica não define a esquemática do discurso; não é qualquer discurso sobre questões jurídicas que pode ser chamado de discurso jurídico. Deve-se mesmo advertir que os discursos jornalístico, vulgar, coloquial, televisivo, teatral, cinematográfico, ainda que descrevam problemas jurídicos, descrevam casos judiciais, procedam à crítica deste ou daquele episódio de cunho jurídico, ainda assim, não são parte do discurso jurídico, mas sim discursos acerca do jurídico.

O que se quer dizer é que esses universos de discurso não comungam das mesmas normas e injunções que presidem o discurso jurídico e seus microuniversos de sentido, de modo que nem tudo o que é acerca de acontecimentos jurídico-judiciários, acerca de realidades jurídicas, acerca de sistemas e problemas jurídicos, pode ser colocado sob o título de discurso jurídico, no sentido próprio e estrito do termo. Sobre ele podem-se lançar críticas, contribuições..., o que ocorre do ponto de vista externo, e não interno, com relação ao universo de discurso de referência.

---

[15] Tenha-se presente, no entanto, que não se pretende dizer que, por exemplo, o discurso decisório não possua nenhuma preocupação persuasiva, mas que cada discurso possui seu campo preponderante de atuação, com uma função que lhe corresponde na mesma medida.

[16] Nesse mesmo sentido, Carrión-Wam também divide os discursos jurídicos para fins de análise da seguinte forma: discurso judicial; discurso legal; discurso doutrinário (Cf. De la specificité de la sémiotique juridique, In: *Droit prospectif*, Revue de Recherche Juridique, 1985, p. 73-74).

508 CURSO DE FILOSOFIA DO DIREITO • Bittar / Almeida

Se se puder resumir o enquadramento do discurso jurídico de conformidade com o que se vem afirmando a seu respeito, de modo que se obtenham alguns traços elementares de sua formação diferenciada em meio a outras práticas sociais de linguagem, deve-se dizer que:

1 é linguagem técnica;

2 constrói-se com base em experiências da vida ordinária;

3 ocorre *intraculturalmente*;

4 possui ideologia;

5 exerce poder;

6 seu caráter é, normalmente, performativo e sua apresentação faz-se, fundamentalmente, por meio de pressupostos lógico-deônticos.

Devem-se, pois, analisar essas características.[17]

Quanto à questão da linguagem técnica,[18] há que se dizer que o perfeccionamento do discurso jurídico com base na língua natural redundou no condicionamento e na especialização de sua linguagem com relação àquela, tendo-se convertido em uma linguagem técnica. Autores há que, uma vez constatada a presença da linguagem técnica no universo jurídico, pugnam pela abolição dos termos técnicos e pela laicização da linguagem jurídica.[19] Esse tecnicismo, porém, essa crescente especialização ou cientificização da linguagem jurídica não impede que esses mesmos termos técnicos estejam sujeitos à ambiguidade, ou ainda que termos provenientes de outras esferas de saber penetrem seu campo, trazendo consigo os problemas matrizes de sua linguagem originária.[20]

Instrua-se, no entanto, essa análise da advertência de que a não-utilização de uma linguagem técnica não descaracteriza a existência do discurso jurídico. Normalmente, na circulação dos textos jurídicos, dá-se a intervenção de operadores jurídicos, e não profanos, o que pressupõe conhecimento técnico e faculdade de manipulação de uma linguagem estrita, precisa, técnica. Quando isso ocorre, tem-se a formação de discursos jurídicos normalmente carregados de um vocabulário jurídico. No entanto, quando da intervenção de sujeitos não experimentados nas praxes vocabulares da linguagem jurídica (testemunha, peticionário...), produzem-se discursos desprovidos de termos técnicos, o que não descaracteriza a produção desses discursos como sendo discursos jurídicos, e isso em função de possuírem a faculdade

---

[17] A verificação dessas características, bem como sua apresentação, descrição e visualização, é feita no quadro dos estudos dedicados a cada discurso em específico, de modo que se julgue com maior propriedade as diferenças entre as espécies.

[18] Há que se dizer que as relações e o tráfego de informações entre universos de linguagem são comuns. Linguagem comum e linguagem técnico-jurídica relacionam-se de modo que ocorra tecnicização sígnica da linguagem comum e banalização sígnica da linguagem técnico-jurídica. A respeito desse aspecto, consulte-se Sourioux, *Le langage du droit*, 1991, p. 90-99.

[19] Vê-se claramente delineada essa postura, sobretudo tendo-se em vista o problema das garantias penais e sua relação com a legalidade, em A linguagem do direito penal: uma abordagem crítica. In: *Justitia*, a. 58, v. 173, 1996, p. 9-12, de Eduardo S. M. Rodrigues.

[20] Há que se dizer mesmo que: "Todos os termos técnicos suportam as acepções decorrentes do progresso da ciência a que se acham ligados" (Maximiliano, *Hermenêutica e aplicação do direito*, 1990, p. 3). E, mais ainda, com Landowski, que os juristas são conscientes deste tipo de problema: "Los juristas saben que la significación de un texto legal, de un reglamento o de una circular, de una sentencia o hasta los términos de un contrato está lejos de ser siempre clara, inmediata y unívoca" (Landowski, *La sociedad figurada*, 1993, p. 78). O caráter formular e tecnicizado das expressões jurídicas é destacado como instrumento útil de segurança jurídica por Bergel, *Théorie générale du droit*, 1989, p. 219-220.

Cap. 40 · DIREITO E LINGUAGEM: LINGUAGENS FORMAL E NATURAL NA FORMAÇÃO DO DISCURSO JURÍDICO | **509**

de produzir efeitos jurídicos. Devem-se, pois, dissociar as ideias de vocabulário jurídico e de discurso jurídico; o vocabulário não determina a qualidade do discurso, assim como o discurso não determina o uso vocabular.

Quanto às questões de que ocorre *intraculturalmente* e desenvolve-se com base em experiências da vida comum,[21] há que se dizer que uma estrutura discursiva, como o é concebida dentro dos limites de uma teoria que visa ao mapeamento e à crítica enunciativa das partes e do todo do discurso, valorizado sobretudo como instrumento de comunicação, como instância de dominação, como instituição social, como retículo de valores culturais e como modalidade de ação social, não prescinde da investigação do aspecto cadencial que consente a formação do discurso como unidade de sentido autônoma e como signo complexo. Pode-se, nesse sentido, apresentar a esquemática seguinte para a diluição da ideia de continente, que caracteriza o discurso, em face daquela de conteúdo, que caracteriza suas partes: linguagem natural >> linguagem formal >> sintática contextual dos signos jurídicos >> discurso normativo >> discurso burocrático >> discurso decisório >> supratextualidade científica.

Esse esquema componencial, antes de referir-se exclusivamente a elementos linguísticos, refere-se sobretudo ao transporte da significância natural àquela dita propriamente jurídica e, em seguida, à passagem pelas diversas esferas de atuação da *juridicidade* em suas vertentes normativa, burocrática, decisória, científica. Se essa linguagem complexiza-se em inflexões gradativamente mais especializadas, não significa que se encontra absolutamente independente da linguagem natural com base na qual se desenvolveu; é-lhe posterior, guarda sua autonomia, mas conserva com aquela suas relações. Se sua estrutura de formação é essa, em termos sociais sua apresentação é muito clara: a comunicação.

Quanto à quarta questão, omitir a ligação existente entre a *juridicidade* e a ideologia corresponderia já a uma postura nitidamente ideológica. É certo que o conceito de ideologia na história do pensamento possui inúmeras interpretações, todas formando tendências teóricas diversas. Aqui não se quer utilizar o termo senão para significar "ato de escolha" e de intervenção do sujeito singular sobre estruturas discursivas e sobre práticas de sentido. Nenhum discurso está isento de ideologia, no sentido de que sempre pressupõe atitudes e escolhas por parte daquele que o constrói, que o formula. Isso fica ainda mais claro se se pensar que os discursos jurídicos (normativos, decisórios, burocráticos, científicos) normalmente se apresentam como reflexo do poder de instituições às quais se ligam para seu exercício como prática textual (Legislativo, Judiciário, Administração, Cartório, Academia...).

O discurso jurídico é ideológico porque pressupõe decisões, e também porque dessas decisões não se podem excluir fatores políticos, socioculturais, econômicos, históricos..., de modo que a pretensa estrutura límpida e cristalina, desprovida de paixões, sobretudo inspirada em ideais racionalistas (escalonamento normativo, interpretação como prática de aclaração da norma...), não deixa de apresentar-se como um movimento contínuo em dialética interação com os fatos sociais. Não se pode deixar de denunciar o fato de que o discurso jurídico é um discurso carregado de opções, e que, portanto, agrega valores, im-

---

21   Com esta consciência do problema, têm-se desenvolvido conhecimentos especializados de linguagem jurídica, com vista exatamente em facilitar o acesso *interlinguístico* aos povos, nações, países e comunidades com estruturas semiótico-jurídicas diferenciadas. É exemplo disso o estudo de Le Docte (*Dictionnaire des termes juridiques en quatre langues*, 1978), no qual se encontra este tipo de preocupação. Citem-se, ainda, como exemplos específicos que ilustram este estudo: legítima defesa/ *wttige verdediging/ self-defense/ notwehr*; citar/ *citer en justice/ dagvaarden/ to sue/ vor Gericht laden*; recurso/ *recours/ verhaal/ recourse/ Beschwerde*; homicídio/ *moord/ murder/ Totschlag*; pessoa moral/ *personne morale/ rechtspersoon/ corporate body, legal person/ juristische Person*.

510 | CURSO DE FILOSOFIA DO DIREITO • Bittar / Almeida

põe condutas, conduz instituições, movimenta riquezas, opta por visões de mundo, que, portanto, sustenta uma ideologia.

Michel Pêcheux,[22] por meio de seus estudos semânticos, não deixa de enfatizar o papel da *ideologia* no contexto da produção de todo discurso, indicando que este opera mesmo como instrumento de dominação e de força no contexto da comunicação social.[23] É assim que se pode referir a uma *conotação ideológica* de que se reveste o discurso.

De fato, a superficialidade do discurso secreta inúmeros fenômenos; a frieza das estruturas lógico-gramaticais com as quais se inscrevem as leis trai o desatento intérprete do fenômeno jurídico; a aparente neutralidade pressupõe todo um conjunto de práticas políticas e disputas sócio-econômico-culturais que se digladiam até sua afirmação e sagração em um texto normativo. Todo um conjunto de práticas sociais e de forças encontra-se reunido em cada texto legislativo. Assim, uma abordagem das diversas conotações que podem assumir um discurso evidentemente coloca em destaque a problemática. Trata-se, portanto, de um *resíduo semiótico* do discurso, detectável com base em uma análise de profundidade do discurso.[24]

A *ideologia*,[25] enquanto tentativa de encoberta de uma realidade que se quer mascarar, para um desvelamento de significações sígnicas subjacentes à "objetividade" do discurso, enquanto tomado em seu aspecto exterior, e como fato semiótico, funciona ela mesma como um *signo*.[26] Essa identidade surge do fato de que o signo é um algo (objetividade do discurso) que está para alguma coisa (ideologia do discurso). Uma abordagem semiótica do discurso jurídico, antes de negligenciar tal perspectiva, deve desvelar o acentuado papel desta na determinação dos lindes ideológico-sígnicos ocultos no universo de discurso jurídico.

Quanto ao exercício do poder e ao caráter performativo do discurso jurídico,[27] pode-se dizer que a característica central do discurso jurídico é o fato de que não é um discurso que se

---

[22] Somente um trecho de sua obra confere a dimensão de sua preocupação: "(...)todo processo discursivo se inscreve numa relação ideológica de classes" (Pêcheux, *Semântica e discurso:* uma crítica à afirmação do óbvio, 1988, p. 92).

[23] De certa forma, o discurso é a ordem de signos que substitui a violência no sentido da construção da "ordem social". Têm-se, pois, aliados o discurso racional e o monopólio da violência no sentido do controle da conduta humana em sociedade. Exercendo este controle, este discurso "faz" coisas com palavras (Searle), impõe, ordena, constrange... manipulando um poder, que, se mal manipulado, pode cercear arbitrariamente, castrar condutas... de modo que o estudo do poder e da ideologia que sustenta não deve ser negligenciado.

[24] Cf. Eco, *Tratado geral de semiótica,* 1991, p. 245. Refere-se o autor ao exemplo da possibilidade de interpretação ideológica da proposição "Ele segue Marx". A respeito da interferência ideológica nos códigos de comunicação, ver também Eco, *La struttura assente,* 1989, p. 93.

[25] Consulte-se, sobre a relação ideologia/discurso, Boiteux, *O discurso jurídico e a ideologia do interesse geral,* 1984. Sobre uma análise da ideologia do *bem-comum-dos-povos* nos discursos internacionais, consulte-se Salmon, L'état, réalité et fiction. In: *Realités du Droit International contemporain:* discours juridique et pouvoir dans les relations internationales: l'exemple des sujets de droit, no 3, *Actes de la cinquième rencontre de Reims,* Faculté de Droit de Reims, 1980, p. 34-38.

[26] Cf. Coelho Netto, *Semiótica, informação e comunicação:* diagrama da teoria do signo, 1980, p. 81-96.

[27] Quanto a esse aspecto, as obras de base e as teorias que lastreiam as reflexões são as de Austin, Searle e Amselek (Austin, J. L., *Quand dire c'est faire.* Trad. Gilles Lane. Paris: Éditions du Seuil, 1970; Amselek, Paul, *Théorie des actes de langage, éthique et droit,* publié sous la diréction de Paul Amselek. Paris : Presses Universitaires de France, 1986; Searle, John R., *Expressão e significado:* estudos da teoria dos atos da fala. Trad. Ana Cecília G. A. de Camargo, Ana Luiza Marcondes Garcia. São Paulo: Martins Fontes, 1995), cujas obras se tomam como referência, seguidos de discípulos e estudiosos que desenvolveram a questão no campo das investigações jurídicas, como Grzegorczyk (Grzegorczyk, Christophe. Le rôle du performatif dans le langage du droit. In: *Archives de Philosophie du Droit,* XIX, Le langage du Droit,

Cap. 40 · DIREITO E LINGUAGEM: LINGUAGENS FORMAL E NATURAL NA FORMAÇÃO DO DISCURSO JURÍDICO | **511**

restringe à descrição de fatos, à enunciação epidítica, à construção de situações deliberativas, à apresentação de conclusões lógicas ou epistemológicas, ao deleite estético. Sua utilização é normalmente operativa, uma vez que seu discurso é transformacional. Nesse sentido, toda modalidade semiótica de descrição do discurso jurídico será marcada pela capacidade de gerar efeitos, de produzir resultados, e apresentar-se-á como um *poder-fazer*. Essa peculiaridade de ser descrito sempre precedido da modalidade *poder* está a descrever-lhe o comprometimento com o exercício do poder. A modalidade *poder*, de fato, aparece presidindo a descrição das espécies de discurso jurídico (normativo, burocrático, decisório, científico), o que permite que se diga claramente que o discurso jurídico é um discurso de *poder* (*poder-fazer-dever, poder-fazer-fazer, poder-fazer-dever, poder-fazer-saber*).

É nesse sentido que se quer fazer uso da palavra *poder,* vasta e largamente cercada de análises conceituais aprofundadas, de modo que se estude, por meio desta pesquisa, não o *poder-em-si*, em sua ontologia, mas o *poder-do-discurso*. Em outras palavras, quer-se estudar o poder que aparece no discurso, que se incorpora ao discurso, e que se exerce por meio do discurso, inclusive servindo-se de técnicas de discurso para seu melhor exercício (uso do imperativo, uso de locuções deontológicas, uso da persuasão racional, uso da ideologia do bem comum...). Dada a importância dessa advertência a respeito do sentido que se incorpora à palavra *poder,* e tendo-se em vista a necessidade de se recorrer frequentemente a ela para a descrição modal de cada espécie de discurso, parece conveniente que desde já se aparelhe a análise de um conceito semiótico de poder. Portanto, o *poder-do-discurso* pode ser definido, no contexto destas investigações, como a capacidade de gerar discursivamente obediência.

É pelo potencial transformador de situações reais que se pode identificar o discurso jurídico, pois este é capaz de influenciar sobre a esfera de existência, destinação e utilização de objetos, criando, modificando e extinguindo relações, afetando, atingindo e regulando, por formas mais ou menos favoráveis, as condutas humanas em sociedade, regulamentando situações, enfim construindo um universo descritivo em torno do qual devem girar os atos humanos. Os atos desobedientes, ou desconformes, aos comandos jurídicos são, normalmente, ou desqualificados, ou sancionados, ou considerados ineficazes para fins jurídicos.[28]

Podem-se tomar como exemplos os discursos normativo ("Considera-se infrator todo o estrangeiro residente em solo nacional desde a data referida nesta lei"), decisório ("Declaro nulo o contrato estipulado entre as partes por infração à legislação protetiva, arcando o réu com as despesas oriundas deste pacto") e burocrático ("Considere-se fulano intimado para todos os efeitos jurídicos desde a data referida nestes autos"), e isto, pois, com maior ou menor poder transformador, operam-se os efeitos jurídicos pelo simples fato da enunciação, e independentemente da vontade daquele que sofre suas consequências. O discurso jurídico por si só cria uma segunda ordem de ocorrências, cria um sentido que não está na "realidade", mas que se constrói intersubjetivamente, e que é de ordem deontológica.[29]

O discurso, por si, é instância de geração de significação, mas é algo que pode gerar efeitos e modificar ou pode não gerar efeitos e não modificar. Tomem-se dois exemplos. Num

---

Paris, Syrey, 1974, p. 229-241) e Olivecrona (*Lenguaje jurídico y realidad*. Trad. Ernesto Garzón Valdés. Buenos Aires, 1968).

[28] Nesse sentido é que intervém a análise de Tercio Sampaio Ferraz Júnior (*Teoria da norma jurídica,* 1978), demonstrando como os atos desconformes são incapazes de desaparelhar a estrutura imunizada da norma jurídica.

[29] Nesse sentido, Gérard Cornu concorre para a sustentação desta opinião ao dizer: "Le discours juridique est, tout à la fois, un acte linguistique et un acte juridique" (*Linguistique juridique*, 1990, p. 211). "O discurso jurídico é, toda vez, um ato linguístico e um ato jurídico."

casamento civil (contrato), o "sim" dos nubentes gera sentido, e, mais que isso, consequências jurídicas imediatas, se de tudo fizer fé o oficial encarregado da atestação, bem como se a prática for aceita e engajada dentro do procedimento prescrito para tanto. Num discurso jurídico-científico sobre a pobreza e os instrumentos sócio-jurídicos para erradicá-la, o discurso por si só não a elimina, não a minora, bem como não alivia os males que dela se originam, se deste discurso não redundarem ações políticas e pragmáticas direta e concretamente destinadas a erradicá-la.

Então, o que há é certa atribuição de efeitos jurídicos àquele certo "sim" circunstancial e procedimental, o que o faz diferir daquele discurso sobre a pobreza, que, enfim, elabora com persuasão sua estratégia para que se faça refletir no campo político, de onde deverão advir atitudes concretas para sua minoração no meio social.

É certo, então, que, para que se averigúe o poder transformador do discurso jurídico, à instância da mera produção discursiva, se deve seguir, como condição de sua eficácia, a instância efetivamente transformacional, ou seja, deve-se seguir o momento em que se faz "sentir a mão do *sheriff* nos próprios ombros", parafraseando Peirce. De fato, é de reconhecer-se correta a opinião de Peirce acerca da realidade das coisas, pois não são as palavras que condenam ou deixam de condenar, mas tudo isso ocorre num segundo plano, no exato momento em que, juntamente com as palavras e as razões lógicas, passa a imperar a força bruta; é, e será sempre, uma atuação concreta a consequência de todo um *modus operandi* do discurso. A convergente do discurso é a práxis do discurso, a eficácia, a capacidade de produzir efeitos que possui.

Daí se dessume ser o discurso muito mais meio que fim, muito mais condição de efetividade (instância deontológica) que essa própria efetividade (instância ontológica). Deve-se questionar, portanto, o que de fato define o "discurso jurídico" como "jurídico", senão sua própria apresentação como "jurídico e sancionatório", dentro de uma ordem circunstancializada de valores sociais e fundantes do comportamento orgânico que se busca obter em sociedade. O que é que garante a eficácia ao discurso senão as práticas intersubjetivas de sentido?[30] O que uma fabulação jurídica, teatral ou caricatural, haveria ou deixaria de haver em face de acontecimento reconhecidamente jurídico?[31] Com Olivecrona pode-se perceber a importância da *circunstancialidade discursiva*, ou da contextualidade expressiva do discurso, pois esta é elemento determinante para a devida caracterização de um discurso; na base de todo exercício de discurso em um contexto estão a prática social, a aderência intersubjetiva e a comunhão do sentido. Assim, a encenação do matrimônio realizado no teatro, e celebrado em todos os termos como uma colagem da "realidade referencial", com o maior nível de verossimilhança possível, ilustra a questão da necessidade de contextualidade do discurso, para sua aceitação como prática capaz de fazer, de transformar juridicamente.

---

[30] De fato, também essa é a opinião reforçada de Alaôr Caffé Alves: "Na verdade, a força da norma não provém dela mesma, pelo menos em sua acepção tópica; isso seria fetichismo normativo pelo qual se coisificaria a norma como ponto de irradiação compulsiva e misteriosa. A norma tem sua força vinculante, observável intersubjetivamente, a partir do contexto normativo geral (onde persistem valores, moralidade, trato social, costumes etc.), sócio-econômico, psíquico-social e cultural da comunidade jurídica considerada" (Alves, *Linguagem, sentido e realidade da norma jurídica*: dialética da norma jurídica, tese, 1996, p. 73).

[31] A hipótese é também aventada por Kelsen: "Se uma organização secreta, com o intuito de libertar a pátria de indivíduos nocivos, condena à morte um deles, considerado um traidor, e manda executar por um filiado aquilo que subjectivamente considera e designa como uma sentença de condenação à morte, objectivamente, em face do Direito, não estamos diante da execução de uma sentença, mas perante um homicídio, se bem que o facto exterior se não distinga em nada da execução de uma sentença" (Kelsen, *Teoria pura do Direito*, 1976, p. 19).

Cap. 40 · DIREITO E LINGUAGEM: LINGUAGENS FORMAL E NATURAL NA FORMAÇÃO DO DISCURSO JURÍDICO | **513**

A funcionalidade que emerge do discurso, dado que este jamais se desconecta de uma necessidade de comunicação e de produção de resultados, sejam estéticos, sejam morais, sejam vinculativos, sejam utilitários, permite dizer que é transformacional. O discurso, em geral, é transformacional, e ainda mais assim o é o discurso jurídico, dadas as consequências sobre a conduta, a vida e a esfera dos sujeitos a ele ligados enquanto participantes de uma relação de envolvimento com a textualidade jurídica. É nesse sentido que se refere Olivecrona a *expressões realizativas*, tais como "prometo dar-te", ou "prometo comprar-te".[32] O fantástico da linguagem encontra-se no fato de que, sendo suas práticas aceitas como formas legítimas para a constituição de atos jurídicos, ou seja, estando nos termos em que prevê a legislação pertinente, criam obrigações que, uma vez elocucionadas em seu contexto próprio, têm o condão de estabelecer laços jurídicos e relações de caráter jurídico que, em toda a abstração que lhes é inerente, são capazes de trazer consequências, inclusive sensíveis, para a vida fática dos sujeitos envolvidos (perda de patrimônio, após uma sentença judicial; dever de prestar serviços à comunidade durante um ano, após uma sentença judicial; separação de corpos entre casal e perda do direito de frequentar a residência do outro cônjuge, após uma sentença judicial; despejo do imóvel, após uma sentença judicial; privação da liberdade por um período de cinco anos, após uma sentença judicial; desvalorização da moeda e do poder de compra, após um decreto presidencial...).

Os textos jurídicos são molas propulsoras da ação. A linguagem jurídica funciona como ponto de partida para as ações sociais e o movimento das relações humanas. Negocia-se, patenteia-se, registra-se, autoriza-se e pactua-se, tudo com base em textos e signos jurídicos. São eles que informam ou regulamentam ações humanas juridicamente relevantes. No entanto, signos e textos jurídicos (normativos) não movimentam a ação fortuitamente, e não contam com o livre-arbítrio, com a capacidade de argumentação, de sedução do elocutor discursivo, ou com a paixão ética ou o interesse do receptor discursivo. Signos e textos jurídicos são molas propulsoras da ação que não podem ser negadas; estão dotados de imunização.[33] Signos e textos jurídicos são molas propulsoras da ação porque movimentam condutas, regendo-as de forma quase que onipotente (*omnipotens*) e onipresente (*ominpresens*). E mais, acompanham-se da força bruta, no dizer de Peirce. Sua existência e seu reconhecimento em meio às práticas sociais e intersubjetivas condicionam o comportamento humano.

40.2 A VIOLÊNCIA SIMBÓLICA DAS FORMAS LINGUÍSTICO-JURÍDICAS

Todo o universo de linguagem jurídica, considerando-se a generalidade do discurso normativo, a universalidade das práticas científico-dogmáticas, a impessoalidade neutra do discurso decisório fundamentante e os usos hermenêuticos dos debates dialéticos aplicativos das leis, constitui-se em um aglomerado de funções simbólicas exercentes de um poder maquiado nas próprias estruturas estruturadas do ser constitutivo das palavras do Direito.

---

[32] Para essas expressões, em não existindo quaisquer outras exigências formais legais, "(...) derechos, deberes y validades jurídicas son creados, cambiados o suprimidos mediante la formulación de estas frases" (*Lenguaje jurídico y realidad*, 1968, p. 39). Palavras como *promulgo, decreto, baixo a circular, decido* são performativas. Palavras como *decido, declaro, condeno, faço pagar* são performativas. Isso faz com que se conclua que: "Les langages du législateur et du juge sont performatifs et métalinguistiques" (Kalinowski, Sur les langages respectifs du législateur, du juge et de la loi. In: *Archives de Philosophie du Droit*, 1974, p. 73). De fato, deve-se acentuar esse aspecto: "La parole est le verbe du droit. Depuis toujours, le droit admet que parler c'est agir. La théorie linguistique des actes de langage a, pour cette raison, connu d'emblée chez les juristes, un immense succès" (Cornu, *Linguistique juridique*, 1990, p. 44).

[33] Cf. Ferraz Jr., *Introdução ao estudo do direito*: técnica, decisão, dominação, 1988.

As práticas do Direito confortam e produzem ordem social na medida em que constroem certa harmonização social dos conflitos, especialmente considerando o poder neutralizador exercido pela gramática da linguagem jurídica. Assim, através das estruturas da linguagem jurídica encontram-se expedientes que ocultam relações que pressupõem, segundo Ferraz Jr. (*Introdução ao estudo do direito*: técnica, decisão, dominação, 3. ed., 2001, p. 273-274): poder-autoridade (estabilidade do código linguagem); poder-liderança (consenso e participação no código linguagem); poder-reputação (uniformidade do código semântica da linguagem).

O Direito acaba funcionando como instrumento de coesão social na medida em que funciona com uma linguagem específica (formalizante, procedimentalista, racionalizante, generalizante) que constrói um novo sentido sobre a "realidade mediatizada pela forma simbólica do Direito". Em poucas palavras, pode-se dizer que se o Estado detém o monopólio do exercício da coerção, detém o monopólio de dizer quais palavras traduzem a coerção legítima.

> "O direito é, sem dúvida, a forma por excelência do poder simbólico de nomeação que cria as coisas nomeadas e, em particular, os grupos; ele confere a estas realidades surgidas das suas operações de classificação toda a permanência, a das coisas, que uma instituição histórica é capaz de conferir a instituições históricas."

E, ao maquiar a "realidade das coisas" sob a única forma possível de avaliar as coisas de relevo social, a forma jurídica, acaba por introjetar em direção ao jurídico a tarefa-dever de determinar o sentido resolutório das coisas.

> "É próprio da eficácia simbólica, como se sabe, não poder exercer-se senão com a cumplicidade – tanto mais certa quanto mais inconsciente, e até mesmo mais sutilmente extorquida – daqueles que a suportam" (Bourdieu, *O poder simbólico*, 6. ed., 2003, p. 243).

Ao gerar seus consensos, o Direito permite que o arbitrário, a violência física, a dominação pura e simples sejam eliminadas do universo decisório social, fazendo com que os dominados estejam confortados pela estrutura estruturante das relações de poder social (dominação de classes). Assim:

> "O poder simbólico como poder de constituir o dado pela enunciação, de fazer ver e fazer crer, de confirmar ou de transformar a visão do mundo e, deste modo, a ação sobre o mundo e, portanto, o mundo; poder quase mágico que permite obter o equivalente daquilo que é obtido pela força (física ou econômica), graças ao efeito específico de mobilização, só se exercer se for reconhecido, quer dizer, ignorado como arbitrário" (Bourdieu, *O poder simbólico*, 6. ed., 2003, p. 14).

> "Não há que se imaginar que as ações individuais de atores jurídicos isolados, ou que a ação coordenada de todas as ações das respectivas determinações de atores e operadores jurídicos, formem, em si e por si, o somatório congruente do exercício desta violência simbólica. Deve-se, sim, considerar que a função de manutenção da ordem simbólica que é assegurada pela ação jurídica (considerado o todo do sistema jurídico em funcionamento) acaba sendo o "produto de inúmeras ações que não têm como fim a realização desta função e que podem mesmo inspirar-se em intenções opostas" (Bourdieu, *O poder simbólico*, 6. ed., 2003, p. 254).

Cap. 40 · DIREITO E LINGUAGEM: LINGUAGENS FORMAL E NATURAL NA FORMAÇÃO DO DISCURSO JURÍDICO | **515**

Mesmo no nível inconsciente, considerando-se que a inconsciência pode ser a revelação da assunção de certa ideologia de ação social já previamente determinada e maquiada por certa consciência, os operadores de direito acabam anelando-se em suas ações às perspectivas de ação de classes dominantes, política ou economicamente. Não se pode olvidar que:

> "a prática dos agentes encarregados de produzir o direito ou de o aplicar deve muito às afinidades que unem os detentores por excelência do poder simbólico aos detentores do poder temporal, político ou econômico, e isto não obstante os conflitos de competência que os podem opor" (Bourdieu, *O poder simbólico*, 6. ed., 2003, p. 241-242).

CONCLUSÕES

Vê-se, com essas discussões, que o Direito se realiza como linguagem, e que o discurso é parte constituinte da estrutura e das práticas jurídicas, funcionando como aspecto coesão/legitimação da dominação social. O problema do poder simbólico revela que o discurso jurídico pode servir como elemento ideológico e significar a contenção de ideais de liberdade, quando o direito se torna instrumento do poder descaracterizando-se de sua função.

Assumir a discussão sobre o discurso jurídico, no entanto, não é entronizá-lo na condição de fetiche do sistema, mas identificar em sua serventia a utilidade do mecanismo, garantidor da unidade social.

Nesse sentido, não se pode esquecer o fato de que a linguagem não é um dado da natureza, e, como artefato humano de práticas intersubjetivas socioculturais, serve para atender a visões de mundo sempre determinadas historicamente.

DIREITO E INTERPRETAÇÃO: A DISCUSSÃO SOBRE O SENTIDO DAS NORMAS JURÍDICAS

Normalmente, em sede de hermenêutica, costuma-se utilizar com certa facilidade do brocardo *in claris cessat interpretatio*. Todavia, na prática jurídica constata-se que essa clareza é de difícil alcance, e o consenso em torno do sentido de um texto jurídico afigura-se mais como uma utopia hermenêutica. É da essência das construções jurídicas a diversidade de abordagens acerca de uma única temática; diz-se frequentemente serem múltiplas as interpretações de um mesmo fenômeno.

Não é por outro motivo que a retórica viabiliza a apresentação de argumentos com vista na persuasão, e é essa a ferramenta para o convencimento.[1] A prática judiciária, por exemplo, em verdade, é o canal de discussão das questões jurídicas, e reconhece que as mudanças do sistema jurídico estão em constante andamento. Dizer aqui que há mutação não é simplesmente dizer que as leis, decretos, regulamentos, portarias... são assolados por avalanches de alterações normativo-textuais, mas que o sentido jurídico, já que não é algo *pré-dado* no *texto-em-si*, constrói-se por meio de uma dialética intensa de argumentos destacados de uma fonte primígena de discussão: a legislação positivada.

Os debates doutrinários, as querelas jurisprudenciais e a multiplicidade de argumentações em juízo, antes de indicarem que o sentido jurídico é unívoco, denunciam a *multivocidade* dos textos jurídicos. No entanto, se essa multivocidade é candente para todas as práticas textuais jurídicas, sejam normativas, sejam burocráticas, sejam decisórias, sejam científicas, deve-se alertar, no entanto, que as cadeias de interpretação esbarram no problema da aplicação, mais propriamente na necessidade de se apresentarem respostas definitivas a conflitos jurídicos. Ante esse imperativo, o sentido jurídico encaminha-se de forma peculiar, pois o *non liquet* está-lhe a governar a prática discursiva aplicativa. É nesse sentido que surgem soluções jurídicas as mais diversas para deter a impossibilidade de decisão, como é o caso dos pré-julgados, das decisões sumuladas, da uniformização de jurisprudência...

Tais práticas são necessárias tendo-se em vista a resolução de questões concretas, e imperam no sentido da uniformização das tendências múltiplas de sentido; o Direito não pode abrir-se em leques de sentido infinitos, caso contrário essas vastas amplitudes comprometem sua finalidade primordial, causando-se insegurança jurídica e inaplicabilidade das normas jurídicas, cunhadas que foram para a resolução de conflitos suscitados no mundo fático, na esfera do ser.

Se, de um lado, evidencia-se que o sentido de um texto está sujeito ao buraco negro da(s) interpretação(ões), de outro lado, a interpretação restringe-se ante o imperativo da

---

[1] Daí a destacada utilidade do pensamento tópico, como proposto por Viehweg, em seu *Tópica y filosofía del derecho*, 2. ed., 1997, especialmente p. 196-201. Nesse sentido, Ferraz Júnior, *Introdução ao estudo do direito*: técnica, decisão, dominação, 1988. Mesmo alento ganham os estudos de nova retórica empreendidos por Perelman/Tyteca, *Traité de l'argumentation*: la nouvelle rhétorique, 1976.

Cap. 41 · DIREITO E INTERPRETAÇÃO: A DISCUSSÃO SOBRE O SENTIDO DAS NORMAS JURÍDICAS | 517

decidibilidade.[2] Se se pode dizer que o sentido do texto jurídico é substância amorfa, aberta para expectativas de sentido, também se pode dizer, ao mesmo tempo, que a decisão jurídica, em algum momento, surgirá (*non liquet*), e, nesse sentido, imporá seu sentido ao texto.

É no momento da escolha de um sentido textual possível, e necessário, que se abre espaço para a argumentação; será por meio de provas racionais que se fará a sustentação da escolha. No momento da decisão, os critérios interpretativos são apenas diretivos para a ação; esses critérios são conjuntamente importantes para oferecer resposta a uma ou a outra possível hipótese de sentido suscitada por uma mensagem normativa.

A resolução de conflitos e a busca de coerência significativa são *tópoi* marcantes, assim como determinantes, na constituição de um estudo hermenêutico. A interpretação, e a possibilidade de abertura de sentido que oferece aos textos jurídicos, acaba sendo a mola propulsora para a adaptação de textos a situações variadas, divergentes, conflitantes, imprevistas, contraditórias... A interpretação, nesse sentido, passa a representar forte válvula de escape das necessidades de funcionamento do sistema jurídico. A máquina semiótica, que funciona operando sentidos jurídicos, funciona facultando usos pragmáticos os mais difusos, que consentem a justificação de soluções jurídicas também as mais diversas. A interpretação, bem entendida, é primordial para a subsistência do sistema jurídico.[3]

Verifica-se, portanto, que a interpretação é construtiva para o Direito. Não cabe ao legislador, mas ao *sujeito-da-interpretação*, ou ao usuário da linguagem jurídica de modo geral, atribuir sentidos a textos normativos. Se o usuário for a um só tempo intérprete e aplicador, então a aplicação, a decisão, se forjará de acordo com uma interpretação sustentada em provas racionais. Com esse tipo de atitude ante a discussão da interpretação, não se está a atribuir ao *texto-em-si* um sentido único; está-se, em verdade, a atribuir ao usuário o poder de "dizer" o sentido jurídico (*juris-dictio*).

É nesse sentido que se pode dizer que a completude do sistema jurídico é um mito. O sistema jurídico em si, e por si, não pode ser completo; pode, sim, apresentar soluções para necessidades aplicativas, para hipóteses de lacuna..., mas nada disso se faz sem que o *sujeito-da-interpretação* atue construindo o sentido jurídico, preenchendo uma lacuna. O sistema, em seu isolamento insular, não pode ser completo; ele funciona, operacionaliza, atua, tudo em função da interpenetração que possui com os demais sistemas e práticas de sentido com os quais convive (práticas socioeconômicas, culturais, costumeiras, políticas, sindicais...).

A interpretação, nesse contexto, significa mais do que normalmente se costuma dizer a seu respeito. O legislador, conhecedor do papel da interpretação e das possibilidades de sentido que abre, não evita o uso de termos vagos no seio da legislação. Se proposital ou não, tal uso é frequente, e basta essa constatação para que se vislumbre nessa trilha um ponto importante de equilíbrio e conjugação entre duas realidades: uma primeira, técnica e deontológica, a esfera do dever-ser, e uma segunda, atécnica, a esfera do ser. As variações conceituais, culturais,

---

[2] A própria essência da ciência dogmático-jurídica, reconhecendo a universalidade pela qual podem espraiar-se as respostas apresentadas pelo uso pragmático da *juridicidade*, aponta para a finitude do sentido, colocando *parâmetros* para a atuação do leitor sobre o texto. Nesse sentido, Ferraz Júnior, *Função social da dogmática jurídica*, tese, 1978.

[3] Nesse sentido, fica clara a insuficiência dos postulados dogmáticos acerca da interpretação ("a interpretação se faz do sentido oculto e obscuro", "a verdade sempre subjaz ao texto", "a intenção do legislador deve ser desvelada", "a norma jurídica possui sentido único" etc.) para explicar a engrenagem hermenêutica. Ainda mais, pode-se dizer que, em sua simplicidade, conflitam com as já apresentadas ideias acerca do ato cognoscitivo e interpretativo.

sociais… explicam tal medida de caráter político tomada pelo legislador no seio das práticas normativas de sentido.

Assim, as expressões abertas, como *boa-fé, fins sociais, ordem pública, bem comum, moralidade, mulher honesta,* são todas *tópoi,* ou lugares-comuns, do discurso normativo; representam uma assunção de imprecisão feita pelo legislador com o fito de permitir a adaptação do texto normativo a momentos sociais e a peculiaridades de casos concretos.[4]

CONCLUSÕES

São vários, portanto, os elementos que afluem para a calibração do discurso jurídico. A racionalidade persuasiva pressupõe, portanto, a fundamentação e o embasamento aceitável da escolha de uma perspectiva interpretativa, o que desloca o ato interpretativo do universo da verdade para o da argumentação e da coerência. Antes de falar em arbítrio, pode-se falar em razoabilidade interpretativa, o que funda um paradigma que exclui o problema da verdade e apresenta o exercício exegético como um *lógos* do humano, ou como o *lógos* do razoável.[5] É, nessa perspectiva, que se podem determinar o alcance e os limites da interpretação textual jurídica, que não só interferem, mas fundamentalmente, e não raras vezes, definem os rumos da vida do homem em sociedade.

No entanto, não se pode deixar de dizer que a interpretação não se encontra ao alvedrio do *sujeito-da-interpretação,* nem sob o império absoluto da argumentação.[6] Para a enunciação de alguns critérios em torno da interpretação e de sua compreensão, depositam-se nos fatores infrarreferidos a possibilidade de redução da instabilidade na cognição da discussão. Assim:

a) a plausibilidade argumentativa sustenta premissas e embasa proposições jurídicas, de modo que todo ato de sentido deve conter um respaldo jurídico possível;[7]

b) a coerência entre meios e fins é o cerne para o entendimento de um instituto jurídico, que se aplica e interpreta para a resolução de conflitos, práticos e sociais, de modo a equacionar axiologia e tecnologia no uso dos conceitos jurídicos;

c) a *juridicidade,* como conjunto de práticas textuais, sustenta-se, cria-se, e *re-cria--se,* à medida que vive em dialética com outras práticas de sentido; ainda mais, a *juridicidade* vive da interação de sentido que pulsa no interior das próprias práticas de sentido que alberga;

---

[4] Cf. Ferraz Júnior, *Teoria da norma jurídica*: ensaio de pragmática da comunicação normativa, 1978, p. 23. Ainda, *ipsis litteris*: "A presença de *tópoi*, no discurso, dão à estrutura uma flexibilidade e abertura característica, pois sua função é antes a de ajudar a construir um quadro problemático, mais do que resolver problemas".

[5] Esta proposta é a de Siches, *Nueva filosofía de la interpretación jurídica,* 1973.

[6] A teoria da argumentação não se baseia em premissas desarrazoadas e desconectadas de um senso de coerência interna entre argumentação e racionalidade, pois, segundo Perelman (1976, p. 682), a argumentação é um processo racional, e está excluído, portanto, todo arbítrio interpretativo ou atributivo de sentido, pois a fundamentação participa do processo de legitimação do próprio processo de sedimentação de um discurso. Acerca dos limites da interpretação e da argumentação discursiva, ver p. 616 da mesma obra.

[7] A não arbitrariedade da argumentação decorre de elementos vários decorrentes da interna disposição de um sistema discursivo ou de elementos outros externos. Assim, às vezes, e como é o caso do sistema jurídico, a argumentação "est limitée par l'habitude, par la loi, par les méthodes et les techniques propres à la discipline au sein de laquelle son raisonnement se développe" (Perelman, Tyteca, *Traité de l'argumentation*: la nouvelle rhétorique, 1976, p. 616).

Cap. 41 · DIREITO E INTERPRETAÇÃO: A DISCUSSÃO SOBRE O SENTIDO DAS NORMAS JURÍDICAS | **519**

d) o ato interpretativo é útil à medida que concentra em si uma tensão constante entre a axiologia do *sujeito-da-interpretação* e a ideologia social vigente.[8]

O que se enunciou contribui no sentido de visualizar na *juridicidade* uma nota que lhe pode ser destacada em sua peculiaridade. Não só vive, mas *con-vive* com outras práticas socioculturais de sentido, que a alimentam e a mantêm em constante mutação.

Dessa forma, com o que se discutiu, pode-se perceber a existência de limites para a interpretação jurídica, que vêm à tona quando se demonstra a existência de fatores regulatórios utilizados pelo legislador, que, além de coibir e prescrever condutas, também disciplina interpretações e sentidos normativos. Dessa forma atuando, o legislador vincula a participação do intérprete na construção do texto jurídico. Mais ainda, verificam-se existentes esses limites à medida que se verifica o quanto a interpretação está vinculada a valores, conceitos, ideologias, momentos econômicos... vigentes em sociedade. É aqui que se destaca a questão de regulação da *juridicidade* por um elemento que a torna um exercício razoável de sentido a partir de textos; destaca-se o papel da razão prática (*phrónesis*). Nesse sentido, o fazer jurídico é um *lógos* que se constrói sobre a instabilidade do *dever-ser*, mas não deixa de ser um *lógos* do razoável. Faz-se em contexto, mediante usos, diante de situações concretas, sobretudo contrastando-se com valores sociais cristalizados e com outros que estão por ser cristalizados. O fluir desse *continuum* de sentido não pode ser detido.

A interpretação é, portanto, fator de construção do sistema jurídico. É impossível pensar as tramas jurídicas sem a atividade exegética.

Deve-se repisar que interpretar é fazer da literal letra da lei um dado real da vida de existentes e paupáveis cidadãos e cidadãs. O estudioso do Direito que só aplica a lei em sua frieza (*summus ius, summa iniuria*) desconhece a verdadeira razão de ser do Direito, vale dizer, seu potencial transformador e equanimizador das relações sociais.

---

[8] Aqui, coadunam-se os espaços próprios de uma retórica individual com uma proposta de assimilação cultural em viva dialética com o pensamento social. Portanto, além de se ressaltarem os aspectos coletivos da interpretação, ou da participação do coletivo no individual, deve-se reter que: "Também as ideias novas, que a retórica considera, como vimos 'faróis' (*lumina*), do discurso, só podem ter sucesso nessa sua tarefa de iluminação se, embora mantendo a carga explosiva da sua novidade, não se apresentem como puramente acidentais e injustificadas. De resto é esta uma exigência não restrita apenas à retórica, mas presente também na epistemologia..." (Plebe, *Manual de retórica*, 1992, p. 84).

42
DIREITO E LÓGICA:
RACIOCÍNIO RAZOÁVEL NO DIREITO

42.1 *LÓGOS* E LÓGICA

Pesquisando de perto o sentido do termo *lógos*, pode-se perceber que significa algo próximo ou semelhante ao raciocínio concretizado em palavra, em discurso, ou seja, trata-se da razão verbalizada. A própria palavra *razão* (*ratio*), no Ocidente, deve algo à ideia contida em *lógos*. A tradição ocidental atribui-lhe o poder semântico de ter originado os termos *razão, estudo, ciência, saber, discurso, pensamento* e *palavra*. Até mesmo é de uso comum da língua portuguesa apropriar-se de *lógos* para significar o estudo ou o conhecimento constituído acerca de algo (politologia – estudo da política). Assim, a própria Lógica, como ciência, seria um estudo (uma *logía*) do pensamento (do *lógos*). A linguagem-discurso e a linguagem-pensamento são, portanto, objeto de estudo da Lógica. As determinações do pensamento, as regras do pensamento, entre outras questões, são temas afeitos à Lógica.

Especialmente à lógica incumbe o estudo do pensamento enquanto *modus* de exercício do raciocínio, e, segundo certas correntes teóricas, à Lógica caberia apenas pensar as condições formalmente válidas de sua correta produção. Daí a constituição da Lógica como conhecimento sobre a *forma* do pensamento, concepção que acabou ganhando notoriedade, e que se tornou tema paradigmático na influência projetada sobre o início da própria Lógica Jurídica no primeiro quartel do século XX, em especial com a lógica deôntica de Von Wright, de Jörgensen, de Hofstader e McKinsey, de Menger, de Ross, de Máynez, e de Becker, entre as décadas de 20 e 50.

42.2 UMA LÓGICA PROPRIAMENTE JURÍDICA

Ao investigar a lógica jurídica, perceber-se-á que sua constituição tem poucas características da lógica matemática ou formal, ao contrário do que pensam conceituados autores e doutrinadores do Direito. O que ocorre é que não se pode conceber o raciocínio jurídico partindo de premissas absolutas e incontestáveis;[1] os juízos jurídicos são invariavelmente juízos de valor, e essa imbricação do Direito com a cultura e com a moral acaba por realizar o comprometimento de suas estruturas lógicas. Os procedimentos decisórios e o raciocínio jurídico não obedecem, de forma alguma, a esquematismos pré-concebidos ou a qualquer

---

[1] "Em um sistema formal, uma vez enunciados os axiomas e formuladas as regras de dedução admitidas, resta apenas aplicá-los corretamente para demonstrar os teoremas de uma forma impositiva. Se a demonstração estiver correta, devemos inclinar-nos diante do resultado obtido e, se aceitarmos a verdade dos axiomas, admitir a verdade do teorema, enquanto não tivermos dúvidas sobre a coerência do sistema. O mesmo, porém, não acontece quando argumentamos" (Perelman, *Lógica jurídica*, 1999, p. 170).

Cap. 42 · DIREITO E LÓGICA: RACIOCÍNIO RAZOÁVEL NO DIREITO | 521

tipo de predeterminação de seus conteúdos. Enfim, sobretudo quando se pensa na aplicação do Direito, deve-se afirmar que se está a utilizar o *lógos* do razoável.[2]

O ato de aplicar o direito sempre envolve uma complexa atitude de abordagem da relação entre *ser* e *dever-ser*. Há aplicação em que existe o tratamento conjugado do *dever-ser* com o *ser*, de modo a que o *dever-ser* torne-se *ser*.[3] Em todo ato aplicativo interrompe-se a promessa de que algo *venha-a-ser*, para que efetivamente o *seja*; na aplicação, o *dever-ser* deixa de ser potência e torna-se ato. A norma, em sua aplicação, passa de seu estado letárgico, estático, adentrando ao mundo do *ser*, no qual se insere com todas as problemáticas a ele inerentes; sua natureza de *dever-ser*, seu sentido neutro e impassível, sua estrutura cristalina, sua perfeição apriorística, são apenas momentos do sentido, antes de sua reificação. Percebe-se que a temática da aplicação envolve necessariamente a abordagem da interpretação, pois não há aplicação sem interpretação.

Todo texto que contém uma decisão jurídica, à qual se chega pelo exercício de interpretação de outros textos, é, a princípio, apenas um ato formal pertencente a um procedimento. Na verdade, porém, é muito mais: é, com toda a carga do termo, um *texto jurídico*,[4] e isso porque reúne em sua aparente simplicidade um incontável número de fatores que lhe determinam a essência. Trata-se de um grande complexo de signos, ou, ainda, da junção de vários códigos travestidos em uma única linguagem: a linguagem jurídico-decisória.

Ora, a atividade decisória é uma atividade de sentido que parte de textos normativos, coadunando-os a outros textos reunidos no curso de um procedimento (judicial ou administrativo); não se resume somente à interpretação, muito menos à pura atitude decisória, muito menos à só integração do Direito, pois essa atividade se revela criadora do Direito.

O Direito funciona à medida que suas práticas discursivas interagem entre si e com outras práticas alheias ao sistema jurídico. Nesse sentido, a atividade decisória é essencial, pois cria textos que individualizam discursos normativos, e que, portanto, são capazes de fundar sentido, atuando *in concreto*, a partir de interpretações de outros discursos, construídos *in abstracto*.[5] Com isso se afirma que o discurso decisório movimenta o sentido normativo.

A *re-construção* do sentido normativo,[6] por meio da interpretação, nesse sentido, quando vertida para a atividade aplicativa, possui a capacidade de fundar uma nova ordem textual, a saber, aquela capaz de individualizar o sentido jurídico, de pôr fim a uma querela, enfim, de

---

[2] A expressão é utilizada dentro do sistema de ideias de Recaséns Siches, que vem exposto, em alguns de seus aspectos, nessa tópica. Sobre o papel revolucionário do *lógos* do razoável na interpretação jurídica, consulte-se Siches, *Tratado general de filosofia del derecho*, 1975, p. 627-665. Ainda, consulte-se, do mesmo autor, a obra *Nueva filosofía de la interpretación del derecho*, 1973.

[3] Dizer que o dever-ser transforma-se em ser é o mesmo que dizer que a conduta humana encontrava-se cristalizada na norma jurídica. Aqui, adota-se literalmente a expressão utilizada por Siches em várias passagens de seu texto, inclusive nesta: "Una norma jurídica es un pedazo de vida humana objetivada" (Siches. Op. cit., p. 135).

[4] O complexo emaranhado de notações sígnicas *normativas* e *não normativas* carreadas e reunidas no contexto de um processo decisório é feito ponto de apoio para a decisão, que também por si se utiliza de novos signos linguísticos para exprimir o *decisum*.

[5] "Esta observación pone de manifiesto que el sentido de la obra cultural – de conocimiento, de arte, de política, de Derecho etc. –, es siempre un sentido *circunstancial*, es decir, un sentido referido a las circunstancias concretas en que se presentó la necesidad estimulante, en las que se concibió la conveniencia y la adecuación del fin, y en el que se apreció la idoneidad y la eficacia de los medios adaptados" (Siches. Op. cit., p. 140).

[6] A esse respeito: Ibidem, p. 136.

522 | CURSO DE FILOSOFIA DO DIREITO • *Bittar / Almeida*

apresentar decisões. Nesse processo de individualização normativa detecta-se, fundamentalmente, uma atividade prudencial (*prudentia*).[7]

Essa é uma visão que destaca e acentua o relevo do agente decisório na criação e aplicação da textualidade normativa à materialidade dos acontecimentos jurídicos, enquanto exercício da razão prática, enquanto *prudentia*. A atuação da razão prática é uma atuação que apela para o uso discursivo. Ao mesmo tempo, porém, a razão prática avoca a introdução da noção filosófica de *lógos* do razoável. Aí inclusive se encontra a chave para a compreensão da relação entre linguagem, discurso e lógica jurídica.[8]

Os conflitos expostos à decisão, em verdade, não cessam de criar novos conflitos; mas, agora, esses novos conflitos são de caráter semântico, que antepõem as partes entre si, as partes com o órgão decisor, o órgão decisor com as instâncias superiores... Então, o que se tem é que todo ato decisório constitui-se em um ato complexo, pois parte de um texto normativo (e o precedente ou os costumes fazem as vezes de norma para o sistema da *common law*) para, logo em seguida, desconstruí-lo, atribuindo-lhe um sentido pragmaticamente identificável, inferível a partir de seu próprio construto de signos. Esse texto decisório é, desde que considerada a autoridade que se encontra subjacente a essa espécie de discurso, vinculante.

Em verdade, a interpretação e o entendimento do agente decisório, assim como das cortes judiciárias que controlam as demais decisões e atividades jurisdicionais, ou das autoridades administrativas de cassação, são limites para a expansão do campo de entendimento e apresentação dos problemas exegéticos pelo leitor-receptor da norma. O sentido de uma norma, para um caso concreto, está em aberto até que o poder defina o que é essa norma.[9]

Assim, na atividade de construção do sentido das normas, ou mesmo de dirimição da problemática oriunda da ausência destas (lacuna), bem como da existência de duas ou mais normas conflitantes para a resolução de um mesmo conflito (antinomia), o bom estudo dos fenômenos semióticos e sociossemióticos é determinante para o entendimento da complexidade de que se reveste o ato de julgar. A decisão, quando apresentada para valer como norma individual vinculante para as partes, é sempre um *retículo cultural*.[10] E isso pelo fato de resultar

---

[7] "Quando, por razões de bom senso, de equidade ou de interesse geral, uma solução se apresente como a única admissível, ela é que tende a impor-se também em direito, ainda que se seja obrigado a recorrer a uma argumentação especiosa para mostrar sua conformidade com as normas legais em vigor" (Perelman, *Lógica jurídica*, 1999, p. 190).

[8] A título ilustrativo, pode-se colacionar este julgado que ilustra com todas as letras a boa absorção prática da teoria do *lógos* do razoável na condução dos fenômenos jurídicos: "O Direito, como fato cultural, é fenômeno histórico. As normas jurídicas devem ser interpretadas consoante o significado dos acontecimentos que, por sua vez, constituem a causa da relação jurídica. O CPP data do início da década de 40. O país mudou sensivelmente. A complexidade da conclusão dos inquéritos policiais e a dificuldade da instrução criminal são cada vez maiores. O prazo de conclusão não pode resultar de mera soma aritmética. Faz-se imprescindível raciocinar com o juízo da razoabilidade para definir o excesso de prazo. O discurso jurídico não é simples raciocínio de lógica formal" (STJ – RHC 1.453 – Rel. Vicente Cernicchiaro – *DJU*, de 9-12-91, p. 18.044).

[9] Não de outra forma foi que a teoria kelseniana apontou esse caráter da interpretação judicial como uma interpretação originária, e isso porque vinculante.

[10] "Esta observación pone de manifiesto que el sentido de la obra cultural –, de conocimiento, de arte, de política, de Derecho etc. –, es siempre un sentido *circunstancial*, es decir, un sentido referido a las circunstancias concretas en que se presentó la necesidad estimulante, en las que se concibió la conveniencia y la adecuación del fin, y en el que se apreció la idoneidad y la eficacia de los medios adaptados" (Siches. Op. cit. p. 140).

de uma miríade de processos *decodificativos, interpretativos, lógicos, culturais, ideológicos, programáticos, psicológicos, sociais* e *funcionais*, em virtude do influxo de condicionantes na determinação do decisório final.[11]

No sentido da ruptura da ordem da lógica formal é que se deve lapidar o espaço da lógica do razoável, que apela não para respostas aprioristicas, mas para atitudes situacionais,[12] permeadas pelas pregnâncias próprias ao contexto em que se desenvolvem e surgem essas questões. Aqui, abre-se espaço teórico para um apelo de contrariedade à lógica matemática[13] na interpretação jurídica, pois todo o tema da aplicação e da interpretação demanda razoabilidade, ou seja, ponderação do que seja e do que não seja, circunstancialmente, e de acordo com inúmeras variáveis valorativas que não podem ser cultivadas no terreno da pura lógica artificial.

O *lógos* do humano, para Siches, é uma aposta numa lógica específica aos dados da ação, da razão prática; uma aposta num raciocínio humano que lida com o contingente da decisão (de acordo com as possibilidades, inconstâncias, irregularidades, fluxos e refluxos dos valores).[14]

Negar essa perspectiva é negar a própria *ratio essendi* do Direito. Isso porque toda prática jurídica possui uma lógica de valores, que se utiliza de uma *ratio* instrumental para regrar o convívio social. Com isso, há de se reconhecer sua natureza como uma natureza mutante, em perene processo de mutação. Então, para a melhor definição da razoabilidade que aqui se erige como ponto central da discussão, deve-se dizer que:

a) é exercida em função da ponderação de variantes circunstanciais, de modo que sua produção impede que se cristalize *ad perpetuum*, permanecendo claramente variante;

b) não se exerce como expressão da opinião singular e não necessariamente como expressão da opinião coletiva, mas obedece a parâmetros de entendimentos jurídicos majoritários, o que reclama o estudo das palpitações da teoria da argumentação e do convencimento na busca do sentido mais plausível e sustentável;

c) operacionaliza-se em função de necessidades práticas e ocorrências fenomênicas que demandam uma ação, no caso, jurídico-decisória pelo discurso performa-

---

[11] Toda a carga de elementos determinantes do decisório constitui-se como considerações acerca de uma teoria do *repertório* aplicável ao pensamento jurisdicional, tendo-se em vista que este se encontra na posição de intérprete e leitor, sendo propriamente esta a esfera de manifestação do *interpretante* peirceano.

[12] A ideia não é "reproducir la norma general, sino en un adaptar la pauta general por ella señalada a cada caso singular (...)" (Siches. Op. cit. p. 141).

[13] Leia-se: "La lógica tradicional es meramente enunciativa del ser y del no ser, pero no contiene puntos de vista de valor ni estimaciones sobre la corrección de los fines, ni sobre la congruencia entre medios en relación con un determinado fin" (Ibidem, p. 166).

[14] "Ahora bien, el proceso de interpretación de una norma general respecto de los casos singulares, la individualización de las consecuencias de esa norma para tales casos, y las valoraciones que la interpretación y la individualización deban ir experimentando, todo eso, debe caer bajo el dominio del *logos de lo humano*, del logos de la acción humana. No es algo fortuito, ni tampoco algo que pueda ser decidido arbitrariamente. Es algo que debe ser resuelto *razonablemente*. Pero para eso no sirven las razones de tipo matemático. La lógica tradicional, la de la razón pura, no sirve para tratar ni resolver tales problemas. Necesitamos otro tipo de lógica, la cual es también lógica, pero diferente de la lógica tradicional: necesitamos la lógica de lo humano, la lógica de lo *razonable*, a diferencia de la lógica de lo racional" (Ibidem, p. 143).

tivo, de modo que ocorre dentro de práticas sociojurídicas de sentido, imersa numa cultura;

d) apela para a *prudentia* humana, que extrai soluções e vivencia experiências *in casu*, a partir de variáveis situacionais e vivenciais;

e) constrói no uso discursivo e argumentativo a situação de exercício da razão jurídica, em comunicação e historicamente;

f) em meio a juízos de intertextualidade, o poder estabelece sentido, em face da necessidade de decidir, à medida que encerra a cadeia interpretativa, atribuindo sentidos às normas jurídicas.

Na objetividade com a qual se inscreve o discurso decisório, interpretativo e aplicativo, diluem-se os elementos que condicionam e condicionaram o agente decisório na cunhagem do juízo. Em sua aparência puramente formal, de ato aplicativo de um procedimento, em verdade, é também um fato social e sociojurídico. Essa decisão é mais que ato formal, pois é capaz de *re-orientar* entendimentos, redimensionar estruturas de sentido solidificadas, entre outros efeitos *metaprocessuais*. Nenhuma decisão provém *ex nihilo*, ou muito menos se direciona *ex nihilo*.

No entanto, de qualquer forma, o *decisum* como construção semiótica, ao ser prolatado por seu produtor, deixa de ser uma estrutura permeável à busca da intencionalidade, fazendo-se, da mesma forma como ocorre com as normas jurídicas promulgadas, um produto semântico autônomo. A decisão torna-se um produtor sem sujeito; a partir de sua produção, o texto decisório passa a vincular-se a um autor, na proposta de Paul Ricoeur. Toda decisão pressupõe uma intertextualidade. Uma decisão, ainda que proveniente de um único agente decisório, não é só axiologia pessoal, mas um discurso que se age intertextualmente com as prescrições vigentes (princípio da legalidade da decisão), de acordo com as orientações de sentido sustentáveis em torno da norma a aplicar (opiniões doutrinais, correntes jurisprudenciais, pré-julgados...).[15]

Decorre, de qualquer maneira, que o ato de julgar é um ato complexo, não se podendo afirmar que este corresponda a um mero ato dedutivo.[16] De fato, o texto da norma é tomado como apenas um ponto de partida para o estabelecimento de uma cadência de todos os significados e todas as implicações que se referem a uma situação fática que demanda uma postura decisória. Para esta não é suficiente, portanto, um procedimento dedutivo de adequação norma/concretude, pois para tal adequação entre o jurídico e o fático pressupõe-se a intervenção de um agente decisório, frágil a uma miríade de elementos que condicionam seu agir.

Também, não é tão simples o processo de identificação da norma aplicável *in casu*; uma multiplicidade de normas candidata-se para a resolução do caso *sub judicem*, e já nesta escolha da norma aplicável pelo agente decisório já há interpretação, de normas e do sistema

---

[15] Não necessariamente adstrita ao acolhimento da *communis opinio*, toda tendência inovadora que se afigura em dissonância com o entendimento generalizado deve ser sustentada, e é nesse sentido que se avulta o papel da teoria da argumentação no seio da *juridicidade*.

[16] A ideia não é "reproducir la norma general, sino en un adaptar la pauta general por ella señalada a cada caso singular (...)" (Siches. Op. cit. p. 141).

jurídico.[17] Essa atividade calculadora e de seleção dos elementos cabíveis para um *decisum*, a partir de uma ou mais normas, é sempre complexa. A seleção a que se procede é propriamente uma atividade que se pode denominar *prudencial*, e isso porque concilia códigos, valores e informações, ou seja, elementos heterogêneos.

A partir da referência à *prudentia* deliberativa, enquanto derivativo da razão prática (*noûs praktikós*), é que se pode enunciar, com os devidos termos, uma teoria da *razoabilidade* no campo jurídico. De acordo com esta, as noções de racionalidade e razoabilidade não são coincidentes. O raciocínio jurídico deixa de ser equiparado ao raciocínio lógico, abstrativo-científico ou matemático.[18] A atividade interpretativa torna-se, então, calculadora, o que quer dizer que toma em consideração os diversos elementos que subjazem ao universo hermético do *sujeito-da-interpretação* que decide, plasmando-os ao lado de outras variantes. Fica certo, pois, que a autoridade decisória, ao adotar uma resposta para a problemática fática, antes de qualquer coisa, valora.[19]

Destituída de sentido, portanto, resta a teoria que consagra a silogicidade do julgamento, de modo que se pode afirmar que, antes de mais nada, esta é uma plaga arenosa, senão pantanosa.[20] Tal escassez de conteúdo da teoria silogística é que lhe retira o estatuto de uma teoria viável para o desnudamento da complexidade do ato que conjuga aplicação e interpretação. Nesse sentido, esvaziar de valorações e de teleologia o ato decisório foi seu maior erro.[21]

CONCLUSÕES

A lógica jurídica não pode ser resumida à lógica formal, àquele *modus* que reduz todo o complexo ato da decisão jurídica a uma equivalência rigorista e mecânica. O reducionismo provocado por esse tipo de raciocínio compromete a aceitação da entrada e saída de valores no universo das práticas jurídicas, o que prejudica sobremodo a formação de uma consciência mais aproximada da realidade entre prática e teoria jurídica.

Ora, o razoável, o prudencial, o ponderável, o meio-termo são partes constitutivas das práticas jurídicas sobre o justo. Apostar na virtude prudencial, e nas próprias incertezas que daí decorrem, é apostar na capacidade humana de criar soluções satisfatoriamente justas para lides e conflitos decorrentes da *inter-ação* social.

Se os juízes aplicam o Direito, considerando regras e princípios, aspectos pessoais e sociais, circunstâncias e finalidades, a análise do Direito e sua aplicação é atividade complexa, e não dedutiva. Daí a importância de revelar que o estudo do raciocínio jurídico guarda suas particularidades na atividade concreta de sua realização.

---

[17] De fato: "es el juez quien tiene que decidir la elección de la premisa mayor, sobre la cual vaya a fundar su sentencia, si es que se presenta el problema de que haya más de una premisa possible, cada una de ellas válida en el ordenamiento jurídico positivo" (Ibidem, p. 237).

[18] Ibidem, p. 168.

[19] Ibidem, p. 236.

[20] "(...) la lógica tradicional es meramente enunciativa del ser y del no ser, pero no contiene puntos de vista de valor ni estimaciones sobre la corrección de los fines, ni sobre la congruencia entre medios en relación con un determinado fin" (Ibidem, p. 166).

[21] "Ese proceso debe estar regido por un tipo especial de lógica, que es diferente de la lógica tradicional, a saber, debe estar regido por una especial lógica de la acción humana referida a valores y encaminada a realización de fines" (Siches, *Nueva filosofía de la interpretación del derecho*, 1973, p. 142).

526 | CURSO DE FILOSOFIA DO DIREITO • *Bittar/Almeida*

Diante dos atuais desafios da complexificação social, e motivados pela reforma do Judiciário, pode-se perceber a mudança de paradigmas na determinação da função social do magistrado. Há vários paradigmas de magistrado:

1. juiz legalista, decorrente do positivismo;
2. juiz prudente, decorrente da tradição greco-romana;
3. juiz máquina, que exerce seu papel com repetitividade na sociedade de massas;
4. juiz Hércules, decorrente dos debates sobre a virtude do juiz no pensamento de Ronaldo Dworkin;
5. juiz democrata, decorrente da estruturação da função e do papel do judiciário aparelhados para a realização da democracia.

As atuais mudanças da sociedade brasileira, ao exigirem alterações e revisão no paradigma do magistrado, parecem apontar para esta última concepção, enfatizando-se o papel que os princípios cumprem no desenvolvimento de um ativismo judicial criativo, resolutivo e proativo diante das necessidades de justiça social.

43
DIREITO E PODER: FORÇA, SANÇÃO, COERÇÃO E RELAÇÕES JURÍDICAS

43.1 SOBRE PODER E FORÇA

Quando se está a pensar no Direito como um sistema coercitivo de manutenção da ordem social, já aí se pode detectar a presença notória do poder, que parece ser o ingrediente fundamental para a formação das estruturas jurídicas,[1] ainda que mascarado ou suavizado sob o manto da racionalidade da norma jurídica.[2] Enfim, o poder normativo é um poder que veio substituir o poder violento, uma vez que, ao menos, procura-se mascarar a dominação em atitudes controladas e que demandam, de qualquer forma, decisões sociais.

Nesse sentido, o que é o poder, afinal, senão certa capacidade de gerar obediência, consentida (fala-se em um poder legítimo) ou não consentida (fala-se em um poder ilegítimo).[3] Ora, apelando-se às experiências compartilhadas, às vivências comuns, às manifestações de vontade dos indivíduos, às estruturas de poder, às conquistas ideológicas, às aquisições culturais de um determinado povo ..., pode-se mensurar o quanto a noção de poder vagueia em oceanos de incerteza, já que o consentimento para o exercício do poder é uma delegação para gerir o que é comum em nome de todos.

Da forma que se quer afirmar, o poder é mais que mera força, pois força é ingrediente de dominação puramente física; tomadas duas pessoas, aquela que for capaz de se impor por atributos físicos (agilidade, força bruta, esperteza, técnica de agressão...) será a que terá maior força. Mesmo a força demanda certa habilidade em dosá-la, em aplicá-la, em dimensioná-la, em dirigi-la contra a pessoa certa, no momento correto, da forma mais certeira... Nem sempre

---

[1] "Mas, seja como for, não podemos negar a existência de relação entre poder e direito, pois sem o poder transformar-se-ia o direito em deveres de consciência, mera norma moral" (Gusmão, *Filosofia do Direito*, 1985, p. 103).

[2] "Por todas estas razões pode-se dizer, por fim, que a dogmática da decisão constrói um sistema conceptual que capta a decisão como um exercício controlado do poder, como se as relações sociais de poder estivessem domesticadas. Sublima-se a força e, com isso, diminui-se a carga emocional da presença da violência do direito. Torna-se possível falar da violência não como *vis* física, concreta e atual, mas no sentido simbólico de ameaça. Não se fala da violência como instrumento do direito, que é um fato e não pode ser negado. Mas trata-se a violência como manifestação do direito, como é o caso da violência da vingança em sociedades primitivas, nas quais ela não significa, então, a punição concreta do culpado, mas a representação, socialmente esperada, de que o direito continua valendo, apesar de ter sido violado" (Ferraz Júnior, *Introdução ao estudo do Direito*, 2. ed., 1994, p. 346).

[3] "Ver o direito como a imposição por um centro institucionalizado de poder, de regras de conduta e de organização que devem ser observadas e executadas pela periferia passiva" (Gusmão, *Filosofia do Direito*, 1985, p. 104) "Mas, para que seja recebido com o apoio da opinião pública, para que satisfaça e não cause revolta, deve respeitar princípios e valores morais superiores" (Gusmão, *Filosofia do Direito*, Rio de Janeiro: Forense, 1985, p. 104).

aquele que possui a maior capacidade para o exercício da força física, necessariamente, será o mais hábil fisicamente. Assim, o mais fraco, ou o menos apto fisicamente, sucumbe, ante o poderio do mais forte, ou mais apto fisicamente, e esta passa a ser a estrutura de dominação entre as duas pessoas. Sempre estará em suspenso entre estas duas pessoas a memória da imposição física do outro, e a certeza de que a habilidade física é a única coisa que os separa e os diferencia entre si. Aqui a *vis physica* é o único recurso utilizado para estabelecer a obediência.

No entanto, de fato, o que se pode perceber de toda relação de poder é o que o poder possui de constante e de diferente que seja capaz de diferenciá-lo de outros fenômenos. Ao se proceder à análise de diversas situações em que o poder é exercido e aparece definindo papéis, o que se pode perceber são suas características sendo exteriorizadas.

Nesse sentido, das situações se pode abstrair quais sejam os ingredientes mínimos para a formação da noção de poder. E, o que se pode dizer desde já, é que ao se perceber que se está diante de uma situação em que se possui poder, está-se consciente de que o poder é algo que pode ser medido como capacidade de decisão.

O poder é capacidade de decisão à medida que esta gera autonomia, ou ainda, gera certo estado de não submissão. Essa autonomia é valorizada, é desejada, é perseguida por humanos. À medida que se detém poder, pode-se agir *manus propria*, pode-se deliberar sem medo de que esta deliberação seja alterada ou corrigida sem seu consentimento. Trata-se de certa capacidade de autogestão, que gera controle, podendo-se impor ordem onde se quer ver ordem (mesmo que se trate de uma ordem de cunho pessoal), ou ainda de certa superioridade por se estar desvinculado (desvinculado dos poderes da natureza, por exemplo). Estar em situação de exercente do poder gera controle, e também capacidade de gestão, o que origina estabilidade (pense-se em dominar os poderes da natureza, por exemplo).

Ter poder (substantivo), então, poderá (verbo, que significa "opção para...") representar a libertação daquilo que mais abomina os humanos, ou seja, o medo do desconhecido. Analisem-se duas situações. Numa situação de hierarquia dentro de uma empresa, está-se sempre temeroso quanto ao seu destino pessoal e profissional, de acordo com determinadas condicionantes do trabalho, da profissão, da carreira e do estilo do superior (humor, agressividade, satisfação, incompatibilidade, artimanhas, jogos de poder, riscos profissionais, tipo de ousadia demandada, número de profissionais e concorrentes no mercado, aceitação da profissão pelo mercado, instabilidade econômica da empresa...). Aí reside um medo do desconhecido, pelo que o outro pode querer, ou pode fazer, sobre seu destino pessoal e profissional. Numa situação de desconhecimento quanto ao destino da alma após a morte, recorre-se normalmente àquele que possui poderes xamânicos, poderes ocultos, ou que detém magias e visões, conhecimentos e contatos, que não são conhecidos dos demais. Pela palavra deste homem-deus, pode-se conhecer o que não se conhece, pode-se penetrar no universo do desconhecido, pode-se prever o futuro, pode-se alcançar a visão longeva do que com os olhos normalmente não se vê. Por devassar as trevas do desconhecido, o medo se afasta, o medo se reduz, o medo se encurta.

Em ambas as situações, a incerteza do desconhecido, do imprevisível, das infinitas possibilidades... é o que define a situação de poder. Na primeira situação, aquele que esparge as decisões, e que, portanto, define o destino profissional dos demais, é a sede do poder. Na segunda situação, diz-se que aquele que perscruta o invisível é detentor de determinado poder, incomum nas demais pessoas.

Contudo, estar sob o domínio e o poder de outrem também pode ser confortável, assim como pode ser psicologicamente negativo, uma vez que na mente daquele que obedece está-se gerando uma ansiedade específica, a saber, a ansiedade do aguardo de decisão vindoura, a ansiedade de saber qual o conteúdo da decisão que porventura virá a modificar a situação daquele que se encontra vinculado ao exercente do poder. Percebe-se que, apesar de se depositar no exercente do poder a responsabilidade por sua gestão e administração, também se deposita nele a autonomia de decidir, e essa decisão, para aquele que é súdito do poder, não se origina em si e por si, mas na alteridade. Sendo sempre imprevisível a decisão do detentor do poder, o não conhecido, nesta hipótese, é sinônimo de instabilidade.

Retomando-se a diferença entre poder e força, pode-se dizer que o poder, para se estabelecer, não requer somente habilidades e/ou atributos físicos. Pode até mesmo ocorrer que o poder venha a ser conquistado pela força, mas esta jamais se mantém simplesmente de per si. O poder gera obediência, pois recorre, para sua manutenção, a expedientes retóricos, políticos, institucionais, burocráticos, afetivos, sentimentais, suasórios..., buscando sua fonte de legitimidade ou no conhecimento, ou na argumentação, ou na ideologia... Dessa forma, o poder alcança algo que a força jamais pode alcançar de per si, ou seja, sua própria justificação. Por isso, o poder constitui o controle da esfera do outro.

Poder e força podem andar juntos, mas não necessariamente. A força pode ser identificada com o império físico de um sobre o outro, gerando assim a obediência e a subserviência de um pelo outro. Esse tipo de submissão está sujeita à instabilidade, e isso pois a força não é perene, não é eterna.[4] O poder pode ser identificado como sendo a força física justificada por algo que a transcende, ou seja, ideologia, retórica, política, religião, moral, segurança... Não se resume à mera submissão mecânica ou corporal, pois a ela estão agregados outros fatores que lhe conferem maior estabilidade, pois a justificam, motivando sua continuidade (poder político, poder da mídia, poder oculto, poder de persuasão...).

43.2 DIREITO, NORMALIZAÇÃO E PODER

De um *locus* muito especial, a partir do foco teórico da investigação arqueológica de Michel Foucault, é possível, em nível crítico, considerar uma fecunda discussão de como as práticas jurídicas servem como mecanismo instrumental de "normalização" de comportamentos sociais, unindo-se a outras formas não jurídicas de instrumentação das forças normalizadoras da sociedade disciplinar. Nesta perspectiva, o poder capilar, descentralizado, fluído, amplamente disseminado nas instituições sociais, na família, na escola, nos meios de comunicação, nos mecanismos de consumo, na clínica, na fábrica, se anela aos instrumentos jurídicos repressores para servir ao "amoldamento" ou à "assujeitação" dos indivíduos a modelos confortáveis a práticas dominadoras e disciplinadoras. É esta a revelação trazida pela filosofia foucaultiana, ao adentrar nos arcanos dos processos formadores da sociedade moderna, aquela que prolonga seus efeitos sobre os modos de vida e de comportamento atuais.

De fato, direito e poder, nas sociedades modernas, se constituem a partir de uma importante vinculação recíproca. Ao mesmo tempo que o esclarecimento, ou o iluminismo

---

[4]   Nisso se pode concordar com Rousseau, quando afirma que: "O mais forte não é nunca suficientemente forte para conservar sua chefia, se não conseguir transformar a sua força em direito e obediência em dever. Daí o direito do mais forte, direito em aparência considerado ironicamente, mas na verdade erigido em princípio... A força constitui um poder físico; não vejo que sentido moral possa resultar dos seus efeitos. Ceder à força é um ato de necessidade, e não de vontade... Assentemos, pois, em que a força não faz o direito, e que não se é obrigado a obedecer senão aos poderes legítimos"; na versão original: "Le plus fort n'est jamais assez fort pour être toujours le maître, s'il ne transforme sa force en droit et l'obéissance en devoir. De là le droit du plus fort; droit pris ironiquement en apparence, et réellment établi en principe: Mais ne nous expliquera-t-on jamais ce mot? La force est une puissance physique; je ne vois point quelle moralité peut résulter de ses effets. Céder à la force est un acte de nécessité, non de volonté; c'est tout au plus un acte de prudence. En quel sens pourra-ce être un devoir?" (Rousseau, *Du contrat social*, liv. I, cap. 3, Paris: GF-Flammarion, 1992, p. 32).

530 CURSO DE FILOSOFIA DO DIREITO • Bittar / Almeida

(*Aufklärung*), constitui o espaço da razão liberta da metafísica, surge o esclarecimento racional *controlador e legitimador* de uma ordem constituída por diversos mecanismos de *poder* diluídos para o exercício do controle social, em pleno bojo dos séculos XVII e XVIII. O passo seguinte à constatação da existência e da arquitetura dos mecanismos de poder normalizadores surgidos a partir da modernidade é, em Michel Foucault, pensar as resistências possíveis a serem oferecidas na dinâmica das relações sociais, no sentido de um direito (um "direito novo") que se oferece para ser cúmplice do ideário de liberdade.[5]

Um direito imóvel, estático, legalista, estritamente formular, procedimental, burocrático e burocratizante das práticas sociais tem pouco a ver com a imagem projetada por Foucault sobre sua possível utilidade. Práticas jurídicas móveis, dinâmicas, que se pratiquem dentro de uma legalidade maleável, conforme interesses de se garantir a liberdade e a diferença, eis o traçado da dimensão de um novo direito em transformação permanente, aceito por Michel Foucault como um direito possível para realizar legítimos intentos sociais.[6]

Uma sociedade paralítica do ponto de vista do "cuidado de si própria", onde *alter* e *ego* se encontram na esfera pública, nos termos de uma ética, é uma sociedade que delega a outros a tarefa de fazer dela um espaço de si, fazendo-se do governo (Estado central e burocrático) a única instância possível de realizabilidade dos direitos. Uma sociedade assim empobrecida é uma sociedade sem a capacidade de se pensar a si mesma na dimensão de suas responsabilidades para consigo própria. Qualquer concepção de direito que não seja mecânica, mas dinâmica, deverá ser a de um direito maturado na participação coletiva, como afirma Fonseca: "Ao contrário, o domínio do direito, assim como qualquer domínio da vida social é de responsabilidade de todos os indivíduos" (Fonseca, *Michel Foucault e o direito*, 2002, p. 287).

Trata-se, portanto, de pensar com Michel Foucault: (a) não na abolição do direito, como na teoria marxista, mas na mudança de rumo de suas práticas; (b) não na fundamentação teórica absoluta, ou metodologicamente purista, como em Hans Kelsen, mas na sua instrumentação para a compreensão das práticas normalizadoras; (c) não na discussão de patamares abstratos de conceitos, de regras ou de universalizações generalizantes, como a dos direitos humanos do século XVIII, mas na descrição de direitos feitos e conquistados por indivíduos; (d) não na concepção de condenação *a priori* de todo o sistema de Direito como um sistema guiado pela classe hegemônica, como em Marx, mas na condenação de práticas de Direito afins com práticas de controle e disciplina normalizadora; (e) não na abolição total das formas das leis, mas na transformação das leis em instrumentos de permanente reestruturação da sociedade por si própria a partir de um revisionismo incessante de suas instituições e de suas práticas; (f) na constituição de um positivismo crítico, nas palavras de François Ewald, como mecanismo de dotação do Direito de um acervo de condições para que suas práticas sejam menos normalizadoras e mais humanizadoras.[7]

43.3 A RELAÇÃO ENTRE PODER E DIREITO

Na mesma medida, a reflexão sobre o Direito e o poder segue esta trilha. De fato, o que se pode dizer é que o *ius* persegue o *iustum,* exercendo-se socialmente, e, por isso, dependendo da junção de forças sociais, normalmente institucionalizadas e majoritárias, jamais se baseando

---

[5]   Cf. Fonseca, *Michel Foucault e o direito*, São Paulo: Max Limonad, 2002, p. 279.

[6]   De fato: "Desse modo, o direito somente pode exercer seu papel no jogo da regulamentação social se for objeto de uma inquietação permanente" (Fonseca, *Michel Foucault e o direito*, São Paulo: Max Limonad, 2002, p. 285).

[7]   Cf. Fonseca, *Michel Foucault e o direito*, São Paulo: Max Limonad, 2002, p. 293.

no *consensus omnium*. Por isso o poder político aparece historicamente como expressiva base para a fixação do poder jurídico.

No fundo, trata-se de dizer que a força (como forma majoritária de exercício da dominação natural, porque primeira e primitiva) foi sucedida pelo poder (como forma majoritária de exercício da dominação político-ideológica, porque segunda e mais racional), e que este, por sua vez, foi substituído pelo Direito (como forma majoritária de dominação que reúne a uma só vez a força física, a dominação político-ideológica e a legalidade).[8]

Direito aparece como exercício de poder; sem poder não há normas jurídicas e sim normas morais. Todo direito possui em seu bojo, além de força e de poder,[9] também valores, também justiça, racionalidade, objetividade... Sem estes elementos não há Direito, pois o Direito só existe com base na agregação destes fatores.

Contudo, as relações que o Direito mantém com a força e com o poder são determinantes para a configuração de sua missão.[10] Se o Direito buscar como fim a mera manutenção da ordem, será então o Direito um exercício de força travestido de roupagem jurídica. Não se engane o leitor, pois da aparência de Direito podem-se vestir quaisquer regimes políticos, quaisquer ideologias, quaisquer manifestações totalitárias. Pelo contrário, se o Direito buscar a justiça como fim,[11] a força ser-lhe-á apenas mero instrumento para a realização desta, de forma precisa, dentro de limites precisos e quando preciso. Mais que isto, o Direito controla o exercício da força em sociedade, transformando-a de usurpação em força justificável, racional, razoável, ponderável e controlável.[12] O *im-ponderado* do poder é reduzido em expectativas de gradativo abrandamento, e o que se faz é tornar os conflitos sociais passíveis de soluções arrazoadas e não físicas. Para isso, a institucionalização das controvérsias jurídicas também contribui abertamente (discussões judiciárias, contendas administrativas, pedidos de indenização, petições aos poderes públicos, manifestações de greve e suspensão do trabalho...).

Se o poder é legítimo, gera obediência, pois não há sociedade sem o exercício de algum tipo de autoridade. Se o poder, então, pertence ao Direito como atributo, deve-se dizer que a relação que o poder mantém com o Direito é:

1   acessória: em primeiro lugar, o Direito almeja alcançar a ordem social e a justiça, e em segundo lugar, exerce força para a realização de seus objetivos coercitivos;[13]

---

[8]   "No Direito e para o Direito confluem todas as paixões humanas, assim como todas as forças em interação na sociedade; tudo isto desborda nas praias do Direito fazendo de sua estrutura nem pura força, nem puro consentimento, mas Direito" (cf. Menezes, *Tratado de filosofia do direito*, 1980, p. 65-68).

[9]   Direito não é só força diretiva (*vis directiva*), mas também força coativa (*vis coactiva*) (Gusmão, *Filosofia do Direito*, Rio de Janeiro: Forense, 1985, p. 108).

[10]   "Daí a necessidade de haver equilíbrio entre direito e poder. Dizer equilíbrio é admitir interação e interferência entre ambos, que implica a presença de ambos na relação jurídica" (Gusmão, *Filosofia do Direito*, Rio de Janeiro: Forense, 1985, p. 103).

[11]   "Acima do Estado, do poder, está a justiça" (Gusmão, *Filosofia do Direito*, Rio de Janeiro: Forense, 1985, p. 111).

[12]   "Destarte, a dogmática da decisão, se não elimina o papel da força, enfraquece o papel da violência concreta. Pode-se falar em uso legítimo da força, legítima defesa, distinguindo-se entre abuso de violência e violência razoável. A dogmática decisória constitui-se, em suma, num veículo para as ideologias da não violência" (Ferraz Júnior, *Introdução ao estudo do Direito*, 2. ed. São Paulo: Atlas, 1994, p. 346).

[13]   "No que concerne às relações entre poder e direito, pensamos não ser o poder elemento essencial do direito, mas acessório" (...) "Considerar o poder acessório do direito é defender o primado do direito, enquanto que considerar o direito instrumento do poder, é cultuar o primado da força" (Gusmão, *Filosofia do Direito*, Rio de Janeiro: Forense, 1985, p. 111).

532 CURSO DE FILOSOFIA DO DIREITO • *Bittar / Almeida*

2   secundária: *ultima ratio,* pois a sanção só surge quando do descumprimento do Direito; se cumprida a ordem jurídica, a sanção sequer se movimentará para exigir o cumprimento da norma jurídica;[14]

3   indispensável: sem o poder o Direito torna-se ordem não coercitiva, confundin-do-se com a própria moral.[15]

CONCLUSÕES

Sabendo-se que a sanção é o que mais marcantemente distingue a norma jurídica da norma moral, apesar de este não ser o único critério de distinção das duas dimensões, permite entrever que é indisfarçável que o Direito obriga por meio de atos de poder. Os juristas interagem dentro do poder, fora do poder, contra o poder, mas de qualquer forma, sempre às voltas com o poder. Percebe-se que qualquer tentativa de mascaramento desta realidade no sentido de uma pretensa isenção torna-se logo uma falácia, da qual não consegue se livrar o jurista senão pelas vias da ilusão. Como justificar o distanciamento teórico do jurista desta temática, relegada a ser conceitualizada e discutida pela Ciência Política e pela Filosofia do Direito (e sempre em caráter subsidiário)?

O que se discutiu ao longo do texto permitiu identificar diferenças, por exemplo, entre força e poder (sabendo-se que a pura *potestas* se converte em arbítrio de um ou de poucos), mas ainda é imprescindível que se resgate a ideia fundamental do que é *fazer-o-poder*, ou seja, do que é exercitar política. Política com as formas de gerenciamento da coisa pública, com as estratégias de definição de critérios para o alcance de fins comuns, com a eleição das molas propulsoras do desenvolvimento social, com a definição de ideologias predominantes na constituição da arquitetura da sociedade. Pode-se até mesmo resgatar etimologicamente a ideia evocada pelo termo *política*, que deriva do grego *pólis*, guardando, portanto, em seu significado a denúncia de sua proximidade da ideia de governo da coisa pública. Por isso, se existem formas perversas de dominação, ainda nem toda autoridade/poder é destituída de sentido, pois não há conformação social distante de algum tipo de poder, o que abre a discussão sobre a legitimidade do poder.

---

[14]   "Assim a tese de que direito depende de poder não implica a da supremacia do poder em relação a valores morais" (Gusmão, *Filosofia do Direito,* 1985, p. 105).

[15]   "Preceito não coercível, que não preveja a possibilidade de se fazer impor por meio da força, quando inobservado, está à mercê da boa vontade ou da consciência de seus destinatários" (Gusmão, *Filosofia do Direito,* 1985, p. 108).

44
DIREITO E LEGITIMIDADE: PRÁTICAS JURÍDICAS E SEUS FUNDAMENTOS SOCIAIS E POLÍTICOS

44.1 POLÍTICA E NEUTRALIDADE DO JURISTA

Os juristas evitam discutir o poder. Falar de política é o mesmo que invocar um poder que desborda à competência jurídica; é o mesmo que falar de algo obscuro, sobre o qual não se tem o controle que se pode exercer sobre as estruturas jurídicas. Se a norma jurídica é clara, as ideologias oferecem um *panneaux* de diferenças valorativas que não pode ser facilmente compreendido. Ademais, falar de política é falar de diferenças, que, normalmente, são compreendidas como princípios para a intolerância e para a rebeldia institucional. Num olhar distante, Direito e política não se relacionam; a competência do jurista é uma, a do político é outra.[1]

No entanto, as primeiras dificuldades surgem para o jurista quando é incitado a manifestar-se a respeito da expressão constitucional "Estado Democrático de Direito". A princípio, parece simples definir o que seja um "Estado de Direito", e que esse Estado é o responsável pela cunhagem do que se deve ou não fazer por meio de normas jurídicas; um Estado onde impera o princípio da legalidade é um Estado de Direito. Contudo, um Estado Democrático de Direito pressupõe que essa legalidade esteja mesclada a instrumentos democráticos de exercício do poder, o que importa em certa estrutura político-participativa, em certo aparato de instrumentos jurídicos de defesa de direitos e garantias igualitários, certo rito de escolha de representantes... e, nesse passo, já se está a discutir política.

A aparência de neutralidade da expressão trai o leitor desatento: atrás das malhas de formação do ordenamento jurídico, atrás das malhas do processo constitucional de formação do esqueleto do Estado, nos bastidores de todo o processo de luta pelo poder de dizer o que é justo e o que é injusto, encontram-se fatores políticos. A neutralidade deixa de existir, para verificar-se que todo o sistema jurídico repousa num sistema de distribuição política do poder. Onde há Estado, há poder formalizado; onde este reside está a política. Então, a política é o lastro que subjaz às frias estruturas jurídicas. A política não é um mal para as estruturas do Direito; o mal decorre do uso que dela se faz para a manipulação dos interesses sócio-ideológico-econômicos...[2]

---

[1] Este tipo de modelo parece estar escasseando cada vez mais, uma vez que um dos principais pensadores do direito do século XX, Norberto Bobbio, se destacou por uma vasta produção entre filosofia, política e direito. A este respeito, consulte-se as seguintes referências do autor: Bobbio, *Direito e estado no pensamento de Emmanuel Kant*, 4. ed., Unb, 1997; Bobbio, *O futuro da democracia*: uma defesa das regras do jogo, Paz e Terra, 1996; Bobbio, *A era dos direitos*, Campus, 1992; Bobbio, *O conceito de sociedade civil*, Graal, 1982; Bobbio, *Estado, gobierno y sociedad*: por una teoría general de la política, Fondo de Cultura Económica de México, 1992; Bobbio, *Igualdade e liberdade*, Ediouro, 1997.

[2] Cf. Menezes, *Tratado de filosofia do direito*, 1980, p. 221-234.

No entanto, o Estado deve estar além dessas diferenças sociais, das desigualdades ideológicas, individualistas, partidárias, sectaristas, devendo-se ponderar e equilibrar estes desvãos do caminho social. Aí se diz que há um Estado justo. A pluralidade de políticas, acompanhada de uma representatividade proporcional na formação do poder, das normas, das decisões... é o que trata das diferenças com justiça...

Sabe-se que o consenso jamais é alcançado, mas não é esse o fim de nenhuma política, salvo das que possuam pretensões utópicas. Não obstante as diferenças, o equilíbrio surge da interação entre tendências diferentes, ou mesmo da representação da vontade da minoria em meio a uma maioria predominante. Quer-se afirmar que a participação em si é que é o importante; isso quer dizer que a possibilidade de possuir um espaço público para discussão, um *locus,* um veículo de dizer, de opinar, de discutir... isto é essencial... de modo tal que é nisso que reside a possibilidade de construção de um ordenamento jurídico plural, equilibrado, e não tendencioso. Aí está o gérmen do "Estado Democrático de Direito".

44.2 LEGITIMIDADE E DESOBEDIÊNCIA CIVIL

Henry David Thoreau, membro do Transcendentalismo norte-americano do século XIX, influenciou decisivamente o pensamento de Mahatma Gandhi, donde ele extraiu a ideia de uma resistência não violenta ao poder.[3] Thoreau vê na desobediência civil um direito, de natureza individual, que consente ao cidadão descontente com a injustiça das leis negar-lhes vigência. Thoreau relata suas experiências pessoais como alguém que se negou a pagar impostos, por considerá-los injustos e excessivos, e foi colocado em prisão. Tratava-se de uma formulação radical de compromisso individual de consciência contra a mera aceitação do poder legal como *ipso fato* poder legítimo. As leis devem ser questionadas, e os cidadãos preservam no interior do pacto social o direito de questionar sua validade, seu valor, sua significação política.

O que se percebe aqui é a necessidade de relacionar o Direito e os fundamentos da obediência, quando se adentra no debate sobre a obediência aos cânones normativos fixados pelo legislador. Tudo o que o legislador diz deve ser acatado? Por que se obedece o direito justo? Por que se obedece o direito injusto? Quando uma situação político-jurídica pode ser dita de injustiça? Ou, ainda, como Thoreau: "Leis injustas existem; devemos contentar-nos em obedecer-lhes ou empenhar-nos em corrigi-las; obedecer-lhes até o momento em que tenhamos êxito ou transgredi-las desde logo?".[4]

Qual é, portanto, a natureza desta questão? Parece claro que se trata de um direito, ainda que não reconhecido entre os direitos fundamentais de uma Constituição, do qual os cidadãos não podem se despojar, sob pena de, advindas condições negativas na condução do poder, não existirem válvulas de escape às reivindicações por justiça. Por isso, para Thoreau, o direito à desobediência civil deve ser reconhecido pelo Estado: "Todos os homens reconhecem o direito de revolução, isto é, o direito de recusar obediência ao governo, e resistir-lhe, quando ele se revele despótico ou sua ineficiência seja grande e intolerável".[5]

Quer-se afirmar que a desobediência civil só pode ser o último recurso para a defesa de direitos e prerrogativas cidadãs. Último recurso exatamente porque o questionamento do poder legítimo implica na reflexão sobre as consequências da desobediência civil. Somente

---

3   Cf. Lafer, *A reconstrução dos direitos humanos,* 1988, p. 200-201.

4   Thoreau, *Desobediência civil,* 1968, p. 27.

5   Thoreau, *Desobediência civil,* 1968, p. 21.

Cap. 44 · DIREITO E LEGITIMIDADE: PRÁTICAS JURÍDICAS E SEUS FUNDAMENTOS SOCIAIS E POLÍTICOS | 535

se há de pensar na desobediência civil, portanto, como *ultima ratio,* ou como último instrumento de negação de atos ou normas antissociais. Se uma ou várias injustiças existem ou persistem num sistema ou regime, nem por isto se justifica a desarticulação completa dos poderes públicos ou das instituições sociais. O que é que afinal justificaria a desobediência civil? Hannah Arendt afirma:

> "A desobediência civil aparece quando um número significativo de cidadãos se convence de que, ou os canais normais para mudanças já não funcionam, e que as queixas não serão ouvidas nem terão qualquer efeito, ou então, pelo contrário, o governo está em vias de efetuar mudanças e se envolve e persiste em modos de agir cuja legalidade e constitucionalidade estão expostos a graves dúvidas."[6]

Nas considerações a respeito do tema, deve-se ter presente que a desobediência civil se diferencia do crime (1), da revolução (2), da resistência civil (3). De fato, enquanto na hipótese de mero crime (1),[7] o criminoso age com intuito de causar vantagem a si próprio, e evita "os olhos do público", o "contestador civil toma as leis em suas próprias mãos em aberto desafio", e com isso pratica não somente um ato ilícito, mas um ato político de desobediência, estando este último quase sempre acompanhado por uma reflexão, uma base política ou um conjunto de cidadãos. "A distinção entre a violação aberta da lei, executada em público e a violação clandestina é tão claramente óbvia que só pode ser ignorada por preconceito ou má vontade", como afirma Hannah Arendt.[8] Por sua vez, a revolução (2) significa a tomada do poder, por um grupo de oposição, que visa à substituição definitiva do governo vigente. A sucessão no poder se dá, neste caso, não pelos veículos previstos constitucionalmente para a mudança de governo, mas pela via da violência e da tomada do poder. No sentido jurídico, ela implica mesmo na deposição da ordem constitucional existente. O contestador civil não se opõe à generalidade do governo, mas a determinadas práticas de injustiça, e não visa, em primeiro momento, à deposição do governo, mas a uma correção de rumos na condução do poder. Nada impede que, se mantidas as condições, a desobediência se encaminhe para a revolução, mas inicialmente são distintas em suas propostas e formas de exercício. Já a resistência civil (3) é armada, é violenta e se confunde com movimentos terroristas. São geralmente movimentos separatistas ou de identidade negadora dos fundamentos do convívio geral. Neste caso, a desobediência civil se diferencia pelo fato de seu modo de atuação incluir a negação da obediência sem o uso da violência.

> "De todos os meios que os contestadores civis possam lançar mão para a persuasão e para a dramatização dos problemas, o único que pode justificar a alcunha de rebeldes é o meio da violência. Assim, a segunda característica necessária largamente aceita pela desobediência civil é a não violência..."[9]

---

[6] Arendt, Desobediência civil. In: *Crises da república,* 2004, p. 68.

[7] A crítica de Arendt aos juristas torna notória a problemática de como o jurista lida com questões políticas: "Quanto a isto, talvez tenha sido lamentável que nossos recentes debates tenham sido dominados em larga escala por juristas – advogados, juízes e outros homens da lei – pois para eles deve ser particularmente difícil reconhecer o contestador civil como membro de um grupo, ao invés de vê-lo como um transgressor individual e, deste modo, um réu em potencial na corte" (Arendt, *Desobediência civil, in Crises da República,* 2004, p. 87).

[8] Arendt, Desobediência civil. In: *Crises da República,* 2004, p. 69.

[9] Arendt, Desobediência civil. In: *Crises da República,* 2004, p. 68. Vide Lafer, *A reconstrução dos direitos humanos,* 1988, p. 195-208.

CURSO DE FILOSOFIA DO DIREITO • Bittar / Almeida

A desobediência visa a atacar uma injustiça precisa, um tema preciso, um conjunto de questões precisas, mas não solapar as bases de legitimidade de um governo, caso em que se está à beira de uma revolução política. Há, na base da sociedade e na estrutura do governo civil, uma preocupação constante com a ordem social, princípio este que deve ser respeitado como condição para o convívio social. Quando se recorre à desobediência civil, ela se dá de modo não violento, mas questiona Thoreau: "Mas suponhamos, mesmo, que deva correr sangue. Não corre algo como sangue quando a consciência é ferida?"[10]

Por isso, a tendência da moderna legislação que consagra direitos humanos acaba também por acolher esta ideia como núcleo fundamental garantidor da vida cívico-política, como acontece na Constituição da República Portuguesa, de 1976: "Todos têm o direito de resistir a qualquer ordem que ofenda os seus direitos, liberdades e garantias e de repetir pela força qualquer agressão, quando não seja possível recorrer à autoridade pública" (art. 21). Apesar da Constituição Brasileira de 1988 não acolher expressamente tal direito, pode-se mesmo entrevê-lo como direito implícito de toda formação política democrática.

O sistema que desrespeitar direitos humanos sistematicamente e que se mantiver no poder pelo uso da força física ou armada é já, e em última instância, uma espécie de desgoverno, ou seja, de uma administração sem consentimento. O que se deve tolerar de todo regime ou sistema é o fato de que a unanimidade é inatingível, bem como a perfeição é algo de duvidoso alcance. Uma ou algumas pequenas e inexpressivas fraturas não comprometem o edifício todo, mas se estiverem localizadas nas bases do edifício (desrespeito a direitos humanos e manutenção do poder pela força armada), causam-lhe a ruína moral, política, jurídica e institucional. Neste caso, não há como aceitar a submissão de multidões ao exercício arbitrário do poder injusto e ilegítimo de um, de poucos, ou de um grupo.

Por isso, além de tratá-la como inerente, ainda que não reconhecida pelo Estado, deve-se reconhecer na desobediência civil um importante foco de participação política e mobilização da sociedade civil. É exatamente nesta perspectiva que Hannah Arendt ressalta o seu valor para a vida política de uma nação:

> "O estabelecimento da desobediência civil entre nossas instituições políticas poderia ser o melhor remédio possível para a falha básica da revisão judicial. O primeiro passo seria obter o mesmo reconhecimento que é dado a inúmeros grupos de interesses especiais (grupos minoritários por definição) do país para as minorias contestadoras, e tratar os grupos de contestadores civis do mesmo modo que os grupos de pressão os quais através de seus representantes, os olheiros registrados, podem influenciar e auxiliar o Congresso por meio de persuasão, opinião qualificada e pelo número de seus constituintes."[11]

Essa mobilização, que gera pressão política, tem a ver com a maturidade do *éthos* de um povo, sua capacidade de auto-organização e sua legítima expressão em contínua crítica do poder.

Quanto maior da distância entre o *fazer* das leis e a vida cidadã, maior a chance de erronia do legislador, maior a chance de obter maus resultados na aderência da vontade popular às normas jurídicas. A obediência e a desobediência devem ser preventivamente construídas, na base de uma cultura de participação e diálogo, que, preventivamente, assinalam as condições

---

[10]   Thoreau, *Desobediência civil,* 1968, p. 31.

[11]   Arendt, *Desobediência civil.* In: *Crises da República,* 2004, p. 89.

Cap. 44 · DIREITO E LEGITIMIDADE: PRÁTICAS JURÍDICAS E SEUS FUNDAMENTOS SOCIAIS E POLÍTICOS | 537

para a formação legítima das normas jurídicas. Por isso, para Jürgen Habermas, "o princípio da democracia só pode aparecer como núcleo de um *sistema* de direitos. A gênese lógica desses direitos forma um processo circular, no qual o código do direito e o mecanismo para a produção de direito legítimo, portanto o princípio da democracia, se constituem de *modo cooriginário*".[12] Assim, se pode dizer que a preocupação com a incrementação da participação no poder, com a transparência das decisões, com a ampliação dialógica da formação da legalidade, com o consentimento da existência de uma esfera pública política que veicula ideias e influências que dirigem o poder administrativo, com a transformação do poder comunicativo popular em poder administrativo absorvido pelas normas do sistema jurídico, consente que se caminhe em direção à radicalização da democracia e ao aprimoramento da legitimidade da legalidade.

44.3 CRITÉRIOS PARA A AFERIÇÃO DA LEGITIMIDADE

É certo que quando se discutem estas questões, ligadas ao poder, à resistência ao poder, à justiça praticável pelo poder, à legitimidade do contrato social, ao controle do poder pelas forças populares, em verdade se está a falar da necessidade de *critérios para o poder*, a partir dos quais se poderiam medir as ações do poder como legítimas (conformes) ou ilegítimas (desconformes). Esta questão dos critérios para a aferição da legitimidade é certamente espinhosa para a teoria política ocidental, na medida em que, independentemente da ideologia, ou mesmo da castração da liberdade política do governante, como construir fundamentos mínimos para a ação no poder? Quando a resistência civil não acaba sendo inócua, não acaba servindo para entronizar novas forças políticas, que podem até mesmo usurpar a situação política tumultuada para assegurar-se do poder? O trâmite da discussão é, sem dúvida alguma, de grande latitude, envolvendo aspectos que não podem ser ignorados na tecitura do fechamento da questão, de modo que se torna imprescindível verificar o que a teoria política contemporânea é capaz de demonstrar a este respeito.

E isto é possível seguindo-se umas lições de filosofia política prática, ou seja, de uma filosofia voltada para a ação (práxis), elaboradas por Ottfried Höffe, professor titular da Universidade de Friburgo (Suíça), especialmente em sua monumental obra *Justiça política: fundamentação de uma filosofia crítica do direito e do Estado*, lançada em 1987. Com os critérios e parâmetros de exigência e fundamentação de uma discussão sobre a aferição da legitimidade a partir da *justiça política*, pode-se chegar à constituição de um *minimum* para o encaminhamento da temática.

Em verdade, todo o encaminhamento da questão da legitimidade do poder na obra deste autor vem dado pela discussão de princípios de justiça, gravitando entre o Positivismo (apego completo à forma e à validade no Direito) e o Anarquismo (abolição irrestrita de toda forma de dominação social). Sua tese, na discussão do problema, será exatamente a de que: (1) o Estado está obrigado à justiça; (2) a justiça política forma a medida normativo-crítica do direito; (3) o direito justo é a forma legítima da convivência humana. Neste sentido, a perspectiva teórica assumidamente crítica de Höffe balisa-se na seguinte interpretação da relação entre Estado, justiça, poder e direito, que ora se utiliza como material teórico referencial para a qualificação do debate sobre os critérios de legitimação do poder:

- é impossível a convivência humana na ausência neutra ou na ausência absoluta de dominação, ou sem Estado (anarquismo), o que por si só não fundamenta a

---

[12] Habermas, *Direito e democracia*: entre facticidade e validade, 2003, v. I, p. 158.

legitimidade do "poder natural" ou "nato" de alguns para a liderança (dominantes) sobre outros (dominados) – "Rejeita-se apenas a hipótese de que a coexistência humana deve também ser livre de uma dominação no sentido neutro" (Höffe, *Justiça política*, 1991, p. 352);

- não há Estado sem justiça,[13] na medida em que o Estado só está autorizado a agir na medida da troca de liberdades por distributividade, e é por isso que esta teoria convive com duplas críticas, seja de positivistas (justiça é mero ideal e não pode se concretizar), seja de anarquistas (poder é pura violência incontrolável e deve ser abolido)[14] – deste modo, vale a citação: "crer numa justiça sem poder de execução seria fantasia, e ao contrário representar um poder de estado sem justiça seria o cinismo da pura violência" (Höffe, *Justiça política*, 1991, p. 352);

- o poder jamais pode estar isolado, descontrolado, e jamais se fundamenta como soberania absoluta, ou como *potestas* incontrastável, como na discussão da teoria de Jean Bodin, na medida em que o poder possui, além do direito de se exercer e de exercitar o controle, o dever de oferecer garantia de liberdades fundamentais, de modo a não existir "carta branca" para o exercício do poder – o poder nasce condicionado, existe condicionado e persiste condicionado pela ideia de reciprocidade pressuposta na troca política do "estar em sociedade";

- a legitimidade é *subsidiária*, pois não há uma essência defensável do *poder-em-si* (imanência do poder), enquanto o Estado detém o monopólio da positivação e execução de direitos – isto porque: "De acordo com a legitimação subsidiária, lhe é adequada certamente com razão a espada; pois ele possui o monopólio da positivação e execução. Mas ele não conduz a espada soberanamente, a partir de uma autorização que se sustenta a si mesma, porém a serviço das justas renúncias à liberdade" (Höffe, *Justiça política*, 1991, p. 351);

- nega que indivíduos dominem indivíduos, através do Estado, como na leitura marxista tendente à abolição do Estado em nome de um comunismo absoluto, considerando que poderes públicos estão legitimados para defenderem indivíduos contra o arbítrio de pessoas privadas, sem o que se torna impossível o próprio convívio humano;

- exige que os poderes sejam controlados por mecanismos (chamados de "estratégias de justiça política") que garantam seu compromisso com a justiça, referendando parcialmente a ideia rousseauniana de contrato social, ao mesmo tempo que exigindo que este contrato: (a) produza vantagem distributiva; (b) seja capaz de proteger, pelo todo, a parte isolada; (c) seja capaz de fazer com que a realidade da justiça equivalha à renúncia de liberdades individuais;

---

[13] Veja-se este trecho: "A livre concordância corresponde à vantagem distributiva, respectivamente à liberdade de dominação como premissa de legitimação; a transferência dos direitos e dos deveres corresponde às renúncias recíprocas à liberdade, respectivamente à justiça natural como troca (negativa); e a validade com força de direito às condições de realidade das renúncias à liberdade. Nos três pontos de vista trata-se da justiça; na vantagem distributiva se trata do princípio geral, o ponto de vista da justiça; nas renúncias à liberdade, trata-se da justiça natural e seus princípios médios; e na validade com força do direito, trata-se da realidade da justiça. Faz parte do discurso de legitimação político-fundamental um conceito de justiça do contrato social e este conceito consiste, mais precisamente, de três aspectos da justiça" (Höffe, *Justiça política*, 1991, p. 359).

[14] Cf. Höffe, *Justiça política*: fundamentação de uma filosofia crítica do direito e do Estado, Petrópolis: Vozes, 1991, p. 349.

Cap. 44 • DIREITO E LEGITIMIDADE: PRÁTICAS JURÍDICAS E SEUS FUNDAMENTOS SOCIAIS E POLÍTICOS | **539**

- entende que a mera democracia formal ou "de papel" é um modelo político não suficiente por si para a produção de justiça (pense-se na crítica platônica à democracia, considerando-a como a ditadura da maioria) ou mesmo para a garantia dos direitos humanos, ao menos considerado como regime político em si e por si – desta forma, para Höffe se torna indispensável defender a ideia de que há a necessidade de até mesmo este sistema ser também controlado por "estratégias de justiça política";

- reconhece a necessidade dos direitos humanos (princípios morais de valores de justiça), especialmente de direitos humanos positivados como direitos fundamentais (constitucionalizados e garantidos por regras jurídicas), como *conditio sine qua non* para o exercício do poder;

- reconhece o direito de resistência como *ultima ratio* de confronto com o poder instituído, na medida em que o poder pode-se desorientar e se perverter, comprometendo a relação de respeito contratual prevista para a manutenção da condição social dos pactuantes;

- é propenso a pensar em etapas das gerações de direitos, em direção ao movimento articulado do direito responsivo e repolitizado, ou seja, daquela forma de desenvolvimento do direito em que este se encontre de novo nas mãos da coletividade que se faz a si mesma pelas práticas político-jurídicas – "Nonet e Selznick (1978) sugeriram um modelo de desenvolvimento do direito no qual distinguem três estágios de evolução do direito. Num primeiro estágio repressivo, dizem, são legitimadas dominação e ordem política. Num segundo estágio autônomo e controlado, o poder e a garantia da integridade do direito. E num terceiro estágio 'responsivo' o direito é entregue a instituições flexíveis e capazes de aprender que reagem de modo sensível às necessidades sociais e aspirações humanas, levam em consideração o saber das ciências sociais, reconhecem mecanismos participativos e 'repolitizam' o direito" (Höffe, *Justiça política*, 1991, p. 386);

- reclama *phrónesis* como razão prática prudencial ético-política para o exercício constante da reflexão sobre o poder, este que deve estar o tempo todo submetido ao permanente aperfeiçoamento;

- delega importante relevo à participação coletiva na decisão política, que deveria se escorar (não exclusivamente, mas também) nas ciências sociais e no conhecimento técnico daqueles que lidam com o conhecimento sobre o poder, para o gerenciamento das decisões de interesse social.[15]

CONCLUSÕES

Insta que se conclua que o exercício das atividades jurídico-estatais estejam de conformidade com expectativas de justiça e princípios mínimos, definidos por meio de critérios de ação do poder, de formação da *ratio iuris*. Isso quer dizer que o poder descontrolado, desamparado de bases legítimas, é um poder que, no lugar de implantar a ordem, no lugar

---

[15] "Através da articulação destes elementos: os princípios positivados da justiça com a racionalidade científica, com o consenso experimental e as relações de cooperação entre ciência e política, recebe a coletividade uma chance competente de também encontrar e reconhecer, sob as condições atuais de sociedades complexas, as formas concretas de justiça política, em suma: de realizá-la historicamente" (Höffe, *Justiça política,* 1991, p. 390).

de instigar a consciência, no lugar de fomentar o aspecto lúdico da distribuição das forças sociais, sufoca, apaga, subordina, porque, enfim, não somente *põe* regras (direito positivo), mas, sobretudo, *impõe* regras.

A ausência do diálogo no espaço público da convivência dá margem ao surgimento de diversas formas de violência.

O direito legítimo é indício de uma comunidade política ativa, ou seja, exercente da capacidade de *phrónesis* de construir-se participante do poder; por sua vez, a passividade permite que o Direito seja usado somente como instrumento técnico de dominação, afastando as pessoas do exercício da cidadania.

45
DIREITO E NÃO VIOLÊNCIA: MINIMUM DOS POVOS

45.1 O QUE É A NÃO VIOLÊNCIA

"– Pode atirar, ele gritava, me mate pelas costas.

Dei o primeiro tiro, Suel voou no chão, deve ter morrido na hora. A namorada berrava e tentava arrastar o negro para o carro. Dei outro tiro sem mirar e acertei na cabeça de Suel. Foi assim, as coisas aconteceram desse jeito. Ele foi a primeira pessoa que matei. Até isso acontecer, eu era apenas um garoto que vendia carros usados e torcia para o São Paulo Futebol Clube.[1]

(...) Nascimento revelou que assassinou o garoto com dois golpes, além de pisar o pescoço dele. Depois enterrou a criança num canavial. Nascimento disse que estava bêbado."[2]

Qual o elemento comum destas duas ações? A ocorrência do dano, da destruição. Um outro elemento comum às ações: são voluntárias, existe a intenção de destruir. Estes dois elementos, ocorrência de dano e intencionalidade da ação, são os elementos característicos da violência.

Bobbio dá mais amplitude a essa definição quando, em vez de utilizar o substantivo *dano*, fala em modificação prejudicial no estado físico do indivíduo:

> "A violência pode ser direta ou indireta. É direta quando atinge de maneira imediata o corpo de quem a sofre. É indireta quando opera através de uma alteração do ambiente físico no qual a vítima se encontra (por exemplo, o fechamento de todas as saídas de um determinado espaço) ou através da destruição, da danificação ou da subtração dos recursos materiais. Em ambos os casos, o resultado é o mesmo: uma modificação prejudicial do estado físico do indivíduo ou grupo que é o alvo da ação violenta."[3]

Violência é um conceito que possibilita um número infindável de abordagens: antropológica, psicológica, cultural, política, etnológica etc. E cada novo contexto permite uma definição diferente. Dispõe o preâmbulo da *Convenção de Belém do Pará*.[4]

---

[1]   Melo, *O Matador*, 1999, p. 16.

[2]   *O Estado de S. Paulo* 20 de maio de 2000. p. C7. Homicídio Violento.

[3]   Bobbio, Pasquino, Matteuci, *Dicionário de política*, 7. ed., p. 1291-1292.

[4]   *Convenção Interamericana para Prevenir, Punir e Erradicar a Violência contra a Mulher*, de 6-6-1994.

"Para os efeitos desta Convenção, entender-se-á por violência contra a mulher qualquer ato ou conduta baseada no gênero, que cause morte, dano ou sofrimento físico, sexual ou psicológico à mulher, tanto na esfera pública como na esfera privada."

Nesta definição, novamente os dois elementos anteriormente indicados: ocorrência de dano e ação intencional.[5]

De forma básica, violência será definida como:

"ação intencional (de um indivíduo ou grupo) que provoca uma modificação prejudicial no estado psicofísico da vítima (pessoa ou grupo de pessoas)".

Feita essa definição, é necessário dar um segundo passo e definir não violência.

Tal como em diversas outras dicotomias, luz/trevas, masculino/feminino, *yin/yang*, não violência, por ser o termo fraco da dicotomia, é definida pela ausência de violência.

Desta feita, não violência fica definida como: "ação intencional que não provoca uma modificação prejudicial na pessoa ou grupo de pessoas destinatários da ação".

Para o Direito, essa compreensão é vital, pois toda ação violenta é violadora de um direito (direito à vida, direito à integridade física, direito à integridade psíquica, direito à liberdade sexual); consequentemente, proteger um direito, impedir sua violação requer um ordenamento jurídico voltado para formas de ação que impeçam, preventivamente, a ocorrência dessas ações e que, reparadoramente, minimizem seus efeitos.

Violência e não violência são qualificadoras do agir humano.

Existem duas, não mais, formas de agir. Uma violenta e a outra não violenta. Não há caminhos intermediários. Podem variar os graus na escala da violência. No entanto, ela ou está presente, ou não está.

Na literatura, existem passagens emblemáticas de ações não violentas. Joseph Brodsky, em conferência pronunciada sobre o tema, comenta a passagem bíblica do Sermão da Montanha, na qual Jesus "dá a outra face":

"O filho do homem tinha o hábito de falar em tríades, e o jovem pode ter-se lembrado que aquele importante versículo não acaba em: *mas se alguém te ferir na tua face direita, oferece-lhe também a outra* mas continua, sem ponto e nem vírgula: *e ao que quer demandar-te em juízo, e tirar-te a tua túnica, larga-lhe também a capa. E se qualquer te obrigar a ir carregado mil passos, vai com ele ainda mais outros 2 mil.*

Citados na íntegra, estes versículos têm na verdade muito pouco a ver com a resistência não violenta ou passiva, com os princípios de não responder na mesma moeda e de retribuir ao mal com o bem. O significado dessas linhas é tudo menos passivo, porque sugere que o mal pode ficar acabando absurdo pelo excesso; sugere que devemos tornar o mal absurdo, fazendo com que suas exigências se tornem minúsculas diante do volume de nossa obediência a elas, depreciando o sofrimento que nos causam."[6]

A não violência não é uma resistência passiva, mas uma outra forma de agir.

---

[5] Ação ou conduta baseada no gênero é sempre intencional, já que essas ações só se realizam porque está colocada uma oposição entre masculino e feminino (músculos e lágrimas), onde o feminino é o lado mais frágil.

[6] Brodsky, J. *Menos que Um*, 1994, p. 150.

Cap. 45 · DIREITO E NÃO VIOLÊNCIA: MINIMUM DOS POVOS | **543**

A ação não violenta parte de um conhecimento da ação violenta e cria uma alternativa a ela, superando-a. Sabedora de sua existência e ciente de seus malefícios, exercita uma forma de ação negadora da violência. A não violência é também uma resposta eficaz contra a violência, tendo em vista a preservação da integridade psicofísica do ser humano.

A seguir, analisaremos uma das mais marcantes influências teóricas da não violência, qual seja: *À paz perpétua*, de Immanuel Kant.

Esse texto influenciou, de forma decisiva, a criação da ONU, no final da Segunda Guerra Mundial, em 1945.

45.2 KANT: *À PAZ PERPÉTUA* – UMA ORDEM INTERNACIONAL NÃO VIOLENTA

> "Não é de esperar que reis filosofem ou filósofos tornem-se reis, mas também não é de se desejar, porque a posse do poder inevitavelmente corrompe o livre julgamento da razão. Porém, que reis ou povos reais (que governam a si mesmos segundo leis de igualdade) não minguem ou emudeçam a classe dos filósofos, mas deixem falar publicamente, é a ambos indispensável para iluminar sua ocupação, porque essa classe é incapaz, segundo sua natureza, de ajuntamentos e alianças de clubes, insuspeitos de uma *propaganda* por meio de boato."[7]

Essa frase de Kant é o artigo secreto de sua obra filosófica escrita em forma de um instrumento jurídico (um tratado) e dá-nos ideia do propósito para o qual foi escrita. Não foi um trabalho encomendado por algum rei ou príncipe, mas a obra de um filósofo que manifesta suas ideias por meio de um documento jurídico, de caráter ficcional, com objetivo filosófico.[8] Kant tem plena consciência de que faz uma obra de sabedoria para esclarecer um assunto pertinente àqueles que detém o poder e não estão habituados ao exercício da filosofia e ao cultivo da sabedoria.

> "A sofia é o mais perfeito dos saberes. Quem o detém deve saber não só o que deriva dos princípios, mas também conhecer os princípios. Assim, a sofia pode ser chamada ao mesmo tempo de intelecto e ciência, e, encabeçando todas as ciências, será a ciência das coisas mais excelentes."[9]

Na obra *À paz perpétua*, Kant não cria uma tecnologia capaz de solucionar os conflitos internacionais, mas elabora uma obra de reflexão filosófica sobre as relações internacionais de sua época, propondo uma superação desse *status quo*.

À paz perpétua é, na realidade, a meta a ser atingida por meio do respeito e do exercício dos princípios e normas estabelecidos nesse fictício tratado de paz. O adjetivo *perpétua* diferencia o tratado em questão, dos tratados de paz habitualmente firmados, que não passam de meros armistícios cuidando de regular a melhor forma jurídica para a cessação das hostilidades entre os inimigos.

> "O estado de paz entre os homens que vivem lado a lado não é um estado de natureza (*status naturalis*), que antes é um estado de guerra, isto é, posto que nem sempre uma

---

[7]   Kant, *À paz perpétua*, 1989, p. 57.

[8]   O subtítulo da obra não deixa dúvidas quanto a isso: *À paz perpétua*: um projeto filosófico de Immanuel Kant.

[9]   Aristóteles. Verbete A Sabedoria. In: Abbagnamo, N. *Dicionário de filosofia*, 1999, p. 864.

544 | CURSO DE FILOSOFIA DO DIREITO • *Bittar / Almeida*

eclosão de hostilidades, contudo (é) uma ameaça permanente destas. Ele tem de ser, portanto, instituído, pois a cessação das hostilidades não é ainda segurança para ele e, sem que ela seja obtida de um vizinho a outro (o que, porém, pode ocorrer somente num estado legal), pode aquele tratar como um inimigo este a quem exortara para tal (cessação).[10]

Nessa passagem, Kant esclarece dois pontos essenciais do estado de paz almejado por ele:

1. o estado de paz não corresponde ao estado natural, este é um estado de guerra;
2. o estado de paz é algo a ser instituído por meio do Direito. Ou seja, a meta é a paz e o meio a atingi-la é o Direito.

Conforme a classificação proposta por Martin Wight, Kant pertence à tendência revolucionária.

> "The Revolutionists can be defined more precisely as those who believe so passionately in the moral unity of the society of states or, international society, that they identify themselves with it, and therefore they both claim to speak in the name of this unity, and experience on overriding obligation to give effect to it, as the first aim of their international policies. For them, the whole of international society transcends its parts; they are cosmopolitan rather than 'internationalist', and their international theory and policy has 'a missionary character'".[11]

Todavia, Kant não é um revolucionário para o qual todos os meios são válidos para atingir-se o fim, fato este que ocorre quando a diversidade do mundo é negada e erige-se uma única crença como a verdadeira, fenômeno característico dos regimes totalitários. Kant aponta o direito como mecanismo propiciador da mudança; podemos classificá-lo como um revolucionário jurídico.

Na concepção kantiana, a transformação do estado de guerra das relações internacionais em um estado de paz dar-se-á por meio do Direito. De acordo com a classificação de Bobbio, essa proposta kantiana deve ser enquadrada como pacifismo jurídico.[12]

A seguir, apresentaremos um breve comentário dos artigos preliminares da paz perpétua e, logo após, uma análise dos artigos definitivos.

1. "Não se deve considerar como válido nenhum tratado de paz que se tenha celebrado com a reserva secreta sobre alguma causa de guerra no futuro".

---

[10] Kant, Op. cit. p. 32-33.

[11] Wight, M. *International theory the three traditions*. Wight, Gabriele, Porter, Brian. Leicester/ Londres: Leicester University Press, 1991, p. 8: "Os revolucionários podem ser definidos mais precisamente como aqueles que acreditam tão apaixonadamente na unidade moral da sociedade de Estados, ou Sociedade Internacional, que eles identificam-se com esta proposta, e portanto eles reivindicam o direito de falar em nome desta unidade, e experienciam a suprema obrigação de concretizar este escopo, como o primeiro objetivo de suas políticas internacionais. Para eles, a sociedade internacional como um todo transcende suas diversas partes; eles são cosmopolitas mais do que "internacionalistas" e a teoria e política internacional dela possui um caráter necessário".

[12] Para um estudo completo da classificação "bobbiana", ver: L'idea della pace e il pacifismo, em *Il problema della guerra e le vie della pace*. Bolonha: Il Mulino, 1984. p. 119-146.

Nesse artigo, Kant, essencialmente, faz a diferença entre um mero armistício e um verdadeiro tratado de paz. O armistício vem a ser um documento jurídico que tem por finalidade pôr fim a determinada guerra. "Le passage est obligé du champ de bataille au traité."[13] O armistício, por visar tão somente ao final das hostilidades bélicas, sem fazer uma análise prospectiva, não leva em consideração a existência de tensões latentes que podem levar a futuras guerras. A lição da história mostra-nos: Angola, ex-Iugoslávia, Serra Leoa...

2. "Nenhum Estado independente (grande ou pequeno) poderá ser adquirido por outro mediante herança, permuta, compra ou doação."

Os Estados nacionais, não importando seu tamanho, não devem ser vistos como uma propriedade a ser adquirida, já que isso poderia ser motivo de grande descontentamento no futuro, gerando tensões que poderiam culminar num conflito bélico.

3. "Os exércitos permanentes devem desaparecer totalmente com o tempo."

Este artigo é autoevidente, fala por si próprio. O desaparecimento dos exércitos permanentes dificultaria sobremaneira a prática da guerra.

Atentemos para o fato de que Kant escreveu esse artigo antes do surgimento do alistamento militar obrigatório, o que iria ocorrer no século XIX [14] e antes também do clássico de Clausewitz, *Da guerra*, que cunhou a famosa frase: "A guerra é a continuação da política por outros meios."

4. "Não se deve emitir dívida pública em relação com os assuntos de política exterior."

Neste artigo, Kant tenta impedir a criação de dívidas entre dois Estados. O não pagamento da dívida poderia implicar uma guerra de invasão ao Estado devedor como forma de ressarcimento da dívida.

5. "Nenhum Estado deve imiscuir-se pela força na Constituição e no Governo de outro."

Este artigo liga-se ao segundo artigo definitivo, que fala da criação de uma Federação de Estados livres. A ideia é a preservação da autonomia de cada membro. A intervenção pela força é, enfaticamente, não recomendada.

6. "Nenhum Estado em guerra com outro deve permitir que tais hostilidades tornem impossível a confiança mútua na paz futura, como o emprego de assassinos, envenenadores, quebramento de capitulação, indução a traição."

A ideia deste artigo é resumir as hostilidades ao campo de batalha. A manutenção da confiança mútua, que se dá pelo comportamento minimamente ético dos Estados em conflito e pelo respeito da função jurídica da guerra de resolução de conflitos, é condição essencial para o estabelecimento futuro da paz.

---

[13] Legohérel, *Histoire du droit international public*. Que sais je? Paris: Presses Universitaires de France, 1996. p. 39. A passagem é obrigatória do campo de batalha ao tratado.

[14] Para um completo estudo da guerra, ver: Keegan, J. *Uma história da guerra*, 1999.

CURSO DE FILOSOFIA DO DIREITO • *Bittar / Almeida*

Com este artigo, ao propor a continuidade de algumas atitudes de civilidade, mesmo no transcurso de uma guerra, Kant antecipa, de certa maneira, o Direito Internacional Humanitário, definido da seguinte maneira:

> "O Direito Internacional Humanitário tem a função organizadora de outra qualquer normativa internacional, ou seja, organiza as relações entre os Estados, (ou dentro de um Estado, entre as partes em conflito) na situação de conflito armado."[15]

Como atitude preliminar para obtenção da paz, Kant elenca seis obrigações de não fazer, prestações negativas, normas proibitivas. Antes de esclarecer as ações positivas, Kant tem o cuidado de interditar as ações que poderiam colocar em risco uma situação de paz, ou dificultar o término de uma guerra. Aduz Bobbio:

> "Ces six articles, Qui contiennent des interdits adressés aux souverains, et Qui s'appliquent à des comportement voués soit à faciliter l'éclatement de nouvelles guerres soit à entraver l'établissement de la paix, s'inspirent tous de l'idée que les souverains doivent se comporter moralement, c'est-à-dire conformément à la maxime selon laquelle la personne humaine ne doit jamais être considérée comme moyen."[16]

Os seis artigos que acabamos de examinar dizem respeito às atitudes interditadas aos Estados; já os artigos definitivos, relacionam-se à forma que o Direito deve assumir em direção à paz perpétua. É o que veremos a seguir.

Na obra *À paz perpétua*, Kant apresenta uma tecnologia para instituição de um estado de paz no âmbito das relações internacionais. A tecnologia proposta por Kant usa o direito, entendido enquanto disciplina da convivência humana,[17] como instrumento.

Durante a apresentação dos seis artigos preliminares para a Paz Perpétua, Kant oferece uma explanação das três dimensões do fenômeno do Direito, necessárias para a instituição da paz perpétua:

> "Toda constituição jurídica é, porém, no que concerne às pessoas que estão sob ela:
> 1. a constituição segundo o *direito civil* [de Estado] dos homens em um povo (*ius civitatis*);
> 2. segundo o *direito das gentes* dos Estados em relação uns com os outros (*ius gentium*),
> 3. segundo o *direito cosmopolita*, enquanto homens e Estados que estão em relação exterior de influência mútua têm de ser considerados como cidadãos de um Estado dos homens universal (*ius cosmopoliticum*). Esta divisão não é arbitrária, mas necessária em relação a ideia de paz perpétua. Pois se somente um destes, na relação da influência física sobre o outro, estivesse, contudo, no estado de natureza, então estaria ligado a ele o estado de guerra, tornar-se liberto, do qual é justamente a intenção aqui."[18]

---

[15] Swinarski, As convenções de Genebra como sistema de proteção internacional da pessoa humana. In: *Direito Internacional Humanitário*. Col. Relações Internacionais. 6 Ipri. p. 55.

[16] Bobbio, Op. cit. p. 155. "Estes seis artigos que contêm os interditos dirigidos aos soberanos e que se aplicam aos comportamentos consagrados seja a facilitar o início de novas guerras, seja a dificultar o estabelecimento da paz, se inspiram todos na ideia que os soberanos devem se comportar moralmente, quer dizer conforme a máxima segundo a qual a pessoa humana não deve jamais ser considerada como meio."

[17] Belas, sábias e precisas palavras de Goffredo Telles Júnior.

[18] Kant. Op. cit. p. 33.

Cap. 45 · DIREITO E NÃO VIOLÊNCIA: MINIMUM DOS POVOS | 547

Na segunda parte de sua obra, na qual são apresentados os três artigos definitivos para a Paz Perpétua, Kant detalha a forma que cada uma dessas dimensões do direito deve revestir para a instituição da paz.[19] Sinteticamente, Kant diz que:

1. o Direito interno de um Estado deve ser da forma republicana, pois isto dificultaria uma declaração da guerra, já que numa República a vontade pública prevalece sobre a vontade do soberano e, neste caso, a declaração da guerra estaria condicionada à aprovação da vontade pública, o que seria um fator complicador para declaração da guerra;

2. o Direito Internacional deve ser baseado numa federação de Estados livres. Esta federação não corresponde ao formato federativo de um Estado nacional, a ideia é um pacto federativo entre os diversos Estados Nacionais que mantêm sua soberania, mas que estão vinculados por um objetivo comum, qual seja, a manutenção da paz.

3. o Direito Cosmopolita deve limitar-se ao Direito à Hospitalidade Universal. O que compreende, de um lado, o direito de todo estrangeiro, que se encontra num Estado do qual não é nacional, não ser tratado hostilmente. E, de outro lado, o dever de todo Estado não usurpar da hospitalidade que lhe é oferecida pela população de um determinado Estado ou território e transformar o seu direito de visita num violento ato de conquista."

Essas três dimensões jurídicas devem ser vistas de forma interdependente e inseparável, uma interpenetrando a outra. O art. 2º (o pacto federativo entre os Estados Livres) é base jurídica constitutiva de um novo *status quo* nas relações internacionais; o art. 1º e o art. 3º são seus alicerces.

Esclarece Bobbio:

> "En d'autres termes, ceci signifie que la formation de l'alliance des peuples, pour réaliser son propre but, doit respecter deux limites juridiques: celle découlant du droit public interne Qui prescrit la constitution républicaine et celle découlant du droit cosmopolitique Qui dénie le droit de conquête. C'est seulement en tenant compte de l'ensemble de trois articles définitifs, dont le second est constitutif, le premier et le troisième complémentaires, que l'on prend conscience de l'extraordinaire force suggestive que la théorie kantienne de la paix perpétuelle a exercée en tous temps et exerce encore à notre époque. Une théorie où la complexité de l'articulation interne s'allie à la simplicité essentielle de la construction entière."[20]

---

[19] Repare que os três artigos definitivos correspondem à forma que as três dimensões do Direito devem apresentar.

[20] Bobbio. La paix perpétuelle et la conception kantienne de la Fédération Internationale. In: *L'état et la démocratie internationale de l'histoire des idées à la science politique*, 1999, p. 152. Grato a Celso Lafer pela preciosa dica. "Em outros termos, isto significa que a formação da aliança dos povos, para realizar seu próprio objetivo, deve respeitar dois limites jurídicos: um haurido do direito público interno que prescreve a constituição republicana e o outro haurido do direito cosmopolítico que proíbe o direito de conquista. É somente tendo em conta o conjunto dos três artigos definitivos, dentre os quais o segundo é constitutivo, e o primeiro e o terceiro complementares, que tomamos consciência da extraordinária força sugestiva que a teoria Kantiana da PAZ PERPÉTUA exerceu em todos os tempos e exerce ainda em nossa época. Uma retórica na qual a complexidade da articulação interna alia-se a simplicidade essencial da construção inteira."

CURSO DE FILOSOFIA DO DIREITO • *Bittar / Almeida*

Kant, divergindo dos realistas (Hobbes e Maquiavel) e dos racionalistas (Grotius), propõe um modelo de ordem internacional onde a guerra perde sua utilidade como forma jurídica (necessária ou contingente) de resolução dos conflitos e a paz surge como principal objetivo, a ser conquistado por meio do direito.

Essa paz kantiana não deve ser vista como uma mera ausência de guerra, mas com um sentido positivo de uma forma diferente de convivência internacional, forma na qual a violência está eliminada como atitude legítima e a não violência impera.

> "Il faut concevoir la paix elle-même comme un processus se déroulant sans intervention de la force, mais Qui ne vise pas seulement à empêcher l'emploi de la force, mais à réaliser les conditions réeles d'une coexistence sans tension entre les groupes et entre les peuples."[21]

Kant tem plena noção de que a instituição, por meio do Direito, de um estado de paz não violento entre as nações é uma tarefa de suma importância e, ao mesmo tempo, dificílima de ser atingida. O próprio Kant, na 5ª e na 6ª proposições de Ideia de uma História Universal de um Ponto de Vista Cosmopolita, afirma:

> "5ª O maior problema para espécie humana, a cuja solução a natureza a obriga, é alcançar uma sociedade civil que administre universalmente o direito.
> 6ª Este problema é, ao mesmo tempo, o mais difícil e o que será resolvido por último pela espécie humana."[22]

À paz perpétua deve ser tomada como uma obra de filosofia do direito cujo propósito é oferecer um arsenal teórico que estruture a comunidade internacional de modo que a ação violenta não seja utilizada como forma de relacionamento entre as nações; a consequência lógica deste estado de coisas é o advento da paz.

Esclarece Celso Lafer:

> "No estudo das relações internacionais, é válido distinguir, para efeitos de análise, três campos:(i) o campo estratégico-militar (...); (ii) o campo das relações econômicas (....); (iii) finalmente, cabe mencionar o campo dos valores, que alude às afinidades e discrepâncias quanto a forma de conceber a vida em sociedade."[23]

A presente análise é do campo dos valores. Valor aqui entendido enquanto possibilidade de escolha.[24] A escolha feita pela Comunidade Internacional no pós-guerra, mais do que a preservação da dignidade humana, é pela preservação da própria vida; a forma cosmopolítica

---

[21] Habermas, J. *La paix perpétuelle:* bicentenáire d'une idée kantienne. Paris: Les Editions du Cerf, 1996. p. 71. "É necessário conceber a paz como um processo desenvolvendo-se sem a intervenção da força, mas que não visa somente impedir o emprego da força, mas a realizar as condições reais de uma coexistência sem tensão entre os grupos e entre os povos."

[22] Kant, I. *Ideia de uma história universal de um ponto de vista cosmopolita.* São Paulo: Brasiliense. 1986. p. 14-15.

[23] Lafer, C. *Comércio, Desarmamento e direitos humanos:* reflexões sobre uma Experiência Diplomática. São Paulo: Paz e Terra e Funag – Fundação Alexandre de Gusmão, 1999. p. 184.

[24] "A melhor definição de VALOR é a que o considera como possibilidade de escolha, isto é, como uma disciplina inteligente das escolhas, que pode conduzir a eliminar algumas delas ou a declará-las irracionais ou nocivas"... Abbagnano, N. Op. cit. p. 993.

do direito será o instrumento concretizador desse valor. Esse estudo dedica-se, essencialmente, à análise desse novo direito, que visa proteger a vida. No século XX, este direito tem um nome: Direito Internacional dos Direitos Humanos.

Esclarece René Cassin, um dos pais da *Declaração Universal dos Direitos Humanos*, de 1948, num texto histórico produzido logo após a aprovação da Declaração:

> "Nous devons donc agir. D'une manière plus précise, nous devons rechercher ici comment, en s'appuyant à la fois sur des principes et sur la technique, le droit international et, plus haut encore, le droit de la Société universelle des hommes, la communauté juridique du genre humain peuvent fournir protection et garantie aux libertés fondamentales des individus que la composent."[25]

Analisar esse direito, reconhecer sua fonte e mostrá-lo como *minimum* dos povos é o objetivo deste texto.

45.3 DIREITO INTERNACIONAL DOS DIREITOS HUMANOS (DIDH) COMO *MINIMUM* DOS POVOS

O primeiro documento do DIDH é a *Carta de São Francisco*, de 1945, documento que fundou a Organização das Nações Unidas (ONU).

Logo no preâmbulo dessa *Carta*, coloca-se, de forma indubitável, o horror que as duas guerras mundiais causaram, bem como a necessidade de uma reafirmação dos direitos humanos:

> "Nós, os Povos das Nações Unidas, resolvidos a preservar as gerações vindouras do flagelo da guerra, que por duas vezes, no espaço da nossa vida, trouxe sofrimentos indizíveis a humanidade, e a reafirmar a fé nos direitos fundamentais do homem, na dignidade e no valor do ser humano, na igualdade de direitos dos homens e das mulheres, assim como das nações grandes e pequenas..."

A Carta de São Francisco (ou Carta da ONU), juntamente com a Declaração Universal dos Direitos Humanos de 1948 e os Pactos Internacionais de Direitos Civis e Políticos e de Direitos Econômicos Sociais e Culturais, de 1966, formam a Carta de Direitos Humanos da ONU

A *Carta de São Francisco* concretiza a criação da norma proibitiva da guerra.

A guerra, durante muito tempo, foi considerada como forma jurídica e lícita para impor o Direito. A *Carta da ONU* coloca a guerra como instrumento não jurídico, fora, portanto, do rol dos instrumentos legais para decisão de conflitos.

A colocação da guerra na ilegalidade é um claro sinal de que está sendo inaugurada uma nova fase na história do Direito, que tem como ideia-guia a paz e o reconhecimento da dignidade inerente a todo ser humano e como princípio organizacional e diretivo, a não violência. A concretização, no âmbito do Direito Positivo, dessa nova fase, ocorre com a elaboração do Direito Internacional dos Direitos Humanos.

---

[25] Cassin, R. La declaration universelle et la mise en oeuvre des droits de l'homme 79. *Recueil des Cours de L'Academie de Droit International*, p. 243, 1951. "Nós devemos então agir. De uma maneira mais precisa, nós devemos pesquisar aqui como, nos baseando nos princípios e na técnica do Direito Internacional, e mais amplo ainda, no direito da sociedade Universal dos homens, a comunidade jurídica do gênero humano pode fornecer proteção e garantia às liberdades fundamentais dos indivíduos que a compõe."

550 CURSO DE FILOSOFIA DO DIREITO • *Bittar / Almeida*

Com o intuito de deixar clara a mudança que significou, em termos teóricos, o banimento do Direito da Guerra como prática legal, farei um breve relato das relações entre guerra e Direito.

45.4 GÊNESE DA NORMA PROIBITIVA DE GUERRA

De forma sintética, podemos definir a Guerra Justa como aquela guerra que se combate para impor o direito. Durante séculos, a doutrina da Guerra Justa foi aceita pelo Direito Internacional.[26]

A guerra, na célebre obra de Grócio, *Da guerra e da paz*, era vista como um instrumento legítimo e necessário nas relações internacionais.

Como esclarece Hermes Marcelo Huck:

> "A legitimidade da guerra deriva do serviço que ela deve prestar à sociedade internacional e não apenas ao beligerante injustiçado que a ela recorre. Um povo, ao declarar uma guerra justa contra o inimigo agressor, transforma a violência que legalmente emprega em instrumento de utilidade para a sociedade internacional. Nesse sentido, a guerra deixa de ser tão só um elemento de busca do direito do beligerante; torna-se também uma arma de composição da ordem jurídica internacional."[27]

A doutrina da guerra justa só passa a ser contestada, no campo da dogmática do Direito Internacional Público, após o surgimento da Sociedade das Nações.

A Sociedade das Nações (SDN) surge, em 1919, como primeira tentativa de se criar um Organismo Internacional que fosse capaz de solucionar os litígios, entre os diversos Estados, sem que fosse necessário recorrer ao uso da força.

Assim, no *Pacto da Sociedade das Nações*, está estabelecido:

> "Art. 11
> 1. Fica expressamente declarado que toda guerra ou ameaça de guerra, atinja diretamente, ou não, algum dos membros da sociedade, interessa a toda sociedade, e esta deve adotar as medidas apropriadas para salvaguardar eficazmente a paz das nações.
> 2. Fica, igualmente, declarado que todo membro da sociedade tem o direito de chamar a atenção da Assembleia ou do Conselho, a título amistoso, para toda circunstância suscetível de atingir as relações internacionais e que ameace perturbar a paz ou a boa harmonia entre as nações, da qual a paz depende."

Segundo Celso Lafer, o artigo 11 do *Pacto da Sociedade das Nações* instaura o primeiro tema global na agenda internacional. A guerra, ou sua ameaça, passa a interessar à sociedade internacional em sua totalidade e não mais apenas às partes beligerantes.

---

[26] Para um estudo detalhado da Guerra Justa, ver Guimarães, H. C. *Da guerra justa*: um estudo jurídico-filosófico da teoria do *bellum justum* nas concepções decisionista e intelectualista e na síntese grociana. Dissertação (Mestrado) Faculdade de Direito da Universidade de São Paulo (FDUSP), São Paulo: Universidade de São Paulo, mimeo. s.d.

[27] Huck, *Da guerra justa à guerra econômica*: uma revisão sobre o uso da força em direito internacional, 1997, p. 58.

Cap. 45 · DIREITO E NÃO VIOLÊNCIA: MINIMUM DOS POVOS | 551

No artigo transcrito, nota-se uma atitude cuidadosa com o intuito de prevenir a ocorrência de uma guerra. No artigo seguinte (12), a guerra é colocada como último recurso na solução das controvérsias entre as nações:

> "Art. 12
>
> 1. Todos os membros da sociedade concordam em que, se entre eles surgir uma controvérsia suscetível de produzir uma ruptura, submeterão o caso, seja ao processo da arbitragem ou a uma solução judiciária, seja ao exame do Conselho. Concordam, também, em que não deverão, em caso algum, recorrer à guerra, antes da expiração do prazo de três meses após a decisão arbitral ou judiciária, ou o relatório do Conselho.
>
> 2. Em todas as hipóteses previstas neste artigo, a decisão deverá ser proferida dentro em prazo razoável, e o relatório deverá ser apresentado dentro em seis meses a datar do dia em que a controvérsia lhe tenha sido submetida."

Assim, a guerra, que era tida como prática regular da resolução de conflitos para o Direito Internacional, começa a ser posta no terreno da anormalidade pelo Direito. Já que o normal é a solução pacífica das controvérsias, a guerra é o último recurso.

Em 1928, no *Pacto Briand-Kellog*,[28] as partes contratantes renunciam à guerra como instrumento de política nacional em suas relações mútuas.

> "As altas partes contratantes declaram solenemente condenar o recurso à guerra como meio de solucionar conflitos internacionais, e renunciam a ela como instrumento de política nacional nas suas relações mútuas. As altas partes contratantes reconhecem que a solução das disputas ou conflitos de qualquer natureza ou origem que possam surgir entre elas deverá ser buscada somente por meios pacíficos."

E, finalmente, em 1945, na *Carta de São Francisco* há a proibição formal e extensiva do uso da força como forma de resolução dos conflitos:

> "Art. 2º (...)
>
> Parágrafo 4º Os membros da Organização, em suas relações internacionais, abster-se-ão de recorrer à ameaça ou ao uso da força contra a integridade territorial ou a independência política de qualquer Estado, ou de qualquer outra forma incompatível com o propósito das Nações Unidas."[29]

45.5 DECLARAÇÃO UNIVERSAL DOS DIREITOS HUMANOS DE 1948 COMO DOCUMENTO MATRIZ DO DIREITO INTERNACIONAL DOS DIREITOS HUMANOS

> "Si la première guerre mondiale a été idéologiquement livrée pour l'indépendance des nationalités ainsi que pour l'établissement de la sécurité collective et l'organisation de

---

[28] Ficou conhecido dessa forma, pois foi firmado entre o Ministro do Exterior da França e dos Estados Unidos: Aristide Briand e Frank Kellog.

[29] Observo que o tema da legitimidade do uso da força não será abordado neste trabalho, já que este não é um tema atinente ao Direito Internacional dos Direitos Humanos (campo teórico desta tese), mas um ramo autônomo do Direito Internacional Público.

552 | CURSO DE FILOSOFIA DO DIREITO • *Bittar / Almeida*

la paix internationale, la seconde guerre mondiale a revêtu essentiellement le caractère d'une croisade pour les droits de l'homme."[30]

A *Carta da ONU*, de 1945, já faz menção aos direitos humanos e, logo em seguida, este tema será objeto de um documento jurídico autônomo: a *Declaração Universal de Direitos Humanos*, de 1948.

A *Declaração de 1948* foi a forma jurídica encontrada pela comunidade internacional de eleger os direitos essenciais para a preservação da dignidade do ser humano. Trata-se de um libelo contra o totalitarismo. Seus 30 artigos têm como objetivo principal evitar que o homem e a mulher sejam tratados como objetos descartáveis.

Assim a definiu Eleanor Roosevelt, durante os trabalhos preparatórios de elaboração da *Declaração*:

> "Ce n'est pas un traité, ce n'est pas un accord international. Il n'a pas et ne vise pas à avoir force de loi. C'est une déclaration de principes sur les droits et libertés fondamentales de l'homme destinée à être approuvée par vote formel des membres de l'Assemblée générale."[31]

De acordo com Celso Lafer, a *Declaração de 1948* pode ser considerada um evento matriz que dá origem a uma nova política de Direito, política esta voltada para a proteção do ser humano. O DIDH transformará em Direito Positivo esse escopo inicial.

Tanto é, que uma das características principais do DIDH é ser um direito protetivo: "Trata-se essencialmente de um direito de proteção, marcado por uma lógica própria, e voltado à salvaguarda dos direitos dos seres humanos e não dos Estados."[32]

Ora, esse Direito, nunca é demais lembrar, surge como reação à violência inimaginável advinda dos eventos históricos constitutivos da Segunda Guerra Mundial.

Para uma melhor compreensão da *Declaração de 1948*, será feita uma análise de seus principais artigos, na qual se mostrará como o *corpus juris* do DIDH tem como base a *Declaração*.

René Cassin compara a *Declaração de 1948* ao pórtico de um templo:

> "La Déclaration Universelle a été comparée par nous au vaste portique d'un temple, dont le parvis est formé par le Préambule affirmant l'unité de la famille humaine et dont le soubassement, les assises, sont constitués par les principes généraux de liberté, d'égalité, de non-discrimination et de fraternité proclamés dans les articles 1 et 2."[33]

---

[30] Cassin, La declaration universelle et la mise en oeuvre des droits de l'homme, *Recueil de Cours de L'Academie Internationalle de Haie*, v. 79, p. 41, 1947. Nessa época, Renée Cassin era o vice-presidente da Comissão de Direitos Humanos da ONU, organismo responsável pela redação da *Declaração*. "Se a Primeira Guerra Mundial foi ideologicamente lutada pela independência das nacionalidades e também pelo estabelecimento da segurança coletiva e pela organização da paz internacional, a Segunda Guerra Mundial revestiu essencialmente o caráter de uma cruzada pelos direitos humanos."

[31] Cassin, Op. cit. p. 289. "Isso não é um tratado, isso não é um acordo internacional. Ele não tem e não visa a ter força de lei. Isso é uma declaração de princípios sobre os direitos e liberdades fundamentais do homem destinados a serem aprovados pelo voto formal dos membros da Assembléia Geral."

[32] Cançado A. *Tratado de direito internacional dos direitos humanos*. Porto Alegre: Sérgio Antonio Fabris Editor. 1997. v. 1, p. 20.

[33] Cassin, R. Op. cit. p. 277-278. "A Declaração Universal foi comparada por nós ao vasto pórtico de um templo, no qual o terreno é formado pelo preâmbulo afirmando a unidade da família humana e as bases

Posteriormente, numa entrevista concedida a Austregésilo de Athayde, complementa sua descrição:

"A *Declaração Universal* pode ser considerada um pórtico de quatro colunas, a primeira das quais sustenta o direito à vida, à liberdade física e à segurança jurídica da pessoa; a segunda forma a base dos laços do indivíduo com os grupos (família, nações), com os lugares (domicílio, circulação) e com os bens (propriedade); a terceira se refere às faculdades espirituais, às liberdades públicas e aos direitos políticos; e a quarta, finalmente, simétrica com a primeira, é a dos direitos econômicos, sociais e culturais, notadamente os que concernem ao trabalho, à segurança social, à educação, à vida cultural, à proteção dos criadores de obras artísticas, literárias e científicas."[34]

Para análise da *Declaração de 1948*, serão utilizados os arts. I e II, considerados como fundamentais por Cassin, e o artigo III, que protege o direito à vida.

"Art. I
Todas as pessoas nascem livres e iguais em dignidade e direitos. São dotadas de razão e consciência e devem agir em relação umas às outras com espírito de fraternidade."

Liberté, egalité, fraternité, as palavras símbolo da Revolução Francesa que deram origem à *Declaração Universal dos Direitos do Homem e do Cidadão* (1789), estão presentes também na *Declaração Universal dos Direitos Humanos*, de 1948.

O que há de comum entre a *Declaração de 1789* e a *Declaração de 1948*? A vontade manifesta de instaurar outra ordem, radicalmente diferente daquela até então vigente.

É com a Revolução Francesa, de 1789, que surge o moderno significado da palavra *revolução*,[35] que passa a significar a instauração do novo.

A Revolução Francesa derruba o Estado Absoluto e instaura o Estado de Direito ou Constitucional; para fazer essa transformação, muda a significação de uma palavra: *soberania*. "O Estado Absoluto coloca-se como a encarnação mais perfeita da soberania entendida como poder que não reconhece ninguém superior."[36]

Depois de 1789, a soberania, até então exercida por uma única pessoa, o rei (o soberano), passa a ser exercida pelo povo: a Soberania Popular.

Com o surgimento do conceito de soberania popular, desaparece a figura do súdito (aquele que só tem deveres) e surge a figura do cidadão (aquele que tem o direito a ter direitos).

O Estado Constitucional, ao limitar o poder soberano,[37] garante os direitos naturais do indivíduo. As duas transformações são simultâneas e são a própria razão de ser do novo

---

e os sustentáculos são constituídos pelos princípios gerais de liberdade, igualdade, não discriminação e fraternidade proclamado nos artigos 1 e 2."

[34] Sandroni, C., Sandroni, L. C. A. de A. *O século de um liberal*. Rio de Janeiro: Agir, 1998. p. 469.

[35] Em seu sentido original, até então vigente, significava voltar para trás. Sentido este que ainda é encontrado na Revolução Americana de 1776, na qual buscava-se a restauração das antigas prerrogativas dos súditos norte-americanos da Coroa Britânica.

[36] Bobbio, N. *Direito e estado no pensamento de Emmanuel Kant*, 1995. p. 11.

[37] A Soberania do Estado Absoluto pode ser definida como o poder de decidir em última instância. Quem tem esse poder é o Soberano, o Rei. Já a Soberania Popular define-se como o poder de decidir em última instância, de acordo com a lei. A decisão final já não é absoluta, encontra limites. Qual seja, a Lei.

Estado Constitucional ou Estado de Direito.[38] Estabelece a *Declaração Universal dos Direitos do Homem e do Cidadão* (1789):

> "Art. 16. A sociedade em que não esteja assegurada a garantia dos direitos fundamentais nem estabelecida a separação dos poderes[39] não tem Constituição."

A *Declaração de 1948*, ao reafirmar o direito à liberdade, à igualdade e à fraternidade de todas as pessoas, busca, acima de tudo, evitar a repetição dos horrores causados pelo regime totalitário de Hitler.

René Cassin afirma:

> "A *Declaração de 1948* retirou da *Declaração dos Direitos do Homem e do Cidadão*, de 1789, o que continha de universal, a saber, os grandes princípios de liberdade, igualdade e fraternidade. Foi mais longe ao proscrever todas as discriminações entre os membros da família humana, no que concerne ao gozo das liberdades fundamentais, quer seja por motivo de sexo, raça, língua ou religião, opiniões, origem nacional ou social, fortuna, nascimento e situação, ou por motivo do estatuto político, jurídico ou internacional do país ou território de que sejam habitantes. E proclama o direito de todo indivíduo a uma nacionalidade e o de todo perseguido a um asilo."[40]

Com a intenção de evitar a perpetuação do antigo, forçosamente, cria-se o novo. Como a *Declaração Universal dos Direitos do Homem e do Cidadão*, de 1789, que criou o moderno conceito de cidadão, a *Declaração Universal de Direitos Humanos*, de 1948, ao declarar que todas as pessoas nascem livres e iguais, mantém este antigo conceito e cria outro, novo. Esse novo conceito é a inerência da dignidade ao ser humano. Isso significa que a liberdade e a igualdade em dignidade e direitos surgem com o nascimento do ser humano e o acompanham, de modo inseparável e incondicional, no decorrer de sua existência. Não dependendo, em absoluto, de qualquer outro título ou condição.

> "Art. II
> 1. Toda pessoa tem capacidade para gozar os direitos e as liberdades estabelecidos nesta Declaração, sem distinção de qualquer espécie, seja de raça, cor, sexo, língua, religião, opinião política ou de outra natureza, origem nacional ou social, riqueza, nascimento, ou qualquer outra condição.
> 2. Não será tampouco feita nenhuma distinção fundada na condição política, jurídica ou internacional do país ou território a que pertença uma pessoa, quer se trate de um território independente, sob tutela, sem governo próprio, quer sujeito a qualquer outra limitação de soberania."

A Alemanha Nazista, antes de ser um Estado Totalitário, é um Estado Racista, que coloca a raça como forma de diferenciação entre os seres humanos.

> "In a speech he gave in November 1927 Hitler said that he saw 'the value of a man determined in the first place by his inner racial virtues' and that the Aryan race was at 'the

---

[38] A expressão *Estado de Direito* surge, pela primeira vez, em 1813.

[39] Forma de Montesquieu para garantir a limitação do poder Soberano a ser exercido pelo Poder Executivo.

[40] Sandroni, Constância, Op. cit. p. 471.

top of the list'. Aryans, he wrote in Mein Kampf, were the 'highest race' and 'the master people' (p. 384). He therefore declared war 'on the marxist idea that men are equal ... and was willing to draw the ultimate consequence of recognizing the importance of blood'."[41]

Com essa ideia em mente, Hitler diferencia as pessoas entre aquelas que valem mais e as que valem menos; de acordo com essa tese, a raça ariana era a depositária do progresso da civilização e qualquer cruzamento entre as diferentes raças só produziria degenerados, física e mentalmente. Assim, era necessário dominar e subjugar as ditas "raças inferiores" (principalmente a judia), pois a raça ariana deveria permanecer pura. Essa ideia, aos poucos, radicaliza-se e da expulsão dos judeus, passa para a concentração deles, até atingir a solução final, segundo a qual só o completo extermínio da raça judia seria capaz de garantir a pureza da raça ariana.[42]

De um Estado Racista, a Alemanha Nazista transforma-se em um Estado Genocida. O primeiro passo para garantir o direito a vida é, portanto, estabelecer a igualdade entre os seres humanos, impedindo qualquer espécie de discriminação. É isto que faz a Declaração de 1948 e os instrumentos legais da declaração do DIDH.

O artigo II está ligado ao artigo VII[43] a proibição da discriminação diz respeito aos seres humanos entre si, a eles e a elas perante o Estado e a homens e mulheres perante a lei.

A partir de 1948, foram criados outros tratados internacionais que disciplinam a proibição de toda e qualquer espécie de discriminação. O Pacto Internacional dos Direitos Civis e Políticos, de 1966, estabelece em seu art. 2º:

> "Art. 2º
> 1. Os Estados-partes no presente Pacto comprometem-se a garantir a todos os indivíduos que se encontrem em seu território e que estejam sujeitos à sua jurisdição os direitos reconhecidos no presente Pacto, sem discriminação alguma por motivo de raça, cor, sexo, língua, religião, opinião política ou de qualquer outra natureza, origem nacional ou social, situação econômica, nascimento ou qualquer outra situação."

O mesmo Pacto, nos arts. 26 e 27:

> "Art. 26. Todas as pessoas são iguais perante a lei e têm direito, sem discriminação alguma, a igual proteção da lei. A este respeito, a lei deverá proibir qualquer forma de discriminação e garantir a todas as pessoas proteção igual e eficaz contra qualquer discriminação por motivo de raça, cor, sexo, língua, religião, opinião política ou de outra natureza, origem nacional ou social, situação econômica, nascimento ou qualquer outra situação.

---

[41] Morsink, *The universal declaration of human rights*: origins, drafting and intent, Pennsylvania: University of Pennsylvania Press, 1999, p. 39: "Num discurso que Hitler pronunciou em novembro de 1927 ele disse que via 'o valor de um homem determinado em primeiro lugar pelas suas virtudes sociais internas' e que a raça ariana estava no 'topo da luta'. Os arianos, ele escreveu em 'Mein Kampf', eram a 'raça mais elevada' e o 'povo mestre'. Ele portanto declarou guerra 'a ideia marxista de que os homens são iguais... e estava disposto a salientar, até a última consequência, o reconhecimento da importância do sangue.'"

[42] Para um detalhado relato dessa questão, consultar: Arendt, H. *Eichmann em Jerusalém*: um relato sobre a banalidade do mal, 1999.

[43] Art. VII. Todos são iguais perante a lei e têm direito, sem qualquer distinção, a igual proteção da lei. Todos têm direito a igual proteção contra qualquer discriminação que viole a presente Declaração e contra qualquer incitamento a tal discriminação.

556 CURSO DE FILOSOFIA DO DIREITO • *Bittar/Almeida*

Art. 27. Nos Estados em que haja minorias étnicas, religiosas ou linguísticas, as pessoas pertencentes a essas minorias não poderão ser privadas do direito de ter, conjuntamente com outros membros de seu grupo, sua própria vida cultural, de professar e praticar sua própria religião e usar sua própria língua."

A *Convenção Internacional sobre a Eliminação de Todas as Formas de Discriminação Racial* (1965) define, no art. 1º, a expressão *discriminação racial*. Da genérica definição da *Declaração Universal dos Direitos Humanos*, de 1948, chega-se à precisa e tipificada definição da *Convenção de 1968*:

"Art. 1º Para os fins da presente *Convenção*, a expressão *discriminação racial* significará toda distinção, exclusão, restrição ou preferência baseada em raça, cor, descendência ou origem nacional ou étnica que tenha por objeto ou resultado anular ou restringir o reconhecimento, gozo ou exercício em um mesmo plano (em igualdade de condição) de direitos humanos e liberdades fundamentais nos campos político, econômico, social, cultural ou em qualquer outro campo da vida pública."

No art. 2º, a *Convenção de 1968* exorta os Estados a tomarem medidas para eliminar a discriminação; são as chamadas ações afirmativas:

"Art. 2º Os Estados-partes condenam a discriminação racial e comprometem-se a adotar, por todos os meios apropriados e sem dilações, uma política destinada a eliminar a discriminação racial em todas as suas formas e a encorajar a promoção de entendimento entre todas as raças..."

A grande diferença entre a *Convenção*, indicada anteriormente e a *Declaração Universal dos Direitos Humanos* de 1948, além do fato de especificar o sujeito de direito violado, é a definição do conceito de discriminação, o que permite sua incorporação pela Dogmática Jurídica, possibilitando sua aplicação no caso concreto.

"Sua função social, neste sentido, está na limitação das possibilidades de variação na relação de aplicação, quando seus dois pólos se tornaram contingentes. Observa-se, assim, que a Dogmática não é um simples eixo de mediação entre normas e fatos nem se resume no desenvolvimento de técnicas de subsunção do fato à norma, como chegaram a dizer os representantes da Jurisprudência dos Conceitos e da Escola da Exegese. Sua função repousa, outrossim, no controle de consistência de decisões tendo em vista outras decisões; em outras palavras, no controle de consistência da decidibilidade, sendo, então, a partir dela que se torna viável definir as condições do juridicamente possível."[44]

Dentro da normativa do Direito Internacional dos Direitos Humanos e do Direito Internacional Público, existem outras Convenções contra a discriminação: *Convenção Internacional para a Eliminação e Punição do Crime de Apartheid* (1973), *Convenção Internacional contra o Apartheid nos Esportes* (1985), *Convenção número 100 da OIT*, concernente a igual remuneração de homens e mulheres para trabalhos do mesmo valor (1951), *Convenção número 111*

---

[44] Ferraz Jr., *Função social da dogmática jurídica*, 1998, p. 100.

da OIT, contra a Discriminação no Trabalho e Emprego (1958), *Convenção da Unesco contra a Discriminação na Educação* (1960).

Estabelece o art. III *da Declaração Universal dos Direitos Humanos*: "Art. III. Toda pessoa tem direito à vida, à liberdade e à segurança pessoal."

A Alemanha Nazista dava muito pouco valor ao direito à vida. É o próprio Hitler quem afirma em *Mein Kampf*: "if the power to fight for one's own health is no longer present, the right to live in this world of struggle ends" (p. 257).

Um relatório preparado pela Comissão de Direitos Humanos da ONU afirma:

> "The policy which was in existence in Germany by the summer of 1940, under which all aged, insane, and incurable people, useless eaters, were transferred to special institutions where they were killed." Most of the 275.000 people who were killed in this way in nursing homes, asylums, and hospitals had been German citizens."[45]

No ano de 1937, 32 pessoas receberam a pena de morte na Alemanha. Esse número cresceu para 5.191 em 1944.

Observe-se o encaminhamento dos artigos da *Declaração*. No art. I, fica estabelecido que a liberdade e a igualdade entre os seres humanos é adquirida no nascimento. O art. II proíbe toda e qualquer espécie de discriminação. E, finalmente, o artigo III estabelece o primeiro Direito: o Direito à vida. O Direito à vida foi estabelecido para os cidadãos do mundo, já que o Estado Nazista, além de ser assassino, era genocida. Reprimir o genocídio foi uma das primeiras tarefas do DIDH.

Antes da aprovação da *Declaração Universal dos Direitos Humanos de 1948*, quase simultaneamente, no dia 9 de dezembro de 1948, foi aprovada a *Convenção para a Prevenção e a Repressão do Crime de Genocídio*.[46]

O extermínio de 6 milhões de judeus durante a Segunda Guerra Mundial não foi o primeiro massacre da história humana,[47] nem tampouco o primeiro genocídio. Esse termo, de forma coloquial, será usado pelo próprio Hitler em 22 de agosto de 1939, véspera da invasão da Polônia. O primeiro genocídio do século XX é de um milhão e meio de armênios pelos turcos, em 1915. Todavia, o genocídio de Hitler é parte de uma política de governo; aos olhos do Estado Nazista, trata-se de uma atividade legal. Para que a comunidade internacional pudesse punir o crime de genocídio, era preciso tipificá-lo. É o que faz a *Convenção de 1948*:

> "Art. II. Na presente Convenção, entende-se por genocídio qualquer dos seguintes atos, cometidos com a intenção de destruir, no todo ou em parte, um grupo nacional, étnico, racial ou religioso, tal como:
>
> a) assassinato de membros do grupo;
>
> b) dano grave à integridade física ou mental de membros do grupo;

---

[45] Morsink, Op. cit. p. 40. "A política que estava em vigência, na Alemanha, no verão de 1940, de acordo com a qual as pessoas insanas e incuráveis de qualquer idade, 'famintos inúteis' foram transferidos para instituições especiais onde foram mortos. A maior parte das 275.000 pessoas que foram mortas desta forma nas casas de repouso, manicômios e hospitais eram cidadãos alemães."

[46] Alerte-se que, pelo fato de não contar com mecanismo próprio de implementação, a *Convenção contra o Genocídio* nunca chegou a ser aplicada.

[47] De acordo com o arqueólogo Jean Courtin, o primeiro massacre data de 2.090 a.C.; cerca de uma centena de corpos no hipogeu de Raix. Ver Richard, G. Op. cit. p. 22.

c) submissão intencional de membros do grupo a condições de existência que lhe ocasionem a destruição física total ou parcial;

d) medidas destinadas a impedir os nascimentos no seio do grupo;

e) transferência forçada de menores do grupo para outro grupo."

No art. 6º do *Pacto Internacional de Direitos Civis e Políticos* (1966), lê-se:

"Art. 6º

1. O direito à vida é inerente à pessoa humana.

Este direito deverá ser protegido pela lei.

Ninguém poderá ser arbitrariamente privado de sua vida."

O art. 9º especifica o direito à liberdade e à segurança pessoal:

"Art. 9º

1. Toda pessoa tem direito à liberdade e à segurança pessoal. Ninguém poderá ser preso ou encarcerado arbitrariamente. Ninguém poderá ser privado de sua liberdade, salvo pelos motivos previstos em lei e em conformidade com os procedimentos nela estabelecidos."

45.6 HISTÓRICO DA PROTEÇÃO INTERNACIONAL DOS DIREITOS HUMANOS

A Proteção Internacional dos Direitos Humanos apresenta dois mecanismos de proteção: o global e os regionais. O global é o sistema da Organização das Nações Unidas (ONU); os sistemas regionais são: O Sistema Africano (*Carta Africana dos Direitos Humanos e dos Direitos dos Povos* – 1981), O Sistema Árabe (*Carta Árabe dos Direitos Humanos* – 1994, até o momento só ratificada pelo Iraque), O Sistema Europeu (*Convenção Europeia para Proteção dos Direitos Humanos e Liberdades Fundamentais* – 1950) e o Sistema Interamericano (*Convenção Americana de Direitos Humanos* – 1969).

A seguir, apresenta-se uma síntese histórica do Sistema Global.

45.7 SISTEMA GLOBAL DE PROTEÇÃO DOS DIREITOS HUMANOS

A *Carta de São Francisco*, de 1945, foi o documento jurídico que fundou a ONU. Esta foi criada com a perspectiva de instaurar uma nova ordem mundial, diferente daquela que ocasionou a Primeira e a Segunda Guerras Mundiais. Conforme já analisado no item 2.2.1, é na *Carta da ONU* que aparece, pela primeira vez na história do Direito, a proibição da guerra como forma legítima de resolução de conflitos.

Daí se conclui que um dos principais objetivos da ONU é a criação de uma nova ordem internacional, fundada nas relações pacíficas entre as nações.

Lê-se na *Carta de São Francisco*:

"Art. 1º Os propósitos das Nações Unidas são:

(...)

Desenvolver relações entre as nações, baseadas no respeito ao princípio da igualdade de direitos e da autodeterminação dos povos, e tomar outras medidas apropriadas ao fortalecimento da paz universal."

Cap. 45 · DIREITO E NÃO VIOLÊNCIA: MINIMUM DOS POVOS | **559**

Ora, neste novo estado de coisas, o respeito aos direitos humanos ganha uma importância significativa no ordenamento jurídico internacional:

> "Art. 55. Com o fim de criar condições de estabilidade e bem-estar, necessárias às relações pacíficas e amistosas entre as Nações, baseadas no respeito ao princípio da igualdade de direitos e da autodeterminação dos povos, as Nações Unidas favorecerão:
> (...)
> c) o respeito universal e efetivo dos direitos humanos e das liberdades fundamentais para todos, sem distinção de raça, sexo, língua, ou religião."[48]

O grau de respeito aos direitos humanos transformou-se num dos principais elementos para aferir-se a inserção de determinado país na Comunidade Internacional. Com isso, os direitos humanos deixaram de ser uma questão de domínio reservado dos Estados e ganharam o *status* de tema global, o que significa a necessidade de os Estados soberanos, em tempos de paz, garantirem a efetiva proteção dos direitos humanos da população, a fim de conquistarem legitimidade no plano internacional.

Para marcar essa afirmação dos direitos humanos como tema global, elabora-se a *Declaração Universal dos Direitos Humanos*, em 1948. Esclarece Celso Lafer:

> "A *Declaração Universal dos Direitos Humanos de 1948*, consagrada pela Assembleia Geral da ONU (e que fez eco às Declarações que estão na base da Revolução Americana e da Francesa), assinala a nova *vis directiva*. Configurou-se como a primeira resposta jurídica da comunidade internacional ao fato de que o direito de todo ser humano à hospitalidade universal, apontado por Kant no 'Projeto de Paz Perpétua' e contestado na prática pelos refugiados, pelos apátridas, pelos deslocados, pelos campos de concentração e pelo genocídio, só começaria a viabilizar-se se o 'direito a ter direitos' tivesse uma tutela internacional, homologadora do ponto de vista da humanidade."[49]

Depois da *Declaração Universal dos Direitos Humanos de 1948*, foram elaborados o *Pacto Internacional de Direitos Civis e Políticos* e o *Pacto Internacional de Direitos Econômicos, Sociais e Culturais*, ambos de 1966. O objetivo principal dos dois Pactos é dotar os direitos humanos, elencados na *Declaração Universal dos Direitos Humanos*, de um caráter vinculante.

Pacto é sinônimo de Tratado, que pode ser definido como: "uma manifestação de vontades concordantes imputável a dois ou mais sujeitos de Direito Internacional e destinada a produzir efeitos jurídicos, segundo as regras do Direito Internacional" (Reuter, 1969).

Na conclusão de Tratados (pactos ou convenções), há quatro fases distintas:

1. Negociação: define-se o texto do tratado, geralmente numa Convenção;
2. Assinatura: atesta-se a autenticidade do texto convencional;
3. Aprovação legislativa: ocorre na ordem jurídica interna do país signatário e, caso aprovado, o Tratado ganha o mesmo *status* que uma lei interna;

---

[48] Celso Lafer complementa essa informação mostrando que os direitos humanos "foram considerados no preâmbulo da Carta da ONU e nos artigos 1º, § 3º; 13,§ 1º, *b*; 56; 62, § 2º; 64; 68; 73; 76, *c* – o que significa uma abrangência da *Carta da ONU* nesta matéria, que contrasta com o mais modesto articulado do artigo 23 do *Pacto da Sociedade das Nações*" (Lafer, C. A ONU e os Direitos Humanos. *Comércio Desarmamento Direitos Humanos*. São Paulo: Paz e Terra e Funag, 1999, p. 143).

[49] Lafer, A ONU e os Direitos Humanos, p. 174, *Estudos Avançados*, 9/(25), 1995, IEA-USP, p. 169-185.

4. Ratificação: o Estado signatário manifesta sua vontade de obrigar-se, de modo definitivo, no plano internacional.

Em síntese, o Tratado é o instrumento de que dispõe o Direito Internacional Público, a fim de criar obrigações e responsabilidades para os Estados, na ordem jurídica internacional. A criação dos Tratados de Diretos Humanos representa uma conquista jurídica fundamental, pois, a partir do momento em que entram em vigor, as Organizações Internacionais e as ONGs podem verificar se os direitos, elencados no texto convencional, estão sendo respeitados pelos Estados-partes e, caso contrário, dispõem de meios para exigir sua observância.

A *Carta da ONU*, de 1945, a *Declaração Universal dos Direitos Humanos*, de 1948, o *Pacto Internacional de Direitos Civis e Políticos* (adotado em 1966, entrando em vigor em 1976, atualmente com 137 ratificações),[50] e o *Pacto Internacional de Direitos Econômicos, Sociais e Culturais* (adotado em 1966, entrando em vigor em 1976, atualmente com 140 ratificações) formam, em seu conjunto, a *Carta da ONU de Direitos Humanos*, documento basilar do DIDH.

Se a redação da *Declaração Universal dos Direitos Humanos* foi relativamente rápida (iniciou-se em 1945 e terminou em 1948), e o consenso em torno de seus principais pontos não ofereceu grandes obstáculos, o mesmo não pode ser dito em relação aos Pactos de Direitos Humanos da ONU. A redação desses instrumentos data de 1949 e só ficaram prontos em 1966, 17 (dezessete) anos, portanto, para sua elaboração. No início, pensou-se na possibilidade de apenas um grande Tratado que fosse capaz de abranger todos os direitos humanos; todavia, pela dificuldade de se obter pontos consensuais, concluiu-se que seria melhor a elaboração de dois Pactos: um dos direitos civis e políticos (herança da tradição liberal, ligada à Democracia dos Estados Unidos da América (EUA), colocando sua ênfase no valor da liberdade) e outro de direitos sociais, econômicos e culturais (herança da tradição socialista, ligada ao regime socialista da União das Repúblicas Socialistas Soviéticas (URSS), com ênfase no valor da igualdade).

Ora, é esta divisão dos direitos humanos em dois grandes Pactos que está na origem do conceito de gerações de direitos humanos. Seriam três grandes gerações (as três palavras da Revolução Francesa: liberdade, igualdade, fraternidade):

1. A primeira, dos direitos civis e políticos, de cunho liberal, que tratam de prestações "negativas" do Estado, ou seja, o Estado deve respeitar a liberdade individual de cada cidadão e abster-se de agir (obrigação de não fazer); o Estado deve servir ao indivíduo e não o contrário. A ideia de colocar limites à ação do Estado é a força motriz da Revolução Francesa (1789) e da Revolução Americana (1776); por isso é chamada de primeira geração.

2. A segunda, dos direitos sociais, econômicos e culturais, de origem socialista, que tratam das prestações "positivas" do Estado: a satisfação das necessidade sociais, econômicas e culturais do cidadão depende da ação do Estado (obrigação de fazer). Discute-se a "justiciabilidade" desses direitos: pode-se obrigar o Estado a soltar um réu preso, mas como obrigá-lo a construir uma escola, atender a um doente? A igualdade de todos os homens (não só perante a lei, mas de forma concreta) é a ideia-chave da Revolução Russa de 1917, vem daí o título segunda geração.

---

[50] O *Pacto Internacional de Direitos Civis e Políticos* tem dois protocolos facultativos: o primeiro, que permite a apresentação de casos individuais perante o Comitê de Direitos Humanos (adotado em 1966, entrando em vigor em 1976, atualmente com 92 ratificações) e o segundo, destinado a abolir a pena de morte (adotado em 1989, entrando em vigor em 1991, atualmente com 33 ratificações).

Cap. 45 · DIREITO E NÃO VIOLÊNCIA: MINIMUM DOS POVOS | **561**

3. Já a terceira geração de direitos humanos compõe-se pelos ditos direitos de titularidade coletiva, ou direitos de solidariedade:[51] meio ambiente, consumidor, direito à paz e ao desenvolvimento; e não deve sua origem a nenhuma revolução, mas à ação dos países de Terceiro Mundo que, durante o período da Guerra Fria, nas brechas da bipolaridade Leste/Oeste, conseguiram, por meio de competente ação diplomática, inserir esses novos direitos na agenda internacional.

No período da Guerra Fria, segundo Celso Lafer, a rivalidade entre EUA e URSS pode ser caracterizada: "pela corrida armamentista, o desenvolvimento da doutrina da dissuasão nuclear, e a manutenção do 'equilíbrio do terror' com poder de destruição suficiente para aniquilar várias vezes a humanidade".[52] Foi nesse estado de ânimos que se deu a elaboração dos Pactos de Direitos Humanos da ONU. A obtenção do consenso quanto à existência de apenas um único tratado foi impossível, daí a razão de ser de sua divisão em dois: um com os direitos da tradição liberal, o outro com os direitos da tradição socialista. É esta primeira grande divisão que originou o termo *três gerações de direitos humanos* (direitos civis e políticos, direitos sociais, econômicos e culturais e direitos de solidariedade). É preciso deixar claro que esta é uma divisão causada por uma situação histórica específica (a Guerra Fria) e não por uma questão teórica. Tanto é que, no plano histórico do Direito Internacional, os direitos econômicos, sociais e culturais iniciam seu processo de positivação em 1917, com o surgimento da OIT (Organização Internacional do Trabalho), antes, portanto, dos direitos civis e políticos, que só iniciaram esse processo a partir de 1948, com a *Declaração Universal dos Direitos Humanos*. O plano interno segue uma lógica diferente: a partir do Século XVIII, com a Revolução Francesa (1789) e a Revolução Americana (1776), há a transformação da visão que privilegiava a ótica dos governantes (*ex-parte principi*), para uma visão que dá maior ênfase à ótica dos governados (*ex-parte populi*). Segundo Bobbio, passa-se do regime de "cortar cabeças" para o regime de "contar cabeças". A outra mudança significativa, no plano interno dos Estados, ocorre no pós-Segunda Guerra, quando o moderno Constitucionalismo erige o ser humano como finalidade principal do Estado.

Pronta a *Carta da ONU de Direitos Humanos*, era necessário elaborar outros tratados que fossem capazes de açambarcar a ampla variedade temática contida na tarefa de proteção internacional dos direitos humanos.[53]

A seguir, tem-se uma lista, em ordem cronológica, das principais Convenções:

1948 (9 de Dezembro) – *Convenção contra o Genocídio*;

1951 (28 de Julho) – *Convenção Relativa ao Estatuto dos Refugiados*;[54]

1965 (21 de Dezembro) – *Convenção Internacional sobre a Eliminação de todas as formas de Discriminação Racial*;

1966 (16 de Dezembro) – *Pacto Internacional de Direitos Civis e Políticos*;

---

[51] Palavra *fraternidade* da Revolução Francesa.

[52] Lafer, Dividendos da paz no mundo pós-guerra fria. *Comércio, desarmamento, direitos humanos*, 1999, p. 96.

[53] Para um detalhado histórico da Proteção Internacional dos Direitos Humanos, ver Weis, C. *Direitos humanos contemporâneos*, 1999 ou Almeida G., *Direitos humanos e não violência*, 2001.

[54] Essa *Convenção* será complementada pelo *Protocolo Relativo ao Estatuto dos Refugiados*, de 1967 (31 de janeiro).

1966 (16 de Dezembro) – *Pacto Internacional de Direitos Econômicos, Sociais e Culturais*;

1968 (26 de Novembro) – *Convenção sobre a Imprescritibilidade dos Crimes de Guerra e dos Crimes de Lesa Humanidade*;

1973 (30 de Novembro) – *Convenção Internacional sobre a Repressão e o Castigo ao Crime de Apartheid*;

1979 (18 de Dezembro) – *Convenção sobre a Eliminação de todas as formas de Discriminação contra a Mulher*;

1984 (10 de Dezembro) – *Convenção contra a Tortura e outros Tratamentos ou Penas Cruéis, Desumanos ou Degradantes*;

1989 (20 de Novembro) – *Convenção sobre os Direitos da Criança*;

1990 (18 de Dezembro) – *Convenção Internacional sobre a Proteção dos Direitos de Todos os Trabalhadores Migratórios e de seus Familiares*;

1992 (5 de Junho) – *Convenção sobre a Diversidade Biológica*.

A história do DIDH pode ser dividida em duas grandes fases: a fase legislativa e a fase de implementação. Durante a fase legislativa, que tem como data inicial o ano de 1945, são elaborados os principais tratados e instrumentos jurídicos do DIDH – lembre-se de que, já na *Carta de São Francisco*, são feitas referências à questão dos direitos humanos. A fase de implementação inicia-se em 1966, quando termina a elaboração do *Pacto Internacional de Direitos Civis e Políticos* e do *Pacto Internacional de Direitos Sociais, Econômicos e Culturais*[55] e tem como característica principal a implementação daquelas normas já existentes, em vez da criação de novas normas de direitos humanos. Esse objetivo é realizado por meio dos órgãos de supervisão, que se utilizam dos mecanismos de implementação do DIDH, a saber: sistemas de petições, relatórios e investigações.

O principal órgão supervisor, no âmbito da ONU, é a Comissão de Direitos Humanos (CDH), estabelecida em 1946. Desde que começou a funcionar, a CDH recebeu inúmeras queixas. Todavia, ficara decidido que a CDH não poderia tomar nenhuma medida prática com relação a tais reclamações.[56]

Fazia-se presente a antiga doutrina da soberania absoluta, inspirada pela ideia de que a soberania dos Estados não poderia se submeter a nenhuma outra instância. Seguindo essa linha de raciocínio, as violações de direitos humanos, bem como outras questões atinentes ao Direito Internacional Público, eram da competência reservada dos Estados.

Esclarece Lindgren Alves que não existe incompatibilidade entre o respeito à soberania nacional e a proteção internacional dos direitos humanos:

> "Não há, pois, ameaças à soberania nacional, tal como definida por Jean Bodin desde o século XVI, no sistema de proteção dos direitos humanos das Nações Unidas. Ele tem caráter complementar e subsidiário, reconhecendo aos Estados a incumbência pela verdadeira proteção."[57]

---

[55] Os Pactos de Direitos Humanos da ONU têm o início de sua elaboração em 1948 (logo após o término da Declaração Universal dos Direitos Humanos) e o término em 1966. Só entram em vigor em 1976, ano da entrega do 72º instrumento de ratificação, pela Tchecoslováquia.

[56] ECOSOC, Resolução nº 75 (V), de 5-8-1947 e sua confirmação, em 1959, pela 728 F (XXVIII), de 30-7-1959.

[57] Alves, *A arquitetura internacional dos direitos humanos*. São Paulo: FTD, 1997.

Cap. 45 · DIREITO E NÃO VIOLÊNCIA: MINIMUM DOS POVOS | **563**

No Didh, vige a regra do esgotamento dos recursos internos, ou seja, qualquer denúncia sobre violação de direitos humanos só será apreciada pelas instâncias internacionais depois de esgotadas todas as medidas judiciais cabíveis no plano interno, ou a existência de fortes indícios de que tais medidas não serão eficazes.

A impossibilidade de agir da CDH (materialização da doutrina da soberania absoluta) perdura até 1967,[58] quando começa a ser contestada no âmbito das Nações Unidas.[59] Essa contestação ocorreu por obra dos países do Terceiro Mundo, que inseriram na agenda da CDH a questão do *apartheid* na África do Sul, primeiro por meio de um controle confidencial, depois com a nomeação de um relator especial.

A partir de1970, permite-se à CDH, em caso de "determinadas situações que pareçam revelar um padrão consistente de violações de direitos humanos, seguramente comprovadas", proceder a estudos ou a investigações.[60]

Foi o Grupo de Trabalho Especial sobre a situação dos Direitos Humanos, no Chile, criado em 1975, por resolução da CDH da ONU que ultrapassou, definitivamente, a noção de soberania absoluta dos Estados quanto à temática dos direitos humanos. Esse grupo realizou uma ostensiva investigação sobre a situação dos Direitos Humanos no Chile.[61]

O Comitê de Direitos Humanos, previsto no *Pacto Internacional de Direitos, Civis e Políticos*, é um dos mais importantes órgãos de monitoramento previstos nos tratados do DIDH; ele inicia seu trabalho em 1976 e, nos últimos anos, vem incrementando sua atuação.

No final dos anos 80, o Comitê recebera 333 comunicações relativas a 28 Estados. Até abril de 1995, o número das comunicações elevou-se para 630.

O Comitê para a Eliminação de Todas as Formas de Discriminação Racial (previsto na *Convenção* de mesmo nome) começa suas atividades em 1968, sendo o primeiro órgão pertencente a um tratado específico a dar início a seu trabalho de supervisão e, até o final dos anos 80, tinha examinado 810 relatórios.

No decorrer das décadas de 70 e 80, novos órgãos de supervisão previstos em Tratados do DIDH passam a operar: o Grupo de Três (previsto na *Convenção Internacional sobre a Repressão e o Castigo do Crime de Aparheid*, de 1973), o Comitê para a Eliminação de Todas as Formas de Discriminação contra a Mulher, o Comitê contra a Tortura e Outros Tratamentos Cruéis, Desumanos ou Degradantes e o Comitê sobre os Direitos da Criança. Em 1985, por meio da Resolução nº 1.985/17 do Ecosoc, estabelece-se o Comitê de Direitos Econômicos, Sociais e Culturais, para supervisionar o *Pacto* de mesmo nome.

Todos os Comitês citados recebem relatórios dos Estados-partes a respeito da situação dos direitos humanos elencados nos respectivos tratados. Sua principal tarefa não é condenar os Estados que não cumprem com suas obrigações convencionais, mas prestar assistência na gradual implementação desses direitos. O relatório é muito mais um instrumento de informação e monitoramento do que de constatação de denúncia de alguma grave violação; para executar essa tarefa, existe o sistema de investigação ou *fact-finding*.

---

[58] Esse período, de 1946 a 1967, ficou conhecido como fase abstencionista da CDH. A outra fase, de 1967 até os dias atuais, é a fase intervencionista.

[59] ECOSOC, Resolução nº 1.235 (XLIII), de 6-6-1967.

[60] ECOSOC, Resolução nº 1.503 (XLVIII), complementada pela Resolução nº 1 (XXIV) da Subcomissão de Prevenção de Discriminação e Proteção de Minorias de 1971.

[61] Para um histórico da atuação da Comissão de Direitos Humanos da ONU: Alves, *Os direitos humanos como tema global*, 1994, p. 8-16.

O sistema de *fact-finding* está previsto na *Convenção contra a Tortura e Outros Tratamentos, Cruéis, Desumanos ou Degradantes* (1984):

> Artigo 20:
> "1. O Comitê, no caso de vir a receber informações fidedignas que lhe pareçam indicar, de forma fundamentada, que a tortura é praticada sistematicamente no território de um Estado-parte, convidará o Estado-parte em questão a cooperar no exame das informações e, nesse sentido, a transmitir ao Comitê as observações que julgar pertinentes. 2. Levando em consideração todas as observações que houver apresentado o Estado-parte interessado, bem como quaisquer outras informações pertinentes de que dispuser, o Comitê poderá, se lhe parecer justificável, designar um ou vários de seus membros para que procedam a uma investigação confidencial e informem urgentemente o Comitê.
> 3. No caso de realizar-se uma investigação nos termos do parágrafo 2º do presente artigo, o Comitê procurará obter a colaboração do Estado-parte interessado. Com a concordância do Estado-parte em questão, a investigação poderá incluir uma visita a seu território."

A *Convenção contra a Tortura* também conta com o sistema de petição e o de relatório, sendo um exemplo da necessidade de coordenação desses diferentes mecanismos de monitoramento dos direitos humanos.

A luta contra a tortura é hoje, no DIDH, um consenso. Atuam, de forma complementar, tratados internacionais e regionais, além de um relator especial da ONU. O principal instrumento jurídico internacional é a *Convenção contra a Tortura e outros Tratamentos Cruéis, Desumanos ou Degradantes* (1984).

No Sistema Interamericano, há a *Convenção Interamericana para Prevenir e Punir a Tortura* (1985) e no Sistema Europeu, a *Convenção Europeia para a Prevenção da Tortura e Tratamento ou Punição Desumana ou Degradante* (1987). Estão envolvidas na luta contra a tortura: a Comissão e a Corte Europeia de Direitos Humanos e a Comissão Interamericana de Direitos Humanos. No âmbito global, o Comitê de Direitos Humanos, do *Pacto Internacional de Direitos Civis e Políticos*, também trabalha com esse tema.

A cada diferente fase do Didh correspondeu uma Conferência Internacional, que teve como escopo principal fazer uma avaliação da situação dos direitos humanos naquela determinada época. Até o presente momento, foram realizadas duas Conferências: Teerã (1968) e Viena (1993). Uma das principais diferenças entre as duas fases é a forma de atuação dos órgãos de supervisão do Didh.

A Conferência de Teerã (1968), apesar de ocorrer nos primórdios da fase de implementação, caracterizou-se como um marco doutrinário da fase legislativa. Saliente-se que, à época de sua realização, havia apenas um órgão de supervisão do sistema das Nações Unidas, que recém-começara suas atividades: o Comitê para a Eliminação de Todas as Formas de Discriminação Racial, órgão previsto pela *Convenção* do mesmo nome. Em relação à CDH, esta acabara de iniciar sua fase intervencionista.

Assim, a Conferência de Teerã não tratou diretamente do tema da supervisão internacional e preocupou-se, essencialmente, em corrigir, no plano teórico, a divisão dos direitos humanos – o conceito de três gerações de direitos humanos –, ocorrida por razões de cunho histórico. O outro esforço teórico foi dar consistência e substância à fase de implementação que acabara de iniciar.

A *Proclamação de Teerã* (1968), documento resultante dessa Conferência, enfatizou a universalidade, a igualdade, a inalienabilidade e a indivisibilidade de todos os direitos humanos, bem como exortou as diversas nações a aceitarem as normas de direitos humanos até então produzidas.

É o que se pode concluir da leitura de seus principais artigos:

"2. A Declaração Universal dos Direitos Humanos enuncia uma concepção comum a todos os povos de direitos iguais e inalienáveis de todos os membros da família humana e a declara obrigatória para a Comunidade Internacional;

O Pacto Internacional de Direitos Civis e Políticos, o Pacto Internacional de Direitos Sociais, Econômicos e Culturais, a Declaração sobre a Concessão de Independência aos Países e Povos Coloniais, a Convenção Internacional sobre a eliminação de todas as formas de discriminação racial, assim como outras convenções e declarações em matéria de direitos humanos, aprovadas sob os auspícios das Nações Unidas, os organismos especializados e as organizações intergovernamentais regionais estabeleceram novas normas e obrigações que todas as nações devem aceitar;

(...)

13. Como os direitos humanos e as liberdades fundamentais são indivisíveis, a realização dos direitos civis e políticos sem o gozo dos direitos econômicos sociais e culturais resulta impossível. A obtenção de um programa duradouro na aplicação dos direitos humanos depende de boas e eficazes políticas nacionais e internacionais de desenvolvimento econômico e social."

Esta é a conclusão de Cançado Trindade sobre a Conferência de Teerã:

"Reconhece-se hoje que a grande contribuição da Conferência de Teerã tenha consistido no tratamento e reavaliação *globais* da matéria, o que propiciou o reconhecimento e asserção, endossados por resoluções subsequentes da Assembleia Geral das Nações Unidas, da interpelação ou indivisibilidade de todos os direitos humanos."[62]

A queda do Muro de Berlim, em 1989, propiciou significativa mudança na ordem internacional. Ocorreu a passagem do mundo das polaridades definidas (caracterizador das relações internacionais no período da Guerra Fria), para o mundo das polaridades indefinidas, comandado por duas forças contraditórias: as centrípetas, de globalização, e as centrífugas, de fragmentação.[63]

Na primeira fase do pós-Muro de Berlim, que vai até a Guerra do Golfo (1990), prevaleceram as forças centrípetas favorecedoras da globalização (Sociedade da Informação, Tutela Internacional do Meio Ambiente, Universalidade dos Direitos Humanos), época de muito otimismo, na qual alguns enxergaram o advento da paz perpétua. É o caso de Fukuyama e seu livro *O fim da história.*

Na segunda etapa do pós-Muro, que tem seu início com a decomposição da URSS (1991), há o predomínio das forças centrífugas de fragmentação: Guerra da Bósnia, da Somá-

---

[62]   Cançado, *Tratado de direito internacional dos direitos humanos.* Porto Alegre: Sérgio Antonio Fabris, 1997. v. 1, p. 55.

[63]   Para uma detalhada análise desta mudança de polaridades, consultar C. e Fonseca Júnior, Questões para a diplomacia no contexto internacional das polaridades indefinidas: notas analíticas e algumas sugestões. *Temas de Política Externa Brasileira* 2. ed. São Paulo: Paz e Terra, 1997. v. 1, p. 49-79.

lia, Genocídio em Ruanda. É necessário lidar com novas questões que favorecem a violação dos direitos humanos: fundamentalismos, novas identidades nacionais, limpeza étnica. O otimismo da primeira fase acabou.

É na circunstância da fase de implementação do DIDH e da constituição do mundo das polaridades indefinidas, com suas duas forças contraditórias, que se realiza a Conferência de Viena (1993).

A Conferência de Viena, de 1993, marco da fase de implementação, produziu como resultado final uma *Declaração* e um *Programa de Ação*. A elaboração desse *Programa de Ação* mostra a principal diferença entre as duas fases. Na fase legislativa, foi elaborado o *corpus juris* básico do DIDH. Depois disso, a principal meta passa a ser a concretização dos diversos direitos elencados nos instrumentos jurídicos do DIDH; para que esta meta seja atingida, é necessário, também, a elaboração de novos documentos jurídicos, só que com outra finalidade. Assim, a Conferência de Teerã (1968) produz uma *Proclamação* e a Conferência de Viena (1993), *uma Declaração* e um *Programa de Ação*.

A *Declaração de Viena*, em seu art. 1º, reafirma a universalidade dos direitos humanos:

> "1. A Conferência Mundial sobre Direitos Humanos reafirma o compromisso solene de todos os Estados de promover o respeito universal e a observância e proteção de todos os direitos humanos e liberdades fundamentais de todos, em conformidade com a *Carta das Nações Unidas*, outros instrumentos relacionados aos direitos humanos e o direito internacional. A natureza universal desses direitos e liberdades não admite dúvidas."

Nesse contexto, o fortalecimento da cooperação internacional na área dos direitos humanos é essencial para a plena realização dos propósitos das Nações Unidas.

> "Os direitos humanos e as liberdades fundamentais são direitos originais de todos os seres humanos; sua proteção e promoção são responsabilidades primordiais dos Governos."

O combate entre as duas forças contraditórias, do mundo das polaridades indefinidas, as centrípetas de globalização e as centrífugas, de fragmentação, expressa-se nas entrelinhas do art. 5º:

> "5. Todos os direitos humanos são universais, indivisíveis, interdependentes e inter-relacionados. A comunidade internacional deve tratar os direitos humanos globalmente de forma justa e equitativa, em pé de igualdade e com a mesma ênfase. As particularidades nacionais e regionais devem ser levadas em consideração, assim como os diversos contextos históricos, culturais e religiosos, mas é dever dos Estados promover e proteger todos os direitos humanos e liberdades fundamentais, independentemente de seus sistemas políticos, econômicos e culturais."

> "A consideração das particularidades nacionais e regionais, bem como os diversos contextos históricos e culturais", frase esta colocada para minimizar a universalidade dos direitos humanos, não deve ser vista como um retrocesso, mas como uma amostra das dificuldades de serem atingidas afirmações amplamente consensuais no campo do DIDH.[64]

---

[64] Este tema é detalhadamente analisado no artigo *Viena: um consenso improvável*, do Embaixador Gilberto V. Sabóia, Presidente da Comissão de Redação da Conferência de Viena.

Cap. 45 · DIREITO E NÃO VIOLÊNCIA: MINIMUM DOS POVOS | 567

Embora as dificuldades para a plena realização dos direitos humanos sejam marcantes, há um dado numérico alvissareiro referente à aceitação dos direitos humanos pela comunidade internacional. A *Declaração de 1948* foi assinada por 48 países, com oito abstenções, já a *Declaração de Viena* foi assinada por 171 países (a totalidade dos países presentes na conferência). Isso mostra que, apesar de todos os percalços e discordâncias, a temática dos direitos humanos é, cada vez mais, um aspecto presente e considerável na ordem global.

Outras conquistas teóricas da *Declaração de Viena* são:

- reconhecimento da legitimidade da preocupação internacional com a promoção e a proteção dos direitos humanos;
- reconhecimento do direito ao desenvolvimento como universal, inalienável e parte integrante dos direitos humanos fundamentais;
- interdependência entre democracia, desenvolvimento e respeito aos direitos humanos;[65] e
- o reconhecimento, pela primeira vez em um documento da ONU, da Democracia como a forma de governo mais favorável para o respeito dos direitos humanos.

O *Programa de Ação de Viena*, 1993, apontou uma série de recomendações; entre elas, uma das mais importantes já foi concretizada: a instalação do Alto Comissariado das Nações Unidas para os Direitos Humanos. O primeiro Alto-Comissário, o equatoriano José Ayala-Lasso, atualmente exercendo o cargo de Ministro das Relações Exteriores do Equador, tomou posse em 5 de abril de 1994. A atual Alta-Comissária, Mary Robinson, ex-presidente da Irlanda, assumiu o posto em 12 de setembro de 1997. Em setembro de 2001, assumiu o posto de Alto Comissário o brasileiro Sérgio Vieria de Mello, até seu assassinato num atentado terrorista à sede da ONU em Bagdá (Iraque) no dia 19 de agosto de 2003. Atualmente, ocupa o cargo, a título provisório, o guineense Bertrand Ramsharan.

O último mecanismo jurídico surgido no campo do Direito Internacional Público, mais especificamente no campo do Direito Internacional Penal, é o Tribunal Penal Internacional (TPI).

O TPI foi estabelecido pelo Estatuto de Roma, aprovado no dia 17 de julho de 1998, por uma Conferência Diplomática de Plenipotenciários das Nações Unidas. O Estatuto de Roma entrou em vigor no dia 1º de julho de 2002; logo após a entrega do 60º documento de ratificação, o Brasil ratificou-o no dia 6 de junho de 2002, por meio do Decreto-legislativo nº 4.388, de 25 de setembro de 2002.

O TPI exercerá sua jurisdição apenas quando esgotados ou fracassados os recursos internos dos Estados. Cabe ao TPI julgar indivíduos que cometeram o crime de genocídio, crime contra a humanidade, crime de guerra e crime de agressão. O corpo judicial do TPI é formado por 18 juízes, entre eles a brasileira Sylvia Helena Steiner.

O TPI teve como antecedentes o Tribunal Militar Internacional de Nuremberg e o Tribunal Militar Internacional para o Extremo-Oriente (Tóquio).[66]

Durante o governo de Bill Clinton, os Estados Unidos da América assinaram o Estatuto de Roma. Todavia, de forma inédita no Direito Internacional, os EUA, na administração de

---

[65] Quanto ao resultado final da Conferência de Viena (1993), ver Alves, Op. cit.

[66] A propósito do Tribunal de Nuremberg, consulte Gonçalves, Joanisval. *Tribunal de Nuremberg*. Rio de Janeiro: Renovar. A respeito do Tribunal Penal Internacional, consulte Steiner, Sylvia Helena. *Revista Brasileira de Ciências Criminais*, v. 28, p. 208-218, out./dez. 1999 e Bazelaire, Jean-Paul; Cretin, Thierry. *A justiça penal internacional*. São Paulo: Manole (no prelo).

568 CURSO DE FILOSOFIA DO DIREITO • Bittar / Almeida

George W. Bush, "desassinaram" o Estatuto. Esse fato ilustra o posicionamento atual dos EUA de negação da importância da comunidade internacional e da tentativa de afirmação de sua pretensa "soberania mundial".

Em virtude da resposta militar norte-americana aos ataques terroristas de 11 de setembro de 2001, entramos num período nomeado por Paulo Sérgio Pinheiro como Neoguerra-fria; não mais capitalismo × comunismo e sim EUA × Terror. Essa nova configuração de forças fez com que as relações da comunidade internacional deixassem de ser pautadas pela lógica do mundo das polaridades indefinidas e voltasse ao mundo de polaridades definidas. Esse estado de coisas agravou-se com os acontecimentos pós-19 de março de 2003, quando forças militares dos EUA depuseram o Presidente Saddam Hussein e estabeleceram uma administração provisória no Iraque.

A administração da ONU no Iraque, à época do atentado de 19 de agosto de 2003, que tirou a vida de Sérgio Vieira de Mello e de diversos funcionários da organização das Nações Unidas, conforme anúncio da própria ONU, reduziu ao mínimo sua equipe no Iraque.

Apesar da criação do sistema internacional e regionais (Europeu, Interamericano e Africano), o tema da soberania dos Estados não foi superado, nem conceptual ou praticamente. Nos primeiros anos do século XXI, a proteção internacional dos direitos humanos está em risco. Buscar no âmbito do Direito novas instituições que venham a complementar e fortalecer a proteção internacional dos direitos humanos é o desafio que se apresenta.

CONCLUSÕES

Ao eleger a pessoa humana como novo sujeito de direito no âmbito do Direito Internacional, o DIDH garante a proteção da dignidade a todos inerente.

Protegendo a dignidade, o Direito delimita uma aura de não violência ao redor do homem, da mulher e da criança. É da experiência das violações concretas à dignidade humana que se tornou historicamente significativa a categoria normativa e exigível que protege o sujeito de direito. A história moderna está repleta de exemplos marcantes.

No bojo do século XXI, deve-se saber que a vida humana é "sagrada" para o Direito. Em outras palavras, qualquer violação daqueles direitos existentes pelo mero fato de o ser humano nascer com vida, representa um atentado contra o próprio Direito da sociedade universal. Um projeto cosmopolita que se queira legítimo, sustentável e razoável como solução para diversos dos dilemas da vida contemporânea deve, portanto, passar pela discussão e compreensão do que seja o estatuto da pessoa humana a partir do DIDH.

46
DIREITO E COSMOPOLITISMO

A ideia do cosmopolitismo e da formação de uma sociedade global cosmopolita é significativa para o aprimoramento da cultura do direito, e decisiva para a formação de uma cultura de integração entre os povos.[1] É, pois, com vistas ao aprimoramento das formas de vida na esfera internacional que se dirige a preocupação filosófica sobre o cosmopolitismo. Nos debates contemporâneos, de filosofia política e de filosofia moral, destaca-se o conjunto de reflexões trazidas por Jürgen Habermas, na esteira da revisão crítica do legado kantiano (*À paz perpétua*), no sentido da promoção de uma consciência universal dos interesses compartilhados pelos povos, na base de uma cultura pós-nacional.

É de notória importância acentuar o fato de que para Kant, fundamentalmente, o conceito negativo de paz corresponde à consagração da ideia de segurança pelo Direito.[2] Esta ideia, encabeçada por Kant, recebe na história uma dose de experiência e realidade, especialmente se considerada a Liga das Nações e os objetivos da Organização das Nações Unidas, se mostrando atualmente de profunda importância, merecendo o rejuvenescimento que recebe do pensamento habermasiano. Em *Entre naturalismo e religião*, Habermas afirma: "O próprio projeto kantiano só conseguiu entrar numa agenda política duzentos anos após ser confeccionado, isto é, no momento em que foi criada a Liga das Nações; e a ideia da criação de uma ordem da cidadania mundial só assumiu forma institucional permanente quando da fundação das Nações Unidas."[3] De fato, o que está aqui em questão é se de fato da guerra pode surgir justiça, esta que parece ser uma questão de fundamental importância para as reflexões de cunho internacionalista. Se, no entreguerras, a Liga das Nações fracassa e o direito internacional regride, de fato, a experiência do pós-guerra registra um avanço. No entanto, esse avanço é bloqueado ao nível político pela dinâmica bipolar da guerra fria, o que representa uma espécie de congelamento para a lógica da multilateralidade e da dialogicidade.

O estado atual da relação entre os povos, com a globalização, é outro, qual seja, o da expansão das dependências econômicas mútuas acompanhado da predominância do unilateralismo norte-americano com uma nítida perda de legitimidade do papel da instituição global voltada para a paz.[4] Se a globalização, de um lado, representa a expansão dos mercados e o aumento da interdependência entre os povos, também representa uma ameaça às estruturas consolidadas. Por isso, a globalização possui um duplo significado diante do projeto kantia-

---

[1]   O texto deste capítulo, inicialmente, integrou a versão original da Tese de Titularidade no Departamento de Filosofia e Teoria Geral do Direito da Faculdade de Direito da USP, intitulada Justiça e emancipação (Bittar, 2011), p. 758 e seguintes. Posteriormente, foi incorporada à proposta deste Curso, com adaptações.

[2]   "En todos los três artículos definitivos del tratado sobre la paz domina un concepto negativo de la paz: la seguridad jurídica" (Höffe, Teoría de la justicia de la paz en Kant, *in Dialogo Científico*, vol. 13, n. 1/2, 2004, p. 22).

[3]   Habermas, *Entre naturalismo e religião*: estudos filosóficos, 2007, p. 348.

[4]   Habermas, *O Ocidente dividido*, 2006, p. 164.

570 CURSO DE FILOSOFIA DO DIREITO • *Bittar / Almeida*

no, pois se é desafio, de um lado, de outro, oportuniza a superação das resistências contra a formação de uma sólida ligação política permanente entre os povos.[5]

46.1 PAZ E COSMOPOLITISMO

Enquanto o conceito kantiano de paz se basta a ser negativo, significando ausência de guerras ou cessação do estado belicoso entre as nações, para Habermas essa ideia é insuficiente, especialmente considerando que muitas das causas das guerras têm a ver com causas sociais e de desnivelamento socioeconômico.[6] Nessa perspectiva, fica claro que Habermas pesquisa em Kant mais do que a cessação das guerras, pois vê na paz perpétua um mero "sintoma da condição cosmopolita".[7] Kant mantém intacta a ideia da soberania, exercida pelos Estados-nação, trabalhando com a ideia de que a Federação de Estados garante a supressão da guerra como um elemento das relações internacionais.[8] Nessa linha, uma grande federação de nações forma um Estado cosmopolita, ideia à qual Kant nunca deixou de se filiar. No texto *Es aún posible el proyecto kantiano de la constitucionalización del derecho internacional?*, de 2005, Habermas mesmo afirma a presença constante dessa hipótese em Kant: "En el curso de sus trabajos, Kant jamás renunció a la idea de una constitucionalización total del derecho internacional en la forma de una república mundial."[9]

Habermas percebe que o conceito *forte* de soberania, mantido intacto e absoluto nas mãos dos Estados-nação, se contradiz com a concepção *fraca* de obrigação moral entre os Estados na composição da *Foederis*. Habermas quer ver uma contradição quando lê em Kant um choque entre a realidade hostil das relações internacionais oitocentistas em contraste veemente com a fraqueza do vínculo que define o encontro entre os Estados. No entanto, o cosmopolitismo habermasiano haverá de dar passos adiante dessa ideia kantiana, para consumar um projeto de justiça para as relações internacionais, fundado no multilateralismo, na reciprocidade, no diálogo e no consenso. É certo que, como expressão de um agir comunicativo, o encontro entre as nações observa uma lógica que não está distante da preocupação com a questão do desenvolvimento moral.

No entanto, Habermas quer conferir um foro mais do que moral à ideia da supressão da guerra e da formação de uma situação cosmopolita, dando reforço ao pensamento kantiano. De fato, Habermas quer ver não somente uma ligação entre os compromissos dos Estados, mas quer ver uma ligação sólida, legal, entre os Estados, a realizar-se por meio de uma "(...) constituição cosmopolita, que garanta uma 'união de todos os povos sob leis públicas', tem o significado de um estado de paz 'verdadeiro', peremptório, e não apenas provisório".[10] Habermas vê na Carta das Nações Unidas se não propriamente uma constituição global, ao menos um protótipo de documento nesse sentido, e, com isto, um gérmen em formação daquela que pode ser uma experiência mais larga de entendimento racional e consensual, dialogal e legal, entre os povos.[11]

---

[5]   Cf. Id., 2006, p. 180.

[6]   Cf. Habermas, *A inclusão do outro*: estudos de teoria política, 2002, p. 208.

[7]   *Id.*, p. 188.

[8]   Cf. Id., p. 189.

[9]   Habermas, Es aún posible el proyecto kantiano de la constitucionalización del derecho internacional?, in *Derecho y justicia en una sociedad global*, 2005, p. 104.

[10]   Habermas, *O Ocidente dividido*, 2006, p. 123.

[11]   Vide, a este respeito, Id., p. 165.

Cap. 46 · DIREITO E COSMOPOLITISMO | 571

Por isso, a conclusão habermasiana não é outra senão a da necessidade de reavaliação da ideia kantiana. "Essas considerações críticas demonstram que a ideia kantiana da condição cosmopolita tem de ser reformulada, caso não queira perder o contato com uma situação mundial que se modificou por completo."[12] A leitura habermasiana devolve o *projeto* kantiano à história, na medida em que atualiza as suas teses diante de novos desafios, para o que são necessárias reformulações e adaptações conceituais que atravessem a própria circunstancialidade do pensamento kantiano. Uma vez que Kant não havia alcançado ainda a consciência histórica que somente surgirá madura no pensamento posterior, com Hegel e Marx, Habermas se permite, em *O Ocidente dividido,* fazer duras críticas às limitações do homem-histórico Kant, especialmente quando afirma: "Kant também era um filho do seu tempo e dotado de um certo daltonismo."[13] Por isso, sua proposta redireciona o pensamento kantiano à luz não somente do estado atual das relações internacionais, mas também de acordo com o estado atual da própria filosofia, o que significa que, considerando o lastro da filosofia crítica à qual se filia Habermas, se torna impossível pensar a *paz perpétua* em condições puramente ideais.

46.2 COSMOPOLITISMO E NACIONALISMO

Se as grandes conflagrações mundiais trouxeram alguma experiência à humanidade, talvez o maior legado dos horrores e barbaridades extraídos do cenário de sofrimento desses momentos seja a criação de condições para, após a Segunda Guerra Mundial, a formação do direito cosmopolita. A criminalização de condutas atentatórias contra a humanidade, a criação de instituições permanentes a serviços de causas humanitárias, a destinação de serviços e recursos para o provimento do desenvolvimento, o sancionamento jurisdicional de delitos de guerra, são todas medidas que servem a essa nova lógica fundada na experiência das atrocidades do século XX.[14] E são exatamente essas mesmas experiências aquelas que haverão de motivar boa parte das reflexões da primeira geração da Escola de Frankfurt, aí incluída a questão que Auschwitz se torna para o pensamento filosófico ocidental do pós-guerra.[15]

Em Kant, a ideia de constituição de um Estado-nação (*Staatsbürgerliche Verfassung*) inspira a formação dessa outra, a da constituição cosmopolita (*Weltbürgerliche Verfassung*), que deverá reger a vida sob uma grande Federação de Estados, ou seja, dentro de uma estrutura de um Estado universal de nações, o que implica o descolamento da ideia de constituição de seu traçado co-originário com o surgimento do Estado-nação e seu deslocamento para a esfera do projeto de um encontro global de Estados. Trata-se de uma esfera cosmopolita, fundada sob a insígnia de uma *Foederis* de Estados, todos esses constituídos como unidades de um todo.

Do pensamento kantiano, extraem-se as seguintes lições: Kant: "Os Estados com relações recíprocas entre si não têm, segundo a razão, outro remédio para sair da situação sem leis, que encerra simplesmente a guerra, senão o de consentir leis públicas *coactivas*, do mesmo modo que os homens singulares entregam a sua liberdade selvagem (sem leis), e formar um *Estado de povos (civitas gentium)*, que (sempre, é claro, em aumento) englobaria por fim todos os povos

---

[12]   Habermas, *A inclusão do outro:* estudos de teoria política, 2002, p. 199-200.

[13]   Habermas, *O Ocidente dividido*, 2006, p. 149.

[14]   Habermas, *A inclusão do outro*: estudos de teoria política, 2002, p. 200.

[15]   Com destaque para os seguintes textos: Adorno, Horkheimer, *Dialética do esclarecimento*, 1985, Adorno, *Educação e emancipação*, 2003, Marcuse, *A grande recusa hoje,* 1999.

da Terra."[16] Esta *civitas gentium* representa uma instância complementar, como afirma Höffe,[17] que parte do desenvolvimento do Direito Público de cada Estado, para formar uma esfera que age não de modo exclusivo, mas por competências reduzidas, atrás da ideia de que os Estados continuam sendo o foco principal de poder, e que preservam suas plenipotenciárias condições de exercentes de soberania. Ainda em Kant: "E visto que a razão, do trono do máximo poder legislativo moral, condena a guerra como via jurídica e faz, em contrapartida, do estado de paz um dever imediato, o qual não pode, no entanto, estabelecer-se ou garantir-se sem um pacto entre os povos: – tem, portanto, de existir uma federação de tipo especial, a que se pode dar o nome de federação da paz *(foedus pacificum)*, que se distinguiria do pacto de paz *(pactum pacis)*, uma vez que este procuraria acabar com uma guerra, ao passo que aquele procuraria pôr fim a todas as guerras e para sempre. Esta federação não se propõe obter o poder do Estado, mas simplesmente manter e garantir a paz de um Estado para si mesmo e, ao mesmo tempo, a dos outros Estados federados, sem que estes devam por isso (como os homens no estado de natureza) submeter-se a leis públicas e à sua *coacção*. – É possível representar-se a exequibilidade (realidade objetiva) da *federação*, que deve estender-se paulatinamente a todos os Estados e assim conduz à paz perpétua."[18]

O ponto de partida de Habermas é um pouco diferente, na mesma medida em que a história divide ambos os filósofos. Neste ponto, a visão de Habermas parte da experiência de relativização das soberanias, considerando a experiência trazida do século XX de construção de um processo de paulatina redução da amplitude da soberania. Por isso, o cosmopolitismo ganha um novo sentido na teoria habermasiana, apesar de não deixar de guardar os traços principais que haviam inspirado as preocupações kantianas. No entanto, para Habermas, a questão não parece se exaurir por aí, sendo que os cidadãos cosmopolitas, agora, têm um desafio complementar à cidadania conquistada no plano nacional a ser tomado como ponto de partida para as suas reivindicações. Em *O Ocidente dividido*, Habermas afirma que a situação dos cidadãos cosmopolitas não é análoga, mas complementar à situação dos cidadãos nacionais.[19]

Quando o pensamento habermasiano vê no nacionalismo um dos empecilhos para a formação de uma cultura cosmopolita, também acusa Kant de não perceber a efervescência desse sentimento na transição do século XVIII para o século XIX. Isso significa que o caráter abstrato da doutrina kantiana causa uma espécie de obscurecimento na visão de quem deveria avaliar as consequências negativas da proteção desmedida da ideia de soberania como forma de blindagem para o surgimento de movimentos nacionais expansionistas, das experiências ultramarinas de dominação, capazes de grandes devastações que se consumariam anos depois, especialmente sob as mãos de Hitler.[20] O nacionalismo não é necessariamente um fenômeno positivo, por isso encontra uma reavaliação no pensamento habermasiano, não como uma questão lateral, mas como uma questão de importância para a discussão da sociedade cosmopolita. Isso funda a necessidade de uma cooperação internacional: "E quando até mesmo as superpotências não conseguem mais, apoiadas apenas em suas próprias forças, garantir a segurança e o bem-estar da própria população, sendo obrigadas a entrar em cooperação com

---

[16] Kant, *A paz perpétua e outros opúsculos*, 1995, p. 136.

[17] "Kant es partidario de un cosmopolitismo complementario, no exclusivo" (Höffe, Teoría de la justicia de la paz en Kant, in *Dialogo científico*, vol. 13, n. 1/2, 2004, p. 14).

[18] Kant, *A paz perpétua e outros opúsculos*, 1995, p. 134.

[19] Habermas, *O Ocidente dividido*, 2006, p. 132.

[20] Cf. Id., p. 149.

outros Estados, o sentido clássico de soberania passa por uma transmutação."[21] Com essas considerações, Habermas, filiado à matriz do idealismo kantiano, se mantém, ligado ao ideário iluminista, sem que isso o impeça de assumir uma postura crítica e caminhar no sentido da atualização do debate desenvolvido dentro do seio da filosofia subjetivista de Kant. Essas correções tornam possível o aproveitamento deste legado, possibilitando à teoria do discurso distanciar-se do racionalismo abstrato e caminhar em direção a uma postura curiosamente atual e crítica sobre um turbulento cenário de movimentações no plano das relações internacionais.

46.3 ÉTICA, SOLIDARIEDADE GLOBAL E CULTURA COSMOPOLITA

A paz positiva carece de incentivos para se realizar.[22] A formação de uma cultura cosmopolita implica, necessariamente, na superação de concepções que, uma vez estruturadas, se traduzem em fortes resistências para o desenvolvimento de novos critérios de justiça no plano das relações internacionais. Se a paz é desejada, no âmbito internacional, não há como pensá-la sem pensar em justiça internacional numa sociedade de cidadãos do mundo (*Weltbürgergesellschaft*).[23] Por isso, o debate contemporâneo em torno das relações internacionais está marcado pelo confronto de duas tendências opostas e extremas, de um lado, as tendências teóricas que se traduzem no multiculturalismo radical e, de outro lado, as tendências teóricas que se traduzem no universalismo radical. Cada uma dessas posturas possui seus equívocos que permitem entrever com mais clareza que os extremos não conduzem a soluções condizentes com as exigências concretas de justiça para os povos. Enquanto a primeira postura peca pelo excesso de assentimento ao relativismo, acabando por se traduzir na inadvertida posição teórica negadora de toda possibilidade de consenso, a última postura peca pelo excesso de reverência à abstração e à unidade, o que acaba se traduzindo em perda de apelo histórico-contextual. Daí a importância de localizar essas preocupações reflexivas, num contexto em que, desde a Conferência de Viena de 1993, com proposta conciliatória entre extremos, a partir das noções de complementaridade e interdependência dos direitos humanos, dentro da linguagem do diálogo, do cosmopolitismo e da lógica da integração entre os povos.[24]

Para que se possa discutir essa complicada temática, se torna necessário compreender como é possível discutir o universalismo sem que se recaia na dimensão de um extremismo. Por isso, o recurso à compreensão da ética parece ser de fundamental importância nesse ponto. Na perspectiva de Apel, é possível falar de esferas da ética, quando se registram as dimensões da microesfera, da mesoesfera, e da macroesfera. A ética em seu estado atual, em cada uma dessas escalas de projeção da ética, está encapsulada na cripta das visões

---

[21] Habermas, *Entre naturalismo e religião*: estudos filosóficos, 2007, p. 357.

[22] Segue-se aqui o conceito de Norberto Bobbio: "A paz positiva é a que se pode instaurar somente por meio de uma radical mudança social ou que, pelo menos, deve caminhar *pari passu* com a promoção da justiça social, a eliminação das desigualdades etc." (Bobbio, *O problema da guerra e as vias da paz*, 2003, p. 146).

[23] Cf. Bauman, *Tempos líquidos*, 2007, p. 11. Cf., também, Habermas, *Entre naturalismo e religião*: estudos filosóficos, 2007, p. 359. A respeito, Teubner, *Direito, sistema e policontexturalidade*, 2005, p. 113-115. Marcelo Neves, no entanto, parece cético diante desta perspectiva: "Esse projeto normativo parece-me discutível em face das condições reais do desenvolvimento da sociedade mundial no presente" (Neves, *A constitucionalização simbólica*, 2007, p. 192).

[24] "A Conferência de Viena, neste aspecto, conseguiu aprovar texto que afirma a universalidade dos direitos humanos, sem deixar de reconhecer a importância das particularidades culturais" (Belli, *O conselho de direitos humanos das Nações Unidas e as resoluções sobre países*: o fim da politização e da seletividade?, LIII Curso de Altos Estudos do Ministério das Relações Exteriores, 2008, p. 77).

574 | CURSO DE FILOSOFIA DO DIREITO • *Bittar / Almeida*

autocentradas,[25] daí a necessidade de se repensar as formas pelas quais se administram os encontros intersubjetivos. É necessário que se pense propriamente nessa questão como um problema da mais hodierna relevância, como o faz Karl-Otto Apel, em seu *Estudos de moral moderna*, no sentido de destacar que se reclama para o enfrentamento das questões contemporâneas "...de uma ética, intersubjetivamente vinculatória, de responsabilidade solidária da humanidade, diante das consequências de atividades e conflitos humanos, nunca foi tão urgente como nos dias atuais, e isso em função do pavoroso aumento do risco decorrente de todas as atividades e conflitos humanos, devido ao espantoso potencial técnico da ciência".[26]

Pode-se partir da ideia de que "(...) a situação do homem é hoje um problema ético para o ser humano (...)", aqui apontada por Apel, como motivo suficiente para que se pense com seriedade o estado atual das questões que determinam a condição humana.[27] A humanidade do final do século XX, início do XXI, se aprochegou de problemas que tornaram a ideia de interligação de diversos fatores em uma complexidade que torna crescentemente imperativa a necessidade de uma reflexão em torno de temas de justiça projetados para as relações internacionais. Aquecimento global, interdependência econômica, catástrofes naturais, conflitos internacionais, comunicação em tempo real, acompanhamento televisivo de guerras, deslocamentos em massa de eco-refugiados, disputas internacionais por fontes energéticas, imigração (...)[28] aparecem apenas como exemplos desse processo de percepção de que tudo se conecta, tornando a rede das questões da humanidade uma rede de desafios comuns dos povos.[29] Em artigo recentemente publicado, Habermas pode afirmar com clareza: "Os problemas da mudança climática, da desigualdade de renda, de uma ordem econômica estável, dos direitos humanos, das fontes não renováveis de energia – todos esses problemas

---

[25] Com Apel: "Se, em vista das consequências, hoje possíveis, de ações humanas, distinguirmos entre uma microesfera (família, matrimônio, vizinhança), uma mesoesfera (patamar da política nacional) e uma macroesfera (destino da humanidade), então será facilmente demonstrável que as normas morais, atualmente eficazes entre todos os povos, ainda estão sempre predominantemente concentradas na esfera íntima (sobretudo na regulamentação das relações sexuais); já na mesoesfera da política nacional elas estão, em larga escala, reduzidas ao impulso arcaico do egoísmo grupal e da identificação grupal, enquanto as decisões propriamente políticas valem como 'razão de estado' moralmente neutra" (Apel, *Estudos de moral moderna*, 1994, p. 72-73).

[26] Apel, *Estudos de moral moderna*, 1994, p. 164-165.

[27] Id., p. 194.

[28] Essas questões que são da agenda do presente e que definem a condição de sobrevivência e até mesmo a possibilidade de futuro para as novas gerações, nas palavras do Secretário-Geral da ONU: "O custo de nossa guerra ao planeta pode ser comparável ao custo de uma guerra mundial, como observa a *Stern Review*. Existe, ademais, o risco de uma guerra de verdade, em vista da crescente escassez de combustíveis fósseis e recursos naturais e dos entre 150 milhões e 200 milhões de eco-refugiados previstos pelos estudos de futuro" (Matsuura, Pode a humanidade ainda ser salva?, in *Folha de S. Paulo*, Tendências e debates, domingo, 17 de fevereiro de 2008, A3).

[29] Conforme declaração da Ministra das Relações Exteriores do Reino Unido, os temas atuais que incomodam os povos e nações, especialmente ligados aos debates ambientais, são todos de importância na dimensão da segurança global: "O dia 17 foi um marco. Marcou o reconhecimento das mudanças climáticas como questão fundamental de segurança. Demonstrou que a maioria da comunidade internacional enxerga um clima instável como ameaça sem precedentes e que precisamos enfrentar com urgência e abrangência. Se tivermos êxito no esforço compartilhado, teremos uma perspectiva de segurança melhor. As ameaças climáticas são um perigo que pode nos unir, se formos sábios o suficiente para impedir que nos separe" (Beckett, Alarme para a maior ameaça à segurança global, in *Folha de S. Paulo*, Tendências e debates, Domingo, A3, 29 de abril de 2007).

dizem respeito igualmente a todos nós."[30] Tudo isso torna ilusória a ideia de que se vive, sob o manto da soberania, dentro de um Estado-nação, desconectado de um todo e de que cada parte é autônoma, independente do resto do globo, e voltada para a satisfação exclusiva de seus interesses internos. A ideia da desconexão não é uma resposta satisfatória em tempos em que se percebe que a única forma possível de superação dos desafios globais presentes, e quem sabe de enfrentamento da questão a respeito da sobrevivência da própria humanidade – questão que, aliás, se tornou mais corriqueira do que nunca em sua tematização na esfera pública –,[31] é a construção de identidades comuns a serem afirmadas através de uma macroética da responsabilidade comum, o que faz Apel recorrer a Weber para fundamentar seu pensamento na ideia de intersubjetividade.[32]

Na mesma linha de raciocínio, a questão suscitada por Apel é também desenvolvida, com maior alento por Habermas. O pensamento de Habermas sobre o cosmopolitismo é uma resposta aos perigos do multiculturalismo radical,[33] dentro do qual se movem tendências que reforçam o aspecto relativista e contingencial da cultura e da moral, amplificando ainda mais o potencial destruidor da globalização econômica hegemônica contra a qual se insurge a linha teórica do cosmopolitismo da teoria do discurso. Os perigos de uma fragmentação absurda da vida política que caminha em direção a um esfacelamento da própria sociedade é um dos temas que preocupa Habermas na análise crítica da ideia do multiculturalismo: "Uma comunidade não pode se fragmentar na multiplicidade de suas subculturas, e penso que isso só pode ser permitido sob a condição de que todos os cidadãos possam se reconhecer numa única cultura política que *transcenda* as fronteiras de suas diversas subculturas. Para tanto, é preciso que a cultura política seja pelo menos *um pouco* separada das diversas subculturas. Essa questão é, por assim dizer, mais pertinente naqueles processos em que culturas minoritárias estão entrando em conflito com culturas majoritárias. Do ponto de vista histórico, é evidente que a cultura da maioria sempre determinou (refiro-me à França) a cultura política em geral. A partir do momento em que as subculturas reprimidas tomam consciência de suas tradições específicas e uma cultura supostamente homogênea dá lugar a uma sociedade cada vez mais 'multicultural' (no sentido atual do termo), as pressões de adaptação tendem pelo menos a uma certa separação entre a cultura política e a cultura majoritária."[34]

Apel por si mesmo já havia trazido essa discussão sobre a necessidade de superar a fase em que se pensava, e se pensou, através de éticas particularistas, ou do *ensimesmamento* da ética como atributo das condições singulares do indivíduo. Em última análise, a ética seria

---

[30]   Habermas, Europa com medo do povo, in *Caderno Mais!, Folha de S. Paulo,* 29 de jun. 2008, p. 10.

[31]   Essa questão foi feita pelo Secretário-Geral da ONU, em seu artigo intitulado *Pode a humanidade ainda ser salva*: "A humanidade ainda pode ser salva? Sim, se conseguirmos combinar crescimento com desenvolvimento sustentável, em lugar de enxergar os dois como contraditórios. Mas como isso pode ser feito? Precisamos de mais conhecimento, mais contenção, menos matéria, mais concretude e mais – não menos – ética e política" (Matsuura, Pode a humanidade ainda ser salva?, in *Folha de S. Paulo,* Tendências e debates, domingo, 17 de fevereiro de 2008, A3).

[32]   Cf. Apel, *Estudos de moral moderna,* 1994, p. 172-173.

[33]   A posição de Karl-Otto Apel vai no mesmo sentido ao reclamar uma macroética para as relações de interação global contemporâneas: "Indubitavelmente se exigiria algo como uma ética de responsabilidade solidária comum da humanidade, no sentido de uma intermediação comunicativa de interesses e ponderação da situação" (Id., p. 173). Na mesma leitura dos perigos do multiculturalismo está o pensamento de Amartya Sem, do qual se cita o recente artigo intitulado O racha do multiculturalismo, São Paulo, 17 de setembro de 2006, *Folha de S. Paulo,* Caderno Mais!, p. 3.

[34]   Habermas, *A ética da discussão e a questão da verdade,* 2004, p. 34-36.

somente aquilo que o indivíduo resolve fazer de si mesmo. O que Apel procura assinalar é propriamente a possibilidade de se pensar em uma macroética, de alcance planetário, uma macroética da responsabilidade.[35] As negações de universalidade serão rechaçadas por Apel como mecanismos de impossibilitação do próprio convívio. Especialmente em tempos de crise e choque cultural entre os povos, parece razoável pensar o desafio da vida em comum, num planeta que se tornou também desafiadoramente comum, em função das diversas interdependências nas diversas esferas entre os povos, a partir de um modelo de razão que postula pelo consenso através da universalidade. No mesmo sentido de Apel, destaca-se a afirmação de Bauman, direcionada ao desenvolvimento de um raciocínio fundado na ideia de universalidade: "A universalidade da cidadania é a condição preliminar de qualquer política de reconhecimento significativa. E, acrescento: a universalidade da humanidade é o horizonte pelo qual qualquer política de reconhecimento precisa orientar-se para ser significativa. A universalidade da humanidade não se opõe ao pluralismo das formas de vida humana; mas o teste de uma verdadeira humanidade universal é sua capacidade de dar espaço ao pluralismo e permitir que o pluralismo sirva à causa da humanidade – que inviabilize e encoraje 'a discussão contínua sobre as condições compartilhadas do bem.'"[36]

Nessa linha de defesa do universalismo, é que se apresenta a teoria do discurso, para se referir a ela como uma conquista de fundamental importância para a conformação de um modo de definição da ação fundada no encontro voluntário entre parceiros da vida global. Se racionalismo e universalismo, direitos e garantias individuais, legalidade e democracia são dados que pertencem à identidade histórica, temporal, social, política, cultural e econômica do Ocidente,[37] isso não faz com que essas conquistas possam ser desprezadas para a afirmação de um projeto que favorece o desenvolvimento das condições de diálogo e de racionalidade no convívio entre os Estados-nação.

---

[35] Neste mesmo sentido, é curioso o cruzamento dessas reflexões de Apel com a questão da indiferença como traço da nova barbárie, na visão de Gabriel Cohn: "A civilidade, como exercício, e a formação, como aprendizado, constituem, na sua unidade, o oposto da barbárie. Ambas remetem ao tema central da *responsabilidade,* que assume, no plano da civilidade, a forma do cuidado com o outro. A atenção ao outro, que está presente em Adorno como núcleo mesmo da civilidade, e que, como cuidado, *care,* é contribuição importante do pensamento feminista à reflexão social, é ponto nodal na articulação da referência particular (este outro ser, que aqui se encontra) e a referência universal mais plena (os homens só se tornarão humanos quando deixarem de atormentar os animais, dizia Horkheimer). Isso envolve a questão fundamental da articulação dos direitos universais com as responsabilidades locais. No que nos importa aqui, a responsabilidade como instância da civilização representa, sobretudo, a oposição à indiferença. E, com isso, chegamos à questão da barbárie. Pois o que se defende aqui é que a indiferença é a forma contemporânea da barbárie" (Cohn, Indiferença, nova forma de barbárie, in *Civilização e barbárie* (Novaes, Org.), 2004, p. 84).

[36] Bauman, *Comunidade,* 2003, p. 126.

[37] "Weber considera el racionalismo como algo occidental, no solamente en el sentido de que fue en Occidente donde se dieron las constelaciones históricas bajo las que pudo presentarse por primera vez un fenómeno que por su naturaleza tiene un carácter universal, sino que, como tipo particular de racionalismo, expresa también rasgos de esta particular cultura occidental" (Habermas, *Teoría de la acción comunicativa*: racionalidad de la acción y racionalización social, v. I, 1988, p. 241). Nos comentários de Huntington: "Historicamente, a civilização ocidental é a civilização europeia. Na era moderna, a civilização ocidental é a civilização euro-americana ou do Atlântico Norte. A Europa, a América do Norte e o Atlântico Norte podem ser localizados num mapa; o Ocidente não. O termo 'o Ocidente' também deu lugar ao conceito de 'ocidentalização' e promoveu uma fusão de ocidentalização e modernização: é mais fácil pensar no Japão 'ocidentalizando-se' do que 'se euro-americanizando'. Entretanto, a civilização europeia-americana é universalmente mencionada como civilização ocidental..." (Huntington, *O choque de civilizações e a composição da ordem mundial,* 1997, p. 53).

Cap. 46 · DIREITO E COSMOPOLITISMO | **577**

Por isso, apesar de concordar com a ideia de que a cultura ocidental produziu o valor da universalidade, como afirma Samuel Huntington, quando diz que o conceito de "(...) civilização universal é um nítido produto da civilização ocidental",[38] produto que poderia ser identificado como um produto de um processo de desenvolvimento próprio da história do Ocidente, nem por isso esse valor deixa de representar um apoio filosófico de fundamental importância para o encaminhamento do debate sobre o encontro entre os povos. Então, não é possível relativizar o universal, a pretexto de identificar o universal como revelação da cultura ocidental. Por isso, não se pode concordar com a afirmação subsequente de Huntington, quando diz que o universalismo é "(...) a ideologia do Ocidente para confrontações com culturas não ocidentais".[39]

A teoria do discurso aposta na cultura dos direitos, o que significa uma aposta na própria modernidade, que, se nasceu europeia e se cristalizou ocidentalmente, não carece de permanecer confinada a essa circunscrição territorial. Esses aspectos da cultura ocidental se tornaram referenciais importantes para a conformação da política global, e não podem ser desprezados em nome do relativismo que valoriza o provincianismo a pretexto de proteger a identidade local. Da mesma forma como a modernidade "(...) foi gerada na Europa, mas neste momento não é nem 'ocidental' nem 'europeia', tornou-se global",[40] como afirma Agnes Heller, também se pode dizer o mesmo da cultura dos direitos e de suas exigências implícitas de universalismo, como afirma Habermas em *Teoria da ação comunicativa*: "A nuestra comprensión occidental del mundo vinculamos implícitamente una pretensión de universalidad."[41]

A discussão do universalismo necessário para a conformação do debate contemporâneo em torno da justiça se funda na necessidade de racional compreensão da identidade que marca a condição humana. A ideia habermasiana de um universalismo moral, não fundado no abstracionismo inconsequente, parte de premissas concretas da psicologia estruturalista genética de Kohlberg para se afirmar, visando ao estabelecimento de um ambiente socializador, centrado no diálogo, como forma de se realizar. Esse universalismo não é arbitrário, e nem desenvolve um olhar indiferente à cultura da valorização e proteção da diferença. Somente as visões de universalismos abstratos e inconsequentes praticam homogeneidade a pretexto de pensar racionalmente. A visão de Habermas corresponde à de um universalismo histórico e capaz de dar conta do problema da diversidade cultural e da multiplicidade de morais existentes. As diversas culturas podem encontrar, na perspectiva do universalismo filosófico habermasiano, um ancoradouro seguro para a construção de uma prática dialogal de intensa valia para as relações internacionais. Por isso, em concordância com Habermas, Agnes Heller e Ferenc Féher afirmam, em *A condição política pós-moderna*: "(...) a relativização do universalismo também pode proporcionar uma base sólida para o discurso 'sem dominação' (habermasiano) entre várias culturas".[42]

O universalismo é, nesse sentido, uma resposta à ideia do relativismo que impossibilita a igualdade e a identidade a partir do comum. Se o universalismo habermasiano significa o

---

38 Huntington, *O choque de civilizações e a composição da ordem mundial,* 1997, p. 78.

39 Id. Ibid.

40 Heller, Uma crise global da civilização: os desafios futuros, in *A crise dos paradigmas em ciências sociais e os desafios para o século XXI* (Heller et al.), 1999, p. 14.

41 Habermas, *Teoría de la acción comunicativa*: racionalidad de la acción y racionalización social, I, 1988, p. 71.

42 Heller; Fehér, *A condição política pós-moderna,* 1998, p. 17.

apelo ao mútuo reconhecimento, isso não quer dizer que signifique o extermínio das particularidades, exatamente por estar fundado na ideia de que nenhum ator social tem acesso privilegiado à verdade, quando então o reconhecimento é uma derivação do processo de mútua abertura ao entendimento racional.[43]

O universalismo dialógico do pensamento habermasiano é a chave para a evitação de que o mundo se fragmente em tantas identidades autocentradas e bloqueadas ao diálogo quantas sejam as possibilidades de autoafirmação que faz proliferar extremismos e fundamentalismos de diversos tipos (gênero, raça, fé, cultura, paradigma...).[44] Mesmo na base de toda concepção universalista, devem estar presentes fundamentais traços de respeito à condição cultural de cada povo. A linguagem da diversidade é, nesse sentido, um tempero ao universalismo radical, ou ainda, um apelo no sentido da proteção às tradições, aos mitos, aos valores, ao ideais, à condição, à tradição, aos elementos que significam as raízes daquilo que é próprio e daquilo que é identitário. O universalismo habermasiano não desmonta as características locais, mas as torna compatíveis com formas de expressão de uma identidade que ultrapassa o localismo moral. Isso porque se a moral se mantiver apenas encerrada na dimensão dos costumes concretos de cada povo, e se for creditada fé na ideia de que tolerância significa a manutenção das coisas como estão, dar-se-á excessivo crédito ao relativismo moral que de certa forma já ocupa espaço na lógica do pensamento moral reinante. Como Habermas afirma em *Comentários à ética do discurso*: "Quem abandonar esta referência, quem mantiver morais locais encerradas na esfera dos costumes concretos, renuncia ao critério racional para a avaliação de formas de vida éticas."[45] Portanto, dessa forma, se constata que se abdica do critério racional para avaliar a perspectiva de realização de uma moral pós-convencional.

Em verdade, com isso, Habermas está de fato defendendo a posição contrária à do relativismo, pois é ela responsável pela impossibilidade de avaliação da moral numa perspectiva racional. A moral universalista aposta no incremento da atuação socializante a ser promovida por modos de vida favoráveis ao desenvolvimento das capacidades morais dos indivíduos. Por isso, o pensamento habermasiano opera com as premissas de trabalho de Kohlberg, na medida em que a aposta na dimensão da construção da personalidade moral faz parte do processo de criação e identificação dos mecanismos para a expansão das condições de vida acima de identidades tradicionais ou meros papéis sociais.[46] "Kohlberg fala, por isso, da transição para

---

[43] "É óbvio, mas o óbvio precisa ser dito: seria uma aberração ver no universalismo iluminista um programa de dissolução terrorista da diversidade. Ele não preconiza o genocídio das particularidades existentes. O que ele recusa é a criação ideológica de particularidades fraudulentas, ou o uso ideológico de particularidades reais, como álibi para a dominação ou como pretexto para silenciar a crítica" (Rouanet, *Mal-estar na modernidade*: ensaios, 1993, p. 9).

[44] Seguindo Sérgio Paulo Rouanet, que aponta para os perigos dos diversos movimentos de fragmentação que são refratários ao universalismo: "À primeira vista, nada. Mas um exame mais atento mostra que há apesar de tudo um denominador comum: todos os atores combatem o universal, a partir de determinadas particularidades. Para os combatentes iugoslavos, a particularidade é a nação; para os neonazistas alemães, é a raça; para os estudantes de Berlim, para o indiano de Goa e para o missionário especializado em pigmeus é a cultura; para os fundamentalistas islâmicos, indianos e cristãos, é a religião; para a líder feminista nos Estados Unidos, é o gênero; para os militantes politicamente corretos, em geral, a identidade de cada minoria; para o discípulo de Foucault e para o doutorando de Kuhn é a época, a *episteme,* o paradigma" (Rouanet, *Mal-estar na modernidade*: ensaios, 1993, p. 51). Vide, também, Abed Al-Jabri, *Introdução à crítica da razão árabe*, 1999, p. 37-40.

[45] Habermas, *Comentários à ética do discurso*, 1991, p. 41.

[46] Id., p. 45.

o estádio pós-convencional da consciência moral. Neste estádio o juízo moral dissocia-se dos acordos locais e do colorido histórico de uma forma de vida particular; já não se pode referir mais à validade deste contexto prático. E as respostas morais retêm agora mais a força das perspectivas de motivação racional; com as evidências incontestáveis de um contexto prático, perdem a força impulsionadora dos motivos de eficácia automática."[47] A consciência de uma cidadania cosmopolita somente é compatível com a perspectiva aqui assumida de defesa irrestrita dos pressupostos de uma moral pós-convencional. Se a justiça reclama a assunção de princípios que se orientam para a aceitação dos resultados por todos, informada que está pelo princípio U, então, se torna de fundamental importância pensar na formação de uma comunidade internacional capaz de concretizar condições para sua realização.

Alguns críticos irão afirmar que o universalismo é o abrigo para toda forma de prática ilegítima responsável por sufocar a identidade local, e que, por isso, se torna um impeditivo para a realização do processo de afirmação multicultural. Por isso, Habermas aposta na participação concreta de diversos atores, no cenário nacional e internacional, responsável pela afirmação da luta capaz de salvaguardar o espaço de realização de perspectivas universais para o consenso e a realização de justiça. Em verdade, é propriamente não universalista aquele que, em nome do universalismo, exclui o outro. Em um texto intitulado *Para o uso pragmático, ético e moral da razão prática,* reafirmando essa ideia do universalismo, Habermas deixa claro: "Para quebrar as correntes de uma universalidade falsa, meramente presumida, de princípios universalistas criados seletivamente e aplicados de maneira sensível ao contexto (*kontextsensibel angewendet*), sempre se precisou, e se precisa até hoje, de movimentos sociais e de lutas políticas no sentido de aprender das experiências dolorosas e dos sofrimentos irreparáveis dos humilhados e ultrajados, dos feridos e dos mortos, que ninguém pode ser excluído em nome do universalismo moral – nem as classes subprivilegiadas, nem as nações exploradas, nem as mulheres tornadas domésticas *(die domestizierten Frauen)*, nem as minorias marginalizadas. Quem exclui o outro, que lhe *permanece* um estranho, em nome do universalismo, trai sua própria ideia."[48]

Nessa medida é que U se torna o princípio universal que possibilita a condução da discussão da justiça como um parâmetro universalizável, numa visão pós-metafísica. O princípio U, a orientar a justiça, se torna uma exigência ante toda hipótese meramente reducionista de relativismos extremos, pois o retorno à moral convencional pode significar uma abertura à ideia do relativismo de cada cultura singular, o que ainda uma vez fala a linguagem do não entendimento, da disputa, da desigualdade, e, portanto, da opressão, da manipulação, da subordinação. Se for abraçado o relativismo histórico dos costumes locais singulares, de cada povo e de cada cultura, não se estaria a simplesmente referendar a ideia de que inexiste a possibilidade de convívio? Se a globalização convoca ao convívio, desejado ou não, dos povos, não há como pensar em uma alternativa de justiça que não postule, para que se realize, algum grau mínimo de universalidade. Para falar de uma moral cosmopolita, comum a todos os povos, é necessário pensar e falar da presença do princípio U como possibilidade de uma racionalidade que sustente a universalidade do *iustum cosmopoliticum.*

A ideia kantiana, portanto, deve ser reavivada e aprofundada, como mecanismo de fundamental importância para a luta emancipatória global, à qual se refere Zygmunt Bauman:

---

[47]   Habermas, *Comentários à ética do discurso,* 1991, p. 41.

[48]   Habermas, Para o uso pragmático, ético e moral da razão prática, in *Revista de Estudos Avançados,* v. 3, no 7, set./dez., 1989, p. 17.

580 | CURSO DE FILOSOFIA DO DIREITO • *Bittar / Almeida*

"Todos esses desvios não apenas levantam a questão da responsabilidade ética pela maioria menos afortunada da espécie humana; também impõem à 'agenda da emancipação' uma nova e inédita convergência de preceitos éticos e interesses na sobrevivência – a sobrevivência conjunta, compartilhada, da *allgemeie Vereinigung der Menschheit* (como diria Kant), a unificação universal da humanidade. As condições exigidas para assegurar a sobrevivência humana (ou pelo menos aumentar sua probabilidade) não são mais divisíveis e localizáveis. A miséria e os problemas atuais, em todas as suas múltiplas formas e sabores, têm raízes planetárias e exigem soluções planetárias (se é que existe alguma)."[49]

A emancipação reclama, portanto, o trânsito em direção a formas de vida capazes de se encaminharem guiadas pelo referido princípio e orientadas à realização de ideais de uma forma de justiça, ela também, inspirada nos mesmos moldes. Será que sem qualquer base normativa é possível conduzir a construção de uma sociedade internacional em cujas balanças estejam os corretos pesos e medidas? Isso implica, nas relações internacionais, o desenvolvimento de incentivos para que, no sentido marcuseano, a civilização se converta em cultura, para que assim se possa pensar no desenvolvimento de formas políticas, tradições e concepções de coordenação da ação voltadas para a realização de ideais humanos, entre os quais se encontram o benefício da paz perpétua entre os povos. Para isso, condições materiais e técnicas já foram encontradas, como afirma Marcuse: "Elas podem ser resumidas na proposição segundo a qual a humanidade alcançou um estágio histórico em que é tecnicamente capaz de criar um mundo de paz – um mundo sem exploração, miséria e medo. Seria uma civilização convertida em cultura."[50]

A ideia da criação de identidade pós-nacional e da formação de uma sociedade cosmopolita está estritamente vinculada ao processo de autodefinição da capacidade humana de volver-se em direção ao estágio de consciência pós-convencional, e responde à necessidade de fazer frente a esses ideais, contribuindo para a formação cultural de uma consciência que vem impressa na base da universalidade, o que implica num claro resgate de certas premissas emancipatórias do discurso moderno. A possibilidade de emancipação se extravasa por aí, pela capacidade de regulação racional da interação internacional, na medida em que essa conformação consentiria a abertura de condições para práticas de justiça, implicadas na forma de atuação de uma política interna mundial, nas relações internacionais.[51] Sem isso, a perda de critérios conduz o debate a um irracionalismo que dissolve toda perspectiva de abertura em direção à justiça. Como afirma Habermas: "A própria identidade dada pela cidadania ou pela nacionalidade deveria ser ampliada até a identidade de universal de cidadão do mundo. Mas uma tal identidade pode ter ainda um sentido preciso? A humanidade *in totum* é uma abstração, e não um grupo em escala mundial, capaz de construir para si uma identidade, tal como o fazem os Estados ou tribos — pelo menos enquanto não se agrupar, por sua vez,

---

[49]   Bauman, *Vida líquida*, 2007, p. 193.

[50]   Marcuse, Comentários para uma redefinição da cultura, in *Cultura e psicanálise*, 3. ed., 2001, p. 80.

[51]   A visão cética de Marcelo Neves aponta que: "A implausibilidade de uma solução político-global para os impactos destrutivos da chamada 'globalização econômica' sobre o Estado de direito, a democracia e o Estado de bem-estar não reside apenas no fato de que a política internacional e o direito internacional público constituem mecanismos frágeis de regulação em face da força do código econômico no plano da sociedade mundial; ademais, a política, enquanto subsistema social encarregado de decisões coletivamente vinculantes, ainda permanece fundamentalmente segmentada em Estado como unidades delimitadas territorialmente" (Neves, *A constitucionalização simbólica*, 2007, p. 193). A solução a estas aporias está em gestação no interior da cultura internacionalista da gestão global e nos debates para a criação de novas categorias de regulação das relações internacionais.

numa unidade particular, talvez para delimitar-se com relação a outras populações do espaço cósmico. Mas quem — senão a humanidade *in totum* ou uma sociedade mundial — poderia assumir o lugar de uma identidade coletiva, em cujo âmbito poderia se formar uma identidade pós-convencional do Eu?"[52]

CONCLUSÕES

O desenvolvimento do olhar e da percepção cosmopolita deve favorecer um processo de universalização de valores que possibilitam o convívio, a qualidade da interação entre os povos e os meios de sociabilidade de alto nível, necessários à paz, ao desenvolvimento humano e à liberdade como qualidades da vida política comum. Nesse compasso, antes de superada, a temática lançada pelo pensamento iluminista e kantiano ainda encontra resistências e desafios à sua histórica e complexa consagração prática.

---

[52] Habermas, *Para a reconstrução do materialismo histórico*, 2. ed., 1990, p. 81.

47
DIREITO E PÓS-MODERNIDADE

47.1 MODERNIDADE E PÓS-MODERNIDADE

A pós-modernidade não pode ser compreendida sem que antes se compreenda que se trata de uma expressão que designa a dialética relação de crítica da modernidade. A pós-modernidade é a consciência da crise da modernidade e, portanto, de seus limites e insuficiências. Para que se possa discutir com propriedade o sentido, o conceito, bem como as transformações implicadas através da expressão "pós-modernidade", parece fundamental e preliminar compreender que a ambiguidade aí está presente em muitas perspectivas. Num certo sentido, "pós-modernidade" implica um momento histórico, ou seja, uma certa conjuntura temporal que se processa "após a modernidade". Isto importaria na necessidade de refinamento da própria ideia de "modernidade", aí contida, uma vez que se a expressão "pós-modernidade" pretende significar algo, e neste algo está presente uma historicidade, então aquilo que é posterior à modernidade só pode ser um fenômeno que ou compreende, ou supera, ou, no mínimo, implica a "modernidade".

Qual a relação da "pós-modernidade" com a "modernidade"? O que é que se pode compreender pelo termo "modernidade", contido na expressão "pós-modernidade"? é positiva ou negativa a referência à "modernidade", dentro da referida expressão? "Após-a-modernidade" pode significar também acima da "modernidade"? Além destas questões, que são reflexões preliminares sobre a própria expressão que aparece em destaque no contexto destes estudos, outras figuram como importantes de serem apresentadas. O que é a modernidade, um projeto filosófico ou uma mudança socioeconômica? Quando se iniciou a "modernidade"? Há consenso em determinar quando a "modernidade" teve início? Isto tudo porque, na medida em que é polêmica a expressão "pós-modernidade", esta polêmica passa a se instalar a partir mesmo do próprio termo nela contido, "modernidade", uma vez que este vem carregado por uma tensão muito particular decorrente das próprias reflexões que se aguçam sobre seu ideário, como nos reporta Bruno Latour.[1] A investigação a seguir tenta reunir elementos que integrem um quadro reflexo a respeito destas questões.[2]

---

[1] Reproduz-se aqui o trecho em que expõe a fragilidade do termo e as tensões nele contidas, na exata medida da própria complexidade semântica, filosófica, espaço-temporal e ideológica que marca o termo: "A modernidade possui tantos sentidos quantos forem os pensadores ou jornalistas. Ainda assim, todas as definições apontam, de uma forma ou de outra, para a passagem do tempo. Através do adjetivo moderno, assinalamos um novo regime, uma aceleração, uma ruptura, uma revolução do tempo. Quando as palavras 'moderno', 'modernização' e 'modernidade' aparecem, definimos, por contraste, um passado arcaico e estável. Além disso, a palavra encontra-se sempre colocada em meio a uma polêmica, em uma briga onde há ganhadores e perdedores, os Antigos e os Modernos. 'Moderno', portanto, é duas vezes assimétrico: assinala uma ruptura na passagem regular do tempo; assinala um combate no qual há vencedores e vencidos" (Latour, *Jamais fomos modernos*, 2000, p.15).

[2] Os autores que mais estudam pós-modernidade são aqueles mesmos que detectam a dificuldade de lidar com cronologizações e definições para a "modernidade". Um destes é Bauman, que expressamente

Cap. 47 · DIREITO E PÓS-MODERNIDADE | **583**

A necessidade de discutir ambas as expressões decorre de um certo estado de crise da modernidade. Esta transação de dupla mão entre a modernidade e a pós-modernidade se dá exatamente porque é impossível não prever choques e antagonismos, que estão além da mera questão conceitual e que moram, sobretudo, na dimensão do factual. Onde se inicia a pós-modernidade, em antagonismo ao fim da modernidade? Será que nada há de moderno dentro da experiência pós-moderna? Será que a crítica pós-moderna à modernidade pode ser aceita como uma espécie de superação temporal e ideológica da modernidade? Até onde a pós-modernidade aglutina a modernidade, até onde a pós-modernidade rompe com a modernidade?[3]

Não se pode furtar de dizer que a sensação de crise da razão (Horkheimer), de crise da modernidade (Escola de Frankfurt), de exploração consumista (Marcuse), de perda da autonomia (Adorno), de falência da participação da filosofia na construção dos valores sociais (Ortega y Gasset) encontram ecos muito anteriores ao período daquilo que se chama de pós-modernidade. Se esta ter-se-ia tornado uma fase clara da configuração da vida contemporânea, seja após a II Guerra Mundial, com a formação da ONU, seja após a década de 50, seja após maio de 68, não importa agora. Importa pensar que os sinais da falência do pensamento ocidental, bem como do projeto da modernidade começam a se espalhar desde o final do século XIX, com Nietzsche, estendendo-se por todo o século XX. Grande parte dos autores considera maio de 68 uma data historicamente marcante para a definição da emergência do espírito pós-moderno, em função da emergência dos movimentos sociais, das forças feministas, de contestação juvenil, comportamental e cultural, pela quebra de paradigmas reinantes.

Se se for perceber que esta discussão já não é de hoje, e que sua presença na filosofia pode remeter a Foucault e a Derrida, a Deleuze e a Sartre, proximamente, a Adorno e a Horkheimer, mais remotamente, e a Nietzsche, finalmente, estar-se-á a constatar que esta transação da transição está em processo a longo tempo.[4] Se a expressão *pós-modernidade* foi cunhada mais recentemente e pode remontar às investigações de Jean-François Lyotard e de Zygmunt Bauman, de Gilles Lipovetsky e de Jurgen Habermas, de Antony Giddens e de Ulrich Beck, é porque a declaração do absurdo do entrecruzamento entre estas duas eras (períodos, momentos, interpretações de tempo...) se tornou estonteantemente indisfarçável. Como todo processo histórico, nenhuma ruptura se faz do dia para a noite, nenhuma transformação se dá de um instante para o outro, nenhuma desconstituição de paradigmas se faz sem maiores

---

    proclama: "Quanto tempo tem a modernidade é uma questão discutível. Não há acordo sobre datas nem consenso sobre o que deve ser datado" (Bauman, *Modernidade e ambivalência*, 1999, p. 11).

[3]   Estas e outras dúvidas são postas, por exemplo, por Sergio Paulo Rouanet, em sua análise crítica às concepções pós-modernas: "Mas, se não há ruptura, há vontade de rupturas. Se tantos críticos e artistas perfeitamente inteligentes acham que estamos vivendo uma época de pós-moderna, é porque querem distanciar-se de uma modernidade vista como falida e desumana. O desejo de ruptura leva à conclusão de que essa ruptura já ocorreu. A consciência pós-moderna é crepuscular, epigônica. Ela quer exorcizar uma modernidade doente, e não construir um mundo novo, embalado em seu berço pelo *bip* de uma utopia eletrônica. Ela tem razão quando critica as deformações da modernidade, como a administração crescente da vida, a aplicação cega da ciência para fins destrutivos e um progresso econômico transformado em seu próprio objetivo. Porém, não tem razão em distanciar-se da própria modernidade" (Rouanet, *As razões do iluminismo*, 2000, p. 25).

[4]   A crítica à modernidade como um registro da Escola de Frankfurt é dada por Sergio Paulo Rouanet: "Adorno escreveu em *Minima moralia* que a modernidade tinha ficado fora de moda. Hoje estamos confrontados, ao que parece, com algo de mais definitivo: não a obsolescência, mas a morte da modernidade. Seu atestado de óbito foi assinado por um mundo que se intitula pós-moderno e que já diagnosticou a rigidez cadavérica em cada uma das articulações que compunham a modernidade" (Rouanet, *As razões do iluminismo*, 2000, p. 20).

584 | CURSO DE FILOSOFIA DO DIREITO • *Bittar / Almeida*

comprometimentos das estruturas envolvidas. Assim, a modernidade parece se diluir na pós-modernidade, enquanto esta traga os restos sobreviventes do espírito da modernidade, algo que se deverá investigar de mais perto no próximo capítulo.

47.2 O MOMENTO PÓS-MODERNO

Todos os dias somos acometidos, na vivência das mais banais experiências, pela sensação de que "algo desmancha no ar". Experimenta-se um tempo, um período, uma época, em que se sente estar sendo atravessado por mudanças constantes, que sequer permitem contarmos o tempo da mesma forma como se contava há algumas décadas. Essa percepção de "desmanche" tem um pouco a ver com a crise de modernidade e suas formas ideológicas.

Este tipo de constatação empírica, que parte da experiência cotidiana, valoriza a partir dela a descoberta de que se algo desmancha, em parte, algo novo está em processamento, sob os nossos olhos, e é desta atmosfera que temos que respirar, e é com ela que devemos conviver, pois simplesmente negar não serve de nada. A este tempo transitivo que se vive, a este momento específico em que a vida contemporânea é contaminada por uma nova constelação de valores, se pode chamar de pós-modernidade.

Imersos nela é que percebemos que novos termos invadem o nosso quotidiano (transitório; mutável; relativo; provável; sensível; múltiplo; horizontal; indução; senso comum; estimável; líquido), termos estes que, em seu valor semântico real e em seu simbolismo, certamente marcarão um tempo definitivamente diverso daquele vivido sob a hegemonia dos valores modernos (permanente; estável; ordenado; disciplinado; individual; racional; comprovado; certo; definido; científico; deduzido; vertical; único; central; duro). A sensação é a de que se vive entre o novo (hoje) e o velho (ontem), entre o insondável do futuro (amanhã), está-se diante de um jogo de incertezas, pois se vivem os três tempos a um só tempo (passado, presente e futuro, não necessariamente nesta ordem). Todo este novo arcabouço de mutações socioculturais redunda num afastamento contínuo da lógica moderna, com a qual se organizam os esquemas de vida e as formas de juízo (axiológico, estético, político, científico, cultural...) acerca do mundo.[5]

---

[5] Um dos mais claros e inexplicáveis exemplos da lógica com a qual funcionavam os juízos na modernidade é o caso do purismo (racional, científico, metodológico, étnico, estético...), que levado ao seu extremo, redundou nos campos de concentração e no *modus operandi* do totalitarismo: "Não é surpreendente que em toda a idade moderna haja uma estrita correlação entre a proporção, a radicalidade da 'ordem nova e final' imaginada, sonhada e experimentada na prática, e a paixão com que 'o problema dos estranhos' foi abordado, assim como a severidade do tratamento dispensado aos estranhos. O que era 'totalitário' nos programas políticos totalitários, eles próprios fenômenos totalmente modernos, era, mais do que algo além da abrangência da ordem que eles prometiam, a determinação de não deixar nada ao acaso, a simplicidade das prescrições de limpeza, e a meticulosidade com que eles atacaram a tarefa de remover qualquer coisa que colidisse com o postulado da pureza. As ideologias totalitárias foram notáveis pela propensão a condensar o difuso, localizar o indefinível, transformar o incontrolável num alvo a seu alcance e, por assim dizer, à distância de uma bala. A angústia disseminada e ubíqua exalada pelas ameaças igualmente disseminadas e ubíquas à amplitude e ao sendo da ordem foi, assim, estreitada e comprimida de maneira que pudesse ser 'manipulada' e profusamente repartida num único e direto procedimento. O nazismo e o comunismo primaram por impelir a tendência totalitária a seu extremo radical – o primeiro, condensando a complexidade do problema da 'pureza', em sua forma moderna, no da pureza da raça, o segundo no da pureza de classe. No entanto, os anseios e pendores totalitários também tornaram sua presença visível, conquanto de uma forma levemente menos radical, na tendência do estado nacional moderno como tal a escorar e reforçar a uniformidade da cidadania do estado com a universalidade e abrangência da filiação nacional" (Bauman, *O mal-estar da pós-modernidade*, 1998, p. 21 e 22).

Cap. 47 · DIREITO E PÓS-MODERNIDADE | **585**

Esta percepção é o que nos consente a afirmar que a história segue um ritmo no qual o seu caráter mais cíclico (mas não circular, e sim espiral), que implica retorno, revisão e superação, se revela. Está-se às portas de novas condições de vida e organização de valores (que certamente não são os mesmos de ontem), retoma-se parte daquilo que foi feito num passado próximo e num passado distante, e prossegue-se suplementando as lacunas e corrigindo-se as deficiências do projeto moderno, arquitetado segundo a lógica do Iluminismo (*Lumières*; *Aufklärung*). Em tempos pós-modernos, se vive simultaneamente de ondas de recuo ao passado (exacerbações do moderno) e de delírios futuristas (reencantamento do perspectivismo tecnológico e do otimismo futurista). Pode-se até mesmo afirmar que as marcas, ou os vincos e sulcos da pós-modernidade são a polimorfia, a polifonia, a policromia e a polissemia, mas quando se trata de identificar propriamente a pós-modernidade, nos encaminha Zygmunt Bauman, através de um único termo que designe e sintetize a vivência destes tempos fugidios, se chega somente a uma palavra: insegurança (*unsicherheit*; *incerteza*; *précarité*).

47.3 O DEBATE PÓS-MODERNO

Esta nova ordem é ainda um projeto em andamento; a própria pós-modernidade é parcamente consciente de si mesma. Mais que isto, pós-modernidade não se identifica com nenhuma projeção anterior, para o que não existem parâmetros seguros de compreensão. O estremecimento atinge não somente a vida cotidiana, mas também a capacidade de avaliar filosófica e criticamente estes tempos. Daí a dificuldade de tratamento que se encontra no plano das pesquisas atuais. Há um verdadeiro debate internacional instalado, desde os anos setenta, com Jean-François Lyotard (A condição pós-moderna), exacerbado mais recentemente, em diversas partes do planeta, tematizando a questão, o que passa pelas mãos de Gilles Lipovetsky (França), Agnes Heller e Ferenc Fehér (EUA), Jürgen Habermas (Alemanha), Ulrich Beck (Alemanha), Boaventura de Souza Santos (Portugal), Cornelius Castoriadis (França), Zygmunt Bauman (Inglaterra), Antony Giddens (EUA), entre outros.

Mas, o debate não para nas portas das academias filosóficas, políticas e sociológicas, pois alcança reflexos em todas as áreas em que se projeta o conhecimento humano: a literatura, a filosofia, as ciências, a pintura, as artes plásticas, a arquitetura, a teoria estética, o urbanismo, os costumes, a mídia, a propaganda e o marketing, a televisão... E isto se processava com lentidão, ao longo dos anos em que a dispersão da consciência da falência da modernidade se dava aos olhos de todos, sobretudo desde o pós-guerra. Não há uma data rígida para fixar o surgimento do momento pós-moderno, mas seu processo acompanha a vida dos últimos 30 anos. Retratos da mediação deste processo encontram-se nos pensamentos de Heidegger, Sartre, Camus...[6] Nesta linha, entre os pensadores que mais claramente se alinham no sentido de estarem afeitos e porosos à pós-modernidade (muitos dos quais não se identificam como tais, ou não são identificados pelo seu tempo como tais),[7] tem-se

---

[6] Leia-se: "Nada encarnava melhor a moderna condição do que o problema do fenômeno do existencialismo, a disposição de ânimo e a filosofia expressadas nos textos de Heidegger, Sartre e Albert Camus, entre outros, que essencialmente refletiam uma difusa crise de espiritualidade na cultura moderna. A angústia e alienação da vida no século XX receberam articulação plena quando os existencialistas dedicaram-se às preocupações mais cruas e fundamentais da existência humana: sofrimento, morte, solidão, medo, culpa, conflito, vazio espiritual, insegurança ontológica, o deserto de valores absolutos ou contextos universais, a impressão de um absurdo cósmico, a fragilidade da razão, o trágico impasse da condição humana" (Tarnas, *A epopeia do pensamento ocidental*: para compreender as ideias que moldaram nossa visão de mundo, 5. ed., 2002, p. 416).

[7] Dentre aqueles que não são identificados como autores pós-modernos, se encontra Nietzsche, autor do século XIX. No entanto: "Diz-se que o profeta mais importante do pensamento pós-moderno foi Frie-

Nietzsche (o único no século XIX, revisitado a partir do discurso pós-moderno), Hannah Arendt, Theodor Adorno, Max Horkheimer, Michel Foucault, Gilles Deleuze, Jacques Derrida, Jürgen Habermas, Richard Rorty... ·

47.4 AS MUDANÇAS NO DIREITO: DA MODERNIDADE À PÓS-MODERNIDADE

A pós-modernidade, por implicar profundas transformações na vida social, traz consigo uma mudança, senão radical, ao menos paulatina e parcial que se projeta sobre as práticas jurídicas. Enquanto etapa histórica, ela revela a crise dos paradigmas modernos. Afinal, qual o impacto para as ciências sociais da pós-modernidade? Afetando a lógica moderna, não se está a afetar toda a estrutura (moderna) dos direitos, do Estado, da burocracia, da legalidade, da centralidade das fontes do direito, da tripartição dos poderes etc.? Se a insegurança se torna a regra, de alguma forma se estão afetando os paradigmas de estabilidade, certeza, segurança jurídica carreados pelo discurso moderno do Direito. De fato, este processo de sucateamento desta forma simétrica e estética de pensar os direitos se dá ao longo dos desgastes trazidos pelo século XX, um conjunto de fatores que produzirá o colapso dos paradigmas modernos, dos arquétipos universais, e trará as consequências mais evidentes sobre a vida quotidiana das pessoas.

Quando se percebe isto, se constata que validade, legalidade e ordem eram considerados valores supremos de um ordenamento que operava como uma razão científica para a disciplinação do convívio social. Liberalismo, capitalismo e individualismo são as marcas da modernidade jurídica, que se encontra desafiada em suas formas de organização por novos desafios históricos e contextuais. O que se percebe é que as promessas de igualdade, fraternidade e liberdade não foram cumpridas, e, como rescaldo desta utopia moderna, resta apenas um enorme saldo de injustiça social.

Então, os estremecimentos pós-modernos encaminham a reflexão para a constatação de que está em curso um revisionismo das insuficiências da modernidade jurídica, de seus abusos e de sua obsolescência. Os tradicionais paradigmas que serviram bem ao Estado de Direito do século XIX não se encaixam mais para formar a peça articulada de que necessita o Estado Contemporâneo para a execução de políticas públicas efetivas. É nesta medida que se constata e perda de significação: da universalidade da lei, pois os atores sociais possuem características peculiares não divisíveis pela legislação abstrata; do princípio da objetividade do direito, que o torna formalmente isento de qualquer contaminação de forças políticas, quando se sabe que toda a legislação vem formulada na base de negociações políticas e partidárias; da ideia da contenção do arbítrio pela lei, fator em descrédito frente à ineficácia e à inefetividade das atitudes de combate à corrupção e às taxas elevadíssimas de impunidade; da intocabilidade da soberania, como forma de garantia da esfera de atuação com exclusividade dos poderes legislativos, jurisdicionais e executivos em bases territoriais fixas e determinadas

---

drich Nietzsche, com seu ponto de vista radicalizado, sua sensibilidade crítica soberana e sua vigorosa antevisão dolorosamente ambivalente do niilismo que emergia na cultura ocidental" (Tarnas, *A epopeia do pensamento ocidental*: para compreender as ideias que moldaram nossa visão de mundo, 5. ed., 2002, p. 422). E mais: "Como Nietzsche, a situação intelectual pós-moderna é profundamente complexa e ambígua – talvez esta seja sua verdadeira essência. O que é chamado de pós-moderno varia bastante segundo o contexto; contudo, em sua forma mais geral e difusa, podemos considerar o espírito pós-moderno como sendo um conjunto de atitudes abertas e indeterminadas que foi moldado por uma grande diversidade de correntes intelectuais e culturais: pragmatismo, existencialismo, marxismo, psicanálise, feminismo, hermenêutica, desconstrução e a filosofia pós-empirista da Ciência – para mencionar apenas algumas das mais proeminentes" (Tarnas, *A epopeia do pensamento ocidental*: para compreender as ideias que moldaram nossa visão de mundo, 5. ed., 2002, p. 422).

na ordem internacional, quando se sabe que a interface da internacionalização dos mercados e da interdependência econômica tornam inevitável o processo de integração; da garantia de direitos universais de primeira geração, como forma de expressar a proteção à pessoa humana, o que na prática ainda pouco se incorporou às realizações socioeconômicas; da garantia da existência da jurisdição como garantia de acesso a direitos, quando se sabe que, em verdade, a justiça se diferencia para ricos e pobres, pelos modos como se pratica e pelas deficiências reais de acesso que possui; entre outros fatores. Compreender em que sentido se encaminham as mudanças em processamento é a tarefa do pensamento jusfilosófico hodierno.

CONCLUSÕES

Ao longo desta discussão, procurou-se trazer para a proposta da reflexão jusfilosófica contemporânea, dos tempos que se atravessam (e pelos quais somos atravessados), o tema da pós-modernidade. A expressão, assumidamente polêmica, designa um tempo que vive dos escombros da modernidade, e cuja definição ainda não se afigura como certa. Por isso, é possível constatá-la, até discuti-la, mas não propriamente descrevê-la. O estado de coisas indica que algo está em curso, sob os nossos olhos, e, em meio às brumas, se pode entrever um conjunto de mutações que vêm sendo provocadas em diversas dimensões, projetando-se em abalos marcantes sobre os conceitos modernos, sob o manto dos quais se conduzia a vida, se organizavam as instituições, se agia socialmente, se estruturavam os relacionamentos humanos, se concebiam as regras morais e jurídicas etc.

Assim sendo, o que se constata é que, apesar da insuficiência do modelo anterior (modernidade), e de suas instituições (modernidade jurídico-política), no cumprimento de seus ideais ideológicos (igualdade, liberdade, fraternidade), nenhuma nova mostra de um universalismo abstrato ocupa este lugar. Não poderia ser diferente, pois a pós-modernidade é avessa às respostas universais, abstratas, pretensiosas e futurologistas. Nesse contexto, emergem inúmeras reflexões sobre a diversidade, o pluralismo e a heterogeneidade na consideração normativa para a regência da vida social. O olhar crítico sobre esta realidade nos consente já desenvolver a percepção necessária para, a partir do solo das lutas sociais (Boaventura de Souza Santos), detectarmos o sentido a ser impresso à ação, cujo ímpeto reformista não pode ser seguido do mero pessimismo pelo desmonte das estruturas existentes, e muito menos pelo otimismo ufanista sobre o futuro, porque se trata de construir um novo sentido para a liberdade, esta que não se sabe em que resultará.

48
DIREITO, ESTÉTICA E HUMANIZAÇÃO

48.1 O EXERCÍCIO DA SENSIBILIDADE E AS FACULDADES HUMANAS DO PENSAR, DO SENTIR E DO INTUIR

O termo sensibilidade (*Sinnlichkeit*),[1] em sua amplitude semântica, revela que largos são os horizontes da dimensão do sensível, do sensitivo, do intuitivo, do perceptivo.[2] Mas, de alguma forma, se pode explorar o sentido do termo, afirmando-o como o oposto da rudeza. A modernidade consolidada, enquanto modernidade que realiza a razão instrumental, em muitos sentidos e dimensões, exercita rudeza e incute rudeza na dimensão da vida. Esta rudeza que bloqueia os sentidos é a mesma que permite a trivialização do absurdo; ela constrói a dimensão da *insensibilidade do quotidiano*. A dureza e a frieza também se tornam formas de expressão que marcam práticas sociais e determinam muito das próprias práticas do direito.

E isso porque rudeza, frieza e insensibilidade bloqueiam pontes de acesso a *alter*. Se esta linguagem é a linguagem da modernidade vitoriosa, a modernidade instrumental, também é verdade que a sensibilidade é, ato contínuo, expulsa do universo das transações humanas. A rudeza, ao exaurir a sensibilidade, bloqueia a arte e extingue os sentimentos mais sutis pelas coisas e pelas pessoas. Afinal, a velha fórmula do conformismo grita alto: "É assim que as coisas funcionam...", ou ainda, "O mundo é assim mesmo...". Sufocando tudo que existe pela frente, o maquinismo pulsante do sistema permite somente que a sensibilidade restante seja aquela que representa a dependência pelas mercadorias; estas podem ser amadas, veneradas, adoradas, afinal são os novos ícones da modernidade; se Bacon, no início da modernidade, com seu pensamento, contribui para derrotar os *idola* da sociedade medieval, o pensamento crítico permite que hoje se abram os olhos para a dimensão dos *idola* produzidos pela modernidade.

O capitalismo tardio dos tempos globalizados bloqueia e exaure energias eróticas diversas daquelas que estão voltadas para o produtivismo e para o consumismo, em cujo ciclo deseja ver enredados os indivíduos, pois constrói o modelo de uma sociedade fundada na competição. E, a competição, depende da forma alienada como agem socialmente os atores sociais, ou seja, agem contra si e contra os outros. Há um darwinismo social enraizado nesta

---

[1] "Essa racionalidade científica, que se faz passar pela única forma de racionalidade, recalca aspectos importantes da razão: a sensualidade, a sensibilidade, a sensação. O termo alemão *Sinnlichkeit* (sensibilidade) conserva os três sentidos. Marcuse chama a atenção para o fato de a palavra ter deslizado do campo sensorial, corporal, para o terreno da estética e da filosofia da arte. Sensação, sensualidade e sensibilidade foram tornadas antagônicas pela civilização repressiva, foram preteridas pela hipertrofia da racionalidade analítica, pragmática e calculadora, vale dizer, matematizante. Malgrado os desenvolvimentos técnicos e científicos, há uma regressão da sociedade, o que se atesta pelas periódicas recaídas na barbárie, no auge da civilização – os fascismos, os nazismos, o totalitarismo" (Matos, *A Escola de Frankfurt*: luzes e sombras do iluminismo, 2.ed., 2005, p. 56).

[2] A primeira versão deste texto foi publicada na *Revista de São Bernardo do Campo*, SBC, ano 12, n. 14, 2008, p. 113-126.

Cap. 48 · DIREITO, ESTÉTICA E HUMANIZAÇÃO | 589

dimensão, e, por isso, exatamente por isso, tudo conspira contra a possibilidade de pensar além das fronteiras do "dado" – de um "dado", que "naturalizado", nada mais é do que um 'construído econômico-social'. A metáfora do darwinismo torna a competição previamente determinada; a vitória dos já vitoriosos, e a consagra como exemplo a ser seguido.

Seria a sensibilidade artística capaz de combater com suas poucas armas e instrumentos a artilharia pesada do jogo das estruturas econômicas predominantes? Ou, em verdade, seria a tarefa da arte uma tarefa predominantemente ideológica? Seria, ainda, ela mesma, a expressão da alienação, ou seria um produto de reação à alienação? Essas e outras questões se tornam problemáticas quando se trata de compreender o papel da arte frente ao tema da sensibilidade.

A arte é sim e de fato uma ideologia; pertence às estruturas simbólicas de reprodução social. Mas, reconhecendo o desespero contido no fato de que não se consegue alterar a realidade das coisas tão facilmente, isso não implica em dizer que a arte representa uma forma de fuga da realidade.[3] O escapismo só aparece onde existe a renúncia de problematizar o mundo. Mas, a arte não somente problematiza o mundo, como o coloca em suspenso, para, por vezes, subvertê-lo por completo, ainda que o faça numa dimensão puramente estética. Por isso, a ideologia criativa da arte não é mera ideologia como entorpecimento da consciência. E isso porque: "A ideologia nem sempre é mera ideologia, falsa consciência. A consciência e a figuração de verdades que aparecem como abstratas em relação ao processo de produção estabelecido também são funções ideológicas. A arte é uma destas verdades. Como ideologia, opõe-se à sociedade existente. A autonomia da arte contém o imperativo categórico: as coisas têm de mudar. Se a libertação dos seres humanos e da natureza tem de ser possível, então, o nexo social da destruição e da repressão deve ser rompido", como afirma Marcuse.[4]

Ao implicar uma certa recusa de mundo, ao relacionar-se de modo tenso com o mundo, é que a arte inaceita a normação social predominante. O esteta rompe com a realidade ao criar este hiato entre o tempo da arte e o tempo da realidade, e desta fratura se nutre a significação do instante estético. Por fim, o universo da arte carece de fundar uma outra realidade, paralela a *esta* realidade, à realidade da qual se distancia para ganhar autonomia. Nesse sentido, o mundo da arte convive com o mundo objetivo, reproduzindo-o, mas também renuncia ao mundo objetivo, dele se distanciando. Por isso, a alienação da arte é o princípio de sua própria definição, enquanto forma de aparição autossubsistente.

Se a arte fosse uma *mímesis* perfeita e similar da realidade objetiva, não seria arte, mas aquilo mesmo que ela pretende representar em sua linguagem. Assim, ao fundar a realidade estética, a arte renega ao mundo e "...comunica verdades não comunicáveis noutra linguagem; contradiz".[5] Toda obra de arte é, nesse sentido, transgressora. Ao negar a pesada consistência da determinação das coisas pela realidade, a arte opera uma rebeldia contra a ordem do mundo. E, a partir daí, ensina que é possível algo além do quotidiano.[6] Ademais, com todas as suas características, "... a arte permanece uma força de resistência".[7]

---

[3] "Seria inútil negar o elemento de desespero inerente a esta preocupação: a evasão para um mundo de ficção onde as condições existentes só se alteram e se suplantam no mundo da imaginação" (Marcuse, *A dimensão estética*, 2007, p. 13).

[4] Marcuse, *A dimensão estética*, 2007, p. 22.

[5] Marcuse, *A dimensão estética*, 2007, p. 19.

[6] "A tese que defendo é a seguinte: as qualidades radicais da arte, em particular da literatura, ou seja, a sua acusação da realidade existente e da bela aparência da libertação baseiam-se precisamente nas dimensões em que a arte transcende a sua determinação social e se emancipa a partir do universo real do discurso e do comportamento, preservando, no entanto, a sua presença esmagadora" (Marcuse, *A dimensão estética*, 2007, p. 17).

[7] Marcuse, *A dimensão estética*, 2007, p. 18.

48.2 A RECONSTRUÇÃO DO MUNDO PELA ARTE: O ANTIPOSITIVISMO DA RESISTÊNCIA ESTÉTICA

Se a arte desperta a sensibilidade é porque esta conclama a outras coisas, e apela a dimensões psiquicamente mais profundas do que a banalidade mecânica do cotidiano exige do senso humano. Por isso, a valorização da sensibilidade, em suas diversas latitudes, implica em um hiato com o tempo presente fundador de uma prática de resistência. A resistência aqui implicada decorre de seu caráter afirmativo, a saber, do esforço de, pelas características do espírito, ser mais, de fazer mais, de ir além, e, assim, representa uma forma de "... afirmação profunda dos Instintos de Vida na sua luta contra a opressão instintiva e social", no compasso do pensamento marcuseano.[8]

Há sensibilidade onde há apreço pelo corpo, pela vida, pela existência. Até mesmo a vida dedicada à ciência está revestida desta mesma rudeza, na medida em que a ciência foi tornada força de produção. A rudeza da vida de ciência é, em parte, exemplo desta vitória do abstrato (da mente, do conceito, da teoria, da pureza da ideia, da perfeição) contra o concreto (o corpo, as vísceras, as necessidades orgânicas, os músculos, as paixões, os sentimentos, os desejos, as imperfeições). Ora, e o que é o positivismo, como emanação do pensamento tradicional, senão absorção de todas as energias deslocadas para o campo do abstrato? A sensibilidade recusa a pura abstração formal e descarnada das práticas metódicas estreitas e da imposição da forma como fundamento da existência. Onde há sensibilidade, há percepção, há intuição, caminhos vetados pelo racionalismo moderno, que dicotomiza pensamento e sentimento, mente e coração, verdade e paixão, conhecimento e sensibilidade, como constata Eric Fromm.[9]

A trilha da sensibilidade autoriza outras formas de entrada no mundo; por isso, ela é, como expressão humana, ampla, e, exatamente por isso, permite o alargamento dos horizontes de compreensão do mundo. A sensibilidade se manifesta, por isso, de diversas formas, como sensibilidade estética, social, natural e psico-corpórea, para ficar num breve retrato de suas alternativas.

Há sensibilidade *estética* através da arte – fruída ou produzida – quando uma outra forma de percepção e *re-montagem* do mundo permite abordar o mundo recriando-o à luz de uma percepção refinada de suas sutilezas. Principalmente, quando se trata de uma estética de resistência e de crítica social, ali borbulham manifestações diversas daquelas que foram tornadas consenso visual, auditivo, sinestésico.

Assim, a obra de arte afirma a sensibilidade ao despertar, em sua aura, os aspectos de representação do mundo e de transgressão da uniformidade de compreensão do mundo. A obra de arte provoca cisões e rupturas, e sua vanguarda é capaz de estar na forma ou no conteúdo.[10] A obra de arte que desperta para a sensibilidade efetivamente conforma a realidade, para fazê-la ganhar um outro sentido. Mas, ao exercer o seu papel revolucionário, a obra de

---

[8] Marcuse, *A dimensão estética*, 2007, p. 20.

[9] A crítica é desenvolvida por Eric Fromm: "Además de los rasgos patológicos arraigados en la disposición pasiva, existen otros que son importantes para comprender la patología actual de la normalidad. Me refiero a la creciente separación de la función cerebrointelectual de la experiencia afectivo-emocional; a la escisión entre el pensamiento y el sentimiento, entre la mente y el corazón, entre la verdad y la pasión." (Fromm, *La revolución de la esperanza*, 2003, p. 49).

[10] "A arte pode ser revolucionária em muitos sentidos. Num sentido estrito, a arte pode ser revolucionária se apresenta uma mudança radical no estilo e na técnica. Tal mudança pode ser empreendida por uma verdadeira vanguarda, antecipando ou refletindo mudanças substanciais na sociedade em geral" (Marcuse, *A dimensão estética*, 2007, p. 10).

Cap. 48 · DIREITO, ESTÉTICA E HUMANIZAÇÃO | 591

arte não carece de obedecer a cartilhas revolucionárias; a revolução está, dialeticamente, em abolir, quando necessário, até mesmo a pretensão revolucionária. Nesta medida, não há que se exigir que a arte tenha mais valor por ser engajada ou desengajada. Ela, também, não tem maior valor ou menor valor se é produzida retratando consciência de classe ou não. Seguindo Marcuse, é possível afirmar que o caráter "... progressista da arte, a sua contribuição para a luta pela libertação, não se pode medir a partir das origens do artista nem pelo horizonte ideológico da sua classe".[11]

A arte em si é uma subversão do princípio de realidade, e, por isso, é libertadora. Seu sentido se torna ainda mais profundo, e isto é certo, quanto mais a obra é capaz de protestar contra a ausência de liberdade, contra a reificação da existência.[12] É na transcendência estética provocada pela arte que se esconde o seu perigo para o sistema da insensibilidade e da ignorância, estes que são os dois canais fundamentais para a indiferença e para a estruturação da própria barbárie.

A barbárie, para se realizar, não demanda monstros, mas equipamentos conceituais e estratégias de articulação de poder que anestesiem as formas de reação pela criação de uma suficiente atmosfera de indiferença. Nestas, Marcuse quer ver os traços das obras revolucionárias, pois "... uma obra de arte pode denominar-se revolucionária se, em virtude da configuração estética, apresentar a ausência de liberdade do existente e as forças que se rebelam contra isso no destino exemplar do indivíduo, romper a realidade mistificada (e reificada) e der a ver o horizonte de uma transformação (libertação)".[13]

A obra de arte é uma forma de recusa do real, deste real petrificado pela sociedade produtivista, para a qual os espaços do interlúdio humano, da arte e da interação estão mortos. No ócio implicado na atitude de produzir arte está a própria inaceitação da conformação da subjetividade em peça da engrenagem produtiva e, por isso, em instrumento de manejo do sistema de produção, para o qual as individualidades aparecem como desprezíveis pelo que pensam, sentem, imaginam, agem, sonham e sofrem. A prática artística, como prática de sensibilidade, é, por isso, uma forma de resgate desta dimensão do mundo adormecido pelo êxtase mecânico e produtivista.

A prática artística, como prática de sensibilidade se configura como expressão inconformada e inquieta da subjetividade, e nesse sentido, o descompasso com a realidade é drenado para dentro do universo onírico e imagético, assumindo a forma de criação. Por isso, a obra de arte que se corporifica no ato de criação assume a feição de um sentido que se distancia e destrói a "... objetividade reificada das relações sociais estabelecidas e abre uma nova dimensão da experiência: *o renascimento da subjetividade rebelde*".[14] Nessa perspectiva, a emancipação é absoluta.[15]

---

[11] Marcuse, *A dimensão estética,* 2007, p. 26. "A função crítica da arte, a sua contribuição para a luta pela libertação, reside na forma estética. Uma obra de arte é autêntica ou verdadeira não pelo seu conteúdo (*i.e.,* a apresentação correta das relações sociais), não pela pureza da sua forma, mas pela forma tornada conteúdo" (Marcuse, *A dimensão estética,* 2007, p. 18).

[12] "A arte protesta contra estas relações na medida em que as transcende. Nesta transcendência, rompe com a consciência dominante, revoluciona a experiência" (Marcuse, *A dimensão estética,* 2007, p. 9).

[13] Marcuse, *A dimensão estética,* 2007, p. 10. Ainda: "Neste sentido, toda a verdadeira obra de arte seria revolucionária, na medida em que subverta as formas dominantes da percepção e da compreensão, apresente uma acusação à realidade existente e deixe aparecer a imagem da libertação" (Marcuse, *A dimensão estética,* 2007, p. 10).

[14] Marcuse, *A dimensão estética,* 2007, p. 18.

[15] "Neste sentido, toda a arte é *l'art pour l'art* apenas na medida em que a forma estética revela dimensões da realidade interditas e reprimidas: aspectos da emancipação" (Marcuse, *A dimensão estética,* 2007, p. 26).

592 | CURSO DE FILOSOFIA DO DIREITO • *Bittar / Almeida*

A obra de arte, como linguagem estética, e, enquanto linguagem estética, é também canal de evasão erótica e, por isso, expressão genuína da sensibilidade humana. A metáfora do "dar asas à imaginação" fala muito do poder sedutor contido na força semiótica das diversas linguagens operadas pelas muitas manifestações artísticas. Por isso, se costuma dizer que a arte fala do indizível. Por isso, também, não é possível traduzir uma obra de arte, apesar de ser sempre possível conferir-lhe sentidos, ou seja, interpretá-la. Essa linguagem, que criptografa mensagens, é, em parte, o inconsciente artístico revelado, em parte, camadas da dimensão da realidade social fotografada, e, em parte instinto, imagético feito forma, seja pelo pincel, seja pelo cinzel, seja pela pena do criador. Por isso, a obra de arte comunica, mas a sua didática pode ser avessa à imediatidade dos sentidos, porque a compreensão está submetida a uma outra instância de forças. A obra de arte retira de sua própria linguagem, sua unicidade. Nesse sentido, e com Adorno de *Teoria estética*, se pode dizer que as obras têm vida: "As obras são vivas enquanto falam de uma maneira que é recusada aos objetos naturais e aos sujeitos que as produzem. Falam em virtude da comunicação nelas de todo o particular."[16] Em verdade, os signos têm força; sua força é a da significação, e, também, a da provocação, a da permanência e a da singularidade aurática.

Se essa força é insuficiente para a transformação completa da sociedade, talvez seja porque a transformação completa da sociedade nos seja, de alguma forma, negada. Senão, como após as vanguardas de Hieronymus Bosch, de *O jardim das delícias*, de Velázquez, de *Las meninas*, de Picasso, de *Guernica*, de Pollock, de *Um*, de Goya, de *Três de maio de 1808*, ou de Proust, de Baudelaire, e de Sartre, de *A náusea*, o mundo ainda resiste ao terrorismo transformador da arte? Mas, ainda assim, os signos da arte têm a força necessária e suficiente para uma revolução pela cultura, essa que remexe os paradigmas profundos inconscientizados como formas de sedimentação da relação homem-natureza e homem-homem.[17] Por isso, o valor da criação estética não se mede por sua impotência total-transformadora; seu valor se mede pela sua capacidade de manter acesa, ainda que pouco cintilante, a chama da esperança e a da luta pela liberdade.

48.3 A ESTÉTICA E O PODER DA SIGNIFICAÇÃO

A estética luta contra a anestesia, como afirma Lyotard: "Uma estética do pós-Auschwitz e no mundo tecno-científico. Por que uma estética? – perguntamo-nos. Inclinação singular para as artes, para a música? É que a questão do desastre é a do insensível, como disse: da anestesia."[18] No mesmo compasso, pode-se ler em Marcuse: "Os Auschwitz e My Lai de todos os tempos, a tortura, a fome a morte – poderá supor-se que todo este mundo não passe de mera ilusão e amarga decepção? Persistem antes como a realidade amarga e inimaginável. A arte não pode representar este sofrimento sem o sujeitar à forma estética e assim à catarse mitigadora, à fruição. A arte está inexoravelmente infestada com esta culpa. No entanto, isto não liberta a arte da necessidade de evocar repetidamente o que pode sobreviver mesmo em Auschwitz e que talvez um dia se torne impossível. Se mesmo esta memória houvesse de ser silenciada, então o fim da arte teria realmente chegado. A

---

[16] Adorno, *Teoria estética*, 2006, p. 15.

[17] "É verdade que a forma estética desvia a arte da imediatidade da luta de classes da imediatidade pura e simples. A forma estética constitui a autonomia da arte relativamente ao dado. No entanto, esta dissociação não produz uma 'falsa consciência' ou mera ilusão, mas antes uma contraconsciência: a negação da atitude realístico-conformista" (Marcuse, *A dimensão estética*, 2007, p. 19).

[18] Lyotard, *Heidegger e os judeus*, 1999, p. 75.

Cap. 48 · DIREITO, ESTÉTICA E HUMANIZAÇÃO | **593**

autêntica arte preserva esta recordação apesar de e contra Auschwitz; esta recordação é o solo onde a arte tem desde sempre a sua origem: na necessidade de a imaginação deixar aparecer o outro (possível) nesta realidade".[19]

Então, a arte desperta a sensibilidade. Mas, a arte pressupõe a sensibilidade. No entanto, a sensibilidade não é somente artística. Há também, como se viu, outras formas de demonstrações da sensibilidade. Diz-se que há sensibilidade *social*, quando a preocupação e o interesse de *ego* por *alter* vão além da forma reificada de exercício das relações de interação social. A sensibilidade social ganha a forma de solidariedade, que incrementa a vida social, na medida em que nossas ações e nossos pensamentos se voltam para considerar a dimensão deste outro perdido, ou ocultado, da sociedade capitalista, o excluído, o desprovido, o idoso, o desempregado, a minoria oprimida; é necessário sensibilidade para ir além do véu de ignorância, que obscurece os olhares para lançá-los no torvelinho das mercadorias fetichizadas, imposto pelas ideologias de uma sociedade imediatista, para que seja possível alcançar a dimensão deste outro. Ademais, fala-se ainda de uma sensibilidade *natural*, quando a contemplação da natureza permite ver no mundo objetivo aquilo que a razão instrumental não é capaz de mimetizar, ademais de permitir enxergar que é necessário respeitar a velhice do mundo para que o autoconhecimento humano seja possível, e, ao lado desta, da sensibilidade *psicocorpórea*, como autopercepção biológica de si e do valor da vida, forma de manifestação daquilo que Foucault chama de cuidado de si, como ética,[20] e que expressa uma forma de autoconhecimento e autopercepção da intrincada relação da vida em suas diversas dimensões de corpo e espírito.[21] Somadas, essas sensibilidades, quando recuperadas, são emancipatórias.

No entanto, a opor-se à sensibilidade, *re-aparece* a rudeza, em sua forma intacta. Aquele que retorna do mundo governado pela arte, somente encontra ainda mais claro aos seus olhos os vestígios deixados pela impotência do indivíduo diante da capacidade de transformar a realidade. A transposição da realidade para a dimensão estética é subversiva, em forma de sensível ascensão; mas, a passagem da dimensão estética à realidade é quase sempre sentida como um tombo. Num mundo globalizado, isso significa que a aceleração do tempo, que a subversão das tradições, que a homogeneização dos produtos, que a lógica do consumo desenfreado e inconsequente, que a estandardização dos costumes novamente impingem formas pelas quais a dominação escorre para dentro da história, como que a revelar a perpetuação de uma forma de tradução do esgotamento das forças transformadoras.

Diante da vacilação que representa a renúncia, ante a hostilidade do mundo, prefiro a posição de quem resiste pela sensibilidade. Há os que, a pretexto de combater a rudeza do sistema, se tornam igualmente rudes, ou ainda piores que os mais rudes dos detentores do poder. A resistência acaba por mimetizar a técnica do poder, e, nisto, equivale-se a suas formas de expressão. Utiliza-se da rudeza para combater a rudeza, e o resultado é a multiplicação da rudeza. Prefiro a ideia de que para combatê-la, caminhemos pelo exercício das *sensibilidades*. É preferível combater a rudeza com o seu oposto, com a sensibilidade.

---

[19] Marcuse, *A dimensão estética*, 2007, p. 54.

[20] Foucault, A ética do cuidado de si como prática da liberdade, in *Ética, sexualidade, política*, Ditos e escritos, v. V, 2004, p. 271.

[21] O papel da arte neste campo é também restaurador: "O ego e o id, os objetivos e emoções instintivos, a racionalidade e a imaginação são removidos da sua socialização por uma sociedade repressiva e lutam pela autonomia – embora num mundo fictício. Mas, o encontro com o mundo fictício reestrutura a consciência e torna sensível uma experiência contrassocietal. A sublimação estética liberta e valida assim os sonhos de felicidade e tristeza da infância e da idade adulta" (Marcuse, *A dimensão estética*, 2007, p. 46).

CURSO DE FILOSOFIA DO DIREITO • Bittar / Almeida

O poder não quer a sensibilidade, por isso, temos de querê-la.[22] Ela é a forma mais elaborada e sutil de percepção do mundo. A sensibilidade participa da vida do indivíduo, e evitar que o indivíduo seja absorvido pela ideia de totalidade social ou pela objetificação das interações sociais é uma tarefa de todo importante. Onde o indivíduo é soterrado, seja em formas capitalistas, seja em formas socialistas, de seu desaparecimento se nutre uma retomada do princípio de Auschwitz. Por isso, se o centro da sensibilidade é o indivíduo, o indivíduo deve ser retomado como o foco da autonomia, da consciência crítica e do exercício da emancipação consciente. Os próprios erros do marxismo ortodoxo devem ser desfeitos, na medida em que mimetizaram traços da modernidade hostil. É nessa linha de reconsideração que avança a compreensão da função da estética em Marcuse.[23]

Mas, porque nutrir a sensibilidade num mundo despido dela? Ora, exatamente pelo fato de fomentar a fantasia, o autoconhecimento, a autopercepção, o aguçamento dos sentidos na vontade-de-vida, na vontade-de-mundo, e, por isso, assumir a perspectiva de uma prática erótica,[24] no sentido marcuseano. O princípio de realidade tende a negar sentido a esta prática. Ademais, a sociedade repressiva não fala "destas coisas", ou "estas coisas" são expulsas para o limbo do que pode ser considerado o "improdutivo social", ou o "contracultural". Ora, "estas coisas" foram tornadas desinteressantes; "estas coisas abstratas e irrelevantes", como o sentimento, a sensação, o afeto, a dor, a angústia foram recalcadas a instâncias profundas da civilização, pois quando sua utilidade não é contrária ao produtivismo societal,[25] são, no mínimo, relegadas ao fosso do esquecimento ético e do desprezo das linguagens oficiais.[26] Por isso, dormente, mas não desaparecido, mora no interior da civilização o gérmen multiplicador e perpetuador, como denunciara Freud em *O mal-estar na civilização*, do princípio de morte, que sorrateiramente sobe à superfície apesar de hasteadas estarem as bandeiras ideológicas da paz, do direito e da ordem social. O poder sugestivo da obra de arte se deposita exatamente na sua capacidade de sublimação, seja do artista, seja do observador capturado pelo juízo de gosto. Assim, em poucas palavras, se pode afirmar que o belo é uma das manifestações do princípio de vida,[27] que deve contrastar com o princípio de morte, ao modo de uma força que

---

[22] "Perverso como toda esfinge, o poder não pode ser debilitado pelo amor. Ao contrário, ele mata toda energia contida na prática do amor."
"Na virada do milênio, estando nossa espécie ameaçada de extermínio, só nos resta apostar na construção de uma sociedade do sentimento que venha substituir a impiedosa sociedade do poder em que estamos vivendo. Encontraríamos, assim, numa era criadora, formada pela alquimia dos homens que se procurariam e sem a compulsão de se defenderem uns contra os outros" (Warat, *Territórios desconhecidos*: a procura surrealista pelos lugares do abandono do sentido e da reconstrução da subjetividade, v. I, 2004, p. 301).

[23] "Este desenvolvimento foi intensificado pela interpretação da subjetividade como uma noção 'burguesa'" (Marcuse, *A dimensão estética*, 2007, p. 15).

[24] "A porta da mulher foi praticamente silenciada ou não foi ouvida. Ela se expressa pela receptividade, pela relação e pela sensibilidade e culmina com o tema do cuidado. O instrumento de construção é o *pathos* ou o Eros, o afeto" (Boff, Justiça e cuidado: opostos ou complementares?, in *O cuidado como valor jurídico* (Pereira, Tania da Silva; Oliveira, Guilherme de, orgs.), 2008, p. 2).

[25] "É muito difícil relegar o amor e o ódio, a alegria e a tristeza, a esperança e o desespero para o domínio da psicologia, removendo assim estes sentimentos da preocupação da práxis radical" (Marcuse, *A dimensão estética*, 2007, p. 16).

[26] "A obra de arte só pode obter relevância política como obra autônoma. A forma estética é essencial à sua função social. As qualidades da forma negam as da sociedade repressiva – as qualidades da sua vida, do seu trabalho, o seu amor" (Marcuse, *A dimensão estética*, 2007, p. 52).

[27] "Como pertencente ao domínio do Eros, o Belo representa o princípio do prazer. Assim, revolta-se contra o predominante princípio de realidade. Na obra de arte, o Belo fala a linguagem libertadora, invoca as

modera seus efeitos sobre a existência humana. Ao final, como tentativa de traduzir o sublime, e de transgredir a ordem concreta, simplesmente, produz sublimação.

A arte, nesse sentido, ajuda a preencher de alma a dimensão dessa urbanidade esvaziada de natureza e corroída de cobiça burguesa e desigualdade proletária, e, com isso, colabora para conferir uma capacidade de ruptura no olhar que se deita sobre um cotidiano sombriamente frio, rotineiro, e que segue os compassos da sociedade do trabalho. Ao recompor a realidade em outros termos, a obra de arte é negação da realidade seca, dura, palpável, concreta e cega. Ao se fazer arte se sente que se viola algo; se viola a aceitação do mundo como ele é, e se viola a proibição de sonhar.

Assim, a arte é libertadora da condição reificada do enjaulado homem moderno. A arte produz emancipação, a emancipação da sensibilidade, como o afirma Marcuse: "A arte empenha-se na percepção do mundo que aliena os indivíduos da sua existência e atuação funcionais na sociedade – está comprometida numa emancipação da sensibilidade, da imaginação e da razão em todas as esferas da subjetividade e da objetividade."[28]

48.4 ESTÉTICA, HUMANIZAÇÃO E DIREITO

A filosofia tem compromisso com a condição humana. Uma vez que a filosofia se dedica a pensar a existência e fomentar o uso da razão como capacidade de articulação da sabedoria acumulada pela humanidade, deve aproveitar-se da bagagem histórica e conceitual retida para estimular as formas pelas quais o cultivo da arte liberta o homem. Por isso, sua atitude deve fomentar a resistência contra a insensibilidade do cotidiano, e, nesse sentido, deve significar uma força de resistência contra os imperativos que decorrem dos condicionamentos sociais. A filosofia indica que as coisas espirituais têm o mesmo, ou, por vezes, até mais, valor do que as coisas materiais; ao dedicar-se ao tema da estética a filosofia deve indicar as formas pelas quais o exercício das faculdades criativas humanas indicam no sentido da liberdade.[29]

A postura, pois, do pensamento que recusa inclinar-se às conjunturas e que resiste envolve, necessariamente, a consciência de que os diversos canais da percepção devem estar desobstruídos para a formação do caráter humano. Assim, a recuperação do humano decepado pela ordem produtivista do sistema econômico vigente deve indicar no sentido da recuperação dos espaços de humanidade perdidos ou abafados, e, por isso, danosamente recalcados.

Certamente, pensar a sensibilidade é diferente de percebê-la e de senti-la. Certamente, pensar a sensibilidade é diferente de praticá-la. Mas, o que não se pode esquecer é que a filosofia em si mesma já se revela como uma demonstração de sensibilidade, quando o pensar é bloqueado para uma grande maioria, socialmente impedida de acessar os bens culturais a que tem direito. Isso significa que, mais que privilégio, a filosofia deve ser compreendida como um exercício de reflexão que envolve uma forma de expressão do inconformismo com a ordem das coisas, e, por isso, um caminho do homem em direção a si mesmo, para o que a estética cumpre uma importante função.

---

imagens libertadoras da sujeição da morte e da destruição, invoca a vontade de viver. Este é o elemento emancipatório na afirmação estética" (Marcuse, *A dimensão estética*, 2007, p. 59).

[28] Marcuse, *A dimensão estética*, 2007, p. 19.

[29] "O esquema implica uma noção normativa da base material como a verdadeira realidade e uma desvalorização política de forças não materiais, particularmente da consciência individual, do subconsciente e da sua função social. Esta função tanto pode ser regressiva como emancipatória. Em ambos os casos, pode tornar-se uma força social. Se o materialismo histórico não dá conta do papel da subjetividade, adquire a aparência do materialismo vulgar" (Marcuse, *A dimensão estética*, 2007, p. 15).

CURSO DE FILOSOFIA DO DIREITO • Bittar / Almeida

Nesta medida, não seria a arte um instrumento de conexão com a dimensão do princípio de vida, e de recusa do princípio de morte, uma forma de preparar, formar e disseminar uma forma de se pensar e de se praticar na dimensão dos direitos humanos? Não seria este um instrumento vigoroso para a reconquista do espaço perdido na dimensão do humano? Não seria esta uma das muitas linhas possíveis de liberação do *éros* reprimido na civilização? Não seria o instrumento do despertamento da sensibilidade que é de fundamental importância para o desenvolvimento de uma cultura democrática, pluralista e voltada para a intercompreensão sócio-humana?

Desta forma, a dimensão da sensibilidade parece participar de um grande concerto de esforços no sentido de promover a formação humana em sentido amplo, a abertura dos horizontes do pensar, a quebra de fronteiras autoinduzidas pela ciência, a capacidade de exploração da capacidade de criar, e, por isso, de sensibilizar quanto aos potenciais humanos. Na mesma medida em que a arte é capaz de realizar o potencial humano de expressão, sendo assim uma revelação do espírito adquirido dos direitos humanos de primeira geração, ela também pode servir como uma potente forma de transmitir conhecimento e, por isso, disseminar a lógica de formação de uma sociedade que respeita e pratica direitos humanos.

Se a educação tem a capacidade de participar do processo de determinação do caráter, de construção da personalidade, promovendo a passagem para a socialização, a arte é uma forma de autocompreensão humana de fundamental importância para a evasão simbólica humana, assim como prática de constituição do sujeito pela experiência do sentir; não seria esta uma prática que, articulada a outros saberes, metodologias e conteúdos pedagógicos, participaria da formação em direitos humanos, respondendo à vocação de um projeto nacional por educação em direitos humanos? E isso porque a educação em direitos humanos deve preparar para a tolerância entre diferentes e para a solidariedade entre desiguais, realizando a necessidade de constituição de sujeitos preparados para a cidadania e para a parceria social.[30] A educação *em* direitos humanos e *para* os direitos humanos procura estimular todas as formas pelas quais se possa chegar a conceber o resgate do sujeito, e a sensibilidade não é um aspecto irrelevante desta dinâmica.

CONCLUSÕES

Trata-se de pensar a questão da sensibilidade, diante, propondo uma crítica da razão instrumental e do exaurimento da existência na dimensão do trabalho e da produção. A recuperação da arte é vista como uma prática de emancipação, na medida em que representa uma forma de transformação cultural da sociedade. A questão dos direitos humanos é atravessada por esta problemática, e, por isso, torna-se o fulcro das pesquisas deste artigo.

A estética está presente na identidade do humano desde sempre. As primeiras pinturas rupestres são um sinal de linguagem que indica que a capacidade humana de reproduzir e criar distingue a humanidade. Por isso, não se trata de um traço de somenos importância na definição do que seja o humano. Na medida em que o direito regula a interação humana, e na medida em que o direito produz intervenções sobre a vida humana em sociedade, não pode o projeto de se pensar o direito estar alijado de uma compreensão de que tipo de sentido possui a estética e de que tipo de relação se pode nutrir, especialmente quando se trata de pensar como o direito pode se articular com a arte para a humanização das relações sociais.

---

[30] Silveira, Nader, Dias. *Subsídios para a elaboração das diretrizes gerais da educação em direitos humanos*, 2007. p. 7.

Cap. 48 · DIREITO, ESTÉTICA E HUMANIZAÇÃO | **597**

Nesta reflexão, o que se propõe não é propriamente uma atitude de abandono da filosofia, para fazer arte, cedendo à tentação de pensar, dicotomicamente, *ou* filosofia *ou* arte, como trincheiras separadas, mas de propor este casamento entre filosofia e arte, de arte e psicanálise, de psicanálise e filosofia, de filosofia e direito, e de transportar a filosofia para *dentro* da arte, de fazê-la escorrer por meio dos signos artísticos de representação da realidade e da fantasia. Ainda mais, trata-se de *pensar* o sentido e a importância da arte para a formação humana, elemento este que não pode desaparecer da dinâmica da formação de todo aquele que exerce um papel socialmente relevante, especialmente quando se trata da regulação da vida social, tarefa esta que todo operador do direito realiza de um modo ou de outro.

Se a filosofia pode incentivar algo, ela deve ser capaz de incentivar a atitude de cultivo da dimensão das *sensibilidades,* pois isto significa tornar possível a convergência entre vontade, desejo, simbolismo e razão, uma vez que, unidas, estas fontes de expressão do humano se tornam elementos que, em sua coesão, se dispõem a contribuir para a transformação do mundo e, nesse sentido, preservam sua importância como formas de representação de ideais emancipatórios. Quando a filosofia estimula a que a arte expresse e dinamize a liberdade, também permite que a liberdade se aproxime do direito, e, por isso, que o direito realiza, de modo mais satisfatório, a sua própria tarefa social.

49

DIREITO, DEMOCRACIA E PLURALISMO: POLÍTICA DEMOCRÁTICA, DIVERSIDADE E DIREITOS HUMANOS

49.1 ESTÉTICA, HUMANIDADE E DIFERENÇA

A partir do estudo da questão estética,[1] como questão filosófica, se pode extrair uma importante forma de percepção de outras questões relevantes sobre a condição humana. A estética tem uma mágica própria, um poder específico. Nós somos enlevados pela estética musical, por exemplo, principalmente quando se trata de uma forma musical com a qual nos identificamos e da qual gostamos, e que nos faz sentido. Ela cria uma espécie de momento fantasista, que rompe com a banalidade do cotidiano, que é a não colorida esfera da repetição dos hábitos enraizados, das práticas sociais, dos deveres sociais, das necessidades corporais, das tarefas de preservação da existência material. Por isso, a questão do *gosto* é de fundamental importância para a *existência* humana, pois não ter *gosto* é já estar morto, ou seja, é *não existir*; a vida tem, portanto muito do estético.[2] Isso nos faz perceber o quanto a questão estética é constitutiva para a condição humana, e as primeiras formas de manifestação de linguagem entre os homens remonta exatamente à capacidade de representar, por formas pictóricas, a designação das coisas (animais a serem caçados, deuses representados, rituais ilustrados).

Certamente, a estética, como forma de expressão, ao dizer de nós, nos permite contemplar a nós mesmos, ou seja, sua função é nos levar a nós mesmos, a nos conhecermos, a conhecermos emoções internas, padrões de comportamento, traços de personalidade, virtudes e vícios, habilidades e competências, gênio e revolta, romantismo ou idealismo. A profusão de tendências, estilos e gostos nos obriga a ter de reconhecer que não existe um padrão estético. Se não existe um padrão de gosto, ou um padrão obrigatório para medir o belo/feio (o feio pode ser belo e o belo pode ser feio), então, a consciência da estética nos traz a consciência da *diversidade*. Seguindo Pablo Picasso, pode-se dizer que: "A arte é mentira que nos permite conhecer a verdade." Do ponto de vista filosófico, o que ela nos faz conhecer é que não somos iguais. Mais, ainda, deve-se ser enfático neste ponto, não podemos ser *igualizados*, nem pela *planificação social* e nem pela *padronização capitalista* que forja o homem unidimensional, sob pena de nos perdermos de nós mesmos, de nossa autoidentidade, de nossos sentimentos,

---

[1] A versão original deste texto foi publicada em formato de artigo, na *Revista Direitos Fundamentais e Justiça*, PUCRS, ano 3, n. 07, p. 182-202, abr./jun., 2009.

[2] "Um tal gosto pessoal, como expressão da justificação dessa singular maneira de viver, implica um estilo capaz de abraçar todas as forças e fraquezas que a natureza oferece e integrá-las em um plano artístico, segundo o qual cada elemento é considerado como pedaço de arte, a fraqueza também, com a virtude de encantar, de dissimular a feiura, porque a vida só nos é suportável enquanto fenômeno estético, e cumpre que nos transfiguremos em tal fenômeno" (Melo, *Nietzsche e a justiça*, 2004, p. 86-87).

vocações e perspectivas absolutamente singulares, aquelas que são próprias da condição, existencial e histórica, individual humana.

49.2 ESTÉTICA, PLURALISMO E DISSENSO

Como se percebe, é impossível um gosto universal, assim como é impensável um padrão musical universal. Não por outro motivo, a questão da justiça se cruza com a questão do gosto, especialmente se pesquisada no interior do pensamento nietzschiano.[3] Da mesma forma, cada subjetividade constitui-se num juízo de gosto absolutamente singular assim como cada cultura guarda sua particularidade incomparável. Fica claro que a melhor forma de respeito à condição humana é a garantia do reconhecimento da *diferença* e da reserva de lugar para a existência, o reconhecimento e a prática do *outro*. Não existe *alteridade* sem *diversidade* (diversidade étnica, cultural, ideológica, estética...),[4] e esta é uma conclusão que nos convida a praticar uma visão de mundo descentrada, único caminho para o trânsito intersubjetivo. A diluição do olhar autocentrado é um dos efeitos do processo de aproximação do justo, do belo e da diversidade.

A estética, por isso, transborda significações. Estas significações têm de ser interpretadas e reconstruídas, especialmente quando se pretende, a partir de uma teoria estética crítica, revelar proximidades entre as cinco sílabas que compõem o termo *gosto* e as cinco sílabas que compõem o termo *justo,* ao menos em língua portuguesa. Uma destas significações das práticas estéticas é a de que o *dissenso* é um elemento da vida social. O dissenso, que se manifesta também por várias formas, como pela querença de coisas diversas, como pelo gosto de coisas diversas, como por vontades próprias, por juízos de valor diversos, como formas de perceber as tramas sociais e humanas díspares entre si. O dissenso é um elemento inelimínável da vida social e deve ser absorvido pelas práticas políticas sob pena de se menosprezar o conteúdo das valiosas transformações trazidas pelas lutas recentes e históricas de Maio de 68, em Paris.[5] Este momento histórico, e seus resultados sociais, restauram no ambiente social a possibilidade da releitura de Nietzsche, para quem: "É na posse que a diferença entre os homens se revela com mais vigor. Esta diferença se manifesta na diversidade de seus juízos de valor, no fato de serem diferentes e em que não opinam do mesmo modo sobre certos valores."[6]

---

[3] Sobre este entrelaçamento no pensamento de Nietzsche, a preciosa investigação do estudo *Nietzsche e a justiça*: "Desmascarado o caráter moral da verdade, à qual a justiça tradicionalmente se via ligada, não se trata de reduzi-la agora a assunto de mera opinião. Ela é mais do que isso, a justiça é um assunto de gosto, de avaliação, sem qualquer demérito a ela, pois, para o autor, o gosto é mais importante do que a opinião. Sempre estamos às voltas com maneiras de viver de que os gostos são expressão. Pretende-se impor-nos o modo vigente e universal de viver como um gosto, mas, para Nietzsche, ele não passa de uma máscara popular com pretensão de universalidade: um gosto universal não é gosto, falta-lhe diferenciação, contraste, sutileza. O gosto nos remete à pessoalidade, a um modo singular de viver e, por isso, o que lhe importa é justamente pensarmos a possibilidade de afirmação de um gosto" (Melo, *Nietzsche e a justiça*, 2004, p. 86).

[4] A diversidade aqui não é somente a diversidade dos povos, mas a diversidade que se dá também dentro de um mesmo grupo social, de uma sociedade, ou de uma cultura: "Com efeito, o problema da diversidade não é levantado apenas a propósito de culturas encaradas em suas relações recíprocas; ele existe também no seio de cada sociedade, em todos os grupos que a constituem: castas, classes, meios profissionais ou confessionais etc. desenvolvem certas diferenças às quais cada grupo atribui uma importância imensa" (Lévi-Strauss, *Antropologia estrutural dois*, 4. ed., 1993, p. 332).

[5] A respeito, *vide* Bittar, *O direito na pós-modernidade,* 2005, p. 10 ss.

[6] Nietzsche, *Além do bem e do mal*, 2001, p. 129.

Neste sentido, é isto que a estética nos faz perceber: a *diferença* do outro, ainda que no outro queiramos encontrar apenas a *igualdade*, a igualdade que nos faz, por exemplo, comuns por sermos humanos. A própria análise da polifonia africana leva autores como Roland de Candé a afirmarem neste um princípio motriz da estética e da vida em comunidade.[7] A estética gera, por isso, socialização, pois provoca o encontro de olhares no espaço comum do cruzamento de olhares é o espaço da obra de arte – ele e eu nos fazemos um só no momento da fruição da obra estética, seja uma pintura, seja uma canção. Ainda que o fruidor não seja o artista, e ainda que a percepção do artista seja uma, e a percepção do fruidor seja outra, a obra de arte é o caminho do entrecruzamento dos olhares unifocados. Este é o potencial de intersubjetividade da arte, ou seja, de deslocamento de cada sujeito de sua mera condição de sujeito-solitário, pois provoca a saída do sujeito de dentro de seu assujeitamento autocentrado, de seu encapsulamento, para fazer dele um sujeito-parceiro da reconstrução do sentido da obra de arte. Sem fruidor, não há obra de arte. Não por outro motivo, na avaliação de Nietzsche, numa percepção do justo a partir do gosto, o justo só é possível enquanto expressão da não igualdade, da não semelhança.[8]

As multicoloridas formas de expressão do que é a diversidade humana são fundamentais à condição humana, e, por isso, compõem o leque das vastas afirmações culturais humanas.[9] Democrático, livre e aberto é o mundo onde a dança, o culto, a tradição, o êxtase espiritual, o saber comum, a ciência, as formas culturais, e o folclore popular têm seu lugar. Trata-se de um mundo onde também o amor ao *dissemelhante* é possível, um trânsito que enlaça a alteridade pela pujança da estética e do interlúdio comunicativo proporcionado pela linguagem simbólica da arte. É de Adorno a afirmação segundo a qual: "O amor é a capacidade de perceber o semelhante no *dissemelhante*" (grifo nosso).[10] O amor aos vários estilos como o amor às várias iniciativas culturais, e como amor às várias identidades antropológicas e formas de manifestação da humanidade é um amor à própria condição humana tal qual se mostra aos olhos humanos, nem mais nem menos.

O cuidado com a condição humana expressa a necessidade de cultivarmos um espírito aberto e incentivador do princípio da vida (*éros*), cuidando para que haja respeito para com a multiplicidade de rostos e gostos, vocações e corações, formas corpóreas e estilos, pensamentos

---

[7] "A convicção de que a polifonia africana é puramente autóctone e a hipótese de que uma polifonia selvagem tenha precedido, no Ocidente, a polifonia erudita se veem, ambas, fortalecidas por três observações: 1. Estatisticamente, a diferença (princípio da polifonia) é mais provável do que a semelhança. O aumento da entropia se traduz por um deslizar da semelhança à diferença, de uma ordem a uma desordem. Inversamente, é necessário um aporte de informação e de energia, não raro considerável, para transformar uma diferença em semelhança; 2. A amplificação expressiva da linguagem pela música (o canto) incentiva o lirismo individual, logo a variação, a diferença, na comunidade; 3. As diferenças de texturas vocais e instrumentais tornam muitas vezes a semelhança (uníssono ou oitava) impossível" (Candé, *História universal da música*, 1994, p. 167).

[8] "Se a justificação da existência pelos bons e justos e sua concepção de justiça ligada à vingança fundavam-se no olvido e perda de si, pensar a justiça em outro sentido, um sentido positivo e afirmativo, está intimamente ligado a pensar a afirmação da diferença no homem e entre os homens e que os homens não são iguais, nem devem se tornar iguais: é nessa proposição que Nietzsche define a justiça, a não igualdade entre os homens" (Melo, *Nietzsche e a justiça*, 2004, p. 106).

[9] Sobra a imensa variedade de culturas que forma um grande quadro da diversidade humana, se pronuncia Lévi-Strauss: "Impõe-se uma primeira constatação: a diversidade das culturas humanas é, de fato no presente, de fato e também de direito no passado, muito maior e mais rica do que tudo aquilo que delas pudermos chegar a conhecer" (Lévi-Strauss, *Antropologia estrutural dois*, 4. ed., 1993, p. 331).

[10] Adorno, *Minima moralia*, II, 143, p. 196.

Cap. 49 · DIREITO, DEMOCRACIA E PLURALISMO | 601

e competências, habilidades e limitações, olhares e perspectivas, vícios e virtudes, atrações e visões, empatias e antipatias, tendências, leituras e vontades. Neste sentido, afirma Nietzsche, em *Além do bem e do mal*: "Viver é querer ser diferente da Natureza, formar juízos de valor, preferir, ser injusto, limitado, querer ser diferente!".[11]

Onde não há espírito tolerante, compreensão e diálogo, há imposição, castração, limitação, restrição, determinação. Os resultados deste processo somente podem ser o ódio, a competição, a rebelião, a eliminação, a opressão, e o totalitarismo. O amor e o afeto se distinguem destas formas de expressão do convívio opressor, exatamente porque possibilitam a existência do outro enquanto outro. E isso porque o amor pelo mesmo é simplesmente amor narcísico, ou seja, não se trata de amor, mas de autocontemplação de si mesmo. A aceitação da diversidade caminha para a construção do roteiro do amor, como prática de entrega e aconchego no outro enquanto diferente, pois o amor ao outro enquanto o mesmo é simplesmente egoísmo disfarçado de amor. O amor verdadeiro, portanto, não pratica nem o julgamento mordaz, nem a crítica severa, nem a manutenção da tradição pela tradição, nem exercita o olhar ácido e excludente da alteridade, que são os grandes responsáveis germinais por provocar o sofrimento de indeterminação. O amor é a única linguagem capaz de fazer com que os pais heterossexuais consigam lidar com filhos homossexuais, com que *punks* saibam conviver com *emos*, com que a mãe continue amando o filho preso como réu confesso. Não por outro motivo, o pensamento filosófico de Axel Honneth se detém em considerar que as categorias do amor, do direito e da solidariedade são as três fundamentais fases de construção do reconhecimento do outro. Sem estas, o sofrimento aparece como matriz das lutas sociais e das injustiças.[12]

49.3 DIVERSIDADE, AUTORITARISMO E DIREITOS HUMANOS

Toda intolerância estética é reveladora de um autoritarismo do olhar, princípio de outras formas de intolerância. O autoritarismo não somente se manifesta de diversas formas, como se revela pela exigência de submissão do gosto do outro. A definição do gosto do outro como um não gosto, ou seja, a construção da opacidade de uma outra estética, é reveladora do espírito autoritário, o gérmen de um processo de castração libidinal da expressão do outro como forma de negação da própria diversidade. Inclusive, historicamente, de muitos modos, se manifestou um totalitarismo musical, como identifica o historiador Roland de Candé, ao descrever a unificação musical de São Gregório, a forma de proceder com a música da Reforma e da Contrarreforma, o nazismo e o socialismo e a forma como procedem diante das restrições artísticas, o imperialismo homogeneizante do *show business* e da globalização das marcas e das patentes.[13] Não somente o totalitarismo estético acompanha outras formas de totalitarismo, como também pode ser interpretado como uma forma tão macabra de arranjo e determinação de poder, quanto uma ditadura política, pois produz o apagamento do *desconforme*.

Não raro, e não coincidentemente, os sistemas políticos e os sistemas filosóficos proscrevem as artes como fator de dissidência do inaceito, e, exatamente por isso, como fator de

---

[11] Nietzsche, *Além do bem e do mal*, 2001, p. 27.

[12] Honneth, *Luta por reconhecimento*: a gramática moral dos conflitos sociais, 2003, p. 155-212.

[13] "Verdadeiras ditaduras artísticas podem exercer-se então sobre o público, bem como sobre os criadores. Desta vez, a liberdade de escolha não é mais orientada apenas por uma propaganda musical ou uma campanha de intimidação doutrinária; ela é simplesmente abolida! A história nos fornece vários exemplos desse totalitarismo musical: a ação purificadora e unificadora de São Gregório e de Carlos Magno, as exigências dos concílios, as da Reforma e da Contrarreforma, as condenações em nome do nazismo ou do realismo socialista segundo Jdanov, e enfim o império do *show business*" (Candé, *História universal da música*, 1994, p. 31).

negação da plasticidade do homogêneo controlador e castrador. Não somente Platão, em sua república ideal expulsa o poeta, como também os arautos do nazismo eram amantes de uma única forma clássica de olhar estético, de modo que tudo que discrepasse do modelo institucional era identificado como arte degenerada, como se constata em *Arquitetura da destruição*, filme que descreve como aquilo que escorregava, como categoria, do "belo" ao "feio", também se convertia, de "bem" em "mal".

Assim, definir que alguém *tem* de ser o que não *é*, e não *gosta*, é mera expressão de poder opressor e, exatamente por isso, joga contra a liberdade de ser e de fazer o diverso. Assim, mesmo quando a liberdade se propaga como sendo obrigatória, se torna paradoxalmente opressora. Impor a alguém que tenha de ser libertino, como imperativo, não dá a este alguém liberdade sexual. Percebe-se, portanto, que existem similaridades notáveis entre estas frases, todas atravessadas pela questão do poder, e que se analisadas em conjunto, apesar de suas temáticas diferentes, revelam algo em comum:

- "Você tem de ser revolucionário, senão, morre" – Revolução Francesa.
- "Você tem de ser careca, ou morre" – carecas do ABC.
- "Você tem que ser socialista, ou morre" – Stálin.
- "Você tem que ser nacional-socialista, ou morre" – Hitler.
- "Se você for comunista, você morre" – ditadura militar brasileira.

Todas estas frases revelam traços em comum. São somente fórmulas de autoritarismo, estético, ideológico, político, partidário. Assim como não há um gosto estético mais legítimo que o outro, não há uma ideologia mais certa que outra, uma verdade mais verdadeira que a outra, uma ética mais moral que a outra, uma estética mais aceitável que a outra. O que a estética nos ensina é que, segundo vários períodos históricos, costumes e hábitos, povos e culturas, identidades e manifestações sociais, os conceitos de belo e feio variam muito, não existindo uma única referência. Quando Umberto Eco, em *História de feiura,* cita Xenófanes de Colofão ("se mãos tivessem os bois, os cavalos e os leões e pudessem, como os homens, desenhar e criar obras com estas mãos, semelhantes ao cavalo, os cavalos desenhariam as formas dos deuses, e os bois semelhantes ao boi, e lhes fariam corpos tais quais eles os têm"),[14] é exatamente para dizer que não existem referências estanques no mundo da beleza e da feiura, e que estas ideias reproduzem padrões socialmente construídos.

Não se pode afirmar que o barroco de Vivaldi seja melhor que o tropicalismo de Caetano Veloso. Pareceria uma agressão, a um e a outro. Não se pode hierarquizar a bossa nova de Nara Leão, o estilo próprio de Hermeto Paschoal e o jazz de Chet Baker. Não se pode dizer que não é válida a linguagem de Raul Seixas com relação à linguagem de Herbie Hancock. Cítaras gregas, cantos budistas, música gregoriana monástica, tambores africanos, discotecagem e *pop music*, bumbos carnavalescos, ritmos de maracatu, não há melhor e nem pior, todos fazem parte dos gostos e das formas, enfim, das opções e feições, dos sabores e rigores da humanidade; somente há que senti-los e experimentá-los, ao gosto nietzschiano da entrega ao dionisíaco. Em *Além do bem e do mal* é Nietzsche quem afirma: "Deve-se renunciar ao

---

[14] "Os conceitos de belo e de feio são relativos aos vários períodos históricos ou às várias culturas e, para citar Xenófanes de Colofão (segundo Clemente de Alexandria, *Tapeçarias,* V, 110), 'se mãos tivessem os bois, os cavalos e os leões e pudessem, como os homens, desenhar e criar obras com estas mãos, semelhantes ao cavalo, os cavalos desenhariam as formas dos deuses, e os bois semelhantes ao boi, e lhes fariam corpos tais quais eles os têm'" (Eco, *História da feiura,* 2007, p. 10).

mau gosto de querer estar de acordo com um grande número de pessoas. O que é bom para mim, não é bom para o paladar do vizinho."[15]

Esse convite de entrega fruidora, ao caráter lascivo da musicalidade e do ritmo, à melodia e às formas de expressão da identidade cultural do outro, forçam à apreensão da diferença, e, juntamente com ela, tornam possível a construção do olhar para o plural, para a percepção de deleite a partir do aporte do outro, daquilo que o outro agrega exatamente por ser diferente. A arte é uma força atrativa e que desperta a curiosidade pela particularidade do aporte do outro. Este parece ser um ponto de fundamental importância para a construção de uma cultura social favorável ao espírito democrático pluralista e ao exercício irrestrito da tolerância. Por isso, o folclore da existência tem de ser cultivado como revelação de um espírito político-democrátrico, única base para uma ética pluralista. E isto tudo porque onde está o outro está a diferença, e onde está a diferença, deve estar a tolerância, a intercompreensão e o respeito, categorias estas que devem ser trabalhadas e desenvolvidas na vida social, a partir de iniciativas do Estado, das ONG's, dos movimentos sociais, das minorias organizadas, das entidades internacionais, da academia crítica, da mídia e dos partidos políticos democráticos.[16]

No centro de toda esta preocupação está o problema de como se constitui o olhar para enxergar o outro. Isso significa pensar e agir de forma a considerar o outro não como estranho ou estrangeiro, como alheio às práticas de mim, mas como ente autônomo, constituído em meio a práticas que são próprias e únicas, e, por isso, tão válidas quanto as minhas. A questão do olhar sobre o outro e questão da interpretação da cultura do outro se cruzam para desembocar no debate sobre o etnocentrismo e suas formas de expressão. Seguindo Richard Rowland, o etnocentrismo "...a tendência a considerar a cultura de seu próprio povo como a medida de todas as coisas – é uma tentação que deve ser evitada".[17] Tudo fala a favor do estranhamento; a linguagem, o vestuário, as práticas, os saberes, as crenças, as identidades, os gostos, os hábitos alimentares, os padrões morais. As diferenças assustam, pela incompreensão que produzem, e geram, do ponto de vista de reações psicossociais, medo e exclusão. Mas, ainda com Rowland, "Não se pode considerar inferior aquilo que é apenas diferente".[18] A recusa do etnocentrismo é um esforço da civilização, pois também uma pulsão primitiva nos conduz à inaceitação do outro. Daí o clássico estudo de Claude Lévi-Strauss, *Race et histoire,* guardar sua atualidade, como esforço de condução do olhar antropológico em favor do cultivo da diferença e do respeito à identidade do outro.[19] A recusa ao etnocentrismo faz parte de um esforço em favor da dignidade da pessoa humana e de sua ideia como valor de encontro entre os povos e entre as diferenças existentes entre as pessoas.

Uma sociedade socializada com estas preocupações cultiva o espírito necessário para o exercício de um pluralismo democrático, superador do homogeneísmo moderno, ordenador, e totalitário, para o qual vale a equação mortífera de Auschwitz como lugar de conversão do

---

[15]   Nietzsche, *Além do bem e do mal,* 2001, p. 65.

[16]   "O respeito pelo outro apenas se poderá fundamentar numa relação que se estabelece entre o eu e esse outro e não na simples substituição do eu pelo outro" (Rowland, *Antropologia, história e diferença,* 1997, p. 14).

[17]   Rowland, *Antropologia, história e diferença,* 1997, p. 7.

[18]   Idem, p. 8.

[19]   "O *lócus classicus* dessa recusa antropológica do etnocentrismo é o conhecido ensaio de Claude Lévi-S-trauss, *Race et históire*" (Rowland, *Antropologia, história e diferença,* 1997, p. 8).

604 | CURSO DE FILOSOFIA DO DIREITO • *Bittar / Almeida*

inconversível – do judeu a não judeu, ou seja, do judeu a cinzas e pó. E isto porque a disseminação da semente da unilateralidade e do gosto por uma única doutrina somente pode descambar na afirmação de formas políticas de profundo desrespeito para o diverso. No sentido nietzschiano, aqui não está sabedoria, mas acrisolamento da mente.[20] A forma negra de ser, construtora de uma estética específica – e suas expressões, dos ritos afro do *candomblé* ao *jazz*, do *reggae* ao *soul*, do *pop rock* ao *rapp*, têm algo a nos ensinar – somente o embotamento mental, estético e ideológico, de um juízo de gosto que se conduz dentro de uniformidades, pode nos afastar deste interesse. Por isso, a preocupação entrecruzada, no seio da cultura e do debate estético, a respeito do controle repressor do gosto do outro, da determinação estética do outro; trata-se aqui de uma denúncia pontual que abre os olhos para toda forma de imperialismo estético-cultural, que, como ideologia estruturante do agir, compõe e determina, e, ainda mais, colabora para reiterar e aprofundar outras formas de autoritarismo, como o familiar, o sexual, o social, o da indústria cultural, o ideológico e o político.

49.4 DIGNIDADE HUMANA, DEMOCRACIA PLURALISTA E DIREITOS HUMANOS

Não se trata de desenvolver um puro alento ao relativismo, mas construir uma visão que possibilita a demonstração e a fundamentação de uma forma de expressão do mais profundo respeito às particularidades de cada ser humano. Por isso, do ponto de vista político, o reconhecimento do pluralismo institui a possibilidade do convívio com a diferença, o que significa a inclusão do outro,[21] a visão holista das práticas do outro, a não discriminação e a evitação de uma descarga sempre crescente de xenofobismo, autoritarismo social e discriminação. O "imoralista", na visão de Gianotti, é exatamente aquele que pratica unilateralismo de visão social, é rigorista e assume uma perspectiva autocentrada, e não cosmopolita, da interação com o outro e de construção do espaço público.[22]

Assim, a dissolução do espírito autoritário está diretamente ligada ao exercício democrático e social de construção de uma visão de mundo onde predomina o pluralismo, um

---

[20] "A sabedoria, portanto, consiste em considerar a vida em toda a sua diversidade e número, rejeitando toda preferência unilateral por este ou aquele gênero ou valor" (Melo, *Nietzsche e a justiça*, 2004, p. 54).

[21] Cf. Habermas, *A inclusão do outro*: estudos de teoria política, 2002.

[22] "Desse modo, não fica difícil compreender quais são as formas pelas quais atua hoje em dia o imoralista. Em primeiro lugar, é o intolerante, que imagina ser ele o proprietário de um único critério moral para todas as formas de moralidade, e por isso o aplica a ferro e fogo sem levar em consideração as condições em que o juízo moral deva ser suspenso. Em segundo lugar, é o rigorista, aquele que pratica sua moral automaticamente, sem se dar conta da unilateralidade de seu ponto de vista.
"Para terminar, gostaria de circunscrever melhor o próprio conceito de moralidade pública. Estamos vendo que ela consiste numa esfera de que todos os seres humanos participam, na medida em que cada sistema moral, a fim de revelar sua unilateralidade, precisa ser confrontado por outros. Segue-se a necessidade de que todos os seres humanos sejam incluídos no seu âmbito. Sob este aspecto é uma moral cosmopolita, estabelecendo regras de convivência e direitos que assegurem que os homens possam ser morais. É neste sentido que os direitos do homem, tais como em geral têm sido enunciados a partir do século XVIII, estipulam condições mínimas do exercício da moralidade. Por certo, cada um não deixará de aferrar-se à sua moral; deve, entretanto, aprender a conviver com outras, reconhecer a unilateralidade de seu ponto de vista. E com isto está obedecendo à sua própria moral de uma maneira especialíssima, tomando os imperativos categóricos dela como um momento particular do exercício humano de julgar moralmente. Desse modo, a moral do bandido e a do ladrão tornam-se repreensíveis do ponto de vista da moralidade pública, pois violam o princípio da tolerância e atingem direitos humanos fundamentais" (Gianotti, Moralidade pública e moralidade privada, *in Ética* (Adauto Novaes org.), 1992, p. 244-245).

Cap. 49 · DIREITO, DEMOCRACIA E PLURALISMO | **605**

conceito que o pensamento pós-moderno vem desenvolvendo lentamente.[23] O pluralismo, quando se afirma, é para, fundamentalmente se exprimir como: pluralismo de ideias; pluralismo de ideologias; pluralismo de frentes políticas; pluralismo de concepções; pluralismo de formações; pluralismo de projetos educacionais; pluralismo de concepções de mundo; pluralismo de religiões; pluralismo de filosofias. Tudo isso, respeitados os limites da legalidade, da cidadania, da solidariedade, da justiça social e da dignidade humana.

A teoria clássica da democracia menospreza na abstração dos termos modernos "povo", "cidadão", "soberania", aspectos importantes da condição humana e reivindicações recentes da visão de mundo pós-moderna. Deve-se superar a ideia de que a boa democracia depende somente do aprimoramento dos recursos políticos institucionais do Estado. Na esteira de Häberle, a democracia política deve estar associada ao desenvolvimento de uma cultura como *humus* favorável ao desenvolvimento da consciência pluralista e favorável aos valores de direitos humanos.[24]

Enquanto os universais filosóficos modernos produzem apagamento, o relativismo antropológico produz exaltação e resgate das diferenças. Trata-se de enfatizar, a partir do colorido multidiversificado humano – que pede um olhar analítico cuidadoso, generoso e condescendente (olhar descentrado), e não rigoroso, discriminatório e exclusivista (olhar egóico) – a defesa irrestrita das diversas maneiras de se afirmar identidade de direitos e diversidade antropológica. O espírito democrático se identifica com o pluralismo de linguagens humanas, como o espírito livre está disposto a compreender a música da alteridade, a identidade do outro. Intenta-se produzir e justificar os fundamentos de uma democracia qualitativa, pluralista, tolerante e voltada para a realização dos ideais e valores contidos nos direitos humanos, em sua complementaridade intergeracional.

Assim, toda democracia deve necessariamente zelar pela transição pacífica da gestão de governo, bem como deve zelar pelo resguardo ao direito às minorias, à dissidência e à discordância. Se todos têm o mesmo direito e o mesmo dever à lei, revelando-se aqui a ideia da igualdade, ao mesmo tempo, todos têm o direito de serem considerados em suas particularidades, revelando-se aqui a ideia parceira, a da diversidade. Estas duas ideias andam lado a lado, e devem se complementar como forças, e, por isso, toda luta emancipatória, deve governar-se a partir destes dois critérios. Assim, como afirma Flávia Piovesan, o direito à igualdade material se acompanha do direito à diferença e do direito ao reconhecimento de identidades, única forma de se evitar a universalização de estereótipos hegemônicos e única forma de se evitar o sofrimento humano.[25]

---

[23] "A condição política pós-moderna se baseia na aceitação da pluralidade de culturas e discursos. O pluralismo (de vários tipos) está implícito na pós-modernidade como projeto" (Heller, Fehér, *A condição política pós moderna*, 1998, p. 16).

[24] "Na atualidade, na qual apenas uma minoria de países conseguiu atingir o *status* de Estado Constitucional com fundamentação nos direitos humanos e legitimação democrática vale o seguinte: no âmbito interno do Estado Constitucional, todo e qualquer Direito Constitucional e Direito em geral tem como premissa de antropologia cultural a dignidade humana, cuja consequência organizacional é a democracia" (Häberle, A dignidade humana e a democracia pluralista – seu nexo interno, *in Direitos fundamentais, informática e comunicação* (Sarlet, Ingo Wolfgang), 2007, p. 18-19).

[25] "O direito à igualdade material, o direito à diferença e o direito ao reconhecimento de identidades integram a essência dos direitos humanos, em sua dupla vocação em prol da afirmação da dignidade humana e da prevenção do sofrimento humano. Eles são condição e pressuposto para o direito à autodeterminação, bem como para o direito ao pleno desenvolvimento das potencialidades humanas, transitando-se da igualdade abstrata e geral para um conceito plural de dignidades concretas" (Piovesan, como fica a dignidade humana diante da opressão pelo mais forte?, *in MPD Dialógico*, Revista do Movimento do

606 CURSO DE FILOSOFIA DO DIREITO • *Bittar / Almeida*

O espírito democrático deve, portanto, incentivar a tolerância, única forma de manifestação de um olhar não exigente, de um olhar voltado para a compreensão do outro. Por isso, trata-se de construir, no interior das práticas democráticas, um exercício de uma forma política na qual impera o princípio da tolerância (PT), este muito bem identificado por Lévi-Strauss,[26] ao lado do princípio do discurso (PD), este muito bem identificado por Jürgen Habermas.[27]

O respeito à dignidade humana, no interior de práticas democráticas, tem a ver com este exercício de respeito integral à diversidade humana, de reconhecimento e integração da diversidade antropológica. Trata-se de uma exigência de que as assimetrias antropológicas não sejam a base de um rebaixamento discriminatório da identidade do outro, mas a base para o enaltecimento do espaço do humano como o espaço dos muitos, dos vários.

CONCLUSÕES

Esta investigação, partindo de concepções de arte e estética, empreende um movimento em direção à afirmação e fundamentação filosófica da diversidade humana. Dialogando com fontes da antropologia, também reitera o compromisso de construção política de uma forma não autoritária do olhar, valor fundamental para a construção do espírito democrático. Uma cultura dos direitos humanos centrada numa ética do pluralismo e da diversidade deve cultivar: abertura democrática, aceitação da alteridade, múltiplas formas de expressão, flexibilidade democrática para com as minorias, proteção da diversidade dos jogos de linguagem social, porosidade ético-antropológica, sensibilidade social e cultural. O ato político de trabalhar o direito à cultura, como garantia da multidiversificada forma de expressão das artes, é um ato de cidadania, uma forma de proteção dos direitos humanos e uma condição para a socialização em sociedades democráticas. Todos têm direito à cultura, como direito de imergir na própria identidade. Essa é uma busca que não pode ser vetada, sob pena de atentar-se contra a dignidade da pessoa humana. A elitização da arte produz isso, a exclusão cultural. A massificação dos produtos da indústria cultural produz isso, a marginalização da arte que é *out*, e não *in*.

A partir desta linha de análise, se torna possível afirmar a cultura dos direitos humanos fundada na diversidade, como forma de garantir que o olhar sobre o humano se desprenda da categoria do universal, e busque o reconhecimento da humanidade tal como se apresenta materialmente e historicamente, como individualidade. Percebe-se o lugar de uma ética que se constrói para fundamentar uma cultura de direitos humanos, que decorre de uma estética. Neste sentido, reforça-se o impacto do pensamento pós-moderno, com a cultura da diversidade e do pluralismo, para falar a respeito da ideia da dignidade da pessoa humana como um fator nuclear de fundamentação e legitimação de uma cultura dos direitos humanos. Por isso, a investigação sobre o belo toca de perto uma investigação sobre o justo, e, por isso, fornece subsídios e alento para se atrair o debate sobre a defesa do pluralismo e da diversidade, onde as diversas formas de convergências humanas podem se estruturar em práticas fundantes do convívio democrático, pluralista, dialógico, aberto e tolerante.

Ministério Público Democrático, 60 anos da Declaração Universal dos Direitos Humanos, ano V, no 21, out. 2008, p. 21).

[26] "A tolerância não é uma posição contemplativa, dispensando as indulgências ao que foi ou que é. É uma atitude dinâmica, que consiste em prever, compreender e promover o que quer ser. A diversidade das culturas humanas está atrás de nós, à nossa volta e à nossa frente. A única reivindicação que podemos fazer a este respeito (exigência que cria para cada indivíduo deveres correspondentes), é que elas se realize de modo que cada forma seja uma contribuição para a maior generosidade das outras" (Lévi-Strauss, *Antropologia estrutural dois*, 4. ed., 1993, p. 366).

[27] A respeito, *vide* Habermas, *A inclusão do outro*: estudos de teoria política, 2002.

50
DIREITO, SENSIBILIDADE E AFETO

50.1 MODERNIDADE E RACIONALISMO: PARA UMA CRÍTICA DA RAZÃO INSTRUMENTAL

A racionalidade que emerge da modernidade não esgota a noção de razão e não realiza plenamente a ideia de razão.[1] A racionalidade que emerge da modernidade é um *minus* com relação à própria ideia, em potencial, da razão. Por isso, entre outras coisas, o que se constata é que a ideia de razão que emerge da modernidade forma uma relação de exclusão com a ideia da emoção. O conflito entre razão e *éros* é um claro produto da modernidade, seguindo uma tradição que já está instalada na dimensão da tradição ocidental, que dicotomiza alma e corpo, que diferencia o "alto" do "baixo", o céu do inferno, dentro da tradição platônico-agostiniana, e do monoteísmo logocêntrico judaico-cristão,[2] permitindo que cisões e fraturas vertiginosas e inconciliáveis existam também entre pensamento e sentimento, entre mente e coração e entre verdade e paixão.[3]

E isto porque a razão que emerge da modernidade é a razão instrumental (*Instrumentellen Vernunft*),[4] uma forma de razão que dilacera a existência humana em sua plenitude, reduzindo-a a um de seus aspectos. Esta forma assumida pela razão moderna, como razão técnica, de cujo aproveitamento a esteira de produção retira seus benefícios produtivos, revela potência, dominação, desmistificação, e age ao modo de algo que rompe o véu da ignorância, que desvirgina o mundo, o mistério, a natureza, que cresta o espírito criativo, artístico e renovador, e, exatamente por isso, se converte em razão instrumental. O império do moderno produz o eu-máquina, aquele que opera, que está se chafurdando na dimensão de uma práxis de fazeres, que distancia o ego da percepção de si e da percepção do outro. Onde há utilidade, há verdade, e onde há trabalho produtivo, há compensação econômica. "A racionalidade técnica hoje é a racionalidade da própria dominação. Ela é o caráter compulsivo da sociedade alienada de si mesma", afirmam Horkheimer e Adorno.[5] Esta forma de razão produz a instrumentalização da natureza, do outro, do corpo, do espírito, da coexistência, da família, dos sentimentos, de

---

[1] A primeira versão deste texto foi publicada como capítulo da 2ª edição do livro *O direito na pós-modernidade*, Rio de Janeiro, Forense Universitária, 2009, p. 402 a 430.

[2] A respeito, *vide* verbete *lógos, in* Peters, *Termos filosóficos gregos*: um léxico histórico, 2. ed. 1983, p. 137.

[3] A crítica é desenvolvida por Erich Fromm: "Además de los rasgos patológicos arraigados en la disposición pasiva, existen otros que son importantes para comprender la patología actual de la normalidad. Me refiero a la creciente separación de la función cerebrointelectual de la experiencia afectivo-emocional; a la escisión entre el pensamiento y el sentimiento, entre la mente y el corazón, entre la verdad y la pasión." (Fromm, *La revolución de la esperanza*, 2003, p. 49).

[4] Sobre o conceito, *vide* Horkheimer, Adorno, *Dialética do esclarecimento*, 1985.

[5] Horkheimer, Adorno, *Dialética do esclarecimento*, 1985, p. 114.

608 | CURSO DE FILOSOFIA DO DIREITO • Bittar / Almeida

tudo. "... Tudo, seja espiritual, seja material, se torna objeto de troca e de consumo...".[6] Pressa, ansiedade, fim, metas, resultados, objetivos, tudo em nome do trabalho, mas o trabalho é penoso. Cegado pelo pragmatismo de efeitos produtivos, o homem se esgota em trabalho. O homem não é somente trabalho, mas foi reduzido à dimensão do trabalho, e, por isso, se tornou unidimensional. Por isso, a constatação da insuficiência do discurso moderno deve ser a base para o desenvolvimento de uma crítica que recupera o lugar do afeto como categoria epistemicamente valiosa e como categoria socialmente relevante.[7]

A relação humana com o dinheiro e com a conquista, com a natureza e com o caráter empreendedor-destruidor, revelando a anatomia da destrutividade humana, relega também, nas relações de interação social, o outro não produtivo ao esquecimento, o que reforça o caráter fálico, concorrencial, darwinista da corrida pela sobrevivência e pelo descuido como um traço desta cultura. A mercadorização do homem e a massificação atomizante são fatores que muito mais do que proporcionarem igualmente convertem cada indivíduo em uma partícula despregada da totalidade, e, por isso, carente como em um deserto de si mesma e dos outros.[8] Os laços humanos da sociedade de consumo são definidos por sua volatilidade e indiferença. Em *Minima moralia* é Adorno quem nota e distingue: "Que em vez de levantar o chapéu se saúdem com um olá de habitual indiferença, que em vez de cartas se enviem *inter office comunications* sem cabeçalho e sem assinatura, são outros tantos sintomas de uma enfermidade do contato. A alienação manifesta-se nos homens justamente no desaparecimento das distâncias".[9] Este descuido é a base de tantas injustiças, assim como de hiperbólicos efeitos negativos quando se trata de pensar o desenvolvimento de uma cultura de interação social centrada na dignidade da pessoa humana. Como aponta conclusivamente Erich Fromm, o homem moderno ao se alienar do outro, também se alienou de si mesmo.[10]

Desde que se viu e se enxergou no espelho cartesiano, e disse *Cogito, ergo sum!*, desenvolveu uma onipotência narcísica, que é a marca da razão ocidental moderna.[11] Esta expressão

---

[6] Fromm, *A arte de amar*, 2006, p. 108.

[7] Daí, como afirma Erich Fromm, a necessidade da crítica pelas ausências e pelas causas destas ausências: "... Analisar a natureza do amor é descobrir sua ausência geral hoje e criticar as condições sociais responsáveis por essa ausência. Ter fé na possibilidade do amor, como fenômeno social e não apenas excepcional e individual, é uma fé racional baseada na compreensão da natureza verdadeira do homem... " (Fromm, *A arte de amar*, 2006, p. 165).

[8] As advertências sobre as consequências para a sociedade contemporânea são dadas por Erich Fromm: "... Do mesmo modo que a moderna produção em massa requer a padronização das mercadorias, o processo social também requer a padronização do homem, e sua padronização é chamada de "igualdade"... "; e, ainda, mais adiante: "... A incidência do alcoolismo, do consumo de drogas, do sexualismo compulsivo e do suicídio na sociedade ocidental contemporânea é um sintoma dessa falência relativa da conformidade tipo rebanho... " (Fromm, *A arte de amar*, 2006, p. 20).

[9] Adorno, *Minima moralia*, 2001, parágrafo 20, p. 36.

[10] "Qual o resultado? O homem moderno alienou-se de si mesmo, de seus semelhantes e da natureza. Ele foi transformado numa mercadoria, experimenta suas forças vitais como um investimento que precisa lhe proporcionar o maior lucro capaz de ser obtido nas condições de mercado existentes. As relações humanas são essencialmente as relações entre robôs alienados, cada um dos quais baseia sua segurança em ficar junto do rebanho, e não ser diferente dele em pensamento, sentimentos e atos... " (Fromm, *A arte de amar*, 2006, p.106).

[11] "A primeira determinação do humano não é, pois, o cartesiano penso, logo existo mas o sinto, logo existo da visão originária" (Boff, Justiça e cuidado: opostos ou complementares?, *in O cuidado como valor jurídico* (Pereira, Tania da Silva; Oliveira, Guilherme de, orgs.), 2008, p. 9).

Cap. 50 · DIREITO, SENSIBILIDADE E AFETO | 609

do *cogito*, acima de tudo, começa pela negação dos sentidos e dos sentimentos, para resultar na expressão de uma fetichização do lugar da razão. Depois de esculpida esta sua forma histórica de razão, a razão moderna, encantada na idolatria de sua própria face, não entrevê outras formas de racionalidade. Tudo o que se antepõe a esta forma de racionalidade parece despido de seriedade, sem força científica, sem capacidade de comprovar suas próprias teses. Diante dela, tudo cede como sendo irracionalidade, e o lugar do afeto, da crença, do mito, da lenda, da magia, da fantasia, desaparecem. A dimensão da sensualidade, da sensibilidade e da sensação, ou seja, aquilo que está contido nos significados do termos *Sinnlichkeit,* são anestesiadas pela hipertrofia da razão ocidental moderna e cartesiana, exacerbada pelo positivismo novecentista.[12] Por isso, a aventura da descoberta freudiana do inconsciente, que fez com que o eu não seja mais senhor em sua própria casa,[13] e os caminhos hodiernos da discussão psicanalítica abrem campo para a contestação daquilo que se assume como sendo evidência inequívoca, mas que não alcança a capacidade de traduzir toda a complexidade e a profundidade das questões ligadas à *psyché* humana.[14]

50.2 O LUGAR DO AFETO COMO LUGAR DA RAZÃO: ÉROS, RAZÃO E BIOFILIA

As mudanças de paradigma se fazem sentir com maior clareza desde o final do século XX, desde quando diversas iniciativas, no interior das discussões sociológica e filosófica do discurso pós-moderno, nutrem condições para uma grande mudança paradigmática, que tem abalado traços ancestrais da cultura ocidental, não deixando de ser relevante *pensar* e *re-pensar* a significação de maio de 68 como marco histórico identificador do processo de lutas emancipatórias contemporâneas.[15] Pode parecer sintomático que, do ponto de vista his-

---

[12] "Essa racionalidade científica, que se faz passar pela única forma de racionalidade, recalca aspectos importantes da razão: a sensualidade, a sensibilidade, a sensação. O termo alemão *Sinnlichkeit* (sensibilidade) conserva os três sentidos. Marcuse chama a atenção para o fato de a palavra ter deslizado do campo sensorial, corporal, para o terreno da estética e da filosofia da arte. Sensação, sensualidade e sensibilidade foram tornadas antagônicas pela civilização repressiva, foram preteridas pela hipertrofia da racionalidade analítica, pragmática e calculadora, vale dizer, matematizante. Malgrado os desenvolvimentos técnicos e científicos, há uma regressão da sociedade, o que se atesta pelas periódicas recaídas na barbárie, no auge da civilização – os fascismos, os nazismos, o totalitarismo" (Matos, *A Escola de Frankfurt*: luzes e sombras do iluminismo, 2. ed., 2005, p. 56).

[13] "Mas o que interessa diretamente ao Direito não é a clínica psicanalítica ou a sua terapêutica. A importância desse outro campo do conhecimento para o Direito é que ele introduziu um discurso que revolucionou o pensamento ocidental, e no campo jurídico, como disse Legendre, lesou a majestade. Assim se iniciou uma nova revolução copernicana que trouxe a peste ao renegar fundamentalmente as bases do cogito cartesiano: "O eu não é mais senhor em sua própria casa" (Freud)" (Pereira, *Princípios fundamentais norteadores do direito de família*, 2006, p. 52).

[14] "Essa experimentação, se vamos ao fundo das coisas, é aquela a que Freud submeteu, no seu domínio, uma certa imagem tradicional, jurídica, moral, filosófica, ou seja, definitivamente ideológica do homem, do sujeito humano. Não foi em vão que Freud, por vezes, comparou a repercussão crítica de sua descoberta com a subversão da revolução copernicana" (Althusser, *Freud e Lacan. Marx e Freud*, 2000, p. 70). A respeito, também: "... A noção de *inconsciente*, formulada por Freud, revelou que a razão é menos poderosa do que se supunha, pois a consciência é, em grande parte, dirigida e controlada por forças profundas e desconhecidas. Essa noção pôs em dúvida a crença dos racionalistas e empiristas, segundo a qual a verdade habita a consciência" (Prado, *O juiz e a emoção*, 2003, p. 27).

[15] " ... No fim do século XX, parece haver sinais de que a repressão do arquétipo da *anima* esteja, de modo muito gradual, cedendo lugar para *um homem que, devagar e timidamente, ensaia os primeiros passos em direção aos atributos psicológicos tidos, durante séculos, como exclusivos das mulheres, mostrando-se pouco a pouco mais aberto ao sentimento* e mais apto para os relacionamentos, sejam ou não com o sexo oposto (tal fato é muito importante, pois para James Hillmsnn – que tão bem estudou o arquétipo da

610 | CURSO DE FILOSOFIA DO DIREITO • Bittar/Almeida

tórico, sob o signo da pós-modernidade, tenha sido necessário abalar o conjunto de milenares e sólidas crenças ligadas à *vontade-de-verdade*, que alimentaram o sonho megalomaníaco de conhecimento que devassa a natureza das coisas. Essa razão, que irá se solidificando historicamente instrumental, encontra seu ponto de epílogo na demonstração da falibilidade de suas garantias e certezas, bem como de suas promessas e mentiras. A percepção de que não é possível tudo perscrutar, tudo saber, tudo explicar, é, pois, algo muito recente. Enquanto a tradição de especulação sobre a verdade possui 2.500 anos, a ideia de verdade somente cede no final do século XX, como crença mitológica a orientar os passos da ciência. Nesse cenário, despontam Lyotard, Foucault, Derrida.

A busca frenética por um saber controlador, por um saber que devassa para compreender, mas que ao devassar desnatura a existência, converte o animado em inanimado, expressa a insegurança humana diante do medo da natureza, do isolamento, da distância da origem das coisas. Como tudo está envolvido em mistério, no mistério da própria condição humana, a razão aparece com a pretensão de superar o mito e dissipar o mistério. Não que esta aventura não tenha sido de fundamental importância para a humanidade, mas também se deve perceber o limite disto, quando o excesso de razão devolve o homem ao mundo do mitológico e do irracional, tese esta que orienta a reflexão contida na *Dialética do esclarecimento*, de Horkheimer e Adorno.[16] Tudo isto se dá ao modo de uma compensação pela fragilidade da condição humana, pelo fato do homem estar envolvido pelo mistério, e exatamente por isso, pelo medo. Mas, o que se percebe é que nunca seremos capazes de devassar tudo e dissipar completamente o mistério, de modo que o conhecimento que toma a forma de amor, na visão de Erich Fromm,[17] aparece como um substitutivo da forma pela qual tem se expressado o racionalismo ocidental.

As certezas modernas se abalam, as verdades científicas se relativizam, as instituições na base do poder se desmancham; o controle sobre a natureza sai de rumo, ameaçando a sobrevivência da própria condição planetária do homem. Por isso, recorda-se de Sócrates, depois de uma aventura histórico-filosófica de 25 séculos, para afirmar que só é possível saber que nada se sabe. A retomada do lema délfico parece ter um outro sentido, quando o "conhece-te a ti mesmo" for interpretado como a mais elementar das expressões da arte de amar a si, e, portanto, de amar ao outro.[18]

Este deve ser o ponta-pé inicial para um conjunto de ações, reflexões e iniciativas que identificam na 'transitividade' de nossa condição hodierna a privilegiada situação de quem assiste a uma passagem da história da razão à história do afeto. A razão é capaz de equipar materialmente o mundo, mas somente o afeto é capaz de incentivar a *lógica biofílica* da

---

anima –, esse arquétipo é a personificação da inconsciência da cultura ocidental, podendo ser a imagem pela qual seremos liberados)" (Prado, *O juiz e a emoção*, 2003, p. 60).

[16] "A essência do esclarecimento é a alternativa que torna inevitável a dominação. Os homens sempre tiveram de escolher entre submeter-se à natureza ou submeter a natureza ao eu. Com a difusão da economia mercantil burguesa, o horizonte sombrio do mito é aclarado pelo sol da razão calculadora, sob cujos raios gelados amadurece a sementeira da nova barbárie. Forçado pela dominação, o trabalho humano tendeu sempre a se afastar do mito, voltando a cair sob o seu influxo, levado pela mesma dominação" (Horkheimer, Adorno, *Dialética do esclarecimento*, 1985, p. 43).

[17] " ... Ela se baseia em nossa consciência das limitações fundamentais, e não acidentais, do nosso conhecimento. Ela é a consciência de que nunca "captaremos" o segredo do homem e do universo, mas de que podemos conhecer, entretanto, no ato de amar... " (Fromm, *A arte de amar*, 2006, p. 40).

[18] "... O anseio de nos conhecer e de conhecer o outro foi expresso no lema délfico de "conhece-te a ti mesmo"... " (Fromm, *A arte de amar*, 2006, p. 39).

Cap. 50 · DIREITO, SENSIBILIDADE E AFETO | 611

continuidade da existência. Em tempos sombrios, com a ameaça de uma extinção global da vida, somente se torna possível pensar os desafios da existência e sua superação pela ampla projeção do afeto e da valorização da vida.

Por isso, a reflexão filosófica contemporânea deve ser sensível à questão de que a razão não se substitui pelo afeto, mas incorpora o afeto como um modo de praticar uma ética do cuidado. O afeto não exclui a reflexão e nem a reflexão exclui o afeto; como instâncias complementares, ambas sobrevivem lado a lado após os longos percursos modernos de expurgos em que *lógos* soterra *éros*. Para isso, foram necessárias experiências que demonstraram o desenfreado caráter logomaníaco da razão, que aporta na barbárie. Onde o equilíbrio prepondera, estas instâncias estão em relação de complementaridade, onde o desequilíbrio prepondera, elas litigam e, ao litigarem, se anulam como forças capazes de afirmarem a vida. Portanto, a filosofia que extrai da biofilia o seu fundamento deve necessariamente alinhar-se na perspectiva da disseminação de uma identidade humana capaz de transpirar responsabilidade e afeto no trato entre *ego* e *alter*.

O afeto não é desorientado e irracional como uma besta, mas sim um auxiliar importante na condução das trilhas a serem assumidas pelas deliberações e escolhas éticas individuais. Mais ainda, o afeto não é algo da esfera privada, imagem que vem retida pelas campanhas publicitárias e pela forma burguesa de arranjo das relações entre família e sociedade, na medida em que esta imagem do afeto como amor romântico é estereotipada e, invariavelmente, expressa simplesmente uma forma de egoísmo a dois, como afirma Erich Fromm.[19] Normalmente, se costuma dicotomizar e afirmar, ao modo positivista, que o pensamento lógico e racional é antagônico ao pensamento afetivo; pelo contrário, as emoções ajudam o pensamento a conduzir a vida, na medida em que as emoções fazem parte da vida psíquica e emotiva e são parte da constituição do indivíduo.[20] A razão, nesse sentido, somente é completa se assumida e interpretada como sendo uma combinação "...del pensamiento racional y el sentimiento. Si separamos las dos funciones, el pensamiento se deteriora volviéndose una actividad intelectual esquizoide y el sentimiento se disuelve en pasiones neuróticas que dañan a la vida", como afirma Erich Fromm.[21] Nesse sentido, a razão, por vezes, conduz a sensibilidade, às vezes é conduzida pela sensibilidade, o que permite afirmar que se tratam de instâncias coparticipantes da constituição das existências subjetiva e intersubjetiva. Do exposto, o que se percebe é que a razão não se esgota em operações de lógica formal, mas pratica uma lógica da sensibilidade, pois a sensibilidade funciona como protológica do pensamento, como afirma Bruyeron.[22]

---

[19] "... Ela é uma *atitude*, uma *orientação* de *caráter* que determina como alguém se relaciona com o mundo como um todo, e não como um "objeto" de amor. Se uma pessoa ama apenas outra pessoa e é indiferente ao resto dos homens, seu amor não é amor, mas uma relação simbiótica ou um egoísmo ampliado... " (Fromm, *A arte de amar*, 2006, p. 57).

[20] "El pensamiento lógico no es racional si es puramente lógico y no lo guía el interés por la vida y el estudio del proceso total del vivir en toda su concreción y con todas sus contradicciones. Por otra parte, no sólo el pensamiento sino también la emoción puede ser racional (...). La racionalidad respecto de la vida emocional significa que las emociones afirman y ayudan a la estructura psíquica de la persona a mantener un equilibrio armónico a la vez que favorecen su desarrollo. Así, por ejemplo, el amor irracional es aquel que incrementa la dependencia del individuo y, por tanto, su angustia y hostilidad. El amor racional, en cambio, es un amor que relaciona íntimamente a una persona con otra y al mismo tiempo preserva su independencia y integridad" (Fromm, *La revolución de la esperanza*, 2003, p. 49).

[21] Fromm, *La revolución de la esperanza*, 2003, p. 49.

[22] "Rationalité en un sens sans doute très large: la sensibilité, nous le verrons, oriente, ordonne, construit et, en ce sens, elle prepare les opérations logiques futures, elle est une protologique, idée que nous emprunterons aux psychologues qui révolutionent aujourd'hui notre compréhension de l'enfant, de la

A filosofia que assim se pensa a si mesma se define como princípio do pensamento que reage a toda forma de expressão da necrofilia. Pode-se seguir o pensamento de Erich Fromm, que, em *Anatomia da destrutividade humana,* afirma: "A biofilia é o amor apaixonado pela vida e por tudo aquilo que é vivo; é a sede de um crescimento complementar, numa pessoa, planta, ideia ou grupo social. A pessoa biófila prefere construir a guardar. Quer ser mais, em vez de ter mais. É capaz de admirar, e prefere ver algo novo a encontrar comprovação do que é antigo. Ama a aventura de viver mais do que a certeza. Vê, antes, o todo que apenas as partes; as estruturas ao invés de os somatórios e totais. Deseja moldar e influenciar pelo amor, pela razão e pelo exemplo; não pela força, pelo desmembramento das coisas, pela forma burocrática de administrar as pessoas, como se elas fossem coisas. Uma vez que goza a vida e todas as manifestações, não é um consumidor apaixonado de excitações recentemente empacotadoras. A ética biófila tem seu próprio princípio quanto ao bem e ao mal. Bem é tudo aquilo que serve à vida; mal é tudo o que serve à morte. O bem é a reverência pela vida, tudo o que engrandece a vida, o crescimento, o desdobramento. O mal é tudo o que sufoca a vida, que a restringe, que a corta em pedaços".[23]

50.3 RAZÃO E AFETO, DIREITO E JUSTIÇA

A história do ocidente se confunde com uma história em cuja narrativa se encontra necessariamente a de uma civilização marcada pelo predomínio do racional e pelo predomínio do masculino. A aridez da cultura em que predomina o masculino decorre de seu caráter abstrato e dogmático, características próprias do racionalismo.[24] Trata-se de uma civilização que vem determinada por fortes contingentes de práticas paradigmaticamente fixadas sobre a ética fálica. Este falocentrismo civilizacional também constrói a imagem de uma sociedade carente do direito como regulador de comportamentos, donde o direito aparece necessariamente como sendo a esfera do pai, da ordem, da convenção, do vertical, da lei imperativa, do controle. O falo, como símbolo,[25] é a insígnia do pai-inseminador, e, a insígnia da potência e do poder, e, por isso, a insígnia do direito e da lei, como afirma Althusser.[26]

---

formation de la sensibilité et de son intelligence. Il 's agit donc d'une logique de la sensation, mais d'une protologique de la sensibilité qui a ses raisons dans la vie elle-même, dans la capacité qui a l'être vivant à se donner son milieu et pas seulement à le subir" (Bruyeron, *La sensibilité,* 2004, p. 5-6).

[23] Fromm, *Anatomia da destrutividade humana,* 2. ed., 1987, p. 486-487. Ainda, em outro texto, a mesma preocupação: "Cada acto de amor, de consciencia y de compasión es resurrección; cada acto de pereza, de avidez u de egoísmo es muerte" (Fromm, *La revolución de la esperanza,* 2003, p. 28).

[24] "... O malogro em integrar o mundo do feminino em uma civilização patriarcal levou à masculinização da cultura, com uma predominante rigidez de atitudes mentais, em geral dogmáticas e abstratas, redundando numa sociedade excessivamente racionalista e árida, porque distanciada do sentido e do instinto" (Prado, *O juiz e a emoção,* 2003, p. XXVIX).

[25] "Símbolo do poder gerador, fonte e canal do sêmen, enquanto princípio ativo. (...) Sua representação não é obrigatoriamente esotérica nem erótica: ela significa simplesmente a potência geradora que, sob essa forma, é venerada em diversas religiões" (Chevalier, Gheerbrant, *Dicionário de símbolos,* 2005, p. 418).

[26] "Que, neste último drama, tudo se desenrole na matéria de uma linguagem previamente formada, que, no complexo de édipo, centra-se inteiramente e se ordena em torno do significante *falo*: insígnia do Pai, insígnia do direito, insígnia da Lei, imagem fantasmática de todo Direito – eis o que pode parecer espantoso ou arbitrário –, mas todos os psicanalistas o atestam como um fato de experiência.
"A última etapa de Édipo, a 'castração', pode dar uma ideia disso. Quando o menino vive e resolve a situação trágica e benéfica da castração, ele aceita não ter o mesmo Direito (falo) que seu pai, e, particularmente, não ter o Direito do pai sobre sua mãe, que se revela então dotada do estatuto intolerável do

Cap. 50 · DIREITO, SENSIBILIDADE E AFETO | **613**

Desde sua origem mitológica, é legendária a tradição que faz ver na justiça a dimensão do arquétipo feminino.[27] Como se pode extrair de um conjunto de evidências simbólicas e etimológicas, a justiça sempre foi associada a uma deusa feminina. Esta evidência não pode ser assumida como desprezível, pois em meio a tantas divindades masculinas, inclusive diante da potência unificadora de Zeus, a justiça foi dita *Diké* quando se pretendeu libertar os homens do jugo dos próprios deuses. Evocada na forma de uma balança, a *Iustitia* se consagra historicamente como a virtude da isonomia, da imparcialidade, da ponderação, da piedade pelo humano, bem como pela capacidade de sopesamento nos julgamentos.[28] O agir prudente é aqui sinônimo de uma prática ética de consideração da singularidade de cada caso concreto e de cada particularidade humana. O esforço implicado no ato de agir e julgar prudentemente é um esforço dimensionado de forma ética, e não por uma simples operação lógico-dedutiva a partir de regras.

Seguindo, pois, a ordem das coisas derivada de uma forma de compreensão falocêntrica do mundo, o espaço do público é um espaço dominado pela cultura patriarcal, repressora, que leva à submissão do padrão feminino, e na base desta cultura, se encrustram formas de controle do comportamento centradas na ordem do masculino.[29] O espaço do público é o espaço das relações de trabalho – ocupadas em geral pelo predomínio dos homens – e, portanto, o espaço da coordenação das ações na base do direito.[30] Deve-se recordar que, em grande parte, o direito que se herda no ocidente, ao menos em grande parte da Europa continental, deriva do sistema de direito romano-germânico, cuja base era o próprio patriarcalismo da

---

duplo papel, mãe para o menino, mulher para o pai; mas, assumindo o fato de não ter o mesmo direito que seu pai, ele ganha, com isso, a segurança de vir a ter um dia, mais tarde, quando se tiver tornado adulto, o direito que agora lhe é recusado, por falta de meios" (Althusser, *Freud e Lacan. Marx e Freud,* 2000, p. 67-68).

[27] "... A noção de arquétipo permite-nos compreender porque, em locais e tempos diferentes, surgem temas idênticos nos sonhos, nos delírios, nos mitos, nos contos de fadas, nos dogmas e rituais das religiões, nas artes, enfim nas produções do inconsciente de um modo geral. Os filósofos do Direito há muito afirmam que a Justiça, desde tempos imemoriais, aparece nas simbolizações da humanidade. Pode-se, assim, afirmar que a Justiça é um arquétipo..." (Prado, *O juiz e a emoção,* 2003, p. 32).

[28] Matriarcado e patriarcado diferem de sentido, portanto: "... Para ele, o dinamismo matriarcal – o mais básico da psique, que se relaciona com fertilidade, a sobrevivência e a propagação da espécie – é regido pelo princípio da abundância, da sensualidade, da magia, da afetividade, da intuição, do imaginético, do lúdico, do sentimento, da proximidade com o inconsciente. Também se expressa na personalidade, pela expressividade exuberante das emoções, pelo preparo dos alimentos, pela dança, pelo canto. É representado, geralmente, pelas deusas da fertilidade. O padrão de consciência desse dinamismo é a grande proximidade da relação Eu-Outro.

"Quanto ao dinamismo patriarcal, é regido pelo princípio da ordem, da racionalidade, do dever, do desafio das tarefas, do senso prático, dividindo o mundo em polaridades: bem e mal, certo e errado, justo e injusto, bonito e feio etc. Seus deuses são legisladores e conquistadores. No nível da sociedade, é planificador, controlador e hierarquizador; no plano das ideias é o grande formador de sistemas... " (Prado, *O juiz e a emoção,* 2003, p. 57-58).

[29] "... A cultura patriarcal do Ocidente está repleta de exemplos que demonstram a sujeição da mulher em relação ao homem... " (Prado, *O juiz e a emoção,* 2003, p. 53).

[30] Com pequena discordância com relação a Leonardo Boff neste ponto, especialmente no que se refere à confusão entre os conceitos de justiça e direito como derivados da dimensão do masculino: "Notoriamente vivemos ainda, desde o neolítico, sob a era do pai e do patriarca. A ética prevalente foi formulada na linguagem do homem que ocupa o espaço público e detém o poder. Ele se expressa por princípios, imperativos, normas, ordenações e culmina com o tema da justiça. Usa como instrumento de construção o logos, a razão" (Boff, Justiça e cuidado: opostos ou complementares?, in *O cuidado como valor jurídico* (Pereira, Tania da Silva; Oliveira, Guilherme de, orgs.), 2008, p. 2).

614 | CURSO DE FILOSOFIA DO DIREITO • *Bittar / Almeida*

civilização greco-romana. Por isso, faz sentido pensar que *Summun ius suma iniuria,* como constata Cícero (*De finibus,* 1, 10, 33). Sob os influxos do positivismo, a transposição do caráter cultural do racionalismo moderno, cartesiano, para o mundo do direito se dá na consagração do pensamento de Hans Kelsen, passagem esta que torna determinante para a cultura jurídica o seguimento de uma concepção abstrata, formal, lógica, rigorista, sistêmica, do direito e do papel dos operadores do direito diante da sociedade.[31]

Nesse sentido, a superação desse paradigma implica em trazer à consciência o fato de que o direito, quando se afasta da justiça, revela-se, em grande parte, arbítrio, força opressora, puro ato de imposição, e, com isso, sem ser balança, oprime pela espada que deve proteger. Tanto é verdade que o direito de *Auschwitz,* ao ser revelador de uma forma de racionalização do mundo da vida, é pura irracionalidade. Por isso, não é impossível que o direito se associe a *tánatos*; revelando-se como instrumento da face da morte, o direito é ordem imperativa que ressoa força bruta. Mas, isto o direito só o faz uma vez que se dissocia de *éros*. Nesse sentido, se confundindo com a força bruta do ato de polícia e se revelando como potência fálica incontestável, o direito se faz simplesmente irracionalidade.

Quanto mais o direito se inspira dos ideais civilizacionais ocidentais, mais se distancia da possibilidade de fazer-se justo. Também, quanto mais se identifica com a instrumentalidade, mais propenso se torna a anestesiar a compreensão sensível e emotiva do mundo. A racionalidade masculina, nesse sentido, cresta o aspecto feminino da razão; a percepção feminina é estética, é afetiva e é sensível. A percepção masculina do mundo é calculadora, operativa e técnico-racional. Por isso, num registro masculino de mundo, o impensável se torna real, como *Auschwitz* ou o *Gulag,* experiências do sem-sentido, do absurdo mundanizado, possível no âmbito das práticas de Estado e do Direito como reveladores da clara dissociação entre razão e emoção, burocracia e sociedade, humanidade e poder. Os perigos derivados desse tipo de concepção do direito não carecem de ser retomados, pois as provas históricas da capacidade de gerar dor e sofrimento já foram suficientes. Basta, nesta linha de análise, retomar o sem-sentido das consequências históricas desse paradigma. Onde o falo está presente, as relações são marcadas pela medição de forças, pela lógica da competência fálica, que é concorrencial e anuladora da experiência do outro, e, invariavelmente, no choque, a disputa e a guerra acabam sendo resultantes naturais. A superação do protótipo do poder pelo do amor deve ser um esforço concertado de construção de um outro amanhã, como investiga Warat.[32]

No modelo imperante, claramente, a porta de ação do masculino prepondera e a porta de ação do feminino é bloqueada, esta que significa, como afirma Boff, aquela que

---

[31] Na interpretação de Lídia Reis de Almeida Prado: "A ideia da existência de setores puros de conhecimento, que constitui um dos princípios do racionalismo iluminista, foi depois endossada, no mundo jurídico, por Kelsen e seus seguidores. Na concretização do ideal do *órgão competente,* é muito importante a figura do juiz formalista, distante dos interesses da sociedade civil, detentor do saber técnico e, por isso, capaz de por em prática norma jurídica, de modo neutro e não tendencioso..." (Prado, *O juiz e a emoção,* 2003, p. 89).

[32] "Perverso como toda esfinge, o poder não pode ser debilitado pelo amor. Ao contrário, ele mata toda energia contida na prática do amor.

Na virada do milênio, estando nossa espécie ameaçada de extermínio, só nos resta apostar na construção de uma sociedade do sentimento que venha substituir a impiedosa sociedade do poder em que estamos vivendo. Encontraríamos, assim, numa era criadora, formada pela alquimia dos homens que se procurariam e sem a compulsão de se defenderem uns contra os outros" (Warat, *Territórios desconhecidos*: a procura surrealista pelos lugares do abandono do sentido e da reconstrução da subjetividade, v. I, 2004, p. 301).

Cap. 50 · DIREITO, SENSIBILIDADE E AFETO | **615**

expressa a receptividade, a relação, a sensibilidade, conduzindo à ética do cuidado.[33] A discussão sobre a ética do cuidado permite retomar um traço de fundamental importância para a cultura ocidental, em seus desvios históricos. E isso porque a questão do feminino recupera importantes reflexões, em algum momento histórico perdidas, que se extraem da antiguidade greco-romana, marcadamente presentes no pensamento socrático e estóico, como o pensamento pós-moderno, especialmente o de Michel Foucault, prioriza retomar, afirmando que: "Para os gregos, não é por ser cuidado dos outros que ele é ético. O cuidado de si é ético em si mesmo; porém implica relações complexas com os outros, uma vez que esse *éthos* da liberdade é também uma maneira de cuidar dos outros; por isso é importante, para um homem livre que se conduz adequadamente, saber governar sua mulher, seus filhos, sua casa. Nisso também reside a arte de governar. O *éthos* também implica uma relação com os outros, já que o cuidado de si permite ocupar na cidade, na comunidade ou nas relações interindividuais o lugar conveniente – seja para exercer uma magistratura ou para manter relações de amizade".[34]

A partir da discussão sobre a ética do cuidado, em psicanálise, as pesquisas iunguianas também apontam no mesmo sentido, ao afirmar que *Anima* (arquétipo do feminino), ou *Eros*, representa o aspecto feminino, o princípio do *yin* da filosofia chinesa, presente na *psyché* dos homens, ligado à emoção, à criatividade e à intuição, e *animus* (arquétipo do masculino), ou *lógos,* o princípio do *yang* da filosofia chinesa, representa o aspecto masculino, presente na *psyché* das mulheres.[35] Onde *Lógos* sufoca *Éros* não é possível a coexistência harmônica dos dois traços fundamentais da *psyché* humana; por isso, uma cultura centrada no *logos* masculino representa um plano de mundanidade fundado sobre o desequilíbrio das forças psicossociais; a atrofia recalcada do feminino gera a subversão violenta de *Éros* como reação compensatória, e dessa rebeldia natural surge os grandes momentos de repressão social e violência manifesta.[36]

---

[33] "A porta da mulher foi praticamente silenciada ou não foi ouvida. Ela se expressa pela receptividade, pela relação e pela sensibilidade e culmina com o tema do cuidado. O instrumento de construção é o *pathos* ou o Eros, o afeto" (Boff, Justiça e cuidado: opostos ou complementares?, in *O cuidado como valor jurídico* (Pereira, Tania da Silva; Oliveira, Guilherme de, orgs.), 2008, p. 2).

[34] Foucault, A ética do cuidado de si como prática da liberdade, in *Ética, sexualidade, política*, Ditos e escritos, vol. V, 2004, p. 271.

[35] Neste longo trecho, as detalhadas explicações de Lídia Reis de Almeida Prado: "Atualmente, sabe-se que há no psiquismo do homem atributos – como a emoção, a criatividade, a intuição – que, ao longo do tempo, por um desvio cultural, foram considerados próprios das mulheres (Jung denomina *anima,* do latim *animare,* tais atributos). Através de uma metáfora, é possível dizer que *anima* é a figura interior de mulher na psique do homem; o *animus* é a figura interior de homem na psique da mulher. Compõem o arquétipo da *anima* todas as experiências relevantes que o homem teve com a mulher, durante milênios, ou seja, um aglomerado hereditário inconsciente de "origem muito longínqua, de todas as experiências da linha ancestral em relação ao ente feminino, resíduo de todas as impressões fornecidas pela mulher". Ou seja, *anima* é o *arquétipo do feminino,* ao qual Jung conferiu muita importância, fato que contrastou com o caráter patriarcal da psicanálise tradicional... " (Prado, *O juiz e a emoção,* 2003, p. 32). E, mais adiante: "... Jung chama a *anima* de arquétipo de feminino e arquétipo da vida; também estabelece analogia entre a *anima* e *yin* (que é o princípio feminino entre os chineses, em contraposição ao masculino, *yang*). Segundo Storm, cada homem contém o reflexo de uma mulher e vice-versa...." (Prado, *O juiz e a emoção,* 2003, p. 51).

[36] " ... É comum falar que o *animus* corresponde ao *Logos* e a *anima* ao Eros. Mas Jung usava os termos *Eros* e *Logos* como conceitos intuitivos, ou seja, auxiliares na descrição do fato de que o consciente da mulher é caracterizado mais pela vinculação ao *Eros* do que pelo caráter cognitivo do *Logos*. No homem, o *Eros* – que é função de relacionamento – em geral apareceria menos desenvolvido do que o *Logos*... " (Prado, *O juiz e a emoção,* 2003, p. 66).

616 CURSO DE FILOSOFIA DO DIREITO • Bittar/Almeida

Com isto, não se trata de menosprezar *Lógos* (*animus*) em favor de *Éros* (*anima*), ou vice-versa, muito menos de hierarquizar um com relação ao outro. Ambos são absolutamente indispensáveis para a determinação da existência do indivíduo, estão presentes em todos os indivíduos como potencialidades, da *psyché*, bem como dos arranjos sociais. Há que se afirmar com clareza o caráter complementar e reciprocamente necessário do equilíbrio entre essas polaridades.[37] E isto porque há um caráter andrógino no psiquismo humano, como a corrente junguiana interpreta, e o potencial pleno do humano somente se realiza quando se integram ambos os aspectos na vida do indivíduo. Fromm, por sua vez, na mesma linha, afirma: "... Do mesmo modo que o homem e a mulher têm hormônios do sexo oposto, também são bissexuais no sentido psicológico. Levam dentro de si o princípio de receber e de penetrar, da matéria e do espírito. O homem – e a mulher – só encontra a união dentro de si próprio na união de sua polaridade feminina e masculina. Essa polaridade é a base de toda criatividade...".[38]

Toda redução do humano a um ou a outro dos extremos representa o recalcamento de aspectos fundamentais do psiquismo que redunda num envilecimento do caráter e num empobrecimento da existência. Por isso, a luta pela conciliação dos arquétipos deve ser interpretada como sendo mesmo a busca do equilíbrio e do meio-termo no campo da composição da própria identidade humana plena. Trata-se de um esforço de direcionamento das energias que guiam e permitem expressar a personalidade humana. Separados desde o princípio, feminino e masculino tendem a se procurar e a se separar, até que se torne possível sua reunião novamente; este encontro pode ser batizado como ponto-ótimo de equilíbrio existencial para a personalidade do indivíduo.[39] O seu contrário é a disposição conflitante do caráter.

No entanto, é certo dizer que não são as condições biológicas que determinam o bom uso de *animus-anima*, pois nem toda mulher utiliza-se adequadamente de seu potencial feminino, e nem todo homem é necessariamente despido de sensibilidade feminina; por isso, o ser humano, como gênero, é dotado de ambas as faces, carecendo de serem desenvolvidas e exploradas num balanço virtuoso para que haja equilíbrio na esfera de relações entre as potencialidades humanas.[40] Mais uma vez, pode-se recuperar uma ideia grega, a da harmonia (*armótton*), que reaparece como um elemento de fundamental importância para a adequação da ação no plano da ética; não há ética sem equilíbrio. Como afirma Lídia Reis de Almeida Prado: "...Muito ao contrário, quando desenvolve traços psicológicos que a cultura tem considerado como sendo

---

[37] "... Por exemplo, *Yang* refere-se ao Sil, ao céu, ao brilho; *Yin* relaciona-se à Lua, à Terra, ao escuro, ao úmido. Pelo emprego do *Yang* e do *Yin*, não seria preciso definir com precisão *animus* e *anima*, afastando-se, assim, o risco de se perder a comunicação com a força viva desses arquétipos.
Em geral, o *Eros* é associado à afetividade, à intimidade, à capacidade de relacionamento, ao amor, ao vínculo, ao lúdico. Com o *Logos* costuma-se relacionar a consciência focalizada, o respeito pelos fatos, o julgamento feito com base apenas na lei, o intelecto, a abstração lógica e a discriminação. *Essas potencialidades são de todos, homens e mulheres*, e, se, num determinado momento, não estiverem disponíveis para alguém, isso se dá por razões individuais e não sexuais" (Prado, *O juiz e a emoção*, 2003, p. 67-68).

[38] Fromm, *A arte de amar*, 2006, p. 42. "... Na realidade, como é usual afirmar, todo indivíduo é um híbrido psicológico... " (Prado, *O juiz e a emoção*, 2003, p. 60).

[39] "... Por isso, foram separados em duas partes (uma masculina e outra feminina), as quais lutam para se unir novamente. " (Prado, *O juiz e a emoção*, 2003, p. 52).

[40] O esclarecimento é de Leonardo Boff: "Convém, entretanto, de saída, esclarecer que os temas da justiça e do cuidado não se derivam exclusivamente do homem ou da mulher. Homem e mulher são apenas portas de entrada. Ambos compõem o ser humano, masculino e feminino. Em razão disso, o masculino não pode ser identificado com homem assim como o feminino, com a mulher" (Boff, Justiça e cuidado: opostos ou complementares?, in *O cuidado como valor jurídico* (Pereira, Tania da Silva; Oliveira, Guilherme de, orgs.), 2008, p. 2).

Cap. 50 · DIREITO, SENSIBILIDADE E AFETO | **617**

próprios da mulher, ele se torna um ser humano integral. Pois a masculinidade do homem equilibra-se pela capacidade em lidar com o sentimento, com o afeto, com o lado intuitivo da vida e com a introspecção. Nem é preciso dizer o quanto esses aspectos acham-se reprimidos na cultura, bastando levar em consideração eventos como a caça às bruxas na Inquisição e a contínua repressão da afetividade, sentimento que é confundido com o amor romântico. Daí a afirmação de Jung de que o feminino está doente, em nossa civilização... ".[41]

Por isso, a mudança de paradigma implica, atualmente, o esforço no sentido de caminhar em direção à criação de um amplo espaço de consagração da esfera do feminino na arte de entender, interpretar e compreender a esfera do direito,[42] o que pode resultar numa grande transformação do discurso imperante, como afirma Luis Alberto Warat.[43]

Quando o direito opera, age pela esfera do imperativo, e tem seu reforço socialmente dado pela ideia da coerção. Nesta visão de mundo, diante de *ego, alter* é feito súdito normativo e, não guindado à esfera de sujeito racional, é estimulado a conduzir-se na base de uma obediência cega, sob pena de castração.[44] Numa outra visão de mundo, fundada na cultura do feminino,[45] o acolhimento fala a linguagem do diálogo e da compreensão e assume a perspectiva da comunhão, e não do abatimento do inimigo, como na cultura da competição viril.[46]

Por isso, numa cultura pai-centrada, a órbita do jurídico é fundada em um conjunto de práticas de imposição vertical. Já numa cultura mãe-centrada, a órbita do jurídico pode se transmutar para receber influxos novos de concepções, que devem albergar, necessariamente, práticas e esforços de mediação, diálogo e entendimento. Não é a mera imposição silenciosa que constrói uma sociedade justa, a partir dos imperativos emanados da figura do pai-Estado, do pai-Leviatã, que amedronta pela ordem e pela convenção, para prevenir do mal maior, para prevenir a desordem total que levaria à experiência da morte. Trata-se, com isto, de

---

[41] Prado, *O juiz e a emoção*, 2003, p. 35.

[42] "Numa relação dominada pela masculinidade, o Outro passa a ser uma possibilidade de atravessamento para constituir o próprio corpo como objeto de necessidade.

A masculinidade do desejo é fálica, conformista e incapaz de fertilizar o novo. Centrada em si mesma, instala os sentimentos numa fusão quieta. A fusão com um sonho imobilizado e sem carências.

Quando se encontra o feminino do desejo, o projeto identificatório começa a comprometer-se com a procura do novo: o ser na busca do suplemento do prazer e do sentido. O prazer como lugar da libertação da energia simbólica no rumor do múltiplo irredutível da linguagem.

O feminino é enquanto ignora o pleno significativo e se descobre semiologicamente criativo. Vale dizer, a feminilidade como suplemento da masculinidade para realizar a política da palavra.

O feminino é sempre uma falta fértil das linguagens: o invisível simbólico da diferença" (Warat, *Territórios desconhecidos*: a procura surrealista pelos lugares do abandono do sentido e da reconstrução da subjetividade, v. I, 2004, p. 347).

[43] "Desta maneira, iriam preparando-se as condições para a transformação do mundo através de um discurso, que mais que racional, é implicitamente afetivo" (Warat, *Territórios desconhecidos*: a procura surrealista pelos lugares do abandono do sentido e da reconstrução da subjetividade, v. I, 2004, p. 306).

[44] "... Mas, embora não represente o mundo natural, o pai representa outro pólo da existência humana, o mundo do pensamento, das coisas feitas pelo homem, da lei e da ordem, da disciplina, da viagem e da aventura. O pai é alguém que ensina a criança, que mostra a ela o caminho no mundo... " (Fromm, *A arte de amar*, 2006, p.53).

[45] "... O amor materno é, por sua natureza, incondicional... " (Fromm, *A arte de amar*, 2006, p. 52).

[46] "O cuidado, pois, não é um ato fugaz, mas uma atitude permanente. É o modo-de-ser típico do ser humano com os outros no mundo. A relação não é sujeito-objeto mas sujeito-sujeito. Não é de intervenção, mas de comunhão" (Boff, Justiça e cuidado: opostos ou complementares?, in *O cuidado como valor jurídico* (Pereira, Tania da Silva; Oliveira, Guilherme de, orgs.), 2008, p. 7).

618 | CURSO DE FILOSOFIA DO DIREITO • *Bittar / Almeida*

pensar a feminilização do direito. E isto porque se entende que quando razão e sensibilidade se encontram, o direito opera justiça. As oportunidades para uma sociedade mais justa derivam a possibilidade de aplicar-se uma nova forma de enxergar as práticas do direito através das quais sejam possível pensar e praticar na base de um aumento de convergências entre a experiência que deriva da razão sensível, ao lado da experiência da sensibilidade raciocinada.

Quando se fala de despertamento da sensibilidade, não se deve com isto confundir a mera sensorialidade. Como virtude, a sensibilidade constrói pontes de equivalência entre *alter* e *ego* que possibilitam um trânsito fundado em preocupações comuns entre os parceiros de comunicação. O uso do afeto é, nesse sentido, o centro das formas de florescimento e aparição desta cultura em emergência.[47]

Se justiça fosse apenas demonstração de força, de poder, de intimidação, de espada, não haveria lugar para a ponderação, para a reflexão, para a flexibilidade, para a percepção das necessidades humanas. Nesse sentido, o lidar com a lei não pode permitir que se apague a *anima*, na medida em que ela, trazida à sombra, pode rebelar-se contra o próprio julgador.[48] O espírito autêntico do julgador e aquele que corresponde à capacidade de agir na medida do necessário e do justo, para trazer ao caso concreto a dimensão da justiça. Sem isso, não haveria lugar para a equidade (*epieikeia*), que é, na *Ética à Nicômaco* de Aristóteles, a mais excelente forma de justiça: "E essa é a natureza do equitativo: uma correção da lei quando ela é deficiente em razão da sua universalidade".[49]

O ato de julgamento implica, necessariamente, em um ato de responsabilidade pelo outro, e, por isso, deve ser visto como um lugar do cuidado socialmente institucionalizado; por isso, o lugar do julgamento deve estar revestido não somente do caráter do imperativo, do *nómos* masculino, mas também da *diké* feminina, de uma lógica da sensibilidade para perceber e agir na medida da necessidade específica do caso concreto, com pesos e medidas.[50]

Por isso, é possível afirmar que a boa compreensão da arte de entender o direito implica em enxergá-lo como singularidade carente de cuidado, a arte do feminino da justiça, atinente ao caso concreto, e, de outra parte, como universalidade normativa de regulação do compor-

---

[47] Esta cultura vem ganhando seus contornos científicos, como demonstra Leonardo Boff: "Hoje sabemos, pela tradição psicanalítica e pelos estudos empíricos da nova antropologia como a de David Goleman em seu livro *Inteligência emocional* (1995) ou da reflexão de muitos pensadores contemporâneos que se referem à razão sensível (eu preferiria chamar sensibilidade racional) que o afeto, a sensibilidade, a passionalidade e o sentimento são as camadas mais profundas e determinantes do humano" (Boff, Justiça e cuidado: opostos ou complementares?, in *O cuidado como valor jurídico* (Pereira, Tania da Silva; Oliveira, Guilherme de, orgs.), 2008, p. 8).

[48] " ... O juiz, tão poderoso nas relações com o mundo externo, poderá ficar extremamente frágil diante desses pensamentos. Desse modo, a *anima* poderá sussurrar-lhe impiedosamente: De que adianta o seu trabalho? Que diferença faz para a sociedade? Se essas indagações ressoarem dentro do juiz, ele terá sucumbido à possessão desse arquétipo.

Apesar de tudo, ainda que se mostre incômoda, o arquétipo da *anima* tem a vital função de trazer o homem de volta aos significados mais elevados da própria existência e ao caminho da individuação. Isso ocorre porque, na verdade, a *anima negativa* e a *anima positiva* não constituem realidades interiores separadas, mas os dois lados de uma mesma realidade arquetípica. Segundo Jung, " a *anima* é bipolar e pode aparecer positiva num momento e negativa no outro: ora é jovem, ora é velha, ora uma fada, ora uma bruxa, ora uma santa, ora uma prostituta"... (Prado, *O juiz e a emoção*, 2003, p. 75).

[49] Aristóteles, *Ética a Nicômaco*, 1137 b, 27-28.

[50] " ... Parece estar em processo de superação, a clássica figura, típica do dinamismo patriarcal, do magistrado neutro, ascético cumpridor da lei e distante das partes e da sociedade..." (Prado, *O juiz e a emoção*, 2003, p. 113).

tamento social, atinente às regras sociais abstratas. Não se trata de pensá-las como antagônicas e muito menos de dissociá-las, mas de considerá-las partes integrantes das necessárias formas de atuação do direito, em toda a sua complexidade. Assim, justiça e direito não são termos excludentes, e sim carentes, entre si.[51]

50.4 CULTURA E EDUCAÇÃO EM DIREITOS HUMANOS E PARA OS DIREITOS HUMANOS: A ÉTICA DO CUIDADO E A DIGNIDADE DA PESSOA HUMANA

A dignidade da pessoa humana, por sua natural complexidade, demanda uma série de cuidados. Tomando-se na expressão dignidade da pessoa humana o princípio que metaformata e ajusta o direito a um conjunto de exigências afirmadoras da condição humana, pode-se dizer, com Erich Fromm, que uma cultura centrada nos direitos humanos é uma cultura que acena positivamente em direção à biofilia e à tolerância, negando os caminhos modernos da biopolítica e do extermínio do outro como forma de realização mesmo dos projetos emancipatórios.[52] Por isso, a política do amor, na expressão de Warat, ganha campo para se afirmar como um trunfo do discurso pós-moderno, e do revisionismo crítico da modernidade,[53] abrindo campo para a reflexão acerca do cuidado de si como ética e do cuidado do outro como expressão da responsabilidade ativa.[54]

Considerando que o afeto é conciliador, tático, sedutor... e que se funda na base do lúdico, da interação, este passa a ser um elemento fundamental para a dinâmica da reconceituação da experiência a partir de novos paradigmas e referências culturais. Pode ser tomado como um elemento central para a cultura em geral do direito, como se processa no âmbito do direito de família,[55] mas também como um importante elemento, o fundamento, o crescimento e o

---

[51] "Todavia, não há antagonismo, num sentido de exclusão, entre as duas justiças referidas por Von Franz. Tão importante quanto os aspectos próprios da justiça feminina (o sentimento do juiz, em face do caso concreto) são as qualidades da justiça masculina (a ordem social trazida pela norma, a qual constitui um traço exclusivo do Direito, entre os outros ramos do saber). Somente com a convivência dessas duas dimensões, presentes em *Diké* e *Atená,* parece ser exequível uma prestação jurisdicional fundada na virtude da prudência e, assim, equilibrada e harmônica..." (Prado, *O juiz e a emoção,* 2003, p. 134).

[52] A advertência de Erich Fromm é de notória importância para inspirar o pensamento da tolerância: "... Do ponto de vista da lógica paradoxal, a ênfase não é posta no pensamento, mas no ato. Essa atitude tem várias outras consequências. Em primeiro lugar, ela leva à *tolerância* que encontramos no desenvolvimento religioso indiano e chinês. Se o pensamento correto não é a verdade suprema, nem o caminho para a salvação, não há motivos para combater outros, cujo pensamento chegou a formulações diferentes. Essa tolerância é lindamente expressa na história de vários homens a quem foi pedido que descrevessem um elefante no escuro. Um deles, tocando seu tronco, disse: "esse animal é como um cano d'água"; o outro, tocando a orelha, disse: "esse animal parece um leque"; um terceiro, tocando as pernas, descreveu o animal como um pilar... " (Fromm, *A arte de amar,* 2006, p. 98).

[53] "Na pós-modernidade, coloca-se pela primeira vez a questão da dimensão política do amor. Começa a pensar-se o amor como uma dimensão simbólica emancipatória: seria uma mudança do valor dos valores que pode permitir a preservação da condição humana pela conservação dos desejos. Eles compensariam, como condição de sentido, o declínio do mundo suprassensível com poder de obrigação e gozo (gratificação idealizada). É o triunfo do desejo como inscrição prévia da subjetividade" (Warat, *Territórios desconhecidos*: a procura surrealista pelos lugares do abandono do sentido e da reconstrução da subjetividade, v. I, 2004, p. 306).

[54] "... Ela se sente responsável por seus semelhantes, tanto quanto se sente responsável por si..." (Fromm, *A arte de amar,* 2006, p. 35).

[55] Como se pode notar pelos diversos trabalhos de pesquisa na área do Direito de Família, pelas pesquisas desenvolvidas pelo IBDFAM, bem como pela doutrina desenvolvida em torno do tema do afeto. Neste caso, cito especialmente Rodrigo da Cunha Pereira, que afirma: "Independentemente do embate entre

620 | CURSO DE FILOSOFIA DO DIREITO · *Bittar / Almeida*

desenvolvimento de uma cultura dos direitos humanos. A emergência do sentimento, a ampliação do lugar da mulher nas deliberações sociais e políticas, a construção de uma economia do cuidado, a transformação das práticas do direito, a criação de mecanismos alternativos de construção de justiça, a discussão sobre o papel necessário e convergente do diálogo nas práticas sociais, a luta pelo cuidado ambiental são demonstrações claras de que reações estão se processando no interior da civilização como importantes conquistas, a revelarem a mudança de paradigma. Mas, isto é só o que na superfície se enxerga deste processo; a julgar pela sua profundidade, ele é mais rico e mais complexo que isto, e implicará transformações ainda mais relevantes que estas para a acomodação de suas noivas determinantes.

A preocupação com a alteridade e o favorecimento de uma concepção de mundo centrada na dimensão da consideração do outro e do afeto, traços de uma cultura do cuidado, têm a ver com a necessária passagem para o campo da dinâmica existencial fundada no cultivo do socialmente inexplorado campo do feminino. Este que pode ser caracterizado como forma de expressão do caráter ativo do amor, e que se revela "... além do elemento dação, o caráter ativo do amor se torna evidente no fato de que sempre implica certos elementos básicos, comuns a todas as formas de amor. São elas *cuidado, responsabilidade, respeito e conhecimento...* ".[56] Nesta perspectiva, o cultivo desses valores são de fundamental importância para o desenvolvimento de uma genuína forma de interação social, na qual, de fato, se possa falar de democracia e de direitos humanos, exatamente porque *ego* e *alter* se colocam no centro das preocupações da técnica, do progresso, da economia e da política. Inclusive, se trata de pensar o próprio aprimoramento da democracia e da cultura dos direitos humanos na base de uma ampla conexão das práticas sociais a práticas ligadas a uma ética do cuidado.[57] Se não há direitos humanos sem respeito, o respeito significa aqui a capacidade de amor e deixar se desenvolver integralmente, e não o dominar, o castrar, o manipular; uma ética do cuidado exala respeito, porque cultiva o poder do afeto como forma de "olhar com atenção" (*respiecere*).[58] Por isso, a educação e a metodologia em (e para) os direitos humanos deve preparar para o convívio com a diversidade, na base do diálogo e do respeito, voltado para a alteridade, como forma de prática de solidariedade social, na base da tolerância.[59]

---

velhas e novas concepções, assim caminha a família. Em outras palavras, a afetividade ascendeu a um novo patamar no Direito de Família, de valor e princípio" (Pereira, *Princípios fundamentais norteadores do direito de família*, 2006, p. 190). Ademais, pode-se pesquisar sobre o tema em Groeninga, Pereira (coords.), *Direito de família e psicanálise:* rumo a uma nova epistemologia, 2003.

[56] Fromm, *A arte de amar*, 2006, p. 33.

[57] "... Assim, a *anima*, arquétipo da democracia, através de seus atributos, em especial da inventividade e do sentimento, pode surgir como agente catalisador da transformação do magistrado para atender a esse anseio coletivo. Em toda sua obra, Byington tem ressaltado a importância, na psique coletiva, da democracia, entendida como um processo de livre interação das polaridades em função do *todo* (por exemplo, povo-governo) sem que ocorra uma identificação com um dos lados de qualquer polaridade. Para o autor, os valores da democracia apenas serão atingidos no dinamismo da alteridade (ou seja, sob a regência do arquétipo do *animus/anima*)..." (Prado, *O juiz e a emoção*, 2003, p. 93).

[58] "... A responsabilidade poderia deteriorar-se facilmente em denominação e possessividade, não fosse um terceiro componente do amor, o *respeito*. Respeito não é medo e temor reverente; ele denota, conforme a própria raiz da palavra (*respiecere* = olhar com atenção), a capacidade de ver uma pessoa como ela é, ter consciência da sua individualidade. Respeito significa a preocupação com que o outro cresça e se desenvolva tal como é... " (Fromm, *A arte de amar*, 2006, p. 35).

[59] A respeito do tema, *vide* Bittar, Educação e metodologia para os direitos humanos: cultura democrática, autonomia e ensino jurídico, in *Educação em direitos humanos:* fundamentos teórico-metodológicos (Silveira, Rosa Maria Godoy Silveira; Dias, Adelaide Alves; Ferreira, Lúcia de Fátima Guerra; Feitosa,

Cap. 50 · DIREITO, SENSIBILIDADE E AFETO | **621**

O caráter ativo da política do amor envolve necessariamente uma atitude pró-ativa perante o mundo que, entre outras coisas, se pronuncia sobre a barbárie, repele a injustiça, se choca com a desigualdade, protesta contra a violência e se indigna com o sofrimento humano. Uma cultura dos direitos humanos deve envolver, por isso, táticas de recolhimento das energias eróticas que pulsam a favor da biofilia e da política do amor, esta que é conjuntiva e não disruptiva.[60]

CONCLUSÕES

O tema abordado sugere sua possibilidade de discussão como uma crítica da modernidade, na medida em que todo esforço neste sentido se confunde com as reflexões revisionistas pós-modernas, que têm envidado esforços no sentido de superar paradigmas fixados no inconsciente coletivo.

É necessária a superação de paradigmas que vieram informando a lógica da modernidade, aquela que, imbuída do espírito burguês, sufoca a individualidade e a singularidade das coisas para vê-las se dissolverem num eu genérico, indiferente e abstrato, como constatam os frankfurtianos de primeira geração. A suavidade, a leveza, a sensualidade e a emotividade são traços da feminilidade, e são esses traços fundamentais para marcarem uma necessária revisão da cultura do direito, desmesuradamente marcado por traços culturais que repetem arquétipos fixados na ideia de demonstração do vigor masculino e de reprodução de visões de mundo patriarcais.

A preocupação hodierna com o direito, portanto, valoriza a dimensão da sensibilidade como princípio, e deve propor-se a refletir sobre ele as práticas que o definem em seu agir socialmente relevantes, agora na base de uma cultura de desrepressão da tradição masculina-viril, enraizada social e culturalmente, arquetipicamente determinando a forma como funcionam as instituições, as relações e as formas de construção do social. Nesta medida, tomando-se a ética do cuidado como base e retomando aspectos conceituais esquecidos da tradição greco-romana, pode-se pensar num ponto de apoio fundamental na determinação da cultura em geral do direito.

Especificamente, é de todo importante que esta questão seja também incorporada pelo debate contemporâneo a respeito da educação e da metodologia em (e para) os direitos humanos, fornecendo os elementos necessários para práticas pedagógicas que devem afirmar o modo biófilo da ação social, forma de integração social que deve garantir uma forma regulatória da vida social eticamente responsável. A ética do cuidado é uma sugestão de caminho e um modo de percurso, forma de agir e modo de garantir que a entrega à alteridade se dê na base do respeito afirmador da dignidade humana.

Maria Luiza Pereira de Alencar Mayer; Zenaide, Maria de Nazaré Tavares), João Pessoa, Editora da UFPB, 2007, p. 313-334.

[60] "... O amor é uma atividade, não um afeto passivo; ele é um "manter-se ligado", não é uma simples "queda". De um modo geral, o caráter ativo do amor pode ser descrito afirmando-se que amar é principalmente *dar*, e não *receber*... " (Fromm, *A arte de amar*, 2006, p. 28).

51
DIREITO, JUSTIÇA SOCIAL E POBREZA

51.1 DIREITO, DIGNIDADE E POBREZA

O termo *pobreza* (*pauperis*, lat.)[1] aponta para um *estado de privação material*.[2] Já a expressão *pobreza extrema* aponta para um estado de *privação do essencial* para a *sobrevivência*. No entanto, o termo *pobreza*, como categoria histórica, passa por sinuosos *caminhos semânticos*. A *pobreza* já foi tratada como *ideal de vida*, mobilizando esforços de ideologias, filosofias, doutrinas e religiões, seja no Ocidente, seja no Oriente. Na tradição ocidental, destacam-se Antístenes e Diógenes, entre os filósofos cínicos da Grécia antiga, ao lado de Pedro Valdo, Santo Antônio e São Francisco de Assis, no cristianismo medieval. Na tradição oriental, o budismo e o hinduísmo são bons exemplos.[3]

Na fronteira da simples *relação de oposição* entre *riqueza* e *pobreza*, existe uma *riqueza-pobre* e uma *pobreza-rica*. Essa nuance é possível de se enxergar, desde que se vença o *manto da cegueira* e do *anestesiamento coletivos*, para que se vislumbre que a *riqueza-pobre* do *consumismo materialista*[4] de nossos tempos apenas vem conduzindo as sociedades contemporâneas à prisão do *gozo instantâneo*, ao *apego reificado* que faz das coisas a *razão de ser da vida*, e, portanto, ao *adoecimento dos sujeitos*, ao *vazio existencial*, à *crise financista* e ao *pânico social*.

A nova *idolatria moderna*, vê o *ser* apenas ali onde está o *ter*, por isso, promove como referências, a reluzência das *stars midiáticas*, a *desinformação* da *informação* oca das redes sociais, o *poder* sem relação com a *legitimidade*, a *moeda* sem relação com a *produção*. Desde os estudos crítico-psicanalíticos dos anos 60 e 70, a advertência do teórico crítico Erich Fromm, *em Ter ou ser?*, não era outra, ao afirmar: "... tem-se a impressão de que a própria essência de ser é ter: de que se alguém nada *tem*, não *é*".[5] A expansão da *consciência reificada* constrói um

---

[1] Uma primeira versão deste texto foi apresentada na forma de *Conferência*, junto à Escola da Magistratura – ESMAT, do Tocantins, em 27.10.2017. A versão deste texto é uma versão modificada e adaptada da versão original.

[2] A respeito do conceito de Amartya Sem, leia-se: "Nessa perspectiva, a pobreza deve ser vista como privação de capacidades básicas em vez de meramente como baixo nível de renda, que é o critério tradicional de identificação da pobreza" (Sem, *Desenvolvimento como liberdade*, 2000, p. 109).

[3] "A diferença entre *ter* e *ser* não é fundamentalmente uma questão de Oriente e Ocidente. É, isto sim, uma diferença entre uma sociedade centrada em torno de pessoas e outra centrada em torno de coisas" (Fromm, *Ter ou ser?* 4. ed., 1987, p. 38-39).

[4] "... não obstante a tão evocada moralização do comportamento de compra, prevalece uma mentalidade de consumismo privado, de acúmulo material de bens efêmeros, que franqueia às empresas uma margem extremamente ampla para alcançar seus objetivos, que em geral são definidos de maneira autônoma" (Honneth, *O direito da liberdade*, 2015, p. 417-418).

[5] Fromm, *Ter ou ser?* 4. ed., 1987, p. 35.

Cap. 51 · DIREITO, JUSTIÇA SOCIAL E POBREZA | **623**

processo de socialização distorcido, onde *ego* não vê em *alter* um parceiro da existência, mas o outro lado da *troca mercantil*. Ali onde encontramos a *reificação da consciência*, estamos diante da negação do *valor do outro*, em favor das coisas, ou, como quer o filósofo alemão Axel Honneth, no texto intitulado *Reificação* (*Werdinglichung*), de uma patologia do *não reconhecimento* do outro.[6]

A valorização do *ser*, e não do *ter*, é o que nos faz ver *dignidade* em todos(as), independentemente de sua *condição*.[7] Do ponto de vista da tradição filosófica moderna, desde Kant[8] até Habermas, a *dignidade* (*Würde*) não é para alguns, é para todo(a)s, pois não está condicionada por critérios de raça, etnia, cor, sexo, origem, classe, condição social. No ensaio de 2010, intitulado *O conceito de dignidade humana e a utopia realista dos direitos humanos* (*Das Konzept der Menschenwürde um die realistiche Utopie der Menschenrechte*), em *Sobre a Constituição da Europa* (*Zur Verfassung Europas*), Jürgen Habermas afirma: "A dignidade humana, que é uma e a mesma em todo lugar e para cada um, fundamenta a *indivisibilidade* dos direitos fundamentais".[9] Se somando a este coro de vozes, na mais recente obra, de 2011,[9] intitulada *O direito da liberdade* (*Das Recht der Freiheit*), Axel Honneth afirma que: "Nessa transformação das mentalidades normativas, mantém-se intacta a ideia segundo a qual deve caber a cada homem determinada 'dignidade', para além de qualquer distinção de classe e diferenças culturais".[10]

No mundo contemporâneo, na visão da *riqueza-pobre*, a *pobreza* é a qualidade do *não consumidor*,[11] e, portanto, na visão do sociólogo Zygmunt Bauman, aí está a sua *frágil condição hodierna*, como pertencente a uma classe social *deslocada do universo do consumo*, o que torna o *pobre* um *pária* da sociedade do consumo. O *pobre*, como não consumidor de mercadorias, é destituído da *cidadania reificada* de nossos tempos, e, por isso, perdemos a capacidade de respeitar a *integridade moral* de cada qual. Isso diz pouco sobre como o *pobre* é e vive, mas diz muito sobre as *patologias* da sociedade contemporânea,[12] pois, afinal, segundo Erich Fromm, agindo no diapasão deste *padrão-consumo*, somos moldados de forma a: "... trocar e receber, barganhar e consumir. Tudo, seja espiritual, seja material, se torna objeto de troca e de consumo".[13]

---

[6]   "Si perseguimos las intenciones de Lukács a um nível más alto podríamos entonces llamar 'reificación' a tal forma del 'olvido del reconocimiento'; y con ello nos referimos al proceso por el cual en nuestro saber acerca de otras personas y em el conocimiento de las mismas se perde la consciência de em qué medida ambos se deben a la implicación y el reconocimiento previos" (Honneth, *Reificación*: un estudio en la teoría del reconocimiento, 2007, p. 91).

[7]   "Na estrutura do ter, a palavra inerte domina; na estrutura do ser, domina a experiência viva e inefável" (Fromm, *Ter ou ser?* 4. ed., 1987, p. 97).

[8]   "Daí decorre, como assinalou o filósofo, que todo homem tem *dignidade* e não um *preço*, como as coisas. A humanidade como espécie, e cada ser humano em sua individualidade, é propriamente insubstituível: não tem equivalente, não pode ser trocado por coisa alguma" (Comparato, *A afirmação histórica dos direitos humanos*, 1999, p. 20).

[9]   Habermas, *Sobre a Constituição da Europa*: um ensaio, 2012, p. 16.

[10] Honneth, *O direito da liberdade*, 2015, p. 182.

[11] Cf. Bauman, *La globalización*: consecuencias humanas, 2. ed., 2001, p. 106-112.

[12] "No contexto de teoria social, podemos falar em 'patologia social' sempre que o relacionamos com desenvolvimentos sociais que levam a uma notável deterioração das capacidades racionais de membros de sociedade ao participar da cooperação social de maneira competente" (Honneth, *O direito da liberdade*, 2015, p. 157).

[13] Fromm, *A arte de amar*, 2006, p. 108.

624 | CURSO DE FILOSOFIA DO DIREITO • *Bittar / Almeida*

Sob essa visão, a *pobreza* vem associada a outras *categorias sociais*, que reforçam o *lugar de desterro* da *pobreza*, confirmando-se a somatória de maus-tratos sociais; à falta de recursos, somam-se o *defeito moral*, o *opróbrio social* e o *desvio legal*. Seguindo de perto a leitura do semioticista Umberto Eco, bem se sabe que, do ponto de vista das *padronizações sociais*, é rápido o processo social de conversão do *pobre* em *feio*, do *feio* em *mal*, na carreira do processo de *demonização da pobreza*.[14] Não por outro motivo, as representações discursivas em torno da *pobreza* fazem-na, não raras vezes, alvo da atenção negativa da sociedade e do legislador, no processo de *criminalização da pobreza*.[15]

Aqui se vê que o maior mal da pobreza não é 'estar pobre', mas a 'pobreza de espírito' das classes dirigentes que criam a *ontologia do mal* na *situação da pobreza*, e querem enxergar na *privação material* a imagem do *inimigo social*, que merece algo que gravita entre o *desprezo* e a *polícia*. Nesta medida, as classes dirigentes que se despedem do compromisso, ou favorecem o desprezo,[16] ou fomentam a insensibilidade ou geram a anestesia sobre os *graves problemas sociais* que afetam a todos e todas - quando não se mobilizam o próprio ódio político em face da *opinião pública autoritária* para que esta faça do *outro-pobre* o *inimigo social* - tem sua parcela de responsabilidade no processo de *conversão da pobreza* num *mal irremediável*. Por isso, a principal *pobreza* não é a *pobreza material*, mas sim a *pobreza de espírito*, que domina as classes dominantes (econômica; política; burocrática; midiática), inseridas nos círculos da *consciência reificada*, do *materialismo cego*, da *mercantilização da vida* e do *consumismo futilizante*.[17]

Falou-se da *riqueza-pobre*, aquela que é geradora da *discriminação* e da *estigmatização* da *pobreza*, mas o termo *pobreza* ainda evoca algo mais. Há a *pobreza-rica*, que é aquela que converte a oportunidade mundana da vida em conquistas, muitas delas no plano da *solidariedade ao outro*, ou, ainda, no plano da *conquista das virtudes*. Sem idealizações, a *pobreza* não é a condição para a *aquisição de virtudes*, assim como a *riqueza* não é a certeza da *desgraça moral*, mas, a *indigência moral* de nossos tempos é propriamente esta, ou seja, a de ter *glorificado as coisas, empobrecido os valores, desertificado a coexistência e desentificado as pessoas*.

51.2 O ESCÂNDALO DA POBREZA-MUNDO

Isso nos indica, um pouco, que a *pobreza* é uma *construção social*, na medida em que o planeta contém as condições necessárias para acolher toda a população que abriga. Nós estamos num *estágio da história da humanidade* em que, fazendo a opção pela *soberania do humano* sobre a *soberania do dinheiro*, um conjunto de elementos poderia favorecer a *erradicação*

---

[14] "A sensibilidade do falante comum destaca que, enquanto para todos os sinônimos de *belo* seria possível conceber uma reação de apreciação desinteressada, quase todos os sinônimos de *feio* sempre implicam uma reação de nojo, se não de violenta repulsa, horror ou susto" (Eco, *História da feiura*, 2007, p. 19).

[15] "Juntos, estos factores convergen en un efecto común: la identificación del crimen con la 'clase baja' (que siempre es local) o, lo que es casi lo mismo, la criminalización de la pobreza" (Bauman, *La globalización*: consecuencias humanas, 2. ed., 2001, p. 163).

[16] "Essas diferenças sociais são remarcadas pela atitude de fria indiferença com que as classes dominantes olham para esse depósito de miseráveis, de onde retiram a força de trabalho de que necessitam" (Ribeiro, *O povo brasileiro*: a formação e o sentido do Brasil, 2. ed. 2003, p. 216). "A classe dominante bifurcou sua conduta em dois estilos contrapostos. Um, presidido pela mais viva cordialidade nas relações com seus pares; outro, remarcado pelo descaso no trato com os que lhe são socialmente inferiores" (Ribeiro, *O povo brasileiro*: a formação e o sentido do Brasil, 2. ed. 2003, p. 217).

[17] "A atitude inerente no consumismo é a de engolir o mundo todo. O consumidor é a eterna criança de peito berrando pela mamadeira" (Fromm, *Ter ou ser?* 4. ed., 1987, p. 45).

da pobreza-mundo. O estágio de evolução da técnica, as conquistas das ciências, os saberes tradicionais, a globalização, e o grau de consenso em torno dos direitos humanos universais deveriam nos conduzir a um estágio de *liberdade, justiça e solidariedade* concretos em que a *pobreza* já não fosse mais parte de nossa condição existencial.

No entanto, a espantosa *pobreza-mundo* revela, em verdade, que apenas estamos no início da história de construção do *ius cosmopoliticum*. O escândalo da *pobreza*, no início do século XXI, persiste como uma "questão-não-resolvida". De acordo com dados da ONU, em 2015, 836 milhões de pessoas no mundo continuam vivendo em *extrema pobreza*, ou seja, abaixo de 1,25 dólares por dia, especialmente nas regiões do Sul da Ásia e na África Subsaariana,[18] número este que expressa a representativa porção de 13% da população do planeta.[19]

Segundo o Relatório da ONG OXFAM, *Uma economia para os 99%*, divulgado em janeiro de 2017, o 1% mais rico da população mundial detém mais riqueza do que 99% do resto da população do planeta, e 1.810 bilionários do mundo possuem a mesma riqueza do que 70% da população mais pobre do planeta.[20] Ainda segundo a mesma ONG, na região da América Latina e do Caribe, 71% da riqueza da região é concentrada por 10% da população mais rica.[21]

51.3 A HISTÓRICA POBREZA-BRASIL

A *pobreza-Brasil* é *histórica*, e tem a ver com os fins e o processo de colonização do País, como se constata pelas análises do desenvolvimento econômico empreendidas por Caio Prado Junior.[22] À época da independência, no início do século XIX, o colonizador havia "... deixado uma população analfabeta, uma sociedade escravocrata, uma economia monocultora e latifundiária, um Estado absolutista. À época da independência, não havia cidadãos brasileiros, nem pátria brasileira", como adverte José Murilo de Carvalho.[23]

Um saldo deste tipo é difícil de ser convertido, do dia para a noite. Historicamente, cumprir-se-á um largo período de tempo, para que se superem as mazelas e heranças coloniais, ainda vivas entre nós nos dias de hoje. No plano da *cidadania*, da *universalização da*

---

[18] "A pobreza extrema hoje se concentra acentuadamente em duas regiões específicas do mundo: sul da Ásia e África subsaariana" (Sem, *Desenvolvimento como liberdade*, 2000, p. 122).

[19] United Nations, *Sustainable development goals*, Goal 1. Disponível em: <http://www.un.org/sustainabledevelopment/>. Acesso em 04.08.2017.

[20] Oxfam, *Uma economia para os 99%*. Disponível em: <https://www.oxfam.org.br/publicacoes/uma-economia-para-os-99>. Acesso em 05.08.2017.

[21] Oxfam, *Calculadora da desigualdade*. Disponível em:<https://www.oxfam.org.br/calculadora>. Acesso em 05.08.2017.

[22] "E sim é esta sociedade que se origina, dispõe e organiza em função da finalidade precípua de produzir açúcar e assim realizar um negócio. Negócio que tem, não como objetivo (pois o objetivo próprio de todo negócio é tão somente o lucro mercantil), mas como objeto o atendimento de necessidades e de um consumo estranhos ao país e à coletividade nele instalada, e que se torna assim em simples expressão daquele negócio. E assim condicionada, refletirá em todos os seus aspectos, econômicos, sociais, mesmo culturais e psicológicos e, na medida em que couberem numa simples colônia, políticos também, as injunções determinadas por aquela atividade mercantil" (Prado Junior, *História e desenvolvimento*: a contribuição da historiografia para a teoria e prática do desenvolvimento brasileiro, 1999, p. 48).

[23] "Ao proclamar sua independência de Portugal em 1822, o Brasil herdou uma tradição cívica pouco encorajadora. Em três séculos de colonização (1500-1822), os portugueses tinham construído um enorme país dotado de unidade territorial, linguística, cultural e religiosa. Mas tinham também deixado uma população analfabeta, uma sociedade escravocrata, uma economia monocultora e latifundiária, um Estado absolutista. À época da independência, não havia cidadãos brasileiros, nem pátria brasileira" (Carvalho, *Cidadania no Brasil*: o longo caminho, 21. ed., 2016, p. 24).

igualdade e da *conquista de direitos*, vale ressaltar o que diz Darcy Ribeiro: "Nunca houve aqui um conceito de povo, englobando todos os trabalhadores e atribuindo-lhes direitos. Nem mesmo o direito elementar de trabalhar para nutrir-se, vestir-se e morar".[24] Não por acaso o Brasil, em 1989, era o país *mais desigual do mundo*.[25]

No cenário contemporâneo, de acordo com dados do Banco Mundial, *2017 Atlas of Sustainable Development Goals*,[26] o número de pessoas que se encontram em situação de *extrema pobreza* vem decrescendo, de 31 milhões (1990) para 10 milhões (2013). O decréscimo é significativo, juntamente com a diminuição dos números globais, mas o *escândalo da pobreza* não deve nunca dar *margem para o descanso*.

E, de fato, no Brasil contemporâneo, a *pobreza extrema* veio se reduzindo de 13,6% da população, em 2011, para 3,7% da população, em 2014. Mas, seguindo as análises mais recentes do Banco Mundial, a crise econômico-financeira empurra, novamente, o País para o *aumento do número de pobres*. O enorme salto na *redução da pobreza*, de 24,3% para 8,4%, no período 2001-2012, vem sendo estancado e prejudicado, sem dúvida nenhuma, pelas perdas econômicas geradas pela *crise econômica global*, pela *crise moral* que gera apatia e desorientação, pela *crise política* que retira os horizontes de ação, pela *crise de credibilidade* das instituições de representação dos interesses populares, e pelo mais concreto *aumento do nível de desempregos* no país, na curva declinante 2013-2017. Após uma década de dados apontando para a redução da pobreza, entre 2016 e 2017, o número de brasileiros em *situação de pobreza* se encontra, atualmente, em torno de 22 milhões de pessoas.[27]

Com o ingresso de "*novos pobres*" no cenário do Brasil atual, até o final de 2017, apenas consagra-se a já esperada e infeliz *tendência do momento*.[28] Igualmente, a pandemia COVID-19 ampliou a desigualdade social, em 2020, dificultando a melhoria do cenário brasileiro, no que tange a esta questão. A *pobreza* que decorre das *imensas* e *abissais* desigualdades sociais que persistem no Brasil contemporâneo não devem ser alvo de revolta ou violência, mas de *luta por direitos*, de *conquistas históricas*, de consagração de *políticas públicas*, de *luta pela reforma da política e das instituições públicas*, de *união em cidadania*, de *compromisso com a solidariedade*, visando-se a promoção de *transformação social*. Ou seja, deve-se fazer o *Brasil pré-moderno* ser substituído pelo *Brasil moderno* – que é aquele que não pode seguir adiante sem que a cidadania plena seja real para todos(as), sem exceção, na igualdade jurídica e real que qualifica a *universalização dos direitos* –, abandonando-se as marcas que definem e tracejam a condição de *inferioridade* na qual se encontra considerável parte da população brasileira.

---

[24] Ribeiro, *O povo brasileiro*: a formação e o sentido do Brasil, 2. ed. 2003, p. 447.

[25] "Mas as maiores dificuldades na área social têm a ver com a persistência das grandes desigualdades sociais que caracterizam o país desde a independência, para não mencionar o período colonial. (...) Segundo relatório do Banco Mundial, era o país mais desigual do mundo em 1989, medida a desigualdade pelo índice Gini. Em 1997, o índice permanecia inalterado (0,6)" (Carvalho, *Cidadania no Brasil*: o longo caminho, 21. ed., 2016, p. 209).

[26] The world Bank, *The data blog*, People living in extreme poverty. Disponível em: <http://blogs.worldbank.org/opendata/2017-atlas-sustainable-development-goals-new-visual-guide-data-and-development>. Acesso em 04.08.2017.

[27] Izaguirre, *Pobreza cresce no Brasil pelo segundo ano consecutivo*. Disponível em: <http://www.correio-braziliense.com.br/app/noticia/economia/2017/06/25/internas_economia,604736/pobreza-cresce-no--brasil-pelo-segundo-ano-consecutivo.shtml>. Acesso em 04.08.2017.

[28] Onubr, *Número de pobres no Brasil terá aumento de no mínimo 2,5 milhões em 2017, aponta Banco Mundial*. Disponível em: <https://nacoesunidas.org/numero-de-pobres-no-brasil-tera-aumento-de--no-minimo-25-milhoes-em-2017-aponta-banco-mundial/>. Acesso em 04.08.2017.

Ao nos inclinarmos, porém, em direção ao passado, enxergamos e percebemos, pela breve análise do rastro histórico da colonização, que é desta forma que nos constituímos como país, *modernos sem modernidade, progressistas sem progresso*. Foi dessa forma que naturalizamos e assimilamos a nossa *modernidade antimoderna*; também, é assim que convivemos com o nosso espírito *liberal antiliberal*; e, é assim que convivemos com os nossos *direitos-sem-cidadania*; por fim, é assim nos acomodamos a conviver com os baixos índices de desenvolvimento humano, com as persistentes violações de direitos humanos e com os dados horrorizantes de violência.[29]

51.4 DIREITO E POLÍTICAS SOCIAIS

Estamos mergulhados na mais grave, profunda e atordoante crise político-econômica da história da *democracia brasileira*. A crise é certamente global, mas atinge a *periferia da economia global*[30] de um modo muito diverso de como atinge o *centro econômico*. Para o Brasil contemporâneo, estão perigosamente abaladas a *estabilidade econômica*, a *confiança na democracia* e a capacidade de reagir às *desigualdades sociais* crescentes. Nesse sentido, aquele que é um traço da história do país, se converte, também, num traço da *democracia brasileira*, qual seja: "... a democracia convive perversamente com a injustiça social", conforme afirma a historiadora Lilian Schwarcz.[31] Isso é importante de se reconhecer, na medida em que não há *democracia real*, plena e participativa, sem *democracia econômica*, assim como não há *liberdade real* dissociada de *justiça social*. Não por outro motivo, é necessário *democratizar a democracia*, para ecoar a dicção do sociólogo português Boaventura de Souza Santos.[32]

Para isso, temos de fortalecer as nossas instituições sociais, a cultura democrática e as políticas públicas do Estado Democrático de Direito. Mais do que isso, temos de nos *reconhecer* nas instituições sociais e temos de fazer valer a *democracia social* e *econômica* centrais para a *reconstrução* do tecido social. Para isso, temos de superar a mais do que *anquilosada* concepção que opõe *indivíduo* e *sociedade*, ou que opõe *liberdade* e *igualdade*, ou, por fim, que opõe *justiça social* e *desenvolvimento econômico*, para revermos a nossa visão, e nos encontrarmos com a lição do filósofo alemão Axel Honneth, na recuperação das categorias centrais do pensamento de Hegel, para quem é nas *instituições sociais* que *cristalizamos* o "reconhecimento recíproco" na relação entre *ego* e *alter*. Assim, a *liberdade* de cada membro da *comunidade cívica*, passa pela *justiça social* que a todos(as) beneficia, por meio da *redistribuição de recursos*, prioritariamente atribuída não como concessão, mas como *direito fundamental*, àquelas classes sociais mais vulneráveis. Segundo essa visão, sem a consagração da *autonomia* de *todos os membros* da sociedade,[33] a *liberdade* não é senão ilusão e fantasia individual. A *liberdade*

---

[29] Onubr, *Brasil tem nova maior taxa de homicídios das Américas, diz OMS*. Disponível em: <https://nacoesunidas.org/brasil-tem-nona-maior-taxa-de-homicidio-das-americas-diz-oms/>. Acesso em 04.08.2017.

[30] "É precisamente nessas contradições geradas pelo sistema internacional do capitalismo em que o Brasil e demais povos e países de sua categoria se enquadram como simples elementos periféricos e subsidiários, campos e horizontes de negócios comandados e usufruídos pelos centros controladores do sistema, é aí que se situam os impulsos dinâmicos do processo histórico ora em curso no cenário internacional de nossos dias, e no Brasil em particular" (Prado Junior, *História e desenvolvimento*: a contribuição da historiografia para a teoria e prática do desenvolvimento brasileiro, 1999, p. 40).

[31] Schwarcz, Starling, *Brasil*: uma biografia, 2015, p. 502.

[32] Santos, *A difícil democracia*, 2016, p. 117-157.

[33] "Como ponto de referência normativo de todas as concepções de justiça na modernidade, podemos considerar a ideia de autodeterminação individual: deve valer como justo o que garante a proteção, o incentivo ou a realização da autonomia de todos os membros da sociedade" (Honneth, *O direito da liberdade*, 2015, p. 39-40).

628 | CURSO DE FILOSOFIA DO DIREITO • *Bittar/Almeida*

individual somente existe como *imagem diáfana* do *individualismo* motorizada pela economia capitalista atual, e isto, pois, em verdade, a "... autonomia individual já não se separa da ideia de justiça social e das reflexões sobre como ela deve ser instituída na sociedade para tornar justos os interesses e necessidades de seus membros".[34]

A *desnaturalização* da concepção de *liberdade* como *gozo*, a ruptura com o *ordeirismo patriótico* que estimula a perda de *universalidade* nas percepções de mundo e a reconstrução intersubjetiva da noção de *liberdade*, na trilha desta concepção, não somente nos permite *reforçar o papel das instituições*, mas *refundar* as nossas mais profundas *tradições e concepções de mundo.*[35]

Daí a importância estratégica de deslocar o olhar para o âmbito das *políticas públicas* e da conquista de *bens sociais*, ancorando a *luta social* no processo de afirmação, melhoria e qualificação das *instituições públicas*, atuando por meio de *políticas duradouras, estáveis e consolidadas,*[36] focadas não somente no critério *renda*, para seguir a orientação do economista Amartya Sem,[37] estas que devem encabeçar o longo processo de *erradicação da pobreza* por meio de *políticas sociais dirigidas,*[38] sem nunca descurar de caminhar juntamente com a *transformação das mentalidades.* Aí, então, a *política* não será mais *serva da economia*, nem a *cidadania* será refém da *política institucionalizada.*

Neste rumo, para nos guiar o olhar, atualmente, conta-se com as metas instituídas pelos *Objetivos do Desenvolvimento Sustentável* (ODS), com destaque direto para o *Objetivo 1*, que está formulado de forma a apontar para: *"Acabar com a pobreza em todas as suas formas, em todos os lugares".* Do ponto de vista mais prático e operacional,[39] as políticas públicas do Estado brasileiro devem ser guiadas pelas metas que ganham os seguintes contornos: 1) *"até 2030, erradicar a pobreza extrema para todas as pessoas em todos os lugares, atualmente medida como pessoas vivendo com menos de US$ 1,25 por dia"* (Meta 1.1.); e, 2) *"até 2030, reduzir pelo*

---

[34] Honneth, *O direito da liberdade*, 2015, p. 36.

[35] "... uma vez que a aspiração à liberdade do indivíduo só é satisfeita no seio das instituições ou com a ajuda delas, para Hegel um conceito 'intersubjetivo' de liberdade amplia-se ainda uma vez para o conceito 'social' de liberdade: em última instância, o sujeito só é 'livre' quando, no contexto de práticas institucionais, ele encontra uma contrapartida com a qual se conecta por uma relação de reconhecimento recíproco, porque nos fins dessa contrapartida ele pode vislumbrar uma condição para realizar seus próprios fins" (Honneth, *O direito da liberdade*, 2015, p. 86-87).

[36] "Se os indivíduos crescem em instituições onde suas práticas normativas da reciprocidade são posicionadas de forma duradoura, então, para Hegel, durante sua formação eles aprenderão a perseguir, em seu comportamento, desejos e intenções primárias, cuja satisfação só se faz possível mediante ações complementares dos outros" (Honneth, *O direito da liberdade*, 2015, p. 93).

[37] "Os debates sobre políticas realmente têm sido distorcidos pela ênfase excessiva dada à pobreza e à desigualdade medidas pela renda, em detrimento das privações relacionadas a outras variáveis, como desemprego, doença, baixo nível de instrução e exclusão social" (Sem, *Desenvolvimento como liberdade*, 2000, p. 131).

[38] "Embora valha a pena ressaltar essas relações entre pobreza de renda e pobreza de capacidades, também é importante não perder de vista o fato fundamental de que a redução da pobreza de renda não pode, em si, ser a motivação suprema de políticas de combate à pobreza. É perigoso ver a pobreza segundo a perspectiva limitada da privação de renda e a partir daí justificar investimentos em educação, serviços de saúde etc. com o argumento de que são bons meios para atingir o fim da redução da pobreza de renda" (Sem, *Desenvolvimento como liberdade*, 2000, p. 109).

[39] "Os reivindicadores da redistribuição devem mostrar que as reformas econômicas que eles defendem fornecerão as condições objetivas para a participação plena daqueles que, atualmente, tiveram-nas negadas – sem significativamente exacerbar outras disparidades" (Fraser, Reconhecimento sem ética? *in* Souza, Mattos, (orgs.), *Teoria crítica no século XXI*, 2007, p. 131).

Cap. 51 · DIREITO, JUSTIÇA SOCIAL E POBREZA | **629**

menos à metade a proporção de homens, mulheres e crianças, de todas as idades, que vivem na pobreza, em todas as suas dimensões, de acordo com as definições nacionais" (Meta 1.2.).[40]

51.5 DIREITO E JUSTIÇA SOCIAL

A *indignidade factual* da *pobreza* é um *desafio jurídico* de elevada latitude. E, desde logo, isso deve ser afirmado, porque a Ciência do Direito vê-se diante da necessidade de fazer uma opção a respeito do *direito dos oprimidos*. Para além do sentido que a expressão *direito dos oprimidos* tem no vocabulário do sociólogo Boaventura de Souza Santos,[41] aqui se pode falar do *direito dos excluídos* da sociedade de consumo.[42] De início, quando se trata desta questão, está-se inventariando o possível rol dos papéis a serem desenvolvidos pelo *Estado Social e Democrático de Direito*. E isso porque um *Estado Social e Democrático de Direito*, fundado na *dignidade da pessoa humana*, deve proporcionar as *condições mínimas de existência* a todos(as).[43]

Na perspectiva do direito, portanto, não há dúvida sobre a correlação entre *direito e justiça social*. Neste particular, a concepção de *Estado Social e Democrático de Direito* é a responsável pela *redistribuição* a que se refere a filósofa Nancy Fraser,[44] ao fazer a famosa distinção interna ao conceito de *justiça*, considerando tanto o *reconhecimento* quanto a *redistribuição*, no debate com Axel Honneth. Neste ponto, vale reforçar o argumento ao lado de Jürgen Habermas, para quem: "Somente esse vínculo interno entre dignidade humana e direitos humanos produz aquela fusão explosiva da moral no *médium* do direito, no interior do qual deve ser efetuada a construção das ordens políticas justas".[45]

Somando-se ao que se disse, é também na perspectiva do direito internacional que se poderá encontrar um fundamento normativo acima da mera *legalidade*,[46] segundo o qual não há dúvida sobre a relação entre *direito e justiça social*, e isso na medida em que o artigo 22 da *Declaração Universal dos Direitos Humanos* (ONU, 1º de Dezembro de 1948) prevê:

---

[40] Itamaraty, Objetivos do Desenvolvimento Sustentável. Disponível em: <http://www.itamaraty.gov.br/images/>. Acesso em 04.08.2017.

[41] Aqui se faz a evocação de Santos, *O direito dos oprimidos*, 2014.

[42] O jurista José Joaquim Gomes Canotilho afirma que: "Uma opção realista pelos pobres assentará em uma perspectiva inclusiva e dialógica, não devendo eliminar nenhuma camada de excluídos. Em segundo lugar, uma opção pelos pobres leva a sério todas as pessoas, tendo em conta a situação concreta. Por palavras muito em voga na sociologia americana, o direito deve ter aberturas dialógicas para os rostos, os corpos, as almas, dos que enfrentam as dificuldades da dor, da pobreza, do isolamento, da opressão, da ignorância (pobres sem meios de subsistência, doentes, perseguidos, discriminados, velhos, humilhados). Em terceiro lugar, uma 'opção pelos pobres' reivindicaria uma atitude crítica perante as desigualdades fáticas e jurídicas existentes" (Canotilho, *O direito dos pobres no activismo judiciário*. In: Canotilho, Correia, Correia (Coords.), *Direitos fundamentais sociais* 2010, p. 33).

[43] Na leitura do jurista português José Reis Novais: "Ou seja, um Estado de Direito fundado na dignidade da pessoa humana, para além de obrigado a garantir a todas as pessoas as condições mínimas de bem-estar e de desenvolvimento da personalidade e de possibilidade de exercício efetivo dos direitos fundamentais, observa necessariamente o princípio da igualdade, na medida em que está juridicamente vinculado a tratar todas as pessoas com igual consideração e respeito" (Novais, *A dignidade da pessoa humana*, v. I, 2015, p. 181).

[44] "A justiça hoje exige tanto a redistribuição quanto o reconhecimento; nenhum dos dois por si só é suficiente" (Fraser, Reconhecimento sem ética? *in* Souza, Mattos, (orgs.), *Teoria crítica no século XXI* 2007, p. 114).

[45] Habermas, *Sobre a constituição da Europa*: um ensaio, 2012, p. 37.

[46] "A dignidade do ser humano, fonte e medida de todos os valores, está sempre acima da lei, vale dizer, de todo o direito positivo" (Comparato, *A afirmação histórica dos direitos humanos*, 1999, p. 30).

630 | CURSO DE FILOSOFIA DO DIREITO • *Bittar/Almeida*

"Toda pessoa, como membro da sociedade, tem direito à segurança social e à realização, pelo esforço nacional, pela cooperação internacional e de acordo com a organização e recursos de cada Estado, dos direitos econômicos, sociais e culturais indispensáveis à sua dignidade e ao livre desenvolvimento da sua personalidade".

Mais especificamente, no plano do direito nacional, a Constituição Federal de 1988, ao traçar os *objetivos fundamentais* da República Federativa do Brasil, em seu art. 3º, inciso III, se compromete a *"erradicar a pobreza e a marginalização e reduzir as desigualdades sociais e regionais".* Por isso, como previsão constitucional, a erradicação da fome e da pobreza são compromissos de Estado e não de governo! E, nesse peculiar, seguindo a leitura do constitucionalista português José Joaquim Gomes Canotilho: "A constituição pode ter deixado de ser uma *norma dirigente*, mas não está demonstrado que não tenha capacidade para ser uma *norma diretora".*[47]

Ademais, no plano infraconstitucional, a normativa de direitos humanos que deve nos orientar é o *3º Programa Nacional de Direitos Humanos*, o Decreto n. 7.037, de 21 de Dezembro de 2009, com especial destaque para as ações interministeriais previstas no *Eixo Orientador III (Universalizar Direitos em um Contexto de Desigualdades)* e a *Diretriz 7 (Garantia dos Direitos Humanos de forma universal, indivisível e interdependente, assegurando a cidadania plena)*, a *Diretriz 8 (Promoção dos direitos das crianças e adolescentes para o seu desenvolvimento integral, de forma não discriminatória, assegurando seu direito de opinião e participação)*, a *Diretriz 9 (Combate às desigualdades estruturais)* e a *Diretriz 10 (Garantia da igualdade na diversidade)* conferem os devidos rumos no plano da ação social e estatal.[48]

Por aqui, vê-se como a *indignidade* ainda marca e divide a nossa realidade comum.[49] Nesse sentido, a *dignidade humana* não é somente um *ideal comum* da humanidade de nossos tempos, uma *conquista histórica universal*, mas, sobretudo, um *sismógrafo*[50] do estado atual do alcance de direitos na realidade social. O próprio preâmbulo do *3º Programa Nacional de Direitos Humanos* testemunha a este respeito: "O acesso aos direitos fundamentais continua enfrentando barreiras estruturais, resquícios de um processo histórico, até secular, marcado pelo genocídio indígena, pela escravidão e por períodos ditatoriais, práticas que continuam a ecoar em comportamentos, leis e na realidade social".[51]

---

[47]   Canotilho, O direito constitucional como ciência da direção. In: Canotilho, Correia, Correia, (Coords.), *Direitos fundamentais sociais*, 2010, p. 23.

[48]   "O acesso aos direitos de registro civil, alimentação adequada, terra e moradia, trabalho decente, educação, participação política, cultura, lazer, esporte e saúde, deve considerar a pessoa humana em suas múltiplas dimensões de ator social e sujeito da cidadania" (Brasil, Secretaria Especial dos Direitos Humanos da Presidência da República, *Programa Nacional de Direitos Humanos (PNDH-3)*, SEDH/ PR, 2010, p. 52).

[49]   "Assim, há violação específica e direta da dignidade de ser humano quando a pessoa é publicamente humilhada ou é discriminada de forma estigmatizante, aviltante, tratada como *inferior* ou como intrinsecamente digna de menor consideração e respeito, e, designadamente, quando esse tratamento se fundamenta simplesmente naquilo que a vítima é, no que *pensa* ou como *vive*" (Novais, A dignidade da pessoa humana, v. II, 2016, p. 134).

[50]   "A dignidade humana é um sismógrafo que mostra o que é constitutivo para uma ordem jurídica democrática – a saber, precisamente os direitos que os cidadãos de uma comunidade política devem se dar para poderem se respeitar reciprocamente como membros de uma associação voluntária de livres e iguais. Somente a garantia desses direitos humanos cria o *status* de cidadãos que, como sujeitos de direitos iguais, pretendem ser respeitados em sua dignidade humana" (Habermas, *Sobre a Constituição da Europa*: um ensaio, 2012, p. 17).

[51]   Brasil, Secretaria Especial dos Direitos Humanos da Presidência da República, *Programa Nacional de Direitos Humanos (PNDH-3)*, SEDH/ PR, 2010, p. 52.

CONCLUSÕES

A pobreza e a miséria são desafios que atravessam a realidade brasileira, cujo passado histórico está marcado por diversos fatores que assinalam e enfatizam uma herança de difícil superação. Por isso, deve-se considerar que a *superação da miséria* é um desafio do direito brasileiro contemporâneo. É algo simultaneamente relevante para a sociedade, para a política, para o direito e para a reflexão sobre a realidade na qual se inserem as tarefas reais do direito. Assim, pôde-se postular pela necessidade de se pensar em superar os processos sociais que fazem com que a manutenção das condições de pobreza das pessoas persista. Aí está um enorme desafio para pessoas, governos, instituições e grupos organizados. Neste ponto, somente a indiferença não vale.

Então, o protagonismo do Direito tem um papel fundamental na afirmação deste tipo de preocupação, que encontra amplas condições de fundamentação e justificação. Mas ali onde os instrumentos do Direito não funcionarem, ou não forem por si mesmos suficientes, a *solidariedade* aponta para o mais alto nível de abnegação no processo de socialização entre *ego* e *alter*. Certamente, esta é uma categoria muito mais *moral* do que *jurídica*, muito mais *política* do que *econômica*, muito mais *ideológica* do que *pragmática*, mas é importante afirmar, aqui, para aqueles que se voluntariam em cada *ato de entrega ao outro*, que ainda continuamos nos domínios da *justiça*, e não da pura e simples, *piedade social* pelo outro. Não por outro motivo, vale a pena identificar e destacar a *importância arrematadora* que a *solidariedade* exerce na autocompreensão do convívio e das interações sociais.[52]

---

[52] "A justiça entendida numa perspectiva deontológica exige como contrapartida a solidariedade. (...) A justiça tem a ver com as iguais liberdades de indivíduos inalienáveis e que se autodeterminam, enquanto a solidariedade tem a ver com o bem-estar das partes irmanadas numa forma de vida partilhada inter-subjetivamente – e, assim, também com a preservação da integridade dessa própria forma de vida. As normas morais não conseguem proteger uma coisa sem a outra: nem conseguem preservar os direitos e liberdades iguais do indivíduo sem o bem-estar do próximo e da comunidade a que pertencem" (Habermas, *Comentários à ética do discurso*, 1991, p. 70-71).

52
DIREITO, INTERNET E
PARTICIPAÇÃO DEMOCRÁTICA

52.1 A SOCIEDADE DÍGITO-CÊNTRICA E A CRISE DA LIBERDADE

Muitas são as formas de identificação da sociedade contemporânea, a partir de marcos referenciais os mais diferentes entre si.[1] Utilizam-se, por isso, várias formas de batizamento, das mais usuais e disseminadas, às mais inusuais; podem-se destacar "sociedade da informação",[2] esta amplamente disseminada, e, "sociedade pantécnica", esta de circulação mais restrita.[3] Ambas as expressões são apropriadas para designar, seja o estado atual da técnica, seja a economia das trocas redimensionadas no plano da informação. Mas, para fins deste estudo, em oposição à clássica ideia de sociedade "antropo-cêntrica", advinda do iluminismo humanista e do universalismo dos valores, empregar-se-á a expressão "sociedade dígito-cêntrica" ou "sociedade tecno-cêntrica".

Isso porque, neste quadro de análise, aparentemente, a liberdade ganhou novos ambientes para se expressar. Nesse primeiro sentido, teria sido ampliado o espectro de suas manifestações. Através do uso de novas tecnologias, nos tornaríamos mais livres e mais comunicativos pelo simples fato de termos novos implementos que permitem operações de comunicação mais próximas, mais céleres e eficazes, reduzindo fronteiras, limites e círculos de privacidade. Num segundo sentido, porém, haveríamos de perceber que o aumento da tecnificação da interação empobrece a qualidade da informação disponível[4] e reduz o potencial comunicativo da própria

---

[1]   Este capítulo foi publicado na *Revista Direito e Economia*, vol. XVII, n. 01/02, 2012, p. 37-79, Universidade Autónoma de Lisboa-UAL, Portugal, tendo recebido nesta versão adaptações e modificações.

[2]   De maior divulgação, "sociedade da informação" é adotada nos estudos de inúmeros juristas, a exemplo de seu emprego por Newton De Lucca, José de Oliveira Ascensão e Celso Pacheco Fiorillo.

[3]   A expressão "sociedade pantécnica" é veiculada através do artigo "Responsabilidade sem culpa, culpa sem responsabilidade na sociedade tecnológica", de autoria de Tercio Sampaio Ferraz Junior. Do artigo, destaca-se o seguinte trecho: "No mundo pantécnico, dominado sobretudo pela tecnologia informática, este paradoxo, situado no terreno da simultaneidade e da rapidez das trocas de informações, provoca uma espécie de curto-circuito na noção de liberdade: toda decisão de informar torna-se, ao mesmo tempo, anárquica e conformada. Com isso, o conteúdo da noção de liberdade torna-se vazio" (Ferraz Junior, Responsabilidade sem culpa, culpa sem responsabilidade na sociedade tecnológica, *in Impasses e aporias do direito contemporâneo*: estudos em homenagem a José Eduardo Faria, 2011, p. 143).

[4]   Na perspectiva do jornalismo, isso significa o empobrecimento da forma como se produz informação: "Na busca incessante e neurastênica da novidade, e no medo de levar 'furos' ou 'barrigada', estão algumas das comprovações do fenômeno da convergência: as redações passam a trocar informações ou repetir notícias através daquelas geradas instantaneamente nos blogs, sites, agências, ou mesmo em outras mídias, iguais ou correlatas, mas também nas diferenciadas quanto à forma de veiculação, causando reforços exagerados de temas, repetições ou mesmo ausência de imaginação e criatividade para novos assuntos, sem falar, como no caso dos magazines, na sazonalidade da pauta, repaginada anual ou mensalmente. Os

Cap. 52 · DIREITO, INTERNET E PARTICIPAÇÃO DEMOCRÁTICA | **633**

interação humana empalidecida,[5] fazendo do encontro intersubjetivo uma atividade cada vez mais opaca, tornando ainda mais distantes as condições para a implementação da "situação ideal de fala" – tomada como parâmetro normativo – para o exercício do *agir comunicativo,* ao qual se refere o filósofo alemão Jürgen Habermas, em seu estudo de 1976, *O que é a pragmática universal? (Was heisst Universalpragmatik?).*[6]

A ideia de redes de comunicação fortalece a perspectiva da quantidade, mas desqualifica a perspectiva da qualidade. O notório aumento da quantidade de mensagens veiculadas na *Internet,* ou no *facebook,* identifica um *modus* de socialização recente, e cujas vantagens são claras, mas que transmuta o foco das relações de comunicação *inter praesentes* para relações de comunicação *inter absentes.* A tecnificação da inter-ação continua dependente de traços que não se encontram no alojamento abstrato de relações potenciais e longevas, virtualizadas. No trânsito do *eu-e-tu* digitais, há perdas irreparáveis.

O aumento dos fluxos das comunicações e interações, muitas vezes, não é seguido senão por redes insustentáveis e superficiais, estruturando-se na base de laços líquidos,[7] como combinatórias alienadas de ações estratégicas ou parciais, refluindo num aumento em massa da comunicação e dos fluxos informativos, sem uma necessária repercussão no aumento qualitativo da densidade da interação ou de uma alteração significativa nas formas de entendimento humano. A poluição informacional é um dos traços do desnorteamento da sociedade "dígito-cêntrica". Ademais, a *fake news* emerge como expressão da era da pós-verdade.

Constata-se, pois, que a constituição das redes de relações no espaço virtual trouxe seus benefícios e praticidades, já bem mapeadas e identificadas.[8] Mas, a era da *Internet* também

---

veículos ficaram muito semelhantes quanto ao conteúdo, variando no que qualifica a forma" (Salgado, Gilberto Barbosa. Esfera pública midiática na América Latina: uma interpretação com as categorias habermasianas, *in* Souza, Jessé; Mattos, Patrícia (Orgs.). *Teoria crítica no século XXI,* 2007, p. 219).

[5] A advertência é feita na perspectiva dos estudos sobre comunicação de Tercio Sampaio Ferraz Junior: "Na comunicação como um lugar virtual, porém, a troca de informações é cognitiva apenas pelo conteúdo das mensagens. Na verdade, em comunicação continuamos opacos. Por isso, a responsabilidade, que exige, no plano empírico, uma justificação, na medida em que admite soluções/argumentações adequadas ou interessantes para o problema veritativo a resolver, é no mundo virtual sempre precária. Precária não por força da relatividade das instâncias, mas por força da situação comunicacional sintética em que ego/tu se encontram na sua opacidade" (Ferraz Junior, Responsabilidade sem culpa, culpa sem responsabilidade na sociedade tecnológica, *in Impasses e aporias do direito contemporâneo*: estudos em homenagem a José Eduardo Faria, 2011, p. 153).

[6] O ensaio de Habermas está publicado na coletânea *On the pragmatics of communication,* traduzida para a língua portuguesa e publicado sob o título *Racionalidade e comunicação,* 2002, p. 9-102.

[7] A respeito, o estudo sociológico detido sobre o problema, através do pensamento de Bauman, *Comunidade*: a busca por segurança no mundo atual, 2003, p. 13-39.

[8] "O advento da internet, a criação da rede mundial de computadores e as modificações constantes e endógenas nas novas tecnologias permitiram a ampla transmissão de dados, com caráter de quase instantaneidade, sejam imagens, palavras, fotos, textos e hipertextos, além de incentivarem os sincretismos das mais variadas formas de aplicativos, linguagens, tecnologias e interfaces, sempre com características laboratoriais, algorítmicas e indexicalizadoras. Nesse novo ambiente, popularmente batizado de virtual, mas na realidade ambiente de rede, um fenômeno galvanizou essas operações sumariadas no parágrafo, sendo já de senso comum, batizado de 'multimídia' ou 'hipermídia', e, para os mais sofisticados ou pedantes, 'ciberespaço'; contudo, do ponto de vista meramente técnico foi definido como convergência, e suas sínteses criaram a ilusão de que as diferenças entre as mídias (sublinhe-se o plural) desapareceram, conquanto se possa, por extensão, uni-las na palavra mídia (constata-se o singular)" (Salgado, Gilberto Barbosa. Esfera pública midiática na América Latina: uma interpretação com as categorias habermasianas, *in* Souza, Jessé; Mattos, Patrícia (Orgs.). *Teoria crítica no século XXI,* 2007, p. 217).

se abre eivada de paradoxos e dificuldades, trazendo consigo *velhos* e *novos* riscos para a dimensão das liberdades.

Numa abordagem positiva, o espaço virtual: (a) acelera e impulsiona o comércio internacional; (b) colabora para a integração dos povos; (c) redimensiona a noção de espaço, projetando-o para a dimensão virtual; (d) elimina barreiras transfronteiriças, tornando a proximidade uma realidade; (e) amplia a visibilidade, a publicidade e a acessibilidade a dados e informações; (f) celeriza trocas, correspondências e transporte de dados; (g) desobstrui monopólios informativos e comunicacionais; (h) pluraliza o uso e acesso da cultura e da produção de bens culturais; (i) amplia o espectro de atuação da tecnologia no cotidiano não especializado dos cidadãos; (j) permite uma interação renovada e globalizada esfera pública mundial; (k) pluraliza a integração dos meios de comunicação, tornando a circulação de ideias mais inventivamente passível de partilha comunitária do espaço virtual (*Share it!*); (l) amplia o acesso franco a conteúdos digitais a custos ínfimos; (m) abre portas para a pesquisa sem fronteiras e integrada no ciberespaço; (n) torna possível a descoberta de dados e informações, tornando remotos acessos a patrimônios antes remotamente acessíveis; (o) abre horizontes culturais aos internautas infinitos, que vão desde o acesso a bibliotecas virtuais, documentos raros, sítios culturais e informações institucionais, até línguas, povos, pessoas, sem limites de fronteiras, ou restrições físicas; entre outros efeitos.

Numa abordagem negativa, o espaço virtual: (a) inflaciona e polui os campos de acesso à informação, por sua massificação e pulverização ao infinito; (b) abre campo ao terrorismo digital, tendo em vista a dependência que instituições, governos e dados têm de sua abertura ao mundo virtual; (c) institui a possibilidade de novas fronteiras à criminalidade, e até mesmo a novas modalidades de crimes, cujos limites transbordam clássicas concepções de fronteira; (d) torna a privacidade e a informação as mercadorias de um tempo; (e) projeta campos e possibilidades à turvada compreensão de mundo, a partir da guerra informacional; (f) cria a disputa, desestabilizadora de governos, pelos "pacotes de informações", um campo de guerra entre o "detentor da informação" e o "chantageado da era da informação"; (g) aumenta o grau de insegurança na administração, posse e circulação da informação, onde o roubo de dados, a *hackerização* de programas e a insegurança tecnológica aparecem como constantes ameaças; (h) amplia o poder do sensacionalismo de ocasião, pois o espetáculo virtual se converte no *hit* cuja expansão entre usuários pode ser ilimitada; (i) amplifica os resultados do impacto da informação, enquanto disponível à circulação; (j) redefine a fronteira da privacidade, nos termos de novas aproximações de violações a direitos e liberdades; (k) inclina o usuário do sistema a uma visão equivocada de irresponsabilidade pela opacidade virtual da qual usufrui ao constituir-se como "personagem virtual" e não como "pessoa", no trânsito das relações do ciberespaço; (l) permite o rebaixamento cultural através das facilidades trazidas pelos mecanismos de pesquisa, sendo a cultura do *Google it!* a tradução do novo parâmetro do exercício da pesquisa e da produção do conhecimento; (m) amplia os poderes de flexibilização das relações de trabalho, definindo as condições de uma jornada de trabalho estendida para além dos limites da jornada de trabalho, para dentro da dimensão do trabalho *on demand*; entre outros efeitos; (n) cria o tráfico de dados e informações, a ciber-criminalidade com finalidades danosas, invasivas e delituosas, aí incluindo a extorsão pela posse de informações desvantajosas; (o) torna possível o *cyberbullying* e outros conjuntos de práticas que tenham a ver com o constrangimento virtual e a ofensa à dignidade da pessoa humana; (p) torna possível a espetacularização da vida privada e dos dados pessoais, a ponto de provocar oportunidade para o *cyberstalking*, fenômeno que é fruto da obsessão virtual, da invasão da privacidade e da vontade curiosa de controle sobre a dimensão da esfera do outro, podendo redundar em perseguições e constrangimentos,

Cap. 52 · DIREITO, INTERNET E PARTICIPAÇÃO DEMOCRÁTICA | 635

ensejando efeitos danosos prevenidos ou reparáveis através de medidas legais diretas ou indiretas etc.; (q) o aumento da desinformação e a circulação de *fake news*.

Muitos destes fenômenos são frutos da era do espetáculo, da facilidade invasiva da comunicação e da produção de uma consciência "do tudo a meu dispor no toque dos dedos".[9] Dentre estes, um grande número já possui solução na dinâmica da legislação vigente, e pode encontrar soluções rápidas e efetivas do ponto de vista jurídico.[10] No entanto, outros tantos fenômenos indicados estão desafiando a constituição de novas fronteiras para a cultura do direito, e que permitem acima de tudo a oportunidade para a abertura de visão em direção à dinâmica do direito digital. Muitos desses fenômenos têm a ver com a invasão da privacidade, com o abuso do uso de imagem, com a manipulação de informações danosas, com a geração de dano moral e patrimonial a pessoa física e/ou jurídica, com a violação de segredo de indústria, com o alargamento das fronteiras da liberdade e o esmagamento de outros valores garantidos pela ordem legal e constitucional. É nessa medida que devem ser incluídos, na dinâmica de preocupação da cultura dos direitos humanos, como tarefas de importante reflexão e consideração, na renovação da cultura do direito, diante dos mais recentes desafios que estão sendo conhecidos, mapeados, identificados e levados à análise do pensamento jurídico e da prática jurídica junto aos Tribunais.[11]

52.2 AMEAÇAS NA REDE, SEGURANÇA E O RISCO DA IMPUNIDADE VIRTUAL

O deslocamento para a dimensão desta ágora virtual não significa um transplante da ágora real ao ciberespaço, pois o indivíduo está mediado pelo dígito na constituição de sua "entrada na rede". Essa pequena e breve constatação parece apenas parte de uma operação técnica, mas é, enfim, o cerne da distância entre *ego* e *alter* nesta "sociedade dígito-cêntrica". Afinal, é "na ponta dos dedos" e "diante do dígito" que se conta o *poder de negociação* entre cada parceiro de interação virtual, sabendo-se que este poder é reduzido a uma capacidade de tornar o outro uma vítima em potencial de seu "arbítrio digital". Assim, o efeito *caos* da dispersão internética gera uma percepção distorcida da relação entre liberdade e responsabilidade, onde esta é prejudicada em favor da hiper-afetação daquela.[12] Esta é somente mais uma frente de afetação entre *ego* e *alter*, agora mediados pelo dígito-centrismo.

Em seus estudos, José de Oliveira Ascensão afirma que: "Um dos mais graves problemas que a internet suscita consiste na possibilidade de ser utilizada como via para a difusão de conteúdos ilícitos".[13] Nessa linha de análise, a *Internet* é meio, é veículo, é instrumento; assim,

---

[9] Cf. Cunha, Eu persigo, tu persegues, nós perseguimos, *Folha de S. Paulo*, Terça-feira, Caderno E, São Paulo, 11 de setembro de 2012, p. 4 e 5.

[10] A respeito, consulte-se Pinheiro, *Direito digital*, 4. ed., 2010, p. 300 e 301.

[11] A respeito do encaminhamento de denúncias de violações de direitos humanos, vale ressaltar a importante criação do canal de denúncias, de iniciativa do governo, chamado www.humanizaredes.gov.br.

[12] "O indivíduo só é responsável dentro dessa teia comunicacional caótica. Ela não é uma instância, apenas um lugar virtual, que põe nossa opacidade em contato com a do outro" (Ferraz Junior, Responsabilidade sem culpa, culpa sem responsabilidade na sociedade tecnológica, *in Impasses e aporias do direito contemporâneo*: estudos em homenagem a José Eduardo Faria, 2011, p. 151). Ademais, em *Direito digital*, pode-se ler: "Devemos observar que a Constituição Federal de 1988 protegeu a liberdade de expressão em seu art. 5º, IV, mas determinou que seja com 'responsabilidade'" (Pinheiro, *Direito digital*, 4. ed., 2011, p. 84).

[13] Ascensão, Conteúdos ilícitos na internet: uma resposta original da lei portuguesa, In De Lucca, Newton; Filho, Adalberto Simão (Coords.), *Direito e internet*: aspectos jurídicos relevantes, v. II, p. 301-318, 2008, p. 301.

636 | CURSO DE FILOSOFIA DO DIREITO • *Bittar / Almeida*

o caráter criminoso, o sadismo humano e a busca de impunidade ao comportamento desviante podem se manifestar *inter praesentes* ou *inter absentes*, pelos mais variados mecanismos de interação. Nesse sentido, o Brasil tem-se destacado pelo volume de adesão ao espaço virtual, mas também pelo número de violações.[14] Mais além ainda, a *Internet* potencializa, ainda, a criação de *novas* armas, na medida em que o jogo entre pessoas agora se afirma como um jogo de informações entre *"personagens virtuais"*. Nesse jogo, por vezes, fica difícil retirar as máscaras, para identificar "pessoas" em ação.

Nesta medida é que preocupa o uso instrumental da rede, bem como o abuso da rede. A sensação de deslimite desobstrui o potencial destrutivo de certas atitudes dentro da rede, constituindo o efeito *nuvem* da *Internet* no esconderijo preferencial para a maquiagem virtual a ações antissociais e antidemocráticas,[15] manifestadas pelo *bullying* virtual, pela pedofilia transfronteiriça, pela facilitação do tráfico internacional de pessoas, pela divulgação de doutrinas neonazistas, discursos de ódio (*hate speech*),[16] expressões de racismos e perseguições a minorias, pelo fortalecimento de redes de crime organizado, pela facilitação massiva da contrafação e da violação de direitos de propriedade intelectual.[17] O inventário dessas preocupações toca em diversos campos, e por isso, afeta a percepção de que o uso da rede não pode ser imoderado.[18] Outra dessas percepções é a de que os meios clássicos do direito são insuficientes para prevenir e para remediar de forma adequada as situações ofensivas e lesivas.[19]

Se as dimensões do espaço virtual rompem com as conhecidas limitações do espaço físico, o próprio alcance dos efeitos das "ações digitais" se manifesta corporificado numa

---

[14] "Pode parecer curioso, mas o Brasil, consoante os últimos levantamentos feitos pela organização *Attrition*, ocupava a primeira colocação em número de ataques piratas de internautas (3,56% de todas as invasões ocorridas no mundo), à frente dos Estados Unidos da América, com 2,65%" (Concerino, Arthur José, Internet e segurança são compatíveis?, In De Lucca, Newton; Filho, Adalberto Simão (Coords.), *Direito e internet*: aspectos jurídicos relevantes, p. 153-178, 2005, p. 166).

[15] "Nesses lugares, a formação da vontade ocorre não apenas de maneira amorfa e carente de toda pressão por justificação racional, mas também proporciona espaço para todo tipo de opiniões individuais e movimentos coletivos de caráter apócrifo e antidemocrático" (Hooneth, *O direito da liberdade*, 2015, p. 578).

[16] "Discurso do ódio (*hate speech*) abrange 'manifestações... que se prestam a insultar, intimidar ou incomodar uma pessoa ou um grupo, bem como aquelas manifestações que se prestam a conclamar à violência, ao ódio ou à discriminação'. A razão do ódio ou da discriminação é quase sempre 'raça, religião, gênero ou orientação sexual'. Por isso, o tema do discurso do ódio também é discutido no contexto do tema da agitação racista" (Brugger, Winfried, Proibição ou tutela do discurso do ódio? Uma controvérsia entre a Alemanha e os EUA, In Sarlet, Ingo Wolfgang (Org.), *Direitos fundamentais, informática e comunicação*: algumas aproximações, p. 179-194, 2007, p. 180).

[17] "Especificamente no Brasil, os crimes mais comuns na rede são o estelionato e a pedofilia" (Pinheiro, *Direito digital*, 4. ed., 2011, p. 298).

[18] "Sofisticadas fraudes comerciais e bancárias, a pornografia infanto-juvenil, os crimes contra a ordem pública e ordem tributária, a lavagem de dinheiro, os crimes contra a honra e ameaças especialmente em site de relacionamento como o *Orkut* têm se revezado no topo do *ranking* das manchetes e discussões que envolvem a denominada criminalidade informática" (Daoun, Alexandre Jean, Crimes informáticos e o papel do direito penal na tecnologia da informação, In De Lucca, Newton; Filho, Adalberto Simão (Coords.), *Direito e internet*: aspectos jurídicos relevantes, v. II, p. 173-204, 2008, p. 173).

[19] Eis a externada preocupação de José de Oliveira Ascensão: "Os bens atingidos podem ser de ordem muito variada. Podem ser, nomeadamente: – Os direitos das pessoas: invasão da privacidade; – A ordem pública: mensagens subversivas; – Os bons costumes: mensagens obscenas; – Os direitos intelectuais. Quem é então o responsável? E como se combatem estas violações, uma vez que os meios clássicos não são adequados?" (Ascensão, *Direito da internet e da sociedade da informação*: Estudos, 2002, p. 78).

Cap. 52 · DIREITO, INTERNET E PARTICIPAÇÃO DEMOCRÁTICA | 637

dimensão que, agora, é tomada como ponto de apoio para plurais canais comunicativos, tornando a tarefa da "fiscalização" uma tarefa que se exerce na dimensão de um espaço público, aberto e transfronteiriço. Um fato é que a *Internet* ressignificou a noção de fronteira; quando as fronteiras digitais erodiram as fronteiras como limites dos Estados-nação, uma nova onda de manifestação da integração entre povos tornou-se possível. Por isso, a noção de "território" não é a mesma desde então, o que torna a tarefa da cultura do direito mais complexa,[20] na medida em que tem de se tornar transfronteiriça.[21] Assim, o dimensionamento dos efeitos das "ações digitais" é global, ainda que os recursos para o tratamento das "questões digitais" estejam ainda precariamente atrelados a legislações pontuais, geralmente a partir de marcos normativos nacionais, ou supranacionais, mas ainda assim, neste último caso, geoespacialmente delimitadas em seus campos de alcance.

A segurança na rede encontra-se, portanto, num desnível com relação à sua amplitude. Esta é global, pulverizada, transnacional, e produz conteúdos com caráter definitivo. Aquela é local, limitada e articulada na base de recursos definidos pelos limites da lei. Porém, iniciativas interessantes têm sido conduzidas pelas tarefas da "investigação de crimes digitais", em seu aspecto policial, indicando-se com isso que, como em qualquer outra dimensão em que se projeta a atividade humana, deve haver "policiais da rede", investigadores especializados e meios de denúncia efetiva.[22] Também, se pode destacar o perfil de trabalho desempenhado pela *SaferNet* que atua no sentido de articular, com instituições públicas de alta credibilidade, o atendimento a demandas de usuários vítimas de violações de direitos humanos, o atendimento a denúncias de "cidadãos digitais" que identificam páginas e conteúdos que promovem a violação de direitos humanos, tornando possível frentes de trabalho no sentido de mapear, identificar, desenvolver um conhecimento, educar e prevenir, como também combater a *cyber*-criminalidade, apresentando ao usuário uma consciência de uso democrático do espaço virtual.[23]

52.3 POTENCIAL POLÍTICO DA INTERNET E A "DEMOCRACIA VIRTUAL"

A descoberta do papel político da *Internet* não é recente.[24] Eleições se ganham e se perdem a partir do bom uso de seu ferramental, o que define que o jogo dos interesses políticos

---

[20]   "As comunicações baseadas na interação entre computadores elevadas a códigos hipertextuais e com efeitos transfronteiriços criaram um domínio das relações humanas que fragmenta a legitimidade das normas baseadas no domínio estatal, fronteiras geográficas e territorialidade" (Basso, Maristela, Polido, Fabrício, Jurisdição e lei aplicável na internet: adjudicando litígios de violação de direitos da personalidade e as redes de relacionamento social, In De Lucca, Newton; Filho, Adalberto Simão (Coords.), *Direito e internet*: aspectos jurídicos relevantes, v. II, p. 443-489, 2008, p. 443).

[21]   "A internet muda o clássico conceito de território, e a noção de soberania também sofre transformações" (Limberger, Têmis, Direito e informática: o desafio de proteger os direitos do cidadão, In Sarlet, Ingo Wolfgang (Org.), *Direitos fundamentais, informática e comunicação*: algumas aproximações, p. 195-225, 2007, p. 200).

[22]   "O maior estímulo aos crimes virtuais é dado pela crença de que o meio digital é um ambiente marginal, um submundo em que a ilegalidade impera" (Pinheiro, *Direito digital*, 4. ed., 2011, p. 301).

[23]   Sobre o trabalho e as ferramentas disponíveis na página da *SaferNet*, consulte-se <www.safernet. org.br>.

[24]   O teórico frankfurtiano, Axel Honneth, retira as mesmas conclusões, apontando neste sentido: "Não se duvida de que quando há um uso político participativo da internet, as redes de comunicação formadas, bem como os temas nelas buscados, transcendem os limites dos países, beneficiando mais a formação da vontade transnacional do que aquela enquadrada pelos Estados nacionais" (Honneth, *O direito da liberdade*, 2015, p. 579).

aposta cada vez mais nessas ferramentas, onde o internauta define muita coisa. A seguinte notícia do *The New York Times* dá conta de manifestar a dimensão da questão, em toda a sua atualidade: "A mídia social amplifica as vozes de cidadãos a tal ponto que os políticos estão constantemente reagindo às exigências mutáveis do público *on-line*. Essas vozes tornam mais difícil para o governo planejar para o longo prazo. *Howard Wolfson*, vice-prefeito da cidade de Nova York, disse ao *Times* que a mídia social 'cria ao mesmo tempo oportunidades – de compartilhamento de informação e de empoderamento dos cidadãos – e desafios para os governos, as empresas e a mídia enxergarem além do próximo *tuíte* ou do próximo posto no *blog*'".[25]

Mas, quando se invoca a ideia de papel político da *Internet*, o seu sentido mais concreto e palpável data, claramente, de 2011. Se em 2001, tornou-se possível na aparição da esfera pública global, tal como identificada pelo filósofo alemão Jürgen Habermas, em função dos atentados às torres gêmeas em *New York*, o ano de 2011 passa a ser o do uso de resistência da *Internet*, para a articulação e para a promoção dos eventos políticos que ficaram conhecidos como "Primavera Árabe".[26] Se de início as redes sociais possuíam um sentido marcadamente narcisista e individualista, o uso egocêntrico da rede cedeu espaço para um *novo uso*, cujo sentido coletivo e político se tornou marcante, desde então.[27] Ainda que os laços humanos das redes sociais sejam mais superficiais, em sua generalidade, percebeu-se o seu potencial político com a descoberta de que a fluidez e a virtualidade jogam a favor da comunicação célere e de massa;[28] dessa forma, a mobilização encontra um novo nicho fácil e plural de recrutamento, em busca permanente de "adeptos virtuais". Assim, as fronteiras virtuais criam um novo espectro de distensão liberal por direito e de participação política.[29]

Com a *Internet*, tem-se podido assistir à emergência de fenômenos como a "cidadania virtual" e tem sido possível a construção de uma "cidadania global".[30] Participam desta reemer-

---

[25]   *The New York Times*, Folha de S. Paulo, 23 de abril de 2012, *Governo via Twitter*.

[26]   A este respeito, pode-se invocar a matéria de Vladimir Safatle, publicada na *Folha de S. Paulo*, Caderno Ilustríssima, *A volta do parafuso*, 22 de janeiro de 2012, p. 6-7.

[27]   "A igualdade e a justiça comunicativas supõem a pluralidade e a abertura dos procedimentos comunicativos, em termos compatíveis com a confrontação ideal e espiritual que caracteriza a vida em sociedade e com a autônoma formação da opinião pública e da vontade política" (Machado, Jónatas E. M., Liberdade de programação televisiva: notas sobre os seus limites constitucionais negativos, In Sarlet, Ingo Wolfgang (Org.), *Direitos fundamentais, informática e comunicação*: algumas aproximações, p. 101-155, 2007, p. 104).

[28]   "Adicionalmente, ressalta-se a potência da interatividade da informação digital, por conta de sua razoável independência do suporte físico" (Pedro, Maria Leite Ribeiro, A inclusão do outro na sociedade digital – reflexões sobre inclusão e alteridade, In Gómez, Maria Nélida González de; Lima, Clóvis Ricardo Montenegro de (Orgs.), *Informação e democracia*: a reflexão contemporânea da ética e da política, Brasília: Distrito Federal: Instituto Brasileiro de Informação em Ciência e Tecnologia, 2011, p. 125).

[29]   A filosofia que se concentra em torno dos estudos de Jürgen Habermas também identifica este mesmo potencial comunicativo na rede: "E isso torna possível a participação das pessoas na discussão de opiniões públicas e de pretensões de validade concorrentes. Mesmo que não participem sempre da articulação das opiniões, isso não impede que elas participem da avaliação dessas opiniões" (Siebneichler, Flávio Beno, Razão comunicativa e técnicas de comunicação e informação em rede, In Gómez, Maria Nélida González de; Lima, Clóvis Ricardo Montenegro de (Orgs.), *Informação e democracia*: a reflexão contemporânea da ética e da política, Brasília: Distrito Federal: Instituto Brasileiro de Informação em Ciência e Tecnologia, 2011, p. 32).

[30]   "Assim, se os efeitos políticos da internet forem empiricamente avaliados, e podem sê-lo no sentido de uma ativação ou desmobilização, suas forças deslocalizantes revelam-se, na atual conjuntura, o mais forte motor da necessária transnacionalização da formação da opinião pública e da vontade" (Honneth, *O direito da liberdade*, 2015, p. 579-580).

gência política contemporânea "personagens virtuais" cada vez mais representativos, dentro e fora da rede, tais como "blogueiros", "ciberativistas" e "militantes virtuais". As arenas virtuais e a oportunidade para a "radicalização da democracia" tornam-se viáveis pelos instantes de *cliques*; o protagonismo de ciberativistas tem efeito imediato e dilatado. Assim é que a cultura das redes emancipa e promove a oportunidade de *viabilizar* a extensão e a radicalização da democracia, pela via do aumento do grau de integração entre "atores virtuais".

O conceito de "democracia virtual", ainda que esfumaçado, começa a ganhar valor e a definir-se como uma exigência política do ambiente de rede. Se os intentos de *Direito e democracia,* de Jürgen Habermas, procuravam algum meio para se realizar, através da energia e da sinergia dos usuários da rede, este é um recurso técnico não desprezível; o potencial político, democrático e cidadão da *Internet* deve ser reconhecido pela capacidade que possui de agregar, informar e mobilizar por causas de interesse público e comum.[31] As facilidades que ocasiona, pela acessibilidade, baixo custo, rapidez e amplo alcance da circulação de informações, torna seu potencial um incrível instrumento de aprimoramento do convívio democrático e cidadão.

Porém, ponderar a diferenciação entre o que é "baderna virtual" e o que é "relevância política" é por si mesmo o que volta a cobrar de cada cidadão mais do que a imediatidade do impulso de um clique, mas a prudência crítica e ativa de perseguir a relevância pública pelos meios adequados, onde responsabilidade, consciência e engajamento cobram algo mais do que a capacidade de simplesmente estar "antenado". Isso diz um pouco o quanto a questão da legitimidade dos atos democráticos, a pedirem a adesão dos "cidadãos virtuais", continua sendo por si mesma a revelação de um "ato de cidadania" como expressão da mais alta entrega política na consciência de humanidade. Por isso que o mero abuso dos meios virtuais não seja considerado instrumento de mobilização, mas precária forma de manifestação do desregramento virtual. Nesta medida, a cibercultura política continua dependente da consciência cidadã, pois participação implica formação, e formação implica aspectos que não são nem determinados e nem controlados pela rede, por serem anteriores e externos a ela. Assim, por vezes, saber discernir tem a ver com não deixar-se "arrastar" pelos impulsos de ocasião, e, por vezes, "protagonizar" processos de luta por transformação social.

52.4 A INTERNET, AS MANIFESTAÇÕES DE RUA E O DIREITO

A *Internet* potencializou o inesperado: os protestos de rua, iniciados em São Paulo, espalharam-se rapidamente por todo o Brasil.[32] Assim, junho de 2013 passa a ser um marco para a construção da democracia de ruas, participativa e francamente popular, na história recente do país. As revoltas que se espalharam por inúmeras cidades tinham várias bandeiras, demandas e inconformismos acumulados, revelando inusitadas e repentinas expressões da

---

[31]   "Por fim, sabe-se que a informação e a comunicação são a energia mais importante das redes sociais, operando em dois planos de participação dos agentes. Primeiro, como destreza técnica, cognitiva e política para a mobilização e a participação; segundo, como criação de identidade social de pertencimento a uma sociedade baseada no valor do conhecimento e da informação" (Marteleto, Regina Maria, Redes sociais: formas de participação e de informação, In Gómez, Maria Nélida González de; Lima, Clóvis Ricardo Montenegro de (Orgs.), *Informação e democracia: a reflexão contemporânea da ética e da política*, Brasília: Distrito Federal: Instituto Brasileiro de Informação em Ciência e Tecnologia, 2011, p. 182).

[32]   E, também, no mundo afora: "No entanto, cabe mencionar aqui que em Estados repressores é a internet que contribui, não raro e de maneira decisiva, para o surgimento de uma vida pública contrária num contexto nacional. Para se ter uma viva impressão desse efeito, basta pensar nas recentes revoltas no Egito ou na resistência civil no Irã ou na China" (Honneth, *O direito da liberdade*, 2015, p. 579).

vitalidade democrática brasileira, após a promulgação da Constituição Federal de 1988. De um reduzido grupo de manifestantes organizados marchando pelas ruas, e afirmando "Vem, vem, vem pra rua, contra a tarifa!", desde o dia 6 de junho, um grande aglomerado de insatisfações começa a ganhar corpo. A partir dali, o movimento de rua somente foi ganhando força, corpo e expressão. O fato de ter sido um movimento das ruas, apartidário, mobilizando até um milhão de pessoas em mais de 12 capitais do país, e ainda registrar inúmeras bandeiras, diz muito sobre um Brasil que amadurece seus problemas, e verifica outros canais de expressão democrática, considerando a ocupação do espaço público uma tática de atuação em favor da participação livre.

Num mundo em que as utopias se desfizeram em liquidez, o movimento permite a vocalização não orquestrada de uma insatisfação generalizada, de um clima de descontentamento indefinido, o que é o suficiente para mobilizar os cidadãos que querem ver seus direitos sociais mais do que respeitados, efetivados. Pode-se ver aí demonstrações de uma esfera pública política mobilizada; o potencial da soberania popular numa democracia aberta; a importância dos canais de reivindicação; a força da juventude e da capacidade de reunião em praça pública.

Conviver com déficits em direitos sociais elementares, com índices alarmantes de violência, com oligopólios de mercado enquanto a economia popular emagrece, com elevadas taxas de desigualdades sociais, tendo por hábito o silêncio, a depressão individual e a ruminação solitária dos problemas comuns, é próprio das ditaduras, e não das democracias. Assim, as manifestações que ganharam fôlego com o caráter viral da *Internet* são um claro sinal de que a democracia brasileira, prospera por sobre os antigos calabouços da ditadura.

O mais genuíno do processo de ocupação de praças, logradouros, avenidas, ruas, parques, espaços desabitados, e, às vezes, palácios e prédios públicos, foi a maneira política de atuar, considerando a exaustão dos recursos da democracia formal e representativa. Assim, a população falou pela linguagem das ruas, das redes, dos cartazes, das atitudes, dos repentinos, dos fluxos, das ocupações, dos alvos objetuais. Com governo atônito, com redes a toda e com tensões entre pacificismo/vandalismo/anarquismo, diversos grupos espocaram demonstrando um nível de insatisfação destrutivo/ construtivo que conferiu sentido à ideia de que o povo é soberano.

A espontaneidade de seu surgimento, a rebeldia às instituições e siglas, a insatisfação desorientada e autoconsciente, a percepção de que a força está nas ruas e de que a oportunidade não importa em projetos claros e ideias delineadas, eis a marca de um levante popular nacional, juvenil e sem precedentes, que fez parar inúmeras cidades.

Se as atitudes irreverentes lembram um pouco o Maio de 68, e se a evocação dos protestos juvenis demonstra a radicalidade de uma geração, deve-se perceber que as vozes que afirmavam a impotência do mundo contemporâneo já devem soar mais fracas. O bordão "Esqueçam Maio de 68!" deixou de ter presença, e o fluxo dos movimentos que ocupam ruas, cidades, estradas, monumentos torna possível perceber uma efervescência indefinida, inquieta, movediça, mas, de toda forma, insatisfeita.

O que é que há nas ruas? Mais do que a localização da geografia política dos grupos e de suas identidades, de qual perfil possuem as pessoas que ali comparecem, esta é a pergunta sobre o que é que comparece às ruas.

E o que comparece às ruas é angústia, frustração, desespero, ódio, pânico, desânimo, vazio, indignação... sentimentos que são síntese da inoperância dos direitos sociais, de demandas não atendidas por justiça social, de irrealização de certos ideais e de ausência de um projeto utópico concreto. Uma sociedade excludente, violenta, desigual, panicada e desorientada é geradora da reação nas ruas, buscando rumo, norte, inclusão, participação, vida fora da prisão das telas e dos atos de consumo, constituindo o tecido das vivências e expressões concretas de democracia e intersubjetividade político-comunicativa.

Como pulsão psicossocial, uma parte (pequena) do que comparece às ruas tem a ver com formas despropositadas de expelir, colocar para fora, esse desejo (por direitos sociais) irrealizado e adiado, durante tanto tempo. Como compulsão pública pelo prazer – participar do mundo, das decisões, da sociedade e dos direitos – , vê-se nisto manifestação de vida, que apenas em seus excessos se converte em insatisfação satisfeita na morte. O rastro de destruição, depredação, desordem e oportunismo violento, aliados ao radicalismo sectário e à criminalidade, podem e devem ser punidos e responsabilizados nos termos da legislação. Mas, nada se assemelha ao rastro de destruição, desordem e desorganização dos direitos sociais deixado pelo neoliberalismo e seus efeitos de rebote. Por isso, a crise não é de hoje. A crise não é brasileira. A crise é global, e se acreditou que o Brasil estivesse blindado a ela, em função de uma economia estável. Temos que enxergar que as instituições da política e do direito se encontram desafiadas na capacidade de promoção de justiça social.

Exatamente por isso é necessário mobilizar ações e paixões não no sentido do abandono da democracia, mas no sentido do aprimoramento e da radicalização da democracia, realizando-a em toda a sua força para adiante, legando as instituições para o futuro. As experiências do século XX foram suficientes para demonstrar que fora dela não há horizonte para a renovação do projeto da modernidade. Nesse sentido, os movimentos populares são aliados do apressamento dessa frente de trabalho, sabendo-se que não há paradigmas utópicos seguros fora da forte aliança entre democracia e direitos humanos.

Os excessos e os deslimites autoritários de comportamento, muitas vezes vândalos e violentos, não são bem-vindos, pois esterçam o espaço do plural e desunem o que pode ser a linha de vanguarda da atuação de muitos (muitos mais) que reconhecem limites na lei e na democracia. Promover transformações sociais é importante e inadiável, mas promover o caos e a desestabilização da democracia é atitude inconsequente e retrógrada. Recuos nos avanços democráticos conquistados não são bem-vindos – assim como não são bem-vindos os usos estratégicos dos meios virtuais para a promoção do ódio político, da perseguição política, ou ainda, para a manipulação da opinião pública com notícias falsas e/ou a promoção de conteúdos anti-democráticos –, mas a violência dos protestos e atos de desordem deixa registrado o altíssimo nível de violência, mortalidade juvenil e degradação humana persistentes no cotidiano urbano brasileiro.

CONCLUSÕES

As insuficiências de justiça, direito e democracia acabaram espocando no processo de aglutinação dos cidadãos na ocupação dos espaços públicos, em todo o país, mobilizados em grande parte pela *Internet,* tendo-se tornado uma ferramenta a favor da participação social e da criação de vínculos em torno de uma agenda política comum, ou ao menos, compartilhada em comum na esfera pública. Neste sentido, vislumbra-se com otimismo o fato das redes sociais representarem um novo instrumento a favor do processo de participação social, de comparecimento ao espaço público e de redefinição do sentido da vida em comum. Isso significa que a passividade ficou para trás, e que o desabrochar da cidadania ativa tornou-se um elemento indiscutível no sentido da democracia direta e de ruas. O processo democrático implica muitas instâncias, formas de participação e contribuições, o que se traduz na ideia de que não se trata de abandonar as instituições, a representação e os foros de diálogo, mas de compartilhar novos espaços de produção política, fazendo do Brasil o espelho de uma inventividade protagonista do novo modelo democrático do século XXI. Nessa nova configuração, a cidadania digital passa a jogar novas luzes na dimensão do que se conhecia como o conjunto das instituições de democracia e das formas de construção da vida política comum, o que, sem dúvida nenhuma, torna possível pensar desafiadoramente que, através das redes, começa a emergir uma nova força de constituição do sentido das práticas de justiça e de formação das regras que definem o funcionamento das regras de Direito vigentes.

Os riscos deste processo são dados pelos extremos políticos, pela fragilidade dos processos massivos de opinião pública, pela disseminação de *fake news* e os riscos daí derivados, em face do que os(as) cidadã(o)s da era digital devem se acautelar.

53
DIREITO E NOVAS TECNOLOGIAS

53.1 O DIREITO NA ERA DIGITAL

A emergência da era digital, da era do numérico, da era do cibernético,[1] traz consigo inúmeros desafios.[2-3] Não é *exagero tecnofóbico* afirmar que as *novas tecnologias* e da *tecnociência* devem ser estudadas, compreendidas, para serem limitadas e reguladas pelo Direito.[4] É ali onde elas se afiguram como *senhoras dos novos tempos* é que se colocam na dianteira dos processos sociais, e, por isso, precisam ser mais bem dimensionadas. Assim, o Direito na era digital tem o papel de circunscrever *fronteiras, regras* e *parâmetros*, "freando" o caráter "desenfreado" do desenvolvimento tecnocientífico, enquanto evolui a nossa capacidade de *convívio ético* com esta nova realidade e de *reconceitualização* das novas dimensões da vida e seus impactos práticos.

A *era digital* impõe *novos desafios* ao Direito. Diante da *tecnologia avançada*, da *inteligência artificial* e da *revolução digital*, entra-se de fato numa nova era, a era da revolução digital, num novo estágio de desenvolvimento do capitalismo avançado. Aqui se podem apontar os fatores que estão presentes nessa dinâmica das *novas tecnologias*,[5] e

---

[1] "Quelques précisions de vocabulaire doivent d´ores et déjà être livrées, afin d´expliquer pourquoi les termes de 'numérique', d´"internet', et de 'cyberespace' seront ici mobilisés dans un sens large" (Giraudeau, Géraldine, Les obligations étatiques à l´ère du numérique: obligations nouvelles ou renouvelées?, *in Numérique*: nouveaux droits, nouveaux usages; actes de Colloque (CHATRY, Sylvain; GOBERT, Thierry), 2017, p. 130).

[2] Este capítulo foi publicado na forma de artigo, numa versão mais completa. A respeito, *vide* Bittar, A Teoria do Direito, a Era Digital e o Pós-Humano: o novo estatuto do corpo sob um regime tecnológico e a emergência do Sujeito Pós-Humano de Direito, in *Revista Direito & Praxis, Dossiê Desafios e perspectivas para a garantia de direitos de crianças, adolescentes e jovens*, V. 10, N. 2, UERJ, 2019, ps. 933-961.

[3] "A sociedade do conhecimento ou da informação traz uma nova forma de relacionamento entre indivíduos, instituições e Estados" (Pinheiro, O Direito Digital como paradigma de uma nova era, *in Os novos direitos no Brasil*: natureza e perspectivas – uma visão básica das novas conflituosidades jurídicas (WOLKMER, Antonio Carlos; LEITE, José Rubens Morato, orgs.), 3.ed., 2016, p. 401).

[4] "Em meu entender, tudo leva a crer, então, que o Direito se encontra tensionado por duas tendências contraditórias. De um lado, se o processo perverso prosseguir de modo ilimitado, acaba implodindo o próprio Direito através da 'loucura' do direito subjetivo. De outro lado, para continuar existindo, o Direito precisa afirmar a sua razão de ser, a sua normatividade, e estancar essa 'loucura', traçando limites para o mercado e para a atividade tecnocientífica" (Santos, *Politizar as novas tecnologias*: o impacto sociotécnico da informação digital e genética, 2.ed., 2011, p. 244-245).

[5] "Com a época hipermoderna, está em andamento uma segunda revolução que tem como centro os micros e as nanotecnologias, as tecnologias da informação e da comunicação (TIC). Revolução da miniaturização, das nanotecnologias e do digital: vivemos o tempo da leveza-mundo conduzida pelas novas tecnologias. Ela está no centro da civilização nascente do leve" (Lipovetsky, *Da leveza*: rumo a uma civilização sem peso, 2016, p. 115).

644 | CURSO DE FILOSOFIA DO DIREITO • *Bittar/Almeida*

que constituem os novos ingredientes da era tecnológica: a) a tecnologia da informação; b) as nanobiotecnologias; c) a tecnologia genética; d) a tecnociência; e) a neurociência; f) a *cloud computing;* g) a robotização; h) a digitalização; i) as microtecnologias; j) a inteligência artificial.[6]

Trata-se de um *hiperaperfeiçoamento* da *razão técnica* e das *tecnologias científicas.* Por isso, esses fatores aqui presentes não são tomados apenas como aspectos isolados do contemporâneo, mas como *conglomerados de fatores* que constituem uma *nova dinâmica* de sociedade. Na leitura de Zygmunt Bauman, esta aponta para a *dessubstancialização* da matéria e das relações, num processo social de *modernidade líquida,* em direção à sua transferência para o virtual, para o digital e para a hipervelocidade.[7] Na leitura de Gilles Lipovetsky, em nossos tempos, emerge uma *civilização da leveza,* cujas características apontam para as dimensões do impalpável, do imaterial, do virtual e, portanto, da leveza.[8] Aqui, pode-se também dizer, nas palavras de Alain Supiot, que se está diante do *império do numérico,* este que instala a *governança numérica* e destrona o *império da lei.*[9] Esses diagnósticos são relevantes para uma apreensão mais profunda dos *rumos e desrumos* sociais contemporâneos.

53.2 A EMERGÊNCIA DO DIREITO DIGITAL

Nesse contexto, é certo que *uma nova fronteira* da Ciência do Direito irá emergir. A essa terceira dimensão da realidade, chamada *realidade digital* por Marcia Tiburi,[10] já corresponde uma nova fronteira da Ciência do Direito, e se trata do *Direito Digital,* também chamado de *Direito Virtual.* Esse é apenas um aspecto da relação entre *Direito e Tecnologia.* Em verdade, a *Teoria e a Filosofia do Direito* já começam a constatar esse tipo de reconfiguração em algumas fronteiras e interfaces específicas do Direito contemporâneo, em especial,

---

6   "A passagem do século XX para o novo milênio reflete uma transição paradigmática da sociedade industrial para a sociedade da era virtual. É extraordinário o impacto do desenvolvimento da cibernética, das redes de computadores, do comércio eletrônico, das possibilidades da inteligência artificial e da vertiginosa difusão da *internet* sobre o campo do Direito, sobre a sociedade mundial e sobre os bens culturais do potencial massificador do espaço digital" (Wolkmer, Introdução aos fundamentos de uma Teoria Geral dos Novos Direitos, *in Os novos direitos no Brasil*: natureza e perspectivas – uma visão básica das novas conflituosidades jurídicas (WOLKMER, Antonio Carlos; LEITE, José Rubens Morato, orgs.), 3.ed., 2016, p. 32).

7   "Nesse aspecto, nada mudou com a passagem da modernidade pesada à leve" (Bauman, *Modernidade líquida,* 2001, p. 139); ou ainda, neste outro trecho: "O trabalho sem corpo na era do *software* não mais amarra o capital: permite ao capital ser extraterritorial, volátil e inconstante" (Bauman, *Modernidade líquida,* 2001, p. 141).

8   "Um dos traços mais característicos das sociedades modernas está vinculado ao avento das mudanças técnicas, sociais e culturais. O fenômeno não poupa nenhum setor: quer seja na produção, nos transportes, na comunicação, nas instituições, no direito, nas relações inter-humanas, na vida cotidiana, em toda parte há um aumento da velocidade, tudo sempre vai mais rápido..." (Lipovetsky, *Da leveza*: rumo a uma civilização sem peso, 2016, p. 111).

9   "Le renversement du règne de la loi au profit de la gouvernance par les nombres s´inscrit dans l´histoire longue du rêve de l´harmonie par le calcul, dont le dernier avatar – la révolution numérique – domine l´imaginaire contemporain" (Supiot, *La gouvernance par les nombres,* 2015, p.23).

10 "O virtual é uma espécie de nova natureza. Assim como dizemos que a cultura é uma segunda natureza, podemos dizer que o virtual é a nossa terceira natureza" (Tiburi, *Pós-verdade, pós-ética*: uma reflexão sobre delírios, atos digitais e inveja, in Ética e pós-verdade (DUNKER, Christian (*et all.*)), 2017, p. 120).

considerando o abalo profundo no *Direito Privado*, na esfera dos *Direitos da Personalidade*, no âmbito do *Direito Internacional*, considerando-se a perda de fronteiras para a regulação da moeda e das interações comerciais virtuais, na esfera do *Direito Penal*, tendo em vista o surgimento dos crimes cibernéticos e do terrorismo virtual, e, ainda mais, na esfera dos *Direitos Humanos*, considerando-se as diversas ameaças à dimensões da dignidade humana. Por isso, mapear esse tipo de questão é algo concernente aos domínios da *Teoria do Direito*, pois o *tremor* provocado por essas mutações haverá de se fazer ressoar em *diversos ramos do conhecimento do Direito*. E é diante dessa encruzilhada que se terá que colocar a teoria em reavaliação.

53.3 OS NOVOS DIREITOS E A QUINTA DIMENSÃO DOS DIREITOS HUMANOS

Está-se a caminhar a passos largos em direção à ideia do *corpo-total*, do *corpo-máquina*, este que se coloca no lugar do *corpo-físico*, do *corpo-natureza*, dimensão contra a qual a modernidade se constituiu como insurgente e insubordinada, na tentativa de "controlá-la" e "superá-la", instalando em seu lugar a vitória do *homem moderno* sobre a *natureza*. Ali, onde morre o *homem-velho*, em toda a sua diversidade antropológica, e nasce o *homem-novo*, o *cyborgue*, o *homem-máquina*, a *máquina-homem*, completa-se a vitória da *máquina* sobre o *homem*, na inversão civilizatória promovida pela *modernidade*, em que o *apêndice-máquina* se torna a própria razão de ser da existência, seguindo-se a advertência de Le Breton.[11] Aqui, com clareza, percebe-se que a tríade moderna formada pela economia, pela técnica e pela ciência segue os seus rumos desembestados, em direção ao futuro.[12]

O que se percebe aqui é que a construção social da *irrelevância do corpo humano* não é uma invenção nova, mas sim *moderna* demais. Aliás, este parece ser o último elo a definir que o homem é *animal humano*, e, portanto, *corpo-natureza*, envolvendo a vocação para a superação dos limites biológicos da vida.[13] Agora, trata-se de levar o *corpo* em direção à sua *máxima potência*, instaurando-se um novo paraíso, ali onde o *corpo* desabita o mundo,[14] ou, ainda, *expandindo-se* suas qualidades normais em direção a *hiperqualidades*.[15] É assim que a nova era se revela ao promover o enaltecimento da superação das características do corpo humano, quais sejam, a imperfeição, a limitação, a incompletude,

---

[11] "Já não é mais o computador que é visto como um instrumento, mas o homem, que se torna um apêndice irrisório daquele, e que freia seus desempenhos" (Le Breton, Individualização do corpo e tecnologias contemporâneas, *in* O triunfo do corpo: polêmicas contemporâneas (COUTO, Edvaldo Souza; GOELLNER, Silvana Vilodre, orgs.), Rio de Janeiro, Vozes, 2012, p. 30).

[12] Habermas, *Técnica e ciência como ideologia*, 2001.

[13] "Seria o caso, contudo, de indagar se o avanço da tecnociência já não tornou obsoletos os critérios que balizavam a concepção moderna do homem" (Santos, *Politizar as novas tecnologias*: o impacto sociotécnico da informação digital e genética, 2.ed., 2011, p. 265).

[14] "No mundo gnóstico do ódio ao corpo que é antecipado por parte da cultura virtual, o paraíso é necessariamente um mundo sem corpo, equipado de chips eletrônicos de modificações genéticas ou morfológicas" (Le Breton, Adeus ao corpo, *in* O homem-máquina: a ciência manipula o corpo (NOVAES, Adauto, org.), 2003, p. 136).

[15] "Corpos espetaculares, potencializados, hígidos, eficientes, performantes e ciborguizados pela técnica! Corpos amalgamados às máquinas, chips, fármacos, próteses, antidepressivos, estimulantes, estratégias genéticas que objetivam prolongar a vida e potencializar a existência" (Goellner,; Silva, *Biotecnologia e neoeugenia*: olhares a partir do esporte da cultura *fitness*, *in* O triunfo do corpo: polêmicas contemporâneas (COUTO, Edvaldo Souza; GOELLNER, Silvana Vilodre, orgs.), Rio de Janeiro, Vozes, 2012, ps. 187-188).

646 | CURSO DE FILOSOFIA DO DIREITO · *Bittar / Almeida*

o defeito físico, a mortalidade, a finitude. Por isso, na *ruptura* que encapsula, o *hipercorpo* é o sonho da *hipermodernidade*.[16]

O *hipercorpo* (que não adoece, que não perece, que não sofre) é a *codificação histórica* da *condição pós-humana*. E tudo que é marginal ao *hipercorpo* deve ser excluído (a fraqueza, a doença, a feiura, a velhice, a doença, a deficiência, o limite),[17] gerando-se, com isso, a tendência social ao desprezo das dimensões do *humano* em face do *pós-humano,* considerando-se os aportes possíveis da *tecnociência* e da *tecnomodificação* do corpo. É nesse domínio que se manifesta um novo campo de saber, mas também, com ele, um novo *campo de economia* e, portanto, um novo *campo de poder.* Eis aí, a aparição do *nanopoder*.[18] O quanto esse *projeto* contém de *violência,* ainda se haverá de aquilatar, num *futuro próximo*. No entanto, desde já, percebe-se o quanto esse *processo* se ocupa de *destruir* as concepções até então vigentes. Assim, se manifesta no *cyborg* o fim da cadeia evolucionária do ser humano, do *macaco* ao *hominídeo,* e deste, ao *homem-máquina*.[19]

Assim, ali onde a máquina desmancha, desordena e torna incerta a vida, a sociedade, o trabalho, as relações virtuais e as categorias que organizaram a *modernidade pesada,*[20] o Direito deve procurar compensar esses efeitos, respondendo pela necessidade de preservação de direitos e deveres, especialmente reconstruindo o tecido e o significado dos *Direitos Humanos* no espaço cibernético.[21] Por isso, no Brasil, como em tantos outros

---

[16] "A época hipermoderna é aquela que faz com que o princípio da leveza passe do estágio estético ao estágio demiúrgico tecnocientífico" (Lipovetsky, *Da leveza*: rumo a uma civilização sem peso, 2016, p. 112).

[17] Daí, a tarefa de transferência do espírito para dentro das máquinas: "Somente o computador é um lugar infinitamente propício para abrigar o espírito, visto que o homem é uma criatura fisicamente imperfeita demais" (Le Breton, Individualização do corpo e tecnologias contemporâneas, *in O triunfo do corpo*: polêmicas contemporâneas (COUTO, Edvaldo Souza; GOELLNER, Silvana Vilodre, orgs.), Rio de Janeiro, Vozes, 2012, p. 31).

[18] "Não será mais o ʹbiopoderʹ *(Foucault)* exercendo-se por meio de medidas maciças sobre as populações, mas um nanopoder que, ao investir no infinitamente pequeno, decompõe e recompõe a matéria como em um jogo de Lego" (Lipovetsky, *Da leveza*: rumo a uma civilização sem peso, 2016, p. 125).

[19] "A análise política ficcional parece conceber o *cyborg* como o último elo na linha evolutiva macaco-homem-*cyborg;* este configuraria o devir da espécie humana, assim como o macaco configurou o seu passado" (Santos, *Politizar as novas tecnologias*: o impacto sociotécnico da informação digital e genética, 2.ed., 2011, p. 278).

[20] "Com as novas tecnologias da informação e da comunicação (TICʹs), a desmaterialização consiste na transformação de atividades físicas ou com suporte material em atividades imateriais tornadas possíveis pelas ferramentas informáticas" (Lipovetsky, *Da leveza*: rumo a uma civilização sem peso, 2016, p. 121).

[21] A este respeito, consulte-se Bittar, Regulação do ciberespaço, fronteiras virtuais e liberdade: desafios globais, *in Os direitos humanos no espaço virtual*, Galileu: Revista de Economia e Direito (BITTAR, Eduardo C. B.; CAMPOS, Diogo Leite de), vol. XVII, no. 1/no. 2, 2012, Lisboa, Portugal, 2012, ps. 37-80. "Par son interpretation restrictive, il répond à la primauté donnée à lʹhumain, au citoyen, sur lʹinformatique qui doit demeurer á son servisse. Hier comme demain, lʹinformatique ne devra porter atteinte ni à lʹidentité humaine, ni aux droits de lʹhomme, ni à la vie privée, ni aux libertés individuelles ou pulbiques" (Ronde, *Droit des Technologies avancées*, Tome 1, 2017, p. 188). "Um tema que perpassa os mencionados ʹnovos direitosʹ, como um tema transversal, é o risco que as nanotecnologias poderão gerar em relação ao ser humano e ao meio ambiente, os quais são elementos estruturantes da noção de Direitos Humanos" (Engelmann, O direito em face das Nanotecnologias: novos desafios para a Teoria Jurídica no século XXI, *in Os novos direitos no Brasil*: natureza e perspectivas – uma visão básica das novas conflituosidades jurídicas (WOLKMER, Antonio Carlos; LEITE, José Rubens Morato, orgs.), 3.ed., 2016, p. 444).

Cap. 53 · DIREITO E NOVAS TECNOLOGIAS | 647

países do mundo, a exemplo da França, começa a avultar uma legislação específica sobre as matérias digital e virtual, como apontam os mais de 11 textos legais sobre temas do direito digital.[22]

Não por outro motivo, à *era do numérico* e à *era do digital,* o Direito deve responder com a *quarta dimensão dos direitos humanos,* correspondendo à regulação da engenharia genética,[23] e com a *quinta dimensão dos direitos humanos,* correspondendo à regulação da tecnologia da informação,[24] essas que procuram contornar a dignidade da pessoa humana,[25] fazendo face aos desafios, por meio de *novos direitos,* que atingem a pessoa humana em tempos de pós-humano. A legislação brasileira começa a dar todos os sinais de uma regulação que vem neste sentido a preencher as tarefas de uma 5ª geração de direitos humanos, devendo-se mencionar, minimamente, a importância do Marco Civil da Internet, da LGPD e da Emenda Constitucional nº 115, de 10 de fevereiro de 2022, que inclui o inciso LXXIX ao art. 5º da Constituição federal, enquanto direito fundamental da pessoa humana ("é assegurado, nos termos da lei, o direito à proteção dos dados pessoais, inclusive nos meios digitais").

CONCLUSÕES

A um estado da cultura em que se propaga a revolução digital, se torna necessário observar o movimento de avanço das novas ideologias em torno da *hiper-valorização* da inovação tecnológica, em detrimento de uma série de outras dimensões que qualificam a dignidade da pessoa humana em sociedade. O impacto das *novas tecnologias,* especialmente considerada a cultura do Direito, é enorme, e, gradativamente, será maior, na medida em que a tecnociência, a inteligência artificial e a nanotecnologia vierem estreitando laços, integrando aparatos e reduzindo a intromissão das *novas tecnologias* sobre a *definição* do humano. Não por outro motivo, onde a revolução digital traz consigo inúmeras inovações, e altera a configuração das relações humanas e sociais, trazendo consigo riscos e desafios, sabendo-se que estes acabam

---

[22] "Logo, o legislador também está estudando e aplicando o direito digital na formação de marcos legais mais específicos, tais como a Lei do Processo Eletrônico (2006), a Lei da Pornografia Infantil na Internet (2008), a Lei do Teletrabalho (2011), a Lei de Acesso a Informação (2011), a Lei de Crimes Eletrônicos (2012), a Lei de Digitalização (2012), o Decreto do Comércio Eletrônico (2013), a Lei de Obtenção de Provas Eletrônicas no Processo Penal (2013), a Lei do Marco Civil da Internet (2014) e as discussões dos anteprojetos de Proteção de Dados Pessoais (2015) e de Direitos Autorais (2015)" (Pinheiro, O Direito Digital como paradigma de uma nova era, *in Os novos direitos no Brasil*: natureza e perspectivas – uma visão básica das novas conflituosidades jurídicas (WOLKMER, Antonio Carlos; LEITE, José Rubens Morato, orgs.), 3. ed., 2016, p. 413).

[23] "São os 'novos' direitos referentes à biotecnologia, à bioética e à regulação da engenharia genética. Trata dos direitos específicos que têm vinculação direta com a vida humana, como a reprodução humana assistida (inseminação artificial), aborto, eutanásia, cirurgias intrauterinas, transplantes de órgãos, engenharia genética ('clonagem'), contracepção e outros" (Wolkmer, Introdução aos fundamentos de uma Teoria Geral dos Novos Direitos, *in Os novos direitos no Brasil*: natureza e perspectivas – uma visão básica das novas conflituosidades jurídicas (WOLKMER, Antonio Carlos; LEITE, José Rubens Morato, orgs.), 3. ed., 2016, p. 29).

[24] "São os 'novos' direitos advindos da sociedade e das tecnologias de informação (*internet*), do ciberespaço e da realidade virtual em geral" (Wolkmer, Introdução aos fundamentos de uma Teoria Geral dos Novos Direitos, *in Os novos direitos no Brasil*: natureza e perspectivas – uma visão básica das novas conflituosidades jurídicas (WOLKMER, Antonio Carlos; LEITE, José Rubens Morato, orgs.), 3. ed., 2016, p. 31).

[25] A este respeito, consulte-se o inciso VII do art. 2º, da Lei n. 13.709/2018, que dispõe: "A disciplina da proteção de dados pessoais tem como fundamentos: (...) VII – os direitos humanos, o livre desenvolvimento da personalidade, a dignidade e o exercício da cidadania pelas pessoas naturais".

por reclamar o desenvolvimento de *novos direitos*. É na fronteira dos processos de modernização que o Direito se *renova* e se *redimensiona*.

Na fronteira de um novo tempo, tendo-se presente uma nova etapa interna da modernidade, onde os avanços são medidos em alta velocidade, os riscos são imediatamente maiores. Por isso, os avanços da *nanotecnologia*, da *tecnologia da informação*, da *realidade virtual* devem ser alvo de politização,[26] de redemocratização[27] e de discussão legal-jurídica, considerando seus efeitos e potencialidades de danos a direitos. Aqui é que se coloca a necessidade de problematização, discussão ético-filosófica, politização e avanços nas fronteiras regulatórias, no sentido de se responder aos desafios epocais lançados como desafios à condição humana, em tempos *pós-humanos* e *trans-humanos*.

---

[26] "De todo modo, à biologização crescente da política, já apontada por Foucault desde meados dos anos 1970, devemos responder agora com a politização da biologia, da tecnociência e da tecnologia. Se a vida tornou-se uma questão política, a política tornou-se uma questão vital" (Santos, *Politizar as novas tecnologias*: o impacto sociotécnico da informação digital e genética, 2.ed., 2011, p. 318).

[27] "Un premier pas dans cette direction serait la restauration du principe de démocratie, non seulement dans la sphère politique où il est aujourd'hui mis à mal par l'Union européenne, mais aussi dans la sphère économique, en rendant à ceux qui travaillent une prise sur l'objet et le sens de leur travail" (Supiot, *La gouvernance par les nombres*, 2015, p. 416).

CONCLUSÕES

Os objetivos perseguidos nas linhas deste trabalho não se encerram com seu epílogo. As letras filosóficas possuem esta característica de abertura dos horizontes de reflexão, assumindo-se claramente os riscos de torná-los infinitamente extensos. Isso é agir filosoficamente, ou seja, dar oportunidade para que os plúrimos sentidos e as diversas respostas possuam um espaço para fluir, de modo que apareçam, aconteçam, venham à tona, com todas as divergências, incongruências e contrariedades que possam causar. Ao se realizarem por meio do debate e do embate de ideias, estas respostas filosóficas aos problemas, dos mais ordinários aos mais complexos, da vida individual ou social humana, passam a ocupar o espaço mental tornado lacunar e obsoleto no mundo contemporâneo, o espaço do pensamento.

Acredita-se que, após este longo percurso de estudos detidos, sobre filósofos, teorias, conceitos e diferenças intelectuais, se tenha habilitado o leitor não para responder dogmaticamente a perguntas-padrão da filosofia, mas a pensar livremente, a questionar sua atuação social e profissional, a levantar as incongruências das práticas jurídicas hodiernas, enfim, a concordar ou a discordar com as ideias tratadas no curso do texto.

Sua dimensão, sua estrutura e sua distribuição foram pensadas para isto, ou seja, para produzir o abalo da dúvida com o qual convive o filósofo. O leitor pode ter se encontrado nas entrelinhas e não no próprio texto, e até aí a obra já produziu o efeito dela desejado. O panorama histórico (Parte I) informa e os tópicos conceituais (Parte II) formam, refletem, abordam e criticam os principais pontos de apoio das discussões jurídicas que abrem o universo do Direito, para conviver com o espaço fronteiriço que o cerca. Enfim, torna-se claro durante todo o curso da obra o quanto o Direito convive com outras práticas sociais, o quanto é por elas influenciado, e o quanto divide espaço vital com elas.

As propostas contidas no âmbito da obra constituem, quando envolvem tomadas de decisão, caminhos possíveis a serem trilhados, dentro de uma lógica que se admite razoável, sustentável, coerente e desejável socialmente. Em face dos longos anos de predomínio do positivismo jurídico, como justificativa racional para toda e qualquer prática jurídica, justa ou não, consistente ou não, preferiu-se adotar posturas tais que conduzem o leitor para o entendimento de que a Filosofia do Direito é a guardiã do sentido da justiça no âmbito do direito e das práticas jurídicas.

POEMA DA CHEGADA

O que é o Direito?

Arte, Ciência, Técnica, Poesia

Uma pergunta, inúmeras respostas

Imperioso decidir para seguir vivendo

Escolham uma opção sem esquecer das outras

Enquanto o Direito positivo produz suas normas

A Filosofia zela pela sua precisa compreensão e possível mudança

Cabe à Filosofia do Direito perguntar

E ao Direito?

Postular seus pontos de partida.

Guilherme Assis de Almeida

BIBLIOGRAFIA

ABADIA, Jesus Lalinde. *Iniciación historica al derecho español.* Barcelona: Ariel, 1970.

ABBAGNAMO, N. *Dicionário de filosofia.* São Paulo: Martins Fontes, 1998.

ABBAGNAMO, N. *História da filosofia.* Trad. Antonio Borges Coelho. 5. ed. Lisboa: Presença, 1991.

ABBOUD, Georges; CARNIO, Henrique Garbellini; OLIVEIRA, Rafael Tomaz de. *Introdução à teoria e à filosofia do direito.* 3. ed. São Paulo: Revista dos Tribunais, 2015.

ABDOUL-NOUR, Soraya Dib. *O conceito de direito internacional em Kant e sua recepção na filosofia política do direito internacional e das relações internacionais.* Tese de Doutorado. Universidade de São Paulo. São Paulo; Munique: USP, 1999.

ABED AL-JABRI, Mohammed. *Introdução à crítica da razão árabe.* Trad. Roberto Leal Ferreira e Mamede Mustafá Jarouche. São Paulo: Unesp, 1999.

ADEODATO, João Maurício. *Ética e retórica:* para uma teoria da dogmática jurídica. São Paulo: Saraiva, 2002.

ADEODATO, João Maurício (Org.). *O direito dogmático periférico e sua retórica.* São Paulo: Quartier Latin, 2010.

ADEODATO, João Maurício. *Uma teoria retórica da norma jurídica e do direito subjetivo.* São Paulo: Noeses, 2011.

ADORNO, Theodor W. *Educação e emancipação.* Trad. Wolfgang Leo Moor. São Paulo: Paz e Terra, 2003.

ADORNO, Theodor W. *Minima moralia.* Trad. Artur Morão. Lisboa: Edições 70, s.d.

ADORNO, Theodor W. *Indústria cultural.* Trad. Julia Elisabeth Levy et al. São Paulo: Paz e Terra, 2002.

ADORNO, Theodor W. *Teoria estética.* Trad. Artur Morão. Lisboa: Edições 70, 2006.

ADORNO, Theodor W.; HORKHEIMER, Max. *Dialética do esclarecimento.* Trad. Guido Antonio de Almeida. Rio de Janeiro: Jorge Zahar, 1985.

AGOSTINHO, Santo. *Confissões; De magistro.* Trad. Angelo Ricci. São Paulo: Abril Cultural, 1973. (Os Pensadores.)

AKASOY, Anna. Ibn Sab'in, Maimónides y la emigración anadalusí. In: ALONSO, José Luis Cantón. *Maimónides y el pensamiento medieval: actas del IV Congreso Nacional de Filosofía Medieval,* Córdoba, Universidad de Córdoba, 2007, p. 112-119.

ALEXY, Robert. *Conceito e validade do direito.* Trad. Gercélia Batista de Oliveira Mendes. São Paulo: Martins Fontes, 2011.

ALEXY, Robert. *Constitucionalismo discursivo.* Trad. Luiz Afonso Heck. Porto Alegre: Livraria do Advogado, 2007.

652 | CURSO DE FILOSOFIA DO DIREITO • *Bittar / Almeida*

ALEXY, Robert. *Direito, razão, discurso*: estudos para a filosofia do direito. Trad. Luís Afonso Heck. 2. ed. Porto Alegre: Livraria do Advogado, 2015.

ALEXY, Robert. Teoria da argumentação jurídica. Trad. Zilda Hutchinson Schild Silva. São Paulo: Landy, 2001.

ALEXY, Robert. *Teoria dos direitos fundamentais*. Trad. Virgílio Afonso da Silva. São Paulo: Malheiros, 2008.

ALEXY, Robert; BULYGIN, Eugênio. *La pretension de corección del derecho*. Trad. Paulo Gaido. Universidad Externado de Colómbia, 2001.

AL-JABRI, Mohammed Abed. *Introdução à crítica da razão árabe*. Trad. Roberto Leal Ferreira. São Paulo: UNESP, 1999.

ALMEIDA, Guilherme Assis de. *Direitos humanos e não violência*. São Paulo: Atlas, 2001.

ALMEIDA, Guilherme Assis de. *Direitos humanos e não violência*. São Paulo: Atlas, 2001.

ALMEIDA, Guilherme Assis de; PINHEIRO, Paulo Sérgio. *Violência urbana*. São Paulo: Publifolha (Folha Explica n. 57), 2003.

ALMEIDA, Guilherme Assis de; CHRISTMANN, Martha Ochsenhofer. *Ética e direito*: uma perspectiva integrada. São Paulo: Atlas, 2002.

ALMEIDA, Guilherme Assis de; PERRONE-MOISÉS, Cláudia (Coord.). *Direito internacional dos direitos humanos*: instrumentos básicos. São Paulo: Atlas, 2002.

ALMEIDA, Guilherme Assis de; PINHEIRO, Paulo Sérgio. *Violência urbana*. São Paulo: Publifolha, 2003. Folha Explica n. 57.

ALMEIDA, Silvio Luiz de. *O direito no jovem Lukács*: a Filosofia do Direito em História e consciência de classe. São Paulo: Editora Alfa-Ômega, 2006.

ALTHUSSER, Louis. *Freud e Lacan. Marx e Freud*. Trad. Walter José Evangelista. 4. ed. Rio de Janeiro: Graal, 2000.

ALTHUSSER, Louis. *Aparelhos ideológicos de Estado*. Tradução de Walter José Evangelista; Maria Laura Viveiros de Castro. Rio de Janeiro: Edições Graal, 1985.

ALTHUSSER, Louis. *Posições*. Tradução de João Paisana. Lisboa: Livros Horizonte, 1975.

ALVES, Alaôr Caffé. *Linguagem, sentido e realidade da norma jurídica*: dialética da norma jurídica. 1996. Tese (Livredocência) – Departamento de Filosofia e Teoria Geral do Direito. Universidade de São Paulo, São Paulo.

ALVES, Alaôr Caffé et al. *O que é a filosofia do direito?* São Paulo: Manole, 2004.

ALVES, Alaôr Caffé. Apresentação. In: ROSS, Alf. *Direito e Justiça* (Alf Ross). Bauru, Edipro, 2000, p. 09-14.

ALVES, Alaôr Caffé. *Dialética e direito*: linguagem, sentido e realidade. Fundamentos a uma teoria crítica da interpretação do direito. Barueri: Manole, 2010.

ALVES, José Augusto Lindgreen. *Os direitos humanos como direito global*. 2. ed. São Paulo: Perspectiva, 2003.

AMSELEK, Paul (org.). *Théorie des actes de langage, éthique et droit*. Paris: Presses Universitaires de France, 1986.

ANTUNES, Ricardo (org.). *Riqueza e miséria do trabalho no Brasil*. São Paulo: Boitempo, 2006.

APEL, Karl-Otto. Ética do discurso como ética da responsabilidade. Trad. Maria Nazaré de Camargo Pacheco Amaral. *Cadernos de Tradução*, Universidade de São Paulo, Departamento de Filosofia, 3, p. 8-40, 1998.

BIBLIOGRAFIA | **653**

APEL, Karl-Otto. Ética do discurso como ética da responsabilidade. *Cadernos de tradução.* Trad. Maria Nazaré de Camargo Pacheco Amaral, São Paulo, Departamento de Filosofia, Universidade de São Paulo, n. 3, p. 8-40, 1998.

APEL, Karl-Otto. *Estudos de moral moderna.* Trad. Benno Dischinger. Petrópolis: Vozes, 1994.

APEL, Karl-Otto; OLIVEIRA, Manfredo Araújo de; MOREIRA, Luiz (Org.). *Com Habermas, contra Habermas*: direito, discurso e democracia. Trad. Cláudio Molz. São Paulo: Landy, 2004.

AQUINO, São Tomás. *Suma teológica.* 2. ed. Trad. Alexandre Corrêa. Rio Grande do Sul: UFRS; Livraria Sulina, 1980. v. 1.

AQUINO, São Tomás. *Suma contra os gentios.* Trad. Don Odílio Moura e Dom Ludgero Jaspers. Porto Alegre: Escola Superior de Teologia São Lourenço Brindes; Sulina, Caxias do Sul, Universidade de Caxias do Sul, 1990. v. 1.

ARAÚJO, Clarice von Oertzen de Araujo. *Semiótica do Direito.* São Paulo: Quartier Latin, 2005.

ARAÚJO, Nadia; ALMEIDA, Guilherme Assis de. *O direito internacional dos refugiados*: uma perspectiva brasileira. Rio de Janeiro: Renovar, 2001.

ARENDT, Hannah. *A condição humana.* Trad. Roberto Raposo. 10. ed. Rio de Janeiro: Forense Universitária, 2000.

ARENDT, Hannah. *Entre o passado e o futuro.* Trad. Mauro W. Barbosa de Almeida. 3. ed. São Paulo: Perspectiva, 1992.

ARENDT, Hannah. *As origens do totalitarismo.* São Paulo: Companhia das Letras, 1988.

ARENDT, Hannah. *Le concept d'amour chez Augustin*: essai d'interprétation philosophique. Trad. AnneSophie Astrup. Paris: Deuxtemps, 1991.

ARENDT, Hannah. *Pensamento, persuasão e poder.* Rio de Janeiro: Paz e Terra, 1979.

ARENDT, Hannah. *Crises da República.* Trad. José Volkmann. São Paulo: Perspectiva, 2004.

ARIÈS, Philippe; DUBY, Georges. *História da vida privada.* Trad. Hildegard Feist. São Paulo: Companhia das Letras, 1990.

ARISTÓTELES. *Ética Nicomáquea; Ética Eudemia.* Trad. Julio Pallí Bonet. Madri: Gredos, 1993.

ARISTÓTELES. *Física.* Trad. Guillermo R. De Echandía. Madrid: Gredos, 1995.

ARISTÓTELES. *Metaphysics.* Translated by Hugh Tredennick. London: Harvard University Press, 1990.

ARISTÓTELES. *Moral (La grand moral; Moral a Eudemo).* Trad. Patrício Azcárate. 4. ed. Buenos Aires: EspasaCalpe, 1948.

ARISTÓTELES. *Política.* Trad. Mário da Gama Cury. Brasília: Universidade de Brasília, 1985.

ARISTÓTELES. *Ética a Nicômaco.* (Os pensadores). Trad. Leonel Vallandro, Gherd Bornheim. São Paulo: Abril, 1979.

ARISTÓTELES. *Metafísica; Ética à Nicômaco; Poética.* In: Pessanha, José Américo Motta (Org.). São Paulo: Abril Cultural, 1979. (Os Pensadores.)

ARON, Raymond. *As etapas do pensamento sociológico.* Trad. Sérgio Bath. São Paulo: Martins Fontes, 2002

ASCENSÃO, José de Oliveira. *O direito*: introdução e teoria geral. Uma perspectiva luso-brasileira. 11. ed. Coimbra: Almedina, 2003.

ASCENSÃO, José de Oliveira. *Introdução à ciência do direito.* 3. ed. Rio de Janeiro: Renovar, 2005.

654 | CURSO DE FILOSOFIA DO DIREITO • *Bittar / Almeida*

ASCENSÃO, José de Oliveira. *Direito da internet e da sociedade da informação*: estudos. Rio de Janeiro: Forense, 2002.

ATIENZA, Manuel. *As razões do direito*: teorias da argumentação. Trad. Maria Cristina Guimarães Cupertino. São Paulo: Landy, 2000.

ATIENZA, Manuel. *O direito como argumentação*. Trad. Manuel Poirier Braz. Lisboa: Escolar Editora, 2014.

AUSTIN, J. L. *Quand dire c'est faire*. Trans. Gilles Lane. Paris: Éditions du Seuil, 1970.

AVERRÓIS. *Discurso decisivo*. Trad. Márcia Valéria M. Aguiar. São Paulo: Martins Fontes, 2005.

AZEVEDO, Luiz Carlos. *Introdução à história do direito*. São Paulo: Revista dos Tribunais, 2005.

BADAWI, Abdurrahmān. *La transmission de la philosophie grecque au monde arabe*. Paris: J. Vrin, 1968.

BADAWI, Abdurrahmān. *Histoire de la philosophie en Islam*. Paris: J. Vrin, 1963.

BALLY, Romain. De nouveaux droits pour um nouveau Droit. Numérique: nouveaux droits, nouveaux usages; actes de Colloque (CHATRY, Sylvain; GOBERT, Thierry), 2017.

BARBOSA, Maria Aparecida. *Léxico, produção e criatividade*: processos de neologismo. 3. ed. São Paulo: Plêiade, 1996.

BARRETTO, Vicente de Paulo (Coord.). *Dicionário de filosofia do direito*. Rio de Janeiro: Renovar/São Leopoldo: Unisinos, 2006.

BARROS, Diana Luz Pessoa de. *Teoria do discurso*: fundamentos semióticos. São Paulo: Atual, 1988.

BARROSO, Luís Roberto. *Curso de direito constitucional contemporâneo*: os conceitos fundamentais e a construção do novo modelo. 4. ed. São Paulo: Saraiva, 2013.

BASTOS, Aurélio Wander. *Hans Kelsen*: resumo biográfico. Rio de Janeiro: Instituto Brasileiro de Pesquisas Jurídicas, 2003.

BATALHA, Wilson de Souza Campos. *Nova introdução ao direito*. Rio de Janeiro: Forense, 2000.

BATALHA, Wilson de Souza Campos; RODRIGUES NETO, Sílvio Marina L. Batalha de. *Filosofia jurídica e história do direito*. Rio de Janeiro: Forense Universitária, 2000.

BAUMAN, Zygmunt. *O mal-estar da pós-modernidade*. Trad. Mauro Gama; Cláudia Martinelli Gama. Rio de Janeiro: Jorge Zahar, 1998.

BAUMAN, Zygmunt. Modernidade líquida. Tradução de Plínio Dentzein. Rio de Janeiro: Jorge Zahar, 2001.

BAUMAN, Zygmunt. *La globalización*: consecuencias humanas. Trad. Daniel Zadunaisky. 2. ed. México: Fondo de Cultura Económica, 2001.

BAUMAN, Zygmunt. *Europa*: uma aventura inacabada. Trad. Carlos Alberto Medeiros. Rio de Janeiro: Jorge Zahar, 2006.

BAUMAN, Zygmunt. *Comunidade*: a busca por segurança no mundo atual. Trad. Plínio Dentzien. Rio de Janeiro: Jorge Zahar, 2003.

BAUMAN, Zygmunt. *Vida líquida*. Trad. Carlos Alberto Medeiros. Rio de Janeiro: Jorge Zahar, 2007.

BENJAMIN, Walter. *Passagens*. Trad. Irene Aron et al. Belo Horizonte: Editora UFMG. São Paulo: Imprensa Oficial, 2007.

BENJAMIN, Walter. A obra de arte na era de sua reprodutibilidade técnica. In: Obras escolhidas. 7. ed. Tradução de Sergio Paulo Rouanet. São Paulo: Brasiliense, 1994, p. 165-197.

BENMKHLOUF, Ali. *Averróis*. Trad. Guilherme João de Freitas Teixeira. São Paulo: Estação Liberdade, 2006.

BENTO, São. *A regra*. Rio de Janeiro: Lumen Christi, 1980.

BERCOVICI, Gilberto. *Soberania e constituição*: para uma crítica do constitucionalismo. São Paulo: Quartier Latin, 2008.

BÍBLIA. *A bíblia sagrada*. Trad. João Pereira de Almeida. Brasília: Sociedade Bíblica do Brasil, 1969.

BILLIER, Jean-Cassien; MARYIOLI, Aglaé. *História da filosofia do direito*. Trad. Maurício de Andrade. São Paulo: Manole, 2005.

BITTAR, Eduardo C. B. *A justiça em Aristóteles*. Rio de Janeiro: Forense Universitária, 1999.

BITTAR, Eduardo C. B. A Teoria do Direito, a Era Digital e o Pós-Humano: o novo estatuto do corpo sob um regime tecnológico e a emergência do Sujeito Pós-Humano de Direito, *Revista Direito & Praxis, Dossiê Desafios e perspectivas para a garantia de direitos de crianças, adolescentes e jovens*, Rio de Janeiro: UERJ, v. 10, n. 2, p. 933-961, 2019.

BITTAR, Eduardo C. B. *Curso de filosofia aristotélica*: leitura e interpretação do pensamento de Aristóteles. Barueri: Manole, 2003.

BITTAR, Eduardo C. B. *Linguagem jurídica*. 2. ed. São Paulo: Saraiva, 2003.

BITTAR, Eduardo C. B. *Teorias sobre a justiça*: apontamentos para a história da filosofia do direito. São Paulo: Juarez de Oliveira, 2000.

BITTAR, Eduardo C. B. *Metodologia da pesquisa jurídica*: a monografia no curso de direito. São Paulo: Saraiva, 2001.

BITTAR, Eduardo C. B. *Curso de ética jurídica*. São Paulo: Saraiva, 2002.

BITTAR, Eduardo C. B. *Linguagem jurídica*. São Paulo: Saraiva, 2001.

BITTAR, Eduardo C. B. *Doutrinas e filosofias políticas*: contribuições para a história da ciência política. São Paulo: Atlas, 2002.

BITTAR, Eduardo C. B. *A justiça em Aristóteles*. 2. ed. Rio de Janeiro: Forense Universitária, 2001.

BITTAR, Eduardo C. B. Educação e metodologia para os direitos humanos: cultura democrática, autonomia e ensino jurídico. In: SILVEIRA, Rosa Maria Godoy et al. *Educação em direitos humanos*: fundamentos teórico-metodológicos. João Pessoa, Editora da UFPB, 2007. p. 313-334.

BITTAR, Eduardo C. B. *O direito na pós-modernidade e reflexões frankfurtianas*. 2. ed. Rio de Janeiro: Forense Universitária, 2009.

BITTAR, Eduardo C. B. Filosofia crítica e filosofia do direito: por uma filosofia social do direito, *Revista Cult*, Dossiê Filosofia do Direito: o que foi, e o que é que será? São Paulo, ano 10, n. 112, abr. 2007, p. 53-55.

BITTAR, Eduardo C. B. *Democracia, justiça e direitos humanos*: estudos de teoria crítica e filosofia do direito. São Paulo: Saraiva, 2011.

BITTAR, Eduardo C. B. (coord.). *Educação e metodologia para os direitos humanos*. São Paulo: Quartier Latin, 2008.

BITTAR, Eduardo C. B. *O direito na pós-modernidade*. 3. ed. São Paulo: Atlas, 2014.

BITTAR, Eduardo C. B. Os direitos da personalidade. 8. ed. São Paulo: Saraiva, 2015.

BITTAR, Eduardo C. B. Introdução ao estudo do direito: humanismo, democracia e justiça. São Paulo: Saraiva, 2018.

BITTAR, Eduardo C. B. Ética, técnica e direitos humanos. Revista Brasileira de Estudos Políticos – Revista de Pós-Graduação da Faculdade de Direito da UFMG, Belo Horizonte, UFMG, n. 103, jul./dez. 2011, p. 139-182.

BITTAR, Eduardo C. B. Technique, Dehumanization and Human Rights, in Human Rights, Rule of Law and the Contemporary Social Challenges. Complex Societies: Proceedings of the XXVI World Congress of Philosophy of Law and Social Philosophy of the Internationale Vereinigunf für Rechts-und Socialphilosophie (GALUPPO, Marcelo; LOPES, Mônica Sette; SALGADO, Karine; GONTIJO, Lucas; BUSTAMANTE, Thomas, editors), Editora Initia Via, Belo Horizonte, 2015, p. 1.684-1.711.

BITTAR, Eduardo C. B. Regulação do ciberespaço, fronteiras virtuais e liberdade: desafios globais. Os direitos humanos no espaço virtual, Galileu: Revista de Economia e Direito (BITTAR, Eduardo C. B.; CAMPOS, Diogo Leite de), vol. XVII, n. 1/2, 2012, Departamento de Ciências Econômicas e Empresariais, Departamento de Direito, Universidade Autônoma de Lisboa – UAL, Lisboa, Portugal, 2012, p. 37-80.

BITTAR, Eduardo C. B. Clonagem: fenômeno e disciplina jurídica. Repertório IOB de Jurisprudência, 2ª quinzena de junho de 1998, nº 12/98, texto 3/ 14482.

BITTAR, Eduardo C. B. *Semiótica, Direito & Arte*: entre Teoria da Justiça e Teoria do Direito. São Paulo: Almedina, 2020.

BITTAR, Eduardo C. B. *Linguagem jurídica: semiótica, discurso e direito.* 7.ed. São Paulo: Saraiva, 2017.

BITTAR, Eduardo C. B. *Introdução ao estudo do Direito*: humanismo, democracia e justiça. 2. ed. São Paulo: Saraiva, 2019.

BITTAR, Eduardo C. B. O conceito de direito e o conceito de sistema jurídico, in *Boletim da Faculdade de Direito da Universidade de Coimbra*, Vol. XCIV, Coimbra, 2018, ps. 423-455.

BITTAR, Eduardo C. B. O discurso do legislador de trânsito: uma análise semiótica da linguagem não verbal normativa. *Revista de Informação Legislativa*, nº. 145, 2000, ps. 157-69.

BLEICHER, Josef. *Hermenêutica contemporânea*. Trad. Maria Georgina Segurado. Lisboa: Edições 70, 1992.

BLOCH, Ernst. *O princípio esperança*. v. 1 e 3. Tradução de Nélio Schneider. v. 2. Tradução de Werner Fuchs. Rio de Janeiro: Contraponto, 2005 (2006).

BOBBIO, Norberto. *Locke e o direito natural*. Trad. Sérgio Bath. Brasília: UnB, 1997.

BOBBIO, Norberto. *O problema da guerra e as vias da paz*. Trad. Álvaro Lorencini. São Paulo: Unesp, 2003.

BOBBIO, Norberto. *Elogio da serenidade e outros escritos morais*. São Paulo: Unesp, 2002.

BOBBIO, Norberto. *El tercero ausente*. Madri: Catedra, 1997.

BOBBIO, Norberto. *Estado, govierno y sociedad*: por una teoría general de la política. Trad. José F. Fernández Santillán. México: Fondo de Cultura Económica, 1992.

BOBBIO, Norberto. *Igualdade e liberdade*. Trad. Nelson Coutinho. 3. ed. Rio de Janeiro: Ediouro, 1997.

BOBBIO, Norberto. *Il problema della guerra e le vie della pace*. Bolonha: Il Mulino, 1984.

BIBLIOGRAFIA | **657**

BOBBIO, Norberto. *La paix perpétuelle et la conception katienne de la fédération internationale en l'état et la democratie internationale de l'histoire des idées à la science politique.* Paris: Édition Complexe, 1999.

BOBBIO, Norberto. *Dicionário de política.* Brasília: UnB, 1979.

BOBBIO, Norberto. *Direito e estado no pensamento de Emmanuel Kant.* Trad. Alfredo Fait. 3. ed. Brasília: UnB, 1995.

BOBBIO, Norberto. *Estado, governo e sociedade.* São Paulo: Paz e Terra, 1990.

BOBBIO, Norberto. *Thomas Hobbes.* 4. ed. Trad. Carlos Nelson Coutinho. Rio de Janeiro: Campus, 1991.

BOBBIO, Norberto; MATTEUCI, Nicola; Pasquino, Gianfranco. *Dicionário de política.* Trad. João Ferreira. 5. ed. Brasília: UnB, 2000.

BOBBIO, Norberto. *Teoria da norma jurídica.* São Paulo: Edipro, 2001.

BOBBIO, Norberto. *Teoria do ordenamento jurídico.* 10. ed. Trad. Maria Celeste Cordeiro Leite dos Santos. Brasília: Unb, 1999.

BOFF, Leonardo. Justiça e cuidado: opostos ou complementares? In: PEREIRA, Tania da Silva; OLIVEIRA, Guilherme de (Org.). *O cuidado como valor jurídico.* Rio de Janeiro: Forense Universitária, 2008. p. 1-12.

BOITEUX, Elza Antônia Pereira Cunha. *O discurso jurídico e a ideologia do interesse geral.* 1984. Dissertação (Mestrado). Universidade Federal de Santa Catarina, Florianópolis.

BONNARD, André. *La civilisation grecque.* Lausanne: Clairefontaine, 1954.

BONAVIDES, Paulo. *A Constituição viva.* 3. ed. São Paulo: Malheiros: 2004.

BONAVIDES, Paulo; MIRANDA, Jorge; AGRA, Walber de Moura. *Comentários à Constituição Federal de 1988.* Rio de Janeiro: GEN, 2009.

BOUCAULT, Carlos E. de Abreu; RODRIGUEZ, José Rodrigo. *Hermenêutica plural.* São Paulo: Martins Fontes, 2002.

BOURDIEU, Pierre. *O poder simbólico.* 6. ed. Trad. Fernando Tomaz. Rio de Janeiro: Bertrand Brasil, 2003.

BRANT, Leonardo (Org.). *Diversidade cultural.* Globalização e culturas locais: dimensões, efeitos e perspectivas. São Paulo: Escrituras; Instituto Pensarte, 2005. v. 1.

BRASIL, Secretaria Especial dos Direitos Humanos da Presidência da República. Programa Nacional de Direitos Humanos (PNDH-3). Brasília: SEDH/ PR, 2010.

BRODSKY, Joseph. *Menos que um.* São Paulo: Companhia das Letras, 1994.

BRONZE, Fernando José. *Lições de introdução ao Direito.* Coimbra: Coimbra, 2002.

BRUYERON, Roger. *La sensibilité.* Paris: Armand Colin, 2004.

BUENO, Roberto. Dos critérios de justiça em Dworkin e Rawls. *Revista de Direito Constitucional e Internacional,* São Paulo: Revista dos Tribunais, Instituto Brasileiro e Direito Constitucional, p. 171-182, jul./set. 2002.

BURTON, Steven J. Ronald Dworkin and legal positivism. *Iowa Law Review,* University of Iowa, n. 01, v. 73, p. 109-129, Oct. 1987.

CABRAL DE MONCADA, L. *Filosofia do direito e do estado.* 3. ed. Coimbra: Coimbra Editora, 1995.

658 | CURSO DE FILOSOFIA DO DIREITO • *Bittar / Almeida*

CAMARGO, Antonio Luís Chaves. *Culpabilidade e reprovação penal.* 1993. Tese apresentada à Faculdade de Direito da Universidade de São Paulo para o concurso de professor Titular de Direito Penal, São Paulo.

CAMARGO, Antonio Luís Chaves. *Tipo penal e linguagem.* Rio de Janeiro: Forense, 1982.

CAMPILONGO, Celso Fernandes. *O direito na sociedade complexa.* 2. ed. São Paulo: Saraiva, 2011.

CAMPOS, Diogo Leite de. A capacidade sucessória do nascituro (ou a crise do positivismo legalista). *Separata Pessoa Humana e Direito,* Lisboa: Almedina, 2009, p. 47-54.

CAMPOS, Diogo Leite de. *As relações de associação:* o direito sem direitos. Lisboa: Almedina, 2011.

CAMPOS, Diogo Leite de. O direito em nós. Separata da *Revista da Ordem dos Advogados,* p. 555-573, set./dez. 2008.

CAMUS, Albert. *Lettres à un ami allemand.* Paris: Folio, 1997.

CAMUS, Albert. *Lettres à un ami allemand.* Paris: Gallimard, 1998.

CANDÉ, Roland de. *História universal da música.* Trad. Eduardo Brandão. São Paulo: Martins Fontes, 1994. v. 1.

CANDÉ, Roland de. *História universal da música.* Trad. Eduardo Brandão. São Paulo: Martins Fontes, 1994. v. 2.

CANEVACCI, Massimo. Corpos polifônicos e tecnologias digitais. O triunfo do corpo: polêmicas contemporâneas (COUTO, Edvaldo Souza; GOELLNER, Silvana Vilodre, orgs.), Rio de Janeiro, Vozes, 2012.

CAMARGO, Wagner Xavier; VAZ, Alexandre Fernandez. De humanos e pós-humanos: ponderações sobre o corpo queer na arena esportiva. O triunfo do corpo: polêmicas contemporâneas (COUTO, Edvaldo Souza; GOELLNER, Silvana Vilodre, orgs.), Rio de Janeiro, Vozes, 2012.

CANOTILHO, José Joaquim Gomes; CORREIA, Marcus Orione Gonçalves; CORREIA, Érica Paula Barcha (Coords.). *Direitos fundamentais sociais.* São Paulo: Saraiva, 2003.

CAPELLA, Juan Ramón. *El derecho como lenguaje:* un análisis lógico. Barcelona: Ariel, 1968.

CARREIRO, C. H. Porto. *Notas sobre filosofia do direito.* São Paulo: Alba, s.d.

CARRIÓ, Genaro R. *Notas sobre derecho y lenguaje.* 2. ed. Buenos Aires: Abeledo-Perrot, 1976.

CARRIÓNWAM, Roque. De la specificité de la sémiotique juridique. *Droit prospectif, Revue de Recherche Juridique:* Colloque International de Sémiotique Juridique, Aix-enProvence, 1113 mars, Presses Universitaires de AixenProvence, 19862, p. 7175.

CARVALHO, José Jorge de. *O olhar etnográfico e a voz subalterna.* Brasília: Departamento de Antropologia da Unb, 261, Série Antropologia, 1999.

CARVALHO, José Murilo de. *Cidadania no Brasil:* o longo caminho. 21. ed. Rio de Janeiro: Civilização Brasileira, 2016.

CARVALHO, Nelson Ferreira de. Arqueologia do consenso. In: BAPTISTA, Luiz Olavo; HUCK, Hermes Marcelo; CASELLA, Paulo Borba (Coord.). *Direito e comércio internacional.* São Paulo: LTr, 1994.

CARVALHO, Paulo de Barros. *Curso de direito tributário.* 12. ed. São Paulo: Saraiva, 1999.

CARVALHO, Paulo de Barros. *Direito Tributário, linguagem e método.* 4. ed. São Paulo: Noeses, 2011.

CASALINO, Vinicius. *O direito e a mercadoria*: para uma crítica marxista da teoria de Pachukanis. São Paulo: Dobra Editorial, 2011.

CASSIN, René. *La declaration universelle et la mise en oeuvre des droits de l'homme*. Recueil des Cours de l'Académie de Droit International, 1951.

CASTANHEIRA NEVES, A. A crise actual da Filosofia do Direito no contexto da crise global da filosofia: tópicos para a possibilidade de uma reflexiva reabilitação. *Boletim da Faculdade de Direito da Universidade de Coimbra*. Universidade de Coimbra: Coimbra Editora, 2003.

CASTELO BRANCO, Pedro H. Villas Boas. O paradoxo de Habermas. *Direito, Estado e Sociedade*, v. 9, n. 20, p. 139-151, jan./jul. 2002.

CASTRO, Fernando Souto de. *Para uma análise sociossemiótica e semiolinguística de aspectos do discurso jurídico brasileiro*: a liberdade e o Estatuto da Criança e do Adolescente. 1997. Tese (Doutorado em Linguística) – Faculdade de Filosofia, Letras e Ciências Humanas. Universidade de São Paulo, São Paulo. v. I e II.

CATTONI, Marcelo. *Devido processo legislativo*. 2. ed. Belo Horizonte: Mandamentos, 2006.

CESNIK, Fábio de Sá. *Guia do incentivo à cultura*. São Paulo: Manole, 2002.

CESNIK, Fábio de Sá. Medidas vitoriosas e desafios da cultura. *Folha de S. Paulo*, 29 fev. 2012, Tendências de Debates, São Paulo, A3.

CHALITA, Gabriel. *Vivendo a filosofia*. São Paulo: Ática, 2008.

CHALITA, Gabriel. *Educação*: a solução está no afeto. 4. ed. São Paulo: Gente, 2001.

CHAMON JUNIOR, Lúcio Antônio. *Teoria da argumentação jurídica*. Rio de Janeiro: Lumen Juris, 2008.

CHANTRAÎNE, Pierre. *Dictionnaire étymologique de la langue grecque*. Paris: Klincksieck, 1999.

CHATRY, Sylvain; GOBERT, Thierry. Numérique: nouveaux droits, nouveaux usages; actes de Colloque. Paris: Mare & Martin, 2017.

CHAUI, Marilena. *Convite à filosofia*. 12. ed. São Paulo: Ática, 1999.

CHAUI, Marilena. *Introdução à história da filosofia*: dos pré-socráticos a Aristóteles. São Paulo: Brasiliense, 1994.

CHEVALIER, Jean Jacques. *As grandes obras políticas de Maquiavel aos nossos tempos*. Rio de Janeiro: Agir, 1982.

CHEVALIER, Jean Jacques. *Histoire de la pensée*: la pensée chrétienne. Paris: Racine, 1956.

CHEVALIER, Jean Jacques; GHEERBRANT, Alain. *Dicionário de símbolos*. Trad. Vera Costa e Silva; Raul de Sá Barbosa; Ângela Melim; Lúcia Melim. 19. ed. Rio de Janeiro: José Olympio, 2005.

CHUEIRI, Vera Karam. Considerações em torno da teoria da coerência narrativa de Ronald Dworkin. *Sequência*, Florianópolis: Universidade Federal de Santa Catarina, n. 23, p. 73-77, dez. 1991.

CÍCERO, Marco Túlio. *Da república*. Trad. Amador Cisneiros. São Paulo: Edipro, 1995.

CÍCERO, Marco Túlio. *Das leis*. Trad. Otávio T. de Brito. São Paulo: Cultrix, 1967.

CÍCERO, Marco Túlio. *Traité des lois*. Trad. Georges de Plinval. Paris: Les Belles Lettres, 1968.

CÍCERO, Marco Túlio. *I doveri*. 2. ed. Trad. Anna Resta Barrile. Milão: Rizzoli, 1989.

660 | CURSO DE FILOSOFIA DO DIREITO • *Bittar / Almeida*

CICO, Cláudio de. *História do pensamento jurídico e da filosofia do direito*. 3. ed. São Paulo: Saraiva, 2006.

COELHO, Luís Fernando. *Introdução histórica à filosofia do direito*. Rio de Janeiro: Forense, 1977.

COELHO, Luís Fernando. *Teoria Crítica do Direito*. 3. ed. Belo Horizonte: Del Rey, 2003.

COMPARATO, Fábio Konder. *Ética*: direito, moral e religião no mundo moderno. São Paulo: Companhia das Letras, 2006.

COMPARATO, Fábio Konder. *A afirmação histórica dos direitos humanos*. São Paulo: Saraiva, 1999.

CONTAT, Michel; RYBALKA, Michel. *Les écrits de Sartre*: chronologie. Bibliographie commentée. Paris: Gallimard, 1970.

COPLESTON, F. C. *El pensamiento de Santo Tomás*. Trad. Elsa Cecilia Frost. México: Buenos Aires: Fondo de Cultura Económica, 1960.

COQUET, Jean Claude. *La quête du sens*: le language em question. Paris: PUF, 1997.

COQUET, Jean Claude. *Sémiotique*: l'école de Paris. Paris: Hachette, 1982.

CORNFORD, F. M. Mysticism and science in the pythagorean tradition. *The presocratics*: a collection of critical essays. Garden City, New York: Anchor Press: Doubleday, 1974.

CORNFORD, F. M. *Principium sapientiae*: as origens do pensamento filosófico grego. 3. ed. Lisboa: Fundação Calouste Gulbenkian, 1989.

COSSIO, Carlos. *Radiografía de la teoría egológica del derecho*. Buenos Aires: Depalma, 1987.

COSTA, José Silveira da. *Averróis*: o aristotelismo radical. São Paulo: Moderna, 1994.

COSTA, Mário Júlio de Almeida. *História do direito português*. 3. ed. Coimbra: Almedina, 2003.

COTTA, Sérgio. *Le droit dans l'existence*: éléments d'une ontophénoménologie juridique. Trad. Emmanuel Rocher. Paris: Bière, 1996.

COULANGES, Fustel de. *A cidade antiga*. Trad. Fernando de Aguiar. 8. ed. Lisboa: Clássica, 1953.

COURTÉS, Joseph. *Introdução à semiótica narrativa e discursiva*. Trad. Norma Backes Tasca. Coimbra: Almedina,1979.

COUTINHO, J. Essencialidade e existencialidade em Santo Agostinho. *Revista Portuguesa de Filosofia*, XLIV, 1988.

COUTO, Edvaldo Souza; GOELLNER, Silvana Vilodre (orgs.). O triunfo do corpo: polêmicas contemporâneas. Rio de Janeiro: Vozes, 2012.

CRETELLA JR., José. *Curso de filosofia do direito*. 7. ed. Rio de Janeiro: Forense, 2001.

CRETELLA JR., José. *Novíssima história da filosofia*. São Paulo: José Bushatsky, 1967.

CRETELLA JR., José. *Curso de filosofia do direito*. 12. ed. São Paulo: Forense, 2012.

CROISSANT, Jeanne. La moralité comme trait distinctif de l'homme dans un texte de Cicéron. In: *Études de philosophie ancienne*. Bruxelas: Ousia, 1986, p. 283296.

CUNHA, Juliana. Eu persigo, tu persegues, nós perseguimos. *Folha de S. Paulo*, terça-feira, 11 set. 2012, Caderno E, São Paulo, p. 4-5.

CUNHA, Paulo Ferreira da. *Filosofia do Direito*: fundamentos, metodologia e teoria geral do direito. 2. ed. Almedina, 2013.

DALLARI, Dalmo de Abreu. *Elementos de teoria geral do Estado*. São Paulo: Saraiva, 1977.

BIBLIOGRAFIA | **661**

DALTON, D. *Mahatma Gandhi non violent power in action*. New York: Columbia University Press, 1993.

DEBRUN, Michel. *Gramsci*: filosofia, política e bom senso. Campinas: Unicamp, 2001.

DE CICCO, Cláudio. *História do pensamento jurídico e da filosofia do direito*. 3. ed. São Paulo: Saraiva, 2006.

DE LUCCA, Newton; FILHO, Adalberto Simão (Coord.). *Direito e internet*: aspectos jurídicos relevantes. 2. ed. São Paulo: Quartier Latin, 2005. v. I.

DE LUCCA, Newton; FILHO, Adalberto Simão (Coord.). *Direito e internet*: aspectos jurídicos relevantes. São Paulo: Quartier Latin, 2008. v. II.

DEL VECCHIO, Giorgio. *Lições de filosofia do direito*. 5. ed. Trad. Antonio José Brandão. Coimbra: Arménio Amado, 1979.

DEMANT, Peter. *O mundo muçulmano*. São Paulo: Contexto, 2004.

DEMO, Pedro. *Ciência, ideologia e poder*: uma sátira às ciências sociais. São Paulo: Atlas, 1988.

DEMO, Pedro. *Introdução à metodologia da ciência*. São Paulo: Atlas, 1985.

DIMOULIS, Dimitri. *Manual de introdução ao estudo do direito*. 6. ed. São Paulo: Revista do Tribunais, 2014.

DI PIETRO, Maria Sylvia Zanella. *Direito administrativo*. São Paulo: Atlas, 1997.

DINIZ, Maria Helena. *Compêndio de introdução à ciência do direito*. São Paulo: Saraiva, 1988.

DINIZ, Maria Helena. *A ciência jurídica*. 3. ed. São Paulo: Saraiva, 1995.

DORIA, Francisco Antonio. *Marcuse*. 3. ed. Rio de Janeiro: Paz e Terra, 1983.

DUBOUCHET, Paul. *La pensée juridique avant et après le Code Civil*. 3. ed. Paris: L'Hermès, 1994.

DUBOUCHET, Paul. *Recherches pour une sémiotique juridique*: propédeutique à une philosophie des systèmes symboliques du Droit. 1982. Thèse pour le Doctorat d'État en Droit soutenu publiquement. Faculté de Droit, Université Jean Moulin, Lyon. t. 1, 2 e 3.

DUBOUCHET, Paul. *Sémiotique juridique*: introduction à une science du droit. Paris: Presses Universitaires de France, 1990.

DUFOUR, Alfred. *Droits de l'homme, droit naturel et histoire*. Paris: PUF, 1991.

DUNKER, Christian (et all.). Ética e pós-verdade. Porto Alegre: Dublinense, 2017.

DUNKER, Christian. Subjetividade em tempos de pós-verdade. *Ética e pós-verdade. Porto Alegre: Dublinense, 2017.*

DUVOISIN, Aline; LEOBETH, Thaís, Marcas do fascismo nas traduções e tensionamentos da *Semiosfera do Tribunal do Júri, in Revista Estudos Semióticos*, Faculdade de Filosofia, Letras e Ciências Humanas, Universidade de São Paulo, São Paulo, vol. 14, n°. 03, Dez. 2018, ps. 98-111.

DWORKIN, Ronald. Direito, filosofia e interpretação. Trad. Raíssa R. Mendes. *Cadernos da Escola do Legislativo*, Belo Horizonte, 3(5), p. 44-71, jan./jun. 1997.

DWORKIN, Ronald. A bondade da justiça. *Justiça do Direito*, Passo Fundo, Universidade de Passo Fundo, Faculdade de Direito, EDIUPF, v. 13, n. 13, p. 125-134, 1999.

DWORKIN, Ronald. *Levando o direito a sério*. Trad. São Paulo: Martins Fontes, 2002.

DWORKIN, Ronald. What is equality? The place of liberty. *Iowa Law Review*, University of Iowa, v. 73, n. 1, p. 1-55, Oct. 1987.

CURSO DE FILOSOFIA DO DIREITO • Bittar / Almeida

DWORKIN, Ronald. *História da beleza*. Trad. Eliana Aguiar. Rio de Janeiro: Record, 2007.

DWORKIN, Ronald. *História da feiura*. Trad. Eliana Aguiar. Rio de Janeiro: Record, 2007.

DWORKIN, Ronald. *O império do direito*. Trad. Jefferson Luiz Camargo. 3. ed. São Paulo: Martins Fontes, 2014.

ECHENOZ, Jean. *Correr*. Trad. Bernardo Ajzenberg. Rio de Janeiro: Objetiva, 2010.

ECO, Umberto (org.). *História da feiura*. Trad. de Eliana Aguiar. Rio de Janeiro: Record, 2007.

ECO, Umberto *Arte e beleza na estética medieval*. 2. ed. Porto Alegre: Globo, s.d.

ENGELMANN, Wilson, O direito em face das Nanotecnologias: novos desafios para a Teoria Jurídica no século XXI. *Os novos direitos no Brasil*: natureza e perspectivas – uma visão básica das novas conflituosidades jurídicas (WOLKMER, Antonio Carlos; LEITE, José Rubens Morato, orgs.). São Paulo: Saraiva, 3. ed. 2016.

FARALLI, Carla. *A filosofia contemporânea do direito*: temas e desafios. Trad. Candice Premaor Gullo. São Paulo: Martins Fontes, 2006.

FARIAS, Flávio Bezerra de. *A globalização e o estado cosmopolita*: as antinomias de Jürgen Habermas. São Paulo: Cortez, 2001.

FERRAZ JR., Tércio Sampaio. *A ciência do direito*. São Paulo: Atlas, 1980.

FERRAZ JR., Tércio Sampaio. *Função social da dogmática jurídica*. São Paulo: Max Limonad, 1998.

FERRAZ JR., Tércio Sampaio. O justo e o belo – notas sobre o direito e a arte, o senso de justiça e o gosto artístico, *Revista da Pós-Graduação da Faculdade de Direito*, São Paulo, Síntese, v. 2, p. 35-45, 2000.

FERRAZ JR., Tércio Sampaio. *Introdução ao estudo do direito*: técnica, decisão, dominação. 3. ed. São Paulo: Atlas, 2001.

FERRAZ JR., Tércio Sampaio. *Direito, retórica e comunicação*: subsídios para uma pragmática do discurso jurídico. 1973. Tese (Livre-docência) – Faculdade de Direito. Universidade de São Paulo, São Paulo.

FERRAZ JR., Tércio Sampaio. *Teoria da norma jurídica*: ensaio de pragmática da comunicação normativa. Rio de Janeiro: Forense Universitária, 1978.

FERRAZ JR., Tércio Sampaio. *Estudos de filosofia do direito*: reflexões sobre o poder, a liberdade, a justiça e o direito. São Paulo: Atlas, 2002.

FERRAZ JR., Tércio Sampaio. *Estudos de filosofia do direito*. São Paulo: Atlas, 2003.

FERRAZ JR., Tércio Sampaio. A criação dos cursos jurídicos e a concepção de ciência do direito. In: WANDER BASTOS, Aurélio (Org.). *Os cursos jurídicos e as elites políticas brasileiras*. Brasília: Câmara dos Deputados, 1978. p. 167-178.

FERRAZ JR., Tércio Sampaio. Responsabilidade sem culpa, culpa sem responsabilidade na sociedade tecnológica. In: *Impasses e aporias do direito contemporâneo*: estudos em homenagem a José Eduardo Faria. São Paulo: Saraiva, 2011. p. 135-153.

FERRAZ JR., Tércio Sampaio. *Teoria da norma jurídica*: ensaio de pragmática da comunicação normativa. 4. ed. Rio de Janeiro: Forense, 2003.

FERREIRA, Fernando Galvão de Andrea. Realismo jurídico. In: BARRETTO, Vicente de Paulo (coord.). *Dicionário de Filosofia do Direito*. (BARRETTO, Vicente de Paulo, coord.), São Leopoldo: Unisinos/Rio de Janeiro, Renovar, 2006, p. 700-702.

BIBLIOGRAFIA | 663

FERREIRA FILHO, Manoel Gonçalves. *Direitos humanos fundamentais*. São Paulo: Saraiva, 1995.

FERRY, Luc; COMTESPONVILLE, André. *A sabedoria dos modernos*. São Paulo: Martins Fontes, 1999.

FIORILLO, Celso Antonio Pacheco. *O direito de antena em face do direito ambiental no Brasil*. São Paulo: Fiuza, 2009.

FIORIN, José Luiz. Esboço da história do desenvolvimento da semiótica francesa, *in Cadernos de Estudos Linguísticos*, Campinas, Jan./Jun. 2020, (42), ps. 131-146.

FIORIN, José Luiz.*Elementos de análise do discurso*. 15. ed. São Paulo: Contexto, 2018.

FIORIN, José Luiz. *As astúcias da enunciação*. São Paulo: Contexto, 2016.

FONSECA, Márcio Alves. *Michel Foucault e o direito*. São Paulo: Max Limonad, 2002.

FONSECA, Ricardo Marcelo. *Introdução teórica à história do direito*. Curitiba: Juruá, 2010.

FONSECA JR., Gelson. *A legitimidade e outras questões internacionais*. São Paulo: Paz e Terra, 1998.

FONTANILLE, Jacques. *Semiótica do Discurso*. Tradução de Jean Cristus Portela. 2.ed. São Paulo: Contexto, 2015.

FONTANILLE, Jacques; ZILBERBERG, Claude. *Tensão e significação*. Tradução de Ivã Lopes, Luiz Tatit e Waldir Beividas. São Paulo: Discurso Editorial: Humanitas, FFLCH-USP, 2001.

FOUCAULT, Michel. A ética do cuidado de si como prática da liberdade. In: *Ética, sexualidade, política*, Ditos e escritos (V). Trad. Elisa Monteira; Inês Autran Dourado Barbosa. Rio de Janeiro: Forense Universitária, 2004.

FRANCA FILHO, Marcílio; SALOMÃO LEITE, Geilson; PAMPLONA FILHO, Rodolfo. *Antimanual de direito & arte*. São Paulo: Saraiva, 2016.

FRASER, Nancy. Reconhecimento sem ética? In SOUZA, Jessé; MATTOS, Patrícia, (orgs.), *Teoria crítica no século XXI*. São Paulo: Annablume, 2007, p. 113-140.

FREITAG, Bárbara. *Itinerários de Antígona*: a questão da moralidade. Campinas: Papirus, 1992.

FREITAG, Bárbara. A questão da moralidade: da razão prática de Kant à ética discursiva de Habermas. *Tempo Social*, revista de sociologia da USP, São Paulo, v. 1, n. 2, p. 7-44, 1989.

FREITAS, Juarez; TEIXEIRA, Anderson V. (orgs.). *Direito à democracia*: ensaios transdisciplinares. São Paulo: Conceito, 2011.

FREUD, Sigmund. Além do princípio de prazer. In: *Obras completas*, v. XVIII, p. 17-75, Rio de Janeiro, Imago, 1999.

FREUD, Sigmund. *O mal-estar na civilização*. Trad. José Octávio de Aguiar Abreu. Rio de Janeiro: Imago, 2002.

FREUD, Sigmund. Por que a guerra? *Sigmund Freud*: novas conferências introdutórias sobre psicanálise e outros trabalhos. Trad. José Luiz Meurer, 1996, v. XXII, p. 191-208.

FREUD, Sigmund. Totem e tabu. *Sigmund Freud*: Totem e tabu e outros trabalhos. Trad. Jayme Salomão, 1996, v. XIII, p. 13-163.

FROMM, Erich. *A arte de amar*. Trad. Eduardo Brandão. São Paulo: Martins Fontes, 2006.

FROMM, Erich. *Anatomia da destrutividade humana*. Trad. Maço Aurélio de Moura Matos. 2. ed. Rio de Janeiro: Guanabara, 1987.

FROMM, Erich. *La revolución de la esperanza*. Daniel Jiménez Catillejo. México: Fondo de Cultura Económica, 2003.

FROMM, Erich. *Ter ou ser?* Trad. Nathanael C. Caixeiro. 4. ed. Rio de Janeiro: Difel, 1987.

FROSINI, Vittorio. La parola del diritto e le sue trasformazione linguistiche. *Rivista di Diritto e Procedura Civile*, Milão: Giuffrè, 47 (2): 423438, giug. 1993.

GALUPPO, Marcelo Campos; RUIZ, Ivan Aparecido (orgs.). Direito, arte e literatura. *Direito, arte e literatura*. Florianópolis: Funjab, 2013.

GANDELMAN, Henrique. *De Gutenberg à internet*. 5. ed. São Paulo: Record, 2007.

GANDHI, Mohandas K. *Autobiografia*: minha vida e minhas experiências com a verdade. Trad. Humberto Mariotti. São Paulo: Consulado Geral da Índia: Palas Athena, 1999.

GARAPON, Antoine. *Bem julgar*: ensaio sobre o ritual judiciário. Tradução de Pedro Filipe Henriques. Lisboa: Instituto Piaget, 1999.

GARAPON, Antoine. *O guardador de promessas: justiça e democracia*. Trad. Francisco Aragão. Lisboa: Instituto Piaget, 1998.

GARCÍA, Angeles. *A teoria dos valores de Miguel Reale*. Trad. Talia Bugel. São Paulo: Saraiva, 1999.

GARGARELLA, Roberto *As teorias da justiça depois de Rawls*: um breve manual de filosofia política. Trad. Alonso Reis Freire. São Paulo: WMF Martins Fontes, 1999 (2008). (Justiça e Direito.)

GÉLINAS, GermainPaul. *La liberté dans la pensée d'Albert Camus*. Suíça: Éditions Universitaires Fribourg Suisse, 1965.

GIAMBLICO. *Vita pitagorica*. Trad. Maurizio Giangiulio. Milão: Rizzoli, 1991.

GIANOTTI, José Arthur. Moralidade pública e moralidade privada. *In: NOVAES, Adauto (Org.). Ética*. São Paulo: Companhia das Letras; Secretaria Municipal de Cultura, 1992, p. 239-245.

GILSON, Étienne. *A filosofia na Idade Média*. Trad. Eduardo Brandão. São Paulo: Martins Fontes, 1998.

GIOVANNETTI, Marcio de Freitas. O sujeito e a lei. In: GROENINGA, Giselle; PEREIRA, Rodrigo da Cunha (Coord.). *Direito de família e psicanálise*: rumo a uma nova epistemologia. Rio de Janeiro: Imago, 2003. p. 43-53.

GIRAUDEAU, Géraldine. Les obligations étatiques à l'ère du numérique: obligations nouvelles ou renouvelées? Numérique: nouveaux droits, nouveaux usages; actes de Colloque (CHATRY, Sylvain; GOBERT, Thierry), 2017.

GOELLNER, Silvana Vilodre; SILVA, André Luiz dos Santos. Biotecnologia e neoeugenia: olhares a partir do esporte da cultura fitness. O triunfo do corpo: polêmicas contemporâneas (COUTO, Edvaldo Souza; GOELLNER, Silvana Vilodre, orgs.), Rio de Janeiro: Vozes, 2012.

GOMES, Orlando. *Introdução ao direito civil*. Rio de Janeiro: Forense, 1988.

GÓMEZ, Francisco Asensio. Maimónides y el pensamiento de Santo Tomás (ALONSO, José Luis Cantón), *Maimónides y el pensamiento medieval: actas del IV Congreso Nacional de Filosofía Medieval*. Córdoba, Universidad de Córdoba, 2007, p. 122-132.

GÓMEZ, Maria Nélida González de; LIMA, Clóvis Ricardo Montenegro de (Org.). *Informação e democracia*: a reflexão contemporânea da ética e da política. Brasília: Instituto Brasileiro de Informação em Ciência e Tecnologia, 2011.

GONÇALVES, Joanisval Brito. *Tribunal de Nuremberg* (1945-1946). Rio de Janeiro: Renovar, 2001.

GOYARDFABRE, Simone; SÈVE, René. *Les grandes questions de la philosophie du droit* (recueil de textes choisis). Paris: Presses Universitaires de France, 1986.

GRAU, Eros Roberto. *O direito posto e o direito pressuposto*. 6. ed. São Paulo: Malheiros Editores, 2005.

GREIMAS, A. J. *Análise do discurso em ciências sociais*. São Paulo: Global, 1986.

GREIMAS, A. *Semiótica e ciências sociais*. Trad. Álvaro Lorencini e Sandra Nitrine. São Paulo: Cultrix, 1976.

GREIMAS, A. (Coord.). *Analyse sémiotique d'un discours juridique*. Itália: Centro Internazionale di Semiotica e Linguistica, Università di Urbino, n. 7, ago. 1971.

GREIMAS, A.; COURTÉS, J. *Sémiotique*: dictionnaire raisonné de la théorie du langage. Paris: Hachette, 1993.

GREIMAS, Algirdas Julien; COURTÉS, Joseph. *Sémiotique*: dictionnaire raisonné de la théorie du langage. Paris: Hachette, 1993.

GROENINGA, Giselle; PEREIRA, Rodrigo da Cunha. *Direito de família e psicanálise*: rumo a uma nova epistemologia. Rio de Janeiro: Imago, 2003.

GUERRA FILHO, Willis Santiago. *A filosofia do direito aplicada ao direito processual e à teoria da constituição*. São Paulo: Atlas, 2001.

GUIMARÃES, Hilton Catanzzarro. *Da guerra justa*: um estudo jurídico-filosófico da teoria do bellum justum nas concepções decisionista e intelectualista e na síntese grociana. 1987. Tese (Mestrado) – Faculdade de Direito, Universidade de São Paulo, São Paulo.

GUIMARÃES, Ylves José de Almeida. *Direito natural*: visão metafísica e antropológica. Rio de Janeiro: Forense Universitária, 1991.

GUISÁN, Esperanza. *Introducción a la ética*. Madri: Catedra, 1995.

GUSMÃO, Paulo Dourado de. *Introdução ao estudo do direito*. Rio de Janeiro: Forense, 1999.

GUSMÃO, Paulo Dourado de. *Filosofia do direito*. Rio de Janeiro: Forense Universitária, 1985.

GUSMÃO, Paulo Dourado de. *Filosofia do direito*. 6. ed. Rio de Janeiro: Forense, 2001.

GUSMÃO, Paulo Dourado de. *Filosofia do direito*. 9. ed. Rio de Janeiro: Forense, 2008.

GUSTIN, Miracy B. S. *Das necessidades humanas aos direitos*: ensaio de sociologia e filosofia do direito. 2. ed. Belo Horizonte: Del Rey, 2009.

GUTHRIE, W. K. C. *Os sofistas*. Trad. João Rezende Costa. São Paulo: Paulus, 1995.

HABA, Enrique P. Rehabilitación del no-saber en la actual teoría del derecho: el *bluff* Dworkin. *Doxa, Cuadernos de Filosofía del Derecho*, n. 24, p. 165-200, 2001.

HÄBERLE, Peter, A dignidade humana e a democracia pluralista – seu nexo interno. In: SARLET, Ingo Wolfgang. *Direitos fundamentais, informática e comunicação*. Porto Alegre, Livraria do Advogado, 2007. p. 11-28.

HABERMAS, Jürgen. *La paix perpetuelle*: bicentenaire d'une idée kantienne. Paris: Les Éditions du Cerf, 1996.

HABERMAS, Jürgen. A virada pragmática de Richard Rorty. In: SOUZA, José Crisóstomo, (Org.). *Filosofia, racionalidade e democracia*: os debates Rorty e Habermas São Paulo: Unesp, 2005. p. 163-212.

666 CURSO DE FILOSOFIA DO DIREITO • *Bittar / Almeida*

HABERMAS, Jürgen. Es aún posible el proyecto kantiano de la constitucionalización del derecho internacional? *Derecho y justicia en una sociedad global*, Anales de la Cátedra Francisco Suárez, International Association for Philosophy of Law and Social Philosophy, Universidad de Granada, Granada, 2005, p. 101-126, mayo 2005.

HABERMAS, Jürgen. *O Ocidente dividido*. Trad. Luciana Villas-Bôas. Rio de Janeiro: Tempo Brasileiro, 2006.

HABERMAS, Jürgen. *Más allá del Estado nacional*. Trad. Manuel Jiménez Redondo. México: Fondo de Cultura Económica, 1998.

HABERMAS, Jürgen. Inclusão: integrar ou incorporar? Sobre a relação entre nação, Estado de Direito e democracia. *Revista Novos Estudos*, CEBRAP, Trad. Luciano Codato, São Paulo, n. 52, p. 99-120, 1998.

HABERMAS, Jürgen. Bestialidade e humanidade: uma guerra no limite entre direito e moral. *Cadernos de filosofia alemã*, Trad. Luiz Repa, Departamento de Filosofia, São Paulo, Universidade de São Paulo, v. 5, p. 77-87, ago. 1999.

HABERMAS, Jürgen. *Fragmentos filosófico-teológicos*: de la impresión sensible a la expresión simbólica. Trad. Juan Carlos Velasco Arroyo. Madrid: Trotta, 1999.

HABERMAS, Jürgen. *Comentários à ética do discurso*. Trad. Gilda Lopes Encarnação. Lisboa: Instituto Piaget, 1999.

HABERMAS, Jürgen. Por que necesita Europa una constitución? *Dialogo Científico, Revista semestral de investigaciones alemanas sobre sociedad, derecho y economia, Centro de Comunicación Científica con Ibero-América*, Buenos Aires, v. 10, n. 1/ 2, p. 35-44, 2001.

HABERMAS, Jürgen. *Israel o Atenas*: ensayos sobre religión, teología y racionalidad. Trad. Eduardo Mendieta. Madrid: Trotta, 2001.

HABERMAS, Jürgen. *A constelação pós-nacional*: ensaios políticos. Trad. Márcio Seligman-n-Silva. São Paulo: Littera Mundi, 2001.

HABERMAS, Jürgen. O que é pragmática universal. *Racionalidade e comunicação*, Trad. Paulo Rodrigues, Lisboa, Edições 70, 2002. p. 9-102.

HABERMAS, Jürgen. *Era das transições*. Trad. Flávio Beno Siebeneichler. Rio de Janeiro: Tempo Brasileiro, 2003.

HABERMAS, Jürgen. *Pensamento pós-metafísico*. Trad. Lumir Nahodil. Coimbra: Almedina, 2004.

HABERMAS, Jürgen. Fundamentalismo e terror. *Filosofia em tempo de terror*: diálogos com Habermas e Derrida (Giovanna Borradori). Trad. Roberto Muggiati. Rio de Janeiro: Jorge Zahar, 2004. p. 37-55.

HABERMAS, Jürgen. *Entre naturalismo e religião*: estudos filosóficos. Trad. Flávio Beno Siebneichler. Rio de Janeiro: Tempo Brasileiro, 2007.

HABERMAS, Jürgen. *A inclusão do outro*: estudos de teoria política. Trad. George Spencer; Paulo Astor Soethe. São Paulo: Loyola, 2002.

HABERMAS, Jürgen. *O discurso filosófico da modernidade*. Trad. Ana Maria Bernardo; José Rui Meirelles Pereira; Manuel José Simões Loureiro; Maria Antónia Espadinha Soares; Maria Helena Rodrigues de Carvalho; Maria Leopoldina de Almeida; Sara Cabral Seruya. Lisboa: Dom Quixote, 1990.

HABERMAS, Jürgen. *Para o uso pragmático, ético e moral da razão prática*. Trad. Márcio Suzuki, *Boletim de Estudos Avançados da USP*, p. 5-19, vol. 3, n. 7, set./dez. 1989.

BIBLIOGRAFIA | **667**

HABERMAS, Jürgen. *Consciência moral e agir comunicativo*. Trad. Guido A. de Almeida. Rio de Janeiro: Tempo Brasileiro, 1989.

HABERMAS, Jürgen. *Écrits politiques*. Trad. Christian Bouchindhomme et Rainer Rochlitz. Paris: CERF, 1990.

HABERMAS, Jürgen. *Direito e democracia*: entre facticidade e validade Trad. Rio de Janeiro: Tempo Brasileiro, 2003. v. I e II

HABERMAS, Jürgen. *A crise de legitimação do capitalismo tardio*. 3. ed. Trad. Vamireh Chacon. Rio de Janeiro: Tempo Brasileiro, 1999.

HABERMAS, Jürgen. *O futuro da natureza humana*. Trad. Karina Jannini. São Paulo: Martins Fontes, 2004.

HABERMAS, Jürgen. *Racionalidade e comunicação*. Trad. Paulo Rodrigues. Lisboa: Edições 70, 2002.

HABERMAS, Jürgen. *Sobre a Constituição da Europa: um ensaio*. Trad. Denilson Luís Werle, Luiz Repa e Rúrion Melo. São Paulo: Unesp, 2012.

HABERMAS, Jürgen. A constelação pós-nacional: ensaios políticos. Tradução de Márcio Seligmann-Silva. São Paulo: Littera Mundi, 2001.

HABERMAS, Jürgen. Técnica e ciência como ideologia. Tradução de Artur Morão. Lisboa: Edições 70, 2001.

HADOT, Pierre. *Que és la filosofía antigua?* Trad. Eliane Cazenove Isoard. México: Fondo de Cultura Económica, 1998.

HARRISON, James. *Themis*: a study of the social origins of greek religion. London: Merlin Press, 1989.

HART, Herbert L. A. *O conceito de direito*. Trad. A. Ribeiro Mendes. Lisboa: Fundação Calouste Gulbenkian, 1986.

HATZFELD, Ad. *Saint Augustin*. 14. ed. Paris: Victor Lecoffre, 1924.

HEGEL, G. W. F. *Princípios da filosofia do direito*. Trad. Orlando Vitorino. Lisboa: Guimarães, 1990.

HEGEL, G. W. F. *Como o senso comum compreende a filosofia*. Trad. Eloisa Araújo Ribeiro. São Paulo: Paz e Terra, 1995.

HEGEL, G. W. F.. *Fenomenología del espíritu*. Trad. Wenceslao Roces. México: Fondo de Cultura Económica, 1991.

HEGEL, G. W. F. *Introdução à história da filosofia*. Trad. Euclidy Carneiro da Silva. São Paulo: Ediouro, 1986.

HEIDEGGER, Martin. *Que é isto – a filosofia?* São Paulo: Abril Cultural, 1974. p. 205-222. (Os pensadores.)

HEIDEGGER, Martin. *Sobre o humanismo*. São Paulo: Abril Cultural, 1973. p. 348-373.

HELLER, Agnes. *Para mudar a vida*: felicidade, liberdade e democracia. Entrevista a Ferdinando Adornato. Trad. Carlos Nelson Coutinho. São Paulo: Brasiliense, 1982.

HELLER, Agnes. *Historia y futuro*: sobrevivirá la modernidad? Trad. Montserrat Gurguí Martínez de Huete. Barcelona: Península, 1991.

HELLER, Agnes. *Uma teoria da história*. Trad. Dilson Bento de Faria Ferreira Lima. Rio de Janeiro: Civilização Brasileira, 1993.

HELLER, Agnes. *An ethics of personality*. Oxford, Cambridge: Blackwell, 1996.

668 CURSO DE FILOSOFIA DO DIREITO • *Bittar / Almeida*

HELLER, Agnes. *Agnes Heller entrevistada por Francisco Ortega*. Trad. Bethânia Assy. Rio de Janeiro: Ed. UERJ, 2002.

HELLER, Agnes. *O cotidiano e a história*. Trad. Carlos Nelson Coutinho; Leandro Konder. 7. ed. São Paulo: Paz e Terra, 2004.

HELLER, Agnes; FÉHER, Ferenc. O pêndulo da modernidade, Tempo social, *Rev. Sociologia da USP*, São Paulo, 6 (1-2), p. 47-82, 1994.

HELLER, Agnes; FÉHER, Ferenc. *Biopolítica*: la modernidad y la liberación del cuerpo. Barcelona: Península, 1995.

HELLER, Agnes; FÉHER, Ferenc. *A condição política pós-moderna*. Trad. Marcos Santarrita. Rio de Janeiro: Civilização Brasileira, 1998.

HELLER, Agnes; SANTOS, Boaventura de Souza et al. *A crise dos paradigmas em ciências sociais e os desafios para o século XXI*. Rio de Janeiro: Contraponto, 1999.

HÉNAULT, Anne. *História concisa da semiótica*. Tradução de Marcos Marcionilo. São Paulo: Parábola, 2006.

HERNÁNDEZ, Miguel Cruz. *História de la filosofia española*: filosofia hispano-musulmana. Madrid: Asociación Española para el Progreso de las Ciencias, 1957.

HÖFFE, Otfried. *Justiça política*: fundamentação de uma filosofia crítica do direito e do Estado. Trad. Ernildo Stein. Petrópolis: Vozes, 1991.

HÖFFE, Otfried. Teoría de la justicia de la paz en Kant, Trad. Rafael Sevilla. *Diálogo Científico*, Revista de investigaciones alemanas sobre sociedad, derecho y economia, Buenos Aires, Centro de Comunicación Científica con Ibero-América, v. 13, n. 1/2, 2004, p. 11-24.

HOMÈRE. *Il'Iliade*. Trad. Eugène Lasserre. Paris: Garnier Frères, 1965.

HOMÈRE. *Il'Odyssée*. Trad. Médéric Dufour e Jeanne Raion. Paris: Garnier Frères, 1965.

HONNETH, Axel. Decentered autonomy: the subject after the fall. *Disrespect the normative foundations of critical theory*. Cambridge: Polity Press, 2007. p. 180-193.

HONNETH, Axel. Justiça e liberdade comunicativa: reflexões em conexão com Hegel. *Revista Brasileira de Estudos Políticos*, n. 89, jan./jun. 2004, p. 100-120.

HONNETH, Axel. *Luta por reconhecimento*: a gramática moral dos conflitos sociais. Trad. São Paulo: Editora 34 Letras, 1992, 2003.

HONNETH, Axel. *O direito da liberdade*. Trad. Saulo Krieger. São Paulo: Martins Fontes, 2015.

HONNETH, Axel. *Reificación: un estudio en la teoría del reconocimiento*. Trad. Graziela Calderón. Buenos Aires: Katz, 2007.

HONNETH, Axel. *Das Recht der Freiheit*. Berlin: Suhrkamp, 2011.

HORKHEIMER, Max. *Eclipse da razão*. Trad. Sebastião Uchoa Leite. São Paulo: Centauro, 2002.

HUCK, Hermes M. *Da guerra justa à guerra econômica*: uma revisão sobre o uso da força em direito internacional. São Paulo: Saraiva, 1997.

HUISMAN, Denis. *História do existencialismo*. Trad. Maria Leonor Loureiro. São Paulo: Edusa, 2001.

HUME, David. *Uma investigação sobre os princípios da moral*. Trad. José Oscar de Almeida Marques. São Paulo: Unicamp, 1995.

HUNTINGTON, Samuel. *O choque das civilizações e a recomposição da ordem mundial*. Trad. M. H. C. Côrtes. Rio de Janeiro: Objetiva, 1997.

IHERING, Rudolf von. A *luta pelo direito*. Trad. José Cretella Júnior e Agnes Cretella. São Paulo: Revista dos Tribunais, 1998.

INSTITUTE, Future of Humanity. <https://www.fhi.ox.ac.uk/>. Acesso em: 26 mar. 2018.

INSTITUTE, Extropy. <http://www.extropy.org>. Acesso em 26 mar. 2018.

ISAAC, J. *Le Peri Hermeneias en Occident: de Boèce a Saint Thomas. Historie littéraire d'un traité d'Aristote*. Paris: J. Vrin, 1953.

IZAGUIRRE, Mônica, Pobreza cresce no Brasil pelo segundo ano consecutivo. Disponível em: <http://www.correiobraziliense.com.br/app/noticia/economia/2017/06/25/internas_economia,604736/pobreza-cresce-no-brasil-pelo-segundo-ano-consecutivo.shtml>. Acesso em 04.08.2017.

JACKSON, Bernard S. *Semiotics and legal theory*. London: Routledge & Kegan Paul, 1985.

JACKSON, Bernard S. Le périple sémiotique d'un théoricien du droit, *Actes Sémiotiques*, Université de Manchester, no. 120, 2017, ps. 06-45.

JAEGER, Werner. *Paidéia*. Trad. Joaquim Xirau. México: Fondo de Cultura Económica, 1953.

JAY, Martin. *A imaginação dialética*: história da Escola de Frankfurt e do Instituto de Pesquisas Sociais. Trad. Vera Ribeiro. Rio de Janeiro: Contraponto, 2008.

JERPHAGNON, Lucien. *História das grandes filosofias*. Trad. Luís Eduardo de Lima Brandão. São Paulo: Martins Fontes, 1992.

JESTAEDT, Matthias, Introdução, *in Autobriografia de Hans Kelsen*, 5. ed., Tradução de Gabriel Nogueira Dias e José Ignácio Coelho Mendes Neto, Rio de janeiro, Forense Universitária, 2018, p. 01-34.

JOLIVET, Jean, Esquisse d'un Aristote Arabe. In: SINACEUR, M. A. (Org.). *Penser avec Aristote*. Toulouse: Erès, 1991. p. 177-186.

JOLIVET, R. *Curso de filosofia*. 18. ed. Rio de Janeiro: Agir, 1990.

JUST, Gustavo. *Interpretando as teorias da interpretação*. São Paulo: Saraiva, 2014.

KAHN, Ashley. *A love supreme*: a criação do álbum clássico de John Coltrane. Trad. Patrícia de Cia e Marcelo Orozco. São Paulo: Barracuda, 2007.

KALINOWSKI, Georges. *La logique des normes*. Paris: PUF, 1972.

KALINOWSKI, Georges. La sémiotique juridique. Droit Prospectif, Revue de Recherche Juridique, COLLOQUE INTERNATIONAL DE SÉMIOTIQUE JURIDIQUE, AixenProvence, 1113 mars, Presses Universitaires de AixenProvence, p. 111165, 1986-2.

KALINOWSKI, Georges. Sur le langages respectifs du législateur, du juge et de la loi. *Archives de Philosophie du Droit*, XIX, Le langage du Droit. Paris: Sirey, p. 6374, 1974.

KAMEL, Najla Mahmoud. Islã e identidade cultural. *Revista de Estudos Orientais*, São Paulo, Universidade de São Paulo, n. 4, p. 47-55, ago. 2003.

KANT, Immanuel. *A paz perpétua e outros opúsculos*. Trad. Artur Morão. Lisboa: Edições 70, 1995.

KANT, Immanuel. *Crítica da razão prática*. Trad. Artur Morão. Lisboa: Edições 70, 1994.

KANT, Immanuel. *Crítica da razão pura*. Trad. Manuela Pinto dos Santos e Alexandre F. Morujão. 3. ed. Lisboa: Fundação Calouste Gulbenkian, 1994.

KANT, Immanuel. *Fundamentos da metafísica dos costumes*. Trad. Lourival de Queiroz Henkel. São Paulo: Ediouro, 1997.

KANT, Immanuel. *Ideia de uma história universal de um ponto de vista cosmopolita.* São Paulo: Brasiliense, 1986.

KANT, Immanuel. *Fundamentação da metafísica dos costumes.* Trad. Lourival de Queiroz Henkel. São Paulo: Tecnoprint, s.d.

KANT, Immanuel. *Ideia de uma história universal de um ponto de vista cosmopolita.* Trad. Rodrigo Naves e Ricardo R. Terra. 2. ed. São Paulo: Martins Fontes, 2004.

KANT, Immanuel. A paz perpétua: um projecto filosófico. *A paz perpétua e outros opúsculos.* Trad. Artur Morão. Lisboa: Edições 70, 1995.

KANT, Immanuel. Resposta à pergunta: que é o iluminismo? *A paz perpétua e outros opúsculos.* Trad. Artur Morão. Lisboa: Edições 70, 1995.

KANT, Immanuel. *Crítica da razão prática.* Trad. Artur Morão. Lisboa: Edições 70, 2001.

KANT DE LIMA, Roberto (Org.). *Antropologia e direitos humanos.* n. 3. Niterói: Eduff, Associação Brasileira de Antropologia, 2001.

KASHIURA JUNIOR, Celso Naoto. *Crítica da igualdade jurídica:* contribuição ao pensamento jurídico marxista. São Paulo: Quartier Latin, 2009.

KASHIURA JUNIOR, Celso Naoto. *Sujeito de direito e capitalismo.* São Paulo: Dobra Editorial, 2014.

KATO, Rafael. A nova arma de guerra. Exame, 07/03/2018, ano 52, n. 04, 2018.

KAUFMANN, Arthur. *La filosofia del derecho en la posmodernidad.* Bogotá: Temis, 1998.

KEEGAN, John. *Uma história da guerra.* Trad. Pedro Maia Soares. São Paulo: Companhia das Letras, 1995.

KEEN, Andrew. The internet is not the answer. London: Atlantic Books, 2015.

KEEN, Andrew. Inteligência artificial vai mudar todos os relacionamentos humanos. Folha de São Paulo, Entrevista a Silas Martí, 5 de março de 2018, A-10.

KELLY, John M. *Uma breve história da teoria do direito ocidental.* Trad. Marylene Pinto Michael. São Paulo: Martins Fontes, 2010.

KELSEN, Hans. *O problema da justiça.* Trad. João Baptista Machado. 3. ed. São Paulo: Martins Fontes, 1998.

KELSEN, Hans. *Teoria pura do direito.* Trad. João Baptista Machado. 4. ed. Coimbra: Arménio Amado, 1976.

KELSEN, Hans. *Teoria geral do direito e do estado.* Trad. Luis Carlos Borges. São Paulo: Martins Fontes, 2000.

KELSEN, Hans. *O que é justiça?* A justiça, o direito e a política no espelho da ciência. Trad. Luís Carlos Borges. São Paulo: Martins Fontes, 1998.

KELSEN, Hans. *Teoria geral das normas.* Trad. José Florentino Duarte. Porto Alegre: Sergio Antonio Fabris, 1986.

KELSEN, Hans. Autobiografia. *Autobriografia de Hans Kelsen,* 5. ed., Tradução de Gabriel Nogueira Dias e José Ignácio Coelho Mendes Neto, Rio de janeiro, Forense Universitária, 2018, ps. 35-109.

KELSEN, Hans. *Jurisdição constitucional.* Tradução de Alexandre Krug. 3.ed. São Paulo: Martins Fontes, 2013.

KEVELSON, Roberta. *The law as a system of signs.* New York: Plenum Press, 1988.

BIBLIOGRAFIA | **671**

KIRK, G. S.; RAVEN, J. E.; SCHOFIELD, M. *Los filósofos presocráticos*: historia crítica con selección de textos. Trad. Jesús García Fernández. 2. ed. Madrid: Gredos, 1994.

KOZICKI, Katya (Org.). *Teoria jurídica no século XXII*: reflexões críticas. Curitiba: Juruá, 2007.

KOZICKI, Katya; CHUEIRI, Vera Karam de (Org.). *Estudos em direito, política e literatura*: hermenêutica, justiça e democracia. Curitiba: Juruá, 2006.

KROHLING, Aloisio. *A ética da alteridade e da responsabilidade*. Curitiba: Juruá, 2011.

KUHATHAS, Chandran; PHILIP, Pettit. *Rawls*: uma teoria da justiça e seus críticos. Coimbra: Gradiva, 1995.

LACERDA, Bruno Amaro. *O raciocínio jurídico*: uma visão aristotélica. Belo Horizonte: Movimento Editorial Faculdade de Direito da UFMG, 2006.

LAFER, Celso. *Desafios*: ética e política. São Paulo: Siciliano, 1995.

LAFER, Celso. *Hobbes, o direito e o estado moderno*. São Paulo: Associação dos Advogados de São Paulo, 1980.

LAFER, Celso. *A reconstrução dos direitos humanos*: um diálogo com o pensamento de Hannah Arendt. São Paulo: Companhia das Letras, 1988.

LAFER, Celso. *A reconstrução dos direitos humanos*: um diálogo com o pensamento de Hannah Arendt. 4ª reimpressão. São Paulo: Companhia das Letras, 2001.

LAFER, Celso. *Paradoxos e possibilidades*: estudos sobre a ordem mundial e sobre a política exterior do Brasil num sistema internacional em transformação. Rio de Janeiro: Nova Fronteira, 1982.

LANDOWSKI, Eric. *La découverte du sens en droit: un point de vue sémiotique*. Découverte du sens en droit. Association Française de Philosophie du Droit, Rencontre Annuelle, 5 avril 1991, Archives de Philosophie du Droit et de Philosophie Sociale, n. 48, Stuttgart: Franz Steiner, 1992, p. 4749.

LANDOWSKI, Eric. Pour une approche sémiotique et narrative du droit. *Droit prospectif, Revue de Recherche Juridique*. Colloque International de Sémiotique Juridique, AixenProvence, 1113 mars, Presses Universitaires de AixenProvence, p. 3970, 1986-2.

LANDOWSKI, Eric. Statut et pratiques du texte juridique. In: BOURCIER, Danièle; MACKAY, Pierre (Ed). *Lire le droit*: langue, texte, cognition. Paris: Librairie Générale de Droit et de Jurisprudence/CNRS, 1992, p. 441455.

LANDOWSKI, Eric. *La sociedad figurada*: ensayos de sociosemiótica. Traducción de Gabriel Hernández Aguilar. México: Fondo de Cultura Económica, 1993.

LANDOWSKI, Eric. *Interações arriscadas*. Tradução. São Paulo: Estação das Letras e Cores, 2014.

LANDOWSKI, Eric. *Com Greimas*: interações semióticas. Tradução de Ana Claudia de Oliveira. Estação das Letras e Cores; Centro de Pesquisas Sociossemióticas, 2017.

LARENZ, Karl. *Metodologia da ciência do direito*. Trad. José Lamego. 3. ed. Lisboa: Fundação Calouste Gulbenkian, 1997.

LEBEN, Charles. Chaïm Perelman ou les valeurs fragiles. *Droits: Revue Française de Théorie Juridique*, Paris: PUF, n. 2, p. 107-115.

LE BRETON, David. Individualização do corpo e tecnologias contemporâneas. O triunfo do corpo: polêmicas contemporâneas (COUTO, Edvaldo Souza; GOELLNER, Silvana Vilodre, orgs.), Rio de Janeiro, Vozes, 2012, ps. 15-32.

672   CURSO DE FILOSOFIA DO DIREITO · *Bittar/Almeida*

LE BRETON, David. Adeus ao corpo. O homem-máquina: a ciência manipula o corpo. São Paulo: Companhia das Letras, 2003, p. 123-138.

LEGOHÉREL, Henri. *Histoire du droit international public.* Paris: PUF, 1996.

LEMPEREUR, Alain. Y atil une École de Bruxelles? In: LEMPEREUR, Alain (Dir.). *L'homme et la rhétorique.* Paris: Méridiens Klincksieck, 1990. p. 7-14.

LENIN, V. I. *O imperialismo.* 3. ed. São Paulo: Centauro, 2005.

LENIN, V. I. *O que fazer?* Florestan Fernandes (coord.). São Paulo: Hucitec, 1988.

LENOBLE, Jacques. La théorie de la cohérence narrative en droit: le débat Dworkin-McCormick. *Archives de Philosophie du Droit,* Paris: Sirey, n. 33, p. 121-139, 1988.

LESSA, Sérgio; PINASSI, Maria Orlanda (orgs.) et alii. *Lukács e a atualidade do marxismo.* São Paulo: Boitempo, 2002.

LÉVI-STRAUSS, Claude. *Tristes trópicos.* Trad. Rosa Freire D'Aguiar. São Paulo: Companhia das Letras, 1996.

LÉVI-STRAUSS, Claude. *Antropologia estrutural dois.* Trad. Maria do Carmo Pandolfo. 4. ed. Rio de Janeiro: Tempo Brasileiro, 1993.

LÉVY, Pierre. As tecnologias da inteligência: o futuro do pensamento na era da informática. 2. ed. Tradução de Carlos Irineu da Costa. São Paulo: Editora 34, 2016.

LINHARES, José Manuel Aroso. Entre a reescrita pós-moderna da modernidade e o tratamento narrativo da diferença ou a prova como um exercício de passagem nos limites da juridicidade. *Studia Juridica.* Coimbra: Coimbra Editora, 2001.

LIPOVETSKY, Gilles. Da leveza: rumo a uma civilização sem peso. Tradução de Idalina Lopes. São Paulo: Barueri, 2016.

LÔBO, Paulo Luiz Neto. Direito Civil. Parte geral. 3. ed. São Paulo: Saraiva, 2012.

LOPES, José Reinaldo de Lima. *O direito na história.* São Paulo: Max Limonad, 2000.

LOSANO, Mario. *Os grandes sistemas jurídicos.* São Paulo: Martins Fontes, 2007.

LOSANO, Mario. *Sistema e estrutura no direito.* Trad. Carlos Alberto Dastoli. São Paulo: Martins Fontes, 2011. v. 3.

LÖWY, Michel. *Revoluções.* Tradução de Yuri Martins Fontes. São Paulo: Boitempo, 2009.

LUHMANN, Niklas. *Poder.* Trad. Luz Mónica Talbot. Barcelona: Anthropos; México: Universidad Iberoamericana; Santiago de Chile: Instituto de Sociologia. Pontifícia Universidade Católica de Chile, 1995.

LUHMANN, Niklas. *Sociologia do direito I e II.* Trad. Gustavo Bayer. Rio de Janeiro: Tempo Brasileiro, 1985.

LUKÁCS, Georg. *História e consciência de classe*: estudos sobre a dialética marxista. Tradução de Rodnei Nascimento. São Paulo: Martins Fontes, 2003.

LUKÁCS, Georg. *Prolegômenos para uma ontologia do ser social.* Tradução Lya Luft e Rodnei Nascimento. São Paulo: Boitempo, 2010.

LYOTARD, Jean-François. *Heidegger e os judeus.* Trad. Jorge Seixas e Souza. Lisboa: Instituto Piaget, 1999.

LYOTARD, Jean-François. *A condição pós-moderna.* Trad. José Bragança de Miranda. 2. ed. Lisboa: Gradiva, 1989.

MACEDO JR., Ronaldo Porto. *Carl Schmitt e a fundamentação do direito.* São Paulo: Max Limonad, 2001.

MACEDO JR., Ronaldo Porto. *Teoria do Direito Contemporânea*. Curitiba: Juruá Editora, 2017.

MACHADO, Paulo Affonso Leme. *Direito à informação e meio ambiente*. São Paulo: Malheiros, 2006.

MACIEL, Luiz Carlos. *Sartre*: vida e obra. 5. ed. São Paulo: Paz e Terra, 1986.

MAHDI, Muhsin, Philosophie et religion: Alfarabi commente Aristote. In: SINACEUR, M. A. (Org.). *Penser avec Aristote*. Toulouse: Erès, 1991. p. 187-208.

MAIA, Antonio Cavalcanti. *Jürgen Habermas*: filósofo do direito. Rio de Janeiro: Renovar, 2008.

MAMAN, Jeannette Antonios. *Fenomenologia existencial do direito*: crítica do pensamento jurídico brasileiro. São Paulo: Edipro, 2000.

MARANHÃO, Juliano de Souza Albuquerque. *Estudos sobre lógica e direito*. São Paulo: Marcial Pons, 2013.

MARCUSE, Herbert. *A dimensão estética*. Trad. Maria Elisabete Costa. Lisboa: Edições 70, 2007.

MARCUSE, Herbert. *Eros e civilização*: uma interpretação filosófica do pensamento de Freud. Trad. Álvaro Cabral. 8. ed. Rio de Janeiro: LTC, 1999.

MARCUSE, Herbert. *A grande recusa hoje*. Trad. Isabel Loureiro e Robespierre de Oliveira. Rio de Janeiro: Vozes, 1999.

MARCUSE, Herbert. Sobre o caráter afirmativo da cultura. *Cultura e sociedade*. Trad. Wolfgand Leo Maar, Isabel Maria Loureiro, Robespierre de Oliveira. São Paulo, Paz a Terra, 1998. v. 1, p. 89-136.

MARCUSE, Herbert. Comentários para uma redefinição de cultura. *Cultura e sociedade*. Trad. Robespierre de Oliveira. São Paulo, Paz a Terra, 1998. v. 2, p. 153-175.

MARQUES, Cláudia Lima (coord.). *Diálogo das fontes*: do conflito à coordenação de normas do direito brasileiro. São Paulo: Revista dos Tribunais, 2012.

MARTINET, André. *Elementos de linguística geral*. Trad. Jorge Morais Barbosa. 8. ed. São Paulo: Martins Fontes, 1978.

MARTINEZ, André. *Democracia audiovisual*: uma proposta de articulação regional para o desenvolvimento. São Paulo: Escrituras; Instituto Pensarte, 2005. v. 2.

MARTÍNEZ, Soares. *Textos de filosofia do direito*. Coimbra: Almedina, 1993.

MARX, Karl; ENGELS, Friedrich. *Obras escolhidas*. Rio de Janeiro: Vitória, s.d.; v. 1.

MASCARO, Alysson Leandro. *Filosofia do direito e filosofia política*. São Paulo: Atlas, 2003.

MASCARO, Alysson Leandro. *Crítica da legalidade e do direito brasileiro*. São Paulo: Quartier Latin, 2003.

MASCARO, Alysson Leandro. *Filosofia do direito*. São Paulo: Atlas, 2010.

MASCARO, Alysson Leandro. *Filosofia do direito*. 2. ed. São Paulo: Atlas, 2012.

MASCARO, Alysson Leandro. *Utopia e direito*: Ernst Bloch e a ontologia jurídica da utopia. São Paulo: Quartier Latin, 2008.

MATOS, Andityas Soares de Moura Costa. *O estoicismo imperial como momento da ideia de justiça*: universalismo, liberdade e igualdade no discurso da *stoa* em Roma. Rio de Janeiro: Lumen Juris, 2009.

MATOS, Manuel Cadafaz de. Jean-Pierre Vernant: a ação exemplar de um clássico e o seu contributo à perenidade dos helénicos. *Revista Portuguesa do Livro*, Lisboa, Edições Távola Redonda, n. 21, p. 15-26, 2008.

674 CURSO DE FILOSOFIA DO DIREITO • *Bittar / Almeida*

MATOS, Olgária C. F. *A Escola de Frankfurt*: luzes e sombras do iluminismo. 2. ed. São Paulo: Moderna, 2005.

MATTOS, Patrícia Castro. *As visões de Weber e Habermas sobre direito e política*. Porto Alegre: Sergio Antonio Fabris Editor, 2002.

McCARTHY, Thomas. Practical Discourse and the Relation between Moarality and Politcs. *Revue International de Philosophie*, Paris: Presses Universitaires de France, n. 4, p. 461 ss., déc. 1995.

MELO, Eduardo Rezende. *Nietzsche e a justiça*: crítica e transvaloração. São Paulo: Perspectiva; FAPESP, 2004.

MELO, Patrícia. *O matador*. São Paulo: Companhia das Letras, 1999.

MELO, Tarso de. *Direito e ideologia*: um estudo a partir da função social da propriedade rural. 2. ed. São Paulo: Dobra Editorial, 2013.

MENEZES, Djacir. *Tratado de filosofia do direito*. São Paulo: Atlas, 1980.

MERQUIOR, José Guilherme. *O liberalismo antigo e moderno*. Trad. Enrique de Araújo Mesquita. 2. ed. Rio de Janeiro: Nova Fronteira, 1991.

MÉSZÁROS, István. *A crise estrutural do capital*. Tradução de Francisco Raul Cornejo. São Paulo: Boitempo, 2009.

MÉSZÁROS, István. *A educação para além do capital*. Tradução de Isa Tavares. São Paulo: Boitempo, 2008.

MÉSZÁROS, István. *A teoria da alienação em Marx*. Tradução de Isa Tavares. São Paulo: Boitempo, 2006.

MEZZAROBA, Orides; MONTEIRO, Cláudia Sevilha. *Manual de metodologia da pesquisa no Direito*. 7. ed. São Paulo: Saraiva, 2017.

MONCADA, Cabral de. *Filosofia do direito e do Estado*. Coimbra: Coimbra Editora, 1995.

MONT'ALVERNE, Martônio. Política *versus* Direito. In: FREITAS, Lorena; FEITOSA, Enoque, (orgs.). *Marxismo, realismo e direitos humanos* (FREITAS, Lorena; FEITOSA, Enoque, orgs.). João Pessoa: UFPB, 2012, p. 52-66.

MONTEIRO, Cláudia Servilha. Direito argumentativo e direito discursivo: a contribuição de Perelman e o desafio de Habermas para a teoria da argumentação jurídica. *Sequência 40*, Revista do curso de pós-graduação em Direito da UFSC, XXI, p. 87-107, jul. 2000.

MONTERO, Fernando. *Retorno a la fenomenología*. Barcelona: Anthropos, 1987.

MONTORO, André Franco. *Estudos de filosofia do direito*. 3. ed. São Paulo: Saraiva, 1999.

MORAES, João Quartin de. *Epicuro*: as luzes da ética. São Paulo: Moderna, 1998.

MORAUX, Paul. *À la recherche de l'Aristote perdu*: le diologue sur la justice. Paris: Béatrice-Nawuelaerts; Louvain: Publications Universitaires de Louvain, 1957.

MORE, Thomas. *A utopia*. Rio de Janeiro: Ediouro, 1992.

MORENTE, Manuel Garcia. *Fundamentos de filosofia*: lições preliminares. 8. ed. São Paulo: Mestre Jou, 1980.

MORO, Tommaso. *Utopia*. Trad. Franco Cuomo. Roma: Newton, 1994.

MORRALL, John B. *Aristóteles* (*in* Pensamento Político). Trad. Sérgio Duarte. Brasília: Editora Universidade de Brasília, 1981.

MOSCA, Gaetano; BOUTHOL, Gaston. *História das doutrinas políticas desde a antiguidade*. Rio de Janeiro: Zahar, 1968.

BIBLIOGRAFIA | **675**

MOSCA, Lineide Salvador, Novos tempos, novos paradigmas: os desafios dos estudos retóricos na modernidade, *in Retórica e discurso*: fronteiras e interfaces: das origens aos desdobramentos atuais. Homenagem à Professora Lineide do Lado Salvador Mosca (HUBERT, Elizabete Enz; BENTO, Emilson José – orgs.), Campinas, Pontes Editores, 2019, p. 213-225.

MOOR, Pierre. *Dynamique du système juridique*: une théorie générale du droit. Genève; Bruxelles; Paris: Schulthess; Bruylant; LGDJ, 2010.

MURICY, Marília, Racionalidade do direito, justiça e interpretação. Diálogo entre a teoria pura e a concepção luhmmaniana do direito como sistema autopoiético. In: Boucault, Rodriguez, (Orgs.). *Hermenêutica plural*. São Paulo, Martins Fontes, 2002. p. 103-125.

NABUCO, J. *A escravidão*. 2. ed. Rio de Janeiro: Nova Fronteira, 1999.

NADER, Paulo. *Introdução ao estudo do direito*. 19. ed. Rio de Janeiro: Forense, 2000.

NADER, Paulo. *Filosofia do direito*. 7. ed. Rio de Janeiro: Forense, 1997.

NADER, Paulo. *Filosofia do direito*. 16. ed. Rio de Janeiro: Forense, 2007.

NALINI, José Renato. Ética e justiça. São Paulo: Oliveira Mendes, 1998.

NASCENTES, A. *Dicionário de sinônimos*. Rio de Janeiro: Nova Fronteira, 1981.

NAVES, Márcio Bilharinho. *Marxismo e direito*: um estudo sobre Pachukanis. São Paulo: Boitempo, 2000.

NEEDLEMAN, Jacob. *O coração da filosofia*. 2. ed. São Paulo: Palas Athena, 1991.

NESTLE, Wilhelm. *História del espíritu griego*. Trad. Manuel Sacristán. Barcelona: Ariel, 1987.

NEVES, Antonio Castanheira. *O actual problema metodológico da interpretação jurídica*. Coimbra: Coimbra Editora, 2003.

NEVES, Marcelo Da costa Pinto. Transconstitucionalismo. Tese de doutorado. São Paulo: USP, 2009.

NICOLAS, André. *Une philosophie de l'existence*: Albert Camus. Paris: Presses Universitaires de France, 1964.

NIETZSCHE, Friedrich W. *Além do bem e do mal*: prelúdio de uma filosofia do futuro. Trad. Armando Amado Júnior. São Paulo; WVC, 2001.

NISBET, Robert. *Os filósofos sociais*. Brasília: UnB, 1982.

NOGUEIRA, Almeida. *A Academia de S. Paulo*: tradições e reminiscências: estudantes, estudantões, estudantadas. 3. ed. São Paulo: Saraiva, 1977. v. 1, p. 5-15-30.

NOGUEIRA, Ataliba. O *estado é meio e não fim*. São Paulo: Saraiva, 1945.

NÖTH, Winfried. *A semiótica no século XX*. 3.ed. São Paulo: Annablume, 2005.

NOVAIS, Jorge Reis. *Contributo para uma Teoria do Estado de Direito*: do Estado de Direito Liberal ao Estado Social e Democrático de Direito. Coimbra: Almedina, 2013.

NOVAIS, Jorge Reis. *A dignidade da pessoa humana: dignidade e direitos fundamentais*. v. I. Coimbra: Almedina, 2015.

NOVAIS, Jorge Reis. *A dignidade da pessoa humana: dignidade e inconstitucionalidade*. v. II. Coimbra: Almedina, 2016.

OLIVEIRA, Manfredo Araújo. *Reviravolta linguístico-pragmática na filosofia contemporânea*. São Paulo: Loyola, 1996.

OLIVEIRA, Mara Regina de. *Cinema e Filosofia do Direito*: um estudo sobre a crise de legitimidade jurídica brasileira. Rio de Janeiro: Corifeu, 2006.

OLIVEIRA, Roberto Cardoso de. A questão étnica: qual a possibilidade de uma ética global? *As dimensões culturais da transformação global.* Lourdes Arizpe: Unesco, 2001.

ONUBR, Número de pobres no Brasil terá aumento de no mínimo 2,5 milhões em 2017, aponta Banco Mundial. Disponível em: <https://nacoesunidas.org/numero-de-pobres-no--brasil-tera-aumento-de-no-minimo-25-milhoes-em-2017-aponta-banco-mundial/>. Acesso em 04.08.2017.

ONUBR, Brasil tem nova maior taxa de homicídios das Américas, diz OMS. Disponível em: <https://nacoesunidas.org/brasil-tem-nona-maior-taxa-de-homicidio-das-americas--diz-oms/>. Acesso em 04.08.2017.

OS PRÉ-SOCRÁTICOS: fragmentos, doxografia e comentários. Trad. José Cavalcante de Souza et al. São Paulo: Abril Cultural, 1996. (Os Pensadores.)

OXFAM, Calculadora da desigualdade. Disponível em: <https://www.oxfam.org.br/calcula-dora>. Acesso em 05.08.2017.

OXFAM. Uma economia para os 99%. Disponível em: <https://www.oxfam.org.br/publicacoes/uma-economia-para-os-99>. Acesso em 05.08.2017.

PAIS, Cidmar Teodoro. Aspectos de uma tipologia dos universos de discurso. *Revista Brasileira de Linguística*, v. 7, n. 1, p. 4365, 1984.

PAIS, Cidmar Teodoro. *Conditions sémanticosyntaxiques et sémiotiques de la productivité systémique, lexicale et discoursive.* Paris: Université de ParisSorbonne/Atélier National de Reproduction des Thèses, 1993.

PAIS, Cidmar Teodoro. Semiótica do Direito e semiótica das culturas. Colóquio Internacional da Associação Internacional de Semiótica Jurídica, 13, 1997, São Paulo: Departamento de Filosofia e Teoria Geral do Direito da Faculdade de Direito da Universidade de São Paulo, 1997, p. 325-335.

PAIS, Cidmar Teodoro. Texto, discurso e universo de discurso. *Revista Brasileira de Linguística*, São Paulo, v. 8, p. 135164, 1995.

PAREKH, B. *Past masters*: Gandhi. Oxford: Oxford University Press, 1997.

PASTORE, Baldassare. Coerenza e integrità nella teoria Del ragionamento giuridico di Ronald Dworkin. *Rivista di Diritto Civile*, Padova, Casa Editrice Dott. Antonio Milani, ano XXXVIII, n. 4, guil./ago. 1992.

PASUKANIS, E. B. *A teoria geral do direito e o marxismo.* Tradução de Paulo Bessa. Rio de Janeiro: Renovar, 1989.

PEREIRA, Aloysio Ferraz. *Textos de filosofia geral e de filosofia do direito.* São Paulo: Revista dos Tribunais, 1980.

PEREIRA, Heloísa Prates. *Tradição e cibercultura*: a cultura gaúcha no ciberespaço. 2008. Tese (Mestrado em Comunicação e Semiótica) – Pontifícia Universidade Católica de São Paulo (PUC), São Paulo.

PEREIRA, Maria Helena da Rocha. *Estudos de história da cultura clássica.* 7. ed. Lisboa: Fundação Calouste Gulbenkian, 1983.

PEREIRA, Rodrigo da Cunha. *Princípios fundamentais norteadores do direito de família.* Belo Horizonte: Del Rey, 2006.

PEREIRA, Rosalie Helena de Souza. *Avicena*: a viagem da alma. Uma leitura gnóstico-hermética de Hayy Ibn Yaqzan. São Paulo: Perspectiva; FAPESP, 2002.

BIBLIOGRAFIA | **677**

PEREIRA, Vinicius Andrade. *Estendendo McLuhan*: da aldeia à teia global. Comunicação, memória e tecnologia. Porto Alegre: Sulina, 2011.

PEREIRA JÚNIOR, Álvaro, Nova mídia × velha mídia. *Folha de S. Paulo*, São Paulo, E 14, 21 jan. 2012.

PERELMAN, Cahïm. *Cours de logique*: logique formelle et théorie de l'argumentation. 9. ed. Bruxelas: Presses Universitaires de Bruxelles, 1966.

PERELMAN, Cahïm. Droit et rhétorique. In: LEMPEREUR, Alain (Dir.). *L'homme et la rhétorique*. Paris: Méridiens Klincksieck, 1990. p. 207212.

PERELMAN, Cahïm. À propos de la règle de droit: réflexions de méthode. In: _____ (Org.). *La règle de droit*: travaux du Centre National de Recherches de logique. Bruxelas: Établissements Émile Bruylant, 1971, p. 313323.

PERELMAN, Cahïm. *Droit, morale et philosophie*. 2. ed. Paris: Librairie Générale de Droit et de Jurisprudence, 1976.

PERELMAN, Cahïm. *El imperio retórico*: retórica y argumentación. Trad. Adolfo León Gómez Giraldo. Bogotá: Norma, 1997.

PERELMAN, Cahïm. *Ética e direito*. Trad. Maria Ermantina Galvão G. Pereira. São Paulo: Martins Fontes, 1996.

PERELMAN, Cahïm. *Le champ de l'argumentation*. Bruxelas: Presses Universitaires de Bruxelles, 1970.

PERELMAN, Cahïm. *Le raisonnable et le déraisonnable en droit*: audelà du positivisme juridique. Paris: Librairie Générale de Droit et de Jurisprudence, 1984.

PERELMAN, Cahïm. *L'empire rhétorique*: rhétorique et argumentation. Paris: J. Vrin, 1977.

PERELMAN, Cahïm. *Logique juridique*: nouvelle rhétorique. 12. ed. Paris: Dalloz, 1979.

PERELMAN, Cahïm. Présomptions et fictions en droit: essai de synthèse. In: _____; FORIERS, P. (Org.). *Les présomptions et les fictions en droit*: travaux du Centre National de Recherches de logique. Bruxelas: Établissements Émile Bruylant, 1974. p. 339348.

PERELMAN, Cahïm.; OLBRECHTSTYTECA, L. Nouvelle rhétorique: logique e rhétorique. In: LEMPEREUR, Alain (Dir.). *L'homme et la rhétorique*. Paris: Méridiens Klincksieck, 1990, p. 117151.

PERELMAN, Cahïm.; OLBRECHTSTYTECA, L. *Traité de l'argumentation*: la nouvelle rhétorique. 3. ed. Bruxelas: Institut de Sociologie/Éditions de l'Université de Bruxelles, 1976.

PETERS, F. E. *Termos filosóficos gregos*: um léxico histórico. 2. ed. Trad. Beatriz Rodriguez Barbosa. Lisboa: Fundação Calouste Gulbenkian, 1983.

PIEROLA, Raul Alberto. *Hegel y la estetica*. Argentina: Universidad Nacional de Tucuman, 1956.

PILON, Almir José; DUTRA, Delamar José Volpato. Filosofia jurídica contemporânea, justiça e dignidade do ser humano: John Rawls e Ronald Dworkin. In: WOLKMER, Antonio Carlos (Org.). *Fundamentos do humanismo jurídico no Ocidente*. São Paulo: Manole, Florianópolis: Fundação Boiteux, p. 181-213.

PINHEIRO, Patrícia Peck. *Direito digital*. São Paulo: Saraiva, 2010.

PINHEIRO, Patrícia Peck. O Direito Digital como paradigma de uma nova era. *Os novos direitos no Brasil*: natureza e perspectivas – uma visão básica das novas conflituosidades jurídicas (WOLKMER, Antonio Carlos; LEITE, José Rubens Morato, orgs.). São Paulo: Saraiva, 3. ed., 2016, p. 401-433.

PIOVESAN, Flávia, Como fica a dignidade humana diante da opressão pelo mais forte? *MPD Dialógico*, Revista do Movimento do Ministério Público Democrático, 60 anos da Declaração Universal dos Direitos Humanos, ano V, n. 21, p. 21, out. 2008.

PISTORI, Maria Helena Cruz, Paixões em conflito num discurso jurídico, *in Casa-Cadernos de Semiótica Aplicada*, São Paulo, UNESP, vol. 08, n. 01, ag. 2010, p. 01-13.

PLANO NACIONAL DE EDUCAÇÃO EM DIREITOS HUMANOS. Secretaria Especial dos Direitos Humanos; Ministério da Educação; Ministério da Justiça; UNESCO. Brasília: Comitê Nacional de Educação em Direitos Humanos, 2007.

PLATÃO. *Diálogos*. São Paulo: Abril Cultural, 1972. (Os Pensadores.)

PLATÃO. *Diálogo* (Eutífron; Apologia de Sócrates; Críton; Fédon). São Paulo: Nova Cultural, 1996. (Os Pensadores.)

PLATÃO. *Oeuvres complètes*. Publiées sous la direction d'Émile Saisset. Paris: Bibliotèque Charpentier, s.d.

PLATÃO. *La repubblica*. Trad. Giuseppe Lozza. Milão: Arnoldo Mondadori, 1990.

PLEBE, Armando; EMMANUELE, Pietro. *Manual de retórica*. São Paulo: Martins Fontes, 1992.

PRADO JUNIOR, Caio. *História e desenvolvimento: a contribuição da historiografia para a teoria e prática do desenvolvimento brasileiro*. São Paulo: Brasiliense, 1999.

PRADO, Lídia Reis de Almeida. *O juiz e a emoção*: aspecto da lógica da decisão judicial. 2. ed. Campinas: Millenium, 2003.

PRICE, Jorge Luis Douglas. *La decisión judicial*. Prólogo de Raffaele De Giorgi. Santa Fe: Rubinzal-Culzoni, 2012.

PROENÇA, Graça. *História da arte*. São Paulo: Ática, 1990.

PUGLIESI, Marcio. *Por uma teoria do direito*: aspectos micro-sistêmicos. São Paulo: RCS, 2005.

QUEIROZ, Cristina M. M., Controle de constitucionalidade: o controle jurisdicional da constitucionalidade. Democracia, poder judicial e justiça constitucional, *in Comentários à Constituição Federal de 1988* (BONAVIDES, Paulo; MIRANDA, Jorge; AGRA, Walber de Moura, orgs.), Rio de Janeiro, GEN, 2009, p. 1559-1573.

RABENHORST, Eduardo Ramalho. *A normatividade dos fatos*. João Pessoa: Vieira Livros, 2003.

RABENHORST, Eduardo Ramalho. *Dignidade e moralidade democrática*. Brasília: Brasília Jurídica, 2001.

RADBRUCH, Gustav. *Filosofia do direito*. Trad. L. Cabral de Moncada. 6. ed. Coimbra: Arménio Amado, 1997.

RAMOS, Graciliano. *Infância*. 5. ed. Rio de Janeiro: Record, (1945) 2002.

RASTIER, François. Sémiotique et Sciences de la Culture, *Revista Texto!*, 2001, ps. 01-11. Disponível em hhtp://www.revue-texto.net. Acesso em 15.12.2020.

RASTIER, François. *Sens et textualité*. Paris: Hachette, 1989.

RAWLS, John. *Justiça e democracia*. Trad. Irene A. Poternot. São Paulo: Martins Fontes, 2000.

RAWLS, John. *Uma teoria da justiça*. Trad. Carlos P. Correia. Lisboa: Presença, 1993.

RAZ, Joseph. *Valor, respeito e apego*. Trad. Vadim Nikitin São Paulo: Martins Fontes, (2001) 2004.

REALE, Miguel. *Filosofia do direito*. 19. ed. São Paulo: Saraiva, 1999.

REALE, Miguel. *Nova fase do direito moderno*. 2. ed. São Paulo: Saraiva, 1998.

BIBLIOGRAFIA | **679**

REALE, Miguel. *Filosofia do direito.* 14. ed. São Paulo: Saraiva, 1962.

REALE, Miguel. *Fontes e modelos do direito:* para um novo paradigma hermenêutico. São Paulo: Saraiva, 1999.

REALE, Miguel. *Introdução à filosofia.* 3. ed. São Paulo: Saraiva, 1994.

REALE, Miguel. *Lições preliminares de direito.* 10. ed. São Paulo: Saraiva, 1983.

REALE, Miguel. *Lições preliminares de direito.* . São Paulo: Saraiva, 2002.

REALE, Miguel. *Nova fase do direito moderno.* 2. ed. São Paulo: Saraiva, 1998.

REALE, Miguel.. *O direito como experiência.* 2. ed. São Paulo: Saraiva, 1999.

REALE, Miguel. *Teoria tridimensional do direito.* 5. ed. São Paulo: Saraiva, 1994.

REALE, Miguel. *O estado democrático de direito e o conflito das ideologias.* São Paulo: Saraiva, 1999.

RÉGIO, José. *Antologia.* Rio de Janeiro: Nova Fronteira, 1985.

REPA, Luiz. Notas sobre a tese da contemporaneidade dos jovens hegelianos. *Cadernos de Filosofia Alemã,* São Paulo: Universidade de São Paulo, Departamento de Filosofia, Letras e Ciências Humanas, n. 1, p. 4354, out. 1996.

REVUE européenne des sciences sociales. *De la logique des normes.* Ier. Séminaire interdisciplinaire du Groupe d'Études "Raison et Rationalités", Valais, 30.6/2.7.1995, XXXIV, n. 104, Librairie Droz, Genebra/Paris, 1996.

RIBEIRO, Darcy. *O povo brasileiro: a formação e o sentido do Brasil.* 2. ed. São Paulo: Companhia das Letras, 2003.

RIBEIRO, R. *A última razão dos reis.* São Paulo: Companhia das Letras, 1993.

RIBEIRO, Wesllay Carlos. Os princípios constitucionais como substrato material da dignidade humana. Revista *Direitos Humanos Fundamentais,* Osasco, ano 11, n. 2, p. 227-247, ago./dez. 2011.

RICHARD, Guy (Dir.). *A história inumana:* massacres e genocídios das origens aos nossos dias. Trad. Armando Pereira da Silva. São Paulo: Instituto Piaget, s.d.

RICOEUR, Paul. *O conflito das interpretações:* ensaios de hermenêutica. Trad. Hilton Japiassu. Rio de Janeiro: Imago, 1978.

RICOEUR, Paul. *O justo 1.* Trad. Ivone C. Benedetti São Paulo: WMF Martins Fontes, (1995) 2008.

RICOEUR, Paul. *Parcours de la Reconnaissance:* trois études Paris: Éditions Stock (2004). Gallimard Folio Essais, n. 459, 2007.

RIVAUD, A. *As grandes correntes do pensamento antigo.* Trad. Antonio Pinto de Carvalho. São Paulo: Saraiva, 1940.

ROBINSON, James Harvey. *A formação da mentalidade.* São Paulo: Nacional, 1940.

ROBLEDO, Antonio Gómez. *Platón:* los seis grandes temas de su filosofía. México: Fondo de Cultura Económica, 1993.

ROCHA, Leonel Severo. Uma nova forma para a observação do direito globalizado: policontextualidade jurídica e estado ambiental. In: STRECK, Lenio Luiz; MORAIS, José Luis Bolzan de. *Constituição, sistemas sociais e hermenêutica.* Porto Alegre, Livraria do Advogado, Unisinos, 2009, p. 167-177.

RODRIGUES, Diogo Luiz Cordeiro. Alf Ross e seu realismo jurídico: uma resenha crítica. In: *Revista de Estudos Constitucionais, Hermenêutica e Teoria do Direito*, jan.-abr. 2016, p. 117-125.

RODRIGUES, José Rodrigo. *Fuga do Direito*. Um estudo sobre o direito contemporâneo a partir de Franz Neumann. São Paulo: Saraiva, 2009.

ROESLER, Claudia Rosane. *Theodor Viehweg e a Ciência do Direito*: tópica, discurso, racionalidade. 2. ed. Belo Horizonte: Arraes Editores, 2013.

ROMERO, Marcelo Troncoso. Ronald Dworkin: sobre la teoría de la función judicial. *Revista de Derecho*, Chile: Universidad de Concepción, n. 193, p. 101-105, enero/junio 1993.

RONDE, François Rossignol de la. Droit des Technologies avancées. Tome 1. Libertés, Données et Fichiers. Bruxelles: La Charte, 2017.

ROSS, Alf. *Sobre o direito e a justiça*. Trad. Edson Pini. São Paulo: Edipro, 2000.

ROSS, Alf. *Direito e justiça*. Trad. Edson Bini. Bauru: Edipro, 2000.

ROSSI, Paolo. *Letture di storia della filosofia*. Bari: Laterza, 1971.

ROUSSEAU, Jean-Jacques. *Discours sur l'origine et les fondements de l'inégalité parmi les hommes*. Paris: Garnier Frères: Flammarion, 1992.

ROUSSEAU, Jean-Jacques. *Du contrat social*. Paris: Garnier Frères: Flammarion, 1992.

ROWLAND, Robert. *Antropologia, história e diferença*: alguns aspectos. 3. ed. Porto: Afrontamento, 1997.

RUSS, Jacqueline. *Pensamento ético contemporâneo*. Trad. Constança Marcondes Cesar. São Paulo: Paulus, 1999.

RUSSELL, Bertrand. *História da filosofia ocidental*. 3. ed. Trad. Bueno Silveira. São Paulo: Nacional, 1969.

SAFATLE, Vladimir. A volta do parafuso. *Folha de S. Paulo*, Caderno Ilustríssima, São Paulo, p. 6 e 7, 22 jan. 2012.

SAFRANSKY, Rudiger. *Heidegger*: um mestre da Alemanha entre o bem e o mal. Trad. Lya Lett Luft. São Paulo: Geração, 2000.

SALDAÑA, Javier. Derechos Morales o derechos naturales. *Boletin Mexicano de Derecho Comparado*, México: Universidad Autónoma de México, n. 90, set./nov. 1997.

SALDANHA, Nelson Nogueira. *Filosofia do Direito*. 2. ed. Rio de Janeiro: Renovar, 2005.

SALGADO, Gilberto Barbosa. Esfera pública midiática na América Latina: uma interpretação com as categorias habermasianas. In: SOUZA, Jessé; MATTOS, Patrícia (Org.). *Teoria crítica no século XXI*. São Paulo: Annablume, 2007. p. 213-230.

SALGADO, Joaquim Carlos. *A ideia de justiça em Hegel*. São Paulo: Loyola, 1996.

SALGADO, Joaquim Carlos. *A ideia de justiça no mundo contemporâneo*. Fundamentação e aplicação do direito como *maximum* ético. Belo Horizonte: Del Rey, 2006.

SAMARANCH, *Quatro ensaios sobre Aristóteles*: política, ética e metafísica.

SANDRONI, Cícero; CONSTÂNCIA, Laura. O *século de um liberal*. Rio de Janeiro: Agir, 1998.

SANTAELLA, Lucia, Memória e perspectivas da semiótica no Brasil, *Intexto*, n. 37, Porto Alegre, UFRGS, set./dez., 2016, p. 22 a 33.

SANTOS, Boaventura de Souza. *A difícil democracia*. São Paulo: Boitempo, 2016.

SANTOS, Boaventura de Souza. *O direito dos oprimidos*. São Paulo: Cortez, 2014.

BIBLIOGRAFIA | **681**

SANTOS, Eduardo Rodrigues dos. *O pós-positivismo e a normatividade dos princípios*. Belo Horizonte: D'Plácido, 2014.

SANTOS, Laymert Garcia dos. Politizar as novas tecnologias: o impacto sócio-técnico da informação digital e genética. 2. ed. São Paulo: Editora 34, 2011.

SARMENTO, Daniel. *Dignidade da Pessoa Humana*: conteúdo, trajetórias e metodologia. Belo Horizonte: Fórum, 2016.

SARLET, Ingo Wolfgang. *A eficácia dos direitos fundamentais*. 4. ed. Porto Alegre: Livraria do Advogado, 2004.

SARLET, Ingo Wolfgang (Org.). *Direitos fundamentais. In:formática e comunicação*: algumas aproximações. Porto Alegre: Livraria do Advogado, 2007.

SARLET, Ingo Wolfgang (org.). *Dimensões da dignidade*: ensaios de Filosofia do Direito e Direito Constitucional. 2. ed. Porto Alegre: Livraria do Advogado, 2009.

SARTRE, Jean-Paul. *Em defesa dos intelectuais*. Trad. Sérgio Goes de Paula. São Paulo: Ática, 1994.

SARTRE, Jean-Paul. *L'âge de raison*. Paris: Gallimard, 1994.

SARTRE, Jean-Paul. *L'existentialisme est un humanisme*. Paris: Gallimard, 1994.

SARTRE, Jean-Paul. *L'imaginaire*: psychologie, phénomenologie de l'imagination. Paris: Gallimard, 1994.

SARTRE, Jean-Paul. *Les mots*. Paris: Gallimard, 1994.

SARTRE, Jean-Paul. *Questão de método*. Trad. Bento Prado Júnior. São Paulo: Difusão Europeia do Livro, 1966.

SARTRE, Jean-Paul. *Verdade e existência*. Trad. Marcos Bagno. 2. ed. Rio de Janeiro: Nova Fronteira, 1990.

SAUSSURE, Ferdinand de. *Cours de linguistique générale*. Paris: Payot, 1985.

SAUSSURE, Ferdinand de. *Cours de linguistique générale*. Paris: Payot, 1994.

SCHMITT, Carl. *O guardião da Constituição*. Tradução de Geraldo de Carvalho. Belo Horizonte: Del Rey, 2007.

SCHWARCZ, Lilia M.; STARLING, Heloisa M. *Brasil: uma biografia*. São Paulo: Companhia das Letras, 2015.

SCHWARTZENBERG, RogerGérard. *O estado espetáculo*. Rio de Janeiro: São Paulo: Difel, 1978.

SEISDEDOS, Iker, O rei do jazz. *Folha de São Paulo*, Caderno Mais! São Paulo, 3 de agosto de 2008, p. 10.

SEM, Amartya. *Desenvolvimento como liberdade*. Trad. de Laura Teixeira Motta. São Paulo: Companhia das Letras, 2000.

SIBILIA, Paula, Imagens de corpos velhos: a moral da pele lisa nos meios gráficos e audiovisuais. O triunfo do corpo: polêmicas contemporâneas (COUTO, Edvaldo Souza; GOELLNER, Silvana Vilodre, orgs.), Rio de Janeiro: Vozes, 2012, p. 145-160.

SICHES, Recaséns. *Nueva filosofía de la interpretación jurídica*. 2. ed. México: Porrúa, 1973.

SICHES, Recaséns. *Tratado general de filosofía del derecho*. 5. ed. México: Porrúa, 1975.

SILVA, José Afonso da. *Curso de direito constitucional positivo*. 34. ed. São Paulo: Malheiros, 2011.

SILVA, Virgílio Afonso da (org.). *Interpretação constitucional*. São Paulo: Malheiros, 2007.

SILVA, Virgílio Afonso da; MENDES, Conrado Hübner, Entre a transparência e o populismo judicial, *Tendências e Debates* (Folha de São Paulo), São Paulo, segunda-feira, 11 de maio de 2009.

SILVA FILHO, José Carlos Moreira da. Dworkin e os princípios: os avanços da hermenêutica crítica do direito. *Estudos Jurídicos*, v. 31, n. 81, p. 73-94 , jan./abr. 1998.

SILVEIRA, Rosa Maria Godoy; NADER, Alexandre Antonio Gili; DIAS, Adelaide Alves. *Subsídios para a elaboração das diretrizes gerais da educação em direitos humanos.* João Pessoa: Editora Universitária, 2007.

SPINELLI, Miguel. Filósofos pré-socráticos: primeiros mestres da filosofia e da ciência grega. 3. ed. Porto Alegre: EdiPUCRS, 2012.

SOARES, Fabiana de Menezes. *Teoria da legislação.* Formação e conhecimento da lei na idade tecnológica. Porto Alegre: Sergio Antonio Fabris, 2004.

SOARES, Orlando. *Curso de filosofia geral e filosofia do direito.* 4. ed. Rio de Janeiro: Forense, 2003.

SOUZA NETO, Cláudio Pereira. *Teoria constitucional e democracia deliberativa*: um estudo sobre o papel do direito na garantia das condições para a cooperação na deliberação democrática. Rio de Janeiro: Renovar, 2006.

STAMATIS, Constantin S. *Argumenter en droit*: une théorie critique de l'argumentation juridique. Paris: Publisud, 1995.

STEENBERGHEN, Fernand Van. *La filosofia nel XIII siglo.* Milano: Vita e pensiero, 1972.

STIELTJES, Claudio. *Jürgen Habermas*: a desconstrução de uma teoria. São Paulo: Germinal, 2001.

STRECK, Lenio Luiz. *Hermenêutica jurídica em crise.* 8. ed. Porto Alegre: Livraria do Advogado, 2009.

STRECK, Lenio Luiz. *Verdade e consenso*: Constituição, hermenêutica e teorias discursivas. Rio de Janeiro: Lumen Juris, 2009.

STRENGER, Irineu. *História da filosofia.* São Paulo: LTr, 1998.

SUPIOT, Alain. *Homo juridicus.* Ensaio sobre a função antropológica do direito. Trad. Maria Ermantina de Almeida Prado Galvão. São Paulo: WMF Martins Fontes, (2005) 2007.

SUPIOT, Alain. La gouvernance par les nombres. Paris: Fayard, 2015.

SVALOV, Bárbara, O direito à informação e a proteção dos direitos da personalidade. In: GOZZO, Débora (Coord.). *Informação e direitos fundamentais*: a eficácia horizontal das normas constitucionais. São Paulo: Saraiva, 2011. p. 57-74.

SWINARSKI, Christoph. *Direito internacional humanitário.* São Paulo: Revista dos Tribunais, 1990.

TARNAS, Michel. *A epopeia do pensamento ocidental*: para compreender as ideias que moldaram nossa visão de mundo. 5. ed. São Paulo: Ediouro, 2002.

TARNAS, Richard. *A epopeia do pensamento ocidental*: para compreender as ideias que moldaram nossa visão de mundo. Trad. Beatriz Sidou. 5. ed. Rio de Janeiro: Bertrand Brasil, 2002.

TATIT, Luiz. *Passos da semiótica tensiva.* São Paulo: Ateliê, 2019.

TECHNOLOGIES, Institute for Ethics and Emerging. <https://ieet.org/index.php/>. Acesso em: 26 mar. 2018.

TELLES JR., Goffredo. *A folha dobrada*: lembranças de um estudante. Rio de Janeiro: Nova Fronteira, 1999.

TELLES JR., Goffredo. Carta aos brasileiros. *Revista da Faculdade de Direito*, v. 72, n. 2, p. 411-425, 1977.

TELLES JR., Goffredo. *Direito quântico*: o ensaio sobre o fundamento da ordem jurídica. 7. ed. São Paulo: Juarez de Oliveira, 2003.

TELLES JR., Goffredo. *Direito quântico*: ensaio sobre os fundamentos da ordem jurídica. 8. ed. São Paulo: Juarez de Oliveira, 2006.

TELLES JR., Goffredo. *Palavras do amigo aos estudantes de direito*. São Paulo: Juarez de Oliveira, 2003.

TELLES JR., Goffredo. *Iniciação na ciência do direito*. São Paulo: Saraiva, 2001.

TENDRICH, Patrícia. O conceito de espaço público na concepção de J. Habermas. *Direito, Estado e Sociedade*, PUC-Rio, 11, 151-177, ago./dez. 1997

TERRA, Ricardo. A distinção entre direito e ética na filosofia kantiana. *Filosofia política 4*, Curso de pós-graduação em filosofia da Universidade Federal do Rio Grande do Sul e Departamento de Filosofia da Universidade de Campinas, Porto Alegre, LP&M; CNPq; FINEP, 1987, p. 49-65.

TERRA, Ricardo. Notas introdutórias sobre sistema e modernidade: Kant e Habermas. *Passagens*: estudos sobre a filosofia de Kant. Rio de Janeiro: UFRJ, 2003. p. 17-25.

TERRA, Ricardo. Algumas questões sobre a filosofia da história em Kant. *Ideia de uma história universal de um ponto de vista cosmopolita*. Trad. Roberto Naves e Ricardo R. Terra. 2. ed. São Paulo: Martins Fontes, 2004.

TERRÉ, François. La découverte du sens par la rhétorique. In: PAYCHÈRE, François (Ed.). *La découverte du sens en droit*, Archives de Philosophie du Droit et de Philosophie Sociale, Stuttgart: Franz Steiner Verlag, 1992, n. 48, 1998, p. 1730.

THE WORLD BANK, The data blog, People living in extreme poverty. Disponível em: <http://blogs.worldbank.org/opendata/2017-atlas-sustainable-development-goals-new-visual-guide-data-and-development>. Acesso em 04.08.2017.

THOREAU, Henry David. *A desobediência civil*. Trad. José Paulo Paes. São Paulo: Cultrix, 1968.

TIBURI, Marcia. Pós-verdade, pós-ética: uma reflexão sobre delírios, atos digitais e inveja, in Ética e pós-verdade (DUNKER, Christian (et all.)), 2017, p. 95-123.

TOFFOLI, José Antonio Dias; JUNIOR, Otávio Luiz Rodrigues, Hans Kelsen, O jurista e suas circunstâncias, *Autobriografia de Hans Kelsen*, 5. ed., Tradução de Gabriel Nogueira Dias e José Ignácio Coelho Mendes Neto, Rio de janeiro, Forense Universitária, 2018, p. XVII- LXXV.

TOLEDO, Claudia (org.). *O pensamento de Robert Alexy como sistema*. Rio de Janeiro: Forense Universitária, 2017.

TORRE, A. Sanchez de la. *Los griegos y el derecho natural*. México: Madeial Tecno, 1962.

TOYNBEE, Arnold J. *Helenismo*: história de uma civilização. Trad. Waltensir Dutra. 4. ed. Rio de Janeiro: Zahar, 1975.

TRINDADE, A. A. Cançado. *Tratado de direito internacional dos direitos humanos*. Porto Alegre: Sergio Antonio Fabris, 1997. v. 1.

TRUYOL Y SERRA, A. *História da filosofia do direito do estado*. Trad. Henrique B. Ruas. Lisboa: Instituto de Novas Profissões, 1990.

684 | CURSO DE FILOSOFIA DO DIREITO • *Bittar / Almeida*

TSÉ-TUNG, Mao. *O livro vermelho*. Tradução. São Paulo: Martin Claret, 2002.

UDINA, Josep Manuel. Ni contigo ni sin ti. La filosofía y teología de Maimónides en relación a Aristóteles y al tema de la creación. In: ALONSO, José Luis Cantón. *Maimónides y el pensamiento medieval: actas del IV Congreso Nacional de Filosofía Medieval*, Córdoba, Universidad de Córdoba, 2007. p. 76-100.

ULMAN, Reinholdo Aloysio. O estoicismo ético de Marco Aurélio. *Revista Brasileira de Filosofia*, São Paulo: Instituto Brasileiro de Filosofia, v. 41, fasc. 169, p. 4050, jan./mar. 1993.

VÁRIOS AUTORES. *Cadernos da UnB*. Brasília: UnB, 1979.

VAZ, Henrique C. de Lima. *Escritos de filosofia IV*: introdução à ética filosófica. São Paulo: Loyola, 1999.

VERGNIÈRES, Solange. *Éthique et politique chez Aristote*: physis, éthos, nómos. Paris: Presses Universitaires de France, 1995.

VERNANT, Jean-Pierre; NAQUET, Pierre-Vidal. *Trabalho e escravidão na Grécia antiga*. Trad. Marina Appenzeller. Campinas: Papirus, 1989.

VESTING, Thomas. *Teoria do Direito*: uma introdução. Trad. Gercélia B. de O. Mendes; Geraldo de Carvalho Neto. Coord. Ricardo Campos. São Paulo: Saraiva, 2015.

VILLAS BÔAS FILHO, Orlando. *Teoria dos sistemas e o direito brasileiro*. São Paulo: Saraiva, 2009.

VOßKUHLE, Andreas. *Defesa do Estado Constitucional Democrático em tempos de populismo*. Tradução Peter Maumann. São Paulo: Saraiva, 2020.

UNITED NATIONS, Sustainable development goals, goal 1. Disponível em: <http://www.un.org/sustainabledevelopment/poverty/>. Acesso em 04.08.2017.

WANDER BASTOS, Aurélio. *O ensino jurídico no Brasil*. 2. ed. Rio de Janeiro: Lúmen Júris, 2000.

WARAT, Luis Alberto. *Territórios desconhecidos*: a procura surrealista pelos lugares do abandono do sentido e da reconstrução da subjetividade. Florianópolis: Fundação Boiteux, 2004. v. 1.

WEBER, Max. *Ciência e política*: duas vocações. São Paulo: Cultrix, 1970.

WEFFORT, Francisco C. *Os clássicos da política*. São Paulo: Ática, 1991.

WHEEN, Francis. *Karl Marx*. Trad. Vera Ribeiro. São Paulo: Record, 2001.

WIEVIORKA, Michel. *Em que mundo viveremos?* Trad. Eva Landa e Fabio Landa. São Paulo: Perspectiva, 2006.

WIGHT, Martin. *International theory and three tradition*. Londres: LUP, 1991.

WOLKMER, Antonio Carlos. *Pluralismo jurídico*: fundamentos de uma nova cultura no direito. 3. ed. São Paulo: Alfa-Ômega, 2001.

WOLKMER, Antonio Carlos (Coord.). *Fundamentos do humanismo jurídico no Ocidente*. Barueri: Manole; Florianópolis: Fundação Boiteux, 2005.

WOLKMER, Antonio Carlos (Org.). *Humanismo e cultura jurídica no Brasil*. Florianópolis: Fundação Boiteux, 2003.

WOLKMER, Antonio Carlos. Introdução aos fundamentos de uma Teoria Geral dos Novos Direitos. Os novos direitos no Brasil: natureza e perspectivas – uma visão básica das novas conflituosidades jurídicas (WOLKMER, Antonio Carlos; LEITE, José Rubens Morato, orgs.), 3. ed., 2016, p. 17-50.

WOLKMER, Antonio Carlos; LEITE, José Rubens Morato (orgs.). Os novos direitos no Brasil: natureza e perspectivas – uma visão básica das novas conflituosidades jurídicas. 3. ed. São Paulo: Saraiva, 2016.

WRÓBLEWSKI, J. La règle de décision. In: PERELMAN, Ch. (Org.). *La règle de droit*: travaux du Centre National de Recherches de Logique. Bruxelas: Établissements Émile Bruylant, 1971.

XENOFONTE. Ditos e feitos memoráveis de Sócrates. In: *Sócrates*. Trad. Mirtes Coscodai. São Paulo: Abril Cultural, 1999. (Os Pensadores.)

ZELLER, Édouard. *La philosophie des grecs considérée dans son dévellopément*. Trad. Edouard Boutroux. Paris: Hachette, 1884.

ZILBERBERG, Claude. *Elementos de semiótica tensiva*. Tradução de Ivã Carlos Lopes; Luiz Tatit; Waldir Beividas. São Paulo: Ateliê Editorial, 2011.

ŽIŽEK, Slavoj. *Às portas da revolução*: escritos de Lenin de 1917. Tradução de Luiz Bernardo Pericás, Fabrício Rigout, Daniela Jinkings. São Paulo: Boitempo, 2005.

ZOLYNSKI, Célia. La loyauté des plateformes pensée par la loi pour une République numérique. Numérique: nouveaux droits, nouveaux usages; actes de Colloque (CHATRY, Sylvain; GOBERT, Thierry), 2017.